Historia de México
Volumen II

De la era revolucionaria
al sexenio del cambio

Historia de México
Volumen II

De la era revolucionaria al sexenio del cambio

Quinta edición

Gloria M. Delgado de Cantú

Licenciada en Antropología Social
Maestra en Metodología de la Ciencia
Maestra emérita de la Preparatoria Eugenio Garza Sada
Instituto Tecnológico y de Estudios Superiores de Monterrey

Revisión técnica:
Harim B. Gutiérrez Márquez
El Colegio de México

México • Argentina • Brasil • Colombia • Costa Rica • Chile • Ecuador
España • Guatemala • Panamá • Perú • Puerto Rico • Uruguay • Venezuela

Datos de catalogación bibliográfica

DELGADO DE CANTÚ, GLORIA M.

Historia de México, Vol. II
De la era revolucionaria al sexenio del cambio

PEARSON EDUCACIÓN, México, 2007

ISBN: 978-970-26-0956-8
Área: BACHILLERATO

Formato: 21 × 27 cm   Páginas: 648

Editora: Leticia Gaona Figueroa
                                  e-mail: leticia.gaona@pearsoned.com
Editor de desarrollo: Bernardino Gutiérrez Hernández
Supervisor de producción: José D. Hernández Garduño

QUINTA EDICIÓN, 2007

D.R. © 2007 por Pearson Educación de México, S.A. de C.V.

   Atlacomulco 500-5o. piso
   Col. Industrial Atoto
   53519, Naucalpan de Juárez, Edo. de México
   E-mail: editorial.universidades@pearsoned.com

Cámara Nacional de la Industria Editorial Mexicana. Reg. Núm. 1031

Prentice Hall es una marca registrada de Pearson Educación de México, S. A. de C. V.

Reservados todos los derechos. Ni la totalidad ni parte de esta publicación pueden reproducirse, registrarse o transmitirse, por un sistema de recuperación de información, en ninguna forma ni por ningún medio, sea electrónico, mecánico, fotoquímico, magnético o electroóptico, por fotocopia, grabación o cualquier otro, sin permiso previo por escrito del editor.

El préstamo, alquiler o cualquier otra forma de cesión de uso de este ejemplar requerirá también la autorización del editor o de sus representantes.

ISBN10: 970-26-0956-9
ISBN13: 978-976-26-0956-8

Impreso en México. *Printed in Mexico*

1 2 3 4 5 6 7 8 9 0 - 09 08 07 06

Contenido

Introducción xxi

Capítulo 1

La Revolución Mexicana: lucha contra el antiguo régimen

Introducción 5
Causas de la Revolución Mexicana de 1910 5
   Causas sociopolíticas 5
   Causas socioeconómicas 6
La Revolución Mexicana de 1910 6
   Grupos involucrados en la lucha contra Porfirio Díaz 6
      Movimiento campesino en el estado de Morelos 6
         Semblanza de Emiliano Zapata 7
      Movimientos sociopolíticos en la zona norte 8
         Campesinos libres, de antiguas colonias militares 8
         Grupos indígenas del norte 8
         Grandes latifundistas 9
         Peones de la hacienda tradicional 9
         Peones de la hacienda moderna 9
         La alta clase media 9
         Las clases media profesional y obrera 10
      El magonismo 10
   La Revolución maderista 12
      Los tratados de Ciudad Juárez 16
   Gobierno interino de Francisco León de la Barra 19
      Conflictos políticos 19
         Conflictos con el zapatismo 19
         Divisionismo revolucionario 20
      Elecciones presidenciales 21
   Gobierno de Francisco I. Madero 22
      Política interna 22
      Políticas de reorganización social y económica 23
         La política agraria 23
         La cuestión obrera 24
         Situación financiera 25
      Conflictos políticos 26
         Zapatismo 26
         Orozquismo 27
         La contrarrevolución 30

    Primer momento.. 30
      Rebeliones de Bernardo Reyes y Félix Díaz 30
    Segundo momento... 31
      La Decena Trágica 32
  La dictadura huertista 35
    Política interna 35
      Ruptura del Pacto de la Embajada 35
      Intentos de pacificación 36
      Enfrentamiento con el Poder Legislativo................... 37
      Relaciones con la Iglesia católica 37
    Política exterior.. 39
      Las difíciles relaciones con Estados Unidos 39
    Aspectos económicos y sociales 40
      Situación económica..................................... 40
      La cuestión agraria 41
      Política obrera 41
    La Revolución contra Huerta 42
      Los caudillos 42
        Venustiano Carranza............................... 42
        Francisco Villa 43
      La intervención estadounidense en Veracruz 46
      Triunfo revolucionario................................... 48

Capítulo 2

La Revolución Mexicana: Constitucionalismo

La escisión del movimiento revolucionario............................. 59
  Prolongación de la guerra civil 59
    La Convención Revolucionaria 60
    Gobierno de Venustiano Carranza en Veracruz 64
      Política interna 64
        Conflictos al margen de la lucha entre caudillos 66
          Tensiones con la Iglesia católica...................... 66
          Persistencia de la contrarrevolución 66
        Triunfo definitivo del constitucionalismo..................... 68
      Política exterior 69
        Expedición punitiva 71
        Carranza ante la Primera Guerra Mundial................ 72
      Aspectos económicos y sociales........................... 73
        Política financiera 73
        La cuestión obrera 74
        Movimiento obrero 75
        Educación....................................... 76
  La Constitución Mexicana de 1917................................... 76

- Contenido esencial de la Constitución de 1917 77
- Comparación entre las dos Constituciones 80
- Gobierno constitucional de Venustiano Carranza 84
  - Política interna 84
    - Movimientos rebeldes 84
    - Rivalidad entre los constitucionalistas 85
      - La "conjura de los generales" 86
      - El Plan de Agua Prieta 86
  - Política exterior 87
    - México ante la Primera Guerra Mundial 87
      - Peligros contra la soberanía de la Nación 87
      - Acciones de Carranza para conjurar los peligros 89
    - El gobierno de Carranza en la posguerra, 1919-1920 90
      - Doctrina Carranza 91
  - Política económica 91
    - Finanzas 91
    - Comercio 92
    - Minería y petróleo 93
  - Política social 93
    - Agrarismo 93
    - Movimiento obrero 94

Capítulo 3

Los gobiernos de la Revolución. El grupo sonorense en el poder (1920-1928)

Introducción 103
Presidencia provisional de Adolfo de la Huerta 104
- Política interna 104
  - Pacificación 104
  - La relación con obreros y campesinos 105
  - La elección presidencial 105
- Política exterior 105

Presidencia de Álvaro Obregón 106
- Semblanza biográfica 106
- Política interna 107
  - Caudillismo populista 107
  - Reorganización del ejército 108
  - Conflictos políticos 108
  - Elección presidencial 110
- Política exterior 110
  - Búsqueda del reconocimiento internacional 110
  - Convenio De la Huerta-Lamont 111
  - Tratados de Bucareli 112
- Aspectos económicos y sociales 113
  - Finanzas 113

   Política agraria 113
   Movimiento obrero 115
   Educación. 116

Presidencia de Plutarco Elías Calles 117
 El populismo de Calles 117
 Política interna 121
  El ejército, foco de insurrección. 121
  Caciquismo 121
  Desarticulación política. 122
  El conflicto religioso 123
   Ruptura con la Iglesia católica. 123
   La rebelión cristera 126
  La diarquía Obregón-Calles. 127
  Reelección y muerte de Obregón. 129
   Crisis política 130
  Último informe de Calles. 130
  Nombramiento del presidente interino 131
 Política exterior. 132
  Nuevas tensiones con Estados Unidos 132
  Los buenos oficios del embajador Morrow 134
 La reconstrucción económica 136
  La Nueva Política Económica 136
   Finanzas. 136
   La nueva política económica en la cuestión agraria 138
   Comercio 140
   Transportes. 140
 Aspectos sociales y culturales 141
  La educación en el periodo 1924-1928 141
   La escuela rural 141
  Movimientos huelguistas 143

Capítulo 4

Los gobiernos de la Revolución. El maximato

Introducción. 151
Gobierno interino de Emilio Portes Gil 153
 Política interna 153
  La relación con el Jefe máximo 153
  Fundación del Partido Nacional Revolucionario 153
   Objetivos: La idea del partido unificador 153
   El comité organizador. 154
   Los documentos básicos 154
  La selección del candidato presidencial 157
  Rebelión escobarista 158

Contenido

      Oposición al Partido Nacional Revolucionario 159
      La contienda electoral en 1929 161
           La campaña de Pascual Ortiz Rubio. 161
           La oposición. 161
                El vasconcelismo 161
           Elecciones presidenciales 164
      Divisionismo en el PNR 164
  Política exterior. 165
      Cooperación de Estados Unidos en momentos de crisis 165
      Problemas en la relación con Estados Unidos. 165
      Ruptura de relaciones con la Unión Soviética. 166
  Economía y sociedad. 166
      Política agraria 166
      Política obrera. 168
      Política educativa 169

Gobierno de Pascual Ortiz Rubio 170
  Política interna 170
      Situación permanente de crisis política 170
      La lucha por el Congreso. 171
      Crisis en el Partido de la Revolución 172
      Crisis en la relación Calles-Ortiz Rubio 172
      La crisis final. 173
  Política exterior. 175
      Los problemas en la relación con Estados Unidos. 175
           La deuda externa 175
           El conflicto petrolero. 176
           Problemas migratorios. 176
      Ingreso a la Sociedad de Naciones. 176
      La Doctrina Estrada 177
  Economía y sociedad. 178
      Las ramas de la economía. 178
           El sector agropecuario. 179
           Minería y petróleo 179
           La industria manufacturera y eléctrica 180
           La banca y el sistema monetario 180
      Reforma agraria 181
      Política obrera. 182

Gobierno de Abelardo L. Rodríguez. 183
  Política interna 183
      Calles en la política; el presidente en la administración 183
      Convención del PNR en Aguascalientes 184
           Elección del candidato presidencial. 185
           Plan Sexenal. 186
           Reestructuración del PNR 188
      El proceso electoral en 1934 188
  Política exterior. 188
      Los problemas de la deuda 188
      El petróleo 189
      Las relaciones con Estados Unidos. 189

Economía 191
    Factores de recuperación económica 191
    Desarrollo de la industria nacional. 191
Sociedad y cultura. 192
    Política agraria 192
    Política obrera. 193
        Institución del salario mínimo 193
        Aumento de huelgas 193
    Política educativa: vigencia del anticlericalismo 194

Capítulo 5

Los gobiernos de la Revolución. El cardenismo. Consolidación de las instituciones

Gobierno de Lázaro Cárdenas 203
Introducción 203
Política interna 204
    La toma de posesión 204
    Los conflictos en los primeros meses de gobierno 205
        Agitación religiosa 205
        Agitación laboral. 206
        Crisis de junio de 1935 206
        Regreso de Calles y expulsión 208
    Consolidación del poder cardenista 209
        Unificaciones obrera y campesina 209
            Política de masas 209
            Posición cardenista sobre el capital y el trabajo 210
            Confederación de Trabajadores de México. 212
            Confederación Nacional Campesina 213
    Reorganización del Partido de la Revolución 213
        Antecedentes 213
        El Partido de la Revolución Mexicana 215
    Oposición política. 217
        Sublevación de Saturnino Cedillo 217
        Organizaciones políticas de oposición 218
            Partido Acción Nacional 218
            Unión Nacional Sinarquista (UNS) 220
            Partido Revolucionario Anticomunista 221
            Partido Revolucionario de Unificación Nacional 221
    La sucesión presidencial en 1940. 221
        La selección del candidato en el PRM 222
        Candidatos de oposición 223
Política exterior 224
    Conflictos en relación con la política expropiatoria. 218

        México ante los conflictos internacionales 226
            Posición ante la Guerra Civil Española 226
            La Segunda Guerra Mundial 227
Economía 227
    Introducción 227
    El nacionalismo y la independencia económica 228
        Nacionalización de los ferrocarriles 228
        Expropiación petrolera 228
        Reforma agraria y expropiación 230
    Política industrial 232
        Industrialización sustitutiva de importaciones 232
    Comercio 233
    Finanzas públicas 234
Sociedad y cultura 236
    Política indigenista 236
    La educación socialista 238

Capítulo 6

Los gobiernos de la Revolución. Unidad nacional y civilismo (1940-1952)

Gobierno de Manuel Ávila Camacho 247
    Política interna 247
        Introducción: la legitimidad cuestionada 247
        La unidad nacional frente al divisionismo político 249
        Consolidación de las instituciones políticas 250
            El Partido de la Revolución Mexicana 250
                La política de apaciguamiento 251
            Confederación de Trabajadores de México (CTM) 252
            Confederación Nacional de Organizaciones Populares (CNOP) 253
        Elecciones legislativas de 1943 253
        Crisis en el PRM 253
        Transformaciones políticas hacia la sucesión presidencial 254
            La selección del candidato en el PRM 254
            Reforma electoral y formación del PRI 256
                Nueva Ley Federal Electoral 256
                Fundación del PRI 257
            La contienda electoral en 1946 258
    Política exterior 259
        Las relaciones con Estados Unidos 260
            Los problemas pendientes 260
            Acuerdo bilateral de comercio 260
            Trabajadores migratorios 262
        México en la Segunda Guerra Mundial 262
            Declaración de estado de guerra 262
            Participación de México en la guerra 264

Economía y sociedad. 265
    La rectificación agraria 265
    Desarrollo industrial y proteccionismo. 267
    Comercio exterior. 267
    Finanzas públicas 268
    Política obrera. 268
    Educación. 269

Gobierno de Miguel Alemán Valdés 270
Política interna 270
    Comienzo del civilismo. 270
    Doctrina de la mexicanidad. 271
    Modernización del autoritarismo 272
        Disciplina en los gobiernos estatales 273
        Política anticomunista. 273
    El proceso hacia la sucesión presidencial. 275
        El PRI: selección por eliminación. 275
        La contienda electoral. 276
Política exterior. 277
    La difícil relación con Estados Unidos 277
    Financiamiento externo. 277
    Invitación al capital extranjero. 278
    Presiones externas contra el proteccionismo. 279
    Trabajadores migratorios 279
    Campaña contra la fiebre aftosa. 280
Economía 281
    Política agropecuaria. 282
    Política industrial 284
    Finanzas públicas 285

Capítulo 7

Los sexenios del desarrollo estabilizador (1952-1970)

Gobierno de Adolfo Ruiz Cortines. 293
Política interna 293
    Austeridad y moralización. 293
    Estabilidad política 294
    Elecciones federales en 1955. 296
    Conflictos sociopolíticos en 1958 296
        Conflicto agrario. 296
        Conflicto magisterial. 297
        Conflicto ferrocarrilero 297
Sucesión presidencial 298

Política exterior... 299
    Relaciones con Estados Unidos 299
    Bracerismo 300
    Crédito externo 300
    Inversión extranjera directa 301
    El ámbito interamericano 301
Economía 303
    Política estabilizadora 303
        Consecuencias de la política estabilizadora ... 305

Gobierno de Adolfo López Mateos: Consolidación de la política estabilizadora 306
Política interna 306
    La revolución equilibrada 306
    Reforma electoral 308
    Labor legislativa 310
    Sucesión presidencial 310
Política exterior 312
    Relaciones con Estados Unidos 312
    Diversificación de la política exterior 314
Política económica: Confirmación del
desarrollo estabilizador 314
Política social 316
    Nueva etapa de la reforma agraria 316
    Política obrera 316
    Educación 316

Gobierno de Gustavo Díaz Ordaz 317
Política interna 317
    Introducción 317
    Primeras muestras de autoritarismo 319
        La respuesta ante el movimiento médico 319
        Intento fallido de democratizar al PRI 319
        Respuesta frente a la crítica y la disidencia ... 320
    Movimiento estudiantil de 1968 321
        Orígenes inmediatos 321
        Causas de fondo 323
        Los hechos durante agosto y septiembre 325
        La Noche de Tlatelolco 327
    La sucesión presidencial en 1970 330
Política exterior 332
    Relaciones con Estados Unidos 332
        Relaciones armónicas 332
        Discrepancias y problemas 333
    El ámbito latinoamericano 334
Economía y sociedad 335
    El desarrollo estabilizador en su última fase 335
    Crecimiento económico 335
    Política financiera 335
    Factores de debilidad 336

Capítulo 8

Del desarrollo estabilizador al desarrollo compartido (1970-1976)

Gobierno de Luis Echeverría Álvarez 345
    Política interna 345
        Introducción: Recapitulación del sistema político posrevolucionario 345
        Autocrítica y proyecto de reforma 347
        Proyecto reformista y apertura democrática 352
        La reforma político-electoral 352
        Nuevos partidos políticos 354
        Crisis política 355
            Movimientos estudiantiles 355
                Secuela de los movimientos estudiantiles 359
            Acciones armadas 359
        Antagonismo entre el gobierno y el sector empresarial 361
        Sucesión presidencial 368
        Conflictivo final de sexenio 369
            Crisis de confianza y política del rumor 369
    Política exterior 373
        Relaciones internacionales en los primeros momentos del régimen 373
        La nueva política exterior mexicana 375
            Planteamientos de la política a favor del Tercer Mundo 375
            Excesos de la nueva política exterior 377
    Economía 380
        Introducción 380
        1971: el año de la "atonía" 382
        La economía en 1972 383
        Política económica en 1973 385
        La economía en 1974 386
        Política económica para 1975 388
        La crisis económica en el último año de gobierno 389
    Sociedad y cultura 393
        La política agraria y movimiento campesino 393
        Política laboral y movimiento obrero 396
        Educación 398
            Reforma educativa 398

Capítulo 9

Los sexenios de la crisis (1976-1988)

Gobierno de José López Portillo (1976-1982) 409
    Política interna 409
        Inicios de la Alianza conciliadora 409
        Reforma política 411

Contenido

- Nueva ley electoral 411
  - Reformas constitucionales 412
  - Sistema de diputados de partido 413
  - Reacciones a la nueva ley electoral 413
  - Aplicación y modificaciones 413
- Reforma administrativa 415
- Planificación para el desarrollo 415
- Sucesión presidencial 416
  - Elecciones federales en 1982 418
- Crítico final de sexenio 419

Política exterior del sexenio 1976-1982 424
- Relaciones con el exterior en los primeros dos años de gobierno ... 424
- El petróleo y su influencia en el cambio de rumbo en la política exterior ... 424
- La política exterior en Centroamérica y el Caribe 427

Economía en el sexenio 1976-1982 430
- Los primeros dos años 430
- El petróleo, "pivote de la economía nacional" 431
- Políticas de reactivación económica 434
- Reforma fiscal 435
- Política agropecuaria 436
- Sector industrial, la planeación 437
  - Deterioro del modelo de sustitución de importaciones 438
- Colapso de la economía al final del sexenio 439

Sociedad y cultura en el sexenio 1976-1982 440
- Política obrera 440
- Educación 442
  - La planeación educativa 442
- La política cultural 444
- Crisis urbana 445

Gobierno de Miguel de la Madrid Hurtado (1982-1988) 446
- Política interna 446
  - Planeación inicial contra la crisis 446
  - Renovación moral 447
  - Plan Nacional de Desarrollo 448
  - Descentralización y democratización 448
  - Administración Pública 449
  - Procesos electorales y partidos políticos 449
  - Reforma electoral 450
  - Presiones internas 451
  - Los partidos políticos hacia la sucesión presidencial 453
    - El "neopanismo", alternativa renovada de la derecha 453
    - Tendencias reformistas en el PRI 454
    - La difícil unidad de la izquierda 455
  - Las elecciones federales de 1988, parteaguas histórico 456
- Política exterior 461
  - Impacto de la crisis en las relaciones exteriores 461
  - Intervención de México en el plan de pacificación de Centroamérica ... 461
  - Pasos hacia la integración latinoamericana 462
  - Relaciones con Estados Unidos 463
  - La política exterior mexicana en el contexto mundial 464
- Economía en el sexenio 1982-1988 464

Las finanzas públicas en los primeros dos años de gobierno 464
Política agropecuaria. 468
Política industrial 468
Ingreso al GATT 469
Nueva situación de crisis. 470
Pacto de Solidaridad Económica 471
Sociedad y cultura. 474
Presiones del movimiento obrero por mejoras salariales 474
Los sismos de 1985 y su secuela en la problemática social 475
Educación. 476
Despertar político de la sociedad mexicana 476

Capítulo 10

El sexenio salinista: Modernidad y turbulencia (1988-1994)

Gobierno de Carlos Salinas de Gortari. 485
Política interna 485
La reforma del Estado 485
Plan Nacional de Desarrollo 486
La reforma política 486
Reforma legislativa sobre derechos humanos 486
Reforma electoral 487
Reforma de la relación Estado-iglesias 488
Otras reformas a la Constitución 489
Los hechos políticos entre 1988 y 1993 490
Fortalecimiento del régimen 491
Federalismo salinista 491
Los partidos políticos: su papel en los procesos electorales 492
Protestas y conflictos políticos. 498
1994: turbulento fin de sexenio 499
Rebelión en Chiapas 499
Las campañas electorales por la Presidencia. 504
El tema del EZLN en las campañas 504
Muerte del candidato priísta 507
Nombramiento del nuevo candidato del PRI 508
Última etapa de las campañas electorales 509
El proceso electoral. 510
Avances democráticos. 510
Problemas en los días previos a las elecciones 511
Persistente turbulencia en los últimos meses de 1994 512
Política exterior 512
Renegociación de la deuda externa 514
Relaciones con América Latina 515
Participación de México en Foros Internacionales. 517
Relaciones con Estados Unidos 517

Negociación hacia el TLCAN. 517
Conflictos con Estados Unidos. 518
Relaciones con Europa 519
México y la Organización de Cooperación
Económica Asia-Pacífico 520
Política económica 521
Reforma económica 521
Primeras medidas hacia la recuperación económica. 521
Renovación del pacto sectorial 522
Reforma financiera 523
Reforma fiscal. 523
Desincorporación de empresas estatales. 524
Proceso de liberalización comercial. 525
Tratados de libre comercio 526
Tratado de Libre Comercio de América del Norte 526
Tratados con países de América Latina 528
Política agropecuaria. 528
La nueva política industrial 529
Política social 532
El liberalismo social como ideario político 532
Programa Nacional de Solidaridad. 533
Reforma educativa 534
El sindicalismo ante la modernización 534

Capítulo 11

Del fin de la era priista al gobierno del cambio (1994-2006)

El gobierno de Ernesto Zedillo Ponce de León 543
Política interna 543
Un difícil comienzo 543
El desplome de la economía 544
El conflicto en Chiapas 544
La guerra de baja intensidad 544
Los Acuerdos de San Andrés Larráinzar 545
Violencia 547
Estancamiento de las negociaciones. 548
La reforma política 548
El Acuerdo Político Nacional 548
La reforma electoral 548
El sistema de partidos 550
Crisis en el PRI 550
El PRI y su relación con el gobierno. 550
Partido Acción Nacional 551
Partido de la Revolución Democrática 552
Las elecciones en 1997 552

Los conflictos políticos y sociales ... 554
Los problemas heredados ... 554
La sucesión presidencial ... 555
La selección de los candidatos ... 555
El proceso de selección en el PRI ... 555
La candidatura presidencial en el PAN ... 556
Cuauhtémoc Cárdenas, candidato de la coalición PRD-PT ... 556
Las alianzas ... 556
Candidatos de nuevos partidos ... 556
Campañas electorales ... 557
Elecciones históricas ... 558
Resultados oficiales ... 560
Política exterior ... 562
Relaciones con Estados Unidos ... 562
Los problemas ... 562
Migración ... 562
Narcotráfico ... 562
La relación bilateral ... 562
Relación con América Latina ... 563
Relaciones con la Unión Europea ... 564
Un nuevo acuerdo ... 564
Relaciones con países asiáticos ... 565
Economía ... 566
La crisis de 1994-1995 ... 566
Inicio de la crisis financiera ... 566
El rescate financiero internacional ... 566
Las medidas del gobierno mexicano para frenar la crisis ... 566
Acuerdo de Unidad para Superar la Emergencia Económica (AUSEE) ... 566
El rescate bancario: ADE, UDI'S, Fobaproa-IPAB ... 567
Acuerdo de Apoyo Inmediato para Deudores de la Banca (ADE) ... 567
Programa de Reestructuración para los Débitos en Unidades de Inversión (UDI'S) ... 567
Fondo bancario de protección al ahorro (Fobaproa) ... 567
La recuperación económica ... 568
Sociedad y cultura ... 569
La educación ... 569
La huelga en la UNAM ... 570
Reforma al sistema de pensiones del Seguro Social ... 571
El gobierno de Vicente Fox Quesada ... 572
Política interna ... 572
La toma de posesión del presidente Vicente Fox ... 572
La integración del gabinete administrativo ... 573
El Plan Nacional de Desarrollo 2001-2006 ... 573
Reformas constitucionales ... 574
Relaciones del presidente Fox con el Congreso ... 575
Evaluación de la gestión administrativa federal ... 575
El Distrito Federal ... 576
Los estados de la Federación ... 579
Conflicto postelectoral en Tabasco ... 579
Yucatán ... 579

Contenido

Chiapas 580
    El Ejército Zapatista de Liberación Nacional. 580
Oaxaca. 581
    Conflicto magisterial 581
Las irregularidades en las campañas presidenciales de 2000 582
    El caso "Pemexgate" y la multa al PRI 582
    El caso "Amigos de Fox" y la multa al PAN y PVEM 582
Ls elecciones federales en 2003. 583
    Las elecciones y sus resultados 583
La sucesión presidencial 583
    La selección del candidato en el PAN 584
El proceso de selección en el PRI. 584
La candidatura presidencial en el PRD 585
Los candidatos de Alternativa Socialdemócrata y Campesina,
    y Nueva Alianza 585
Las campañas 586
El proceso electoral y su secuela de incertidumbre 588
Un septiembre inédito 589
Política exterior. 591
    Las relaciones con Estados Unidos. 592
La agenda bilateral 592
La cuestión migratoria y la seguridad regional 592
Narcotráfico 593
Posición de México ante la guerra contra Irak. 593
Las relaciones con América 594
    El Plan Puebla-Panamá 594
    Cuba 595
    América del Sur 596
Las relaciones con Europa 596
Las relaciones con los países de Asia 597

Economía 597
Política económica 597
Las reformas estructurales y la relación entre los Poderes de la Unión 598
La economía estancada 598

Política social 600
El Proyecto Contigo. 600
Programa Oportunidades. 600
Fundación Vamos México 601
Combate a la corrupción y por la defesa de los derechos humanos 601
    Ley Federal de Transparencia. 601
Protesta social. 602
    Protesta contra el aeropuerto alterno en Atenco y Texcoco 602
La educación 602
El Programa Nacional de Educación (Pronae) 602
    Estrategias específicas del Pronae. 602
La salud pública 604

Introducción

Esta quinta edición de mi obra *Historia de México* en dos volúmenes, ilustrada y enriquecida con recursos didácticos, es el resultado de una labor de revisión, actualización y adecuación del contenido, con el propósito de dar vigencia a la obra, tanto con respecto a las nuevas perspectivas teóricas de la Historia en sí misma, y en su enseñanza, como en lo que se refiere al nuevo enfoque en el estudio del pasado nacional. Como toda ciencia, la Historia exige de un proceso continuo de revisión y reinterpretación a la luz de nuevas interpretaciones de las fuentes documentales, así como del surgimiento de nuevas técnicas para aprehender el pasado y nuevos criterios para juzgar a sus protagonistas.

Este volumen 2 está dedicado a los acontecimientos ocurridos durante el siglo XX, a partir de 1910, y los primeros seis años del XXI. La evolución histórica de México durante ese tiempo se puede dividir en seis etapas correspondientes a las administraciones de los gobiernos emanados de la Revolución, además de una séptima: el sexenio 2000-2006, del llamado gobierno del cambio.

La primera etapa, entre 1910 y 1920, está definida por el proceso revolucionario y sus consecuencias inmediatas, que incluyen de manera importante la redacción de la Constitución de 1917, en la que se plasmaron las más importantes demandas —políticas, económicas y sociales— de la lucha revolucionaria. Corresponde, asimismo, a los diferentes aspectos del gobierno constitucional de Venustiano Carranza.

La segunda etapa, de 1920 a 1940, se refiere al difícil proceso que llevó al establecimiento y consolidación del sistema político que gobernó al país durante el resto del siglo XX. En este proceso destaca la estrategia populista-capitalista, contradictoria en sí misma, instaurada por Álvaro Obregón y continuada por sus sucesores para lograr la adhesión del movimiento obrero, lo que condujo al establecimiento del corporativismo. Otro elemento de singular importancia es la fundación del Partido Nacional Revolucionario, ideado por Plutarco Elías Calles como un mecanismo electoral y de disciplina política, el cual, bajo otros dos nombres, mantuvo el control del sistema electoral y el gobierno mexicanos hasta su decadencia en los años noventa. La etapa se cierra con el periodo 1934-1940 cuando, tras seis años de injerencia de Calles sobre los presidentes en turno, Lázaro Cárdenas, con base en una política de masas, logra la autonomía presidencial, consolida las conquistas de la Revolución e instaura la economía mixta.

Los años de la etapa 1940-1952, que corresponden a los gobiernos de Manuel Ávila Camacho y Miguel Alemán, se caracterizan por la aplicación del modelo de crecimiento hacia adentro, que trajo para México un innegable auge económico, logrado básicamente mediante el fomento a la industria manufacturera en el marco de la economía mixta y las políticas proteccionistas. No obstante, la aplicación de aquel modelo generó desequilibrios sociales y económicos que lo hicieron susceptible de sucumbir ante el embate de los cambios provenientes del exterior y las transformaciones en la estructura de la sociedad nacional.

La etapa 1952-1970 cubre tres periodos presidenciales durante los cuales se gestó la política del desarrollo estabilizador continuadora del proteccionismo, después de que, hacia 1953, se lograra un crecimiento económico considerado como el "milagro mexicano".

En el último periodo de esta cuarta etapa (1964-1970), cuando en otras naciones la juventud se levantaba en protesta contra los regímenes políticos a los que acusaba de no haber sabido adecuarse a las circunstancias del mundo en transformación, México no fue ajeno a esa inconformidad. Pero la protesta de la juventud mexicana, al tiempo que se hacía evidente el deterioro del modelo de crecimiento económico, coincidió desafortunadamente con un gobierno autoritario que impidió cualquier tipo de crítica al régimen y cualquier demanda de apertura democrática, exigencias en las que se quiso ver, en plena Guerra Fría, la amenaza del comunismo. Los sucesos del 2 de octubre de 1968 y su trágico desenlace fueron la fatal culminación de un proceso que venía gestándose tiempo atrás, protagonizado en particular por las clases medias emergentes que no encontraban respuesta a sus aspiraciones en un ámbito político-económico negado para ellas. Tras la Noche de Tlatelolco, México ya no sería el mismo.

Los años transcurridos entre 1970-1988 (quinta etapa) están caracterizados por una situación de creciente crisis política y económica. El gobierno de Luis Echeverría intentó una tibia apertura democrática que se contradijo en la práctica con medidas de represión. Al mismo tiempo, el llamado "desarrollo compartido", que sustituía al desarrollo estabilizador, significó una mayor injerencia del Estado en la economía, aunada a un irracional ataque a los grupos empresariales y un cambio de rumbo hacia la izquierda que pretendía conciliar a la juventud y a las clases trabajadoras, y apaciguar a los grupos guerrilleros. Las desacertadas medidas económicas del sexenio, orientadas a mantener el decadente modelo de crecimiento, llevaron a una severa crisis y aceleraron la caída de tal modelo.

El siguiente sexenio (1976-1982), presidido por José López Portillo, derivó en un nuevo fracaso y en una crisis financiera de grandes proporciones, causante de la llamada "crisis de la deuda", que en 1982 impactó en la mayoría de las economías latinoamericanas, y que en lo interno condujo a la nacionalización de la Banca y al control cambiario. En el aspecto político, fue de trascendencia la reforma electoral de 1977, que sentaría las bases de un camino hacia procesos más democráticos.

El periodo presidencial 1982-1988 se inició en condiciones de severa crisis, y el gobierno de Miguel de la Madrid se vio obligado, por presiones de las instituciones financieras internacionales, a instrumentar "políticas de ajuste estructural" que se tradujeron en drásticas medidas restrictivas, nocivas para la economía de la población en general. El ajuste estructural significó también el adelgazamiento del aparato estatal y el comienzo del proceso de privatización; en suma, se trataba de abandonar el proteccionismo e iniciar la apertura comercial, al tiempo que se intentaba una "renovación moral" orientada a combatir la corrupción en el sistema político.

Al final del sexenio, la persistente crisis económica se tradujo, en lo político, en la pérdida de credibilidad y prestigio para el partido en el poder, y se alzaron cada vez con mayor fuerza las voces que formulaban demandas democráticas, incluso dentro del propio PRI. Ante la negativa de cambio de parte de la cúpula del partido, se dio una ruptura interna y el desprendimiento de una corriente democrática que formó una nueva organización convertida luego en importante oposición política. Sin embargo, el PRI mantuvo el poder presidencial recurriendo a nuevas estrategias, cuando ya no funcionaban las viejas técnicas del fraude electoral.

La sexta y última etapa de los gobiernos posrevolucionarios (1988-2000) está marcada por el creciente declive del PRI, mientras la oposición —el Partido Acción Nacional— alcanzaba triunfos electorales y lograba por primera vez, durante el gobierno de Carlos Salinas de Gortari, ocupar gubernaturas estatales.

La situación económica pareció mejorar e incluso se llegó a hablar de un nuevo "milagro". En ese contexto se logró la firma del Tratado de Libre Comercio de América del Norte, que significó un definitivo abandono del proteccionismo y el ingreso a los nuevos tiempos de la globalización, un revivir del liberalismo económico del siglo XIX, cuyas implicaciones de orden social fueron previstas por el EZLN en el estallido del 1 de enero de 1994, que se conjugaban con las ancestrales demandas de los grupos indígenas del Sureste mexicano. El deterioro del PRI desembocó en una violencia que acabó con la vida del candidato a la presidencia de la República y con el secretario general del propio partido.

El último gobierno de esta sexta etapa (1994-2000) enfrentó una nueva situación de crisis económica, una de las más severas y que esta vez, en el marco de la globalización, trascendía las fronteras nacionales. El rescate de las finanzas estatales, logrado gracias a la ayuda del gobierno de Estados Unidos, provocó el aumento de la deuda externa; el rescate bancario con ayuda financiera del gobierno mexicano se tradujo en una onerosa y prolongada carga para los contribuyentes nacionales.

Por último, el sexenio 2000-2006 se inició con una nueva esperanza de cambio alentada por las promesas de Vicente Fox Quesada, representante de la vertiente centro-derecha del Partido Acción Nacional, quien logró derrotar a sus adversarios, en especial al candidato del PRI, en unas elecciones limpias y democráticas. Sin embargo, por diversas razones, la transformación del país que prometió el autoproclamado *gobierno del cambio*, no llegó a concretarse en la medida de las expectativas que generó. Si bien es cierto que el fin de este sexenio no muestra la crisis financiera de sexenios anteriores, el país se encuentra estancado; el desequilibrio socioeconómico se ha agudizado, así como los rezagos en educación, seguridad, empleo y poder de compra de los ciudadanos.

La crisis de fin de sexenio no fue financiera sino política, los conflictos relacionados con la sucesión presidencial dieron origen a una polarización y una incertidumbre no experimentadas antes en la vida política de México, cuyos alcances y efectos no es posible conocer todavía. Pero, con la esperanza de siempre, la de cada seis años, la población en general confía en que el todavía presidente electo, Felipe Calderón Hinojosa, sabrá enderezar el rumbo del país y llevarlo hacia un camino de avance democrático y hacia un mejor desarrollo económico, social y cultural

Esta quinta edición de *Historia de México*, en búsqueda de un mejor cumplimiento de sus propósitos didácticos, ofrece a los lectores-estudiantes no sólo la narración de los acontecimientos relevantes acaecidos en el país durante su largo devenir histórico, sino también los recursos que faciliten la aprehensión cognitiva de tales hechos. Por ello, en cada capítulo se pone a la disposición de maestros y alumnos un conjunto de recursos didácticos —diagramas temáticos, líneas del tiempo, ejercicios, ideas centrales, cuadros-resumen, cuadros comparativos, tablas, mapas, actividades de aprendizaje, fuentes primarias y secundarias— y de imágenes. Estos elementos, además de proporcionar una manera atractiva y amena de acceder al conocimiento del acontecer nacional a través del tiempo, permiten estimular el desarrollo de sus habilidades en el procesamiento cognitivo de los diferentes elementos implicados en el fenómeno histórico.

Como "memoria colectiva" de los pueblos, la historia nacional está destinada a revisar el pasado, a recorrer su acontecer con una mirada retrospectiva, crítica y analítica, que permita a los integrantes de cada pueblo reconocerse en los hechos pasados, reconocer sus propios orígenes, revalorar sus pasos a lo largo del tiempo histórico en la línea que une el pasado y el presente.

G. M. D. C.

Capítulo 1
La Revolución Mexicana: lucha contra el antiguo régimen

"La Trinchera", José Clemente Orozco

1910
Inicio de la Revolución Mexicana, 20 de noviembre.

1911
Se firman los Tratados de Ciudad Juárez, que ponen fin al gobierno de Porfirio Díaz, 21 de mayo.
Francisco León de la Barra ocupa la presidencia del país de forma interina, 25 de mayo.
Francisco I. Madero ocupa la presidencia después de ser elegido por una inmensa mayoría, 6 de noviembre.
Se firma el Plan de Ayala, 25 de noviembre.

1912
Pascual Orozco se levanta en armas contra el gobierno de Madero, marzo.
Es fundada la *Casa del Obrero Mundial*, 24 de agosto.

1913
Se inicia la "Decena trágica", 9 de febrero.
Aprehensión y renuncia de Madero y Pino Suárez; Pacto de la Embajada, 18 de febrero.
Victoriano Huerta asume el Poder Ejecutivo, 19 de febrero
Asesinato de Madero y Pino Suárez, 22 de febrero
Venustiano Carranza lanza el Plan de Guadalupe, 26 de marzo
Huerta disuelve la Cámara de Diputados, 10 de octubre
Elecciones extraordinarias para el Congreso, y para presidente (Huerta) y vicepresidente (Blanquet); 26 de octubre.
Woodrow Wilson afirma su política de "vigilante espera", 24 de noviembre.

1914
Huerta decreta la suspensión por seis meses del pago de la deuda nacional, 12 de enero.
Se produce el "incidente de Tampico", 9 de abril.
Ocupación estadounidense del puerto de Veracruz, 21 de abril.
Comienzan las Conferencias de Niagara Falls, 20 de mayo.
Se firma el Pacto de Torreón entre villistas y carrancistas, 8 de julio.
Huerta presenta su renuncia ante el Congreso, 15 de julio.
Se firman los Tratados de Teoloyucan, que ponen fin a la dictadura huertista.

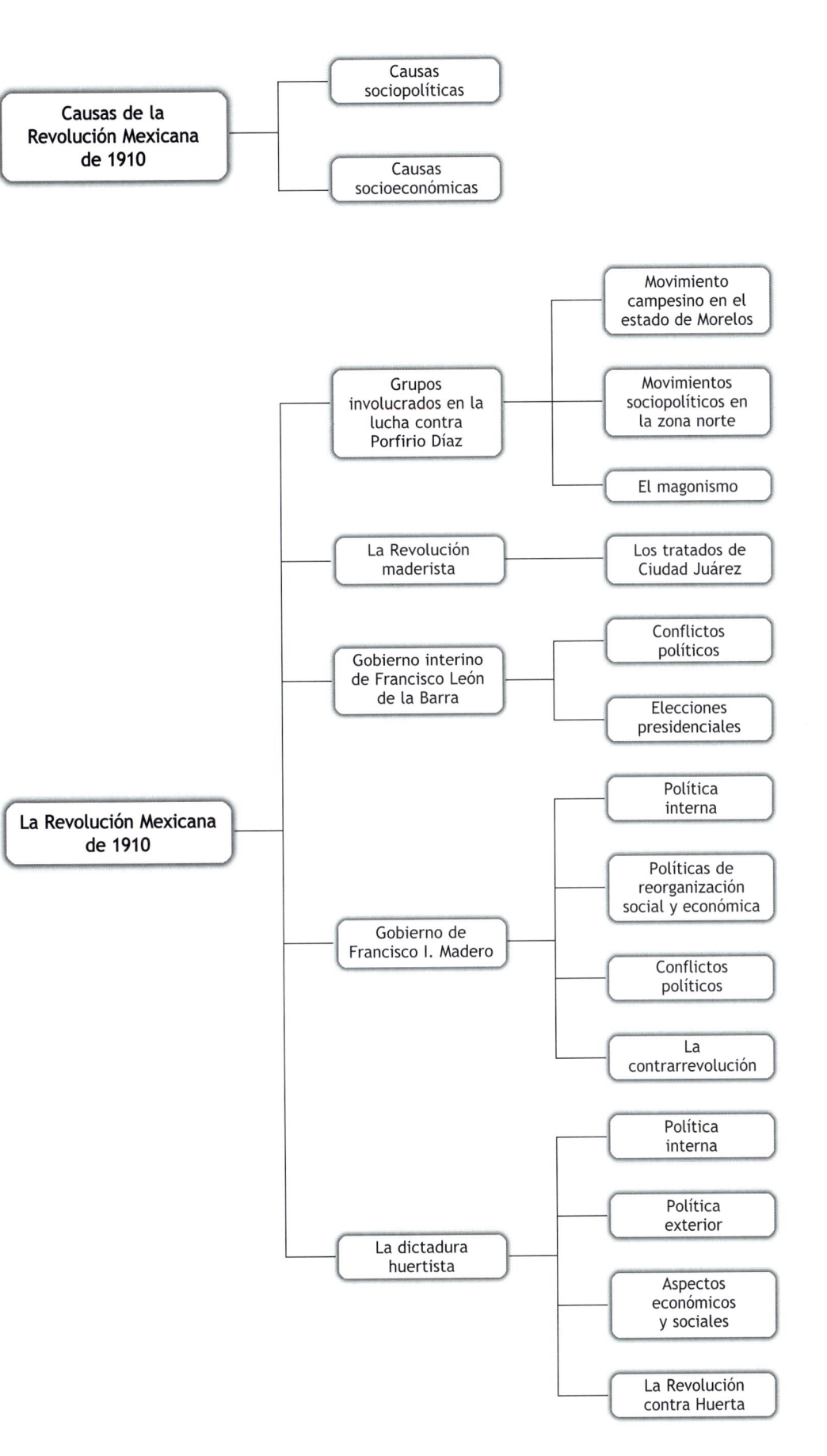

La Revolución Mexicana: lucha contra el antiguo régimen

Este primer capítulo, dedicado a la Revolución Mexicana iniciada en 1910, te permitirá adentrarte en una de las etapas más importantes y trascendentales en el desarrollo histórico del país. El título del capítulo indica que se trata de los sucesos revolucionarios contra el régimen porfirista pero, como verás, el conflicto bélico no concluyó con la caída definitiva de aquel régimen; de hecho, el estudio de la Revolución Mexicana puede dividirse en tres momentos: 1) la etapa maderista; 2) la revolución contra la dictadura del porfirista Victoriano Huerta; y 3) la lucha entre los caudillos revolucionarios. Por esta razón, la etapa revolucionaria ocupa dos capítulos de este libro, el segundo de ellos culmina con la promulgación de la Constitución de 1917, vigente hasta la fecha, que pone fin a la lucha revolucionaria.

La rebelión de grandes proporciones, que ya se preveía durante el periodo gubernamental de Porfirio Díaz iniciado en 1904, estalló ante la fraudulenta séptima reelección del dictador en 1910. Recordarás que en el Plan de San Luis Potosí, promulgado por Francisco I. Madero en octubre de ese año, se hacía un llamado a los ciudadanos a tomar las armas el 20 de noviembre siguiente, para "arrojar del poder a las autoridades". El llamado de Madero fue atendido en diversas regiones del país, sobre todo en aquellas donde era más evidente el descontento hacia el régimen de Díaz, ya fuera por razones políticas o socioeconómicas.

Éste fue el inicio de la etapa maderista de la Revolución, en la cual se logró acabar con el gobierno de Porfirio Díaz, pero no con su régimen; esta circunstancia provocaría que la etapa maderista terminara en tragedia con el hecho que se conoce como la "decena trágica" que llevó al asesinato del presidente Madero y del vicepresidente Pino Suárez.

El segundo momento de la Revolución inicia cuando se apropia de la Presidencia de la República un nefasto personaje: Victoriano Huerta; quien impuso una dictadura mucho más severa que la de Díaz. Como podrás suponer, esto provocó que volviera a estallar la lucha armada y que los revolucionarios formaran un frente unido para derrocar al nuevo dictador. Esta nueva etapa conflictiva, agravada por la intervención del gobierno estadounidense, logra su propósito: arrojar al usurpador del poder presidencial. Pero una vez alcanzado ese objetivo, se hace evidente que los revolucionarios sólo tenían en común el deseo de derrocar a Huerta, y afloran los intereses irreconciliables de los tres principales caudillos: Venustiano Carranza, primer jefe del ejército constitucionalista; y los líderes de los ejércitos defensores del agrarismo, Francisco Villa y Emiliano Zapata.

Introducción

La Revolución Mexicana, iniciada por Francisco I. Madero en busca de un cambio político y continuada por quienes le imprimieron el rumbo hacia una transformación más amplia —legislativa, social y económica—, es una de las etapas más trascendentales de la historia de México pues, aparte de las modificaciones inmediatas que produjo el cambio de régimen, marca el inicio del panorama general del desarrollo del país en el transcurso del siglo xx. Los gobiernos emanados del movimiento revolucionario sentaron las bases del sistema político institucional que dominaría la vida nacional durante el resto del siglo, con base en la creación inicial de una Carta Magna capaz de responder a las demandas de los diversos grupos que atendieron el llamado del Plan de San Luis Potosí.

El estallido de la revolución aquel 20 de noviembre de 1910, constituyó una violenta respuesta de los diversos grupos sociales que, a lo largo y ancho del país, padecían en diversas maneras y grados la prolongada paz porfiriana y, sobre todo, los mecanismos de control que ésta implicó en aras de un progreso económico que, a pesar de que condujo a México a la modernidad tecnológica, se cimentó en grandes contradicciones que fueron generando un creciente descontento que al final, como diría el mismo don Porfirio, "desencadenaron al tigre", y sumieron al país en una violencia que duró casi diez años.

Durante ese periodo, muchos mexicanos murieron en el campo de batalla, otros cayeron víctimas de la violencia generalizada, otros más perecieron por epidemias y también por hambre, y muchos miles emigraron, sobre todo a Estados Unidos. En consecuencia, la población de México disminuyó de 15.2 millones de habitantes en 1910 a 14.3 millones en 1921.

La Revolución Mexicana de 1910, aparte de las modificaciones inmediatas que produjo con el cambio de régimen, marca el inicio del panorama general del desarrollo del país en el transcurso del siglo XX.

Francisco I. Madero

Causas de la Revolución Mexicana de 1910

El movimiento revolucionario de 1910 se produjo a raíz de causas sociopolíticas y socioeconómicas que, a lo largo del porfiriato, fueron gastándose y al final se conjugaron, al coincidir una grave crisis económica con el envejecimiento del régimen cuyas estructuras caducas ya no correspondían al dinamismo de una sociedad en transformación. La lucha armada que diera comienzo en el mes de noviembre de 1910, cuando diferentes grupos sociales atendieron al llamado del Plan de San Luis Potosí, fue provocada principalmente por las siguientes causas:

El movimiento revolucionario de 1910 se produjo a raíz de causas sociopolíticas y socioeconómicas, que a lo largo del porfiriato, fueron gastándose y al final se conjugaron, al coincidir una grave crisis económica con el envejecimiento del régimen.

Causas sociopolíticas

- La prolongada permanencia de Porfirio Díaz en el poder presidencial.
- El envejecimiento del sistema político.
- La rivalidad entre algunos de los integrantes de la élite porfirista.
- El incumplimiento de Porfirio Díaz a la promesa de no volver a postularse para la presidencia, hecha ante James Creelman, reportero estadounidense, en el año de 1908.
- El fraude cometido en las elecciones presidenciales de junio y julio de 1910.
- La falta de oportunidades de ascenso político para los miembros de las clases medias.

Envejecimiento del régimen porfirista

- La virtual anulación de la libertad y la democracia, violando los principios del liberalismo político.
- La influencia de los principios del movimiento magonista, difundidos en el programa del Partido Liberal Mexicano.
- La persecución y represión en contra de los movimientos políticos oposicionistas.
- La obstinación de Porfirio Díaz ante los intentos de Francisco I. Madero de realizar el cambio político por la vía democrática.
- La influencia de las ideologías europeas a favor de la democracia y de los derechos de los trabajadores (liberalismo político, anarquismo, sindicalismo; socialismo utópico, marxista y cristiano).

Causas socioeconómicas

- Inconformidad de la clase media empresarial con la oligarquía financiera representada por los *científicos*, debido a que éstos manejaban el crédito bancario del país en provecho propio.
- Los efectos económicos de la tienda de raya que, al limitar el intercambio dinero-mercancías, se convertía en un freno a la consolidación del capitalismo en México.
- Inconformidad de las clases media profesional y obrera industrial del país por el abuso de poder y la corrupción de los caciques y amigos de Porfirio Díaz.
- Descontento del sector obrero mexicano por la discriminación de que era objeto, manifiesta en el mejor trato y los salarios más altos que se otorgaban a los extranjeros en minas y fábricas.
- Descontento de los campesinos indígenas, que habían sido despojados de sus tierras como consecuencia de la aplicación de la Ley de Colonización y Terrenos Baldíos.
- Las condiciones infrahumanas de trabajo en haciendas, minas y fábricas.
- Los efectos sociales de la crisis económica que dio comienzo en el año de 1907.
- El marcado desequilibrio social generado por las características propias del modelo de "crecimiento hacia fuera".

La Revolución Mexicana de 1910

Grupos involucrados en la lucha contra Porfirio Díaz

Movimiento campesino en el estado de Morelos

El estado de Morelos había sido escenario de efervescencia sociopolítica en los últimos años de la década 1900-1910. Debido a la índole específica de sus recursos naturales, que facilitaban la producción azucarera, en la región morelense se incrementaron los latifundios asociados a esta actividad, para la que se requiere de una considerable extensión de tierra. La producción azucarera, por estar destinada fundamentalmente a la exportación, era objeto de especial interés para las políticas económicas del régimen porfirista, sobre todo cuando la plata sufría bajas en el precio. Por tal razón, el gobierno permitía e incluso alentaba la severa explotación y el despojo de tierras que los trabajadores padecían a manos de los hacendados, con tal de hacer crecer la producción.

Debido a las características de los recursos naturales del estado de Morelos que facilitaban la producción azucarera, se incrementaron los latifundios asociados a esta actividad, para la que se requiere de una considerable extensión de tierra.

Durante algunos años, la región morelense se había mantenido relativamente en orden gracias a la habilidad del gobernador Manuel Alarcón, quien supo hacerse respetar por los campesinos y mediar entre éstos y los hacendados. Pero al morir Alarcón en 1908, el presidente Díaz escogió como candidato a la gubernatura de Morelos a una persona completamente distinta al gobernador anterior y ajena a la situación política y social del estado. Se trataba de Pablo Escandón, un militar con aires de aristócrata que, "electo" como gobernador de Morelos en la forma acostumbrada por los porfiristas, derrotó al candidato postulado por el Partido Demócrata, Patricio Leyva, quien tenía verdadero arraigo en la región y contaba con la confianza del pueblo morelense. Al tomar posesión del gobierno, Escandón se puso abiertamente del lado de los hacendados, con lo que aumentó el descontento de los campesinos y dio ocasión para que éstos se sumaran a la rebelión que ya empezaba a sacudir a la dictadura.[1]

Cuando el Plan de San Luis Potosí fue conocido en Morelos, los campesinos, esperanzados con las palabras del artículo 3º, decidieron integrarse a la rebelión maderista para defender sus derechos con las armas. Tres líderes agrarios se levantaron en contra del gobierno: Gabriel Tepepa, Pablo Torres Burgos y Emiliano Zapata. Este último habría de convertirse en el caudillo de mayor arrastre popular en el sur y en símbolo del agrarismo a nivel nacional, aun cuando sus objetivos iniciales fueran meramente de carácter local.

Semblanza de Emiliano Zapata

Emiliano Zapata era un campesino de Morelos, pero no era pobre; él y su hermano Eufemio habían heredado algo de tierra y de ganado al morir sus padres, y nunca tuvieron necesidad de trabajar como jornaleros en las haciendas. Emiliano se dedicó a cultivar sus tierras, y en temporadas de poco trabajo se ocupaba de la compra y venta de caballos en pequeña escala. Esta actividad, aparte de dejarle dinero suficiente para vivir con cierta comodidad y comprarse lujosos arreos de montar, hizo de Zapata un experto domador de caballos, cuya fama provocó que los dueños de las haciendas se disputaran sus servicios.

Emiliano Zapata nació en 1879, en Anenecuilco, cerca de la Villa de Ayala, en el estado de Morelos. Su familia era ampliamente conocida por los habitantes de aquel lugar y había participado heroicamente en los hechos de la historia nacional. Desde niño, Emiliano fue testigo de los problemas que aquejaban a los campesinos, y ya adulto, cuando se le encargó cuidar las lujosas caballerizas que tenía en la capital un hacendado de Morelos, regresó deprimido a Anenecuilco y apuntó que aquellos establos podrían avergonzar la casa de cualquier trabajador en todo el estado de Morelos.

No obstante que la posición económica de Zapata fuera algo mejor que la de los campesinos de Anenecuilco, éstos le tenían confianza y lo consideraban como uno de los suyos. Gracias a esa confianza, en 1909 fue elegido presidente del Concejo que defendía las tierras de Anenecuilco. En el cumplimiento de tal cargo estudió los documentos que acreditaban los derechos de su gente a las tierras, y fue durante esas gestiones que entró en contacto con algunos de los ideólogos de la Revolución. Participó después en la

Emiliano Zapata

---

[1] John Womack, Jr., *Zapata y la Revolución Mexicana*, SEP/Siglo XXI Editores, México, 1985, pp. 14-21.

campaña de Patricio Leyva, el candidato demócrata a la gubernatura de Morelos que fuera derrotado por Escandón. Debido a estas actividades contrarias a la política oficial, Zapata fue reclutado en el ejército federal en febrero de 1910, aunque obtuvo pronto su licenciamiento, gracias a que un hacendado morelense lo contrató como caballerango mayor de sus establos en la ciudad de México. Cuando poco después regresó a su pueblo, la situación de los campesinos se había agravado a causa de una nueva ley decretada por el gobernador Escandón, que ocasionó un nuevo despojo de tierra. Zapata encabezó un grupo de hombres armados dispuestos a reclamar sus derechos por la fuerza y envió una delegación al presidente Díaz a entregarle oficialmente la reclamación. Los resultados fueron favorables para los campesinos y, con este triunfo, Zapata acabó de ganarse la confianza, podría decirse que la devoción, de los campesinos de su pueblo, quienes habrían de seguirle cuando decidió unirse a la revolución maderista.[2]

Movimientos sociopolíticos en la zona norte

Las características socioeconómicas que presentaba la zona norte a finales del porfiriato eran muy distintas de las del resto del país. Por razones de distanciamiento geográfico respecto al centro, durante la etapa colonial y gran parte del periodo independiente, esta región se había mantenido prácticamente autónoma en lo político y en lo económico; el régimen porfirista había puesto fin a aquella autonomía al incorporar la zona norte a los planes de expansión económica, particularmente a los que estaban ligados al capitalismo estadounidense.

Campesinos libres, de antiguas colonias militares

En el siglo XVIII las autoridades virreinales establecieron colonias militares en aquellas regiones septentrionales, con el propósito de que lucharan contra las bandas de apaches y de otros grupos de "indios bárbaros" que merodeaban por el territorio, amenazando las posesiones de la Corona española. Esta política, que en realidad fue de exterminio para los grupos indígenas nómadas, continuó bajo los gobiernos del México independiente en el siglo XIX, y gracias a ella, los pobladores que se arriesgaron a habitar aquellas peligrosas tierras gozaron de algunos privilegios que no tenían los campesinos libres del centro y sur del país. Desde el periodo colonial poseían más tierras que éstos, tenían derecho a una mayor autonomía interna y estaban facultados para portar armas. Al avanzar el porfiriato, la amenaza de los apaches dejó de existir y la zona fronteriza se tornó más tranquila; en consecuencia, el gobierno ya no necesitaba de la ayuda militar de los campesinos libres; en cambio, la transformación económica exigía la expropiación de la tierra que con tanto esfuerzo habían hecho producir. Con la llegada de los ferrocarriles y las relaciones internacionales que éstos propiciaron en la zona fronteriza, la región norte sufrió una gran transformación que afectó a los campesinos de las antiguas colonias militares y los hizo perder no sólo sus tierras, sino también su autonomía política.

Grupos indígenas del norte

También fue afectado por el régimen de Díaz otro grupo de campesinos, compuesto por algunas comunidades de indígenas establecidas en el norte, como los yaquis y tarahumaras, que hasta antes del porfiriato habían logrado conservar sus tierras. Frente a los despojos de tierras y los ataques a su autonomía, provenientes del régimen porfirista, se encontraron indefensos.

Zapata encabezó un grupo de hombres armados dispuestos a reclamar sus derechos por la fuerza y envió una delegación al presidente Porfirio Díaz a presentarle oficialmente la reclamación, con resultados favorables para los campesinos.

Ejercicio 1

1. Explica las causas políticas y socioeconómicas del descontento de los campesinos del estado de Morelos, hacia el régimen porfirista.
2. Explica por qué el artículo 3° del Plan de San Luis Potosí, fue el factor decisivo para que los campesinos de Morelos se unieran a la revolución maderista.
3. Describe los rasgos característicos de Emiliano Zapata, respecto a su clase social, su trayectoria política y su preocupación social.

Durante la etapa colonial y gran parte del periodo independiente, la zona norte se había mantenido prácticamente autónoma en lo político y en lo económico, pero el régimen porfirista puso fin a esa autonomía.

Algunas comunidades indígenas establecidas en el norte, como los yaquis y tarahumaras, se encontraron indefensos frente a los despojos de tierras y los ataques a su autonomía, provenientes del régimen porfirista.

---

[2] *Ibid.*, pp. 3-7.

Grandes latifundistas

Los campesinos indígenas recibieron cierta ayuda de los poderosos terratenientes que, como Luis Terrazas y José María Maytorena, estaban descontentos con el gobierno porque los había desplazado de sus posiciones como jefes políticos regionales. Ambos terratenientes, resentidos contra el régimen, alentaron la lucha de los campesinos y les brindaron refugio.

> *Algunos poderosos terratenientes de la zona norte, como Luis Terrazas y José María Maytorena, estaban descontentos con el gobierno porque los había desplazado de sus posiciones como jefes políticos regionales.*

Peones de la hacienda tradicional

Había en el norte otro grupo rural, el de los peones de la hacienda tradicional, principalmente en Chihuahua y en menor proporción en Sonora, que con anterioridad a 1900 había permanecido pasivo y dócil ante los hacendados y las autoridades políticas. Esta actitud obedecía en gran parte al hecho de que esos trabajadores disfrutaban de un nivel de vida superior al de los peones en las haciendas del centro y del sur. Fue en los últimos años del porfiriato cuando las políticas económicas afectaron también a los peones de la hacienda norteña y alteraron su antigua pasividad; su respuesta ante el cambio de situación fue violenta y sus relaciones con los hacendados llegaron a ser más conflictivas que en el centro y el sur. Esto puede explicarse por el hecho de que en estas regiones el control sobre los peones era extremadamente rígido y dificultaba en gran medida organizar una rebelión; en cambio, la relativa libertad de que disfrutaba el peón norteño permitió que brotara en él una intención revolucionaria.

José María Maytorena, gobernador de Sonora

Peones de la hacienda moderna

Un fenómeno social interesante lo constituye el surgimiento, durante el porfiriato, de un nuevo tipo de trabajador agrícola moderno en algunas haciendas localizadas en el estado de Coahuila; se trataba de *peones modernos* procedentes en su mayoría del centro del país, atraídos por el desarrollo pujante de la región norteña. Un buen número de esos inmigrantes se asentó en la zona de La Laguna, situada en los estados de Coahuila y Durango, donde tuvo lugar el crecimiento económico quizá más acelerado del periodo porfirista, y donde se pagaban los salarios agrícolas más altos del país, salarios que se entregaban en moneda y no en vales; aunque existía la tienda de raya, ésta era más un incentivo para atraer la mano de obra que un medio de acasillamiento para el peón. Sin embargo, aquel tipo de trabajo agrícola moderno era temporal y no ofrecía seguridad de empleo fijo; la mano de obra era bien pagada en los campos algodoneros durante una parte del año, y el resto del tiempo los trabajadores tenían que deambular en busca de empleo, agrícola o no, en otras regiones de México y en el suroeste de Estados Unidos, donde el empleo estaba sujeto a continuas depresiones económicas que, al afectar las fuentes de trabajo, provocaban el inmediato despido de los mexicanos. Tal falta de arraigo y de empleo permanente fue un factor importante en la decisión de este grupo rural de unirse al movimiento revolucionario, con la esperanza de cambiar su situación. Se dieron, no obstante, algunos casos de peones que lograron mantenerse de forma permanente en las haciendas modernas del norte, con la peculiar característica de que, al empezar la Revolución, no se rebelaron en contra de sus hacendados, sino junto con ellos, cuando éstos, como Madero, se levantaron en armas contra la dictadura.

> *Los trabajadores de la hacienda tradicional en la zona norte, que disfrutaban de un nivel de vida superior al de los peones en las haciendas del centro y del sur, fueron afectados por las políticas económicas en los últimos años del porfiriato.*

> *La falta de arraigo y de empleo permanente de los peones modernos, que trabajaban temporalmente en algunas haciendas de la zona de La Laguna, fue un factor importante en la decisión de este grupo rural de unirse al movimiento revolucionario.*

La alta clase media

Los integrantes de la clase media empresarial (terrateniente, industrial y comercial), desarrollada con la transformación económica ocurrida en el porfiriato, veían seriamente amenazados sus capitales ante la perspectiva de que los "científicos" continuaran manejando las finanzas del país, y temían que al retirarse Díaz el poder político quedara en manos de ese grupo oligarca favorecido por el régimen. Por lo tanto, la práctica de la democracia constituía la única opción pacífica viable para desplazar del gobierno no sólo al dictador sino también a la obsoleta élite porfirista.

> Algunos peones lograron mantenerse de forma permanente en las haciendas modernas del norte y, al empezar la Revolución, no se rebelaron en contra de sus hacendados sino que lucharon junto con ellos para derrocar al régimen porfirista.

> Los integrantes de la clase media empresarial veían seriamente amenazados sus capitales ante la perspectiva de que los "científicos" continuaran manejando las finanzas del país.

> Las clases media profesional y obrera industrial del norte se vieron afectadas por la crisis económica que disminuyó sus oportunidades de ascenso social.

Las clases media profesional y obrera

En la última década del porfiriato también se vieron afectadas las clases media profesional y la obrera industrial del norte, por la crisis económica que provocó la reducción de los salarios reales y la elevación de los impuestos, al mismo tiempo que disminuían las oportunidades de ascenso en la escala social a los integrantes de esas clases, y se favorecía únicamente a los caciques y jefes que el gobierno mantenía a su servicio. El descontento empezó a expresarse por medio de una intensificación de los sentimientos nacionalistas y de un rechazo hacia los extranjeros, actitud de resentimiento provocada por la creciente participación de los inversionistas extranjeros en la economía mexicana, que desplazaba a los mexicanos de las fuentes de empleo.

El magonismo

El movimiento liberal encabezado por Ricardo Flores Magón estaba integrado por un grupo de ideólogos y periodistas que habían manifestado su oposición al régimen porfirista antes de que lo hiciera Francisco I. Madero. Su *Programa*, publicado en 1906 en San Luis Missouri, no era un plan revolucionario, pero sí un programa de acción política que proponía un cambio social exigido por las circunstancias del país. Los miembros del Partido Liberal Mexicano, autores de aquel programa, habían sufrido la persecución y represión del gobierno porfirista, viéndose obligados a huir a Estados Unidos, donde también se les persiguió y encarceló. Cuando fueron liberados, se dirigieron a la región oeste de ese país y ahí prepararon un movimiento armado en contra de Díaz, con el respaldo de las fuerzas sindicalistas, socialistas y anarquistas estadounidenses, en septiembre de 1910. Cuando Madero tuvo noticias de los preparativos de los liberales magonistas, supuso que este grupo se uniría al movimiento encabezado por él, pero no fue así: Ricardo Flores Magón declaró, en el periódico *Regeneración*, que no estaba de acuerdo con Madero, pues consideraba que éste no buscaba un verdadero cambio en la estructura social y política del país.

De hecho, existían diferencias básicas entre los dos líderes. En primer lugar, el liberalismo radical de Flores Magón chocaba con las ideas moderadas de Madero, quien prefería conservarse dentro de los márgenes legales en su lucha contra la dictadura y se negaba a emplear la violencia (hasta que las circunstancias no le dejaron otro camino). Otra diferencia consistía en la perspectiva que uno y otro tenían acerca de la opresión porfirista; para Flores Magón estaba determinada por factores socioeconómicos, en cambio para Madero era principalmente de índole política, aspecto que los magonistas consideraban secundario. En tercer lugar, los liberales y

Ricardo Flores Magón

Ricos mineros duranguenses, padre e hija, en lucha contra Díaz

Valentina Ramírez, revolucionaria de Sinaloa

Fuente 1. La Revolución que vino del Norte

En los treinta años de paz porfiriana, el Norte sufrió cambios más definitivos que en toda su historia anterior. El auge capitalista del otro lado de la frontera y sus inversiones en éste, el ferrocarril que abatió las distancias, el *boom* petrolero en el Golfo, el minero en Sonora, Chihuahua y Nuevo León, el agrícola en La Laguna, El Yaqui y Tamaulipas, el industrial en Monterrey, el marítimo en Tampico y Guaymas, trajeron en esos años para el Norte el impulso material de una doble y efectiva incorporación; por un lado el pujante mercado norteamericano, por el otro la red inconclusa pero practicable de lo que podía empezar a llamarse República Mexicana. En esos años el Norte fue un foco de inversiones y nuevos centros productivos que diversificaron notablemente su paisaje económico y humano. Ahí convergieron en rápida mezcla haciendas tradicionales y plantaciones de exportación, nuevas ciudades mineras y agrícolas, altos salarios, una capa próspera de rancheros, vaqueros y agricultores libres, una explosiva clase obrera en las minas, una banca incipiente, un comercio ramificado.

La modernidad llegó al Norte montada en el ferrocarril, la inversión norteamericana, la agricultura intensiva, la minería de metales industriales, el comercio en puertos y aduanas. Apenas encontró a su paso los obstáculos arcaizantes propios del México viejo, su multiplicidad regional, el peso de las tradiciones religiosas e hispánicas de las luchas agrarias restauradoras que el proyecto liberal quiso abolir para fundar el México laico, secular y capitalista. Es significativo que ese mismo Norte, tan permeable a los cambios que quisieron los liberales, haya sido el que bajó en 1910, por los mismos ferrocarriles que lo unieron a la Nación, para dominar militar y políticamente al país durante los siguientes veinticinco años.

La habitual certidumbre sobre el movimiento armado de 1910-1917 de México es que tuvo una carga esencialmente agraria cuyo corazón es el zapatismo. Quizá convenga ahora pensar que su sentido se revela mejor en la hipótesis contraria: los ejércitos norteños trajeron al poder a los hijos de una inmensa región con una idea muy remota de lo que podía ser la intimidad histórica y humana del Centro, el Bajío o el Sur del país.

Héctor Aguilar Camín,
La Revolución que vino del Norte, Vol. 1,
Océano, Barcelona, 1988, pp. 6-7.

Ejercicio 2

1. ¿Cómo afectó el gobierno porfirista la autonomía política y económica de los campesinos libres y los grupos indígenas de la zona norte?
2. ¿A qué se debía el descontento de los grandes latifundistas del norte hacia el régimen porfirista?
3. ¿De qué manera las políticas económicas del porfiriato afectaron a los trabajadores de la hacienda tradicional en el norte?
4. ¿Cuáles eran las condiciones de vida y trabajo de los peones modernos de las haciendas norteñas, para que decidieran unirse al movimiento revolucionario?
5. ¿Cuáles fueron los factores que influyeron en las clases medias del norte —empresarial, profesional y obrera—, para su participación en el movimiento revolucionario?

Ricardo Flores Magón no estaba de acuerdo con Madero, pues consideraba que éste no buscaba un verdadero cambio en la estructura social y política del país.

Madero actuaban desde posiciones muy diferentes en los planos social, económico, político, geográfico e ideológico. Por su clase social, Madero poseía recursos económicos, experiencia política y respaldo legal, elementos que le permitieron conseguir el voto popular, mientras que los magonistas, pertenecientes en su mayoría a una clase media de menores recursos, se habían unido al anarquismo sindicalista que no buscaba el acceso al poder político sino precisamente su destrucción. Llamaban a las armas desde el exilio, puesto que en el interior del país su movimiento había sido fuertemente reprimido y quizá debido a ello tenían pocos adeptos. Por el contrario, los antirreeleccionistas obtuvieron respuesta positiva de las clases media y trabajadora en prácticamente todos los estados de la República.

Por las razones anteriores, estos dos grupos no se unieron en su lucha contra Díaz, aunque los liberales magonistas tuvieron que ajustarse la mayoría de las veces a las fuerzas y al ritmo de ataque de los maderistas. Los grupos liberales integraron a un buen número de extranjeros reclutados de las organizaciones sindicales, algunos de los cuales ya tenían experiencia militar. Sostuvieron varios encuentros con el

Ejercicio 3

1. Describe las características, políticas e ideológicas, del magonismo.
2. Describe las diferencias entre Ricardo Flores Magón y Francisco I. Madero, respecto a las ideas y objetivos que fundamentaban su oposición al régimen de Porfirio Díaz.
3. ¿Por qué los liberales magonistas no tuvieron éxito en su lucha contra el porfirismo?

ejército federal y con las fuerzas locales en la región noroeste del país, donde llegaron a tomar algunas poblaciones, pero la heterogeneidad de los combatientes rebeldes impidió una organización efectiva, y este grupo liberal revolucionario acabó por desintegrarse cuando, después de la renuncia de Díaz, se negó a someterse al nuevo gobierno interino y fue perseguido por las tropas federales. Ricardo Flores Magón nunca habría de regresar a México.[3]

La Revolución maderista

Según la convocatoria del Plan de San Luis Potosí, la Revolución debía iniciarse el 20 de noviembre, y Madero se dispuso a cumplir con su propia disposición: cruzó la frontera desde el lado estadounidense en un punto cercano a Ciudad Porfirio Díaz, Coahuila (hoy Piedras Negras), frontera con Eagle Pass, Texas, acompañado de ocho hombres, entre ellos dos de sus hermanos. Ahí deberían encontrarse con un ejército de 300 a 400 efectivos, dirigido por una persona de nombre Catarino Benavides, pero éste llegó varias horas después de la señalada, acompañado tan sólo por 10 hombres. El plan tuvo que suspenderse y Madero regresó a Estados Unidos, pero no volvió a San Antonio porque ahí las autoridades habían dictado orden de aprehensión en su contra. Suponiendo que el plan había fracasado, se dirigió a Nueva Orleáns, pero, al enterarse de los éxitos de quienes en algunos sitios de la República habían atendido su llamado, se embarcó con destino a Veracruz, donde ya se habían producido levantamientos armados.

El 20 de noviembre se habían efectuado 13 sublevaciones en varios estados y 10 días después habían llegado a cerca de 40 en siete estados, la mayoría ocurridos en Chihuahua.

El 20 de noviembre se habían efectuado 13 sublevaciones en varios estados: ocho en Chihuahua, una en Durango, una en San Luis Potosí y tres en Veracruz (véase mapa 1.1). Los hechos de armas se fueron multiplicando y, para el día 30 del mismo mes, había llegado a cerca de 40 en siete estados, la mayoría ocurridos en Chihuahua, estado en el que desde un principio tuvieron mayor éxito las fuerzas rebeldes, en función de los factores sociales ya mencionados. Tales fuerzas chihuahuenses fueron encabezadas por Abraham González, Pascual Orozco y Francisco Villa. Para marzo de 1911, la Revolución se había intensificado en el norte y se había extendido por casi todo el país (véase mapa 1.2). En ese mismo mes se iniciaron las actividades de Emiliano Zapata, quien por entonces se había unido a las fuerzas de Gabriel Tepepa. En Yucatán hubo algunos combates aislados, aunque no puede asegurarse que tuvieran relación con el movimiento maderista.

De marzo en adelante las tropas federales se mantuvieron prácticamente a la defensiva, mostrando la debilidad de un ejército que, por primera vez, se enfrentaba a una rebelión nacional. En los últimos años del porfiriato el ejército federal funcionaba casi como una fuerza policiaca, y por lo mismo, se encontraba muy fragmentado, de manera que no pudo responder con eficacia a las órdenes que desde la capital dictaba el presidente Porfirio Díaz, ya muy anciano y enfermo. Se hizo manifiesta la inexperiencia de los jefes militares para tomar decisiones rápidas y ejercer el mando sobre los soldados, muchos de ellos reclutados

Abraham González, gobernador de Chihuahua

Francisco Villa al lanzarse a la Revolución

---

[3] François-Xavier Guerra, *México: del antiguo régimen a la Revolución*, Fondo de Cultura Económica, México, 1988, pp. 36-42.

MAPA 1.1. Hechos militares, noviembre de 1910

mediante la leva, y ajenos a un sentimiento de fidelidad al gobierno. Quedaba también al descubierto la carencia de armas y pertrechos necesarios para combatir a los insurrectos, quienes habían venido acumulando armas desde meses atrás y continuaban recibiéndolas de la frontera, traídas de Estados Unidos a través de los puntos estratégicos que fueron conquistando.

Ante la gravedad de la situación, Porfirio Díaz tomó medidas desesperadas: en marzo suspendió las garantías individuales, buscando en ello contener el incremento en el número de rebeldes, pero tal decisión no tuvo el efecto deseado porque el ejército no logró apresar a los revolucionarios, y sólo capturó y aplicó la pena de muerte a unos pocos asaltantes de caminos fuera de las zonas de verdadera insurrección. Además, como Díaz se negó a excluir en el decreto de suspensión de garantías a los estadounidenses que se habían unido a los rebeldes, aumentó la tirantez de sus relaciones con el vecino país. "El fracaso de Díaz para sofocar varias revueltas localizadas en el norte (en años anteriores, el gobierno había podido sofocar revueltas similares), marcó el inicio de la revolución nacional. La Paz Porfiriana quedó fracturada, se manifestó el desgaste de la legitimidad del viejo orden."[4]

Alarmado además por las noticias de que el gobierno de Estados Unidos estaba concentrando fuerzas militares en la frontera, Díaz intentó negociar un acuerdo de paz. A fines de febrero envió una comisión encargada de entrevistarse con el padre y un hermano de Francisco I. Madero, que se encontraban en Estados Unidos y eran contrarios al movimiento revolucionario, para que intercedieran a favor de la paz, pero no se llegó a ningún acuerdo. A principios de mar-

Desde marzo de 1911 en adelante, las tropas federales se mantuvieron prácticamente a la defensiva, mostrando la debilidad de un ejército que, por primera vez, se enfrentaba a una rebelión nacional.

Francisco I. Madero con otros jefes revolucionarios

---

[4] Alan Knight, *La Revolución Mexicana. Del porfiriato al nuevo régimen constitucional*, Vol. 1, Grijalbo, México, 1996, p. 230.

Francisco Madero padre y su hijo Gustavo, junto con Francisco Vázquez Gómez, se entrevistaron en Nueva York con José Ives Limantour y le entregaron una propuesta de la Junta Revolucionaria en la que se había eliminado la petición de renuncia del general Díaz.

Francisco Madero, padre del jefe de la Revolución

Díaz hizo algunos cambios en su gabinete y envió a la Cámara de Diputados un proyecto de ley en que se prohibía la reelección. Pero Madero consideró aquellos cambios irrelevantes y tardíos, y mantuvo la exigencia de la renuncia de Díaz y Corral.

En un manifiesto a la Nación, Díaz aceptaba la posibilidad de renunciar, pero sólo "cuando su conciencia le diga que no entrega el país a la anarquía". Ante esas declaraciones, Madero anuncia el rompimiento de las negociaciones.

zo, Francisco Madero padre y su hijo Gustavo Madero, junto con Francisco Vázquez Gómez, se entrevistaron en Nueva York con José Ives Limantour, quien regresaba de Europa, y le entregaron una propuesta de la Junta Revolucionaria en la que se había eliminado la petición de renuncia del general Díaz; se pedía además la proclamación del principio de no reelección, la renuncia del vicepresidente Corral, la democratización general en el gabinete y en los estados de la República, y la garantía de las libertades políticas.

El día 1 de abril, aconsejado por Limantour, Porfirio Díaz hizo algunos cambios en su gabinete, sustituyendo a los secretarios, con excepción del de Hacienda y el de Guerra y Marina, y envió a la Cámara de Diputados un proyecto de ley en que se prohibía la reelección. Pero Madero consideró aquellos cambios como irrelevantes y tardíos y mantuvo la exigencia de la renuncia de Díaz y Corral.

En el mismo mes de abril, Vázquez Gómez insistió en la necesidad de celebrar conferencias de paz, porque la amenaza rebelde sobre Ciudad Juárez ponía en peligro las relaciones con Estados Unidos. El gobierno envió dos representantes, Óscar Braniff y Toribio Esquivel Obregón, a entablar conversaciones con los dirigentes revolucionarios [véase fuente 2 "Las negociaciones con el porfirismo"] y, tras muchas discusiones, éstos aceptaron un armisticio, que abarcaría el estado de Chihuahua, mientras se llevaban a cabo las negociaciones.

Los representantes del gobierno porfirista, buscaban negociar la paz con Madero sin que tuviera que renunciar Porfirio Díaz, ofreciendo a cambio la renuncia de Ramón Corral y la facultad para nombrar cuatro ministros del gabinete presidencial y 14 gobernadores. Madero estaba dispuesto a aceptar tal propuesta, e incluso estuvo de acuerdo en consentir que José I. Limantour siguiera al frente de la Secretaría de Hacienda, pero se encontró con la firme oposición de sus más cercanos colaboradores, entre ellos Venustiano Carranza y Roque Estrada, quienes reclamaron la presencia de Francisco Vázquez Gómez, quien logró convencer a Madero de que exigiera la renuncia de Díaz, con la cual quedaron rotas las negociaciones con los porfiristas.

El 7 de mayo, en un manifiesto a la Nación, el presidente Díaz admitía que "la rebelión iniciada en Chihuahua en noviembre del año pasado", se había extendido a otras regiones de la República, debido a "las tendencias anárquicas y el espíritu de aventura, siempre latente en algunas capas sociales de nuestro pueblo", y consideraba que "hacer depender la Presidencia de la República de la voluntad o el deseo de un grupo de ciudadanos más o menos numeroso, de ciudadanos armados, no es, ciertamente, establecer la paz"; aceptaba Díaz la posibilidad de renunciar, pero "como conviene a una Nación que se respeta, como corresponde a un mandatario que podrá, sin duda, haber cometido errores, pero que, en cambio, también ha sabido defender a su Patria y servirla con lealtad".[5]

Cámara de Diputados en 1911

---

[5] Jesús Silva Herzog, *Breve historia de la Revolución Mexicana*, Vol. I, Fondo de Cultura Económica, Col. Popular núm. 17, México, 1960, pp. 186-187.

Representantes de Díaz en las negociaciones: Francisco Carbajal, Óscar Braniff y Toribio Esquivel Obregón

Venustiano Carranza, hacendado y político de Coahuila

Fuente 2. Las negociaciones con el porfirismo

Toribio Esquivel Obregón, ex antirreeleccionista prominente, y Óscar Braniff, allegado a Limantour, llegaron a Ciudad Juárez como representantes porfiristas, el 20 de abril, en la víspera del ataque a esta plaza. La posibilidad de la negociación, a la que Madero estaba bien dispuesto, permitió diferir el ataque. Desde poco antes, el doctor Vázquez Gómez había iniciado tratos con el secretario de Relaciones Exteriores, vía el embajador de México en Estados Unidos, para establecer un armisticio que evitara la caída inminente de Ciudad Juárez. Esta tregua, válida para una amplia zona entre Ciudad Juárez y Chihuahua, fue por fin acordada entre el general Juan J. Navarro, jefe de la guarnición federal de Ciudad Juárez, y Francisco I. Madero, cabeza del movimiento insurreccional en todo el país y jefe de la fuerza sitiadora: el armisticio tendría una duración del 23 al 28 de abril.

Frente a Ciudad Juárez, Esquivel y Braniff intentaron convencer a Madero de que consolidara su avance con algunas gubernaturas y puestos en el gabinete, legalizando con ello al Partido Antirreeleccionista, con lo que se iniciaría en firme un proceso democratizador en el país. Por otro lado, los principales colaboradores de Madero pugnaban porque se exigiera la renuncia de Díaz. Así, la negociación se estancó sin llegar a resultado alguno. A punto de suspenderse las pláticas y reiniciarse las hostilidades, que culminarían casi seguramente con la toma de Ciudad Juárez, Madero dejó ver a los representantes del gobierno que la renuncia del presidente Díaz podría dejarse de lado a cambio de otras concesiones importantes. En estas condiciones, el gobierno envió a un representante con facultades para llegar a un acuerdo con los antirreeleccionistas.

El juez Francisco Carbajal llegó a Ciudad Juárez el 2 de mayo. Sin embargo, presionado por la plana mayor de sus colaboradores, Madero cambió nuevamente su decisión y la comisión negociadora exigió ante Carbajal la renuncia de Díaz. Como el magistrado no tenía facultades para discutir ese punto, las pláticas se suspendieron el día 4. Sin embargo, aunque Madero hubiera cedido en este renglón, es posible que la insurrección no se hubiera detenido, pues la caída del dictador era el punto de unión de los más diversos grupos sociales y regionales. Como en toda guerra, la claridad de un objetivo central, en este caso el derrocamiento de Porfirio Díaz, aglutinó a todos los grupos que tenían agravios contra el régimen. Es probable, pues, que buena parte de esa heterogeneidad de grupos hubiera rechazado cualquier solución que dejase a Díaz en el poder; por lo demás, este rechazo se justificaba en tanto que estaba respaldado militarmente.

Santiago Portilla G.,
"El Pacto de Ciudad Juárez", *Así fue la Revolución Mexicana*, Vol. 2,
Consejo Nacional de Fomento Educativo, México, 1985, pp. 257-259.

Tras la toma de Ciudad Juárez y siguiendo lo establecido por el Plan de San Luis Potosí, Madero asumió la presidencia de manera provisional y nombró un consejo de Estado.

Ejercicio 4

1. ¿Cómo fue la lucha revolucionaria iniciada el 20 de noviembre de 1910, en sus momentos iniciales?

2. ¿Por qué fracasó el ejército federal porfirista para sofocar las rebeliones en la zona norte?

3. Describe las medidas adoptadas por Díaz para detener el movimiento revolucionario, y sus intentos por negociar la paz.

4. ¿Cuáles fueron las declaraciones de Díaz que llevaron a Madero a romper las negociaciones de paz?

Al día siguiente de esas declaraciones, Madero anuncia el rompimiento de las negociaciones y ordena el avance hacia el sur; algunas tropas al mando de Pascual Orozco y Francisco Villa, en vez de seguir a Madero decidieron enfrentar a las fuerzas federales en Ciudad Juárez, logrando una victoria decisiva que les permitió ocupar esa plaza el día 10 de mayo.

Tras la toma de Ciudad Juárez y siguiendo lo establecido por el Plan de San Luis Potosí, Madero se constituyó en presidente provisional y nombró un consejo de Estado. Francisco Vázquez Gómez tendría el departamento de Relaciones Exteriores; Venustiano Carranza el de Guerra; Gustavo Madero el de Hacienda; Federico González Garza el de Gobernación; José María Pino Suárez el de Justicia; Manuel Bonilla el de Comunicaciones.

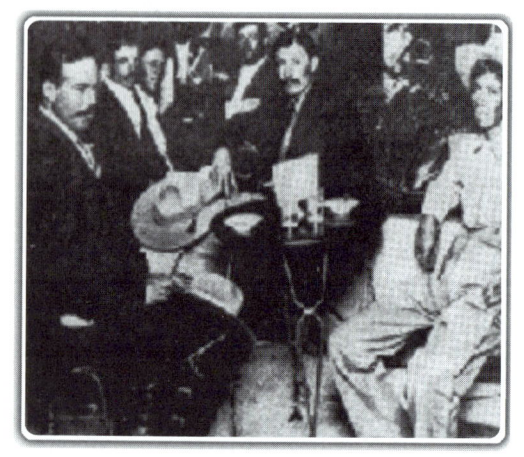

Francisco Villa y Pascual Orozco

Francisco I. Madero con su gabinete revolucionario en Cd. Juárez

Los Tratados de Ciudad Juárez

El 21 de mayo de 1911 se entablaron las negociaciones entre los revolucionarios y los porfiristas, con el fin de firmar el pacto de paz. La primera cláusula expresaba la renuncia de Díaz en el transcurso del mes de mayo; en la segunda se establecía la renuncia del vicepresidente Ramón Corral en el mismo plazo; en la tercera se designaba como presidente interino a Francisco León de la Barra, secretario de Relaciones Exteriores en el recién reformado gabinete de Díaz, quien habría de convocar a elecciones generales en los términos indicados por la Constitución de 1857. El convenio contenía otras cláusulas en relación con la necesidad de reparar los daños causados por la Revolución, tarea que se encomendaba al nuevo gobierno. Además, se decretaba el inmediato cese de hostilidades en todo el territorio nacional, debiendo procederse al licenciamiento de las tropas revolucionarias.

Con la firma de los Tratados de Ciudad Juárez, los porfiristas lograron que Madero renunciara al cumplimiento estricto del Plan de San Luis Potosí. El gobierno que sustituiría a Díaz sería un gobierno mixto, una mezcla de elementos porfiristas con elementos antirreeleccionistas.

Francisco I. Madero revisando documentos en Cd. Juárez

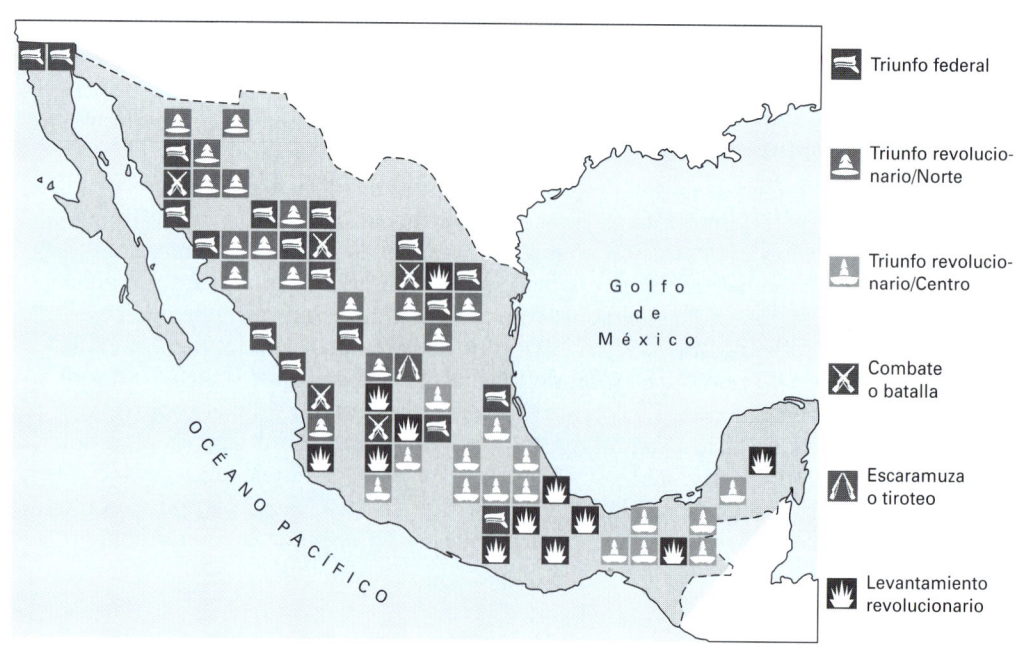

Mapa 1.2. *Hechos militares, mayo de 1911*

Las negociaciones de paz

El pueblo exige la renuncia de Díaz, frente a la casa de éste

Como resultado de este convenio, los antirreeleccionistas obtuvieron las gubernaturas de casi la mitad de los estados, incluyendo Sonora, Chihuahua y Coahuila, y algunos puestos en el gabinete del gobierno interino. Los porfiristas lograron que Madero renunciara al cumplimiento estricto del Plan de San Luis Potosí, pues al aceptar la renuncia de Díaz y Corral, Madero aceptaba de hecho los cargos políticos de éstos, mismos que el plan desconocía; además, permitió que el Poder Ejecutivo quedara en manos de un miembro del gabinete porfirista, en vez de que lo ocupara el propio Madero. En el aspecto militar, se acordó implícitamente conservar al ejército federal, mientras que de manera explícita se aceptaba licenciar a las tropas revolucionarias.

En conclusión, según los Tratados de Ciudad Juárez, a diferencia de lo que había expresado Madero en el Plan de San Luis Potosí, el

Porfirio Díaz antes de embarcarse en el *Ipiranga*

Fuente 3. Carranza ante las negociaciones de paz en Ciudad Juárez

Nosotros los exponentes de la voluntad del pueblo mexicano, no podemos aceptar las renuncias de los señores Díaz y Corral, porque sería reconocer la legitimidad de su gobierno y falsearíamos la base del Plan de San Luis.

La Revolución, señores, es de principios, no personalista. Y si sigue al señor Madero, es porque él enarbola la enseña de nuestros derechos, y si mañana ese lábaro santo cayera de sus manos, otras manos robustas se aprestarían a recogerlo. Nosotros no queremos ministros ni gobernadores, sino que se cumpla la soberana voluntad de la Nación. Revolución que transa, es revolución perdida. Las grandes reformas sociales que exige nuestra patria, sólo se llevarán a cabo por medio de victorias decisivas.

Las revoluciones para triunfar de un modo definitivo necesitan ser implacables. ¿Qué ganamos con la retirada de los señores Díaz y Corral? Quedarán sus amigos en el poder; quedará el sistema corrompido que hoy combatimos. El interinato será una prolongación viciosa, anémica y estéril de la dictadura. Al lado de esta rama podrida el elemento sano de la Revolución se contaminaría. Sobrevendrían días de luto y de miseria para la República y el pueblo nos maldecirá porque, por un humanitarismo enfermizo, habremos malogrado el fruto de tantos esfuerzos y tantos sacrificios. Lo repito: revolución que transa, se suicida.

Venustiano Carranza,
3 de mayo de 1911.

Ejercicio 5

1. Describe el contenido esencial de los Tratados de Ciudad Juárez.

2. ¿De qué manera en los Tratados de Ciudad Juárez se rompía con el cumplimiento estricto del Plan de San Luis Potosí?

3. Explica por qué muchos de los seguidores de Madero vieron el tratado de Ciudad Juárez, "como el principio del fin del movimiento revolucionario en México".

Cuadro 1.1.

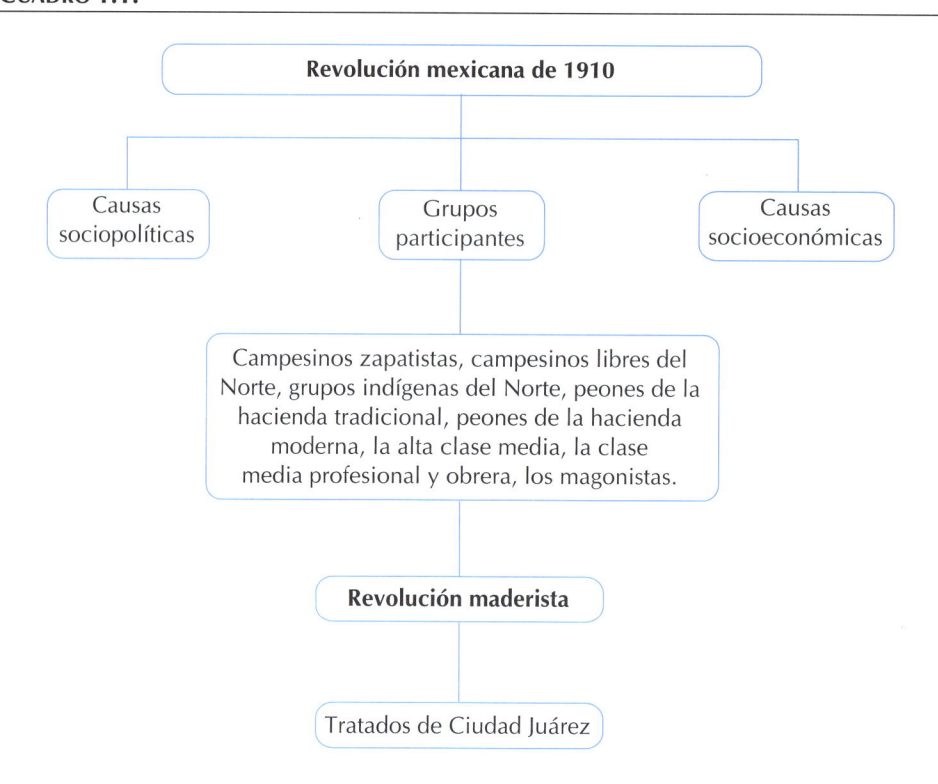

```
                    Revolución mexicana de 1910
                    ┌──────────┬──────────┐
              Causas        Grupos       Causas
           sociopolíticas  participantes sociogeconómicas
                              │
           Campesinos zapatistas, campesinos libres del
           Norte, grupos indígenas del Norte, peones de la
           hacienda tradicional, peones de la hacienda
           moderna, la alta clase media, la clase
           media profesional y obrera, los magonistas.
                              │
                      Revolución maderista
                              │
                      Tratados de Ciudad Juárez
```

Fuente 4. Renuncia del presidente Porfirio Díaz

El pueblo mexicano, ese pueblo que tan generosamente me ha colmado de honores, que me proclamó su caudillo durante la guerra internacional, que me secundó patrióticamente en todas las obras emprendidas para robustecer la industria y el comercio de la República, fundar su crédito, rodearla de respeto internacional y darle puesto decoroso ante las naciones amigas; ese pueblo, señores diputados, se ha insurreccionado en bandas milenarias, armadas, manifestando que mi presencia en el Supremo Poder Ejecutivo, es la causa de la insurrección.

No conozco hecho alguno imputable a mí, que motivara este fenómeno social, pero permitiendo sin conceder, que puedo ser culpable inconsciente, esa posibilidad hace de mí la persona menos a propósito para raciocinar y decidir sobre mi propia culpabilidad. En tal concepto, respetando como siempre he respetado la voluntad del pueblo, y de conformidad con el artículo 82 de la Constitución Federal, vengo ante la Suprema Representación de la Nación a dimitir el cargo de Presidente Constitucional con que me honró el voto nacional; y lo hago con tanta más razón, cuanto que para retenerlo sería necesario seguir derramando sangre mexicana, abatiendo el crédito de la Nación, derrochando su riqueza, cegando sus fuentes y exponiendo su política a conflictos internacionales.

Espero, señores diputados, que calmadas las pasiones que acompañan a toda revolución, un estudio más concienzudo y comprobado, hará surgir en la conciencia nacional un juicio correcto que me permita morir llevando en el fondo de mi alma una justa correspondencia de la estimación que en toda mi vida he consagrado y consagraré a mis compatriotas.

Porfirio Díaz,
México, mayo 25 de 1911.

gobierno que sustituiría a Díaz al triunfo de la Revolución sería un gobierno mixto, una mezcla de elementos porfiristas con elementos antirreeleccionistas.

> Visto en conjunto, el Tratado de Ciudad Juárez implicaba el fin de Díaz [véase fuente 4. "Renuncia del presidente Porfirio Díaz"], pero también conservaba el viejo aparato estatal, incluido el ejército, el sistema judicial y el Congreso. No decía una palabra acerca de cambios sociales de ningún tipo, de reforma agraria, o de la abolición del sistema de servidumbre por endeudamiento. Muchos de los seguidores de Madero vieron al tratado como el principio del fin del movimiento revolucionario en México.[6]

León de la Barra ocupó la presidencia el 25 de mayo de 1911, y el 31 del mismo mes salía Porfirio Díaz a Europa, partiendo de Veracruz en el buque *Ipiranga*, en un exilio voluntario del que ya no regresó.

Gobierno interino de Francisco León de la Barra

Conflictos políticos

El interinato de León de la Barra se prolongó por cerca de seis meses y durante ese lapso surgieron numerosos conflictos políticos que obedecían básicamente a dos factores: por un lado, la imposibilidad de conciliación entre revolucionarios y porfiristas en un mismo gobierno, y por otro, la profunda división que la actitud inconsistente de Madero causara en el grupo revolucionario. A causa del primer factor, desde la toma de posesión de Francisco León de la Barra, hubo un insalvable antagonismo entre éste y Madero, a quien su condición de jefe de la Revolución le permitía e incluso le obligaba a intervenir en las decisiones del presidente provisional, con el consecuente disgusto de éste, decidido a hacer todo lo posible por desprestigiar a Madero ante los hacendados, la burguesía nacional e internacional y ante las clases medias, con el fin de restarle apoyo político. Por otra parte, el ejército federal, integrado por porfiristas, tuvo varios enfrentamientos con los revolucionarios y hasta se produjo un atentado contra la vida de Madero, dirigido por un jefe militar federal.

Francisco León de la Barra con su gabinete

Desde un principio hubo un insalvable antagonismo entre León de la Barra y Madero, además de enfrentamientos entre el ejército federal, integrado por porfiristas, y los líderes revolucionarios.

Conflictos con el zapatismo

León de la Barra insistió en apresurar el licenciamiento de las fuerzas revolucionarias, apoyado en los Tratados de Ciudad Juárez. El mayor problema se presentó con Zapata, quien se negaba a licenciar sus tropas mientras no se cumpliera lo ofrecido por Madero en el Plan de San Luis Potosí, en relación con la restitución de las tierras. Fue en este punto donde comenzaron a aflorar las grandes diferencias culturales y sociales que existían entre Madero y Zapata: para el primero lo que importaba era la restauración de una democracia que los campesinos nunca habían tenido, ni entendían y mucho menos pedían, una democracia para la cual la cuestión agraria quedaba en segundo término y supeditada a la interpretación que le diera la ideología del liberalismo, defensor de la propiedad privada. Para Zapata lo imperioso era la restitución inmediata e incondicional de las tierras despojadas por los hacendados.

El mayor problema se presentó con Zapata, quien se negaba a licenciar sus tropas mientras no se cumpliera lo ofrecido por Madero en el Plan de San Luis Potosí, en relación con la restitución de las tierras.

No obstante aquellas diferencias, ambos estaban dispuestos a negociar el licenciamiento de las tropas revolucionarias del sur, en medio de una situación difícil

---

[6] Friedrich Katz, *La guerra secreta en México*, Vol.1, Era, México, 1983, pp. 60-61.

Madero a su llegada a Cuernavaca

León de la Barra conocía la difícil disyuntiva en que se encontraba Madero respecto a los zapatistas y creyó tener una buena oportunidad de ponerlo en dificultades, y quizá hasta para deshacerse de él.

Tras el ataque sorpresivo del ejército, Zapata acusó a los "traidores científicos" de intentar recuperar el poder, libraba de toda culpa al jefe de la Revolución por el fracaso de las negociaciones, y proclamaba la existencia del Ejército Libertador del Sur.

para Madero, por un lado presionado por León de la Barra, que le urgía a cumplir lo establecido en el convenio de pacificación, y forzado por los hacendados que exigían el licenciamiento de los revolucionarios zapatistas pues, según decían, ponían en peligro sus haciendas y la productividad de las mismas; por otro lado, el compromiso del jefe de la Revolución con los campesinos morelenses le impedía hacerles sentir su autoridad sin haber cumplido antes el ofrecimiento que los atrajo hacia su movimiento revolucionario.

El presidente interino conocía la difícil disyuntiva en que se encontraba Madero y creyó tener una buena oportunidad de ponerlo en dificultades, y quizá hasta para deshacerse de él. Envió una columna del ejército federal al estado de Morelos, al mando del general Victoriano Huerta —quien se había destacado por su crueldad contra los revolucionarios—, bajo el pretexto de imponer el orden perturbado por los zapatistas, mientras que la prensa se encargaba de hacerlos aparecer como bandoleros ante la opinión pública.

El jefe de la Revolución, confiando todavía en León de la Barra, en una entrevista que tuvo con Zapata en Cuautla, le prometió que resolvería el problema agrario a cambio de que fueran licenciadas las tropas, y le pidió confiar en las negociaciones. León de la Barra aparentó estar de acuerdo con las peticiones de Zapata, con el fin de que Madero consiguiera el desarme de los zapatistas, pero en ningún momento retiró las fuerzas federales; por el contrario, después de la entrevista entre los dos líderes revolucionarios, y cuando el conflicto parecía solucionarse, Huerta avanzó sobre Cuautla con la intención de acabar por la fuerza con el movimiento zapatista. Ante tal circunstancia, Madero tuvo que regresar huyendo a la ciudad de México, y Zapata salió de Morelos con sus seguidores para ocultarse en las sierras de Puebla y Guerrero, obligado a mantenerse lejos de su área de influencia y de sus fuentes de abastecimiento. En un manifiesto al pueblo de Morelos, Zapata acusó a los "traidores científicos" de intentar recuperar el poder, pero, todavía maderista, libraba de toda culpa al jefe de la Revolución por el fracaso de las negociaciones; expresaba además la unión entre el pueblo y los revolucionarios, y proclamaba la existencia del Ejército Libertador del Sur.

Divisionismo revolucionario

La división entre los revolucionarios se había iniciado desde que Orozco y Villa estuvieron a punto de aprehender a Madero porque, en contra de lo establecido por el Plan de San Luis Potosí, perdonó la vida a un militar federal. Los Tratados de Ciudad Juárez, en los que Madero concedió a los porfiristas participación en el nuevo gobierno, causaron obviamente gran disgusto entre los revolucionarios. Más adelante, durante el interina-

Bernardo Reyes y Madero

Madero conferenciando con los zapatistas

Artillería contra los zapatistas, septiembre 1911

to de León de la Barra, Madero se opuso a que los revolucionarios castigaran a los federales involucrados en el atentado contra su persona, y aceptó que el presidente liberara a unos sediciosos poblanos que habían sido apresados por Emilio Vázquez Gómez.

Otro problema se presentó cuando el general Bernardo Reyes, a su regreso a México, dijo tener interés en unirse a la "revolución legalizada". En una entrevista que celebraron Madero, León de la Barra y Reyes, el jefe de la Revolución ofreció al general porfirista el ministerio de Guerra, en un intento por lograr la conciliación, pero la decisión de Madero causó tal descontento entre los revolucionarios que, ante las muestras de animadversión de parte de éstos contra Reyes, se tuvo que romper el "pacto de caballeros" hecho entre ambos.

Todavía más grave fue el asunto relacionado con los hermanos Vázquez Gómez, porque las acciones de Madero hacia ellos condujeron a una ruptura definitiva. Emilio ocupaba el ministerio de Gobernación en el gabinete del presidente León de la Barra, y sus relaciones con éste no eran muy cordiales porque Vázquez Gómez no consentía en licenciar las tropas revolucionarias, ya que ello equivalía a apoyar al porfirismo y, con base en esta opinión, estuvo enviando armamento a los zapatistas. El presidente pidió a Madero que usara su influencia para que Vázquez Gómez renunciara a su cargo en el gabinete, lo cual Madero aceptó para evitar mayores fricciones en el gobierno, y además porque el radicalismo de los hermanos Vázquez Gómez chocaba con sus propósitos conciliatorios. Por estas razones, el jefe de la Revolución atendió a los consejos de quienes sugerían deshacerse de los elementos radicales dentro de su movimiento, actitud que causó un gran desconcierto entre los revolucionarios.

Los hermanos Francisco y Emilio Vázquez Gómez

La conciliación que Madero pretendía fue imposible, incluso para él mismo; la actitud del presidente León de la Barra frente al zapatismo y la tenaz persecución del ejército federal comandado por Huerta y respaldado por Reyes, causaron una seria ruptura entre Madero y esos jefes militares, que habría de tener funestas consecuencias.

La conflictiva situación provocó el pronunciamiento de dos planes subversivos que desconocían al presidente León de la Barra. Uno de ellos proponía a Emilio Vázquez Gómez como presidente de la República, y el otro, firmado por Andrés Molina Enríquez, declaraba suspendido el orden constitucional y proponía que el propio Molina Enríquez asumiera los poderes Legislativo y Ejecutivo hasta que se formara un Consejo Especial.

Elecciones presidenciales

En medio de aquellos conflictos se empezaron a preparar las elecciones para presidente y vicepresidente, y los partidos comenzaron a organizarse. Madero formó el Partido Constitucional Progresista (PCP), que sustituía al Partido Antirreeleccionista, basado en los principios de éste y del Plan de San Luis Potosí, y con un programa democrático que tendía a restablecer el cumplimiento de la Constitución de 1857 y las Leyes de Reforma. Al celebrarse la Convención Nacional del PCP, Madero fue electo como candidato a la presidencia y, desplazando a Francisco Vázquez Gómez, se escogió para la candidatura a la vicepresidencia a José María Pino Suárez, decisión que habría de hacer más profundo el descontento de los revolucionarios radicales.

Varias acciones de Madero hacia los porfiristas provocaron disgusto entre los revolucionarios, sobre todo con los hermanos Vázquez Gómez.

Ejercicio 6

1. ¿A qué se debió el antagonismo entre el presidente interino León de la Barra y el jefe de la Revolución?
2. ¿Cuáles eran las diferencias culturales y sociales entre Madero y Zapata?
3. ¿Cuál era la difícil situación en que se encontraba Madero respecto a negociar con Zapata el licenciamiento de las tropas?
4. ¿De qué manera León de la Barra hizo fracasar las negociaciones entre Madero y Zapata?
5. Describe las acciones de Madero durante el interinato de León de la Barra, que provocaron disgusto entre los revolucionarios.

Madero fue electo candidato a la presidencia por el Partido Constitucional Progresista y, desplazando a Francisco Vázquez Gómez, escogió para la candidatura a la vicepresidencia a José María Pino Suárez.

Bernardo Reyes en campaña

Francisco I. Madero deposita su voto en las elecciones presidenciales

Francisco León de la Barra entrega el poder a Madero

Otros partidos políticos fueron: el reyista, cuyos miembros habían apoyado anteriormente las candidaturas de Madero y Vázquez Gómez, pero cuando el general Reyes rompió con el jefe de la Revolución, lanzaron la candidatura presidencial de Reyes; el Partido Popular Evolucionista, dirigido por Jorge Vera Estañol —secretario de Instrucción Pública en el último gabinete de Díaz—, que no proponía candidatos y sólo se preocupaba por la integración democrática de las cámaras legislativas; el Partido Católico Nacional, que apoyó la candidatura de Madero a la presidencia y de León de la Barra a la vicepresidencia; y el Partido Liberal Puro, que proponía a Emilio Vázquez Gómez para la presidencia.

Madero gozaba del favor popular y fue electo presidente por una inmensa mayoría (99 por ciento del total de votos emitidos), con Pino Suárez en la vicepresidencia, en unos comicios que fueron más libres y limpios que nunca; ocupó el cargo el 6 de noviembre de 1911, en medio de una peligrosa efervescencia política y bajo la observación atenta del gobierno estadounidense, que empezaba a sentir desconfianza por la actitud que asumiría Madero respecto de sus intereses políticos y económicos.

Gobierno de Francisco I. Madero

Política interna

Francisco I. Madero tomó posesión de la presidencia en un ambiente de júbilo por parte del pueblo —que creía ver llegada la hora de la solución a sus problemas—, pero también en un ambiente de gran turbulencia política porque había disminuido el prestigio de Madero ante sus propios partidarios, y porque los porfiristas preparaban una contrarrevolución.

Al iniciar su gobierno, Madero recurrió de nuevo a su política conciliadora e incluyó en su gabinete a la mayoría de los miembros del gabinete anterior. Pero jamás logró la unificación que pretendía, aun cuando hizo algunos reacomodos tratando de aliviar las tensiones dentro del gabinete. La situación en los otros dos poderes federales

Madero fue electo presidente por una inmensa mayoría en unos comicios que, como nunca antes, fueron libres y limpios. Tomó posesión en un ambiente de júbilo por parte del pueblo, pero también de gran turbulencia política.

Madero recurrió de nuevo a su política conciliadora e incluyó en su gabinete a la mayoría de los miembros del gabinete anterior, pero jamás logró la unificación que pretendía; el fuerte antagonismo se manifestó también en los otros dos poderes.

Francisco I. Madero, presidente

Madero y Pino Suárez, presidente y vicepresidente

tampoco fue favorable a Madero; el Poder Judicial estaba integrado por una gran mayoría porfirista y casi no hubo modificaciones en la forma de realizar las funciones judiciales. El Congreso continuó siendo el mismo hasta agosto de 1912, cuando cambió como resultado de elecciones directas para las dos cámaras: la de diputados estuvo integrada por miembros de la oposición (porfiristas) y una mayoría maderista que se encontraba ideológicamente dividida entre los *renovadores*, que se pronunciaban en contra de la política conciliatoria de Madero, y los pocos que permanecían fieles al presidente; el senado, que sólo se había renovado parcialmente con unos pocos revolucionarios, se convirtió en un centro de conspiración que los maderistas no pudieron vencer debido al predominio de los porfiristas, entre los que se encontraba León de la Barra. Por lo tanto, en el Congreso tampoco fue posible la conciliación, sino que, como había sucedido en el interinato, la mezcla de elementos porfiristas y revolucionarios constituía un polvorín próximo a estallar. A Madero no le resultó la política de conciliación que tanto admiraba en Porfirio Díaz, porque eran otros tiempos, otros hombres y, sobre todo, otras circunstancias.

El presidente Madero con su primer gabinete

Políticas de reorganización social y económica

La política agraria

En 1910, 97% de los terrenos disponibles estaba en manos de 830 hacendados, que representaban 0.01% del total de habitantes; 500 mil propietarios poseían otro 2% de las tierras y sólo el resto era patrimonio comunal de los pueblos.[7]

La preocupación de Madero por dar cumplimiento al Plan de San Luis Potosí y al programa del Partido Constitucional Progresista lo llevó a intentar soluciones al problema agrario. A este respecto, se vigorizaron las funciones de la Comisión Nacional Agraria, creada durante el interinato, con el objeto de dar cumplimiento a varios decretos, uno sobre fraccionamientos, riego y crédito agrícola; otro que se refería al deslinde, fraccionamiento y reparto de ejidos; y un tercero que trataba sobre el deslinde, venta o arrendamiento de terrenos nacionales, estableciendo un límite a la propiedad rural de 200 hectáreas en predios de cultivo y de cinco mil en tierras para la ganadería. Madero y sus colaboradores desconfiaban del ejido tradicional, al que consideraban como una estructura atrasada; por lo tanto, favorecieron la pequeña propiedad derivada de fraccionamientos, con la obligación de cultivar las tierras durante cinco años consecutivos.

Las acciones agrarias de Madero se realizaron en medio de grandes dificultades y opiniones diversas, manifiestas tanto en las propuestas de cambios radicales como en las ideas de quienes buscaban restaurar la estructura agraria porfirista.

Se creó la Comisión Agraria Ejecutiva, encargada de analizar y ejecutar las acciones, y gracias a la cual se abrieron oficinas de deslinde en varias regiones del país y se fraccionaron 132 000 hectáreas en Chiapas, San Luis Potosí, Tabasco, Veracruz y Baja California. Para septiembre de 1912 se habían recuperado 21 millones de hectáreas de terrenos, que volvían al dominio de la nación y que habían pertenecido a compañías deslindadoras que no cumplían sus obligaciones. Madero dispuso, además, que las tierras cercanas a los ríos Yaqui y Mayo se fraccionaran en extensiones máximas de 50 hectáreas, que se arrendarían a jefes de familias yaquis, con la obligación de que cultivaran la cuarta parte como mínimo. Los legisladores revolucionarios también presentaron iniciativas de ley para dar solución al problema agrario, proponiendo la compra de las tierras ociosas, o el aumento de sus contribuciones, y algunas otras iniciativas más radicales, como la expropiación de tierras para la dotación y reconstrucción de ejidos.

El presidente Madero visita una zona rural

---

[7] "Agrarismo" *Enciclopedia de México en CD ROM*, Sabeca International Investment Corporation, 1998.

Las acciones agrarias del gobierno de Madero se realizaron en medio de grandes dificultades y opiniones diversas que se manifestaban tanto en las propuestas de cambios radicales, como en las ideas de quienes buscaban restaurar la estructura agraria porfirista. Pero, aunque la obra quedó inconclusa, constituyó un punto de arranque de gran valor para la reestructuración del país.[8]

La cuestión obrera

El problema obrero se había agravado porque la agitación política provocaba un clima de inseguridad entre los trabajadores industriales. El ambiente de incertidumbre propició la creación de agrupaciones obreras que tenían un doble fin: por un lado propiciaban la convivencia social entre obreros del mismo oficio, y por otro, buscaban promover el mejoramiento económico de los integrantes de esas agrupaciones mediante la creación de una caja de ahorros. Una de aquellas asociaciones fue la *Casa del Obrero Mundial* (COM), fundada en 1912, que tuvo una rápida aceptación al menos entre los trabajadores de la ciudad de México. Dicha agrupación tuvo la característica de ser un órgano cultural preocupado por elevar el nivel educativo de los trabajadores; constituía, asimismo, una central organizadora en donde se formaron y fortalecieron muchos sindicatos y uniones de obreros, que sirvieron de resistencia contra las medidas patronales opresivas y que exigieron aumentos salariales e indemnizaciones por accidentes o por muerte en el desempeño del trabajo.

A pesar de que en materia obrera Madero tendía hacia el conservadurismo, ante las expectativas de cambio con el gobierno revolucionario, los obreros creyeron llegado el momento de luchar por sus derechos, sobre todo porque la incertidumbre política había ocasionado una especulación comercial y, en consecuencia, la disminución del poder adquisitivo. Ante la gran cantidad de huelgas promovidas por la Casa del Obrero Mundial, el gobierno decidió tomar medidas para solucionar los conflictos obrero-patronales. Una de ellas consistió en impulsar una mayor injerencia del gobierno en la solución de aquellos conflictos; además, el Senado aprobó la creación del Departamento del Trabajo, con lo que el Estado daba un carácter institucional a la mediación oficial en los conflictos obrero-patronales. Pero aquellas medidas crearon inconformidad tanto en algunas agrupaciones obreras de tendencias anarcosindicalistas como entre algunos industriales que posiblemente temían a la injerencia de fuerzas políticas en el juego de la oferta y la demanda en sus relaciones con los obreros.

Por otra parte, el gobierno de Madero quiso aprovechar el movimiento obrero para fortalecer su propia posición y promovió la formación de otra agrupación obrera, la Gran Liga Obrera Mexicana, que se ofrecía como alternativa moderada frente a la tendencia anarcosindicalista de la Casa del Obrero Mundial, y que aceptaba la intervención gubernamental en las disputas entre patrones y obreros. Además, Madero buscó el apoyo de los empresarios de la rama textil, considerada como uno de los sectores más importantes de la industria del país; en enero de 1912 el presidente convocó a una reunión con esos empresarios, para proponerles que dieran solución satisfactoria a algunas demandas laborales como la jornada de 10 horas, salario mínimo de 1.25 pesos diarios y aumento general de 10%; con esto se logró, al menos en parte, que el gobierno mediara entre empresarios y obreros, y consiguiera al mismo tiempo el apoyo de ambos sectores.[9]

La Casa del Obrero Mundial, además de ser un órgano cultural interesado en elevar el nivel educativo de los trabajadores, constituía una central organizadora en donde se formaron y fortalecieron muchos sindicatos y uniones de obreros.

Líderes de la Casa del Obrero Mundial

Ante la gran cantidad de huelgas promovidas por la Casa del Obrero Mundial, el gobierno de Madero decidió tomar algunas medidas para solucionar los conflictos obrero-patronales.

El gobierno de Madero promovió la formación de la Gran Liga Obrera Mexicana, como alternativa moderada frente a la tendencia anarcosindicalista de la Casa del Obrero Mundial, y buscó el apoyo de los empresarios de la rama textil.

---

[8] Aurora Cano A. "La política agraria maderista", en *Así fue la Revolución Mexicana*, Vol. 3, Consejo Nacional de Fomento Educativo, México, 1985, pp. 407-408.

[9] S. Lief Adleson *et al.*, "Los obreros durante el maderismo", *op. cit., Ibid.*, pp. 415-416.

Situación financiera

Al triunfo de la Revolución en mayo de 1911, el régimen de Díaz dejaba unas reservas en el Tesoro de por más de 62 millones de pesos; pero debido a los gastos militares, para el 4 de noviembre, León de la Barra informaba que dichas reservas habían bajado a 48 millones. El gobierno provisional se vio obligado a pedir un préstamo a una institución financiera de Nueva York por 10 millones de dólares, que se agregaron

---

Fuente 5. Triunfo de la Revolución maderista: "Derrota en la victoria"

Pero a la postre aquella fiesta de la libertad sería engañosa. Era la derrota en la victoria. Antes que a manos de sus enemigos, Madero cayó víctima de su propia congruencia mística, ideológica y moral. Dicho así, parece extraño o paradójico. No lo es. Madero había dedicado toda su vida política a combatir el poder absoluto y el poder personal, a promover la democracia (el gobierno del pueblo, por el pueblo y para el pueblo) y la libertad entendida como ausencia de coerción y como igualdad ante la ley. Con el tiempo, al hombre cuya idea fija era *liberar del poder* le llega el imperativo de ejercer el poder. Frente a sí tiene un dilema similar al de Morelos, que el propio Madero había recordado en *La sucesión presidencial en 1910*: conservar el poder como caudillo militar o instalar un poder por encima de su poder. Igual que Morelos, muerto por anteponer a su poder el del Congreso de Chilpancingo, y –lo que es más significativo– a sabiendas de ese antecedente, Francisco I. Madero puso ante sí la Constitución del 57.

Pero era natural. Su deber, su *karma* –como él diría– había sido *liberar* a los mexicanos y darles la oportunidad de gobernarse. A esas alturas de la partida a él no le tocaba jugar: era el turno de la Nación, era el turno de cada jugador del ajedrez democrático: jueces, legisladores, gobernadores, periodistas y electores en la capital, en cada estado, en cada municipio. Firme como libertador, le correspondía ser liberal como gobernante. Congruente con su visión del mundo, había "restablecido el imperio de la ley", había designado –como en aquellas palabras a Porfirio Díaz– "al sucesor más digno: la ley". Sólo faltaba que el pueblo y sobre todo la clase política hicieran su parte.

Dos de sus biógrafos más solventes –Charles Cumberland y Stanley R. Ross– atribuyen dos errores capitales a Madero: la concesión del interinato presidencial a Francisco León de la Barra y el licenciamiento de las tropas revolucionarias. El interinato implicaba vuelta al régimen porfiriano. De poco servía la remoción de algunos gobernadores si las legislaturas permanecían intactas y, por ende, adversas. Y nada más desalentador que licenciar a sus tropas: era tanto como privar de legitimidad a la Revolución. A la postre, Luis Cabrera tendría razón: "Un cirujano tiene ante todo el deber de no cerrar la herida antes de haber limpiado la gangrena." Pero Madero no era un cirujano sino un apóstol. Es significativo que así se le llamase en vida. Ponía toda su "fe en la capacidad del pueblo a gobernarse a sí mismo con serenidad y sabiduría". La única imposición que se permitiría era la no imposición. Ejercer la autocracia porfiriana –así fuese tenue o disfrazadamente– debió parecerle, si es que alguna vez lo pensó, un suicidio moral. Prefirió esperar a que la vida pública mexicana mostrara madurez democrática y usara responsablemente la libertad. Esperó en vano.

Enrique Krauze,
Francisco I. Madero, místico de la libertad,
Fondo de Cultura Económica, México, 1987, pp. 66-68.

Ejercicio 7

1. ¿De qué manera la diferente filiación política de quienes integraban los poderes federales impidió la conciliación pretendida por Madero, al iniciar su gobierno?

2. Describe los rasgos esenciales de la política agraria del gobierno de Madero.

3. ¿Cuáles fueron las características y objetivos de la Casa del Obrero Mundial?

4. ¿Qué medidas tomó el gobierno de Madero para dar solución a las huelgas promovidas por la Casa del Obrero Mundial?

5. ¿Cuál era la situación financiera del país durante los gobiernos de León de la Barra y Madero?

> *A pesar de los 20 millones de pesos obtenidos del exterior por los gobiernos de León de la Barra y Madero, los gastos militares hicieron descender las reservas a la mitad de la cantidad heredada por el régimen porfirista.*

> *Uno de los más serios conflictos fue el movimiento zapatista, que se tornó en contra de Madero, básicamente debido a la desconfianza que la política de éste imprimió en el ánimo de los campesinos morelenses.*

a la suma de la deuda externa del porfiriato. Al término del régimen, dicha suma ascendía a más de 441 mil millones de pesos, a la paridad de dos pesos por dólar, que sin duda era una deuda grande pero que Limantour logró hacer lo menos gravosa posible y consiguió hacer bajar el interés real en los empréstitos extranjeros casi a la mitad.

Al llegar Madero al poder la situación económica y financiera interior había empezado a deteriorarse y, en abril de 1912, el presidente informó que las recaudaciones por derechos aduanales eran inferiores en 20 por ciento a las del año anterior y que era necesario recurrir a otras fuentes de ingreso para cubrir los gastos extraordinarios exigidos por la pacificación del país. Para resolver la situación, el gobierno concertó con la misma empresa neoyorkina un nuevo préstamo por 10 millones de dólares. Sin embargo, los gastos militares seguían en aumento y para el 30 de junio de 1912, las reservas habían descendido a la mitad de los 62 millones heredados por el régimen porfirista.[10]

Conflictos políticos

Zapatismo

La situación conflictiva creada durante el interinato de León de la Barra continuó después de que Madero ocupara la presidencia, y hasta se intensificó. Uno de los más serios conflictos fue el que representaba el movimiento zapatista, que se tornó en contra de Madero básicamente debido a la desconfianza que la línea política de éste imprimió en el ánimo de los campesinos morelenses. El descontento se agravó cuando la gubernatura de Morelos fue ocupada por Ambrosio Figueroa, militar enemigo del zapatismo y decidido a exterminarlo, además de que el gobierno seguía manteniendo soldados federales en territorio morelense. Ante tales manifestaciones de hostilidad por parte del líder revolucionario en quien habían confiado, los zapatistas se dieron cuenta de que su problema —cuya solución se había anunciado en el Plan de San Luis Potosí— no sólo no se había resuelto, sino que se había agravado con el nuevo gobierno. Decidieron, por lo tanto, hacer su propia revolución, esta vez en contra de Madero.

No obstante, el presidente había intentado llegar a un arreglo con Zapata. Dos días después de su toma de posesión envió a una persona a entrevistarse con el líder campesino, con el fin de que aceptara licenciar sus tropas. Zapata no varió las condiciones que había señalado dos meses atrás: el retiro del gobernador Figueroa; indulto y salvoconducto para sus hombres; retiro de las tropas federales, y la razón fundamental de su rebeldía, una ley agraria que mejorara la condición de los campesinos. Pero esta vez Madero no estaba dispuesto a admitir condición alguna que pusiera en duda su autoridad presidencial; contestó a Zapata que lo único que podía aceptar era la inmediata rendición de sus tropas, cuya actitud de rebeldía estaba perjudicando al gobierno y que no estaba dispuesto a tolerar por ningún motivo. Mientras esto sucedía, las tropas federales avanzaron hacia Cuautla y desde ahí pusieron un cerco a Villa de Ayala, abriendo fuego con la intención de acabar de un solo golpe con los rebeldes zapatistas. Éstos lograron romper el cerco y huyeron con su líder a las montañas de Puebla. El 28 de noviembre de 1911 se dio a conocer el plan revolucionario de los zapatistas.

El Plan de Ayala fue redactado por Otilio Montaño y firmado por una lista de militares del Ejército Libertador del Sur, encabezados

Ambrosio Figueroa

Zapata con sus seguidores más próximos

---

[10] Jan Bazant, *Historia de la deuda exterior de México,* El Colegio de México, México, 1981, pp. 169-174.

por Emiliano Zapata. Se acusaba a Madero de haber hecho del sufragio efectivo "una sangrienta burla al pueblo", al haber impuesto al vicepresidente José María Pino Suárez y a los gobernadores de los estados designados contra la voluntad del mismo pueblo, y por haber "entrado en contubernio escandaloso con el partido científico, hacendados feudales y caciques opresores, enemigos de la Revolución proclamada por él, a fin de forjar nuevas cadenas y de seguir el molde de una nueva dictadura más oprobiosa y más terrible que la de Porfirio Díaz". Se desconocía a Madero como jefe de la Revolución y como presidente, reconociendo como jefe de la Revolución Libertadora a Pascual Orozco, o al propio Emiliano Zapata, en caso de que Orozco no aceptara.

El Plan de Ayala se componía de 15 artículos, de los cuales los más importantes son los artículos 6º al 13º, fundamentados en el Plan de San Luis Potosí y considerados como "parte adicional" en el plan zapatista. El artículo 6º establece que "los terrenos, montes y aguas que hayan usurpado los hacendados, científicos o caciques a la sombra de la tiranía y justicia venal, entrarán en posesión de estos bienes inmuebles desde luego los pueblos o ciudadanos que tengan sus títulos correspondientes a estas propiedades". El artículo 7º disponía que se expropiarían "previa indemnización de la tercera parte" los monopolios que estaban en manos de poderosos propietarios. Los artículos 8º y 9º especificaban los bienes de los enemigos de la Revolución y los procedimientos con que habrían de combatirlos. En los artículos 12º y 13º se explicaban las formas en que se constituiría un nuevo gobierno al triunfo de la Revolución.[11]

Al enterarse del Plan de Ayala, suscrito por los "rústicos socialistas agrarios" —como les llamaba a los zapatistas—, Madero recrudeció la persecución en contra de éstos, pero tal medida tuvo el efecto contrario al darle sentido y fuerza al movimiento, mientras que, al no poder someter a los rebeldes, Madero se atraía la enemistad de los hacendados.

Orozquismo

La política de Madero había generado la inconformidad entre muchos de los que se habían unido a él en la lucha contra el porfirismo. Durante el interinato de León de la Barra se habían publicado dos planes, el de Texcoco y el de Tacubaya, en los que se consideraba frustrada la Revolución y se desconocía el triunfo maderista en las elecciones de noviembre. Después de que Madero asumió el poder, se produjeron varias sublevaciones dirigidas por revolucionarios que, como Zapata, sentían traicionados los ideales de la lucha por derrocar al antiguo régimen. De aquellas sublevaciones, la de Pascual Orozco fue la más peligrosa para el maderismo.

Pascual Orozco era originario de Ciudad Guerrero, Chihuahua, estado de la República particularmente involucrado en la lucha contra el porfirismo; pertenecía a la clase media rural, y desde joven se había dedicado al comercio, para trabajar después como arriero al servicio de algunas compañías mineras, actividad que le permitió hacerse de un pequeño capital. En el desempeño de esas actividades le tocó sufrir directamente la corrupción política causada por el caciquismo de la familia Terrazas, circunstancia que lo empujó a incorporarse a la sublevación, primero con Flores Magón y después con la causa antirreeleccionista. Fue nombrado jefe de la Revolución en el distrito de Guerrero y durante el tiempo que duró la lucha antiporfirista se destacó por sus dotes de líder, reconocidas por Madero, quien lo nombró coronel y después general, en ocasión del sitio a Ciudad Juárez. Fue entonces cuando, ante la indecisión de Madero, Orozco ordena el ataque a la ciudad fronteriza, contraviniendo

El Plan de Ayala, que desconocía a Madero como jefe de la Revolución y como presidente, se componía de 15 artículos, de los cuales los más importantes son los artículos 6º al 13º, fundamentados en el Plan de San Luis Potosí.

Después de que Madero asumió el poder, se produjeron varias sublevaciones dirigidas por revolucionarios que, como Zapata, sentían traicionados los ideales de la lucha por derrocar al antiguo régimen.

Madero y Orozco, al iniciarse la lucha contra Porfirio Díaz

---

[11] Salvador Rueda S. y Laura Espejel L., "El Plan de Ayala y la autonomía zapatista", en *Así fue la Revolución Mexicana, Ibid.*, pp. 350-354.

Fuente 6. El Plan de Ayala. Artículo 1º

1º Teniendo en consideración que el pueblo mexicano acaudillado por don Francisco I. Madero, fue a derramar su sangre para reconquistar libertades y reivindicar sus derechos conculcados, y no para que un hombre se adueñara del poder, violando los sagrados principios que juró defender bajo el lema "Sufragio Efectivo y No Reelección", ultrajando así la fe, la causa, la justicia y las libertades del pueblo; teniendo en consideración que ese hombre a que nos referimos es don Francisco I. Madero, el mismo que inició la precitada revolución, el que impuso por norma gubernativa su voluntad e influencia al Gobierno Provisional del ex presidente de la República licenciado Francisco L. de la Barra, causando con este hecho reiterados derramamientos de sangre y multiplicadas desgracias a la patria de una manera solapada y ridícula, no teniendo otras miras que satisfacer sus ambiciones personales, sus desmedidos instintos de tirano y su profundo desacato al cumplimiento de las leyes preexistentes emanadas del inmortal Código del 57 escrito con la sangre revolucionaria de Ayutla.

Teniendo en cuenta que el llamado Jefe de la Revolución libertadora de México, don Francisco I. Madero, por falta de entereza y debilidad suma, no llevó a feliz término la revolución que gloriosamente inició con el apoyo de Dios y del pueblo, puesto que dejó en pie la mayoría de los poderes gubernativos y elementos corrompidos de opresión del gobierno dictatorial de Porfirio Díaz, que no son ni pueden ser en manera alguna, la representación de la Soberanía Nacional, y que, por ser acérrimos adversarios nuestros y de los principios que hasta hoy defendemos, están provocando el malestar del país y abriendo nuevas heridas al seno de la patria para darle a beber su propia sangre; teniendo también en cuenta que el supradicho señor Francisco I. Madero, actual presidente de la República, trata de eludirse del cumplimiento de las promesas que hizo a la nación en el Plan de San Luis Potosí, siendo las precitadas promesas postergadas a los convenios de Ciudad Juárez; ya nulificando, persiguiendo, encarcelando o matando a los elementos revolucionarios que le ayudaron a que ocupara el alto puesto de Presidente de la República.

Teniendo en consideración que el tantas veces repetido Francisco I. Madero, ha tratado de acallar con la fuerza bruta de las bayonetas y de ahogar en sangre a los pueblos que le piden, solicitan o exigen el cumplimiento de las promesas de la Revolución, llamándoles bandidos y rebeldes, condenándolos a una guerra de exterminio, sin conceder ni otorgar ninguna de las garantías que prescribe la razón, la justicia y la ley; (…) Francisco I. Madero ha hecho del Sufragio Efectivo una sangrienta burla al pueblo, ya imponiendo contra la voluntad del mismo pueblo, en la Vicepresidencia de la República, al licenciado José María Pino Suárez, o ya a los gobernadores de los Estados, designados por él, como el llamado general Ambrosio Figueroa, verdugo y tirano del pueblo de Morelos; ya entrando en contubernio escandaloso con el partido científico, hacendados-feudales y caciques opresores, enemigos de la Revolución proclamada por él, a fin de forjar nuevas cadenas y seguir el molde de una nueva dictadura más oprobiosa y más terrible que la de Porfirio Díaz; pues ha sido claro y patente que ha ultrajado la soberanía de los Estados, conculcando las leyes sin ningún respeto a vida ni intereses, como ha sucedido en el Estado de Morelos y otros conduciéndonos a la más horrorosa anarquía que registra la historia contemporánea.

Por estas consideraciones declaramos al susodicho Francisco I. Madero, inepto para realizar las promesas de la Revolución de que fue autor, por haber traicionado los principios con los cuales burló la voluntad del pueblo y pudo escalar el poder; incapaz para gobernar y por no tener ningún respeto a la ley y la justicia de los pueblos, y traidor a la Patria, por estar a sangre y fuego humillando a los mexicanos que desean libertades, a fin de complacer a los científicos, hacendados y caciques que nos esclavizan y desde hoy comenzamos a continuar la Revolución principiada por él, hasta conseguir el derrocamiento de los poderes dictatoriales que existen. (…)

Ayala,
Estado de Morelos, noviembre 25 de 1911.

En marzo de 1912, Pascual Orozco se levantó en armas, desconociendo al gobierno de Madero mediante un plan, conocido como el Pacto de la Empacadora.

las instrucciones del jefe de la Revolución. Desde aquel momento se rompieron las relaciones entre ambos revolucionarios, sobre todo cuando Madero no incluyó a Orozco en su gabinete al crear el gobierno provisional en Ciudad Juárez. Resentido, Orozco inició su lucha personal en contra de Madero, aceptó ser candidato a gobernador de Chihuahua en oposición al candidato del jefe de la Revolución, Abraham González, y cuando éste fue electo, creció en Orozco la animadversión hacia el maderismo.

En marzo de 1912, Orozco se levantó en armas, desconociendo al gobierno de Madero mediante un plan de ataque, conocido como el Pacto de la Empacadora, por haberse firmado en el edificio de la compañía empacadora en la ciudad de Chihuahua. En ese documento, aparte de la serie de acusaciones e insultos contra Madero, Orozco dice luchar por el triunfo de los ideales del Plan de San Luis Potosí y reconoce el Plan de Ayala; agrega algunos puntos de interés político y social en los que propone la supresión de la vicepresidencia de la República y, con una manifiesta influencia del Programa del Partido Liberal Mexicano de 1906, postula un programa agrario y laboral que no va más allá de lo que el magonismo ofrecía y en cambio promete indemnizar y respetar las tierras de los latifundistas, pagándoles las que sean expropiadas por no cultivarse.

La rebelión orozquista preocupó seriamente al gobierno, puesto que había logrado atraer la simpatía y el apoyo de las clases alta y media, y contaba con gran popularidad entre la clase trabajadora.

El orozquismo fue derrotado por el general porfirista Victoriano Huerta, quien por ello se ganó la confianza del presidente Madero.

Fuente 7. Madero y la propiedad agraria

Desde que fui investido por mis conciudadanos cuando fui nombrado para el cargo de presidente de la República, no me he ocupado de refutar las versiones contradictorias que circulan en la prensa en la que con frecuencia se hace referencia a ofrecimientos que he hecho y que he dejado de cumplir (…) quiero de una vez por todas rectificar esa especie. Suplico a usted se sirva revisar cuidadosamente el Plan de San Luis Potosí y todos los discursos que pronuncié antes y después de la Revolución, así como los programas de gobierno que publiqué después de las convenciones de 1910, 1911 y, si en alguno de ellos expresé tales ideas, entonces se tendrá derecho a decirme que no he cumplido mis promesas. *Siempre he abogado por crear la pequeña propiedad, pero eso no quiere decir que se vaya a despojar de sus propiedades a ningún terrateniente.* El mismo discurso que ustedes comentan, tomando únicamente una frase, explica cuáles son las ideas del gobierno. Pero *una cosa es crear la pequeña propiedad,* por medio del esfuerzo constante *y otra es repartir las grandes propiedades, lo cual nunca he pensado ni ofrecido en ninguno de mis discursos y proclamas.*

Francisco I. Madero, cita en Mario Contreras y Jesús Tamayo, *México en el siglo xx, 1900-1913. Textos y documentos*, Tomo 1, UNAM, México, 1983, p. 399.

Ejercicio 8

1. ¿Por qué surgió el conflicto entre el gobierno de Madero y el zapatismo?
2. ¿Cuáles eran las acusaciones en contra de Madero, expresadas en el Plan de Ayala?
3. ¿Por qué la rebelión orozquista preocupó seriamente al gobierno de Madero?

El general Bernardo Reyes lanzó un "Plan Político" en el que, además de desconocer a Madero como presidente y proponer la creación de una zona libre en la frontera norte, repetía casi textualmente el Plan de San Luis Potosí.

Félix Díaz, sin relevancia política nacional hasta entonces, se levantó en armas en Veracruz, secundado por algunos militares de aquella zona, creyendo que gracias a la influencia de su apellido, obtendría el apoyo absoluto del ejército federal.

Félix Díaz

Los dos autores de la abortada contrarrevolución, condenados a muerte, salvaron sus vidas gracias a la benevolencia y exceso de confianza del presidente Madero, y permanecieron en la ciudad de México como prisioneros de guerra.

La rebelión orozquista preocupó seriamente al gobierno, puesto que había logrado atraer la simpatía y el apoyo de las clases alta y media, interesadas en acabar con el régimen maderista y porque contaba con gran popularidad entre la clase trabajadora, que no había visto cambio alguno con el nuevo gobierno. El movimiento rebelde cobró gran fuerza al derrotar a Francisco Villa, primer militar maderista al que se enfrentó; venció luego a un contingente de federales y continuó tomando pueblos en Chihuahua, amenazando con avanzar a la capital del país. Al cabo de unos cinco meses, el orozquismo fue derrotado por Victoriano Huerta, quien por ello se convirtió en héroe nacional y se ganó la confianza del presidente Madero. Emilio Vázquez Gómez organizó también un movimiento rebelde en el norte, en contra del gobierno maderista, y en algún momento se le llegó a asociar con el de Orozco; pero era una rebelión separada que no llegó a tomar la fuerza que tuvo la orozquista.

La contrarrevolución

El movimiento contrarrevolucionario pasó por dos momentos, el primero de ellos, que fracasó, estuvo representado por Bernardo Reyes y Félix Díaz (sobrino del depuesto dictador), quienes separadamente y por diferentes motivos se levantaron en armas para derrocar a Madero. El segundo momento, y el definitivo, fue aquel en el cual estuvo inmiscuido el embajador estadounidense, aliado con elementos militares del porfirismo, incluyendo a Reyes y Félix Díaz, cuyos planes habían abortado.

Primer momento

Rebeliones de Bernardo Reyes y Félix Díaz

Bernardo Reyes había roto un pacto celebrado con el jefe de la Revolución respecto al ofrecimiento de éste de darle el cargo de ministro de Guerra en su gabinete. El rompimiento obedeció a la violenta reacción de los maderistas contra tal decisión de su líder y a la incapacidad de Madero para evitar los ataques que dirigieron al general Reyes. Desde entonces y alentado por la maraña de conflictos que envolvían al maderismo, Reyes se decidió a luchar por conseguir el poder que desde tiempos porfiristas se le venía negando. A principios de agosto de 1911 lanzó su candidatura a la presidencia del país y adquirió cierta popularidad, que no pasó inadvertida por los cónsules estadounidenses, quienes veían la conveniencia de su carácter militar como garantía para restaurar el orden. Sin embargo, Reyes renunció a participar en las elecciones atemorizado por las amenazas de los maderistas, y se dispuso a intentar un recurso al que hasta antes se había opuesto: el levantamiento armado. Se trasladó a San Antonio, Texas, y desde ahí lanzó un "Plan Político" fechado el 16 de noviembre de 1911 en el que, además de desconocer a Madero como presidente y proponer la creación de una zona libre en la frontera norte, repetía casi textualmente el Plan de San Luis Potosí. El general Reyes fue arrestado en dos ocasiones por violaciones a la ley estadounidense de neutralidad y se vio precisado a apresurar la revuelta, creyendo que tenía el respaldo del ejército federal. Cuando cruzó la frontera el 5 de diciembre de 1911, se encontró con que sus seguidores habían desertado; anduvo varios días por la zona fronteriza en busca de un apoyo que no encontró y, desesperado, decidió rendirse entregándose al comandante de rurales en Linares, Nuevo León. De este lugar fue trasladado a la cárcel de Tlatelolco en la capital de la República, y recibió del presidente Madero el indulto a la pena capital que merecía.

Félix Díaz, sin relevancia política nacional hasta entonces, se levantó en armas el 16 de octubre de 1912 en Veracruz, secundado por algunos militares de aquella zona, creyendo que gracias a la influencia de su apellido obtendría el apoyo absoluto del ejército federal. Lanzó varios manifiestos en busca de adhesiones, con la promesa de restaurar la paz interrumpida por "la nefasta administración surgida del movimiento revolucionario del 1910". Sin embargo, muy poca gente respondió a su llamado. El gobierno envió tropas federales a reprimir la revuelta, lo que consiguió fácilmente en pocos días. El rebelde fue hecho prisionero y enviado a la capital de la República; condenado a muerte, obtuvo el indulto gracias a las peticiones de varios miembros de la Suprema Corte de Justicia —reconocidos porfiristas— ante el presidente Madero, y fue confinado en la penitenciaría del Distrito Federal. Así, los dos autores de la abortada contrarrevolución salvaron sus vidas gracias a la benevolencia y exceso de confianza del presidente Madero y permanecieron en la capital del país como prisioneros de guerra, dispuestos a intentar nuevamente el golpe a la primera oportunidad.

Segundo momento

Intromisión del embajador de Estados Unidos. El segundo momento de la contrarrevolución, que tendría un trágico desenlace, fue organizado en la capital del país por un grupo de militares del ejército federal en colaboración con civiles antimaderistas y apoyado por el embajador de Estados Unidos, Henry Lane Wilson quien, interesado en el derrocamiento de Madero, intervino en la vida política de México. Los motivos que indujeron a Wilson a colaborar directamente en el derrocamiento de Madero, están vinculados con el deterioro que prevalecía en las relaciones entre México y Estados Unidos en razón de que el gobierno maderista no había favorecido los intereses comerciales de los estadounidenses como éstos deseaban, y también a causa de la incapacidad del presidente mexicano para restaurar el orden interno. Respecto a este último punto, Wilson había aconsejado a Madero para que tomara algunas medidas con el fin de lograr la paz, pero éste no atendió tales consejos, por lo que acabó de ganarse la enemistad del embajador, con quien ya había tenido algunas fricciones.

Wilson se encargó de agravar la situación entre los dos países por medio de una serie de informes alarmistas sobre la falta de seguridad para los estadounidenses residentes en México, con lo cual provocó las reclamaciones de su gobierno que exigía al gobierno mexicano la protección de sus nacionales y la garantía de seguridad para los capitales invertidos. Pero el presidente Madero no estaba en condiciones de cumplir con aquellas exigencias por los problemas políticos que aquejaban a su gobierno.

Además, ciertas medidas nacionalistas de Madero acrecentaron la tensión con el gobierno del país vecino, algunas de las cuales fueron: una nueva legislación ferrocarrilera por la que se despidió a los empleados extranjeros que no supieran hablar español, para sustituirlos por mexicanos, y el impuesto a la explotación petrolera. Estas acciones de Madero, sumadas a la labor negativa de Wilson, justificaron ante los estadounidenses la presencia de sus tropas, a lo largo de la frontera norte, y el envío de barcos a las costas del Golfo de México.

Henry Lane Wilson, embajador de Estados Unidos en México

El embajador de Estados Unidos, Henry Lane Wilson, interesado en el derrocamiento de Madero, intervino en la vida política de México y colaboró con la contrarrevolución organizada en la capital del país.

H. L. Wilson, León de la Barra y Madero

A pesar de los rumores de sublevación que corrían por la ciudad de México y sus alrededores, algunos altos funcionarios del gobierno y el presidente mismo mostraban confianza en la imposibilidad de un nuevo levantamiento militar.

El presidente Madero recibiendo honores, 5 de febrero de 1913

Palacio Nacional, 9 de febrero de 1913

Madero en camino a Palacio Nacional la mañana del 9 de febrero

La Decena Trágica

A principios de 1913, la situación política del país era en extremo conflictiva y los rumores de sublevación corrían por la ciudad de México y sus alrededores; sin embargo, algunos altos funcionarios del gobierno, y el presidente mismo, mostraban una increíble confianza en la imposibilidad de un nuevo levantamiento militar, a pesar de que se conocían las actividades subversivas de los generales Manuel Mondragón y Gabriel Ruiz, y de algunos civiles, como Rodolfo Reyes, que buscaba la manera de liberar a su padre. Estas personas fueron los principales conspiradores del "golpe de Estado", que pasaría a la historia como la "Decena Trágica", debido a que se desarrolló en el lapso de 10 días, comprendido entre el 9 y el 19 de febrero.

La madrugada del día 9, en dos acciones casi simultáneas, los federales insurrectos tomaron el Palacio Nacional y liberaron al general Reyes y a Félix Díaz; el Palacio fue recuperado momentos después por el general Lauro Villar, en una rápida acción en la que éste salió herido y el general Reyes perdió la vida. Al conocer la noticia de la insurrección, el presidente Madero salió de su residencia oficial, en el Castillo de Chapultepec, para dirigirse al Palacio Nacional, donde decidió reemplazar al herido general Villar. Encargó a Victoriano Huerta que sofocara la rebelión, mientras él se trasladaba a Cuernavaca para pedir a Felipe Ángeles —quien dirigía una acción contra los zapatistas— que regresara a la capital para apoyar al gobierno, pero al volver Ángeles no pudo encargarse de la jefatura militar porque sólo era un brigadier recién ascendido y debían respetarse las jerarquías.

En los días que siguieron, Huerta se encargó de retardar y entorpecer los ataques contra los rebeldes; ante las acusaciones y reclamaciones que le hiciera Gustavo A. Madero, Huerta reafirmó su lealtad al presidente y éste ingenuamente creyó que era sincero, de manera que le permitió continuar al mando de los federales defensores del gobierno y reprochó a Gustavo por su acto "impulsivo".[12] Poco después Huerta

Al conocer la noticia de la insurrección de los militares federales, el presidente Madero salió de su residencia oficial, en Chapultepec, para dirigirse al Palacio Nacional donde encargó a Victoriano Huerta que sofocara la rebelión, mientras él se trasladaba a Cuernavaca.

Fuerzas federales defienden Palacio Nacional durante la Decena Trágica

Madero con V. Huerta y otras personas, después del asalto a Palacio Nacional

---

[12] Alan Knight, *La Revolución Mexicana. Del porfiriato al nuevo régimen constitucional*, Vol. 1, p. 543.

Cap. 1. La Revolución Mexicana: lucha contra el antiguo régimen

Gustavo A. Madero

Pedro Lascuráin

Victoriano Huerta

El 18 de febrero, Huerta tendió una trampa a Gustavo A. Madero, en tanto que Aureliano Blanquet, otro militar porfirista, se encargaba de apresar en Palacio Nacional al presidente Madero y al vicepresidente Pino Suárez.

consiguió que el presidente se entrevistara con los senadores antimaderistas, con el pretexto de que intentaba un arreglo con ellos. En dicha entrevista los senadores pidieron a Madero su renuncia como única solución al conflicto, pero el presidente se negó, por lo que Huerta se decidió a asestar el golpe final. El 18 de febrero, día en que había prometido al presidente dar el ataque definitivo contra los rebeldes, Huerta tendió una trampa a Gustavo A. Madero, quien fue apresado y brutalmente asesinado, en tanto que Aureliano Blanquet, otro militar porfirista, se encargaba de apresar en Palacio Nacional al presidente Madero y al vicepresidente Pino Suárez. Horas después, se celebraba el llamado Pacto de la Embajada.

Henry Lane Wilson reunió en la embajada a los miembros del cuerpo diplomático y a los generales Huerta y Díaz, con el fin de conducir a éstos a un acuerdo sobre las acciones que habían de tomar; tal acuerdo, que Wilson anunció con la presunción de haber logrado una gran hazaña, decía que Huerta, con el permiso del Congreso mexicano, ocuparía la presidencia provisional cuyo gabinete sería nombrado por Félix Díaz. Éste habría de recibir luego el apoyo de Huerta para postularse a la presidencia definitiva en unas elecciones que se convocarían lo más pronto posible. Así, en la madrugada del día 19 quedaba consumado el "cuartelazo", con la intromisión del embajador estadounidense; el mismo día, la Cámara de Diputados aceptó las renuncias de Madero y Pino Suárez —obtenidas por la fuerza—, y el Congreso designó presidente interino al secretario de Relaciones Exteriores, Pedro Lascuráin, cuyo único acto de gobierno fue nombrar a Huerta secretario de Gobernación, para asegurarle el acceso al poder tras la inmediata renuncia de Lascuráin, en menos de una hora de "gobierno".

Henry Lane Wilson reunió en la embajada a los miembros del cuerpo diplomático y a los generales Huerta y Díaz, con el fin de conducir a éstos a un acuerdo —el llamado Pacto de la Embajada— sobre las acciones que habían de tomar.

Después de las renuncias de Madero y Pino Suárez, el Congreso designó presidente interino al secretario de Relaciones Exteriores, Pedro Lascuráin, cuyo único acto de gobierno fue nombrar a Huerta secretario de Gobernación, para luego cederle el poder.

La penitenciaría de Lecumberri después del magnicidio

Intendencia de Palacio Nacional, donde estuvieron presos Madero y Pino Suárez

La noche del 22 de febrero, Madero y Pino Suárez fueron trasladados a la penitenciaría del Distrito Federal y asesinados al llegar a ese lugar, a pesar de que se había garantizado su seguridad.

La noche del 22 de febrero, el mismo día en que Huerta había expedido un "Manifiesto a la Nación", en un vano intento por justificar el golpe de Estado, Madero y Pino Suárez fueron trasladados a la penitenciaría del Distrito Federal y asesinados al llegar a ese lugar, a pesar de que se había garantizado su seguridad a la familia de Madero y a los diplomáticos que intercedieron para salvar sus vidas.

Victoriano Huerta inició su gobierno con el estigma de aquel crimen que hizo olvidar los errores de Madero y consiguió la unificación de los revolucionarios, al menos hasta que éstos lograran que cayera el propio Huerta.

CUADRO 1.2. *Gobiernos de Francisco León de la Barra y Francisco I. Madero*

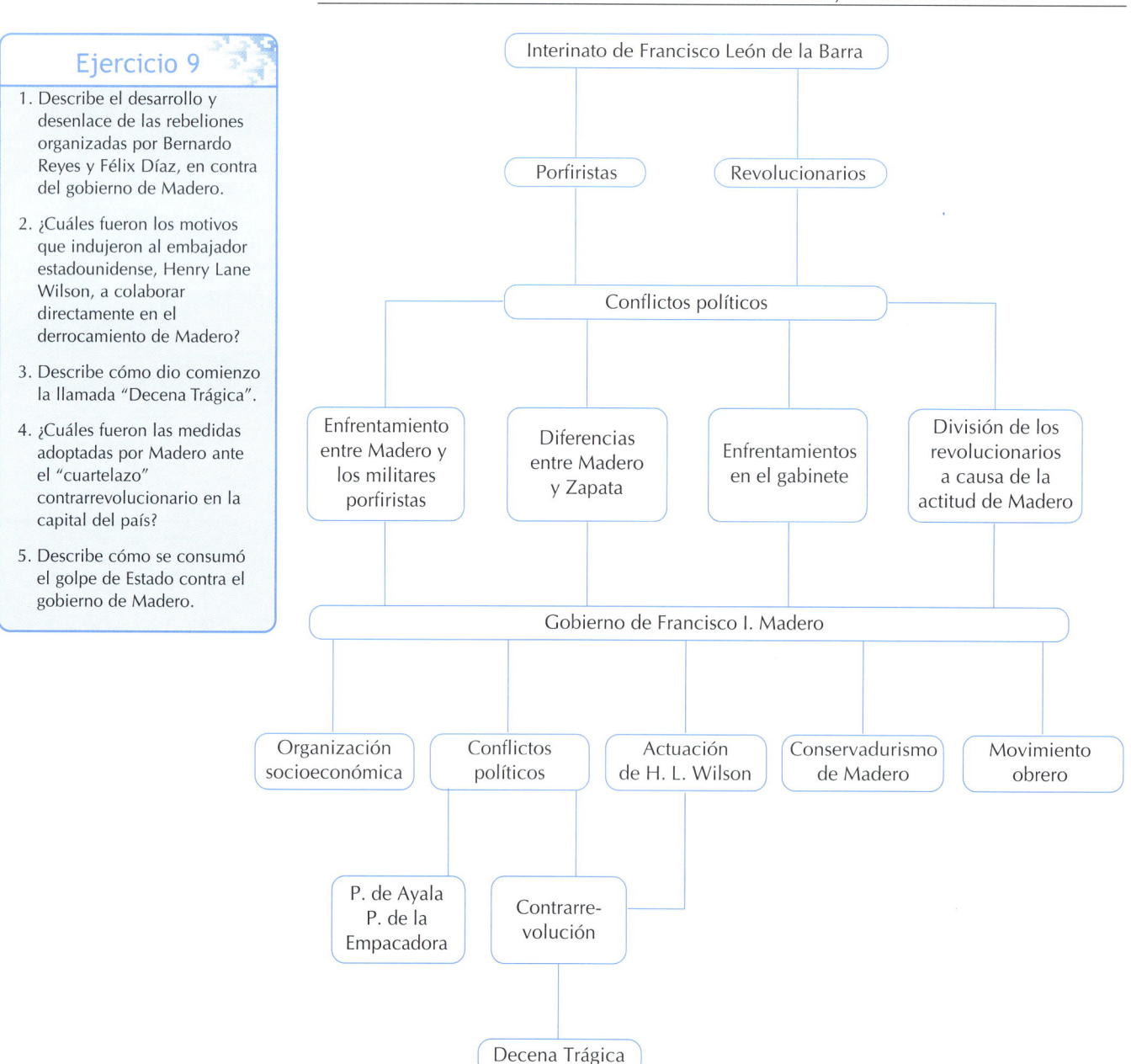

Ejercicio 9

1. Describe el desarrollo y desenlace de las rebeliones organizadas por Bernardo Reyes y Félix Díaz, en contra del gobierno de Madero.

2. ¿Cuáles fueron los motivos que indujeron al embajador estadounidense, Henry Lane Wilson, a colaborar directamente en el derrocamiento de Madero?

3. Describe cómo dio comienzo la llamada "Decena Trágica".

4. ¿Cuáles fueron las medidas adoptadas por Madero ante el "cuartelazo" contrarrevolucionario en la capital del país?

5. Describe cómo se consumó el golpe de Estado contra el gobierno de Madero.

```
Interinato de Francisco León de la Barra
    ├── Porfiristas
    └── Revolucionarios
        └── Conflictos políticos
            ├── Enfrentamiento entre Madero y los militares porfiristas
            ├── Diferencias entre Madero y Zapata
            ├── Enfrentamientos en el gabinete
            └── División de los revolucionarios a causa de la actitud de Madero

Gobierno de Francisco I. Madero
    ├── Organización socioeconómica
    ├── Conflictos políticos
    │       ├── P. de Ayala / P. de la Empacadora
    │       └── Contrarrevolución
    │               └── Decena Trágica
    ├── Actuación de H. L. Wilson
    ├── Conservadurismo de Madero
    └── Movimiento obrero
```

La dictadura huertista

Política interna

El gobierno usurpador de Victoriano Huerta sería impuesto como se originó, por medio de la fuerza militar, y se constituyó en una dictadura que anuló la libertad y la democracia que el pueblo mexicano esperaba con el triunfo de Francisco I. Madero. Con Huerta reaparecieron algunas de las principales características del porfiriato, intensificadas y exacerbadas, con el agravante de que la personalidad del nuevo dictador era muy diferente a la de Porfirio Díaz, "cuyo sentido del decoro siempre fue muy marcado".[13] Además de ésa y otras disparidades que dejan en clara desventaja al régimen de Huerta frente al de Díaz, a diferencia de éste en el que la oligarquía financiera se constituyó en el grupo dominante, los militares desempeñaron un papel mucho más importante durante el huertismo.

Los cuatro militares autores del "cuartelazo"

Ruptura del Pacto de la Embajada

Con base en el Pacto de la Embajada, Victoriano Huerta debía ser un presidente provisional en un gobierno que sirviera de transición para que Félix Díaz asumiera el poder mediante elecciones generales. Pero no sucedió así, Huerta era de una personalidad mucho más fuerte que Félix Díaz y pronto empezó a manipular la situación en su favor por medio de turbias maniobras que Díaz no supo eludir. Cuatro meses después del "cuartelazo", cuando Díaz se preparaba para lanzar su candidatura, Huerta le comunicó que había sido designado embajador especial en Japón, y le pidió que regresara para octubre, con el fin de que estuviera presente en las elecciones presidenciales. Mientras Díaz estuvo ausente, Huerta se encargó de sustituir a todos los miembros del gabinete que fueran felixistas, y empezó a colocar incondicionales suyos en los altos puestos del ejército y en las gubernaturas de los estados. Cuando Félix Díaz regresó, un enviado de Huerta le comunicó que las circunstancias habían cambiado, y que ya no se trataba de traspasarle el poder, sino de consolidar al gobierno huertista. En las elecciones de octubre, el supuesto presidente provisional se presentó como candidato a la presidencia a pesar de que estaba incapacitado por la ley para serlo, y ganó por mayoría absoluta, utilizando recursos fraudulentos.

El gobierno usurpador de Victoriano Huerta, impuesto por medio de la fuerza militar, se constituyó en una dictadura que anuló la libertad y democracia que el pueblo mexicano esperaba con el triunfo de Madero.

Con base en el Pacto de la Embajada, Victoriano Huerta debía ser un presidente provisional en un gobierno de transición para que Félix Díaz asumiera el poder mediante elecciones generales; pero no sucedió así.

Victoriano Huerta con su primer gabinete

En las elecciones de octubre, Victoriano Huerta se presentó como candidato a la presidencia a pesar de que estaba incapacitado por la ley para serlo, y ganó por mayoría absoluta, utilizando recursos fraudulentos.

---
[13] Friedrich Katz, *Op. cit.*, pp. 143-144.

Intentos de pacificación

Desde que tomó el poder, en febrero de 1913, Huerta se propuso dos metas: lograr la pacificación e imponer su autoridad, y obtener el reconocimiento oficial extranjero, principalmente el de Estados Unidos. Huerta consideraba vitales esos dos objetivos para consolidar su gobierno; para lograr el primero empleó cuantos recursos estuvieron a su alcance, pero el segundo era mucho más difícil y de hecho no lo habría de obtener.

Para reforzar al ejército se dedicó a corromper a sus integrantes, concediéndoles ascensos que muchas veces fueron injustificados, o dándoles premios materiales hasta donde lo permitían los escasos recursos económicos durante su conflictiva administración. Para aumentar las filas del ejército, Huerta trató de motivar a la población civil militarizando hasta a la burocracia y recurriendo a la leva.

Ante la necesidad de lograr la paz interna, Huerta decidió buscar el apoyo de orozquistas y zapatistas, deseando aprovechar en su favor el antimaderismo de estos grupos. Empezó por conceder una amnistía general, y después envió representantes para que se entrevistaran con los líderes de esos movimientos rebeldes y consiguieran su adhesión al gobierno. Orozco puso algunas condiciones que fueron aceptadas totalmente por Huerta: empleo de guardias rurales para los soldados orozquistas, pago de sueldos a cargo de la Tesorería Federal, pensión a las viudas y huérfanos de la lucha contra Madero, expedición de leyes que dieran solución al problema agrario. El 27 de febrero de 1913 Orozco dio a Huerta su apoyo oficial.

En cambio con Zapata la situación fue muy distinta. La rebeldía de los campesinos morelenses nunca había sido totalmente doblegada aunque en los primeros días del año de 1912, los esfuerzos de Madero lograron amortiguarla al nombrar como jefe militar a Felipe Ángeles —quien buscaba pactar antes que reprimir—, y como gobernador a Patricio Leyva, que se empeñó en una política reformista. Después de la caída de Madero hubo confusión y división entre los zapatistas, circunstancia que Huerta aprovechó para emprender una nueva campaña militar contra los rebeldes morelenses, al tiempo que enviaba delegados de paz. Zapata rechazó enérgicamente las ofertas, sobre todo al enterarse de que Orozco —cuyo padre se encontraba entre la delegación huertista— había reconocido al gobierno de Huerta, cuando todavía figuraba como jefe nacional del Plan de Ayala. De ahí en adelante, y una vez reformado el plan zapatista, se recrudecieron los ataques de los campesinos morelenses contra el gobierno de Huerta.

Al tomar el poder, Huerta se propuso dos metas: lograr la pacificación e imponer su autoridad, y obtener el reconocimiento oficial del extranjero, principalmente de Estados Unidos.

Ante la necesidad de lograr la paz interna, Huerta decidió buscar el apoyo de orozquistas y zapatistas, deseando aprovechar en su favor el antimaderismo de estos grupos.

Ejercicio 10

1. ¿De qué manera rompió Huerta el Pacto de la Embajada?
2. ¿Cuáles fueron las medidas que utilizó Huerta en su intento por lograr la pacificación del país?
3. ¿Cuál fue la respuesta de Orozco y de Zapata a la propuesta de alianza de Huerta?

Alianza entre Huerta y Orozco

Belisario Domínguez

Enfrentamiento con el Poder Legislativo

Las relaciones no muy cordiales de Huerta con el Poder Legislativo dieron origen a otro conflicto interno de importancia, pues no obstante que los senadores adoptaron una postura condescendiente hacia las nuevas autoridades, no sucedió lo mismo con la Cámara de Diputados, cuyos integrantes, aun cuando habían aceptado el ascenso de Huerta al poder, pronto manifestaron su oposición e incluso algunos de ellos renunciaron para unirse a un incipiente movimiento antihuertista. Después del cuartelazo, la Cámara de Diputados continuó integrada por los diferentes grupos políticos que la conformaron durante el gobierno de Madero; el grupo católico y los independientes dieron su apoyo a Huerta, mientras que la oposición estuvo integrada por liberales, antirreeleccionistas y maderistas. Éstos se dedicaron a obstaculizar las iniciativas del Ejecutivo y mantuvieron una manifiesta hostilidad contra el mismo. Destaca en este sentido el discurso del senador chiapaneco Belisario Domínguez [véase fuente 8. "El discurso de Belisario Domínguez"], en el que denunciaba los crímenes de Huerta y lo llamaba traidor, proponiendo su destitución. Después de que el discurso fuera difundido por escrito —ya que el Senado se opuso a que se pronunciara en el Congreso—, Belisario Domínguez fue asesinado. Esta acción provocó la reprobación de la Cámara de Diputados, que exigió la investigación de los hechos y garantía para las vidas de los miembros del Poder Legislativo; además, comunicaban a Huerta que, en caso de repetirse un hecho semejante, se verían obligados a buscar un sitio más seguro para celebrar las sesiones.

En respuesta, el 10 de octubre de 1913 Huerta disolvió la Cámara de Diputados y ordenó la aprehensión de 84 de sus integrantes con el pretexto de que estaban invadiendo las funciones de los otros dos poderes. Más tarde habría de mandar aprehender a otros 26 diputados. Cuando los senadores se enteraron de esos hechos, acordaron disolver su propia Cámara, y así el Congreso quedó disuelto en su totalidad. Al día siguiente Huerta asumió facultades extraordinarias en los ministerios de Hacienda, Gobernación y Guerra, y se apresuró a convocar a elecciones de diputados y senadores para el 26 de octubre, porque era en esa fecha cuando debían celebrarse los comicios que lo convertían en "presidente constitucional". Es obvio decir que la nueva legislatura había de estar sometida por completo al Ejecutivo.[14]

Relaciones con la Iglesia católica

Los miembros de la jerarquía eclesiástica, descontentos con la revolución maderista, creyeron capaz a Huerta de restaurar el orden, así que cuando llegó al poder, la prensa católica le dio su apoyo y la Iglesia pidió a sus fieles obediencia al nuevo gobierno, condenando cualquier tipo de violencia en su contra. Mientras duró la conciliación con la Iglesia rindió buenos frutos para ambos sectores y favoreció la creación de programas sociales de parte de los católicos progresistas, que coincidieron con el apoyo popular que buscaba Huerta. Pero aquella armonía no había de mantenerse durante mucho tiempo. Días antes de que se celebraran las elecciones presidenciales, Huerta había anunciado que no se postularía, de modo que aceptó la candidatura de Federico Gamboa, ministro de Relaciones Exteriores y miembro del Partido Católico; sin embargo, Huerta no mantuvo su palabra y, contra toda legalidad, se hizo elegir presidente. De ahí en adelante la ruptura con la Iglesia fue definitiva, a pesar de los esfuerzos de Huerta por volver a ganarse su apoyo.

La Cámara de Diputados continuó integrada por los diferentes grupos políticos que la conformaron durante el gobierno de Madero; el grupo católico y los independientes dieron su apoyo a Huerta, mientras que la oposición estuvo integrada por liberales, antirreeleccionistas y maderistas.

Tras el asesinato de Belisario Domínguez, los diputados exigieron una investigación y garantía para las vidas de los miembros del Poder Legislativo. En respuesta, Huerta disolvió la Cámara de Diputados y ordenó la aprehensión de sus integrantes.

Disuelto el Congreso en su totalidad, Huerta asumió facultades extraordinarias y se apresuró a convocar a elecciones de diputados y senadores, antes de la fecha en que debían celebrarse los comicios que lo convertían en "presidente constitucional".

Los miembros de la jerarquía eclesiástica, descontentos con la revolución maderista, creyeron capaz a Huerta de restaurar el orden; por ello, la prensa católica le dio su apoyo y la Iglesia pidió a sus fieles obediencia al nuevo gobierno.

---

[14] Josefina MacGregor G., "El Poder Legislativo: Fuerza incuestionable", en *Así fue la Revolución Mexicana*, Vol. 4, Consejo Nacional de Fomento Educativo, México, 1985, pp. 623-629.

Ejercicio 11

1. ¿Cuál fue el contenido esencial del discurso del senador Belisario Domínguez, que llevó al enfrentamiento entre el Congreso y Huerta?
2. ¿Cuáles fueron los motivos de los grupos católicos para brindar su apoyo a Huerta?
3. ¿Por qué se rompió la alianza entre Huerta y la Iglesia católica?

Fuente 8. El discurso de Belisario Domínguez

(…) Durante el gobierno de don Victoriano Huerta, no solamente no se ha hecho nada en bien de la pacificación del país, sino que la situación actual de la República es infinitamente peor que antes; la Revolución se ha extendido en casi todos los Estados; muchas naciones antes buenas amigas de México, rehúsanse a reconocer su Gobierno, por ilegal; nuestra moneda encuéntrase depreciada en el extranjero; nuestro crédito en agonía; la prensa entera de la República amordazada o cobardemente vendida al Gobierno y ocultando sistemáticamente la verdad; nuestros campos abandonados, muchos pueblos arrasados y, por último, el hambre y la miseria en todas sus formas amenaza extenderse rápidamente en toda la superficie de nuestra infortunada Patria.

¿A qué se debe tan triste situación?

Primero y antes que todo a que el pueblo mexicano no puede resignarse a tener por Presidente de la República a don Victoriano Huerta, al soldado que se apoderó del Poder por medio de la traición y cuyo primer acto al subir a la Presidencia fue asesinar cobardemente al Presidente y Vicepresidente legalmente ungidos por el voto popular, habiendo sido el primero de éstos quien colmó de ascensos, honores y distinciones a don Victoriano Huerta y habiendo sido él igualmente a quien don Victoriano Huerta juró públicamente lealtad y fidelidad inquebrantables.

Y segundo, se debe esta triste situación a los medios que don Victoriano Huerta se ha propuesto emplear para conseguir la pacificación. Esos medios ya sabéis cuáles han sido; únicamente muerte y exterminio para todos los hombres, familias y pueblos que no simpaticen con su Gobierno.

(…) En su loco afán de conservar la Presidencia don Victoriano Huerta está cometiendo otra infamia. Está provocando con el pueblo de los Estados Unidos de América un conflicto internacional en el que, si llegara a resolverse por las armas, irían estoicamente a dar y a encontrar la muerte todos los mexicanos sobrevivientes a las matanzas de don Victoriano Huerta, todos, menos don Victoriano Huerta, ni don Aureliano Blanquet, porque esos desgraciados están manchados por el estigma de la traición y el pueblo y el ejército los repudiarían, llegado el caso.

(…) Sin embargo, señores, un supremo esfuerzo puede salvarlo todo. Cumpla con su deber la Representación Nacional y la Patria está salvada y volverá a florecer más grande, más unida y más hermosa que nunca.

La Representación Nacional debe deponer de la Presidencia de la República a don Victoriano Huerta, por ser él contra quienes protestan, con mucha razón, todos nuestros hermanos alzados en armas y por consiguiente, por ser él quien menos puede llevar a efecto la pacificación, supremo anhelo de todos los mexicanos.

Me diréis señores, que la tentativa es peligrosa, porque don Victoriano Huerta es un soldado sanguinario y feroz que asesina sin vacilación ni escrúpulos a todo aquel que le sirve de obstáculo. ¡No importa, señores! La Patria os exige que cumpláis con vuestro deber aun con el peligro y aun con la seguridad de perder la existencia.

(…) El mundo está pendiente de vosotros, señores miembros del Congreso Nacional Mexicano y la Patria espera que la honréis ante el mundo, evitándole la vergüenza de tener por Primer Mandatario a un traidor y asesino.

Dr. B. Domínguez,
Senador por el estado de Chiapas,
México, octubre de 1913.

Política exterior

Las difíciles relaciones con Estados Unidos

A principios de marzo de 1913, pocos días después del cuartelazo en México, asumió la presidencia de Estados Unidos el demócrata Woodrow Wilson, hombre de ideas religiosas fundamentadas en el calvinismo y quien, de acuerdo con tal doctrina, se había propuesto restaurar el "orden moral divino" en Estados Unidos y en el mundo entero, además de que, en función de la predestinación, trataría de que el capitalismo estadounidense se extendiera por toda la tierra. En esa perspectiva mesiánica, México estaba incluido en los planes moralizantes e imperialistas de Wilson: en principio rechazó a Victoriano Huerta, porque consideraba inmoral a un gobierno instituido por la fuerza contra uno de naturaleza democrática, y mantuvo su posición al respecto, a pesar de las presiones ejercidas por los grandes capitalistas con intereses en México —que temían perder su lugar de predominio en la economía mexicana— y de Henry Lane Wilson, interesado en que su país reconociera a Huerta.

El presidente estadounidense decidió enviar observadores, o agentes confidenciales, para que le informaran sobre la situación política en México, pues no confiaba en que el personal diplomático le estuviera dando informes verdaderos. Uno de esos agentes confidenciales fue John Lind quien, tras la renuncia de Henry Lane Wilson, venía en calidad de consejero de la embajada con la comisión de presentar a Huerta cuatro proposiciones del presidente Wilson. Esas proposiciones eran: "cese inmediato al fuego y armisticio definitivo, acatado solemnemente; elecciones libres inmediatas, en las que todas las fracciones participarían; consentimiento del general Huerta de no postularse en dichos comicios, y acuerdo de todos los partidos de acatar los resultados de las elecciones y cooperar con la nueva administración".[15]

Las propuestas anteriores, presentadas ante las autoridades mexicanas en agosto de 1913, expresan las dos preocupaciones fundamentales del presidente estadounidense: en primer lugar, terminar con el estado de guerra que prevalecía en México y, en segundo, restituir un orden democrático en el que no se incluyera a Huerta. Pero como era de esperarse, las proposiciones de Wilson fueron rechazadas por el gobierno huertista a través de su ministro de Relaciones Exteriores, Federico Gamboa, quien aseguró a Lind que el país estaba bajo el absoluto control del ejército federal. En cuanto al resto de las proposiciones, el gobierno mexicano consideraba insultante tal intromisión de Estados Unidos en su política interna, señalando que Wilson parecía no tener en cuenta que otras naciones ya habían reconocido al gobierno huertista y hasta ofrecido préstamos financieros, mientras continuaban invirtiendo en la industria mexicana. Esto último era otra materia de preocupación para Wilson, porque el reconocimiento a Huerta por parte de Gran Bretaña podría significar el aumento de la influencia británica en la explotación del petróleo mexicano, con el consecuente perjuicio a las compañías petroleras estadounidenses. El acercamiento hacia Europa ya había causado enfriamiento en las relaciones entre Estados Unidos y México desde finales del porfiriato, y si ahora Huerta superaba sus dificultades gracias a la ayuda europea, el capitalismo estadounidense sufriría gran daño. Esta idea era compartida por los dueños de las compañías petroleras, quienes convinieron en la política antihuertista de Wilson, ante el peligro que representaba para sus intereses el aumento de las inversiones británica y alemana en México.

Sin embargo, Wilson decidió posponer cualquier acción contra Huerta; anunció al Congreso de su país que mantendría una "vigilante espera", pidió a los estadounidenses residentes en México que salieran del territorio, y prohibió la venta de armas a

México estaba incluido en los planes moralizantes e imperialistas de Woodrow Wilson, quien en principio rechazó a Victoriano Huerta porque consideraba inmoral a un gobierno instituido por la fuerza contra uno de naturaleza democrática.

Woodrow Wilson, presidente de Estados Unidos

Las propuestas de Estados Unidos ante las autoridades mexicanas buscaban terminar con el estado de guerra que prevalecía en México y restituir un orden democrático en el que no se incluyera a Huerta.

El acercamiento de México hacia Europa era motivo de gran preocupación para los intereses económicos de Estados Unidos.

---

[15] Martha Strauss, "Woodrow Wilson rechaza a Victoriano Huerta", en *Así fue la Revolución Mexicana*, Vol. 4, p. 650.

> *Wilson decidió posponer cualquier acción contra Huerta; anunció al Congreso de su país que mantendría una "vigilante espera", pero confiaba en que la opinión pública de Estados Unidos apoyara sus amenazas contra Huerta, si no renunciaba al poder.*

Federico Gamboa

> *La postulación de Federico Gamboa como candidato presidencial recibió el apoyo de Estados Unidos, pero cuando Huerta faltó a su palabra y se hizo nombrar presidente, Wilson anunció que no reconocería a su gobierno, y se propuso derrocarlo.*

> *Wilson tenía cuatro opciones: 1) intervenir militarmente en México, 2) reconocer a Huerta, 3) influir para que en lugar de Huerta se nombrara a otro representante de la fracción conservadora, 4) reconocer, aunque fuera parcialmente, a los constitucionalistas.*

este país. Con estas medidas consiguió que la opinión pública de Estados Unidos apoyara sus amenazas contra Huerta si éste no renunciaba al poder. Algunos hombres de negocios —entre ellos varios banqueros— esperaban que la situación de guerra en México condujera a una separación entre el norte y el sur, que tendría como consecuencia la anexión de la parte norte a Estados Unidos.

A finales de agosto, Huerta modificó su actitud respecto a las propuestas de Wilson, presionado quizá por las clases altas mexicanas que temían se prolongara la revolución y la situación se agravara, al entrar en conflicto con Estados Unidos. Aunque Huerta se mantenía firme en su posición de no reconocer ningún derecho al gobierno estadounidense para intervenir en asuntos internos de México, al exigirle no postularse en las elecciones, reconocía que quedaba excluido como candidato presidencial por la Constitución mexicana. El 24 de septiembre fue postulado Federico Gamboa por el Partido Católico, postulación que recibió el apoyo del Departamento de Estado de Estados Unidos. Tal apoyo significaba que el gobierno de ese país, aunque no aceptaba a Huerta, sí reconocía a su régimen, porque Gamboa era uno de los colaboradores más cercanos a él. Wilson estaba tan complacido, que creyó haber llegado al fin a un entendimiento en sus relaciones con México, e hizo lo posible por convencer a los revolucionarios de que aceptaran a Gamboa como un posible presidente, o que, en caso de oponerse, lo hicieran "con el voto y no con las armas", ya que no reconocería a ningún gobierno emanado de una revolución.

Las cosas cambiaron radicalmente en octubre siguiente cuando Huerta faltó a su palabra, disolvió el Congreso, convocó a elecciones y se hizo nombrar presidente. Tal hecho provocó en Wilson una reacción enérgica contra Huerta, a quien acusó de haber obrado de mala fe, y anunció que no reconocería a su gobierno; a partir de entonces el presidente estadounidense se propuso derrocarlo. La primera acción en este sentido consistió en retirarle su apoyo por medio de un acuerdo comercial con las compañías petroleras inglesas que fortaleció la posición de Estados Unidos frente a la influencia de Gran Bretaña en México. Después Wilson optó por esperar a que la lucha interna en México debilitara a las dos fuerzas contendientes, de manera que se vieran obligados a solicitar la ayuda estadounidense. Pero los acontecimientos no se desarrollaron de la manera esperada por Wilson: a finales de enero de 1914 los revolucionarios dominaban ya más de la mitad del territorio mexicano, y tal situación ofrecía a Wilson cuatro opciones: 1) intervenir militarmente, opción considerada como último recurso, aunque se había manejado muchas veces, porque la situación internacional estaba tomando un giro peligroso en las relaciones de Estados Unidos con los países europeos y con Japón; 2) reconocer a Huerta, lo cual significaba que Wilson tendría que retractarse, y eso no estaba dispuesto a hacerlo; 3) influir para que en lugar de Huerta se nombrara a otro representante de la fracción conservadora, pero esta solución no era viable ante el empuje de los revolucionarios; 4) reconocer, aunque fuera parcialmente, a los constitucionalistas, solución por la que Wilson hubo de decidirse al considerar inviables las otras opciones.

El 3 de febrero de 1914, Wilson suspendió el embargo de armas contra México y reconoció a los revolucionarios como parte beligerante, lo que permitía a éstos comprar armas legalmente en Estados Unidos. Con ello, Wilson estaba claramente de parte de los revolucionarios.[16]

Aspectos económicos y sociales

Situación económica

En el aspecto económico, los problemas más graves fueron financieros; los empréstitos obtenidos del exterior por León de la Barra y por Madero, que ascendían a un to-

---
[16] Friedrich Katz, *La guerra secreta en México*, Vol.1, pp. 213-214.

tal de 40 millones de pesos, cumplían su vencimiento en junio de 1913, en un momento en que Huerta se encontraba apremiado por conseguir fondos que le permitieran reforzar al ejército. Se adquirió un nuevo empréstito con la banca inglesa por 16 millones de libras esterlinas (156 millones de pesos), pero esa cantidad fue insuficiente para cubrir las necesidades del gobierno, que hubo de echar mano de las reservas del Tesoro, además de aumentar la carga impositiva al comercio y las contribuciones a los estados. Para noviembre del mismo año, la situación política se había agravado y Huerta tuvo que recurrir a préstamos forzosos, exigidos a mexicanos y extranjeros, pero aun así no se pudieron pagar a tiempo los sueldos de los empleados de gobierno y los de los miembros del ejército. En enero de 1914, Huerta suspendió el pago del servicio de la deuda exterior, mientras la crítica situación provocaba la fuga de capitales y una inflación, que estuvo a punto de llevar a la quiebra a los bancos, que se salvaron gracias a la intervención del gobierno; pero no se pudo controlar la inflación y el peso bajó aceleradamente a partir de junio de 1913, para llegar a cerca de cuatro pesos por dólar en agosto de 1914.

La cuestión agraria

El régimen huertista se limitó a continuar fraccionando terrenos nacionales; sin embargo, tales medidas no fueron al fondo del problema ni modificaron la estructura de la propiedad, como tampoco lo había hecho la administración de Madero. La Comisión Nacional Agraria fue abolida y, en su lugar, se creó la Secretaría de Agricultura, mediante la cual se autorizó que algunos yaquis y mayos recuperaran 78 ejidos que les fueron expropiados en el porfiriato. Hacia finales de su gobierno, Huerta presentó un proyecto que contemplaba una verdadera reforma a la estructura agraria, quizá con la intención de desplazar hacia su gobierno el respaldo popular que tenían Carranza y Zapata, pero tal proyecto no llegó a concretarse.

Política obrera

Con referencia al sector obrero, en un principio Huerta trató de ganarse su apoyo como un medio para estabilizar su régimen; por esta razón, el gobierno no sólo no agredió a la Casa del Obrero Mundial, sino que permitió la existencia de huelgas e hizo a los trabajadores algunas concesiones, como decretar aumentos generales de salarios; mantener el Departamento de Trabajo creado por Madero, duplicándole el presupuesto; favorecer la capacitación de los obreros y dar carácter de ley a los descansos dominicales.

Siguiendo con su política seudopopulista, Huerta permitió que se celebrara el día del trabajo por primera vez en México, el 1 de mayo de 1913, que se desarrolló sin contratiempos. Semanas después, la Casa del Obrero Mundial convocó a una reunión de todos los sindicatos afiliados, a la cual se opuso el gobierno de Huerta; a pesar de ello, el mitin se realizó en la Alameda Central de la ciudad de México, en abierto desafío a Huerta quien, en respuesta, ordenó el arresto de los oradores de la reunión y de toda persona con influencia en el movimiento laboral. De esta manera, dio comienzo una política de represión de todas las actividades sindicales, que culminó con el cierre de la COM, a principios de 1914.[17]

---

[17] Marjorie Ruth Clark, *La organización obrera en México*, Era, México, 1979, p. 28.

Ejercicio 12

1. Describe la posición del presidente Woodrow Wilson, adoptada en un principio, respecto al gobierno de Victoriano Huerta.

2. ¿Cuál fue la respuesta de Huerta a las propuestas del presidente Wilson, presentadas en agosto de 1913?

3. ¿Por qué el acercamiento de la política exterior mexicana hacia los países europeos era motivo de preocupación para el gobierno de Estados Unidos?

4. ¿Cuál fue la acción de Huerta que provocó que Wilson le negara el reconocimiento y se propusiera a derrocarlo?

5. ¿Por qué tomó Wilson la decisión de apoyar a los revolucionarios?

Ante la crisis financiera, Huerta suspendió el pago del servicio de la deuda exterior, mientras la crítica situación provocaba la fuga de capitales y una inflación que estuvo a punto de llevar a la quiebra a los bancos.

El régimen huertista se limitó a continuar fraccionando terrenos nacionales, pero tales medidas no resolvieron el problema ni modificaron la estructura de la propiedad, como tampoco lo había hecho la administración de Madero.

La Revolución contra Huerta

Los caudillos

Venustiano Carranza

Un día después del ascenso de Huerta al poder, Venustiano Carranza, gobernador de Coahuila, de acuerdo con el Congreso local, condenó la designación del general porfirista por "arbitraria e ilegal", y rehusó someterse a su gobierno presidencial. No obstante, poco después Carranza trató de negociar con Huerta un arreglo pacífico, aparentemente con el objeto de ganar tiempo y conocer mejor la situación. El hecho es que el 26 de marzo siguiente, el gobernador coahuilense formuló su plan revolucionario en contra del gobierno usurpador.

Venustiano Carranza era un coahuilense perteneciente a aquella clase media terrateniente del norte, la zona más próspera del país, donde durante el porfiriato se habían desarrollado las modernas haciendas que aprovecharon la cercanía con la frontera para efectuar relaciones comerciales con los capitalistas estadounidenses; aquella clase media a la que pertenecía Madero, cuyos intereses por restaurar el orden legal perdido con el porfirismo, se sustentaban en las ideas políticas de corte liberal. Carranza era un terrateniente emprendedor y su visión del crecimiento económico no podía admitir la situación provocada por la oligarquía financiera formada por los "científicos" a finales del porfiriato. Como Madero, Carranza estaba de acuerdo con el progreso creado a la sombra de Porfirio Díaz y, por lo mismo, quería evitar que con la decadencia del régimen se perdiera el avance alcanzado en el país por culpa de la ambición egoísta de una clase a la que consideraba parasitaria. Tal concordancia con Madero lo indujo a unirse a su movimiento revolucionario en 1910. Para entonces, Carranza ya había tenido experiencia política, adquirida y desarrollada diestramente desde 1887, cuando fuera presidente municipal de Cuatro Ciénegas, Coahuila, lugar donde nació en 1859. Fue durante el cumplimiento de ese cargo cuando tuvo desavenencias con el gobernador José María Garza Galán, cuya reelección Carranza combatió con las armas, viéndose obligado a renunciar a la presidencia municipal que administraba. Bernardo Reyes se ofreció de intermediario ante el presidente Díaz, con lo que se logró la destitución de Garza Galán, y entonces Carranza volvió a ocupar su cargo.[18] Después, desempeñó sucesivamente los puestos de diputado local, senador de la República y gobernador interino de Coahuila, este último en 1908. Al triunfo de la revolución maderista, Carranza ocupó el cargo de secretario de Guerra y Marina en el gabinete del gobierno provisional en Ciudad Juárez, y cuando Madero ocupó la presidencia, fue electo gobernador de su estado.

Por su trayectoria política y la base ideológica de la misma, Carranza no podía aceptar al huertismo, que representaba un retroceso en el camino iniciado por la revolución maderista; por ello, lanzó el Plan de Guadalupe, un documento revolucionario que sólo pretendía legalizar la acción armada contra un gobierno considerado ilegítimo, sin aludir a la solución de asuntos socioeconómicos propuestos por algunos de sus seguidores.

Venustiano Carranza, Primer Jefe del Ejército Constitucionalista

---

[18] Douglas W. Richmond, *La lucha nacionalista de Venustiano Carranza (1893-1920)*, Fondo de Cultura Económica, México, 1986, pp. 31-32.

En un principio, Huerta trató de ganarse el apoyo del sector obrero como un medio para estabilizar su régimen, con medidas seudopopulistas, pero más tarde actuó contra la Casa del Obrero Mundial, hasta ordenar su cierre.

Ejercicio 13

1. ¿Cuáles fueron las medidas adoptadas por el gobierno de Huerta, ante la crisis financiera?
2. Describe las acciones del régimen huertista respecto a la cuestión agraria.
3. Describe las relaciones del gobierno de Huerta con el movimiento obrero.

Venustiano Carranza era un coahuilense perteneciente a la clase media terrateniente del norte y compartía con Madero el interés por restaurar el orden legal con el porfirismo, con base en ideas políticas de corte liberal.

El Plan de Guadalupe era un documento revolucionario que sólo pretendía legalizar la acción armada contra un gobierno considerado ilegítimo, sin aludir a la solución de asuntos socioeconómicos propuestos por algunos de los seguidores de Carranza.

Cap. 1. La Revolución Mexicana: lucha contra el antiguo régimen

Hacienda de Guadalupe, Coahuila, donde se firmó el Plan carrancista

Las primeras adhesiones al Plan de Guadalupe provinieron de políticos y militares contrarios a Huerta dentro del mismo estado de Coahuila, y más adelante se unieron al movimiento los antihuertistas de Sonora y Chihuahua.

El Plan de Guadalupe desconocía a los tres poderes de la federación y a los gobernadores de los estados que dentro de los tres días siguientes (el plan está fechado el 26 de marzo de 1913) no hubieran rechazado a los poderes federales de la administración huertista; se nombraba a Venustiano Carranza como Primer Jefe del ejército, que se denominaba "constitucionalista", y se le facultaba además para tomar interinamente la presidencia al ocupar la ciudad de México, él "o quien le hubiere sustituido en el mando". Dicho presidente interino debía convocar a elecciones tan pronto se hiciera la paz, y entregaría el poder a quien hubiera resultado electo. El último punto del Plan (séptimo) establecía que en los estados cuyos gobiernos hubieran reconocido a Huerta, el primer jefe del ejército constitucionalista asumiría el cargo de gobernador provisional y convocaría luego a elecciones locales.

Adhesiones al Plan de Guadalupe. Una vez promulgado el plan revolucionario de Carranza, los rebeldes coahuilenses se dedicaron a difundirlo con el objeto de conseguir adhesiones. Las primeras provinieron de políticos y militares contrarios a Huerta dentro del mismo estado de Coahuila, y más adelante se unieron al movimiento los antihuertistas de Sonora y Chihuahua. En el primero de estos dos últimos estados, se habían lanzado ya contra Huerta tres manifiestos principales: el del coronel Álvaro Obregón, el 5 de marzo; el del gobernador interino Ignacio L. Pesqueira, el día 7, y el del comisario de Agua Prieta, Plutarco Elías Calles, el 12 del mismo mes. Entre los sonorenses que se adhirieron al constitucionalismo figuraba también José María Maytorena, rico terrateniente que se había opuesto al régimen porfirista. En Chihuahua, estado que se había distinguido por su apoyo a la Revolución, las fuerzas de Huerta capturaron al gobernador maderista Abraham González y lo asesinaron mientras era conducido a la ciudad de México. Cuando Francisco Villa tuvo noticia de este hecho y del cuartelazo en la capital, regresó de Estados Unidos para unirse a los revolucionarios.

Carranza inicia la rebelión contra Huerta

Francisco Villa

Francisco Villa fue otra figura de relevancia en los acontecimientos revolucionarios, a pesar de que su controvertida actuación muchas veces ha sido desvirtuada por la leyenda.[19] Doroteo Arango —considerado como el nombre verdadero de Villa—

Ejercicio 14

1. Describe los rasgos característicos de Venustiano Carranza, respecto a su condición de clase social, su posición ideológica y su trayectoria política.

2. ¿Cuál era el objetivo primordial del Plan de Guadalupe?

---

[19] Friedrich Katz hace referencia a tres tipos de leyenda; una "leyenda blanca", basada en las memorias relatadas por el propio Villa; una "leyenda negra" que lo presenta como un bandido sanguinario; y una "leyenda épica" que pintaba a Villa como un hombre generoso, una especie de Robin Hood que robaba a los ricos para dar a los pobres. Friedrich Katz, *Pancho Villa*, Vol. 1, Era, México, 1998, pp. 16-22.

Francisco Villa, de origen rural y vida aventurera, se unió a la revolución maderista en Chihuahua, tomó de nuevo las armas para luchar contra Orozco y después de la muerte de Madero se unió al movimiento organizado por las clases populares en Chihuahua, iniciando una exitosa campaña militar.

Villa, el "Centauro del Norte"

Francisco Villa en el tren que lo condujo a la capital

Villa no aceptó la propuesta de Carranza de ponerse a las órdenes de Obregón, por lo que el Primer Jefe tuvo que reconocer la fuerza militar que había adquirido Villa, y lo nombró general del ejército constitucionalista.

Aunque la actuación de Villa en la Revolución ha sido comparada muchas veces con la de Zapata, existen entre ambos diferencias notables: de procedencia regional, de aspectos de su vida personal, de sus metas y sus acciones militares.

nació en el municipio de San Juan del Río, Durango, en 1878, en una comunidad rural. Al morir su padre tuvo que hacerse cargo de su familia —su madre y cuatro hermanos— trabajando como leñador y luego como comerciante en pequeño, actividad que le proporcionó habilidad en el manejo de las cuentas y conocimiento de las regiones circundantes a Durango. Después, junto con su familia se dedicó a la labor de mediero en una hacienda. Según relata en sus memorias, en 1894 al regresar de la faena, se encontró con que el hacendado trataba de llevarse por la fuerza a una de sus hermanas; en una reacción inmediata disparó contra el hacendado, a quien hirió en un pie. Este hecho lo obligó a huir y a partir de entonces se unió a un grupo de bandoleros con los que anduvo por las montañas de Durango robando ganado, hasta que se separó de la gavilla porque —según dice él mismo— uno de los bandoleros asesinó a un anciano que se negó a entregarle su mercancía. Posteriormente Villa se trasladó al estado de Chihuahua y desempeñó oficios de minero y de albañil. Fue varias veces encarcelado y, siempre con la amenaza de la persecución policial, decidió cambiar de nombre; en ocasiones huía a la sierra, y en uno de sus viajes a la capital del estado conoció a Abraham González, quien lo invitó a unirse a los revolucionarios maderistas.

Al lado de Madero, participó en varios enfrentamientos con las tropas federales y estuvo en el asalto a Ciudad Juárez. Después de la caída de Porfirio Díaz, siguiendo órdenes superiores, Villa entregó a Raúl Madero las tropas que comandaba y se retiró a la vida privada para dedicarse a la ganadería y al comercio; con esto terminó su primera etapa como revolucionario. Se integró de nuevo al movimiento al tomar las armas en contra de Orozco, bajo las órdenes de Victoriano Huerta, con quien tuvo un serio enfrentamiento; acusado de insubordinación, estuvo a punto de ser ejecutado, pero Madero intercedió en su favor y se le trasladó a la ciudad de México, donde fue recluido en la prisión de Santiago Tlatelolco. De ahí pudo escapar para huir a Estados Unidos, de donde regresaría al enterarse del asesinato de Madero y posteriormente del de Abraham González. La tercera etapa de su actividad revolucionaria comienza en marzo de 1913, cuando se une al movimiento organizado por las clases populares del estado de Chihuahua e inicia una exitosa campaña militar que le permitió consolidar su regreso a la lucha revolucionaria.

Cuando las fuerzas revolucionarias de Chihuahua y Sonora decidieron unirse al Plan de Guadalupe, Carranza invitó a Villa a secundarlos, con el ofrecimiento de legitimar su lucha a condición de que aceptara ponerse a las órdenes de Álvaro Obregón. Pero Villa no aceptó la propuesta y Carranza tuvo que ceder ante la fuerza militar que había adquirido Villa, nombrándolo general del ejército constitucionalista. Sus acciones posteriores le valieron a Villa el reconocimiento de su hegemonía en el estado de Chihuahua. En septiembre de 1913 se le nombró jefe supremo de las fuerzas constitucionalistas en ese estado y se formó la División del Norte bajo su mando, cuerpo militar que llegaría a cobrar gran fama en la lucha contra la dictadura huertista y en el triunfo sobre la misma.

Villismo y zapatismo. La actuación de Villa en la Revolución ha sido comparada muchas veces con la de Zapata, porque ambos dirigieron una cruzada en favor de los derechos de la clase campesina; sin embargo, existen señaladas diferencias, en varios aspectos.

 a) *Procedencia regional*. Las condiciones socioeconómicas del campesinado eran señaladamente distintas en el norte y en el sur, y esta circunstancia marcó la diferencia en los objetivos de ambos caudillos. Para Villa no se trataba, como en el caso del zapatismo, de restituir las tierras a propietarios desposeídos. Su lucha, que atrajo a una masa de peones, aparceros, arrieros y buhoneros que nunca habían poseído ni un pedazo de tierra, consistía en dividir los enormes latifundios del norte —región mucho más extensa que Morelos— para crear la pequeña propiedad agraria.

  En los contrastes que separan al norte y al sur de México, tienen singular importancia las diferencias de índole étnico-cultural; el poblamiento de estas regiones, étnica e históricamente distinto, dio lugar a la formación de rasgos socioculturales claramente diferenciados, con necesidades y objetivos no compartidos en ambas regiones.

 b) *La vida personal de ambos caudillos* tenía una base distinta, aunque en función de ciertos intereses en algún momento se les haya calificado a ambos como meros bandidos y asaltantes de caminos. Antes de la lucha revolucionaria, Zapata no tuvo una vida tan azarosa como la de Villa, ni sufrió en carne propia los abusos de los poderosos de la misma manera que éste; en un principio la lucha de Zapata se desarrolló en el marco legal y con un cargo político, mientras que la de Villa comenzó al margen de la ley.

 c) *En cuanto a las metas*, las de Villa no eran colectivistas como las de Zapata, sino que estaban dirigidas a dar tierras a cada trabajador de aquella clase desarraigada del norte.

 d) *En el aspecto militar*, el papel de Villa y su ejército, mejor organizado que el de Zapata, fue mucho más importante que el de éste para el desenlace de la Revolución.

No obstante, la lucha de ambos caudillos, aunque distinta e incluso separada —a pesar de que en un momento dado unieran sus fuerzas sin éxito— cobró en la historia dimensiones nacionales, unificada por la meta común de alcanzar la reivindicación de la clase campesina.

En su lucha contra Huerta, Villa y Zapata coincidieron con Carranza, pero tal compatibilidad fue transitoria, mientras se lograba el objetivo común de hacer caer al usurpador. Había diferencias aún más profundas entre los dos líderes campesinos y el Primer Jefe del Ejército Constitucionalista, perteneciente a otra clase social y circunscrito a un contexto ideológico distinto. Tales diferencias estuvieron a punto de entorpecer el triunfo de la Revolución y estallaron en un serio conflicto cuando se logró la victoria.

La División del Norte. Después de ser nombrado general en jefe, Villa organizó la División del Norte y empezó a poner en práctica sus magníficas dotes de estratega, que llegaron a hacer de su ejército el más importante de las fuerzas constitucionalistas. Se apoderó de la ciudad de Chihuahua en diciembre de 1913 y tomó el control del estado promulgando numerosas disposiciones y decretos referidos a los problemas económicos y sociales de la región, pero también encaminados a organizar un sistema administrativo que le permitiera contar con un soporte económico en su lucha contra el huertismo. A diferencia de Zapata, que conforme iba conquistando territorios confiscaba las haciendas y devolvía las tierras a los campesinos, Villa tuvo que seguir otra táctica debido a la especial característica de su lucha, que contaba con el apoyo de algunos sectores de la clase terrateniente de Coahuila y Sonora, e integraba a una amplia coalición de clases sociales distintas: entre los hombres que se-

Emiliano Zapata

Ejercicio 15

1. Sintetiza los rasgos biográficos de Francisco Villa, incluyendo su participación en la revolución maderista.

2. ¿Por qué Carranza nombró general del ejército constitucionalista a Francisco Villa, a pesar de que no confiaba en él?

3. Describe las diferencias entre Villa y Zapata, respecto a su lucha revolucionaria, con base en las variables:
 a) procedencia regional;
 b) historia personal; c) metas; y d) acciones militares.

4. ¿Por qué Villa tuvo que seguir una táctica distinta a la de Zapata, respecto a las confiscaciones y repartos de tierras?

5. ¿A qué se debía la rivalidad entre Carranza y Villa?

Había diferencias aún más profundas entre los dos líderes campesinos y el Primer Jefe del Ejército Constitucionalista, perteneciente éste a otra clase social y circunscrito a un contexto ideológico distinto.

A diferencia de Zapata, que conforme iba conquistando territorios confiscaba las haciendas y devolvía las tierras a los campesinos, Villa tuvo que seguir otra táctica debido a los diversos sectores sociales que integraban sus fuerzas militares.

Artillero al pie de su cañón

guían a Villa había rancheros, vaqueros, campesinos, obreros, artesanos, pequeños comerciantes y hasta profesionales. Chihuahua no era un estado eminentemente campesino como Morelos, pues aproximadamente 60% de su población vivía en asentamientos urbanos y semiurbanos. Además, en el caso del sector rural, había grandes diferencias con el territorio zapatista respecto a las relaciones de trabajo en las haciendas, notablemente menos antagónicas en el norte. Tales circunstancias dieron como resultado que Villa sólo efectuara la confiscación de tierras en casos de extrema necesidad y para consolidar el carácter social de su movimiento.

En sus relaciones con Carranza, el villismo quiso mantener una posición de cierta independencia respecto al primer jefe, y en varias ocasiones se mostró rebelde con él. La rivalidad entre ambos se hizo más seria a causa de que Villa trató de crearle a Carranza problemas con Estados Unidos, buscando inclinar en su favor el apoyo que el gobierno de ese país brindaba a los revolucionarios. Por su parte, Carranza dominaba el territorio de Sonora y ahí estableció su gobierno; apoyó su fuerza política en los revolucionarios de este estado, sobre todo en Álvaro Obregón, cuyo ejército era considerado por el Primer Jefe como el pilar fundamental del constitucionalismo, mientras que las otras fuerzas, incluidas las de Villa, eran para él sólo columnas auxiliares. Por tal razón, juzgó conveniente depositar en Obregón todo el poder militar, y no en Villa, quien con fuerza cada vez mayor cobraba fama de caudillo popular, al mismo tiempo que sintiéndose poderoso, cometía innecesarios actos de violencia acordes con el carácter impetuoso que en el pasado lo había mantenido al margen de la ley. Uno de aquellos actos fue la ejecución de William H. Benton, un terrateniente inglés que tenía una hacienda en el norte de México y que en varias ocasiones había entrado en conflictos con los campesinos de tierras vecinas a la suya. Benton se presentó ante Villa para reclamarle, en tono alterado y con palabras altisonantes, por qué había permitido que unos campesinos dejaran pastar animales en su hacienda. Villa sintió agraviada su autoridad frente a la gente que tenía a su mando y, según declaró oficialmente, ordenó la ejecución de Benton después de haberlo enjuiciado y condenado a muerte. Como quiera que haya sucedido, la acción de los villistas contra Benton ocasionó un conflicto con el gobierno británico que, a su vez, pidió a los estadounidenses la investigación del asunto. Para Carranza, la conducta de Villa profundizaba el distanciamiento entre ambos y hacía a éste indigno de ostentarse como general en jefe de las fuerzas constitucionalistas.

La rivalidad entre Villa y Carranza se hizo más seria a causa de que Villa trató de crearle al primer jefe problemas con Estados Unidos, buscando inclinar a su favor el apoyo que el gobierno de ese país brindaba a los revolucionarios.

Pero las acciones bélicas de la División del Norte, reforzadas con el ingreso de Felipe Ángeles, tuvieron gran significación para el triunfo del ejército constitucionalista, que para abril de 1914 se había adueñado de todo el norte del país y se disponía a avanzar sobre la capital.

La intervención estadounidense en Veracruz

El gobierno de Wilson decidió respaldar el movimiento revolucionario cuando Huerta se hizo elegir presi-

Felipe Ángeles

Ejercicio 16

1. ¿Por qué rechazó Carranza el apoyo que le ofrecía el presidente de Estados Unidos, a fines de octubre de 1913?
2. ¿Por qué se decidió Woodrow Wilson a realizar una intervención militar en México?
3. Describe el incidente de Tampico, que Wilson utilizó como pretexto para ocupar el puerto de Veracruz.
4. ¿Cuál fue la reacción del gobierno de Huerta ante la invasión estadounidense a Veracruz?
5. ¿Cuáles fueron los resultados de las Conferencias de Niagara Falls?

dente en octubre de 1913; a fines de ese mes, el presidente estadounidense envió a Carranza un representante con varias propuestas: le pedía que aprobara una intervención de su país en México con el fin de proteger las vidas y propiedades de los extranjeros, mientras los revolucionarios continuaban luchando contra Huerta. Otra proposición consistía en pedir a Carranza que decretara la separación del norte de México del resto del país. Ambas propuestas fueron rechazadas enérgicamente por Carranza, quien respondió que lo único que pretendía de Estados Unidos era que les vendiera armas, pero que nunca toleraría la interferencia extranjera en los asuntos internos de México. Esta actitud del Primer Jefe revolucionario molestó a Wilson, porque creyó que los rebeldes estarían dispuestos a aceptar sus condiciones con tal de que respaldara su causa. El caso Benton, por el cual el gobierno británico dio beligerancia a Wilson contra los revolucionarios, acabó de enfriar las relaciones entre éstos y el presidente estadounidense cuando Carranza se negó a entregar el cadáver de Benton para que se le practicara la autopsia en Estados Unidos.

Carranza depositó en Obregón todo el poder militar, y no en Villa, quien con fuerza cada vez mayor cobraba fama de caudillo popular, al mismo tiempo que cometía innecesarios actos de violencia, como la ejecución del inglés William H. Benton.

El desarrollo de los acontecimientos se fue alejando cada vez más de los planes de Wilson sobre México, ya que mientras Huerta resistía más tiempo del previsto debido al apoyo de las clases altas y a la ayuda financiera de los bancos europeos —británicos y alemanes—, los revolucionarios se negaban a plegarse a sus deseos a pesar de que les proporcionaba armas y apoyo diplomático. Por tales razones, Wilson optó por seguir la solución que antes había rechazado y envió tropas a México. Para realizar la ocupación de territorio mexicano, Wilson se valió de un incidente en Tampico, aparentemente sin importancia, que le sirvió de pretexto. Los puertos mexicanos habían atraído la atención del presidente estadounidense debido a que era la vía de acceso al país por la que Huerta se abastecía de armas de procedencia europea, de ahí que el incidente apropiado para iniciar la intervención militar tendría que darse en alguno de los puertos. El 9 de abril de 1914, mientras seis barcos de guerra estadounidenses permanecían anclados cerca de Tampico, uno de ellos se aproximó a los muelles para abastecerse de gasolina, en los momentos en que se libraba un combate entre constitucionalistas y federales. Éstos se inquietaron y aprehendieron a la tripulación del barco y, aunque fue liberada momentos después, el contraalmirante estadounidense dio al asunto significación internacional y exigió una excusa oficial, además de un castigo severo al oficial responsable de la aprehensión. Exigió, asimismo, que se izara la bandera de Estados Unidos y se le saludara con 21 cañonazos. Huerta trató de llegar a un acuerdo para evitar que México rindiera sometimiento a una insignia extranjera, pero sus gestiones fueron inútiles porque Wilson preparaba ya la ocupación, la cual hubo de adelantar al tener noticias de la inminente llegada de un barco alemán cargado de armas para el gobierno de Huerta. Wilson dio la orden de ocupar Veracruz antes de que el Congreso le autorizara actuar contra México por el asunto de Tampico. Sin previo aviso ni declaración de guerra, la infantería de marina tomó la aduana el 21 de abril de 1914, y días después todo el puerto de Veracruz. Huerta rompió relaciones diplomáticas con Estados Unidos y envió una buena parte de su ejército a Veracruz.

Las acciones bélicas de la División del Norte tuvieron gran significación para el triunfo del ejército constitucionalista, que logró adueñarse de todo el norte del país.

El desarrollo de los acontecimientos se fue alejando cada vez más de los planes de Wilson sobre México, y éste optó por iniciar la ocupación del territorio mexicano, para lo cual se valió de un incidente en Tampico.

En todo el país hubo repudio a la acción del gobierno estadounidense y se levantó una ola de patriotismo, pero aquel acontecimiento no detuvo la lucha contra Huerta. Los revolucionarios cobraron más fuerza a sabiendas de que el gobierno usurpador se encontraba debilitado y aislado del resto del mundo por la ocupación estadounidense en el principal puerto marítimo de México.

En el extranjero hubo también reacciones contrarias y severas críticas a la intervención de Estados Unidos en México. Tres países latinoamericanos, Argentina, Brasil y Chile, ofrecieron actuar como mediadores y propusieron se celebraran conferencias en un terreno neutral. Wilson tuvo que aceptar tal mediación, al menos en apariencia, obligado por la reprobación de la opinión pública en su propio

Barcos estadounidenses bombardean el puerto de Veracruz

Soldados estadounidenses en el puerto de Veracruz

país, y Huerta también aceptó bajo la presión de los gobiernos de Gran Bretaña, Francia y Alemania. Por su parte, Carranza estuvo de acuerdo "en principio" con la mediación latinoamericana, pero rechazó el cese de hostilidades contra Huerta que se proponía en esas conferencias, oponiéndose terminantemente a la deliberación de extranjeros en asuntos internos de México. Las conferencias comenzaron el 20 de mayo de 1914 en Niagara Falls, Canadá, y en ellas los delegados estadounidenses señalaron que para su gobierno la única solución válida era aceptar el triunfo de los constitucionalistas y el establecimiento de un gobierno dirigido por ellos. Más de un mes después, el 24 de junio, se firmó un acuerdo, sin hacer referencia a la intervención en Veracruz, que señalaba que Estados Unidos reconocería cualquier gobierno provisional surgido de la lucha armada, y que habría de proclamar una amnistía política y estaría dispuesto a compensar a los extranjeros por las pérdidas sufridas a causa de la lucha armada. Mencionaba además que el gobierno estadounidense no demandaría indemnización por el incidente de Tampico.

En México los constitucionalistas continuaban avanzando hacia la capital, mientras las tropas estadounidenses permanecían en Veracruz con la excusa de que Carranza se había negado a cooperar en las conferencias de Niagara Falls, que exigían el cese de hostilidades en México. Huerta confiaba en que los delegados a la conferencia consiguieran el armisticio y desarme de los revolucionarios, pero éstos, que ya habían tomado Zacatecas, no aceptaron la mediación internacional y tampoco quisieron pactar con Huerta por separado. Carranza comunicó al gobierno de Wilson y a los mediadores, que exigía de forma terminante la rendición de Huerta y de su ejército.

Sin previo aviso ni declaración de guerra, la infantería de marina estadounidense tomó el puerto de Veracruz y Huerta rompió relaciones diplomáticas con Estados Unidos, mientras enviaba parte de su ejército al puerto.

En todo el país hubo repudio a la acción del gobierno estadounidense y se levantó una ola de patriotismo, pero aquel acontecimiento no detuvo la lucha contra Huerta.

Triunfo revolucionario

La toma de Zacatecas fue decisiva y se logró a pesar de las desavenencias y conflictos entre los revolucionarios. Carranza no quería que Ángeles y Villa participaran en esa acción, porque Zacatecas era un punto clave en el avance hacia la capital de la República; pero los generales de la División del Norte desobedecieron al Primer Jefe y se lanzaron sobre aquella ciudad destruyendo al núcleo mayor del ejército federal, mientras Obregón derrotaba a las fuerzas huertistas en Jalisco. Todavía Carranza quiso impedir el avance de Villa y le ordenó que regresara al norte, en tanto que mandaba a Obregón a continuar su avance hacia el sur; Villa y Ángeles se opusieron nuevamente a obedecer las órdenes de Carranza y, ante la difícil situación, se consideró necesario celebrar conferencias que permitieron llegar a un acuerdo. Tal acuerdo, que se conoce como el Pacto de Torreón, se firmó a pesar de las desavenencias entre los revolucionarios, y en él se ratificaba a Villa como comandante de la División del Norte, mientras que se reafirmaba su adhesión a Carranza, se proponía la reforma del Plan de Guadalupe, de modo que ningún jefe del ejército constitucionalista figurara como candidato a la presidencia o la vicepresidencia en las elecciones que debían celebrarse después del triunfo de la causa, se establecía que el presidente interino debía convocar a una convención (un delegado por cada mil hombres del ejército constitucional), en la que se fijara la fecha de las elecciones y el programa de gobierno, el cual a su vez debería contener las reformas sociales que habían inspirado la lucha revolucionaria. Se citaba, además, la necesidad de resolver el problema de Sonora, generado porque Carranza, al dar a Plutarco Elías Calles el nombramiento de comandante militar en el estado, había provocado el disgusto del gobernador Maytorena. El pacto sólo alivió momentáneamente las desavenencias entre los revolucionarios, pues ni Carranza ni Villa lo respetaron; el primero impidió el avance de Villa a la ciudad de México y éste se preparó para combatir a Carranza.

Ejercicio 17

1. ¿Cómo se manifiestan las desavenencias entre villistas y carrancistas en la última fase de la lucha contra Huerta?

2. Describe el contenido del Pacto de Torreón, celebrado entre Obregón y los villistas.

3. ¿Cuál fue el papel del zapatismo en el triunfo definitivo de la lucha contra Huerta?

4. Describe cómo se llevó a cabo la rendición final del régimen huertista.

Por otra parte, el movimiento zapatista constituyó un elemento importante en el triunfo de la revolución antihuertista, al cerrar por el sur el cerco contra los poderes federales. El Ejército Libertador del Sur se fue fortaleciendo desde fines de 1913, cuando tomó la ofensiva contra las fuerzas federales, que ya habían empezado a debilitarse ante el vigoroso embate de los zapatistas, que en marzo de 1914 lograron tomar Chilpancingo, Guerrero, y se propusieron llegar a la capital del país, porque de ahí en adelante ya no encontraban resistencia. A mediados de julio, Zapata anunció a los jefes militares a su cargo que tenía más de veinte mil hombres en las serranías vecinas a la ciudad de México y que pensaba avanzar sobre ella en vista de que Cuernavaca ya había sido evacuada por las tropas federales.

Francisco Carbajal, presidente interino tras la renuncia de Huerta

Plutarco Elías Calles

Álvaro Obregón

En las conferencias de Niagara Falls, Canadá, los delegados estadounidenses señalaron que para su gobierno, la única solución válida era aceptar el triunfo de los constitucionalistas y el establecimiento de un gobierno dirigido por ellos.

El Pacto de Torreón contenía varias propuestas, entre ellas la necesidad de reunirse en una convención en la que se fijara la fecha de las elecciones y el programa de gobierno, el cual debería contener las reformas sociales que habían inspirado la lucha revolucionaria.

El movimiento zapatista constituyó un elemento importante en el triunfo de la revolución antihuertista, al cerrar por el sur el cerco contra los poderes federales.

El día 15 de julio de 1914 se presentó ante el Congreso la renuncia del general Huerta, quien salió huyendo una noche antes, después de haber encargado a Francisco Carbajal, entonces ministro de Relaciones Exteriores, la difícil tarea de entregar la ciudad de México a los vencedores y de negociar las condiciones de la rendición del ejército federal. Carranza no aceptó condición alguna, negativa reforzada por el hecho de que Carbajal pidió la participación de Estados Unidos como mediador; sin embargo, aceptó mantener conversaciones con los representantes del presidente provisional, en las que volvió a rechazar las condiciones hasta que obtuvo, el 14 de agosto de 1914, por medio de los Tratados de Teoloyucan, la rendición incondicional del ejército federal, sin que mediara la participación extranjera. Las tropas huertistas fueron disueltas sin que hubiera disturbios mayores y la ciudad de México fue ocupada por los revolucionarios. El antiguo régimen había caído definitivamente.

La rendición incondicional del ejército federal, sin que mediara la participación extranjera, se logro por medio de los Tratados de Teoloyucan, firmados entre los revolucionarios y Francisco Carbajal, a quien Huerta había dejado el poder.

CUADRO 1.3. *La Revolución contra la dictadura huertista*

Gobierno de Victoriano Huerta	Política interna	Félix Díaz es enviado a Japón		
		Metas iniciales	Reforzar al ejército	
			Obtener el reconocimiento extranjero	
		Intentos de conciliación con Zapata y Orozco	Adhesión de Orozco	
			Rechazo de Zapata	
		Movimientos revolucionarios	Plan de Guadalupe	Carranza, Primer Jefe del Ejército Constitucionalista
			Zapata dirige el Ejército Libertador del Sur	
		Conflictos en el Congreso	Disolución. Se forma un Congreso con huertistas	Huerta "elegido" presidente. Descontento del grupo católico
				Dificultades iniciales entre los caudillos revolucionarios
	Política exterior	W. Wilson impone condiciones	"Vigilante espera" de W. Wilson	El gobierno de Estados Unidos rompe con Huerta
				Renuncia de Huerta
		Relaciones económicas con Gran Bretaña y con Alemania		Intervención en Veracruz
				Tratados de Teoloyucan
	Aspectos económicos y sociales	Intentos de reforma agraria. Esbozo de política populista. Adhesión y rompimiento posterior con el grupo católico		
		Problemas financieros	Nuevos empréstitos del exterior. Aumento de impuestos. Préstamos forzosos. Suspensión del pago de la deuda externa	

Actividades de aprendizaje

1. Realiza una investigación que te permita explicar por escrito, dos causas sociopolíticas y dos causas socioeconómicas de la Revolución Mexicana de 1910, tratadas al inicio de este capítulo. Para llevar a cabo esta actividad, consulta el capítulo 11 del primer tomo de esta obra de Historia de México, que se refiere a la segunda fase del porfiriato; consulta además otras fuentes bibliográficas escritas por investigadores especializados en esos temas.

2. Consulta el prólogo de la obra de John Womack, *Zapata y la Revolución Mexicana*, para que en un escrito de cuartilla y media, elabores una síntesis acerca de las características personales de Zapata y los motivos para que los campesinos del estado de Morelos lo escogieran como líder de su lucha por la tierra.

3. Después de leer en este capítulo el tema sobre las negociaciones de paz entre porfiristas y revolucionarios antes de la toma de Ciudad Juárez, así como las fuentes 2 y 3, y con los conocimientos adquiridos tras estudiar la etapa maderista de la Revolución, contesta por escrito las siguientes preguntas:

    a) ¿Cuáles eran los motivos político-económicos por los que algunos miembros de la familia de Francisco I. Madero, incluyendo al padre de éste, fueran contrarios al movimiento revolucionario?

    b) ¿A qué atribuyes la actitud de Madero respecto a estar de acuerdo en que el presidente Díaz pudiera continuar en el poder?

    c) ¿A qué se refería Venustiano Carranza durante las negociaciones de paz, al decir que "revolución que transa, es revolución perdida"?

    d) ¿Tuvo razón Carranza al decir que "el interinato será una prolongación viciosa, anémica y estéril de la dictadura"? ¿Por qué?

4. Con base en la lectura de la fuente 5 de este capítulo, así como en los conocimientos adquiridos sobre el tema, contesta por escrito las siguientes preguntas:

    a) ¿Por qué se considera el triunfo de la revolución maderista como una "derrota en la victoria"?

    b) ¿Qué significan las palabras de Enrique Krauze al decir que Madero puso el imperio de la ley por encima de su propio poder?

    c) ¿Por qué la concesión del interinato presidencial a Francisco León de la Barra y el licenciamiento de las tropas se consideran como los errores capitales de Madero?

5. Analiza el artículo 1° del Plan de Ayala (fuente 6) y elabora un escrito de cuartilla y media donde expreses tus comentarios, fundamentados en tus conocimientos sobre el papel de Madero como Jefe de la Revolución, acerca de la severa crítica que los zapatistas hacen a este personaje.

6. Después de consultar en fuentes adicionales el artículo 3° del Plan de San Luis Potosí y analizar la fuente 7 en este capítulo, compara las ideas sobre la política agraria de Madero en ambos textos, y elabora un escrito de una cuartilla donde expliques si existe o no congruencia en esas ideas, expresadas por Madero en distintos momentos.

7. Elabora un escrito de dos cuartillas, donde describas en síntesis los acontecimientos ocurridos en la capital del país durante los 10 días de la Decena Trágica, destacando el papel y motivos del embajador estadounidense en dichos sucesos.

8. Elabora una síntesis, en dos cuartillas, acerca del papel asumido y las acciones tomadas por el gobierno estadounidense hacia México, respecto a la dictadura huertista y al movimiento revolucionario contra ésta.

9. Con los conocimientos adquiridos al estudiar este capítulo, completa el cuadro siguiente:

	Origen regional	Origen de clase social	Experiencia política	Ideas y objetivos en la lucha revolucionaria
Venustiano Carranza				
Emiliano Zapata				
Francisco Villa				

10. Coloca en el paréntesis el número que corresponde a la información en los recuadros de la derecha:

( ) Tratados de Teoloyucan	1. Acuerdos de paz entre los revolucionarios y los representantes de Porfirio Díaz, que ponen fin al régimen de éste, y constituyen el triunfo de la revolución maderista.
( ) Plan de Ayala	2. Acuerdo entre Álvaro Obregón y los villistas, en un intento por resolver las desavenencias entre los revolucionarios constitucionalistas, firmado en Chihuahua el 8 de julio de 1914.
( ) Pacto de la Embajada	3. Organización sindical fundada en agosto de 1912, como una central en donde se formaron y fortalecieron muchos sindicatos y uniones de obreros, que sirvieron de resistencia contra las medidas patronales opresivas.
( ) Gran Liga Obrera Mexicana	4. Acuerdos celebrados el 14 de agosto de 1914, por los cuales los revolucionarios obtuvieron la rendición incondicional del ejército federal huertista.
( ) Tratados de Ciudad Juárez	5. Plan revolucionario redactado por Otilio Montaño y lanzado el 28 de noviembre de 1911, contra el gobierno de Madero, a quien se acusaba de haber traicionado los principios de la Revolución.

( ) Plan de Guadalupe	6. Agrupación obrera promovida por el gobierno de Madero, que se ofrecía como alternativa moderada frente a la tendencia anarcosindicalista de otras organizaciones obreras, y que aceptaba la intervención gubernamental en las disputas entre patrones y obreros.
( ) Casa del Obrero Mundial	7. Acuerdo entre Henry Lane Wilson, Victoriano Huerta y Félix Díaz, celebrado el mismo día en que fuera consumado el "cuartelazo" contra el gobierno de Madero.
( ) Pacto de Torreón	8. Plan revolucionario firmado en una hacienda del estado de Coahuila, que desconocía a los poderes federales de la administración huertista, y llamaba a las armas para derrocar al gobierno usurpador.

11. Localiza seis reproducciones impresas de pinturas murales sobre la Revolución Mexicana de 1910, cuyos temas correspondan al contenido de este capítulo, y elabora una presentación con fotografías de las obras pictóricas, agregando un breve escrito que incluya: a) nombre del autor; b) título de la obra; y c) descripción del tema.

12. Después de seleccionar uno de los personajes principales —militares o políticos— que protagonizaron la Revolución Mexicana durante el tiempo que cubre este capítulo, investiga sus datos biográficos en fuentes adicionales a este libro de texto, para que puedas elaborar un escrito sobre la vida de ese personaje y su desempeño en el proceso revolucionario.

Bibliografía

Aguilar Camín, Héctor, *La Revolución que vino del Norte*, Océano, Barcelona, 1988.
Adleson, S. Lief *et al*., "Los obreros durante el maderismo", en *Así fue la Revolución Mexicana*, Vol. 3, Consejo Nacional de Fomento Educativo, México, 1985.
Bazant, Jan, *Historia de la deuda exterior de México*, El Colegio de México, México, 1981.
Cano A., Aurora, "La política agraria maderista", en *Así fue la Revolución Mexicana*, Vol. 3, Consejo Nacional de Fomento Educativo, México, 1985.
Casasola, Gustavo, *Historia Gráfica de la Revolución Mexicana*, Vols. 1, 2 y 3, Trillas, México, 1973.
Clark, Marjorie Ruth, *La organización obrera en México*, Era, México, 1979.
Contreras, Mario y Jesús Tamayo, *México en el siglo XX, 1900-1913. Textos y documentos*, Tomo 1, UNAM, México, 1983.
Córdova, Arnaldo, *La ideología de la Revolución Mexicana*, Era, México, 1990.
Cumberland, Charles C., *Madero y la Revolución Mexicana*, Siglo XXI Editores, México, 1977.
Guerra, François–Xavier, *México: del Antiguo Régimen a la Revolución*, Vol. II, Fondo de Cultura Económica, México, 1988.
Hart, John Mason, *El México revolucionario*, Alianza Editorial Mexicana, México, 1990.
Katz, Friedrich, *La guerra secreta en México*, Vol. 1, Era, México, 1983.
_____, *Pancho Villa*, Vol. 1, Era, México, 1998.
Knight, Alan, *La Revolución Mexicana. Del porfiriato al nuevo régimen constitucional*, Vols. I y II, Grijalbo, México, 1996.
Krauze, Enrique, *Biografía del poder. Francisco I. Madero, místico de la libertad*, Fondo de Cultura Económica, México, 1987.
_____, *Biografía del poder. Venustiano Carranza, Puente entre siglos*, Fondo de Cultura Económica, México, 1987.
_____, *Biografía del poder. Francisco Villa, entre el Ángel y el Fierro*, Fondo de Cultura Económica, México, 1987.
_____, *Biografía del poder, Francisco I. Madero, Místico de la libertad*, Fondo de Cultura Económica, México, 1987.
_____, *Madero Vivo (a ochenta años de su sacrificio)*, Clío, México, 1993.
Richmond, Douglas W., *La lucha nacionalista de Venustiano Carranza (1893-1920)*, Fondo de Cultura Económica, México, 1986.
Rueda S., Salvador y Laura Espejel L., "El Plan de Ayala y la autonomía zapatista", en *Así fue la Revolución Mexicana*, Vol. 3, Consejo Nacional de Fomento Educativo, México, 1985.
Silva Herzog, Jesús, *Breve historia de la Revolución Mexicana*, Vol. I, Fondo de Cultura Económica, Col. Popular, núm. 17, México, 1960.
Solares, Ignacio, *Madero, el otro*, Joaquín Mortiz, México, 1989.
Tobler, Hans Werner, *La Revolución Mexicana, transformación social y cambio político (1876-1940)*, Alianza Editorial, México, 1994.
Womack, John Jr., *Zapata y la Revolución Mexicana*, SEP/Siglo XXI Editores, México, 1985.

Notas

Capítulo 2
La Revolución Mexicana: Constitucionalismo

La Constitución de 1917 y Carranza
de Jorge González Camarena

1914

Venustiano Carranza llega triunfante
a la capital y asume el Poder Ejecutivo,
20 de agosto.
Se inicia en la capital la Convención
Revolucionaria convocada por Carranza,
1 de octubre.
La Convención se traslada a Aguascalientes,
10 de octubre.
Carranza abandona la ciudad de México,
2 de noviembre.
Eulalio Gutiérrez protesta ante la Convención
como presidente provisional de la República,
5 de noviembre.
Villa y Zapata firman el Pacto de Xochimilco,
4 de diciembre.
Carranza se establece en Veracruz, convirtiéndola
en capital provisional de la República,
25 de diciembre.

1915

Carranza expide la Ley agraria
del 6 de enero de 1915.
Se celebra en Veracruz el
Congreso Pedagógico,
15 de febrero.
La Casa del Obrero Mundial
y el gobierno de Carranza
acuerdan formar los Batallones
rojos, 17 de febrero.
Los constitucionalistas se apoderan
de la capital, tras ser
evacuada por el gobierno
convencionista,
2 de agosto.
Estados Unidos da su
reconocimiento de facto
al gobierno de Carranza,
19 de octubre.

1916

Ataque de Villa a la población
estadounidense de Columbus,
9 de marzo.
La expedición punitiva enviada
por Estados Unidos contra Villa,
penetra a territorio mexicano,
15 de marzo.
Carranza restituye los poderes federales
en la ciudad de México,
14 de abril.
Se inicia la emisión del papel
moneda "infalsificable",
1 de mayo.
Se inician en Querétaro las
sesiones del Congreso
Constituyente,
10 de diciembre.

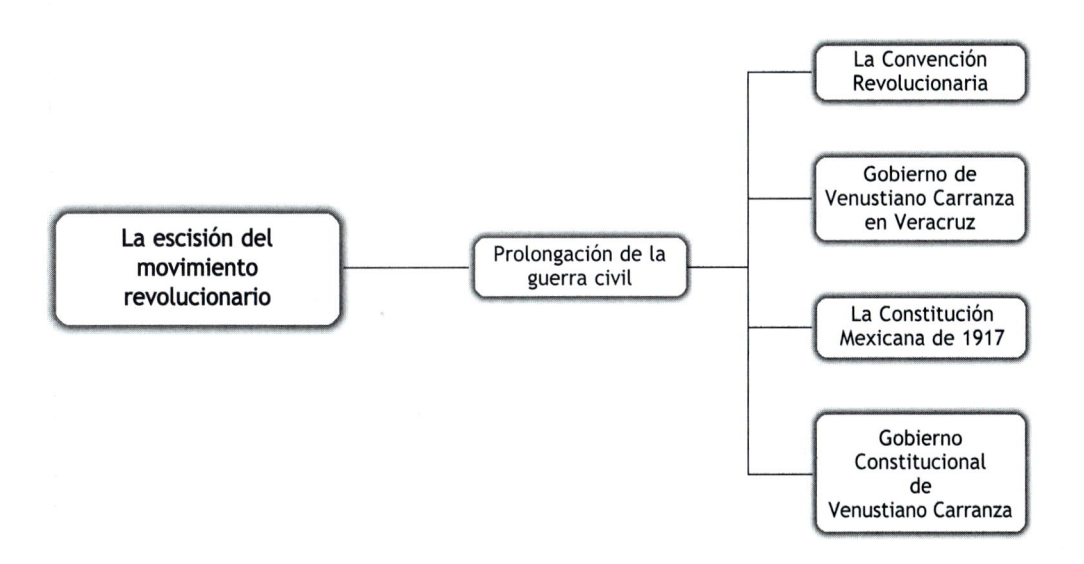

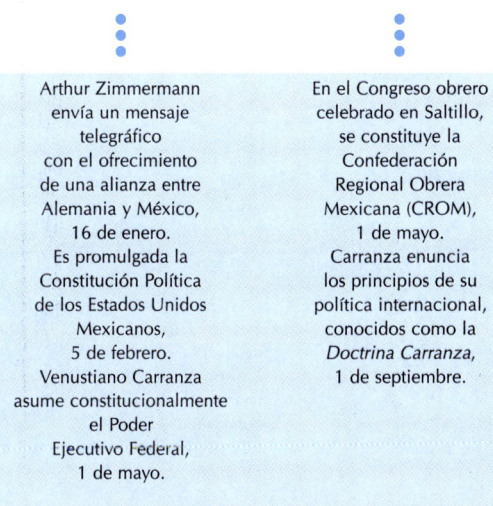

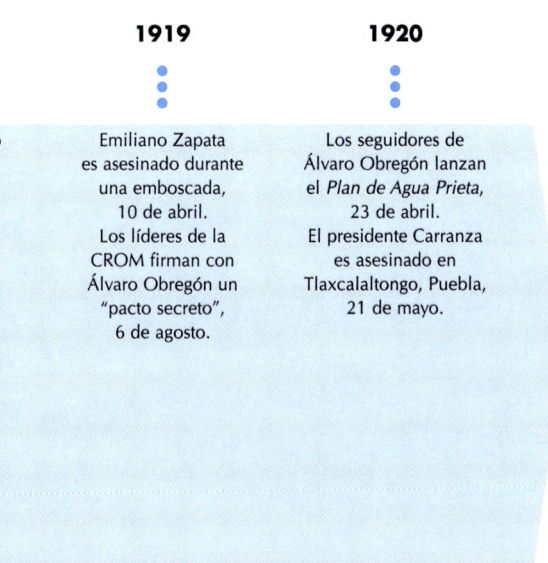

```
La escisión del          Prolongación de la          La Convención
movimiento   ─────────   guerra civil        ─────   Revolucionaria
revolucionario                                   │
                                                 ├── Gobierno de
                                                 │   Venustiano Carranza
                                                 │   en Veracruz
                                                 │
                                                 ├── La Constitución
                                                 │   Mexicana de 1917
                                                 │
                                                 └── Gobierno
                                                     Constitucional
                                                     de
                                                     Venustiano Carranza
```

1917
Arthur Zimmermann envía un mensaje telegráfico con el ofrecimiento de una alianza entre Alemania y México, 16 de enero.
Es promulgada la Constitución Política de los Estados Unidos Mexicanos, 5 de febrero.
Venustiano Carranza asume constitucionalmente el Poder Ejecutivo Federal, 1 de mayo.

1918
En el Congreso obrero celebrado en Saltillo, se constituye la Confederación Regional Obrera Mexicana (CROM), 1 de mayo.
Carranza enuncia los principios de su política internacional, conocidos como la *Doctrina Carranza*, 1 de septiembre.

1919
Emiliano Zapata es asesinado durante una emboscada, 10 de abril.
Los líderes de la CROM firman con Álvaro Obregón un "pacto secreto", 6 de agosto.

1920
Los seguidores de Álvaro Obregón lanzan el *Plan de Agua Prieta*, 23 de abril.
El presidente Carranza es asesinado en Tlaxcalaltongo, Puebla, 21 de mayo.

La Revolución Mexicana: Constitucionalismo

La lucha entre caudillos domina la fase final de la Revolución, que es el tema de este capítulo; una lucha que no sólo, y no en todos los casos, tenía como objetivo alcanzar el poder, sino buscaba sobre todo una solución a los grandes problemas del país. Verás cómo se intentó llegar a una solución pacífica mediante una Convención y unos acuerdos que, para acabar con las fricciones, negaban el poder presidencial a cualquiera de los tres líderes revolucionarios y, en cambio, elegían como gobernante interino a un general constitucionalista; es decir, del grupo de Carranza.

Pero esos acuerdos no pudieron acabar con la discordia entre los caudillos; al presidente interino le fue imposible gobernar, como tampoco pudieron hacerlo los dos presidentes que lo sucedieron. Por su parte, Carranza desconoció los acuerdos de la Convención y estableció un gobierno presidencial en la ciudad de Veracruz. De esa manera, México volvía a vivir la experiencia de los tiempos de Juárez: tener dos gobiernos paralelos.

Aquella lucha entre caudillos sólo habría de resolverse con las armas primero y con las leyes después. Una vez derrotadas las fuerzas militares de Villa y Zapata, Carranza estableció su gobierno en la capital del país y convocó a un Congreso Constituyente, que habría de elaborar una nueva Carta Magna. Así, la Constitución Política Mexicana de 1917 fue promulgada sin la participación de los líderes agraristas; pero de alguna manera quedó plasmado en ella el espíritu de los objetivos de aquellos caudillos que habían perdido la batalla. Como seguramente sabes, aquel conjunto de leyes, no obstante los cambios en él operados a lo largo de los años, sigue rigiendo la vida del México actual.

Así que, como te podrás imaginar, el líder de la facción triunfadora pudo validar entonces su gobierno, un gobierno apoyado en las leyes y respaldado por la victoria militar. Pero Carranza iniciaba su poder presidencial en un México devastado por los años de lucha interna, con brotes de rebelión aún sin someter, con demandas obreras y campesinas que aún eran imposible resolver o no se consideraron prioritarias, y cuando el mundo padecía los embates de la Gran Guerra, la que se había iniciado como una promesa esperanzadora, la de que sería la guerra "para acabar con todas las guerras".

En consecuencia, el gobierno de Carranza no fue fácil y también tuvo un fin trágico; la pérdida de la vida del presidente constitucionalista fue una herida más de las muchas dejadas por la lucha revolucionaria. Como habrás de saber, a semejanza de las revoluciones armadas ocurridas en otros lugares y en otros tiempos, lejanos y recientes, la Revolución Mexicana de 1910 dejó en el país una secuela de disturbios y de agitación política, que tardaría mucho tiempo en subsanar, y que habría de exigir medidas urgentes y astutas de los gobiernos por venir.

La escisión del movimiento revolucionario

Prolongación de la guerra civil

El 15 de agosto, el Ejército Constitucionalista entró a la ciudad de México y Venustiano Carranza ocupó la presidencia provisionalmente el día 20 del mismo mes, pero no se terminarían ahí los conflictos: las desavenencias entre los caudillos revolucionarios prolongarían el estado de guerra civil, que en el país se mantuvo casi de forma ininterrumpida desde aquel 20 de noviembre de 1910.

Carranza tenía ante sí dos grandes problemas dentro de las filas del constitucionalismo: la discordia con Villa y las fricciones con Maytorena; a estas dificultades internas se agregaba el asunto del zapatismo, movimiento revolucionario que, aunque ajeno al encabezado por Carranza, había hecho un buen papel en la lucha contra Huerta y, dada la posición estratégica de los zapatistas en las inmediaciones de la capital, podían causar conflictos si se les dejaba fuera de la participación en el programa del nuevo gobierno. Por esto, aunque los constitucionalistas en su mayoría subestimaban al zapatismo, consideraron necesario negociar con su líder. A finales de agosto se envió a Morelos una comisión carrancista compuesta principalmente por simpatizantes del agrarismo, para celebrar conferencias con los representantes de Zapata, a fin de proponerle una alianza e invitarlo a la Convención Revolucionaria; pero los zapatistas respondieron que no reconocían otra revolución que la de Ayala y que "la revolución de Guadalupe no era más que un incidente supeditado a la de Ayala",[1] y agregaban que la alianza sólo podría lograrse si los constitucionalistas se sumaban al Plan de Ayala sin modificación alguna. Por supuesto, Carranza se negó rotundamente a aceptar tal pretensión, y la alianza con Zapata fue imposible.

En cuanto a la división interna del constitucionalismo, ésta era un asunto de urgente solución, pues aunque Carranza ocupaba la ciudad de México, no podía tener el mando mientras existiera la amenaza de las otras facciones revolucionarias, y si con Zapata no se había podido llegar a algún acuerdo, debía intentarse la reconciliación con Villa y Maytorena. Así lo consideró Álvaro Obregón, quien se dirigió al norte con ese propósito. Con el gobernador de Sonora se logró un acuerdo en el que Villa intervino como mediador, pero ese acuerdo fue violado por el propio Maytorena, lo cual provocó que Obregón lo destituyera como jefe militar y como gobernador de Sonora. Más tarde, Villa aceptó entablar conversaciones con Obregón a fin de llegar a un arreglo con el Primer Jefe, con base en el Pacto de Torreón, cuyo cumplimiento exigía Villa.

El 3 de septiembre de 1914 se firmó en la ciudad de Chihuahua un nuevo acuerdo que habría de ser de trascendencia para los hechos posteriores. En la introducción al acuerdo se subrayaba que el movimiento revolucionario había sido "vigoroso y popular", que sintetizaba el deseo de las "clases oprimidas de México" de obtener un gobierno democrático que garantizara su mejoramiento económico y el ejercicio real de sus derechos; la lucha revolucionaria había ido más allá del derrocamiento de Huerta, ya que una

Venustiano Carranza, retrato en el museo que lleva su nombre

Al iniciar su gobierno provisional, Carranza enfrentaba dos grandes problemas dentro de las filas del constitucionalismo: la discordia con Villa y las fricciones con Maytorena, dificultades internas a las que se agregaba el asunto del zapatismo.

Ante la alianza propuesta por Carranza, los zapatistas respondieron que no reconocían otra revolución que la de Ayala y que "la revolución de Guadalupe no era más que un incidente supeditado a la de Ayala".

En el nuevo acuerdo entre Obregón y Villa, se reconocía a Carranza como presidente interino y se expresaba que la lucha revolucionaria había ido más allá del derrocamiento de Huerta; además, se urgía a impulsar la solución de las cuestiones sociales y económicas.

Emiliano Zapata

---

[1] Cita de Álvaro Matute, "Pretendida alianza con el zapatismo", en *Así fue la Revolución Mexicana*, Vol. 5, Consejo Nacional de Fomento Educativo, México, 1985, p. 774.

Villa, jefe de la División del Norte

Álvaro Obregón, comandante militar

La actitud obstinada de Carranza dio como resultado que Villa rompiera definitivamente con el carrancismo y desconociera al Primer Jefe, anunciando que la División del Norte no asistiría a la reunión convocada por éste.

Obregón logró un nuevo acuerdo con las fuerzas villistas, que aceptaron asistir a la asamblea con la condición de que fuera celebrada en un sitio neutral, escogiendo a la ciudad de Aguascalientes.

En la ciudad de México se iniciaron las sesiones de la Convención Revolucionaria, que se declaró como soberana y a la que solamente asistieron los jefes de las fuerzas armadas leales al Primer Jefe.

vez logrado éste, había de procederse a impulsar la resolución de las cuestiones sociales y económicas. Respecto al gobierno, el acuerdo reconocía al Primer Jefe como presidente interino, a quien correspondería nombrar el gabinete, convocar a elecciones de gobernadores y formar el cuerpo legislativo que debía estudiar las reformas constitucionales; una vez realizado esto, el presidente interino debería convocar a elecciones presidenciales, en las cuales no podría participar como candidato.

En contestación al documento firmado por Villa y Obregón, Carranza dijo que consideraba de gran importancia las cuestiones acordadas, pero que no podían ser discutidas por una asamblea que no tuviera representación nacional, e insistió en que una asamblea representativa del país tenía que ser una junta en la que se trataran tanto las proposiciones de Villa y Obregón, como otras de interés general. Carranza se refería a la junta nacional convocada por él para celebrarse el 1 de octubre. Los villistas no se oponían a tal reunión, pero, contrario a lo que deseaban, Carranza convocaba a una junta exclusivamente para militares y gobernadores que le fueran leales, en la que se discutirían asuntos nacionales; además, las decisiones que en tal junta se tomaran, deberían ser ejecutadas por el gobierno provisional de Carranza.

La actitud obstinada de Carranza, que hacía caso omiso de las proposiciones de Villa, dio como resultado que éste rompiera definitivamente con el carrancismo y desconociera al Primer Jefe, anunciando que la División del Norte no asistiría a la Convención. Obregón fue nuevamente a Chihuahua a tratar de convencer a Villa de que reconsiderara su decisión, y estuvo a punto de ser fusilado por éste. Salvó su vida gracias a que hizo ver a Villa que si lo asesinaba quedaría muy mal ante la opinión pública. Obregón regresó a la ciudad de México y el 30 de septiembre, un día antes de la Convención convocada por Carranza, se logró un nuevo acuerdo con las fuerzas villistas, que aceptaron asistir a la asamblea con la condición de que fuera celebrada en un sitio neutral intermedio entre la ciudad de México y Chihuahua, escogiendo para el caso a la ciudad de Aguascalientes. Ahora tocaba a Obregón convencer a Carranza de que la Convención fuera trasladada a Aguascalientes.

La Convención Revolucionaria

Teatro Morelos, sede de la Convención de Aguascalientes

El día 1 de octubre de 1914 se iniciaron en la ciudad de México las sesiones de la Convención Revolucionaria, que se declaró como Soberana y a la que solamente asistieron los jefes de las fuerzas armadas leales al Primer Jefe. Éste propuso algunas reformas que debían hacerse antes de convocar a elecciones, ya que eran impostergables: aseguramiento de la libertad municipal; reparto de los terrenos nacionales, de los que el gobierno comprase a los grandes propietarios y de los expropiados por causa de utilidad pública; pago en efectivo del salario; limitación de horas de trabajo; impuestos de acuerdo con el catastro público; anulación de concesiones, contratos e iguales anticonstitucionales, aranceles, legislación bancaria y matrimonio como contrato civil, plenamente independiente de la intervención de los funcionarios.

Sin embargo, la participación de Carranza había de centrarse en las explicaciones sobre las dificultades que había tenido con el villismo, al que calificó como "minoría indisciplinada". Terminó diciendo que se retiraba de la Convención, y que renunciaba al Poder Ejecutivo y como Primer Jefe del constitucionalismo; pero la junta no aceptó la renuncia en tanto no existiera la seguridad de contar con alguien a quien traspasar el mando. Obregón habló luego del compromiso contraído con los villistas sobre el traslado de la Convención a Aguascalientes, donde se nombraría al

Cap. 2. La Revolución Mexicana: Constitucionalismo

Villa firma la bandera de la Convención de Aguascalientes

Grupo de delegados a la Convención de Aguascalientes

Ejercicio 1

1. ¿Por qué los zapatistas rechazaron la alianza ofrecida por Carranza, después del triunfo contra Huerta?
2. Describe el contenido del nuevo acuerdo establecido entre Obregón y Villa.
3. ¿Por qué se dio la ruptura definitiva entre Villa y Carranza?
4. ¿Por qué pidieron las fuerzas villistas que la Convención revolucionaria se realizara en un sitio neutral?

nuevo ejecutivo de la República. Después de algunos debates se aceptó el traslado, y se invitó por separado a Carranza y a Zapata a concurrir a la convención de Aguascalientes, en persona o por medio de una representación. Carranza se negó rotundamente a asistir o a enviar representantes, y Zapata aceptó enviar una delegación de "observadores".

En la Convención de Aguascalientes [véase fuente 1. "La Convención de Aguascalientes narrada por un testigo presencial"], que empezó el 10 de octubre, estuvo representada la gran mayoría de los jefes de las fuerzas revolucionarias, incluso algunos que habían luchado de forma independiente; sólo faltaba Carranza. Fueron dos los asuntos más apremiantes que se trataron: uno era la elección de un nuevo presidente de la República, y el otro, mucho más difícil de resolver, la conciliación de Villa y Carranza. El primer asunto se resolvió con la elección de Eulalio Gutiérrez, un general constitucionalista, como presidente interino, y en cuanto al segundo punto, la Convención resolvió pedir la renuncia de sus cargos a los dos dirigentes enemistados. Villa aceptó de inmediato, al menos de palabra, porque en la práctica seguía manejando a su gente; pero Carranza, que le había negado a la Convención de Aguascalientes legitimidad y soberanía, no esperó a que llegaran los delegados que le comunicarían los acuerdos, y salió con rumbo a Veracruz donde, tras el retiro de las tropas estadounidenses, estableció su gobierno.

La acción de Carranza provocó la rápida defección de los jefes carrancistas que habían concurrido a la Convención de Aguascalientes, para seguir al Primer Jefe a Veracruz. En la asamblea se quedaban los villistas, dispuestos a manejar de ahí en adelante la situación, y los delegados de Zapata, para quienes la división de los constitucionalistas era un hecho sin importancia, pues ellos sólo estaban interesados en solucionar los problemas regionales de Morelos. Eulalio Gutiérrez trató, sin conseguirlo, de hacer regresar a los carrancistas a la Convención, sabedor de que los villistas

En la Convención de Aguascalientes estuvo representada la gran mayoría de los jefes de las fuerzas revolucionarias, incluso algunos que habían luchado de forma independiente; sólo faltaba Carranza.

La Convención de Aguascalientes eligió al general Eulalio Gutiérrez como presidente interino, y resolvió pedir a Carranza y a Villa la renuncia de sus cargos.

Zapatistas llegando a la Convención de Aguascalientes

El presidente Gutiérrez ofrece convivio a las fuerzas convencionistas

Eulalio Gutiérrez, primer presidente convencionista

Obregón firma la bandera de la Convención de Aguascalientes

Carranza negó legitimidad y soberanía a la Convención de Aguascalientes, y salió con rumbo a Veracruz donde, tras el retiro de las tropas estadounidenses, estableció su gobierno.

Zapatistas y villistas entraron a la ciudad de México, con gran inquietud de sus pobladores, y celebraron el Pacto de Xochimilco, que constituía básicamente una alianza militar contra Carranza.

no le dejarían llevar a cabo un gobierno efectivo, y con tal actitud se atrajo la animadversión de villistas y zapatistas, que hicieron todo lo posible por impedir que ejerciera su cargo como presidente provisional.

La Convención siguió sesionando en Aguascalientes hasta el 13 de noviembre, fecha en que entró en receso para continuar después en la capital; se designó una Comisión Permanente con el fin de preparar el programa de gobierno que iba a discutirse en la siguiente reunión de la Convención, planeada para enero de 1915. Las fuerzas zapatistas entraron en la ciudad de México el mismo día en que salieron de ella los carrancistas. Aunque su estancia no se prolongó demasiado y, a pesar de que ofrecieron garantías a la población, hubo una gran inquietud por la presencia del Ejército Libertador del Sur. Días después llegaban los villistas, instalaron a Gutiérrez en la presidencia y luego celebraron con Zapata el Pacto de Xochimilco, que constituía básicamente una alianza militar contra Carranza. A Gutiérrez le resultó imposible cumplir con sus funciones en tales circunstancias y, aunque su mandato había sido prolongado para que persistiera todo año de 1915, apenas logró mantenerse hasta mediados de enero; el día 16 salió de la capital para establecer su gobierno en San Luis Potosí, pero tampoco pudo sostenerse y renunció definitivamente poco después. Mientras tanto, la Convención había vuelto a reunirse, encabezada por Roque González Garza, subsecuente presidente provisional, cuyo gobierno tampoco habría de mantenerse, amenazado por la lucha armada entre Obregón y Villa, y por los choques entre villistas y zapatistas.

El 10 de junio la asamblea otorgó el Poder Ejecutivo a Francisco Lagos Cházaro, un villista más dócil, que en realidad fue sólo un instrumento de la asamblea. Tres días después de asumir el cargo, Lagos Cházaro recibía un ultimátum de las fuerzas carrancistas, que se acercaban a la capital y exigían su rendición. El 2 de agosto los constitucionalistas, comandados por Pablo González, tomaban definitivamente la ciudad de México. La Convención se trasladó entonces a Toluca, y fue abandonada por los villistas ante la inminente derrota de la División del Norte a manos de los carrancistas; después se estableció en Cuernavaca, integrada sólo por zapatistas, donde prácticamente dejó de funcionar como asamblea representativa. En su lugar se nombró un Consejo Ejecutivo, que continuó legislando hasta formular un programa de reformas político-sociales, en abril de 1916.

Villa en la silla presidencial, Zapata junto a él

Los zapatistas en el restaurante Sanborns en la capital

Los subsecuentes gobiernos convencionistas no lograron mantenerse, debido a las constantes amenazas de la lucha armada entre Obregón y Villa, y por los choques entre villistas y zapatistas.

Fuente 1. La Convención de Aguascalientes narrada por un testigo presencial

La tarde del 10 de octubre de 1914 se efectuó la sesión inaugural de la Convención de Aguascalientes, en el Teatro Morelos de aquella población. Los más buenos deseos animan a los delegados y un sincero optimismo flotaba en el ambiente. Se creía que las dificultades iban a ser definitivamente resueltas, que en aquellas reuniones se formaría el programa del nuevo Gobierno de acuerdo con las necesidades y aspiraciones del pueblo mexicano. El general Antonio I. Villarreal fue nombrado presidente de la Convención. Poco después sus miembros la declararon soberana y firmando sobre la bandera nacional, protestaron solemnemente, bajo su palabra de honor, cumplir y hacer cumplir los acuerdos y disposiciones que de ella emanaran.

(…) El 16 de octubre por la tarde Villa llegó a la ciudad inesperadamente, el 17 se presentó a la Asamblea, dio un cordial abrazo a Obregón, firmó también la bandera y pronunció un mal hilvanado discurso que no pudo concluir porque estaba emocionado y los sollozos ahogaron sus palabras.

Cap. 2. La Revolución Mexicana: Constitucionalismo

Al día siguiente se nombraron dos importantes comisiones. La primera para invitar a ir a Aguascalientes al C. Primer Jefe y la segunda para que hiciera lo mismo con el general Zapata. El señor Carranza dio por toda respuesta un pliego, con instrucciones de que fuera abierto en la Convención. Zapata envió un numeroso grupo de representantes encabezados por el licenciado Antonio Díaz Soto y Gama.

El día 24 llegaron los zapatistas a Aguascalientes. El 27 asistieron por primera vez a las sesiones. La de esa mañana fue la más tormentosa de cuantas se celebraron. Muy poco faltó para que se convirtiera en tragedia. Soto y Gama subió a la tribuna y pronunció un vehemente discurso atacando a don Venustiano y criticando el hecho de que se hubiera firmado sobre la bandera nacional. Dijo, entre otras cosas, que aquella bandera era una piltrafa, un guiñapo inútil y ridículo. La tormenta estalló. Todos gritaban desordenadamente. Muchos delegados echaron mano a las pistolas y estuvieron a punto de disparar llenos de indignación sobre Díaz Soto y Gama, quien permaneció en la tribuna con los brazos cruzados, inmóvil y sereno. Entre la gritería se escuchaban las voces de Eduardo Hay y Mateo Almanza que recomendaban calma a sus compañeros. La calma se hizo al fin, Soto y Gama continuó su discurso. Quince minutos más tarde los delegados le aplaudían con entusiasmo desbordante.

(…) El Primer Jefe declinó en su respuesta la invitación que se le había hecho de ir a Aguascalientes, renunciando condicionalmente al Poder. Decía que estaba dispuesto a dejarlo, siempre que Villa y Zapata se retiraran también a la vida privada y que se estableciera un Gobierno Preconstitucional, encargado de realizar las reformas políticas y sociales que necesitaba el país. (…) Los puntos más trascendentales que contenía [el dictamen de la Convención] fueron los siguientes: Primero: Cesa como Primer Jefe del Ejército Constitucional, encargo del Poder Ejecutivo de la Unión, el C. Venustiano Carranza, a quien se le otorga el grado de general de división con antigüedad del Plan de Guadalupe. Segundo: Cesa el general Francisco Villa como jefe de la División del Norte. Tercero: Nómbrese un Presidente Provisional por 20 días mientras se traslada la Soberana Convención a la capital de la República y el general Emiliano Zapata manda un delegado debidamente autorizado.

(…) El general Villa manifestó desde luego que estaba dispuesto a dejar el mando de su División y hasta representó la comedia de entregar sus fuerzas a Gutiérrez; comedia nada más, pues siguió dando órdenes a sus subordinados (…).

Por lo que a don Venustiano se refiere no tomó en cuenta el cese dado por los convencionistas. El 2 de noviembre partió de la capital rumbo a Córdoba, de donde dirigió una circular a los militares que habían asistido a las sesiones del Teatro Morelos ordenándoles que se presentaran a su Secretaría de Guerra y Marina.

(…) La Convención se dirigió a San Luis Potosí y más tarde a Querétaro, donde se esperó la noticia de la toma de la capital, que fue evacuada el 24 de noviembre por los últimos carrancistas (…). Esa misma noche entraron los zapatistas dando a los habitantes toda clase de garantías (…).

Un reportero enviado a la Convención de Aguascalientes,
citado por Jesús Silva Herzog,
Breve historia de la Revolución Mexicana, Tomo 2,
Fondo de Cultura Económica, México, 1960, pp. 157-161.

Ejercicio 2

1. Describe las características de las dos Convenciones Revolucionarias, la de la ciudad de México y la de Aguascalientes, en cuanto a:
   a) grupos asistentes
   b) temas discutidos
   c) acuerdos

2. ¿Cuál fue la actitud de Carranza ante los acuerdos de la Convención de Aguascalientes?

3. ¿Por qué fracasaron los gobiernos convencionistas?

Roque González Garza, segundo presidente convencionista

Francisco Lagos Cházaro, tercer presidente convencionista

Gobierno de Venustiano Carranza en Veracruz
Política interna

Venustiano Carranza llegó a Veracruz en noviembre de 1914, poco después de que las tropas estadounidenses salieran del puerto, sin necesidad de que el gobierno carrancista contrajera compromiso alguno con el de Estados Unidos. Wilson había ordenado la ocupación militar del territorio mexicano para presionar a Huerta a renunciar y, una vez logrado ese objetivo, la intervención no podía justificarse por más tiempo. El 24 de diciembre Carranza convirtió al puerto de Veracruz en capital de la República, mientras que el Ejército Constitucionalista, al mando de Obregón, luchaba por recuperar la ciudad de México y por vencer a villistas y zapatistas, que se habían apoderado de gran parte del país. A pesar de que su posición militar era débil en un principio, el establecimiento de Carranza en Veracruz le proporcionó algunas ventajas al controlar las zonas petroleras y los puertos, con lo cual podía abastecerse de armas y obtener mayores ingresos que las otras facciones.

El gobierno de Carranza en Veracruz funcionó bien internamente, a pesar de algunas diferencias entre los dos grupos —civil y militar— que lo componían, gracias a que el Primer Jefe contaba con el apoyo y la lealtad de sus seguidores en aquellos momentos difíciles. De esa manera, el gobierno carrancista pudo iniciar la obra legislativa que se proponía, dando forma a las adiciones socioeconómicas que requería el Plan de Guadalupe y que Carranza había ofrecido desde su formulación.

Adiciones al Plan de Guadalupe. Se prometía expedir y poner en vigor leyes agrarias que favorecieran la formación de la pequeña propiedad, leyes fiscales que permitieran un sistema equitativo de impuestos, una legislación para mejorar la condición de las clases proletarias, el establecimiento del Municipio Libre, bases para un nuevo sistema judicial, revisión de las leyes relativas al matrimonio y al estado civil de las personas, disposiciones que garantizaran el estricto cumplimiento de las Leyes de Reforma, revisión de los Códigos civil, penal y de comercio, y de las leyes relativas a la explotación de los recursos naturales del país, además de instituir reformas políticas para garantizar el cumplimiento de la Constitución de la República, entre otras cuestiones.

La más urgente de las reformas, por su importancia en el contexto de la guerra contra villistas y zapatistas, fue la Ley del 6 de enero de 1915 [véase fuente 2. "La Ley del 6 de enero de 1915. Preámbulo"]. Prometía dicha ley devolver todas las tierras comunales sustraídas por la mala aplicación de las Leyes de Reforma de 1856, las concesiones de tierras otorgadas durante el porfiriato, y las ventas ilegales realizadas por autoridades corruptas. El decreto permitía que los pueblos reclamaran la tierra por medio de una petición formal y autorizaba las incautaciones temporales de tierra, sujetas a posterior aprobación de su posesión definitiva. No se trataba de distribuir entre las masas campesinas las grandes propiedades, sino de rectificar los abusos del pasado, pero el decreto fue también una medida de guerra diseñada para atraer a los ejércitos campesinos a los ejércitos de Carranza. Como efecto de esta medida, que se aplicó particularmente contra los terratenientes extranjeros en una actitud nacionalista que muchas veces llegó a la xenofobia, gran número de hacendados perdieron sus tierras y su ganado, aunque muchos llegaron a reconocerse culpables de apoderarse de tierras ejidales, o confesaron que nunca habían pagado sus propiedades.[2]

---

[2] Douglas W. Richmond, *La lucha nacionalista de Venustiano Carranza (1893-1920),* Fondo de Cultura Económica, México, 1986, pp. 100-104.

Fuente 2. La Ley del 6 de enero de 1915. Preámbulo

VENUSTIANO CARRANZA, Primer Jefe del Ejército Constitucionalista, Encargado del Poder Ejecutivo de los Estados Unidos Mexicanos y jefe de la Revolución, en virtud de las facultades de que me encuentro investido y,

CONSIDERANDO: Que una de las causas más generales del malestar y descontento de las poblaciones agrícolas de este país ha sido el despojo de los terrenos de propiedad comunal o de repartimiento, que les habían sido concedidos por el Gobierno colonial como medio de asegurar la existencia de la clase indígena, y que, a pretexto de cumplir con la Ley del 25 de junio de 1856 y demás disposiciones que ordenaron el fraccionamiento y reducción a propiedad privada de aquellas tierras entre los vecinos del pueblo a que pertenecían, quedaron en poder unos cuantos especuladores;

(…) Que, según se desprende de los litigios existentes, siempre han quedado burlados los derechos de los pueblos y comunidades, debido a que, careciendo ellos, conforme al artículo 27 de la Constitución Federal, de capacidad para adquirir y poseer bienes raíces, se les hacía carecer también de personalidad jurídica para defender sus derechos, y por otra parte, resultaba enteramente ilusoria la protección que la ley de terrenos baldíos, vigente, quiso otorgarles al facultar a los síndicos de los ayuntamientos de la municipalidad para reclamar y defender los bienes comunales en las cuestiones en que esos bienes se confunden con los baldíos, ya que, por regla general, los síndicos nunca se ocuparon de cumplir esa misión, tanto porque les faltaba interés (…) como porque los jefes políticos y los gobernadores de los Estados estuvieron casi siempre interesados en que se consumasen las explotaciones de los terrenos de que se trata.

Que privados los pueblos indígenas de las tierras, aguas y montes que el Gobierno colonial les concedió, así como también las congregaciones y comunidades de sus terrenos, y concentrada la propiedad rural del resto del país en pocas manos, no ha quedado a la gran masa de la población de los campos otro recurso para proporcionarse lo necesario a su vida, que alquilar a vil precio su trabajo a los poderosos terratenientes, trayendo esto, como resultado inevitable, el estado de miseria, abyección y esclavitud de hecho, en que esa enorme cantidad de trabajadores ha vivido y vive todavía.

Que en vista de lo expuesto, es palpable la necesidad de devolver a los pueblos los terrenos de que han sido despojados, como un acto de elemental justicia y como la única forma efectiva de asegurar la paz y de promover el bienestar y mejoramiento de nuestras clases pobres, sin que a esto obsten los intereses creados a favor de las personas que actualmente poseen los predios en cuestión (…).

Que es probable que, en algunos casos, no pueda realizarse la restitución de que se trata, ya porque las enajenaciones de los terrenos que pertenecían a los pueblos se hayan hecho con arreglo a la ley, ya porque los pueblos hayan extraviado los títulos o los que tengan sean deficientes, ya porque sea imposible identificar los terrenos o fijar la extensión precisa de ellos, ya, en fin, por cualquiera otra causa; pero como el motivo que impide la restitución, por más justo y legítimo que se le suponga, no arguye en contra de la difícil situación que guardan tantos pueblos, ni mucho menos justifique que esa situación angustiosa continúe subsistiendo, se hace preciso salvar la dificultad de otra manera que sea conciliable con los intereses de todos.

(…) Que proporcionando el modo de que los numerosos pueblos recobren los terrenos de que fueron despojados, o adquieran los que necesiten para su

---

Ejercicio 3

1. ¿Qué ventajas obtenía Carranza al establecer su gobierno en Veracruz?
2. Describe las adiciones sociales y económicas al Plan de Guadalupe.
3. ¿Cuál era el contenido de la Ley agraria del 6 de enero de 1915?
4. ¿Por qué la Ley agraria del 6 de enero de 1915 constituía una medida de guerra para atraer a los campesinos villistas y zapatistas?

El antagonismo entre clérigos y revolucionarios se había acentuado, en gran medida, debido a la colaboración de la Iglesia con el régimen huertista, hecho que constituía una clara manifestación de la postura política del clero católico.

bienestar y desarrollo, no se trata de revivir las antiguas comunidades, ni de crear otras semejantes sino solamente de dar esa tierra a la población rural miserable que hoy carece de ella, para que pueda desarrollar plenamente su derecho a la vida y librarse de la servidumbre económica a que está reducida; es de advertir que la propiedad de las tierras no pertenecerá al común del pueblo, sino que ha de quedar dividida en pleno dominio, aunque con las limitaciones necesarias para evitar que ávidos especuladores, particularmente extranjeros, puedan fácilmente acaparar esa propiedad, como sucedió casi invariablemente con el repartimiento legalmente heredado de los ejidos y fundos legales de los pueblos, a raíz de la Revolución de Ayutla.

Conflictos al margen de la lucha entre caudillos

Tensiones con la Iglesia católica

Desde sus orígenes, el movimiento revolucionario fue contrario al clero; el propio Madero había definido su posición como continuador del liberalismo y de las Leyes de Reforma, así que, de manera general, los partidarios del maderismo guardaban resentimiento hacia los sacerdotes católicos, muchos de ellos extranjeros con tendencias discriminatorias contra la población mexicana. Durante la presidencia de Madero las asociaciones católicas desplegaron una campaña constante en contra del régimen revolucionario; el Partido Católico Nacional, con representación en la Cámara de Diputados, mantuvo una persistente oposición al presidente. El antagonismo entre clérigos y revolucionarios se acentuó en gran medida debido a la colaboración de la Iglesia con el régimen huertista, hecho que constituía una clara manifestación de la postura política del clero.

Sacerdotes expulsados por Obregón, regresan a la ciudad de México

Lo anterior no significa que todos los grupos revolucionarios mantuvieran una posición radicalmente anticlerical y mucho menos antirreligiosa; la inmensa mayoría de los revolucionarios, incluyendo a muchos de sus jefes, eran católicos practicantes y, en múltiples ocasiones, lo demostraron abiertamente en el culto a la Virgen de Guadalupe, o en la asistencia a misa antes de entrar en combate. Sin embargo, entre los revolucionarios se fue generalizando la posición anticlerical, conforme se definía la inclinación política de la Iglesia, posición que llegó muchas veces a traspasar los límites de lo religioso, al grado de hacer víctimas de la violencia a los sacerdotes y a realizar actos de saqueo de los templos. Los revolucionarios que más se caracterizaron por este tipo de jacobinismo fueron los constitucionalistas, en parte porque sus dirigentes fueron los herederos ideológicos del maderismo, pero sobre todo porque eran quienes poseían una perspectiva más avanzada del concepto de un Estado moderno separado de la Iglesia. Retomando las bases de las Leyes de Reforma, exigieron al clero fuertes contribuciones, la expulsión de los sacerdotes extranjeros y la expropiación de inmuebles pertenecientes a la Iglesia o a católicos partidarios del régimen porfirista, y pusieron dichas propiedades en manos de organizaciones obreras y campesinas.

Los constitucionalistas exigieron al clero fuertes contribuciones, la expulsión de los sacerdotes extranjeros y la expropiación de inmuebles pertenecientes a la Iglesia o a católicos partidarios del régimen porfirista.

La contrarrevolución que se gestaba en el extremo sur y sureste de México, estaba dirigida por las clases acomodadas locales, que se oponían a las reformas socioeconómicas establecidas por el gobierno de Carranza.

Persistencia de la contrarrevolución

Mientras que la lucha de facciones hundía en la anarquía a las regiones norteña y central, se preparaban, de nuevo, rebeliones contrarrevolucionarias; Orozco y Huerta trataron de organizar una rebelión desde su exilio en Estados Unidos, pero fueron aprehendidos por las autoridades de aquel país. De mayor gravedad era la contra-

Cap. 2. La Revolución Mexicana: Constitucionalismo

Cuadro 2.1. *La lucha entre caudillos*

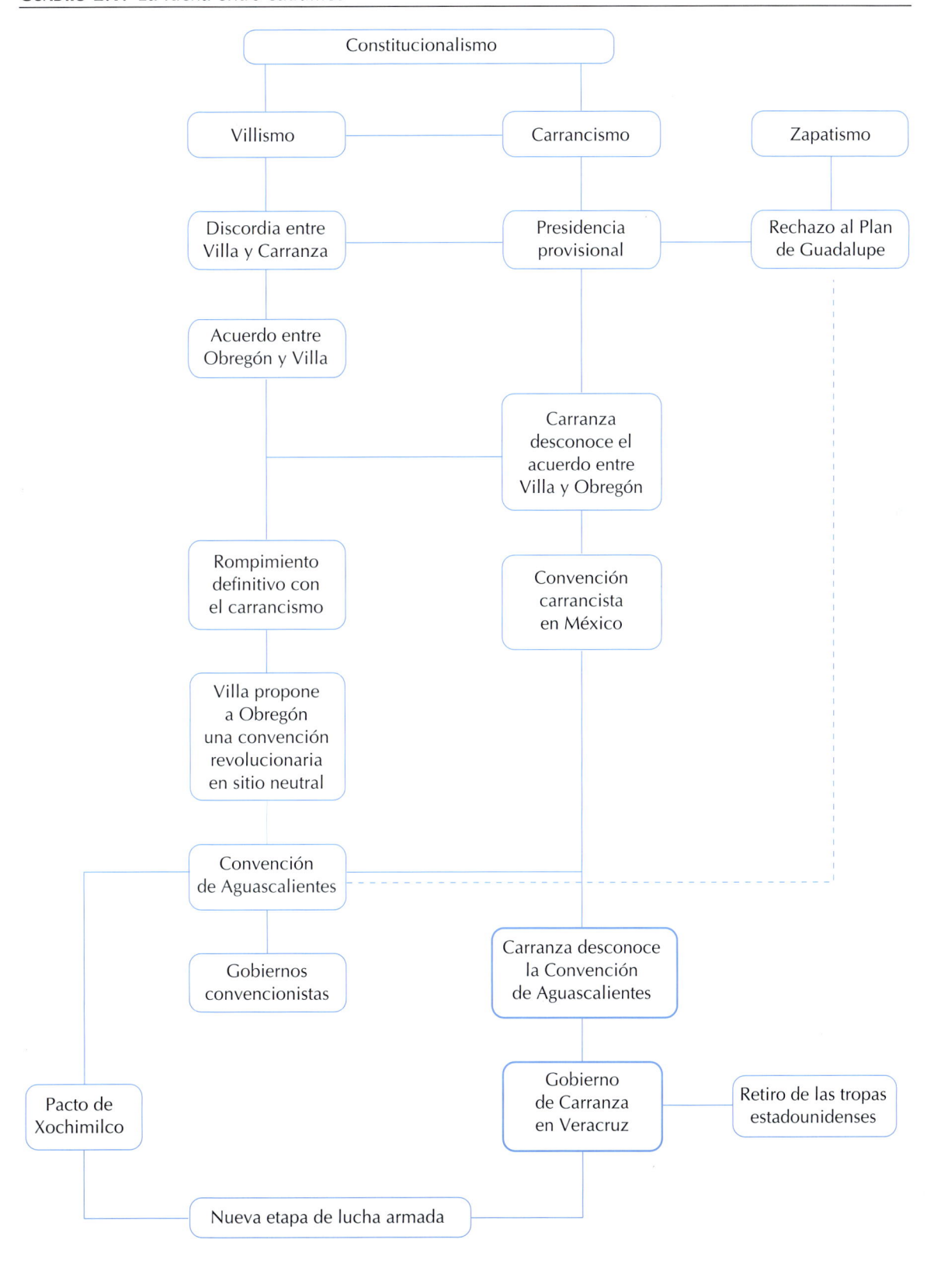

```
                          Constitucionalismo
                                 │
        ┌────────────────────────┼────────────────────────┐
     Villismo                Carrancismo               Zapatismo
        │                        │                        │
   Discordia entre         Presidencia            Rechazo al Plan
   Villa y Carranza        provisional            de Guadalupe
        │                        │
   Acuerdo entre                 │
   Obregón y Villa               │
        │                  Carranza
        │                  desconoce el
        │                  acuerdo entre
        │                  Villa y Obregón
        │                        │
   Rompimiento             Convención
   definitivo con          carrancista
   el carrancismo          en México
        │
   Villa propone
   a Obregón
   una convención
   revolucionaria
   en sitio neutral
        │
   Convención
   de Aguascalientes
        │                  Carranza desconoce
        │                  la Convención
   Gobiernos               de Aguascalientes
   convencionistas                │
                           Gobierno            Retiro de las tropas
   Pacto de                de Carranza         estadounidenses
   Xochimilco              en Veracruz
        │
   Nueva etapa de lucha armada
```

rrevolución que se gestaba en el extremo sur y sureste de México, integrada por movimientos aislados en los estados de Oaxaca, Chiapas, Yucatán, y en la parte sur del estado de Veracruz; esos movimientos estaban dirigidos por las clases acomodadas locales, que se oponían a las reformas socioeconómicas establecidas por el gobierno de Carranza. Los constitucionalistas se vieron obligados a utilizar parte de su fuerza militar contra aquellos movimientos, al mismo tiempo que luchaban con villistas y zapatistas; la contrarrevolución no habría de ser sofocada definitivamente sino hasta 1919, cuando otras circunstancias se sumaron a la fuerza de las armas.

Mientras Obregón vencía a los villistas en el norte, Pablo González lograba derrotar a los zapatistas y posesionarse definitivamente de la capital el 2 de agosto de 1915, con la rendición de Francisco Lagos Cházaro, tercero y último presidente convencionista.

Triunfo definitivo del constitucionalismo

El triunfo de los carrancistas contra Villa y Zapata fue definitivo y se debió en gran parte al genio militar de Obregón y a la indiscutible lealtad que entonces tenía hacia el Primer Jefe; otro factor fue el rotundo fracaso de los gobiernos de la Convención y

Félix Díaz con otros jefes contrarrevolucionarios

Pablo González

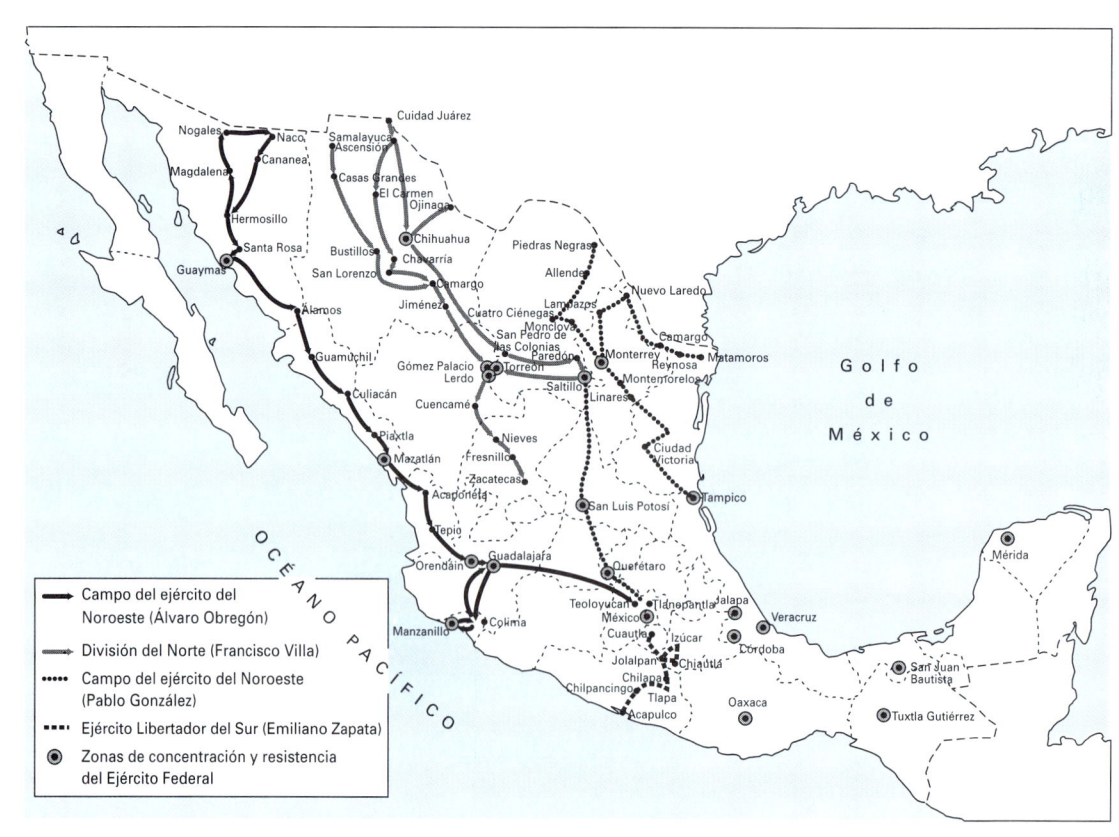

MAPA 2.1. Campañas militares durante la Revolución constitucionalista

Cap. 2. La Revolución Mexicana: Constitucionalismo

las desavenencias entre sus integrantes. También influyó en buena medida la férrea posición de Carranza y de los seguidores que lo apoyaron, quienes lograron superar sus diferencias para evitar rupturas que hubieran resultado muy perjudiciales.

Las batallas decisivas se libraron contra los villistas en Celaya, después de que los constitucionalistas tomaran sus principales bases de operación en el norte (véase mapa 2.1). Mientras tanto, Pablo González lograba derrotar a los zapatistas que rodeaban el Valle de México, y entraba luego a la capital para posesionarse definitivamente de ella el 2 de agosto de 1915. Mas Venustiano Carranza no quiso establecerse en la capital sino hasta que la victoria fuera total, mientras resolvía hacer una gira por el país. El 11 de octubre de 1915 salió de Veracruz con rumbo a Tampico y de ahí emprendió un viaje por 12 estados de la República. El día 14 de abril de 1916 volvía a restituir los poderes federales en la ciudad de México.

> **Ejercicio 4**
> 1. Explica los motivos del movimiento revolucionario para estar en contra del clero católico.
> 2. ¿Por qué se acentuó el antagonismo entre clérigos y revolucionarios, a partir de la dictadura huertista?
> 3. ¿Cuáles fueron las medidas de los constitucionalistas en contra de la Iglesia?
> 4. Describe las características y objetivos de la contrarrevolución organizada en las regiones sur y sureste de México.

Carranza y jefes constitucionalistas a su llegada a la capital

Cuando empezó la contienda entre los revolucionarios, el presidente Wilson mantuvo una posición neutral, pero, al iniciarse la Gran Guerra, consideró indispensable la pacificación de México.

Política exterior

El gobierno carrancista en Veracruz tuvo también dificultades con el exterior, sobre todo respecto al reconocimiento a su autoridad política en el ámbito internacional. Cuando empezó la contienda entre los revolucionarios, el presidente estadounidense trató de mantener una posición neutral, pero al iniciarse la Gran Guerra consideró indispensable la pacificación de México y se propuso tomar una decisión respecto a qué facción revolucionaria debería obtener el reconocimiento estadounidense, obviamente sin considerar a Zapata. Wilson necesitaba asegurarse de que la facción elegida estuviera dispuesta a respetar los compromisos financieros contraídos con Estados Unidos anteriormente, a garantizar las vidas y las inversiones de los extranjeros, y a mostrar una actitud amistosa hacia su país. En este sentido, era Francisco Villa quien parecía ofrecer una buena alternativa, porque controlaba entonces (finales de 1914) la mayor parte del territorio mexicano, se había apoderado de la capital y además contaba con la simpatía de los estadounidenses. Sin embargo, Wilson estaba consciente de que esas características no eran suficientes para garantizar que Villa organizara una política estable para todo el país.

Obregón, Villa y Pershing en 1913

Por otra parte, Wilson consideraba hostil la actitud de Carranza, no sólo por su constante negativa a aceptar la intervención de Estados Unidos en los asuntos internos de México, sino porque su política económica nacionalista perjudicaba los bienes y propiedades estadounidenses. En consecuencia, decidió esperar al desenlace final de la guerra civil. Pero a mediados de 1915, ésta aún persistía y había afectado ya las vidas y los intereses de los extranjeros residentes en territorio mexicano, por lo que se dispuso a intervenir para poner fin al conflicto. Envió un ultimátum a los jefes re-

A mediados de 1915, Wilson se dispuso a intervenir para poner fin al conflicto en México, y envió un ultimátum a los jefes revolucionarios para que llegaran a un entendimiento y establecieran juntos un gobierno provisional, al que prometía reconocer.

Cuerpo diplomático ofrece convivio a Duval West, enviado de W. Wilson

Ante el rechazo de Carranza a la nota de Wilson, éste consideró otras medidas, incluso la de "resolver" el problema mexicano mediante un golpe militar que eliminara a todos los jefes revolucionarios. Finalmente decidió convocar una conferencia panamericana.

Tras el triunfo del constitucionalismo, el presidente estadounidense, presionado por las potencias europeas con intereses en México, otorgó a Carranza, aunque no de muy buen grado, el reconocimiento de facto.

Defraudado por el reconocimiento de Estados Unidos al gobierno de Carranza, Francisco Villa acusó a éste de haber aceptado las condiciones impuestas por Wilson, sacrificando la independencia política y económica de México.

volucionarios para que llegaran a un entendimiento y establecieran juntos un gobierno provisional, al que prometía reconocer. Lanzaba la amenaza de que si no se lograba la coalición que proponía, se vería obligado a "decidir qué medios debían emplearse para ayudar a México a salvarse a sí mismo".[3] La nota de Wilson fue rechazada con frialdad tanto por Carranza como por Zapata. Para ese momento, junio de 1915, las circunstancias habían cambiado a favor del ejército carrancista, que controlaba ya la mayor parte del territorio nacional, y Villa se mostró dispuesto a llegar a la negociación con Carranza, si bien se oponía a que el gobierno estadounidense decidiera la situación de México. Carranza, que estaba a punto de alcanzar el triunfo, quería que éste fuera completo y se negó a la conciliación con Villa, en tanto pedía a Wilson que se mantuviera neutral. La actitud de Carranza molestó considerablemente al presidente de Estados Unidos, y por medio de la prensa se organizó una campaña para influir en la opinión pública estadounidense, con informes exagerados acerca de la situación en que vivían en México sus conciudadanos, y responsabilizando de ello a Carranza. Villa, en cambio, seguía recibiendo ayuda de Wilson, a pesar de que, para hacerse de recursos después de su grave derrota en Celaya, había empezado a exigir tributos a las empresas estadounidenses ubicadas en el norte de México.

Ante la negativa a la nota de Wilson, el gobierno de Estados Unidos consideró otras medidas, incluso la de "resolver" el problema mexicano mediante un golpe militar que eliminara a todos los jefes revolucionarios. Finalmente decidió convocar una conferencia panamericana, lo cual podría servir para desechar la sospecha de que Estados Unidos tenía intenciones agresivas, al tiempo que se daba una apariencia de solución panamericana. La conferencia, integrada por representantes de Estados Unidos, Argentina, Brasil y Chile, se celebró el 5 de agosto de 1915 en Washington, con el propósito expreso de propiciar una reunión de jefes revolucionarios menores (es decir, que no fueran Carranza, Villa o Zapata) quienes a su vez crearían un nuevo gobierno.[4] El Primer Jefe volvió a negarse categóricamente a aceptar la mediación extranjera. Además, ésta ya no tenía razón de ser; ese mismo mes de agosto los constitucionalistas entraban triunfantes en la capital. Ante ese acontecimiento, Wilson comunicó a Carranza que le otorgaría el reconocimiento cuando demostrara su capacidad de mantener el orden, y le comunicaba sus temores por la reacción que podrían tener los villistas cuando el gobierno estadounidense reconociera al constitucionalismo. Dos meses después no le quedó más recurso que reconocer al gobierno carrancista ante su innegable triunfo; además, se veía presionado por las potencias europeas, principalmente por Gran Bretaña —que todavía tenía intereses en México— y Alemania, que trataba de provocar una guerra entre Estados Unidos y México para restar fuerza militar a los estadounidenses.

Desde que el constitucionalismo triunfó sobre villistas y zapatistas y recuperó la capital de la República, en octubre de 1915 el presidente estadounidense otorgó a Carranza, aunque no de muy buen grado, el reconocimiento *de facto*; es decir, aceptaba tan sólo que los constitucionalistas controlaban ya de hecho al país, pero condicionaba el reconocimiento *de jure* u oficial al "buen comportamiento" que Carranza demostrara hacia los intereses estadounidenses.

Las relaciones entre Carranza y Wilson mejoraron de manera notable desde entonces, pero esta mejoría habría de provocar un nuevo y muy grave conflicto internacional protagonizado por Francisco Villa. El antiguo jefe de la División del Norte se sintió defraudado y traicionado por Wilson, a quien acusó de haberse dejado corromper por el oro de los potentados estadounidenses para imponer en México un

---

[3] Friedrich Katz, *La guerra secreta en México*, Vol. 1, Era, México, 1983, p. 341.
[4] *Ibid.*, pp. 341-342.

gobierno que los favoreciera. A Carranza lo acusó de haber aceptado las condiciones impuestas por Wilson, sacrificando la independencia política y económica de México. Villa creía esto último porque unos estadounidenses que participaban en una conspiración contrarrevolucionaria, organizada por conservadores mexicanos, habían pedido su apoyo militar para proteger los intereses de los extranjeros y de las clases altas en México, a lo cual Villa se había negado. La creencia errónea de que Carranza habría aceptado una propuesta semejante, a cambio del reconocimiento de Estados Unidos, sumada a la desilusión que este reconocimiento produjo en Villa —cuando esperaba que Wilson lo apoyara a él—, lo llevaron a reaccionar en una forma violenta que estuvo a punto de ocasionar una guerra declarada entre México y Estados Unidos.

Villa, convertido en guerrillero, 1916

Ejercicio 5

1. ¿Por qué el presidente Wilson consideraba la posibilidad de dar su reconocimiento a Villa y no a Carranza?
2. ¿Cuáles fueron las medidas que utilizó Wilson para intentar poner fin a la guerra civil entre los revolucionarios mexicanos?
3. ¿Cuáles fueron las circunstancias que obligaron a Wilson a reconocer *de facto* al gobierno de Carranza?

El 10 de enero de 1916, en un sitio cercano a Santa Isabel (hoy General Trías), en el estado de Chihuahua, un grupo villista detuvo un tren en el que viajaban empleados de una importante compañía minera estadounidense, los bajaron del tren y, en el acto fusilaron a 17 de ellos. El asalto indignó a la opinión pública de Estados Unidos y, puesto que coincidió con la campaña presidencial en aquel país, provocó ataques contra la política de Wilson sobre México. Villa se exculpó diciendo que no había participado en el asalto, pero dos meses después, el 9 de marzo, encabezó personalmente una partida de 300 hombres que cruzaron la frontera y atacaron el pueblo de Columbus, en el estado de Nuevo México; incendiaron dos manzanas y saquearon a la población llevándose caballos, equipo militar y demás botín. En el ataque a Columbus murieron 14 estadounidenses, siete soldados y siete civiles, y las bajas villistas se calcularon entre 67 y 150.

El general estadounidense John J. Pershing, dirige expedición punitiva

Expedición punitiva

Esta acción fue considerada por Estados Unidos como una gravísima ofensa, de manera que el Congreso autorizó el uso de la fuerza militar para castigar a los culpables. La intención de Wilson en aquel momento no era declarar la guerra a México, sino aprovechar la ocasión para presionar a Carranza a restablecer el orden y garantizar la seguridad de las vidas y capitales de los extranjeros. El presidente mexicano propuso al gobierno de Estados Unidos un acuerdo semejante al que existió entre los dos países a finales del siglo pasado, cuando se permitió el paso recíproco de tropas para protegerse contra los ataques de apaches y bandoleros; un convenio así —precisaba Carranza— debía ponerse en vigor en caso de repetirse un ataque como el de Columbus. Wilson aceptó el acuerdo pero ignoró la última frase y ni siquiera notificó al gobierno mexicano de haber enviado ya (el 13 de marzo) una expedición punitiva compuesta por cinco mil hombres al mando del general John J. Pershing, según declaró después, con el único propósito de castigar a Villa, "como una ayuda amistosa a las autoridades mexicanas sin menoscabo de su soberanía". Carranza protestó enérgicamente y advirtió a Wilson que consideraría a la expedición punitiva como una invasión formal del territorio mexicano, y dirigió un manifiesto a la Nación cul-

El ataque de Villa a Columbus fue considerado por Estados Unidos como una gravísima ofensa, pues era la primera vez que un extranjero invadía su territorio, de manera que el Congreso de ese país autorizó el uso de la fuerza militar para castigar a los culpables.

pando a Estados Unidos de provocar la guerra, exhortándole a prepararse para cualquier emergencia.

Las tropas de Pershing al internarse en el estado de Chihuahua, fueron incrementadas en número pero ante la amenaza de una guerra, ambos gobiernos decidieron dialogar y ordenaron una entrevista en la que participaron los respectivos jefes de Estado Mayor, Hugh Scott y Álvaro Obregón, quienes después de largas y difíciles conversaciones, acordaron firmar un protocolo conjunto en el que se convenía un retiro gradual de las tropas estadounidenses, sin especificar fecha. Carranza no estuvo de acuerdo con el protocolo y se negó a ratificarlo, advirtiendo a Pershing que México rechazaría con las armas cualquier avance que realizaran sus tropas hacia el sur. El general estadounidense desoyó la advertencia y se produjeron dos enfrentamientos en Chihuahua: uno el 12 de abril en Parral, donde la población atacó con armas y piedras a una columna de la expedición punitiva, causándole un muerto y tres heridos; el otro, más grave, ocurrió en junio de 1916 en el pueblo de El Carrizal, donde la guarnición carrancista, al mando de Félix U. Gómez, trató de impedir el paso de la expedición y, al avanzar el comandante estadounidense, se produjo el enfrentamiento, en el que resultaron muertos los dos jefes militares y varios elementos de ambos bandos. Los mexicanos salieron con éxito de la contienda y lograron aprehender a 17 miembros de la expedición. Este acontecimiento hizo más cercana la posibilidad de una guerra internacional, por lo que se volvieron a intentar negociaciones en las que Wilson trató siempre de sacar ventaja condicionando el retiro de la expedición, mientras Carranza mantuvo firme su posición de no aceptar condición alguna. Al fin, presionado por el aumento de tensiones con Alemania, Wilson optó por no entablar una guerra que lo hubiera debilitado frente al conflicto europeo.

El 5 de febrero de 1917 salían de México las últimas tropas de la expedición punitiva que llegó a tener quince mil hombres en territorio mexicano, con el fin —no cumplido por cierto— de castigar a un solo hombre, Villa, a quien su acción, exagerada por la leyenda, convertiría en el símbolo de la resistencia nacional contra los estadounidenses.

Carranza ante la Primera Guerra Mundial

En el conflicto entre México y los Estados Unidos, Alemania jugó un papel coyuntural importante, aunque peligroso para México, porque Carranza, en su afán de contrarrestar la presión estadounidense, aceptó la amistad que le ofrecía la nación germana, permitió su propaganda dentro del país, y compró armamento alemán. Los alemanes trataron de sacar provecho de la actitud amistosa de Carranza y fue entonces cuando las relaciones entre Alemania y México se vieron envueltas en el asunto conocido como el del "Telegrama Zimmermann".

El 16 de enero de 1917 el ministro de Relaciones Exteriores alemán, Arthur Zimmermann, envió un mensaje telegráfico al embajador de su país en Washington [véase fuente 3. "Telegrama Zimmermann"], para que a su vez lo remitiera al embajador alemán en México, quien debía proponer una alianza al gobierno de Carranza para hacer la guerra y la paz juntos; ofrecía apoyo financiero y facilidades para que México recuperara los territorios perdidos en 1847, a cambio de que el presidente mexicano intercediera ante Japón para que este país aceptara entrar en la coalición germano-mexicana. El mensaje no llegó a su destino porque fue interceptado por el servicio secreto británico, que hizo saber de su contenido al gobierno estadounidense. De haber sido aceptada por Carranza aquella propuesta, México hubiera tenido que enfrentar solo una guerra con Estados Unidos, porque era muy difícil que Japón estuviera dispuesto a aceptar la alianza; en marzo, Zimmermann admitió públicamente ser el autor del telegrama y volvió a invitar a Carranza a ser su aliado. El día 13 de abril, el presidente mexicano declaraba oficialmente su neutralidad en el conflicto europeo.

Sin notificar al gobierno mexicano, Wilson envió una expedición punitiva, con el único propósito de castigar a Villa. Carranza protestó enérgicamente y advirtió a Wilson que consideraría la expedición como una invasión formal del territorio mexicano.

Ante la posibilidad de una guerra internacional, se entablaron negociaciones en las que Wilson trató siempre de sacar ventaja condicionando el retiro de la expedición, mientras que Carranza mantuvo firme su posición de no aceptar condición alguna.

Carranza, en su afán de contrarrestar la presión estadounidense, aceptó la amistad que le ofrecía la nación germana, permitió su propaganda dentro del país y compró armamento alemán.

Mediante el "telegrama Zimmermann", Alemania ofrecía apoyo financiero y facilidades para que México recuperara los territorios perdidos en 1847, a cambio de que Carranza intercediera ante Japón para que este país aceptara entrar a la coalición germano-mexicana.

Fuente 3. Telegrama Zimmermann

Comenzaremos la guerra submarina a ultranza el 1 de febrero. No obstante, esperamos mantener neutrales a los Estados Unidos. Si no lográsemos esto propondríamos a México una alianza en los siguientes términos: haremos la guerra y concluiremos la paz en común. Proporcionaremos un apoyo financiero general y estipularemos que serán devueltos los territorios de Nuevo México y Arizona que perdió en 1847. Déjanse los detalles por cuenta de usted. Queda usted encargado de sondear a Carranza de manera estrictamente confidencial, y tan pronto como la guerra contra los Estados Unidos sea segura, le sugerirá usted que entre en negociaciones con el Japón por su propia cuenta, requiriéndole para que se una a nosotros y ofreciéndole actuar como intermediario entre el Japón y Alemania. Llame usted la atención de Carranza sobre el hecho de que el desarrollo de la guerra submarina a ultranza hará posible caer de rodillas a Inglaterra y obligarla a clamar pidiendo la paz en cosa de pocos meses.

Arthur Zimmermann,
Ministro de Relaciones Exteriores de Alemania al embajador alemán en México,
enero de 1917.

> **Ejercicio 6**
> 1. ¿Por qué la reacción de Villa ante el reconocimiento de Wilson al gobierno de Carranza estuvo a punto de ocasionar una guerra declarada entre México y Estados Unidos?
> 2. Describe la actitud adoptada por Carranza ante la expedición punitiva, enviada por el gobierno de Estados Unidos para castigar a Villa.
> 3. Describe lo que proponía el gobierno de Alemania a Carranza, mediante el "telegrama Zimmermann".

Aspectos económicos y sociales

Política financiera

El gobierno carrancista pasó por serias dificultades económicas, resultado de los medios utilizados para obtener recursos durante la guerra civil. Entre febrero de 1913 y septiembre de 1914 cada jefe carrancista utilizó para ello cuatro medios: requisiciones, préstamos forzosos, emisiones de papel moneda y administración de las oficinas recaudadoras y las aduanas. Esto provocó el deterioro progresivo del valor del peso mexicano frente al dólar, que a su vez impactó en un aumento considerable en el costo de la vida.

Ante la creciente inflación, el gobierno de Carranza decidió apropiarse de todas las reservas en oro y plata de los bancos, a fin de respaldar sus emisiones anteriores de papel moneda y con la idea de llegar a establecer un banco estatal que fuera el único autorizado para emitir moneda. Pero la inflación continuaba y Carranza tomó medidas más severas en contra de los bancos; a principios de 1916 se comunicó a la prensa que los bancos tendrían que cooperar con los planes del gobierno de obtener sus reservas metálicas, o de lo contrario, "desaparecerían". En marzo, unidades del ejército comenzaron una verificación de los valores en cartera de los bancos, el contenido de las cajas fuertes y las afiliaciones políticas de los cuentahabientes; en medio de una gran tensión, Carranza cerró la bolsa de valores, bajo la acusación de ser "poco patriótica".

La política nacionalista de Carranza se dirigió en contra de los intereses extranjeros; en mayo, prohibió que los bancos y casas comerciales efectuaran cualquier transacción en moneda extranjera y con negocios extranjeros, sin aprobación del gobierno. Se llegó al extremo de clausurar el Banco Nacional de México, controlado por franceses, y el Banco de Londres y México, dominado por ingleses. Cuando los gerentes se negaban a obedecer, los soldados sellaron las bóvedas y los arrestaron acusándolos de conspirar para inflar la moneda.

En un nuevo intento por detener la inflación, el 1 de mayo de 1916 la administración carrancista lanzó una emisión de 500 millones de pesos en papel impreso en Estados Unidos; estos billetes eran de tan alta calidad que era imposible reproducirlos, por lo que fueron conocidos como "infalsificables"; pero la medida no traería la solución esperada.

> *Ante la creciente inflación, el gobierno de Carranza primero decidió apropiarse de todas las reservas en oro y plata de los bancos, y más tarde tomó medidas más severas en contra de los bancos y de sus propietarios, particularmente extranjeros.*

> *En un nuevo intento por detener la inflación, el 1 de mayo de 1916, el gobierno de Carranza realizó una emisión de billetes conocidos como "infalsificables".*

> *Representantes de la Casa del Obrero Mundial firmaron en Veracruz un pacto con Carranza por el que se comprometían a colaborar con él, a propagar los principios constitucionalistas y a integrar los llamados Batallones rojos, que lucharían contra villistas y zapatistas.*

La cuestión obrera

Uno de los "Batallones rojos"

A finales de 1915, las relaciones entre obreros y autoridades comenzaron a deteriorarse; la devaluación monetaria impactó sobre los salarios y crecieron las demandas de aumento, las cuales fueron rechazadas por el gobierno.

Durante la lucha contra Villa y Zapata, Carranza consideró necesario obtener el respaldo de los trabajadores urbanos. Debido al mayor peso de la economía agrícola sobre la actividad industrial, en México el problema obrero nunca había alcanzado la importancia del problema agrario, acrecentado en aquellos momentos; por ello, los primeros decretos carrancistas estuvieron orientados a satisfacer las demandas de los trabajadores agrícolas. No obstante, éstos carecían de la organización que habían logrado los obreros a través del sindicalismo, lo cual les permitía presionar a la facción revolucionaria con mayores posibilidades de imponerse en el gobierno.

A principios de 1915, la Casa del Obrero Mundial se comprometió a prestar servicio activo en las filas del carrancismo, a cambio del establecimiento de reformas laborales. El 17 de febrero del mismo año, representantes de la COM firmaron en Veracruz un pacto con el gobierno de Carranza por el que se comprometían a colaborar con él, a propagar los principios constitucionalistas, y a integrar los llamados Batallones rojos, seis cuerpos militares formados por obreros que habrían de combatir contra villistas y zapatistas en diversas partes de la República. Los obreros que se iban integrando a los batallones eran afiliados a la Casa del Obrero Mundial y se promovían huelgas en las que se pedía el reconocimiento de los sindicatos y la jornada de ocho horas, peticiones ganadas gracias al apoyo militar.

El gobierno se comprometió a prestar atención a "las justas reclamaciones de los obreros en los conflictos que puedan suscitarse entre ellos y los patrones, como consecuencia del contrato de trabajo", así como a proporcionar toda la ayuda posible a los obreros en la formación de nuevos sindicatos.[5] Cuando la Casa se reinstaló en la capital, en agosto de 1915, después del triunfo del constitucionalismo, le fue asignada como sede la "Casa de los Azulejos", que antes albergaba al Jockey Club. Rápidamente se extendió la organización obrera en la ciudad de México, donde surgieron diversos sindicatos.

Durante 1915 se multiplicaron las huelgas por todo el país, resueltas favorablemente por el gobierno, que comenzó a legislar sobre las jornadas de trabajo y el salario mínimo. Pero a finales de ese mismo año las relaciones entre obreros y autoridades comenzaron a deteriorarse; la devaluación monetaria impactó sobre los salarios y crecieron las demandas de aumento de parte de los obreros, las cuales fueron rechazadas por el gobierno. Ante esa actitud, las huelgas se multiplicaron y se extendieron por todo el país. A partir de ese momento creció la tensión entre el gobierno y los obreros; Carranza ordenó a los gobernadores de los estados que impidieran las actividades de la Casa del Obrero Mundial en sus localidades y se desató una persecución contra sus líderes, algunos de los cuales fueron arrestados. Como respuesta a la actitud hostil de las autoridades, el movimiento obrero tendió a radicalizarse y surgieron organizaciones locales en prácticamente todos los puntos del país, integradas por trabajadores de las diversas ramas productivas; esta proliferación de organismos sindicales y la necesidad de crear un instrumento de defensa laboral más sólido reafirmaron en los obreros la conveniencia de formar un frente unido en todo el país. Un importante paso en este sentido se dio en enero de 1916, cuando la Casa del Obrero Mundial convocó a los sindicatos filiales con el objeto de formar la Federación de Sindicatos Obreros del Distrito Federal (FSODF).

Ejercicio 7

1. ¿Cuáles fueron las diversas medidas que tomó el gobierno de Carranza con el propósito de frenar la inflación?

2. ¿En qué consistió el pacto entre los representantes de la Casa del Obrero Mundial y el gobierno de Carranza?

3. ¿Cuáles fueron las circunstancias que en 1915 llevaron a los obreros a ver la conveniencia de formar un frente unido en todo el país?

---

[5] Marjorie Ruth Clark, *La organización obrera en México*, Era, México, 1979, pp. 30-34.

Movimiento obrero

Al momento de su creación, la FSODF sostenía la ideología de la "acción directa", es decir, que sus fundadores, de clara tendencia anarquista, pretendían mantenerse alejados de toda clase de acción política que pudiera significar la adhesión oficial al gobierno, o a cualquier partido o persona con aspiraciones gubernamentales. Se consideraba que los trabajadores debían luchar directamente contra sus patrones, sin ningún tipo de intermediaciones, y, por consiguiente, se prohibía a sus integrantes que aceptaran cargos administrativos o candidaturas para puestos públicos, invitándolos en cambio a emprender una campaña que demostrara el peligro que representaba la acción política para la clase obrera y a fortalecer los vínculos entre las diferentes agrupaciones sindicales de todo el país.

Un mes después de fundada la FSODF, su presidente Luis N. Morones, quien era a la vez líder del Sindicato Mexicano de Electricistas, convocó al Primer Congreso Preliminar Obrero, el cual debía celebrarse en marzo de 1916 en el puerto de Veracruz, y no en la ciudad de México, en virtud de la manifiesta hostilidad de las autoridades. En las sesiones del Congreso predominaron los discursos en contra del gobierno y se tomó la decisión de exigir la libertad de los líderes de la COM que permanecían arrestados; pero el resultado más importante fue la creación de la Confederación del Trabajo de la Región Mexicana (CTRM), primer intento por establecer un gran frente obrero que reuniera a todas las organizaciones sindicales dispersas por el país, bajo los principios de la FSODF de evitar cualquier plan de colaboración con el gobierno.

El gobernador de la capital de la República reaccionó en contra del Congreso y amenazó con multas y encarcelamiento a los líderes de las asociaciones obreras del Distrito Federal que se negaran a proporcionar informes oportunos acerca de las sesiones en las que se trataran asuntos relacionados con el gobierno. La situación se agravó con la entrada de la expedición punitiva que obligó a las autoridades a tomar medidas más enérgicas contra los movimientos huelguísticos, que estallaron por todo el país como respuesta de los trabajadores ante el creciente deterioro de su poder adquisitivo.

Habitantes de la capital esperan la llegada de provisiones

En la ciudad de México la situación de los trabajadores y de la población en general era desesperada, pues los alimentos básicos subían continuamente de precio por el creciente deterioro de la moneda. El 18 de mayo de 1916, la FSODF solicitó que, a partir del día 22, fueran pagados los sueldos en oro nacional o su equivalente en papel moneda de circulación legal, y además pidió que ningún salario diario fuera menor a un peso oro nacional. Al no recibir una respuesta positiva sino, por el contrario, amenazas de aprehensión de parte del gobierno, la FSODF llevó a cabo un paro general de labores el día 22, que incluía los servicios de luz y fuerza, de tranvías, de teléfonos y de agua potable. La grave crisis se resolvió al día siguiente, gracias a la intervención conciliatoria de Benjamín Hill, comandante militar de la ciudad de México, quien logró que los patrones pagaran los sueldos en el papel moneda "infalsificable", lo cual fue aceptado por los obreros.

Sin embargo, la situación económica del país continuó agravándose y el "infalsificable" sufrió constantes devaluaciones; en el mes de julio la FSODF volvió a solicitar que los salarios se pagaran a base de oro nacional, pero esta vez aumentados en 50%. Al no ser atendidos los obreros en sus demandas, la COM y la FSODF acordaron declarar una huelga general que estalló el día 31 del mismo mes, paralizando prácticamente a la capital del país.

Al momento de su creación, la FSODF sostenía la ideología de la "acción directa"; sus fundadores, de clara tendencia anarquista, pretendían mantenerse alejados de toda clase de acción política que pudiera significar la adhesión oficial al gobierno.

Luis N. Morones, presidente de la FSODF, convocó al Primer Congreso Preliminar Obrero, el cual debía celebrarse en marzo de 1916 en el puerto de Veracruz, y no en la ciudad de México, en virtud de la manifiesta hostilidad de las autoridades.

Al no ser atendidos los obreros en sus demandas salariales, la COM y la FSODF acordaron declarar una huelga general que estalló el día 31 del mismo mes, paralizando prácticamente a la capital del país.

En materia educativa, lo más importante fue el Congreso Pedagógico celebrado en 1915, en Veracruz, cuya convocatoria se apoyaba en la idea de excluir a la Iglesia de la educación y en cambio fuera el gobierno quien se encargara de la misma.

Obregón rinde informe al presidente Carranza

Ejercicio 8

1. Describe qué significaba la ideología de la "acción directa", que sostenían los fundadores de la Federación de Sindicatos Obreros del Distrito Federal.
2. Describe de qué manera se dio, en 1915, la ruptura entre el movimiento obrero y el gobierno de Carranza.
3. ¿Cuáles fueron los resultados del Congreso Pedagógico celebrado en 1915 en el estado de Veracruz?

Carranza presentó un proyecto para reformar la Constitución de 1857, para lo cual se hacía necesario convocar a un Congreso Extraordinario que tuviera la facultad de formular y estudiar los nuevos preceptos.

Teatro Iturbide en Querétaro, sede del Congreso Constituyente

Diputados salen de una sesión del Congreso Constituyente

El gobierno respondió con una nueva ola de represión; Carranza ordenó la aprehensión de los dirigentes huelguistas a quienes acusó de traidores por haber perjudicado a la industria militar en momentos en que todavía se encontraban soldados extranjeros en territorio nacional, y decretó la pena de muerte para cualquier trabajador que "amenazara el orden público". El secretario de Guerra, Álvaro Obregón, aplastó la huelga rápidamente, mientras que el ejército ocupó las oficinas de la COM, la cual fue disuelta el 2 de agosto. Ese mismo día terminó la huelga general y tres días después hubo una manifestación de apoyo al gobierno de parte de los obreros sindicalizados, acto con el cual terminaron los disturbios de agosto. Poco después, el propio Carranza decretó aumento de salarios para los trabajadores y la situación de éstos mostró un relativo alivio cuando las políticas financieras del gobierno tendieron a mejorar la economía del país.[6]

Educación

En materia educativa lo más importante fue el Congreso Pedagógico celebrado en 1915, en el estado de Veracruz, cuya convocatoria se apoyaba en la idea de excluir a la Iglesia de la educación y que, en su lugar, fuera el gobierno quien se encargara de la misma, buscando además que las escuelas privadas cumplieran con el programa oficial. Asimismo se acordó que la educación secundaria fuera mixta y que abarcara cuatro años, mientras la preparatoria sería exclusiva para varones; se estableció la creación de escuelas de agricultura, industriales, mercantiles y de enfermería, además de escuelas especiales para niños retrasados y también para delincuentes. Se propuso la creación del Congreso Superior y la Dirección General de Educación.

La Constitución Mexicana de 1917

El aspecto más trascendental de la política del periodo fue el proyecto de Carranza para reformar la Constitución de 1857, con el fin de elevar a la categoría de preceptos constitucionales las reformas políticas, sociales y económicas dictadas por ideólogos del constitucionalismo durante la etapa de la lucha armada. Para tal efecto se hacía necesario convocar a un Congreso Extraordinario que tuviera la facultad de formular y estudiar los nuevos preceptos. El 19 de septiembre de 1916, Carranza lanzó una convocatoria para las elecciones de los diputados que formarían el Congreso Constituyente, que debía reunirse en la ciudad de Querétaro y quedar instalado el 1 de diciembre siguiente.

Una vez formado el Congreso Constituyente, se celebraron las sesiones formales en el Teatro Iturbide de la ciudad de Querétaro, que habrían de durar desde el 10 de diciembre de 1916 al 31 de enero de 1917. Era de esperarse que los integrantes del Constituyente fueran todos carrancistas, puesto que, dadas las circunstancias, era imposible la representación del villismo o del zapatismo, aunque no se puede negar su influencia indirecta en el transcurso del Congreso. Pero incluso dentro del carrancismo se formaron alas opuestas que correspondían a las diferencias entre Carranza y Obregón respecto a las metas y estrategias políticas y sociales. La política conservadora de Carranza se mostró tanto en su proyecto de reforma a la Constitución, que sólo pretendía ligeras modificaciones, como en su discurso al inaugurarse el Congreso, en el que quiso precisar ante los diputados las ideas fundamentales de su proyecto.[7]

---

[6] Douglas W. Richmond, *Op. cit.*, p. 176.
[7] Hans Werner Tobler, *La Revolución Mexicana, transformación social y cambio político (1876-1940)*, Alianza Editorial, México, 1994, p. 348.

En cuanto a la composición del Congreso, entre los 220 diputados había 62 abogados, 22 oficiales de alto rango, 19 agricultores, 18 profesores, 16 ingenieros, 16 médicos, 14 periodistas, 7 contadores, 5 líderes sindicales, 4 mineros, 3 ferrocarrileros, 2 farmacéuticos, un actor y 31 representantes de otras profesiones como artesanos, comerciantes y empleados. La gran mayoría provenía de zonas rurales y sus edades oscilaban entre 30 y 40 años; menos de 12% de los diputados procedía de las clases medias bajas, mientras que 85% pertenecía a la clase media y por lo menos la mitad contaba con una educación académica.[8]

En el aspecto ideológico, el grupo constituyente estaba dividido en "jacobinos", partidarios de Obregón y liberales moderados, casi todos cercanos colaboradores de Carranza. Estas posiciones contrarias dieron motivo a que en la asamblea se produjeran largos debates, siendo los jacobinos quienes imprimieron a la nueva Constitución un carácter radical que superó considerablemente al proyecto presentado por Carranza. Sin embargo, los debates no impidieron que los congresistas se aproximaran al consenso, ya que la mitad de los artículos constitucionales fueron aprobados por unanimidad, y muchos otros por 90% de los votos.

Contenido esencial de la Constitución de 1917

Aunque en principio, y de acuerdo con el proyecto de Carranza, sólo se pretendía realizar algunas reformas a la Constitución de 1857, las características y número de los cambios realizados por el Congreso de Querétaro ameritaron que la de 1917 fuera considerada como una nueva Constitución, que fue promulgada el 5 de febrero de ese año.

En el capítulo I (Título Primero), correspondiente a las Garantías Individuales, destacan los artículos 3°, 24 y 27; al igual que en la Constitución de 1857, el artículo 3° trata sobre la educación, sólo que aborda el tema de forma más explícita. Sigue proclamando que debe ser libre y laica, pero después de destacar las características democráticas, nacionalistas y de igualdad social que debe tener la educación, niega a las corporaciones religiosas su intervención en todo plantel en que se imparta la enseñanza de cualquier grado, y muy particularmente en la destinada a obreros y campesinos. Acepta que haya instituciones privadas de enseñanza, pero en los casos en que se refiera a obreros y campesinos, deberán contar con la autorización del Estado. Se proclamó la desaparición de la Secretaría de Instrucción Pública; la enseñanza primaria quedaba supeditada a los gobiernos municipales, y la enseñanza superior a la Universidad Nacional de México.

El artículo 24 es uno de los que tratan la cuestión religiosa, sumamente debatida en el Congreso Constituyente, y en la que acabaron por imponerse las opiniones de los jacobinos. Establece la libertad de cultos (como ya lo habían decretado las Leyes de Reforma incorporadas luego a la Constitución de 1857) y permite la práctica de los mismos en los templos o domicilios particulares "siempre que no constituyan un delito o falta penados por la ley", especificando que todo acto de culto público deberá celebrarse dentro de los templos, los que han de estar siempre "bajo la vigilancia de la autoridad".

El artículo 27 es uno de los dos más importantes de la nueva Carta Magna mexicana en el aspecto socioeconómico, y se refiere al mismo tema que el artículo 27 de la Constitución de 1857: la propiedad de la tierra; pero su ampliación y transformación es notable. Declara, en principio, que la propiedad de las tierras y aguas comprendidas dentro de los límites del territorio mexicano y los recursos del subsuelo corresponden originalmente a la nación, y que ésta tiene el derecho de transmitir su

---

[8] *Ibid.*, pp. 351-352.

> *Hubo posiciones controvertidas ante la disyuntiva de constituir un sistema político parlamentario o uno presidencialista; la decisión final se inclinó por este último, debido a la argumentación de quienes consideraron al sistema parlamentario inapropiado para la realidad mexicana.*

> *Los artículos del 80 al 93 establecen los requisitos, derechos, facultades y obligaciones de la persona en la que se depositaría cada cuatro años el Poder Ejecutivo de la Federación, mediante elección directa.*

dominio a los particulares para constituir la propiedad privada, y formula luego dieciocho prescripciones que regulan la capacidad de los particulares para adquirir dicho dominio. El Estado sería el agente regulador que otorgaría la propiedad privada o ejidal, y decidiría sobre las limitaciones impuestas a la propiedad agraria en cuanto a su extensión máxima y a las personas con derecho a adquirirla, derecho que se condicionaba a los extranjeros y se negaba a las corporaciones religiosas. Tratando de hacer efectiva la reforma agraria, el artículo 27 propone fraccionar los latifundios, desarrollar la pequeña propiedad, crear nuevos centros de población, fomentar la agricultura y evitar la destrucción de los recursos naturales.

Los capítulos II, III y IV del Título Primero amplían también lo expresado por la Constitución de 1857, en el sentido de especificar los derechos y obligaciones de los mexicanos, y la preferencia de éstos sobre los extranjeros dentro del territorio nacional.

En lo referente a la división de poderes hubo posiciones controvertidas ante la disyuntiva de constituir un sistema político parlamentario o uno presidencialista; la decisión final se inclinó por este último debido a la argumentación de quienes consideraron al sistema parlamentario inapropiado para la realidad mexicana. El parlamentarismo ha funcionado —según explicaron— en países de larga experiencia política, como los europeos, mientras que en México, al igual que en otros países americanos, aún se hacía necesaria la existencia de un ejecutivo fuerte que garantizara la unidad política. De esta manera, la Constitución de 1917 decretó la organización del sistema político mexicano de acuerdo con el criterio del presidencialismo, y dedicó los artículos del 80 al 93 a establecer los requisitos, derechos, facultades y obligaciones de la persona en la que se depositaría cada cuatro años el Poder Ejecutivo de la Federación, mediante elección directa.

MAPA 2.2. *División territorial según la Constitución de 1917*

Fuente 4. Oposición de Carranza al parlamentarismo

(…) Ahora bien; ¿qué se pretende con la tesis del Gobierno parlamentario? Se quiere, nada menos, que quitar al presidente sus facultades gubernamentales para que las ejerza el Congreso, mediante una comisión de su seno, denominada "gabinete". En otros términos, se trata de que el presidente personal desaparezca, quedando de él una figura decorativa.

¿En dónde estaría entonces la fuerza del Gobierno? En el Parlamento. Y como éste, en su calidad de deliberante, es de ordinario inepto para la administración, el Gobierno caminaría siempre a tientas, temeroso a cada instante de ser censurado.

El parlamentarismo se comprende en Inglaterra y en España, en donde ha significado una conquista sobre el antiguo poder absoluto de los reyes; se explica en Francia, porque esta nación, a pesar de su forma republicana de Gobierno, está siempre influida por sus antecedentes monárquicos; pero entre nosotros no tendría ningunos antecedentes y sería, cuando menos, imprudente lanzarnos a la experiencia de un Gobierno débil, cuando tan fácil es robustecer y consolidar el sistema de Gobierno de presidente personal, que nos dejaron los constituyentes de 1857.

Por otra parte, el régimen parlamentario supone forzosa y necesariamente dos o más partidos políticos perfectamente organizados y una cantidad considerable de hombres en cada uno de esos partidos, entre los cuales puedan distribuirse frecuentemente las funciones gubernamentales.

Ahora bien, como nosotros carecemos todavía de las dos condiciones a que acabo de referirme, el Gobierno se vería constantemente en la dificultad de integrar el gabinete, para responder a las frecuentes crisis ministeriales.

Tengo entendido que el régimen parlamentario no ha dado mejor resultado en los pocos países latinoamericanos en que ha sido adoptado; pero para mí, la prueba más palmaria de que no es un sistema de Gobierno del que se puedan esperar grandes ventajas, está en que los Estados Unidos del Norte, que tienen establecido en sus instituciones democráticas el mismo sistema de presidente personal, no han llegado a pensar en dicho régimen parlamentario, lo cual significa que no le conceden valor práctico de ninguna especie.

Venustiano Carranza,
Mensaje ante el Congreso Constituyente, 1916.

Otra de las reformas de gran trascendencia fue la relativa a la cuestión laboral, expresada principalmente en el artículo 123, correspondiente al Título sexto de Trabajo y Previsión Social, pero señalada también en los artículos 4 y 5 de las Garantías Individuales. El artículo 123 está destinado a conseguir un equilibrio en las relaciones obrero-patronales, por medio de la acción reguladora del Estado que:

> Establece una jornada máxima de trabajo, un salario mínimo relativo a cada región de la República, la protección a mujeres y menores, así como la edad mínima para establecer contratos legales, el descanso periódico obligatorio, la protección a la maternidad, la participación de los obreros en las utilidades de las empresas, la proporcionalidad entre el trabajo y el salario, los derechos de asociación para patrones, el derecho de huelga para los obreros y el de paro para los empresarios.

Dentro del Título séptimo, referente a Prevenciones Generales, destaca el artículo 130, que trata un aspecto más de las relaciones Estado-Iglesia, ampliando el con-

El artículo 123 está destinado a conseguir un equilibrio en las relaciones obrero-patronales, por medio de la acción reguladora del Estado.

tenido del artículo 123 de la Constitución de 1857. Decreta de forma terminante la separación de las funciones políticas y religiosas, reglamentando las condiciones en que se han de cumplir estas últimas y negando el derecho de voto, activo o pasivo, a los ministros de culto.

Comparación entre las dos Constituciones

Comparada con la Constitución de 1857, la de 1917 comparte con aquélla las características comunes de su base teórica liberal, manifiestas en la conformación del Estado como república federal y en la organización del sistema de gobierno separado en tres poderes. Como la de 1857, la nueva Constitución expresa, aunque con mayor detalle y radicalismo, las restricciones que se imponen al clero, para concluir con el dominio que éste tenía sobre la sociedad mexicana. Establece un guardián legislativo en la forma de una Comisión Permanente y prohíbe los monopolios. La gran diferencia entre ambas constituciones estriba en el papel fundamental que la de 1917 otorga al Estado en los asuntos sociales y económicos, instituyendo el gobierno bajo el sistema presidencialista con un ejecutivo fuerte que sea el instrumento mediador entre las fuerzas opuestas de la sociedad. Otra característica que se advierte en la

Carranza en la promulgación de la Constitución Mexicana de 1917

La gran diferencia entre ambas constituciones estriba en el papel fundamental que la de 1917 otorga al Estado en los asuntos sociales y económicos, bajo el sistema presidencialista.

Ejercicio 9

1. ¿Cómo estaban divididos los integrantes del Congreso Constituyente, en cuanto a su posición ideológica?
2. Describe el contenido esencial de los artículos 3° y 24 de la Constitución Mexicana de 1917.
3. ¿De qué manera los artículos 27 y 123 de la Constitución Mexicana de 1917 responden a las demandas sociales por las que se luchó en la Revolución?
4. ¿Cuáles fueron los argumentos de los constituyentes que defendían el sistema presidencialista de gobierno, en vez de uno parlamentario?
5. Describe dos diferencias entre la Constitución Mexicana de 1857 y la de 1917.

Fuente 5. Protesta del Episcopado mexicano

El Código de 1917 hiere los derechos sacratísimos de la Iglesia Católica, de la sociedad mexicana y los individuales de los cristianos, proclama principios contrarios a la verdad enseñada por Jesucristo, la cual forma el tesoro de la Iglesia y el mejor patrimonio de la humanidad, y arranca de cuajo los pocos derechos que la Constitución de 1857 (…) reconoció a la Iglesia como sociedad y a los católicos como individuos.

No pretendiendo inmiscuirnos en cuestiones políticas, sino defender a la manera que nos es posible, la libertad religiosa del pueblo cristiano en vista del rudo ataque que se infiere a la religión, nos limitamos a protestar contra el atentado enérgica y decorosamente (…).

Que conforme con las doctrinas de los Romanos Pontífices (…) y movidos también por patriotismo, nos hallamos muy lejos de aprobar la rebelión armada contra la autoridad constituida, sin que esta sumisión pasiva a cualquier gobierno signifique aprobación intelectual y voluntaria a las leyes antirreligiosas o de otro modo injustas, que de él emanaren, y sin que por ella se pretenda que los católicos, nuestros fieles, deban privarse del derecho que los asiste como ciudadanos para trabajar legal y pacíficamente por borrar de las leyes patrias, cuanto lastime su conciencia y su derecho (…).

Tenemos por único móvil, cumplir con el deber que nos impone la defensa de los derechos de la Iglesia y de la libertad religiosa (…). Contra la tendencia de los constituyentes, destructora de la religión, de la cultura y de las tradiciones, protestamos como jefes de la Iglesia Católica en nuestra patria (…).

Por todo lo dicho protestamos contra semejantes atentados en mengua de la libertad religiosa, y de los derechos de la iglesia, y declaramos que desconoceremos todo acto o manifiesto, aunque emanado de cualquier persona de nuestra diócesis aun eclesiástica y constituida en dignidad, si fuera contraria a estas declaraciones y protestas (…).

Declaraciones del Episcopado mexicano, citadas por Ernesto de la Torre Villar *et al.*,
Historia documental de México, Tomo II,
UNAM, México, 1964, p. 630.

Constitución de 1917 y que no se manifiesta tan clara en la de 1857, es la tendencia nacionalista que fundamenta muchos de sus artículos, un nacionalismo que cobró fuerza como resultado de la discriminación sufrida por los mexicanos y la posesión de los recursos naturales en manos extranjeras, de acuerdo con la política económica del régimen porfirista.

La Constitución de 1917 fue la culminación del proceso de lucha política y social, que se venía gestando desde tiempos anteriores al porfirismo y que hiciera crisis a raíz de los extremos a que éste llegó. Fruto de una lucha revolucionaria que coincidió con un momento crucial en la historia de Occidente, la Constitución mexicana de 1917

Carranza con los miembros de su gabinete

> **Fuente 6. Carranza y su proyecto de Constitución**
>
> La política fundamentalmente conservadora de Carranza se mostró tanto en su proyecto de Constitución, que sólo acusaba ligeras modificaciones en comparación con la Constitución de 1857, como en su discurso para la inauguración del Congreso, con el que quiso precisar ante los diputados las ideas fundamentales de su proyecto.
>
> Es significativo que en él Carranza se manifestara principalmente y con detalle acerca de los problemas políticos: el conjunto de los derechos individuales ya establecidos en la Constitución liberal de 1857, pero socavados cada vez más por la realidad política hasta finalizar el Porfiriato; cuestiones de jurisdicción civil y penal y por último el problema del sistema de gobierno presidencial o parlamentario, en que se expresó decididamente a favor del primero, y con ello a favor de una posición fuerte del Ejecutivo. Las medidas de reforma social y económica, en las que —a partir de diciembre de 1914, ante la presión de la guerra civil— también se habían basado sus propias leyes y decretos, ahora en cambio fueron tratadas sólo al margen y de manera bastante incidental. El conjunto de disposiciones para la protección de los trabajadores que —en contra de las intenciones de Carranza— ingresaría después en el extenso artículo 123 de la nueva Constitución, estaba reservado en su proyecto a la reglamentación posterior por los poderes legislativos regulares. (…) En esta cuestión, Carranza se atuvo casi por completo al texto de la Constitución liberal de 1857, que en el artículo 5, en el párrafo sobre las garantías individuales, sólo contenía algunas disposiciones sumamente generales acerca de los contratos de trabajo, de acuerdo con los principios liberales de mediados del siglo XIX.
>
> De mayor importancia aún fue el proyecto sumamente restrictivo de Carranza para el artículo 27, que regulaba el amplio campo de los bienes raíces, el derecho del agua y las riquezas del subsuelo. También aquí Carranza adoptó, prácticamente sin cambios, las disposiciones correspondientes de la Constitución de 1857. Sobre todo la preservación del principio de una indemnización previa en el caso de expropiaciones de tierra en beneficio público, en la práctica hubiera privado de todo sentido concreto a la ley agraria del 6 de enero de 1915 emitida por el propio Carranza.
>
> El proyecto constitucional de Carranza, por un lado, pone de manifiesto su idea de la revolución como movimiento puramente político encargado de "destruir la dictadura militar" y garantizar el gobierno civil. Por otra parte, este proyecto también muestra hasta qué alto grado sus decretos sociales de los años 1914-1915 de hecho habían resultado de una adaptación táctica a la situación de guerra, puesto que su proyecto constitucional no pretendía asentar esta política en la Carta Magna.
>
> Hans Werner Tobler,
> *La Revolución Mexicana, transformación social y cambio político (1876-1940)*,
> Alianza Editorial, Patria, México, 1994, pp. 349-350.

Venustiano Carranza, presidente constitucional

CUADRO 2.2. *Triunfo del carrancismo*

- **Gobierno de Venustiano Carranza en Veracruz**
  - **Política interna**
    - Labor legislativa: adiciones al Plan de Guadalupe
      - Cuestión agraria
        - Pequeña propiedad.
        - Propiedad comunal.
      - Cuestión laboral
        - Pacto con COM: los "Batallones rojos". La FSODF y el Primer Congreso Obrero Nacional
      - Educación
        - Decretos, proyectos y estudios.
        - Congreso pedagógico
    - Conflictos con la Iglesia
      - Generalización del jacobinismo revolucionario
      - Antagonismo entre clérigos y constitucionalistas
  - **Aspecto económico**
    - Circulación forzosa de papel moneda
      - Gastos crecientes en oro y en dólares
      - Devaluación
      - Aumento en el costo de la vida
  - **Política exterior**
    - Dificultades para obtener el reconocimiento del gobierno de los Estados Unidos
      - Indecisión de W. Wilson para favorecer a alguna de las facciones
      - Ultimátum y amenazas
      - Mediación de Argentina, Brasil y Chile
        - Expedición punitiva
        - Telegrama Zimmermann
      - Reconocimiento de Estados Unidos al carrancismo
  - **Conflictos armados**
    - Lucha contra Villa y Zapata
      - Genio militar de Obregón y "Batallones rojos"
      - Triunfo constitucionalista
    - Contrarrevolucionarios
      - Orozco y Huerta
      - Movimientos en el sur y sureste
      - Efectiva represión
- **Gobiernos convencionistas**
  - Gobierno de Eulalio Gutiérrez
    - Imposibilidad de controlar a fuerzas villistas y zapatistas
      - Renuncia de Gutiérrez; subsecuentes gobiernos: Roque González Garza, Francisco Lagos Cházaro
        - Entrada del Ejército constitucionalista en la ciudad de México.
        - La Convención se traslada a Toluca y luego a Cuernavaca, representada ya sólo por zapatistas

Cap. 2. La Revolución Mexicana: Constitucionalismo

fue la primera en el mundo que convirtió en preceptos constitucionales los derechos de la clase trabajadora.

Gobierno constitucional de Venustiano Carranza

Una vez disuelto el Congreso Constituyente, Carranza convocó a elecciones presidenciales y del Congreso de la Unión, a celebrarse el 11 de marzo de 1917. Su candidatura para ocupar constitucionalmente el Poder Ejecutivo fue postulada por el Partido Liberal Constitucionalista, desde el mes de octubre anterior, y fue luego apoyada por los partidos liberales de filiación constitucionalista en casi todos los estados de la República. El 15 de abril, Carranza presentó su informe ante el recién electo Congreso, y dos semanas después, el 1 de mayo, tomó posesión de la presidencia.

Política interna

México presentaba en 1917 una situación similar a la que había vivido en ocasiones anteriores al salir de una lucha interna: existencia de caudillos militares dispuestos a competir por el poder; bandolerismo; crisis económica; oposición política al nuevo gobierno y división dentro del propio grupo en el poder. Sin embargo, México no era el mismo país, se había dado un proceso evolutivo que conjugaba la experiencia política de los modernos revolucionarios con las nuevas clases medias surgidas gracias al crecimiento económico que tuvo lugar durante el porfiriato, cuyos integrantes no estaban dispuestos a permitir que se malograran los esfuerzos realizados para alcanzar ese crecimiento.

Para el gobierno de Carranza se hacía necesario restaurar la paz interna, a efecto de consolidar su gobierno y dedicarse a la construcción del nuevo Estado. Los villistas y zapatistas habían sido vencidos y sus movimientos no volverían a tener alcance nacional, pero tras refugiarse en sus respectivas regiones, se mantenían en pie de guerra, dispuestos a aprovechar cualquier oportunidad que les permitiera crearle problemas a Carranza.

Movimientos rebeldes

La paz interna no sólo era perturbada por villistas y zapatistas; había otros grupos rebeldes, como el de los hermanos Cedillo en San Luis Potosí y el de los Arenas en Tlaxcala, además de algunos militares que habían pertenecido al ejército federal y

> *México presentaba en 1917 una situación similar a la que había vivido en ocasiones anteriores, al salir de una lucha interna; sin embargo, no era el mismo país.*

> *La paz interna no sólo era perturbada por villistas y zapatistas; había otros grupos rebeldes de algunos militares que habían pertenecido al ejército federal, y estaban también los movimientos contrarrevolucionarios.*

Villa en pie de guerra    Emiliano Zapata    Manuel Peláez    Salvador Alvarado

que no se resignaban a que fuera disuelto. Estaban también los peligrosos movimientos contrarrevolucionarios, como el encabezado por Félix Díaz, quien volvió a intentar restituir el antiguo régimen; el de Manuel Peláez en la región petrolera del norte de Veracruz; el de los finqueros de Chiapas; el de los "soberanistas" de Oaxaca, que defendían la soberanía de su estado, y el de Abel Ortiz Argumedo, en Yucatán. Este último surgió por el descontento que provocaron las reformas sociales impuestas por los gobernadores carrancistas entre las clases altas y medias de Yucatán, las cuales se unieron a Ortiz Argumedo, un militar huertista, y se levantaron en armas contra los constitucionalistas. Las tropas del gobierno, al mando de Salvador Alvarado, bloquearon la península al comercio del henequén, lo que originó un serio conflicto con los estadounidenses; pero, al fin, lograron someter a los rebeldes. Alvarado tomó posesión del gobierno de Yucatán donde continuó con las reformas sociales, aunque tratando de conciliarse con los propietarios henequeneros, a quienes se les permitió conservar sus haciendas, a condición de que vendieran su producto a una compañía mexicana de propiedad estatal.

Aquellos movimientos persistieron hasta 1919, cuando fueron solucionándose los problemas del gobierno en otros sitios y cuando los rebeldes ya no pudieron obtener armas. El caso de las rebeliones en Veracruz, que hacían peligrar la riqueza petrolera necesaria para la guerra en Europa, motivó que los ingleses y sus aliados presionaran a Carranza para que no actuara en contra de Peláez; pero al concluir la Guerra Mundial, las potencias extranjeras cambiaron su actitud y el gobierno carrancista pudo actuar contra la rebelión en la zona petrolera.

Rivalidad entre los constitucionalistas

Ante la urgente necesidad de sofocar los movimientos rebeldes, Carranza se propuso convertir a los soldados de su ejército en verdaderos profesionales; sin embargo, aquélla no era una meta fácil de lograr. Para evitar lo sucedido a Madero, había disuelto por completo al ejército federal huertista, pero esta medida lo había privado de contar con militares de carrera que le ayudaran a institucionalizar su ejército revolucionario. Por otra parte, sus propios jefes militares, que se habían fortalecido políticamente gracias a sus hazañas guerreras, rivalizaban entre sí y se habían ganado la desconfianza de Carranza quien, celoso de su poder, trataba de impedir que cualquiera de aquellos caudillos militares compitiera con él. Fue entonces cuando se hizo más evidente el distanciamiento entre Álvaro Obregón y Carranza.

Así, Carranza se encontraba ante el desafío de tener que fortalecer y profesionalizar a los soldados que combatían contra los rebeldes, a la vez que buscaba restar fuerza a los jefes militares y reducir el número de integrantes del Ejército Constitucionalista, que a finales de 1916 había llegado a 175 mil integrantes, con grave efecto en el presupuesto ya bastante limitado por la crisis económica que sufría el país.

Carranza no sólo debía aumentar la capacidad técnica de los soldados, sino también exigirles una conducta irreprochable y de respeto a la población pacífica; pero no le fue posible cumplir cabalmente con ninguna de estas dos cosas, porque la situación conflictiva del país obligaba al ejército a mantenerse siempre en campaña, sin que tuviera tiempo para organizarse, y porque aquel continuo estado de guerra en manos de un ejército cuya mayoría adolecía de falta de profesionalismo, propició la corrupción y el abuso contra los civiles. Por desgracia para don Venustiano, el nombre de carrancistas que se aplicaba a los hombres de su ejército, llegó a convertirse en muchos lugares en sinónimo de "depredadores", característica que, en vez de reducir las rebeliones, las aumentaba al provocar el rechazo y la autodefensa de parte de la población.

Carranza y Obregón

Carranza buscaba fortalecer y profesionalizar a los soldados que combatían contra los rebeldes, a la vez que debía restar fuerza a los jefes militares y reducir el número de integrantes del Ejército Constitucionalista.

Carrancistas en la ciudad de México

Otro problema que dificultaba la pacificación era la falta de armas, puesto que, como la producción nacional era incipiente, tenían que comprarse en el extranjero. Al inicio de la expedición punitiva, el gobierno estadounidense prohibió la venta de armas al gobierno mexicano, y Carranza —que se negaba a seguir dependiendo de las condiciones que imponía Estados Unidos para proporcionar o negar armas— trató de recurrir a otras naciones como España y Japón, al tiempo que buscaba mejorar la fabricación de armamento en el país; pero la prolongación de la guerra europea impidió la venta de material bélico, que tampoco se pudo fabricar en México con eficiencia, por falta de equipo.

En 1919, el gobierno de Carranza se encontraba en graves dificultades tanto de origen interno como externo:

La constante amenaza de intervención militar del vecino país adquiría mayor fuerza, conforme se acercaba el fin de la Primera Guerra Mundial, y ante ese peligro, Carranza decidió adoptar una política conservadora que satisficiera los intereses estadounidenses; así, pospuso la aplicación del artículo 27 constitucional contra los intereses extranjeros en México, viéndose el gobierno obligado a obtener la completa pacificación del país, lo que implicaba lograr la derrota definitiva del zapatismo y del villismo. Para tal efecto, Carranza intensificó la persecución contra los líderes de esos movimientos, y el primer golpe decisivo lo constituyó la emboscada ordenada por Pablo González, en la que resultó muerto Zapata el 10 de abril de 1919; meses más tarde, el villismo perdió uno de sus más leales defensores, el general Felipe Ángeles,[9] al ser sentenciado a muerte y fusilado el 26 de noviembre del mismo año.

Ante la amenaza de intervención militar de Estados Unidos, Carranza decidió adoptar una política conservadora y pospuso la aplicación del artículo 27 constitucional contra los intereses extranjeros en México, además de buscar la derrota definitiva del zapatismo y del villismo.

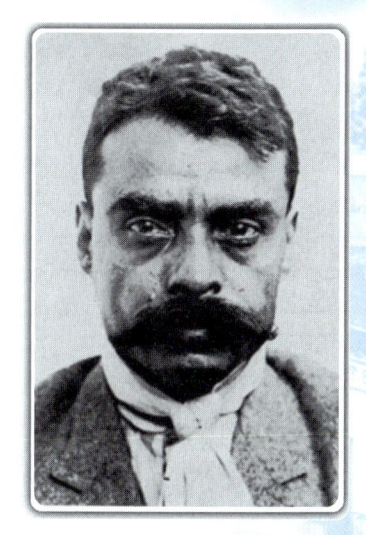

La "conjura de los generales"

Las frecuentes pugnas entre los caudillos militares fueron otra de las constantes del gobierno carrancista. Tal es el caso de la conjura de finales de 1917, en la que unos generales carrancistas se proponían dar un golpe de Estado con ayuda de agentes alemanes en México, ante la sospecha de que Carranza planeaba declararse a favor de los aliados en el conflicto mundial, en un intento de reconciliación con Estados Unidos. Sin embargo, es preciso hacer notar que ninguno de los caudillos llegó a enfrentarse a Carranza antes de 1920, quizá porque ante la sucesión presidencial, cada uno buscaba capitalizar su prestigio para llegar con fuerza política al proceso electoral que debía celebrarse ese año.

Emiliano Zapata

El Plan de Agua Prieta

Al acercarse la fecha de las elecciones presidenciales, la rivalidad más fuerte se suscitó entre Álvaro Obregón y Pablo González —ambos militares a quienes se debía el triunfo constitucionalista—, que se convirtió en una lucha abierta. El 1 de junio de 1919, Obregón aceptó su candidatura a la Presidencia de la República, y el 13 de enero de 1920, el general Pablo González se postuló como aspirante al mismo cargo. Por otra parte, Carranza se había inclinado por el civilismo y había favorecido la candidatura presidencial del ingeniero Ignacio Bonillas; pero esta decisión acrecentó el conflicto y canalizó la rebelión en contra de Carranza. El 23 de abril los obregonistas lanzaron el *Plan de Agua Prieta* en Sonora, en el que se le desconocía como presidente; el conflicto se generalizó a causa del descontento que había en muchas regiones del país hacia la política carrancista. Los dos rivales políticos, Obregón y González,

Se llamó la "conjura de los generales" a la intención de unos militares carrancistas de dar un golpe de Estado, con ayuda de agentes alemanes en México, ante la sospecha de que Carranza planeaba declararse a favor de los aliados en el conflicto mundial.

---

[9] Aunque el distanciamiento entre Villa y Ángeles se inició tiempo atrás, de hecho, Ángeles, al volver a unirse con Villa, pretendía persuadirlo de que reencauzase sus objetivos de lucha hacia los postulados que dieron comienzo a la Revolución, es decir, hacia los postulados maderistas (a los que Ángeles fue siempre fiel), y que, además, enfilaran hacia el sur del país, a fin de integrar a su lucha a otras fuerzas rebeldes, en especial a los zapatistas. Sin embargo, Felipe Ángeles nunca pudo convencer a Villa de tales propósitos, por lo que estimaron conveniente separarse, sin descartar del todo una ulterior conjunción de fuerzas.

Felipe Ángeles

Ignacio Bonillas

Adolfo de la Huerta

La decisión de Carranza de apoyar la candidatura presidencial de Ignacio Bonillas acrecentó el conflicto político y canalizó la rebelión en contra de Carranza, mediante el Plan de Agua Prieta *lanzado por los obregonistas en Sonora.*

El 21 de mayo de 1920, mientras acampaba en Tlaxcalaltongo, durante el traslado de su gobierno a Veracruz, Carranza fue asesinado con una descarga de fusilería.

Ejercicio 10

1. Describe los objetivos de los movimientos rebeldes contrarrevolucionarios, que se levantaron en contra del gobierno constitucional de Carranza.
2. ¿A qué se debía la rivalidad entre los jefes militares constitucionalistas?
3. ¿Cuáles fueron los motivos que llevaron a Carranza a adoptar una política conservadora y posponer la aplicación del artículo 27 constitucional?
4. ¿A qué se llamó la "conjura de los generales"?
5. ¿Por qué los obregonistas se decidieron a lanzar el Plan de Agua Prieta en contra de Carranza?

decidieron unirse para derrocar a Carranza y éste decidió trasladar su gobierno a Veracruz, confiando en repetir lo acontecido en 1914, aparentemente sin tener en cuenta que las circunstancias ya no eran las mismas. Lo cierto es que en cualquier momento llegarían a la capital los gonzalistas y los obregonistas (a estos últimos se habían unido los zapatistas, encolerizados por el asesinato de su líder), y Carranza quería evitar el golpe de Estado.

Pero no habría de llegar a Veracruz; el 21 de mayo de 1920, mientras acampaba en Tlaxcalaltongo, un poblado en la Sierra de Puebla, Carranza fue asesinado con una descarga de fusilería que cayó precisamente sobre el jacal donde dormía. Tres días después era elegido por el Congreso como presidente provisional el sonorense Adolfo de la Huerta.

Política exterior

México ante la Primera Guerra Mundial

La política internacional de México durante los años de 1917 y 1918, los dos últimos años de la gran guerra iniciada en Europa en 1914, estuvo determinada esencialmente por las reacciones del gobierno de Carranza ante cinco peligros que, a juicio de ese mismo gobierno, amenazaban tanto su propia existencia como la soberanía de la nación.[10]

Peligros contra la soberanía de la Nación

1. *Amenaza de una nueva intervención militar de Estados Unidos.* La nueva legislación mexicana había causado un profundo disgusto entre los empresarios estadounidenses dueños de las compañías petroleras y henequeneras, dispuestos a ejercer mayor presión sobre Wilson para que actuara en contra del gobierno de Carranza, no obstante que el presidente de Estados Unidos había decidido no intervenir en México mientras durara la Guerra Mundial. Dichos empresarios consideraban necesaria la intervención militar en territorio mexicano, precisamente en momentos en que, para los aliados, era indispensable mantener el control sobre el petróleo y otras materias primas. Wilson no descartaba del todo la posibilidad de llevarla a cabo, aunque deseaba evitarla.

Álvaro Obregón y Pablo González en alianza contra Carranza

Obregón huye disfrazado de garrotero

---

[10] Friedrich Katz, *La guerra secreta en México,* Vol. 2., Era, México, 1984, p. 215.

2. *Amenaza de un golpe de Estado auspiciado por grupos económicamente poderosos de Gran Bretaña y Estados Unidos.* Los grandes empresarios británicos y estadounidenses, afectados por las expropiaciones realizadas por el gobierno mexicano, estaban dispuestos a apoyar con armas y dinero no sólo a los conservadores mexicanos adversarios del constitucionalismo, sino también a los integrantes de los grupos opositores que, surgidos de las propias filas del carrancismo, comenzaban a manifestarse en contra de la política interna de Carranza.

3. *Política económica de Estados Unidos hacia México.* Esta política había tomado la forma de un bloqueo casi total contra México, pues desde el momento en que el gobierno de Wilson decidió entrar a la guerra a favor de los aliados, obtuvo mayor autoridad para presionar al gobierno de Carranza. Ante las amenazas de Alemania y el interés de este país por mejorar sus relaciones con México, los controles en la frontera se hicieron más estrictos y se pudo evitar de manera más efectiva el contrabando de armas. Al mismo tiempo, el gobierno de Estados Unidos extendió el control de las exportaciones a otros artículos, impidiendo incluso el envío de alimentos a territorio mexicano.

4. *Peligro de un golpe de Estado de inspiración alemana en México.* Cuando estalló la guerra mundial, Carranza declaró su neutralidad frente al conflicto, expresando su desconfianza tanto hacia Inglaterra como a Alemania, porque estos países habían apoyado al gobierno de Huerta; pero cuando la expedición punitiva enviada contra Villa estuvo a punto de causar una guerra con Estados Unidos, Carranza buscó un acercamiento con Alemania, sobre todo, por el descontento de los mexicanos frente a la política intervencionista del vecino país y la actitud hostil que mostraba Inglaterra hacia México. A mediados de 1917, los agentes alemanes en México tuvieron noticias de que Carranza planeaba dar un giro radical a su política internacional y declararse a favor de Estados Unidos, y ante esa posibilidad, el embajador alemán en México, Heinrich von Eckardt, se reunió en varias ocasiones con generales mexicanos influyentes, quienes le manifestaron su decisión de derrocar a Carranza si éste se decidía a firmar un acuerdo con Estados Unidos en contra de las potencias centrales. El mismo Carranza estaba convencido de que, en el momento en que hiciera pública su simpatía por los aliados, cabría la posibilidad de que fuera derrocado por sus generales —principalmente Obregón y Calles—,[11] además de que tendría que luchar no sólo contra la postura antiestadounidense que manifestaban los generales carrancistas y en general el pueblo mexicano, como efecto de las intervenciones militares que recién había sufrido el país (la intervención en Veracruz y la expedición punitiva), sino contra los constitucionalistas más radicales que deseaban reducir la dependencia de la economía mexicana del capital extranjero, principalmente estadounidense. Así pues, la amenaza de un golpe de Estado apoyado por Alemania era un factor que Carranza debía tener muy presente antes de decidirse a adoptar una posición definitiva en los asuntos internacionales.

5. *Actos de sabotaje de parte de Alemania en contra de los campos petroleros.* Ante la importancia que había adquirido el petróleo mexicano en los medios internacionales, era de esperarse que los alemanes estuvieran dispuestos a realizar actos de sabotaje en contra de las compañías petroleras estadounidenses y británicas establecidas en México y, en caso de darse tales acciones en gran escala, el gobierno de Wilson podría verse obligado a intervenir en México con lo que, además de sufrir cuantiosas pérdidas en los ingresos provenien-

---

[11] *Ibid.*, p. 73.

tes del petróleo, Carranza se encontraría en un dilema sin solución, pues, si resistía, se vería envuelto en una guerra con Estados Unidos que no tenía posibilidades de ganar y, de lo contrario, se arriesgaba a ser objeto de severas críticas internas que podrían provocar su derrocamiento.

Acciones de Carranza para conjurar los peligros

Para conjurar la amenaza de intervención estadounidense, a mediados de 1917, Carranza intentó un reacercamiento con Estados Unidos mediante una política conservadora que postergó la aplicación del artículo 27 constitucional. El gobierno de Wilson reaccionó favorablemente a tal actitud conciliadora de México y suspendió provisionalmente el embargo sobre la venta de armas, a la vez que reconoció de manera oficial al gobierno de Carranza en septiembre de 1917; sin embargo, como resultado de prolongadas negociaciones financieras, el presidente mexicano llegó a la conclusión de que Estados Unidos sólo estaría dispuesto a levantar sus restricciones económicas si México aceptaba graves limitaciones a su soberanía, lo que era inadmisible para Carranza, y fue entonces cuando éste tomó la decisión de establecer vínculos más estrechos con Alemania.

En agosto de 1917 llegó a México un representante del estado mayor alemán con el propósito de presentar ante Carranza la nueva oferta alemana de establecer una alianza contra Estados Unidos, a cambio de la cual Alemania ofrecía una estrecha cooperación en la posguerra que podría ayudar a romper el bloqueo de Estados Unidos contra México, y planteó la posibilidad de otorgar un préstamo a México durante la guerra. Ante el interés que Alemania mostraba hacia México, a pesar del rechazo al mensaje de Zimmermann, Carranza tomó la decisión de estrechar las relaciones con Alemania sin llegar a una alianza.

Con la política de acercamiento hacia Alemania, Carranza perseguía varios objetivos a corto y largo plazos. En lo inmediato, el principal objetivo era la obtención de ayuda alemana en el caso, que a Carranza le parecía muy probable, de una intervención armada de Estados Unidos o de un golpe de Estado auspiciado por los aliados, y al mismo tiempo impedir que los agentes alemanes llevaran a cabo acciones de sabotaje en los campos petroleros, puesto que constituían el camino más directo hacia una intervención estadounidense en México. Pero, sin lugar a dudas, el objetivo de mayor consideración para Carranza era mantener la unidad interna de su gobierno ya que la conspiración de los generales había sido una clara advertencia del sentimiento de animadversión hacia Estados Unidos, no sólo de los carrancistas sino de la población mexicana en general que estaría dispuesta a secundar dicha conspiración.

A largo plazo, la colaboración con Alemania podría ser favorable a la política latinoamericana de Carranza, ya que había planeado la creación de un bloque integrado por países de América Latina, encabezado por México y Argentina, con el propósito de defenderse conjuntamente de Estados Unidos, objetivo que en aquellos momentos favorecía a los intereses alemanes. Además, Carranza pretendía obtener un fuerte apoyo de Alemania una vez terminada la guerra mundial, justo cuando Estados Unidos podría volver a dirigir su atención contra México.

El resultado más importante del acercamiento de Carranza hacia Alemania fue que el gobierno alemán renunció a las operaciones de sabotaje en gran escala en los campos petroleros, y esto, quizá, evitó la intervención militar extranjera en México. Por otra parte, aun cuando no puede negarse el grave riesgo a que se expuso México en aquellos difíciles momentos, Carranza había fijado límites claros y firmes a la actividad alemana en el país, sobre todo respecto a aquellos que hubieran podido provocar una guerra entre México y Estados Unidos.

En conclusión, puede decirse que el gobierno mexicano, al que las potencias en guerra consideraban como un instrumento adecuado a sus intereses políticos, logró explotar en beneficio propio las rivalidades entre aquellas potencias, pues Carranza, además de evitar la intervención militar estadounidense, logró que Alemania se abs-

---

Puesto que Estados Unidos sólo estaría dispuesto a levantar sus restricciones económicas si México aceptaba graves limitaciones a su soberanía, Carranza tomó la decisión de establecer vínculos más estrechos con Alemania.

El principal objetivo de Carranza, con el acercamiento a Alemania, era obtener ayuda de este país en caso de una intervención armada de Estados Unidos, o de un golpe de Estado auspiciado por los aliados, y al mismo tiempo impedir acciones alemanas de sabotaje en los campos petroleros.

A largo plazo, Carranza pretendía obtener un fuerte apoyo de Alemania, una vez terminada la guerra mundial, justo cuando Estados Unidos podría volver a dirigir su atención contra México.

Puede decirse que el gobierno mexicano, al que las potencias en guerra consideraban como un instrumento adecuado a sus intereses políticos, logró explotar en beneficio propio las rivalidades entre aquellas potencias.

tuviera de hacer actos de sabotaje en gran escala en los campos petroleros y, por último, pudo mantener la neutralidad de México en el conflicto internacional.[12]

El gobierno de Carranza en la posguerra, 1919-1920

Cuando la guerra terminó, en noviembre de 1918, con la derrota de Alemania se vinieron abajo las esperanzas de Carranza de obtener la ayuda que le había ofrecido el gobierno de ese país a cambio de su política de acercamiento diplomático. Carranza se enfrentaba ahora a una amenaza exterior mucho más peligrosa, pues al término de la Primera Guerra Mundial, Estados Unidos se convirtió en la nación más poderosa del mundo, no sólo en el aspecto económico sino también en el militar. A la amenaza de una intervención armada más peligrosa que en el pasado, se agregaba el hecho de que México se veía obligado ahora a depender del capital estadounidense, pues debido a la guerra hubo una drástica reducción de las inversiones de capitales europeos en México, mientras que ganaban cada vez mayor terreno las inversiones provenientes de Estados Unidos. El aumento de la dependencia económica de México respecto a ese país ponía al gobierno de Carranza en un grave dilema porque esa circunstancia hacía más difícil aún la aplicación de los preceptos constitucionales relativos al derecho de la nación sobre sus recursos naturales, aplicación que además era necesario llevar a cabo, al menos de forma parcial, con el fin de apaciguar a villistas y zapatistas.

Ante la difícil situación que se presentaba a Carranza, los empresarios estadounidenses trataron de aprovechar el momento y le propusieron un acuerdo en el que se comprometían a renegociar la deuda mexicana en un solo bloque y saldar el adeudo de los Ferrocarriles Nacionales, otorgando además a México un cuantioso préstamo, a cambio del cual el país tendría que aceptar una serie de restricciones a su soberanía; como garantía del pago de la deuda se comprometerían los ingresos aduanales, se crearía un nuevo banco federal con una junta directiva internacional, y se firmaría un tratado de amistad y comercio, que proporcionaría una "base satisfactoria" para que pudieran operar libremente en México las empresas estadounidenses. Pero Carranza, pese a las reacciones adversas que cabía esperar de los empresarios del país vecino, se mantuvo firme en su posición de negarse a aceptar cualquier acuerdo que fuera en contra de la soberanía nacional. Con esta negativa, se intensificaron en Estados Unidos las demandas a favor de una intervención militar en México, presentadas principalmente por el senador republicano Albert B. Fall, representante de los intereses de las compañías petroleras.

En los primeros meses de 1919 Carranza se encontraba frente a cuatro grupos de enemigos, externos e internos: 1) Estados Unidos, 2) los contrarrevolucionarios pertenecientes a la clase alta en México, 3) los campesinos seguidores de Villa y Zapata, y 4) el grupo de generales integrantes del movimiento de oposición que se estaba gestando en las propias filas del carrancismo. Para evitar un enfrentamiento simultáneo con esos cuatro grupos de enemigos, Carranza se propuso convencer a los dos primeros de que él representaba la única fuerza capaz de pacificar el país y de detener los cambios radicales que exigía el movimiento agrarista.

El duro castigo impuesto por Carranza contra el zapatismo y el villismo, con el asesinato de Zapata y el fusilamiento de Felipe Ángeles, pareció fortalecer en cierta medida a su gobierno y significó para clases conservadoras un intento de reconciliación que se reafirmó con la política de acercamiento del presidente hacia los miembros más destacados de la oligarquía "científica" y también hacia algunos hacendados, como fue el

---

[12] *Ibid.*, p. 226.

> **Ejercicio 11**
> 1. Menciona dos de los cinco aspectos que ponían en peligro la soberanía de México, durante la Primera Guerra Mundial.
> 2. ¿Cuáles eran los objetivos de Carranza, a corto y largo plazo, al buscar un acercamiento con Alemania?
> 3. ¿Cuáles fueron los resultados de la política exterior de Carranza durante la Primera Guerra Mundial?

Cuando la guerra mundial terminó, a la amenaza de una intervención armada más peligrosa que en el pasado se agregaba el hecho de que México se veía obligado ahora a depender del capital estadounidense.

Carranza se mantuvo firme en su posición de negarse a aceptar cualquier acuerdo económico con Estados Unidos que fuera en contra de la soberanía nacional. Con esta negativa, se intensificaron en ese país las demandas a favor de una intervención militar en México.

Carranza se encontraba frente a cuatro grupos de enemigos: 1) Estados Unidos, 2) los contrarrevolucionarios de la clase alta mexicana, 3) los campesinos seguidores de Villa y Zapata, y 4) el grupo de generales que dentro del carrancismo, organizaban un movimiento de oposición.

Wilson no consideró prudente efectuar una intervención en un país extranjero cuando pretendía reelegirse por segunda vez, y que además hubiera puesto en entredicho su defensa de la autodeterminación de los pueblos.

caso de la familia Terrazas de Chihuahua, a la que se le devolvieron por decreto de Carranza todas las propiedades confiscadas durante la lucha revolucionaria.

La política conservadora de Carranza y la línea dura empleada contra sus adversarios internos produjeron reacciones favorables en Estados Unidos, incluso entre algunos funcionarios intervencionistas que, al menos temporalmente, desistieron de sus demandas de invasión contra México y se negaron a colaborar con los enemigos de Carranza; pero lo que alejó en realidad a México de una guerra con Estados Unidos en aquellos momentos, fue el hecho de que Wilson no consideró prudente efectuar una intervención en un país extranjero que lo hubiera obligado a entrar en un nuevo conflicto cuando pretendía reelegirse por segunda vez, pero que, sobre todo, hubiera puesto en entredicho su defensa por la autodeterminación de los pueblos, expuesta en el documento conocido como los "Catorce Puntos". Así pues, el gobierno de Carranza parecía haber resuelto favorablemente los peligros que le amenazaban; sin embargo, el cuarto grupo de enemigos, aquel formado entre su propia gente, sería el fatalmente definitivo.

Doctrina Carranza

En el marco de la firme posición de Carranza en defensa de la soberanía nacional, se inscriben los principios de política internacional enunciados por don Venustiano, el 1 de septiembre de 1918, conocidos con el nombre de "doctrina Carranza":

> Que todos los países son iguales; que deben respetar mutua y escrupulosamente sus instituciones, sus leyes y su soberanía; que ningún país debe intervenir en ninguna forma y por ningún motivo en los asuntos interiores de otro. Todos deben someterse estrictamente y sin excepciones al principio universal de no intervención. Que ningún individuo debe pretender una situación mejor que la de los ciudadanos del país a donde va a establecerse, ni hacer de su calidad de extranjero un título de protección o privilegio. Nacionales y extranjeros deben ser iguales ante la soberanía del país en que se encuentran; y que las legislaciones deben ser uniformes en lo posible, sin establecer distinciones por causa de nacionalidad, excepto en lo referente al ejercicio de la soberanía.

La Doctrina Carranza establece: "que todos los países son iguales; que deben respetar mutua y escrupulosamente sus instituciones, sus leyes y su soberanía; que ningún país debe intervenir en ninguna forma y por ningún motivo en los asuntos interiores de otro", y que "nacionales y extranjeros deben ser iguales ante la soberanía del país en que se encuentran".

Congruente con esta posición, Carranza expresó poco tiempo después ante foros internacionales, que su gobierno no reconocía la doctrina Monroe "porque ataca la soberanía e independencia de México y constituiría, sobre todas las naciones de América, una tutela forzosa".

Política económica

Finanzas

La emisión del "infalsificable" fue de corta duración, del 1 de mayo al 1 de diciembre de 1916, debido a que no logró ser una moneda lo suficientemente fuerte como para resolver los graves problemas económicos del país en aquel año conflictivo; además, el gobierno hizo uso de este papel moneda cada vez en mayores cantidades propiciando el aumento del circulante, mientras el público se precipitaba a canjearlo por oro. Esto generó una rápida e incontenible devaluación, que obligó a la Secretaría de Hacienda a suprimir el "infalsificable" y a restablecer la circulación de la moneda metálica, que había desaparecido desde la época del gobierno de Huerta.

En septiembre de 1916 el gobierno tomó una medida más enérgica al incautar temporalmente las existencias metálicas de los bancos mientras se establecía un nuevo sistema bancario, e imponer un préstamo forzoso por algo más de 53 millones de pesos de las reservas en oro de los bancos.[13]

Ejercicio 12

1. ¿Por qué al terminar la Primera Guerra Mundial, el gobierno mexicano se enfrentaba a un peligro exterior mucho mayor que en el pasado inmediato?
2. ¿Cuál fue la respuesta de Carranza a las propuestas de los empresarios estadounidenses para aliviar la situación financiera de México?
3. ¿Qué medidas tomó Carranza para evitar un enfrentamiento simultáneo con los cuatro grupos de enemigos que tenía su gobierno?
4. Describe los principios de la Doctrina Carranza en política exterior.

---
[13] Douglas W. Richmond, *Op. cit.*, pp. 124-131.

Cap. 2. La Revolución Mexicana: Constitucionalismo

A pesar de todos los problemas internos y externos que se presentaron al gobierno de Carranza, sus medidas en política financiera tuvieron buenos resultados y se logró detener la inflación, aunque Carranza no pudo alcanzar su propósito de crear un banco estatal, debido principalmente a la falta de reservas suficientes en oro y plata. En 1919, cuando el poder político de Carranza estaba declinando, los legisladores atacaron su proyecto de ley de un banco nacional, por considerar tal proyecto como excesivamente centralizado.

Otra iniciativa de ley de Carranza consistió en una propuesta para clasificar los bancos en cuatro categorías: bancos hipotecarios, bancos de desarrollo, bancos agrícolas y bancos petroleros; el propósito de esta propuesta era que fueran los ciudadanos de México, en vez de los extranjeros, quienes se interesaran en desarrollar sectores claves de la economía. Sin embargo, nuevamente se encontró Carranza con la oposición del Congreso, y tuvo que retirar dicha iniciativa.[14]

Respecto a la deuda pública, en el orden interno ésta ascendía a 79 681 305 pesos, de los cuales 53 155 734 pesos correspondían a los préstamos forzados obtenidos de los bancos privados, otra parte eran adeudos a los empleados del gobierno (23 mil pesos) y el resto correspondía a cantidades emitidas en bonos por el gobierno de Carranza en Veracruz.

En cuanto a la deuda externa, ésta no aumentó en tiempos de Carranza, simplemente porque no pudo conseguir crédito en Estados Unidos, y porque rechazó el que le ofrecían bajo condiciones que afectaban la soberanía nacional; en cuanto a los países europeos, la guerra mundial les impedía otorgar préstamo alguno. Respecto a la deuda contraída por gobiernos anteriores, Carranza desconoció los empréstitos conseguidos por Huerta, pero reconocía las "obligaciones legítimas anteriores a la Revolución y por consiguiente (su gobierno) considera vivas las deudas que fueron cubiertas por la administración de Huerta".[15]

Comercio

Durante la lucha armada el comercio exterior no sufrió tanto daño como el interno. La balanza comercial registró siempre un saldo favorable, y en 1920 llegó a 458 millones de pesos, cifra que resultó ser más alta que las del periodo entre 1910 y 1919.[16] Esto se debía fundamentalmente a cuatro factores: 1) la demanda continua que tuvo la exportación de petróleo a causa de la Guerra Mundial; 2) el hecho de que las zonas productoras de petróleo no fueron dañadas durante la Revolución; 3) las facciones rivales no entorpecieron la labor de las aduanas que tenían en su poder; 4) el comercio exterior no tuvo necesidad de utilizar los ferrocarriles, sino que se valió de los transportes marítimos. Además, se exportaron minerales y metales, así como otros productos fabricados o extraídos en zonas no afectadas por la lucha armada.

Se mantuvieron relaciones comerciales con algunas naciones europeas, y también con Japón, aunque en algunos casos los países extranjeros se mostraban recelosos por las reglamentaciones impuestas por el gobierno mexicano. Respecto a Estados Unidos, a pesar de la desconfianza de Carranza hacia su política económica, el comercio con ese país creció rápidamente en ambos sentidos; México enviaba petróleo, fibras y minerales a cambio de productos alimenticios, maquinaria agrícola, herramientas, automóviles y fármacos.

La emisión del "infalsificable" fue de corta duración; tras su fracaso se generó una rápida e incontenible devaluación, que obligó a la Secretaría de Hacienda a suprimirlo y a restablecer la circulación de la moneda metálica.

A pesar de todos los problemas que se le presentaron al gobierno de Carranza, su política financiera tuvo buenos resultados y logró detener la inflación, aunque no pudo conseguir que el Congreso aprobara sus iniciativas de ley sobre el sistema bancario.

La balanza comercial registró siempre un saldo favorable. Se mantuvieron relaciones comerciales con algunas naciones europeas y también con Japón, dándose un crecimiento considerable en el comercio con Estados Unidos.

---

[14] *Ibid.*, pp. 131-132.
[15] Jan Bazant, *Historia de la deuda exterior de México (1823-1946)*, El Colegio de México, México, 1981, pp. 182-183.
[16] Douglas W. Richmond, *Op. cit.*, pp. 148-149.

> En contra de los principios del liberalismo económico, el gobierno carrancista trató de implantar un sistema que aumentara la injerencia del Estado en la industria extranjera y que incrementara los impuestos sobre la producción.

Minería y petróleo

Al empezar la Revolución en 1910, las inversiones extranjeras en los sectores minero y petrolero provenían de estadounidenses con 70%, seguidos por capitales ingleses, 25%, y el resto estaba distribuido entre franceses, alemanes y españoles, mientras que las inversiones mexicanas no excedían 3% del total de capital en estos sectores. Debido a lo cuantioso de las inversiones extranjeras en estos sectores industriales tan importantes, los gobiernos que surgieron después del movimiento revolucionario recibieron constantes presiones de los países inversionistas para evitar que se modificaran las ventajosas concesiones que les había otorgado el régimen porfirista. Sin embargo, la Revolución tenía como una de sus metas precisamente la modificación del sector productivo a favor de la economía nacional, y ya desde el gobierno de Madero se había iniciado una labor encaminada a ese propósito, al gravar la extracción del petróleo con más impuestos, y buscar que las empresas rindieran un informe sobre sus propiedades. Posteriormente, y en contra de los principios del liberalismo económico, el gobierno carrancista trató de implantar un sistema que aumentara la participación del Estado en la industria extranjera y que incrementara los impuestos sobre la producción. Tales medidas gubernamentales provocaron reclamaciones, sobre todo de parte del gobierno estadounidense, que constantemente amenazaba invadir al territorio mexicano con el pretexto de proteger los intereses de sus nacionales.

Política social

La política social no fue un tema prioritario para Carranza; había cimentado su prestigio como dirigente del constitucionalismo en una personalidad rígida y autoritaria, y mantenía ese prestigio en función de cómo lograra la fidelidad de los jefes militares bajo su mando; pero su relación con las masas no fue directa ni le interesaba que lo fuera. Encaminadas sus metas hacia la búsqueda de un orden político dentro del formalismo liberal, no concebía que las clases populares se mezclaran con los políticos que debían construir el nuevo Estado, y mucho menos que éstos se valieran de ellas para lograrlo.

Agrarismo

El agrarismo carrancista comenzó con la ley del 6 de enero de 1915, porque si bien es cierto que desde 1913 varios jefes constitucionalistas —como Alberto Carrera Torres en San Luis Potosí, Lucio Blanco en Tamaulipas, Pastor Rouaix en Durango— habían iniciado el reparto agrario, Carranza consideró inoportuno variar la política agraria en tiempos de lucha armada. De hecho, la ley de enero de 1915 no pudo cumplirse debido a la situación de guerra que vivía el país. Un año después, se formó la Comisión Nacional Agraria y se estableció una ley que reglamentaba las condiciones de los terrenos devueltos a los pueblos y la manera de dividirlos; mientras tanto seguirían disfrutándose en común y no se procedería todavía a distribuir la tierra. Sin embargo, los planes agrarios del gobierno tuvieron que dar marcha atrás a raíz de

Lucio Blanco

Ejercicio 13

1. ¿A qué se debió el fracaso del papel moneda "infalsificable"?

2. ¿Cuáles fueron las iniciativas de ley de Carranza, en relación con el sistema bancario?

3. Describe la situación de la deuda pública, interna y externa, durante el gobierno constitucional de Carranza.

4. Menciona los cuatro factores que permitieron se diera una balanza comercial favorable en México, durante los años de lucha armada.

5. ¿De qué manera se dio la participación del Estado mexicano en tiempos de Carranza, en la minería y el petróleo?

algunos disturbios sociales y políticos, y porque en la mayoría de los casos las dotaciones provisionales se estaban otorgando sin fundamento. Los trabajos de la Comisión Nacional Agraria fueron muy burocráticos y lentos, según reconocieron los propios carrancistas, quienes encontraron grandes dificultades para llevar a cabo la reforma agraria. Por un lado, la inestabilidad política ocasionada por el estado de guerra hacía imposible su realización y, por otro, debido a la urgente necesidad de activar la producción agrícola, se relegó el reparto agrario, como lo demuestra la clara disminución en la entrega de tierras ejidales durante este periodo del gobierno de Carranza. En 1917 se distribuyeron 90 mil hectáreas, en 1918 sólo fueron 25 mil, y en 1919 la cantidad entregada fue de seis mil hectáreas.[17]

Movimiento obrero

En 1917, mientras los líderes obreros más destacados se encontraban en prisión por haber encabezado la ola de huelgas que estallaron durante los dos años anteriores, el Congreso encargado de redactar la Constitución incluía en los artículos 27 y 123 algunas de las más importantes demandas del sector laboral. Sin embargo, al momento de promulgarla, los trabajadores continuaban sometidos a jornadas de 10 y más horas diarias y recibían un salario que no alcanzaba a satisfacer sus necesidades primarias.

No obstante, el respaldo que los trabajadores encontraban en los artículos 5 y 123 constitucionales, dio paso a un nuevo tipo de relación con el Estado, que empezó a ocupar el papel de árbitro en los conflictos entre trabajadores y patrones, de ahí que las Juntas de Conciliación y Arbitraje consagradas en la Constitución fueran un elemento importante del cambio hacia esa nueva relación.

En el Congreso Obrero Regional celebrado en Tampico a fines de 1917, se hizo notoria la división en dos tendencias ideológicas; por un lado, la anarquista que defendía el principio de la "acción directa" ajena a la política, sostenida por los antiguos integrantes de la COM y por la mayoría de los fundadores de la FSODF; y, por otro lado, la corriente sindicalista de aquellos obreros que veían en la conciliación con el gobierno y con los caudillos un camino efectivo para la satisfacción de sus demandas ahora consagradas en la Constitución. Esta última tendencia, encabezada por Luis N. Morones, presidente de la FSODF, fue cobrando fuerza bajo la idea de la "acción múltiple", según la cual las organizaciones obreras debían llevar a cabo una reorganización política e ideológica que respondiera a la nueva situación, y para ello consideraban que debían valerse no sólo de sus propios sindicatos, sino también de los partidos políticos. En este sentido, el Congreso de Tampico acordó "reconocer el derecho indiscutible del trabajador para asociarse en la forma que más convenga a sus intereses, conforme a su capacidad y a las exigencias del medio en que vive". Otro acuerdo significativo fue la creación de un Comité Central que debía ocuparse de formar una Confederación Regional (de la "región" mexicana) que luchara por "la unificación del proletariado a nivel de la localidad, región o continente" con el objeto de que, según expresaron utilizando el lenguaje del anarquismo, se diera el primer paso hacia la "confraternidad universal".[18]

En el año de 1918 el país volvió a ser escenario de múltiples huelgas y de enfrentamientos con las autoridades, el más serio y prolongado de los cuales ocurrió en Puebla en la primavera de ese año, con resultados desfavorables para los trabajadores de la industria textil, quienes, después de tres meses y medio de lucha para obtener

> *Los trabajos de la Comisión Nacional Agraria fueron muy burocráticos y lentos, según reconocieron los propios carrancistas, quienes encontraron grandes dificultades para llevar a cabo la reforma agraria.*

> *El respaldo que los trabajadores encontraban en los artículos 5 y 123 constitucionales dio paso a un nuevo tipo de relación con el Estado, que empezó a ocupar el papel de árbitro en los conflictos entre trabajadores y patrones.*

> *Dentro de la FSODF fue cobrando fuerza una nueva tendencia bajo la idea de la "acción múltiple", contraria a la "acción directa" ajena a la política, según la cual las organizaciones obreras debían llevar a cabo una reorganización política e ideológica que respondiera a la nueva situación.*

"Colas" en la ciudad de México ante la falta de provisiones

---

[17] Hans Werner Tobler, *Op. cit.*, p. 386.
[18] Pablo González Casanova, *El primer gobierno constitucional (1917-1920)*, Colección La clase obrera en la historia de México, núm. 6, Siglo XXI Editores, México, 1980, p. 43.

aumento de salario, fueron sometidos de manera represiva por órdenes de Carranza. Sin embargo, se gestaba por esas mismas fechas una forma de alianza entre el gobierno y el movimiento obrero, pues algunos políticos y caudillos comenzaban a ver al sector laboral como una fuerza capaz de permitir la consolidación de su propio poder, y a su vez los líderes sindicales advirtieron en esos políticos una posibilidad de alianza, provechosa para el movimiento obrero.

El mismo día de la represión de Puebla, el 1 de mayo de 1918, dio comienzo en Saltillo, Coahuila, El Congreso Nacional Obrero, convocado por el gobernador del estado, Gustavo Espinosa Mireles, quien tenía fama de actuar de manera comprensiva hacia las demandas obreras, pero que además contaba con la aprobación indirecta de Carranza, cuyo estado nativo era precisamente Coahuila, para reunir a los

> *Se empezó a gestar una forma de alianza entre el gobierno y el movimiento obrero, pues algunos políticos y caudillos comenzaban a ver al sector laboral como una fuerza capaz de permitir la consolidación de su propio poder.*

Ejercicio 14

1. Describe las características y logros de la política agraria de Carranza.
2. ¿Cuáles fueron los acuerdos del Congreso obrero de Tampico, con base en la ideología de la "acción múltiple"?
3. ¿Cuál era la conveniencia para ambos grupos, los caudillos revolucionarios y los líderes sindicales, ante la posibilidad de establecer una alianza?

Fuente 7. La soldadera

La soldadera mexicana, tenida como la impedimenta, como el lastre de las columnas militares, espera todavía al poeta que la cante dignamente, de acuerdo con sus heroísmos y sus opacos sacrificios. Aun cuando la soldadera empuña la carabina a la hora de la acción decisiva, la gloria es para el soldado, para el oficial y para el jefe. Y hay que ver cómo la soldadera ha dado su sangre en numerosas ocasiones.

(…) La auténtica soldadera es la que va en las columnas pesadas, sin perder su carácter de mujer, de esposa, de madre y hasta de víctima. A esa soldadera la vio todo México cruzar de frontera a frontera todo el territorio. Cuando la columna marcha a pie por las vertientes de las grandes sierras o por la Mesa Central, la soldadera camina a la retaguardia, con los enseres de cocina a la espalda si es que no lleva al crío; muchas llevan al hombro la carabina del "juan" [sic].

En los descansos, es la soldadera la que busca el manantial y lleva al soldado el jarro con agua. Y al anochecer es la que hurga por las casas para procurarse los elementos que necesita para improvisar el "rancho". Donde ha fracasado el más bravo de los "juanes" en eso de agenciarse un pedazo de carne o unas tortillas con chile, la más torpe de las soldaderas saca un pollo empapelado.

Nada tan pintoresco en la vida militar de gruesos contingentes como los carros del ferrocarril destinados a las soldaderas, sobre todo cuando la campaña tiene ya algunos meses. Esos carros —casas sobre ruedas— son una maravilla en que el amor se une al sacrificio, a la brutalidad de los gestos de una belleza jamás vista, a la urgencia de la vida, episodios de un desinterés tal que sólo puede concebirse en almas superiores.

En los techos de los carros, cuando el cupo no corresponde con el contingente, se hace lumbre, se hace corrillo, las mujeres en el centro y los soldados con los pies colgantes hacia los lados del convoy. Y al correr el tren, parece que cada carro lleva una chimenea. Ese correr interminable de trenes que durante tanto tiempo ha visto México, trenes coronados de grupos terrosos donde predomina el gris de las cobijas en que los soldados se envuelven y de paso comprenden en ese medio abrazo a la compañera.

(…) Y allá va la tropa con sus soldaderas dispuestas a todo. Mujeres que han combatido en los momentos de apremio, que han servido de enfermeras, de forrajeras, de proveedoras, de cocineras y que murieron por centenares en la línea de fuego.

Gustavo Casasola,
Historia Gráfica de la Revolución Mexicana, Vol. 2,
Trillas, México, 1973, p. 720.

"A esa soldadera la vio todo México cruzar de frontera a frontera"

Cap. 2. La Revolución Mexicana: Constitucionalismo

líderes sindicales con el propósito de dar solución al problema obrero. Para asegurar la confianza del sector laboral, Espinosa Mireles consideró conveniente invitar a Luis N. Morones para que, como principal líder del movimiento obrero, fuera quien enviara la convocatoria al Congreso, y aunque algunos sindicatos decidieron no asistir, convencidos de que se trataba de un ardid de Carranza, la mayoría de las agrupaciones estuvieron presentes, representadas por 115 delegados de 18 estados de la República.

Los acuerdos del Congreso de Saltillo demuestran que, con excepción del grupo anarquista cada vez más disminuido, los delegados obreros asistentes estuvieron dispuestos a fortalecer vínculos con el gobierno a cambio de que éste reconociera sus problemas y se comprometiera a reglamentar el artículo 123 constitucional y proceder luego a su aplicación. Pero el resultado más importante del Congreso fue la creación de la organización central obrera que había sido uno de los principales proyectos del movimiento obrero y que en esos momentos nacía bajo la aprobación de las autoridades gubernamentales, e incluso del propio presidente Carranza. Tal organización, presidida desde su creación por Luis N. Morones, recibió el nombre de *Confederación Regional Obrera Mexicana* (CROM), cuya existencia representa una fase importante en la historia del sindicalismo obrero mexicano. El programa de la CROM tendió desde un principio a evitar radicalizaciones y buscar el equilibrio entre trabajadores y empresarios. Se pretendió, en un primer momento, incluir en esta confederación tanto a los trabajadores industriales como a los agrícolas, pero los líderes se interesaron sobre todo por los problemas del obrero industrial, muy diferentes de los del trabajador agrícola, y la CROM fue perdiendo el control de los campesinos.

A partir de entonces, se impuso la ideología de la "acción múltiple" y las organizaciones obreras se dispusieron a formar partidos políticos, en momentos en que el gobierno de Carranza se enfrentaba a una grave crisis política. En 1919, el asesinato de Zapata y la ejecución de Felipe Ángeles, unidos a las represiones contra el sector obrero, revivieron los conflictos entre las clases trabajadoras y el presidente Carranza, y se desató una nueva oleada de huelgas en las que no sólo participaron los obreros, en este caso los ferrocarrileros, sino también un sector de las clases medias, representado por el profesorado de la ciudad de México, movimientos que recibieron el apoyo de la FSODF y de la CROM. La situación se tornaba más conflictiva porque la sucesión presidencial estaba próxima, y el carrancismo se encontraba dividido a causa de la orientación civilista de Carranza. El ambiente hostil de las clases populares hacia Carranza fue aprovechado por Álvaro Obregón y por Plutarco Elías Calles, entonces secretario de Industria, Comercio y Trabajo, para atraerse la confianza de los trabajadores apoyando sus demandas, precisamente cuando las organizaciones laborales estaban dispuestas a establecer alianzas con los caudillos obreristas, alentadas por los ejemplos dados por Salvador Alvarado y por Felipe Carrillo Puerto, a favor de las clases trabajadoras en el estado de Yucatán.

El resultado más importante del Congreso de Saltillo fue la creación de la Confederación Regional Obrera Mexicana (CROM), cuya existencia representa una fase importante en la historia del sindicalismo obrero mexicano.

El ambiente hostil de las clases populares hacia Carranza fue aprovechado por Álvaro Obregón y por Plutarco Elías Calles para atraerse la confianza de los trabajadores apoyando sus demandas.

Plutarco Elías Calles

Obregón con Luis N. Morones y otros líderes sindicales

Los cromistas fundaron el Partido Laborista Mexicano (PLM), cuyo programa contenía propuestas en materia de desarrollo industrial, educación, trabajo y una política democrática.

Soldadera con "su juan"

La primera acción política del PLM consistió en influir sobre las diversas organizaciones gremiales para que apoyaran la candidatura de Álvaro Obregón y, cuando éste fue perseguido por órdenes de Carranza, los ferrocarrileros le ayudaron a escapar.

El 6 de agosto de 1919, los líderes de la CROM firmaron con Álvaro Obregón un "pacto secreto", conocido muchos años después, en el cual se acordaba fundar un ministerio dedicado a resolver todo lo relacionado con los intereses de los trabajadores, bajo la dirección de una persona "identificada con las necesidades materiales y morales" de los mismos. Se acordaba, además, el reconocimiento de la "personalidad legal del Comité Central de la CROM, para tratar directamente con el Ministerio de Trabajo, o en su defecto con el Poder Ejecutivo de la Unión, *todos* los asuntos relacionados con las agrupaciones de la República".[19]

Aquel "pacto secreto" reforzó las relaciones entre el caudillismo político y el sindicalismo obrero, dando a éste las bases de una nueva forma de presión hacia el gobierno, a través de la acción partidista. En marzo de 1920, fue fundado por los cromistas el Partido Laborista Mexicano (PLM), cuyo programa en materia industrial pugnaba por un nacionalismo económico que evitara la dependencia industrial de México respecto a otros países, mediante el desarrollo de la educación técnica que, ajena a alguna otra influencia (en vaga referencia contra la educación religiosa), estimulara el desarrollo de las facultades del alumno, de acuerdo con sus inclinaciones personales. En materia de trabajo, buscaba hacer efectivas las metas constitucionales, además de precisarlas y ampliarlas. En el aspecto político, el PLM defendía la realización de los objetivos de la democracia, respecto a las organizaciones sindicales y políticas de los trabajadores; afirmaba luchar por el Municipio Libre frente a todo intento de centralización, por el respeto al voto electoral y por la independencia de los Poderes Legislativo, Ejecutivo y Judicial.

La primera acción política del nuevo partido consistió en influir sobre las diversas organizaciones gremiales para que apoyaran la candidatura de Álvaro Obregón; un ejemplo significativo de esto fue la actuación de los ferrocarrileros, quienes, durante las primeras giras de campaña electoral de Obregón como candidato presidencial de oposición, se ingeniaron la manera de transportarlo de una a otra región del país, mientras que, en cambio, dificultaban con supuestas fallas técnicas la prestación del servicio a Ignacio Bonillas, el candidato oficial, y cuando poco después Obregón fue perseguido por órdenes de Carranza que buscaba aprehenderlo para sacarlo del juego electoral, los ferrocarrileros le ayudaron a escapar disfrazado como uno de ellos. Al publicarse el Plan de Agua Prieta, tanto la CROM como el Partido Laborista Mexicano apoyaron la rebelión en contra de Carranza, mostrando abiertamente su filiación obregonista.

Ejercicio 15

1. ¿Por qué se considera importante la formación de la *Confederación Regional Obrera Mexicana* (CROM)?

2. ¿Cómo capitalizaron a su favor Álvaro Obregón y Plutarco Elías Calles el ambiente hostil de las clases populares hacia Carranza?

3. Describe los puntos principales del programa del Partido Laborista Mexicano (PLM), creado por los cromistas.

---

[19] *Ibid.*, p. 104.

CUADRO 2.3. *Gobierno constitucional de Venustiano Carranza*

Política interna	El problema de la pacificación	Caudillos revolucionarios en lucha por el poder	Villistas y zapatistas en pie de guerra. Rivalidad entre Pablo González y A. Obregón	Oposición al civilismo de Carranza	Plan de Agua Prieta — Muerte de Carranza
	Fallida reorganización del ejército federal	Antiguos porfiristas			
		Conflictos regionales	Cedillo en S.L.P. Arenas en Tlaxcala. Félix Díaz en Veracruz. M. Peláez en Yucatán. Finqueros en Chiapas. "Soberanistas" de Oaxaca		
Política exterior	México ante la Primera Guerra Mundial	Amenaza de intervención militar estadounidense	Acciones de Carranza para conjurar esos peligros	Objetivos y resultados	Posguerra: Problemática situación frente al crecimiento del poderío estadounidense
		Amenaza de golpe de Estado auspiciado por los aliados			Medidas de Carranza para evitar un enfrentamiento simultáneamente con los cuatro grupos de enemigos
		Política económica de los Estados Unidos hacia México	Política conservadora de reacercamiento hacia Estados Unidos resulta inoperante		Resultados
		Peligro de golpe de Estado auspiciado por agentes alemanes			Doctrina Carranza
		Sabotaje de agentes alemanes contra campos petroleros de México	Política de conciliación hacia Alemania		
Aspectos Socio-económicos	Agrarismo	Comisión Nacional Agraria	Dificultades para llevar a cabo la reforma agraria		
	Cuestión obrera	Movimiento obrero	Dos tendencias: Acción directa vs Acción múltiple	Triunfo de Acción múltiple. Pacto secreto con Obregón	Fundación del PLM. Origen del sindicalismo oficial
			Aumento de huelgas. Represión gubernamental		
	Economía	Finanzas	Emisión del "infalsificable". Incautación de los bancos		
		Deuda pública	Reconocida mas no cubierta		
		Comercio	Balanza comercial favorable		
		Minería y petróleo	Aumento de la injerencia del Estado en la industria extranjera	Reclamaciones del gobierno de Estados Unidos	

Actividades de aprendizaje

1. Realiza una investigación en fuentes especializadas en la etapa de la lucha entre caudillos, así como en la lectura de la fuente 1 de este capítulo, para que, después de analizar la actuación de cada uno de los principales personajes involucrados en esa lucha —Carranza, Villa y Zapata—, elabores un cuadro comparativo donde expongas los resultados de ese análisis, con base en las siguientes variables: ideario político, acciones militares, proyectos agrarios y clase social de origen.

2. Después de analizar el contenido del preámbulo a la Ley del 6 de enero de 1915 (fuente 2), así como la fuente 3, en este capítulo, en lo que respecta al proyecto de Carranza para el artículo 27 constitucional, responde las siguientes preguntas:

    a) ¿Qué diferencias encuentras entre ambos textos?

    b) ¿Por qué se considera que la Ley del 6 de enero de 1915, sólo era resultado de una adaptación táctica de Carranza a la situación de guerra civil?

    c) ¿Cuál es tu conclusión respecto a la política agraria de Carranza?

3. Realiza una investigación en bibliografía especializada acerca de las ideas y propuestas de Francisco Villa, en materia de política agraria, con el propósito de que presentes, en un escrito de dos cuartillas, una síntesis de tales propuestas.

4. Con base en los conocimientos adquiridos después de estudiar los capítulos 1 y 2 de este libro, acerca del papel de Madero y de Carranza en la Revolución, elabora un cuadro comparativo tomando en cuenta las siguientes variables:

    a) Intereses de acuerdo con su clase social;

    b) Actuación como jefes de la Revolución;

    c) Ideas respecto a la Constitución Federal Mexicana de 1857;

    d) Ideas sobre el Poder Ejecutivo Federal;

    e) Objetivos en política económica;

    f) Ideas sobre política social (agraria y obrera).

5. Con base en el estudio sobre las relaciones entre la Iglesia católica y los revolucionarios y en la lectura de la fuente 5 en este capítulo, responde las siguientes preguntas:

    a) ¿A qué se debía la hostilidad de los constitucionalistas hacia el clero católico?

    b) ¿Consideras que los artículos de la Constitución de 1917: 3°, 24, 27 y 130, ataquen la libertad religiosa y los derechos de la Iglesia católica, según protestaba el Episcopado mexicano? Explica tu respuesta. (Para responder esta pregunta, es conveniente que consultes la Constitución de 1917, en su versión original, en la obra de Felipe Tena Ramírez, citada en la bibliografía de este capítulo.)

6. Identifica en los artículos 27 y 123 de la Constitución de 1917, cómo se atiende a las demandas del sector laboral mexicano, hechas durante el proceso revolucionario iniciado en 1910. Elabora un escrito de una cuartilla con los resultados de este análisis.

7. Realiza una investigación en fuentes especializadas en formas de gobierno, acerca de la diferencia entre los sistemas parlamentarista y presidencialista, respecto al papel conferido a quien ocupa el Poder Ejecutivo Federal. Elabora un cuadro comparativo con los resultados de tu investigación.

8. Con base en el estudio del tema sobre política exterior en este capítulo, presenta por escrito las acciones más destacadas de Carranza durante y después de la Primera Guerra Mundial, y agrega tu juicio personal acerca de tales acciones.

9. Localiza seis reproducciones impresas de pinturas murales sobre la Revolución Mexicana, cuyos temas correspondan al contenido de este capítulo, y elabora una presentación con fotografías de las obras, agregando un breve escrito que incluya:

   a) nombre del autor;

   b) título y fecha de la obra; y

   c) descripción del tema.

10. Consulta a profesores de tu escuela expertos en Literatura mexicana, para que te ayuden a seleccionar uno o dos capítulos de una de las siguientes obras de la novela de la Revolución, de cuya lectura deberás hacer una reseña en tres cuartillas:

    a) *Los de abajo*, de Mariano Azuela.

    b) *Desbandada*, de José Rubén Romero.

    c) *Mi caballo, mi perro y mi rifle*, de José Rubén Romero.

    d) *El águila y la serpiente*, de Martín Luis Guzmán.

Bibliografía

Bazant, Jan, *Historia de la deuda exterior de México*, El Colegio de México, México, 1981.

Casasola, Gustavo, *Historia Gráfica de la Revolución Mexicana*, Vols. 3 y 4, Trillas, México, 1973.

Clark, Marjorie Ruth, *La organización obrera en México*, Era, México, 1979.

Córdova, Arnaldo, *La ideología de la Revolución Mexicana*, Era, México, 1990.

De la Torre Villar, Ernesto, *et al.*, *Historia documental de México*, Tomo II, UNAM-Instituto de Investigaciones Históricas, México, 1964.

González Casanova, Pablo, *El primer gobierno constitucional (1917-1920)*, Col. La clase obrera en la historia de México, núm. 6, Siglo XXI Editores, México, 1980.

Gutelman, Michel, *Capitalismo y reforma agraria en México*, Era, México, 1980.

Hart, John Mason, *El México revolucionario*, Alianza Editorial Mexicana, México, 1990.

Katz, Friedrich, *La guerra secreta en México*, Vol. 2, Era, México, 1983.

Knight, Alan, *La Revolución Mexicana. Del porfiriato al nuevo régimen constitucional*, Vol. II, Grijalbo, México, 1996.

Krauze, Enrique, *Biografía del poder. Venustiano Carranza. Puente entre siglos*, Fondo de Cultura Económica, México, 1987.

Matute, Álvaro, "Pretendida alianza con el zapatismo", en *Así fue la Revolución Mexicana*, Vol. 5, Consejo Nacional de Fomento Educativo, México, 1985.

Reyes Heroles, Federico, "De la Junta a la Convención Soberana", en *Así fue la Revolución Mexicana*, Vol. 5, Consejo Nacional de Fomento Educativo, México, 1985.

Richmond, Douglas W., *La lucha nacionalista de Venustiano Carranza (1893-1920)*, Fondo de Cultura Económica, México, 1986.

Romero, Ana Laura y Berta Ulloa, "Crisis socioeconómica en el país", en *Así fue la Revolución Mexicana*, Vol. 5, Consejo Nacional de Fomento Educativo, México, 1985.

Tena Ramírez, Felipe, *Leyes fundamentales de México*, Porrúa, México, 1985.

Tobler, Hans Werner, *La Revolución Mexicana, transformación social y cambio político (1876-1940)*, Alianza Editorial, Patria, México, 1994.

Capítulo 3

Los gobiernos de la Revolución. El grupo sonorense en el poder (1920-1928)

Álvaro Obregón y Plutarco Elías Calles

1920

Adolfo de la Huerta toma posesión como presidente interino, 1 de junio.
Francisco Villa firma el acta de rendición, 28 de julio.
Álvaro Obregón toma posesión como presidente constitucional de la República, 1 de diciembre.

1921

Son devueltos a sus propietarios los bancos incautados por Carranza, 31 de enero.
Se crea la Confederación General del Trabajo, 22 de febrero.
Se reanuda el pago de la deuda externa, 12 de julio.
Se crea la Secretaría de Educación Pública, 5 de septiembre.
Se decreta la emisión de monedas de oro de 50 pesos ("centenarios"), 14 de septiembre.

1922

Se firma el Convenio De la Huerta-Lamont, 16 de junio.
Reglamento Agrario fija las bases y procedimientos para la dotación y restitución de ejidos, 17 de abril.

1923

Francisco Villa es asesinado en Parral, Chih., 20 de julio.
Se expide el decreto de "tierra libre", 9 de agosto.
Se firman los Tratados de Bucareli, 13 de agosto.
Se reanudan las relaciones diplomáticas con Estados Unidos, 3 de septiembre.
Adolfo de la Huerta se levanta en armas en el estado de Veracruz, 6 de diciembre.

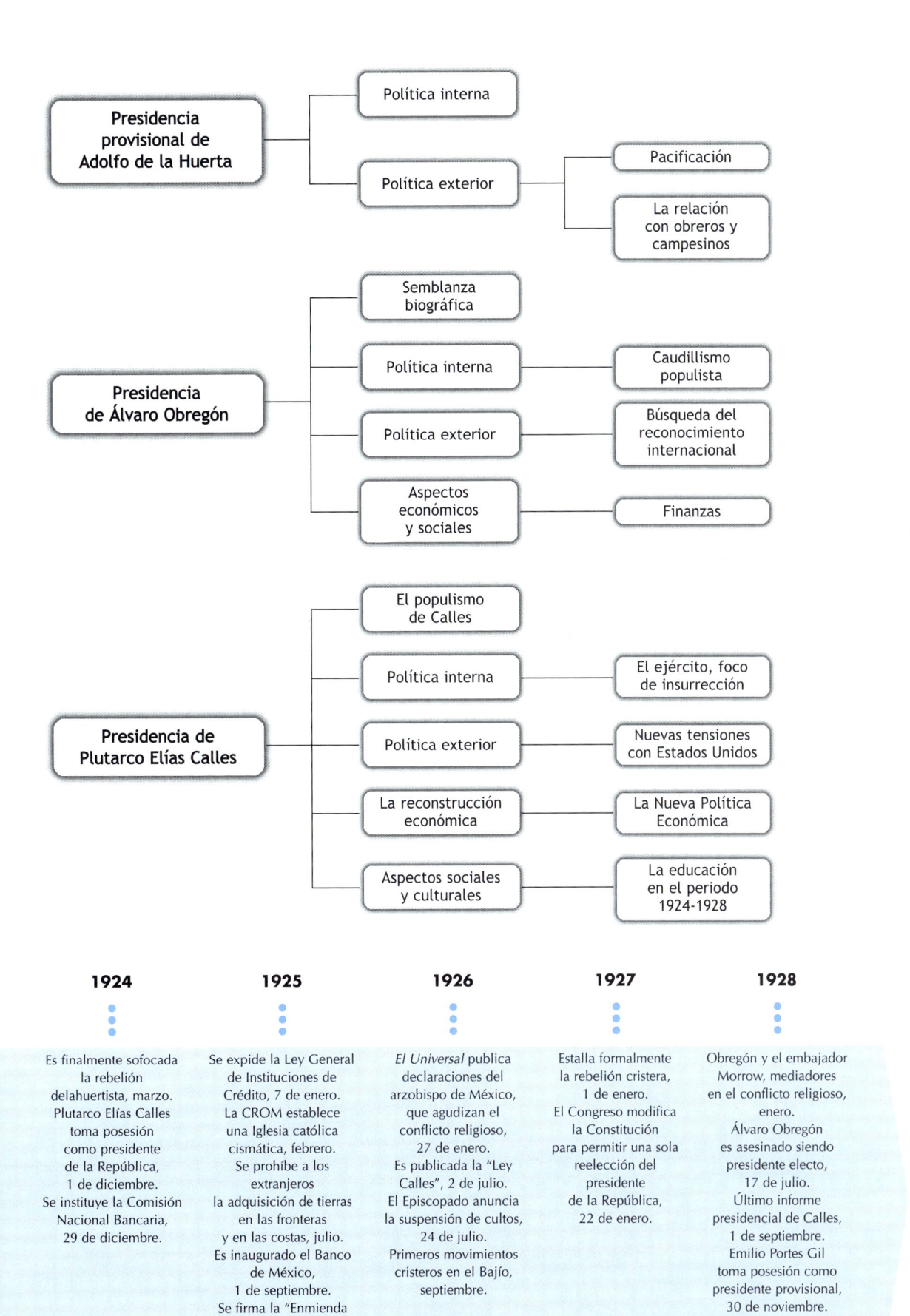

Presidencia provisional de Adolfo de la Huerta
- Política interna
- Política exterior
  - Pacificación
  - La relación con obreros y campesinos

Presidencia de Álvaro Obregón
- Semblanza biográfica
- Política interna
  - Caudillismo populista
- Política exterior
  - Búsqueda del reconocimiento internacional
- Aspectos económicos y sociales
  - Finanzas

Presidencia de Plutarco Elías Calles
- El populismo de Calles
- Política interna
  - El ejército, foco de insurrección
- Política exterior
  - Nuevas tensiones con Estados Unidos
- La reconstrucción económica
  - La Nueva Política Económica
- Aspectos sociales y culturales
  - La educación en el periodo 1924-1928

1924
Es finalmente sofocada la rebelión delahuertista, marzo.
Plutarco Elías Calles toma posesión como presidente de la República, 1 de diciembre.
Se instituye la Comisión Nacional Bancaria, 29 de diciembre.

1925
Se expide la Ley General de Instituciones de Crédito, 7 de enero.
La CROM establece una Iglesia católica cismática, febrero.
Se prohíbe a los extranjeros la adquisición de tierras en las fronteras y en las costas, julio.
Es inaugurado el Banco de México, 1 de septiembre.
Se firma la "Enmienda Pani", 23 de octubre.

1926
El Universal publica declaraciones del arzobispo de México, que agudizan el conflicto religioso, 27 de enero.
Es publicada la "Ley Calles", 2 de julio.
El Episcopado anuncia la suspensión de cultos, 24 de julio.
Primeros movimientos cristeros en el Bajío, septiembre.

1927
Estalla formalmente la rebelión cristera, 1 de enero.
El Congreso modifica la Constitución para permitir una sola reelección del presidente de la República, 22 de enero.

1928
Obregón y el embajador Morrow, mediadores en el conflicto religioso, enero.
Álvaro Obregón es asesinado siendo presidente electo, 17 de julio.
Último informe presidencial de Calles, 1 de septiembre.
Emilio Portes Gil toma posesión como presidente provisional, 30 de noviembre.

Los gobiernos de la Revolución: El grupo sonorense en el poder

El título de este capítulo se refiere, en primera instancia, al comienzo de la etapa en la cual la política mexicana estuvo dominada por los militares que participaron en la Revolución. Pero, como puedes ver, la segunda parte del título indica que se trataba de un grupo en especial. Muerto Carranza meses antes de terminar su periodo presidencial, y sometidas o eliminadas las fuerzas villistas y zapatistas, el poder quedaba en ese momento en manos de otros caudillos; aquellos que, originarios del estado de Sonora, habían participado en la Revolución al lado del constitucionalismo: Álvaro Obregón, Plutarco Elías Calles y Adolfo de la Huerta.

El grupo sonorense habría de sentar las bases de una nueva era en la historia posrevolucionaria de México: una larga era que habría de cubrir todo el resto del siglo XX.

En aquellos momentos, la conflictiva situación exigía con urgencia el cumplimiento de varias metas: la primera y más urgente era pacificar el país, la segunda consistía en iniciar la reconstrucción económica; para lo cual era necesario atraer el capital extranjero, y la tercera meta consistía en hacer frente a la amenaza que representaban las ambiciones expansionistas que aún mantenía sobre México el vecino país del norte.

Todos esos fines se fueron logrando, algunos con grandes dificultades, como fue el reconocimiento del gobierno estadounidense y la consecuente llegada del capital extranjero.

Otras metas también se alcanzaron gracias a la astucia política de Obregón la cual, basada en el populismo de la época, fue ganando la confianza y el apoyo de las masas de obreros y campesinos. La reconstrucción económica comenzó a ser una realidad sobre todo durante el gobierno de Calles, debido en cierta medida a las buenas relaciones con el gobierno de Estados Unidos. Sin embargo, el firme propósito de Calles por aplicar los artículos de la Constitución en materia religiosa, provocó un innecesario choque con la Iglesia Católica que sería de fatales consecuencias.

El gobierno de Calles, caracterizado por el tutelaje de Álvaro Obregón, el "hombre fuerte" de la Revolución, también terminó en tragedia; después de haber sido reelecto Presidente de la República, tras realizar cambios en la Constitución con este propósito, Obregón fue asesinado por un activista católico que lo culpaba del conflicto religioso.

La muerte del "último caudillo" de la Revolución, llevó a Calles a expresar, en su último informe de gobierno, que aquel hecho ponía fin a la era de los caudillos y era necesario dar paso a la "era de las instituciones". A estas palabras siguió el anuncio de Calles sobre la creación de un partido unificador, que canalizara las aspiraciones políticas de quienes habían luchado en la Revolución. Comenzaba así la prolongada era del Partido de la Revolución.

Introducción

Después de la muerte de Carranza, los triunfantes autores del Plan de Agua Prieta tomaron el poder e inauguraron un periodo de hegemonía para el grupo sonorense, que dominaría la vida nacional entre los años 1920 y 1935. Éste habría de ser un periodo crucial en la historia política del país, no sólo porque se lograra consolidar la paz después de la lucha revolucionaria, sino porque en esta época habría de constituirse el régimen político que se mantendría vigente durante el resto del siglo XX.

La llamada "era de los caudillos" se inició con la presidencia de Adolfo de la Huerta, quien sustituyó a Carranza pero el papel más importante en el proceso de construcción del nuevo régimen correspondió a los otros dos sonorenses: Álvaro Obregón y Plutarco Elías Calles, respaldados por un gran número de colaboradores originarios en su mayoría de los estados del norte. Tanto esa común procedencia regional como su participación en los ejércitos revolucionarios de esa porción del país —sobre todo el que estaba al mando de Obregón— prestaron a este grupo dirigente una homogeneidad considerable, acentuada por su origen social, casi siempre de clase media, que permitió un nuevo tipo de relación entre la élite política y las clases populares, la cual no pudo darse con el carrancismo. Esa relación fue la que dio origen al caudillismo populista en México.

El *populismo* fue un movimiento político y social desarrollado en Estados Unidos y Rusia, pero principalmente en América Latina a principios del siglo XX, como parte del proceso de transición que se inicia cuando entran en crisis las oligarquías terratenientes que dominaron las sociedades latinoamericanas en el siglo pasado, al tiempo que emergen nuevas clases sociales, bajo el impulso de la creciente industrialización: la burguesía industrial, el proletariado urbano y las clases medias compuestas por profesionistas, pequeños comerciantes, empleados, etcétera. Sin embargo, debido a que ninguna de esas clases sociales emergentes tenía aún la fuerza necesaria para tomar por sí sola el poder político e imponer un nuevo orden socioeconómico, se hizo necesaria la existencia de un gobernante capaz de establecer un equilibrio entre los grupos opuestos, que permitiera la destrucción del antiguo sistema dominado por las oligarquías preindustriales.

En consecuencia, el populismo latinoamericano es una posición ideológica adoptada por los gobernantes correspondientes al mencionado periodo de transición, quienes capitalizaron la indignación de las masas populares contra el régimen oligárquico e influyeron sobre los trabajadores al lograr una mutua relación de apoyo que permitió al gobernante ganarse la confianza de las masas populares, evitando con ello el estallido de conflictos sociopolíticos, lo que, a su vez, le garantizaba el mantenimiento del poder. Por esta razón, una de las peculiaridades del Estado populista es la movilización y control de las masas asalariadas urbanas por el aparato estatal, específicamente por el Poder Ejecutivo.[1] Según expresa François Chevalier, los populismos latinoamericanos son de tipo nacional, popular, reformista, antiimperialista, partidarios de la redistribución de los bienes, pero sin "lucha de clases". En ellos el papel central corresponde al Estado, con frecuencia representado por un hombre carismático, a quien se tiene por expresión de la comunidad del pueblo.[2] Se da una combinación particular entre el Estado, el partido gubernamental y el sistema de sindicatos, en la que existe una conciliación de intereses e incluso una "conciliación de clases sociales" que conlleva la paulatina destrucción de las oligarquías tradicionales, mientras se consolida el régimen capitalista. Así, el Estado populista constituye el engranaje que permite el cambio de un sistema económico de base agraria, al sistema de producción industrial propio del capitalismo.

Durante la llamada "era de los caudillos", el papel más importante en el proceso de construcción del nuevo régimen correspondió a dos sonorenses: Álvaro Obregón y Plutarco Elías Calles.

El populismo de los gobernantes latinoamericanos, a principios del siglo XX, capitalizaba la indignación de las masas populares contra las oligarquías terratenientes en crisis e influía sobre los trabajadores para lograr una mutua relación de apoyo.

En México, el populismo se manifestó en el caudillismo, ya que coincidió con el periodo de la lucha revolucionaria organizada por las clases sociales emergentes, empeñadas en desplazar a las caducas oligarquías porfiristas.

---

[1] Francisco J. Paoli y Enrique Montalvo, *El socialismo en Yucatán*, Siglo XXI Editores, México, 1977, pp. 21-22.
[2] François Chevalier, *América Latina. De la Independencia a nuestros días*, Fondo de Cultura Económica, México, 1999, p. 405.

Ejercicio 1

1. Describe las características y objetivos del *populismo* que se desarrolló en América Latina a principios del siglo XX.
2. ¿Cómo se da la relación entre el Estado populista y las clases trabajadoras?
3. ¿Por qué es importante en el populismo la existencia de un jefe carismático?
4. ¿Por qué en México el populismo se expresó mediante el caudillismo?

En México el populismo se manifestó en el caudillismo, ya que coincidió con el periodo de la lucha revolucionaria organizada precisamente por las clases sociales emergentes, empeñadas en desplazar a las caducas oligarquías porfiristas. El compromiso establecido por los caudillos militares —Obregón y Calles— con las masas trabajadoras durante el desarrollo de la revolución, y legitimado después en la Constitución de 1917, propició las condiciones para la formación del Estado populista.

Presidencia de Adolfo de la Huerta

Política interna

Adolfo de la Huerta fue presidente sustituto desde el 1 de junio hasta el 30 de noviembre de 1920, y durante esos seis meses se propuso como tareas fundamentales reorganizar el gobierno, lograr la paz interna y convocar a elecciones generales para renovar los poderes Ejecutivo y Legislativo. De la Huerta adoptó una actitud conciliadora hacia los grupos disidentes y reconoció la fuerza militar de quienes lo apoyaron. La formación de su gabinete fue una muestra de esa intención, ya que estuvo integrada por algunos representantes de grupos revolucionarios.[3]

Adolfo de la Huerta, presidente sustituto

Pacificación

La pacificación del país significó en primer lugar la eliminación de los jefes militares partidarios de Carranza, sobre todo los más destacados como Pablo González, Cándido Aguilar y Manuel Diéguez —que fueron relevados de su mando y enviados al exilio— y la incorporación de sus tropas al ejército federal controlado ahora por los sonorenses.

El siguiente paso fue buscar la reconciliación con zapatistas y villistas; en cuanto a los primeros, gracias a su oportuna adhesión al Plan de Agua Prieta, se les permitió el acceso al poder, y el Ejército Libertador del Sur fue incorporado al ejército federal en calidad de División del Sur.[4] En cambio, la desmovilización de las tropas villistas y la rehabilitación del propio Villa planteó problemas mayores, pues aún persistían en Chihuahua enfrentamientos esporádicos entre las tropas federales y las fuerzas villistas. A pesar de que había quienes proponían medidas militares para eliminar a Villa, De la Huerta logró imponer una solución negociada, que consistía en que las unidades villistas fueran disueltas a cambio de la promesa del gobierno de otorgar un reparto de tierras a los soldados veteranos, en tanto que a Villa se le ofrecía una hacienda en Durango donde tendría la oportunidad de incorporarse a la vida civil como terrateniente. Tras varias negociaciones Villa aceptó, y el 28 de julio firmaba el acta de rendición; un mes después se estableció en la hacienda de Canutillo, "donde iría a vivir en los años siguientes, en su colonia agrícola, con un grupo de sus dorados".[5]

Para el gobierno delahuertista, la pacificación del país significó, en primer lugar, la eliminación de los jefes militares partidarios de Carranza, y en segundo, buscar la reconciliación con zapatistas y villistas.

En el caso de los contrarrevolucionarios, Peláez declaró que no estaba en contra de la Constitución de 1917, sino que se había levantado en armas por los ataques de los carrancistas a las garantías individuales y a la propiedad. Con Félix Díaz el gobierno no estaba dispuesto a celebrar trato alguno, por lo que se le presionó hasta que no tuvo más remedio que partir al exilio. De esta manera, la contrarrevolución había sido conjurada.

La tendencia general de la política, durante la breve presidencia delahuertista, fue lograr la unificación de los revolucionarios en torno al grupo sonorense que acababa de conquistar el poder.

---

[3] Plutarco Elías Calles en Guerra y Marina; Salvador Alvarado en Hacienda; Jacinto B. Treviño en Industria, Comercio y Trabajo; Antonio I. Villarreal en Agricultura y Fomento; Pascual Ortiz Rubio en Comunicaciones y Obras Públicas.
[4] John Womack, *Zapata y la Revolución Mexicana*, SEP/Siglo XXI Editores, México, 1985, p. 359.
[5] Álvaro Matute, *La carrera del caudillo*, El Colegio de México, México, 1980, p. 146.

La pacificación se iba logrando, a pesar de varias rebeliones y conflictos en varios estados de la República —Baja California, Chiapas, Jalisco, Michoacán, Veracruz y Yucatán—, la mayoría de los cuales se debía a descontentos personales de algunos caciques. La tendencia general de la política durante la breve presidencia delahuertista fue lograr la unificación de los revolucionarios en torno al grupo sonorense que acababa de conquistar el poder.

La relación con obreros y campesinos

A pesar del interés del gobierno por demostrar a obreros y campesinos, que su actitud hacia ellos sería sustancialmente diferente a la de Carranza, las relaciones no fueron del todo cordiales y hubo momentos de tensión, más con los obreros que con los campesinos. Esto se debía tanto a la capacidad de expresión del primer grupo frente al silencio tradicional del segundo, como a los compromisos contraídos por De la Huerta con los zapatistas e incluso con los villistas. Hubo movimientos huelguísticos por demandas salariales, que tenían como base ideológica el marxismo y en los que se manifestaba expresamente la influencia de la revolución bolchevique. El radicalismo obrero provocó el temor de los empresarios, pero el presidente provisional no pudo lograr la armonía en las relaciones obrero-patronales.

Villa y sus dorados

La elección presidencial

Después de que entregó el mando de sus tropas y quedó licenciado del ejército, Álvaro Obregón reanudó su campaña electoral interrumpida por la lucha contra Carranza, y aunque el Partido Nacional Republicano postuló otro candidato a la presidencia (Alfredo Robles Domínguez), la victoria obregonista era inminente porque tenía a su favor una enorme red de apoyos compuesta por numerosas organizaciones estatales. Las cifras totales de votos fueron 1 131 751 para Obregón, 47 442 para Robles Domínguez, y apenas 2 357 para otros candidatos.

> *A pesar del interés del gobierno delahuertista por demostrar a obreros y campesinos que su actitud hacia ellos sería diferente a la de Carranza, hubo momentos de tensión, más con los obreros que con los campesinos.*

Política exterior

Al iniciarse el gobierno delahuertista, las relaciones entre México y Estados Unidos no eran muy cordiales debido a que los intereses de los estadounidenses se habían visto afectados por la nueva Constitución mexicana, y por las políticas económicas nacionalistas de Carranza. El senador republicano Albert B. Fall, quien representaba a las compañías petroleras, urdió ciertas intrigas con el fin de presionar al presidente Wilson para que lanzara una nueva amenaza de intervención armada, en caso de que el gobierno mexicano se negara a abolir la Constitución de 1917, considerada como un atentado directo para los intereses estadounidenses, particularmente en su artículo 27. Según decía Fall, dicho artículo era confiscatorio de propiedades adquiridas legítimamente por ciudadanos de Estados Unidos a quienes, por el contrario, el gobierno mexicano debía garantizar protección.

Fall se oponía también a otros artículos constitucionales: al 3º porque impedía a los estadounidenses dirigir o enseñar en escuelas primarias; al 33, que se refería a la expulsión del territorio nacional de los extranjeros considerados perniciosos, y al 130, que concernía a la expulsión de sacerdotes extranjeros. Fall quería que se exceptuara a los ciudadanos de su país de lo decretado en estos tres artículos. Creyó oportuno el momento para exponer sus demandas porque Wilson, aquejado por una enfermedad,

> *El representante de las compañías petroleras estadounidenses presionó al presidente Wilson para que lanzara una nueva amenaza de intervención armada, en caso de que el gobierno mexicano se negara a abolir la Constitución de 1917.*

> **Ejercicio 2**
>
> 1. Describe las medidas del gobierno delahuertista para la pacificación del país, aplicadas tanto a los revolucionarios disidentes como a los contrarrevolucionarios.
> 2. ¿Por qué el gobierno delahuertista tuvo más problemas con los obreros que con los campesinos?
> 3. ¿Cuál era la razón por la que Estados Unidos no reconoció al gobierno mexicano surgido del Plan de Agua Prieta?
> 4. ¿Por qué en 1920 se presentó una nueva amenaza de intervención armada de parte de Estados Unidos?

ya no se ocupaba de la política exterior con México, y además porque se acercaba el tiempo de la campaña para las elecciones presidenciales en la Unión Americana. Mas precisamente por esos motivos, había divisiones en los medios políticos de Estados Unidos, y ese divisionismo incluía el tema del reconocimiento al gobierno sonorense.

A pesar de la situación adversa, De la Huerta trataba de que su gobierno fuera reconocido por el de Estados Unidos; para tal efecto, envió un mensaje a Wilson cuyo contenido incluía la posibilidad de no considerar retroactivo al artículo 27 y, por consecuencia, respetar los derechos de propiedad adquiridos antes del 5 de febrero de 1917. No obstante, el gobierno estadounidense insistía en la derogación de las leyes expedidas por Carranza que afectaban sus intereses.[6] Todo parecía indicar que Wilson pensaba dejar el asunto en manos del siguiente gobierno. Las elecciones dieron el triunfo a Warren G. Harding, un republicano que dijo estar interesado en lograr un acuerdo con México; pero tal acuerdo no se concretó durante el gobierno provisional de Adolfo de la Huerta, y habría de pasar gran parte del periodo presidencial de Obregón para que el gobierno estadounidense otorgara su reconocimiento al nuevo régimen mexicano surgido del movimiento sonorense.

Presidencia de Álvaro Obregón

Semblanza biográfica

El estado de Sonora ha tenido una gran importancia socioeconómica para el México moderno, sobre todo a partir del desarrollo que se produjo en esa región durante el porfiriato y que paradójicamente provocó uno de los conflictos obreros más destacados a finales del régimen de Díaz; la huelga de Cananea. Por su cercanía con el oeste estadounidense, Sonora fue además el paso obligado de los magonistas y sus correligionarios anarcosindicalistas de Estados Unidos, quienes extendieron al sur de la frontera la defensa de la clase trabajadora.

Por estas y otras razones, el estado de Sonora tuvo, junto con Coahuila y Chihuahua, un lugar predominante en la Revolución; el llamado grupo sonorense dio continuidad a la obra iniciada por los coahuilenses, Madero y Carranza, para forjar el nuevo Estado mexicano. Álvaro Obregón fue una figura destacada entre los revolucionarios sonorenses.

Como otros caudillos revolucionarios, Obregón era de origen rural. Nació en el año de 1880 en una hacienda cercana a Navojoa, de padre agricultor, y él mismo se dedicó durante varios años a las faenas del campo, aunque por un tiempo trabajó como profesor en una escuela. Laboró en una hacienda en Huatabampo y luego en un ingenio en el estado de Sinaloa; en el año de 1905 adquirió un rancho y seis años más tarde ocupaba el cargo de presidente municipal de Huatabampo. Un año después, en 1912, se integró a las fuerzas revolucionarias, cuando ofreció sus servicios al gobierno de José María Maytorena para combatir a la rebelión antimaderista de Pascual Orozco, y obtuvo el grado de teniente coronel. Cuando el estado de Sonora desconoció a Huerta, Obregón fue comisionado para dirigir las fuerzas militares estatales bajo el mando de Venustiano Carranza y fue ascendido a general. Su adhesión al Plan de Guadalupe, y la confianza que el Primer Jefe depositó en él para contrarrestar la fuerza indisciplinada de Villa, permitieron que Obregón adquiriera experiencia en el manejo de las masas populares, primero con el heterogéneo contingente constitucionalista en el norte, y después con los obreros integrantes de los Batallones rojos.

Aquel constante trato de Obregón con las clases trabajadoras en lucha por cambiar sus condiciones de vida, lo convirtió en el caudillo de arraigo popular que Carranza no

Álvaro Obregón, presidente constitucional

> *Álvaro Obregón inició su vida laboral como agricultor; por un tiempo fue profesor en una escuela y ocupó luego un cargo de presidente municipal. En 1912, se incorporó a la Revolución y, encargado de las fuerzas militares de Sonora contra Huerta, bajo el mando de Carranza, Obregón fue ascendido a general.*

---

[6] *Ibid.*, pp. 180-181.

pudo (y quizá tampoco quiso) ser. La política social de Carranza así parece demostrarlo; el conflicto obrero que cobrara peligrosos matices de rebelión en 1916, y las características de su tibio agrarismo, demostraron a los trabajadores que no podían esperar mucho del Primer Jefe. Fue entonces que abrazaron la causa obregonista y brindaron su apoyo al caudillo sonorense, quien supo comprender que la relación con las masas era necesaria para consolidar su prestigio político y mantenerse en el poder.

El presidente Obregón con su gabinete

Política interna
Caudillismo populista

Álvaro Obregón estaba consciente de que el mantenimiento de su poder dependía del grado en que supiera demostrar su capacidad para resolver los problemas tantas veces planteados por las clases trabajadoras; más por otro lado, Obregón compartía con Madero y Carranza la defensa del régimen de propiedad privada con tendencia hacia el capitalismo, sostenido por las clases medias durante la lucha revolucionaria. El camino que habría de tomar Obregón para dar solución a los problemas aparentemente antagónicos de la clase trabajadora con el sector empresarial, sería el de la "conciliación de clases", camino que, de ser el adecuado, cimentaría a su vez el poder político del caudillo [véase fuente 1. "El caudillo revolucionario"] sonorense y le permitiría iniciar la reconstrucción del país.

> *El camino que habría de tomar Obregón para dar solución a los problemas aparentemente antagónicos de la clase trabajadora con el sector empresarial sería el de la "conciliación de clases".*

La conciliación de clases significaba para Obregón "transformar la lucha revolucionaria en trabajo", y aunque en el fondo de tal idea subyacía el espíritu emprendedor del capitalismo, en la superficie aparecía como una tarea de reconstrucción nacional llevada a cabo por empresarios y trabajadores en conjunto, conciliados por el papel nivelador del Estado. Tal tarea tenía una meta: "salvar al capital garantizando los derechos del obrero",[7] pero en el lenguaje populista de Obregón se enmarcó en un socialismo entendido de manera muy particular. Poco después de la caída de Carranza, el caudillo sonorense expresaba:

> El socialismo es un ideal supremo, que en estos momentos agita a toda la humanidad. El socialismo es un ideal que debemos alentar todos los hombres que subordinamos nuestros intereses personales a los intereses de las colectividades. *El socialismo lleva como mira principal tender la mano a los de abajo para buscar un mayor equilibrio entre el capital y el trabajo,* para buscar una distribución más equitativa entre los bienes con que la naturaleza dota a la humanidad.[8]

Álvaro Obregón y Luis N. Morones

Populismo obregonista

> *En el lenguaje populista de Obregón, la meta de "salvar al capital garantizando los derechos del obrero" se enmarcó en un socialismo entendido de manera muy particular.*

---

[7] Arnaldo Córdova, *La ideología de la Revolución Mexicana*, p. 270.
[8] *Ibidem.*

> *Obregón hizo del caudillismo populista una práctica de gobierno que le permitió mantenerse en el poder, pese a las numerosas rebeliones que continuaron asolando al panorama político mexicano durante su gobierno.*

Pero la distribución equitativa a la que se refiere Obregón no es la propuesta por el socialismo marxista:

> Es indudable que la verdadera igualdad, como la anhelaríamos o la anhelamos, no podría realizarse en toda la amplitud del concepto de la palabra, porque *en la lucha por la vida hay hombres más vigorosos, hay hombres más inteligentes, hay hombres más acondicionados, preparados física e intelectualmente mejor que los demás, y ésos, indudablemente, son los que tendrán que sacar mayores ventajas a sus esfuerzos en la lucha por la vida; pero sí es necesario, y eso sí lo podríamos realizar, que los de arriba sientan más cariño por los de abajo;* que no los consideren como factores de esfuerzo a su servicio únicamente, sino como cooperadores y colaboradores en la lucha por la vida para quienes deben mayores consideraciones y mayores atenciones en pago a sus esfuerzos.[9]

Obregón estaba en contra de que se les quitara a los que tienen, para darles a los que no tienen "en nombre de una igualdad que nos haría desandar un siglo en la lenta evolución que hemos tenido", porque "si nosotros atentamos contra lo que está ya creado, matando todo estímulo, seremos inconscientes con la civilización".

Lograr el equilibrio era para Obregón el único camino para la reconstrucción nacional, que implicaba a su vez un *mejoramiento* para los trabajadores y un estímulo para los hombres de empresa; pero tal equilibrio sólo podría lograrse en aquellos tiempos inmediatamente posteriores a la Revolución, bajo la dirección de un "hombre fuerte" que, de manera similar al papel que desempeñara siglos atrás el monarca en la formación de los Estados modernos europeos, unificara las fuerzas antagónicas todavía efervescentes por la guerra civil, para construir el Estado mexicano.

El Estado moderno del siglo XX hubo de construirse sobre bases populistas, sobre todo en un país que como México acababa de vivir una prolongada lucha interna tan comprometida con las clases desposeídas. Obregón hizo del caudillismo populista una práctica de gobierno que le permitió mantenerse en el poder, pese a las numerosas rebeliones que continuaron asolando al panorama político mexicano durante su gobierno. A pesar de que se había logrado acabar con el peligro que representaban los caudillos más fuertes, hubo oposiciones a la política obregonista tanto de parte de los latifundistas y caciques como de algunos jefes revolucionarios que no fueron llamados a participar en el nuevo poder político.

Reorganización del ejército

A fin de sofocar las rebeliones, Obregón tuvo que reorganizar el ejército, buscando disminuir la fuerza de algunos jefes militares que pudieran organizar movimientos rebeldes. En el curso de tres años, un ejército de 110 527 hombres se redujo a 39 648, al tiempo que se establecía un sistema de recompensas para los jefes militares leales al presidente. La reorganización del ejército era necesaria, pues aunque Obregón tenía de su lado a obreros y campesinos, estos grupos todavía no eran lo suficientemente fuertes como para contrarrestar a los militares rebeldes.

> *En 1923, cuando parecía cercana la paz, surgió un nuevo conflicto a causa de la sucesión presidencial, esta vez encabezado por Adolfo de la Huerta contra la candidatura de Plutarco Elías Calles.*

Conflictos políticos

Las revueltas armadas persistieron durante casi todo el periodo obregonista, hubo conflictos electorales en 11 estados de la República y graves desavenencias entre los

---
[9] *Ibid.*, p. 271.

Fuente 1. El caudillo revolucionario

De 1917 a 1940 México experimenta la organización del régimen populista, inventado y desarrollado como ideología y como estilo político durante la lucha armada, y su transformación en un complejo político y social en el que las relaciones capitalistas se desarrollan sobre la base de la conciliación de las diversas clases sociales y del sometimiento de las mismas al Estado de Ejecutivo fuerte. El triunfo de las clases medias en la gran conmoción social de 1910-1917, sancionado por la Constitución de Querétaro, había echado cimientos del nuevo sistema (...), reivindicando el principio fundador de la propiedad privada, libre de privilegios, las reformas sociales a favor de los desposeídos, y al Estado autoritario y paternalista, con su Ejecutivo dotado de poderes extraordinarios permanentes. En la coexistencia de estos elementos contradictorios tomaban cuerpo la concepción de un desarrollo capitalista moderno para México, la determinación de resolver los problemas económicos inmediatos de las masas y, con ello, la apertura de una alternativa al peligro de eventuales explosiones revolucionarias de las clases bajas de la sociedad. Por el papel que se le atribuía en el nuevo orden social, el Estado venía a cobrar una importancia de primera magnitud; de su función como rector del sistema dependían tanto el desarrollo de la economía capitalista como la realización de las reformas sociales. Los poderes extraordinarios conferidos al Ejecutivo convertían al presidente de la República en la figura central de todo el organismo político y social.

(...) Por algunos años, el ejército iba a ser no sólo el elemento que daría dimensión real a los poderes del presidente, sino además el semillero de nuevos presidentes y, en gran medida, de la clase capitalista.

De esta suerte, en el ambiente creado por la Revolución, la figura del caudillo iba a ser, necesariamente, el motor de todo el movimiento (...) nadie que no fuera un caudillo podría gobernar el ejército y la República, o integrar en un nuevo organismo político en un país descuartizado por la guerra civil. Se comprende que el caudillo, a su vez, no pudiese ser más que un militar, cuyo prestigio se ligara a su biografía guerrera, a sus brillantes victorias militares y trascendiera así al campo de la política. Don Venustiano Carranza fue un caudillo, pero su prestigio indiscutible por muchos años derivó no sólo de su personalidad autoritaria, de la rigidez de su acción política o de su nexo político con Madero, sino, y sobre todo, de la fidelidad que le guardaron los jefes militares constitucionalistas durante la Revolución; ese prestigio decayó rápidamente cuando comenzaron a surgir los caudillos militares, primero entre todos el general Álvaro Obregón.

Arnaldo Córdova,
Ideología de la Revolución Mexicana,
Era, México, 1979, pp. 262-263.

Ejercicio 3

1. ¿De qué manera Obregón, a diferencia de Carranza, obtuvo el apoyo de las masas populares?
2. ¿Qué significado daba Obregón a su idea de la "conciliación de clases"?
3. ¿Cuál era el objetivo del populismo de Obregón respecto al desarrollo de la economía nacional?
4. Describe las ideas de Obregón sobre el *socialismo*.

---

poderes Legislativo y Ejecutivo en siete entidades. En 1923, cuando parecía cercana la paz, surgió un nuevo conflicto a causa de la sucesión presidencial en circunstancias parecidas a las que habían provocado la rebelión de Agua Prieta, sólo que este nuevo movimiento no tuvo éxito. Al acercarse el término de su gobierno, Obregón favoreció la candidatura de Plutarco Elías Calles, su más cercano colaborador y entonces secretario de Gobernación, provocando con esto el descontento de algunos miembros del grupo en el poder, que se sentían con más méritos que Calles; una de esas personas fue Adolfo de la Huerta, quien renunció a su cargo de secretario de Hacienda para ponerse al frente de la revuelta que ya se había organizado contra la imposición de Obregón.

Adolfo de la Huerta encabeza la rebelión contra el gobierno

Obregón contra la rebelión delahuertista

Ejercicio 4

1. ¿Por qué era necesaria la reorganización del ejército federal, al iniciarse el gobierno de Obregón?
2. ¿Por qué Adolfo de la Huerta se levantó en armas en contra de Obregón?
3. ¿A qué se debió el fracaso de la rebelión delahuertista?

Al comenzar el gobierno de Obregón, las relaciones con Estados Unidos eran tensas debido a las exigencias de este país para que fueran derogados los artículos de la Constitución de 1917 que lesionaban los intereses económicos extranjeros.

A la rebelión delahuertista se sumó un buen número de militares que desertaron del ejército, y algunos latifundistas y caciques de varios estados de la República.[10] El movimiento, iniciado en Veracruz, se extendió hacia el Bajío. El plan de operaciones contra la revuelta fue organizado por el propio presidente, que tomó el mando de dos de los seis frentes de batalla que se organizaron y en los que intervinieron grupos de obreros y campesinos en favor del gobierno. Al cabo de aproximadamente cuatro meses, en marzo de 1924, el movimiento delahuertista había sido liquidado gracias a la habilidad de Obregón, a la falta de coordinación de los rebeldes y al apoyo político y militar que el gobierno de Estados Unidos prestó al gobierno mexicano.

Elección presidencial

El triunfo sobre De la Huerta y sobre las fuerzas regionales que se le habían aliado, permitió que se acelerara el proceso de centralización que Obregón consideraba necesario para consolidar el poder y lograr la ansiada estabilidad política. Las elecciones presidenciales de julio de 1924 fueron sólo una cuestión de forma; el único candidato opositor, el general Ángel Flores del Partido Nacional Republicano creado por los católicos, recibió 250 mil votos, contra un millón 340 mil de Calles.[11] Éste habría de ser el próximo presidente, destinado a continuar la obra de su antecesor, a quien el principio de "no reelección" le impedía proseguir con el cumplimiento de las metas propuestas.

Política exterior

Búsqueda del reconocimiento internacional

Cuando Álvaro Obregón ocupó la presidencia en diciembre de 1920, el gobierno emanado de la rebelión de Agua Prieta no había obtenido aún el reconocimiento de Estados Unidos, y las relaciones entre ambos países eran tensas debido a las exigencias estadounidenses de que fueran derogados los artículos de la Constitución de 1917 que lesionaban los intereses económicos extranjeros. Tal estado de cosas constituía un problema crucial para los planes obregonistas y era, por lo tanto, de urgente solución. Por otra parte, sin el reconocimiento del gobierno de Estados Unidos, Obregón no sólo estaba amenazado por un conflicto armado con el vecino país, como lo habían insinuado muchas veces los estadounidenses, sino que se enfrentaba también al riesgoso problema de no poder dominar a sus enemigos internos y, peor aún, que fueran éstos quienes consiguieran el apoyo de Estados Unidos.

Frente al indispensable reconocimiento se levantaba la barrera impuesta por la doctrina nacionalista de Carranza, que se había pronunciado en contra de la dependencia económica del extranjero. No obstante, la posición de Obregón no era tan radical como la de don Venustiano; estaba consciente de que el capital mexicano era insuficiente para llevar a cabo la reconstrucción económica del país y opinaba que el único camino a seguir era permitir la inversión extranjera, teniendo cuidado de que esto no significara hipotecar la soberanía del Estado. En enero de 1921, Obregón decía:

---

[10] En el contexto de estas rivalidades políticas fue asesinado Francisco Villa, el 20 de julio de 1923, aparentemente por orden de Calles y con la anuencia de Obregón, acción que pudo haberse originado en las declaraciones que hiciera Villa a un periodista, en las que manifestaba su preferencia por Adolfo de la Huerta para ocupar nuevamente la presidencia.

[11] Hans Werner Tobler, *La Revolución Mexicana, transformación social y cambio político (1876-1940)*, Alianza Editorial, Patria, México, 1994, p. 433.

Ahora el gobierno que represento y el pueblo de México, gustosos abren los brazos a todos los hombres de negocios de Estados Unidos del Norte, que vienen a trabajar y que tienen los mejores deseos de obtener justas ventajas en la explotación de nuestras riquezas naturales, bajo una base de respeto a nuestras leyes... Nosotros hacemos un llamamiento al capital que venga a regirse por la moral moderna, que no aprecie solamente las ventajas materiales de sus éxitos por los dividendos anuales que perciba, y que se regocije cuando contribuya con su esfuerzo al desarrollo de nuestros países y al bienestar colectivo de nuestras masas trabajadoras.[12]

Obregón, consciente de que el capital mexicano era insuficiente para la reconstrucción económica del país, opinaba que el único camino era permitir la inversión extranjera.

Según los estadounidenses, el único recurso para normalizar las relaciones con México era establecer un tratado entre ambos países que garantizara plenamente los derechos de propiedad de sus nacionales en México. En mayo de 1921, el departamento de Estado norteamericano envió a Obregón un proyecto de tratado de "amistad y comercio", en el cual se proponía esencialmente que los ciudadanos de cada uno de los países que residían en el otro, tuvieran los mismos derechos que los nacionales, otorgándose garantías recíprocas contra la nacionalización de sus bienes; concretamente, se pedían garantías contra la aplicación retroactiva del decreto de Carranza del 6 de enero de 1915, y de la Constitución de 1917. Obregón ratificó sus intenciones de respetar los derechos adquiridos, pero se negó a aceptar el proyecto, basándose en el hecho de que el tratado tocaba temas que sólo podía resolver el Poder Judicial.

Sin embargo, eran los estadounidenses quienes estaban en posibilidades de imponer condiciones, y especificaron que el presidente Obregón debía resolver tres problemas antes de poder contar con el reconocimiento oficial a su gobierno: 1) la interpretación no retroactiva del artículo 27 constitucional respecto a la industria petrolera y a las propiedades agrícolas de los extranjeros; 2) reanudar el pago de la deuda externa suspendido por Huerta; 3) pagar a los extranjeros las compensaciones por daños en sus personas y bienes materiales durante la lucha revolucionaria.

Para obtener el reconocimiento de Estados Unidos, Obregón debía resolver: 1) la interpretación no retroactiva del artículo 27 respecto a la industria petrolera y a las propiedades agrícolas; 2) reanudar el pago de la deuda externa; 3) pagar las compensaciones por daños personales y materiales durante la lucha revolucionaria.

A pesar de la insistencia en condicionar el reconocimiento, Obregón tenía la esperanza de que Estados Unidos renunciaría a sus exigencias ante la buena disposición del gobierno mexicano. Con la intención de satisfacer parte de las demandas estadounidenses, Obregón decidió reanudar el pago de la deuda externa; en julio de 1921 expidió un decreto que establecía un impuesto de exportación sobre el petróleo y dedicaba sus rendimientos al servicio de esa deuda. Sin embargo, las empresas petroleras rechazaron el impuesto y reaccionaron suspendiendo la producción, por lo que el gobierno se vio obligado a derogar el decreto. En esas circunstancias, Obregón decidió enviar a su secretario de Hacienda, Adolfo de la Huerta, para que negociara la reanudación de pagos ante la banca estadounidense.

Convenio De la Huerta-Lamont

Después de largas negociaciones, el 16 de junio de 1922 se firmó un acuerdo conocido como el Convenio De la Huerta-Lamont, celebrado entre el secretario de Hacienda mexicano y Thomas W. Lamont, presidente del Comité de Banqueros. Por este acuerdo, México se comprometía a cubrir íntegramente capital e intereses a partir del momento de la suspensión; esto significaba que el gobierno mexicano aceptaba una deuda de mil millones y medio de pesos, incluyendo el interés acumulado,[13] de los

---

[12] Arnaldo Córdova, *Op. cit.*, pp. 297-298.
[13] Jan Bazant, *Historia de la deuda exterior de México*, El Colegio de México, México, 1981, p. 191.

Adolfo de la Huerta

Thomas W. Lamont

Por el Convenio De la Huerta-Lamont, México se comprometía a cubrir íntegramente capital e intereses de la deuda con Estados Unidos, a partir del momento de la suspensión, de los cuales correspondía aproximadamente la mitad a la deuda total de los ferrocarriles.

Los Acuerdos de Bucareli permitieron que Harding diera por fin su reconocimiento en un momento muy oportuno para Obregón, quien pudo contar con el apoyo estadounidense para sofocar la rebelión delahuertista.

Edificio donde se firmaron los Tratados de Bucareli

cuales correspondía aproximadamente la mitad a la deuda total de los ferrocarriles, que se incluyó en el Convenio y que no había sido garantizada por el gobierno mexicano; éste se comprometió además a devolver, "en plazo razonable", los Ferrocarriles Nacionales de México a la empresa privada.

El acuerdo resultaba desfavorable para México, pero hubo de aceptarse considerando que era el costo que debía pagarse a cambio de que Harding otorgara su reconocimiento de forma incondicional. No obstante, ese reconocimiento no habría de conseguirse sino hasta mediados de 1923, cuando el hecho de que Álvaro Obregón hubiera podido mantenerse en el poder, a pesar de no contar con el apoyo del gobierno de Estados Unidos, hizo recapacitar a éste ante el temor de ver deteriorada su imagen en los medios políticos internacionales. Los políticos estadounidenses empezaron a considerar la posibilidad de entablar nuevas conversaciones para tratar los problemas pendientes. Esas conversaciones se efectuaron en la ciudad de México, en una casa ubicada en la calle de Bucareli, y tuvieron una duración de tres meses, a partir de mayo de 1923.

Tratados de Bucareli

En las Conferencias de Bucareli se llegó a los siguientes acuerdos: 1) los estadounidenses aceptaron que las propiedades agrícolas expropiadas se pagaran con bonos, en la inteligencia de que la superficie afectada no fuese mayor de 1 755 hectáreas, pues de lo contrario, el pago debía hacerse al contado y de forma inmediata; 2) se formaría una comisión que revisara las reclamaciones que se habían acumulado desde 1868, tratando por separado las que se hubieran originado durante la Revolución; 3) con referencia al petróleo, los comisionados mexicanos aceptaron que el artículo 27 no fuera retroactivo en cuanto a la nacionalización de los hidrocarburos, siempre que los propietarios o arrendatarios hubieran efectuado antes de 1917 un "acto positivo" que demostrara su propósito de buscar y extraer el combustible. En caso de no existir tal prueba, se aplicaría la nueva legislación, aunque los propietarios de los terrenos petrolíferos tendrían preferencia para que el gobierno les otorgara una concesión para explotarlos. Los delegados estadounidenses no se opusieron de modo explícito, pero tampoco aceptaron plenamente e insistieron en reservarse todos los derechos que sus nacionales hubieran podido adquirir antes de que entrara en vigor la Constitución de 1917.

A pesar de la oposición de varios senadores, los acuerdos de Bucareli fueron finalmente aprobados por el Congreso mexicano, y permitieron que Harding diera por fin su reconocimiento el 31 de agosto de 1923, en un momento muy oportuno para Obregón, quien pudo entonces contar con el apoyo estadounidense para sofocar la rebelión delahuertista, iniciada en diciembre de ese mismo año.

Respecto del reconocimiento de otros países, los Estados con los que México mantenía relaciones reconocieron al gobierno de Obregón antes de agosto de 1923, con excepción de Estados Unidos, Gran Bretaña, Francia, Bélgica y Cuba; estos tres últimos lo hicieron inmediatamente después del gobierno estadounidense y sólo el gobierno británico mantuvo su actitud hostil hacia México.

Aspectos económicos y sociales

Finanzas

El gobierno de Obregón tuvo dos problemas principales en materia financiera; uno era la restauración del crédito interno y externo, y el otro, la reorganización fiscal. A fin de resolver el primero, Obregón se propuso devolver los bancos incautados por el gobierno de Carranza por medio de un decreto, expedido en enero de 1921, que reintegraba los bancos a sus propietarios, aunque sin concederles la facultad de emitir moneda. Más tarde reglamentó el funcionamiento de dichas instituciones, muchas de las cuales estaban en difícil situación debido tanto a la guerra civil como a las medidas de emergencia dictadas por Carranza. En septiembre de ese mismo año se decretó la emisión de moneda de oro de 50 pesos (centenarios) y otras de plata de 2 pesos (victorias); para 1923, se había destruido la gran mayoría de los billetes "infalsificables" emitidos por Carranza.

Respecto a la deuda exterior, el gobierno de Obregón decidió no reanudar los pagos hasta no obtener el reconocimiento diplomático de Estados Unidos, lo cual no se logró sino hasta después de las conferencias de Bucareli, en agosto de 1923. La renovación del pago de la deuda exterior se hizo ese mismo año, recurriéndose a una porción considerable del presupuesto, que incluía la totalidad del producto del impuesto sobre el petróleo y parte de los ingresos obtenidos en ferrocarriles. Sin embargo, el gobierno obregonista no consiguió que los bancos estadounidenses le concedieran empréstitos en las cantidades que requería para la reconstrucción económica del país. Cuando De la Huerta fue enviado a negociar con Lamont, había recibido instrucciones del presidente en el sentido de tramitar un préstamo que se pensaba utilizar para crear un banco único de emisión y para desarrollar la agricultura, pero De la Huerta firmó el convenio sin obtener el empréstito, aumentando con esto el distanciamiento que ya existía entre él y Obregón, distanciamiento que condujo más tarde a la renuncia del secretario de Hacienda y a la rebelión que organizara precisamente en los momentos en que México depositaba en Nueva York la cantidad de 30 millones de pesos (15 001 019.85 dólares), suma en la que se incluían 362 454.67 dólares que el Comité de Banqueros concedió como préstamo. Todavía a principios de 1924, el gobierno mexicano envió con sacrificio 700 mil dólares a cuenta de los 35 millones que debía pagar ese año, pero la rebelión delahuertista significó al gobierno un gasto considerable, que lo obligó a pedir un nuevo préstamo que le fue negado. Entonces Obregón suspendió la ejecución del Convenio De la Huerta-Lamont, con fecha 30 de junio de 1924, haciendo aparecer al antiguo secretario de Hacienda como responsable del oneroso convenio.[14]

En cuanto a la reorganización fiscal, en septiembre de 1921 se estableció el llamado "Impuesto del Centenario" —considerado como la reforma de mayor trascendencia en materia fiscal en el periodo obregonista, y que constituyera el antecedente inmediato de lo que habría de ser el Impuesto Sobre la Renta en México, creado en 1925— que establecía gravámenes proporcionales, de acuerdo con las ganancias que obtuvieran anualmente las distintas personas.

Política agraria

Desde la perspectiva obregonista, la cuestión agraria debía formar parte de los planes de reconstrucción nacional dentro del marco de la conciliación de clases. En el caso de la agricultura, el problema de México no era tanto de relaciones de trabajo, sino

---

Ejercicio 5

1. Describe los motivos político y económico por los que Obregón consideraba indispensable obtener el reconocimiento de Estados Unidos a su gobierno.

2. Menciona las tres condiciones impuestas por el gobierno de Estados Unidos para otorgar el reconocimiento al de Obregón.

3. ¿Por qué el convenio De la Huerta-Lamont resultaba desfavorable para México?

4. Menciona el contenido esencial de los acuerdos establecidos en los Tratados de Bucareli.

Por medio de un decreto, Obregón devolvió a sus propietarios los bancos incautados por el gobierno de Carranza, aunque sin concederles la facultad de emitir moneda, y reglamentó el funcionamiento de dichas instituciones.

El gobierno obregonista no consiguió que los bancos estadounidenses le concedieran empréstitos en las cantidades que requería para la reconstrucción económica del país.

En política fiscal, se creó el llamado "Impuesto del Centenario" que establecía gravámenes proporcionales, de acuerdo con las ganancias que obtuvieran anualmente las distintas personas.

---

[14] *Ibid.*, p. 193.

de tenencia de las tierras, acaparadas por un pequeño número de propietarios nacionales y extranjeros, muchos de los cuales utilizaban procedimientos rudimentarios y, por lo mismo, no colaboraban con la productividad necesaria para competir en el mercado internacional y satisfacer ampliamente al mercado interno.

Con base en esta situación, para Obregón una de las formas de resolver el problema consistía en fomentar la pequeña agricultura, es decir el desarrollo de la pequeña propiedad que, con el apoyo del gobierno, permitiera el mejoramiento de toda persona con espíritu emprendedor y, en consecuencia, el desarrollo de la productividad agrícola en México. Pero, al igual que Madero, Obregón no estaba de acuerdo con fincar la creación de la pequeña propiedad sobre la base de la fragmentación indiscriminada del latifundio, antes de que se hubiera logrado desarrollar la pequeña propiedad. Estaba convencido de que se debía tender la mano a todo el que quisiera mejorar trabajando las tierras de una pequeña propiedad, pero se negaba a aceptar que se lesionaran los intereses de los demás, porque "si un propietario trabajaba y mantenía en explotación sus tierras, incluso tratándose de un gran terrateniente, lo lógico y lo verdaderamente legal era que se le respetase su propiedad".[15]

Según Obregón, los latifundios que debían destruirse eran los que todavía estuvieran utilizando métodos rudimentarios o donde no se cultivaran las tierras; en cuanto a los otros latifundios, los que usaban procedimientos modernos, consideraba que debía dárseles una tregua a fin de que se vieran estimulados y colaboraran al desarrollo de la agricultura. De esta manera, el reparto agrario tendría que ser gradual, la gran propiedad sería destruida por entero sólo cuando pudiera ser sustituida por una pequeña propiedad verdaderamente productiva, ya que, por otra parte, Obregón no estaba de acuerdo con que se sustituyera al latifundio por la propiedad comunal.

Durante su gobierno, Obregón dio comienzo al reparto agrario y al final de su gestión administrativa informó haber realizado 650 resoluciones definitivas sobre 1 170 000 hectáreas, y haber dado 3 245 000 hectáreas en posesión provisional, medidas que beneficiaron a cerca de 400 mil personas, siendo en todos los casos menores las restituciones que las dotaciones de tierras, con lo cual la estructura de la propiedad agrícola del país se mantuvo casi invariable. Esto significaba que las decisiones políticas acerca de la reforma agraria tenían el objeto de atender demandas de las masas campesinas que exigían tierras, y a la vez las de los terratenientes, nacionales y extranjeros, que se negaban a perderlas.

En agosto de 1923, Obregón expidió un decreto sobre propiedad, llamado de "tierra libre", que equivale a un resumen de su pensamiento en cuestión agraria, y con éste se iniciaba la formación de la pequeña propiedad. El decreto establece que todo mexicano mayor de dieciocho años que careciera de tierra y no la pudiera obtener por algún título, podría adquirirla tomándola de las nacionales y baldías que no estuvieran reservadas por el gobierno, sin más requisitos que ocupar personalmente y acotar la extensión de tierra, de acuerdo con el número de hectáreas fijadas por el mismo decreto, y dar inmediato aviso a las autoridades correspondientes. A fin de que los ocupantes de esas tierras obtuvieran el título que las amparara, se establecía el requisito de que fueran trabajadas durante dos años si eran para cultivo agrícola, y si eran cerriles o pastizales, demostrar que habían sido aprovechadas para la cría de ganado o pequeñas industrias derivadas de ésta; por lo demás, no tendría que pagar más que la suma de 50 pesos por las tierras así obtenidas, que se consideraban personales e intransferibles.

Aquel decreto no dejó de tener cierto éxito en cuanto medida política circunstancial; sin embargo, su ejecución encontró obstáculos y se enfrentó a la inconformidad

---
[15] Arnaldo Córdova, *Op. cit.*, p. 279.

de algunas personas que lo consideraron como perjudicial a la propiedad agraria del país, debido en parte a que el proceso de entrega de tierras fue lento y se convirtió en un regateo permanente en el que tomaban parte los integrantes de una nueva red burocrática, que complicaban las acciones jurídicas y propiciaban que los latifundistas entorpecieran el reparto agrario.

En lo que concierne al restablecimiento de ejidos, de acuerdo con las ideas de Obregón en favor de la pequeña propiedad individual, no era considerado como una solución viable para la reconstrucción económica del país, sino tan sólo una necesidad política transitoria que debía fomentarse con el objeto de que los campesinos pudieran defenderse en conjunto frente a los abusos de los latifundistas por medio de la protección del Estado, y éste debía preparar y educar a los ejidatarios para que llegaran a convertirse en propietarios individuales. No obstante, la reforma agraria propuesta por la Revolución implicaba precisamente la creación de los ejidos como una de sus metas, y tenía que ser incluida en los planes de un régimen que, como el obregonista, estaba basado en el populismo. Por lo tanto, la Comisión Nacional Agraria intentó la colectivización de los ejidos, que habría de ser el antecedente del ejido colectivo en México, aun cuando en aquellos años fue un rotundo fracaso a causa de la corrupción de algunos dirigentes locales, que explotaron a los ejidos en su provecho personal.

En el contexto del agrarismo del periodo 1920-1924, se dio la formación de un partido político con bases campesinas, el Partido Nacional Agrarista (PNA), primera organización política que planeara de manera sistemática la reforma agraria y pugnara por la aplicación del artículo 27 constitucional en cuanto a la redistribución de la propiedad agraria. El PNA llegó a convertirse en un instrumento de apoyo al gobierno de Obregón y sirvió también para que algunos de sus líderes ganaran posiciones dentro del grupo político en el poder, manipulando las demandas campesinas, lo cual provocó el surgimiento de rivalidades dentro del mismo partido.

Líderes agraristas

De acuerdo con las ideas de Obregón en favor de la pequeña propiedad individual, el restablecimiento de ejidos no era considerado como una solución viable para la reconstrucción económica del país, sino tan sólo una necesidad política transitoria.

El Partido Nacional Agrarista (PNA) fue la primera organización política que planeara de manera sistemática la reforma agraria y pugnara por la aplicación del artículo 27 constitucional, en cuanto a la redistribución de la propiedad agraria.

Movimiento obrero

Al asumir Obregón el poder, el movimiento obrero comenzó a adquirir un nuevo carácter político, apoyado en el respaldo que obtuvo por parte del gobierno sobre todo el sector de trabajadores afiliados a la CROM, organización que junto con el Partido Laborista Mexicano controlaba a un número mayor de obreros que cualquier otro organismo laboral, y ocupaba una posición casi gubernamental sustentada extraoficialmente por el presidente de la República. La CROM tenía además el apoyo de las organizaciones sindicalistas de los Estados Unidos y estableció relaciones formales con la American Federation of Labor (AFL), logrando el respaldo de ésta en algunas de las disputas entre los dos gobiernos. Parte de la tarea de la CROM consistió desde un principio en combatir a las organizaciones independientes rivales, ya fueran las radicales de izquierda como la Confederación General del Trabajo (CGT), o las de derecha, particularmente las católicas. En todas las disputas con las demás organizaciones la CROM siempre tuvo el apoyo del gobierno; no obstante, a pesar de su poder no llegó a controlar por completo a los sindicatos independientes que, como los petroleros y ferrocarrileros, permanecieron sin afiliarse a ella y en varias ocasiones se declararon en huelga en contra del gobierno.

Ejercicio 6

1. Describe en síntesis las medidas financieras del gobierno de Obregón, respecto a la restauración del crédito interno y externo, y a la reorganización fiscal.

2. Explica por qué Obregón, en política agraria, no estaba de acuerdo en crear la pequeña propiedad.

3. ¿Cuál fue el principal objetivo del reparto de tierras durante el gobierno de Obregón?

4. ¿En qué consistió el decreto obregonista llamado de "tierra libre"?

La CGT surgió en 1921, dirigida por anarcosindicalistas que condenaron la labor política de los sindicatos, en especial el de la CROM; estableció la huelga general como finalidad de acción; fijó la autodeterminación sindical y la no intervención del Estado, y dispuso la organización obrera con el propósito de alcanzar el triunfo de una sociedad comunista, para lo cual la CGT se alió al Partido Comunista Mexicano. Como reacción a la CGT se formó la Confederación Nacional Católica del Trabajo, que contaba con 54 sindicatos hacia fines de 1924, y cuyas oficinas centrales se encontraban en Guadalajara y eran dirigidas por sacerdotes; dicha organización se había creado con base en el respeto a la religión, al país, a la familia y a la propiedad, además de que se adoptaron los principios de la encíclica *Rerum Novarum* para los asuntos propiamente obreros.

Pero fue la CROM la que gracias al apoyo gubernamental obtuvo resultados positivos y concretos para los trabajadores que la integraban (cuyo número ascendió a millón y medio en su momento de mayor auge), quienes obtuvieron mejores salarios y el pago de indemnizaciones por despido o accidentes de trabajo. Estos logros fortalecieron a la CROM y ayudaron a que fuera la organización laboral más fuerte del país, y al crecimiento político de su dirigente, Luis N. Morones.

A pesar de que en el periodo obregonista la clase obrera se encontraba ya organizada, no se llegó a reglamentar el artículo 123 y obviamente no se aplicó, por lo que surgió un buen número de huelgas, la mayoría de las cuales ocurrieron en 1921, destacándose la de los obreros de los ferrocarriles, en Veracruz y la de los tranviarios de la ciudad de México. En esos conflictos intervino la CROM en favor del gobierno, colaborando en la represión a los huelguistas.

Educación

La política educativa del periodo obregonista fue muy destacada. Obregón contemplaba un plan de instrucción pública que llegara a los sectores populares, incluyendo al área rural, como único camino para impulsar el desarrollo de estos sectores y mejorar la productividad del país. Tal instrucción tendría que ser realmente popular y debía superar a la educación clasista atribuida al porfirismo. La empresa educativa fue encomendada a José Vasconcelos, un erudito abogado que había participado en la Revolución y que fue nombrado rector de la Universidad Nacional de México al comenzar el gobierno de Obregón. Apoyado por el presidente fundó la Secretaría de Educación Pública, y ocupó este ministerio en septiembre de 1921.

La obra de Vasconcelos constituyó una verdadera revolución cultural, que no sólo abarcó las áreas científicas de la enseñanza, sino que también promovió las letras y las artes en general. Con el propósito de dar cumplimiento a los ideales obregonistas, emprendió una campaña masiva de alfabetización y estableció luego las "misiones culturales", basadas en las que habían realizado los misioneros europeos a comienzos del virreinato, con el fin de llevar la educación a los pueblos indígenas e incorporarlos al proceso de desarrollo. Se multiplicaron las escuelas elementales, estableciéndose las dominicales y nocturnas que colaborarían en la campaña de alfabetización; se dividió la educación media en secundaria y preparatoria, y se creó la Dirección de Enseñanza Industrial y Comercial.

Con Vasconcelos "la Revolución dejó de ser un mero teatro de política y de guerra, para convertirse en un espectáculo de cultura".[16] Se fomentó la lectura de autores *clásicos* mediante una labor editorial a gran escala que puso las grandes obras de la literatura al alcance del pueblo, y fue en este periodo cuando artistas mexicanos

---

[16] José C. Valadés, *Historia general de la Revolución Mexicana*, SEP-Guernika, México, 1985, Vol. 7, p. 22.

Huelga de transportes en la ciudad de México

Líderes de la CROM el 1 de mayo de 1923

José Vasconcelos, rector de la Universidad Nacional de México

realizaron los grandes murales que, en un estallido de color y líneas expresivas, resumieron la historia de la Revolución en todo su dramatismo social.

La obra del educador Vasconcelos fue muy importante y difícilmente superada, pero cesó en julio de 1924, cuando por razones políticas dejó de estar de acuerdo con los lineamientos del presidente Obregón y renunció a su cargo en la Secretaría de Educación.

Presidencia de Plutarco Elías Calles

El populismo de Calles

La línea política de Calles continúa la marcada por Álvaro Obregón, con quien colaborara estrechamente desde los días de la lucha armada; tal continuidad no se limitó a seguir la tendencia impuesta por su antecesor, sino que constituyó un significativo avance en la consolidación del Estado mexicano. Calles heredó de Obregón el populismo y la política del gobierno fuerte que tenía como objetivo la reconstrucción nacional, pero llegó a superarlo en lo que al logro de esa meta se refiere, a pesar de que no poseía el carisma de Obregón, ni tuvo como éste una estrecha relación con las masas.

Plutarco Elías Calles, también sonorense, nació en 1877 en la ciudad de Guaymas, donde estudió y se tituló de maestro. Antes de incorporarse a la lucha revolucionaria había sido periodista, y administró además algunos negocios, sin renunciar a su vocación docente. Tales actividades imprimieron un particular giro a la carrera política de Calles. Como intelectual se había interesado por las ideas del grupo encabezado por Ricardo Flores Magón, que más tarde lo acercaría hacia un humanismo socialista que no era ni marxista ni leninista, y que Calles sintetizó en un ideario político propio. La experiencia de Calles como administrador, aunada a la destacada capacidad de análisis que poseía, le ayudó a concebir el proyecto de una nueva política económica tendiente a lograr la reconstrucción del país, al tiempo que iniciaba la institucionalización que creía necesaria para emprender esa reconstrucción.

El populismo de Calles fue, como en Obregón, una práctica de gobierno, con la diferencia de que resultó más efectiva que la del caudillo, porque Calles poseía una particular habilidad para establecer alianzas con los líderes sindicales, sobre todo con Luis N. Morones, a quien hizo participar directamente en la política como secretario de Industria, Comercio y Trabajo, logrando con ello una adhesión de la CROM más efectiva que la obtenida por Obregón. Como resultado de esa política y de la colaboración estrecha del líder Morones se logró el sometimiento total de los trabajadores a la política seguida por Calles, en lo referente a la conciliación del capital y el

Vasconcelos fomentó la lectura de autores clásicos mediante una labor editorial a gran escala, que puso las grandes obras de la literatura al alcance del pueblo, y fue en este periodo cuando el muralismo mexicano tuvo su mayor auge.

Plutarco Elías Calles nació en la ciudad de Guaymas, Sonora donde estudió y se tituló de maestro. Fue periodista y administró además algunos negocios, sin renunciar a su vocación docente. Tales actividades imprimieron un particular giro a su carrera política.

Luis N. Morones

Ejercicio 7

1. Describe el papel de la CROM para mantener el control sobre los obreros.
2. Menciona las organizaciones obreras independientes, de izquierda y de derecha, creadas en oposición a la CROM.
3. ¿Cuáles eran las características y objetivos de las "misiones culturales" establecidas por José Vasconcelos como secretario de Educación?
4. ¿A qué se debió el fracaso de las "misiones culturales" vasconcelistas?

Fuente 2. La misión cultural vasconcelista

Vasconcelos veía con una gran claridad los múltiples aspectos del problema mexicano: educación indígena para asimilar la población marginal; educación rural para mejorar el nivel de vida del campo mexicano; educación técnica para elevar el de las ciudades; creación de bibliotecas; publicación de libros populares; popularización de la cultura, etcétera. El problema de la educación rural, pesadilla que ya tenían Sierra y sus colaboradores, fue una de las preocupaciones más importantes del secretario, quien encontró en la historia mexicana misma la inspiración para crear una de las instituciones mexicanas de mayor éxito: la misión cultural. Convencido de que sólo en una ocasión se había logrado reeducar al pueblo, en el siglo XVI, cuando los misioneros habían llevado a cabo la más extraordinaria de las hazañas al recorrer todos los rincones del territorio, aprendido las lenguas y enseñado la cultura y la religión cristiana, Vasconcelos trató de adaptar la labor educativa a una experiencia semejante, de ahí el nombre de maestro misionero. Se despacharon los modernos misioneros que traían no sólo la letra y el número, también la promesa de un mejoramiento y de una ayuda y el llamado a colaborar en una tarea común (...). La misión cultural compuesta de un grupo de maestros, generalmente un jefe, un trabajador social, un experto de higiene, cuidados infantiles y primeros auxilios, un instructor de educación física, un maestro de música, un especialista en artes manuales instruido para aprovechar en lo posible los recursos de cada región y un especialista en organización de escuelas y métodos de enseñanza, cuya principal tarea era la coordinación de los cursos académicos con la agricultura y las industrias manuales.

Josefina Vázquez de Knauth,
Nacionalismo y educación en México,
El Colegio de México, México, 1975, pp. 157-158.

Calles heredó de Obregón el populismo y la política del gobierno fuerte que tenía como objetivo la reconstrucción nacional, pero llegó a superarlo, en lo que al logro de esa meta se refiere.

trabajo, logro que se produjo en función de los privilegios que obtenían los líderes sindicales y de los beneficios que necesariamente hubieron de otorgarse a los trabajadores, sobre todo a aquellos afiliados a la CROM. Sin embargo, esto no significaba que los sindicatos hicieran política, sino que constituían el instrumento en el que Calles afianzaba su poder y daban sentido a su labor conciliadora, que resultaría en beneficio para el desarrollo de las empresas.

En cuanto a sus relaciones con Obregón, Calles no fue solamente un gran auxiliar del caudillo durante sus campañas militar y política, y a lo largo de los años de su gobierno, constituyó, además, el más fuerte competidor que enfrentó Obregón en la lucha por mantener el poder, competencia que se sostenía en el control que pudiera

Plutarco Elías Calles, presidente de la República

Obregón y Calles

CUADRO 3.1. *Gobierno de Álvaro Obregón*

- **Política interna**
  - Caudillismo populista
    - Conciliación de clases
      - Transformar la lucha revolucionaria en trabajo
      - Salvar el capital garantizando los derechos del obrero
      - Reconstrucción de la economía nacional
    - Rebeliones
      - Caudillos revolucionarios
      - Latifundistas y caciques
      - Rebelión delahuertista
        - Triunfo de Obregón; aceleramiento de la centralización
          - Candidatura de P. Elías Calles

- **Política exterior**
  - Búsqueda del reconocimiento internacional
    - Propuesta de Estados Unidos sobre un Tratado de amistad y comercio, que Obregón rechaza
    - Condiciones del gobierno de Estados Unidos para otorgar el reconocimiento
    - Medidas de Obregón para lograr el reconocimiento
      - Convenio De la Huerta-Lamont
      - Tratados de Bucareli
  - Atracción del capital extranjero

- **Aspectos sociales**
  - Política agraria
    - Fomento a la pequeña agricultura
    - Creación del ejido
      - Decreto de "Tierra libre"
        - Obstáculos
  - Movimiento obrero
    - CROM
    - Huelgas
      - Nuevas organizaciones
        - Confederación General del Trabajo.
        - Confederación Nacional Católica
  - Educación
    - La obra de Vasconcelos
      - Fundación de la Secretaría de Educación Pública.
      - Misiones culturales.
      - Fomento a la lectura de los clásicos

- **Aspectos económicos**
  - Finanzas. Dos problemas
    - Restauración del crédito externo e interno
      - Devolución de los bancos. Nuevas leyes bancarias
      - Reanudación del pago de la deuda exterior
        - Nuevos empréstitos.
        - Suspensión de la ejecución del Convenio De la Huerta-Lamont
    - Reorganización fiscal
      - "Impuesto del Centenario"

lograr uno u otro sobre las masas, pero que nunca llegó a expresarse en una ruptura seria entre ambos, ni siquiera durante el gobierno de Calles, cuando el peso político del "hombre fuerte" que era Obregón se mantuvo vigente y en espera de que le fuera devuelto el poder al cumplirse el término del cuatrienio.

Fuente 3. El muralismo revolucionario

La Revolución Mexicana tiene como efecto un cambio radical de la vida cultural. Su dinámica invade todos los ámbitos de la vida nacional. Su impulso original no estuvo sujeto a lineamientos ideológicos, sino que más bien se trató de un levantamiento espontáneo de masas, una revuelta que intentaba vencer cadenas semifeudales. No fue sólo un "regreso a los orígenes" (Octavio Paz), descubrimiento de la propia historia enajenada, sino también un proyecto utópico de un futuro mejor, una revolución social sin par. En ella se manifestó a la vez una crisis cultural que había sido negada durante mucho tiempo (…).

Al finalizar el conflicto armado, México se encontró en una situación difícil: después de la victoria militar, la solución del problema agrario devino en una prioridad; la consolidación política debía ser asegurada a largo plazo. En este proceso, la palpable ausencia de ideología fue atenuada por el concurso de una tendencia preponderante: las energías liberadas deberían canalizarse a favor de la transformación cultural. Este impulso se vio, en 1920, favorecido por una circunstancia propicia, promovida enérgicamente por el entonces secretario de Educación José Vasconcelos, quien convocó a los artistas a participar en la reconstrucción de la nación (…).

Gracias al patrocinio estatal, una fase muy productiva del muralismo da comienzo. En ella se ponen de manifiesto las posturas ideológicas encontradas que mantienen Orozco y Rivera, especialmente en lo referente a la interpretación de la Revolución. Mientras que Orozco expresa su escepticismo, por ejemplo en la escena *Trinidad Revolucionaria* (1924) y *La trinchera*, en la Escuela Nacional Preparatoria, símbolo ambas de la derrota y la decepción, Rivera conjuga en su ciclo monumental, en el edificio de la Secretaría de Educación Pública (1923-1929), el retorno de los mártires, la victoria de la Revolución y el comienzo de una nueva era de la humanidad.

Para cumplir con esta profecía, la Revolución Mexicana fue reinterpretada como revolución marxista (…). Los hechos de la historia mexicana tienen que subordinarse a su concepto de desarrollo social. Las fuerzas buenas y malas son diferenciadas en forma tajante: pueblo y explotadores; proletarios y empresarios gordos aparecen rivalizando en una forma de denuncia estática, susceptible de ser descifrada a primera vista.

(…) Junto al mundo del trabajo, de la glorificación de la Revolución y de la crítica del capitalismo, nace como temario específicamente mexicano una nueva iconografía de la cultura popular y del mundo indígena, de la belleza del hombre mexicano, de su vida cotidiana, de sus rituales y fiestas (…).

La temática histórica se convierte en la preocupación fundamental de los muralistas. Una revisión de la historia ofreció a Rivera la posibilidad de articular sus propias ideas al concepto de un arte nacional con carácter universal, sujetar los problemas nacionales en su raíz y conectar el enfrentamiento al pasado con acentos actuales. Sería interesante comparar en este contexto los enfoques teóricos de los muralistas con la literatura contemporánea y analizar las influencias mutuas existentes más a fondo.

Hans Haufe, "El muralismo; un arte autogestado",
Imagen de México, Catálogo de la exposición editado por Erika Billeter,
Francfort, 1987, pp. 92-94.

Política interna

La política de Calles durante el periodo 1924-1928 estuvo encaminada a dar impulso a la reconstrucción nacional, por medio del establecimiento de un Estado fuerte, sustentado en la ideología populista y en el principio de la conciliación de clases. Con Calles empezó a materializarse la meta de lograr el ajuste económico y de instituir un nuevo orden político, a pesar de los serios problemas que tuvo que enfrentar.

El ejército, foco de insurrección

Debido a las rivalidades internas y a las aspiraciones presidenciales de la mayoría de los jefes militares, el ejército se había convertido en un foco de insurrección, por lo que se hacía necesario reorganizarlo de nuevo. Calles comisionó al general Joaquín Amaro la Secretaría de Guerra y, en consecuencia, la reorganización del ejército; se restableció el antiguo Colegio Militar, cerrado desde 1914, y se buscó profesionalizar a los oficiales, expulsando a los que pudieran organizar levantamientos. Amaro se empeñó en acabar con la vieja costumbre de que cada jefe de zona o de unidad formara ejércitos privados que le rendían fidelidad, lo cual impedía la cohesión de las fuerzas militares nacionales. A fin de romper aquella costumbre tan peligrosa para el orden interno, Amaro dividió el país en 33 jefaturas que sustituían a las 10 zonas tradicionales, subdividiéndolas cuando lo juzgaba necesario; además, continuamente removía a los jefes de las unidades, de modo que no pudieran manejar a los soldados bajo su mando en favor de sus intereses personales. Sin embargo, esa medida no pudo aplicarse en algunas zonas en las que dominaban jefes militares fuertes cuyo sometimiento se hacía muy difícil.

Persistían en el ejército otros viejos problemas que no fue posible resolver a causa de la falta de recursos económicos, uno de los cuales era el reclutamiento. Supuestamente cada soldado debía ser voluntario y servir en el ejército por lo menos tres años, tener una edad de 21 a 35 años, ser soltero o viudo, sin hijos, y tener una estatura determinada. Pero como en la práctica había pocos incentivos económicos y no llegaron a exigirse los requisitos, en muchos casos se tuvo que recurrir a la leva o incorporar a indígenas vencidos en las guerras de castas que aún ocurrían en algunas regiones. Otro problema era la falta de presupuesto para comprar material bélico, por lo que el soldado, mal pagado y peor alimentado, con armamento deficiente, estaba presto a desertar a la primera oportunidad. Los problemas económicos pudieron resolverse cuando el gobierno entró en mejores relaciones con Estados Unidos y consiguió apoyo para el ejército en las luchas por mantener la estabilidad interna.[17]

Joaquín Amaro

Debido a las rivalidades internas y a las aspiraciones presidenciales de la mayoría de los jefes militares, el ejército se había convertido en un foco de insurrección, por lo que se hacía necesario reorganizarlo de nuevo.

El presidente Calles entrega banderas al ejército

Caciquismo

El tradicional problema del caciquismo parecía no tener fin. Durante los años posteriores a la lucha armada, el cacique constituía, de forma todavía más peligrosa que el jefe de zona militar, un potencial dirigente subversivo que podía movilizar a las masas que dominaba, ya fuera por motivos ligados a su ambición de obtener mayor poder político, o por no perder el que tenía cuando se veía amenazado por las autori-

El cacique constituía un potencial dirigente subversivo que podía movilizar a las masas que dominaba, ya fuera por su ambición de obtener mayor poder político, o por no perder el que tenía cuando se veía amenazado por las autoridades centrales.

---
[17] José C. Valadés, *Op. cit.*, pp. 334-335.

dades centrales. Para conseguir la paz interna, era imprescindible que aquellos caciques fueran sometidos por la fuerza o bien que su influencia fuera canalizada en favor del orden público; se tomaba uno u otro camino según fueran las circunstancias.

El caciquismo basaba su fuerza en todos los elementos que tenía a su alcance: en los procesos electorales que en cada cambio de gobierno local se convertían en verdaderos escenarios de violencia, en la reforma agraria que el cacique manipulaba a su antojo, en las rivalidades que se daban entre las familias, entre los pueblos, y hasta entre los grupos políticos nacionales. Algunos de los gobernadores llegaron también a convertirse en caciques, pero no tuvieron tanta fuerza porque finalmente su poder se sostenía según fueran las relaciones que mantuvieran con el poder central. Durante el gobierno de Calles, el caciquismo constituyó uno de los problemas que en mayor grado entorpecieron la integración nacional, y en ese sentido justificó la necesidad de un poder central fuerte que combinara los intereses opuestos de las diversas regiones de este país, al que no sin razón se le considera dividido en "muchos Méxicos".

Los estados de mayor agitación política fueron aquellos donde la imposición o el cese del gobernador en turno desencadenaba un encuentro de fuerzas en pugna entre obregonistas, callistas, agraristas, obreros, todavía algunos delahuertistas, y los seguidores de Ángel Flores, candidato rival de Calles en las elecciones presidenciales. Estos grupos, azuzados por los caciques, apoyaban al candidato a gobernador que mejor satisficiera sus ambiciones o que no ejerciera represalias contra ellos. Casos como esos se presentaron, con menor o mayor fuerza, en los estados de Aguascalientes, Coahuila, Durango, Chihuahua, Morelos, Colima, Oaxaca, Puebla, Nayarit, Jalisco y Guerrero. La efervescencia regional persistió durante todo el periodo de Calles, se acentuó con la rebelión cristera en 1926, y se agravó al acercarse la sucesión presidencial.

Desarticulación política

La desintegración regional se expresó también en la formación de los partidos políticos, que en muchos casos no se podían considerar propiamente partidos sino comités electorales, clubes o sociedades que representaban no a una ideología sino a los intereses de una región, de un barrio y hasta de una persona. En 1925, el registro electoral del Estado de México contenía 200 partidos reconocidos y en el Distrito Federal había 107; en 1928, los partidos llegaron en todo el país a la exorbitante suma de ocho mil.[18]

Aquella multiplicidad de partículas en que se descomponía la organización partidaria de la política mexicana de los años veinte se debía a factores bien definidos: a las formas arcaicas de practicar la política, al culto de la persona con poder local, al hecho de limitar la participación política a una élite muy reducida, a la persistencia del sistema de jefes políticos existente desde el siglo pasado. La vida de muchos de aquellos "partidos" era efímera y se mantenía sólo mientras sirviera de instrumento de acceso a los poderes políticos locales o de refuerzo para organizar huelgas.

Los partidos que podían considerarse medianamente nacionales eran el Partido Nacional Agrarista (PNA), el Partido Laborista Mexicano (PLM), y el Partido Comunista Mexicano (PCM), y de éstos sólo el PLM tuvo cierta fuerza, sobre todo, en el Distrito Federal, gracias a que era el instrumento político de la CROM, ya que esta organización no podía participar directamente en política. En 1928, al acercarse la contienda electoral, algunas personas vieron la conveniencia de evitar la anarquía

---

La desintegración regional se expresó también en los partidos políticos, que en muchos casos no se podían considerar propiamente partidos sino comités electorales, clubes o sociedades que representaban no a una ideología sino a intereses particulares.

Crecieron las presiones del sector anticlerical, debido, en gran parte, a que el lenguaje socialista en los discursos políticos alentaba la creciente hostilidad de los grupos radicales de izquierda que pretendían "luchar contra el fanatismo".

Ejercicio 8

1. Describe cómo la alianza entre Calles y el líder Morones permitió un control de las masas populares más efectivo que en el periodo de Obregón.

2. ¿De qué manera beneficiaba al desarrollo del capitalismo la alianza entre el gobierno y la CROM?

3. Explica por qué el ejército se había convertido en un foco de insurrección al inicio del gobierno de Calles.

4. ¿De qué manera el caciquismo constituía un obstáculo para la unidad nacional?

5. ¿Por qué hacia fines del gobierno de Calles se planteaba la conveniencia de crear un partido político unificador?

---

[18] Jean Meyer et al., *Estado y sociedad con Calles*, El Colegio de México, México, 1977, p. 97.

mediante la formación de un gran partido que integrara a todas las agrupaciones y las hiciera trabajar por una sola causa, pero en aquel entonces el proyecto no llegó a cristalizar.

El conflicto religioso

Ruptura con la Iglesia católica

Desde tiempos de la lucha armada, los dirigentes revolucionarios habían dado a la política un giro anticlerical que en muchas ocasiones se había tornado en antirreligioso. Las ideas jacobinistas llegaron a manifestarse en enfrentamientos reales contra los sacerdotes católicos, desde la época de Carranza, pero hacia 1919, don Venustiano adoptó una posición conciliadora, llegando incluso a pensar en reformar la Constitución en ese aspecto. Al arribar al poder el grupo sonorense crecieron las presiones del sector anticlerical (a pesar de que Obregón se inclinaba hacia la conciliación), debido en gran parte a que el lenguaje socialista que comenzó a infiltrarse en los discursos políticos alentaba la creciente animadversión de los grupos radicales de izquierda que pretendían "luchar contra el fanatismo".

Líderes de la CROM

En respuesta a esos ataques, los católicos fundaron un nuevo partido político, el Nacional Republicano, y pidieron que fuera reformada la Constitución al tiempo que organizaban manifestaciones contra el gobierno revolucionario en apoyo a esa petición, y gritaban por las calles de la ciudad de México su devoción religiosa. Los choques con la CROM y con la Federación Anticlerical Mexicana no se hicieron esperar y, en varias regiones del país, cundieron las provocaciones y los enfrentamientos de ambos bandos que fueron tornándose cada vez más serios.

En febrero de 1925, los dirigentes de la CROM concibieron la idea de formar una Iglesia católica cismática, es decir, separada de Roma,[19] y pusieron en práctica su propósito ocupando por la fuerza un templo en la ciudad de México, en donde instalaron al sacerdote José Joaquín Pérez, a quien constituyeron en patriarca de la nueva Iglesia mexicana. Por esas fechas, los gobernadores de Veracruz y Tabasco, radicalmente anticlericales, dictaron medidas para limitar las funciones del sacerdocio, decretando que los ministros de culto debían ser casados y mayores de cuarenta años. Como respuesta a aquellas acciones, las juventudes católicas fundaron, en marzo de 1925, la Liga Nacional de Defensa Religiosa (LNDR), que era propiamente un ejército cristiano dispuesto a tomar las armas en contra del gobierno por la defensa de su religión.[20]

Los dirigentes de la CROM pusieron en práctica su propósito de formar una Iglesia católica cismática ocupando por la fuerza un templo en la ciudad de México, en donde instalaron al sacerdote José Joaquín Pérez como patriarca de la nueva Iglesia mexicana.

El conflicto entre la Iglesia católica y el gobierno se agudizó después de las protestas públicas del arzobispo de México, José Mora y del Río, contra las cláusulas que se referían a asuntos religiosos en el artículo 130 constitucional. El 27 de enero de 1926, un reportero de *El Universal* publicó una reproducción de esas declaraciones, donde el arzobispo ratificaba la protesta colectiva hecha por el episcopado mexicano el 24 de febrero de 1917, contra la Constitución recién promulgada. Indignado, Calles ordenó que el arzobispo fuera consignado ante el procurador de Justicia, pero Mora del Río negó haber hecho aquellas declaraciones en los términos en que se le

El "patriarca" José Joaquín Pérez da la comunión a fieles cismáticos

---

[19] Tal idea no era nueva; se había presentado antes en varias ocasiones, siempre en coincidencia con los enfrentamientos entre el gobierno y el clero católico: en 1822, al consumarse la Independencia y ser expulsados algunos obispos españoles; en 1859, cuando se buscó establecer una Iglesia Mexicana apegada a las Leyes de Reforma, proyecto que fue retomado en 1871 por un sacerdote que había abjurado de la fe católica. Véase: Alicia Olivera Sedano, *Aspectos del conflicto religioso de 1926 a 1929*, SEP, México, 1987, pp. 87-89.
[20] José C. Valadés, *Op. cit.*, pp. 20-22.

El Templo cismático de La Soledad, resguardado por la policía

El ejército ocupa los templos

Las juventudes católicas fundaron, en marzo de 1925, la Liga Nacional de Defensa Religiosa (LNDR), que era propiamente un ejército cristiano dispuesto a tomar las armas, en contra del gobierno, por la defensa de su religión.

El 27 de enero de 1926, un reportero publicó la reproducción de unas declaraciones hechas por el arzobispo de México, quien ratificaba la protesta colectiva hecha por el episcopado mexicano, el 24 de febrero de 1917, contra la nueva Constitución.

La carta pastoral del obispo de Huejutla, que constituía una clara violación al artículo 130, condujo a la inmediata consignación del obispo ante las autoridades.

José Mora y del Río, arzobispo de México

acusaba; después de algunas investigaciones, las autoridades decidieron que no había delito que perseguir.

Aquellos hechos produjeron varias protestas de los católicos y la más destacada fue una carta pastoral lanzada el 1 de marzo de 1926 por el obispo de Huejutla, Hidalgo, José de Jesús Manríquez (que algunos jacobinos consideraban ligado a los intereses petroleros de la Huasteca), quien denunció "ante el mundo civilizado" lo que consideraba una injusta agresión de parte del gobierno en contra de la Iglesia católica, y hacía crítica de algunos artículos fundamentales de la Constitución y del gobierno en general. Esto, que era una clara violación al artículo 130, condujo a la inmediata consignación del obispo ante las autoridades; el prelado mantuvo una actitud retadora que dio motivo a su detención, la cual duró 11 meses —en domicilios particulares y no en una cárcel pública—, para luego ser "invitado" a salir del país.[21]

Para Calles, las circunstancias obligaban a tomar medidas extremas; con fecha 14 de junio del mismo año de 1926, fue expedida una Ley Adicional que, publicada el 2 de julio siguiente, limitaba el número de sacerdotes a 1 por cada 6 mil habitantes y se establecía que todos los sacerdotes del país deberían registrarse ante el presidente del municipio donde oficiaran, pudiendo ejercer su ministerio solamente los que contaran con licencia del Congreso de la Unión o de los estados. Se reformaba además el Código Penal, fijándose sanciones o penas por violación a lo previsto por la Constitución en materia de cultos o de enseñanza. En esta ley, que se conocería como "Ley Calles", se integraron todos los decretos que habían sido expedidos por el gobierno en los meses anteriores.

En cumplimiento de dicha ley, fueron clausurados 42 templos en el país, así como las capillas en los asilos de beneficencia privada que estaban abiertos al culto público; se suprimió la intervención de religiosos en general en las instituciones de beneficencia; fueron cerrados 73 conventos y se obligó a los sacerdotes extranjeros a no ejercer el culto, expulsándose a 185 de ellos.[22]

Los obispos recurrieron a las autoridades para evitar la aplicación del decreto de Calles y, ante la negativa a su demanda, tomaron la decisión de suspender el culto e hicieron gestiones ante el Vaticano para obtener la aprobación a dicha medida, tomada ya en el siglo XVII por un arzobispo de México en contra de un virrey.[23] Mientras tanto, el episcopado aprobaba a su vez el proyecto de la LNDR de realizar un boicot en contra del gobierno. El 24 de julio, con el apoyo de Roma, los obispos publicaron una pastoral colectiva anunciando la suspensión de los cultos en cuanto la Ley Calles entrara en vigor, el 31 de ese mismo mes.

---

[21] Alicia Olivera Sedano, *Op. cit.*, pp. 93-95.
[22] *Ibid.*, pp. 106-108.
[23] Véase el primer volumen de esta obra, capítulo 7.

Mientras surgían brotes de rebelión en varias regiones del país, la Liga aún recurría a la resistencia civil; el 31 de octubre de 1926 dio comienzo al boicot que consistió en paralizar la vida social y económica por los siguientes medios: abstención de dar anuncios y comprar aquellos periódicos que se opusieran al boicot o que no les prestaran ayuda; abstención de hacer compras que no fueran las indispensables para el sustento de cada día; la mayor abstención posible del empleo de vehículos; no concurrir a diversiones públicas ni privadas; limitar el consumo de la energía eléctrica; abstención total y definitiva de asistir a las escuelas laicas.[24] Esta medida, que tuvo graves repercusiones sobre la vida económica del país, hizo exasperar al gobierno, que ordenó la aprehensión de los organizadores y de todos los participantes en dicho movimiento. La Liga decidió entonces ejercer una acción drástica y creó un comité de guerra encargado de organizar un levantamiento armado. El levantamiento estalló en enero de 1927 en Jalisco, y se expandió rápidamente por varios estados de la República (véase mapa 3.1.).

Episcopado mexicano

Fuente 4. El Estado y la Iglesia católica: su responsabilidad en la guerra cristera

(…) es indudable que la Iglesia católica había actuado desde 1917 al margen de las cláusulas de la Constitución que le imponían serias restricciones, especialmente en materia educativa. Pueden comprobarse además muchos casos aislados de declaraciones de eclesiásticos sobre problemas políticos, así como también otros en que el clero católico fomentaba la oposición al gobierno. Es innegable, asimismo, que la política seguida por la Iglesia en relación con los ordenamientos constitucionales en materia religiosa era de franco repudio. Y es evidente también que el presidente Calles podía alegar que actuaba dentro de los límites legales propios de su encargo, al aplicar las cláusulas de la Constitución, por más que muchos de sus subalternos, extremando las medidas, violaban frecuentemente las garantías individuales.

Además, resulta igualmente evidente que los miembros laicos de la Iglesia católica, en su intento de combatir las restricciones impuestas por el gobierno, muchas veces perdieron todo sentido de perspectiva.

(…) Es evidente (…) que el propósito fundamental de Calles era el de establecer la supremacía del Estado sobre la Iglesia. Imbuido de tal idea, llegó hasta alentar a los cismáticos que se mostraban sumisos a la política del gobierno en materia religiosa. Pero, al fomentar el cisma y al poner en práctica mediante reglamentación especial aquellas medidas restrictivas consagradas por la Constitución, sometía a la Iglesia al control gubernamental (al exigir el registro de sus miembros y limitar el número de ellos), o restringía sus actividades (por ejemplo las que atañían a su labor educativa), lo cual tenía inevitablemente que producir una ola de inconformidad en vastos sectores del clero y de los fieles católicos.

Como, además, existía un mutuo recelo entre el sector revolucionario y laborista por una parte y los grupos de católicos militantes en la política y en la acción social por otra, los ánimos estaban predispuestos en contra de todo posible avenimiento y propendían a considerar cada paso que daba el contrario como una deliberada provocación. Fue así como se cayó en una desafortunada guerra religiosa que ensangrentó al país, perdiéndose varios años en una lucha estéril de la que no se salió hasta el final del gobierno de Cárdenas y, sobre todo, bajo la gestión del presidente Ávila Camacho.

Alicia Olivera Sedano,
Aspectos del conflicto religioso de 1926 a 1929,
SEP, México, 1987, pp. 109-111.

La llamada "Ley Calles" limitaba el número de sacerdotes y establecía que todos deberían registrarse ante el presidente del municipio donde oficiaran; se reformaba, además, el Código Penal, fijándose penas por violación a lo previsto por la Constitución en materia de cultos o de enseñanza.

Con el apoyo de Roma, el 24 de julio de 1926, los obispos mexicanos publicaron una pastoral colectiva anunciando la suspensión de los cultos en cuanto la Ley Calles entrara en vigor.

El boicot organizado por los católicos hizo exasperar al gobierno, que ordenó la aprehensión de todos los participantes en dicho movimiento. La Liga decidió entonces crear un comité de guerra encargado de organizar un levantamiento armado.

---

[24] Jean Meyer, *La Cristiada,* 2-*El conflicto entre la Iglesia y el Estado,* 6a edición corregida, Siglo XXI Editores, México, 1980, p. 288

La rebelión cristera

La Cristiada, como se llamó a la guerra civil ocurrida en México entre 1927 y 1929, fue un movimiento estrictamente popular y apolítico en el sentido de que, aunque se dirigiera en contra del gobierno provocando gran conmoción, formalmente, no pretendía desestabilizarlo y mucho menos destruirlo. Su único propósito, por el que se involucraron en una lucha cruenta decenas de miles de personas, era salvaguardar el culto a la religión que consideraban —y en muchos casos lo era en realidad— atacada por los miembros del gobierno revolucionario. El centro del país volvió a convertirse en escenario de otra guerra fratricida, esta vez originada por el fanatismo violento de unos y el obstinado jacobinismo de otros, que causaron muchas muertes y retrasaron, en segunda instancia, el proceso de reconstrucción económica que apenas se intentaba.

Entre los católicos que militaron en la lucha se distinguen dos sectores: a) los miembros de la LNDR, que no combatían en el campo de batalla y que, en su mayoría, pertenecían a la clase media; y b) los *cristeros* que sí utilizaron las armas para enfrentarse al gobierno y provenían casi exclusivamente de la clase campesina. Los integrantes de este grupo armado se llamaron primeramente a sí mismos "defensores", en clara referencia a su relación con la Liga; después, "libertadores", porque militaban en el Ejército Nacional *Libertador;* y definitivamente "cristeros", porque luchaban vitoreando a Cristo Rey (aunque este último adjetivo les fue aplicado por sus adversarios en sentido despectivo).[25]

Para la primavera de 1927, combatían contra el ejército federal en condiciones adversas, más de 50 mil cristeros, diseminados en grupos aislados y carentes de una organización central y del armamento adecuados, en comparación con los federales al mando del general Joaquín Amaro que, con todos los recursos militares del Estado, controlaban las ciudades y las vías de ferrocarril.

Tal desigualdad de condiciones hizo temer a las autoridades del Estado y de la Iglesia que fuera aniquilada la población campesina, y por ello Obregón se decidió a actuar como mediador en el conflicto. Se entrevistó en varias ocasiones con los obispos, pero sus gestiones de paz fracasaron porque la Iglesia se mantenía firme en su posición de exigir la derogación de los artículos constitucionales que lesionaban sus intereses, y porque el presidente Calles se molestó al enterarse de las negociaciones, efectuadas sin su consentimiento. El embajador estadounidense Dwight W. Morrow también intervino para solucionar el conflicto y lograr que ambas partes llegaran a un acuerdo; pidió a Calles le permitiera actuar como mediador, a lo cual el presidente

La Cristiada

La Cristiada fue un movimiento estrictamente popular y apolítico, en el sentido de que, aunque se dirigiera en contra del gobierno, su único propósito era salvaguardar el culto religioso

En la lucha cristera se distinguen dos sectores: a) los miembros de la LNDR, que no combatían en el campo de batalla y que, en su mayoría, pertenecían a la clase media; y b) los cristeros *que sí utilizaron las armas para enfrentarse al gobierno y provenían casi exclusivamente de la clase campesina.*

Enrique Gorostieta, general cristero

Comunión y guerra

---
[25] Alicia Olivera Sedano, *Op. cit.,* p. 124.

aceptó con escepticismo, pues creía que había alguna complicidad entre los petroleros estadounidenses y la Iglesia. En enero de 1928, Morrow y el secretario general de la National Catholic Welfare Conference, John Joseph Burke, promovieron un acercamiento entre el presidente Calles y los obispos mexicanos; en marzo siguiente el padre Burke envió una carta a Calles en tono cordial, donde le exponía las intenciones de la Iglesia mexicana de reanudar el culto público y poner fin así a la guerra.

La respuesta de Calles fue positiva. Manifestó que no era su propósito, ni el de la Constitución, destruir la identidad de la Iglesia ni involucrarse en cuestiones espirituales, y se mostró dispuesto a escuchar las quejas que le presentara a su gobierno cualquier prelado o simple particular, "por injusticias cometidas a causa de algún exceso en la aplicación de la ley".[26]

La reelección de Obregón, en julio de ese mismo año, hizo cobrar esperanzas a los dirigentes eclesiásticos de que mejorarían sus relaciones con el gobierno. El día en que Obregón fuera asesinado, precisamente por un fanático católico, estaba por efectuarse una entrevista entre el caudillo y Morrow, a fin de buscar el procedimiento idóneo para resolver el conflicto religioso. La conmoción política que siguió a la muerte de Obregón, electo para el siguiente periodo presidencial, retrasó la solución del problema, que no pudo darse sino hasta el 21 de junio de 1929, con la firma de unos "arreglos" entre el gobierno y la Iglesia, los cuales no podían tener carácter oficial, pues el gobierno no podía negociar con una institución a la cual no le reconocía personalidad legal. Sin ceder en ninguno de sus principios revolucionarios ni derogar ley alguna, el gobierno (encabezado interinamente por Emilio Portes Gil) concedió la amnistía a todos los cristeros que quisieran rendirse y ordenó la devolución de los templos y casas que no estuvieran ocupadas por alguna oficina de gobierno, ofreciendo desocupar las demás en el menor tiempo posible. La Iglesia, aparte de la devolución de muchos templos y la posibilidad de reanudar los cultos, no obtuvo ninguna otra ventaja concreta; al parecer, los católicos quedaban en la misma situación que tenían cuando estalló el conflicto. Sin embargo, el recuerdo de aquella violenta experiencia habría de hacer más cautelosas las relaciones entre las autoridades del Estado y las de la Iglesia: era imprescindible que no volviera a repetirse aquel enfrentamiento cuyo costo social fue tan alto.

La diarquía Obregón-Calles

Al comenzar Calles su gobierno en 1924, Obregón fue a vivir a Sonora, pero su retirada no significó que se alejara de la política, pues se mantuvo constantemente infor-

La desigualdad de condiciones en la lucha cristera hizo temer a las autoridades del Estado y de la Iglesia que fuera aniquilada la población campesina, y por ello Obregón se decidió a actuar como mediador en el conflicto.

El embajador estadounidense Dwight W. Morrow pidió a Calles le permitiera actuar como mediador en el conflicto, a lo cual éste aceptó con escepticismo, pues creía que había alguna complicidad entre los petroleros estadounidenses y la Iglesia.

La conmoción política que siguió a la muerte de Obregón, electo para el siguiente periodo presidencial, retrasó la solución del problema religioso, que no pudo darse sino hasta el 21 de junio de 1929, con la firma de unos "arreglos" entre el gobierno y la Iglesia.

Tropa cristera

Un oficial del ejército federal y un jefe cristero

---

[26] Citado por Jean Meyer, *Estado y sociedad con Calles*, p. 273.

MAPA 3.1. *El movimiento cristero*

Leyenda del mapa:
- Zona de los brotes cristeros más importantes
- Zona de brotes cristeros de segunda importancia
- Zona de brotes cristeros esporádicos y de mucha menor importancia

Ejercicio 9

1. ¿Cuáles fueron las acciones de los integrantes de la CROM, en contra de la Iglesia católica?
2. Describe el desarrollo de los acontecimientos protagonizados por los obispos católicos y el gobierno, que dieron origen a la rebelión cristera.
3. Describe las características de la lucha cristera, en cuanto a sus objetivos, los dos sectores sociales que la integraron y la zona geográfica que cubrió.
4. Explica cómo se resolvió el conflicto entre el Estado y la Iglesia.

mado de la manera en que Calles gobernaba y llegó a intervenir de forma directa en algunos asuntos políticos. Según se decía entonces entre algunos sectores de la política, Obregón y Calles habían celebrado un pacto secreto en 1923, según el cual los dos se turnarían el poder periodo tras periodo; aunque esto no pasó de ser un mero rumor, lo cierto es que, en los años 1924 a 1928, el sistema político fue una diarquía, sobre todo a partir de 1926, cuando Obregón regresó abiertamente a la política, decidido a defender y promover su reelección. A partir de entonces, la presión sobre Calles fue más enérgica, y su situación se hizo todavía más difícil cuando Obregón y Morones, el líder de la CROM y secretario de Industria, de quien Calles apoyaba su fuerza populista, se enfrascaron en una lucha abierta e irreconciliable, que muchas veces obligó al presidente a actuar como árbitro entre aquellos dos hombres que lo apoyaban, pero que también hacían estremecer su poder, al luchar entre sí por la sucesión presidencial.

Aquella rivalidad acentuó las divisiones que había en el Congreso a causa de los conflictos interregionales; se formaron bloques de cromistas, socialistas, agraristas, obregonistas, moronistas y, desde luego, algunos callistas, que luchaban en favor o en contra de la reelección de Obregón y hacían más conflictiva la situación en aquel difícil año de 1926. Al año siguiente, se presentaron las candidaturas de Arnulfo R.

Fuente 5. El nuevo *status* político y social de la Iglesia católica

Los acuerdos de junio de 1929 entre el presidente Portes Gil y el arzobispo de México sancionaron, de modo definitivo, el nuevo *status* político y social de la Iglesia Católica mexicana. Ésta reconoció, por principio de cuentas, la soberanía del Estado nacional y, aunque siguió sin aceptar la Constitución, sin embargo, le acordó obediencia y sumisión. El Estado de la Revolución, por su parte, no transigió en derogar y menos aún en abrogar ninguno de los principios constitucionales y legales en materia de culto, de manera que la Iglesia siguió siendo considerada como una simple asociación privada, incapacitada absolutamente para participar o influir en la política nacional; pero, al mismo tiempo, el Estado aceptó la preeminencia de la Iglesia Católica en la vida religiosa de la sociedad, reconociéndole desde entonces la más completa libertad para ejercer su ministerio e incluso le permitió impartir educación, bajo ciertas normas de control y vigilancia. Estaba claro para ambas partes que si se aplicaban con todo rigor y a la letra la Constitución y su legislación derivada en materia religiosa, la Iglesia Católica, sencillamente, dejaría de existir o se vería obligada a luchar hasta la muerte, provocando nuevas rebeliones civiles y nuevos desórdenes, cosa que nadie deseaba; por ello se llegó rápidamente a un acuerdo tácito: el orden jurídico no sería modificado, pero su aplicación sería en adelante laxa y relajada. Algo que quedó en el aire y que luego la Iglesia y sus organizaciones civiles convirtieron en un derecho reconocido fue la lucha por cambiar la legislación existente, pero apegándose a derecho y sin recurrir jamás al desorden o la violencia. La Iglesia seguiría siendo una institución sin derecho de propiedad, pero el Estado dejaría en sus manos, con las responsabilidades establecidas por el artículo 130 constitucional, los bienes nacionales dedicados al culto y a los servicios colaterales al mismo; de hecho, desde entonces el clero ha operado y multiplicado los bienes puestos a su cuidado como si fueran de su exclusiva propiedad.

Arnaldo Córdova,
La Revolución y el Estado en México,
Era, México, 1989, p. 359.

Durante el gobierno de Calles, el sistema político fue una diarquía, sobre todo a partir de 1926, cuando Obregón regresó abiertamente a la política, decidido a defender y promover su reelección.

La rivalidad política entre Obregón y Luis N. Morones acentuó las divisiones que había en el Congreso a causa de los conflictos interregionales.

Arnulfo R. Gómez

Francisco Serrano

Gómez y Francisco Serrano para la presidencia, pero, tal como lo había anticipado el primero de ellos, "Obregón precipitó los acontecimientos empujando a sus adversarios a la rebelión";[27] y en calidad de rebeldes, Gómez y Serrano fueron aprehendidos y fusilados en octubre de 1927.

Reelección y muerte de Obregón

Al fin logró imponerse la voluntad de Obregón, que era también la de Calles, quien parecía obligado a cumplir con aquel supuesto pacto, a pesar de que su identificación con Morones era en ese tiempo más fuerte que con Obregón. La Constitución fue reformada en sus artículos 82 y 85, con el fin de legalizar la reelección y la prolongación del periodo presidencial a seis años y, a pesar de la oposición de Morones, el general Obregón ganó las elecciones presidenciales el 10 de julio de 1928, cuando el conflicto religioso aún no se resolvía.

Pero el candidato electo no habría de llegar a ocupar el Poder Ejecutivo por segunda vez, pues el 17 del mismo mes de julio, horas antes de que se realizara la entrevista

---

[27] *Ibid.*, p. 140.

Álvaro Obregón, en el restaurante donde sería asesinado

con el embajador estadounidense que se había ofrecido para negociar con el Vaticano, Obregón fue asesinado en un restaurante de la ciudad de México, irónicamente por un católico que lo creía responsable del conflicto con la Iglesia. En virtud de las circunstancias en que fuera reelecto Obregón, no faltó quién acusara a Morones y al propio Calles de haber planeado su asesinato, pero jamás pudieron probarse tales acusaciones; el magnicidio quedaría tan sólo como un hecho fortuito que, no obstante, habría de cambiar el rumbo de la política mexicana.

Crisis política

La crisis política por la que desde 1926 atravesaba el grupo revolucionario en el poder, se hizo más severa a raíz del asesinato de Obregón. Considerando que la reelección de éste había ocurrido en circunstancias de conflicto, debido a las rivalidades existentes entre Obregón y Morones, y por la manera violenta en que se eliminara a los otros dos principales aspirantes a la presidencia —Gómez y Serrano—, la muerte del caudillo, que beneficiaba a Morones y a los antirreeleccionistas y, por supuesto, a Calles, fue un nuevo factor de lucha enconada entre los grupos que se disputaban el poder. Los obregonistas culpaban del crimen a Morones, e incluso a Calles, mientras que los antirreeleccionistas permanecían a la expectativa. Las averiguaciones policiacas exigidas por los obregonistas no lograron dar con los supuestos autores intelectuales que estuvieran detrás del asesino del presidente electo. De manera que jamás se esclareció si hubo o no un móvil político en el crimen, y las acusaciones contra los moronistas quedaron sin fundamento.

Obregón, presidente electo, fue asesinado en un restaurante de la ciudad de México, irónicamente por un católico que lo creía responsable del conflicto con la Iglesia.

El problema más grave era que la ausencia de Obregón evidenciaba un vacío de poder que, en aquellas circunstancias, no podía vislumbrarse cómo y por quién sería llenado. La fuerza política estaba en manos de los obregonistas en el momento del asesinato de su líder, y Calles aún no contaba con auténticos seguidores que le permitieran neutralizar el peso político de aquéllos, enemigos de él mismo y de Morones. Por otra parte, las subversiones de los militares regionales seguían constituyendo una seria amenaza para la paz, sin contar con que se había tenido que posponer la solución al conflicto religioso, debido a la conmoción creada por el crimen contra Obregón.

La muerte de Obregón, que evidenciaba un vacío de poder, fue un nuevo factor de lucha enconada entre los grupos que se disputaban el acceso al gobierno.

Último informe de Calles

El 1 de septiembre de 1928, Calles presentó su último informe de gobierno, el cual habría de ser de gran trascendencia histórica, debido a lo que en él se anunciaba. Lamentaba Calles la pérdida irreparable del presidente electo, que dejaba al país:

> en una situación particularmente difícil, por la total carencia, no de hombres capaces o bien preparados, que afortunadamente los hay, pero sí de personalidades de indiscutible relieve, con el suficiente arraigo en la opinión pública y con la fuerza personal y política bastante para merecer por su solo nombre y su prestigio la confianza general.[28]

Con notable astucia, Calles no sólo se abstuvo de considerarse facultado para ocupar el lugar de liderazgo que dejaba vacío Obregón, sino que admitió que la

José de León Toral y la "madre Conchita", implicados en el asesinato

---

[28] Citado por Lorenzo Meyer *et al., Los inicios de la institucionalización*, El Colegio de México, México, 1978, pp. 18-21.

Emilio Portes Gil es elegido presidente sustituto

Calles pronuncia su último informe de gobierno

Al plantear la idea de organizar en partidos políticos a las fuerzas contrarias, Calles buscaba acabar con la violencia generada tanto por las ambiciones de quienes integraban la "familia revolucionaria", como por la de aquellos que constituían la "reacción".

muerte de éste presentaba "a la totalidad de la familia mexicana, la oportunidad, quizá única en muchos años…, de hacer un decidido y firme y definitivo intento para pasar de la categoría de pueblo y de gobiernos de caudillos, a la más alta y más respetada y más productiva y más pacífica y más civilizada condición de pueblo de instituciones y leyes".[29] Después de justificar la necesidad de aquel cambio, Calles manifestó en su informe la idea de establecer "reales partidos nacionales orgánicos" que permitieran olvidarse, de ahí en adelante, "de hombres necesarios como condición fatal y única para la vida y la tranquilidad del país".[30]

Al plantear la idea de organizar en partidos políticos a las fuerzas contrarias, Calles buscaba acabar con la violencia generada tanto por las ambiciones de quienes integraban la "familia revolucionaria", como por la de aquellos que constituían la "reacción" (los que pugnaban por el regreso al antiguo régimen). Calles conminaba a esta última a organizarse para luchar pacíficamente en defensa de sus intereses y aun por el poder del Estado, si lograban poner de su lado a la mayoría ciudadana. A la familia revolucionaria la instaba a unificarse y a organizarse en una sola fuerza como único medio de mantener su hegemonía y procurar al país un desarrollo pacífico, absteniéndose de recurrir a la violencia. La idea de un partido revolucionario como agente unificador había quedado esbozada aquel 1 de septiembre; solamente faltaba que fuera aceptada por todos los hombres fuertes que constituían la familia revolucionaria.

Nombramiento del presidente interino

Mas el problema político inmediato era nombrar al presidente interino que, según lo señalaba la Constitución, debía encargarse del Poder Ejecutivo en los casos en que un presidente electo no llegara a tomar posesión de su cargo. Calles propuso ante el Congreso que la persona que se postulara a la presidencia interina, y a la constitucional, después, no fuera miembro del ejército, queriendo evitar de esa manera las pugnas que podría ocasionar entre los jefes militares la designación de cualquiera de ellos, con la consecuente eliminación del resto. Además, Calles trató de impedir que se postulara como presidente interino a alguno de los legisladores obregonistas, porque temía que dada la fuerza que éstos tenían, él quedara prácticamente marginado del poder político.

Calles consiguió que fuera elegido Emilio Portes Gil, un joven político que no había ocupado puesto alguno en su gabinete y podía considerarse como obregonista,

Calles consiguió que fuera elegido Emilio Portes Gil, un joven político, no militar, que no había ocupado puesto alguno en su gabinete y podía considerarse como obregonista, sin ser contrario al callismo.

Ejercicio 10

1. ¿En qué consistió la diarquía durante el gobierno de Calles?
2. Describe las rivalidades políticas al acercarse la sucesión presidencial de 1928.
3. ¿Por qué la muerte de Obregón dejaba un "vacío de poder"?
4. ¿Cuál es la trascendencia política del último informe de gobierno de Calles?
5. ¿Por qué Calles proponía que el presidente interino no fuera militar?

---

[29] Citado por Arnaldo Córdova, *La Revolución en crisis. La aventura del maximato,* Cal y Arena, México, 1995, p. 37.
[30] *Ibid.*, p. 38.

sin ser contrario al callismo. Había sido gobernador en su natal Tamaulipas, donde emprendió una labor agrarista que le hizo ganar el apoyo popular; además de que logró neutralizar a las fuerzas de tendencia socialista que intentaron desestabilizar su gobierno.

La comisión de diputados que eligió a Portes Gil estableció que la presidencia interina se prolongara del 1 de diciembre de 1928 al 5 de febrero de 1930, lapso en el que se prepararía el proceso para la elección constitucional de un nuevo presidente.

Política exterior

Nuevas tensiones con Estados Unidos

Cuando Calles ocupó la presidencia dio a entender que no asumiría la responsabilidad en lo concerniente a los acuerdos que su antecesor estableciera con Estados Unidos. En el mes de enero de 1925 comenzó a redactar la reglamentación del artículo 27 constitucional, rechazando el proyecto obregonista por considerarlo demasiado moderado. La nueva ley, inspirada por el líder Morones y aprobada por Calles, fue publicada en julio de 1925. Prohibía la adquisición de terrenos y bienes inmuebles por extranjeros, en una faja fronteriza de 100 kilómetros y de 50 en las costas, con lo cual se afectaba no sólo a las propiedades ganaderas de importantes empresarios estadounidenses, sino a los dueños de las compañías petroleras, a quienes expresamente les declaraba que debían cambiar sus títulos de propiedad absoluta por simples concesiones que tenían una duración de 50 años. El gobierno estadounidense, que había venido protestando contra los proyectos de ley desde el año anterior, se negó a aceptar la nueva legislación y esto provocó nuevas tensiones entre los dos países, que habían empezado a manifestarse desde fines de 1926, cuando apoyaron a bandos contrarios en Nicaragua, donde un grupo dirigido por el general Augusto César Sandino se opuso al gobierno respaldado por Estados Unidos.

La creciente tensión entre México y Estados Unidos volvió a plantear la tradicional amenaza de intervención armada para proteger los intereses de los estadounidenses, en momentos en que había estallado en México el choque entre la Iglesia y el Estado. Ambos problemas llegaron a confundirse porque Calles supuso que el clero colaboraba con las compañías petroleras extranjeras para desestabilizar al gobierno mexicano, y porque la opinión pública estadounidense criticó la conducta de Calles en el asunto religioso.

La crisis entre las dos naciones llegó a su punto máximo cuando el gobierno mexicano ocupó militarmente varios de los campos petroleros, con el objeto de impedir que continuaran operando las empresas que se negaban a cumplir con la nueva legislación. Frank B. Kellog, secretario de Estado del gobierno de Washington, acusó abiertamente a Calles ante el senado estadounidense, llamándolo "bolchevique" [véase fuente 6. "Calles ante el bolchevismo"] y diciendo que buscaba fomentar la

La reglamentación callista del artículo 27 constitucional prohibía la adquisición de terrenos y bienes inmuebles por extranjeros, en una faja fronteriza de 100 kilómetros y de 50 en las costas, afectando no sólo a importantes ganaderos estadounidenses, sino a los dueños de las compañías petroleras.

La creciente tensión entre México y Estados Unidos volvió a plantear la amenaza de intervención armada, en momentos en que había estallado en México el choque entre la Iglesia y el Estado, y cuando ambos problemas habían llegado a confundirse.

Los presidentes Calles y Coolidge

Terreno petrolero en disputa

> **Fuente 6. Calles ante el bolchevismo**
>
> La conversación con Calles había durado casi tres horas. Y cuando yo pretendía lanzarle otra pregunta se detuvo el tren y oímos vivas en el exterior. Acompañé al presidente hasta la plataforma, desde donde divisamos un gentío ondeando pancartas rojas, muchas con el lema: "Abajo la reacción." Al retomar nuestra conversación, juzgué que era el mejor momento para preguntar a Calles sobre el bolchevismo en México. Respondió:
>
>> Tal como el mundo interpreta esta palabra, no hay bolchevismo en México. Hemos sido arrastrados por la onda del nacionalismo que parece dominar al mundo, pero nuestro nacionalismo es sano y no del tipo que es producto o causa de odio: Nuestro nacionalismo intensifica el amor a la patria. Ese amor se había debilitado; a causa de la miseria existente se había apagado un poco en el corazón del mexicano. Intentamos, pues, inculcar de nuevo las responsabilidades cívicas en él a través de la cooperación. El pueblo se da hoy cuenta que no está formado de elementos aislados sino de una conjugación que contribuye a la grandeza de México. Un nuevo nacionalismo está, pues, despertando en el mexicano la conciencia de la patria que ha de crear una nación más grande y mejor.
>
> Y continúa Calles:
>
>> México no es rojo. Sin duda hemos creado una legislación laboral drástica, pero había razones muy profundas para hacerlo. Antes no se reconocía derecho alguno a la clase trabajadora y el gobierno ha tratado de resolver esta laguna reconociendo y codificando tales derechos. No hemos ido más allá de lo que han hecho otros países, incluyendo los Estados Unidos. Hemos otorgado a los trabajadores el derecho a organizarse, ir a la huelga, a ser indemnizados y a ser asegurados (…). Sin duda mantenemos una estricta regulación en las relaciones entre el capital y el trabajo. Pero esto no es bolchevismo. Ha producido mucha reacción por ser esto muy novedoso en México. No negamos que los capitalistas gritan "radicalismo", porque hemos reducido a ocho horas las doce que tenía el día laboral.
>
> Fragmento de una entrevista publicada por un reportero de
> *The Saturday Evening Post*, de Filadelfia, Estados Unidos,
> el 26 de febrero de 1927, tomado de
> *Plutarco Elías Calles, pensamiento político y social*
> Antología seleccionada por Carlos Macías,
> Fondo de Cultura Económica, México, 1988, pp. 235-236.

agitación política en América Central. La situación era tan grave que parecía inminente la ruptura de relaciones, paso previo a la intervención armada de Estados Unidos en México. El conflicto se superó, en buena parte, debido a que en el Congreso estadounidense existía un grupo que se oponía a la intervención armada y secundaba la idea ya expresada por Calles de recurrir al arbitraje internacional. El presidente Calvin Coolidge —quien había sustituido a Harding a la muerte de éste— no estuvo de acuerdo con dicho arbitraje, pero sí desistió de sus planes agresivos. Calles hizo manifiesta su buena disposición para llegar a un arreglo y se abstuvo de tomar alguna medida definitiva contra las empresas que no habían cumplido con la nueva ley.

Los buenos oficios del embajador Morrow

Los buenos oficios del nuevo embajador estadounidense, Dwight W. Morrow, permitieron arreglar el conflicto en todos sus puntos y reanudar el trato amistoso entre los dos países.

A mediados de 1927, Coolidge decidió modificar la política hacia México y reemplazó al embajador James R. Sheffield, perteneciente a la "línea dura" de su gobierno, por Dwight W. Morrow [véase fuente 7. "La llegada del embajador Morrow"], un financiero que representaba al sector contrario. Los buenos oficios del nuevo embajador, que procuró presentar las demandas estadounidenses de tal forma que no parecieran lesionar los intereses mexicanos, permitieron arreglar el conflicto en todos sus puntos y reanudar el trato amistoso entre los dos países. Su primer y más importante triunfo consistió en la modificación de la ley petrolera, de modo que los derechos adquiridos por las empresas antes de 1917 fueran reconocidos de forma absoluta, suprimiendo además el límite de 50 años. Morrow cedió en lo referente a la doctrina de los "actos positivos", pero ésta quedó planteada de tal manera que prácticamente se incluían todos los terrenos adquiridos por las empresas estadounidenses antes de 1917; aceptó también que los títulos de propiedad fueran cambiados por concesiones, aspecto que no tenía mayor importancia, ya que era puramente formal. En cuanto a la reforma agraria que lesionaba las propiedades estadounidenses, el embajador no tuvo mucho problema, pues para entonces Calles se mostraba menos interesado en destruir el latifundio.[31]

Calles con Dwight W. Morrow, embajador estadounidense

De esta manera, los arreglos entre Calles y Morrow, que fueron aceptados por el gobierno de Washington, ponían fin al conflicto entre las dos naciones. El problema de la deuda empezó también a resolverse, y para 1928 ya nada amenazaba las buenas relaciones mexicano-estadounidenses; hasta la opinión adversa sobre Calles había sido modificada en los medios políticos del vecino país. El conflicto religioso, en el que se había visto mezclado el asunto de las compañías petroleras, preocupó también a Morrow y se ofreció de mediador, cooperando con la acción conciliadora de Obregón.

La apertura del presidente Calles hacia la Gran Bretaña, que además invitaba a los capitalistas británicos a invertir en México, permitió que se restablecieran las relaciones diplomáticas entre los dos países.

Las relaciones con otros países estuvieron determinadas por las características que tomara la relación diplomática con Estados Unidos. Respecto a Gran Bretaña, que había roto con México en el periodo obregonista, Calles no estuvo al principio demasiado interesado en reanudar las relaciones; más bien eran los hombres de negocios ingleses, que tenían intereses en México, quienes deseaban la reconciliación, y presionaron a su gobierno para que modificara su actitud hacia la política mexicana. Pero cuando las relaciones con Estados Unidos entraron en crisis, en un intento de Calles por obtener apoyo internacional, creyó oportuno establecer un arreglo amistoso con Gran Bretaña sobre sus reclamaciones a los gobiernos revolucionarios; gracias a tal apertura que además invitaba a los capitalistas británicos a invertir en México, se restablecieron las relaciones diplomáticas entre los dos países.

Las relaciones con la Unión Soviética se basaban en el derecho internacional de no intervención, pero, refiriéndose al comunismo, Calles advirtió que no toleraría la propagación de principios que México no sustentaba.

Con la Unión Soviética, la política exterior de Calles siguió una línea semejante, con la diferencia de que, a causa de la naturaleza de las contradicciones ideológicas entre la URSS y Estados Unidos, el juego podría resultar más peligroso, sobre todo, porque los estadounidenses partidarios de la intervención en México habían denunciado al gobierno de Calles como bolchevique. En 1925, el presidente mexicano explicaba que las relaciones con la Unión Soviética se basaban en el derecho internacional de no intervención, pero advertía contra la difusión del comunismo que "el gobierno de la República no tolerará que se abuse de su buena fe, pretendiendo tomarlo como instrumento para la realización de maniobras o combinaciones de políticas internacionales o para la propagación de principios que no sustenta".[32] Al mismo tiempo,

---

[31] John W. F. Dulles., *Ayer en México. Una crónica de la Revolución (1919-1936),* Fondo de Cultura Económica, México, 1977, pp. 299-300.

[32] Jean Meyer *et al., Estado y sociedad con Calles,* p. 46.

CUADRO 3.2. *Gobierno de Plutarco Elías Calles. Política*

Política interna: problemas	El ejército, foco de insurrección	Reorganización a cargo del general Amaro. Problemas no resueltos			
	Caciquismo	Persistencia del caciquismo. Efervescencia regional			
	Desarticulación política	Partidos regionales, locales. Partidos nacionales			
	Conflicto religioso y rebelión cristera	Revolucionarios en lucha contra el fanatismo. Nuevo partido católico. Petición de reformas constitucionales	Intentos de formar una Iglesia católica Cismática. Aprehensión de obispos	"Ley Calles". La Iglesia suspende el culto	Respuesta de la LNDR, publicación en *El Universal*
				Estalla la guerra	Mediación de Obregón y Morrow
	Diarquía Obregón-Calles	Presión sobre Calles. Conflicto entre Obregón y Morones	División en el Congreso	Sucesión presidencial en 1928	Dos candidatos eliminados
				Reelección de Obregón. Asesinato del presidente electo	Crisis política. Nombramiento del presidente interino
Política exterior	Aumento de la tensión en las relaciones con los Estados Unidos	Mezcla del asunto petrolero con el religioso. Ocupación de los pozos petroleros	Creciente crisis internacional	Modificación de la política estadounidense; llegada de Dwight W. Morrow	Mejoramiento de las relaciones entre México y los Estados Unidos
	Relaciones con otros países	Influencia de las relaciones con Estados Unidos	Arreglo amistoso con Inglaterra y con la URSS	Cambio de actitud del gobierno estadounidense hacia México	

> **Ejercicio 11**
>
> 1. Menciona tres hechos importantes ocurridos entre 1925 y 1927, que provocaron nuevas tensiones con Estados Unidos.
> 2. ¿Cómo influyó el embajador Dwight W. Morrow para la solución de los conflictos entre México y Estados Unidos?
> 3. Describe la política exterior de México, respecto a las relaciones con Gran Bretaña y con la Unión Soviética.

> **Fuente 7. La llegada del embajador Morrow**
>
> Después de resumir muy bien la posición de los Estados Unidos en la controversia —tan en verdad, que se produjo un lógico estancamiento— el embajador Sheffield se retiró. A fines de 1927 el presidente Coolidge designó como nuevo embajador en México a su amigo y compañero del Amherst College, Dwight W. Morrow, que había sido abogado empresarial y socio en la firma bancaria de J. P. Morgan.
>
> El nuevo embajador contrarrestó en poco tiempo las sospechas que al principio prevalecieron en México cuando se nombró a un socio de Morgan, sospechas que se expresaban en la frase: "Después viene la infantería de marina." Adoptando una actitud que encontró buena acogida y que creó alguna sorpresa, Morrow reveló un enorme y genuino interés en todo lo mexicano. El entusiasmo del embajador y de la señora Morrow por las muchas hermosuras de México fue el de encantados y maravillados recién llegados. Durante el curso de su estancia en México compraron una propiedad en Cuernavaca y pasaron muchas horas felices arreglando su casa y sus jardines, decorando su hogar con artesanías mexicanas que tanto les gustaba comprar en los mercados.
>
> Desde el principio, las relaciones del embajador Morrow con el presidente Calles se desarrollaron sobre una base inusitadamente informal. Pocos días después de haber presentado sus credenciales, el 29 de octubre, el embajador aceptó una invitación a desayunar en la casa de campo presidencial (Santa Bárbara) cercana a la ciudad de México, a la que concurrió sin que nadie de su personal lo acompañara. El desayuno tuvo tanto éxito y Morrow demostró tan vivo interés en los proyectos del presidente para irrigar México, que en la misma semana el embajador recibió una segunda invitación de la misma naturaleza.
>
> John W. F. Dulles,
> *Ayer en México. Una crónica de la Revolución (1919-1936),*
> Fondo de Cultura Económica, México, 1977, pp. 296-298.

Calles daba instrucciones a las secretarías de Relaciones Exteriores y de Gobernación, para que impidieran la entrada de comunistas al país. La actitud decisiva de Calles contra la infiltración comunista llevó al senador estadounidense William Borah a decir en 1927: "Ningún país del hemisferio occidental se ha mostrado más alerta y decidido contra el comunismo que México."[33]

La reconstrucción económica

La Nueva Política Económica

Finanzas

El proyecto de reconstrucción económica de Calles fue llamado *Nueva Política Económica,* al establecer una comparación con algunos puntos del capitalismo de Estado, implantado por Lenin en la Unión Soviética, en 1921. La comparación no parece desacertada, pues ambos proyectos guardaban objetivos semejantes: 1) la creación de una moneda estable, un presupuesto equilibrado y una Hacienda sana; 2) la búsqueda de una correcta política financiera; 3) la devolución de bienes a manos privadas; 4) la crea-

> *El proyecto de reconstrucción económica de Calles fue llamado* Nueva Política Económica, *al establecer una comparación con algunos puntos del capitalismo de Estado implantado por Lenin en la Unión Soviética.*

Alberto J. Pani

[33] *Ibid.,* p. 49.

Cap. 3. Los gobiernos de la Revolución. El grupo sonorense... 137

ción del Impuesto Sobre la Renta; 5) la creación de instituciones y de prácticas que respaldaran la política financiera.

La misión de llevar a cabo aquella nueva política económica fue encomendada a Alberto J. Pani, encargado de la Secretaría de Hacienda, desde que renunciara De la Huerta. Su tarea de saneamiento financiero consistió en reducir los sueldos en todas las secretarías; suprimir varios departamentos en la de Hacienda; reformar los métodos de contabilidad nacional y presupuestos; imponer drásticas reducciones económicas en toda oficina de gobierno; cancelar los subsidios y las partidas que se dedicaban a sostener las asociaciones culturales civiles de beneficencia; reducir las compras a Estados Unidos; organizar la Dirección General de Catastro aplicando métodos más modernos; diversificar las fuentes de ingreso federal mediante la creación del Impuesto Sobre la Renta, y racionalizar el régimen fiscal a través de la organización de la Primera Convención Nacional Fiscal, que se reunió en México en agosto de 1925.

A fin de poner en práctica los proyectos de infraestructura y reorganización bancaria, Pani juzgó que el único camino era el ahorro que permitiera obtener fondos del propio presupuesto, presentando, además, con ello una imagen de responsabilidad y solidez ante los acreedores extranjeros, en una época en que para México era necesario rehabilitar el crédito. A fines de diciembre de 1924, fueron creadas la Ley General de Instituciones de Crédito y Establecimientos Bancarios, y la Comisión Nacional Bancaria, cuya función principal era la de vigilar que las instituciones de crédito cumplieran las disposiciones legales.

La legislación bancaria creada durante el gobierno de Calles marcaba la continuación del proceso evolutivo del sistema bancario mexicano, impulsado en el porfirismo e interrumpido con el derrumbe político de éste.

Fundación del Banco de México

El 7 de enero de 1925 se expidió la Ley General de Instituciones de Crédito, la cual marcaba la continuación del proceso evolutivo del sistema bancario mexicano, impulsado en el porfirismo e interrumpido con el derrumbe político de éste. Tan era una continuación del porfirismo aquella reorganización bancaria, que se llamó a colaborar en ella a Miguel S. Macedo, uno de los "científicos" más cercanos a Limantour, el secretario de Hacienda de Porfirio Díaz que ya había concebido las bases de una nueva estructuración del sistema bancario, antes de que estallara la Revolución.

La nueva legislación establecía la creación de un banco único de emisión, que sería el Banco de México, S. A., inaugurado el 1 de septiembre de 1925, administrado por un consejo integrado por industriales, comerciantes, banqueros y políticos de relevancia en el país, y presidido por Manuel Gómez Morín. El Banco de México, cuyo mayor accionista era el gobierno, se creó con el propósito fundamental de establecer un régimen bancario con una orientación económica social de base nacionalista. Estaba facultado para realizar las siguientes funciones específicas: "1) emitir billetes; 2) regular la circulación monetaria en la República, los cambios sobre el exterior y la tasa de interés; 3) redescontar documentos de carácter específicamente mercantil; 4) hacerse cargo del servicio de tesorería del gobierno, y 5) en general, con las limitaciones de la ley respectiva, efectuar las operaciones bancarias que competen a los bancos de depósito y de descuentos".[34]

El Banco de México, cuyo mayor accionista era el gobierno, se creó como banco único de emisión de moneda, con el propósito fundamental de establecer un régimen bancario con una orientación económica social de base nacionalista.

Billete de cinco pesos, primero emitido por el Banco de México

Otra institución de crédito creada en este periodo fue el Banco de Crédito Agrícola (febrero de 1926), cuyo proyecto se debió a Gómez Morín; el propósito de la fundación de este banco partía del supuesto de que en buena medida ya había sido realizada la reforma agraria, y se constituía para efectuar préstamos de avío, refaccionarios o inmobiliarios. Además, Gómez Morín buscaba que esta institución sirviera

Aunque la labor financiera tuvo buenos resultados, cuando en 1926 ocurrió la caída de los precios del petróleo, la economía mexicana entró en una grave crisis, por la depreciación de la plata.

---

[34] Enrique Krauze et al., *La reconstrucción económica*, El Colegio de México, México, 1977, p. 39.

La Enmienda Pani liberaba al gobierno mexicano de la responsabilidad de cubrir la deuda ferrocarrilera, exceptuando los intereses correspondientes a los años 1923 a 1925, a cambio del compromiso de devolver la administración de los ferrocarriles a manos privadas.

de fomento, reglamentación y vigilancia del funcionamiento de las sociedades de crédito regionales.

La labor financiera de Pani rindió buenos frutos inmediatos. En siete meses los depósitos aumentaron 22% y, para fines de 1925, se había logrado un superávit de 21 millones de pesos, a pesar de que la creación del Banco de México requirió de la inversión de un poco más de 50 millones de pesos del ahorro estatal; sin embargo, aquella situación de bonanza no duró mucho tiempo. Las finanzas mexicanas dependían en gran medida de los impuestos del petróleo, y cuando en 1926 se conjugaron factores que provocaron la caída de los precios del petróleo —la competencia comercial de Venezuela y Colombia, la sobreproducción en Estados Unidos, la política nacionalista de México y la disminución de la producción— la economía mexicana entró en una crisis de la que no se recuperaría completamente sino hasta la época de la Segunda Guerra Mundial. Tal crisis se acentuó por la caída del precio de la plata, la otra de las dos áreas de producción que constituían las principales fuentes de la riqueza nacional. Al desastre económico se sumaban, en 1926, otros problemas de orden político y social: el regreso de Obregón a la vida política y la rebelión cristera. En 1927, renunció Pani como secretario de Hacienda y fue sustituido por Luis Montes de Oca, quien ejerció su cargo en la etapa de reconciliación diplomática entre México y Estados Unidos, y mantuvo un cordial y amistoso trato con el embajador Morrow.

La deuda exterior fue otro de los asuntos relevantes tratados durante el gobierno de Calles. En octubre de 1925, cuando la reorganización bancaria de Pani había inspirado cierta confianza a los acreedores extranjeros, se logró un nuevo convenio con Lamont que permitió refinanciar la deuda externa. Este convenio enmendaba al anterior (De la Huerta-Lamont) en su aspecto fundamental, ya que liberaba al gobierno mexicano de la responsabilidad de cubrir la deuda ferrocarrilera, con excepción de los intereses correspondientes a los años 1923 a 1925, a cambio del compromiso de devolver la administración de los ferrocarriles a manos privadas, con lo cual el gobierno de Calles se quitaba de encima los problemas económicos y laborales que aquejaban al sector ferrocarrilero. En la Enmienda Pani —como ha sido llamado este convenio— se conservó la obligación de México de pagar íntegramente capital e intereses de la deuda desde que fueran suspendidos los pagos en 1914, pero se consiguió que el comité de banqueros prolongara el plazo de pagos hasta enero de 1928. Al separar la deuda de los ferrocarriles, el monto de la deuda disminuyó de 1 451 a 998 millones de pesos, pero aun así, como efecto de la crisis y de los problemas político-sociales iniciados en 1926, el gobierno de Calles se vio obligado a suspender de nuevo los pagos de la deuda exterior en 1927.[35]

Ejercicio 12

1. Menciona cinco medidas del gobierno de Calles, en política financiera, que consideres de mayor importancia.
2. Menciona las cinco funciones del Banco de México.
3. ¿Por qué entró en crisis la industria petrolera mexicana en 1926?
4. ¿Cómo benefició a las finanzas públicas de México la llamada "Enmienda Pani"?

La nueva situación de crisis económica por la que pasaba México preocupó al embajador Morrow, y fue entonces cuando convenció a Calles de que aceptara la realización de un estudio sobre las finanzas mexicanas, por un grupo de expertos estadounidenses. Éstos recomendaron, después de hecho aquel estudio, que fueran reducidos los gastos correspondientes a las obras públicas y los gastos militares, que en ese tiempo absorbían una tercera parte del presupuesto, para canalizar esas erogaciones al servicio de la deuda. Con demasiado optimismo, los expertos afirmaban que México podría pagar en 1928 30 millones de pesos, 70 al cabo de tres años, y 90 para 1933.

La nueva política económica en la cuestión agraria

Durante el gobierno de Calles, México seguía siendo un país donde gran parte de la población económicamente activa (PEA) trabajaba en el campo (alrededor de 70%), y en su mayoría se constituía de peones, aunque en menor proporción que antes de

A diferencia de Obregón, Calles consideraba que el problema agrícola debía ser tratado no como un problema político, sino con una visión técnico-económica, bajo la dirección del Estado y, para resolverlo, ideó una fórmula a la que llamó "solución integral".

---

[35] Jan Bazant, *Op. cit.*, pp. 191-197.

la Revolución. La población campesina se componía de comuneros, ejidatarios, pequeños propietarios aparceros y arrendatarios de haciendas, ranchos y ejidos, y de los pequeños propietarios. Incluía también a los trabajadores agrícolas migratorios.[36]

Para Calles, quien como Obregón creía en la formación de la pequeña propiedad en cuanto entidad productiva, aquella situación del agro mexicano debía cambiar; pero a diferencia de su antecesor, consideraba que el problema debía ser tratado no como un problema político, sino con una visión técnico-económica, bajo la dirección del Estado. La fórmula para tratar de resolver el problema agrícola consistió en lo que Calles llamó la "solución integral", que comprendía "no sólo la entrega de la tierra sino la garantía de su producción, haciendo que el que la reciba sea dotado también de las semillas, aguas, implementos y créditos necesarios para el cultivo de las tierras".[37]

Fundación del Banco de Crédito Agrícola

En el fondo de aquellas ideas prevalecían los planes de reforzamiento de las relaciones de propiedad privada, sólo que ahora, de acuerdo con los proyectos de la Revolución, debían adaptarse a las nuevas condiciones económicas y sociales, tendentes a convertir a México en un país capitalista, enfatizando su disposición de tender la mano a toda persona con espíritu de empresa, que quisiera hacer producir su pequeña propiedad individual. Este tipo de propiedad seguía siendo para Calles, como lo fuera para Obregón o para Madero, el ideal que debería conducir al desarrollo capitalista de la nación. El ejido se continuaba considerando como un medio de parcelar el latifundio, para llegar a la etapa final, que habría de ser la creación de la pequeña propiedad agrícola. Ésta consistía, según Calles, en un conjunto de tierras otorgadas en propiedad a un grupo de la población mediante el procedimiento de dotación o de restitución, pero lo fundamental estribaba en el modo individual de explotación, puesto que se parcelarían las tierras y se asignarían en usufructo a los campesinos y jefes de familia.

Con base en aquella "solución integral", en 1925 Calles expidió la Ley Sobre Repartición de Tierras Ejidales y Constitución del Patrimonio Parcelario Ejidal, cuyo propósito era sustituir el sistema de explotación colectiva por un sistema de explotación individual, que podría ser algo como una "propiedad común con disfrute privado". El reparto agrario se realizaba por medio de dos procedimientos: el de la *restitución* que se llevaba a efecto en caso de que un pueblo presentara sus títulos de propiedad y demostrara haber sido víctima de despojo, y el de *dotación*, que procedía cuando los títulos que presentaba un pueblo despojado de tierras tenían algún defecto que impidieran la restitución. Hasta 1928, los gobiernos revolucionarios habían entregado cerca de 5 millones 400 mil hectáreas, que representaban 3% del área total del país. De esa cantidad, Carranza había repartido 4%, De la Huerta 3%, Obregón 31 % y Calles 62%.

La propiedad privada seguía siendo para Calles el ideal que debería conducir al desarrollo capitalista de la nación. El ejido se consideraba un medio de parcelar el latifundio para llegar a la etapa final, la creación de la pequeña propiedad agrícola.

Otra obra del gobierno de Calles, que buscaba cumplir con la "solución integral" para el sector agrícola, fue un intenso trabajo de irrigación, proyectado por Pani, cuya principal especialidad era la hidráulica, con base en estudios previamente efectuados sobre los recursos acuíferos de México. A principios de enero de 1926 se empezó a poner en práctica la Ley Federal de Irrigación, publicada un mes antes, en la que se señalaban los tres propósitos de la obra de irrigación: 1) incrementar las áreas cultivadas para asegurar una mejor producción agrícola: 2) crear la pequeña propiedad mediante la parcelación de tierras irrigadas; 3) lograr la liberación económica de gran parte de la población campesina, convirtiéndola en una clase de pequeños propietarios.

Otra obra de la "solución integral" de Calles para el sector agrícola fue un intenso trabajo de irrigación, proyectado por Alberto J. Pani, con base en estudios previos sobre los recursos acuíferos de México.

---

[36] Enrique Krauze *et al.*, *Op. cit.*, p. 108.
[37] Arnaldo Córdova, *Op. cit.*, p. 333.

Se consideraba que los pequeños propietarios llegarían a constituir una clase media de agricultores que estaría colocada entre los ejidatarios y los grandes terratenientes, clase esta última cuya existencia se aceptaba como una realidad, sin mencionar la necesidad de que fuera abolida, a fin de efectuar la reforma agraria. La posición del pequeño propietario serviría como factor de equilibrio que atenuara los choques entre los ejidatarios y los latifundistas, pero sobre todo debía lograr una mejor producción con ayuda de las obras de irrigación realizadas por el gobierno.

Para el año de 1928 se habían efectuado importantes obras de irrigación, principalmente en la región norte del país, que significaron un costo de 20 millones de pesos en oro nacional. Una de las obras más importantes fue la presa Don Martín, en Coahuila y Nuevo León, con capacidad de 1 400 millones de metros cúbicos, que regaría aproximadamente 65 mil hectáreas de tierra árida no ocupada hasta entonces. Este proyecto, que era uno de los más ambiciosos del continente americano en aquellos años, estaba destinado en parte, a servir de incentivo para que retornaran al país los mexicanos que habían emigrado a Estados Unidos y que habían aprendido allá técnicas agrícolas. Se suponía que estos trabajadores estarían interesados en ocupar las tierras irrigadas por la presa Don Martín, pero no retornó la cantidad de personas que se esperaba.

Respecto a la producción agrícola en el periodo 1924-1928, destaca el notable crecimiento de la agricultura comercial en la zona norte de la República, que llegó a ser cinco veces mayor que la de 1907, mientras que en el sur, y sobre todo en el centro —regiones involucradas en las luchas de la década de 1920, incluyendo la guerra cristera—, se nota un considerable decrecimiento para el año 1928. Por lo tanto, la producción agrícola mexicana presentaba dos aspectos distintos en ese tiempo: en el norte, una agricultura moderna, altamente tecnificada, y en el centro y sur, la existencia de una producción de subsistencia y la disminución año con año de las cosechas.

Comercio

La balanza comercial resultaba favorable a México en relación con Estados Unidos, país del que fue dependiendo cada vez más su comercio exterior.

Los años de la lucha armada habían afectado al comercio interno, más no así al comercio exterior. Para 1926, el valor de las exportaciones era casi tres veces mayor que en 1910, y la balanza comercial resultaba favorable a México en relación con Estados Unidos, país del que fue dependiendo cada vez más el comercio exterior. Los productos que se exportaban eran materias primas, principalmente minerales, petróleo y sus derivados, ganado y productos animales, y productos agrícolas: café, tomate, arroz, azúcar, vainilla, tabaco, henequén, algodón y chicle.

La exportación de plata y oro creció a partir de 1922, pero en 1927 decayó como consecuencia de una baja en la producción de oro y de la caída del precio internacional de la plata. Las exportaciones de productos agrícolas casi se duplicaron entre 1910 y 1927. Esto no significa que hubiera en México excedentes alimentarios; lo que ocurría era que por satisfacer la demanda de productos de exportación, se descuidaba la producción agrícola para el consumo interno, y hasta hubo necesidad de importar maíz, trigo y harina. Sin embargo, fue la agricultura comercial de exportación la que ayudó en algo a la crisis económica que padeció el país, a partir de julio de 1926, y de la que empezaría a recuperarse hasta 1929, precisamente cuando estaba a punto de comenzar la Gran Depresión Mundial.

Transportes

En el rubro de transportes, el gobierno de Calles dio un paso importante al ampliar las redes ferroviaria y carretera.

Una de las tareas que se propuso realizar el gobierno de Calles en materia de transporte fue la de rehabilitar los ferrocarriles, agobiados por deudas y problemas laborales, rehabilitación que se intentaba desde 1924 y que se logró sólo en parte al año

Carretera México-Puebla

Calles inaugura la línea telefónica con Tamaulipas

Ejercicio 13

1. ¿Cuáles eran las ideas de Calles en materia de política agraria?
2. Describe dos medidas realizadas por el gobierno de Calles para aplicar al sector agrario su proyecto de "solución integral".
3. Menciona las características generales de la producción agrícola mexicana, en el año de 1928.
4. ¿Cuáles fueron las obras más importantes de Calles en el rubro de transportes?

siguiente, al devolver la administración de los ferrocarriles a las compañías privadas. Éstas impusieron medidas de emergencia, como contratar un seguro por 20 millones de dólares y reestructurar los costos; sin embargo, no lograron resolver los graves problemas financieros ni los conflictos laborales; en 1927, las compañías se vieron obligadas a suspender los pagos de su propia deuda externa.

En el lado positivo del rubro de transportes, el gobierno de Calles dio un paso importante al comunicar la rica zona del noroeste, pues se terminó de construir el Ferrocarril Sud Pacífico que unía a Tepic con La Quemada, Jalisco. De esta manera, una sola vía enlazaba las ciudades de Nogales, Hermosillo, Guaymas, Mazatlán, Tepic y Guadalajara, permitiendo que la producción del noroeste llegara al resto del país, y reduciendo con ello su dependencia del sur de Estados Unidos. Aparte de esta importante vía, se avanzó en la de Tampico-México y se proyectó una vía Chihuahua-Navojoa-Yávaros con el objeto de enlazar Sonora, Sinaloa y Chihuahua.

También fue ampliada y mejorada la red carretera, tarea que se encomendó a la Comisión Nacional de Caminos que empezó a funcionar en septiembre de 1925, y que tenía como objetivos crear una competencia entre las vías ferrocarril y carretera, y promover el desarrollo turístico. Las principales carreteras que se construyeron fueron las de México-Puebla, México-Pachuca y México-Acapulco, aparte de que se continuaron los trabajos de la carretera panamericana que debía vincular a México con Nuevo Laredo hacia el norte, y con Comitán, Chiapas, hacia el sur. En el ámbito estatal se construyeron también caminos carreteros que enlazaron los principales poblados de tráfico comercial.

El secretario de Educación concibió la creación de la Escuela Rural, orientada a ocupar el lugar que la Iglesia había tenido en el pasado, pero ahora con un sentido verdaderamente social, de tal manera que la escuela llegara a ser el centro de la comunidad rural.

Aspectos sociales y culturales

La educación en el periodo 1924-1928

La escuela rural

La obra educativa que iniciara Vasconcelos, basada en el propósito de llevar la enseñanza a las clases populares, fue continuada en el periodo callista por dos personas: José Manuel Puig Casauranc y Moisés Sáenz, quienes ocuparon la Secretaría de Educación de manera subsecuente. Esta última persona fue el ideólogo de la escuela callista; era un pedagogo doctorado en Europa, que aplicó su formación intelectual a los planes de Calles para una educación que sustentara su Nueva Política Económica. Sáenz concibió la creación de la Escuela Rural como una organización orientada a ocupar el lugar que la Iglesia había tenido en el pasado, pero ahora con un sentido verdaderamente social, de tal manera que la escuela llegara a ser el centro de la comunidad rural. Se planteaba la colaboración de los padres de familia, encargándolos de integrar comités que vigilaran el buen funcionamiento de la escuela, y de supervisar que

José Manuel Puig Casauranc

Moisés Sáenz

Una causa del fracaso de la Escuela Rural fue la postura anticlerical e incluso antirreligiosa que adoptaron muchos de los maestros, en plena rebelión cristera.

La integración cultural pretendida por la Escuela Rural fracasó porque no se respetó la cultura de los grupos indígenas; se buscaba "integrarlos a la civilización" haciendo que olvidaran sus tradiciones, sus costumbres y hasta su lenguaje.

La educación

se proporcionara el material de enseñanza y se controlara la asistencia de maestros y alumnos.

La escuela rural debía tener una parcela donde los niños aprendieran a cultivar y un club recreativo para la práctica de deportes; se harían campañas de salud pública y contra el alcoholismo, y se organizarían festivales, además de representaciones artísticas. Inspirada en el método de la "escuela activa", creada por el pedagogo y filósofo estadounidense John Dewey, la escuela rural de Moisés Sáenz (planeada ya por Vasconcelos) tenía como principal objetivo "enseñar a vivir a los campesinos", entendiendo por esto el llegar a convertirlos en "personas industrializadas, útiles y fieles a la nación mexicana, para que colaboraran al desarrollo integral de ésta". La idea de *integrar* era muy importante, pues se buscaba que la escuela rural fuera el medio por el que México fusionara en una sola las variadas culturas que lo constituyen, con la esperanza de que llegara el día en que todos los campesinos se sintieran pertenecientes a una misma nación, con una sola identidad cultural. Según suponía Sáenz, la Iglesia católica había fallado en la unificación y en la creación de la identidad mexicana, porque no había sabido impulsar el otro factor integrador —según él, más profundo que el catolicismo— que era el nacionalismo de los mexicanos. Por lo tanto, la idea de la escuela rural no era sólo la de una escuela laica imaginada por los liberales en el pasado, sino la de una escuela mexicana. En los tiempos del anticlericalismo callista, Narciso Bassols y Sáenz, acordes con aquella política, pretendían que la escuela sustituyera a los templos y que se construyeran edificios escolares en los espacios desocupados de algunas iglesias.[38]

En el año de 1927, Sáenz se enfrentó con la realidad y la aceptó con honestidad. La Escuela Rural había fracasado y descubrió que la proyectada institución ni siquiera había logrado identificar las estructuras culturales de los distintos grupos étnicos que formaban el campesinado en la geografía de México. Las causas de ese fracaso fueron, principalmente, que el proyecto de la escuela rural carecía de una cooperación organizada por parte del resto de las instituciones administrativas, porque cada sector administrativo se ocupaba de resolver sus propios problemas en aquellos años difíciles; además, la postura anticlerical e incluso antirreligiosa que adoptaron muchos de los maestros, en plena rebelión cristera, produjo el efecto contrario e hizo crecer el catolicismo entre los campesinos, que llegaron a rechazar a los maestros de la escuela rural.

Otra causa que colaboró en gran medida al fracaso de la escuela rural fue la pretendida integración cultural, pues a pesar de las buenas intenciones que la inspiraban, los métodos utilizados para intentar la fusión de los grupos indígenas a la cultura nacional fueron erróneos, ya que seguían caminos parecidos a los que tomaron muchos de los primeros misioneros europeos que venían con la idea fija de que el indígena era un "buen salvaje" al que había que tratar con benevolencia y paternalismo. Así, los maestros de la escuela rural se acercaban al campesino indígena para "enseñarlo a vivir y rescatarlo de la ignorancia en que se encontraba, al no conocer las bondades de la educación técnica moderna"; no parecieron tener en cuenta —como sí lo hizo siglos atrás Bernardino de Sahagún—, que la cultura de los campesinos indígenas pudiera ser merecedora de conocerse y respetarse. Por el contrario, se buscaba "integrarlos a la civilización", haciendo que olvidaran sus tradiciones, sus costumbres y hasta su lenguaje. El desprecio hacia esos elementos que integraban su cultura fue otro motivo de rechazo de parte de quienes estaban destinados a formar parte de la escuela rural.[39]

---

[38] Enrique Krauze *et al., Op. cit.,* pp. 302-304.
[39] *Ibid.,* p. 307.

Manifestación obrera para pedir reglamentación al artículo 123

En circunstancias similares se estableció, en aquellos años, La Casa del Estudiante Indígena en la ciudad de México, que tenía por objeto incorporar a los jóvenes indígenas a la sociedad moderna, y para cumplirlo fueron trasladados, desde sus lugares de origen, 200 de ellos, que no hablaban español, con la intención de educarlos y, una vez que fueran incorporados a la civilización moderna, persuadirlos a que regresaran a sus tierras para que ellos realizaran la misma tarea civilizadora entre su propia gente. Este proyecto tampoco resultó, porque ningún joven quiso regresar a su pueblo; así que el trabajo de la Casa del Estudiante Indígena se había concretado a desarraigar a aquellos jóvenes de su contexto sociocultural.

Otro proyecto educativo del periodo callista consistió en la organización de una red de escuelas centrales agrícolas, financiadas por un banco que operaría de forma mancomunada con ellas. La idea consistía en utilizar métodos e instalaciones modernas que permitieron a los alumnos aprovechar industrialmente los recursos de la región y participar de manera activa en su desarrollo. Se establecieron cuatro de estas escuelas agrícolas en 1927, con maestros de la Escuela Nacional de Agricultura de Chapingo y de algunas escuelas estadounidenses. Cada una de aquellas instituciones representaba para el Estado un gasto de más de un millón de pesos, cantidad que finalmente no pudo erogarse debido a la crítica situación económica del país.

Movimientos huelguistas

En el cuatrienio callista disminuyó el número de huelgas en comparación con el periodo anterior, disminución que se fue acentuando conforme crecía el poder de la CROM. Entre 1924 y 1928 se produjeron huelgas en varias actividades industriales, siendo las más graves las que se presentaron en la industria textil y en los ferrocarriles, debido principalmente a crisis financieras en las empresas; pero los conflictos laborales también estaban relacionados con la presión que cada vez con mayor intensidad ejercía la CROM sobre las clases trabajadoras regionales, manipuladas por los caciques. El problema ferrocarrilero fue resuelto en parte con la devolución de este sector a manos de empresarios privados, pero la solución real vendría a darse algunos años después. Las huelgas de los obreros textiles fueron sofocadas en parte por la vía del diálogo y a través de mejoras en los salarios. En general, el gobierno buscó el arreglo con todos los sectores huelguistas, gracias a los buenos oficios de Luis N. Morones, secretario de Industria, Comercio y Trabajo, quien utilizaba su fuerza como líder sindical para controlar a los obreros.

De esta manera se iban cumpliendo los propósitos iniciales del caudillismo populista, iniciados por Obregón y continuados por Calles. Las alianzas establecidas

La Casa del Estudiante Indígena tenía por objeto educar a los jóvenes indígenas y, una vez incorporados a la civilización moderna, persuadirlos a que regresaran a sus tierras para que ellos realizaran la misma tarea civilizadora entre su propia gente.

El gobierno de Calles buscó el arreglo con todos los sectores huelguistas, gracias a los buenos oficios de Luis N. Morones, quien utilizaba su fuerza como líder sindical para controlar a los obreros.

Ejercicio 14

1. ¿Cuáles eran las características y objetivos del programa de la Escuela Rural?

2. ¿Cuáles fueron las causas del fracaso de la Escuela Rural?

3. ¿Por qué no se pudo lograr el principal propósito de la Escuela del Estudiante Indígena?

con las masas trabajadoras a través de sus líderes, centralizadas en una sola confederación obrera y en un solo líder sindical que además participaba del poder político, habían permitido tanto el fortalecimiento del caudillo-presidente, como el control de los obreros, cuya mano de obra era esencial para la reconstrucción económica del país y, en particular, para continuar el proceso de industrialización iniciado a fines del porfiriato.

CUADRO 3.3. *Gobierno de Plutarco Elías Calles. Economía y sociedad*

Reconstrucción económica: Nueva Política Económica

- **Objetivos**
  - Saneamiento y equilibrio en Hacienda.
  - Búsqueda de una correcta política financiera.
  - Devolución de bienes a manos privadas.
  - Creación del Impuesto Sobre la Renta.
  - Creación de instituciones y prácticas financieras
  - Labor de Alberto J. Pani
    - Reorganización
    - Enmienda Pani
      - Nuevas crisis

- **Cuestión agraria**
  - Visión técnico-económica en la pequeña agricultura. Reforma Agraria
    - "Solución integral": Ley de Irrigación
      - Obras de irrigación.
      - Impulso a la pequeña propiedad.
      - Liberación económica de la clase campesina
        - Crecimiento notable de la agricultura comercial

- **Comercio y transportes**
  - Balanza comercial favorable.
  - Rehabilitación de los ferrocarriles.
  - Ampliación y mejoramiento de la red carretera.
  - Promoción del desarrollo turístico

Aspectos sociales y culturales

- **Educación**
  - La escuela rural
    - Objetivos: Desarrollo integral
    - Características: Método basado en la "escuela activa" de Dewey
  - Casa del Estudiante Indígena
    - Objetivo: Incorporar a los jóvenes indígenas a la sociedad moderna
  - Escuelas centrales agrícolas: Utilización de métodos e instalaciones para el aprovechamiento industrial del campo, con financiamiento bancario
  - Fracaso y causas del mismo

- **Movimientos sociales**
  - Huelgas
    - Sectores industriales: textil, petróleo, ferrocarriles, hidroeléctrica

Actividades de aprendizaje

1. Consulta bibliografía especializada en historia de América Latina, específicamente de Brasil, para que investigues las características del gobierno de Getulio Vargas, quien accedió al poder de ese país en 1930 y aplicó una política populista. Elabora un escrito de dos cuartillas donde, además de describir las características de dicha política, menciones dos diferencias y dos semejanzas entre el populismo de Vargas y el practicado en México por Obregón y Calles.

2. Elabora un cuadro en el que compares la ideología marxista (estudiada en tu curso anterior de Historia Universal Contemporánea) con las ideas de Obregón sobre el socialismo, de acuerdo con las siguientes variables:

   a) Revolución proletaria.
   b) Relación entre las clases sociales opuestas: burguesía capitalista y proletariado.
   c) Relación entre la clase trabajadora y el gobierno.

3. Elabora un cuadro donde, con base en la investigación correspondiente, expongas los acontecimientos, políticos y económicos, que consideres más sobresalientes, ocurridos en Gran Bretaña, Estados Unidos, la Unión Soviética y México, en el periodo comprendido entre 1920 y 1928, especificando la fecha de cada suceso.

4. Con base en la investigación respectiva, elabora un ensayo (con todos los elementos propios de esta forma literaria) de cuatro cuartillas, cuyo título deberá ser: "La mutua colaboración entre el gobierno y los sindicatos en México, entre 1920 y 1928."

5. Realiza una investigación acerca de la política educativa en los regímenes de Obregón y Calles que te permita ampliar la información presentada en este capítulo, mediante un escrito de dos cuartillas.

6. Localiza seis reproducciones impresas de pinturas murales de José Clemente Orozco y Diego Rivera (tres de cada una) con temas de la Revolución Mexicana y el indigenismo, y elabora una presentación con fotografías de las obras, agregando un breve escrito que incluya: a) nombre del autor; b) título y fecha de la obra; y c) descripción del tema.

7. Después de estudiar el tema del "Conflicto religioso" y analizar las fuentes 5 y 6 en este capítulo, elabora un escrito de dos cuartillas donde expreses tus comentarios acerca de la trascendencia de aquellos sucesos para las relaciones posteriores entre la Iglesia y el Estado.

8. Elabora un cuadro donde compares los regímenes de Obregón y de Calles, con base en las siguientes variables: a) populismo; b) medidas de pacificación; c) conflictos internos; d) relaciones con Estados Unidos; e) finanzas públicas.

9. Realiza una investigación en fuentes especializadas en cuestiones agrarias y, necesariamente, en el artículo 27 de la Constitución de 1917, fracciones VIII, X y XV (en su versión original), que te permita contestar por escrito lo siguiente:

   1. Distinguir entre los diversos tipos de propiedad: a) latifundio; b) propiedad colectiva o comunal del ejido; c) pequeña propiedad privada.

2. Define el concepto de "reforma agraria", de acuerdo con las propuestas surgidas de la Revolución.
3. ¿Cuáles eran las ideas de Obregón y de Calles respecto a la destrucción del latifundio, al reparto agrario y a la pequeña propiedad?
4. ¿Cuál era el objetivo de la "solución integral" propuesta por Calles, al intentar sustituir la explotación colectiva por un sistema de explotación individual, como una "propiedad común con disfrute privado"?

Bibliografía

Bazant, Jan, *Historia de la deuda exterior de México*, El Colegio de México, México, 1981.

Casasola, Gustavo, *Historia Gráfica de la Revolución Mexicana*, Vols. 3 y 4, Trillas, México, 1973.

Chevalier, François, *América Latina. De la Independencia a nuestros días*, Fondo de Cultura Económica, México, 1999.

Clark, Marjorie Ruth, *La organización obrera en México*, Era, México, 1979.

Córdova, Arnaldo, *La ideología de la Revolución Mexicana*, Era, México, 1979.

———, *La Revolución y el Estado en México*, Era, México, 1989.

———, *La Revolución en crisis. La aventura del maximato*, Cal y Arena, México, 1995.

Dulles, John W. F., *Ayer en México. Una crónica de la Revolución (1919-1936)*, Fondo de Cultura Económica, México, 1977.

Haufe, Hans, "El muralismo; un arte autogestado", en *Imagen de México*, Catálogo de la exposición editado por Erika Billeter, Francfort, 1987.

Krauze, Enrique *et al.*, *La reconstrucción económica*, El Colegio de México, México, 1977.

———, *Biografía del poder, Álvaro Obregón. El vértigo de la victoria*, Fondo de Cultura Económica, México, 1987.

———, *Biografía del poder, Plutarco E. Calles. Reformar desde el origen*, Fondo de Cultura Económica, México, 1987.

Macías, Carlos, *Plutarco Elías Calles, pensamiento político y social. Antología*, Fondo de Cultura Económica, México, 1988.

Matute, Álvaro, *La carrera del caudillo*, El Colegio de México, México, 1980.

Meyer, Jean, *La Cristiada*, Vol. 2, 6a. edición corregida, Siglo XXI Editores, México, 1980

——— *et al.*, *Estado y sociedad con Calles*, El Colegio de México, México, 1977.

Meyer, Lorenzo, *et al.*, *Los inicios de la institucionalización*, El Colegio de México, México, 1978.

Olivera Sedano, Alicia, *Aspectos del conflicto religioso de 1926 a 1929*, SEP, México, 1987.

Paoli, Francisco J. y Enrique Montalvo, *El socialismo en Yucatán*, Siglo XXI Editores, México, 1977.

Tobler, Hans Werner, *La Revolución Mexicana, transformación social y cambio político (1876-1940)*, Alianza Editorial, Patria, México, 1994.

Valadés, José C., *Historia general de la Revolución Mexicana*, Vol. 7, SEP-Guernika, México, 1985.

Vázquez de Knauth, Josefina, *Nacionalismo y educación en México*, El Colegio de México, México, 1975.

Womack, John, *Zapata y la Revolución Mexicana*, SEP/Siglo XXI Editores, México, 1985.

Capítulo 4
Los gobiernos de la Revolución. El maximato

Oficinas del Partido Nacional Revolucionario

1929

Se promulga el Plan de Hermosillo, que da inicio a la rebelión escobarista, 3 de marzo. Se constituye oficialmente el Partido Nacional Revolucionario, 4 de marzo. Surge una huelga en la Universidad Nacional de México, que se soluciona con el decreto de autonomía, mayo. Se firman los arreglos entre el gobierno y la Iglesia católica, que ponen fin a la guerra cristera, 21 de junio.

1930

Comienza el gobierno de Pascual Ortiz Rubio, 5 de febrero. Se celebran elecciones legislativas, en medio de un clima de violencia, 6 de julio. Se promulga la *Doctrina Estrada*, 27 de septiembre.

1931

Luis Montes de Oca celebra un nuevo convenio con el Comité Internacional de Banqueros, enero. Se expide la ley monetaria conocida como *Plan Calles*, 25 de junio. Es promulgada la Ley Federal del Trabajo, 18 de agosto. México ingresa a la Sociedad de Naciones, septiembre.

Gobierno interino de Emilio Portes Gil

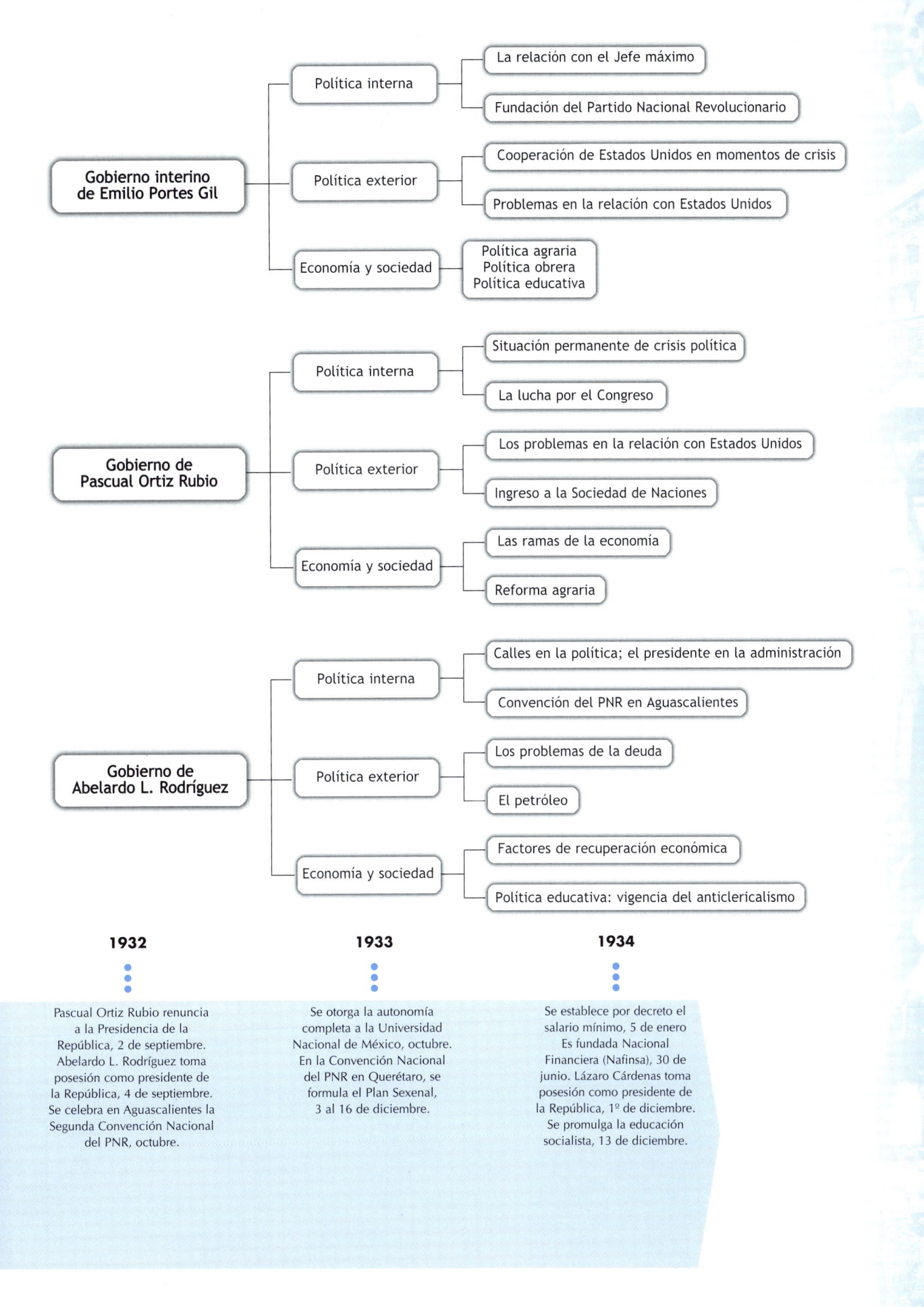

- **Política interna**
  - La relación con el Jefe máximo
  - Fundación del Partido Nacional Revolucionario
- **Política exterior**
  - Cooperación de Estados Unidos en momentos de crisis
  - Problemas en la relación con Estados Unidos
- **Economía y sociedad**
  - Política agraria
  - Política obrera
  - Política educativa

Gobierno de Pascual Ortiz Rubio

- **Política interna**
  - Situación permanente de crisis política
  - La lucha por el Congreso
- **Política exterior**
  - Los problemas en la relación con Estados Unidos
  - Ingreso a la Sociedad de Naciones
- **Economía y sociedad**
  - Las ramas de la economía
  - Reforma agraria

Gobierno de Abelardo L. Rodríguez

- **Política interna**
  - Calles en la política; el presidente en la administración
  - Convención del PNR en Aguascalientes
- **Política exterior**
  - Los problemas de la deuda
  - El petróleo
- **Economía y sociedad**
  - Factores de recuperación económica
  - Política educativa: vigencia del anticlericalismo

1932

Pascual Ortiz Rubio renuncia a la Presidencia de la República, 2 de septiembre. Abelardo L. Rodríguez toma posesión como presidente de la República, 4 de septiembre. Se celebra en Aguascalientes la Segunda Convención Nacional del PNR, octubre.

1933

Se otorga la autonomía completa a la Universidad Nacional de México, octubre. En la Convención Nacional del PNR en Querétaro, se formula el Plan Sexenal, 3 al 16 de diciembre.

1934

Se establece por decreto el salario mínimo, 5 de enero. Es fundada Nacional Financiera (Nafinsa), 30 de junio. Lázaro Cárdenas toma posesión como presidente de la República, 1º de diciembre. Se promulga la educación socialista, 13 de diciembre.

Los gobiernos de la Revolución. El maximato

La segunda parte del título de este cuarto capítulo se refiere al término que se utilizó para designar al periodo comprendido entre 1928 y 1934, debido a la tendencia general a considerar que en ese lapso Plutarco Elías Calles ejerció sobre la política mexicana una influencia determinante en la toma de decisiones. Con la muerte de Obregón, que como recordarás ocurrió cuando éste era presidente electo, el general Calles se convirtió en el "Jefe Máximo" de la llamada familia revolucionaria y, en su calidad de "hombre fuerte" en un tiempo posrevolucionario, ciertamente se encontraba en una situación privilegiada para influir en la vida política del país.

Como llegarás a conocer a lo largo de este capítulo, durante un lapso de seis años hubo tres presidentes, que de manera subsecuente estuvieron formalmente a cargo del Poder Ejecutivo Federal, pero que en la práctica y en la mayoría de los casos, tuvieron que seguir los "consejos" del jefe máximo, Calles, quien era el verdadero ejecutor de la toma de decisiones.

Conocerás también que durante este periodo, no obstante los momentos de crisis política y el estallido de una rebelión armada, hubo hechos significativos de trascendencia histórica. Entre esos hechos destaca, tanto por su carácter unificador en aquella época como por el papel que habría de desempeñar en la vida política nacional, la fundación del Partido Nacional Revolucionario (PNR), primer antecedente del actual Partido Revolucionario Institucional (PRI).

Veremos también cómo se fue consolidando la recuperación económica, sobre todo con el impulso al sector industrial manufacturero, lo que permitió disminuir el impacto negativo de la crisis económica mundial iniciada en Estados Unidos en 1929. Entenderás cómo la Doctrina Estrada cimentó en aquellos años la posición de México contraria a una práctica de la que tenía amargas experiencias: el intervencionismo ejercido por algunos países en los asuntos internos de otros.

En conclusión, el maximato fue un periodo de transición en el que hubo avances significativos y en el que se fue forjando un país de instituciones. Sin embargo, en razón de ese carácter transitorio y debido a los problemas derivados de la diarquía impuesta por Calles, el país padeció situaciones de crisis política y enfrentamientos entre grupos con ideas y metas contrarias. Esa situación exigía urgente solución cuando en 1934 Lázaro Cárdenas inició un nuevo periodo presidencial.

Introducción

Durante este periodo, la *influencia* política de Calles dio origen a que las personas que ocuparon el cargo de presidente de la República durante esos años fueran considerados "peleles", meros títeres cuyas acciones no eran propias sino que respondían al modo en que la diestra mano de Calles manejaba los hilos de la política.

Sin embargo, no está todavía del todo claro hasta dónde llegó realmente el poder personal de Calles durante los años de Maximato y en qué consistía tal poder. Las fuentes escritas en aquella época, al calor de los intereses partidistas o de grupo, muestran opiniones divergentes; por un lado está la leyenda negra, promovida por el sector católico principalmente, de que Calles poseía un poder siniestro que infundía temor entre el pueblo, y por otro lado se encuentra la versión contraria que muestra al Jefe máximo como el hombre intachable y el patriarca bondadoso que sus seguidores quisieron ver siempre en él.

Sin recurrir a esas posiciones extremas, se puede decir que Calles era, ante todo, un revolucionario que heredó un gran poder político y se dispuso a utilizarlo para poner en orden el país en graves momentos de inestabilidad, cuando la lucha entre fuerzas antagónicas amenazaba con impedir la reconstrucción nacional. Pero no todos los hechos de la vida pública pueden atribuirse al manejo arbitrario de Calles. Es cierto que manejaba a sus seguidores más cercanos y trataba de influir en las decisiones de los presidentes; pero cuando éstos rechazaban su intervención, no insistía y se mantenía al margen; tenía poder para debilitar la posición de los presidentes, e incluso podía manifestar públicamente su desacuerdo con las decisiones que tomaran, pero no existen pruebas para demostrar que él no respetara, en general, esas decisiones.[1] En 1965, un investigador comentaba respecto a Calles:

> A pesar de la gran cantidad de partidarios suyos, amigos y funcionarios, que habían llegado a ocupar puestos a través de su acción directa o de sus buenos oficios, Calles no fue otra cosa que el más hábil político del país, que tenía que echar mano más bien de la sagacidad que del puño de hierro para lograr sus fines. Era un hombre de buen criterio político a quien los funcionarios gustaban de consultar. Era también un amigo leal, capaz de inspirar confianza; muchos le querían por su enérgica pero simpática personalidad.[2]

Es obvio que Calles no podía ya ocupar la presidencia en el periodo inmediatamente posterior al suyo, y tampoco habría de hacer uso después de la reforma constitucional que permitía la reelección no sucesiva, establecida a fin de que Obregón volviera a la presidencia. Por ello, se ha supuesto que Calles utilizó al Partido Nacional Revolucionario (PNR), creado a iniciativa suya, para controlar la vida política de México. Según Tzvi Medin, en su obra *El minimato presidencial,* en el informe presidencial del 1 de septiembre de 1928, Calles en realidad anunciaba su dominio en México por medio del PNR, como la *institución* que resumía la esencia de lo revolucionario y concentraba todo el poder político en el Jefe máximo de la Revolución. Bajo la convicción de que la democracia aún no era posible, Calles preveía un proceso paulatino

Se conoce como Maximato al periodo entre 1928 y 1934-1935, debido a la tendencia general a considerar que, en ese lapso, el "Jefe máximo", Plutarco Elías Calles, ejerció sobre la política mexicana una influencia determinante.

Se puede decir que Calles era, ante todo, un revolucionario que heredó un gran poder político y se dispuso a utilizarlo para poner en orden el país en graves momentos de inestabilidad.

El Jefe máximo

Convencido de que la democracia aún no era posible, Calles preveía un proceso paulatino que llevara a los mexicanos a ese ideal; en la realidad inmediata, la vida política continuaría siendo impuesta en forma poco democrática.

---

[1] Arnaldo Córdova, *La Revolución en crisis. La aventura del maximato,* Cal y Arena, México, 1995, pp. 94-95.
[2] Paul Nathan, *México en la época de Cárdenas,* citado por *Ibid.,* p. 68.

Calles con su familia

que llevara a los mexicanos a ese ideal; por lo tanto, en la realidad inmediata la vida política continuaría siendo impuesta en forma nada democrática. Así, la función del PNR sería la de constituirse, desde el momento de su gestación, en un instrumento de imposición política *sobre el presidente,* para hacer posible el poder del Jefe máximo.[3]

Por otra parte, hay quienes consideran esa visión como demasiado simplista, pues aunque es cierto que Calles llegó a entrometerse en exceso en la vida política nacional, su poder "no nació automáticamente, ni el partido era su instrumento, ni los tres presidentes de la época pueden ser considerados llanamente 'peleles'".[4]

Por lo anterior y con la mayor claridad de juicio que otorga el paso del tiempo, se cuestiona ahora el papel atribuido a Calles como ejecutor que hacía y deshacía presidentes y los manejaba como "peleles" sujetos a su poder, con el fin de dirigir los hilos de la política nacional y continuar la obra de reconstrucción nacional iniciada en el cuatrienio que le tocó presidir.

Con la mayor claridad de juicio que otorga el paso del tiempo, se cuestiona ahora el papel atribuido a Calles como ejecutor que hacía y deshacía presidentes y los manejaba como "peleles" sujetos a su poder.

Ejercicio 1

1. ¿A qué se llama "maximato"?
2. Describe la manera como Calles influyó sobre la política mexicana, durante los años del maximato.
3. ¿Cuáles eran los objetivos de Calles al crear el Partido Nacional Revolucionario?

Fuente 1. Calles: el "más oscuro ciudadano"

El 6 de diciembre [de 1930] Calles saludó y alabó la organización laboral que siempre le había sido tan fiel. También recomendó tranquilidad, recomendación que rechazó otro orador, Luis N. Morones, quien atacó al presidente Portes Gil y aprovechó el amistoso discurso de Calles para fortalecer su posición. (…)

Los delegados de la CROM aprobaron una resolución apremiando al presidente Portes Gil a que por la fuerza hiciera terminar una representación (*El desmoronamiento de Morones*) en el teatro Lírico, producción que Morones resentía mucho. La función del Lírico describía a Morones como un gángster en su propiedad de Tlalpan, gozando de grandes orgías con compañeros entre los que se encontraban algunos que habían tenido altos cargos en la administración anterior. Portes Gil se negó a obedecer la resolución de la CROM y puesto que ésta había dicho que tomaría las medidas necesarias si el presidente no lo hacía, Portes Gil ordenó que la policía protegiera el teatro Lírico y también a otro teatro cuyas representaciones estaban clasificadas por la CROM como antilaborales. El nuevo presidente habló de la libertad de expresión. (…)

Como resultado de esta pugna entre el presidente y Morones, la posición de Calles no solamente llegó a ser muy difícil sino también cuestión de muchas conjeturas. (…)

El general Calles, dice Puig Casauranc, "cayó en un estado de depresión, de las más hondas que le hayamos conocido". (…)

Entonces, el 8 de diciembre, sólo una semana después de que Calles había anunciado la formación del comité organizador del PNR, aparecieron en la prensa dos declaraciones definiendo su posición. Una de las declaraciones había sido redactada por Puig Casauranc, experto en dar forma a las declaraciones del general concernientes a sus altos propósitos y sacrificios. En ella, Calles anunciaba su retiro de la política y del PNR. (…) analizó la situación existente y decidió que quizá no era la persona indicada para crear el PNR. Dijo además, en conclusión: "Debo retirarme absoluta y definitivamente de la vida política y volver, como vuelvo desde hoy, a la condición del más oscuro ciudadano que ya no

---

[3] Tzvi Medin, *El minimato presidencial: historia política del maximato,* Era, México, 1982, pp. 40-41.
[4] Pedro Salmerón Sanginés, "La Fundación (1928-1933)", en *El Partido de la Revolución. Institución y conflicto (1928-1999),* Miguel González Compeán y Leonardo Lomelí (coords.), Fondo de Cultura Económica, México, 2000, p. 96.

> intenta ser, ni lo será nunca, factor político en México." Añadió que solamente en el infortunado caso de una amenaza a las instituciones del país se pondría a las órdenes del gobierno legítimo, para servir como fuera conveniente, y que una vez que la crisis hubiera sido superada, regresaría otra vez a la posición sin pretensiones que se había asignado a sí mismo.
>
> John W. F. Dulles,
> *Ayer en México. Una crónica de la Revolución (1919-1936),*
> Fondo de Cultura Económica, México, 1977, pp. 380-381.

Gobierno interino de Emilio Portes Gil

Política interna

La relación con el Jefe máximo

Aunque durante los catorce meses del gobierno de Portes Gil la influencia de Calles se manifestó de manera general en la política nacional y, desde un principio, en la formación del gabinete presidencial, no sólo hubo discrepancias entre ambos sobre aspectos específicos —como la cuestión agraria y la fuerza política de la CROM—, sino que el presidente pudo imponer sus propias decisiones para llevar a la práctica algunos de sus proyectos.

En el gabinete presidencial de Portes Gil continuaron cinco de los colaboradores más importantes del gobierno de Calles, entre ellos Luis Montes de Oca, secretario de Hacienda, y Manuel Puig Casauranc como jefe del Departamento del Distrito Federal. Portes Gil nombró asimismo a algunos de sus amigos personales, como Marte R. Gómez, secretario de Agricultura y Fomento, y Ezequiel Padilla, secretario de Educación Pública. Pero todos, inclusive sus amigos personales, eran más que nada callistas.

Emilio Portes Gil, presidente interino

Aunque en el gobierno de Portes Gil la influencia de Calles fue manifiesta, no sólo hubo discrepancias entre ambos sobre aspectos específicos, sino que el presidente pudo imponer sus propias decisiones.

Fundación del Partido Nacional Revolucionario

Objetivos: La idea del partido unificador

En los últimos días de 1928, la idea de constituir el Partido de la Revolución correspondía a una necesidad no sólo del círculo de amigos del presidente Portes Gil sino, en general, del grupo gobernante. El proyecto de partido se debió, sin embargo, a los dirigentes callistas y fue ante todo la obra de un hombre, el general Calles y, en buena medida, la expresión de su pensamiento. Como resultado de su experiencia como presidente de la República, tenía la firme convicción de que un aparato estatal fuerte no podía constituirse sin un partido que agrupase a todos los "revolucionarios" militares y civiles, firmemente disciplinados a la autoridad central.[5]

Los integrantes del Comité Organizador consideraron al PNR como "sucesor de los caudillos" y lo era en un doble sentido; por un lado, se constituía como éstos en un poderoso factor de cohesión y disciplina entre los revolucionarios y, por el otro, era una plataforma política de la que surgía un nuevo tipo de liderazgo nacional.

Emilio Portes Gil con Puig Casauranc y Marte R. Gómez

---

[5] Luis Javier Garrido, *El partido de la Revolución institucionalizada,* SEP, México, 1986, p. 92.

El comité organizador

> *El PNR fue visto como "sucesor de los caudillos": se constituía en un poderoso factor de cohesión y disciplina entre los revolucionarios y era una plataforma política de la que surgía un nuevo tipo de liderazgo nacional.*

El día 1 de diciembre de 1928, el mismo día que Portes Gil tomara posesión de la presidencia, el Comité Organizador del Partido Nacional Revolucionario [véase fuente 2. "La fundación del partido oficial"] convocó a todos los partidos, agrupaciones y organizaciones políticas "de tendencia revolucionaria" a una Convención Constituyente en la que se habrían de discutir los estatutos y el programa del Partido, la designación de un candidato a la presidencia, y el nombramiento del Comité Directivo del PNR. El Comité Organizador, presidido por Calles, estaba integrado por un grupo de sus colaboradores quienes, surgidos de las capas medias de la población, se habían incorporado tardíamente a la Revolución y se habían dedicado a la política durante el curso de los años veinte, y la mayoría habían sido dirigentes de partidos políticos estatales; dichas personas eran: Aarón Sáenz, Luis L. León, Manuel Pérez Treviño, Basilio Vadillo, Bartolomé García Vorrea, Manlio Fabio Altamirano y David Orozco. No se trataba de callistas de la vieja guardia sino de amigos de Obregón que se habían vuelto callistas o callista-obregonistas. Sin embargo, los partidos políticos nacionales más importantes no estaban representados en el Comité pues, a pesar de la presencia de Calles, amigo de los jefes del Partido Laborista Mexicano, y de Sáenz, ligado al Partido Nacional Agrarista, era notoria la ausencia de los dirigentes de esas dos formaciones políticas nacionales.[6]

Fundadores del PNR

> *El Comité Organizador del PNR, presidido por Calles, estaba integrado por un grupo de sus colaboradores surgidos de las capas medias de la población, que se habían incorporado tardíamente a la Revolución y se habían dedicado a la política durante los años veinte.*

La tarea primordial del Comité Organizador del PNR consistió en mediar ante las diversas agrupaciones locales para que aceptasen la formación de ese gran frente común. El 5 de enero de 1929, el Comité Organizador publicó una convocatoria dirigida a las agrupaciones revolucionarias de la República, la cual insistía en dos puntos esenciales: 1) dejar atrás el régimen caudillista, y 2) llevar a cabo la construcción de una organización política sólida y poderosa que unificara a todos los revolucionarios y les permitiera cumplir cabalmente el programa político, económico y social de la Revolución.

En dicha reunión se discutieron y aprobaron los estatutos, la declaración de principios, el programa y el plan de acción del partido, y se firmó además el pacto de solidaridad constitutivo del Partido Nacional Revolucionario. Otras funciones importantes fueron la designación del director nacional del partido y la del candidato para el cargo de presidente constitucional de la República, durante el periodo comprendido entre el 5 de febrero de 1930 y el 30 de noviembre de 1934.

> *El Comité proponía: 1) dejar atrás el régimen caudillista, y 2) construir una organización política sólida y poderosa que unificara a todos los revolucionarios y les permitiera cumplir el programa político, económico y social de la Revolución.*

Los documentos básicos

Los integrantes del Comité Organizador se reunieron en la ciudad de Querétaro a partir del 1 de marzo de 1929, y, para el día 4, quedaba oficialmente constituido el Partido Nacional Revolucionario [véase fuente 3. "La función del Partido de la Revolución"], cuya Declaración de Principios muestra una clara congruencia con la filosofía política de Calles, que en más de un sentido era herencia de Obregón.

El PNR declaraba aceptar el sistema democrático y la forma de gobierno establecida por la Constitución; tendría como una de sus finalidades esenciales realizar un mejor medio social y, "en el orden de ideas que comprende la lucha de clases", se comprometía a velar por la formación y cumplimiento de las leyes que garantizaran los derechos del proletariado, "hasta entonces menoscabados por la superioridad de los explotadores sobre los explotados". El PNR declaraba además que la soberanía nacional debía ser base de la política internacional de México y que en lo interno

---

[6] *Ibid.*, p. 94-95.

Fuente 2. La fundación del partido oficial

Pocos fenómenos resultan tan interesantes y, a la vez, tan enigmáticos en la historia política de México como la organización del Partido Nacional Revolucionario entre 1928 y 1929. Su viabilidad parecía asegurada, sobre todo por la indiscutible hegemonía que los grupos revolucionarios, dueños del poder político, poseían frente al resto de las fuerzas sociales; pero su organización aparecía como un hecho extraño en una sociedad que jamás había tenido un verdadero régimen de partidos y muy pocos, si es que los había, sabían (…) lo que es un partido político. Hasta entonces los *partidos* habían sido sólo denominaciones históricas (como el Partido Antirreeleccionista de Madero) y, más próximamente en el tiempo y en el espacio, tan sólo membretes o grupillos sin un seguimiento ciudadano que dependían de la voluntad, para aparecer o para desaparecer, de un caudillo o un político influyente (a pesar de los números de afiliados que decían tener, no eran otra cosa partidos como el Liberal Constitucionalista, de la época de Carranza, o el Nacional Cooperatista de Prieto Laurens, el Nacional Agrarista de Díaz Soto y Gama y Aurelio Manrique o el Laborista de Morones en los años veinte).

Ciertamente, sus creadores debieron tener a la vista algunas experiencias de otros países que les sirvieron de inspiración; pero fuera de algunos datos aislados o testimonios sin apoyo documental, todavía hoy sabemos muy poco al respecto. El PNR, tal y como se organizó, decididamente no cuadra con ninguna de las tipologías universales de los partidos políticos inventadas hasta hoy, lo que puede hablar bien de su originalidad, pero puede, al mismo tiempo, poner en entredicho su carácter de verdadero partido político. Ello no obstante, nadie se ha permitido dudar hasta ahora de que el PNR fue una creación extraordinaria de la política mexicana, que en más de un sentido ha determinado el rumbo que el país ha seguido en los últimos sesenta años.

Arnaldo Córdova,
La Revolución en crisis. La aventura del maximato,
Cal y Arena, México, 1995, pp. 45-46.

La Declaración de Principios del Partido Nacional Revolucionario muestra una clara congruencia con la filosofía política de Calles, que, en más de un sentido, era herencia de Obregón.

El PNR declaraba aceptar el sistema democrático y la forma de gobierno establecida por la Constitución; pretendía realizar un mejor medio social y velar por la formación y cumplimiento de las leyes que garantizaran los derechos del proletariado.

"los gobiernos emanados" de su acción política deberían dedicar sus mayores esfuerzos "a la reconstrucción nacional". Reconocía, en fin, que el gobierno debía estar integrado esencialmente con "elementos de la debida filiación política", es decir, con hombres de ideología revolucionaria.[7]

El PNR se consideraba como el legítimo heredero de la Revolución, por lo que su emblema iba a ser un círculo dividido en tres secciones verticales que se destacarían en verde, blanco y rojo, es decir los colores de la bandera nacional, y en los que estarían impresas las siglas de su nombre, estando dicho círculo rodeado de un círculo blanco, a su vez circundado por un círculo rojo, característico de su naturaleza revolucionaria de la nueva organización, que pretendía lograr la adhesión de las organizaciones más radicales.

El programa del PNR insistía en la necesidad de aplicar la Constitución en materia de educación, de industrialización y de modernización de la agricultura, además de una política hacendaria que permitiera restaurar el crédito exterior del país. En resumen, el Partido se proponía objetivos que, de acuerdo con el proyecto callista, consideraban como prioritario al desarrollo económico nacional.

El PNR declaraba que la soberanía nacional debía ser base de la política internacional de México y que, en lo interno, los gobiernos emanados de su acción política, integrados con hombres "de ideología revolucionaria", deberían dedicar sus mayores esfuerzos a la reconstrucción nacional.

---

[7] *Ibid.*, p. 99.

Una función del PNR consistiría en actuar en el proceso electoral como un instrumento que unificara todos los disidentes revolucionarios y todos los partidos locales, como único recurso para efectuar pacíficamente la transmisión del poder.

Para Calles, el fin último del PNR como maquinaria electoral institucionalizada, era canalizar las ambiciones personales de los miembros de la familia revolucionaria hacia una sola meta: el desarrollo económico nacional.

El PNR adoptaba una estructura doble; por un lado una estructura *directa* formada por los comités municipales, los comités estatales o territoriales, el Comité Ejecutivo Nacional y el Comité Directivo Nacional; por otro lado, una estructura *indirecta*, formada por los diversos partidos nacionales, regionales y municipales que aceptaran afiliarse.[8]

Una de las funciones del PNR consistiría en actuar en el proceso electoral como un instrumento que lograra la unificación de todos los disidentes revolucionarios y de todos los partidos locales, como único recurso para efectuar pacíficamente la transmisión del poder. La intención de Calles era someter a la autoridad central a los diversos caciques que ejercían el poder arbitrariamente en diversas zonas del país y, por consiguiente, a las organizaciones de masas que respaldaban dicho poder. De esta manera, sería suprimido el riesgo de que el país estuviera al borde de la guerra civil, al acercarse el término de cada periodo presidencial y encontrarse con un sinnúmero de aspirantes dispuestos a luchar mediante las armas para obtener el poder.

Al conjugar en un solo partido fuerte a aquellos factores de subversión, Calles lograba poner en marcha una maquinaria electoral institucionalizada y una disciplina política capaz de someter a los diversos grupos a un reglamento capaz de equilibrar las fuerzas políticas antagónicas. Para Calles, el fin último era canalizar las ambiciones personales de los miembros de la familia revolucionaria hacia una sola meta: el desarrollo económico nacional. Pero los objetivos de Calles no podrían alcanzarse sin Calles, por eso dirigió al partido que era su creación, y de esa manera fue creciendo su influencia sobre la política nacional hasta convertirse en la máxima figura de la política, mientras no hubo otra fuerza capaz de enfrentársele.

Ejercicio 2

1. ¿Por qué se consideró al PNR como sucesor de caudillos?
2. Menciona los dos puntos que proponía el Comité Organizador del PNR.
3. Menciona dos ideas de la Declaración de Principios del PNR.
4. ¿Por qué consideraba Calles de gran importancia la función del PNR como una maquinaria electoral institucionalizada?

Fuente 3. La función del Partido de la Revolución

Calles pensaba dar un cauce institucional de largo plazo a la vida política del país, pero también quería encontrar una salida de corto plazo a un problema más inmediato: la necesidad de reponer la elección presidencial para elegir al sustituto de Obregón. La muerte del caudillo posibilitaba el establecimiento, por primera vez en la historia del país, de reglas claras para procesar pacíficamente entre los grupos políticos la sucesión presidencial. Aunque ya existían las reglas formales, aquellas que se encontraban establecidas en la Constitución y que se referían a los aspectos legales y a los requisitos de elección, aún faltaban las informales, los acuerdos no escritos pero acatados que servirían para que, en lo sucesivo, los vencedores de la Revolución no tuvieran que disputarse el poder de manera violenta.

No siempre se aceptó de buena gana el resultado, pero a partir de ese momento la transmisión del Poder Ejecutivo se realizó puntualmente. Hubo elecciones competidas y resultados polémicos, así como diversas escisiones en el Partido de la Revolución, las cuales fueron vistas como serias amenazas a su hegemonía, pero que finalmente no impidieron ganar en los comicios y alcanzar una presencia a nivel nacional que nunca tuvo ninguno de los bandos en pugna durante el siglo XIX, ni los muchos partidos nacionales efímeros que se organizaron durante las dos primeras décadas del XX.

En gran medida, la Revolución Mexicana, que en su momento se vivió como una sucesión de conflictos diferentes, como un movimiento heterogéneo con demandas regionales en ocasiones contrapuestas, cobró forma en el imaginario colectivo gracias al partido y a su cobertura ideológica. Diseñada tan amplia como fue posible, dicha ideología incluyó a los diversos grupos revolucionarios con signos de identidad colectiva claros: la reforma agraria, la defensa de los dere-

---
[8] *Ibid.*, p. 100.

> chos laborales, la educación universal y laica, el respeto a la soberanía y a la autodeterminación de los pueblos, y, sobre todo, la no reelección.
>
> Es imposible entender el siglo XX mexicano, posterior a la Revolución, sin apreciar la importante función que el Partido de la Revolución ha desempeñado en la organización de la política mexicana. La ausencia de una historia rigurosa, menos ideologizada y verosímil de dicho partido hace que la mayoría de los mexicanos no vean en él más que un apéndice del Poder Ejecutivo, un instrumento electoral del gobierno o, en el peor de los casos, una agencia de colocaciones. Puede ser que estas interpretaciones sobre el papel y la labor del Partido de la Revolución sean atendibles, pero resultan menores a la hora de entender su labor y su importancia, su enorme contribución en diversos ámbitos de la vida política y, en general, su complejidad.
>
> Manuel González Compeán y Leonardo Lomelí Vanegas, *El Partido de la Revolución. Institución y conflicto (1925-1999)*, Fondo de Cultura Económica, México, 2000, pp. 22-23.

La selección del candidato presidencial

Además de la fundación del PNR, otro punto importante de la reunión del Comité Organizador en Querétaro era el nombramiento del candidato presidencial. Se pretendía seleccionar a una persona que no diera marcha atrás en los avances logrados, es decir, un candidato que una vez instalado en la silla presidencial no tuviera la posibilidad de convertirse en caudillo y que, por el contrario, se viera obligado a apoyarse en el PNR para gobernar.

Pero no todos lo entendieron así, cuando los principales grupos ya se habían comprometido a unirse, algunos caudillos y caciques empezaron a inclinarse a favor de los candidatos que más posibilidades parecían tener; acostumbrados al régimen personalista, sólo consideraban la necesidad de aliarse con quien pudiera convertirse en el nuevo hombre fuerte, y en ese rumbo, Aarón Sáenz, gobernador de Nuevo León, quien era señalado por muchos miembros de la clase política como heredero de Obregón, llevaba notable ventaja.

Integrante del grupo obregonista y dirigente del mismo después de la muerte del caudillo, Aarón Sáenz era considerado como el candidato idóneo, circunstancia que reconocían el presidente interino y el mismo Calles. Pero si Sáenz era el más cercano heredero de Obregón, eso mismo contribuía a exaltar los ánimos; algunos miembros de clase política no estaban dispuestos a aceptar que llegara a la presidencia un hombre con quien se podría regresar al régimen personalista, y empezaron a trabajar en su contra, acusándolo de ser demasiado conservador.

Una vez que asumió la presidencia, Portes Gil, comenzó una intensa campaña contra Aarón Sáenz, a quien consideraba identificado con las ideas reaccionarias de los industriales de Monterrey. Por esta causa, según Portes Gil, Sáenz perdió el apoyo de los políticos más prominentes; pero sería difícil aceptar que después de tantos años de actividad conjunta sólo a último momento esos políticos descubrieran, mediante un discurso pronunciado por el gobernador de Nuevo León, el alineamiento de esta persona con los intereses de Monterrey.[9]

Por otra parte, en virtud de su prestigio político, Sáenz no estaría interesado en continuar la obra callista, y mucho menos estaría dispuesto a permitir la injerencia del Jefe máximo en su gobierno. Por lo tanto, Calles aconsejó a Portes Gil que simulara aceptar la candidatura de Aarón Sáenz, con el propósito de apaciguar a los obregonistas, muchos de los cuales seguían acusando a Calles de la desaparición de su

---

Se pretendía que el candidato presidencial fuera alguien que una vez instalado en la silla presidencial no pudiera convertirse en caudillo y que, por el contrario, tuviera que apoyarse en el PNR para gobernar.

Algunos caudillos y caciques, acostumbrados al régimen personalista, sólo consideraban la necesidad de aliarse con quien llegara a convertirse en el nuevo hombre fuerte.

Aarón Sáenz

En virtud de su prestigio político, Aarón Sáenz no estaría interesado en continuar la obra callista, y mucho menos estaría dispuesto a permitir la injerencia del Jefe máximo en su gobierno.

---

[9] Tziv Medin, *Op. cit.*, p. 43.

Pascual Ortiz Rubio

Por estar Ortiz Rubio desconectado de la situación política de México, era muy difícil que poseyera fuerza política propia, de manera que no tendría más remedio que aceptar los "consejos" del Jefe máximo.

El plan de la rebelión escobarista era un llamado a tomar las armas en defensa de las libertades nacionales y en contra de la imposición de Calles del candidato presidencial.

Aarón Sáenz y Pascual Ortiz Rubio

José Gonzalo Escobar, jefe del movimiento armado

líder. Sáenz renunció entonces a la gubernatura de Nuevo León y se dispuso a preparar su campaña, a principios de 1929.

En plena campaña del neoleonés, Portes Gil mandó llamar a Pascual Ortiz Rubio, quien en ese momento tenía el cargo de embajador en Brasil. Ortiz Rubio era un ingeniero en minas de origen michoacano que había participado en la Revolución en favor del carrancismo y había ocupado el cargo de secretario de Comunicaciones y Obras Públicas en el gobierno delahuertista. Portes Gil dijo haberlo llamado para que colaborara en su gabinete como secretario de Gobernación, debido a su prestigio y merecimientos, pero el motivo era otro. Cuando se dirigía a México fueron a encontrarlo algunos de sus amigos en una escala del viaje para advertirle que no hiciera declaración alguna a la prensa, porque ya era considerado como candidato a la Presidencia de la República. Al llegar a México, Pascual Ortiz Rubio se entrevistó con Calles por iniciativa del presidente, y al enterarse de este encuentro, se fueron inclinando en favor del recién llegado todos los políticos que estaban en desacuerdo con la candidatura de Sáenz.[10]

Al presentarse los dos nombres ante la Convención de Querétaro, los asistentes ya estaban enterados de cuál de ellos era el candidato de Calles y lo aceptaron por mayoría, incluso los que anteriormente habían apoyado a Sáenz, quienes no tenían hacia éste la adhesión tan fuerte que le brindaron a Obregón. Las razones que impulsaron a Calles a escoger a Ortiz Rubio como candidato a la presidencia parecen comprensibles: en primer lugar, estuvo desconectado de la situación política de México durante los seis años que permaneció en el extranjero, circunstancia que hacía muy difícil que poseyera fuerza política propia, de manera que no tendría más remedio que aceptar los "consejos" del Jefe máximo. A esta ventaja se agregaba el hecho de que Ortiz Rubio era poseedor de una indiscutible honestidad, lo cual le pudo parecer a Calles muy favorable a sus propósitos.

Cuando Sáenz regresó a la ciudad de México, después de un viaje de campaña, aseguró que se proponía proseguir sus actividades para consolidar su candidatura; estas declaraciones produjeron gran confusión y ésta llegó al extremo cuando algunos delegados de la Convención escucharon el rumor de que el general Pérez Treviño sería también candidato. La noticia del estallido de la rebelión escobarista habría de terminar con la confusión, ante la necesidad de concluir los trabajos de la Convención. El día 4 de marzo, una vez declarada la existencia legal del PNR, se procedió a seleccionar el candidato presidencial. Ante la declaración de uno de los delegados de que "sólo Ortiz Rubio podría salvar al país", la candidatura de éste fue aceptada por unanimidad.[11]

Rebelión escobarista

En momentos en que se desarrollaba en la Convención de Querétaro la lucha política por la selección del candidato presidencial, los militares obregonistas decidieron

---

[10] Lorenzo Meyer, Rafael Segovia y Alejandra Lajous, "La consolidación del poder", en *Los inicios de la institucionalización*, El Colegio de México, México, 1978, pp. 55-58.
[11] *Ibid.*, pp. 61-62.

pronunciarse en contra de Calles. El 3 de marzo de 1929 se publicó en Sonora el Plan de Hermosillo, en el que se desconocía a Emilio Portes Gil como presidente provisional y se nombraba al general José Gonzalo Escobar como jefe supremo del movimiento; el plan era un llamado a tomar las armas en defensa de las libertades nacionales y en contra de la imposición de Calles, a quien se acusaba de haber sido el responsable verdadero e indirecto del asesinato de Obregón.

La rebelión escobarista estaba condenada al fracaso y fue sofocada en poco más de dos meses; sus dirigentes trataron de atraer a los cristeros a su causa, —cuando aún no se firmaban los acuerdos que pusieron fin al conflicto religioso— y aunque los rebeldes católicos aceptaron una alianza táctica para obtener recursos, pronto se dieron cuenta de que los escobaristas solamente querían utilizarlos en provecho propio, sin ofrecer a cambio ventaja alguna. La rebelión dio a Calles, nombrado secretario de Guerra y Marina para combatirla, la oportunidad de vencer a los sublevados no sólo con las armas —para lo cual contó con el apoyo del embajador Morrow—, sino de aprovechar la insurrección para librarse de los generales de cuya lealtad no estaba seguro, y para acusar de reaccionarios a quienes se opusieran al nuevo orden político inaugurado con la creación del PNR. Por lo tanto, aunque ocasionó problemas y fuertes gastos al gobierno, esta rebelión tuvo para los organizadores el efecto contrario de justificar la existencia de la maquinaria política recién puesta a funcionar por Calles, y de provocar que éste saliera del conflicto con mayor fuerza política.

Calles contra la rebelión escobarista

La rebelión escobarista dio a Calles la oportunidad de librarse de los generales de cuya lealtad no estaba seguro, y de acusar de "reaccionarios" a quienes se opusieran al nuevo orden político.

Ejercicio 3

1. ¿Cuál era el perfil político que debería tener el candidato presidencial del PNR, para el periodo 1929-1934?
2. ¿Por qué la candidatura de Aarón Sáenz no era conveniente para el proyecto político de Calles?
3. Describe las razones que impulsaron a Calles a escoger a Ortiz Rubio como candidato a la presidencia.
4. ¿Cuál era el objetivo principal de la rebelión escobarista?
5. ¿De qué manera la rebelión escobarista resultó en beneficio del poder político de Calles?

Oposición al Partido Nacional Revolucionario

Los dos partidos nacionales más importantes, el Partido Nacional Agrarista (PNA), que un año antes fuera el principal apoyo de la candidatura de Obregón, y el partido cromista de Morones (PLM), primera fuerza política durante el gobierno callista, no fueron invitados a participar en el Comité Organizador del PNR. En lo que se refiere al PNA, sus dirigentes se habían distanciado de Calles desde hacía tiempo, y esa situación se acentuó con el asesinato de Obregón y, aunque la selección de Emilio Portes Gil como presidente provisional había sido recibida favorablemente por los obregonistas, buena parte de éstos seguían temiendo que tras el proyecto del nuevo partido se ocultara el deseo de Calles de perpetuarse en el poder. Por otra parte, los jefes del PLM que habían mantenido hasta entonces su alianza con el Jefe máximo, se distanciaron de él cuando llegó a la presidencia Emilio Portes Gil, uno de sus principales enemigos; Calles no hizo intento alguno por recuperar aquella alianza, en virtud de que no podía integrar al PNR a los moronistas sin provocar una violenta reacción de los obregonistas.

Al quedar marginados aquellos dos importantes partidos del nuevo orden político revolucionario, sus integrantes se manifestaron en oposición al recién fundado PNR. La primera gran expresión de resistencia surgió del PNA, cuyos principales líderes, Antonio Díaz Soto y Gama y Aurelio Manrique, eran profundamente anticallistas y se oponían a afiliar su organización al nuevo partido. Sin embargo, mediante una maniobra política de Sáenz ambos personajes fueron expulsados del PNA y, de esta manera, pudo afiliarse al PNR una fracción de esta organización. En cambio, las

Al quedar marginados del nuevo orden político los dos partidos nacionales más importantes, el obregonista PNA y el partido cromista de Morones (PLM), sus integrantes se manifestaron en oposición al recién fundado PNR.

Calles y Morones

resistencias del PLM fueron menos violentas debido en buena parte al debilitamiento de su líder, Morones, quien perdía fuerza, al tiempo que se perfilaba a sustituirle un joven dirigente de la CROM, Vicente Lombardo Toledano, quien llegó incluso a sugerir la disolución del PLM, con el fin de no afectar los intereses de la confederación sindical. En efecto, el "desmoronamiento"[12] de la CROM ocurrió durante los días en que se constituía el nuevo partido, entre diciembre de 1928 y marzo de 1929, y aun cuando no se afiliaron al PNR las nuevas organizaciones que surgieron al desintegrarse la central moronista, el proyecto callista se vio sin duda favorecido por el debilitamiento de la CROM y de su órgano político, el PLM, el cual habría de dar más tarde su apoyo a Ortiz Rubio como candidato presidencial del PNR.[13]

Vicente Lombardo Toledano

> En el "desmoronamiento" de la CROM tuvo un papel significativo el presidente Portes Gil, quien incluso dio apoyo financiero a una fracción de la central obrera conocida como la "CROM depurada".

En el "desmoronamiento" de la CROM tuvo un papel significativo el presidente Portes Gil, vehemente anticomunista y enemigo de tiempo atrás de Morones. Desde el principio de su mandato, Portes Gil apoyó, incluso en el aspecto financiero, a una fracción de la CROM conocida como la CROM depurada, que organizara el Partido Laborista Independiente (PLI). De manera particular, el presidente se propuso destruir el poder personal de Morones mediante una campaña que puso de manifiesto la corrupción del líder y logró que un número considerable de sindicatos repudiara a la central moronista. Calles no se opuso al ataque de Portes Gil contra Morones porque, a pesar de la amistad que le unía al líder sindical, el Partido Laborista encabezado por éste se encontraba en oposición al PNR y, en consecuencia, al proyecto de Calles.

> Al tiempo que combatía a los moronistas, Portes Gil se propuso destruir al Partido Comunista Mexicano (PCM), mediante una campaña represiva contra sus integrantes.

Al tiempo que combatía a los moronistas de la CROM, Portes Gil se propuso destruir al Partido Comunista Mexicano (PCM), mediante una campaña represiva contra sus integrantes; en mayo de 1929 fueron fusilados en Durango por las autoridades 15 comunistas sin que, en apariencia, hubiera algún cargo serio contra ellos. En el mismo mes, ya vencida la rebelión escobarista, varios dirigentes del PCM ordenaron a los militantes de este partido que no se rindieran ante el gobierno y se prepararan para luchar con las armas en contra del régimen callista; estas órdenes dieron motivo para que Portes Gil acentuara la campaña represiva en contra de los comunistas, acusándolos de complicidad con el movimiento escobarista.

El 22 de mayo de 1929, una vez derrotada la rebelión escobarista, Calles renunció a su cargo como secretario de Guerra y Marina, y anunció que se retiraba de la vida política. En las declaraciones que hizo a la prensa ese día criticó duramente al PNR y denunció lo que llamó "el fracaso político de la Revolución", porque, en vez de unirse, los grupos constitutivos del partido se dedicaban a golpearse unos a otros, en razón de lo cual exigía una disciplina más firme dentro de la familia revolucionaria de la cual él se consideraba guía. Aquellas declaraciones causaron un profundo malestar en los medios políticos, y entonces Calles decidió ausentarse del país en espera de que se calmaran los ánimos, dejando la dirección del PNR bajo el control de sus amigos más disciplinados. Sin embargo, la ausencia de Calles coadyuvó a un nuevo divisionismo, porque además de que los partidarios de Portes Gil fueron colocándose en puestos clave, los amigos de Ortiz Rubio, el presidente electo, se preparaban para consolidar su fuerza frente a los otros grupos; así pues, entre los partidarios de

> Calles decidió ausentarse del país en espera de que se calmaran los ánimos, pero su ausencia provocó un nuevo divisionismo, pues entre los partidarios de los tres políticos comenzó a surgir un fuerte recelo.

Calles, secretario de Guerra y Marina

---

[12] "Desmoronamiento", expresión acuñada por Roberto Soto, popular cómico de carpa, en diciembre de 1928.
[13] Luis Javier Garrido, *Op. cit.*, p. 105.

los tres políticos —Calles, Portes Gil y Ortiz Rubio— comenzó a surgir un fuerte recelo y se preveían nuevos signos de división.

La contienda electoral en 1929

La campaña de Pascual Ortiz Rubio

Al finalizar la rebelión escobarista, comenzó la campaña electoral de Ortiz Rubio quien, en el transcurso de poco más de seis meses, recorrió el país y pronunció varios discursos en los que hizo múltiples referencias a Calles y a la colaboración entre las clases sociales, pidiendo sin cesar el apoyo de los ciudadanos a una Revolución que, según expresaba, había dejado de ser una utopía para convertirse en una realidad. La gira del candidato del PNR se llevaba a cabo con el apoyo de la burocracia estatal y con los recursos financieros aportados principalmente por gobernadores de los estados y jefes de operaciones.

Portes Gil y Calles

Durante la gira electoral dio comienzo la pugna entre los ortizrubistas y los políticos que dominaban al PNR, quienes, según palabras del propio Ortiz Rubio, seguían ciegamente las instrucciones del presidente del partido, Manuel Pérez Treviño, quien a su vez recibía instrucciones de Calles. Éste, que se encontraba en Europa, se mantuvo en estrecho contacto con sus allegados políticos que le informaban sobre el acontecer político en México.[14]

Ejercicio 4

1. ¿Por qué los dos partidos nacionales más importantes, PLM y PNA, no fueron invitados a participar en el Comité Organizador del PNR?
2. Describe cómo se llevó a cabo el "desmoronamiento" de la CROM.
3. ¿Cuáles fueron las acciones de Portes Gil en contra de Morones y del Partido Comunista?
4. Describe la división que surgió entre la familia revolucionaria durante la ausencia de Calles, en 1929.

La oposición

El vasconcelismo

En la contienda electoral de 1929 por la presidencia de la República destaca, en oposición al PNR y al régimen callista, la participación de José Vasconcelos [véase fuente 4. "Dos opiniones acerca de Vasconcelos como candidato presidencial"], quien rompiera con la familia revolucionaria desde 1924, cuando dejó la Secretaría de Educación para buscar la gubernatura de Oaxaca, sin conseguirla. Sus cargos como rector de la Universidad Nacional y como secretario de Educación, le habían permitido crear un capital político importante, integrado principalmente por la adhesión de universitarios e intelectuales: su popularidad entre los estudiantes era muy grande en aquel año electoral; empezó su campaña con esos apoyos universitarios y, más tarde, fue proclamado candidato por el Partido Nacional Antirreeleccionista (PNAR), fundado en 1927, en contra de la reelección de Obregón.

Con Vasconcelos, el PNR tuvo que hacer frente a un enemigo electoral que pareció, en principio, más peligroso, pues usaba métodos distintos a los que los revolucionarios estaban acostumbrados. No sólo era mejor adversario que otras fuerzas opositoras, era también mucho más poderoso políticamente: su personalidad atraía y convencía a las masas y las concentraciones públicas que convocaba solían ser más numerosas que las del mismo PNR. "Vasconcelos era un candidato brillante e imaginativo que sabía decir a la gente lo que ésta quería escuchar y criticaba eficazmente a los grupos gobernantes, exponiendo a la luz pública sus vicios e iniquidades."[15]

José Vasconcelos, candidato presidencial

---

[14] Tziv Medin, *El minimato presidencial*, *Op. cit.*, p. 76.
[15] Arnaldo Córdova, *Op. cit.*, p. 75.

> *Vasconcelos combinaba su prestigio personal con un idealismo que casi podría calificarse de ingenuo, mientras que el candidato del PNR tenía a su disposición todo el peso de las organizaciones políticas afiliadas y, sobre todo, del Estado.*

Con marcada inspiración maderista, Vasconcelos hacía un llamado a todos los mexicanos a favor de la democracia, el diálogo y la tolerancia. Como un nuevo Madero, se consideraba destinado a restaurar la democracia por medio de un movimiento popular que pusiera fin al autoritarismo de Calles y a su manipulación sobre el PNR y su candidato.

En las elecciones presidenciales de 1929, no sólo se enfrentaban dos candidatos muy distintos: "Vasconcelos, un hombre popular y brillante, con tamaño de caudillo, contra Ortiz Rubio, una personalidad gris de la que apenas se conocían su eficiencia administrativa y su lealtad al grupo revolucionario";[16] se enfrentaban también dos maneras distintas de hacer política, la de Vasconcelos, que combinaba su prestigio personal con un idealismo que casi podría calificarse de ingenuo, contra la del PNR, que tenía a su disposición todo el peso de las organizaciones políticas afiliadas y, sobre todo, el peso del Estado, que apoyó sin disimulos la campaña electoral de Ortiz Rubio.

El vasconcelismo se había convertido en un movimiento moralizador de la vida de la nación. Pero eso no era suficiente contra las fuerzas políticas reales del momento. Aunque podía desempeñar una función crítica al sistema inaugurado por Calles, Vasconcelos carecía de argumentos sólidos para sacudir la base del poder de la familia revolucionaria; su llamado a unas elecciones realmente democráticas era ilusorio. "El tono literario y exaltado de sus artículos y editoriales enmascaraban en realidad la falta de un verdadero programa político, concreto y definido. El vasconcelismo habría de encontrar ese programa político y una plataforma electoral cuando (...) aceptó ser candidato del Partido Nacional Antirreeleccionista. Por desgracia —defecto grave— aquel programa y aquella plataforma no eran los suyos."[17]

El candidato Vasconcelos con algunos partidarios

Fuente 4. Dos opiniones acerca de Vasconcelos como candidato presidencial

Texto 1.

Con una visión de la política que sesenta y cinco años después todavía nos parece plenamente vigente, como entendimiento de todos para darse un buen gobierno [Vasconcelos] afirmaba: "La creación de un valor humano comúnmente aceptado; la creación de un valor ideal que una las voluntades y sintetice las aspiraciones nacionales, es probablemente la más urgente de las necesidades de nuestra raza. Y *así deberemos ver la política en estos instantes, no sólo como voluntad que disputa los puestos de gobierno a una facción desprestigiada, sino como acción integral que trata de organizar el destino entero de un pueblo amenazado de muerte*. Para una tarea de esta magnitud es claro que no bastan con todo su heroísmo los miembros de un partido...; tan grande es la tarea, que no bastan los esfuerzos de las mayorías; es necesario también establecer, por lo menos, una especie de tácito entendimiento con las minorías y aun con los rivales honrados... Si en esta elección unos y otros nos sabemos perdonar; si en esta elección triunfan la violencia o el fraude; si sacrifícanse las esperanzas del pueblo mexicano, ya para la

---

[16] Pedro Salmerón Sanginés, *Op. cit.*, p. 86.
[17] Lorenzo Meyer, Rafael Segovia y Alejandra Lajous, *Los inicios de la Institucionalización*, p. 99.

próxima probablemente no tendrán fuerzas ni la oposición ni el gobierno para crear un candidato."[1] (…)

Remataba su discurso así: "… siento la necesidad de la concordia entre los mexicanos y pienso que debemos colocarnos a tal altura, que aun en nuestros más enconados opositores veamos elementos aprovechables, elementos indispensables para el desarrollo nacional… porque tengo siempre a la vista esta nuestra acción de conjunto, no concibo que el mexicano pueda excluir, condenar, perseguir al mexicano… a la mayor parte de mis contrincantes políticos no los conozco ni siquiera de vista; pero como sé que no tienen razón para oponerse a nuestro movimiento, a veces me imagino que temen acercarse a nosotros no porque podamos causarles ningún daño, sino porque temen ser convencidos… hagamos también la declaración de que no concebimos una tarea creadora sin que en ella colaboren, según el puesto que les toque, amigos y rivales, nacionales y extranjeros, todos los que estén en condiciones de aportar trabajo o de aportar ideal. Hagamos que gradualmente se aplaquen los odios y se unifique el criterio delante de la avalancha de la opinión. Confiemos en que la opinión ha de manifestarse, llegará a crear tal fuerza de convencimiento, que ya no será necesario que nadie piense en soltar de nuevo las fuerzas de la violencia." Por desgracia para Vasconcelos y para México, ni el gobierno ni la sociedad estaban preparados para semejante empresa.

[1] Las *cursivas* son de Arnaldo Córdova.

Arnaldo Córdova,
La Revolución en crisis. La aventura del maximato,
Cal y Arena, México, 1995, pp. 85-86.

Texto 2.

Acaso no pareciera de fiar Vasconcelos a los intereses norteamericanos porque en la cuestión de las inversiones extranjeras se mostraba contradictorio. A veces, para los públicos mexicanos era antiimperialista, antiyanqui y socialista. En otras ocasiones, hacía declaraciones positivas acerca de las inversiones extranjeras, esperando neutralizar así las opiniones de Washington, D. C., y Nueva York. (…)

Del mismo modo que cambiaba de posición en la cuestión de las inversiones extranjeras, Vasconcelos trataba de abarcar el centro y la izquierda en otras cuestiones. Según el tiempo y el lugar, era capaz de prometer la libertad religiosa a los católicos o ensalzar a Lenin, apoyar a los pequeños negociantes o defender al ejido. Este cálculo ensanchaba su popularidad, y no se le criticaba mucho como hipocresía. (…)

Los saltos más sorprendentes en la estrategia de Vasconcelos no fueron cosa de derecha o izquierda sino de paz o guerra. Antes del asesinato de Obregón —o sea antes de que pensara en llegar a candidato a la presidencia— Vasconcelos animó a los cristeros que peleaban en el Bajío a ensanchar su base ocupándose en problemas nacionales. Desde el momento en que sus ambiciones presidenciales se hicieron plausibles hasta los primeros rumores del pacto entre la Iglesia y el Estado y la derrota de la rebelión escobarista, Vasconcelos fue el candidato que predicaba públicamente la paz y la libertad religiosa mientras la guerra civil ardía. Una vez batido por el embajador Morrow y el presidente Portes Gil, con la negociación de un tratado que condujo al desarme de la mayoría de los cristeros, Vasconcelos no podía prometer que él sería el pacificador ni esperar tampoco que los cristeros pelearan por él después del fraude electoral. Por eso se dedicó en público a la retórica de la "revolución pasiva" —boicot fiscal y huelgas laborales— mientras que en privado recibía apoyo para una rebelión armada que cada vez iba pareciendo más inevitable a medida que el gobierno intensificaba su represión de la campaña. Después de las fraudulentas elecciones convocó abiertamente a una "santa guerra" de liberación y siguió instando a que se hicieran huelgas obreras y se boicotearan los impuestos. (…)

En suma, "el candidato popular" predicaba la paz durante la guerra civil y fomentaba la guerra en tiempo de paz por razones estratégicas. Su mayor error estratégico en la lucha por el poder fue haber esperado a después de las elecciones para el alzamiento, cuando ya era demasiado tarde. Al mismo tiempo, su apego al procedimiento legal y democrático y al ideal del plebiscito pudo considerarse una victoria moral, pero eso era escaso consuelo para un hombre ambicioso.

John Skirius,
José Vasconcelos y la cruzada de 1929,
Siglo XXI Editores, México, 1982, pp. 197-199.

> *En el grupo de los llamados rojos estaban los más cercanos amigos de Calles así como los seguidores del presidente Portes Gil, y en el lado opuesto se encontraba el grupo de los blancos, partidarios de Ortiz Rubio.*

> *Ante el temor de que aumentara la fuerza política de Ortiz Rubio, Calles se decidió a actuar en contra de los blancos; 17 de ellos fueron sancionados con la que sería la primera expulsión en la historia del PNR.*

Elecciones presidenciales

Rodríguez Triana, apoyado por comunistas entre ellos Diego Rivera

Las elecciones presidenciales se celebraron en noviembre de 1929, con la mayor parte de las casillas electorales ocupadas por grupos oficiales armados y bajo un clima de tensión, propiciado por los actos de represión por parte de las autoridades federales y locales, contra los simpatizantes de los partidos opositores, principalmente los del Bloque Unitario Obrero Campesino (BUOC), formado por miembros del Partido Comunista y por líderes campesinos. La votación en favor de Vasconcelos fue considerable sobre todo en los distritos urbanos, pero los resultados oficiales declararon vencedor a Ortiz Rubio por una amplia mayoría.

Resultado de la elección presidencial de 1929[18]

Pascual Ortiz Rubio	(PNR) (PLM)	1 825 732 votos
José Vasconcelos	(PNAR)	105 655 "
Pedro Rodríguez Triana	(BUOC)	19 665 "

Divisionismo en el PNR

El nuevo presidente electo, que debía tomar posesión de su cargo en febrero del año siguiente, emprendió un viaje a Estados Unidos en compañía de varios callistas prominentes y sostuvo pláticas en Nueva York con el general Calles, quien regresaba a su viaje por Europa, y además se entrevistó en Washington con el presidente estadounidense, Herbert Hoover. Mientras, en México, se había acentuado el divisionismo político existente, pues los partidarios del presidente Portes Gil aprovecharon la ausencia de Calles y de Ortiz Rubio para influir sobre los miembros del Congreso, provocando que éstos se dividieran en dos tendencias contrarias; por un lado estaban los callistas ortodoxos, llamados *rojos,* entre los que se contaban los más cercanos

> **Ejercicio 5**
>
> 1. ¿Por qué, al comienzo de las campañas presidenciales de 1929, se consideró a José Vasconcelos como el enemigo electoral más peligroso para el PNR?
>
> 2. Describe las diferencias entre las candidaturas de Vasconcelos y de Ortiz Rubio, durante las campañas para la elección presidencial de 1929.
>
> 3. Describe en qué consistía la división de los miembros del Congreso en dos tendencias políticas contrarias: *rojos* y *blancos.*
>
> 4. ¿Por qué fueron los expulsados del PNR algunos miembros del Congreso que pertenecían al grupo de los *blancos*?

---

[18] Luis Javier Garrido, *Op. cit.* p. 140.

amigos de Calles, así como los partidarios del presidente Portes Gil, y en el lado opuesto estaba el grupo de los *blancos*, que constituían la mayoría del Congreso. Estos últimos, que habían comenzado a agruparse en torno al presidente electo, estaban a favor de una política de conciliación, y además se proponían crear una nueva burocracia estatal que fuera desplazando a la élite callista.

Cuando Calles regresó al país en diciembre de 1929, existía ya un abierto enfrentamiento entre los miembros del Congreso, y al ver que la lucha en las Cámaras había sido ganada por los *blancos*, se dio cuenta de que, de no actuar rápidamente, aumentaría la fuerza de Ortiz Rubio a tal grado, que éste llegaría a impedir su injerencia política. Por lo tanto, Calles se decidió a actuar en contra de los *blancos* acusándolos de haber violado los acuerdos del Comité Ejecutivo Nacional (CEN) del partido, al excluir a los *rojos* de los asuntos que se trataban en el Congreso. El mes de enero de 1930, nueve senadores y ocho diputados *blancos* fueron sancionados con la que sería la primera expulsión en la historia del PNR, y aunque los afectados lograron ser readmitidos al Partido, gracias a la mediación de Ortiz Rubio, los callistas *rojos* aprovecharon la ocasión para tomar el control del Congreso.[19]

Calles regresa de Europa

Política exterior

Cooperación de Estados Unidos en momentos de crisis

Hacia 1928, las relaciones entre México y Estados Unidos eran muy cordiales. El embajador Morrow había logrado establecer un trato de personal amistad con Calles, que redundó en la existencia de una política de buena vecindad entre las dos naciones y permitió solucionar, al menos temporalmente, los conflictos entre ellas. Calles se sentía optimista al comprobar que el gobierno estadounidense estaba bien dispuesto a apoyarle en momentos de crisis, como lo había hecho en el caso de la rebelión delahuertista.

Durante la presidencia interina de Emilio Portes Gil, la colaboración de Estados Unidos se manifestó en el auxilio prestado al gobierno mexicano para sofocar la rebelión escobarista, proporcionándole armamento, y más tarde en la mediación de Morrow para solucionar el conflicto con la Iglesia.

La colaboración de Estados Unidos se manifestó en el auxilio prestado al gobierno mexicano con armamento para sofocar la rebelión escobarista, y más tarde en la mediación de Morrow para solucionar el conflicto con la Iglesia.

Calles con el embajador Morrow

Poblemas en la relación con Estados Unidos

Un problema de gran importancia que persistía entre los dos gobiernos consistía en el pago de la deuda que México tenía con Estados Unidos, suspendido desde la caída de Victoriano Huerta, en 1914. Según los acuerdos de 1925, la deuda externa mexicana ascendía a 883 millones de pesos (435 millones de dólares), aparte de obligaciones pendientes como la deuda agraria, las reclamaciones por daños causados durante la lucha armada, la deuda ferroviaria, y los intereses acumulados. En total, para 1929, la deuda ascendía a la suma de 1061 millones de pesos. En las condiciones en que México se encontraba entonces, con un presupuesto federal anual de poco más de 200 millones de pesos, era lógico que no podría pagar una deuda tan cuantiosa, así que hubo necesidad de considerar como prioritario el pago de la deuda que se tenía con el Comité Internacional de Banqueros, porque éstos eran quienes, en mayor me-

En las condiciones financieras en que México se encontraba, era lógico que no podría pagar la cuantiosa deuda con Estados Unidos, así que se consideró como prioritario el pago de la deuda con el Comité Internacional de Banqueros.

[19] *Ibid.*, pp. 141-142.

Además del asunto no resuelto del petróleo, hubo otro motivo de preocupación en las relaciones con Estados Unidos, cuando el líder opositor nicaragüense Augusto César Sandino fue aceptado por el gobierno mexicano como exiliado político.

dida, podían ejercer presiones y, además tenían en sus manos la posibilidad de abrir para México el crédito externo.

Aparte de la deuda externa, el asunto del petróleo fue otro motivo de conflicto con Estados Unidos, a pesar del acuerdo entre Calles y Morrow en 1928, debido a que las compañías petroleras redujeron la producción, y a que esto hizo sospechar a las autoridades mexicanas que la baja era provocada artificialmente para presionar al gobierno a que modificara la legislación en favor de las empresas extranjeras.

En el marco de las relaciones entre México y Estados Unidos, hubo otro motivo de preocupación, derivado de la intervención estadounidense en Nicaragua, en tiempos del periodo callista, que se resolvió con el trato amistoso que luego imprimió Morrow a sus relaciones con Calles. En 1929, el asunto volvería a ser de actualidad cuando Augusto César Sandino —líder del grupo liberal que se oponía al gobierno conservador nicaragüense apoyado por Estados Unidos— fue aceptado por el gobierno mexicano como exiliado político; sin embargo, esta acción no llegó a provocar el disgusto del gobierno estadounidense, porque Sandino, durante su estancia en México, estuvo constantemente vigilado no sólo por agentes del gobierno mexicano, sino también por agentes de los gobiernos de Nicaragua y de Estados Unidos.

Augusto César Sandino

Ejercicio 6

1. ¿Cómo se manifestó la colaboración de Estados Unidos hacia el gobierno mexicano, en momentos de crisis, durante 1929?
2. Describe los tres problemas en la relación con Estados Unidos, que se presentaron durante el gobierno de Emilio Portes Gil.
3. Describe la ruptura diplomática entre México y la Unión Soviética.

Ruptura de relaciones con la Unión Soviética

La tendencia general de la política exterior fue el esfuerzo del gobierno mexicano por regularizar su situación con la comunidad internacional. Sin embargo, una excepción de singular importancia fue la ruptura con la Unión Soviética, país con el que México tenía relaciones diplomáticas desde agosto de 1924. Tales relaciones se mantuvieron en condiciones más o menos normales hasta que surgieron algunos incidentes que dieron motivo al intercambio de críticas entre los dos gobiernos, con acusaciones mutuas de intervención en los asuntos internos del otro. Desde su posición anticomunista, el presidente Portes Gil acusaba a los soviéticos de haber convertido a su embajada en México en un foco de actividades subversivas, y no sólo en el país, sino también en toda la América Latina.[20]

Algunos incidentes entre México y la Unión Soviética dieron motivo al intercambio de críticas entre los dos gobiernos, con acusaciones mutuas de intervención en los asuntos internos del otro, hasta el grado de provocar la ruptura de relaciones con ese país.

Antes de anunciarse oficialmente la ruptura, Calles dio a conocer a Dwight W. Morrow la determinación de llevar a cabo tal medida; el embajador estadounidense le pidió reconsiderar esa decisión porque en aquellos momentos la tendencia internacional era precisamente la contraria, es decir, normalizar las relaciones con el régimen revolucionario ruso. Pero Calles mantuvo su determinación y las relaciones con la Unión Soviética se suspendieron el 22 de julio de 1929.

Economía y sociedad

Política agraria

Uno de los aspectos entre las discrepancias entre Calles y Portes Gil fue el de la cuestión agraria.

Uno de los aspectos en que las discrepancias entre Calles y el presidente Portes Gil se expresaron en mayor medida fue el de la reforma agraria. Durante su gobierno, Calles había mantenido una política más bien conservadora y, si bien repartió más tierras que los regímenes revolucionarios anteriores, persistía en su proyecto de crear

---
[20] Arnaldo Córdova, *Op. cit.*, p. 175.

Cuadro 4.1. *Gobierno interino de Emilio Portes Gil. Política*

- **Política interna**
  - Fundación del Partido Nacional Revolucionario
    - Comité organizador
    - Objetivos y Declaración de principios
  - Selección del candidato presidencial
    - Aarón Sáenz, candidato idóneo.
    - La designación de Ortiz Rubio
  - Rebelión escobarista
  - Oposición al PNR
    - Partido Laborista Mexicano
    - Partido Nacional Agrarista
      - "Desmoronamiento" de la CROM
  - Contienda electoral en 1929
    - Campaña de Ortiz Rubio
    - La oposición
      - El vasconcelismo

- **Política exterior**
  - Relaciones cordiales con Estados Unidos. Política de buena vecindad
    - Respaldo del embajador Morrow hacia Calles
      - Ayuda para sofocar la rebelión escobarista y mediación en el conflicto religioso
  - Problemas en la relación con Estados Unidos
    - Deuda externa
    - Asunto Nicaragua
    - Conflicto petrolero
  - Ruptura de relaciones con la Unión Soviética

---

una numerosa clase de pequeños propietarios ricos y emprendedores, como la solución ideal para el nuevo orden rural mexicano. En cambio, el pensamiento de Portes Gil estaba mucho más cerca de los agraristas, quienes reivindicaban al ejido como la institución fundamental de la reforma agraria; en coincidencia con éstos, Portes Gil consideraba la destrucción del latifundio no como un fin en sí mismo, sino como la condición indispensable para establecer una sociedad rural justa e igualitaria. Durante su gubernatura en Tamaulipas, Portes Gil había basado gran parte de su poder en el reparto agrario y en la organización campesina y, una vez en la presidencia, planeaba aplicar aquella política en el ámbito nacional.

Más específicamente, Portes Gil consideraba el reparto de tierras como algo importante y urgente ante la anunciada y próxima revuelta obregonista-escobarista, pues suponía que el poder del ejército rebelde podría neutralizarse con el apoyo de campesinos que, beneficiados con la distribución de tierras, fueran leales al gobierno. De esta manera, es comprensible la urgencia de Portes Gil por llevar a cabo el reparto agrario; para julio de 1929 había repartido más de un millón de hectáreas.

Apoyado por Marte R. Gómez, secretario de Agricultura y Fomento, y por los gobernadores que estaban de acuerdo en que se intensificaran los repartos de tierras —entre los que destacaba Lázaro Cárdenas, de Michoacán— el gobierno de Portes Gil, llevó a cabo uno de los avances más notables en la historia de la reforma agraria. En los 14 meses de su mandato repartió 2 438 511 hectáreas que beneficiaron a

> *En otra diferencia con Calles, el presidente Portes Gil consideraba que las organizaciones de masas obreras sólo eran instrumentos de presión o de subversión, en manos de líderes sin escrúpulos.*

93 634 jefes de familia, superando por el número de beneficiarios al régimen callista.[21]

Política obrera

También en la cuestión obrera se manifestó una notable diferencia entre Portes Gil y Calles. El presidente interino, no obstante haber sido un resuelto promotor de la política de masas cuando fue gobernador de su estado, desde el Poder Ejecutivo federal actuó de manera muy distinta e incluso contraria. Consideraba que las organizaciones de masas sólo eran instrumentos de presión o de subversión en manos de líderes sin escrúpulos. En marzo de 1929 declaraba:

> El líder, como se ha entendido hasta ahora entre nosotros, sale con frecuencia de los obreros mismos, pero automáticamente deja de ser uno de ellos, para velar tan sólo por sus propios intereses personales y ambiciones, convirtiéndose en un parásito de los obreros a quienes finge representar, y siendo más parecido a uno de aquellos capitalistas a quienes en un principio combatiera, que a un verdadero guía orientador, sincero, activo y desinteresado, como sería su verdadero papel. De ahí que este tipo guste de suscitar conflictos intergremiales que favorezcan sus intereses de especulación, pero que no procuran sino la ruina de los verdaderos trabajadores.[22]

De acuerdo con estas ideas, pueden comprenderse los ataques de Portes Gil contra la CROM y, en particular, contra Luis N. Morones, líder de esta organización, ya en franca decadencia.

Entre los disidentes de la debilitada CROM destacaba un grupo de cinco líderes sindicales del Distrito Federal —Fidel Velázquez, Fernando Amilpa, Jesús Yurén, Alfonso Sánchez Madariaga y Luis Quintero— quienes, a diferencia de Lombardo Toledano, prefirieron desarrollar su liderazgo fuera de la central obrera. Este grupo,

> *El grupo conocido como los "cinco lobitos", aprovechó la situación de crisis de la CROM para aliarse con Portes Gil; sus integrantes formaron la Federación Sindical de Trabajadores del Distrito Federal, encabezada por Fidel Velázquez y Fernando Amilpa.*

conocido bajo el mote de los "cinco lobitos",[23] aprovechó la situación de crisis por la que atravesaba la CROM en 1929, para aliarse con Portes Gil. Los "cinco lobitos" abandonaron la CROM con 37 sindicatos y formaron la Federación Sindical de Trabajadores del Distrito Federal la cual, encabezada por Fidel Velázquez y Fernando Amilpa, adquirió gran importancia numérica y constituyó además un potencial efectivo de presión política, puesto que, al desempeñar sus integrantes una gran diversidad de actividades en la ciudad de México, estaban en posibilidad de afectar seriamente la vida de la capital. Portes Gil recompensó a los "cinco lobitos" por su adhesión al gobierno otorgándoles el control de las Juntas de Conciliación y Arbitraje y, en consecuencia, la facultad para determinar la legalidad o ilegalidad de las huelgas, situación que dio al grupo un nuevo tipo de poder sobre el ámbito laboral del Distrito Federal.[24]

La política obrera de Portes Gil incluyó su proyecto para una Ley Federal del Trabajo, presentado el 2 de septiembre, de acuerdo

Fidel Velázquez y Vicente Lombardo Toledano

---

[21] *Ibid.*, p. 96.
[22] Citado por *Ibid.*, p. 205.
[23] Este mote se debe a un periodista, Aquiles Elorduy; cuando los sindicatos dirigidos por este grupo rompieron con la CROM, Morones les llamó "cinco traidores gusanos", a lo que Elorduy contestó: "No, señor Morones, no son cinco gusanos, son cinco lobitos de aguzados dientes". Pedro Salmerón Sanginés, "La Fundación (1928-1933)", en *El Partido de la Revolución. Institución y conflicto (1928-1999)*, *Op. cit.*, p. 59.
[24] Alicia Hernández, *La mecánica cardenista*, El Colegio de México, México, pp. 122-123.

con el cual los sindicatos estarían obligados a registrar su razón social y sus estatutos ante las autoridades; se fijaban algunas prohibiciones que los sindicatos debían respetar, entre ellas la de mezclarse en asuntos religiosos y políticos, y la de fomentar actos delictuosos contra personas y propiedades. Pero este proyecto, que se entendió como otra manera de atacar a la CROM,[25] no llegó a discutirse en la Cámara de Diputados y fue retirado por el propio Portes Gil.

La iniciativa del proyecto provocó, no obstante, la respuesta de un grupo de empresarios para organizar la Confederación Patronal de la República Mexicana (Coparmex), creada en septiembre de 1929, con el propósito de proteger los derechos empresariales frente a la Ley Federal del Trabajo.

> *El proyecto de Portes Gil para la Ley Federal del Trabajo provocó que un grupo de empresarios organizara la Confederación Patronal de la República Mexicana (Coparmex), con el propósito de proteger los derechos empresariales.*

Política educativa

En mayo de 1929 surgió en la Universidad Nacional de México un serio conflicto entre las autoridades universitarias y los estudiantes. El origen del problema fue una reforma impuesta por las autoridades universitarias en el sistema de exámenes, de modo que se llevaran a cabo tres pruebas escritas por año, en lugar de la prueba anual oral vigente en ese momento. Las sociedades de alumnos de la Escuela Nacional de Jurisprudencia declararon la huelga general y, en respuesta, el director de esa escuela, Narciso Bassols, dictó contra ellos medidas disciplinarias. Mientras tanto, el resto de las escuelas profesionales se sumaron a la huelga. Se produjeron graves choques entre los estudiantes y los cuerpos de policía y de bomberos, introducidos a la Universidad por órdenes de la Secretaría de Educación y del Departamento del Distrito Federal.

Estudiantes frente a la Escuela de Medicina

A pesar de que las causas de la confrontación habían sido netamente académicas, también influyeron intereses políticos, relacionados con el vasconcelismo que defendía un buen número de estudiantes y profesores.

Preocupado el presidente Portes Gil porque el conflicto se había generalizado de manera alarmante, y sobre todo porque consideraba que los estudiantes eran azuzados constantemente por líderes políticos interesados en provocar situaciones ventajosas, decidió intervenir personalmente y, con el deseo de dar una solución definitiva al conflicto, anunció que el gobierno sometería desde luego al Congreso de la Unión una iniciativa de ley, para otorgar a la Universidad Nacional la autonomía que se venía solicitando hacía muchos años.[26]

La nueva ley permitía a la Universidad gobernarse a sí misma, pero imponía algunas restricciones: el presidente de la República intervenía en la elección del rector de una terna proporcionada por la Universidad; el gobierno podía vetar resoluciones del Consejo Universitario y revisar el uso de los recursos económicos, que aún provenían del Estado. Por lo tanto, aunque autónoma, la Universidad seguiría siendo Nacional "y por ende, una institución de Estado, en el sentido de que ha de responder a los ideales del Estado".[27]

Con tal medida se logró calmar los ánimos de los exaltados estudiantes pero el problema no se solucionó del todo y habría de resurgir más tarde.

> *Para dar una solución definitiva al conflicto en la Universidad Nacional, Portes Gil anunció que el gobierno sometería al Congreso de la Unión una iniciativa de ley para otorgar la autonomía a esa Universidad.*

---

[25] Tziv Medin, *Op. cit.*, p. 64.
[26] *Ibid.*, pp. 69-70.
[27] Josefina Vázquez de Knauth, *Nacionalismo y educación en México,* El Colegio de México, México, 1975, p. 169.

Ejercicio 7

1. ¿En qué aspectos diferían las ideas de Portes Gil y Calles, con respecto al reparto de tierras?
2. Describe las acciones de Portes Gil en materia de política agraria.
3. ¿Cuáles eran las ideas de Portes Gil acerca de las organizaciones sindicales?
4. Describe las medidas tomadas por Portes Gil para debilitar a la CROM.
5. Describe el conflicto universitario durante el gobierno de Portes Gil y la solución que éste dio a tal conflicto.

CUADRO 4.2. *Gobierno interino de Emilio Portes Gil. Economía y sociedad*

Política agraria	La destrucción del latifundio, condición indispensable para establecer una sociedad justa e igualitaria	Intensificación del reparto agrario	
Política obrera	En contra de líderes que sólo favorecen sus propios intereses	Ataques a la CROM y en particular hacia Luis N. Morones	Alianza de los "cinco lobitos" con Portes Gil
		Proyecto para una Ley Federal del Trabajo	Creación de la Coparmex
Política educativa	Conflicto en la Universidad Nacional de México	Nueva ley otorga la autonomía	Solución temporal del conflicto universitario

Gobierno de Pascual Ortiz Rubio

Política interna

Situación permanente de crisis política

El 5 de febrero de 1930, casi un año después de constituido el PNR, su primer candidato a la Presidencia de la República, el ingeniero Pascual Ortiz Rubio, comenzaba su mandato constitucional, en medio de una situación de conflicto que se manifestó en un atentado contra su persona, el mismo día de la toma de posesión. Ortiz Rubio debía concluir el sexenio para el que Obregón había sido electo en 1928 y, por lo tanto, su mandato debía concluir en diciembre de 1934; sin embargo, su gestión no llegaría a esa fecha.

En cuanto llegó a la presidencia, e incluso durante su gira electoral, Ortiz Rubio intentó liberarse del dominio callista mediante la creación de grupos leales y búsqueda de apoyos, al tiempo que colocaba a algunos de sus fieles seguidores en puestos clave. Como consecuencia, el gobierno de Ortiz Rubio hubo de encontrarse en una crisis permanente que se manifestó en todos los escenarios políticos; en el gabinete, en el PNR y hasta en el Congreso.

Respecto al gabinete, a pesar de que Ortiz Rubio dijera que la selección de ministros fue producto de una labor conjunta —entre él y Calles—, y que incluso rechazó a Alberto J. Pani, uno de los más importantes recomendados del Jefe máximo, la lista de personas que integraron el gabinete indicaba sin dudas la imposición de Calles, como fue el caso de Emilio Portes Gil, quien a pesar de ser enemigo personal de Ortiz Rubio, fue designado secretario de Gobernación.

Pero Ortiz Rubio, quien después del atentado volvió inmediatamente a la contienda política, hizo un nuevo intento por neutralizar la influencia del Jefe máximo al colocar al frente del PNR a Basilio Vadillo, una persona de su confianza. El propósito de esta maniobra era contrarrestar al resto de las facciones del PNR, sobre todo a los seguidores de Portes Gil, que con su líder en la Secretaría de Gobernación, tenían grandes posibilidades de influir en las decisiones electorales. Al mismo tiempo, Ortiz Rubio hacía un llamado a los otros partidos para que se afiliaran al PNR, y se dirigía fundamentalmente al Partido Laborista, cuyo líder, Morones, era acérrimo enemigo de Portes Gil. Pero los laboristas prefirieron mantenerse al margen de los conflictos en el PNR.

Pascual Ortiz Rubio, presidente de la República

Pascual Ortiz Rubio comenzaba su mandato presidencial en medio de una situación de conflicto que se manifestó en un atentado contra su persona el mismo día de la toma de posesión.

Como consecuencia de los intentos de Ortiz Rubio por liberarse del dominio callista, su gobierno habría de encontrarse en una crisis permanente.

La lucha por el Congreso

El conflicto entre *blancos* y *rojos* se intensificó al celebrarse las elecciones internas del partido en abril de 1930, los *blancos* recibieron el apoyo de la dirección del PNR y esto favoreció a Ortiz Rubio de alguna manera; pero los *rojos,* en cambio, recibieron el apoyo absoluto de Portes Gil, quien utilizando su puesto como secretario de Gobernación, trataba de imponer al mayor número posible de callistas *rojos* como candidatos del partido al Congreso.

Se dio entonces una confrontación entre el CEN del PNR y la Comisión Permanente del Congreso, donde empezaban a dominar los *rojos* pues éstos acusaban a Vadillo de parcialidad y de fomentar las divisiones en el partido. El enfrentamiento desembocó en violencia y los miembros del CEN, que por estar ligados a Ortiz Rubio no contaban con el apoyo de Calles, se vieron obligados a presentar su renuncia el 24 de abril, a sólo dos meses de las elecciones parlamentarias. En lugar de Vadillo fue nombrado Portes Gil

Calles con el presidente Ortiz Rubio

El conflicto entre "blancos" y "rojos" se intensificó al celebrarse las elecciones internas del Partido Nacional Revolucionario, hasta desembocar en violencia.

Fuente 5. "... el que manda vive enfrente"

En diciembre de 1929, después de mil maromas, albazos y negociaciones, los blancos ortizrubistas ganaban electoralmente el primer *round*, que debía darles mayoría en la Comisión Permanente de la Cámara y en la Comisión Instaladora del Congreso que sesionaría del 1º de enero al 31 de agosto de 1930. Pero entonces llega Calles (…) calibra la situación e inclina la balanza hacia el lado de los perdedores. El PNR utiliza contra los blancos un arma mortal: la expulsión. Cuando el 5 de febrero de 1930 Ortiz Rubio toma posesión de la Presidencia, todo mundo entiende que el bloque dominante en el Congreso será rojo, que los bloques no desparecerán pero se someterán siempre, estatutariamente, al Comité Ejecutivo Nacional del PNR y que éste, a su vez, acatará las órdenes o las "orientaciones" de Calles. El editorialista del PNR describía la situación tal como era: "La Revolución ha sentido instintivamente la necesidad de escogerlo como su jefe, mientras cuajan las instituciones todavía tiernas de la época constructiva de la Revolución."

En el instante en que aborda su automóvil para salir del Estadio, donde ha prestado juramento, el presidente Ortiz Rubio sufre un atentado. Este anticlímax inicial sería presagio de su régimen. Toda clase de chistes circularían sobre la debilidad del hombre a quien se apodaba *el Nopalito* (por ser, supuestamente, un baboso). Desde la casa de la colonia Anzures donde vivía el "oscuro ciudadano" Calles, se veía el Castillo de Chapultepec y la gente comenzó a maliciar. "Allí vive el Presidente, pero el que manda vive enfrente." Esta vez la conseja popular era injusta: el que mandaba vivía enfrente, pero Ortiz Rubio no se dejaría mandar. No fue "un pelele". Según Tziv Medin (…) el esquema del maximato era establecer un doble tren de mando. Por un lado, político: Jefe máximo PNR-bloques en la Cámara-Presidente; por el otro, administrativo: Jefe máximo-gabinete-Presidente. Ortiz Rubio no discutía la preeminencia del Jefe máximo, pero en ambos trenes intentaría —sin éxito— colocar a la institución presidencial en el sitio inmediatamente posterior a Calles.

Enrique Krauze,
Plutarco E. Calles. Reformar desde el origen,
Fondo de Cultura Económica, México, 1987, pp. 100-101.

Portes Gil y otros miembros del CEN del PNR

"hombre de Calles", como presidente del partido, siendo designado en su lugar, como secretario de Gobernación, Carlos Riva Palacio, uno de los más fieles callistas.

Las elecciones legislativas se celebraron el 6 de julio de 1930, en medio de un clima de violencia, y aun cuando los resultados oficiales favorecieron a los candidatos del PNR, en los días que siguieron a los comicios se presentaron un sinnúmero de denuncias de fraudes que, según se decía, habían cometido los dirigentes del Partido de la Revolución. En particular, los dirigentes del Partido Laborista manifestaron enérgicas protestas, pero, en ese momento, "Calles había visiblemente cambiado de opinión y no consideraba ya conveniente la intervención de los dirigentes sindicales en los asuntos públicos".[28]

Crisis en el Partido de la Revolución

Por presiones de Calles, en aparente apoyo a Ortiz Rubio, Portes Gil se vio obligado a renunciar al cargo de presidente del PNR, siendo sustituido por Lázaro Cárdenas.

Desde la presidencia del PNR, Portes Gil empezó a tratar de dominar el escenario político; apoyado sobre todo en el dominio que sus seguidores ejercían en la nueva legislatura, llegó a decir que el gobierno se convertiría en un apéndice del partido. Esta situación alertó a Calles, quien no estaba dispuesto a dejar que otra persona utilizara al PNR para dominar al presidente en turno, particularmente porque Portes Gil estaba adquiriendo gran fuerza política.

Como resultado de una de las maniobras políticas de Calles, quien aparentó hacer frente común con el presidente de la República, exigiéndole a cambio la renuncia de uno de sus allegados, Portes Gil se vio obligado a renunciar a la presidencia del PNR en el mes de octubre, e inclusive salió apresuradamente del país.

Tras la renuncia de Portes Gil quedó la dirección del partido a cargo del general Lázaro Cárdenas, quien, para principios de 1931, había logrado fortalecer la autoridad del CEN y había puesto en práctica un medio de conciliar a las tendencias opuestas, creando actividades en las que ambas facciones se vieran comprometidas a cumplir con las funciones sociales que el PNR se había propuesto como meta. Mientras Cárdenas estuvo al frente del partido, buscó siempre que éste fuera un factor de cohesión en torno a la política presidencial, pero cuando al cabo de 10 meses en el cargo fue sustituido por Manuel Pérez Treviño —quien ocupaba el cargo por segunda vez—, ese objetivo fue abandonado y el PNR continuó siendo un aparato electoral al servicio del grupo callista, y, en consecuencia, el presidente Ortiz Rubio se volvió a encontrar a merced de ese grupo.

Lázaro Cárdenas, presidente del CEN del PNR.

Crisis en la relación Calles-Ortiz Rubio

Ortiz Rubio dio un fuerte golpe al maximato, al pedir la renuncia del secretario de Gobernación, Carlos Riva Palacio, amigo y vocero personal de Calles, debido a una situación irregular que también implicaba a un hijo del Jefe máximo.

En junio de 1931, Ortiz Rubio asestó un fuerte golpe al maximato, nada menos que en la figura del secretario de Gobernación, Carlos Riva Palacio, amigo y vocero personal de Calles. El motivo de tal decisión fue de índole moral, en represalia a la participación de Riva Palacio en unas acciones tomadas en el estado de Sonora —donde era gobernador el hijo del Jefe máximo, Rodolfo Elías Calles— contra un grupo de chinos inmigrantes, a quienes se buscaba expulsar del país, bajo el cargo de haber ingresado ilícitamente. En el trasfondo de esa acusación estaba la presión de los comerciantes locales, porque la competencia con los chinos afectaba sus intereses; se ordenó el encar-

---
[28] Luis Javier Garrido, *Op. cit.*, p. 156.

Cap. 4. Los gobiernos de la Revolución. El maximato

celamiento de chinos acaudalados, retirándoles los documentos que acreditaban su estancia legal en México y exigiéndoles dinero para evitar la expulsión.

A pesar de que no se actuó legalmente en contra de los funcionarios implicados, la expulsión de Riva Palacio derivó en una nueva crisis política, pues, con esa decisión, Ortiz Rubio volvía a cuestionar la imposición del mecanismo político del maximato sobre la Presidencia de la República. Así, las crisis en la administración de Ortiz Rubio "son en gran parte indicativo no de su 'pelelismo', sino precisamente de su negativa a aceptar la imposición política por medio de los cauces (...) del mecanismo callista".[29]

Cuatro meses después, en octubre, Calles decidió contraatacar y, después de realizar movimientos de personas clave al interior del PNR, se propuso eliminar al general Joaquín Amaro, quien ocupaba el cargo de secretario de Guerra y Marina y se había constituido en el principal apoyo del presidente. Calles urdió entonces una maniobra para propiciar una crisis política, no en torno al general Amaro sino al propio presidente, contra quien supuestamente se estaba levantando una conspiración en la que Amaro estaría involucrado y a quien se obligó a renunciar. De tal manera que Calles, al denunciar aquella conspiración, quedaría como el salvador de Ortiz Rubio y sustituiría a Amaro en la Secretaría de Guerra y Marina. Asimismo, renunciaron, con autorización de Calles, otros tres militares de alto rango que formaban parte del gabinete presidencial; como resultado de la crisis de octubre, Calles pudo ejercer un control casi absoluto sobre el gobierno de Ortiz Rubio, aunque éste hizo todavía algunos intentos por imponer la autoridad presidencial.

Calles decidió contraatacar las acciones de Ortiz Rubio y se propuso eliminar al general Joaquín Amaro, secretario de Guerra y Marina, que se había constituido en el principal apoyo del presidente.

Amaro renunció a su cargo acusado de una supuesta conspiración contra Ortiz Rubio, y fue sustituido por Calles, quien a partir de ese momento pudo ejercer un control casi absoluto sobre el presidente.

"El que manda vive aquí"

La renuncia de Calles como secretario de Guerra y Marina, se interpretó como un signo de que éste ya no apoyaba a Ortiz Rubio, quien no podría sostenerse por más tiempo al frente de la Presidencia.

La crisis final

Calles realizó todavía una jugada más contra el presidente: a finales de julio de 1932, presentó su renuncia como secretario de Guerra y Marina, colocando en ese puesto a una persona de su confianza, el general Abelardo L. Rodríguez. Esta acción se interpretó en los medios políticos como un signo de que Calles no apoyaba ya a Ortiz Rubio y que, por consiguiente, éste no podría sostenerse por más tiempo al frente de la Presidencia. A partir de ese momento empezaron a correr rumores sobre posibles movimientos armados organizados por los anticallistas inconformes, en particular se hablaba de un proyecto de sublevación de varios militares, supuestamente promovido por el general Amaro. Al momento de presentar su tercer informe de gobierno, el 1 de septiembre de 1932, la posición de Ortiz Rubio era ya insostenible y, al día si-

Ortiz Rubio dio a conocer su renuncia a la Presidencia de la República en la que declaraba que su decisión obedecía a una "causa grave", debido al desacuerdo existente "entre el Ejecutivo y los demás órganos políticos o de gobierno".

---

[29] Tziv Medin, *Op. cit.*, p. 106.

guiente, dio a conocer su renuncia [véase fuente 6. "La renuncia de Ortiz Rubio"] a la Presidencia de la República, en la que declaraba que su decisión obedecía a una causa grave conforme a lo expresado en el artículo 86 constitucional, debido al desacuerdo existente entre el Ejecutivo y los demás órganos políticos o de gobierno;[30] aunque Ortiz Rubio hizo también referencia a su quebrantada salud, las verdaderas razones de su dimisión eran claras para todos.

Abelardo L. Rodríguez, secretario de Guerra y Marina

Pascual Ortiz Rubio se despide de sus colaboradores

Ejercicio 8

1. Describe la lucha por el Congreso entre *blancos* y *rojos*, en abril de 1930.

2. Describe las medidas tomadas por Calles ante el intento de Portes Gil de dominar el escenario político.

3. Describe la crisis en la relación entre Calles y Ortiz Rubio, entre junio y octubre de 1931.

4. ¿Cómo se desarrolló la crisis final que condujo a la renuncia de Ortiz Rubio a la Presidencia de la República?

Fuente 6. La renuncia de Ortiz Rubio

¿A qué se debió el retroceso de Ortiz Rubio, cuando contaba con el apoyo de Amaro y Almazán, de algunos secretarios de Gobierno (principalmente Montes de Oca), y según algunas versiones también de Cárdenas? La pregunta es importante puesto que la renuncia de los divisionarios del gobierno implicaba necesariamente el abandono del presidente en manos del Jefe máximo, más aún, cuando éste pasaría a desempeñarse como secretario de Guerra y Marina. Según diversas versiones, y entre ellas la del mismo Ortiz Rubio, éste no aceptó la proposición de Amaro de enfrentarse a Calles por temor a que se desatara una guerra civil, y que nuevamente corriera sangre en México. Pero además de ellos Ortiz Rubio temió no sólo la guerra y la posibilidad de una derrota, sino también la posibilidad de la victoria militar y política. Comprendió que la victoria convertiría automáticamente a Amaro en el futuro presidente de la República, lo que le pareció sumamente negativo por considerar que Amaro poseía una mentalidad cien por ciento militar. Sin lugar a dudas es imposible desentenderse de estas consideraciones de Ortiz Rubio, que presentan el momento político no sólo en la perspectiva de las alternativas militares y políticas que se presentaban en el horizonte nacional. Es necesario comprender asimismo que el presidente no contaba en esos momentos con el apoyo popular que sería decisivo [posteriormente] en la época cardenista y, por lo tanto, la falta de presión popular implicaría necesariamente que la contienda, en caso de desatarse, se resolvería solamente en el campo de las armas. También sus consideraciones sobre el futuro de México en manos de Amaro son muy de tomar en cuenta. En las circunstancias del momento quizás haya que poner más atención al patriotismo de Ortiz Rubio que a su tan mentada debilidad.

Tzvi Medin,
El minimato presidencial: historia política del maximato,
Era, México, 1982, p. 110.

---

[30] Citado por Luis Javier Garrido, *Op. cit.*, p. 178.

Política exterior

Los problemas en la relación con Estados Unidos

La deuda externa

Dado que el gobierno mexicano había considerado como prioritario el pago de la deuda con el Comité Internacional de Banqueros, el gobierno estadounidense no estaba de acuerdo en que se pospusiera el pago de las expropiaciones agrarias a sus nacionales, ni tampoco en que se concedieran a México préstamos que aumentaran su deuda. Morrow tuvo entonces que plantear ante Ortiz Rubio la urgencia del pago de la deuda externa, pero el presidente mexicano ignoró aquella advertencia y anunció al embajador que deseaba pedir un nuevo préstamo por 450 millones de dólares para destinarlo a la construcción de obras públicas. La petición de Ortiz Rubio fue rechazada, al igual que otras menos ambiciosas que se hicieron después, pues los banqueros internacionales se negaban a prestarle dinero a México mientras no pagara sus deudas.

En julio de 1930, cuando ya en octubre anterior había estallado en Nueva York la crisis económica que tendría repercusiones mundiales, Luis Montes de Oca, secretario de Hacienda de México, firmó un nuevo convenio con el Comité de Banqueros, según el cual México haría una emisión especial de bonos por valor de 267 493 240 dólares, que se habrían de canjear por los títulos originales, con una fecha de vencimiento de 45 años, variando el monto de las anualidades a lo largo de ese periodo.[31] Los banqueros aceptaron cancelar 211 millones de intereses acumulados desde 1914. Montes de Oca trató de aprovechar la buena disposición de aquéllos para solicitar un nuevo empréstito, pero le fue negado. En el mes de enero de 1931, la situación del país se había agravado, por lo que se hizo necesario introducir algunas modificaciones en el convenio del año anterior. El convenio suplementario —que los banqueros internacionales no tuvieron más remedio que aceptar— pospondría por dos años la emisión de los nuevos títulos, así como el pago a los tenedores de los mismos, aunque agregaba que se depositarían en México, en moneda de plata, las primeras anualidades estipuladas en el compromiso anterior. Para aquel entonces, no sólo México estaba en problemas: la Gran Depresión había obligado a muchos países a declararse imposibilitados para cumplir sus compromisos financieros.

Respecto a las reclamaciones de extranjeros por los daños causados en sus personas o en sus patrimonios, durante los años de guerra civil en México desde 1910, el gobierno logró un arreglo global con varias naciones europeas —Bélgica, Inglaterra, Francia, España, Alemania e Italia—, según el cual México sólo pagó una pequeña fracción del total reclamado. En vista de este precedente, el gobierno mexicano insistió ante el de Estados Unidos para realizar un acuerdo similar; en 1931, el gobierno estadounidense sugirió que se asignara a sus ciudadanos una compensación equivalente a 10% de lo reclamado, lo que representaba una suma de 14 millones de dólares. México aceptó pagar 13 500 000 dólares, en varias partidas.[32]

---

[31] Jan Bazant, *Historia de la deuda exterior de México, 1823-1946*. El Colegio de México, México, 1981, pp. 208-209.

[32] Lorenzo Meyer, "México y el mundo. La calma después de la tormenta", en *Los inicios de la Institucionalización*, pp. 247-249.

Morrow no había podido lograr la reanudación del pago de la deuda en las condiciones deseadas por el gobierno de su país, y se hizo evidente que su presencia en México ya no tenía los efectos positivos de antes. A fines de 1930, dejó la embajada para ocupar un puesto en el senado de Estados Unidos; lo sustituyó J. Reuben Clark, quien intentó dar solución al problema de la deuda sin conseguirlo y sin lograr ser un buen continuador de la obra diplomática de Morrow.

El conflicto petrolero

El asunto del petróleo fue otro motivo de conflicto con Estados Unidos, a pesar del acuerdo entre Calles y Morrow en 1928, debido a que las compañías petroleras redujeron la producción y a que esto hizo sospechar a las autoridades mexicanas que la baja era provocada artificialmente para presionar al gobierno a que modificara la legislación en favor de las empresas extranjeras. Se temía también que éstas hubieran decidido considerar a México como un campo de reserva, mientras que dedicaban mayor atención e inversiones a la explotación del petróleo en Venezuela. La baja producción llegó a tal nivel que hubo necesidad de importar combustible venezolano para satisfacer la demanda nacional. Entonces, el gobierno mexicano decidió aumentar el control sobre aquel recurso tan importante, y se propuso crear una empresa petrolera, similar a la que se había establecido en Argentina; se trataba de formar una organización destinada a explotar los yacimientos petrolíferos en terrenos federales, a fin de competir con las empresas privadas y obligarlas a prestar mayor atención a la producción del petróleo mexicano.[33]

Problemas migratorios

Otro problema con Estados Unidos fue el relacionado con los trabajadores mexicanos emigrados a ese país, quienes a causa del desempleo provocado por la crisis económica, eran rechazados y repatriados a México. Según se calcula, en 1930 regresaron de Estados Unidos 70 mil mexicanos, 125 mil en 1931, 80 mil en 1932 y 36 mil en 1933. El gobierno mexicano no pudo protestar contra esa deportación porque había tomado una medida semejante al promulgar la Ley Federal del Trabajo, según la cual se pretendía disminuir el número de trabajadores extranjeros en México, afectando con esta medida a cerca de 40 mil trabajadores estadounidenses, que debieron regresar a su país. Además, la deportación de los chinos de tierras mexicanas, intensificada en 1931, había perjudicado a los estadounidenses, porque aquellas personas expulsadas de México cruzaron la frontera norte en busca de trabajo y agudizaron en Estados Unidos el problema del desempleo.

Ingreso a la Sociedad de Naciones

A pesar del tiempo transcurrido desde la fundación de la Sociedad de Naciones, México no había sido aceptado como miembro de esa organización internacional. La tensión que existía en las relaciones con Estados Unidos después de terminada la Primera Guerra Mundial, fue un factor importante para que México no fuera invitado a participar en la Sociedad de Naciones. Además, la actitud neutral adoptada por el gobierno de Carranza durante el conflicto mundial y la mala reputación que tenía la Revolución Mexicana en Europa y entre algunos gobiernos latinoamericanos, hizo que la marginación de México fuera aceptada por la mayoría de los miembros fundadores.

La situación cambió a partir de 1927, sobre todo, cuando Morrow fue designado embajador. Los diversos organismos de la Sociedad de Naciones comenzaron a hacer

---

[33] *Ibid.*, pp. 230-233.

Cuadro 4.3. *Gobierno de Pascual Ortiz Rubio. Política*

- Política interna
  - Intentos del presidente por liberarse del dominio callista
    - Situación permanente de crisis política
      - En el gabinete
      - En el Congreso
        - División entre *rojos* y *blancos*
      - En el PNR
        - Maniobra de Calles para destituir a Portes Gil de la presidencia del PNR
      - Crisis en la relación Calles-Ortiz Rubio
        - Crisis final
        - Renuncia de Ortiz Rubio

- Política exterior
  - Problemas en la relación con Estados Unidos
    - Deuda externa
      - Convenio con el Comité de Banqueros
    - Conflicto petrolero
      - Baja en la producción petrolera
    - Problemas migratorios
      - Repatriación de trabajadores mexicanos
  - Ingreso a la Sociedad de Naciones
  - Doctrina Estrada
    - Principio de no intervención

invitaciones a México para que participara en algunos eventos internacionales. Por fin, en septiembre de 1931, bajo los auspicios de Alemania, Inglaterra, Francia, Italia, España y Japón, México fue aceptado por unanimidad como nuevo miembro del organismo internacional.

La Doctrina Estrada

La política exterior de los gobiernos del maximato fue de rechazo al intervencionismo, como lo expresó el canciller Genaro Estrada, quien durante el gobierno de Pascual Ortiz Rubio, el 27 de septiembre de 1930, publicara la doctrina que lleva su nombre. Según la *Doctrina Estrada* [véase fuente 7. "La Doctrina Estrada"], México se oponía a que los países extranjeros se pronunciaran en favor o en contra del gobierno de un país, cada vez que se producía un cambio de régimen por vía revolucionaria o no democrática. La doctrina negaba a las naciones extranjeras el derecho a otorgar o retirar su reconocimiento, porque consideraba que los cambios internos de los gobiernos sólo atañen al país en cuestión, y el resto de las naciones no debe intervenir en sus asuntos internos. Declaraba Estrada que, en lo futuro, México se limitaría a mantener o retirar sus diplomáticos en casos de cambios de regímenes gubernamentales en el exterior, pero sin pronunciarse en favor o en contra de la legitimidad de un nuevo gobierno en particular, para no afectar los derechos de soberanía de otras naciones.

La Doctrina Estrada era una respuesta a las amargas experiencias que había padecido México en el pasado, cuando cada nuevo gobierno surgido de una contienda

Genaro Estrada

La Doctrina Estrada negaba a las naciones extranjeras el derecho a otorgar o retirar su reconocimiento a las demás naciones; los cambios internos de los gobiernos sólo atañen al país en cuestión, y el resto de las naciones no debe intervenir en sus asuntos internos.

Ejercicio 9

1. Describe las medidas tomadas por el gobierno de Ortiz Rubio, con respecto a la deuda externa y las reclamaciones de extranjeros.
2. ¿En qué consistió el conflicto petrolero con Estados Unidos, durante la administración de Ortiz Rubio?
3. ¿Por qué no había sido posible, antes de 1931, el ingreso de México a la Sociedad de Naciones?
4. Sintetiza el contenido esencial de la *Doctrina Estrada*.

Fuente 7. La Doctrina Estrada

Es un hecho muy conocido el de que México ha sufrido como pocos países, hace algunos años, las consecuencias de la doctrina, que deja al arbitrio de Gobiernos extranjeros el pronunciarse sobre la legitimidad o ilegitimidad de otro régimen, produciéndose con este motivo situaciones en que la capacidad legal o el ascenso nacional de Gobiernos o autoridades, parece supeditarse a la opinión de los extranjeros.

La doctrina de los llamados "reconocimientos" ha sido aplicada a partir de la Gran Guerra, particularmente a naciones de este continente, sin que en muy conocidos casos de cambio de régimen en países de Europa, los Gobiernos de las naciones hayan "reconocido" expresamente, por lo cual el sistema ha venido transformándose en una especialidad para las Repúblicas Latinoamericanas.

Después de un estudio muy atento sobre la materia, el Gobierno de México ha trasmitido instrucciones a sus ministros o encargados de negocios en los países afectados por las recientes crisis políticas, haciéndoles conocer que México no se pronuncia en el sentido de otorgar reconocimientos, porque considera que ésta es una práctica denigrante que, sobre herir la soberanía de otras naciones, coloca a éstas en el caso de que sus asuntos interiores puedan ser calificados, en cualquier sentido, por otros gobiernos, quienes de hecho asumen una actitud de crítica al decidir favorable o desfavorablemente sobre la capacidad legal de regímenes extranjeros. En consecuencia, el Gobierno de México se limita a mantener o retirar, cuando lo crea procedente, a sus agentes diplomáticos y a continuar aceptando, cuando también lo considere procedente, a los similares agentes diplomáticos que las naciones respectivas tengan acreditados en México, sin calificar, ni precipitadamente ni a posteriori, el derecho que tengan las naciones extranjeras para aceptar, mantener o sustituir a sus gobiernos o autoridades.

Genaro Estrada,
Secretario de Relaciones Exteriores de México,
27 de septiembre de 1930.

---

interna tenía que luchar duramente en los medios internacionales de la diplomacia, para obtener el reconocimiento oficial de las naciones extranjeras. Por otra parte, con tal postura contraria al intervencionismo, México buscaba afianzar sus relaciones con los países latinoamericanos.

Economía y sociedad

Las ramas de la economía

La Gran Depresión comenzó a manifestar sus efectos sobre la economía mexicana, precisamente cuando el gobierno de Ortiz Rubio había empezado a estabilizarse.

Todas las ramas de la economía conectadas con el mercado internacional —agricultura de exportación, ferrocarriles, minería, petróleo— sufrieron de inmediato un impacto negativo, y las divisas, esenciales para importar bienes de producción, escasearon. Esto fue perjudicial para el presupuesto del gobierno, cuyos ingresos dependían en buena parte del sector externo de la economía. Al finalizar 1930, el Producto Interno Bruto (PIB) había descendido 12.5%; el valor de las exportaciones bajó en 1932 en 48% respecto a las de 1929, y las importaciones se redujeron en 52%, llegando a niveles inferiores a los de principios de siglo.

> *Como efecto de la Gran Depresión, todas las ramas de la economía mexicana conectadas con el mercado internacional sufrieron de inmediato un impacto negativo, y las divisas escasearon.*

El sector agropecuario

A finales de la década de 1920, en el sector agrícola mexicano seguía dominando la economía de hacienda, y existía, en menor grado, la pequeña propiedad. El ejido, en aquellos años, solamente representaba 15% de las tierras cultivadas y 11% del valor total de la producción agropecuaria, debido a que la calidad de los terrenos ejidales era inferior a la de las tierras de la propiedad privada.

Tal era la situación del México rural en términos generales, mas si se toma por regiones se hace evidente la desigualdad en cuanto al grado de desarrollo: la diferencia más marcada seguía dándose entre la zona Norte y las del Centro y Sur. Las obras de irrigación realizadas por el gobierno federal, a partir de 1925, parecen haber beneficiado principalmente a la agricultura comercial de la zona del Pacífico Norte, mientras que las del Centro, Golfo y Sur, en donde había mayor población y que constituían en conjunto más de la mitad del valor total de la producción agropecuaria, permanecían en condiciones muy semejantes a las existentes durante el porfiriato.

Respecto de la producción agrícola, seguía existiendo disparidad entre los artículos destinados a la exportación, principalmente al mercado estadounidense y aquellos para el consumo interno, disparidad que convertía a los primeros en objeto de mayor atención por parte del gobierno federal. La agricultura de exportación continuaba modernizándose, a la vez que diversificaba, pues a los productos tradicionales —henequén, algodón, café, caña de azúcar— se habían agregado frutas tropicales como el plátano, cultivado en la zona del Golfo por empresas extranjeras, y algunas hortalizas como el jitomate, cultivado en el noroeste.

La producción agrícola destinada al consumo interno seguía siendo la más tradicional y también la más extensa, cuyos cultivos eran los tradicionales, fundamentalmente maíz, frijol, trigo, arroz. Este tipo de agricultura ocupaba la mayor parte de la fuerza de trabajo en el campo y, no obstante, su productividad era muy baja en comparación con los otros sectores económicos. Paradójicamente, la situación de atraso de esta economía campesina impidió que se viera afectada por la crisis mundial, y pudo absorber a un gran número de desempleados expulsados de los sectores modernos más productivos.

Minería y petróleo

Hacia 1929, la minería continuaba como la industria más importante del país, y aún era controlada por extranjeros de manera predominante —85% de las explotaciones mineras se hacía con capital extranjero y 99% de la producción se destinaba al mercado exterior—. La situación de la minería era prácticamente la misma que en el periodo anterior a la Revolución, con la diferencia de que la legislación nacionalista sobre la riqueza del subsuelo sentaba las bases para la expropiación, además de que la ley minera expedida en 1926, tendía a favorecer un poco más al pequeño minero nacional y facultaba al gobierno federal a determinar las circunstancias de las concesiones que otorgaba a los empresarios.

La crisis mundial afectó al sector minero por las mismas razones de la dependencia con el exterior; como consecuencia de la baja en la producción, disminuyeron tanto el empleo como el pago de impuestos. El punto más severo de la crisis minera ocurrió en 1932, pero de ahí en adelante, la situación tendió a mejorar.

Como la minería, la industria petrolera permanecía controlada de manera predominante por empresas extranjeras, y éstas aportaban más de 90% de la inversión dedicada a la producción del petróleo, por lo que, en este sentido, la situación tampoco había cambiado

En el sector agrícola mexicano seguía dominando la economía de hacienda y existía, en menor grado, la pequeña propiedad, mientras que el ejido solamente representaba 15% de las tierras cultivadas.

En la producción agrícola seguía existiendo disparidad entre los artículos destinados a la exportación, principalmente al mercado estadounidense, y aquellos para el consumo interno.

La situación de atraso de la agricultura dedicada al consumo interno, impidió que se viera afectada por la crisis mundial, y pudo absorber a un gran número de desempleados expulsados de los sectores modernos más productivos.

Como la minería, la industria petrolera permanecía controlada de manera predominante por empresas extranjeras; la situación no había cambiado respecto a los años anteriores a la Revolución.

Minería

respecto a los años anteriores a la Revolución. La crisis económica mundial influyó en la producción y fue un nuevo factor para que ésta disminuyera. Sin embargo, respecto al empleo, la crisis no afectó tanto al sector petrolero, en especial debido a que ocupaba poca mano de obra y la producción no estaba tan estrechamente ligada a la fuerza de trabajo como lo estaba, por ejemplo, la minería.

La industria manufacturera y eléctrica

A diferencia del sector extractivo de la industria, el sector manufacturero y el dedicado a la generación de energía eléctrica se destinaban a satisfacer la demanda interna, y el valor de su producción era, por lo mismo, superior al de la minería y el petróleo.

La crisis económica mundial no afectó negativamente al sector manufacturero, por el contrario, colaboró a que los productos textiles nacionales captaran el mercado interno que no podía satisfacerse con la importación.

Sin embargo, a finales de los años veinte la industria manufacturera no era muy diferente de la que había dejado el porfirismo. La industria textil seguía a la cabeza como la actividad productiva más importante del sector industrial; después, aunque a bastante distancia, figuraba la industria eléctrica; le seguía la industria de alimentos y bebidas; la producción de cigarros, papel, calzado, y el procesamiento de materias primas agrícolas como el henequén, el algodón y la caña de azúcar. Enseguida estaba la producción de fierro y acero y, por último, la relativa a la maquinaria que no era propiamente manufacturera, sino que se limitaba a prestar servicio de mantenimiento.

Este sector industrial ocupaba 15% de la fuerza de trabajo no agrícola —el resto se concentraba en el sector terciario—, y a pesar de su reducida participación en la generación de empleos, el dinamismo del sector industrial era evidente: entre 1921 y 1930 había aumentado el valor de su producción en más de 40%. La crisis económica mundial no afectó negativamente al sector manufacturero; por el contrario, colaboró a que los productos textiles nacionales captaran la parte del mercado interno que no podía satisfacerse con la importación.

En cambio, la energía eléctrica era una actividad que, no obstante ser vital para el desarrollo del país, se encontraba controlada por el capital extranjero —estadounidense y anglocanadiense, casi por partes iguales—, mientras que el capital mexicano sólo representaba 3% del total invertido en esta industria.

Un aspecto interesante derivado de la crisis mundial fue que, al repercutir negativamente en el sector minero, lo obligó a disminuir la producción y, en consecuencia, reducir el consumo de energía eléctrica; al mismo tiempo, y ante la situación de crisis, los pequeños y medianos consumidores urbanos se oponían a pagar las tarifas que fijaban las empresas extranjeras, y presionaron con huelgas de pago para que se redujeran. Los dueños de las empresas buscaron el apoyo del gobierno, pero otorgarlo significaba ir en contra de las demandas del consumidor nacional. Comenzó entonces a manifestarse el deseo del gobierno por acabar con el monopolio que tenían los extranjeros en la generación de energía eléctrica. En 1932, el gobierno de Ortiz Rubio empezó a presionar a las compañías para que redujeran las tarifas, al tiempo que proponía al Congreso que la industria eléctrica fuera puesta bajo jurisdicción federal.

Industria textil

Calles, director del Banco de México

La banca y el sistema monetario

A pesar de que la creación del Banco de México, en 1925, había tenido como propósito fundamental constituir un banco central y único de emisión, en los primeros años no fue posible lograr ese objetivo. Para 1930, sólo se le habían asociado cinco bancos privados, y no había podido colocar sus billetes porque carecía de respaldo por parte de la banca privada. Sin embargo, la situación del Banco de México cambió

La situación del Banco de México cambió con la crisis mundial cuyos efectos financieros hicieron necesaria la asociación de la red bancaria, y también debido a que Calles estuvo al frente de esta institución.

gracias a dos hechos: uno de ellos fue la crisis mundial, cuyos efectos financieros hicieron necesaria la asociación de la red bancaria, y el otro, que el general Calles estuviera al frente de esta institución. Estos hechos, relacionados entre sí, sirvieron para que el Banco de México se convirtiera por fin en un verdadero banco central, que en aquellos momentos aumentó sus operaciones para evitar que los recursos de los bancos privados bajaran hasta un punto peligroso. La disponibilidad de crédito no resultó muy afectada por la crisis; lo que se redujo, sin embargo, fue el crédito a corto plazo, mientras que el de largo plazo se mantuvo igual.

La política monetaria se vio afectada por la crisis mundial al caer el precio de la plata. En un intento por evitar que este metal continuara depreciándose, con grave perjuicio para las exportaciones mexicanas, el 25 de junio de 1931, el Congreso expidió una ley, conocida como *Plan Calles*, por la cual se abandonaba el patrón oro, aceptado internacionalmente como base monetaria, y se adoptaba el patrón plata, como una forma de prevenir, según se dijo, el atesoramiento de oro en manos de unas cuantas personas con perjuicio de la mayoría.[34] Pero la desmonetización del oro afectó severamente a quienes habían otorgado crédito con base en este metal —los bancos privados y los grandes comerciantes—, que ahora les sería pagado en plata. La medida alteró también a las exportaciones mexicanas, que se abarataron, aunque en aquellas circunstancias de depresión del mercado internacional, el fenómeno no perjudicó más de como lo hubiera hecho en condiciones normales. Más grave fue el aumento de precio de las importaciones, que actuó en perjuicio, sobre todo, de los habitantes de las zonas fronterizas. Aquella situación de conflicto provocó que, en 1932, Luis Montes de Oca se viera obligado a dejar su cargo como secretario de Hacienda, el cual fue ocupado nuevamente por Alberto J. Pani.

La desmonetización del oro decretada por el Plan Calles afectó severamente a quienes habían otorgado crédito con base en este metal y alteró las exportaciones mexicanas.

Ejercicio 10

1. Describe la situación del sector agrícola mexicano a comienzos de la década de 1930, con respecto a la propiedad y a la producción.
2. ¿Por qué la producción agrícola para el consumo interno, no fue perjudicada por la Gran Depresión?
3. ¿Por qué la crisis económica mundial, iniciada en 1929, afectó negativamente en México a la minería y a la industria petrolera?
4. ¿Por qué el sector de la industria manufacturera no fue dañado por la crisis económica mundial?
5. Describe los efectos que tuvo el Plan Calles en los aspectos monetario y de crédito.

Edificio del Banco de México

Impacto de la Gran Depresión frente al Banco de México

Reforma agraria

Durante el gobierno de Ortiz Rubio se disminuyó el reparto y la dotación de tierras; desde que fuera candidato se había comprometido a desacelerar el ritmo de las expropiaciones, y la legislación que ya como presidente promovió para todo el país refleja su posición contraria a dar continuación a la reforma agraria. La primera disposición en este sentido fue la del 26 de diciembre de 1930, en virtud de la cual las ampliaciones de las dotaciones tendrían que efectuarse previo pago de las propiedades afectadas, extendiéndose además una salvaguardia contra la expropiación de las propiedades dedicadas a cultivos industriales. Además de esto, se adoptó una definición de peón acasillado muy amplia: se consideraba como tal a quien hubiera suscrito un contrato de trabajo con la hacienda y dependiera para su subsistencia del

Durante el gobierno de Ortiz Rubio se disminuyó el reparto y la dotación de tierras; la legislación que este presidente promovió para todo el país refleja su posición contraria a continuar la reforma agraria.

[34] *Ibid.*, p. 71.

La tranquilidad en el campo se encontraba perturbada en esos momentos por la pugna entre dos grupos de la familia revolucionaria, que proponían alternativas distintas para el desarrollo del campo mexicano.

General Lázaro Cárdenas

El aspecto más sobresaliente en política laboral durante el gobierno de Ortiz Rubio fue la promulgación de la Ley Federal del Trabajo, basada en el anterior proyecto del presidente Portes Gil.

Para los integrantes del movimiento obrero, principalmente de la CROM, las objeciones más importantes sobre la Ley Federal del Trabajo se referían a los sindicatos y al derecho de huelga.

jornal recibido, con lo cual se le quitaba a un buen número de campesinos sus derechos de petición. Si a lo anterior se añade que toda comunidad con menos de 20 familias —es decir más de la mitad de los poblados del país— tampoco tenía derecho a presentar solicitudes, resulta que miles de campesinos sin tierra perdían la posibilidad de convertirse en ejidatarios. El Congreso aprobó sin problema la iniciativa del ejecutivo, que la justificó como un paso para restaurar la tranquilidad en el campo.[35]

La tranquilidad en el campo se encontraba perturbada en esos momentos por la pugna entre dos grupos de la familia revolucionaria, que proponían alternativas distintas para el desarrollo del campo mexicano: los agraristas, que buscaban llevar adelante la alianza con los campesinos y profundizar la reforma agraria; y el grupo —integrado principalmente por personas del norte del país— de quienes proponían llegar a un acuerdo con los terratenientes obligándolos a modernizarse, pero sin destruirlos "dejando el ejido como un simple instrumento político para apaciguar a los sectores agraristas más militantes".[36] Calles actuaba como árbitro entre los dos grupos, pero no era imparcial; en su opinión, era evidente que la reforma agraria no había sido capaz de aumentar la producción agrícola, e incluso se tenía la sospecha de que el ejido no podría siquiera mantenerla al mismo nivel que la hacienda. Consideraba que el problema mayor era la falta de crédito, pues el ejido, al no ser productivo, se convertía en una carga para el Estado, por la enorme deuda agraria que estaba generando. Por lo tanto, para Calles era necesario finalizar el reparto agrario a la brevedad posible.

Campesinos, Gente de México por Felipe Cossío del Pomar

Sin embargo, el grupo de agraristas, que integraba importantes líderes políticos regionales, habría de oponerse firmemente al abandono de la reforma agraria. Esos líderes eran principalmente: el tamaulipeco ex presidente de la República Emilio Portes Gil, el potosino Saturnino Cedillo, el veracruzano Adalberto Tejeda e incluso Lázaro Cárdenas, quien había sido un agrarista radical cuando fuera gobernador de Michoacán. En consecuencia, el debate por la reforma agraria había de continuar.

Política obrera

El aspecto más sobresaliente en política laboral, durante el gobierno de Ortiz Rubio, fue la promulgación de la Ley Federal del Trabajo, el 18 de agosto de 1931, basada en el proyecto del presidente Portes Gil. La nueva ley aparentemente salvaguardaba todos los derechos obreros: jornada de ocho horas, régimen especial para menores, vacaciones obligatorias, respeto a las asociaciones sindicales, aceptación tanto de la cláusula de exclusión como del contrato colectivo. La ley reconocía explícitamente la personalidad de los sindicatos en sus diversas formas, así como la de las federaciones y confederaciones formadas por la unión de los mismos.

Los integrantes del movimiento obrero, principalmente de la CROM, opinaron que algunas de las medidas de protección laboral no iban tan lejos como hubieran deseado, pues entre otras cosas no se creaba un verdadero sistema de seguridad social, en casos de accidentes no profesionales, ni se establecía un sistema de pensión. Pero las objeciones más importantes de los dirigentes obreros se referían a los sindicatos y al derecho de huelga. La nueva ley exigía a los sindicatos su registro, debiéndose proporcionar para ello, a las autoridades, información que hasta ese momento se había considerado confidencial, como las listas de afiliados, el monto y destino de las cuo-

---
[35] *Ibid.*, pp. 221-222.
[36] *Ibid.*, p. 230.

tas, etcétera; información que podría, en cierto momento, ser utilizada en perjuicio de algún sindicato por parte de fuerzas contrarias, incluso por el Estado. Con relación a la huelga, la ley establecía como obligación el arbitraje del gobierno en cualquier acción huelguística, lo cual, según los dirigentes obreros, afectaba a la esencia misma de ese instrumento de lucha.

La nueva reglamentación en la relación obrero-patronal reforzó la idea de algunos empresarios —sobre todo de Monterrey— de alentar la formación de sindicatos *blancos*, con los cuales se podrían establecer acuerdos diferentes a las reglas decretadas por las autoridades federales y las centrales sindicales.

Gobierno de Abelardo L. Rodríguez

Política interna

Calles en la política; el presidente en la administración

Pascual Ortiz Rubio fue sustituido —el 4 de septiembre de 1932— por el general Abelardo L. Rodríguez, también militar revolucionario y de origen sonorense, que se había retirado a la vida privada y se había convertido en un empresario próspero. En octubre de 1931, cuando se produjo la crisis en el gabinete de Ortiz Rubio, Rodríguez regresó a la política como hombre de confianza de Calles, quien lo nombró subsecretario de Guerra y luego secretario de Industria, Comercio y Trabajo. El gabinete presidencial de Rodríguez estuvo constituido lógicamente por callistas, y la única sorpresa

> **Ejercicio 11**
> 1. Describe las acciones del gobierno de Ortiz Rubio, con respecto a la reforma agraria.
> 2. Menciona las dos diferentes alternativas que había entre los miembros de la familia revolucionaria, con respecto a la manera de lograr el desarrollo del campo mexicano.
> 3. ¿Por qué la Ley Federal del Trabajo, promulgada por el gobierno de Ortiz Rubio, no satisfizo a los integrantes del movimiento obrero?

Cuadro 4.4. *Gobierno de Pascual Ortiz Rubio. Economía y sociedad*

Impacto de la Gran Depresión en la economía mexicana	Sector agropecuario	Persiste la economía de hacienda y, en menor grado, la pequeña propiedad y, por último, el ejido	Explotación tradicional, no se ve afectada por la crisis mundial
	Minería y petróleo	Ambas industrias permanecían en manos de empresas extranjeras	Baja en la producción por efecto de la crisis
	Industria manufacturera	Destinada a la demanda interna	No se ve afectada por la crisis económica mundial
	Industria eléctrica	Controlada por capital extranjero	Problemas derivados de la crisis llevan al gobierno a tratar de acabar con el monopolio extranjero
	Banco de México	– Crisis mundial – Calles director	El Banco de México se convierte en un verdadero banco central
	Sistema monetario	Se adopta el *Plan Calles*	Efectos nocivos
Reforma agraria y política obrera	Disminución del reparto agrario y nuevas disposiciones para la dotación de tierras	Campesinos pierden posibilidad de convertirse en ejidatarios	Pugna entre dos grupos
	Promulgación de la Ley Federal del Trabajo	Objeciones del movimiento obrero	Algunos empresarios planean la formación de sindicatos *blancos*

Abelardo L. Rodríguez, presidente sustituto

Abelardo L. Rodríguez estableció acuerdos con la élite política, dejando los asuntos políticos en manos de Calles, mientras que él concentraba los esfuerzos de su gobierno en la cuestión administrativa.

En varias ocasiones el presidente Rodríguez llamó la atención a sus colaboradores, para que se abstuvieran de someter al conocimiento de Calles los asuntos del gobierno.

Presidente Rodríguez con su gabinete

Se modificaron varios artículos constitucionales con el fin de establecer periodos de tres años para el cargo de los diputados, de seis años para los senadores, y el principio de "no reelección" para el presidente de la República.

fue la inclusión de Emilio Portes Gil como procurador general, luego de que había sido prácticamente eliminado de la política.

Desde un principio, Abelardo Rodríguez intentó dar a la presidencia una imagen diferente de la que Ortiz Rubio había tratado de imponer, para lo cual se valió de un sistema de acuerdos con la élite política, por el que, en resumen, se trataba de dejar los asuntos políticos en manos de Calles, mientras que concentraba los esfuerzos de su gobierno en la cuestión administrativa. De esta manera, la tarea de Rodríguez consistió simplemente en administrar el país, mientras que las grandes decisiones políticas —entre las que destacaba la selección del candidato presidencial del PNR— correspondieron al Jefe máximo. En su discurso inaugural del 4 de septiembre, Rodríguez aceptó abiertamente su papel; la tarea primordial sería la de conseguir una unidad de acción entre las principales fuerzas del país para llevar adelante la obra de la reconstrucción y el desarrollo nacionales.

Según Francisco J. Gaxiola,[37] secretario particular del presidente Rodríguez, Calles se había impuesto "una decorosa abstención en todo cuanto significaba intervención directa o indirecta en la marcha de los negocios públicos del país", pero agrega que, debido a la inercia, a las conveniencias personales y por la necesidad de adular que caracterizaba a muchos políticos, Calles hubo de "recibir consultas y visitas de funcionarios y hasta de algunos secretarios de Estado". Esas "visitas" fueron tan frecuentes que, en varias ocasiones, el presidente Rodríguez hubo de llamar la atención a sus colaboradores, para pedirles se abstuvieran de someter al conocimiento de Calles los asuntos del gobierno, *a menos que éste los llamara para plantearles problemas de su incumbencia.* Pero los funcionarios no atendieron su llamado y Rodríguez decidió enviar, el 27 de septiembre de 1933, una circular a los miembros de su gabinete para recordarles que "él era el responsable del Poder Ejecutivo y no 'el señor general de División Plutarco Elías Calles'".[38]

Rodríguez hizo todo lo posible por convencer de su autonomía presidencial a los miembros de su gabinete y a los legisladores, pero todos sabían que el verdadero líder del régimen y el que tomaba las grandes decisiones era Calles, a quien Rodríguez decía acudir con frecuencia para "oír siempre su autorizada opinión". Aquella llamada feliz colaboración entre el presidente y el líder máximo de la nación, permitió que se diera una relativa cohesión interna y que, en consecuencia, pudiera continuarse el proceso de consolidación institucional, interrumpido por la situación de crisis del gobierno anterior.

Convención del PNR en Aguascalientes

En octubre de 1932 se celebró en la ciudad de Aguascalientes la Segunda Convención Nacional Extraordinaria del PNR, con el propósito de discutir el principio de *no reelección*. En esta convención, donde se hizo evidente que la división política entre *blancos* y *rojos* había dejado de existir, mientras se gestaba la lucha por la sucesión presidencial, fue aprobado un proyecto de reformas a la Constitución que implicó la modificación de varios artículos, con el fin de establecer periodos de tres años para el mandato de los diputados, de seis años para el de los senadores, y el principio de no reelección para el presidente de la República, constitucional, interino, provisional o sustituto.[39]

---

[37] Citado por Tziv Medin, *Op. cit.*, pp. 124-125.
[38] Lorenzo Meyer, Rafael Segovia y Alejandra Lajous, *Op. cit.*, p. 162.
[39] Luis Javier Garrido, *Op. cit.*, p. 185.

Cap. 4. Los gobiernos de la Revolución. El maximato

El presidente Rodríguez con miembros del Ejército

Convención del PNR en Aguascalientes

Elección del candidato presidencial

En los primeros meses de 1933 se agilizaron dentro del PNR los movimientos tendientes a la designación del candidato presidencial para el periodo 1934-1940. El Jefe máximo tenía, por supuesto, gran influencia en esa designación, pero había ciertos límites, pues no podía imponer a un candidato sin tener en cuenta a las fuerzas políticas en las que apoyaba su propio poder, sobre todo en momentos en que la élite callista se encontraba dividida. A esta circunstancia pudiera atribuirse el hecho de que en 1933 no resultara seleccionado Manuel Pérez Treviño, precandidato considerado como favorito de Calles, y en cambio obtuviera la victoria el general Lázaro Cárdenas quien, pese a que siempre había mostrado ser callista, había dispensado cierta lealtad a Ortiz Rubio cuando, siendo Cárdenas presidente del PNR, ocurrió una de las crisis que enfrentó el régimen de Ortiz Rubio.

Ejercicio 12

1. ¿En qué consistió el sistema de acuerdos, utilizado por Abelardo L. Rodríguez con la élite política?
2. ¿Por qué motivo Abelardo L. Rodríguez tuvo que llamar la atención, en varias ocasiones, a sus colaboradores?
3. ¿A qué se debió que existiera una "feliz colaboración" entre el presidente Rodríguez y el general Calles?
4. ¿Cuál fue el contenido de las reformas constitucionales, aprobadas durante la convención del PNR en Aguascalientes?

Lázaro Cárdenas y Manuel Pérez Treviño

Cárdenas y el jefe máximo

El peso de Lázaro Cárdenas se debió en gran parte a la alianza que había establecido con obreros y campesinos cuando fue gobernador de Michoacán, mientras que, ya para esas fechas, Calles mostraba un conservadurismo que se expresaba en el incumplimiento de las promesas a la clase trabajadora, precisamente en los momentos difíciles de la crisis mundial. Así pues, Cárdenas empezaba a ser visto como una nueva esperanza para las clases populares, y esto le permitió conseguir seguidores dentro del Partido, sin quebrantar la disciplina del mismo, aunque persistió la resistencia de quienes respaldaban la candidatura de Pérez Treviño. El grupo cardenista tomó tal fuerza que recibió el apoyo de muchos generales y jefes militares, de las organizaciones campesinas, de varios caciques importantes y hasta de algunos miembros del grupo callista. Por todo ello, el Jefe máximo decidió apoyar a Cárdenas porque,

Cárdenas empezaba a ser visto como una nueva esperanza para las clases populares, y esto le atrajo seguidores dentro del Partido, aunque hubo quienes siguieron respaldando la candidatura de Pérez Treviño.

Dos fenómenos centrales del momento eran: la revitalización de la ideología socialista y la contienda dentro de la élite política dominante.

El grupo cardenista logró que el Plan Sexenal se convirtiera en un programa de transformación; se trataba de reivindicar a fondo los principios de la Revolución, con muchos de los cuales Calles ya no estaba de acuerdo.

En lo económico, el Plan Sexenal proponía que de forma progresiva fuera creciendo el intervencionismo estatal, a fin de regular las relaciones entre los diferentes factores de la producción, sin atentar contra la empresa privada.

En la cuestión agraria, el Plan Sexenal consideraba urgente el fraccionamiento de los latifundios y proponía mantener la confianza en los propietarios agrícolas exentos de afectaciones, además de organizar a los ejidatarios para que fueran más productivos.

En política obrera, el Plan Sexenal insistió en que se fijara un salario mínimo y se fomentara la creación de contratos colectivos de trabajo, como una forma de relacionar a los empresarios y a los trabajadores.

Cárdenas acepta la candidatura a la Presidencia

después de todo, había mostrado disciplina a las reglas del juego, y la supremacía de Calles no parecía correr peligro alguno. La candidatura oficial del general Cárdenas fue aprobada en la convención del PNR, celebrada en Querétaro en diciembre de 1933.

El apoyo de las clases populares a la candidatura de Cárdenas, reflejaba dos fenómenos centrales del momento: por un lado, el auge de los elementos radicales, dentro y fuera del PNR, expresados en una revitalización de la ideología socialista ante el supuesto fracaso del capitalismo, evidenciado por la crisis económica; y por otro lado, la contienda dentro de la élite política dominante.

Plan Sexenal

Plutarco Elías Calles en 1933

Además de la nominación del candidato del PNR a la Presidencia de la República, la Convención de Querétaro tenía otros dos propósitos: la discusión y aprobación del Plan Sexenal que debería cumplirse en el siguiente periodo gubernamental, y la reestructuración del PNR. Respecto al primer asunto, desde junio de ese año de 1933, Calles había expresado la conveniencia de elaborar un minucioso programa de acción que debería llevarse a cabo en el siguiente periodo presidencial —extendido a seis años por disposición legislativa hecha en 1929—. Este anuncio provocó pugnas ideológicas entre los cardenistas y sus contrincantes, por plasmar sus respectivas ideas en el programa. En la convención de Aguascalientes, el grupo cardenista logró que el Plan Sexenal se convirtiera en un programa de transformación; para Cárdenas se trataba de reivindicar a fondo los principios de la Revolución, con muchos de los cuales Calles ya no estaba de acuerdo y había dado bastantes pruebas de ello. Así, el Plan Sexenal fue elaborado en los siguientes términos:

En lo *económico*, se proponía que de forma progresiva fuera creciendo el intervencionismo estatal, a fin de regular las relaciones entre los diferentes factores de la producción, lo cual no significaba atentar contra la empresa privada. Se haría todo lo posible por evitar los monopolios y por devolver a la nación los recursos naturales que aún permanecían en manos de extranjeros, mediante el fomento a la inversión nacional en la industria extractiva y la creación de una industria metalúrgica mexicana.

En la *cuestión agraria*, el plan fue más radical, pues consideraba a ésta como "el problema de mayor importancia en nuestro país", tanto en lo concerniente a la distribución de la tierra como a una mejor explotación para satisfacer los intereses nacionales; se comprometía a convertir a los campesinos que directamente trabajaban la tierra, en "agricultores libres, dueños de la tierra y capacitados, además, para obtener y aprovechar el mayor rendimiento de su producción".[40] Por lo tanto, se consi-

---
[40] Luis González, *Los artífices del cardenismo*, El Colegio de México, México, 1979, p. 172.

Apoyo popular a la candidatura de Cárdenas

El Plan Sexenal dispuso aumentar el presupuesto dedicado a la salud pública, favoreciendo a los estados y no a la capital de la República, que en este renglón estaba mejor atendida.

deraba urgente el fraccionamiento de los latifundios, pero al mismo tiempo proponía mantener la confianza en los propietarios agrícolas que estaban exentos de afectaciones. Se acordó que la Comisión Nacional Agraria sería sustituida por una nueva organización, el Departamento Agrario (DA); se disolverían las comisiones locales y se formarían nuevas comisiones agrarias mixtas, integradas por igual número de representantes del DA, del gobierno del estado y de las organizaciones campesinas. Una vez que la tierra hubiera sido distribuida, el gobierno se empeñaría en organizar a los ejidatarios para que fueran más productivos, poniendo a su alcance métodos modernos de cultivo, semillas selectas, fertilizantes y maquinaria, al tiempo que se emprendería una intensa construcción de obras de irrigación. Además, el plan propuso establecer una estricta vigilancia para evitar la tala indiscriminada de los bosques, realizar trabajos de reforestación aplicando medidas adecuadas y, por último, hacer uso racional de los bosques.

En *política obrera*, el Plan Sexenal sólo marcó algunos aspectos generales: decretó el desarrollo de una política sindical, estimulando en todo lo posible a la organización de los trabajadores "sin más límite que el señalado por las leyes"; insistió en que se fijara un salario mínimo y se fomentara la creación de contratos colectivos de trabajo, como una forma de relacionar a los empresarios y a los trabajadores; recomendaba la implantación del seguro social obligatorio aplicable a todos los trabajadores.

Para la *salud pública*, el plan dispuso que se aumentara el porcentaje del presupuesto dedicado a este aspecto social tan importante, y que dicho aumento se destinara a favorecer la salud pública en los estados y no en la capital de la República, que en este renglón estaba mejor atendida; además, los gobiernos estatales contribuirán a esta obra con parte de su presupuesto. Se propuso la creación de instituciones de beneficencia y el desarrollo de campañas destinadas a evitar la prostitución y la mendicidad, aparte de que se buscaría promulgar leyes estrictas tendientes a reducir el alcoholismo y la drogadicción.

La *educación* era una de las mayores preocupaciones de los creadores del Plan Sexenal, por lo tanto se declaraba que el presupuesto federal nunca debía ser inferior de 15% del total de sus gastos en este ramo de la administración. Negaba a los particulares el derecho para organizar y dirigir planteles educativos ajenos al control del Estado. Agregaba que la escuela primaria debía ser laica, no sólo en el sentido de excluir toda enseñanza religiosa, sino buscando proporcionar una respuesta verdadera, científica y racional a las inquietudes de los educandos, "para formarles un concepto exacto y positivo del mundo que les rodea y de la sociedad en que viven".[41]

En educación, se negaba a los particulares el derecho para organizar y dirigir planteles ajenos al control del Estado, y la escuela primaria debía ser laica y proporcionar una respuesta verdadera, científica y racional a las inquietudes de los educandos.

---

[41] *Ibid.*, p. 176.

Los nuevos estatutos del PNR establecían que debían desaparecer las organizaciones que integraban al Partido, para que todos sus miembros fueran inscritos de forma individual y ya no en partidos políticos.

Lázaro Cárdenas en campaña

Ejercicio 13

1. ¿En qué se basó el apoyo popular de Lázaro Cárdenas para que el PNR aceptara su candidatura a la Presidencia de la República?
2. ¿Cuáles fueron las propuestas del Plan Sexenal en los siguientes aspectos: economía, política agraria, política obrera y educación?
3. Describe la reforma hecha al Partido Nacional Revolucionario, en 1934.

Las elecciones federales de julio de 1934 estuvieron de nuevo caracterizadas por numerosas irregularidades. Los caciques callistas recurrieron a la violencia, al robo de urnas y a las amenazas contra los votantes.

Reestructuración del PNR

Con la reforma del Partido de la Revolución en 1934, la primera en su historia, se pretendía que el PNR dejara de ser una confederación de grupos regionales para convertirse en el partido nacional ideado por Calles. Los nuevos estatutos establecían que debían desaparecer las organizaciones que integraban al PNR, para que todos sus miembros fueran inscritos de forma individual y ya no en partidos políticos, de manera que la célula del partido iba a serlo el individuo y no el club o la organización política.[42] Disponían también que, de ahí en adelante, la auscultación de la opinión de las mayorías, en lo referente a la postulación de los candidatos, se habría de hacer por medio de un plebiscito en que solamente podrían participar los miembros registrados. De esta manera, el PNR se convertía en un verdadero partido nacional y se eliminaba el peligro de que los múltiples partidos regionales perturbaran la paz y obstaculizaran la integración nacional. Calles cumplía así su promesa de 1928: la era de las instituciones había comenzado.

Al día siguiente de su protesta como candidato presidencial del PNR, Cárdenas inició una campaña electoral innovadora: realizó giras por todos los estados y territorios del país, como no lo había hecho antes candidato presidencial alguno. Aquella intensa gira electoral le sirvió para varios propósitos: establecer y reforzar los contactos con los líderes locales, darse a conocer al pueblo y enterarse de los problemas a los que iba a enfrentarse durante su gobierno.

El proceso electoral en 1934

Las elecciones federales del 1 de julio de 1934 estuvieron de nuevo caracterizadas por numerosas irregularidades. Los caciques callistas recurrieron a la violencia, al robo de urnas y a las amenazas contra los votantes. Según las disposiciones de la ley para la elección de poderes federales vigente, los primeros ciudadanos en presentarse en las casillas se encargaban del recuento de los votos, y, siendo el PNR como partido oficial la organización más importante del país, los otros candidatos —Antonio I. Villarreal, de la Confederación de Partidos Independientes (CRPI); Adalberto Tejeda, del Partido Socialista de las Izquierdas (PSI); y Hernán Laborde, del Bloque Unitario Obrero Campesino (BUOC)— no tuvieron oportunidad alguna. El general Cárdenas triunfó de manera absoluta según las cifras oficiales, las cuales dieron igualmente la victoria a los candidatos de gobernador en varias entidades.[43]

Resultado de la elección presidencial de 1934

Lázaro Cardenas	(PNR)	2 225 000 votos
Antonio I. Villarreal	(CPRI)	24 395 "
Adalberto Tejeda	(PSI)	16 037 "
Hernán Laborde		

Política exterior

Los problemas de la deuda

Según el acuerdo celebrado en 1930 con el Comité Internacional de Banqueros, para reanudar el pago de las anualidades se había fijado la fecha del 1 de enero de 1934 o

---

[42] Pedro Salmerón Sanginés, "Del partido de élites al partido de masas (1933-1938)", en *El Partido de la Revolución. Institución y conflicto (1928-1999)*, p. 116.
[43] Luis Javier Garrido, *Op. cit.*, pp. 216-217.

cualquier fecha anterior, si los ingresos del gobierno lo permitían. En su informe presidencial del 1 de septiembre de 1933, Abelardo L. Rodríguez declaró que "dentro del presente programa, no cabe ni puede caber la idea de iniciar la restauración del servicio de la Deuda Pública Federal —al menos, mientras perdura la crisis— con desembolsos de tan fuerte cuantía y, por añadidura… de efecto desquiciador inevitable, tanto sobre el erario como sobre toda la economía nacional".[44] El 21 de mayo siguiente, el gobierno mexicano rompió relaciones con el Comité Internacional de Banqueros, por considerar su actitud hacia México como poco amistosa y apartada de las normas legales. Entre la deuda externa garantizada —sin los intereses— y las obligaciones de la deuda ferroviaria, México adeudaba una cantidad superior a 500 millones de dólares y, aunque lo peor de la crisis había pasado, las finanzas públicas no eran tan sólidas como para suponer un pronto arreglo.

El ferrocarril en deuda

El gobierno mexicano rompió relaciones con el Comité Internacional de Banqueros, por considerar su actitud hacia México como poco amistosa y apartada de las normas legales.

En septiembre de 1934 nació Petróleos de México, S.A., exclusivamente con capital del gobierno mexicano, porque ni los empresarios extranjeros ni los nacionales se interesaron en el proyecto.

El petróleo

La baja experimentada en la producción petrolera entre 1928 y 1934, además de provocar gran disgusto al gobierno mexicano, le llevó a considerar otras posibilidades que le permitieran aumentar su control sobre aquel recurso no renovable tan importante; una de esas posibilidades consistió en el proyecto de crear una empresa petrolera mexicana, lo cual significaba iniciar el desarrollo de esta industria a través de la competencia con los extranjeros, en vez de modificar, por el momento, los derechos de propiedad. Pero, ante la falta de recursos financieros, el proyecto se puso en práctica a una escala menor de la que se había planeado inicialmente. En septiembre de 1934 nació Petróleos de México, S.A. (Petromex), exclusivamente con capital del gobierno mexicano, porque ni los empresarios extranjeros ni los nacionales se interesaron en el proyecto. Además, se decretó la ampliación de las fronteras litorales en 50 kilómetros, para aumentar las reservas de hidrocarburos.

La existencia de Petromex causó cierta inquietud entre los empresarios petroleros extranjeros, quienes temían que el gobierno mexicano explotara todas las zonas federales que atravesaban los campos ya en explotación de las compañías petroleras. Sin embargo, las operaciones de Petromex se realizaron a una escala muy pequeña, por lo que no llegó a darse un conflicto con las compañías petroleras extranjeras.

El embajador Daniels, de Estados Unidos, se mostró públicamente amigo de México, admirador de su historia y su cultura, y durante el cumplimiento de su cargo, se dedicó a suavizar las relaciones entre los dos países.

Ejercicio 14

1. ¿Por qué el gobierno de Rodríguez decidió romper con el Comité Internacional de Banqueros?

2. ¿Cuáles eran los propósitos del gobierno mexicano al crear Petromex?

3. Describe el papel desempeñado por Josephus Daniels, en su calidad de embajador de Estados Unidos en México.

Las relaciones con Estados Unidos

Al tomar posesión de la presidencia, Franklin D. Roosevelt envió a México a un nuevo embajador, Josephus Daniels, quien, a pesar de que en 1914 había participado en la intervención estadounidense en Veracruz, se había tornado en un firme defensor de la línea no intervencionista de su país en América Latina. Sus propias acciones como embajador en México, favorables a la política de *buena vecindad* ya anunciada por

---

[44] Citado por Jan Bazant, *Op. cit.*, pp. 211-212.

Franklin D. Roosevelt

Roosevelt opacaron aquel acontecimiento del pasado. Daniels se mostró públicamente amigo de México, admirador de su historia y su cultura, y durante los nueve años que duró en su cargo, se dedicó a suavizar las dificultades que surgieron en las relaciones entre los dos países.

Pero hubo un incidente que, debido a la inexperiencia de Daniels en los ardides de la política mexicana en tiempos del maximato, mostró abiertamente su admiración por Calles, a quien entregó una carta enviada por Roosevelt donde se felicitaba a Calles "por el progreso económico de México y por la tranquilidad lograda en el país gracias a sus esfuerzos como *el hombre fuerte* del mismo". Enterado de estas expresiones, el presidente Rodríguez envió una carta al embajador Daniels, en la cual apuntaba que aquellas palabras podrían resultar perjudiciales para la seriedad de su administración y para la respetabilidad constitucional, "por cuanto que, en espíritus no preparados o en opiniones extranjeras que desconocen la situación real del país, dejan la impresión de que también las cuestiones administrativas se encuentran centralizadas en la persona del general Calles, cosa que nunca ha pretendido y que jamás ha ocurrido".[45] Daniels entendió el mensaje y llegaría a expresar luego que consideraba a la presidencia de Rodríguez como el principio de un "verdadero gobierno constitucional, sin un 'hombre fuerte' que actuara desde las sombras".[46]

CUADRO 4.5. *Gobierno de Abelardo L. Rodríguez. Política*

- Política interna
  - "Feliz colaboración": Calles en la política; el presidente en la administración → Cohesión interna. Continuación del proceso de consolidación institucional
  - Convención del PNR en Aguascalientes
    - Elección de Lázaro Cárdenas como candidato presidencial
    - Plan sexenal
      - Economía
      - Cuestión agraria
      - Política obrera
      - Salud pública
      - Educación
        - Proceso electoral en 1934
    - Reestructuración del PNR

- Política exterior
  - Los problemas de la deuda
    - Rompimiento con el Comité Internacional de Banqueros
  - El petróleo: baja producción
    - Creación de Petromex
  - Relaciones con Estados Unidos
    - Nuevo embajador: Josephus Daniels
      - Política de buena vecindad

---

[45] Cita en Tziv Medin, *Op. cit.*, p. 126.
[46] Citado por Arnaldo Córdova, *Op. cit.*, p. 367.

Economía

Factores de recuperación económica

Como ocurrió en otros países latinoamericanos, la economía mexicana pudo recuperarse de los efectos nocivos de la Gran Depresión, en un tiempo relativamente corto. Para la primera mitad del año de 1932, el ciclo económico había tocado fondo y, durante el resto del decenio, se observó una tendencia de crecimiento sostenido.

En esa temprana recuperación actuaron principalmente dos factores: un incremento rápido del valor de las exportaciones y una serie de políticas monetarias y fiscales.

En el primer caso, el aumento fue particularmente grande en los sectores de la minería y del petróleo, lo que permitió que en 1934 los productos de estas ramas superaran el valor en dólares de las ventas al exterior en 1929, lo cual contribuyó en gran medida a la recuperación temprana de las exportaciones totales. El aumento de reservas internacionales —divisas en dólares—, propiciado por el crecimiento de las exportaciones, facilitó la compra de materias primas extranjeras, con las cuales pronto se pudo reanudar la producción.

El segundo elemento, referente a las políticas monetarias y fiscales, es quizá más importante, porque implicó un cambio de orientación fundamental. En marzo de 1932, el secretario Alberto J. Pani aplicó una reforma monetaria de acuerdo con la cual se abandonaba la defensa del tipo de cambio fijo, dejando flotar libremente al peso; también se dio el abandono real del patrón oro —según lo establecido en 1931 por el *Plan Calles*— reanudándose la acuñación de monedas de plata y, más discretamente, el uso de billetes para pagar a los empleados públicos, a fin de aumentar los medios de pago. Pero debido a que todavía en 1932 era muy bajo el nivel de las reservas internacionales en el banco central, el peso continuó devaluándose hasta mediados de 1933. Al recuperarse las exportaciones y aumentar, en consecuencia, el nivel de las divisas, en noviembre de 1933 se pudo fijar de nuevo la paridad del peso.

Para 1933, la banca había superado los problemas provocados por la crisis y se pudo crear una reserva monetaria para sostener la paridad del peso frente a las monedas extranjeras, sobre todo el dólar; el Banco de México, en su papel de banco central, fue la institución a la que se dio preferencia para adquirir divisas. El 30 de junio de 1934, el gobierno de Rodríguez fundó Nacional Financiera, S. A. (Nafinsa), con el propósito principal de restituir liquidez al sistema bancario, mediante la venta de bienes raíces, por lo que, originalmente, dicha institución tuvo carácter y funciones de banco inmobiliario.

Todo ello permitió que el crédito fuera mexicanizándose y que se consolidara el sistema bancario. La banca privada se organizó en la Asociación de Banqueros de México, por iniciativa propia y con la aceptación del gobierno, que deseaba contar con una organización intermediaria autorizada entre el gobierno y la banca privada.

Respecto a la política fiscal, se mantuvo un presupuesto equilibrado durante 1932, pero al año siguiente se empezó a manifestar el déficit, que pudo cubrirse con la acuñación de plata y la correspondiente emisión de billetes. El sistema económico reaccionó favorablemente con gran rapidez ante esas medidas expansionistas.[47]

Desarrollo de la industria nacional

Aparte de los efectos nocivos que la Gran Depresión tuvo sobre la economía mexicana, el fenómeno tuvo consecuencias benéficas, principalmente sobre dos aspectos relacionados entre sí: el inicio del proceso de desarrollo en la industria nacional, y el papel más adecuado del gobierno en el manejo de la política macroeconómica.

---

[47] Enrique Cárdenas, "La Gran Depresión y la industrialización: El caso de México", en *Historia económica de México*, Vol. 5, Fondo de Cultura Económica, México, 1994, pp. 22-26.

> **Ejercicio 15**
>
> 1. ¿Cuáles fueron los dos factores que permitieron a la economía mexicana recuperarse en poco tiempo de los efectos de la crisis económica mundial?
> 2. Describe las modificaciones hechas en el sistema bancario, durante el gobierno de Rodríguez.
> 3. ¿De qué manera influyó la Gran Depresión para que el crecimiento económico del país, antes basado en la exportación, se fundamentara en el mercado interno?

Entre los elementos que desempeñaron un papel importante en el crecimiento de la industria, están la capacidad excedente disponible en algunas industrias estratégicas tales como la energía eléctrica y el cemento, y la inversión del Estado en varios tipos de obras públicas. En este sentido, el gobierno aceleró la construcción de la red carretera, uniendo la mayoría de los centros industriales y urbanos, lo que redujo los costos de transporte y ensanchó considerablemente el mercado interno, incrementando, en consecuencia, la productividad global.

También se amplió la red telegráfica y un sistema telefónico privado, con capital extranjero, que comunicaba a varias ciudades y a algunas de éstas con el exterior. La última novedad en comunicaciones, la aviación comercial, había hecho ya su aparición, y para 1934, operaban 15 empresas comerciales, aunque en aquel entonces eran muy pocas las personas que utilizaban sus servicios.

Por otra parte, la devaluación del peso experimentada en el periodo 1929-1933 cambió los precios relativos de las importaciones y de los productos que competían con ellas, lo que alentó la sustitución de los bienes importados por los bienes de fabricación nacional; sustitución que parece haber sido muy rápida, como lo sugieren los elevados cálculos de este proceso, a principios de los años treinta. De esta manera, el crecimiento económico del país, basado desde hacía mucho tiempo en la exportación, cedió su lugar al crecimiento basado en el mercado interno.

Sociedad y cultura

Política agraria

Después del retraso sufrido durante el gobierno de Ortiz Rubio, la reforma agraria volvió a cobrar fuerza al llegar Abelardo L. Rodríguez a la presidencia.

Después del retraso sufrido por la reforma agraria durante el gobierno de Ortiz Rubio, volvió a cobrar fuerza, al llegar Abelardo L. Rodríguez a la presidencia, y durante su gestión se repartieron 2 060 228 hectáreas, que beneficiaron a 158 393 campesinos.

No obstante, seguían existiendo las grandes haciendas, pues aunque se habían expropiado cerca de 7 millones de hectáreas, el sistema de hacienda sólo había perdido un poco más de 20% de su superficie cultivable. Esta situación daba lugar a que todavía existiera un número muy considerable —casi 3 millones— de jornaleros sin tierra, algunos de los cuales continuaron ligados a la hacienda como peones acasillados, sobre todo en las regiones del centro y del sur. Pero más que peones acasillados existían jornaleros libres, que solamente eran contratados en las haciendas cuando se requería de su mano de obra, y eran rechazados si por alguna circunstancia disminuía la necesidad de trabajadores agrícolas. Por esta razón, en las haciendas se prefería al jornalero libre por sobre el acasillado, porque a éste había que mantenerlo durante todo el año, aun cuando disminuyera la demanda de trabajo. En algunas haciendas aún existía el pago en especie mediante la tienda de raya, pues a pesar de que, para los años treinta, los gobiernos revolucionarios se habían pronunciado contra esta forma de retribución, no se lograba instituir plenamente el salario en efectivo.

En algunas haciendas, aún existían peones acasillados sujetos al pago en la tienda de raya, ya que aún no se lograba instituir plenamente el salario en efectivo.

Otro problema social era que, al ser más difícil la situación del jornalero libre, se le dio preferencia para dotarlo de tierras y no se les otorgó a los peones acasillados. Esta circunstancia originó rivalidad entre los dos tipos de campesinos, que, en muchas ocasiones, fue aprovechada por los hacendados para que sus peones acasillados impidieran la dotación.

Respecto a la legislación agraria, en mayo de 1933 empezó a funcionar el Departamento Autónomo Agrario (DA), que dependía directamente del ejecutivo federal y que estaba destinado a agilizar los trámites del reparto agrario. El 24 de marzo de 1934 se expidió un Código Agrario que, en 178 artículos, tendía a unificar toda la legislación vigente en materia agraria. Estas medidas, aunque se originaron durante el gobierno de Abelardo L. Rodríguez, de alguna manera tenían ya la influencia de Cárdenas y de sus partidarios, quienes habrían de utilizar esa legislación junto con sus programas, para llevar a cabo su política agraria.

Política obrera

Institución del salario mínimo

Una de las iniciativas del gobierno de Rodríguez en la cuestión social fue la del establecimiento legal de un salario mínimo obligatorio para los trabajadores de la ciudad y del campo. Se trató de una de las acciones más importantes de esta administración, y aunque de manera general benefició sobre todo a los obreros organizados que tenían mayor capacidad de exigir su cumplimiento, fue una medida política en favor de las bases sindicales en momentos cuando la relación entre el gobierno y los líderes de las organizaciones se estaba redefiniendo, tanto por el viraje dado por Calles al abandonar en la práctica la política de masas, como por el resurgimiento de la ideología socialista, no sólo en las demandas obreras sino incluso en el discurso del propio gobierno.

Abelardo L. Rodríguez anuncia la implantación del salario mínimo

Por otra parte, dado el impulso a la industrialización nacional promovido por el régimen, era necesaria la paz social y la mejora en el poder de compra de la población. Así lo entendió el presidente Rodríguez quien, al asumir el poder integró una comisión encabezada por Marte R. Gómez para estudiar el problema. Con tal propósito, se dividió el país en cuatro grandes zonas y se procedió a investigar las condiciones de la estructura industrial, salarial, sindical y del costo de la vida en cada una de ellas. Aunque resultó difícil obtener informes fidedignos tanto de empresarios como de sindicatos, con base en los resultados de la investigación, la comisión recomendó que el salario mínimo debería fluctuar entre $1.00 y $1.50 diarios. Este salario era bajo, pero se proponía aumentarlo en el futuro inmediato, hasta llegar a cuatro pesos, para después subirlo al doble —lo cual no podría cumplirse, pues se trataría de un peso por hora, en vez de por jornada.

En septiembre de 1933, el Congreso aprobó la reforma correspondiente a la Ley Federal del Trabajo y quedó establecido el salario mínimo, cuyas tarifas fueron señaladas por el gobierno para el Distrito Federal y los estados de la República.

En principio, el objetivo de ese salario era cubrir las necesidades mínimas del trabajador y su familia, además de fortalecer al mercado interno. Lo cierto es que, a pesar de que se consiguió un aumento general de salarios, por lo menos para los trabajadores organizados, dicho incremento no fue muy grande y difícilmente permitía la vida decorosa de que tanto se hablaba en el discurso oficial. Como era de esperarse, seguían siendo las reglas del mercado y no las ideas de justicia las que determinaron el monto de los salarios. Varios organismos sindicales protestaron y algunos, como los del Distrito Federal, demandaron un aumento de casi 400% con relación a lo establecido, pero la decisión del gobierno no se modificó.[48]

La institución del salario mínimo fue una medida política en favor de las bases sindicales, en momentos cuando la relación entre el gobierno y los líderes de las organizaciones se estaba redefiniendo.

Ejercicio 16

1. ¿De qué manera volvió a tomar fuerza la reforma agraria, con el gobierno de Rodríguez?
2. Describe la situación laboral de los trabajadores del campo mexicano, durante el gobierno de Rodríguez.
3. Describe las acciones del gobierno de Rodríguez, para establecer el salario mínimo.

Aumento de huelgas

Durante la administración del presidente Rodríguez persistieron las huelgas obreras (56 en 1932, 13 en 1933), pero su número aumentó considerablemente en el año de 1934, hasta llegar a 202. Para mayo de ese año, la efervescencia obrera ya era evidente, en gran parte debido a que las diferentes fracciones del movimiento sindical decidieron tomar posiciones en vista de las próximas elecciones presidenciales.

En junio de 1933, varias organizaciones independientes de la CROM y de la CGT firmaron en la ciudad de México un pacto de unidad, reconocieron "la falta de ideología y conciencia de clase" y convocaron a un congreso a celebrarse en octubre siguiente, cuyo resultado fue la creación de la Confederación General de Obreros y

Durante la administración del presidente Abelardo L. Rodríguez persistieron las huelgas obreras y su número aumentó considerablemente en el año de 1934.

---
[48] Lorenzo Meyer, *Op. cit.*, pp. 157-159.

Campesinos de México (CGOCM), bajo la dirección de Vicente Lombardo Toledano y Fidel Velázquez. En términos generales, las demandas de la CGOCM y de otras organizaciones implicadas en la militancia obrera en aquel año eran: mejoras salariales, aumento de prestaciones, firma de contratos colectivos y eliminación de sindicatos blancos y de cromistas.

El presidente Rodríguez, que se había mostrado dispuesto a escuchar ciertas demandas de los trabajadores, ante el creciente número de huelgas, advirtió la existencia de agitadores que estaban empujando a los obreros a posiciones extremas. En los meses de octubre y noviembre, las autoridades del Departamento del Trabajo adoptaron una actitud más severa que en años anteriores y declararon inexistentes varias huelgas en la ciudad de México. Pero esto no detuvo el activismo obrero, convertido ya en el principal tema de la política interna; la forma en que el próximo presidente Cárdenas habría de hacerle frente, definiría el carácter general de su gobierno.[49]

Política educativa: vigencia del anticlericalismo

Durante la administración de Abelardo L. Rodríguez resurgió en la Universidad Nacional el descontento de los estudiantes opuestos al callismo, cuando el primer Congreso Universitario, dominado por Vicente Lombardo Toledano, aprobó la decisión de que se imprimiera un enfoque marxista a la enseñanza de la historia y la ética. Aquella resolución provocó el enérgico rechazo de un grupo de profesores apoyados por estudiantes que, en defensa de la libertad de cátedra, se opusieron a que se les obligara a adoptar como única aquella ideología, o cualquier otra. El rechazo —en el que hubo participación clerical, por la influencia que tenían los jesuitas en algunas facultades—[50] condujo a una huelga estudiantil que se hizo extensiva a varios estados de la República; la situación se tornó violenta y obligó al rector a renunciar. Entonces, el gobierno decidió dar a la rebelde Universidad la completa autonomía, retirándole el sostenimiento económico y despojándola del control que tenía sobre la enseñanza secundaria. En octubre de 1933, la Asamblea Universitaria eligió como rector a Manuel Gómez Morín, uno de los profesores que defendían la libertad de cátedra, se disolvió la huelga y Lombardo Toledano fue expulsado de la Universidad. No obstante, continuaron las luchas entre los estudiantes de los dos bandos en pugna y Gómez Morín, que no pudo mediar entre ellos, fue sustituido en noviembre de 1934 por Fernando Ocaranza, quien tenía una posición neutral.

Otro aspecto importante en este ámbito educativo —que también provocara conflictos— fue el *laicismo* absoluto que impuso Narciso Bassols, secretario de Educación, a la enseñanza primaria. El artículo 3º constitucional prohibía a las corporaciones y ministros religiosos que establecieran o dirigieran escuelas primarias, pero permitía que los clérigos impartieran la enseñanza en esas escuelas. Bassols convenció a Ortiz Rubio, siendo éste presidente, para que expidiera un reglamento en el que se incluía la prohibición a todo ministro o miembro de cualquier orden religiosa, de ser profesor en las escuelas primarias. Un año después, en 1933, Bassols se decidió a introducir la educación sexual en los dos últimos años de la instrucción primaria y en todos los de la secundaria. Esta decisión estaba fundamentada en la recomendación que había hecho a los gobiernos de América el IV Congreso Panamericano del Niño, celebrado en Perú en 1930, de que se proporcionara educación sexual a partir de la escuela primaria. La medida tenía propósitos razonables —dar explicaciones biológicas acerca de la reproducción de los seres vivientes—, pero, circunscrita en la tendencia socializante de la época, la instrucción sexual aparecía como una acción materialista contraria a la moral religiosa del pueblo mexicano y fue considerada, por la Iglesia y

La Universidad Nacional Autónoma de México

Ante la huelga estudiantil, el gobierno decidió dar a la Universidad Nacional la completa autonomía, retirándole el sostenimiento económico y despojándola del control que tenía sobre la enseñanza secundaria.

Narciso Bassols

---

[49] *Ibid.*, pp. 168-170.
[50] Victoria Lerner, *La educación socialista*, El Colegio de México, México, 1979, p. 56.

Cap. 4. Los gobiernos de la Revolución. El maximato

Manifestación contra la educación sexual

Bassols, secretario de Educación, impuso el laicismo absoluto en la enseñanza primaria, e introdujo la educación sexual en los dos últimos años de la instrucción primaria y en todos los de la secundaria.

la Unión de Padres de Familia, como el primer paso hacia la educación socialista ya aprobada por el PNR [véase fuente 8. "Calles: su rechazo de la educación socialista"].

En un clima de grave agitación, Narciso Bassols renunció a la Secretaría de Educación Pública el 9 de mayo de 1934, pero ese mismo día fue designado secretario de Gobernación, cargo que desempeñó hasta el 30 de septiembre siguiente. Sin embargo, la salida de Bassols no significó que el gobierno fuera a dar marcha atrás en el proyecto de educación socialista, pues se trataba de impedir que el clero, "que utilizaba a la niñez y a la juventud como instrumentos retardatorios para el progreso del país", interviniera en la educación del pueblo por considerarla facultad exclusiva del Estado.

El establecimiento de la educación socialista se inscribía en el ambiente político-ideológico que revitalizaba al marxismo, pero, en el fondo, constituía una secuela del conflicto entre la Iglesia y el Estado, el cual, a pesar de los acuerdos de 1929 que pusieron fin a la guerra, permanecía latente entre la mayoría de los católicos y, en buena parte de los políticos de la familia revolucionaria.

En cuanto se dio a conocer el proyecto de reforma, se manifestó el rechazo del clero; en abril de 1934, el arzobispo de México, Pascual Díaz, exhortaba a los padres de familia a luchar contra el establecimiento de la educación socialista, primero por todos los medios lícitos y, si éstos fracasaban, debían retirar a sus hijos de las escuelas y, de no hacerlo así, recibirían sanciones y excomuniones. Pascual Díaz estaba en contra de que se volvieran a emplear las armas para presionar al gobierno, pero hubo jerarcas religiosos, como el obispo de Huejutla, José de Jesús Manrique y Zárate, que incitaban a los católicos a utilizar todos los medios, incluso la violencia, para evitar se promulgara la educación socialista.[51]

El establecimiento de la educación socialista se inscribía en el ambiente político-ideológico que revitalizaba al marxismo, pero en el fondo constituía una secuela del conflicto entre la Iglesia católica y el Estado.

Calles y la educación de los niños

Arreglos del conflicto religioso

---

[51] *Ibid.*, pp. 32-35.

Como en años anteriores, la oposición del clero católico provocó la ira del general Calles quien, el 20 de julio de 1934, pronunció unas declaraciones que llegarían a conocerse como el "grito de Guadalajara":

> La revolución no ha terminado (…). Es necesario que entremos en un nuevo periodo revolucionario, que yo llamaría el periodo revolucionario psicológico: debemos entrar y apoderarnos de las conciencias de la juventud, porque son y deben pertenecer a la revolución (…). No podemos entregar el porvenir de la patria y el porvenir de la revolución a las manos enemigas. Con toda maña los reaccionarios dicen que el niño pertenece al hogar y el joven a la familia; ésta es una doctrina egoísta, porque el niño y el joven pertenecen a la comunidad y pertenecen a la colectividad, y es la revolución la que tiene el deber imprescindible de las conciencias, de desterrar los prejuicios y de formar una nueva alma nacional.[52]

En octubre de ese mismo año, diputados y senadores aprobaron la reforma al Artículo 3º constitucional, que sería promulgada en el mes de diciembre siguiente, y que en el preámbulo establecía:

> La educación que imparta el estado será socialista, y además de excluir toda doctrina religiosa combatirá el fanatismo y los prejuicios, para lo cual, la escuela organizará sus enseñanzas y actividades de forma que permita crear en la juventud un concepto racional y exacto del universo y de la vida social. Sólo el Estado —Federación, Estados, Municipios— impartirá educación primaria, secundaria, normal.

El reformado artículo 3º agregaba que se podrían conceder autorizaciones a los particulares que desearan impartir educación en cualquiera de los tres niveles, pero, en todo caso, bajo el cumplimiento de ciertas normas, especificadas en el mismo documento.

La tensión fue en aumento y condujo a una peligrosa contienda entre callistas y católicos, que estuvo a punto de hacer resurgir la guerra cristera. En medio de este ambiente social, tomó posesión de la presidencia el general Lázaro Cárdenas del Río, el l de diciembre de 1934.

De Palacio Legislativo a Monumento a la Revolución

Ejercicio 17

4. Describe el conflicto estudiantil en la UNAM durante la administración de Abelardo L. Rodríguez, y las acciones que éste tomó al respecto.

5. Describe las medidas adoptadas por el secretario de Educación, Bassols, que provocaron las protestas de la Unión de Padres de Familia.

6. ¿Cuáles fueron las bases ideológicas y políticas, para el establecimiento de la educación socialista?

Fuente 8. Calles: su rechazo de la educación socialista

… los círculos callistas postulaban una educación laica avanzada, remarcando la interpretación racionalista-científica y fundamentalmente antirreligiosa. Esta formulación evidentemente no los comprometía en absoluto en lo que se refiere a una acción revolucionaria en lo social y en lo económico, pero comprendían muy bien la trascendencia de la educación socialista en esos campos y se negaban a aceptarla. El rechazo de la educación socialista expresaba el temor de que hubiese un viraje radical social y económicamente, pero no menos significativo es el impulso antirreligioso de las proposiciones callistas que encontraron su plena expresión en el famoso discurso de Calles denominado "el grito de Guadalajara". México ya había sido testigo durante años de las cruentas luchas religiosas en la época de los cristeros. Durante el periodo presidencial de Portes Gil se llegó a una solución del conflicto, y no fácilmente se postulaban líneas de

---
[52] Citado por Josefina Vázquez de Knauth, *op. cit.*, p. 173

acción que pudieran llevar a la nación a un nuevo periodo de guerras fratricidas. El momento era el de elecciones presidenciales, y las consecuencias del nuevo arremeter anticristiano iban a tener que ser sobrellevadas por el futuro presidente. Cuando como consecuencia de la resolución del PNR de reformar el artículo tercero tuvieron lugar violentas polémicas entre el episcopado y los círculos revolucionarios, Calles exigió al presidente Abelardo Rodríguez que expulsara inmediatamente al arzobispo de México y al delegado apostólico. Comentando este incidente, Portes Gil escribe: "Es indudable que el general Calles, al querer forzar al general Rodríguez —precisamente por conducto de Cárdenas— a que procediera a expulsar al arzobispo Ruiz y Flores y al obispo Pascual Díaz así como algunos otros prelados, lo que deseaba era provocar una nueva revuelta para aparecer él como el único salvador del régimen que iba a iniciarse el día primero de diciembre de 1934." Creemos que ésta era la causa que impulsaba a Calles en su intento de revitalizar la lucha en la educación, pero dada su postura conservadora en lo socioeconómico, debía oponerse, como en verdad lo hizo en un principio, a la educación socialista.

Tzvi Medin,
Ideología y praxis política de Lázaro Cárdenas,
Siglo XXI Editores, México, 1977, pp. 49-50.

CUADRO 4.6. *Gobierno de Abelardo L. Rodríguez. Economía, sociedad y cultura*

Factores de recuperación económica	Incremento rápido del valor de las exportaciones	Aumento de reservas internacionales facilita la compra de materias primas extranjeras	Se reanuda la producción	Desarrollo de la industria nacional
	Políticas monetarias y fiscales	Reforma monetaria de Alberto J. Pani	Reserva monetaria para sostener la paridad del peso con monedas extranjeras	
		Presupuesto equilibrado	Fundación de Nafinsa	
Política agraria	Reanudación de la reforma agraria	Persistencia de la hacienda	• Jornaleros libres	Departamento Autónomo Agrario
			• Peones acasillados	Código agrario
Política obrera	Institución del salario mínimo	Reforma a la Ley Federal del Trabajo	Acciones ante las huelgas de los sindicatos independientes	
Política educativa	Vigencia del anticlericalismo	Conflicto en la UNAM por razones ideológicas	Autonomía completa	
		Laicismo absoluto. Educación sexual	Protesta de padres de familia y renuncia de Bassols	
		Reforma al artículo 3°	Educación socialista	

Actividades de aprendizaje

1. Además de la información proporcionada en el presente capítulo, incluyendo las fuentes 1 y 5, consulta fuentes especializadas en la trayectoria política de Plutarco Elías Calles, para que elabores un ensayo —con todos los elementos propios de esta forma literaria— de cuatro cuartillas, cuyo título deberá ser: "Nuevas interpretaciones del papel que Calles desempeñó en la política mexicana entre 1928 y 1935."

2. Después de leer en este capítulo la información sobre el origen del Partido de la Revolución, así como las fuentes 2 y 3, elabora un escrito de dos cuartillas, donde expongas tus comentarios acerca de la función que tuvo este partido político, como "sucesor de caudillos" y como instrumento para lograr la unificación de los revolucionarios.

3. Elabora un cuadro donde compares los tres gobiernos que hubo durante el maximato, con base en las siguientes variables: a) relación del presidente con el general Calles; b) conflictos políticos internos; c) relaciones y problemas con Estados Unidos; d) política económica; e) política agraria y obrera.

4. Realiza una investigación acerca de la política educativa aplicada durante el maximato, que te permita ampliar la información presentada en este capítulo, mediante un escrito de tres cuartillas.

5. Elabora un cuadro donde, con base en la investigación correspondiente, menciones los acontecimientos, políticos y económicos, que consideres más sobresalientes, ocurridos en Estados Unidos, la Unión Soviética, Italia y México, en el periodo comprendido entre 1929 y 1934, especificando la fecha de cada suceso.

6. Además de la información proporcionada en el presente capítulo, incluyendo los dos textos de la fuente 4, consulta fuentes especializadas en la bibliografía de José Vasconcelos, que te permitan expresar, mediante un escrito de dos cuartillas, tus comentarios fundamentados acerca del papel desempeñado por este personaje, como educador y al frente de la SEP, y como candidato presidencial en 1929.

7. Después de analizar la fuente 7, sobre la Doctrina Estrada, responde por escrito a las siguientes preguntas:

    a) ¿A qué se refiere el documento al señalar que "México ha sufrido como pocos países las consecuencias de la Doctrina de los reconocimientos"?
    b) ¿Cuál es el contenido esencial de la Doctrina Estrada?
    c) ¿Consideras que en las circunstancias del mundo actual la Doctrina Estrada deba continuar vigente? Explica tu respuesta, afirmativa o negativa.

Bibliografía

Bazant, Jan, *Historia de la deuda exterior de México, 1823-1946,* El Colegio de México, México, 1981.

Cárdenas, Enrique (comp.), *Historia económica de México,* Vol. 5, Fondo de Cultura Económica, México, 1994.

Casasola, Gustavo, *Historia Gráfica de la Revolución Mexicana,* Vol. 6, Trillas, México, 1973.

Clark, Marjorie Ruth, *La organización obrera en México,* Era, México, 1979.

Córdova, Arnaldo, *La ideología de la Revolución Mexicana,* Era, México, 1979.

_____, *La Revolución en crisis. La aventura del maximato,* Cal y Arena, México, 1995.

Dulles, John W. F., *Ayer en México. Una crónica de la Revolución (1919-1936),* Fondo de Cultura Económica, México, 1977.

Garrido, Luis Javier, *El partido de la Revolución institucionalizada,* SEP, México, 1986.

González Compeán, Miguel y Leonardo Lomelí (coords.), *El Partido de la Revolución. Institución y conflicto (1928-1999),* Fondo de Cultura Económica, México, 2000.

González, Luis, *Los artífices del cardenismo,* El Colegio de México, México, 1979.

Hernández Chávez, Alicia, *La mecánica cardenista,* El Colegio de México, México, 1979.

Krauze, Enrique, *Plutarco E. Calles. Reformar desde el origen, Biografía del poder,* Fondo de Cultura Económica, México, 1987.

_____, *El sexenio de Lázaro Cárdenas,* Clío, México, 1999.

Lerner, Victoria, *La educación socialista,* El Colegio de México, México, 1979.

Medin, Tzvi, *Ideología y praxis política de Lázaro Cárdenas,* Siglo XXI Editores, México, 1977.

_____, *El minimato presidencial: historia política del maximato,* Era, México, 1982.

Meyer, Lorenzo, *México y los Estados Unidos en el conflicto petrolero, 1917-1942,* El Colegio de México, México, 1972.

_____, *El conflicto social y los gobiernos del maximato,* El Colegio de México, México, 1978.

_____, Rafael Segovia y Alejandra Lajous, *Los inicios de la institucionalización,* El Colegio de México, México, 1978.

Rodríguez Araujo, Octavio, *La reforma política y los partidos en México,* Siglo XXI Editores, México, 1983.

Seara Vázquez, Modesto, *Política exterior de México,* Harla, México, 1985.

Skirius, John, *José Vasconcelos y la cruzada de 1929,* Siglo XXI Editores, México, 1982.

Solana, Fernando *et al., Historia de la educación pública en México,* Fondo de Cultura Económica, México, 1981.

Vázquez de Knauth, Josefina, *Nacionalismo y educación en México,* El Colegio de México, México, 1975.

Vázquez, Josefina Zoraida y Lorenzo Meyer, *México frente a Estados Unidos, 1776-1980,* México, 1982.

Wilkie, James W., *La Revolución Mexicana. Gasto federal y cambio social,* Fondo de Cultura Económica, México, 1978.

Capítulo 5
Los gobiernos de la Revolución. El cardenismo. Consolidación de las instituciones

La fiesta del maíz, Diego Rivera

1934

Lázaro Cárdenas toma posesión del cargo de presidente de la República, 1° de diciembre. Los *camisas rojas*, en Coyoacán, provocan el más sangriento hecho de la agitación religiosa, diciembre.

1935

Declaraciones de Calles dan origen a la crisis de junio, día 12. Calles regresa a México y se preparan acciones contra Cárdenas, diciembre. Se realizan reformas al artículo 3° constitucional, 30 de diciembre.

1936

Se publican los catorce puntos de Cárdenas sobre el capital y el trabajo, 12 de febrero. Es creada la Confederación de Trabajadores de México (CTM), 24 de febrero. Calles es obligado a abandonar el país, con tres de sus seguidores, 10 de abril. Cárdenas inicia el reparto agrario, en La Laguna, 17 de octubre.

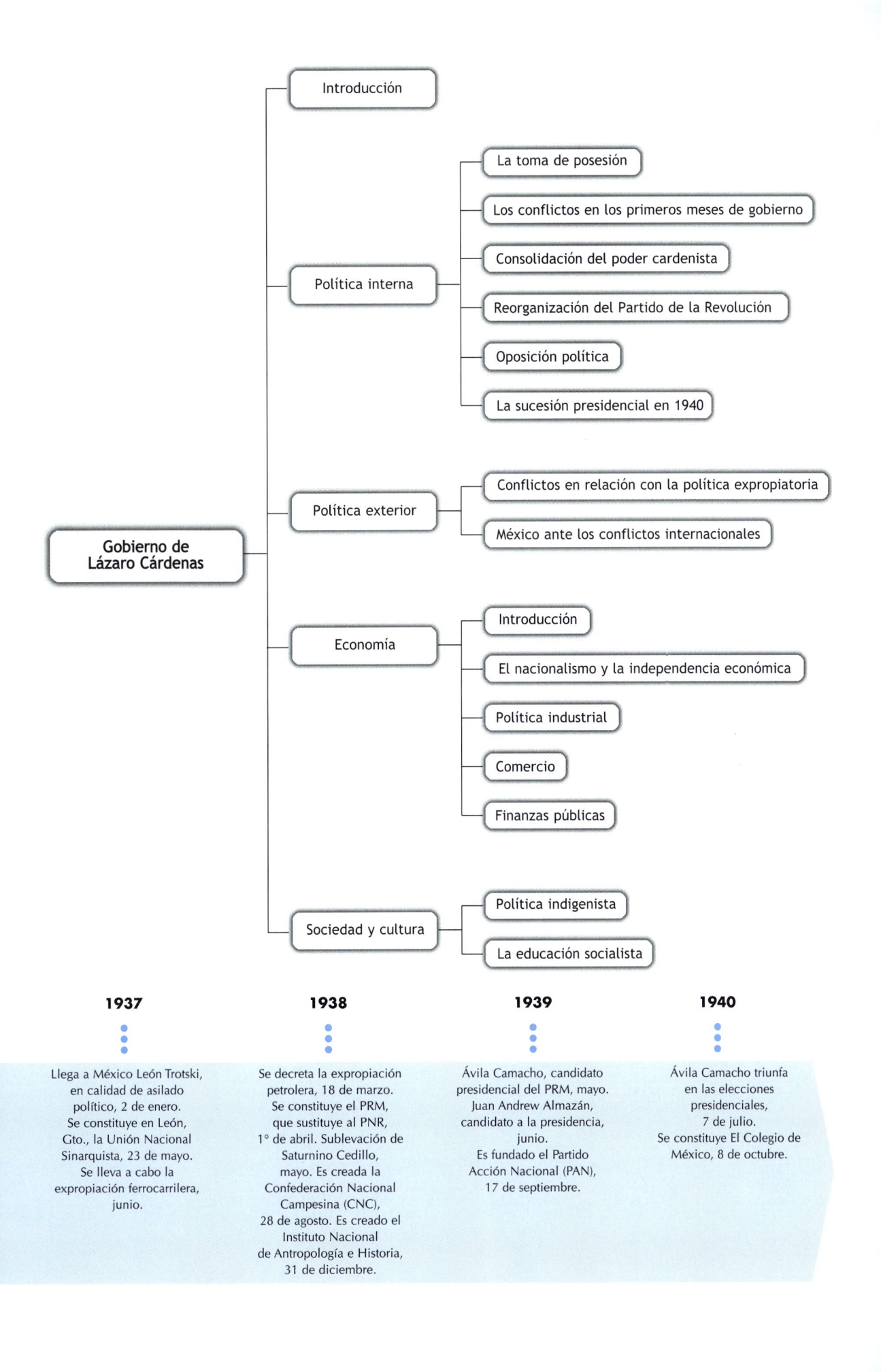

Gobierno de Lázaro Cárdenas

- Introducción
- Política interna
  - La toma de posesión
  - Los conflictos en los primeros meses de gobierno
  - Consolidación del poder cardenista
  - Reorganización del Partido de la Revolución
  - Oposición política
  - La sucesión presidencial en 1940
- Política exterior
  - Conflictos en relación con la política expropiatoria
  - México ante los conflictos internacionales
- Economía
  - Introducción
  - El nacionalismo y la independencia económica
  - Política industrial
  - Comercio
  - Finanzas públicas
- Sociedad y cultura
  - Política indigenista
  - La educación socialista

1937
Llega a México León Trotski, en calidad de asilado político, 2 de enero. Se constituye en León, Gto., la Unión Nacional Sinarquista, 23 de mayo. Se lleva a cabo la expropiación ferrocarrilera, junio.

1938
Se decreta la expropiación petrolera, 18 de marzo. Se constituye el PRM, que sustituye al PNR, 1° de abril. Sublevación de Saturnino Cedillo, mayo. Es creada la Confederación Nacional Campesina (CNC), 28 de agosto. Es creado el Instituto Nacional de Antropología e Historia, 31 de diciembre.

1939
Ávila Camacho, candidato presidencial del PRM, mayo. Juan Andrew Almazán, candidato a la presidencia, junio. Es fundado el Partido Acción Nacional (PAN), 17 de septiembre.

1940
Ávila Camacho triunfa en las elecciones presidenciales, 7 de julio. Se constituye El Colegio de México, 8 de octubre.

Los gobiernos de la Revolución: Consolidación de las instituciones

La última parte del título de este capítulo sugiere que, con el periodo presidencial de Lázaro Cárdenas, México dejaba atrás la etapa de transición representada por el maximato, así como la crisis resultante de la revolución armada, y había llegado el momento de consolidar las instituciones políticas, económicas y sociales que el país requería. Pero como veremos, esa consolidación no podía lograrse sin la actuación inteligente y enérgica de quien gobernó el país en ese periodo.

Aprenderás que esa actitud enérgica se aplicó durante los primeros meses a fin consolidar su propia presidencia, la cual estaba, en sus inicios, todavía bajo la injerencia de Calles. Ante la tendencia manifiesta desde un principio por el nuevo gobernante para liberarse de esa injerencia, el "jefe máximo" decidió provocar una crisis que llevaba la clara intención de obligar a Cárdenas a renunciar. Pero esta vez las argucias de Calles se volverían en su contra: acusado de rebeldía en contra del gobierno fue expulsado del país, terminando así la nociva diarquía presidencial.

En estas páginas serás testigo de los acontecimientos decisivos que ocurrieron en el país durante el sexenio cardenista, un periodo basado en el nacionalismo, durante el cual se logró el establecimiento de un Estado fuerte, capaz de enfocar los intereses opuestos hacia una meta común, la del crecimiento económico del país. Cárdenas fue además un gobernante consciente de la situación de los grupos indígenas, que trató de enmendar los errores de la política indigenista de gobiernos anteriores; fue también un presidente eficaz que supo aprovechar la coyuntura internacional para rescatar de las manos extranjeras la riqueza de la nación.

En esta época, el mundo vivía un tiempo agitado, enmarcado por la crisis de la Gran Depresión y en el avance del nazifascismo que, mediante el recurso del temor al comunismo soviético, colocaba a los países europeos al borde de una guerra de grandes proporciones. También, en ese tiempo, España vivía una dolorosa guerra civil, a la que Cárdenas estuvo atento para prestar ayuda a los perseguidos republicanos cuya ideología compartía.

La ideología de cárdenas fue una continuación de la de Obregón que, como recordarás, fue un socialismo entendido de manera diferente al marxista, en el que la original "lucha de clases" se convertía en su opuesto: "la conciliación de las clases". Sin embargo, algunos no lo entendieron así y expresaron severas críticas a la política cardenista.

Con el tiempo, la historia ha juzgado la obra de Cárdenas, en la que si es verdad que no todos sus actos fueron aciertos, no hay duda alguna del papel que este gobernante desempeñó en la formación de un México moderno basado en instituciones; algunas de las cuales, creadas por Cárdenas, persisten hasta nuestros días (en pleno siglo XXI), en tanto que otras, sobre todo las que funcionaron como mecanismos políticos del momento, se fueron agotando al paso de las transformaciones que se han dado en el país. Pero, en general, la obra del cardenismo fue un parteaguas en el trayecto histórico que ahora tú recorres al dar lectura a estas páginas.

Gobierno de Lázaro Cárdenas

Introducción

El periodo de Lázaro Cárdenas constituye el momento en el que se cumple la consolidación de las instituciones anunciada por Calles en 1928. Cárdenas tomó de la Revolución lo que ésta había dejado de edificante y emprendió la tarea de depurar la política, con el fin de eliminar las lacras resultantes de aquel proceso revolucionario. No creó algo nuevo. Su política estaba sustentada en las bases cimentadas por Obregón y continuadas por Calles, pero supo renunciar a la tentación de dejarse seducir por el poder, al advertir, en las expresiones del poder personalista de ambos personajes, los estragos que tal actitud traía como consecuencia.

La obra política de Cárdenas más importante fue la de imprimir a la presidencia la autonomía y el poder que le confería la Constitución de 1917, poniendo fin a las diarquías tan perjudiciales para la estabilidad política de la nación, y convirtiendo la presidencia en una institución con carisma propio e independiente de la persona que la ocupara.

En política económica y social, Cárdenas siguió los lineamientos marcados por Obregón y por Calles: la conciliación de clases basada en una ideología de corte socialista; la política de masas; la reforma agraria; el nacionalismo; la mecánica del partido oficial; la idea del Estado fuerte, regulador de intereses opuestos; la industrialización. La obra social cardenista se distinguió por la especial atención que dedicó a los grupos indígenas —los marginados de siempre—, con un interés por conocer y valorar sus costumbres no manifiesto hasta entonces por gobernante mexicano alguno.

Además, las acciones de Cárdenas como gobernante se vieron influidas por factores externos. En el ámbito internacional, el sexenio cardenista se enmarcó en circunstancias muy complejas que colocaron al mundo en una severa crisis. A la Gran Depresión, de la que aún no se recuperaba la mayoría de los países afectados, se agregaban en Europa los grandes conflictos generados por la secuela de la Primera Guerra Mundial y por el avance del comunismo soviético. Este ambiente de crisis tuvo efectos nocivos para las instituciones de la democracia liberal. Los regímenes parlamentarios europeos se vieron amenazados por la lucha entre posiciones antagónicas de izquierda y derecha, y gran parte del mundo tendía hacia el intervencionismo estatal, el colectivismo, el nacionalismo económico y la planificación, al tiempo que la búsqueda del orden interno justificaba el establecimiento de regímenes autoritarios, y el llamado *terror rojo* (miedo al comunismo) impulsaba el desarrollo del fascismo.

América Latina no estuvo ajena a esas transformaciones; algunos países sudamericanos fueron gobernados por caudillos militares que se fundamentaron en el populismo y en el nacionalismo, e impusieron políticas dictatoriales de tendencia derechista. En oposición a estos regímenes se formaron partidos políticos de ideología marxista, que además albergaban sentimientos antiimperialistas de rechazo hacia la injerencia de Estados Unidos en los asuntos internos de sus respectivos países.

Aquel ambiente influyó también en el rumbo que tomó México en tiempos de Cárdenas; la ideología populista, que sustentó la política nacional desde la época de Obregón y fue relegada en los últimos años del maximato, recobró vigencia ante la necesidad de restaurar la estabilidad interna y de lograr el apoyo de las masas para alcanzar las metas del nacionalismo revolucionario, que conducirían a la expropiación de algunos de los recursos económicos que estaban en manos extranjeras. Asimismo, se instrumentó una política corporativista cuyo objetivo fue la unificación del sector obrero y del sector campesino, e incluso del Partido de la Revolución, de modo tal que se convirtieran en instrumentos del Estado intervencionista para poner en práctica el Plan Sexenal orientado al desarrollo de la economía nacional.

La obra política de Cárdenas más importante fue la de imprimir a la presidencia la autonomía y el poder que le confería la Constitución, convirtiéndola en una institución con carisma propio e independiente de la persona que la ocupara.

Cárdenas siguió las líneas marcadas por Obregón y Calles: la conciliación de clases; la política de masas; la reforma agraria; el nacionalismo; la mecánica del partido oficial; la idea del Estado fuerte regulador de intereses opuestos; la industrialización.

El sexenio cardenista se enmarcó en circunstancias internacionales muy complejas que colocaron al mundo en una severa crisis, con efectos nocivos para las instituciones de la democracia.

Cárdenas, presidente de la República

A diferencia de los regímenes sudamericanos que optaron por vías ultraderechistas, las acciones de Cárdenas se sustentaron en un socialismo que rechazaba por completo la ideología fascista y se oponía a cualquier forma de imperialismo, pero que no era contrario a la propiedad privada ni al desarrollo del capitalismo, siempre que estuviera orientado al desarrollo de la economía mexicana.

Al final del sexenio, la orientación socialista de Cárdenas había generado gran descontento entre las clases medias y empresariales, y su política económica, que en momentos llegó a mostrar innegables resultados positivos, derivó en una situación inflacionaria. Es verdad que en la política de Cárdenas no todos los actos fueron aciertos, pero también es verdad que consolidó las instituciones políticas y sentó las bases para el crecimiento económico que se produciría en México, en el periodo 1940-1970.

Política interna

La toma de posesión

Cuando Lázaro Cárdenas asumió el poder, el 1 de diciembre de 1934, parecía que se inauguraba un periodo más en el que Calles controlaría el poder político, como lo había hecho hasta entonces, dejando al presidente un papel de mero administrador. Muchos creyeron que con Cárdenas se repetiría lo acontecido a Ortiz Rubio, y aseguraban que, como éste, no habría de llegar al fin del sexenio. Aquellos pronósticos negativos se fundamentaban en la situación de conflicto en que había caído el grupo en el poder a causa de los excesos cometidos por los amigos privilegiados de Calles, y por la fuerza política que todavía parecía tener el Jefe máximo. Se pensó que Cárdenas no podría resolver aquellos conflictos que amenazaban con romper el orden interno y que, por lo tanto, no podría llevar a cabo el programa esbozado en su discurso de toma de posesión.

Ese acto presentaba una novedad: el nuevo mandatario vestía un traje oscuro de calle, en lugar del traje de ceremonia que los presidentes portaban al asumir el poder; después habría de negarse a usar el Castillo de Chapultepec como residencia oficial, instalándose en una menos ostentosa ubicada en un sitio que su esposa bautizó como Los Pinos. El discurso de inauguración de Cárdenas estuvo dirigido al pueblo mexicano; aseguró que su plan de acción estaba basado en el conocimiento directo, durante su campaña, de un México que tenía "profundas desigualdades e inicuas injusticias a que están sometidas grandes masas de trabajadores y muy particularmente los núcleos indígenas". Denunció que había regiones enteras en las que los mexicanos vivían "ajenos a toda civilización material y espiritual, hundidos en la ignorancia y la pobreza más absoluta, sometidos a una alimentación, a una indumentaria y a un alojamiento inferiores e impropios de un país que, como el nuestro, tiene los recursos materiales suficientes para asegurar una civilización más justa".[1]

Desde ese momento, Cárdenas dio a entender que su gobierno estaría apoyado en las masas populares y que intervendría en la vida económica del país para alcanzar un desarrollo con justicia social, y para resolver "las necesidades que no pudo ni quiso atender la iniciativa privada". Prometió acelerar la reforma agraria, organizar a las masas obreras y campesinas, procurando su mejoramiento económico, social y político, hasta conseguir la máxima igualdad posible, para lo cual daría un franco

Cárdenas en su discurso inaugural

---

[1] Citado por Arnaldo Córdova, *La Revolución en crisis. La aventura del maximato,* Cal y Arena, México, 1995, pp. 486-487.

impulso a la escuela socialista en el campo y en la ciudad. No hizo mención alguna del general Calles, y al final de su discurso expresó: "He sido electo Presidente y habré de ser Presidente."[2]

Los conflictos en los primeros meses de gobierno

Los primeros meses del gobierno de Cárdenas fueron muy difíciles, debido a la gran cantidad de problemas derivados del callismo, que se manifestaba en el mismo gabinete de Cárdenas, compuesto, en los cargos de mayor peso político, por prominentes callistas,[3] y debido también a que tanto el discurso inaugural como las primeras medidas sociales de su gobierno inquietaron al sector patronal y a la Iglesia católica. Además, una de sus primeras acciones moralizantes, que consistió en clausurar las casas de juego en todo el país, molestó a los callistas propietarios de muchos de esos centros de vicio, quienes lucharon por conseguir un rompimiento entre Cárdenas y Calles. Aquellos problemas provocaron una situación de anarquía en medio de la cual destacaron dos serios disturbios sociales: la agitación religiosa y la agitación laboral.

Los primeros meses del gobierno de Cárdenas fueron muy difíciles, por la gran cantidad de problemas derivados del callismo, que provocaron una situación de anarquía en la cual destacaron la agitación religiosa y la agitación laboral.

Presidente Cárdenas con su primer gabinete

Agitación religiosa

Este conflicto tuvo su origen en la revitalización del anticlericalismo, reforzado por el "grito de Guadalajara" pronunciado por Calles. El antagonismo ideológico brotó de nuevo y en muchas ocasiones desembocó en violencia. Algunos callistas eran exaltados enemigos del clero y retomaron las persecuciones religiosas, escudados en el pretexto de acabar con el poder de la Iglesia y terminar con el fanatismo religioso mediante el cual, según decían, el clero mantenía sujetas las conciencias de los mexicanos obstaculizando el progreso. La política conservadora de Calles se cubría con el manto de radicalismo antirreligioso, y legaba al presidente Cárdenas un nuevo factor de divisionismo con el propósito de obligarlo a recurrir, una vez más, a la intervención del Jefe máximo.[4]

El más radical de aquellos anticlericales fue Tomás Garrido Canabal, ex gobernador de Tabasco y protagonista de los hechos que condujeron al conflicto religioso en 1926, quien ocupaba el Ministerio de Agricultura en el recién formado gabinete de Cárdenas. La gente de Garrido —los llamados *camisas rojas*— provocó el más sangriento hecho de la agitación religiosa a finales de 1934, al atacar con insultos a un grupo de fieles católicos que asistían a misa en el templo de Coyoacán; los ánimos se exaltaron y se produjo un disturbio del que resultaron muertos 12 católicos. La policía encarceló a los culpables, pero no tardaron en salir libres, gracias a la influencia de Garrido Canabal.[5]

Tomás Garrido Canabal

Con su prudente actitud hacia el clero, los cardenistas hicieron aún más evidente el exaltado anticlericalismo de los callistas y pudieron frustrar el intento de éstos por hacer surgir otra lucha religiosa.

---

[2] Pedro Salmerón Sanginés, "De partido de élites al partido de masas (1933-1938)", en Miguel González Compeán y Leonardo Lomelí (coords.), *El Partido de la Revolución. Institución y conflicto (1928-1999)*, Fondo de Cultura Económica, México, 2000, p. 124.

[3] Los callistas en el gabinete eran: Juan de Dios Bojórquez (Gobernación), Narciso Bassols (Hacienda), Emilio Portes Gil (Relaciones Exteriores), Rodolfo Elías Calles (Comunicaciones), Tomás Garrido Canabal (Agricultura), Aarón Sáenz (Distrito Federal), Pablo Quiroga (Guerra y Marina) y Abraham Ayala (Salubridad). Los ministros cardenistas eran: Ignacio García Téllez (Educación), Francisco J. Múgica (Economía), Silvano Barba González (Trabajo), Gabino Vázquez (Departamento Agrario), Silvestre Guerrero (Procuraduría General de la República), Raúl Castellano (Procuraduría del Distrito Federal) y Luis I. Rodríguez (secretario particular).

[4] Tzvi Medin, *Ideología y praxis política de Lázaro Cárdenas*, Siglo XXI Editores, México, 1977, p. 63.

[5] Luis González, *Los días del presidente Cárdenas*, El Colegio de México, México, 1981, pp. 23-24.

Sucesos semejantes ocurrieron en otros lugares del país, donde los callistas anticlericales extendieron sus propósitos desfanatizadores. En la ciudad de México se llegó a encarcelar al arzobispo Pascual Díaz, acusado de haber violado la Constitución al portar hábitos religiosos fuera de los templos y al aceptar limosnas de los fieles. Ante aquellas acciones, los católicos volvieron a unificarse en contra del gobierno, e incluso pidieron la colaboración de los sectores católicos de Estados Unidos para que el gobierno de ese país se pronunciara en contra de la persecución religiosa en México.

El conflicto religioso era parte de la herencia que Cárdenas recibía del callismo; más aún, era parte del plan ideado por los callistas para levantar al pueblo católico en su contra. En aquellos momentos, Cárdenas no estaba en condiciones de oponerse abiertamente a los poderosos amigos de Calles, pero no hizo causa común con ellos y gradualmente aplicó ciertas reformas económicas y sociales que le permitieron ir ganando el apoyo de las masas populares, cansadas del incumplimiento de las promesas callistas y de los abusos cometidos por los protegidos del Jefe máximo. Los cardenistas procuraron atraerse también a los grupos católicos y buscaron hacer evidente que la "educación socialista" pretendida por el presidente no se centraba en una lucha contra el clero, sino en otros aspectos más neutrales y objetivos. Con su prudente actitud hacia el clero, los cardenistas hicieron aún más evidente el exaltado anticlericalismo de los callistas; de esa manera se frustró el intento de éstos por hacer surgir otra lucha religiosa, de modo que decidieron tomar medidas directas contra Cárdenas y provocaron una agitación todavía más peligrosa: la lucha de los trabajadores contra los patrones.

Agitación laboral

Durante el gobierno de Abelardo L. Rodríguez el movimiento obrero había aumentado el número de huelgas y se había iniciado una lucha por el control del sector. Al comenzar el periodo cardenista, los trabajadores controlados por Luis N. Morones —el viejo colaborador de Calles— buscaron el enfrentamiento con los grupos que dirigía Vicente Lombardo Toledano, haciendo todavía más conflictiva la lucha obrera; esto ocasionó que se intensificaran las huelgas, en cantidad y en agresividad, agravadas por los efectos adversos de las medidas de recuperación económica que se aplicaron para contrarrestar la crisis mundial.

El conflicto laboral fue debatido en el Congreso entre los diputados cardenistas que formaban un ala izquierda minoritaria, y los que se mantenían ligados a Calles en el ala derecha mayoritaria; los primeros estaban en favor de los derechos de los trabajadores, y los segundos se habían pronunciado en contra de las huelgas. Aquella tensa situación, en medio del problema que constituía la lucha obrera, dio origen a las declaraciones de Calles a la prensa, que habrían de precipitar una grave crisis política.

Crisis de junio de 1935

El 12 de junio de 1935, aparecieron publicadas las "patrióticas declaraciones" que Calles pronunciara al ser entrevistado por un reportero, en las que hacía un llamado al gobierno para que reprimiera al movimiento obrero, atacaba abiertamente a los cardenistas, acusándolos de tratar de controlar al Congreso, y manifestaba que la formación de una mayoría de izquierda en las cámaras conduciría a una "maratón del radicalismo" que dañaría al país y lo llevaría a la guerra civil, y aunque parecía no querer atacar directamente a Cárdenas, ya que declaró que "nada los separaría", advirtió: "está ocurriendo exactamente lo que sucedió en el periodo de Ortiz Rubio, cuando un grupo se decía ortizrubista y el otro callista". Esta última frase se interpretó como una amenaza contra el presidente y desencadenó la crisis.[6]

Templo en Coyoacán

Los trabajadores controlados por Luis N. Morones buscaron el enfrentamiento con los grupos que dirigía Lombardo Toledano, lo cual ocasionó que se intensificaran las huelgas, en cantidad y en agresividad.

Ejercicio 1

1. Menciona los elementos más significativos del discurso inaugural del presidente Lázaro Cárdenas.
2. Describe el origen y las características de la agitación religiosa que se dio en el país al comenzar el gobierno cardenista.
3. ¿Cuál fue la actitud del gobierno cardenista frente a la agitación religiosa?
4. ¿En que consistió la agitación laboral durante los primeros meses del gobierno de Cárdenas?

En sus "patrióticas declaraciones", Calles hacía un llamado al gobierno para que reprimiera al movimiento obrero, atacaba abiertamente a los cardenistas y advertía que estaba ocurriendo exactamente lo que sucedió en el periodo de Ortiz Rubio.

---

[6] *Ibid.*, p. 38.

Mientras muchos políticos y funcionarios aprobaron la actitud de Calles y lo felicitaron por sus palabras, numerosos sindicatos obreros se pronunciaron en contra de las declaraciones callistas y expresaron que defenderían sus derechos con todos los medios a su alcance, en tanto que la Confederación Campesina tomaba una actitud similar. La movilización de los trabajadores en rechazo abierto al callismo fue de gran importancia en esos momentos, pero el factor decisivo lo constituyó la posición adoptada por el presidente Cárdenas.

El 14 de junio, el presidente respondió a las declaraciones de Calles expresando que no permitiría excesos de ninguna especie y que, como presidente, sabría estar a la altura de su responsabilidad; justificó las huelgas y manifestó su plena confianza en las organizaciones obreras y campesinas. Al día siguiente hizo renunciar a los miembros de su gabinete y destituyó a los jefes militares más adictos a Calles.

El presidente Cárdenas y Plutarco Elías Calles

La expulsión de los callistas no se limitó al gobierno; los diputados callistas fueron desaforados y, en la mayoría de las entidades federativas, sucesivamente se declararon desaparecidos los poderes, se anularon elecciones o se cambiaron los gobernadores, acciones que permitieron conjurar la amenaza de golpe de Estado. Los miembros del Congreso acabaron por alinearse; en la contestación al informe presidencial el 1 de septiembre siguiente, los senadores y diputados, que en su mayoría habían apoyado a Calles apenas tres meses atrás, criticaron al maximato y ofrecieron su colaboración al "esfuerzo depurador y edificador" del régimen cardenista.[7] Ésta era la primera vez en 25 años que una crisis política se resolvía sin recurrir a la violencia.

El 17 de junio, Cárdenas formó un nuevo gabinete, procurando que la selección de los nuevos secretarios sirviera para calmar los ánimos y para dar confianza a los católicos y a los trabajadores. Tomás Garrido Canabal fue sustituido por Saturnino Cedillo, militar potosino vinculado a los intereses capitalistas.

Con aquella actitud enérgica frente a Calles y la claridad con que manifestaba su defensa de las masas trabajadoras, Cárdenas se ganó el apoyo de las diversas organizaciones laborales, que acordaron respetarse mutuamente y solidarizarse en torno al presidente. Hubo numerosas manifestaciones de adhesión al presidente Cárdenas, integradas por miles de trabajadores rurales y urbanos, y por decenas de estudiantes universitarios e intelectuales. La crisis de junio, desatada por Calles, paradójicamente había puesto fin al maximato, demostrando que el culto al jefe insustituible era ya sólo un mito sostenido por los amigos de Calles; las condiciones políticas y sociales del país habían cambiado, había llegado la era de las instituciones y ya no era necesaria la presencia del hombre fuerte. El 16 de junio, el ex Jefe máximo anunció en tono teatral que se retiraba definitivamente de la política, y tres días después tomaba un avión con rumbo a Estados Unidos.

Pocos días después, los *camisas rojas* de Garrido Canabal cometieron en el estado de Tabasco un nuevo crimen: con el fin de causarle problemas al gobierno, dispararon contra un grupo de jóvenes tabasqueños opuestos a Garrido que regresaban a su tierra procedentes de la ciudad de México. En esta ocasión Cárdenas pudo tomar medidas severas contra los *camisas rojas* y expulsó a Garrido del país. Con ésta y otras acciones que puso en práctica, Cárdenas continuaba limando las asperezas entre el gobierno y los católicos. Se moderaron los reglamentos de la ley de cultos en todo el país y se suspendió la estricta observancia de los artículos constitucionales en esa materia. Cárdenas declaró que no perseguiría a la Iglesia, pues consideraba que la verdadera forma de alejar a los pueblos del fanatismo era la educación, por lo que se

---

Cárdenas respondió a las declaraciones de Calles que sabría estar a la altura de su responsabilidad; justificó las huelgas y manifestó su plena confianza en las organizaciones obreras y campesinas.

Cárdenas hizo renunciar a los miembros de su gabinete y destituyó a los jefes militares más adictos a Calles; pero la expulsión de callistas no se limitó al gobierno.

La crisis de junio, desatada por Calles, paradójicamente había puesto fin al maximato, demostrando que el culto al jefe insustituible era ya sólo un mito sostenido por los amigos de Calles.

Con la aplicación de medidas severas contra los crímenes cometidos por los camisas rojas, y otras que puso en práctica, Cárdenas continuaba limando las asperezas entre el gobierno y los católicos.

---

[7] Tziv Medin, *El minimato presidencial: historia política del maximato*, Era, México, 1982, p. 158.

fomentaría la educación socialista. Esta declaración provocó la reacción adversa del clero; a pesar de la buena disposición del gobierno, algunos sacerdotes y fieles exaltados hostilizaron a los profesores, sobre todo a los rurales, quienes hubieron de padecer graves atentados. Sin embargo, el gobierno no ejerció represalia alguna.

Regreso de Calles y expulsión

A pesar de la derrota sufrida, los callistas se proponían recuperar su fuerza política, cuestión que su líder también consideraba posible. En diciembre de 1935, regresó Calles a México, al parecer con intenciones de encabezar la oposición; los callistas se prepararon a proseguir sus acciones en contra de Cárdenas. El gobierno rápidamente tomó medidas para contrarrestarlos; cinco senadores fueron desaforados bajo la acusación de hacer labor subversiva, y fueron destituidos todos los elementos del callismo que aún ocupaban cargos públicos o se encontraban en el ejército, entre ellos los jefes militares que habían acudido al aeropuerto a recibir a Calles.

El movimiento obrero organizó una gran manifestación para exigir la expulsión de Calles, debido al disgusto de este sector por una declaración de Calles a la prensa estadounidense, en la que acusaba al gobierno de Cárdenas de estar empujando al país hacia el comunismo y de favorecer la "dañina agitación de los líderes obreros".

No obstante, el presidente se mostró tolerante con el antiguo Jefe máximo, no tomó medidas drásticas contra él y declaró que el general Calles y sus amigos no eran un problema ni para el gobierno ni para las clases trabajadoras. Calles interpretó esa actitud como un rasgo de debilidad y se lanzó con más fuerza contra el cardenismo. Los callistas volvieron a recurrir a la provocación de la lucha cristera e incitaron al pueblo a la rebeldía contra el gobierno. La sedición alcanzó niveles peligrosos, por lo que el ala izquierda del Senado declaró traidor a Calles y se dictaron órdenes de aprehensión contra él, contra Morones y contra otros dos connotados callistas, Luis L. León y Melchor Ortega. En la noche del 9 de abril de 1936, Calles fue aprehendido en una de las casas que poseía cerca de la capital, cuando se encontraba leyendo *Mi Lucha*, la llamada biblia del nazismo escrita por Adolfo Hitler, lo cual sirvió para acrecentar la fama de fascista que Calles tenía entre la opinión pública. Se le informó que debía abandonar el país [véase fuente 1. "Expulsión del general Calles"] a las siete de la mañana del día siguiente. Esta vez el exilio no obedecía a un acto teatral, sino a una orden expresa del gobierno de Cárdenas.

El destierro del general Calles provocó la alegría del pueblo, cansado de su intervención en la vida del país y de los excesos cometidos por sus partidarios; sus últimas acciones habían hecho olvidar lo que su política había significado para el fortalecimiento de la nación y sólo parecía dejar el recuerdo de una dictadura que había sido, según se dijo entonces, "la más odiosa e hipócrita que ha tenido México". No obstante, Cárdenas comentaba en sus *Apuntes:* "El general Calles forma parte importante de la historia revolucionaria de México... Quizá las causas de su actitud, pasados los años, no se tomarán como fallas, superarán sus actos afirmativos como estadista revolucionario y la historia lo volverá al sitio de donde lo sacaron sus falsos amigos..."[8]

Poner fin al maximato fue una de las acciones cumbres de Lázaro Cárdenas, sobre todo porque sin hacer uso de las armas consolidó el presidencialismo, dándole una autonomía que sería definitiva, al mismo tiempo que acababa con las divisiones dentro del aparato estatal que ponían al país en serio peligro de guerra civil. De ahí en

> Calles regresó a México, al parecer con intenciones de encabezar la oposición, y sus seguidores se prepararon a continuar sus acciones en contra de Cárdenas. El gobierno rápidamente tomó medidas para contrarrestarlos.

> La sedición alcanzó niveles peligrosos, por lo que el ala izquierda del Senado declaró traidor a Calles y se dictaron órdenes de aprehensión contra él, contra Morones y contra otros dos connotados callistas.

Calles sale rumbo al exilio

---
[8] Citado por Luis González, *Op. cit.*, 1981, p. 79.

Fuente 1. Expulsión del general Calles

El Ejecutivo a mi cargo ha venido observando con toda atención las incesantes maniobras que algunos elementos políticos han desarrollado en el país, en los últimos meses, encaminadas a provocar un estado permanente de alarma y desasosiego social.

Mientras dichas maniobras se limitaron a una campaña difamatoria, en la República y en el extranjero, contra los miembros de la actual administración y los sistemas por ella implantados, sostuve el firme propósito —que hice público, inicialmente— de proceder en el caso sin precipitación alguna, con absoluta serenidad, y diferí la intervención del poder público para cuando de modo inequívoco se advirtiese que los autores de esa agitación persistían en su tarea disolvente.

Pero cuando la situación ha llegado a extremos tales en los que, sin recato alguno, estos elementos mantienen una labor delictuosa que tiende a estorbar la marcha de las instituciones y a frustrar los más nobles fines del Estado, contrariando, además, el sentido de nuestra lucha social, ha parecido indispensable al Ejecutivo Federal abandonar su actitud vigilante y adoptar medidas de emergencia, a fin de evitar a la nación trastornos de mayor magnitud que, de no conjurarse, amenazarían quebrantar la organización misma de la colectividad y podrían poner en peligro, inclusive, las conquistas alcanzadas, a trueque de tantos sacrificios, en nuestros movimientos reivindicadores.

En esa virtud, consciente de sus responsabilidades el gobierno que presido y deseoso de apartarse de lamentables precedentes que existen en la historia de nuestras cruentas luchas políticas, en las que frecuentemente se ha menospreciado el principio de respeto a la vida humana, estimo que las circunstancias reclamaban, por imperativo de salud pública, la inmediata salida del territorio nacional de los señores general Plutarco Elías Calles, Luis N. Morones, Luis L. León y Melchor Ortega.

Lázaro Cárdenas,
10 de abril de 1936.

Ejercicio 2

1. Describe cómo se inició la crisis de junio de 1935.
2. ¿Cómo aprovechó Cárdenas la crisis de junio para poner fin al maximato?
3. ¿De qué manera las acciones de Cárdenas contra los *camisas rojas* estaban encaminadas a limar asperezas con la Iglesia católica?
4. Describe los acontecimientos que condujeron al destierro del general Calles y tres de sus principales seguidores.

---

adelante, el presidente pudo dedicarse de lleno a cumplir con los objetivos que se había propuesto, apoyado en las masas de obreros y campesinos.

Consolidación del poder cardenista

El triunfo sobre el callismo significó para Cárdenas el primer y crucial paso hacia la autonomía de su propio poder como presidente de la República; ahora era necesario consolidar ese poder, con el fin de llevar a la práctica el Plan Sexenal. La consolidación del presidencialismo cardenista requería del apoyo de las fuerzas sociales —las mismas que lo habían respaldado en su lucha contra Calles— y de la completa adhesión de los miembros de la familia revolucionaria. Esto significó la reorganización de las masas obrera y campesina, y una reestructuración del Partido de la Revolución.

Unificaciones obrera y campesina

Política de masas

La organización de las masas obreras implicaba una disciplina que, bajo la dirección del Estado, encaminara las fuerzas económicas hacia la más completa solución de las

La organización de las masas obreras implicaba una disciplina que, bajo la dirección del Estado, encaminara las fuerzas económicas hacia la más completa solución de las necesidades nacionales.

> *En el proyecto cardenista para desarrollar la economía nacional, no podía tener cabida la idea marxista de abolir la propiedad privada, y la lucha de clases se entendía como una lucha constructiva y no destructiva.*

necesidades nacionales. De acuerdo con el ideario político de Cárdenas, la organización y la disciplina eran condiciones necesarias para resolver los problemas inmediatos de las luchas entre los sindicatos y los movimientos huelguísticos, pero a más largo plazo permitirían que los trabajadores colaboraran en el progreso económico del país.

Sin embargo, el compromiso con las masas debía tener metas nacionales, pues no se trataba de mejorar la situación de unos cuantos o de utilizar a los trabajadores como fuerza política, sino como fuerza productiva que, al irse logrando el desarrollo nacional, alcanzara un mejor nivel de vida. Para conseguir la organización de los trabajadores, Cárdenas proponía "moralizar, unificar y dignificar el movimiento social, poniendo fin a las rencillas que provocan las divisiones; a la deshonestidad que causa el desprestigio y a la admisión de individuos que persiguen fines exclusivamente personalistas".[9]

La política de masas de Cárdenas se sustentaba en el socialismo, pero no en la ideología marxista en estricto sentido, sino interpretado en un sentido que se apartaba por igual —según sus propias palabras— "de las normas anacrónicas del liberalismo clásico y de las que son propias del comunismo que tiene como campo de experimentación a la Rusia soviética". Se alejaba también del comunismo de Estado, "porque ni está en la idiosincrasia de nuestro pueblo la adopción de un sistema que lo priva del disfrute integral de su esfuerzo, ni tampoco desea la sustitución del patrón individual por el Estado-patrón".[10]

Cárdenas con líderes obreros

En el proyecto cardenista para el desarrollo de la economía nacional, no podía tener cabida la idea marxista de abolir la propiedad privada, y la lucha de clases se entendía como una lucha constructiva y no destructiva; lo que se pretendía era la *conciliación de las clases*, es decir, el justo equilibrio entre trabajadores y empresarios para el bien de ambos sectores y, en consecuencia, para el bien de la Nación.

Según expresaba Cárdenas, llevar a las masas al poder significaba que fueran representadas ante el gobierno por sus dirigentes, de manera similar a como lo hacían otros sectores sociales; de ninguna manera pretendía entregar el poder a los trabajadores sino hacerlos socios, organizados y disciplinados, de ese poder.

Posición cardenista sobre el capital y el trabajo

Al inicio de 1936, las huelgas persistían y constituían una importante preocupación para Cárdenas, quien, de acuerdo con su política de masas, buscaba darles solución de manera que los obreros se sintieran apoyados por el gobierno y se reconocieran sus demandas; sólo así era posible alcanzar el propósito cardenista de organizarlos para después disciplinarlos.

> *Ante la gravedad del conflicto obrero-patronal en Monterrey, el presidente Cárdenas se trasladó a esa ciudad, donde presentó un plan de 14 puntos que definían los postulados de su gobierno frente al capital y al trabajo.*

El 1 de febrero los obreros de la Vidriera Monterrey, en la capital del estado de Nuevo León, paralizaron sus labores reclamando el reconocimiento de su sindicato. En respuesta, la Junta Patronal promovió un paro general en las fábricas y, con apoyo de comerciantes, empleados e incluso obreros de los sindicatos blancos, organizó una manifestación de protesta, anunciando que suspendería el pago de impuestos. Los empresarios, al igual que las clases medias católicas de la ciudad de Monterrey, estaban en contra de la política cardenista, alarmados por la posición socialista manifiesta en el discurso del presidente y en sus acciones a favor de los trabajadores; exhortaron al gobierno a que definiera su posición política y acusaron a los obreros huelguistas de estar subordinados a "las directivas comunistas de Moscú".[11]

---

[9] Arnaldo Córdova, *La política de masas del cardenismo,* Era, México, 1980, p. 56.
[10] *Ibid.,* p. 75.
[11] Jorge Basurto, *Cárdenas y el poder sindical,* Era, México, 1983, p. 60.

Fuente 2. Postulados cardenistas sobre el capital y el trabajo

1. Necesidad de que se establezca la cooperación entre el Gobierno y los factores que intervienen en la producción para resolver permanentemente los problemas que son propios en las relaciones obrero-patronales, dentro de nuestro régimen económico de derecho.
2. Conveniencia nacional de proveer lo necesario para crear la Central Unida de Trabajadores Industriales que dé fin a las pugnas intergremiales, nocivas por igual a obreros, patronos y al mismo Gobierno.
3. El Gobierno es el árbitro regulador de la vida social.
4. Seguridad de que las demandas de los trabajadores serán siempre consideradas dentro del margen que ofrezcan las posibilidades económicas de las empresas.
5. Confirmación del propósito, expresado anteriormente a los representantes obreros, de no acordar ayuda preferente a una determinada organización proletaria, sino al conjunto del movimiento obrero, representado por la Central Unida.
6. Negación rotunda de toda facultad a la clase patronal para intervenir en las organizaciones de los obreros, pues no asiste a los empresarios derecho alguno para invadir el campo de la acción social proletaria.
7. Las clases patronales tienen el mismo derecho que los obreros para vincular sus organizaciones en una estructura nacional.
8. El Gobierno está interesado en no agotar las industrias del país, sino en acrecentarlas, pues aun para su sostenimiento material, la Administración Pública reposa en el rendimiento de los impuestos.
9. La causa de las agitaciones sociales no radica en la existencia de núcleos comunistas. Éstos forman minorías sin influencia determinada en los destinos del país. Las agitaciones provienen de la existencia de aspiraciones y necesidades justas de las masas trabajadoras, que no se satisfacen, y de la falta de cumplimiento de las leyes del trabajo que da material de agitación.
10. La presencia de pequeños grupos comunistas no es un fenómeno nuevo ni exclusivo en nuestro país. Existen estas pequeñas minorías en Europa, en Estados Unidos y, en general, en todos los países del orbe. Su acción en México no compromete la estabilidad de nuestras instituciones, ni alarma al Gobierno ni debe alarmar a los empresarios.
11. Más daño que los comunistas han hecho a la nación los fanáticos que asesinan a los profesores, fanáticos que se oponen al cumplimiento de las leyes y del programa revolucionario y, sin embargo, tenemos que tolerarlos.
12. La situación patronal reciente no se circunscribió a Monterrey, sino que tuvo ramificaciones en otros centros importantes de la República como La Laguna, León, el Distrito Federal, Puebla y Yucatán.
13. Debe cuidarse mucho la clase patronal de que sus agitaciones no se conviertan en bandera política, porque esto nos llevaría a una lucha armada.
14. Los empresarios que se sientan fatigados por la lucha social pueden entregar sus industrias a los obreros o al Gobierno. Esto será patriótico; el paro, no.

Lázaro Cárdenas,
Los catorce puntos de la política obrera presidencial,
12 de febrero de 1936.

Los catorce puntos de la política obrera cardenista

Ejercicio 3

1. Describe los propósitos primordiales de la política de masas cardenista.
2. Describe la orientación que dio Cárdenas a la ideología socialista.
3. ¿De qué forma se resolvió el conflicto obrero-patronal en Monterrey?
4. Menciona cuatro de los postulados del gobierno cardenista frente a la industria, el trabajo y las relaciones obrero-patronales (fuente 2).

La creación de la CTM fue impulsada por Cárdenas con el propósito de organizar a los trabajadores en una central única que pusiera fin a las pugnas sindicales y llegara a convertirse en uno de los pilares de la política de masas.

Ante la gravedad de la situación, el día 8 el presidente de la República se trasladó a Monterrey y, después de varios días de investigaciones y entrevistas con líderes obreros y representantes del sector empresarial, presentó un plan que contenía no sólo una propuesta de solución a la huelga en la compañía vidriera, sino los postulados de su gobierno frente a la industria, el trabajo y las relaciones obrero-patronales. Una vez definida la posición del gobierno, la empresa satisfizo las demandas de los obreros. Dicho plan se resume en un documento conocido como los "catorce puntos" [véase fuente 2. "Postulados cardenistas sobre el capital y el trabajo"].

Confederación de Trabajadores de México

Uno de los puntos expresados por Cárdenas en Monterrey se refería a la conveniencia de crear una central única de trabajadores, con el propósito de poner fin a las pugnas sindicales. Este proyecto fue planteado por los propios trabajadores durante la crisis de junio de 1935, cuando los ataques de Calles al sector laboral hicieron patente la necesidad de formar un frente unido en defensa de sus derechos. Con ese propósito fue creada, el día 15 de ese mes, la Comisión Nacional de Defensa Proletaria (CNDP) integrada por un importante número de agrupaciones sindicales.

A pocos días del regreso de Calles a México, y frente a la renovada ofensiva contra los trabajadores, el 19 de diciembre de 1935, la CNDP anunció la celebración de una convención nacional por realizarse entre el 21 y el 24 de febrero del año siguiente, y que tendría como objetivo la creación de una confederación obrera, para lo cual fue desintegrada la CGOCM. En los días señalados se reunió el congreso que dio nacimiento a la Confederación de Trabajadores de México (CTM), constituida básicamente con los mismos sindicatos y agrupaciones que formaban el CNDP. Quedaron fuera la CROM y la CGT, así como una fracción de la Cámara Nacional del Trabajo y algunas agrupaciones pertenecientes a la CGOCM que se rehusaron a participar en la convención.

El presidente Cárdenas en la CTM

La estructura de la CTM tendría como base los sindicatos por ramas de la industria y por empresas, que podían unirse en federaciones siempre que éstas se transformaran en sindicatos nacionales. De acuerdo con sus estatutos, la CTM era un amplio frente nacional de trabajadores, dentro del cual podían caber organizaciones de distintas ideologías, con tal de que aceptaran los principios fundamentales de la central. Se proponía luchar por reducir la jornada laboral y obtener salarios más altos, educación y enseñanza técnica, protección a la mujer y el joven trabajador; se opondría a cualquier restricción al derecho de huelga y de organización, así como al uso de los avances tecnológicos sin los correspondientes derechos obreros, y sujetar a control al movimiento laboral. Sus tácticas serían la acción directa de los obreros en sus disputas con los capitalistas, la huelga, el boicot, la manifestación pública y la acción revolucionaria.[12]

Cárdenas consideró que en la CTM no deberían entrar los campesinos, puesto que tenían intereses diferentes a los de los obreros; pero no se opuso a que formaran su propia organización por separado.

El cargo de secretario general fue ocupado por Vicente Lombardo Toledano, en tanto que la secretaría de organización y propaganda estaba a cargo de Fidel Velázquez, quien de esta manera empezaba a acumular poder como líder sindical.

La CTM constituía el frente único de trabajadores que Cárdenas había planeado crear para que se convirtiera en uno de los pilares de su política de masas, pues aunque dicha central proclamaba ser independiente del Estado, dependía estrechamente de Cárdenas, y fue el instrumento del que éste se sirvió para movilizar a las masas

---

[12] *Ibid.*, pp. 70-71.

obreras en apoyo del Estado y en defensa del régimen socioeconómico establecido. Aunque el propósito inicial de la CNDP era la unificación de obreros y campesinos en una misma central, Cárdenas consideró que en la CTM no deberían entrar los campesinos, puesto que tenían intereses diferentes a los de los obreros, ni los burócratas, porque no podían hacer uso de la huelga. Pero el presidente no se oponía a que cada uno de estos grupos de trabajadores formara su propia organización por separado.

Confederación Nacional Campesina

El 28 de agosto de 1938 fue creada la Confederación Nacional Campesina (CNC), por decreto de Cárdenas y por medio del PNR. Esta central agraria sustituía a la Confederación Campesina Mexicana (CCM), creada en 1933 durante la campaña electoral de Cárdenas. En la declaración de principios, la CNC se proponía defender los intereses de los campesinos, y aceptaba la cooperación del Estado para organizarlos. En el documento se hacía la defensa del principio de que "la tierra pertenece al que la trabaja" y se consideraba al ejido como "el eje de la política agraria para llegar a la socialización de la tierra".[13]

La central campesina estaba destinada a constituirse, como la CTM, en un factor de equilibrio dentro del conjunto de fuerzas que componían la base del poder cardenista, que para esa fecha ya se había definido y era cuando el gobierno de Cárdenas gozaba de gran prestigio entre las organizaciones populares. Al someterse al gobierno, los campesinos debían otorgarle un firme apoyo a cambio de la aplicación de una amplia reforma agraria, la cual ya había comenzado a aplicarse desde los primeros meses del régimen.

Reorganización del Partido de la Revolución

Antecedentes

El PNR salió muy debilitado de la crisis de junio de 1935; todo el Comité Ejecutivo Nacional (CEN) fue renovado, e incluso se expulsó al grupo de callistas fundadores del partido. Mucho se especuló sobre su posible desaparición, pero Cárdenas y sus colaboradores decidieron conservar al partido, con la misión de secundar la política del presidente y de convertirse en el aparato encargado de controlar y organizar a las masas, así como en el promotor de sus demandas.

El nuevo CEN del PNR entró en funciones el 15 de junio de 1935, con Emilio Portes Gil como presidente y el cardenista Ignacio García Téllez como secretario general. Durante el segundo semestre de 1935, el partido fue transformándose en un importante apoyo de la política social del presidente, dedicado a colaborar activamente en los trabajos de organización campesina que le habían sido encomendados, mientras alentaba el proceso hacia la unificación obrera. Asimismo, el PNR empezó a adoptar el papel de aparato ideológico del Estado, para lo cual se utilizaron diversos medios de difusión. Sin embargo, la situación de crisis estaba todavía latente y pronto surgieron conflictos a causa de posiciones contrarias sostenidas entre Portes Gil, García Téllez y el general agrarista Francisco J. Múgica, que debatían sobre la participación de los líderes obreros y campesinos en la dirección del partido y en la selección de candidatos a puestos de elección popular, así como sobre la categoría militante de la Confederación Campesina y de la CTM.

---

[13] Citado por Luis Javier Garrido, *El partido de la Revolución institucionalizada*, SEP, México, 1986, pp. 248-249.

La Confederación Nacional Campesina (CNC) estaba destinada a constituirse, como la CTM, en un factor de equilibrio dentro del conjunto de fuerzas que componían la base del poder cardenista.

Ejercicio 4

1. Describe cómo se llevó a cabo la fundación de la Confederación de Trabajadores de México (CTM).

2. ¿Cuáles eran los propósitos de los trabajadores al crear la CTM?

3. ¿De qué manera la CTM se constituyó en apoyo de la política de masas cardenista?

4. ¿Por qué la Confederación Nacional Campesina (CNC) se formó como una organización aparte de la CTM?

Después de la crisis de junio de 1935, el PNR fue transformándose en un importante apoyo de la política social del presidente, y empezó a adoptar el papel de aparato ideológico del Estado.

General Francisco J. Múgica

> *En el "Manifiesto de las clases proletarias de México", el PNR anunció una política de "puerta abierta" a todas las organizaciones obreras y campesinas, a fin de ampliar la participación de éstas en la vida política del país.*

De acuerdo con su trayectoria anticomunista, Portes Gil no estaba de acuerdo con la creciente importancia de los líderes obreros y campesinos en la toma de decisiones, y advertía sobre los excesos del radicalismo de la central obrera y la reforma agraria. En contraparte, los grupos de Múgica, de Lombardo Toledano y de Graciano Sánchez (jefe del Departamento Indígena) arreciaron sus críticas contra el CEN y, cuando Cárdenas y García Téllez retiraron su apoyo a Portes Gil, la situación de éste se hizo insostenible y se vio obligado a renunciar a la presidencia del partido.

A los pocos días de entrar en funciones, la nueva dirección nacional del PNR, presidida por Silvano Barba González, dio a conocer un documento titulado "Manifiesto de las clases proletarias de México", en el cual se anunciaba una política de "puerta abierta" a todas las organizaciones obreras y campesinas, a fin de ampliar la participación de éstas en la vida política del país. El manifiesto "constituía en realidad al PNR en un vasto frente de trabajadores y campesinos 'revolucionarios' que se unían para alcanzar una 'nueva democracia'. Este documento comprometía así al gobierno de Cárdenas en la vía de una importante transformación formal del partido, del que se quería fortalecer el carácter como organización de masas".[14] El manifiesto fue seguido de una intensa campaña publicitaria cuyo fin era deslindar definitivamente al partido de su pasado callista, identificándolo plenamente con la política del presidente Cárdenas.

Los dirigentes de la Confederación Campesina se incorporaron de inmediato a los órganos de dirección del PNR. Pero los líderes de la CTM, aunque seguían mostrando conformidad hacia la política del gobierno, decidieron mantener su independencia orgánica frente al partido, por lo que éste, a fin de atraer a la central obrera, tuvo que radicalizar sus postulados, presentándose como una organización popular cuyo fin era la transformación social del país.

Ante estas manifestaciones de apoyo a las masas, los principales líderes obreros, encabezados por Lombardo Toledano, iniciaron el acercamiento al PNR, y vieron la oportunidad de plantear la creación de un Frente Popular Mexicano, cuya misión sería detener el avance del fascismo y unificar a los grupos nacionalistas y populares.[15]

Lombardo Toledano con el presidente Cárdenas

> *Los principales líderes obreros vieron la oportunidad de plantear la creación de un Frente Popular Mexicano, cuya misión sería detener el avance del fascismo y unificar a los grupos nacionalistas y populares.*

El proyecto de un "frente popular"[16] que contrarrestase el avance del nazifascismo en México había sido tomado en consideración por el PCM después de que sus dirigentes participaran en un Congreso de la III Internacional Comunista, celebrado en julio de 1935, al que también asistió una delegación de la CTM encabezada por Lombardo Toledano.

Era evidente que las circunstancias internacionales favorecían en México la instauración de un frente popular y el PNR llegó a aprobar dicha iniciativa, pero no pasó de ser un proyecto. Los dirigentes empresariales mostraban gran inquietud ante la posibilidad de que se constituyera un frente popular, y temían en particular un aumento de la influencia de los comunistas en los sindicatos y en el aparato estatal. También dentro del PNR había oposición al proyecto: la mayoría de los dirigentes deseaban que su partido fuese el único "frente" posible, y mostraron su desacuerdo respecto a la participación de los miembros del PCM en las elecciones internas del PNR.

> *Los dirigentes empresariales mostraban gran inquietud ante la posibilidad de que se constituyera un frente popular, y temían en particular un aumento de la influencia de los comunistas en los sindicatos y en el aparato estatal.*

---

[14] *Ibid.*, p. 272.
[15] Pedro Salmerón Sanginés, *Op. cit.*, p. 138.
[16] La política frente-populista surgió en Europa como una coalición de partidos de izquierda, en defensa de las formas democráticas de gobierno, amenazadas por los ataques de la ultraderecha fascista. En 1936, esta tendencia política obtuvo el triunfo electoral en Francia y en España, donde se establecieron reformas sociales radicales. En América Latina, un Frente Popular gobernó Chile entre 1938 y 1947.

Cap. 5. Los gobiernos de la Revolución. El cardenismo

León Trotski

León Trotski y Frida Kahlo

Con el asilo político otorgado a León Trotski, Cárdenas desmentía a los empresarios y a todos aquellos opositores que lo acusaban de desarrollar una política favorable a Moscú.

Uno de los conflictos suscitados con los comunistas se dio en torno al asilo político concedido por el gobierno de Cárdenas al líder ruso León Trotski, perseguido en su país por oponerse a la política de José Stalin. Invitado por el pintor Diego Rivera, Trotski llegó a México en enero de 1937, y esto provocó severas críticas de los dirigentes del PCM y la CTM. Pero Cárdenas, además de mostrarse fiel a los lineamientos de su política exterior de brindar asistencia a los perseguidos, con el asilo otorgado a Trotski desmentía a los empresarios y a todos aquellos opositores que lo acusaban de desarrollar una política favorable a Moscú.

El 15 de marzo de 1937, cuando debían seleccionarse candidatos a diputados, Barba González afirmó que no se tomarían en consideración a los comunistas, pues dijo estar en contra de que el CEN sostuviese como propios a candidatos de otros grupos políticos "con estatutos, ideología y tendencias muy diferentes" a las del PNR, lo cual implicaría "una traición" a los propósitos institucionales del partido.[17]

La exclusión de los comunistas permitió que en las elecciones de abril de 1937, los candidatos del CEN del PNR se impusieran, en general, sobre los de la CTM, aunque persistieron los conflictos.

La exclusión de los comunistas permitió que en las elecciones del 4 y el 11 de abril de 1937, los candidatos del CEN se impusieran, en general, sobre los de la CTM. Sin embargo, persistieron los conflictos; los aspirantes no seleccionados manifestaban una disidencia abierta que obligó a los dirigentes del PNR a suspender un importante número de miembros y, cuando varios de ellos se registraron como candidatos "independientes", fueron expulsados del partido.

En mayo de 1937, el PNR era prácticamente la única organización política en el ámbito nacional, pero las luchas internas eran sumamente intensas y los dirigentes no parecían contar con mecanismos internos de negociación. Por una parte, comenzaba a fortalecerse una tendencia derechista, opuesta a la participación de los líderes sindicales y, por la otra, los integrantes de la corriente izquierdista consideraban que el PNR constituía un freno a la vida democrática del país y llegaron a pedir su desaparición.

A consecuencia de la política de "puerta abierta" y del carácter que estaba adquiriendo como "frente popular", el PNR no correspondía ya a su estructura original y tampoco a los requerimientos del régimen cardenista.

En efecto, a consecuencia de la política de "puerta abierta" y del carácter que estaba adquiriendo como "frente popular", el partido no correspondía ya a su estructura original ni tampoco a los requerimientos del régimen cardenista. El presidente de la República estimó entonces necesario transformar formalmente al partido, a fin de proceder a las modificaciones que correspondiesen a los cambios operados durante esos meses.

El Partido de la Revolución Mexicana

El 18 de diciembre de 1937, el presidente Cárdenas convocó a una asamblea destinada a la transformación del PNR. Su propósito era constituir un partido en el que los

Ejercicio 5

1. Describe los conflictos en el PNR, surgidos después de la crisis de junio de 1935.

2. ¿En qué consistía la política de "puerta abierta", anunciada por el PNR en el "Manifiesto de las clases proletarias de México"?

3. ¿Cuáles eran los propósitos de los líderes obreros con la instauración de un Frente Popular en México?

4. ¿Por qué fueron excluidos los comunistas de participar en las elecciones legislativas de abril de 1937?

---

[17] Luis Javier Garrido, *Op. cit.*, p. 285.

En marzo de 1938, se disolvió el PNR y se formó el Partido de la Revolución Mexicana (PRM), bajo el lema "Por una Democracia de Trabajadores", dividido en cuatro sectores: obrero, agrario, militar y popular.

trabajadores pudieran ingresar, como colectividades no como individualidades, con derecho y opinión propias. Se integraban, además, los militares —ejército y marina— y un grupo constituido por las cooperativas independientes de comerciantes en pequeño, artesanos, profesionales y empleados. Así, el partido quedó dividido en cuatro sectores: obrero, agrario, militar y popular.

Aunque en general la convocatoria tuvo buena aceptación entre la clase política, algunos senadores manifestaron su preocupación ante la perspectiva de que el nuevo partido fuera una calca del Frente Popular, es decir, que incorporaría a los comunistas; sin embargo, la desconfianza se esfumó cuando un senador representante de la izquierda, declaró que los comunistas no serían admitidos en el partido.

La III Asamblea Nacional del PNR se convirtió en la Asamblea Constituyente del nuevo partido, que debía reunirse del 30 de marzo al 1 de abril de 1938. A menos de dos semanas de que se celebrara la asamblea, un hecho espectacular permitió que se reforzara la unidad popular en torno al presidente de la República e hizo más fácil la reforma del partido. El día 18 de marzo, Cárdenas decretó la expropiación de los bienes de las compañías petroleras extranjeras. Gracias a esa importante decisión, que reafirmaba la soberanía nacional y el apoyo de las masas organizadas al gobierno (y con ello, la legitimidad del Estado), la asamblea se realizó en un clima de movilización popular sin precedentes y en un ambiente de euforia nacionalista.

Reunión para transformar el PNR en PRM

Así, el 30 de marzo de 1938 se disolvió el PNR y en su lugar se formó el Partido de la Revolución Mexicana (PRM), bajo el lema "Por una Democracia de Trabajadores". Al incorporar los cuatro sectores, el partido establecía una "plena autonomía" entre ellos, sobre todo para que las organizaciones obreras y campesinas, que habían pretendido unificarse en una sola confederación, no llegaran a formar un frente único que pusiera en riesgo la estabilidad económica y productiva del país, y para evitar que tal unificación pusiera en peligro al propio gobierno.

En el Pacto Constitutivo del PRM, los miembros de los cuatro sectores se obligaron "a no ejecutar acto alguno de naturaleza político-electoral" sino por medio del partido y con estricta sujeción a sus estatutos, reglamentos y acuerdos. Comprometía a los miembros del sector militar, "en su exclusivo carácter de ciudadanos", a no actuar como cuerpo armado en cuestiones electorales. Al incluir el sector militar, se buscaba "reducir su influencia a un solo voto, dentro de un grupo de cuatro", además de reforzar el control del presidente —como jefe del ejército— sobre las decisiones del PRM, y utilizar al sector militar como contrapeso frente al poderoso sector obrero.[18] Por otra parte, se otorgaba plena autonomía a las clases medias que configuraban al sector popular, y a las mujeres, que formaban parte de este mismo sector, se les aseguró que habrían de ser consideradas en una situación de completa igualdad respecto de los hombres, con el fin de prepararlas también para la democracia.[19]

Cuatro sectores sostienen al PRM

Al instituir el PRM, el gobierno podría controlar a las distintas clases sociales desorganizándolas en cuanto tales, pero estructurándolas por sectores dentro del partido. Como señala Luis González, "juntó sin mezclarlos a los núcleos de trabajadores", los unió en el partido como fuerza electoral, pero los mantuvo apartados en tanto clases que desempeñan actividades específicas en la vida económica del país.[20]

Al incluir el sector militar, se buscaba reducir su influencia a un solo voto, además de reforzar el control del presidente sobre las decisiones del PRM y utilizar al sector militar como contrapeso, frente al poderoso sector obrero.

En su declaración de principios, el PRM mantuvo la idea del PNR, con respecto al reconocimiento de la lucha de clases como inherente al régimen capitalista, la lucha por la colectivización de la agricultura, el apoyo a la clase obrera y el derecho a

---
[18] *Ibid.*, p. 312.
[19] El derecho al voto se reconoció oficialmente a la mujer 15 años después, en 1953.
[20] Luis González, *Op. cit.*, p. 183.

Cap. 5. Los gobiernos de la Revolución. El cardenismo

Reunión del Comité Ejecutivo del PRM

La lucha por el voto femenino

Ejercicio 6

1. Menciona cómo estaban integrados los cuatro sectores en que se dividió el PRM.
2. ¿Cuál fue el propósito de Cárdenas al organizar el PRM por sectores y no por individuos?
3. ¿Por qué se estableció que hubiera plena autonomía entre los sectores del PRM?
4. ¿Qué pretendía Cárdenas al incluir el sector militar en el PRM?
5. Describe las propuestas del programa del PRM.

la huelga, y el combate contra el fascismo o cualquier otra forma de opresión "que adopte la clase privilegiada de la sociedad con perjuicio de las libertades de los trabajadores y de otros sectores del pueblo". En cuanto al programa, el PRM propuso un capitalismo de Estado, nacionalista, antimonopólico, agrarista y obrerista, con base en una mayor intervención estatal en la vida económica, dando trato preferencial al capital nacional, al tiempo que se comprometía a organizar a las clases trabajadoras ofreciéndoles contratos colectivos de trabajo y mayor influencia en las decisiones del Estado, aunque esto sólo por medio de la contienda electoral, es decir, eligiendo a las personas que habrían de representarlos en el Congreso. Se proponía instituir, además, el Seguro Social, y luchar por la igualdad política, civil y cultural de la mujer y de los miembros de las comunidades indígenas. En el aspecto internacional, el PRM se comprometía a defender la autodeterminación de las naciones, en contra del imperialismo y del fascismo.

El PRM propuso un capitalismo de Estado, nacionalista, antimonopólico, agrarista y obrerista, con base en una mayor intervención estatal en la vida económica, dando trato preferencial al capital nacional.

Oposición política

Sublevación de Saturnino Cedillo

Revolucionario de origen campesino, Saturnino Cedillo fue jefe militar en su natal estado de San Luis Potosí, en donde combatió contra delahuertistas primero y contra los cristeros después; más tarde, fue gobernador en su estado y allí llegó a adquirir una considerable fuerza política. Ocupó luego la Secretaría de Agricultura en el gabinete de Pascual Ortiz Rubio y volvió a ocuparla en el gobierno de Cárdenas, pero, opuesto a la política de éste, en mayo de 1938 renunció a su cargo para organizar una sublevación con intenciones de derrocarlo y ocupar su lugar, confiado en que tenía de su parte a un grupo de campesinos de San Luis Potosí.

El PRM se comprometía a organizar a las clases trabajadoras ofreciéndoles contratos colectivos de trabajo y mayor influencia en las decisiones del Estado, aunque esto sólo por medio de la contienda electoral.

Las pretensiones presidencialistas de Cedillo coincidieron con la crisis originada a raíz de la expropiación del petróleo y, sobre todo, con la inconformidad que ésta provocó entre los recién desplazados dueños de las empresas petroleras extranjeras, quienes vieron en la rebelión cedillista la oportunidad de desestabilizar el gobierno de Cárdenas. Pero ni Cedillo ni los posibles sostenedores de su rebelión consiguieron sus propósitos, pues ésta no pasó de ser una sublevación local, por más que Cedillo pretendiera darle alcances nacionales. Fue disuelta por la actitud enérgica de Cárdenas, quien se trasladó personalmente a San Luis Potosí para hacer entrar en razón a Cedillo. Al no

General Saturnino Cedillo

La rebelión de Saturnino Cedillo coincidió con la inconformidad que la expropiación petrolera provocó entre los recién desplazados dueños de las empresas extranjeras.

conseguirlo por la vía pacífica, recurrió al ejército, y los rebeldes fueron sometidos en poco tiempo. Cedillo resultó muerto en uno de los combates.[21]

Organizaciones políticas de oposición

Partido Acción Nacional (PAN)

Según palabras de la politóloga Soledad Loaeza, "el presidente Cárdenas jamás se propuso la creación de un partido único, sino que reconocía la existencia de opositores, de grupos que legítima y legalmente podían disputarle el poder al PRM".[22] Una de esas organizaciones opositoras, que con el tiempo llegaría a constituirse en una importante fuerza política, fue el Partido Acción Nacional.

El Partido Acción Nacional (PAN) fue creado durante una asamblea celebrada del 14 al 17 de septiembre de 1939 en la ciudad de México, a iniciativa de Manuel Gómez Morín, quien fuera rector de la UNAM entre 1933 y 1934, precisamente en los momentos de la lucha en favor de la autonomía de esa institución. Contrario a los principios doctrinarios del Partido de la Revolución creado por Calles y recién reestructurado por Cárdenas, Gómez Morín planeó la formación de un partido político de oposición, que recogiera las inquietudes de las personas, católicas en su gran mayoría —empresarios, universitarios, integrantes de clases medias, hispanistas— inconformes con la política cardenista y, en general, con la doctrina socialista sustentada por el grupo en el poder.

En sus orígenes, el PAN se constituyó como una organización elitista. Así lo demuestran tanto las dimensiones y estructura del partido, como el método de reclutamiento y la forma de ingreso. El reclutamiento inicial de militantes se hizo por invitación del propio Gómez Morín, por recomendaciones, o por referencias personales. De esta manera, los organizadores del PAN se dirigieron desde un principio a importantes personalidades en diferentes ciudades del país, para hacer proselitismo y también para allegarse recursos financieros, labor en la que colaboraron muchos de los antiguos militantes católicos que en 1933 participaron en la lucha contra la educación socialista.

El carácter elitista del PAN se hizo evidente, en sus inicios, en el hecho de que Gómez Morín se proponía formar un partido de espíritu universitario y profesionista, en un país donde en 1935 había 15 261 estudiantes de enseñanza superior, entre los que se contaban los normalistas y los preparatorianos, frente a una población total de alrededor de 18 millones de habitantes.

Con respecto a la doctrina [véase fuente 3. "Los principios del Partido Acción Nacional"], en su Programa Mínimo de Acción Política —aprobado en 1940 y vigente hasta 1946— el PAN manifestaba una posición contraria al liberalismo. Proponía crear una estructura vertical muy jerarquizada, subordinada a un jefe nacional, que sería el responsable último de todas las decisiones y cuya unidad de base era el municipio. Consideraba a la familia como una institución intermedia que debía "ser reconocida como comunidad humana fundamental en la vida jurídica, social, económica, cultural y política de

El Partido Acción Nacional (PAN) fue creado a iniciativa de Manuel Gómez Morín, como un partido de oposición que integró a las personas, católicas en su gran mayoría, inconformes con la política cardenista y con el socialismo en que se sustentaba.

Manuel Gómez Morín

En sus orígenes, el PAN se constituyó como una organización elitista, según lo demuestran tanto las dimensiones y estructura del partido, como el método de reclutamiento y la forma de ingreso.

Fundación del Partido Acción Nacional

---

[21] William C. Townsend, *Lázaro Cárdenas. Demócrata mexicano*, Grijalbo, México, 1954, pp. 311-315.
[22] Soledad Loaeza, *El Partido Acción Nacional: la larga marcha, 1939-1994*, Fondo de Cultura Económica, México, 1999, pp. 143-144.

la nación" y a la que se debe defender de todo aquello que "moral o biológicamente" pudiera debilitarla.

El programa también expresaba el antiliberalismo del PAN con respecto al Poder Legislativo. En rechazo al principio de democracia representativa, proponía una sociedad corporativizada que estaría representada en las Cámaras por los *pater familias*, las autoridades municipales, los sindicatos y las corporaciones profesionales y culturales. Con esta posición, el PAN marcó una gran discrepancia política e intelectual con el grupo revolucionario en el poder; mientras que el partido en el gobierno se relacionaba directamente con la tradición del liberalismo mexicano, de la cual se sentía heredero y continuador, "los dirigentes de Acción Nacional la repudiaban".[23]

En lo referente a la economía, el Programa reconocía en la propiedad y la iniciativa privadas instituciones esenciales de la sociedad, pero demandaba un Estado activo, con "un deber preciso de orientación y de tutela, de organización justa y eficaz de las diversas fuerzas e instrumentos que impelen naturalmente el proceso económico", así como en la armonización de las relaciones sociales entre el capital y el trabajo. Exigía la intervención del Estado en la resolución y vigilancia de los conflictos laborales porque, aunque reconocía la legitimidad de los sindicatos, casi negaba el

El Programa Mínimo de Acción Política del PAN manifestaba una posición contraria al liberalismo, tanto al mostrar una estructura vertical muy jerarquizada, como en algunos aspectos políticos y económicos.

Fuente 3. Los principios del Partido Acción Nacional

1. El concepto de Nación como unidad está por encima de clases o grupos.
2. La persona debe tener seguridad de las libertades para cumplir su destino con dignidad.
3. El Estado debe pugnar por el bien común para que haya justicia, seguridad y defensa del interés colectivo.
4. El orden en la nación servirá para evitar la miseria y la ignorancia.
5. La libertad del hombre exige que el Estado no tenga ni pueda ejercer dominio sobre las conciencias.
6. Si bien el Estado tiene la obligación de impartir la enseñanza, ello no debe significar un monopolio gubernamental.
7. El trabajo humano no es mercancía; es necesario proclamar el derecho tanto como la obligación al trabajo.
8. La iniciativa privada debe ser promovida y garantizada por el Estado.
9. La propiedad privada asegura la producción nacional y garantiza la dignidad de la persona.
10. Hay insinceridad e interés político en el problema del campo y por ello los campesinos, incluyendo los ejidatarios, deben tener plena propiedad de la tierra.
11. El Estado tiene autoridad, no propiedad, en la economía nacional; debe velar por que la estructura económica quede al servicio de los valores humanos.
12. El municipio debe ser autónomo, responsable y sujeto a la voluntad de sus gobernados.
13. En derecho, toca a la esencia misma del Estado la realización de la justicia.
14. En la vida política deben concurrir la inteligencia y la voluntad de todas las personas que conviven dentro del Estado.

[23] *Ibid.*, p. 168.

El PAN recogía la irritación de los hispanistas mexicanos hacia el gobierno, quienes decían sentirse agredidos por la educación socialista, por la política indigenista y por las manifestaciones de cultura popular apoyadas por el nacionalismo cardenista.

derecho de huelga. El Estado debía impedir "todo acto que sin justificación plena de acuerdo con el bien común interrumpa o suspenda el ejercicio de ese derecho, o haga imposible el cumplimiento de esa obligación". Además, exigía al Estado sancionar a quienes sin causa justificada faltaran al cumplimiento del deber de trabajar.

En relación con los campesinos, el PAN proponía que incluso los ejidatarios pudieran adquirir la propiedad de la tierra, manteniendo la relación tutelar del Estado, el cual estaba obligado a crear condiciones que favorecieran la integración de cooperativas y la obtención de créditos y herramientas, además de asegurarles "el acceso ordenado a los mercados".

Sobre el asunto religioso, el programa mínimo no se pronunciaba directamente contra la legislación anticlerical, pero sí planteaba la derogación del artículo 3° constitucional, y proponía la autonomía de todas las instituciones universitarias. En este terreno, el PAN recogía la irritación de los hispanistas mexicanos hacia el gobierno, pues los integrantes de este grupo decían sentirse agredidos por la educación socialista, por la política indigenista y por las manifestaciones de cultura popular apoyadas por el nacionalismo cardenista.

En esto último se fundamentaba la política internacional del programa panista, que consideraba de gran interés para México cultivar las más cordiales relaciones políticas, económicas y culturales con los países hispánicos y urgía a reanudarlas "desde luego" con España.[24] Consideraba al panamericanismo como una comunidad "inferior" y, por consiguiente, "México tendría que orientar su política internacional hacia la comunidad de cultura, de historia y de origen que unía a todos los países hispánicos". Por tanto, demandaba que ante la guerra en Europa el gobierno mantuviera la más estricta neutralidad.[25]

Unión Nacional Sinarquista (UNS)

Situado en el extremo de la tendencia política derechista, surgió en México la corriente sinarquista, inspirada en el nazifascismo europeo, concretamente en el Partido Nacionalsocialista alemán, y en la organización falangista que, durante la Guerra Civil Española, respaldó la rebelión de Francisco Franco contra el legítimo gobierno republicano.

El sinarquismo estuvo integrado por varias organizaciones católicas herederas de la lucha cristera, que se unieron con el propósito de crear un frente político de oposición al cardenismo. El 23 de mayo de 1937, se constituyó en la ciudad de León, Guanajuato, la Unión Nacional Sinarquista (UNS), organización que se declaraba "movimiento de unión, no partido". Entre sus fundadores se encontraban José Ángel Urquiza, José Trueba Olivares, y el alemán Hellmuth Oskar Schreiter, miembro del Partido Nacionalsocialista.

La UNS contó con el apoyo de la Falange Española y adoptó la estructura militarizada del Partido Nacionalsocialista de Alemania. Además, compartía con las organizaciones fascistas europeas la radical posición anticomunista, la obediencia incondicional a los jefes, el saludo con el brazo extendido, el uso de uniformes militares, y el brazalete con la insignia sinarquista.

Este movimiento político —que llegó a convertirse en poco tiempo en una poderosa organización de más de medio millón de hombres y mujeres de las capas rurales más atrasadas del país, en lucha frontal contra los campesinos agraristas— decía

Ejercicio 7

1. ¿Cuál era el propósito de Manuel Gómez Morín al crear un partido de oposición al cardenismo?

2. ¿En qué aspectos se hace evidente el carácter elitista del PAN en sus orígenes?

3. Describe la posición doctrinaria del PAN, con respecto a cada uno de los diversos temas expuestos en su Programa Mínimo de Acción Política.

El sinarquismo, inspirado en el nazifascismo, estuvo integrado por varias organizaciones católicas herederas de la lucha cristera que se unieron con el propósito de crear un frente político de oposición al cardenismo.

La Unión Nacional Sinarquista (UNS) decía buscar la salvación de México, supuestamente dominado por la masonería, los bolcheviques y los judíos de Estados Unidos, para encauzarlo en la fe católica y las tradiciones hispánicas.

---

[24] Las relaciones diplomáticas entre México y España fueron suspendidas, por el gobierno de Cárdenas, a raíz del triunfo de Francisco Franco sobre el gobierno republicano, con el cual, vigente en el exilio, México siguió manteniendo relaciones.
[25] *Ibid.*, pp. 169-170.

buscar la salvación de México, supuestamente dominado por la masonería, los bolcheviques y los judíos de Estados Unidos, para encauzarlo en la "fe católica, las tradiciones hispánicas, la familia, el pueblo en que se vive, el orden político cristiano y la economía del bien común".[26]

La UNS y el Partido Acción Nacional tuvieron nexos muy estrechos, vinculados por el catolicismo, el hispanismo, el anticomunismo y la animadversión a la política cardenista. En virtud de estas coincidencias, en los círculos políticos se llegó a suponer la existencia de una alianza entre ambas organizaciones de derecha, por la cual, mientras el PAN se dirigía a las élites, la UNS tenía su acción en las masas de más rudimentarios conocimientos.[27] Sin embargo, los métodos —e incluso el fin último— eran muy distintos; Acción Nacional se fundaba en el principio de la acción partidista y electoral, mientras que la UNS se organizó como un movimiento antipartidista, además de que se valió de la subversión y la violencia, —protagonizada por los "camisas doradas", grupo fascista de choque— en colaboración con el fascismo internacional.

La acción del sinarquismo no se limitó al ámbito rural. Sus agentes y organismos también se infiltraron en las ciudades, y su propaganda ideológica incluso alcanzó a funcionarios públicos. En este último campo, se dedicaron a cultivar las ambiciones del general Saturnino Cedillo, a quien apoyaron en su intento de golpe de Estado contra Cárdenas.

El fracaso de la aventura cedillista puso fin a los intentos del sinarquismo de subvertir el orden constitucional; no obstante, continuó en México la actividad clandestina de los agentes nazis y de la llamada quinta columna.

> *En virtud de las coincidencias que tenían el PAN y la UNS, en los círculos políticos se llegó a suponer la existencia de una alianza entre ambas organizaciones de derecha; sin embargo, los métodos —e incluso el fin último— eran muy distintos.*

Grupo de "camisas doradas"

Partido Revolucionario Anticomunista

El Partido Revolucionario Anticomunista (PRAC), fue fundado en enero de 1939 por políticos callistas que, inconformes con la política cardenista, se habían separado del Partido de la Revolución. Entre ellos destacaban Manuel Pérez Treviño, Melchor Ortega y Joaquín Amaro. Se proponían defender la Constitución Mexicana "de las doctrinas importadas a que ha sido sometida bajo el régimen actual", evitar la participación del Estado en la economía y en los conflictos obrero-patronales, así como entregar en propiedad la tierra a los ejidatarios.

Partido Revolucionario de Unificación Nacional

Otra organización política emanada del PNR, fue el Partido Revolucionario de Unificación Nacional (PRUN), creado al iniciarse el proceso para la sucesión presidencial de 1940, por el general Juan Andrew Almazán —anterior aspirante a candidato del PRM—, apoyado por algunos grupos derechistas y un sector de los revolucionarios disidentes del gobierno cardenista.

La sucesión presidencial en 1940

Al acercarse al fin del periodo cardenista, el país vivía una situación económica difícil, debido a los fuertes gastos que ocasionó al gobierno la aplicación de su programa de

> *El Partido Revolucionario Anticomunista (PRAC) y el Partido Revolucionario de Unificación Nacional (PRUN) fueron fundados por políticos que, inconformes con la política cardenista, se habían separado del Partido de la Revolución Mexicana.*

Ejercicio 8

1. Describe los fundamentos político-ideológicos de la Unión Nacional Sinarquista (UNS).

2. ¿Cómo estaba integrada la Unión Nacional Sinarquista?

3. ¿Cuáles eran los propósitos de la Unión Nacional Sinarquista?

4. ¿Por qué se llegó a suponer la existencia de una alianza entre la UNS y el PAN?

---

[26] Jean Meyer, *El sinarquismo, ¿un fascismo mexicano?*, citado por Luis González, *Op. cit.*, p. 141.
[27] Daniel Moreno, *Los partidos políticos del México Contemporáneo 1916-1985*, Pax-México, México, 1985, p. 180.

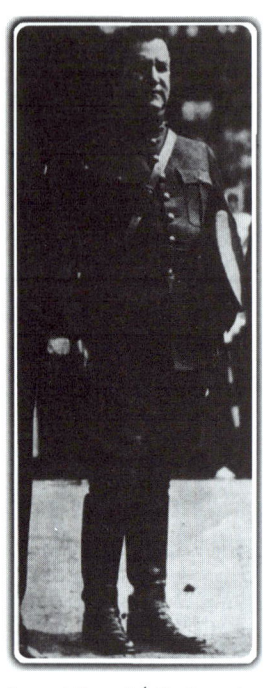

General Manuel Ávila Camacho

El presidente Cárdenas y Francisco J. Múgica

Ávila Camacho, candidato del PRM a la Presidencia de la República

orientación social, y por las medidas inflacionarias que adoptó con el fin de salir de la problemática situación financiera. Por otra parte, el sector privado, receloso hacia la política cardenista, no estaba muy dispuesto a intervenir en nuevas empresas, mientras que los obreros resentían crecientes aumentos de precios.

Aquella inquietud en el aspecto socioeconómico se mezcló con la política, perfilada en el ámbito interno por las elecciones presidenciales, y enturbiada por la situación internacional, que presentaba una peligrosa división política e ideológica entre tendencias contrarias —el comunismo, el liberal-capitalismo, y el nazifascismo—, situación que tenía repercusiones en el ambiente político de México.

La selección del candidato en el PRM

En medio de aquellos conflictos, el PRM se disponía a cumplir por primera vez con su función electoral. Al acercarse la fecha para la selección del candidato presidencial había cuatro principales aspirantes, todos ellos militares y funcionarios del gobierno, que renunciaron a sus puestos a fin de postularse como precandidatos. Se trataba de los generales Francisco J. Múgica, Juan Andrew Almazán, Manuel Ávila Camacho y Rafael Sánchez Tapia. En un principio, Múgica parecía tener mayores posibilidades, pues era un reconocido agrarista del constitucionalismo, y estrecho colaborador de Cárdenas.

A pesar de las rivalidades que surgieron en el PRM entre los seguidores de los diferentes aspirantes a la sucesión presidencial, se planteaba para todos la necesidad de que Cárdenas fuera sustituido por una persona capaz de consolidar los avances logrados, pero se consideraba también necesario que el futuro presidente tendiera a la moderación y adoptara una política de unidad nacional, orientada a recuperar la confianza de los sectores sociales agraviados por la política cardenista. Quien reunía esos requisitos era Manuel Ávila Camacho, pues tenía grandes simpatías en el ejército y no se había opuesto a la política de masas del cardenismo, con lo cual se garantizaba que éstas no mostrarían recelo hacia él. Como muestra de ello, la CTM le brindó su apoyo y también los agraristas, confiando en que el carácter conciliatorio de Ávila Camacho le permitiría dar cumplimiento al Segundo Plan Sexenal, cuyo proyecto empezó a redactarse en el nuevo tono de unidad nacional el cual se pretendía que, sin salirse de la línea del partido, fuera conciliador y tendiera a disminuir los radicalismos que habían propiciado la oposición política por parte de los grupos de derecha.

General Joaquín Amaro

Los seguidores de los diferentes aspirantes del PRM a la sucesión presidencial coincidían en la necesidad de que Cárdenas fuera sustituido por una persona capaz de consolidar los avances logrados, que además tendiera a la moderación y adoptara una política de unidad nacional.

Candidatos de oposición

Entre los candidatos de oposición se encontraban dos de los principales disidentes del Partido de la Revolución: el general Joaquín Amaro —secretario de Guerra y reorganizador del ejército durante el gobierno de Calles— quien se oponía al radicalismo de izquierda como lo había hecho su antiguo jefe, y había sido postulado por el recién creado Partido Revolucionario Anticomunista (PRAC). El otro disidente era Juan Andrew Almazán, revolucionario guerrerense convertido en un próspero hombre de negocios con gran prestigio político, capaz de unificar en torno a su figura a los enemigos del cardenismo. Postulado por el Partido Revolucionario de Unificación Nacional (PRUN), fue apoyado por el PAN y por un gran número de terratenientes, así como por buena parte de los dirigentes empresariales de Monterrey, lo cual presentaba una peligrosa competencia para el partido oficial.

El crecimiento de la oposición, aunado al comienzo de la Segunda Guerra Mundial que exigía a México tomar posición de parte de los aliados, obligó a Cárdenas a moderar las tesis reformistas de su gobierno y a buscar un acercamiento con los sectores que mostraban preferencias por Almazán. En este sentido, Miguel Alemán Valdés, coordinador de la campaña de Ávila Camacho, logró establecer un pacto con el sector empresarial regiomontano, con lo cual se privaba a Almazán de uno de sus principales apoyos. Por su parte, el candidato del PRM, en sus discursos de campaña, se mostraba cada vez más moderado y conciliador, y comenzó a referirse a los valores tradicionales de la sociedad mexicana, como el respeto a la propiedad privada y a la familia, considerando a ésta como el "pilar esencial de la sociedad", así como a los "altos valores espirituales" del pueblo.

El día de las elecciones —7 de julio de 1940— se produjeron graves enfrentamientos entre seguidores de Almazán y miembros del PRM y de la CTM. En la mayoría de las ciudades de importancia hubo no sólo las tradicionales prácticas de fraude —las presiones ilegales sobre los votantes, los contingentes de acarreados que votaban en varias casillas y el robo de urnas—, sino también un buen número de enfrentamientos que provocaron decenas de muertos y heridos.

Los primeros resultados oficiales proclamaron vencedor a Ávila Camacho por un amplio margen —2 476 641 votos contra 151 101 de Almazán—, pero en amplios sectores de la población reinó la impresión de que se había cometido un fraude electoral sin precedentes.[28]

Disturbios durante las elecciones presidenciales de 1940

Manifestación almazanista

General Juan Andrew Almazán

El crecimiento de la oposición política, aunado al comienzo de la Segunda Guerra Mundial, obligó a Cárdenas a moderar las tesis reformistas de su gobierno y a buscar un acercamiento con los sectores que mostraban preferencias por Almazán.

La diferencia en la votación a favor de Ávila Camacho en las elecciones presidenciales de 1940 hacía muy difícil para la oposición organizar un movimiento que se fundase en la reclamación de fraude.

[28] Luis Javier Garrido, *Op. cit.*, p. 379.

Ejercicio 9

1. ¿Por qué en el PRM se consideraba necesario elegir como candidato a la presidencia a alguien de tendencia moderada, que fuera conciliador y buscara la unidad nacional?
2. ¿Por qué la candidatura de Juan Andrew Almazán presentaba una peligrosa competencia para el PRM?
3. ¿Cuáles fueron las acciones tomadas por Cárdenas y por el PRM, para contrarrestar el avance de la oposición almazanista?

Fuente 4. El discurso cardenista sobre el PRM, en el año electoral de 1940

El Partido de la Revolución Mexicana no es un partido único y totalitario; es el partido que llevó al poder a la actual administración, como cualquiera otra institución política similar que en cualquier país logra obtener la representación de las mayorías y encarnar los ideales colectivos; pero no se niega la existencia a otros partidos antagónicos, ni se persigue a los partidarios de otras tendencias, ni se teme la consulta de la voluntad popular para que las elecciones decidan a quiénes debe confiarse la dirección de los destinos nacionales. Más que las reformas políticas, lo que define realmente a un régimen, en este sentido, es su organización económica y social; y el gobierno de México no ha colectivizado los medios o instrumentos de producción, ni ha acaparado el comercio exterior convirtiendo al Estado en dueño de las fábricas, las casas, las tierras y los almacenes de aprovisionamiento. Los casos aislados y excepcionales de expropiación de maquinarias por motivo de utilidad pública, como en la industria del petróleo, los ferrocarriles, el Mante, Yucatán y la Laguna, se han justificado plenamente por las condiciones especiales de esos procedimientos, que los mismos propietarios o empresas provocaron irremediablemente con su actitud. Y la admisión del socialismo científico en las escuelas públicas significa solamente la exposición de los conocimientos modernos, que no pueden ser ocultados y que tienen perspectivas abiertas al porvenir, no como sistema dogmático y absoluto, sino como orientación hacia nuevas formas de vida social y de justicia. No hay pues en México un gobierno comunista. Nuestra Constitución es democrática y liberal, con algunos rasgos moderados de socialismo en sus preceptos, que norman la propiedad territorial, principalmente para fines de restitución, y en los mandatos que se refieren a las relaciones entre el capital y el trabajo, que no son, ni con mucho, más radicales que las de otros países democráticos y aun de algunos que conservan instituciones monárquicas.

Lázaro Cárdenas,
20 de febrero de 1940.

Sin embargo, la diferencia en la votación de acuerdo con los resultados oficiales hacía muy difícil para la oposición organizar un movimiento que se fundase en la reclamación de fraude; además, Almazán no tenía ni el apoyo del ejército ni podía acudir en ayuda del gobierno de Estados Unidos pues, en aras de la buena vecindad, el presidente Roosevelt brindaba completo apoyo al gobierno de Cárdenas y, en consecuencia, al candidato del PRM.

Política exterior

La política de Cárdenas en el ámbito de las relaciones internacionales tiene características bien definidas, principalmente en función de la orientación nacionalista de su gobierno. En este sentido, fue predominante la oposición al imperialismo, sin importar su fuente ideológica; pero, en el marco de la tendencia socialista de la política presidencial, manifestó un rotundo rechazo hacia el fascismo, la doctrina que surgió en Europa como antítesis al socialismo.

Conflictos en relación con la política expropiatoria

Con Estados Unidos, el gobierno cardenista mantuvo una relación muy cordial, de acuerdo con la política de buena vecindad, promovida por Roosevelt con anterioridad

En política exterior, al eterno problema del pago de la deuda externa —que pudo mantenerse suspendido gracias a las buenas relaciones con Estados Unidos— se agregaba el de las expropiaciones petrolera y agraria.

Cap. 5. Los gobiernos de la Revolución. El cardenismo

al sexenio de Cárdenas. Esto no quiere decir que no hubiera fricción alguna entre los dos gobiernos. Al eterno problema del pago de la deuda externa —que pudo mantenerse suspendido gracias a las buenas relaciones con Estados Unidos en la coyuntura del *New deal* y la inminente Guerra Mundial—, se agregaba el de las expropiaciones petrolera y agraria.

El caso más grave fue el petróleo; las compañías extranjeras protestaron contra la medida cardenista y expresaron públicamente que México se vería obligado a otorgarles indemnizaciones por una exorbitante suma que ascendía a más de 500 millones de pesos. Además, solicitaron amparo contra el decreto expropiatorio, mientras recurrían a otros medios para evitar que se pusiera en práctica: manipularon el descontento de los sectores de población mexicana contrarios al cardenismo; trataron de influir entre los obreros haciéndoles creer que la medida les afectaría de manera directa; y presionaron al gobierno de Estados Unidos para que exigiera al de México la devolución de los bienes expropiados, así tuviera que amenazar con una declaración de guerra.

Sin embargo, para el presidente Roosevelt era mucho más importante en aquellos momentos establecer una alianza interamericana, con el fin de hacer un frente común en el caso de agravarse el conflicto en Europa. Por otra parte, tampoco convenía a Estados Unidos tomar una actitud contraria a Cárdenas alentando a los enemigos de éste en México, porque corría el riesgo de que fuera derrocado por los movimientos de ultraderecha, cuyo triunfo pondría a las fuerzas nazifascistas a las puertas de la frontera sur estadounidense.

Por tanto, el gobierno de Roosevelt optó por ejercer presiones de carácter diplomático, y también económico —como la de interferir en los mercados de la plata y del petróleo, fuentes principales del comercio de exportación para México—, al tiempo que se negaba a proporcionar equipo y asistencia técnica para la nueva compañía estatal Pemex. Pero esta medida resultó contraproducente, porque México, al ver bloqueado el mercado de Estados Unidos, dirigió sus exportaciones petroleras hacia Europa —irónicamente hacia Alemania e Italia—, y también hacia algunos países latinoamericanos. Por otra parte, el mercado interno absorbió gran parte de la producción petrolera, gracias al notable incremento del consumo de este energético dentro del país.

La situación se fue tornando favorable para México y a ello colaboró el embajador Daniels, quien reconoció el derecho del gobierno mexicano de llevar a cabo sus proyectos de nacionalización, y vio el aspecto positivo de las medidas reformistas de Cárdenas, a las que consideró como una vía para elevar el poder de compra de los mexicanos y convertirlos en buenos clientes del mercado estadounidense. Además, el presidente Roosevelt, en vez de aumentar sus presiones sobre México, adoptó una posición conciliadora y sólo pidió que se llevaran a efecto los acuerdos para el pago de las indemnizaciones a las compañías petroleras.

En cambio, Holanda y Gran Bretaña se negaron a aceptar la legalidad de la expropiación petrolera. Este último país —cuyos depósitos petroleros en México eran los únicos a los que podía tener acceso sin tener que cruzar el mar Mediterráneo— adoptó una posición más agresiva; su gobierno, contrariado por la actitud del gobierno estadounidense, decidió defender por separado los intereses de las compañías petroleras británicas. Entre abril y mayo de 1938, Gran Bretaña presentó a México tres notas, redactadas en términos enérgicos. En ellas no se negó el derecho que México tenía para decretar una expropiación, pero se puso énfasis en lo ilegal del procedimiento y se exigió, como única solución compatible con el derecho internacional, la devolución de la industria petrolera a sus legítimos dueños. Por otra parte, como el representante británico de las compañías petroleras reclamara de forma nada cordial el retraso de México en el último pago de su deuda, por concepto de reparación de

Para el presidente Roosevelt era mucho más importante en aquellos momentos establecer una alianza interamericana que atender las demandas de las compañías petroleras expropiadas por el gobierno mexicano.

Carro-tanque de empresa petrolera extranjera

El gobierno de Gran Bretaña, contrariado por la actitud del gobierno estadounidense hacia la expropiación petrolera decretada por Cárdenas, decidió defender por separado los intereses de las compañías petroleras británicas.

Cárdenas con Daniels y el representante de las empresas petroleras

> Con respecto a la Guerra Civil Española, Cárdenas se pronunció en favor de la República y en contra de los rebeldes franquistas, y sobre todo en contra de la agresión extranjera a España por parte del totalitarismo nazifascista.

los daños causados a propiedades de sus nacionales durante la Revolución, el presidente Cárdenas decidió suspender las relaciones diplomáticas con Gran Bretaña. Poco después, el secretario de Relaciones Exteriores hizo entrega de la suma adeudada al ministro inglés en México, ordenando enseguida el retiro de sus representantes diplomáticos en Londres, y el gobierno británico hizo lo propio. Por varios años permanecieron suspendidas las relaciones entre los dos países.[29]

México ante los conflictos internacionales

Posición ante la Guerra Civil Española

Un aspecto trascendental en la política exterior mexicana durante el gobierno de Cárdenas, fue la posición adoptada ante la Guerra Civil Española. Este conflicto, que tuvo lugar en España entre 1936 y 1939, tuvo su origen en una rebelión encabezada por el general Francisco Franco, apoyado por grupos de derecha —monarquistas y falangistas—, cuyo propósito era derrocar al legítimo gobierno republicano de tendencia socialista. Este conflicto interno se vio envuelto en las disputas de ideologías contrarias que, iniciadas en Europa, habían trascendido al ámbito mundial. Las fuerzas franquistas se adhirieron al fascismo y recurrieron al apoyo militar de Alemania y de Italia, mientras que los republicanos recibían ayuda, aunque en menor escala, de la Unión Soviética.

Cárdenas con el general Miaja del Ejército Republicano Español

> Cárdenas ofreció asilo a los refugiados españoles, muchos de ellos intelectuales en contra del fascismo y del nuevo gobierno de Franco; se dio asilo también a varios niños españoles, hijos de republicanos muertos en la Guerra Civil.

En el momento de declarar su posición ante la Sociedad de Naciones respecto del conflicto español, Cárdenas se pronunció en favor de la República y en contra de los rebeldes franquistas, y sobre todo en contra de la agresión extranjera a España por parte del totalitarismo nazifascista. El respaldo que México brindó al gobierno republicano español no sólo se manifestó de palabra ante los medios diplomáticos internacionales, sino también en hechos: vendió armas a dicho gobierno y sirvió de intermediario para que otros países hicieran lo mismo. Cuando en 1939 fueron derrotadas las fuerzas republicanas, debido a la magna ayuda militar que Hitler le proporcionara a Franco, el presidente Cárdenas ofreció asilo a los refugiados españoles, muchos de los cuales eran intelectuales cuya ideología chocaba con el fascismo y con el nuevo gobierno de Franco —y quienes con el tiempo harían valiosas aportaciones al ámbito cultural de México—; se dio asilo también a varios niños españoles, hijos de republicanos muertos en la Guerra Civil.

Ejercicio 10

1. ¿Cómo fueron las relaciones de México con Estados Unidos, durante el gobierno cardenista?
2. Describe cómo reaccionaron los dueños de las empresas extranjeras —estadounidenses y británicos—, y sus respectivos gobiernos, frente a la expropiación petrolera.
3. ¿Cuál fue la posición adoptada por el gobierno mexicano ante a la Guerra Civil Española?
4. ¿Cómo se manifestó la política exterior de México, frente al inicio de la Segunda Guerra Mundial?

Niños españoles exiliados

Repudio a la invasión de Italia a Etiopía

---

[29] Lorenzo Meyer, *México y los Estados Unidos en el conflicto petrolero,* El Colegio de México, México, 1981, pp. 371-372.

CUADRO 5.1. *El cardenismo. Política*

- Política interna
  - Conflictos en los primeros meses de gobierno
    - Agitación religiosa → Prudente actitud del gobierno
    - Agitación laboral → Declaraciones de Calles → Crisis de junio de 1935 y fin de la diarquía → Consolidación del presidencialismo
  - Política de masas
    - Catorce puntos sobre el capital y el trabajo
    - Unificaciones obrera y campesina
      - Confederación de Trabajadores de México.
      - Confederación Nacional Campesina
      → Consolidación del poder cardenista
  - Reorganización del Partido de la Revolución
    - Creación del PRM
    - Oposición política
      - Sublevación de S. Cedillo
      - Organizaciones políticas de oposición → Fundación del Partido Acción Nacional → Sucesión presidencial en 1940

- Política exterior
  - Conflictos en relación con la política expropiatoria
    - Estados Unidos → Situación favorable en el marco de la "buena vecindad"
    - Holanda y Gran Bretaña → Negativa a aceptar la expropiación petrolera
  - Ante los conflictos internacionales
    - Contra el fascismo y el nazismo
    - Asilo a refugiados de la Guerra Civil Española
    - Posición de México al iniciarse la Segunda Guerra Mundial

Posición ante el nazifascismo de Alemania e Italia

En congruencia con el principio de no intervención sostenido por la política exterior de México, Cárdenas condenó ante la Sociedad de Naciones la invasión italiana a Etiopía, y votó en favor de que se aplicaran sanciones económicas en contra de la nación agresora. Asimismo, reprobó la anexión de Austria, la invasión a Polonia por las fuerzas nazis, y la invasión de la Unión Soviética a Finlandia, antecedentes del inicio de la Segunda Guerra Mundial.

Economía

Introducción

Durante el sexenio cardenista se consolida la aplicación del modelo nacionalista de desarrollo económico, en el que se inscribieron los países latinoamericanos que para esa fecha contaban con un incipiente sistema diversificado de producción. Este modelo consistió en un proceso de *sustitución de importaciones*, iniciado a raíz de la devaluación del peso experimentada en el periodo 1929-1933 como efecto de la Gran Depresión, puesto que, al cambiar los precios relativos de las importaciones y de los productos que competían con ellas, se alentó la sustitución de los bienes importados por los bienes de fabricación nacional. En el desarrollo de este proceso, el capital nacional —y parte del capital extranjero invertido en México— fue un recurso primordial

> *Al iniciarse la Segunda Guerra Mundial, en congruencia con el principio de no intervención sostenido por la política exterior de México, Cárdenas condenó ante la Sociedad de Naciones las invasiones realizadas por los países nazifascistas y por la URSS.*

> *Durante el cardenismo se consolidó la aplicación del modelo nacionalista de desarrollo económico, en el que se inscribieron algunos de los países latinoamericanos, que consistió en un proceso de sustitución de importaciones.*

La política nacionalista de Cárdenas en busca de la independencia económica del país llevó a la recuperación de las fuentes de riqueza, al menos tres de las más importantes —ferrocarrilera, petrolera y agraria—, que permanecían en manos extranjeras.

e indispensable, por lo que se hubo de incentivar su participación, mediante una política de estímulos que motivara el interés de los capitalistas para invertir en nuevas industrias. Esta estrategia hizo necesaria la intervención del gobierno como promotor del crecimiento industrial, mediante un conjunto de medidas generalizadas bajo el concepto de *proteccionismo* que, en búsqueda de la independencia económica, incluyeron las expropiaciones —petrolera, agraria y ferrocarrilera— e implicaron el establecimiento de un sistema de economía mixta.

Sin embargo, la política de estímulos a los empresarios se manifestó sobre todo en los últimos dos años del gobierno cardenista, cuando la política de masas hubo cumplido sus objetivos de organización y movilización de los trabajadores, y, a través del corporativismo, se había logrado comprometer al sector laboral de, según la idea obregonista, "transformar la lucha revolucionaria en trabajo".

El nacionalismo y la independencia económica

La política nacionalista de Cárdenas en busca de la independencia económica del país, constituyó un elemento político indispensable para lograr la consolidación del Estado, sobre todo cuando las fuertes luchas ideológicas que se daban en el ámbito internacional amenazaban con dividir a un México todavía en proceso de unificación. A este factor coyuntural se agregaba la necesidad interna de establecer una economía verdaderamente nacional, que recuperara las fuentes de riqueza, al menos tres de las más importantes —ferrocarrilera, petrolera y agraria—, que permanecían en manos extranjeras.

Nacionalización de los ferrocarriles

La primera acción expropiatoria se realizó en el rubro de los ferrocarriles, en junio de 1937. Esta rama de los transportes había padecido serios conflictos, económicos y laborales, que a principios del maximato obligaron al gobierno mexicano a emprender una reorganización con ayuda de técnicos estadounidenses y bajo la acción administradora de Calles. En 1936, eran notorios los resultados favorables de aquella reorganización, con el aumento de los ingresos y de la capacidad de transporte.

Cárdenas decidió entonces crear una empresa descentralizada destinada a administrar varios ramales que debían unir pueblos y ciudades en varios estados de la República. Esta medida fue un paso para llegar a integrar un solo sistema de red ferroviaria nacional, lo cual no podría lograrse mientras el 49% de las acciones de los Ferrocarriles Nacionales de México estuviera en manos de empresas privadas extranjeras. En consecuencia, el presidente decretó la nacionalización de las empresas por causa de utilidad pública, estableciendo un acuerdo con el sindicato de trabajadores ferrocarrileros según el cual éstos no serían considerados servidores del Estado, y se respetarían los contratos que la empresa había celebrado con ellos. La nacionalización de los ferrocarriles fue considerada como un gran avance hacia la independencia económica, y constituyó un estímulo favorable para la clase trabajadora.

Expropiación petrolera

Los acontecimientos que condujeron a la expropiación petrolera surgieron a raíz de la formación de Petromex, en septiembre de 1934, pero adquirieron fuerza con la política obrera de Cárdenas. En julio de 1936 se reunió el primer Congreso del Sindicato

Gira del presidente Cárdenas por ferrocarril

Promulgación de la expropiación petrolera

Único de Petroleros, con el fin de exigir a las compañías la firma de un contrato colectivo, declarando que, en caso de que las empresas mantuvieran la actitud hostil hacia los trabajadores, éstos se declararían en huelga. Aconsejados por el gobierno, los obreros esperaron a que el asunto se resolviera por la vía de las negociaciones, pero después de seis meses de esperar en vano, el sindicato se dispuso a ir a la huelga como último recurso, contando con el apoyo de la CTM, cuyos integrantes se solidarizaron con el sindicato petrolero.

La huelga estalló el 31 de mayo de 1937, y abarcó a todas las empresas y las regiones petrolíferas. El movimiento tuvo graves consecuencias por tratarse de un sector clave en la producción nacional, pero aun cuando la escasez del energético —acrecentada en buena parte por las compañías que buscaban desprestigiar al movimiento obrero— llegara a causar el pánico entre la población, mucha gente demostró abiertamente su simpatía hacia los trabajadores petroleros.

El decreto de expropiación petrolera unificó al país. Una enorme multitud se congregó en la ciudad de México para brindar su apoyo al presidente Cárdenas, y en toda la República se manifestó el sentimiento nacionalista.

El presidente Cárdenas no intervino en contra de la huelga y declaró que los obreros tenían derecho a utilizarla en su lucha por mejorar sus condiciones de vida, pero hizo un llamado a las partes en conflicto para que consideraran lo perjudicial que resultaba para la economía nacional una huelga en una industria tan importante. En respuesta al llamado presidencial se realizó un congreso extraordinario de obreros del petróleo quienes, después de mucho discutir, aceptaron poner fin a la huelga y actuar en colaboración con el gobierno para obligar a las compañías a atender sus demandas. La huelga se levantó el 9 de julio y, de acuerdo con la legislación laboral mexicana, se designó una comisión de expertos, encargada de llevar a cabo una investigación para dictaminar si las empresas estaban en condiciones financieras de satisfacer las demandas obreras. Las compañías aseguraban que las exigencias eran exorbitantes y sin fundamentos porque, según decían, los obreros petroleros recibían un salario promedio tres veces mayor que los trabajadores de otras ramas industriales, y siete veces mayor que los de las actividades agrícolas.

En agosto siguiente, la comisión de expertos concluyó su investigación e informó que, en las regiones petrolíferas, el valor real del salario había bajado considerablemente a consecuencia de que los productos de consumo necesario eran superiores a los de otras regiones del país y que sólo un número muy pequeño de obreros calificados recibía mayor salario que el resto de sus compañeros, e incluso ese salario representaba una tercera parte del que obtenían los obreros petroleros de la misma categoría en Estados Unidos. Se demostró también que las compañías no declaraban el monto real de sus ganancias y que encubrían una parte considerable de las mismas. Asimismo, se concluyó que, sin lugar a dudas, gran parte de las compañías habían recuperado el capital invertido desde hacía más de diez años y recibían ahora enormes ganancias.

Donativo popular a la deuda petrolera

A pesar de aquel fallo, las compañías continuaron negándose a satisfacer las demandas obreras, y amenazaron a Cárdenas con cesar la extracción del petróleo, privándolo en consecuencia de los ingresos que obtenía por ese concepto, si continuaba apoyando a los trabajadores. La situación se fue agudizando y el gobierno se mantuvo en su posición, aun cuando las empresas habían recurrido al amparo. Los líderes de la CTM declararon que estaban "preparados para asumir la responsabilidad técnica, económica, moral e histórica que por derecho nos pertenece como pueblo libre". La nacionalización se había convertido en un compromiso entre el presidente y el pueblo, pero había un factor externo que coincidió en aquel momento en favor del enorme paso que Cárdenas se proponía dar: Adolfo Hitler se había

Amalia Solórzano recibe donaciones para pagar la deuda petrolera

Ejercicio 11

1. ¿De qué manera la Gran Depresión de 1929 influyó en México para la aplicación del modelo de sustitución de importaciones?
2. ¿En qué consistió la intervención del Estado para el desarrollo de la sustitución de importaciones?
3. ¿Cómo se llevó a cabo la nacionalización de los ferrocarriles?
4. Describe los acontecimientos que condujeron a la nacionalización de la industria petrolera.
5. ¿Cuál fue la respuesta del pueblo mexicano ante la expropiación petrolera?

Fuente 5. La respuesta del pueblo ante la expropiación petrolera

(...) Por fortuna, el pueblo de México comprendió inmediatamente los efectos saludables de la resolución del gobierno, y externó su opinión en una forma plebiscitaria y entusiasta que no tiene precedentes en México. Las grandes manifestaciones de los estudiantes universitarios, de los obreros, de los campesinos, del ejército y del pueblo en general, realizadas unánimemente en toda la República, fueron por su número y entusiasmo, de las que harán época en la vida cívica del país; y sus jornadas que posteriormente se llevaron a cabo en esta capital, promovidas exclusivamente por la mujer mexicana y efectuadas con el concurso sucesivo del elemento femenino y de los niños; y la actitud insólita de los católicos mexicanos, que por primera vez en la historia del país, se presentaron sin egoísmos a contribuir en la obra de redención nacional, pusieron de relieve las virtudes que privan en el pueblo; y la circunstancia muy especial de que las clases más pobres de la nación y las laborantes de toda actividad productora que fueron las que dieron las más fuertes notas de emotividad y de sacrificio en sus aportaciones, revelaron la unanimidad con que México está dispuesto a llevar hasta el fin este acto de emancipación definitiva de su economía interior, librándola de toda tutela extranjera y de toda especulación egoísta, que por muchos años se opuso a la evolución industrial de la nación mexicana, [y] al mejoramiento de los trabajadores (...).

Lázaro Cárdenas,
27 de abril de 1938.

Entre las características esenciales de la economía cardenista ocupa un lugar importante la política agraria que, en el marco de una amplia reforma agraria, incluyó la expropiación de las tierras en manos extranjeras.

anexado Austria y este hecho pronosticaba la inminente llegada de un conflicto de grandes dimensiones. El 18 de marzo de 1938, Cárdenas anunció que se aplicaría "la Ley de Expropiación a los bienes de las compañías petroleras por su actitud rebelde".

La decisión del presidente unificó al país [véase fuente 5. "La respuesta del pueblo ante la expropiación petrolera"]. Una enorme multitud se congregó en la ciudad de México para brindarle su apoyo, y en toda la República se manifestó el sentimiento nacionalista; era entonces común ver largas filas de personas que acudían voluntariamente a depositar sus donativos para ayudar al gobierno a pagar la enorme deuda que contraía con las empresas petroleras.

Reforma agraria y expropiación

Entre las características esenciales de la economía cardenista ocupa un lugar importante la política agraria que, en el marco de una amplia reforma agraria, incluyó la expropiación de las tierras en manos extranjeras. El 30 de diciembre de 1935 se reformó el artículo 27, y se suprimió la ley del 6 de enero de 1915 promulgada por Carranza, bajo la idea de que ya había sido superada; se amplió el concepto de ejido para que se incluyeran en él no sólo las tierras de labor sino también las de pastos, montes y aguas, condicionando además a la pequeña propiedad privada a los mismos requisitos del ejido, es decir, a que se destinase a la producción agrícola y que se mantuviera en explotación.

El reparto agrario fue realizado en muchas ocasiones por el propio Cárdenas en persona, quien prestó especial interés al desarrollo de la economía nacional, el cual implicaba el desarrollo de la producción agropecuaria y el mejoramiento de la vida social en el campo.

Cárdenas en Congreso Agrario, septiembre de 1935

Cap. 5. Los gobiernos de la Revolución. El cardenismo

Reparto agrario

Cárdenas con campesinos

Para Cárdenas, la propiedad ejidal era el único camino viable para integrar las masas campesinas a las nuevas políticas de la economía rural y para asegurar el progreso del agro mexicano; pero esto no significaba que estuviera en contra de la pequeña propiedad privada.

Pero, a diferencia de Calles, que veía el ejido como una organización transitoria hacia la meta de la pequeña propiedad, Cárdenas consideraba la propiedad ejidal como el único camino viable para integrar las masas campesinas a las nuevas políticas de la economía rural, y para asegurar el progreso económico del agro mexicano. La completa reforma agraria era para Cárdenas el único medio de lograr que los agraristas dejaran de luchar contra los terratenientes y se dedicaran de lleno al trabajo. La defensa del ejido no significaba que Cárdenas estuviera en contra de la pequeña propiedad privada; daba por hecho la existencia de ésta en los "certificados de inafectabilidad", señalando además la necesidad de crédito y estímulo para los pequeños propietarios, con el fin de que procuraran un mayor rendimiento de sus tierras. Pero consideraba que el ejido y la pequeña propiedad eran "dos regímenes distintos entre sí, que corresponden a principios diferentes y respecto de los cuales el Estado tiene en diverso grado obligaciones de naturaleza tutelar".[30]

El reparto agrario del cardenismo fue el mayor que se efectuara hasta ese momento; a finales del sexenio se había beneficiado a 1 020 594 campesinos con 18 786 131 hectáreas, y el número de ejidos era de 15 mil, con 25 324 568 hectáreas y 1 442 895 jefes de familia. La entrega de tierras se efectuó por restitución y dotación, se crearon nuevos centros agrícolas y se dividieron los latifundios de estadounidenses, de italianos y de alemanes en momentos en que el fascismo y el nazismo perturbaban la paz mundial.

Cárdenas creó una amplia red de instituciones y de nuevas leyes, con el fin de proporcionar apoyo financiero, técnico, educativo, médico y recreativo; además, se construyeron sistemas de riego y de caminos y carreteras.

Para llevar a cabo la reconstrucción económica del sector agrícola, Cárdenas creó una amplia red de instituciones y de nuevas leyes que involucraron a varias secretarías encargadas de proporcionar apoyo financiero, técnico, educativo, médico y recreativo; además, se construyeron sistemas de riego, y de caminos y carreteras, que enlazaran a las zonas agrícolas con las áreas geográficas de consumo. La intensa actividad agraria del cardenismo, aun cuando no trajo efectos positivos inmediatos —e incluso provocó algunos problemas en la producción y en las finanzas públicas—, fue un factor relevante en el crecimiento de la economía nacional que habría de manifestarse a partir de 1940, principalmente porque imprimió una nueva orientación a la economía al alejarla del sistema agrícola de haciendas, con lo cual se dio un cambio en la estructura del mercado hacia condiciones que se aproximaran a la libre competencia. "El antiguo peón acasillado del latifundio tradicional dejó de ser un siervo de la gleba. Pudo así trabajar libremente la tierra que se le otorgaba y dedicarse libremente al cultivo que mejor le pareciera, o buscar ocupación en otra actividad en condiciones de mayor remuneración, con lo que se daba una de las condiciones previas para el desarrollo económico: la movilidad de la mano de obra."[31]

Ejercicio 12

1. Describe las reformas hechas al artículo 27 constitucional, que fundamentaron la reforma agraria cardenista.
2. Describe las ideas del presidente Cárdenas con respecto a la propiedad agraria, ejidal y privada.
3. ¿Cómo llevó a cabo la reforma agraria el gobierno cardenista?
4. ¿Cuáles fueron las acciones de Cárdenas para llevar a cabo la reconstrucción económica del sector agrícola?
5. ¿Cuáles fueron los efectos que la actividad agraria del cardenismo tuvo para el crecimiento de la economía nacional?

---

[30] Arnaldo Córdova, *La política de masas del cardenismo*, p. 100.
[31] Leopoldo Solís, *La realidad económica mexicana*, Siglo XXI Editores, México, 1980, p. 158.

Política industrial

Industrialización sustitutiva de importaciones

El inicio del gobierno de Lázaro Cárdenas coincidió con la recuperación de la economía nacional, después de los años más difíciles de la Gran Depresión. El producto interno bruto (PIB) comenzaba un crecimiento sólido, después de que este indicador, que comenzó a descender en 1929, había alcanzado su nivel más bajo en el primer semestre de 1932.

Además del aumento en el gasto público realizado por Alberto J. Pani en 1933, la recuperación del sector exportador fue relativamente importante en el proceso general de recuperación económica. Por un lado, las devaluaciones del peso en el periodo entre 1930 y 1935 y la mejora de los términos de intercambio comercial, a partir de 1932, por los incrementos del precio de la plata, ayudaron a México a salir de la crisis, aun antes de que ello ocurriera en Estados Unidos.

El proceso de sustitución de importaciones convirtió al sector industrial en el motor de la economía durante la década de 1930, por primera vez en la historia del país. Entre 1934 y 1937, el PIB real aumentó 20%, mientras que el de la industria creció aún más rápidamente.

Casi desde el inicio de la gestión del presidente Cárdenas, el aumento de la demanda interna requirió de mayores inversiones para ampliar la capacidad productiva. Pero el aumento del consumo interno no fue el único factor para alentar las inversiones, sino el incentivo de que el capital industrial obtuviera mayores rendimientos, lo cual obedeció a un incremento de los precios finales en relación con los costos de producción. Esto se debió, en parte, al estímulo del gobierno hacia algunos sectores específicos —textil, azucarero y del hule— y al aumento del proteccionismo efectivo que recibió el sector manufacturero en la segunda mitad de los años treinta. De acuerdo con cifras preliminares, la inversión privada creció durante el periodo 1933-1940 en 23.4%, en términos reales.

Así, la planta industrial, entonces constituida principalmente por fábricas de bienes de consumo no duradero y de materiales de construcción, creció a un ritmo de 8% entre 1937 y 1939.

Otro factor importante de crecimiento económico fue el aumento de la inversión pública que creció, en términos reales, 10.8% en promedio anual. En particular, la inversión del gobierno cardenista se destinó al mantenimiento de la infraestructura básica, como es la construcción de caminos, presas y otros sistemas de riego, y el mantenimiento y relativa expansión de los ferrocarriles y, a partir de la expropiación petrolera, al sector de energéticos. El impacto económico de la inversión pública en esos rubros fue importante para el crecimiento del producto industrial, pues permitió abaratar los costos de producción y transportación, al tiempo que generaba alentadoras ganancias para el sector privado.

En el marco de la política proteccionista al sector industrial, en octubre de 1939 se expidió un decreto que reglamentaba la exportación de las materias primas que requería la industrialización, de modo que fueran usadas internamente en lugar de que se dedicaran a satisfacer las necesidades de las industrias en otros países; al mes siguiente se suprimieron algunos impuestos y se promulgó un decreto destinado a fomentar las actividades industriales totalmente nuevas en el territorio nacional, por medio de la exención de impuestos.

Un aspecto primordial de aquella política de fomento a la industrialización fue el hecho de que el gobierno comenzara a dejar a un lado las reformas sociales que tanto habían preocupado a los empresarios. Para 1939 era ya posible comenzar a disminuir el uso del recurso de la huelga que Cárdenas había permitido —e incluso alentado— al principio de su gobierno, cuando fue necesario atraerse a las masas trabajadoras. Más aún, desde 1936 algunos industriales habían empezado a convencerse de que la política obrerista de Cárdenas, más que estorbarles, les beneficiaba.

> **Fuente 6. Coyuntura para el desarrollo**
>
> (...) es preciso también que sepamos colocarnos a la altura de nuestro deber en estos momentos en que, independientemente de la actitud pacifista de México, la contienda europea tendrá que afectar seriamente a países que no están en guerra, y es por ello que debemos imponernos la firme obligación de establecer nuevas fuentes de producción y acrecentar las actividades en todo el país, con objeto de poder proveernos de todos aquellos artículos y cereales que es posible producir en nuestro propio suelo, mediante un esfuerzo constante y vigoroso, considerando que la mejor manera de servir a la patria en estos momentos es impulsando la producción en el ejido, en la pequeña propiedad, en las fábricas, en las industrias manuales y en todo aquello que pueda contribuir a que México tenga su más amplio desarrollo económico.
>
> Lázaro Cárdenas,
> 17 de septiembre de 1939.

En la estructura económica del país se hizo notoria la existencia de dos sectores: un sector público, que atendía los servicios públicos y la ampliación de la infraestructura, y un sector privado, encargado del grueso de la industria y de la agricultura de exportación.

Hacia finales de la década de 1930 se hizo notoria la existencia de una estructura económica en la que intervenían dos sectores: un sector público —que atendía de forma preferente a los servicios públicos y a la ampliación de la infraestructura— y un sector privado —que se encargaba del grueso de la industria y de la agricultura de exportación—. Esto significaba que México estaba comenzando a adoptar la estrategia económica del *New deal* aplicada por Franklin D. Roosevelt en Estados Unidos, donde el Estado gendarme postulado por la economía clásica se convirtió en *Estado benefactor*.[32]

Comercio

A diferencia de otros años, durante el cardenismo la producción fue orientada hacia el mercado interno, debido a factores tanto estructurales como coyunturales; con respecto a los primeros, a medida que el país se modernizaba, aumentaron los requerimientos del consumo interno —como fue el caso de los productos petroleros— y también aumentaron las necesidades de artículos manufacturados.

Por otra parte, la coyuntura que presentó el encarecimiento de los artículos de importación, inclinó el consumo hacia los productos nacionales, mientras que, en cambio, se incrementaron considerablemente las exportaciones de productos agrícolas. Además, la satisfacción de la demanda interna, y también externa, fue posible gracias a la inversión pública en el rubro de transportes, con lo cual se amplió y mejoró la red de rutas comerciales.

La minería y el petróleo se vieron afectados por la reducción de las compras estadounidenses de plata y el boicot a la industria petrolera mexicana en 1938; aun así, para 1940 los minerales, principalmente oro y plata, representaban 62% de todas las exportaciones. El sexenio cardenista fue el periodo en que la minería llegó a ser el sector más importante de las exportaciones, un poco más de lo que fuera a finales del porfiriato.

La industria manufacturera colaboró de forma considerable al desarrollo de las actividades comerciales, tanto interna como externamente, puesto que al aumentar

La coyuntura que presentó el encarecimiento de los artículos de importación inclinó el consumo hacia los productos nacionales, mientras que se incrementaron considerablemente las exportaciones de productos agrícolas.

Ejercicio 13

1. ¿De qué manera la sustitución de importaciones colaboró al crecimiento del sector industrial en México, durante el periodo 1934-1940?

2. Describe los diversos aspectos de la política de fomento a la industrialización, aplicada por el gobierno cardenista.

3. Describe cómo colaboró la industria manufacturera para el desarrollo de las actividades del comercio, interno y externo.

---

[32] Enrique Cárdenas, *La hacienda pública y la política económica, 1929-1958,* Fondo de Cultura Económica y Colegio de México, México, 1994, pp. 70-77.

su valor en la actividad económica total, permitió comenzar el proceso de sustitución de importaciones que habría de ser el estímulo más importante para el crecimiento industrial, sobre todo en circunstancias en que la economía estadounidense atravesaba por momentos de conflicto que le impedían satisfacer los mercados exteriores.

Finanzas públicas

El gobierno de Cárdenas —aun cuando se mantuvo dentro de la línea tradicional del sistema impositivo y aprovechó la recuperación económica para aumentar los impuestos a la exportación— sentó un precedente que llegaría a constituir un modelo para los posteriores gobiernos mexicanos, al incrementar considerablemente el porcentaje de gasto económico y el gasto social, mientras reducía los gastos administrativos y militares.

La política de gasto público dio como resultado, en varios años del periodo cardenista, déficit fiscales, pero éstos fueron de poco monto, como fue el caso del déficit de 1938, el más alto del sexenio, que representó 1.14% del PIB. En realidad, a pesar de los incrementos en el gasto público, el gobierno cardenista "mantuvo niveles de déficit sumamente controlados".[33]

En lo referente al pago de la deuda pública externa, gracias a la situación internacional, el gobierno cardenista pudo mantener el rompimiento con el Comité Internacional de Banqueros, decretado por el gobierno de Abelardo L. Rodríguez. En septiembre de 1936, Cárdenas expresó que los deseos del gobierno respecto de cumplir con todas sus obligaciones, seguían estando subordinadas a la necesidad de aplicar la mayor parte de los recursos del país a su progreso cultural y económico. El gobierno mexicano pudo retrasar el servicio de la deuda externa, gracias a las buenas relaciones que mantenía con el embajador Daniels, y a dos factores circunstanciales que coincidieron en los años treinta: 1) la aplicación del *New deal* en Estados Unidos, que impedía al gobierno de este país brindar apoyo al Comité de Banqueros; 2) la situación de conflicto mundial, por la cual los estadounidenses se interesaban en considerar a México como un aliado y no como un enemigo. No obstante, en 1937 hubo un acercamiento con el Comité de Banqueros, con el fin de reanudar el servicio de la deuda, pero las negociaciones se rompieron a raíz de la expropiación petrolera.[34]

La indemnización a las compañías petroleras se retrasó en virtud de que éstas valuaron sus bienes en una suma exorbitante; el gobierno mexicano consideró más urgente satisfacer las reclamaciones de ciudadanos estadounidenses afectados por las expropiaciones de tierras, asunto que fue resuelto en 1938, mediante un convenio firmado en términos muy favorables para México; se pagaría un millón de dólares anuales, hasta liquidar totalmente la deuda.[35]

En lo referente a la política monetaria, el Banco de México consolidó sus funciones como la única institución financiera autorizada para emitir papel moneda y, a partir de 1935, cuando se redujo el valor

El gobierno de Cárdenas sentó un precedente al incrementar considerablemente el porcentaje de gasto económico y el gasto social, mientras reducía los gastos administrativos y militares.

La política de gasto público dio como resultado, en varios años del periodo cardenista, déficits fiscales, pero éstos fueron de poco monto, pues el gobierno mantuvo niveles de déficit sumamente controlados.

Sobre la deuda externa, Cárdenas expresó que los deseos del gobierno por cumplir con todas sus obligaciones seguían estando subordinados a la necesidad de aplicar la mayor parte de los recursos del país a su progreso cultural y económico.

La expropiación petrolera provocó una devaluación del peso y dio comienzo un proceso inflacionario que se iría acelerando en los sexenios posteriores, pero que no impediría el crecimiento industrial.

El sistema bancario fue modificado y se promulgaron varias leyes para reformar al Banco de México, de modo que éste contribuyera a la realización del vasto programa oficial destinado a transformar la estructura económica del país.

El embajador Daniels, amigo de México

---
[33] *Ibid.*, p. 87.
[34] Citado por Jan Bazant, *Historia de la deuda exterior de México,* El Colegio de México, México, 1981, p. 213.
[35] *Ibid.*, p. 214.

monetario de la plata, los billetes se convirtieron en un elemento básico de intercambio. Por otra parte, el tipo de cambio con el exterior se pudo mantener fijo mientras hubo estabilidad; sin embargo, al reducirse las reservas internacionales del Banco de México, debido a una política de recesión en Estados Unidos, las autoridades mexicanas optaron por la flotación de la moneda, como una medida para no constreñir el sistema económico. En 1938, el boicot internacional contra la expropiación petrolera provocó una devaluación del peso —de 3.60 pesos por dólar a 4.95— y dio comienzo un proceso inflacionario que se iría acelerando en los sexenios posteriores, pero que no impediría el crecimiento industrial ocurrido entre 1940 y 1970.

El sistema bancario fue modificado; entre 1935 y 1938 se promulgaron varias leyes para reformar al Banco de México, de modo que éste contribuyera, por medio de un crédito amplio, a la realización del vasto programa oficial destinado a transformar la estructura económica del país. Tal legislación permitía que las organizaciones oficiales de crédito se convirtieran en partes integrantes del banco central, con el fin de que pudiesen proporcionar a los diferentes sectores una ayuda financiera más efectiva. Se creó una amplia red de instituciones de crédito, dividida en tres grupos:

a) los bancos que financiaban la agricultura, el Banco Nacional de Crédito Ejidal y el Banco Nacional Agrícola;

b) las instituciones dedicadas a financiar la industria, el Banco Nacional Hipotecario Urbano y de Obras Públicas, y el Banco Nacional Obrero de Fomento Industrial, además de Nacional Financiera, que también participó en el desarrollo industrial;

c) el Banco Nacional de Comercio Exterior y la Compañía de Exportación e Importación.

Ejercicio 14

1. ¿Cuál fue la característica esencial de la política de gasto público, ejercida por el gobierno cardenista?
2. ¿Qué efecto tuvo la política de gasto público en las finanzas del gobierno cardenista?
3. ¿Cómo logró el gobierno mexicano retrasar el servicio del pago de la deuda externa, durante el sexenio 1934-1940?
4. ¿Por qué la expropiación petrolera provocó la devaluación del peso frente al dólar?
5. Describe cómo fue modificado el sistema bancario mexicano, entre 1935 y 1938.

CUADRO 5.2. *El cardenismo. Economía*

- **Nacionalismo y la independencia económica**
  - Nacionalización de los ferrocarriles
  - Expropiación petrolera
    - La política obrera como medio de presión
      - Apoyo nacionalista
  - Reforma agraria y expropiación
    - El más grande reparto agrario
      - Reconstrucción económica del sector agrícola
        - Nueva estructura agraria
    - Fomento al ejido

- **Política industrial**
  - Recuperación económica, factor para el crecimiento de la industria
    - Fomento a la industria nacional
      - Estructura económica en dos sectores
        - Industrialización sustitutiva de importaciones
          - Producción orientada al mercado interno
      - Economía mixta

- **Finanzas públicas**
  - Gasto público
    - Orientado a la economía
    - Déficit controlado
  - Deuda externa
    - Se mantiene el rompimiento con el Comité Internacional de Banqueros
      - Dos factores coyunturales permiten retrasar el servicio de la deuda externa
  - Política monetaria
    - Legislación bancaria
      - Ampliación del crédito al sector productivo
    - Devaluación del peso en 1938
      - Inicio del proceso inflacionario

> *Cárdenas se preocupó de manera particular por los grupos indígenas del país, bajo una nueva perspectiva, que rechazaba la vieja idea de tratar de incorporarlos al contexto nacional desarraigándolos de sus tradiciones y costumbres.*

> *En el indigenismo de Cárdenas fue primordial la atención hacia las comunidades vivas que formaban parte de la sociedad mexicana, pero también se preocupó por proteger y conservar el acervo cultural del pasado prehispánico.*

Cárdenas escuchando a un indígena

Cárdenas con indígenas de Oaxaca

Sociedad y cultura

El aspecto fundamental de la política social del gobierno de Cárdenas consistió, como ya se ha explicado, en su política de masas, y en razón de ella se entienden las acciones obrerista, agrarista e indigenista del presidente, encaminadas a reforzar la estructura productiva del país, como la única vía que él consideraba idónea para llegar a la revolución económica —que, de hecho, se inició a finales de su gobierno— y también como el camino adecuado para consolidar el régimen político establecido.

Política indigenista

El presidente Cárdenas se preocupó de manera particular por los grupos indígenas del país [véase fuente 7. "El sentido de 'incorporar al indio a la civilización'"], bajo una nueva perspectiva, que rechazaba la vieja idea de tratar de incorporarlos al contexto nacional desarraigándolos de sus tradiciones y costumbres.

Para "Tata Lázaro" —como lo llamaron los indígenas de Michoacán—, el programa de emancipación del indígena remarcaba la necesidad de tener en cuenta las condiciones particulares "de su clima, de sus antecedentes y de sus necesidades reales y palpitantes". Dicho programa no estaba muy alejado de lo propuesto por gobiernos anteriores, o de lo que indicaba el Plan Sexenal respecto a los planes educativos. Pero la característica esencial del indigenismo cardenista, derivado del contacto vivencial con el indio en su propio medio, era el énfasis que Cárdenas ponía en la necesidad de conocer el verdadero rostro del indígena en México —rostro muy ajeno al estereotipo de pasividad e indolencia que sobre las personas indígenas se había construido desde tiempos coloniales— y de reconocerle sus "derechos de hombre, de ciudadano y de trabajador, porque es miembro de comunidades activas, como individuo de una clase partícipe en la tarea colectiva de la producción", y porque: "en tanto existan contingentes humanos desposeídos de las tierras de sus mayores, de sus derechos de hombres y de ciudadanos y se les siga tratando como bestias y como máquinas, no puede considerarse que la igualdad y la justicia imperen en América".[36]

A Cárdenas le preocupaba el mejoramiento de los indígenas, así como su incorporación a la vida nacional, pero estaba consciente de que ésta no era una tarea fácil. Sabía que, tras su aparente pasividad, se encontraba un rechazo a la sociedad occidental que durante siglos lo había marginado y explotado. Sabía también que el México indígena no era una entidad unificada, sino una multitud de comunidades rurales disgregadas y separadas entre sí por la geografía, por los dialectos y por las distintas costumbres, y que esas comunidades únicamente reconocían dos tipos de autoridades civiles —aparte de la tutela que ejercían los sacerdotes católicos en la inmensa mayoría de los casos, sobre los grupos indígenas—, la municipal, impuesta por el gobierno nacional, y la autoridad propia de la comunidad indígena. Pero la autoridad municipal no era aceptada sino sólo tolerada a regañadientes, y la autoridad interna no era reconocida como tal ante las leyes nacionales. Las condiciones de aislamiento, físico y cultural, de los grupos indígenas constituían un gran impedimento para

---

[36] Leonel Durán (selección y presentación), *Lázaro Cárdenas. Ideario político,* Era, México, 1976, p. 175.

lograr su incorporación a la nación y, además, se debía luchar contra el analfabetismo, el alcoholismo y las enfermedades, males endémicos en el medio indígena. A pesar de todo eso, Cárdenas tenía la esperanza de realizar algo positivo en favor de los indígenas y confiaba en su gradual incorporación, pues tenía la certeza de que:

> No es exacto que el indígena sea refractario a su mejoramiento, ni indiferente al progreso. Si frecuentemente no exterioriza su alegría, ni su pena, ocultando como una esfinge el secreto de sus emociones, es que está acostumbrado al olvido en que se le ha tenido… y, como para él sólo es realidad la miseria y la opresión, asume una actitud de aparente indiferencia y de justificada desconfianza.[37]

Tzotziles en las montañas de Chiapas

Familia tarahumara, en la sierra de Chihuahua

En consecuencia, fue creado el Departamento de Asuntos Indígenas y, con la fundación el Instituto Nacional de Antropología e Historia en diciembre de 1938, se dio impulso a la investigación etnológica. En el indigenismo de Cárdenas fue primordial la atención hacia las comunidades vivas que formaban parte de la sociedad mexicana de su tiempo, pero también se preocupó por proteger y conservar el acervo cultural del pasado prehispánico, ordenando la preservación y restauración de los monumentos arqueológicos y de todo lo que constituyera la cultura material de los primeros habitantes del territorio nacional, así como la publicación de obras que difundieran los valores culturales del México indígena, tanto del pasado como vigentes.

Campesinos indígenas en Palacio Nacional

Fuente 7. El sentido de "incorporar al indio a la civilización"

La fórmula de "incorporar al indio a la civilización" tiene todavía restos de los viejos sistemas que trataban de ocultar la desigualdad de hecho, porque esa incorporación se ha entendido generalmente como propósito de desindianizar y de extranjerizar, es decir, de acabar con la cultura primitiva: desarraigar los dialectos regionales, las tradiciones, las costumbres y hasta los sentimientos profundos del hombre apegado a su tierra. Por otra parte, ya nadie pretende una resurrección de los sistemas indígenas precortesianos, o el estancamiento incompatible con las corrientes de la vida actual. Lo que se debe sostener es la incorporación de la cultura universal al indio, es decir, el desarrollo pleno de todas las potencias y facultades naturales de la raza, el mejoramiento de sus condiciones de vida, agregando a sus recursos de subsistencia y de trabajo, todos los implementos de la técnica, de la ciencia y del arte universales, pero siempre sobre la base de la personalidad racial y el respeto de su conciencia y de su entidad.

Lázaro Cárdenas,
Discurso en el Primer Congreso Indigenista Interamericano,
Pátzcuaro, Michoacán, 14 de abril de 1940.

Ejercicio 15

1. ¿Por qué Cárdenas consideraba necesario "conocer el verdadero rostro del indígena"?
2. ¿De qué manera se proponía Cárdenas llevar a cabo la emancipación de los pueblos indígenas?
3. Menciona las condiciones de vida de los grupos indígenas que Cárdenas consideraba un impedimento para su incorporación a la vida nacional.
4. Menciona las instituciones gubernamentales creadas por Cárdenas, en su afán de "conocer el verdadero rostro del indígena".

---

[37] *Ibid.*, p. 174.

La educación socialista

La educación socialista tenía dos objetivos: 1) integrar a la mujer a la vida nacional, otorgándole derechos políticos y económicos, a fin de promover la igualdad entre ambos sexos; y 2) extirpar enfermedades y vicios de la sociedad mexicana.

El gobierno de Cárdenas encontró ya reformado el artículo 3º constitucional que amparaba la educación socialista, pero era evidente que el presidente estaba de acuerdo con ella. Sin embargo, debido a la agitación religiosa que tuvo lugar a principios del sexenio, se adoptó una posición menos radical para aplicar la reforma educativa. Se siguió manejando el concepto de la lucha de clases y la defensa del proletariado contra toda forma de explotación, pero se insistió también en aspectos económicos nacionalistas. Al mismo tiempo que buscaba fomentar en los educandos el cariño hacia la clase trabajadora, se trataba de inculcar en ésta un cariño igual hacia el trabajo, y se persuadía al obrero y al campesino para que aumentaran su productividad, utilizando los medios aportados por la tecnología moderna.

La educación socialista en tiempos de Cárdenas tenía dos objetivos: 1) integrar a la mujer a la vida nacional, otorgándole derechos políticos y económicos, para lo cual se implantó la escuela mixta, y señaló que niños y niñas deberían estudiar juntos, a fin de promover la igualdad entre ambos sexos; 2) extirpar enfermedades y vicios de la sociedad mexicana, tarea en la que se hizo partícipes a niños y a maestros, con un papel especial en las campañas destinadas a combatir las enfermedades, la insalubridad, el alcoholismo, el juego y el fanatismo.

El anticlericalismo continuaba vigente, con base en la idea de que los templos debían sustituirse por escuelas, y la enseñanza religiosa por una enseñanza científica y tecnológica. Pero la posición antirreligiosa dejó de ser radical, particularmente a partir de la declaración del presidente Cárdenas, en 1936, en la que especificaba que la educación socialista no combatía a la religión sino al fanatismo.

Inscripciones para la Educación socialista

El gobierno realizó una intensa campaña educativa e inauguró un gran número de escuelas primarias, principalmente rurales. Durante el periodo comprendido entre 1935 y 1940 el número de escuelas ascendió de 10 264 a 14 384, correspondiendo a las rurales un aumento de 4 000. Se estimuló a los particulares a crear escuelas, siempre que se respetara la orientación socialista; las escuelas particulares habían disminuido en los dos primeros años del sexenio, ya que se negaban a aceptar la doctrina socialista, pero "reabrieron sus puertas cuando comprobaron que la nueva escuela no encerraba ningún peligro, ni siquiera alguna novedad sorprendente".[38]

En materia de educación, destacan: 1) el impulso que se dio a las escuelas para mujeres y a los centros educativos para obreros; 2) la educación de la niñez en las poblaciones fronterizas; y 3) la creación de escuelas para los "hijos del ejército".

Entre las innovaciones del periodo, en materia de educación, destacan: 1) el impulso que se dio a las escuelas para mujeres y a los centros educativos para obreros; 2) la educación de la niñez en las poblaciones fronterizas destinada a evitar que, debido a la falta de escuelas en el lado mexicano, los niños fueran enviados a instituciones estadounidenses con el consecuente perjuicio para la identidad nacional; 3) la creación de escuelas para los "hijos del ejército"; dichas escuelas eran internados donde se acogía a los hijos de los soldados que eran frecuentemente cambiados de una a otra zona militar, situación que causaba desajustes en la escolaridad de esos niños.

No obstante, pese a todos los esfuerzos que hizo el gobierno de Cárdenas por alfabetizar a la población, para 1940 todavía era muy alto el porcentaje de analfabetismo (47.8% de la población total), lo cual se debía básicamente a problemas de orden material, a la escasez de maestros y a la deserción escolar en el medio agrícola.

Instituto Politécnico Nacional en 1939

---

[38] Victoria Lerner, *La educación socialista,* El Colegio de México, Col. Historia de la Revolución Mexicana, núm. 16, México, 1979, pp. 126-127.

En la educación superior, se fomentaron las carreras técnicas con la creación del Instituto Politécnico Nacional en 1936 y se fomentó el estudio de las ciencias, principalmente las naturales; destaca, además, el interés que demostró el cardenismo porque no fueran relegadas las ciencias sociales ni las humanidades; interés que se manifestó con el surgimiento de nuevas instituciones enfocadas a la investigación sociocultural y humanista —por ejemplo el Instituto Nacional de Antropología e Historia y El Colegio de México—, y se promovieron las carreras correspondientes de antropología, arqueología, historia económica y lingüística, al tiempo que se celebraban congresos de antropología y de historia. Además, un hecho importante del periodo lo constituye el papel sobresaliente que tuvieron en la filosofía los intelectuales exiliados, quienes aportaron sus conocimientos acerca de las corrientes ideológicas que entonces estaban en boga en Europa.

Por otra parte, los conflictos entre la UNAM y el gobierno fueron disminuyendo gradualmente, y pudiera decirse que para finales del sexenio las relaciones entre los maestros universitarios y el presidente Cárdenas no eran del todo malas, probablemente a causa de que se había refrenado la tendencia socialista del gobierno.

En la educación superior, se fomentaron las carreras técnicas y se fomentó el estudio de las ciencias, principalmente las naturales; pero destaca el interés que demostró el cardenismo porque no fueran relegadas las ciencias sociales ni las humanidades.

Fuente 8. Opiniones encontradas acerca del gobierno cardenista

En su momento, el gobierno del general Lázaro Cárdenas fue objeto de opiniones encontradas. Los enjuiciamientos no aceptaban términos medios: o era el gran constructor del México nuevo y progresista, o el ensañado destructor de todo lo útil que hasta entonces había respetado la revolución mexicana. La razón fundamental de tal encono y tal apología estaba precisamente en lo que había hecho e intentado hacer. No cabe duda de que a lo largo del periodo cardenista la revolución mexicana alcanzó, desde el punto de vista de realización de un programa inspirado en viejos ideales que se remontaban a 1917, un momento culminante. Sobresalía y sintetizaba lo realizado por este régimen la puesta en práctica de una concepción abandonada hasta entonces, que otorgaba al Estado un papel más activo en la transformación política, económica y social. Pero como sucede siempre en estos casos hubo altos costos a pagar, ya que los intereses creados que se afectaron con el proceso de cambio oficialmente inducido, reaccionaron con airadas protestas, peticiones de rectificación e incluso con amenaza de violencia. Las reformas propiciadas por el gobierno cardenista en la organización económica del país; las consecuencias políticas del impulso que imprimió a grandes grupos de obreros y campesinos; el desplazamiento de los callistas en el manejo de las cosas de México, además del fallido intento de preparar a través de la educación la mente de las futuras generaciones para que continuaran el proceso de transformación, lastimó profundamente una serie de heterogéneos, pero poderosos, intereses creados. El latifundista, el empresario, el hombre medio de acentuado catolicismo y en general todos aquellos que por varias razones —entre ellas las políticas— no comulgaban con el cardenismo, acudieron a combatir la nueva orientación, escudándose en el liberalismo económico, la teoría clásica de la democracia y en el individualismo a ultranza. De esta manera el país quedó dividido en dos campos políticamente opuestos en las postrimerías de los años treinta, y ello imprimiría un tenor peculiar a la sucesión presidencial de 1940.

Luis Medina,
Del cardenismo al avilacamachismo,
El Colegio de México, México, 1978, pp. 13-14.

Las expresiones artísticas reflejaron la ideología cardenista: en pintura fue la época del mayor auge del muralismo; el cine mexicano se dedicó a enaltecer al medio rural y, en general, se dio una identificación pocas veces alcanzada en México entre la política oficial y la expresión artística.

Ejercicio 16

1. Describe los objetivos de la educación socialista en tiempos de Cárdenas.

2. Describe las acciones emprendidas por Cárdenas en la aplicación de la educación socialista.

3. Menciona las innovaciones del periodo cardenista en materia de educación.

4. ¿Cuáles fueron las acciones del gobierno cardenista con respecto a la educación superior?

5. ¿De qué manera las expresiones artísticas reflejaron la ideología cardenista?

Cuadro 5.3. *El cardenismo. Sociedad y cultura*

Política indigenista	{ Contacto vivencial con el medio indígena. Reconocimiento de sus derechos y respeto a su cultura	{ Preocupación por el mejoramiento de los indígenas y por su incorporación a la vida nacional	{ Impulso a la investigación etnológica: creación del INAH. Publicación de obras acerca del acervo cultural del México prehispánico
Educación socialista	{ Nacionalismo Posición menos radical del anticlericalismo Cariño hacia la clase trabajadora Amor al trabajo	{ Dos objetivos: Integrar a la mujer a la vida nacional Extirpar enfermedades y vicios	{ Intensa campaña Educación a mujeres y obreros; a niños en las zonas fronterizas; a "hijos del ejército" · { Fomento a carreras técnicas, sin relegar a las ciencias sociales ni a las humanidades Creación del IPN Disminución de conflictos en la UNAM El cardenismo en el arte

Las expresiones artísticas reflejaron la ideología cardenista. El periodo 1934-1940 fue la época de mayor auge de los grandes muralistas: Diego Rivera, David Alfaro Siqueiros, José Clemente Orozco, quienes plasmaron en los muros de los edificios oficiales los temas de la lucha obrera, del agrarismo, el indígena "en su verdadero rostro", los temas de la Revolución y el surgimiento de un nuevo "Prometeo" mexicano. Están presentes asimismo los temas del México prehispánico, enaltecido por Rivera, y que Cárdenas conminaba a respetar. También el cine mexicano vivió una época que se habría de considerar clásica, cuyo tema central estaba dedicado a enaltecer el medio rural, mostrando las injusticias de los hacendados, la ingenua bondad del campesino, la valentía y el romanticismo del charro mexicano. La literatura se nutrió también en el agrarismo y se puso de moda la novela de tema rural. La arquitectura mostró un neoaztequismo no tan afortunado y, en fin, se dio una identificación pocas veces alcanzada en México entre la política oficial y la expresión artística.

Actividades de aprendizaje

1. Elabora un cuadro donde, con base en la investigación correspondiente, menciones los acontecimientos políticos y económicos —relacionados con los efectos de la Gran Depresión y la lucha entre socialismo y fascismo—, ocurridos en Francia y en España, durante el periodo comprendido entre 1935 y 1940, especificando la fecha de cada suceso.

2. Consulta fuentes adicionales sobre historia de América Latina en la década de 1930, para que elabores un cuadro comparativo donde menciones los acontecimientos políticos y económicos más relevantes, ocurridos en ese tiempo en Argentina, Chile, Perú, Brasil y México.

3. Después de analizar en este capítulo los acontecimientos protagonizados por el general Calles —entre junio de 1935 y abril de 1936—, que condujeron a su expulsión del país, así como la fuente 1, elabora un escrito de dos cuartillas donde, al describir tales acontecimientos, destaques el papel de Cárdenas en su búsqueda por alcanzar la autonomía de la presidencia.

4. Después de estudiar el contenido de este capítulo, redacta un escrito de una cuartilla y media, donde expliques cómo utilizó Cárdenas la ideología socialista para llevar a la práctica su proyecto de desarrollo de la economía nacional.

5. Con base en el estudio del apartado de Economía en este capítulo, y consultando fuentes adicionales, elabora un escrito de cuartilla y media, en el que expliques la relación entre los siguientes términos: sustitución de importaciones; proteccionismo; Gran Depresión; industria manufacturera; inversión pública; economía mixta.

6. Transcribe siete de los Catorce puntos cardenistas (fuente 2) sobre el capital y el trabajo que juzgues más importantes y, *de acuerdo al contexto político, económico y social en que fueron pronunciados,* explica por qué consideras esos siete puntos como los más relevantes.

7. Además de la información proporcionada en el presente capítulo, consulta fuentes especializadas en la política obrera y campesina de Lázaro Cárdenas, para que elabores un ensayo —con todos los elementos propios de esta forma literaria— de tres cuartillas, cuyo título deberá ser: "La política de masas y el corporativismo, como medios de consolidación del poder cardenista."

8. Realiza una entrevista a algún miembro del Comité Ejecutivo —nacional o local— del Partido Acción Nacional, para obtener información vigente sobre los principios doctrinarios y la forma de ingreso. Con base en la información obtenida, responde por escrito a las siguientes preguntas:

    a) En caso de haberse modificado los principios doctrinarios expuestos en el Programa Mínimo de Acción Política de 1940, ¿en qué consisten tales modificaciones?

    b) ¿Se puede considerar al PAN en la actualidad como un partido elitista?

9. Consulta fuentes especializadas en la historia de la Unión Soviética entre 1924 y 1937, para que respondas por escrito a la siguiente pregunta:

    ¿Por qué el asilo político otorgado a León Trotski, desmentía a quienes acusaban a Cárdenas de desarrollar una política favorable a Moscú?

10. Después de consultar bibliografía especializada, elabora un escrito de una cuartilla sobre el tema de la aportación que hicieron a la cultura mexicana los intelectuales españoles, refugiados en el país durante el gobierno de Cárdenas.

11. Después de estudiar el contenido de este capítulo y analizar la fuente 8, contesta por escrito las siguientes preguntas:

    a) ¿Por qué se considera al periodo cardenista como el "momento culminante de la realización del programa inspirado en los ideales de 1917"?

    b) ¿A qué se refiere el autor de la fuente 8, al decir que las reformas del gobierno cardenista "lastimaron profundamente una serie de heterogéneos, pero poderosos, intereses creados"?

    c) ¿Cómo influyeron las acciones de la política cardenista en el surgimiento de partidos políticos de oposición y en la sucesión presidencial de 1940?

12. Consulta fuentes especializadas en las manifestaciones artísticas —pintura, arquitectura, literatura y cinematografía— durante el periodo cardenista, para que elabores un ensayo de tres cuartillas cuyo título será: "El indigenismo en el arte mexicano durante el periodo 1934-1940."

Bibliografía

Basurto, Jorge, *Cárdenas y el poder sindical,* Era, México, 1983.
Bazant, Jan, *Historia de la deuda exterior de México, 1823-1946,* El Colegio de México, México, 1981.
Cárdenas, Enrique (comp.), *Historia económica de México,* Vol. 5, Fondo de Cultura Económica, México, 1994.
_____, *La hacienda pública y la política económica, 1929-1958,* Fondo de Cultura Económica y El Colegio de México, México, 1994.
Casasola, Gustavo, *Historia Gráfica de la Revolución Mexicana,* Vols. 6 y 7, Trillas, México, 1973.
Córdova, Arnaldo, *La política de masas del cardenismo,* Era, México, 1980.
_____, *La Revolución y el Estado en México,* Era, México, 1989.
_____, *La Revolución en crisis. La aventura del maximato,* Cal y Arena, México, 1995.
Durán, Leonel (selección y presentación), *Lázaro Cárdenas. Ideario político,* Era, México, 1976.
Garrido, Luis Javier, *El partido de la Revolución institucionalizada,* SEP, México, 1986.
González Casanova, Pablo, *El Estado y los partidos políticos en México,* Era, México, 1983.
González Compeán, Miguel y Leonardo Lomelí (coords.), *El Partido de la Revolución. Institución y conflicto (1928-1999),* Fondo de Cultura Económica, México, 2000.
González, Luis, *Los artífices del cardenismo,* El Colegio de México, México, 1979.
_____, *Los días del presidente Cárdenas,* El Colegio de México, México, 1981.
Hernández Chávez, Alicia, *La mecánica cardenista,* El Colegio de México, México, 1979.
Krauze, Enrique, *Lázaro Cárdenas. General misionero,* Biografía del poder, Fondo de Cultura Económica, México, 1987.
_____, *El sexenio de Lázaro Cárdenas,* Clío, México, 1999.
_____, *El sexenio de Ávila Camacho,* Clío, México, 1999.
Lerner, Victoria, *La educación socialista,* El Colegio de México, México, 1979.
Loaeza, Soledad, *Clases medias y política en México,* El Colegio de México, México, 1988.
_____, *El Partido Acción Nacional: la larga marcha, 1939-1994,* Fondo de Cultura Económica, México, 1999.
Martínez Assad (coord.), *La sucesión presidencial en México, 1928-1988,* Nueva Imagen, México, 1992.

Medin, Tzvi, *Ideología y praxis política de Lázaro Cárdenas,* Siglo XXI Editores, México, 1977.
_____, *El minimato presidencial: historia política del maximato,* Era, México, 1982.
Medina Peña, Luis, *Del cardenismo al avilacamachismo,* El Colegio de México, México, 1978.
_____, *Hacia el Nuevo Estado. México, 1920-1933,* Fondo de Cultura Económica, México, 1994.
Meyer, Lorenzo, *México y los Estados Unidos en el conflicto petrolero, 1917-1942,* El Colegio de México, México, 1972.
Moreno, Daniel, *Los partidos políticos del México Contemporáneo 1916-1985,* Pax-México, México, 1985.
Rodríguez Araujo, Octavio, *La reforma política y los partidos en México,* Siglo XXI Editores, México, 1983.
Solís, Leopoldo, *La realidad económica mexicana: retrovisión y perspectivas,* Siglo XXI Editores, México, 1980.
Suárez Gaona, Enrique, *¿Legitimación revolucionaria del poder en México?,* Siglo XXI Editores, México, 1987.
Townsend, William C., *Lázaro Cárdenas. Demócrata mexicano,* Grijalbo, México, 1954.
Vázquez, Josefina Zoraida y Lorenzo Meyer, *México frente a Estados Unidos, 1776-1980,* México, 1982.
Wilkie, James W., *La Revolución Mexicana. Gasto federal y cambio social,* Fondo de Cultura Económica, México, 1978.

Capítulo 6

Los gobiernos de la Revolución. Unidad nacional y civilismo (1940-1952)

Modernización (Torres de Satélite)

1941
Es suprimido el sector militar del PRM, enero. Fidel Velázquez es elegido secretario general de la CTM, febrero. Se firma un convenio para el arreglo de la deuda petrolera, noviembre.

1942
Firma del acuerdo bilateral de comercio con Estados Unidos, diciembre. México se declara en "estado de guerra" contra las potencias del Eje, 22 de mayo. Asistencia de los ex presidentes a la Asamblea de Acercamiento Nacional, 15 de septiembre.

1943
Establecimiento del Seguro Social, enero. Se crea la Confederación Nacional de Organizaciones Populares (CNOP), 28 de febrero. Se celebran elecciones legislativas federales, julio.

1945
El Escuadrón 201 entra en acción en el océano Pacífico, junio. Es aprobada la nueva Ley Federal Electoral, diciembre. Reforma al artículo 3° constitucional, diciembre.

Gobierno de Manuel Ávila Camacho

- **Política interna**
  - Introducción: la legitimidad cuestionada
  - La unidad nacional frente al divisionismo político
  - Consolidación de las instituciones políticas
  - Elecciones legislativas de 1943
  - Crisis en el PRM
  - Transformaciones políticas hacia la sucesión presidencial
- **Política exterior**
  - Las relaciones con Estados Unidos
  - México en la Segunda Guerra Mundial
- **Economía y sociedad**
  - La rectificación agraria
  - Desarrollo industrial y proteccionismo
  - Comercio exterior
  - Finanzas públicas
  - Política obrera
  - Educación

Gobierno de Miguel Alemán Valdés

- **Política interna**
  - Comienzo del civilismo
  - Doctrina de la mexicanidad
  - Modernización del autoritarismo
- **Política exterior**
  - La difícil relación con Estados Unidos
- **Economía**
  - Política agropecuaria
  - Política industrial
  - Finanzas públicas

1946

Es fundado el Partido Revolucionario Institucional (PRI), 18 de enero. Miguel Alemán triunfa en las elecciones presidenciales, 7 de julio. Reforma al artículo 27 constitucional, diciembre.

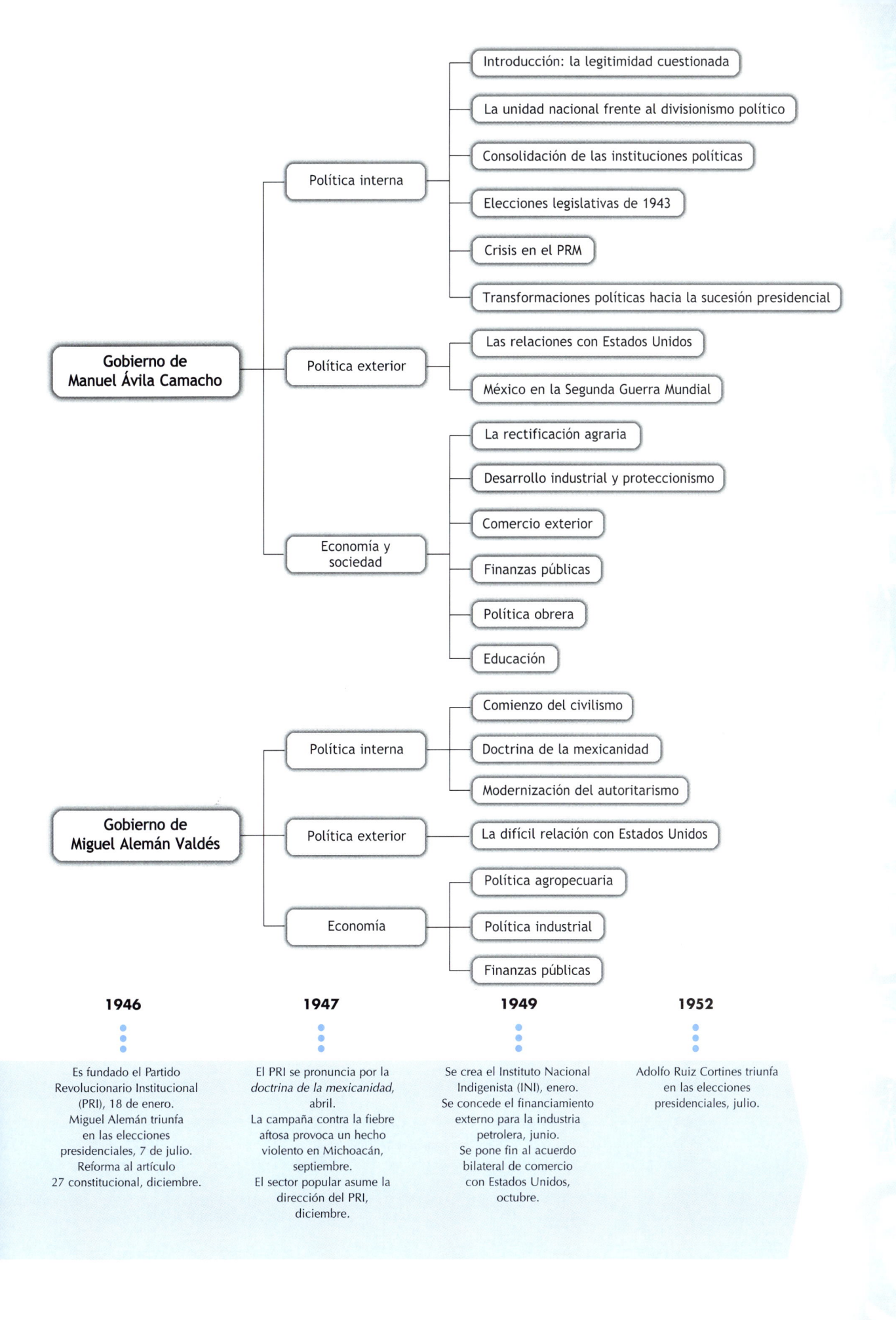

1947

El PRI se pronuncia por la *doctrina de la mexicanidad*, abril. La campaña contra la fiebre aftosa provoca un hecho violento en Michoacán, septiembre. El sector popular asume la dirección del PRI, diciembre.

1949

Se crea el Instituto Nacional Indigenista (INI), enero. Se concede el financiamiento externo para la industria petrolera, junio. Se pone fin al acuerdo bilateral de comercio con Estados Unidos, octubre.

1952

Adolfo Ruiz Cortines triunfa en las elecciones presidenciales, julio.

Los gobiernos de la Revolución. Unidad nacional y civilismo

La unidad nacional fue el concepto utilizado por el presidente Manuel Ávila Camacho con el fin de reconciliar al gobierno tanto con las clases medias y empresariales inconformes con la orientación socialista de Cárdenas, como con los grupos políticos de oposición que en las pasadas elecciones habían competido por la Presidencia de la República, los cuales aseguraban que tales comicios habían sido fraudulentos.

Aquel propósito de reconciliación condujo a efectuar un cambio de rumbo en los aspectos más conflictos del cardenismo, entre ellos la relación entre empresarios y trabajadores y la educación socialista (que fue suprimida). Asimismo, el objetivo de unidad nacional buscaba poner fin a los divisionismos políticos y alcanzar un clima de armonía, en el marco de la buena voluntad y el acercamiento político, estrategias promovidas por el presidente Ávila Camacho.

Durante ese tiempo se vivieron los años más cruentos de la Segunda Guerra Mundial, que implicaron la participación de Estados Unidos en apoyo a los aliados europeos que luchaban contra el nazifascismo. Esa situación amenazaba también a México, vecino y aliado de Estados Unidos, por lo que el gobierno de Ávila Camacho se vio obligado a enviar un escuadrón al frente de guerra en el océano Pacífico. Como resultado de este hecho, al finalizar el conflicto mundial México fue reconocido como uno de los países triunfadores.

El siguiente gobierno presidencial, que también encontrarás en este capítulo, estuvo encabezado por Miguel Alemán Valdés, el primer mandatario civil de la época posrevolucionaria. Además de dar comienzo al civilismo que se mantendría en la Presidencia a partir de ese periodo, el gobierno de Alemán se caracterizó por actuar con autoritarismo en la política y por su impulso a la industria nacional en los asuntos económicos.

El inicio de este periodo presidencial coincidió con el comienzo de la posguerra en el ámbito internacional, la cual, como aprendiste en tus cursos de historia mundial, dio paso a la llamada Guerra Fría, un ambiente de constante tensión entre los dos polos opuestos: los países occidentales y sus aliados por una parte, y la Unión Soviética y sus países satélite por otra. Esta situación influyó en México, no sólo en su política exterior, sino además en la reorientación de la política interna hacia un abandono total del socialismo, que llevó incluso a expulsar del PRI a los seguidores del comunismo.

Es necesario que sepas que esa decisión no sólo se debió a la influencia de Estados Unidos sobre la política mexicana, sino también al interés del gobierno de Miguel Alemán por obtener la inversión de los capitales estadounidenses necesarios para impulsar su proyecto de crecimiento industrial. Ese proyecto se enmarcaba, a partir de las bases establecidas por Cárdenas, en el modelo de sustitución de importaciones, que consistía en fabricar en México los productos de la industria manufacturera que antes se adquirían en el exterior. Este modelo fue en aquellos tiempos, y hasta la década de 1970, el motor del desarrollo industrial que comenzó a mostrarse como una realidad en la notable modernización y el crecimiento económico que experimentó el país en el sexenio de Miguel Alemán Valdés.

Gobierno de Manuel Ávila Camacho

Política interna

Introducción: la legitimidad cuestionada

Al iniciar su gobierno, Manuel Ávila Camacho se encontró frente a algunas dificultades, ocasionadas principalmente por dos factores: en el orden interno, el ambiente de descontento de algunos sectores de población hacia el cardenismo, agravado durante el proceso electoral de 1939-1940; en el orden internacional, las presiones políticas y económicas sobre México con motivo de las graves complicaciones que traía consigo la Segunda Guerra Mundial (véase cuadro 6.1).

Manuel Ávila Camacho, presidente de la República

En cuanto a la situación interna, la campaña electoral y los comicios federales de julio de 1940, duramente reñidos [véase fuente 1. "La ley electoral y los conflictos en las elecciones de 1940"], habían puesto de manifiesto que tanto el Partido de la Revolución como el régimen mismo habían sido incapaces de obtener el consenso de amplios sectores del país y, en particular, de las capas medias de la población que habían votado por Almazán, no solamente atraídas por algunas de las ideas de este candidato, sino también por el descontento de esos sectores hacia el cardenismo.

Ante el considerable avance de la oposición, el gobierno había tenido que recurrir al fraude electoral y, aparte de las implicaciones antidemocráticas, eso trajo como consecuencia que Ávila Camacho llegara a la Presidencia de la República sin contar con el completo apoyo de la sociedad. Había la impresión de que el nuevo presidente carecía de legitimidad y de que había sido impuesto por el régimen, representado en el PRM. Así, el nuevo presidente subió al poder con la idea generalizada entre un amplio sector de la opinión pública de que en realidad no había ganado las elecciones; además, se consideraba que Ávila Camacho carecía del carisma y la fuerza propia de sus antecesores, muy especialmente Calles y Cárdenas.

Con respecto al factor internacional, cuando Ávila Camacho tomó posesión de la presidencia, las fuerzas nazifascistas avanzaban por Europa. Francia había sido derrotada, el territorio británico era seriamente amenazado. La gran conflagración mundial colocaba a México frente a serios problemas políticos y económicos. No sólo debía enfrentar a las potencias del Eje en razón de su posición a favor de los aliados, sino también evitar que esa alianza se convirtiera en un medio para que los estadounidenses adquirieran mayor peso en la vida interna de México, lo cual podría suceder si se ponía en riesgo el desarrollo económico del país y prevalecía el descontento de los sectores empresariales y las clases medias.

Se imponía entonces un cambio de rumbo —que ya había empezado a manifestarse en los últimos años del cardenismo— y la adopción de una estrategia efectiva para lograr la reconciliación nacional. Por ello, sin dejar de apoyarse en los mecanismos de negociación y de control creados en torno al PRM, el nuevo gobierno inició una política que comenzó a apartarse abiertamente de la que sostuvo el régimen durante la mayor parte del sexenio anterior. Eso significó también apartarse del indigenismo, aunque el Instituto Nacional Indigenista (INI), promovido por Cárdenas, fue aprobado por Ávila Camacho en 1941 y fue hecho realidad en 1949, ya en el sexenio de Miguel Alemán.

La práctica política de Ávila Camacho se fundamentó en dos principios relacionados entre sí: uno era la "unidad nacional" y el otro una "conciliación rectificadora"

Ávila Camacho llegó a la Presidencia de la República sin contar con el completo apoyo de la sociedad; había la impresión de que el nuevo presidente carecía de legitimidad y de que había sido impuesto por el régimen.

Discurso de toma de posesión del presidente Ávila Camacho

La posición de México de parte de los aliados durante la Segunda Guerra Mundial colocaba al gobierno de Ávila Camacho frente a serios problemas políticos y económicos.

El gobierno avilacamachista inició una política que comenzó a apartarse abiertamente de la que sostuvo el régimen durante la mayor parte del sexenio anterior, lo cual significó también apartarse del indigenismo.

El vicepresidente de E.U., en la toma de posesión de Ávila Camacho

que buscaba armonizar las "fuerzas políticas disímiles y hasta contradictorias", para que no hubiese "una parte de la sociedad alejada del gobierno y descontenta con sus decisiones".[1]

De acuerdo con ese propósito, la política de Ávila Camacho habría de centrarse en tres de los aspectos más conflictivos heredados del cardenismo: el problema agrario, las relaciones entre el capital y el trabajo y la educación socialista. Estos temas estaban relacionados con el objetivo de aumentar la productividad agrícola e industrial, lo cual significó, en materia agraria, la necesidad de definir una nueva política que relegara al ejido —bajo la concepción económica de la baja productividad del ejido en comparación con la de la pequeña propiedad— a cambio de favorecer la propiedad privada y el capitalismo en el campo.

Sin embargo, no se trataba de desechar todo lo realizado por el gobierno anterior; la conciliación debía apoyarse en los mismos logros sociales del cardenismo, que neutralizaron los conatos de lucha de clases, al integrar las organizaciones campesinas y obreras como parte del sistema político. Además, los avances alcanzados por Cárdenas en materia de independencia económica, constituyeron el fundamento indispensable para continuar la política de crecimiento, en el marco del Estado activo impulsado en el sexenio anterior, y en el contexto de la nueva coyuntura internacional.

Ante la necesidad de un cambio de rumbo, la política de Ávila Camacho se fundamentó en dos principios: la unidad nacional y una conciliación rectificadora que buscaba armonizar las fuerzas políticas contrarias.

La política de Ávila Camacho habría de centrarse en tres de los aspectos más conflictivos heredados del cardenismo: el problema agrario, las relaciones entre el capital y el trabajo y la educación socialista.

La conciliación debía apoyarse en los logros sociales de Cárdenas y en los avances alcanzados por éste en materia de independencia económica, fundamento indispensable para continuar la política de crecimiento económico.

Fuente 1. La ley electoral y los conflictos en las elecciones de 1940

Todas esas elecciones de los primeros 20 años posrevolucionarios se realizaron al amparo de la deficiente ley electoral de 1918, que dejó el grueso de la organización del proceso electoral en manos de las autoridades locales. Si bien los jefes políticos desaparecieron tras el triunfo de la Revolución, los presidentes municipales tomaron, por mandato de ley, su lugar en el terreno electoral al otorgarles las competencias que más se prestaron para la manipulación electoral: elaboración del padrón, instalación de casillas y establecimiento de los colegios municipales sufragáneos. Por su parte los gobernadores, de acuerdo con dicha ley, estaban facultados para establecer la división distrital del estado. También contenía una disposición que propiciaba la violencia entre grupos en pugna política: disponía que el funcionario designado para instalar la casilla lo haría con los primeros cinco ciudadanos que se presentaran a votar. Por esa razón, las elecciones de 1940, las más disputadas hasta entonces, estuvieron marcadas por una violencia generalizada por los bandos contendientes en las principales ciudades del país. Es imposible afirmar, como se hizo en su tiempo, que esas elecciones las ganó Almazán, pues el grueso de los votantes estaba en el campo, y ya Cárdenas se había encargado de incorporarlos al PRM vía la distribución de tierras, la constitución de ejidos y la creación de la CNC. Sin embargo, el efecto internacional de la violencia electoral sembró la convicción de que había que cambiar las reglas del juego electoral.

Luis Medina Peña,
Hacia el nuevo Estado,
Fondo de Cultura Económica, México, 1994, p. 162.

---

[1] Luis Medina, *Del cardenismo al avilacamachismo,* El Colegio de México, México, 1978, p. 230.

La unidad nacional frente al divisionismo político

La política de unidad y conciliación de Ávila Camacho se manifestó desde un principio en la integración del gabinete, al que procuró incorporar representantes de las diferentes —e incluso contrarias— tendencias políticas, procedentes tanto de la familia revolucionaria como fuera de ella.

Ezequiel Padilla y Marte R. Gómez, secretarios de Relaciones Exteriores y Agricultura respectivamente, representaban al grupo de Emilio Portes Gil; Francisco Javier Gaxiola, secretario de Economía, era cercano al ex presidente Abelardo L. Rodríguez y representaba a la burguesía nacionalista del norte. Por otra parte, Luis Sánchez Pontón e Ignacio García Téllez, ambos cardenistas, obtuvieron las Secretarías de Economía y Trabajo, respectivamente.

Es significativo el hecho de que a esas personas les fueran comisionados los ministerios relacionados con sus tendencias ideológicas. Así, el conservadurismo político estaba representado por Padilla en Relaciones Exteriores, sobre todo por los cambios que se estaban operando en las relaciones con Estados Unidos; Gaxiola, un representante del círculo de revolucionarios convertidos en empresarios, se encargaba del manejo de la economía nacional; García Téllez y Sánchez Pontón fueron comisionados para garantizar —al menos ésa fue su intención en principio— que las relaciones laborales y la educación socialista se defendieran de acuerdo con el criterio de la izquierda oficial representada por el ex presidente Lázaro Cárdenas.

Como consecuencia de la política de conciliación aplicada al interior del propio gobierno, el sexenio 1940-1946 se caracterizó por un persistente enfrentamiento entre las dos corrientes opuestas: una a la derecha y una a la izquierda, mientras que el grupo formado por el presidente Ávila Camacho —representado sobre todo por Miguel Alemán Valdés, secretario de Gobernación— hacía la función de árbitro en los conflictos.

En la derecha se encontraban callistas destacados, que habían regresado a la vida política alentados por la nueva tendencia de unidad nacional, y cuyo líder principal era Abelardo L. Rodríguez. La izquierda, heredera del cardenismo, estaba integrada fundamentalmente por los directivos de la CTM, además de algunas personalidades y grupos que compartían los objetivos y principios de esa organización obrera. Ambas corrientes representaban posiciones ideológicas de regímenes anteriores y tenían concepciones divergentes sobre el futuro del país y el papel del Estado. Los integrantes de la derecha insistían en que la iniciativa privada fuera el motor fundamental en los asuntos económicos y sociales, mientras el Estado debía mantenerse en el papel de árbitro, limando asperezas, reduciendo la lucha de clases y propiciando la armonía social (es decir, el Estado "gendarme" propuesto por la economía clásica). Los grupos de izquierda, en cambio, deseaban que el Estado adquiriera un compromiso mayor con las causas sociales, actuando como agente promotor de un cambio social basado en los postulados de la Revolución.

Como una muestra más de que la política de unidad nacional [véase fuente 2. "La unidad nacional avilacamachista"] pretendía erradicar los divisionismos políticos, el

Ávila Camacho con Velázquez, Cárdenas y Lombardo

Ejercicio 1

1. ¿Por qué era necesario un cambio de rumbo al iniciarse el gobierno de Ávila Camacho?

2. ¿Cuáles eran los propósitos de Ávila Camacho con su política de unidad nacional y conciliación?

3. Menciona los tres aspectos heredados del cardenismo en que se centró la política de Ávila Camacho.

4. ¿Por qué la conciliación avila-camachista debía apoyarse en los logros sociales del cardenismo?

La política de unidad y conciliación de Ávila Camacho se manifestó en la integración del gabinete, al que procuró incorporar representantes de las diferentes —e incluso contrarias— tendencias políticas.

El sexenio 1940-1946 se caracterizó por un persistente enfrentamiento entre las dos corrientes opuestas: derecha e izquierda, mientras que el grupo del presidente Ávila Camacho hacía la función de árbitro en los conflictos.

Los grupos de derecha insistían en que la iniciativa privada fuera el motor fundamental en los asuntos económicos y sociales, mientras el Estado debía mantenerse en el papel de árbitro.

Los grupos de izquierda deseaban que el Estado adquiriera un compromiso mayor con las causas sociales, actuando como agente promotor de un cambio social basado en los postulados de la Revolución.

> **Ejercicio 2**
>
> 1. Describe cómo se refleja la política de unidad nacional en la integración del gabinete del presidente Ávila Camacho.
> 2. ¿Cuál fue la consecuencia de la política de conciliación aplicada en la formación del gabinete?
> 3. Describe las divergentes posiciones ideológicas de los políticos de derecha y de izquierda, sobre el futuro del país y el papel del Estado.

Ávila Camacho con ex presidentes el día del Acercamiento Nacional

15 de septiembre de 1942, Ávila Camacho convocó una Asamblea de Acercamiento Nacional, a la que fueron invitados todos los ex presidentes: Adolfo de la Huerta, Plutarco Elías Calles, Emilio Portes Gil, Pascual Ortiz Rubio, Abelardo L. Rodríguez y Lázaro Cárdenas. El hecho de reunir en un mismo evento a estos personajes —que a pesar de militar en el mismo Partido de la Revolución, tenían profundas diferencias ideológicas entre sí— llevaba la intención de hacer público el logro de la unidad nacional, y de que tal acontecimiento sirviera de ejemplo para quienes aún persistían en la discordia.

Consolidación de las instituciones políticas

El partido de la Revolución Mexicana

Al iniciarse el sexenio de Ávila Camacho, se juzgaba necesaria la reorganización del PRM, porque la imagen prosocialista que presentaba no era congruente con la nueva política de conciliación. De momento, la reorganización implicaba cambiar varios aspectos de la estructura del partido, así como sus postulados, antes de poder hacerlo de manera más profunda.

La primera labor importante de la dirigencia del PRM fue la supresión del sector militar, con la cual se confirmó la preeminencia del presidente de la República sobre el Partido de la Revolución.

La primera labor importante de la dirigencia del PRM que entró en funciones al día siguiente de inaugurado el sexenio, fue la supresión del sector militar, concretada por decreto presidencial en enero de 1941. En el decreto —que recordaba los argumentos presentados por los jefes militares que se habían opuesto a la formación del cuarto sector en 1938— el presidente Ávila Camacho explicó que la participación activa del Ejército en la política constituía una amenaza para la cohesión y disciplina de las fuerzas armadas, y también para su carácter de baluarte de las instituciones. Declaró que, en adelante, los militares que como ciudadanos quisieran participar en política podrían hacerlo a través de cualquier otro de los sectores.

La disposición presidencial fue recibida casi sin comentarios por la prensa nacional y fue apoyada por la mayor parte de los generales en activo. La evolución de la guerra en Europa era entonces una de las principales preocupaciones de los oficiales y esta medida se consideró necesaria para reforzar la cohesión interna de las fuerzas armadas. La supresión del sector militar confirmó la preeminencia del presidente de la República sobre el Partido. La rapidez y facilidad con que este cambio fue llevado a cabo demostró que no habría marcha atrás en la consolidación del presidencialismo, iniciada con Lázaro Cárdenas.

La segunda comisión de la dirigencia del PRM fue sacar al partido del centro del debate político nacional al retirarle, también por decreto presencial, su órgano de difusión, el periódico *El Nacional*, que pasó a ser un órgano del Poder Ejecutivo. El PRM también perdió la facultad de designar la Comisión Permanente del Congreso y sus

El presidente Ávila Camacho entrega las banderas a los reclutas

Cap. 6. Los gobiernos de la Revolución. Unidad nacional

funciones disciplinarias que ejercía sobre el bloque de militantes del PRM en el Congreso; ambas funciones se encomendaron a la Secretaría de Gobernación. Finalmente, el Comité Ejecutivo declaró que entre los periodos electorales, el PRM entraría en receso político, para dedicarse sólo a la acción social, y se anunció su reestructuración.

De esta manera, el PRM quedaba como un instrumento de la política de unidad nacional, con lo cual se daba otro gran avance en el fortalecimiento del Estado mexicano.

En el aspecto de la doctrina, algunas tesis del Partido de la Revolución habían sido ya reformuladas en los últimos años del sexenio de Cárdenas, pero el nuevo gobierno —y la nueva dirigencia del PRM— fue mucho más lejos y abandonó toda una serie de principios que eran básicos en la concepción oficial del partido. Los postulados oficiales del partido no volvieron a mencionarse y las únicas referencias a las que acudían sus dirigentes eran las nuevas tesis presidenciales. Incluso el Segundo Plan Sexenal fue relegado sin que se diera explicación alguna y las reformas ahí propuestas no fueron tomadas en consideración por la administración avilacamachista.[2]

La política de apaciguamiento

En el curso de los años que debían redefinir al partido, el nuevo Comité Central Ejecutivo (CCE) impuso una política que seguía fielmente las tesis presidenciales; calificada como de "apaciguamiento", esta política estaba orientada a conseguir que la acción del PRM quedara limitada a sus actividades electorales y eventualmente sociales.

Sin embargo, desde los primeros meses del nuevo sexenio, la división existente en el Partido de la Revolución desembocó en algunos enfrentamientos. Como consecuencia de las nuevas orientaciones del gobierno en materia social y económica, los dirigentes políticos y sindicales se dividieron en dos tendencias, más o menos organizadas, tanto al interior del partido como en el Congreso de la Unión. La derecha oficial —representada por Abelardo L. Rodríguez y Maximino Ávila Camacho, hermano del presidente— dominaba la Cámara de Senadores, en tanto que la izquierda —encabezada por Lombardo Toledano— la de Diputados. En la Cámara de Senadores, frente a una mayoría formada por representantes del sector popular, se constituyó una minoría de izquierda, formada por representantes de los campesinos y de la CTM. En la Cámara de Diputados, un grupo de izquierda hizo alianza con elementos moderados para oponerse a la mayoría abiertamente conservadora.

Como una reacción a este enfrentamiento, varios diputados que pertenecían al círculo de políticos allegados al presidente de la República, formaron el llamado grupo

No volvieron a mencionarse los postulados oficiales del PRM, y las únicas referencias a las que acudían sus dirigentes eran las nuevas tesis del presidente Ávila Camacho; el Segundo Plan Sexenal fue relegado, sin dar explicación alguna.

La política de "apaciguamiento" impuesta por el Comité Ejecutivo del PRM, estaba orientada a lograr que la acción del partido quedara limitada a sus actividades electorales y eventualmente sociales.

Como consecuencia de las nuevas orientaciones del gobierno en materia social y económica, los dirigentes políticos y sindicales se dividieron en dos tendencias, tanto al interior del partido como en el Congreso de la Unión.

Con base en la política de apaciguamiento, la dirigencia del PRM censuró al divisionismo y convenció a los integrantes del grupo Renovación sobre la inconveniencia de un enfrentamiento con los representantes de la izquierda.

Ávila Camacho y la unidad nacional

---
[2] Luis Javier Garrido, *El Partido de la Revolución institucionalizada*, SEP, México, 1986, p. 401.

> *Los empresarios pedían fuera reprimida toda manifestación obrera que pusiera en peligro el desarrollo de la industria, y en particular se oponían a que los sindicatos intervinieran en asuntos políticos.*

Renovación, compuesto en su mayoría por anticomunistas extremos que tenían fuertes vínculos con la jerarquía católica y las clases poseedoras. A pesar de que los miembros de este grupo estaban de acuerdo con ciertas tesis esenciales del presidente Ávila Camacho, su actividad, contraria a la política de unidad nacional, implicaba el riesgo de entorpecer el proyecto presidencial. La dirección del PRM reaccionó enérgicamente y, aplicando la política de apaciguamiento que le había sido encomendada, censuró al divisionismo y convenció a los integrantes del grupo Renovación de la inconveniencia de un enfrentamiento con los representantes de la tendencia de izquierda, por lo que, desde finales de 1941 adoptaron una actitud de conciliación y de unidad.[3]

Confederación de Trabajadores de México (CTM)

La tensa situación creada por el cardenismo entre los capitalistas mexicanos se reflejó en los primeros momentos del sexenio de Ávila Camacho. Los empresarios pedían fuera reprimida toda manifestación obrera que pusiera en peligro el desarrollo de la industria, y en particular se oponían a que los sindicatos intervinieran en asuntos políticos. La situación exigía un mayor control del gobierno sobre la CTM, lo que ayudó a debilitar aún más la posición de Lombardo Toledano. El liderazgo de este personaje en la central obrera había disminuido desde finales del periodo cardenista, al tiempo que iba tomando fuerza Fidel Velázquez, su principal discípulo, apoyado por el resto de los "cinco lobitos" y por los cetemistas contrarios al socialismo lombardista. A finales de febrero de 1941, Velázquez fue elegido secretario general de la CTM y, aunque aseguró que seguiría la ruta marcada por el secretario saliente, bajo su dirección habría de consumarse el cambio de orientación ideológica de la central obrera.[4] Ya no se trataría de construir en un futuro remoto una sociedad sin clases, sino de contribuir con el gobierno y la burguesía nacionalista a desarrollar la industria, convirtiendo a México en un país independiente en materia económica.

Durante el resto del sexenio, las dirigencias sindicales se consolidaron como intermediarias entre el Estado y los trabajadores; eran necesarias para el gobierno, sobre todo por los sacrificios que, en el marco de la guerra, iban a exigirse a las clases trabajadoras. La CTM se adaptó a los lineamientos marcados por el gobierno, lo que se hizo más evidente a partir de la entrada de México en la guerra (mayo de 1942) cuando, respondiendo a los llamados a la unidad y la conciliación, la CTM suspendió sus ataques contra la derecha oficial y buscó reconciliarse con los otros grupos obreros. Además, se comprometió a que mientras durara la guerra, sus agremiados

Ejercicio 3

1. ¿Por qué se consideró necesario suprimir al sector militar del PRM?
2. ¿De qué manera los cambios operados en el PRM consolidaron el poder del presidente Ávila Camacho?
3. Describe la división entre los integrantes del PRM, manifiesta tanto en el partido como en el Congreso.
4. ¿Cómo fue aplicada la política de apaciguamiento en contra del divisionismo entre los integrantes del PRM?

> *Fidel Velázquez fue elegido secretario general de la CTM y, aunque aseguró que seguiría la ruta marcada por Lombardo, bajo su dirección habría de consumarse el cambio de orientación ideológica de la central obrera.*

> *La CTM se adaptó a los lineamientos marcados por el gobierno, sobre todo a partir de la entrada de México en la guerra, cuando suspendió sus ataques contra la derecha oficial y buscó reconciliarse con los otros grupos obreros.*

Fidel Velázquez, secretario general de la CTM

Fidel Velázquez y Lombardo Toledano, fraternal abrazo

---

[3] *Ibid.*, p. 404.
[4] Jorge Basurto, *Del avilacamachismo al alemanismo*, UNAM/Siglo XXI Editores, Col. La clase obrera en la historia de México, México, 1983, pp. 22-26.

Cap. 6. Los gobiernos de la Revolución. Unidad nacional

no recurrirían a la huelga y se buscaría la solución de los conflictos laborales mediante procedimientos de arbitraje o conciliación.

Confederación Nacional de Organizaciones Populares (CNOP)

La organización del sector popular fue el aspecto central del proyecto de transformación del PRM. Su tarea era conciliar a las capas medias de población que habían apoyado a Almazán, y que se mostraban susceptibles de responder a los llamados de unidad nacional, con el objeto de atraerlas hacia el Partido de la Revolución en los futuros procesos electorales.

Con este propósito, el sector popular del PRM fue reorganizado e incorporado a una gran central semejante a la que agrupaba a los otros dos sectores restantes, a fin de que sirviera de contrapeso a los obreros y campesinos. El 28 de febrero de 1943, se creó en la ciudad de Guadalajara[5] la Confederación Nacional de Organizaciones Populares (CNOP), presentada como un pilar fundamental en la política de unidad nacional.

En su declaración de principios, la CNOP se pronunció a favor de los derechos de la mujer, la preparación de la juventud, la limitación al capital extranjero, la pequeña propiedad agrícola y un programa de vivienda a favor de las clases populares urbanas; así como en contra de toda hegemonía imperialista y racial.

La tarea de la CNOP era conciliar a las capas medias de población que habían apoyado a Almazán y que eran susceptibles de responder a los llamados de unidad nacional, con el objeto de atraerlas hacia el Partido de la Revolución.

Ejercicio 4

1. ¿Por qué se hacía necesario para el gobierno avilacamachista ejercer un mayor control sobre la CTM?
2. ¿De qué manera se convirtió Fidel Velázquez en secretario general de la CTM?
3. ¿Cuál fue el papel de la CTM a partir de que Fidel Velázquez llegó a secretario general?
4. ¿Cuál era el propósito de incorporar al sector popular del PRM en la CNOP?

Elecciones legislativas de 1943

En las elecciones legislativas federales de julio de 1943, el PRM se presentó como un partido fuertemente dominante pero no como un partido único, pues la oposición también se hizo presente. Por parte de la tendencia de la derecha, los sinarquistas no participaron, pero el PAN lo hizo por primera vez en unas elecciones, con 21 candidatos a diputados. En cuanto a la izquierda, el Partido Comunista no tuvo candidatos propios y apoyó a los del PRM; en cambio, la Liga de Acción Política (LAP), fundada en 1940 por Narciso Bassols y otros intelectuales, presentó candidatos independientes y llevó a cabo una intensa campaña, en particular en tres distritos de la capital. Pero ninguno de los partidos de oposición constituyó una amenaza seria para el PRM, salvo en algunos distritos urbanos. Precisamente en los distritos donde había candidatos de la Liga, se constataron numerosas irregularidades como robos de urnas, transporte masivo de votantes y otras prácticas fraudulentas.

En las elecciones legislativas federales de julio de 1943, el PRM se presentó como un partido fuertemente dominante pero no como un partido único, pues la oposición también se hizo presente.

Crisis en el PRM

Las elecciones de 1943 no tuvieron el carácter violento de las precedentes, pero el fraude fue tan evidente que la imagen pública del PRM lejos de mejorarse continuó en un proceso de degradación. Por otra parte, estaba claro que tanto en la composición de sus integrantes como en la estructura organizacional, el partido había cambiado. Uno de los cambios consistía en que el sector popular había llegado a ser mayoritario, no sólo en la dirigencia del partido, sino en el Congreso, con el consecuente debilitamiento de los otros dos sectores, cuyos líderes iniciaron un fuerte debate contra la CNOP.

Antonio Villalobos, presidente del PRM

---

[5] Fue significativa la selección de la ciudad de Guadalajara como sede de la convención para crear la CNOP, ya que se quería resaltar el propósito del sector popular del PRM, que era disputar a la oposición el monopolio de la representación de la clase media católica.

> *El PRM cayó en desprestigio; fue atacado por el PAN y por los grupos empresariales, pero los mayores problemas se presentaban cuando los ataques venían de quienes militaban en el partido.*

Ejercicio 5

1. Describe la participación de los diferentes partidos políticos en las elecciones legislativas de 1943.
2. Describe la situación de decadencia del PRM, a partir de las elecciones de 1943.
3. ¿Cuáles fueron las críticas hechas al PRM, a partir de 1943?

En el periodo comprendido entre las elecciones legislativas de 1943 y la primavera de 1945, fecha en que se agudizó la lucha por la sucesión presidencial, el Partido de la Revolución vivió su fase crítica, y presentó un cierto inmovilismo. Ausente de las luchas sociales de esos años, sólo hacía acto de presencia —a través de sus dirigentes— para avalar la política presidencial y, en particular, la nueva orientación en materia económica. En esas circunstancias, el PRM cayó en desprestigio; fue atacado por el PAN y por los grupos empresariales, cuyas críticas se centraban en la alianza entre dirigentes políticos y líderes sindicales, lo cual permitía a estos últimos ocupar cargos de elección popular. Gómez Morín insistió en que el PRM debía desaparecer, por ser "una genuina imagen del totalitarismo".

Pero los mayores problemas se presentaban cuando los ataques venían de quienes militaban en el Partido de la Revolución, principalmente algunos de los ex revolucionarios, que estaban inconformes con el nuevo rumbo de la política. Otros grupos —cetemistas y comunistas— buscaban hacer de él un verdadero partido de frente popular. Al parecer, en lo único que coincidían los miembros de la burocracia política era en que el partido debía desaparecer, al menos tal como existía.

En cambio, el presidente de la República siguió reforzando su autoridad sobre el PRM. A pesar de la división existente en el interior de los órganos de dirección de éste, Manuel Ávila Camacho no participó en las controversias. De esta manera, a diferencia de lo que había acontecido seis años atrás, a principios de 1945 los dirigentes políticos del país pudieron hacer frente con serenidad al problema de la sucesión presidencial. En ese contexto, se anunció que el gobierno estudiaba un nuevo proyecto de reformas al PRM.

Transformaciones políticas hacia la sucesión presidencial

La selección del candidato en el PRM

> *Desde finales de 1942 dieron comienzo los sondeos y las maniobras hacia la sucesión presidencial, y la atención se centró principalmente en Maximino Ávila Camacho y en Ezequiel Padilla.*

Desde finales de 1942 dieron comienzo los sondeos y las maniobras hacia la sucesión presidencial, y la atención se centró principalmente en dos personas: uno era Maximino Ávila Camacho, quien no sólo apoyaba su fuerza en el hecho de ser hermano del presidente, sino que además gozaba de personalidad política propia. La otra persona era Ezequiel Padilla, cuya labor al frente de la Secretaría de Relaciones Exteriores, en el contexto de la participación de México en la guerra mundial, le permitió colocarse como la primera figura del gabinete.

Maximino fue el que se mostró más activo en su esfuerzo y búsqueda de recursos, en el afán de construir su acceso a la candidatura presidencial. Sin embargo, se encontró principalmente con dos limitaciones: tenía ante la opinión pública una imagen de deshonesto, acusado de haberse enriquecido de manera ilícita; el otro obstáculo era la oposición de su hermano, el presidente, a la injerencia de Maximino en la vida política y, por ende, a sus aspiraciones presidenciales. Desde el primer año de gobierno, Manuel Ávila Camacho tuvo que frenar públicamente las intervenciones políticas de Maximino, de modo que éste hubo de renunciar a la posibilidad de llegar a la presidencia.

Pero su renuncia a la candidatura no impedía a Maximino entrometerse en la política nacional; su abierta rivalidad con Miguel Alemán llegó al grado de interferir en las atribuciones de éste en la Secretaría de Gobernación, especialmente con respecto al control político. Entre 1943 y 1944, esta situación llevó a serios enfrentamientos entre ambos, que llevaron a Alemán a presentar su renuncia al presidente, la cual no fue aceptada.[6]

Maximino y Manuel Ávila Camacho

---

[6] Luis Medina, *Civilismo y modernización del autoritarismo,* El Colegio de México, México, 1979, p. 16.

En la segunda mitad del sexenio, el panorama político era ampliamente favorable al grupo avilacamachista. Las fuerzas de la oposición se encontraban debilitadas y ninguna organización política estaba en posibilidad de amenazar al PRM en las elecciones para la sucesión presidencial. Las acciones de Manuel Ávila Camacho en el sentido de hacer que el PRM abandonara sus tesis prosocialistas y la ampliación de la base social del partido con la creación de la CNOP, parecían haber logrado desarmar toda tentativa de oposición derechista.

Al reducirse la posibilidad de que se organizara un vasto movimiento de oposición en el proceso hacia el cambio de gobierno, sólo quedaba el riesgo de una disidencia dentro del PRM, por lo que fue necesario invocar de nuevo la unidad nacional. Desde finales de 1944, el presidente Ávila Camacho solicitó a los dirigentes políticos y sindicales que aplazasen por un año sus inquietudes políticas para concluir la realización de su programa. La dirección nacional del PRM anunció que, en el curso de 1945, el partido no desarrollaría actividad alguna relacionada con la sucesión presidencial.

A principios de ese año, tres miembros del gabinete aspiraban a la candidatura del PRM. De acuerdo con la idea de Ávila Camacho de que ya no era necesaria ni conveniente la presencia militar en el poder político, los tres aspirantes eran civiles: Miguel Alemán, Ezequiel Padilla y Javier Rojo Gómez —jefe del Departamento del Distrito Federal—. Con respecto a la posición ideológica de cada uno, Padilla representaba a la derecha del partido, y era evidente su cercanía con los medios financieros de los Estados Unidos; Alemán se ubicaba en el centro como el continuador de la política avilacamachista; por último, Rojo Gómez era apoyado por varios ex cardenistas y contaba con simpatías tanto entre las organizaciones agrarias como entre las del sector popular, lo que hacía suponer que su pretendida postulación era un intento por retornar al nacionalismo de los años treinta.

A finales de abril de 1945 surgió en el PRM otro precandidato a la presidencia, el general Miguel Henríquez Guzmán. De tendencia cardenista, Henríquez representaba, por una parte, el descontento de una fracción del ejército hacia los funcionarios civiles y, por otra, recogía la inconformidad de los campesinos ante el abandono del proyecto cardenista. Los henriquistas, que denunciaban enérgicamente el viraje derechista del régimen, capitalizaron en su favor el rechazo de la sociedad a la corrupción[7] y lograron ser escuchados por una amplia audiencia, en particular del medio rural. Sin embargo, Henríquez no pudo obtener el apoyo de los sectores obrero y popular para convertirse en el candidato del PRM.

Por consiguiente, la mayoría de los líderes políticos y sindicales estaban divididos esencialmente en alemanistas y rojogomistas. Alemán prometía continuar la po-

Miguel Alemán Valdés

Al reducirse la posibilidad de que se organizara un vasto movimiento de oposición en el proceso hacia el cambio de gobierno, sólo quedaba el riesgo de una disidencia dentro del PRM.

De acuerdo con la idea de que ya no era necesaria ni conveniente la presencia militar en el poder político, los tres aspirantes a la candidatura presidencial del PRM eran civiles: Miguel Alemán, Ezequiel Padilla y Javier Rojo Gómez.

Miguel Henríquez Guzmán, aspirante a la candidatura del PRM, representaba el descontento de una fracción del ejército hacia los funcionarios civiles y recogía la inconformidad de los campesinos ante el abandono del proyecto cardenista.

Padilla, Alemán y Rojo Gómez, con el presidente Ávila Camacho

Miguel Henríquez Guzmán

---

[7] El desarrollo industrial de los años cuarenta había permitido a un número importante de funcionarios públicos y de dirigentes sindicales enriquecerse de manera ilícita y, en muchos casos, convertirse en grandes empresarios y terratenientes.

lítica del presidente Ávila Camacho y afirmaba que daría prioridad al desarrollo industrial del país. Rojo Gómez, por el contrario, se proponía acelerar el reparto de tierras y realizar una serie de reformas sociales de importancia. Para las clases poseedoras, era evidente que Alemán era el único que podía continuar, en un clima de unidad, los objetivos del proyecto de desarrollo que el gobierno de Ávila Camacho se había propuesto, proyecto que, una vez concluida la guerra, debía apoyarse fundamentalmente en las inversiones privadas.

> *Para las clases poseedoras, era evidente que Alemán era el único que podía continuar, en un clima de unidad, los objetivos del proyecto de desarrollo que el gobierno de Ávila Camacho se había propuesto.*

Maximino, el obstáculo más incisivo contra Alemán, y quien intentara impedir su candidatura, murió repentinamente en febrero de 1945, y esto despejó el camino para el secretario de Gobernación, quien renunció a su cargo para dedicarse a la campaña proselitista. En los primeros días de junio, Alemán aseguró la candidatura con el apoyo de 22 gobernadores, además de la CTM, la Federación de Sindicatos de Trabajadores al Servicio del Estado (FSTSE) y la dirección de la CNC. El 10 de junio, Henríquez Guzmán y Rojo Gómez renunciaron a sus precandidaturas y, tras el retiro de los dos principales rivales de Alemán, se intensificaron las adhesiones a su postulación. Elegido el candidato, aunque no se oficializara su nominación sino hasta la Asamblea Nacional a celebrarse en febrero de 1946, la dirigencia del PRM se dedicó de lleno a preparar la transformación del partido.

Javier Rojo Gómez

Ejercicio 6

1. ¿Por qué no se cumplieron las aspiraciones presidenciales de Maximino Ávila Camacho?
2. ¿De qué manera las acciones del gobierno avilacamachista debilitaron a la oposición política?
3. Describe las diferentes posiciones ideológicas de los tres aspirantes a la candidatura presidencial por el PRM.
4. ¿Por qué se oponían al régimen de Ávila Camacho los seguidores de Miguel Henríquez Guzmán?
5. ¿Por qué las clases poseedoras apoyaban la candidatura de Miguel Alemán?

Reforma electoral y formación del PRI

Nueva Ley Federal Electoral

En concordancia con la participación de México al lado de las democracias occidentales durante la Segunda Guerra Mundial, que exigió avanzar hacia procesos más democráticos, en diciembre de 1945 fue aprobada una nueva ley electoral por iniciativa del presidente Ávila Camacho. Los puntos más importantes de esta ley fueron: a) las disposiciones para regular la existencia de los partidos políticos; b) la formación del Consejo del Padrón Electoral; y c) la creación de la Comisión Federal de Vigilancia Electoral, de las Comisiones Locales Electorales y de los Comités Distritales Electorales.

> *En concordancia con la participación de México al lado de las democracias occidentales, durante el conflicto mundial, que exigió avanzar hacia procesos más democráticos, en diciembre de 1945 fue aprobada una nueva ley electoral.*

La primera disposición tenía el objetivo de propiciar el establecimiento de un sistema nacional de partidos que llevara a la modernización de los mismos, obligándolos a organizarse conforme a criterios institucionales. Se establecieron los requisitos indispensables para que una organización fuera reconocida como partido político nacional. De acuerdo con esos requisitos, los partidos debían reunir las características siguientes: tener 10 000 miembros activos en 10 estados de la República y más de tres años de existencia previa a las elecciones; obligarse a actuar de acuerdo con los preceptos de la Constitución; y consignar en su acta constitutiva la prohibición de aceptar pacto o acuerdo que los obligara a actuar subordinadamente a una organización internacional o partido político extranjero.

Los dos últimos puntos constituyeron un avance de gran trascendencia para esa época, ya que por primera vez se organizaban y supervisaban los procesos electorales desde instituciones federales. Fue también de importancia el propósito de garantizar el buen desempeño de los comicios, como un instrumento para someter a los caciques locales que en el pasado cometieron abusos y atropellos para mantenerse en el poder.

El 30 de marzo concurrieron a registrarse los diversos partidos interesados en participar en los comicios. Quedaron así legalmente autorizados el

Salvador Abascal, líder sinarquista

PRM, el PAN, la Federación de Partidos del Pueblo (FPM), el Partido Democrático Mexicano (PDM) y dos partidos alemanistas independientes. Además, solicitaron el registro dos organizaciones políticas que con dificultades lograron reunir los 10 mil miembros requeridos: el Partido Comunista Mexicano, y el Partido Fuerza Popular, órgano político de los sinarquistas. Con respecto a estos partidos, hubo quienes pidieron —argumentado razones patrióticas— que les fuera negado el registro, pero el presidente Ávila Camacho ordenó que les fuera otorgado, argumentando que en aquellos momentos de crisis mundial no había en México partido político alguno que deliberadamente se propusiera conspirar contra los intereses nacionales.

El 18 de enero de 1946, se aprobaron la declaración de principios, el programa y los estatutos del nuevo Partido Revolucionario Institucional (PRI); se aprobó, además, la candidatura de Miguel Alemán a la Presidencia.

Fundación del PRI

El 18 de enero de 1946, ante poco más de dos mil delegados, se declaró disuelto el PRM por considerarse cumplida su misión histórica, y se aprobaron la declaración de principios, el programa de acción y estatutos de la nueva organización, denominada Partido Revolucionario Institucional (PRI). El mismo día se aprobó la candidatura de Miguel Alemán a la Presidencia.

Las transformaciones estructurales del nuevo partido fueron significativas y profundas. El poder se concentró en los funcionarios del partido, en su comité central y en la cabeza de éste, reduciendo las facultades de las asambleas y las bases. Los obreros dejaron de tener representación proporcional en todos los niveles y cargos, y se eliminó la prerrogativa que tenían de elegir a los candidatos de partido en sus lugares de trabajo. Se buscó estimular la participación de las mujeres y los jóvenes, con la creación de las secretarías de Acción Juvenil y de Acción Femenil.

Miguel Alemán Valdés, candidato del PRI a la Presidencia

Pero la novedad más importante, en relación con los avances hacia la democracia, fue el establecimiento de primarias internas para la elección de candidatos a diputados locales y federales, senadores, gobernadores y miembros del Poder Judicial (cuando estos últimos estuvieran sujetos a elección popular). Esta medida era una respuesta a las críticas hechas al PRM por el hecho de que la selección de los candidatos era hecha por la dirigencia del partido, sin consultar a las bases.

La novedad más importante al crear el PRI, fue el establecimiento de primarias internas para la elección de candidatos a diputados locales y federales, senadores, gobernadores y miembros del Poder Judicial.

En sus documentos básicos, el PRI se comprometía a aceptar, absolutamente y sin reservas el sistema democrático de gobierno; a defender los esfuerzos por mejorar la vida del pueblo; a respetar la libertad y canalizar los conflictos internos a través de instituciones; a exigir estricta moralidad y ética de los funcionarios públicos; a reconocer la lucha de clases como fenómeno inherente al capitalismo y reconocer el derecho que tienen los trabajadores para acceder al poder público y así mejorar sus condiciones.[8]

En la declaración de principios del PRI sobresale, con respecto al PRM, el abandono del lema que pugnaba "por una democracia de los trabajadores", para sustituirlo por otro que obedecía a la nueva retórica: "Democracia y Justicia Social". Aunque se mantenía el principio de la "lucha de clases", ya no se prepararía al pueblo para la democracia a través del socialismo, sino "para una auténtica democracia". Se eliminó, asimismo, la defensa de la educación socialista a favor de una "educación avanzada y nacionalista".

Las diferencias entre las declaraciones de principios del PRM y el PRI son sumamente significativas, y permiten observar que el objetivo de Ávila Camacho y de Ale-

En la declaración de principios del PRI sobresale, con respecto al PRM, el abandono del lema "por una democracia de los trabajadores" para sustituirlo por otro que obedecía a la nueva retórica: "Democracia y justicia social".

---

[8] Pedro Salmerón Sanginés, "El partido de la unidad nacional (1938-1945)", en González Compeán, Miguel y Leonardo Lomelí (coordinadores), *El Partido de la Revolución. Institución y conflicto (1928-1999)*, Fondo de Cultura Económica, México, 2000, p. 224.

Miguel Alemán en campaña

El PAN intentó participar en la contienda por la Presidencia y ofreció la candidatura a Luis Cabrera, pero éste declinó la postulación, de modo que el PAN se quedó por segunda vez sin candidato propio al Poder Ejecutivo.

Ejercicio 7

1. ¿De qué manera la Ley Electoral de 1945, permitía que los procesos electorales fueran más democráticos?
2. ¿Cómo fue aplicada por Ávila Camacho la política de unidad nacional con respecto al registro del Partido Comunista y el Partido de Fuerza Popular?
3. Menciona tres cambios importantes en la estructura del Partido de la Revolución al crearse el PRI.
4. ¿En qué consisten los cambios en la Declaración de principios del PRI, con respecto al anterior PRM?

mán, al crear el nuevo partido, fue el de poner fin a una etapa de la Revolución Mexicana caracterizada por la retórica de la ideología socialista y postular desde el principio los instrumentos ideológicos para la innovación definitiva de una nueva era.[9]

La contienda electoral en 1946

En las elecciones de 1946, el principal contrincante de Alemán por la Presidencia fue el ex secretario de Relaciones Exteriores, Ezequiel Padilla, postulado por el Partido Democrático Mexicano, creado por él mismo en noviembre de 1945.

Se presentaron además otros dos candidatos, ambos de la familia revolucionaria. El general Agustín Castro —ex secretario de Defensa del gobierno de Cárdenas— postulado por el Partido Nacional Constitucionalista, y el general Enrique E. Calderón por el Partido Reivindicador Popular Revolucionario. A pesar de su escaso peso político, ambas candidaturas resultaron muy útiles para que algunas fracciones de la oposición canalizaran su descontento hacia otras alternativas distintas al partido oficial. Castro representaba a los revolucionarios del ejército descontentos con la orientación civilista de Ávila Camacho. Por su parte, Calderón, aparte de atraer a algunas personas inclinadas a votar por Padilla, mantenía calmado a un grupo de ferrocarrileros disidentes que así pudieron votar por un partido opuesto al PRI.

Fuente 2. La unidad nacional avilacamachista

Más que una bella frase, un estado de ánimo frente a las potencias del Eje, un acto de equilibrio en su gabinete o un acto simbólico con los ex presidentes, para Ávila Camacho la "unidad nacional" era la pauta del sexenio. Ningún presidente de México se había atrevido a declarar públicamente su filiación religiosa. Acaso por cumplir un último deseo de doña Eufrosina [madre de Ávila Camacho], por inclinación propia, por astucia política (o por las tres razones juntas), en 1940 Ávila Camacho había confesado a la revista *Hoy:* "Soy creyente... pero ser católico no es ser clerical, ni fanático. Soy católico por origen, por sentimiento moral." Nadie leyó las salvedades sino la afirmación (...). Para la izquierda aquella declaración era un error: no cabía ser tolerante con quienes "formaban en los niños y en la juventud una conciencia contrarrevolucionaria". Pero la opinión, en su conjunto, la recibió con alivio: representaba el principio de la reconciliación entre el Estado revolucionario y la Iglesia católica. La jerarquía católica respondió a esa declaración en voz del arzobispo Luis María Martínez, quien instruyó a la grey: "es deber de los católicos, como ciudadanos, cooperar sincera y eficazmente con el gobierno". (...)

El sinarquismo, con su organización secreta y sus tesis místico-militares dio algunos golpes, como las "tomas" algo más que espectaculares de Morelia y Guadalajara en 1941. Para frenar su avance y lograr su cooperación en tiempos de guerra, el gobierno le cedió la colonia María Auxiliadora en Baja California. Esta concesión al grupo encabezado por Salvador Abascal ahondó las pugnas internas del sinarquismo y por lo tanto logró debilitarlo. Al final del sexenio, el talante conciliador de Ávila Camacho logró aún más: encauzar el sinarquismo hacia la acción política dándole registro como partido político. (...)

---

[9] Tziv Medin, *El sexenio alemanista,* Era, México 1990, p. 36.

Cap. 6. Los gobiernos de la Revolución. Unidad nacional

> La izquierda, por supuesto, consideraba errada o por lo menos excesiva esta nueva política de conciliación, pero no estaba sola en sus reparos. También las solitarias voces liberales temían la reaparición de la Iglesia en la vida política de México. En un ensayo que levantaría ámpula, escrito al final del sexenio, Daniel Cosío Villegas advirtió sobre el peligro de un arribo de las derechas al poder.
>
> Enrique Krauze,
> *La Presidencia imperial, ascenso y caída del sistema político mexicano,*
> Tusquets, México, 1997, pp. 51-52.

El PAN intentó participar en la contienda por la presidencia y ofreció la candidatura a Luis Cabrera —connotado carrancista y autor de la primera ley agraria— pero éste declinó la postulación, de modo que el PAN se quedó por segunda vez sin candidato propio al Poder Ejecutivo, aunque participó en la campaña para llevar representantes al Congreso.

El 7 de julio de 1946 se celebraron las elecciones, en un ambiente de calma, muy distinto al vivido seis años atrás. Los resultados no fueron sorpresivos: Alemán logró 77.9% de los votos frente a 19.33% otorgado por los electores a Padilla, 1.2% a Castro y 1.48% a Calderón.[10]

Para Estados Unidos, los países de mayor interés en América Latina eran Brasil y México, tanto por su posición estratégica en la geografía mundial, como por su producción de materias primas.

Política exterior

En este periodo 1940-1946, y ya desde finales del anterior, las relaciones internacionales fueron muy importantes para México, debido a su pronunciamiento a favor de las potencias occidentales en la Segunda Guerra Mundial. Ávila Camacho mantuvo la línea trazada por Cárdenas de mantenerse en plena identificación con los países que luchaban contra las fuerzas nazifascistas. Esta política proporcionó a México los elementos necesarios para llegar a un arreglo definitivo de los problemas que aún tenía pendientes con Estados Unidos, sobre todo a partir del momento en que el gobierno de este país declaró la guerra a las potencias del Eje.

Para Estados Unidos, los países de mayor interés en América Latina eran Brasil y México, tanto por su posición estratégica en la geografía mundial, como por su producción de materias primas. En el caso específico de México, Estados Unidos deseaba coordinar con el gobierno de Ávila Camacho la defensa de la costa del Pacífico ante un posible ataque japonés, y deseaba utilizar el territorio mexicano como escala para la fuerza aérea que protegía el canal de Panamá. Le interesaba además contar con un abastecimiento adecuado de minerales industriales, hule, petróleo, fibras naturales y algunos productos tropicales. Por último, Estados Unidos consideraba necesaria la cooperación con México para neutralizar las actitudes progermanas del gobierno de Argentina y, en general, para exhortar a los países latinoamericanos a respaldar la lucha estadounidense en contra del fascismo.

El general estadounidense Dwight Eisenhower en México

Sin embargo, México no daría una cooperación plena y entusiasta antes de llegar a una solución definitiva de los problemas bilaterales pendientes con Estados Unidos.[11]

México no daría una cooperación plena y entusiasta a Estados Unidos con respecto a la Guerra Mundial, sin llegar antes a una solución definitiva de los problemas bilaterales pendientes con ese país.

---

[10] Las cifras podían significar un cierto avance democrático, si se toma en cuenta que Obregón había logrado 100% de los votos, Ortiz Rubio 93.55%, Cárdenas 98.19% y Ávila Camacho 93.89%.
[11] Josefina Zoraida Vázquez y Lorenzo Meyer, *México frente a Estados Unidos, 1776-1980,* México, 1982, pp. 180-181.

Las relaciones con Estados Unidos

Los problemas pendientes

Los problemas pendientes con Estados Unidos eran, sobre todo, de orden económico: la compensación a las compañías petroleras expropiadas en 1938 y el pago de las deudas externa y ferrocarrilera.

Con respecto al petróleo, en noviembre de 1941 se celebró un convenio, precisamente cuando era inminente el conflicto entre Estados Unidos y Japón. Mediante ese convenio, el gobierno estadounidense retiraba su apoyo a las empresas petroleras que reclamaban como indemnización una suma exorbitante, que ascendía a 500 millones de dólares, y fijó en cerca de 24 millones de dólares el monto de la indemnización, que comprendía sólo los bienes de la superficie y no la reserva petrolera, con lo cual el gobierno del país vecino aceptaba tácitamente que "todo el petróleo del subsuelo mexicano pertenecía a la nación".[12] Se establecía el pago global de las reclamaciones por daños a propiedades de ciudadanos estadounidenses en 40 millones de dólares, suma en la que se incluían todas las demandas por los daños causados durante la Revolución, y por las expropiaciones agrarias; se excluían tres millones de dólares que ya habían sido pagados por México y se estipulaba que el resto se liquidaría en varios plazos. En ese mismo acuerdo se concertó una adquisición anual de plata mexicana por 25 millones de dólares, un crédito de 40 millones de dólares para dedicarlo a estabilizar el peso y la apertura de crédito con el Eximbank por 30 millones de dólares, que se destinarían a la construcción de carreteras.

En el arreglo de la deuda externa influyeron, además de la Segunda Guerra Mundial, algunos antecedentes internacionales. La Rusia soviética había sentado el precedente de no reconocer la deuda contraída por el derrocado gobierno zarista, y en los difíciles tiempos que siguieron a la Primera Guerra Mundial —agravados por la Gran Depresión— se había hecho frecuente que los países vencedores aceptaran reducciones en el pago de las reparaciones de guerra a los países perdedores, como fue el caso de Alemania. En México, a partir del sexenio cardenista empezó a darse un clima propicio para que el país pudiera arreglar su deuda externa en condiciones favorables. Las negociaciones en este sentido se habían interrumpido al producirse la expropiación petrolera, pero en 1941 la situación había cambiado. El hecho de que, en el conflicto bélico mundial, México fuera un país neutral permitió el regreso y la inmigración de capitales, además del aumento en las exportaciones; por el contrario, Estados Unidos requería de aliados en América Latina y, muy particularmente, necesitaba la alianza con su vecino inmediato.

Después de resueltas algunas trabas con los banqueros internacionales, en noviembre de 1942 se celebró un nuevo convenio con Estados Unidos, por el cual se reducía la deuda externa de México en 20%, aproximadamente. Se acordó que México pagaría un peso por cada dólar, obligándose también a pagar el capital reducido a elección de los acreedores, ya fuera en pesos o en dólares, a la paridad de 4.85, que era la correspondiente a la fecha del convenio (1942), independientemente de que la paridad cambiara en el futuro.[13]

Acuerdo bilateral de comercio

Otro aspecto importante en las relaciones mexicano-estadounidense en tiempos de Ávila Camacho fue un acuerdo comercial, celebrado en condiciones de emergencia debido a las características particulares del comercio exterior durante la Guerra Mun-

---

[12] Bazant, Jan, *Historia de la deuda exterior de México, 1823-1946*. El Colegio de México, México, 1981, p. 215.
[13] *Ibid.*, p. 218.

Mediante un convenio celebrado con Estados Unidos, el gobierno de este país retiraba su apoyo a las empresas petroleras que reclamaban como indemnización una suma exorbitante, y fijó en cerca de 24 millones de dólares el monto de la indemnización.

En el arreglo de la deuda externa mexicana influyeron, además de la Segunda Guerra Mundial, algunos antecedentes internacionales.

dial. Para los estadounidenses era preciso evitar que las potencias nazifascistas adquirieran materias primas en América Latina, y deseaban, además, garantizar su provisión para los países aliados. Mediante el convenio con México, el gobierno de Estados Unidos tendría la venta exclusiva de toda la producción exportable de materiales estratégicos para la guerra y de fibras duras; en cambio, Estados Unidos se comprometía a vender a México productos necesarios para su desarrollo industrial. El convenio oficial se firmó en diciembre de 1942, y en él se incluyó la cláusula incondicional de nación más favorecida para México, y se eliminaron, al menos en teoría, las barreras a la importación del petróleo mexicano hacia Estados Unidos. Se firmaron otros convenios particulares, mediante los cuales los estadounidenses se comprometían a adquirir toda la producción exportable de artículos como hule y guayule, henequén, garbanzo, ixtle, chicle, piña, cera de candelilla, plátano, sal y pescado.

La firma de aquellos convenios comerciales provocó en México reacciones adversas, por la desconfianza hacia el gobierno de Estados Unidos, debido a que siempre trataba de obtener enormes ventajas de su trato comercial con México. En efecto, pronto surgieron conflictos entre las dos naciones por ese motivo, pero el principal problema fue que los estadounidenses no pudieron abastecer los artículos prioritarios que se comprometieron a enviar para el desarrollo de la industria en México. La falta de materia prima afectó a varias industrias, especialmente en el año de 1943, y para aliviar la situación el gobierno mexicano demandó la colaboración de Estados Unidos, y elaboró un plan de desarrollo orientado al establecimiento de industrias básicas y obras públicas. En 1943 se logró que el gobierno del país vecino se comprometiera a otorgar crédito a través de Nafinsa, con el propósito de asegurar la adquisición de maquinaria, equipos y ciertos insumos destinados a la puesta en marcha de proyectos que no podían realizarse en aquellos momentos, debido a los controles que ejercían los estadounidenses sobre la exportación.

Además, Ávila Camacho planteó ante Estados Unidos la posibilidad de que aceptaran un mayor grado de proteccionismo hacia las industrias mexicanas afectadas por la balanza comercial, porque la producción en gran escala de las empresas estadounidenses impedía que las industrias mexicanas pudieran competir en precios. En este punto Estados Unidos no estuvo de acuerdo, pero fueron percatándose de que no podían negar a México el derecho de adoptar medidas económicas que ellos mismos habían aplicado en condiciones semejantes. De cualquier manera, no se llegaría a una solución a este respecto durante el sexenio de Ávila Camacho.[14]

La firma del acuerdo bilateral de comercio provocó en México reacciones adversas, por la desconfianza hacia el gobierno de Estados Unidos, debido a que siempre trataba de obtener enormes ventajas de su trato comercial con México.

Ezequiel Padilla informa sobre los convenios con E.U. acerca de la Guerra Mundial

Reunión entre Franklin D. Roosevelt y Ávila Camacho

Braceros a punto de partir a Estados Unidos

---

[14] Blanca Torres Ramírez, *México en la Segunda Guerra Mundial,* El Colegio de México, México, 1979, pp. 154-161.

Trabajadores migratorios

Un problema más en las relaciones entre México y Estados Unidos en el periodo 1940-1946, fue la migración temporal de trabajadores mexicanos a ese país, que aumentó a causa de la guerra.

Un problema más en las relaciones entre México y Estados Unidos en el periodo 1940-1946 fue la migración temporal de trabajadores mexicanos a ese país, que aumentó a causa de la guerra, porque los trabajadores agrícolas estadounidenses fueron reclutados por el ejército y se requería de una gran cantidad de mano de obra para la producción de artículos destinados a satisfacer la demanda de los países aliados. El problema consistía en que aquella migración era ilegal, puesto que el gobierno de Estados Unidos había decidido que no se necesitaban trabajadores extranjeros en ese momento, aun cuando fueron solicitados por los granjeros de las regiones cercanas a la frontera con México.

En esa circunstancia, los trabajadores mexicanos emigrados no podían tener garantía de que se les diera un salario justo y un buen trato, aparte de que estaban expuestos a ser reclutados por el ejército estadounidense y llevados al frente de batalla, lo cual llegó a suceder en varias ocasiones. El gobierno mexicano consiguió el establecimiento de un programa bilateral que implicaba la participación responsable del gobierno estadounidense, otorgando a los trabajadores prestaciones sociales y la garantía de que estarían exentos del servicio militar. Se aclaraba que los trabajadores mexicanos serían admitidos exclusivamente para realizar las labores agrícolas, y que habrían de regresar a su país de origen al terminar de levantar la cosecha.

Ávila Camacho consiguió establecer un programa bilateral que implicaba la participación responsable del gobierno estadounidense, otorgando a los trabajadores mexicanos prestaciones sociales y la garantía de que estarían exentos del servicio militar.

A pesar de aquel acuerdo, los trabajadores emigrados a Estados Unidos fueron objeto de mal trato, discriminación racial y explotación; y cuando regresaron a México encontraron dificultades para reincorporarse a la economía nacional.[15]

México en la Segunda Guerra Mundial

Una vez que estuvieron en vías de solución los problemas con Estados Unidos sobre el petróleo, las reclamaciones y la deuda, y ante la actitud amistosa del gobierno de Roosevelt hacia México, era de esperarse que el presidente Ávila Camacho decidiera abandonar la neutralidad ante el conflicto mundial. Por lo pronto, México condenó la agresión japonesa a Pearl Harbor, ocurrida el 7 de diciembre de 1941, y pocos días después rompió relaciones con las potencias del Eje. Además, México concedió autorización a las fuerzas armadas de varias repúblicas del continente americano para transitar por los mares y el territorio nacionales, y se constituyó la Comisión Mexicana-Estadounidense de Defensa Conjunta. México se preparaba para la guerra reforzando las regiones de la costa del Pacífico, cuya defensa preocupaba al gobierno de Estados Unidos, y se entregó al general Lázaro Cárdenas el mando del ejército en aquella región.

Ejercicio 8

1. ¿Cuáles eran los motivos del interés de Estados Unidos por fortalecer las relaciones con México, durante el periodo avilacamachista?
2. ¿Cómo aprovechó el gobierno de Ávila Camacho el interés de Estados Unidos por obtener la colaboración de México en la Guerra Mundial?
3. Describe cómo se llegó a un acuerdo favorable para México, en 1941, en el asunto de la deuda externa.
4. ¿Por qué hubo oposición en México al acuerdo bilateral de comercio con Estados Unidos, en 1942?
5. Describe el problema relacionado con los trabajadores emigrantes a Estados Unidos.

Sin embargo, aún no se había decidido la declaración oficial de guerra, debido a que el presidente mexicano quería actuar con prudencia frente a la oposición de algunas personas y grupos, tanto de izquierda como de derecha, que temían las consecuencias socioeconómicas que podría traer al país una situación de guerra internacional, y tenían además desconfianza hacia los estadounidenses, que —a lo largo de la historia— se habían mostrado siempre ávidos de utilizar cualquier pretexto para apropiarse del territorio mexicano.

Declaración de estado de guerra

En mayo de 1942 se produjo un acontecimiento que habría de justificar el ingreso de México en la guerra: el constante envío de petróleo mexicano hacia Estados Unidos

---
[15] *Ibid.*, pp. 255-262.

Cap. 6. Los gobiernos de la Revolución. Unidad nacional

Lázaro Cárdenas, comandante militar en el océano Pacífico

Tanques de guerra desfilando frente a Palacio Nacional

Una vez que los problemas con Estados Unidos estuvieron en vías de solución, y ante la actitud amistosa del gobierno de Roosevelt hacia México, era de esperarse que Ávila Camacho decidiera abandonar la neutralidad ante el conflicto mundial.

por vía marítima a través del Golfo de México, atrajo la atención de los submarinos alemanes, que detenían a los barcos mercantes mexicanos para advertirles que, en caso de continuar proporcionando petróleo al gobierno estadounidense, se expondrían a graves consecuencias. El día 14 de mayo, el barco petrolero "Potrero del Llano" fue torpedeado y hundido frente a las costas de Florida, y en el incidente murieron cinco marinos mexicanos. Aquel acontecimiento inclinó las opiniones de algunas personas —inclusive de los partidos políticos, tanto de izquierda como de derecha, que antes se habían opuesto— en favor de la declaración de guerra contra el nazifascismo. México envió una enérgica protesta a los gobiernos de los países miembros del Eje, exigiendo reparaciones para antes del 21 de mayo, con la amenaza de que, en el caso de no hacerlo "se tomarían las medidas que exigiera el honor nacional", pero al llegar ese día se supo que Hitler se había rehusado a recibir la nota de protesta, y los gobiernos italiano y japonés ni siquiera habían contestado. El día 22 del mismo mes llegaba de Washington la noticia del hundimiento de otro barco petrolero mexicano, el "Faja de Oro".[16]

El hundimiento de dos barcos petroleros mexicanos por submarinos alemanes aceleró la decisión de Ávila Camacho para declararse en estado de guerra, frente a las potencias del Eje.

Barco petrolero "Faja de Oro"

México contra Hitler, portada de la revista *Hoy*

---

[16] *Ibid.*, pp. 81-89.

La guerra impuso el rompimiento de relaciones con los países nazifascistas, pero al mismo tiempo favoreció la reanudación de relaciones diplomáticas con Gran Bretaña y con la Unión Soviética.

Esta nueva agresión aceleró la decisión de Ávila Camacho y enseguida se anunció la existencia de un "estado de guerra"; no se trataba de una "declaración de guerra" porque, de acuerdo con su tradición pacifista, México no intervenía en el conflicto por su propio deseo, sino "compelido por el rigor de los hechos y por la violencia de la agresión". Aceptando los principios de la Carta del Atlántico, el gobierno mexicano se comprometió a "utilizar todos sus recursos tanto militares como económicos" para actuar en contra de las potencias del Eje y contra aquellos países que las respaldaran.

La guerra impuso el rompimiento de relaciones con los países nazifascistas, pero al mismo tiempo favoreció la reanudación de relaciones diplomáticas con Gran Bretaña y con la Unión Soviética, proceso en el cual el gobierno estadounidense jugó el papel de intermediario. Los contactos con Europa y con Asia se hicieron más difíciles, pero las relaciones con los países de América Latina, en particular las económicas, se intensificaron.

Participación de México en la guerra

La colaboración de México con los aliados, y directamente con Estados Unidos, se limitó en un principio a defender las costas de la California estadounidense, pero el gobierno de ese país presionó, a fin de que México se hiciera presente en el frente de batalla mediante una "fuerza simbólica". Ávila Camacho decidió enviar un escuadrón aéreo integrado por profesionales con el fin de evitar una reacción violenta y adversa de parte del pueblo, que desde un principio se opuso al reclutamiento forzoso de conscriptos.

Ávila Camacho anuncia la declaración del estado de guerra

El gobierno estadounidense presionó a México para que se hiciera presente en el frente de batalla mediante una "fuerza simbólica", y Ávila Camacho decidió enviar un escuadrón aéreo integrado por profesionales, el Escuadrón 201.

El *Escuadrón 201*, integrado por 300 hombres, fue enviado a un campo aéreo en Texas en donde recibió entrenamiento, y una vez terminado éste, el 27 de marzo de 1945, se trasladó a las islas Filipinas para entrar en acción en el mes de junio siguiente. Las primeras misiones de la Fuerza Aérea Expedicionaria Mexicana se efectuaron el día 7 de ese mes y, a partir de entonces, cubrió un ala de formaciones ofensivas en el Pacífico; los pilotos mexicanos habían comenzado a atacar las posiciones japonesas en Formosa cuando, el 6 de agosto del mismo año, la aviación norteamericana lanzaba sobre Hiroshima la primera de las bombas atómicas que obligaron a Japón a rendirse, casi al final de la Segunda Guerra Mundial.

Debido a su entrada en la guerra cuando ésta estaba a punto de concluir, el Escuadrón 201 intervino poco en la contienda. Al finalizar la guerra, México había perdido cinco hombres en acciones bélicas, había gastado aproximadamente tres millones de dólares, pero a cambio contaba con 48 grupos de tripulantes y asistentes en tierra en-

Publicación del decreto sobre el "estado de guerra" contra el Eje

Bienvenida al Escuadrón 201 al término de la Segunda Guerra Mundial

trenados en el manejo de aviones caza. Además, con su intervención en la guerra, México había justificado plenamente su derecho a figurar entre las naciones victoriosas y, en consecuencia, a participar en las conferencias internacionales celebradas en la posguerra.

> *Con su intervención en la guerra, México había justificado plenamente su derecho a figurar entre las naciones victoriosas y, en consecuencia, a participar en las conferencias internacionales celebradas en la posguerra.*

Fuente 3. La Segunda Guerra Mundial, hito en la historia de México

La Segunda Guerra Mundial marcó para México un hito en su historia económica y política y en su vida exterior. En el terreno económico colocó al país en el umbral del crecimiento acelerado al imponerle un ahorro nacional forzoso y alentar en buena medida los procesos productivos, aunque al mismo tiempo pusiera obstáculos graves a ese desarrollo. Políticamente, la guerra permitió o de hecho obligó a establecer las bases para una relación estrecha con los Estados Unidos como consecuencia de la creciente colaboración militar y económica que, de paso, habría de contribuir a diluir en parte el sentimiento antinorteamericano que había prevalecido en el país. Muestras simbólicas del inicio de esta nueva época en las relaciones entre los dos países habrían de ser la presencia del vicepresidente norteamericano Henry Wallace en la toma de posesión del presidente Ávila Camacho y, por supuesto, la primera visita hecha por un presidente norteamericano en funciones a una ciudad del interior de México. La visita relámpago que hizo Roosevelt a Monterrey el 20 de abril de 1943 fue correspondida por Ávila Camacho el mismo día al acompañarle, de vuelta, hasta la población norteamericana de Corpus Christi. En lo interno, la guerra sirvió al gobierno asimismo de pretexto para llevar adelante su política de unidad nacional y plasmarla simbólicamente en la cúspide por medio del acercamiento de los ex presidentes.

Blanca Torres Ramírez,
México en la Segunda Guerra Mundial,
El Colegio de México, México, 1979, p. 9.

Ejercicio 9

1. ¿Cuáles fueron las medidas adoptadas por el gobierno mexicano tras la agresión japonesa a Pearl Harbor en 1941?

2. ¿Por qué se decidió el gobierno mexicano a declararse en estado de guerra contra las potencias del Eje?

3. ¿En qué consistió la "fuerza simbólica" con la que México participó en la Segunda Guerra Mundial, a petición de Estados Unidos?

4. ¿Cuáles fueron las ventajas políticas que obtuvo México al participar en la Segunda Guerra Mundial?

Economía y sociedad

Durante el periodo gubernamental de Ávila Camacho, la economía mexicana empezó a recuperarse de la crisis de 1938. Esta recuperación se manifestó, principalmente, a partir de 1941, cuando se hizo evidente en México el efecto positivo derivado del mejoramiento en la economía estadounidense, en el contexto de la Segunda Guerra Mundial. La demanda extraordinaria de bienes y servicios en preparación para el conflicto internacional trajo consigo un fuerte crecimiento de la economía estadounidense, que habría de prolongarse prácticamente toda la década. En México, esta circunstancia implicó un aumento en la demanda exterior de productos nacionales y una considerable entrada de divisas, lo cual, sumado a la aplicación de políticas favorables al desarrollo económico, se tradujo en un importante crecimiento de la economía nacional.

> *La recuperación económica se manifestó principalmente cuando se hizo evidente en México el efecto positivo derivado del mejoramiento en la economía estadounidense, en el contexto de la Segunda Guerra Mundial.*

La rectificación agraria

Ante las necesidades de incrementar la producción agropecuaria para satisfacer la demanda externa, la tendencia de la política agraria avilacamachista consistió en fa-

> *Ante las necesidades de incrementar la producción agropecuaria para satisfacer la demanda externa, la política agraria avilacamachista consistió en favorecer a la propiedad privada, relegando al ejido.*

CUADRO 6.1. *Gobierno de Manuel Ávila Camacho. Política*

Política interna

- **La legitimidad cuestionada**
  - Considerable avance de la oposición

- **Consolidación de las instituciones políticas**
  - Cambio de rumbo: política de unidad nacional y conciliación
    - Enfrentamiento entre las dos corrientes extremas: izquierda y derecha
      - Elecciones de 1943
      - Crisis en el PRM
  - Reorganización del PRM
    - Supresión del sector militar. Despolitización del partido
    - Abandono de tesis prosocialistas. Política de apaciguamiento
    - Transformaciones hacia la sucesión presidencial
    - Reforma electoral
    - Fundación del PRI
  - Mayor control sobre la CTM
    - Fidel Velázquez, nuevo líder
    - Cambio de orientación ideológica
  - Creación de la CNOP

Política exterior

- **Relaciones con Estados Unidos. Los problemas pendientes**
  - Compensación a las compañías petroleras
  - Deuda externa y de los ferrocarriles

- **La política de buena vecindad ante la guerra internacional**
  - Convenios de 1941 y 1942
    - Acuerdo bilateral de comercio
    - Trabajadores migratorios

- **México en la Segunda Guerra Mundial**
  - Abandono de la neutralidad y condena al ataque japonés a Pearl Harbor
  - Rompimiento de relaciones con los países del Eje
    - Comisión de Defensa Conjunta México-E.U.
  - La opinión pública en contra de declarar la guerra
    - Ataque alemán a barcos petroleros mexicanos
    - Estado de Guerra
    - Presión de Estados Unidos para una "fuerza simbólica" de México
    - Escuadrón 201

vorecer a la propiedad privada, relegando al ejido. En los primeros años del periodo se concentró la atención en el fomento a la agricultura de exportación, buscando cubrir la creciente demanda estadounidense durante la guerra; pero más adelante, y sobre todo a consecuencia de la situación provocada por el acuerdo comercial con Estados Unidos, el gobierno optó por fomentar, y aun forzar, el cultivo de productos básicos para el consumo interno.

De acuerdo con esta tendencia, el ejido no ofrecía ventajas comparativas de productividad en relación con la propiedad privada; por lo tanto, prácticamente se dio marcha atrás en el reparto agrario con el argumento de que ya había quedado concluido durante el cardenismo.[17]

Respecto a la inversión pública federal en el sector agropecuario, ésta fue en aumento hasta llegar a representar el mayor porcentaje asignado hasta entonces al sector agrícola, destinado sobre todo a obras de riego, consideradas como elementos centrales de la política agraria de Ávila Camacho.

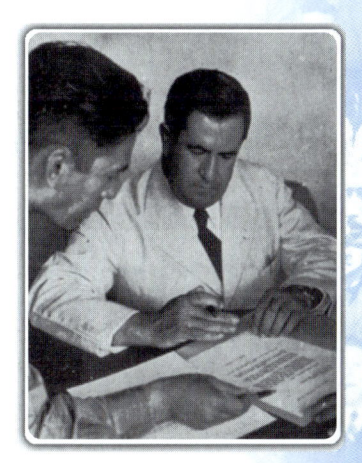

Manuel Ávila Camacho firma códigos agrarios

Desarrollo industrial y proteccionismo

Durante el régimen de Manuel Ávila Camacho, fue significativo el papel del Estado como promotor activo del desarrollo de la industria privada, mediante el sistema proteccionista. Sus funciones principales consistieron en: 1) proporcionar el crédito que los empresarios requerían, sobre todo, en las industrias básicas, para lo cual se favoreció la expansión y consolidación de la banca privada; 2) crear una amplia infraestructura para lo cual se empleó 55.1% del presupuesto en transportes y comunicaciones; 3) establecer una política de impuestos bajos y de exenciones fiscales a los empresarios; 4) aplicar una política arancelaria que redujera las importaciones, fundamentalmente cuando la industria resultó afectada por el acuerdo comercial con Estados Unidos.

En lo que se refiere a la inversión pública en la industria, ésta disminuyó entre 1941 y 1943; a partir de 1944, inició su recuperación y fue impulsada notablemente en los dos años siguientes hasta llegar a duplicar los niveles de 1940.

Con respecto a la industria minera, cuando Estados Unidos entró en la guerra recibió un fuerte estímulo y, en 1943, se dio la producción más grande del sexenio, en su mayor parte orientada hacia el mercado exterior, aunque ya empezaba a notarse un crecimiento sostenido de la demanda interna de productos minerales. El crecimiento de este sector dio confianza al gobierno para modificar algunas leyes laborales y otras referidas al tratamiento de los metales, con el fin de ir restando fuerza a las compañías extranjeras, en aras de la economía nacional.

Durante el régimen de Manuel Ávila Camacho, fue significativo el papel del Estado como promotor activo del desarrollo de la industria privada, mediante el sistema proteccionista.

Materias primas para la guerra, cartel de FF.CC. Nacionales de México

Comercio exterior

El comercio exterior de México estuvo considerablemente influido por el conflicto bélico mundial. A partir de 1939 se hizo manifiesto un cambio en la distribución geográfica, al

El comercio exterior de México manifestó un cambio en la distribución geográfica, al disminuir considerablemente las relaciones comerciales con los países europeos y con Japón, en tanto que aumentaba el comercio con países latinoamericanos.

---

[17] El reparto agrario disminuyó de 18 786 131 hectáreas en el gobierno de Cárdenas, a 7 287 697, en el sexenio avilacamachista.

disminuir considerablemente las relaciones comerciales con los países europeos y con Japón. En cambio, se dio un aumento significativo en el comercio con países latinoamericanos —principalmente Cuba, Guatemala, Panamá y Venezuela—. Pero la consecuencia más importante de la influencia de la Segunda Guerra Mundial fue el destacado aumento de la dependencia del comercio exterior mexicano con respecto al mercado estadounidense.[18]

Además, el comercio exterior sufrió alteraciones en su estructura. México seguía siendo un país exportador, pero había aumentado la importancia relativa de los productos agrícolas y de los productos manufacturados, en tanto que se redujo la de la exportación minera. El rasgo distintivo del periodo lo constituyó el aumento en la exportación de productos manufacturados, que llegaron a representar un tercio del total de ventas al exterior, destacándose los textiles de algodón; este incremento provocó en el país un creciente optimismo acerca de la capacidad industrial de México. La balanza comercial muestra un saldo positivo en aumento, alcanzando su nivel más alto en 1943, pero en el último año del sexenio las importaciones superaron a las exportaciones.[19] Al finalizar la guerra mundial, el gobierno de Estados Unidos eliminó algunas restricciones a la exportación de sus productos hacia México y otros países, al tiempo que se reducía para los estadounidenses la necesidad de adquirir bienes en el exterior.

Finanzas públicas

En el aspecto de las finanzas, el sexenio de Manuel Ávila Camacho se caracterizó por el crecimiento del proceso inflacionario iniciado en el régimen anterior. Esto se debió principalmente a que el presidente Ávila Camacho prosiguió con la política de gastar en obras de infraestructura y, también como Cárdenas, recurrió a solicitar préstamos del Banco de México para cubrir el déficit presupuestal.

El gobierno adoptó además algunas medidas monetarias en las que participó el Banco de México, cuya ley orgánica fue modificada con el fin de que permitiera elevar los depósitos que de manera obligatoria debían hacer los bancos en el banco central, para regular la cantidad de dinero en circulación (lo que se conoce como encaje legal). Se recurrió también al fomento del ahorro con el propósito de disminuir la circulación monetaria, pero fue indispensable efectuar un control sobre el comercio interno, sobre todo cuando empezaron a escasear los artículos básicos y los especuladores se dedicaron a encarecerlos de forma exorbitante; el gobierno decretó un control de precios y buscó incrementar la producción. Tales medidas lograron reducir un poco la inflación para el año 1945, pero volvió a crecer el año siguiente, cuando se sintieron en México los efectos de los cambios operados en las políticas económicas estadounidenses, al concluir la guerra internacional.

Política obrera

En los primeros momentos del sexenio de Ávila Camacho, los empresarios pidieron fuera reprimida toda manifestación obrera que pusiera en peligro el desarrollo de la industria, y se opusieron a que los sindicatos intervinieran en asuntos políticos. La situación exigía un mayor control del gobierno sobre el movimiento obrero, y Ávila Camacho, de acuerdo con su política de fomento a la industrialización, se dedicó a limar

---

[18] Consultar *Estadísticas históricas de México,* sector externo, comercio por áreas geográficas, Instituto Nacional de Estadística, Geografía e Informática (INEGI), CD-ROM, 2000.
[19] *Ibid.,* sector externo, valor del comercio exterior.

México seguía siendo un país exportador, pero había aumentado la importancia relativa de los productos agrícolas y de los productos manufacturados, en tanto que se redujo la de la exportación minera.

En el aspecto de las finanzas, el sexenio de Manuel Ávila Camacho se caracterizó por el crecimiento del proceso inflacionario iniciado en el régimen anterior, y por las medidas gubernamentales para detener dicho crecimiento.

Ejercicio 10

1. ¿De qué manera benefició a la economía mexicana la Segunda Guerra Mundial?
2. ¿En qué consistió la rectificación agraria de Ávila Camacho?
3. Describe las características del comercio exterior en el periodo 1940–1946.
4. ¿A qué se debió el aumento de la inflación durante el sexenio de Ávila Camacho?

Entre las medidas de política social destaca la creación del Seguro Social, que constituyó un gran paso para reducir la oposición obrera y disminuir el número de huelgas, aunque al principio hubo resistencia, no sólo de parte de los patrones sino también de los obreros.

Cap. 6. Los gobiernos de la Revolución. Unidad nacional

las asperezas entre patrones y obreros y, cuando llegó a darse un conflicto, mostró mayor dureza hacia los trabajadores.[20]

Por otra parte, las rivalidades que existían entre las centrales obreras acentuaban la desconfianza de los empresarios y obstaculizaban las tareas gubernamentales, en un momento crucial en que la situación económica y la inminencia de la guerra internacional hacían apremiante poner en práctica la política de *apaciguamiento* sobre el sector obrero. Por lo tanto, el gobierno implantó algunas medidas tanto legales como políticas.

Con respecto a las medidas legales, se reformó la Ley Federal del Trabajo con el propósito inmediato de limitar rígidamente el derecho de huelga y demandar al movimiento obrero que se unificara en favor del desarrollo económico del país; se creó la Secretaría del Trabajo y Previsión Social y se reformaron algunos artículos constitucionales, en lo relativo a la jurisdicción laboral de la Federación, con el objeto de vigilar a las industrias estratégicas en vísperas de la guerra y tener un mayor control para evitar conflictos que pudieran afectar la paz interna.

Entre las medidas de política social, destaca la creación del Instituto Mexicano del Seguro Social (IMSS) en enero de 1943. Aunque al principio esta institución sólo fuera un proyecto —ya que requería de estudios técnicos para llevarse a la práctica—, constituyó un gran paso para reducir la oposición obrera y disminuir el número de huelgas. No obstante, hubo resistencia, no sólo de parte de los patrones que se opusieron al cobro de cuotas sino también de los obreros. Estos últimos no comprendieron de primera intención los beneficios que el sistema de seguridad social podía traerles en el futuro, a través, principalmente, de los servicios médicos y de la asistencia social. Así, cuando se les empezaron a cobrar las cuotas, en medio de una crisis económica generalizada entre la clase trabajadora, el efecto inmediato fue que la cuota les significara una reducción inmediata de su salario.[21]

Carro alegórico del Seguro Social

El aspecto más importante a destacar en materia de educación durante el sexenio de Ávila Camacho, fue la reforma al artículo 3° constitucional, para derogar la educación socialista que tantos conflictos había generado.

Educación

El aspecto más importante a destacar en materia de educación durante el sexenio de Ávila Camacho fue la reforma al artículo 3° constitucional, en diciembre de 1945, para derogar la educación socialista que tantos conflictos había generado, y que constituía un obstáculo para la pretendida unidad nacional.

El proyecto de reforma fijaba como objetivos a la educación impartida por el Estado "el desarrollo armónico de las facultades del ser humano y el fomento en él del amor a la patria y la conciencia de la solidaridad internacional en la independencia y la justicia". Por ello, la educación debía ser democrática y nacional, a fin de "contribuir a la convivencia humana y de luchar contra la ignorancia, las servidumbres, los prejuicios y los fanatismos". Se establecía que los particulares podían impartir la enseñanza en todos los grados, pero se sujetaba el ejercicio de este derecho al permiso previo del Estado —el cual podía ser retirado en cualquier momento— y a los planes y programas oficiales. Prohibía la intervención en los planteles educativos a las corporaciones religiosas, ministros de culto y sociedades ligadas con algún culto religioso, y hacía, finalmente, obligatoria la educación primaria, y gratuita la impartida por el Estado.[22]

Cartel de propaganda contra la educación socialista

Ejercicio 11

1. Menciona las medidas de política social del gobierno avilacamachista.

2. ¿Por qué hubo oposición al establecimiento del Seguro Social?

3. ¿En qué consistió la reforma al artículo 3° constitucional, en 1945?

---

[20] Jorge Basurto, *Op. cit.*, pp. 22-26.
[21] Luis Medina, *Op. cit.*, pp. 321-322.
[22] *Ibid.*, p. 399.

CUADRO 6.2. *Gobierno de Manuel Ávila Camacho. Economía y sociedad*

Política agraria	Rectificación agraria	Política favorable a la propiedad privada	Abandono del ejido
	Inversión pública	En aumento hasta alcanzar el mayor porcentaje asignado hasta entonces al sector agropecuario	
Desarrollo industrial	Significativo papel del Estado como promotor activo de la industria privada	Sistema proteccionista	Funciones: • Crédito a empresarios • Creación de infraestructura • Impuestos bajos • Reducción de importaciones • Inversión pública
Comercio exterior	Influencia de la Segunda Guerra Mundial	Cambios en la distribución geográfica	Aumento de la exportación de productos manufacturados
		Aumento de la dependencia del mercado de E.U.	
Finanzas públicas	Crecimiento del proceso inflacionario	Medidas antiinflacionarias	Encaje legal Fomento del ahorro
Política obrera	Tensa situación entre empresarios y obreros al comienzo del sexenio	Política de apaciguamiento	Medidas legales: Reformas a la Ley Federal del Trabajo. Creación de la Secretaría del Trabajo y Previsión Social Medidas políticas: Creación del IMSS

Miguel Alemán Valdés, presidente de la República

Gobierno de Miguel Alemán Valdés

Política interna

Comienzo del civilismo

El civilismo inaugurado con la llegada de Miguel Alemán al poder presidencial [véase fuente 4. "El presidencialismo alemanista"] era una muestra de que la estabilidad política se había consolidado y se había superado ya la etapa del militarismo, con el acceso al poder de una joven generación de políticos —la mayoría alrededor de los cuarenta años de edad— que no habían participado en la lucha armada revolucionaria. Se daba comienzo así a una nueva era que arrancaba sobre bases sólidas, tanto en el aspecto político como en el económico, heredadas del proceso de reconstrucción nacional y de institucionalización, emprendido por los gobiernos anteriores. Después de largos años de maduración política, se requería ahora de una nueva forma de hacer política en manos de personas civiles, universitarios, encargados de realizar tareas acordes con su preparación académica y con su experiencia en asuntos políticos; ese tipo de personas estaba llamado a integrar el gabinete del primer presidente civil en el México posrevolucionario.

Fuente 4. El presidencialismo alemanista

Cuando Cárdenas optó por Manuel Ávila Camacho como su sucesor, el mismo Ávila Camacho (a quien un humorista había denominado "el soldado desconocido") comenzó a ver que uno de los principios de la nueva institucionalización del régimen residía en el hecho de que la Presidencia de la República otorgaría un carácter carismático cuasi caudillista al más pálido burócrata. Luego del porfiriato, el casi obregonato y el maximato, se trataba del presidenciato. Claro que no se trataba ya del clásico caudillismo con su red de lealtades personales y clientelas sino de una estructura política mucho más complicada, pero continuaba aún la necesidad de la personificación del poder político absoluto que hiciera posible la integración institucional y fungiera como piedra angular de la estructura política mexicana. Y por ello se trataba del presidencialismo mexicano, o el presidenciato, y no de un mero presidencialismo. Un Watergate mexicano es simplemente inimaginable, y si llegara a ocurrir implicaría no sólo el fin de la carrera política de un presidente sino el fin del sistema mismo.

Pero si la institución otorga el poder y el carisma, ni qué dudar que ello sería así tratándose de un Miguel Alemán simpático, atractivo, hábil manipulador político y carismático por sí mismo. Alemán llegaba a la presidencia joven y ya con un gran poder político propio. Había eliminado al problemático PRM con su pecado original cardenista y había creado con Ávila Camacho un PRI a su misma imagen alemanista. El PRI se había creado alemanista: Alemán no había adoptado el programa del partido, como había sucedido con los dos primeros planes sexenales, sino que el partido adoptaría el plan de gobierno de Alemán. (...) Venía a inaugurar una nueva era. (...)

Por ello vacilamos (...) en utilizar el término de autoritarismo para caracterizar su régimen, puesto que el autoritarismo implica un pluralismo político limitado, y aquí se da en forma completamente unilateral el presenciato alemanista.

Tziv Medin,
El sexenio alemanista,
Era, México, 1990, pp. 44-45.

El civilismo presidencial mostraba que la estabilidad política se había consolidado y se había superado la etapa del militarismo, con el acceso al poder de una joven generación de políticos que no habían participado en la lucha armada revolucionaria.

El compromiso que México había contraído con las potencias aliadas, especialmente con Estados Unidos, le obligaba a instrumentar una reforma política en defensa del sistema liberal-capitalista y en contra del comunismo.

Doctrina de la mexicanidad

El momento histórico en que Alemán iniciaba su gobierno coincidió con las nuevas características políticas y económicas derivadas de la posguerra, con los consecuentes efectos que éstas habrían de tener para México. El compromiso que el país había contraído con las potencias aliadas —especialmente con Estados Unidos— le obligaba a instrumentar una reforma política en defensa del sistema liberal-capitalista y en contra del comunismo.

La declaración de la doctrina Truman[23] tuvo en México un efecto inmediato; la tendencia anticomunista, ya esbozada desde el sexenio avilacamachista, se recrudeció en cuanto —el 13 de marzo de 1947— se publicó en la prensa nacional el discurso del presidente de Estados Unidos. La primera señal en este sentido fue el giro ideológico que

Miguel Alemán, carismático

---
[23] Se conoce como *doctrina Truman* al conjunto de ideas expresadas por el presidente estadounidense Harry S. Truman, en marzo de 1947, cuando se anunciaba el comienzo de una nueva era en las relaciones exteriores de Estados Unidos, caracterizada por la contención del comunismo y la defensa de la democracia y la libertad. Cfr. Gloria M. Delgado de Cantú, *El mundo moderno y contemporáneo* Vol. II, Pearson Educación, México, 2006, pp. 195-196.

> *La reorientación ideológica, llamada doctrina de la mexicanidad, se reflejaba en el nuevo giro que tomaron los discursos políticos indicadores del camino a seguir, marcado por el binomio anticomunismo y nacionalismo.*

tomaría el PRI, "ni extrema izquierda ni extrema derecha", con el compromiso explícito de condenar al comunismo. Rodolfo Sánchez Taboada, presidente del partido, anunció que de ahí en adelante el PRI no aceptaría personas de otros partidos, medida destinada a expulsar a los comunistas y a sentar un precedente, para cuando se integrara la organización política que Lombardo Toledano proyectaba crear.

Con tal propósito, las autoridades del PRI decretaron en abril un nuevo sistema de filiación para los miembros del partido —lo que constituyó un recurso para expulsar a los comunistas—, y delinearon la conducta a seguir en asuntos políticos y sociales: reconocimiento de los derechos legítimos de ejidatarios y pequeños propietarios; participación electoral sólo con sus propias fuerzas; adopción de la *doctrina de la mexicanidad* [véase fuente 5. "La doctrina de la mexicanidad"], y apoyo indiscutido al presidente Alemán, a quien se exhortaba a remediar los errores cometidos por los revolucionarios.[24] El partido oficial afirmaba que su propósito era defender la soberanía del país frente a todo tipo de influencia extranjera, cualquiera que fuera su tendencia ideológica, pero esa defensa se dirigía de manera particular en contra de las tesis comunistas bajo la consideración de que eran ajenas a la tradición política nacional. Por tanto, la reorientación ideológica —que pretendía el convencimiento de su nacionalismo invocando la "mexicanidad"— se reflejaba en el nuevo giro que tomaron los discursos políticos indicadores del camino a seguir, marcado por el binomio anticomunismo y nacionalismo.

Modernización del autoritarismo

El gobierno de Miguel Alemán representa la culminación del proceso de consolidación institucional iniciado en el maximato, durante el cual los subsecuentes gobiernos

> *Si el autoritarismo aún era necesario, la modernidad se reflejaba en otros aspectos: el gobierno se apoyaba en un partido renovado; el militarismo ya no tenía razón de ser; y el fin del conflicto mundial inauguraba una nueva era de la que México era partícipe.*

Fuente 5. La doctrina de la mexicanidad

Declaramos con decisión y claridad que no somos comunistas y que no seremos comunistas; que sobre todas las cosas amamos la libertad y no aceptamos ningún imperialismo; que afirmamos nuestro credo y nuestra convicción por la democracia, y que estamos dispuestos a luchar al lado del pueblo, incluso en contra de quienes, haciendo alarde de malabarismos verbales, tienden a imponer ideas que no están acordes con la realidad mexicana.

Confesamos también, con toda la energía de que somos capaces, que sí somos revolucionarios; que nuestros ideales son los de la Revolución Mexicana, ideales que han cristalizado ya en instituciones que forman parte integrante de la vida nacional; que luchamos y seguiremos luchando porque esas instituciones se mantengan y perfeccionen, y entre ellas se encuentra el ejido, la pequeña propiedad agrícola, el derecho de los trabajadores para organizarse sindicalmente y para defender sus conquistas, el derecho de contratación colectiva, el derecho de huelga, el seguro social, el derecho de la nación a la propiedad y explotación del subsuelo, el derecho del gobierno para vigilar y dirigir la educación pública, la libertad de expresión, la libertad de asociación, la libertad de creencias, la libertad política y la de actividad económica.

Rodolfo Sánchez Taboada,
Presidente del Partido Revolucionario Institucional,
Publicado por *Excélsior* el 18 de septiembre de 1947.

> *La política alemanista se concretó en tres líneas de acción: a) sometimiento de los gobernadores a la disciplina presidencial; b) reorientación ideológica de los sindicatos para eliminar su tendencia de izquierda; y c) depuración del PRI de elementos comunistas.*

---

[24] Luis Medina, *Op. cit.*, pp.176-178.

Cap. 6. Los gobiernos de la Revolución. Unidad nacional

mexicanos tuvieron que luchar por diversos medios, conciliatorios en la mayoría de los casos, para hacer frente a los conflictos entre grupos con ideologías diferentes e incluso opuestas. Miguel Alemán —el "cachorro de la revolución" como le llamara Lombardo Toledano—, encontró superada aquella etapa y pudo imponer el autoritarismo presidencial de una forma moderna.

Si el autoritarismo aún era —o se consideraba— necesario, la modernidad alemanista se reflejaba en otros aspectos: el nuevo gobierno se apoyaba en un Partido de la Revolución renovado; el militarismo ya no tenía razón de ser en un México basado en instituciones; y, en el plano internacional, el fin de la Segunda Guerra Mundial inauguraba una nueva era de la que México era partícipe.

Así, la política alemanista se concretó principalmente en tres líneas de acción: a) sometimiento de los gobernadores a la disciplina presidencial, b) reorientación ideológica de los sindicatos para eliminar su tendencia de izquierda; y c) depuración del PRI de elementos comunistas.

> *La disciplina alemanista se manifestó fundamentalmente en casos concretos, cuando los gobernadores dieron muestras de actuar de forma independiente, o cuando estaban bajo la influencia de presidentes anteriores o de políticos con poder nacional.*

Disciplina en los gobiernos estatales

Si bien el sexenio anterior se había caracterizado por la política de conciliación, acorde con la necesidad de calmar las reacciones contrarias de derecha y de izquierda surgidas del periodo cardenista, las circunstancias habían cambiado y ahora el gobierno creía indispensable imponer un nuevo orden ideológico, que fijara las líneas a seguir y rompiera con la tradición socialista en la que se había enmarcado la formación y consolidación del Estado mexicano, pero que, en 1946, se consideraba no sólo obsoleta, sino peligrosa en el plano internacional, e incongruente con los lineamientos marcados por el proyecto de crecimiento industrial.

La disciplina alemanista se manifestó fundamentalmente en casos concretos, cuando los ejecutivos estatales dieron muestras de actuar de forma independiente, o cuando estaban bajo la influencia de presidentes anteriores o de políticos con poder nacional. Específicamente Emilio Portes Gil, y sobre todo Lázaro Cárdenas, seguían teniendo partidarios que se oponían al nuevo giro que había tomado la política oficial. En todos esos casos, Alemán actuó con energía al sustituir a los gobernadores inconformes,[25] sentando el precedente de marcar una sola línea política, que debería girar alrededor del poder central, mientras que se combatía el viejo problema del caciquismo o del continuismo.

> **Ejercicio 12**
> 1. ¿Cuál era la importancia política del civilismo inaugurado con el gobierno de Miguel Alemán?
> 2. ¿Cómo influyó el comienzo de la "doctrina Truman" en la orientación de la política mexicana?
> 3. ¿Cuál fue el nuevo giro que tomaron los discursos políticos con base en la *doctrina de la mexicanidad*?
> 4. Menciona los tres aspectos en que se reflejó la *modernidad* del gobierno alemanista.

Política anticomunista

Los otros dos puntos —la eliminación de la izquierda en el sector obrero sindical y la depuración de elementos comunistas en el PRI— guardan una estrecha relación entre sí y se fundamentan en los proyectos político y económico del régimen alemanista. Al terminar la guerra mundial, la posición de los grupos de izquierda se hizo todavía más incierta que en el sexenio anterior. En ese tiempo, mientras los estadounidenses fueron aliados de la Unión Soviética contra la amenaza fascista, los seguidores mexicanos del marxismo pudieron exteriorizar y defender esa ideología, en las organizaciones sindicales e incluso en el seno del partido oficial, sin que llegaran a suscitarse conflictos graves que pusieran en peligro la estabilidad interna.

Alemán desfila con líderes obreros el 1° de mayo de **1951**

---

[25] En los primeros ocho meses de gobierno fueron cambiados por diferentes causas 10 gobernadores, de un total de 34 entidades federativas. Tziv Medin, *Op. cit.*, p. 51.

> *La eliminación de la izquierda sindical y la depuración de comunistas en el PRI, guardan una estrecha relación entre sí y se fundamentan en los proyectos político y económico del régimen alemanista.*

> *Después de la "depuración" del PRI, sus dirigentes se dedicaron a demostrar la inclinación hacia la democracia que implicaba su posición anticomunista.*

Ejercicio 13

1. ¿Cómo aplicó Miguel Alemán la disciplina política en los gobiernos estatales?
2. ¿Cómo se aplicó la política anticomunista en el PRI y en el sector obrero?
3. ¿Cómo fueron sometidas las fuerzas sindicales al autoritarismo alemanista?
4. ¿Por qué adquirió mayor fuerza el sector popular del PRI durante el gobierno de Alemán?

Pero la situación habría de cambiar de forma drástica en el ámbito internacional cuando surgió el enfrentamiento bipolar que dio comienzo a la Guerra Fría. En México, los militantes de izquierda fueron acusados de estar al servicio del comunismo internacional, y se procedió a su marginación de la vida política del país.

El presidente Alemán aseguró su completo control sobre el PRI y sobre los sectores que lo integraban. En primera instancia, se preocupó de "depurarlo" de sus elementos marxistas, y propició la salida de Lombardo Toledano, aunque procurando, en medio de una difícil y prolongada confrontación con el movimiento obrero, que a pesar de que Lombardo saliera del PRI, la CTM mantuviera su adhesión al partido y al gobierno.

Estas maniobras dieron como resultado que el movimiento obrero se dividiera en dos grupos: un sector adscrito al presidente formado por los líderes cetemistas, y otro, encabezado por Lombardo Toledano, que se mantenía en la izquierda con la pretensión de independizarse del gobierno. Desde hacía varios años, Lombardo se había propuesto formar y dirigir un nuevo partido político en oposición al Partido de la Revolución, de modo que las nuevas circunstancias favorecían aquel proyecto; el partido lombardista nació en junio de 1948, con el nombre de Partido Popular.

Con respecto a la CTM, resultó debilitada de la situación. Su adhesión al gobierno convirtió a esta central obrera en un mero instrumento del autoritarismo alemanista y se vio obligada a confrontarse con los lombardistas y con otros grupos de izquierda, en su tarea de aplicar sobre los elementos disidentes del movimiento obrero la disciplina que imponían las nuevas reglas del juego.

El presidente no estaba dispuesto a tolerar disidencia obrera alguna que pusiera en riesgo la aplicación de su proyecto de desarrollo económico. Para tal efecto, Alemán aprovechó los conflictos provocados en varias ocasiones por los sindicatos petroleros, ferrocarrileros y mineros, y tomó medidas enérgicas para reprimir los paros y las huelgas en estos sectores clave de la economía; se valió también de las luchas entre los líderes que se disputaban la dirección sindical, para formar un nuevo tipo de alianza entre el líder sindical y el gobierno, que llegaría a ser conocida como "charrismo" (debido a que al líder del sindicato ferrocarrilero, Jesús Díaz de León, se le apodaba el "charro" por su afición a la charrería).

Después de la "depuración" del PRI, sus dirigentes se dedicaron a demostrar la inclinación hacia la democracia que implicaba su posición anticomunista. Por tanto, se propuso como función primordial "el perfeccionamiento de las funciones electorales", prometiendo limpieza en las contiendas internas por las candidaturas a elección popular, así como "el respeto absoluto a la emisión del voto ciudadano y al cómputo final". Además, el PRI se apoyaría en una labor cívica que exaltara los valores nacionales, incluyendo los valores religiosos.

Otra característica que el PRI mostró desde la primera mitad del sexenio, se refiere a la importancia política que adquirió la Confederación Nacional de Organizaciones Populares (CNOP), es decir el sector popular, para representar la nueva orientación

Fernando Casas Alemán, Miguel Alemán y Adolfo Ruiz Cortines

Lombardo Toledano, Miguel Alemán y Fidel Velázquez

política del partido. De los tres sectores, sólo éste aparecía como el menos conflictivo y el más acorde con la tendencia ideológica vigente. En diciembre de 1947, el sector popular asumió la dirección del partido, puesto que "el Partido Revolucionario Institucional, que es el partido del pueblo de México, encuentra en la clase media organizada del país su más firme sostén y su más brillante promesa".[26]

Otra característica del PRI se refiere a la importancia política que adquirió la Confederación Nacional de Organizaciones Populares (CNOP), es decir el sector popular, para representar la nueva orientación política del partido.

El proceso hacia la sucesión presidencial

El PRI: selección por eliminación

Desde mediados de 1949 comenzó a sentirse la agitación con motivo de la sucesión presidencial, que puede considerarse uno de los episodios más interesantes de la historia de los gobiernos mexicanos emanados del Partido de la Revolución, por el hecho de que tuvo un desenlace distinto al esperado por el presidente de la República. De acuerdo con testimonios de la época, se había organizado una campaña con el fin de propiciar una reforma constitucional que posibilitara la reelección de Miguel Alemán y, cuando la reacción política fue desfavorable, se planteó la posibilidad de alargar el periodo presidencial. El rechazo a aquellas propuestas fue tan grande que ambas fracasaron.

Cuando se le preguntó a Lázaro Cárdenas sobre la reelección, el ex presidente contestó "que no creía en la teoría de los hombres imprescindibles en el poder y que cada vez que ello se intentara provocaría la revolución y la guerra civil".[27] Ávila Camacho y Abelardo L. Rodríguez, así como otros políticos importantes —incluso cercanos al presidente—, se opusieron a cualquiera de las posibilidades de que Alemán continuara en el poder.

Ante el rechazo, el presidente pareció inclinarse por la candidatura de Fernando Casas Alemán —jefe del Departamento del Distrito Federal—, pero esta posibilidad fue rechazada por algunos políticos importantes, con quienes Casas Alemán se había enemistado. Es muy significativo el hecho de que, no obstante el autoritarismo de Alemán, éste encontrara resistencia en el caso de la sucesión presidencial, pues si era normal que hubieran reacciones adversas ante la posibilidad de una reelección, llama la atención que se llegara a vetar un candidato del presidente.

El PRI en una sesión para erradicar el comunismo

Por último, según comenta Daniel Cosío Villegas, "la selección final no se realizó entre el grupo mayor del gabinete, sino dentro del reducidísimo de los amigos íntimos".[28] Miguel Alemán terminó inclinándose por la candidatura de su secretario de Gobernación, Adolfo Ruiz Cortines [véase fuente 6. "El 'destapamiento' de Ruiz Cortines"] quien, a pesar de que se le contaba entre los presidenciables, no se creía que tuviera posibilidades reales por su avanzada edad y porque se consideraba que su salud física no era buena.

Era evidente que Ruiz Cortines no era en modo alguno ajeno al presidente; ambos originarios del estado de Veracruz, compartían la vida política dentro del PRI desde hacía 15 años. Sin embargo, hay algunos

Adolfo Ruiz Cortines, secretario de Gobernación

La sucesión presidencial de 1946 es un episodio interesante de la historia de los gobiernos mexicanos emanados del Partido de la Revolución, porque tuvo un desenlace distinto al esperado por el presidente de la República.

---

[26] Luis Medina, *Civilismo y modernización del autoritarismo*, pp. 181-183.
[27] Tziv Medin, *Op. cit.*, p. 164.
[28] Daniel Cosío Villegas, *La sucesión presidencial*, Joaquín Mortiz, México, 1975, p. 118.

> Miguel Alemán terminó inclinándose por la candidatura de su secretario de Gobernación, Adolfo Ruiz Cortines quien no se creía tuviera posibilidades reales por su avanzada edad y porque su salud física no era buena.

aspectos que dificultan la explicación sobre el porqué de la selección del presidente: la diferencia de edades entre ambos (en 1951, Ruiz Cortines tenía 61 años de edad y Miguel Alemán 46), y el marcado contraste entre sus respectivos estilos de hacer política.

Según Miguel Alemán, los sectores progresistas del PRI se inclinaron por la candidatura de Adolfo Ruiz Cortines, en reconocimiento a sus múltiples cualidades: "responsabilidad en el cumplimiento de sus tareas, profundo conocimiento de los problemas nacionales, dotes de liderazgo, patriotismo, firmeza en el carácter, en suma, experiencia y personalidad". Por el contrario, el propio Ruiz Cortines estaba convencido de que "Alemán lo había elegido pensando que estaba muy viejo y cansado y que se le podía morir a medio periodo, dejándolo gobernar tras bambalinas e incluso regresar posteriormente a la presidencia".[29]

La contienda electoral

El 4 de diciembre de 1951 se expidió una nueva ley federal electoral que reformaba la anterior de 1946. Se suprimieron las elecciones primarias en los partidos políticos, principalmente porque los sectores del PRI no estaban conformes con ellas (los partidos de oposición no las habían adoptado), y se instituyó el Registro Nacional de Electores, con facultades no sólo de supervisar los comicios sino, más importante aún, de integrar el padrón electoral en todo el país.

Entre los candidatos de oposición estaba, nuevamente, Miguel Henríquez Guzmán —quien en esa ocasión no estaba dispuesto a disciplinarse a los designios de la familia revolucionaria—, apoyado por otros militares revolucionarios y por antiguos

Ejercicio 14

1. Describe los varios obstáculos que hubo en la selección del candidato del PRI a la sucesión presidencial de 1946.
2. ¿Por qué la sucesión presidencial de 1952 tuvo un desenlace distinto al esperado por el presidente de la República?
3. Menciona las dos opiniones, de Miguel Alemán y de Ruiz Cortines, acerca de los motivos para seleccionar a este último como candidato del PRI a la presidencia.

Fuente 6. El "destapamiento" de Ruiz Cortines

Un testigo presencial de los hechos, y en cuya veracidad puedo confiar, me ha relatado con lujo de detalles cómo se conoció el destapamiento de Ruiz Cortines. El general Rodolfo Sánchez Taboada, entonces presidente del PRI, invitó a un pequeño grupo de amigos a comer en el restaurante "Tampico" que había hecho célebre don Emilio Portes Gil. Sánchez Taboada quería que en cuanto se recibiera de la presidencia el nombre del ungido, todos se pusieran a trabajar en su destapamiento oficial. Se acabó el almuerzo, vino el café, la copa de coñac y la buena nueva no llegaba. Otro café, otro coñac ¡y nada! Pero a las dos horas llegó el primer telefonema: nada se había decidido aún. A la hora siguiente, otro telefonema: seguía el examen reñido de los posibles candidatos. A la tercera llamada, Sánchez Taboada regresó a la mesa malhumorado por la larga espera y porque se le pintaba una situación confusa, que describió a sus invitados exclamando "¡Ahora resulta que hasta el viejito de Ruiz Cortines quiere ser Presidente!" Y a la media hora escasa [llegó la confirmación], Sánchez Taboada comunicó la noticia a sus comensales sin otro comentario que un "¡a trabajar, muchachos!"

Daniel Cosío Villegas,
La sucesión presidencial,
Joaquín Mortiz, México, 1975, pp. 14-15.

---

[29] Miguel González Compeán, "El conflicto y las instituciones; la Revolución con objetivos", en González Compeán, Miguel y Leonardo Lomelí (coords.), *El Partido de la Revolución. Institución y conflicto (1928-1999)*, p. 238.

colaboradores de Cárdenas o de Ávila Camacho (pero no directamente por éstos), descontentos con la política adoptada por Alemán y por la corrupción que se hizo notoria entre los funcionarios públicos, sobre todo a finales del periodo. Henríquez fue postulado por la Federación de Partidos del Pueblo Mexicano (FPPM), creada para tal efecto en enero de 1951.

El Partido Acción Nacional lanzó por primera vez un candidato propio a la Presidencia, Efraín González Luna, uno de sus fundadores. Otro aspirante a la Presidencia de la República fue Vicente Lombardo Toledano quien, tras pretender sin conseguirlo unificar sus fuerzas con las de Henríquez Guzmán, fue postulado por el Partido Popular y apoyado por el Partido Comunista.

Los resultados de las elecciones presidenciales en julio de 1952 mostraron un 74.31% para Ruiz Cortines, 15.87% para Henríquez Guzmán, 7.82% para González Luna y 1.98% para Lombardo Toledano.[30]

La campaña del PAN en 1952

Vicente Lombardo Toledano, candidato presidencial en 1952

Política exterior

La difícil relación con Estados Unidos

Las relaciones con el exterior estuvieron relacionadas con el interés de Miguel Alemán por acelerar la industrialización en México, para lo cual era necesario alentar las inversiones extranjeras, incluyendo el financiamiento externo. Por ello, dada la preponderancia adquirida por Estados Unidos en la posguerra, y en el contexto de la Guerra Fría recién inaugurada, era preciso para Alemán no sólo mantener buenas relaciones con el país vecino, sino además, ser congruente con la abierta adhesión del gobierno mexicano a la doctrina Truman. Sin embargo, se insistió en que la presidencia de Alemán era ante todo nacionalista y que la meta del proyecto económico no podía ser otra que el crecimiento industrial, destinado, a su vez, a promover el desarrollo de la economía nacional.

Las relaciones con el exterior estuvieron relacionadas con el interés de Miguel Alemán por acelerar la industrialización en México, para lo cual era necesario alentar las inversiones extranjeras, incluyendo el financiamiento externo.

Financiamiento externo

Bajo la consideración de que México estaba al corriente en los pagos de su deuda exterior, el secretario de Hacienda, Ramón Beteta, presentó al Eximbank en 1947 una solicitud de créditos por 175 millones de dólares, destinados a proyectos industriales y a la construcción de carreteras. Además, solicitó al Banco Internacional de Reconstrucción y Fomento (BIRF) un financiamiento a largo plazo por 209 millones de dólares. Después de hacer un estudio de la situación financiera de México, el Eximbank declaró que, debido a la limitación de recursos, sólo podía otorgar créditos por 50 millones, que se destinarían a la realización de las obras que fueran más relevantes para mejorar la situación económica de México. Esos préstamos no se entregaron en una sola partida y fue hasta 1950 —coincidiendo con el comienzo de la Guerra de Corea y con la mejoría de la situación económica de México—, cuando se estableció un acuerdo con Estados Unidos por un nuevo crédito de Eximbank por 150 millones de dólares, mismos que empezaron a utilizarse de inmediato. Pero llegaría el final del sexenio sin que Alemán pudiera disponer en su totalidad de aquella suma de dinero en proyectos concretos, y sin que se pudieran utilizar completamente los créditos concertados.

Los presidentes Truman, de Estados Unidos, y Miguel Alemán

---

[30] Pablo González Casanova, *El Estado y los partidos políticos en México*, Era, México, 1983, p. 66.

> *Debido a que los ingresos de Pemex eran insuficientes para modernizar la industria petrolera, se recurrió al crédito externo, a pesar del riesgo de que los estadounidenses pretendieran que se diera marcha atrás en la expropiación.*

Créditos para la industria petrolera. Entre los proyectos más importantes del gobierno de Alemán estaba la modernización de la industria petrolera, con el fin de hacerla más eficiente e incrementar su producción. Pero debido a que los ingresos de Pemex eran insuficientes para cumplir con tales objetivos, se hacía necesario recurrir también al crédito externo. No obstante, existía el riesgo de que los estadounidenses aprovecharan su ventajosa posición y pretendieran que se diera marcha atrás en la expropiación. Se debía enfrentar a las grandes compañías petroleras que intentaban regresar a México y definir la situación de varias empresas pequeñas y de la subsidiaria de una empresa grande, la *Mexican Gulf*, que no habían sido expropiadas.

Por ello, se mantuvo una lucha constante para conseguir los créditos sin tener que sacrificar el logro cardenista. Después de más de dos años de presiones estadounidenses y de conversaciones infructuosas, se llegó a un acuerdo en el que México aceptó que las compañías petroleras extranjeras fueran contratadas por Pemex para efectuar trabajos de perforación y exploración. Esos contratos-riesgo —como se les llamó— se firmaron entre 1949 y 1951, y aunque algunos se rescindieron al poco tiempo, quedaron cinco de ellos que habrían de ser cancelados después de casi tres sexenios.

En cuanto al crédito, aunque expresamente no se concedió a México un financiamiento para Pemex, se dejó abierta la posibilidad de que se le asignara a esta industria una parte de los 150 millones de dólares autorizados en 1950, gracias a que los estadounidenses requerían del petróleo mexicano al comenzar la Guerra de Corea. Para entonces, la situación financiera del país había mejorado y, por otra parte, Estados Unidos aflojó la presión tendiente a que México cambiara su política petrolera, porque había empezado a abastecerse del energético en el Medio Oriente. En 1951, Pemex pudo adquirir la única empresa extranjera que no había sido expropiada, consiguiendo con esto que toda la producción petrolera estuviera en manos del Estado.[31]

Vista panorámica de una refinería

Invitación al capital extranjero

Al considerar necesario el capital extranjero para acelerar el crecimiento económico de México, el gobierno de Alemán hizo una invitación a los inversionistas del exterior, de preferencia estadounidenses, siempre que se ajustaran a las leyes del país y a las disposiciones de la Secretaría de Hacienda, con respecto a los sectores productivos en los que se permitían dichas inversiones, y a condición de que no fuera perjudicado el capital nacional. De esta manera se permitió la creación de empresas manufactureras con capital extranjero mayoritario, a excepción de unas cuantas ramas industriales que se reservaban al capital mexicano.

> *Se invitó a los inversionistas del exterior, de preferencia estadounidenses, siempre que se ajustaran a las leyes del país y a las disposiciones de la Secretaría de Hacienda, y a condición de que no fuera perjudicado el capital nacional.*

Con el fin de hacer atractiva a los capitalistas extranjeros la inversión en México, se les ofrecieron básicamente los mismos estímulos que a los nacionales: se proporcionaron créditos a través de Nafinsa, se mantuvo el sistema de libertad cambiaria, se redujeron impuestos y, al ejercer un control efectivo sobre el movimiento obrero, se les infundió confianza en el aspecto laboral. En fin, el proteccionismo se hizo extensivo a las empresas extranjeras establecidas en México, y éstas lo aprovecharon en beneficio propio, ya que sus productos encontraron muy poca o ninguna competencia en México.

> *El proteccionismo se hizo extensivo a las empresas extranjeras, y éstas lo aprovecharon en beneficio propio, ya que sus productos encontraron muy poca o ninguna competencia en México.*

La inversión extranjera no entró en el país durante los primeros años del sexenio, sino hasta 1950 —el mismo año en que se concedían los créditos y empezaba la Guerra de Corea— y, a partir de entonces, experimentó un rápido crecimiento, con-

---
[31] Blanca Torres Ramírez, *Hacia la utopía industrial,* El Colegio de México, México, 1984, p. 215.

quistando los ramos de las industrias mexicanas ya establecidas, a pesar de que esto se había tratado de evitar. La Cámara Nacional de la Industria de Transformación (Canacintra), representante del sector industrial más vulnerable a la avalancha del capital foráneo, presentó una protesta formal contra la situación, a la que se unieron algunos profesionales e intelectuales que cuestionaron si realmente el capital nacional resultaba insuficiente para hacer crecer la industrialización; sin embargo, al final del sexenio aún prevalecía la tendencia gubernamental de fomentar la entrada del capital estadounidense.[32]

Presiones externas contra el proteccionismo

Desde los primeros momentos del gobierno de Alemán, el sistema de protección a la industria se enfrentó, en primer término, a la presión estadounidense para que México adoptara un sistema de libre comercio, coincidiendo con la creación del Acuerdo General sobre Aranceles Aduaneros y Comercio (GATT, siglas del nombre en inglés) y, en segundo lugar, a la necesidad de suspender el tratado comercial establecido en 1942 entre México y Estados Unidos, que tuvo consecuencias negativas para la industria nacional y contribuyó a acelerar el proceso inflacionario.

Inversión extranjera en la industria

Con respecto a la primera cuestión, México sostuvo su posición de mantener el proteccionismo industrial y rechazó la adhesión al GATT. En cuanto al tratado comercial, se consideró de manera urgente su anulación, a la cual se oponía el gobierno estadounidense, argumentando que México había violado el acuerdo, puesto que la mayoría de las importaciones estaban sujetas a licencias. Tras varias reuniones infructuosas, a finales de 1949, los estadounidenses accedieron a la anulación del tratado, planteando la posibilidad de establecer uno nuevo en condiciones menos perjudiciales para México. Pero Estados Unidos mantuvo su política de no suscribir en lo sucesivo acuerdos comerciales con países que no fueran miembros del GATT.

> *El sistema proteccionista se enfrentó a la presión estadounidense para que México adoptara un sistema de libre comercio, y a la necesidad de suspender el tratado comercial establecido en 1942, con Estados Unidos.*

Trabajadores migratorios

El problema migratorio se agravó al terminar la guerra, cuando ya no fue requerida la mano de obra mexicana en los campos agrícolas del sur de Estados Unidos y los trabajadores fueron deportados por acuerdo de ambos gobiernos. Esta circunstancia ocasionó graves problemas en México, porque las personas repatriadas se fueron concentrando en las ciudades fronterizas del norte de la República, originando serios inconvenientes respecto de la alimentación, vivienda y empleo en las regiones en que permanecían los deportados, en espera de la primera oportunidad para regresar a Estados Unidos.

> *El problema migratorio se agravó al terminar la guerra, cuando ya no fue requerida la mano de obra mexicana en los campos agrícolas del sur de Estados Unidos y los trabajadores fueron deportados por acuerdo de ambos gobiernos.*

Al reingresar los trabajadores mexicanos al vecino país, el gobierno estadounidense exigió al de México que evitara la salida de los braceros; éste respondió que la medida más efectiva consistía en que el gobierno de Estados Unidos prohibiera a sus agricultores la contratación de mexicanos emigrados ilegalmente, sugiriendo que la contratación formal se hiciera en la frontera. Esta última sugerencia fue aceptada, aunque con modificaciones. En un acuerdo celebrado en marzo de 1947, se estableció que los contratos se celebraran directamente entre trabajadores y empleadores, sin necesidad de que fueran garantizados por el gobierno estadounidense; los braceros ilegales serían devueltos a México por ciudades fronterizas específicas, donde se haría una selección de aquellos que podían regresar legalmente a Estados Unidos.

---

[32] *Ibid.*, pp. 252-268.

En 1950, la Guerra de Corea inclinó la solución de los trabajadores migratorios en favor de México, al provocar una demanda considerable de braceros agrícolas.

Pero el contrato no sólo no resolvió la situación, sino que la agravó, porque tanto los braceros como los agricultores que los ocupaban, al ver que la sanción para quienes no cumplieron con el acuerdo consistía únicamente en tener que establecer un contrato con las autoridades mexicanas, continuaron en la misma situación de ilegalidad, a fin de evitarse los engorrosos trámites oficiales inherentes al contrato. A mediados de 1947 el gobierno estadounidense solicitó al de México 10 mil trabajadores, a los que pretendía contratar de acuerdo con el convenio de marzo anterior; es decir, sin comprometerse a garantizar los contratos, y a pesar de que el gobierno mexicano insistió en que se volviera al acuerdo de 1942, tuvo que aceptar las condiciones impuestas por Estados Unidos. En 1950, la Guerra de Corea inclinó la solución en favor de México, al provocar una demanda considerable de braceros agrícolas; el gobierno estadounidense aceptó entonces la firma de un nuevo convenio, a prueba por seis meses, por el que se comprometía a brindar al trabajador mexicano transporte, salario mínimo fijado de antemano, garantía de empleo, gastos de subsistencia durante el lapso en que no hubiera empleo, y pagos en caso de lesiones o de muerte.

Quedaba pendiente el problema sobre las sanciones a los empleadores de inmigrantes ilegales, y aunque se envió un proyecto de ley para establecer las penas y las condiciones del delito, en Estados Unidos siguieron oponiéndose a esta medida, en parte porque dudaban de su efectividad para evitar la entrada de ilegales. Respecto a la contratación legal de braceros, el acuerdo entre ambas naciones se prorrogó hasta el 31 de diciembre de 1952.

Campaña contra la fiebre aftosa

En 1947, una epidemia de fiebre aftosa —enfermedad que afecta al ganado vacuno, lanar, caballar, caprino y porcino— ocasionó nuevas tensiones entre México y Estados Unidos. La epizootia o plaga, fue detectada en el último trimestre de 1946 y confirmada por técnicos estadounidenses al iniciarse el sexenio de Miguel Alemán. El origen de la plaga se atribuía a que se habían introducido en México unos toros de raza cebú adquiridos en Brasil, mismos que habían sido examinados a su llegada por veterinarios de la Comisión Mexicana-Estadounidense de Agricultura, quienes dictaminaron no haber encontrado signos de fiebre aftosa en esos animales. A pesar de ello, la epidemia surgió seis meses después y se extendió por varios estados del centro de la República.

El gobierno mexicano decretó de inmediato un plan de cuarentena, restringiendo estrictamente el movimiento de ganado o de sus productos derivados en las zonas geográficas afectadas. El gobierno de Estados Unidos cerró la frontera a los productos mexicanos relacionados con las actividades pecuarias, y se ofreció a cooperar para erradicar la enfermedad, aconsejando el exterminio del ganado enfermo y de todo aquel que pudiera haber tenido contacto con él. En México se consideró exagerada la medida, sobre todo porque se consultó a veterinarios de otros países que habían tenido experiencias con la fiebre aftosa, quienes dijeron que no era necesario sacrificar a los animales, sino que bastaba con una intensa campaña de vacunación. Sin embargo, el gobierno mexicano aceptó sacrificar a todos los animales que contrajeran la enfermedad o hubieran sido expuestos a ella, así como el exterminio de rumiantes y cerdos salvajes de la región contaminada.

Esta medida, que produjo la muerte de cerca de medio millón de animales de cada una de las especies bovina, caprina, ovina y porcina, provocó una enérgica protesta de algunos funcionarios mexicanos y de los ganaderos y campesinos perjudicados —especialmente de la zona del Bajío, donde se inició la campaña—. La agitación tomó matices alarmantes y llegó a provocar un incidente violento en un municipio de Michoacán, donde fueron atacados y muertos un veterinario mexicano, un capitán y seis soldados del ejército, al parecer por un grupo de campesinos sinarquistas.

Ejercicio 15

1. ¿Por qué el proyecto económico de Miguel Alemán hacía necesario mantener buenas relaciones con Estados Unidos?

2. ¿Cómo consiguió el gobierno de Alemán los créditos para la modernización de la industria petrolera, sin tener que sacrificar el logro cardenista de la expropiación?

3. ¿Cómo logró el gobierno de Alemán atraer las inversiones de capital extranjero para el desarrollo de la industria en México?

4. ¿Por qué el gobierno alemanista no consideró conveniente para la economía mexicana la incorporación al GATT, ni el acuerdo bilateral con Estados Unidos?

5. Describe el problema con Estados Unidos con respecto a los trabajadores migratorios.

Ante la epidemia de fiebre aftosa, el gobierno de Estados Unidos cerró la frontera a los productos pecuarios mexicanos y se ofreció a cooperar aconsejando el exterminio del ganado enfermo y de todo aquel que pudiera haber tenido contacto con él.

A finales de noviembre de 1947, tras un nuevo estudio de la situación por parte de los gobiernos de México y Estados Unidos, se decidió que, no obstante que el exterminio seguía siendo la única medida efectiva contra la enfermedad, el alto costo social y económico que implicaba hacía necesario apelar a otros recursos. Éstos consistieron en un plan combinado de cuarentena, vacuna y sacrificio del ganado, esto último sólo cuando fuera estrictamente necesario.[33]

Exterminio del ganado en la campaña contra la fiebre aftosa

Economía

El periodo presidencial de Miguel Alemán Valdés inició una etapa de notable desarrollo económico [véase fuente 7. "El desarrollo económico en tiempos de Alemán"], que se hizo evidente sobre todo a partir del segundo trienio, y que habría de mantenerse sin grandes tropiezos durante los 20 años siguientes. En el ámbito de ese desarrollo, el periodo se caracterizó, además, por la modernización emprendida por el gobierno alemanista en las obras públicas: en el sector de comunicaciones y transportes; en la infraestructura urbana y turística; en las obras hidráulicas; en la educación (donde destaca la creación de la Ciudad Universitaria en la ciudad de México); y en todo lo concerniente a mostrar al mundo una visión de un México moderno, en la nueva era de la posguerra.

El exterminio del ganado enfermo provocó una enérgica protesta de algunos funcionarios mexicanos y de los ganaderos y campesinos perjudicados, y llegó a provocar un incidente violento en el estado de Michoacán.

CUADRO 6.3. *Gobierno de Miguel Alemán Valdés. Política*

Política interna
- Doctrina de la mexicanidad
  - Reafirmación del nacionalismo. Giro ideológico del PRI en contra de las tesis comunistas
- Modernización del autoritarismo
  - Disciplina en los gobiernos estatales
  - Política anticomunista
    - Eliminación de la izquierda sindical
      - El "charrismo", nueva alianza
        - Hacia la sucesión presidencial
        - El PRI: selección por eliminación
        - La contienda electoral en 1952
    - Depuración de comunistas en el PRI
      - El sector popular asume la dirección del PRI

Política exterior
- La difícil relación con Estados Unidos en los comienzos de la Guerra Fría
  - Financiamiento externo
    - Retraso del crédito y la inversión hasta 1950
  - Invitación al capital extranjero
  - Presiones externas contra el proteccionismo
    - México mantiene su política proteccionista
  - Trabajadores migratorios
    - Acuerdo sobre la contratación de braceros
  - Campaña contra la fiebre aftosa
    - Exterminio de ganado bajo presión de Estados Unidos

---

[33] *Ibid.*, pp. 252-268.

Infraestructura turística en Acapulco

Multifamiliar en la ciudad de México

El gobierno alemanista se propuso un intenso desarrollo económico, para incrementar la producción industrial y agrícola, por medio de la sustitución de importaciones, como estrategia contra los efectos nocivos del fin de la Guerra Mundial.

Al iniciarse el sexenio de Miguel Alemán, México atravesaba por una difícil situación financiera; el fin de la Guerra Mundial trajo consigo un considerable aumento de las importaciones estadounidenses y, en consecuencia, una balanza comercial desfavorable que redujo las reservas de divisas en el Banco de México y acentuó la inflación.

Como estrategia de solución, el gobierno alemanista se propuso un intenso desarrollo económico, orientado a incrementar tanto la producción industrial como la agrícola por medio de la sustitución de importaciones. En realidad, se trataba de continuar con el impulso del crecimiento económico iniciado desde el cardenismo e interrumpido por las circunstancias derivadas del fin del conflicto mundial.

En el sexenio de Miguel Alemán hubo un notable desarrollo económico, sobre todo, en el segundo trienio, cuando se hizo evidente el éxito de la acertada política gubernamental y cuando nuevas circunstancias internacionales favorecieron a la economía mexicana.

El proceso de sustituir las importaciones con bienes nacionales, implicaba aumentar la producción industrial, pero esto no era posible sin el incremento de la producción en el campo que, además de proporcionar las materias primas a la industria de transformación, fuera capaz de exportar productos agrícolas que aumentaran la entrada de divisas con las cuales financiar al sector industrial. El incremento de la producción en ambos sectores debía redundar en el aumento del empleo y en el mejor nivel de vida de los trabajadores —agrícolas e industriales— quienes, al obtener mayores ingresos, podrían adquirir los nuevos productos de la industria nacional. Este proceso debería hacer posible un acelerado crecimiento del producto interno bruto, así como el equilibrio de la balanza comercial. Por ello, era necesario para el gobierno de Miguel Alemán mantener la política proteccionista, y ése era el motivo para suspender el tratado comercial con Estados Unidos, que iba en contra del sistema de sustitución de importaciones.

Política agropecuaria

La reforma al artículo 27 constitucional, en diciembre de 1946, tuvo el propósito de aumentar la productividad en el campo, bajo la perspectiva de que la propiedad privada servía a ese objetivo en mayor medida que la propiedad ejidal.

Con el propósito de aumentar la productividad en el campo, y bajo la perspectiva de que la propiedad privada servía a ese objetivo en mayor medida que la propiedad ejidal, en diciembre de 1946 se efectuó la reforma al artículo 27 constitucional, centrada en dos aspectos básicos: uno establecía que "los dueños y poseedores de predios agrícolas o ganaderos a los que se haya expedido, o en el futuro se expida, certificados de inafectabilidad, podrán promover el juicio de amparo contra las privación o afectación agraria ilegales de sus tierras o aguas". El otro aspecto se refería al límite

Cap. 6. Los gobiernos de la Revolución. Unidad nacional

Modernización en la arquitectura, Torre Latinoamericana

Ciudad Universitaria, la modernización en la UNAM

de la pequeña propiedad, que variaba según fuera su actividad productiva, las condiciones climáticas y la calidad del suelo. Para tratar de compensar al ejido, se ampliaba la superficie mínima de la parcela ejidal a 10 hectáreas de riego o su equivalente.[34]

Respecto al reparto agrario, el gobierno de Alemán continuó con la tendencia iniciada el sexenio anterior, de disminuir la dotación de tierras, siendo ésta ligeramente menor que la de Ávila Camacho. El reparto agrario disminuyó durante los tres primeros años del gobierno alemanista, pero habría de acelerarse en los tres siguientes, debido quizá a las manifestaciones de descontento en el sector campesino, o por la necesidad política de neutralizar al Partido Popular y a la Unión General de Obreros y Campesinos de México, formada a mediados de 1949 por un grupo de líderes de izquierda, en oposición al nuevo rumbo ideológico adoptado por el sindicalismo gubernamental.

Alemán y su preocupación por la agricultura

Se mantuvo la tendencia del gobierno anterior a entregar a los campesinos tierras de baja calidad, reduciéndose el número de tierras de labor que correspondían a los ejidatarios; se continuó, asimismo, con la práctica de dividir las tierras ejidales en parcelas, con el fin de que fueran trabajadas de forma individual, en contra de lo que había significado el ejido colectivo. Aquellas políticas influyeron, aparte de otros factores socioeconómicos adversos, para que se agravara el mal funcionamiento de un buen número de ejidos colectivos, que acabarían por desintegrarse, aunque muchos de ellos sobrevivieron como "sociedades de producción agrícola". La gran mayoría de éstos se localizaban en la Comarca Lagunera y llegaron a tener un buen desarrollo económico.

Con el fin de dar cumplimiento al proyecto de modernización del sector agropecuario, el gobierno hizo una fuerte inversión, y aun cuando la mayor parte de ésta se

---
[34] Tziv Medin, *Op. cit.*, p. 125.

Ejercicio 16

1. ¿Cómo afectó a la economía mexicana el fin de la Segunda Guerra Mundial?
2. ¿Por qué el proyecto alemanista de sustituir importaciones, implicaba incrementar no sólo la producción industrial sino también la agrícola?
3. ¿En qué consistió la reforma al artículo 27 constitucional, realizada en diciembre de 1946?
4. Describe el reparto agrario del gobierno alemanista.

Edificio de la Secretaría de Recursos Hidráulicos

El gobierno de Alemán continuó con la tendencia iniciada el sexenio anterior, de disminuir la dotación de tierras; el reparto agrario disminuyó durante los primeros tres años del gobierno alemanista, pero se aceleró en los tres siguientes.

empleó en la campaña contra la fiebre aftosa, se realizaron también grandes obras de irrigación por medio de la creación de la Secretaría de Recursos Hidráulicos.

Política industrial

Las políticas gubernamentales de fomento a la industria manufacturera estuvieron marcadas por el proteccionismo, a pesar de las presiones —externas e internas— por abandonarlo. En julio de 1947, el gobierno empezó a poner en práctica un sistema de licencias y prohibiciones de importación para varios artículos suntuarios, que habían representado el año anterior 18% de las importaciones, aunque se insistió en aclarar que tal medida no estaba destinada a proteger a la industria mexicana, sino a corregir el desequilibrio de la balanza de pagos. Poco después, se hicieron modificaciones al arancel de cinco mil artículos que no estaban incluidos en el tratado con Estados Unidos, y a principios del siguiente año, se modificó la lista de productos sujetos a permisos de importación, de manera que el sistema de licencias llegó paulatinamente a convertirse en el más importante instrumento del proteccionismo mexicano. Esta política se extendió también a las exportaciones, sobre las que se dictaron restricciones y prohibiciones con el fin de asegurar el abasto de materias primas que la industria requería; además, al limitar la exportación de alimentos de consumo popular, se dio apoyo a la industria de forma indirecta, porque con esa medida se reducían las presiones económicas al sector obrero.

Las políticas gubernamentales de fomento a la industria manufacturera estuvieron marcadas por el proteccionismo, a pesar de las presiones externas e internas por abandonarlo.

Respecto al apoyo financiero a la industria, se utilizó el encaje legal para orientar hacia la industria un mayor volumen del crédito privado. Nafinsa limitó sus operaciones, disminuyendo sus actividades directas en la industria, con el fin, expresado por el gobierno, "de no invadir las actividades que correspondían a la banca privada y a otras instituciones oficiales", en un intento —manifestado en varias ocasiones— por lograr la conciliación con la iniciativa privada. Las principales tareas de nafinsa consistieron en desarrollar la infraestructura y promover la sustitución de importaciones; habría de encargarse también de crear o fortalecer los sectores industriales que utilizaran recursos naturales todavía no explotados o aquellos que no se habían explotado suficientemente, a fin de fomentar el aumento de productos industriales que ayudaran a mejorar la balanza comercial.[35]

La modernización industrial proyectada por el gobierno de Alemán se habría de notar sobre todo al final del sexenio, al comparar la creación de industrias que producían artículos nuevos (parte de ellas con capital extranjero) con la situación de las industrias tradicionales que, aunque siguieron participando de manera preponderante en la producción manufacturera total, empezaron a ceder el paso a las otras ramas productivas. Además, se dieron avances en las industrias tradicionales, principalmente en la de alimentos y bebidas, y en menor grado en la textil, mientras que la industria azucarera siguió operando, en la mayoría de los casos, con equipo anticuado.

La industria en el sexenio alemanista

A partir de 1948, se dio un aumento significativo en el ritmo de crecimiento económico,[36] aunque no se hubiera logrado detener el proceso inflacionario. En junio de 1950, la participación de Estados Unidos en la Guerra de Corea trajo consigo una situación similar a la experimentada durante la Segunda Guerra Mundial, pero de menor duración; la economía mexicana se vio favorecida al aumentar la demanda de los productos mexicanos en casi todos los renglones.

Finanzas públicas

Al comenzar el periodo presidencial de Miguel Alemán, uno de los objetivos más importantes en materia financiera fue controlar la inflación, sin que se viera obstaculizado el proyecto de fomento a la producción. Para tal efecto, además de continuar con la práctica del encaje legal, el gobierno disminuyó el control que ejercía sobre la banca privada y adoptó ciertas medidas para ampliar el crédito. Para evitar recurrir a un aumento generalizado de impuestos, se buscó aumentar la recaudación interna mediante una reforma al sistema tributario tendiente a disminuir la evasión fiscal.

El gasto público, que fue en aumento a lo largo del sexenio, se destinó principalmente al crecimiento de la economía y al pago de la deuda pública; en tanto que se redujo el gasto orientado a las obras de bienestar social, el cual llegó a representar 2.5% del presupuesto, el menor porcentaje desde el gobierno de Calles.[37]

Durante los dos primeros años del sexenio continuó creciendo la inflación, mientras aumentaban las importaciones, con el consecuente desequilibrio en la balanza de pagos, lo que disminuyó la reserva de divisas. El gobierno trató de evitar la devaluación para no disminuir el ritmo de crecimiento, pero ante la continua baja de reservas en oro y en dólares, fue necesario devaluar la moneda y se dispuso la flotación del peso, que se prolongó hasta junio del año siguiente, cuando se fijó la paridad en 8.65 pesos por dólar.

El crecimiento económico y las acertadas medidas del gobierno de Alemán, alentaron el regreso del capital exterior que se había retirado en los primeros años del sexenio y la entrada del capital de nuevos inversionistas que buscaban seguridad en

La participación de Estados Unidos en la Guerra de Corea trajo consigo para la economía mexicana una situación similar a la experimentada durante la Segunda Guerra Mundial, pero de menor duración.

Al comenzar el periodo presidencial de Miguel Alemán, uno de los objetivos más importantes en materia financiera fue controlar la inflación, sin que se viera obstaculizado el proyecto de fomento a la producción.

---

[35] Blanca Torres, *Hacia la utopía industrial*, p. 101.
[36] Consultar *Estadísticas históricas de México* (INEGI), Producto Interno Bruto.
[37] James Wilkie, *La Revolución Mexicana, gasto federal y cambio social*, Fondo de Cultura Económica, México, 1978, p. 198.

México. Esa situación, aunque no llegó a registrar saldos favorables en la balanza comercial —en el año de 1950, el mejor en este sentido, sólo se disminuyó el saldo negativo y volvió a aumentar al año siguiente—,[38] permitió al gobierno cubrir los adeudos que tenía con el FMI y con el gobierno de Estados Unidos, no obstante que continuaba el proceso inflacionario.

Al acercarse la sucesión presidencial se produjo una nueva salida de capitales, al parecer causada por el temor a un conflicto político, al tiempo que, debido al fin de la Guerra de Corea, disminuyeron las actividades económicas en Estados Unidos con los consecuentes perjuicios para la economía mexicana. Alemán intentó reactivarla utilizando el presupuesto, pero esto provocó un nuevo déficit para el gobierno y el comienzo de un periodo de recesión.

Miguel Alemán y el desarrollo económico, caricatura

CUADRO 6.4. *Gobierno de Miguel Alemán Valdés. Economía*

- **Política agropecuaria**
  - Reforma al Art. 27
    - Amparo a los predios con certificado de inafectabilidad.
    - Límites a la pequeña propiedad
  - Reparto agrario
    - Disminuye en la primera mitad del sexenio, y se acelera en la segunda
  - Inversión pública
    - Fuerte inversión para cumplir el proyecto de modernización
  - → El sector agropecuario como soporte del crecimiento industrial

- **Política industrial**
  - Sustitución de importaciones
  - Fomento a la industria manufacturera
    - Apoyo de Nafinsa
    - Medidas arancelarias.
    - Creación de infraestructura.
    - Política fiscal favorable
  - → Aumento significativo en el ritmo de crecimiento económico

- **Finanzas públicas**
  - Difícil situación al inicio del sexenio
    - Medidas contra la inflación
    - Devaluación del peso
    - Regreso del capital exterior
  - Gasto público
    - En aumento, destinado a impulsar la economía, y al pago de la deuda pública.
    - Se reduce el gasto social

---

[38] *Ibid.*, sector externo.

Fuente 7. El desarrollo económico en tiempos de Alemán

Alemán dijo alguna vez, tal vez seriamente, que quería que "todos los mexicanos tuvieran un Cadillac, un puro y un boleto para los toros". En su sexenio se consumieron muchos puros, se llenaron domingo a domingo las plazas de toros y se vendieron, si no 25 millones, algunos cientos de Cadillacs. Se decía que Alemán "enseñó a México a pensar en millones", y que en su tiempo "había paz, había tranquilidad, había fuentes de trabajo". Ambas cosas eran ciertas. Alemán cambió la escala de la economía y muchos mexicanos se beneficiaron con ello.

Alemán dotó a la industria de infraestructura eléctrica, energética, de comunicaciones y transportes, la trató como la niña de sus ojos (...). La industria creció a un promedio del 7.2 por ciento anual. (...)

El carácter deficitario de este crecimiento, el hecho de que las nuevas industrias importasen más de lo que exportaban, era visto como un fenómeno natural de despegue. Pocos imaginaron entonces que se volvería crónico. La gran mayoría de estas inversiones tenía, además, un rasgo en común: se localizaban en la ciudad de México. Esta centralización debió llamar la atención de los planeadores de la época, pero lo cierto es que también se le veía como un hecho natural. Lo que ocurría, en el fondo, es que *el nuevo paradigma, antes que industrial, era urbano, y urbano de la ciudad de México*. El moderno sueño reforzaba un resabio antiguo de imperialismo azteca y español. La ciudad de México volvía a ser, como en tiempos de los aztecas, el "ombligo de la luna". Desde sus industriosas alturas (temporalmente subsidiadas por la producción del resto del país, sobre todo la agrícola, pero también la minera y la petrolera), el progreso se derramaría, supuestamente, hacia todo el país. (...)

En tiempos de Alemán, los negocios medianos se volvieron grandes y los pequeños, medianos. "Los alemanistas se apoderaron de México, pero lo hicieron crecer", recordaba un joven industrial que desarrolló su empresa en esos años.

"Estamos haciendo patria", anunciaban los letreros en las muchas obras públicas que se hicieron durante el sexenio de Alemán. Era la época de "las grandes realizaciones". La industria de la construcción tuvo un desarrollo sin precedente. Las carreteras se volvieron lo que los ferrocarriles en el porfiriato: el símbolo de progreso.

Enrique Krauze,
La Presidencia imperial, ascenso y caída del sistema político mexicano,
Tusquets, México, 1997, pp. 100-102.

Ejercicio 17

1. ¿Cómo fue aplicada por el gobierno de Alemán la política proteccionista de fomento a la industria manufacturera?
2. ¿Cuáles fueron los resultados de la política industrial de Miguel Alemán?
3. Describe las características y logros de la política financiera de Alemán.
4. ¿Cómo influyó en la economía mexicana la participación de Estados Unidos en la Guerra de Corea?

Actividades de aprendizaje

1. Investiga sobre las consecuencias que tuvo para México la Segunda Guerra Mundial, en lo referente a la política internacional y economía interna. Con el resultado de la indagación, realiza un ensayo escrito de dos cuartillas.

2. Consulta distintas fuentes bibliográficas acerca de la difusión que se dio en México a la propaganda nazi, durante la Segunda Guerra Mundial (una de esas fuentes puede ser: José Luis Ortiz Garza, *México en guerra,* editorial Planeta, México, 1989), para que realices un ensayo de dos cuartillas sobre el tema.

3. Realiza una investigación acerca de la participación de México en la Segunda Guerra Mundial y la intervención del Escuadrón 201; contesta por escrito las siguientes preguntas:

    a) ¿Qué circunstancias obligaron a México a participar en la guerra al lado de los aliados?

    b) ¿Por qué a Estados Unidos le interesaba que México enviara una fuerza simbólica al frente de guerra?

4. Investiga en fuentes especializadas en política educativa, acerca de los motivos sociales y políticos por los cuales se hizo necesaria la reforma al artículo 3° constitucional, durante el régimen de Ávila Camacho. Realiza un ensayo de dos cuartillas.

5. Investiga en diversas fuentes escritas y gráficas acerca del auge económico de México durante el sexenio de Miguel Alemán Valdés. Realiza un *collage* con fotografías que muestren ese auge, agregando una explicación escrita en una cuartilla.

6. Localiza el discurso pronunciado por el presidente de Estados Unidos Harry S. Truman, conocido como la *doctrina Truman* y, después de transcribirlo, subraya en él las palabras que influyeron para que se diera un cambio de rumbo en la política mexicana.

7. Consulta fuentes especializadas en historia del sindicalismo en México, para que investigues el origen y características del "charrismo", durante el sexenio alemanista. Presenta los resultados de tu investigación en un escrito de una cuartilla.

8. Después de investigar el proceso de selección del candidato del PRI para la sucesión en 1952, en bibliografía especializada en la sucesión presidencial en México, elabora un escrito que trate los siguientes puntos:

    a) Campaña a favor de la reelección de Miguel Alemán.

    b) Rechazo de políticos importantes hacia la reelección.

    c) Rechazo a la candidatura de Fernando Casas Alemán.

    d) Selección de Adolfo Ruiz Cortines.

9. Investiga sobre el Acuerdo General sobre Aranceles y Comercio (GATT), con respecto a su fundación y objetivos fundamentales. Realiza un escrito de dos cuartillas con los resultados de esta investigación.

Bibliografía

Basurto, Jorge, *Del avilacamachismo al alemanismo*, UNAM/Siglo XXI Editores, México, 1983.
Bazant, Jan, *Historia de la deuda exterior de México, 1823-1946*, El Colegio de México, México, 1981.
Cárdenas, Enrique (comp.), *Historia económica de México*, Vol. 5, Fondo de Cultura Económica, México, 1994.
____, *La hacienda pública y la política económica, 1929-1958*, Fondo de Cultura Económica y Colegio de México, México, 1994.
Casasola, Gustavo, *Historia Gráfica de la Revolución Mexicana*, Vol. 7, Trillas, México, 1973.
Cosío Villegas, Daniel, *La sucesión presidencial*, Joaquín Mortiz, México, 1975.
Garrido, Luis Javier, *El partido de la Revolución institucionalizada*, SEP, México, 1986.
González Casanova, Pablo, *El Estado y los partidos políticos en México*, Era, México, 1983.
____, (coordinador) *Las elecciones en México, evolución y perspectivas*, Siglo XXI Editores/UNAM, México, 1985.
González Compeán, Miguel y Leonardo Lomelí (coords.), *El Partido de la Revolución. Institución y conflicto (1928-1999)*, Fondo de Cultura Económica, México, 2000.
Instituto Nacional de Estadística, Geografía e Informática (INEGI), CD-ROM, 2000.
Krauze, Enrique, *La Presidencia imperial, ascenso y caída del sistema político mexicano (1940-1996)*, Tusquets, México, 1997.
____, El *sexenio de Ávila Camacho*, Clío, México, 1999.
Loaeza, Soledad, *El Partido Acción Nacional: la larga marcha, 1939-1994*, Fondo de Cultura Económica, México, 1999.
Martínez Assad (coord.), *La sucesión presidencial en México, 1928-1988*, Nueva Imagen, México, 1992.
Medin, Tziv, *El sexenio alemanista*, Era, México, 1990.
Medina Peña, Luis, *Del cardenismo al avilacamachismo*, El Colegio de México, México, 1978.
____, *Civilismo y modernización del autoritarismo*, El Colegio de México, México, 1979.
____, *Hacia el Nuevo Estado. México, 1920-1933*, Fondo de Cultura Económica, México, 1994.
Meyer, Lorenzo, *México y los Estados Unidos en el conflicto petrolero, 1917-1942*, El Colegio de México, México, 1972.
Moreno, Daniel, *Los partidos políticos del México contemporáneo 1916-1985*, Pax-México, México, 1985.
Ojeda, Mario, *Alcances y límites de la política exterior de México*, El Colegio de México, México, 1984.
Ortiz Garza, José Luis, *México en guerra. La historia secreta de los negocios entre empresarios mexicanos de la comunicación, los nazis y E.U.*, Planeta, México, 1989.
Rodríguez Araujo, Octavio, *La reforma política y los partidos en México*, Siglo XXI Editores, México, 1983.
Suárez Gaona, Enrique, *¿Legitimación revolucionaria del poder en México?*, Siglo XXI Editores, México, 1987.
Solís, Leopoldo, *La realidad económica mexicana: retrovisión y perspectivas*, Siglo XXI Editores, México, 1980.
Torres Ramírez, Blanca, *México en la Segunda Guerra Mundial*, El Colegio de México, México, 1979.
____, *Hacia la utopía industrial*, El Colegio de México, México, 1984.
Vázquez, Josefina Zoraida y Lorenzo Meyer, *México frente a Estados Unidos, 1776-1980*, México, 1982.
Wilkie, James W., *La Revolución Mexicana. Gasto federal y cambio social*, Fondo de Cultura Económica, México, 1978.

Capítulo 7
Los sexenios del desarrollo estabilizador (1952-1970)

El Banco de México en la era del desarrollo estabilizador

1952

Adolfo Ruiz Cortines ocupa la Presidencia de la República: 1º de diciembre.

1953

Se modifica el artículo 34 constitucional para reconocer a las mujeres el derecho al voto; 17 de octubre.
Es inaugurada la presa Falcón por los presidentes de Estados Unidos y México; 19 de octubre.

1954

Se decreta la devaluación del peso frente al dólar estadounidense cuya paridad pasó de $8.65 a $12.50; mes de abril.
Se celebra la Conferencia de Caracas, entre países de Latinoamérica; abril.
El gobierno adopta una política proteccionista para evitar la competencia del comercio exterior; febrero.

1955

Se realizan elecciones federales para renovar la Cámara de Diputados; 3 de julio.

1963

Se crea la reforma electoral que establece el sistema de "diputados de partido"; junio. Los Juegos de la XIX Olimpiada fueron otorgados a la ciudad de México; 18 de octubre.

1964

Estados Unidos acepta devolver a México el territorio de El Chamizal; 25 de febrero.
Se inicia el gobierno presidencial de Gustavo Díaz Ordaz; 1º de diciembre.

1965

Tras un fallido intento de democratizar al PRI, Carlos Madrazo renuncia a la presidencia del partido; 22 de noviembre.

1966

Un grupo de médicos inconformes inicia suspensión de labores por tiempo indefinido; 20 de abril.

```
Gobierno de           ┬── Política interna ─── Austeridad y moralización
Adolfo Ruiz Cortines  │
                      └── Sucesión presidencial

Gobierno de           ┬── Política interna ─── La revolución equilibrada
Adolfo López Mateos   │
                      └── Política exterior ─── Relaciones con Estados Unidos

Gobierno de                                  ┬── Introducción
Gustavo Díaz Ordaz  ─── Política interna ────┼── Primeras muestras de autoritarismo
                                             └── Movimiento estudiantil de 1968
```

1958
Es disuelto por la policía un mitin organizado por el Movimiento Revolucionario del Magisterio (MRM); 12 de abril. Se lleva a cabo una manifestación en la capital, en apoyo de las demandas de los ferrocarrileros; 28 de junio. Por decreto presidencial son expropiadas las tierras en el noroeste del país que habían provocado el conflicto agrario; 21 de agosto. Se inicia el gobierno presidencial de Adolfo López Mateos; 1° de diciembre.

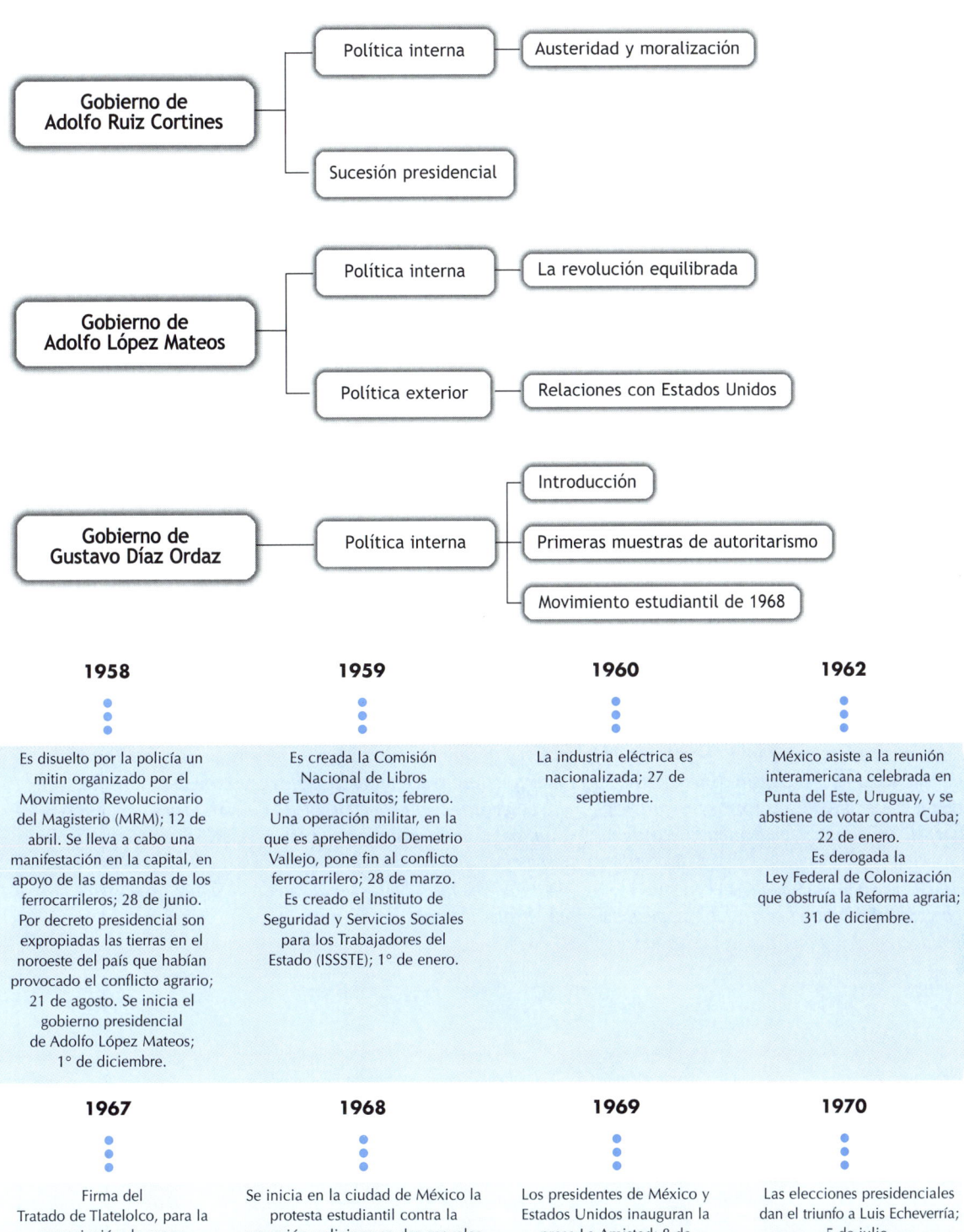

1959
Es creada la Comisión Nacional de Libros de Texto Gratuitos; febrero. Una operación militar, en la que es aprehendido Demetrio Vallejo, pone fin al conflicto ferrocarrilero; 28 de marzo. Es creado el Instituto de Seguridad y Servicios Sociales para los Trabajadores del Estado (ISSSTE); 1° de enero.

1960
La industria eléctrica es nacionalizada; 27 de septiembre.

1962
México asiste a la reunión interamericana celebrada en Punta del Este, Uruguay, y se abstiene de votar contra Cuba; 22 de enero. Es derogada la Ley Federal de Colonización que obstruía la Reforma agraria; 31 de diciembre.

1967
Firma del Tratado de Tlatelolco, para la proscripción de armas nucleares en América Latina; febrero. Reunión de los presidentes de México y Estados Unidos en Ciudad Juárez, para la devolución de El Chamizal; 28 de octubre.

1968
Se inicia en la ciudad de México la protesta estudiantil contra la represión policiaca en dos escuelas del Instituto Politécnico; 22 de julio. El Comité Coordinador de Huelga publica el pliego petitorio del movimiento estudiantil; 4 de agosto. Se realiza un mitin estudiantil en el Zócalo, que sería decisivo en el rumbo de los acontecimientos; 27 de agosto. El ejército federal ocupa la UNAM sin encontrar resistencia; 18 de septiembre. Masacre en la Noche de Tlatelolco en la Plaza de las Tres Culturas; 2 de octubre. Se celebra en la ciudad de México la XIX Olimpiada; 12 al 27 de octubre.

1969
Los presidentes de México y Estados Unidos inauguran la presa La Amistad; 8 de septiembre. Autoridades estadounidenses ponen en práctica la "operación intercepción"; 21 de septiembre. Díaz Ordaz asume la responsabilidad personal por las decisiones de su gobierno en los sucesos de octubre de 1968; 1° de septiembre.

1970
Las elecciones presidenciales dan el triunfo a Luis Echeverría; 5 de julio. Se inicia el periodo presidencial de Luis Echeverría; 1° de diciembre.

Los sexenios del desarrollo estabilizador (1952-1970)

Los tres periodos presidenciales que se tratan en este capítulo, tienen como característica común el mantenimiento de un proyecto económico, el llamado desarrollo estabilizador, cuyo cumplimiento implicaba además el logro de una estabilidad en la política interna.

En este capítulo conocerás la importancia que tuvo aquel proyecto aplicado en México durante casi veinte años, el cual permitió un continuo crecimiento económico; aunque tal crecimiento no se reflejara en una completa satisfacción de las necesidades de la población, particularmente la de escasos recursos.

El mencionado proyecto económico, que se enfocó de manera preferente en el sector industrial, restando importancia a la producción agrícola, estuvo sustentado en el modelo de sustitución de importaciones y amparado por el proteccionismo (sistema implementado por el gobierno para impedir la compra de productos extranjeros obligando a la población a adquirir los artículos fabricados en México), con lo cual se protegía a la industria nacional, impulsando su desarrollo.

Las políticas del desarrollo estabilizador comenzaron durante el gobierno de Adolfo Ruiz Cortines, a partir del logro del "milagro mexicano". Este término, que parece sugerir un increíble acto de magia, no fue sino el producto de las acertadas medidas de este gobierno. Después de este logro, era indispensable mantener vigente el "milagro"; por eso se buscó mantener la estabilidad interna, impidiendo cualquier brote de descontento laboral que pusiera en riesgo la marcha de la economía.

El siguiente gobierno, encabezado por Adolfo López Mateos, logró la consolidación de la política estabilizadora y mostró una mayor apertura política, dando incluso un ligero viraje hacia la izquierda, con el fin de atenuar el descontento de los trabajadores, reprimido en el sexenio anterior.

El tercero y último de los sexenios contenidos en este capítulo, fue el de Gustavo Díaz Ordaz, un personaje de carácter severo y autoritario que no toleraba la crítica y mucho menos la oposición. Aunque haya sido eficaz en los asuntos administrativos y haya puesto en práctica una política social digna de mencionarse, su gobierno ha pasado a la historia con una carga en extremo negativa. Como te habrás dado cuenta, cada año, el 2 de octubre, se conmemora en México un hecho triste y doloroso ocurrido en 1968, cuando, en la llamada Noche de Tlatelolco, fue reprimida de manera violenta y con la fuerza armada del poder político, la reunión pacífica de un movimiento estudiantil que solamente pedía que fueran escuchadas y atendidas sus demandas de libertad, justicia y democracia, demandas que compartían muchos jóvenes en otras partes del mundo en aquel año crucial.

El presidente Díaz Ordaz asumió la responsabilidad de los hechos y quizá creyó encontrar una justificación en la necesidad de que México celebrara en paz los Juegos Olímpicos, o de que hubiera temido la infiltración del comunismo, que era el terror en aquella época de la Guerra Fría. Pero, cuarenta años después aquellas supuestas justificaciones pudieran parecer débiles frente a la magnitud del acto represivo. Queda en la memoria histórica la huella de aquel hecho para que en el futuro nunca llegue a ocurrir algo semejante.

Gobierno de Adolfo Ruiz Cortines

Política interna

Al iniciar su gobierno, la preocupación de Adolfo Ruiz Cortines se centró en el objetivo de proyectar una nueva imagen del poder presidencial, un tanto desprestigiado por el autoritarismo de Alemán y por la idea generalizada de que este presidente había impulsado el desarrollo de la economía, a costa de relegar las políticas de beneficio social.

Ruiz Cortines se encontró con tres problemas heredados del sexenio anterior [véase fuente 1. "La herencia que recibió el gobierno de Ruiz Cortines"]: 1) la impopularidad del grupo en el poder; 2) el encarecimiento del costo de la vida; y 3) las rivalidades dentro de la familia revolucionaria, expresadas en el movimiento henriquista. Estos problemas no estaban desligados entre sí y tenían su origen en los aspectos negativos de la política de Alemán la cual, aunque había logrado momentos de innegable auge económico, al final había dejado una sensación general de descontento por la evidente corrupción de los funcionarios públicos, quienes, para entonces, habían acumulado enormes fortunas y se habían constituido en grandes empresarios, mientras que el nivel de vida de las clases trabajadoras sufrió un deterioro considerable.

Adolfo Ruiz Cortines, presidente de la República

Austeridad y moralización

Con el propósito de seguir una política que contrastara con el régimen alemanista, Ruiz Cortines mostró interés por dar solución a los problemas sociales y dio comienzo a una nueva etapa de austeridad y moralización. En diciembre de 1952, Ruiz Cortines presentó al Congreso una serie de proyectos encaminados a cumplir con esos propósitos; el primero de ellos fue la reforma a los artículos 34 y 115 constitucionales, destinada a reconocer los derechos políticos de las mujeres, en cumplimiento de promesas efectuadas desde la época de Cárdenas. A esta disposición siguieron las modificaciones a la ley de responsabilidad de funcionarios públicos, que aludían de forma indirecta a la corrupción, al proponer que tales funcionarios declararan sus bienes antes de iniciar sus gestiones; y que se pudiera investigar, sin previa denuncia, el origen de la fortuna de aquellos que ostentaran bienes superiores a sus ingresos económicos manifiestos. Esta ley, que al parecer no fue aplicada durante el sexenio, cumplió al menos el objetivo inmediato de renovar la imagen presidencial, pues era una clara advertencia de que Ruiz Cortines no simpatizaba con las prácticas

Tres problemas heredados por Ruiz Cortines eran: 1) la impopularidad del grupo en el poder; 2) el encarecimiento del costo de la vida; y 3) las rivalidades dentro de la familia revolucionaria, expresadas en el movimiento henriquista.

En busca de una política que contrastara con el régimen alemanista, Ruiz Cortines buscó dar solución a los problemas sociales y dio comienzo a una nueva etapa de austeridad y moralización.

Adolfo Ruiz Cortines y Miguel Alemán; 1° de diciembre de 1952

El voto femenino

corruptas que se dieron en el régimen anterior. Se reformaron además artículos de la ley reglamentaria del artículo 28 constitucional en materia de monopolios, de modo que fueran más drásticas las sanciones contra las personas que acapararan o monopolizaran artículos de primera necesidad.[1]

La austeridad ruizcortinista se manifestó de manera más significativa en la decisión de reducir el gasto público de modo que se ajustara a los ingresos corrientes, con el fin de permitir el saneamiento de las finanzas públicas y combatir la inflación. Esas medidas tuvieron un rápido efecto en la opinión pública, que aplaudió la honestidad del presidente y su interés por mejorar la situación social del país. En cambio, los empresarios se encontraban desconcertados con el nuevo estilo de gobierno, pues temían que se vieran reducidas sus posibilidades de ganancia en un momento en que la economía mexicana se encontraba en dificultades. Esto dio motivo a que la incertidumbre prevaleciera entre la iniciativa privada y se incrementara la fuga de capitales. Cuando en 1953 se redujo la inversión privada, el gobierno comenzó a atenuar sus políticas de control comercial y austeridad presupuestal, reorientando su política hacia el fomento a la producción.

Adolfo Ruiz Cortines, austeridad y moralización

Estabilidad política

La política ruizcortinista no rompió del todo con el pasado y continuó utilizando los mecanismos de control que en cada sexenio habían permitido avanzar hacia la estabilidad política. Los dirigentes del PRI, dispuestos a someterse al gobierno y, en especial, a brindar apoyo incondicional al presidente, como lo habían demostrado ya desde el sexenio anterior, no dudaron en colaborar en la disolución del movimiento henriquista, lo cual ocurrió en febrero de 1954.[2]

Ruiz Cortines también mantuvo el control sobre los gobernadores de los estados, cuya fidelidad se consideraba necesaria para la solidez del régimen. En ocasión de algunos desacuerdos de ejecutivos estatales —en Oaxaca, Yucatán y Guerrero— que todavía estaban en favor del alemanismo y se oponían al viraje dado por el nuevo gobierno, Ruiz Cortines impuso la disciplina utilizando mecanismos que permitieron remover a los disidentes sin que, al hacerlo, se pusiera en peligro el orden político nacional.

Ruiz Cortines utilizó los mecanismos que habían permitido avanzar hacia la estabilidad política, y mantuvo el control sobre los gobernadores de los estados, imponiéndose contra los disidentes en Oaxaca, Yucatán y Guerrero.

Firmeza y estabilidad política

Sexenio de honestidad

El sistema político en marcha

---

[1] Esta ley sí se aplicó y, durante 1953, hubo multas a establecimientos comerciales por violaciones a los precios fijados a dichos artículos, que llegaron a la cantidad de 16 242, e hicieron evidente la severidad gubernamental en el control de precios. Cfr. Olga Pellicer de Brody, "Las modalidades ruizcortinistas para mantener la estabilidad política", en Olga Pellicer de Brody y José Luis Reyna, *El afianzamiento de la estabilidad política,* El Colegio de México, México, 1981, pp. 17-20.

[2] Sobre el tema de la disolución del henriquismo y su partido político, consultar *Ibid.*, pp. 57-62.

En cambio, el control del movimiento obrero fue un asunto más complejo, pues, aunque las organizaciones sindicales más importantes del país se hallaban sometidas al control gubernamental a través de los líderes, el sector obrero persistió en su afán por reivindicar las luchas de la clase trabajadora, sobre todo cuando se manifestó con mayor fuerza la crisis económica que redujo el poder de compra de la población.

La fuerza femenina del PRI

Fueron creadas nuevas centrales obreras, en un intento por terminar con la dispersión del movimiento obrero.

Durante la década de 1940, en el contexto de las pugnas entre los líderes, algunos grupos de disidentes se separaron de las grandes centrales obreras y formaron organizaciones independientes, las que por su tamaño fueron llamadas "centrales de bolsillo". Aquella dispersión del movimiento obrero obstaculizaba el control del gobierno sobre el mismo, por lo que, a iniciativa del gobierno, se decidió la creación de una nueva confederación destinada a incorporar aquellas centrales pequeñas. Así, surgió, en abril de 1952, la Confederación Revolucionaria de Obreros y Campesinos (CROC), que de manera inmediata se afilió al PRI, y que pronto entró en pugna con la CTM, dificultando la pretendida estabilidad. En otro intento por lograr la unificación obrera, el gobierno propició la formación de una nueva central, el Bloque de Unidad Obrera (BUO), que manifestó públicamente su apoyo al presidente Ruiz Cortines y por un tiempo logró reunir centrales y sindicatos hasta entonces muy distanciados entre sí.

En 1954 hubo conflictos laborales y nuevas amenazas de huelga general, que fueron solucionadas por el secretario del Trabajo, Adolfo López Mateos, quien logró establecer un arreglo con los trabajadores.

La devaluación de 1954 provocó reiterados conflictos laborales y nuevas amenazas de huelga general, en caso de que no se proporcionara un aumento mayor del 10% que había ofrecido el gobierno. Se llegó a un arreglo gracias a la oportuna intervención del secretario del Trabajo, Adolfo López Mateos, cuya actuación fue calificada como sobresaliente por la prensa nacional. Los salarios subieron y, a pesar de que el aumento no correspondió a la pérdida del poder adquisitivo, sirvió para contener las demandas obreras.

La urgencia por sofocar las crisis laborales respondía a la necesidad de mejorar la situación económica del país. Al moderar los conflictos en el sector obrero, hacia la segunda mitad del año de 1954 comenzó a gestarse una actividad económica importante, que permitió sentar las bases para un nuevo modelo de desarrollo.

La fuerza del PRI se acrecentó con la incorporación de dos elementos que hasta entonces habían quedado fuera de sus filas: el sector femenino y los miembros de los sindicatos burócratas.

Para finales de ese año parecía que las tensiones políticas y los problemas económicos que encontró Ruiz Cortines al iniciar su gobierno, habían sido resueltos. Las declaraciones contra la corrupción y el estilo austero del presidente habían logrado restablecer la imagen del grupo gobernante. La anhelada estabilidad política se había alcanzado y esto se evidenciaba en varios aspectos: la oposición henriquista estaba disuelta y algunos de sus líderes más destacados se habían reintegrado al PRI; las organizaciones populares habían sido controladas por el partido y los miembros de la élite política daban su apoyo sin reservas a las acciones del ejecutivo federal; por último, la inquietud obrera que siguió a la devaluación de 1954 había sido controlada. Además, la fuerza del PRI se acrecentó con la incorporación de dos elementos que hasta entonces habían quedado fuera de sus filas: el sector femenino que, tras el reconocimiento de sus derechos políticos, se integró al partido con 1 230 000 mujeres, y los miembros de los sindicatos burócratas.[3]

Adolfo López Mateos, secretario del Trabajo

---

[3] Olga Pellicer de Brody, "La estabilidad política y sus fisuras", en Olga Pellicer de Brody y José Luis Reyna, *El afianzamiento de la estabilidad política*, p. 107.

Ejercicio 1

1. Describe las medidas del gobierno de Ruiz Cortines para aplicar la política de austeridad y moralización.

2. ¿Cuáles fueron las acciones del gobierno ruizcortinista para unificar el movimiento obrero?

3. Describe cómo se evidenciaba, a fines de 1954, la estabilidad política lograda por Ruiz Cortines.

Fuente 1. La herencia que recibió el gobierno de Ruiz Cortines

[Ruiz Cortines] Hereda una familia revolucionaria si no del todo dividida sí bastante resentida. El alemanismo se había encargado de ello. La clase política se había dividido en dos bandos: Uno conformado por los alemanistas y otro por los cardenistas, y si bien no se encontraban en un escenario de confrontación, la situación hacía difícil obtener un consenso relativo, lo que disminuía la capacidad de ejercer el liderazgo de esa familia. Hereda también un país cuya imagen más distintiva era el despilfarro y la corrupción. Hereda, además, un país cuya economía había perdido casi por completo su dinamismo.

Bien puede decirse que la Guerra de Corea, acaecida a principio de los años cincuenta, estimuló en buena medida las exportaciones de productos nacionales aliviando con ello, en algún grado, el déficit enormemente creciente de la balanza de pagos. A pesar de eso, en 1952 la economía sufre una nueva contracción, la que se reduce para el año siguiente, en una tasa de crecimiento igual a cero. El producto nacional bruto no experimentó en ese lapso ninguna modificación.

José Luis Reyna, "El movimiento obrero en el ruizcortinismo:
La redefinición del sistema económico y la consolidación política",
La clase obrera en la historia de México, Vol. 12, Siglo XXI
Editores, México, 1980, p. 40.

Elecciones federales de 1955

Para las elecciones federales de 1955 (diputados, senadores y siete gobernadores), el PRI contaba con un número mayor de miembros y triunfó a pesar del notable abstencionismo, pues solamente 69% de los ciudadanos empadronados se presentó a votar —en los estados del norte la abstención llegó a sobrepasar el 50%—. Sin embargo, el PAN captó un importante número de votos (8% del total nacional), sobre todo en el Distrito Federal (43%). El comportamiento de estas dos regiones —el Norte y el Distrito Federal— resultaba paradójico, pues ésas eran precisamente las zonas más beneficiadas con las políticas económicas de los gobiernos revolucionarios. Sin embargo, lo importante para los dirigentes del PRI era que aquel comportamiento electoral les advertía que deberían prepararse para las elecciones presidenciales de 1958.

Conflictos sociopolíticos en 1958

En 1958, en el marco de las campañas para la sucesión presidencial, ocurrieron tres movimientos sociopolíticos importantes: el primero de origen agrario, el segundo protagonizado por maestros de educación primaria del Distrito Federal, y el tercero, un conflicto laboral del sindicato ferrocarrilero.

Conflicto agrario

El conflicto agrario de 1958 fue una llamada de atención para las autoridades, acerca de la situación de los jornaleros y los campesinos que solicitaban tierras.

El primer movimiento social se originó como consecuencia de la ola de invasiones de tierras que afectó al norte del país a principios de año, y que constituyó una llamada de atención para las autoridades, acerca de la situación de los jornaleros y los campesinos que solicitaban tierras, sin obtener respuesta favorable a sus peticiones. Las primeras noticias sobre invasiones de tierra llegaron de Sinaloa, donde más de dos mil campesinos invadieron propiedades particulares a punto de levantar la cosecha. Aunque había diferentes versiones sobre el carácter de los invasores, había motivos para sospechar que aquellos campesinos tenían razón al presionar de esa forma, ya que algunas de las propiedades supuestamente con categoría de "pequeñas" eran, en realidad, latifundios disfrazados y susceptibles de afectación. Situaciones parecidas se produjeron en Baja California, en la Comarca Lagunera y en Sonora, dándose algunos casos en que los invasores eran obligados por la fuerza a abandonar los terrenos. En Sonora existía un enorme latifundio, el de Cananea, con una extensión estimada en cerca del medio millón de hectáreas,[4] que ya había sido denunciado, infructuosamente, en varias ocasiones; gran parte de esas tierras era explotada por una compañía ganadera estadounidense, gracias a una concesión otorgada por los dueños del predio, una familia también estadounidense. En este caso, como en algunos otros donde el latifundismo fuera manifiesto, el gobierno expropió las tierras por decreto emitido el 21 de agosto y procedió a su reparto de forma inmediata, resolviendo así el movimiento campesino.

Conflicto magisterial

Conflicto magisterial

El movimiento magisterial obedeció a varios factores —ideológicos, políticos y económicos— que coincidieron para generar la actividad política de un grupo de maestros de primaria, muchos de los cuales habían pertenecido a la escuela socialista y se oponían al rumbo tomado por el régimen vigente. Este grupo organizó un movimiento al margen del SNTE (Sindicato Nacional de Trabajadores de la Educación) y recurrió a la huelga como medio de presión para obtener aumento salarial; pero se trataba, además, de una manifestación de descontento hacia el liderazgo oficial del SNTE, que favorecía intereses personales sin atender las demandas de los maestros. Los maestros inconformes integraron el Movimiento Revolucionario del Magisterio (MRM), sumándose a la corriente de insurrección sindical que convulsionaba al país en 1958. El gobierno, sobreestimando quizá al MRM empleó contra sus integrantes la fuerza militar y policiaca. Tal medida provocó que se exaltaran más los ánimos y que la opinión pública, a través de la prensa, se pusiera de parte de los maestros huelguistas. Ante las presiones, las autoridades rectificaron y decidieron optar por la conciliación; durante la celebración del día del maestro, el 15 de mayo, el propio presidente de la República anunciaba la concesión de las mejoras salariales solicitadas.

En el movimiento magisterial participó un grupo de maestros de primaria, muchos de los cuales habían pertenecido a la escuela socialista y se oponían al rumbo tomado por el régimen vigente.

El movimiento ferrocarrilero presentaba implicaciones de orden económico que podrían ser graves, y por tratarse de un organismo sindical tradicionalmente fuerte y conflictivo, amenazaba la estabilidad política.

Conflicto ferrocarrilero

El conflicto de los ferrocarrileros se enmarcó en el mismo patrón del movimiento social anterior: demandas salariales debido al deterioro del poder de compra, luchas dentro del sindicato causadas por la competencia del liderazgo, diferencias ideológicas, huelgas. Pero, en este caso, el movimiento presentaba implicaciones de orden económico que podrían ser graves, y por tratarse de un organismo sindical tradicionalmente fuerte y conflictivo, amenazaba la estabilidad política y sentaba un pésimo precedente para el resto de los sindicatos. Esta vez no fue posible una solución conciliatoria; el conflicto se extendió más allá del día de la toma

Demetrio Vallejo aprehendido

---
[4] *Ibid.*, p. 127.

de posesión del nuevo gobierno, al que correspondería ponerle fin por medio de la represión, utilizando a las fuerzas del orden público, que arrestaron a los dirigentes del movimiento encabezados por Demetrio Vallejo, a quien también se aprehendió.

Sucesión presidencial

En 1957, era relevante el hecho de que ya no hubiera divisiones dentro de la familia revolucionaria, pues los cardenistas habían mostrado una actitud conciliadora y, aunque siguieron señalando las fallas del sistema, ya no se pronunciaron en favor de algún aspirante a la Presidencia que no hubiera sido designado por el PRI. Se había consolidado la regla del juego en la selección del candidato a la sucesión presidencial, cuya norma no escrita determinaba que el ejecutivo saliente tenía la última palabra en la designación del candidato del PRI, quien era así "destapado", con la consecuente adhesión de todos los dirigentes del partido.

El hecho de que un político fuera considerado como "destapado" se refería al "tapadismo" como se llamó la práctica de la política mexicana en la selección del candidato del PRI a la Presidencia de la República. En este mecanismo los secretarios de Estado tenían un papel protagónico pues eran quienes, desde el momento de integrarse al gabinete del Ejecutivo Federal se consideraban a sí mismos como presidenciables y, sobre todo los que creían tener mayores posibilidades, se dedicaban a difundir la idea de que uno de ellos habrá de ser el escogido. El hecho de que se mantuviera en secreto el nombre del "amarrado", provocaba una enconada lucha entre los posibles "tapados", que se hacía más intensa al acercarse el Quinto Informe Presidencial, pues a las pocas semanas de éste se hacía la selección, es decir el "destape", en la Convención Nacional del PRI. El tapadismo se consideró como uno de los instrumentos más eficaces del presidencialismo mexicano para neutralizar el estallido de conflictos políticos, pues aparte de propiciar una política de "dividir y vencer", permitía regular y medir las fuerzas en pugna, e incluso sondear el comportamiento de su elegido.

El juego sucesorio de Adolfo Ruiz Cortines provocó una serie de equívocos y confusiones debidas, principalmente, a que, a lo largo del proceso, el presidente fue dejando pistas falsas para desviar la atención de su verdadero candidato.

A principios de 1957, eran tres los miembros del gabinete presidencial mencionados con mayor insistencia para suceder a Ruiz Cortines: Ángel Carvajal, secretario de Gobernación; Gilberto Flores Muñoz, secretario de Agricultura; y el doctor Ignacio Morones Prieto, secretario de Salubridad y Asistencia. El caso de este último era singular; las alabanzas que Ruiz Cortines le dirigía, en público y en privado, al grado de compararlo con Benito Juárez, se interpretaron como una clara señal de que sería su sucesor; el propio presidente del PRI, general Agustín Olachea, estaba convencido de ello.

Sin embargo, a medida que la fecha de la postulación se acercaba, los pronunciamientos a favor de Carvajal, expresados mediante cientos de telegramas, comenzaron a llegar a las oficinas del CEN del partido y a la propia Secretaría de Gobernación. El presidente, que seguía jugando también con Ángel Carvajal, aconsejó a éste guardar muy bien aquellos telegramas, pues pronto se resolvería la selección del candidato.

En una conversación con Olachea acerca de los aspirantes a la presidencia, y después de analizar varias posibilidades, Ruiz Cortines preguntó de pronto: "Oiga, ¿y López Mateos?", y tras la respuesta de aquél: "Está muy tierno, señor presidente", comentó finalmente: "De todas maneras se menciona. Mire, dicen que es protestante. Investigue si lo es". Olachea hizo su tarea y confirmó que no era López Mateos, sino su esposa, Eva Sámano, quien tenía antecedentes como protestante, aunque ya no era practicante. Cuando Olachea se presentó ante Ruiz Cortines para informarle los resultados de su investigación, el presidente le dijo: "¡Ah! Ya no siga, general, ése es".[5]

Conflicto ferrocarrilero

El juego sucesorio de Adolfo Ruiz Cortines provocó una serie de equívocos y confusiones debidas, principalmente, a que, a lo largo del proceso, el presidente fue dejando pistas falsas para desviar la atención de su verdadero candidato.

Ignacio Morones Prieto

---

[5] Leonardo Lomelí Vanegas, "La consolidación del sistema político mexicano: el periodo de Adolfo Ruiz Cortines", en González Compeán, Miguel y Leonardo Lomelí (coords.), *El Partido de la Revolución. Institución y conflicto (1928-1999)*, Fondo de Cultura Económica, México, 2000, pp. 274-280.

Cap. 7. Los sexenios del desarrollo estabilizador (1952-1970)

El 4 de noviembre de 1957 se anunció que Adolfo López Mateos sería postulado candidato a la Presidencia de la República y el día 16 siguiente rindió su protesta ante la asamblea del Partido Revolucionario Institucional, apoyado por los tres sectores de éste, y sin que ningún precandidato de la familia revolucionaria objetara el "destape" presidencial. Ante la disciplina con la que había sido aceptada la candidatura de López Mateos —a la que se sumaron incluso el PARM y el PPS— se llegó a temer que no hubiera candidato de oposición, pero esto se conjuró cuando el PAN postuló a Luis H. Álvarez.

Los resultados finales de la elección presidencial de 1958 fueron de 90.43% de la votación para Adolfo López Mateos, y de 9.42% para Luis H. Álvarez.[6]

Luis H. Álvarez, candidato del PAN a la presidencia

Adolfo López Mateos, candidato del PRI a la presidencia

Ejercicio 2

1. ¿Por qué se considera paradójico el comportamiento de las regiones del norte y el Distrito Federal, en las elecciones federales de 1955?

2. Describe el origen y desarrollo de cada uno de los tres conflictos sociopolíticos ocurridos en 1958.

3. Describe cómo manejó el presidente Ruiz Cortines la selección del candidato presidencial del PRI, para la sucesión en 1958.

4. Describe las características del "tapadismo" (nota 5 a pie de página).

Política exterior

Relaciones con Estados Unidos

El buen entendimiento entre México y Estados Unidos tenía antecedentes en los años anteriores al cardenismo, cuando el embajador Morrow había puesto en práctica la política de buena vecindad a iniciativa de Roosevelt. Al comienzo de la Guerra Fría, México coincidió con la doctrina Truman y se pronunció en favor del anticomunismo. Sin embargo, el gobierno de Ruiz Cortines se mantuvo dentro de la línea nacionalista y buscó aliarse con los países latinoamericanos para formar un frente común ante la avasalladora influencia de Estados Unidos; además, se negó a entrar con ese país en pactos militares que volvieran a comprometer a México en guerras internacionales.

No obstante aquella actitud nacionalista del gobierno mexicano y, a pesar de algunos problemas que siempre surgían entre las dos naciones, el trato continuó siendo amistoso. Durante este sexenio se realizó la construcción de la presa Falcón, en la cual colaboraron ambos países; la obra, inaugurada por los mandatarios de ambas naciones Adolfo Ruiz Cortines y Dwight Eisenhower, fue considerada como una muestra de la buena voluntad que existía al utilizar de común acuerdo las aguas de los ríos limítrofes, que en el pasado habían sido causa de conflictos.

Una característica del periodo en torno a las relaciones con Estados Unidos fue la escasa crítica que se hizo en México de la política de ese país. Con excepción de las

Ruiz Cortines con el presidente Eisenhower de Estados Unidos

Ruiz Cortines buscó aliarse con los países latinoamericanos para formar un frente común ante la influencia de Estados Unidos, y se negó a firmar pactos militares con ese país que volvieran a comprometer a México en guerras internacionales.

---

[6] *Ibid.*, p. 284.

protestas que manifestaron algunos estudiantes e intelectuales contra la invasión a Guatemala en 1954, en general los estadounidenses percibieron en México un clima de confianza que dio lugar a las visitas de importantes funcionarios del vecino país y, por supuesto, a la creciente inversión de sus capitales.

Presa Falcón

Bracerismo

El problema de los braceros ponía en peligro las buenas relaciones con Estados Unidos. El punto conflictivo consistía en que los empresarios agrícolas de ese país deseaban renovar el acuerdo comercial de 1951, de tal manera que favoreciera a sus intereses, renovación que las autoridades mexicanas habían venido postergando confiando en que la necesidad de mano de obra obligara a los estadounidenses a buscar un acuerdo menos desfavorable para México. En enero de 1954, Estados Unidos anunció que procedería a la contratación de trabajadores mexicanos bajo la sola supervisión de su gobierno, en vista de que no se reanudaban las negociaciones del acuerdo. Al anunciarse las contrataciones, miles de braceros se dispusieron a atravesar la frontera a pesar de los intentos que por detenerlos hacían las autoridades mexicanas, con promesas de ofrecerles trabajo y apelando a la fuerza militar en algunas ocasiones.

Esta situación obligó a los dos gobiernos a firmar un nuevo acuerdo, en marzo de 1954, en el que se incluían algunas concesiones de parte del gobierno mexicano, como la de que las contrataciones se hicieran en la frontera —lo cual reducía el costo del transporte para los empresarios estadounidenses pero agravaba para México el problema de concentración de braceros en la región norte—. En cambio, el gobierno de Estados Unidos cedió en lo referente a proporcionar seguros a los trabajadores en caso de desempleo y a establecer una comisión mixta que investigara los problemas de emigración legal e ilegal.

Durante el resto del sexenio se dio el paso continuo y sin conflictos de braceros a los Estados Unidos, aumentándose el número de emigrados hasta llegar a 436 mil en 1957, mientras que, por el contrario, disminuía la cantidad de trabajadores ilegales en este país, que de un millón en 1954 llegó a 72 mil, principalmente como resultado de la "operación *wetback*", que las autoridades estadounidenses aplicaron para repatriar de forma masiva a los trabajadores mexicanos indocumentados.[7]

Crédito externo

En su afán por distinguirse de la administración anterior, el gobierno ruizcortinista se propuso en los primeros momentos evitar recurrir al crédito externo, salvo en los casos de absoluta necesidad. Sin embargo, conforme se ponía en marcha la política de fomento a la producción, se fue intensificando la utilización del financiamiento externo, sobre todo después de 1953 cuando —con el fin de revitalizar la economía nacional que había sufrido una recaída en ese año— se hizo necesario fortalecer las reservas monetarias y elevar el gasto público destinado a la inversión en empresas paraestatales. A partir de 1955, el gobierno de Ruiz Cortines tomó a la utilización del crédito externo como el medio primordial e indispensable para el cumplimiento de tres principales objetivos: 1) mantener la estabilidad de los precios; 2) evitar el alza

---

Una característica del periodo ruizcortinista en torno a las cordiales relaciones con Estados Unidos fue la escasa crítica que se hizo en México de la política de ese país y, en general, los estadounidenses percibieron en México un clima de confianza.

El problema de los braceros ponía en peligro las buenas relaciones con Estados Unidos, porque los empresarios agrícolas de ese país deseaban renovar el acuerdo comercial de 1951, de tal manera que favoreciera a sus intereses.

La cantidad de trabajadores ilegales a Estados Unidos disminuyó como resultado de la "operación wetback", que las autoridades de ese país aplicaron para repatriar de forma masiva a los trabajadores mexicanos indocumentados.

---

[7] Olga Pellicer de Brody y Esteban L. Mancilla, *El entendimiento con los Estados Unidos y la gestación del desarrollo estabilizador*, El Colegio de México, México, 1978, p. 73.

Cap. 7. Los sexenios del desarrollo estabilizador (1952-1970)

de precios de los bienes y servicios que proporcionaban las empresas del Estado; 3) favorecer la acumulación de capital y la reinversión de las utilidades por medio de una política de alicientes y exenciones fiscales.

Por lo tanto, a pesar de los propósitos iniciales, la necesidad de mantener y fortalecer el crecimiento económico y la industrialización llevó al gobierno hacia una nueva forma de dependencia. Para 1958, los créditos concertados en el sexenio alcanzaban la suma de 626 millones de dólares, que representaba más de tres veces la cantidad de los empréstitos solicitados durante el gobierno de Alemán.

Conforme se ponía en marcha la política de fomento a la producción, se fue intensificando la utilización del financiamiento externo, sobre todo, después de 1953.

Inversión extranjera directa

La inversión extranjera directa (IED) entró en una nueva etapa durante el periodo de Ruiz Cortines, con la característica de que abarcó sectores de la producción por los que antes no se había interesado; los capitales extranjeros se utilizarían ahora en la industria manufacturera y en el comercio, relegándose a último término el interés por invertir en la minería, en la energía eléctrica, en la producción de bienes de consumo, o en otras áreas que en el pasado atrajeron la inversión de capitales del exterior. En el ámbito comercial fue notable la influencia de las prácticas estadounidenses: las grandes tiendas de departamentos y el uso de las tarjetas de crédito produjeron un gran impacto, sobre todo en las clases medias nacionales, entusiasmadas por la variedad de artículos que se ofrecían y las nuevas facilidades de la compra a crédito, y del estímulo constituido por los medios publicitarios.

Durante el periodo de Ruiz Cortines, la inversión extranjera directa abarcó sectores de la producción en los que antes no había interés: en la industria manufacturera y en el comercio.

La gran profusión de la IED en México obedeció a los incentivos de las políticas gubernamentales que, interesadas en promover los adelantos de la industria en el país y modernizar su infraestructura manufacturera, brindaron apoyo a las inversiones extranjeras, con mínimas limitaciones reglamentarias.

El ámbito interamericano

El gobierno mexicano estaba interesado en integrarse al sistema interamericano que había venido desarrollándose a raíz de la creación de la Organización de Estados Americanos (OEA) en 1948, la cual pretendía un acuerdo con Estados Unidos, con el fin de obtener su apoyo económico pero que, al mismo tiempo, buscaba evitar que ese apoyo alentara las pretensiones hegemónicas de los estadounidenses en perjuicio de las economías latinoamericanas. Por otra parte, para México era de suma importancia mantenerse dentro de su tradicional línea de política exterior, basada en la no intervención y libre autodeterminación de las naciones.

En la Conferencia de Caracas se buscó llegar a un acuerdo con Estados Unidos sobre apoyo económico a Latinoamérica, y con la intención de lograr que se ajustara a la política de no intervención.

En abril de 1954, se celebró en la capital de Venezuela la llamada *Conferencia de Caracas* —que correspondía a la X Reunión Interamericana a la que asistían los países de Latinoamérica— con el deseo de llegar al citado acuerdo con Estados Unidos y de lograr que este país se ajustara a la política de no intervención. Sin embargo, el momento no era muy propicio para responder a las demandas latinoamericanas; para el gobierno estadounidense el mayor problema del continente era el gobierno de Jacobo Arbenz en Guatemala, al que consideraba como una seria amenaza del comunismo para los países de América. Por tanto, asistió a la reunión con el objetivo central de que se aprobara un proyecto contra "la intervención del comunismo en el hemisferio", tendiente a justificar una intervención armada en Guatemala, aun cuando esa justificación no se expresó explícitamente. El representante de México insistió en que se respetara el derecho de autodeterminación y propuso algunas enmiendas al proyecto, fundamentadas

México en la Conferencia de Caracas

El representante de Estados Unidos asistió a la reunión de Caracas con el objetivo central de que se aprobara un proyecto contra "la intervención del comunismo en el hemisferio", tendiente a justificar una intervención armada en Guatemala.

Jacobo Arbenz, presidente de Guatemala

en la política de no intervención. Tales enmiendas fueron rechazadas por 17 votos en contra y sólo tres en favor, correspondientes a México, Argentina y Guatemala. La Declaración de Caracas resultó ser una vaga expresión acerca de la soberanía de cada nación, sin que aludiera al precepto de no intervención. A partir de ese momento y durante varios años, México habría de mantener una política abstencionista en las reuniones interamericanas y, aunque continuó afirmando el principio de autodeterminación, ya no habría de considerarlo como objetivo primordial para que fuera atendido por el resto de países miembros del sistema interamericano.

Ante la invasión estadounidense a Guatemala —en junio de 1954, tras la llegada de un cargamento de armas procedente de países socialistas— el gobierno de México mantuvo una cautelosa reserva y, en cambio, volvió a declarar su anticomunismo, aunque sin hacer alusión al conflicto de aquel país; sólo se produjeron protestas de parte de la llamada izquierda revolucionaria y de algunos universitarios contra la acción intervencionista de los estadounidenses, protestas que fueron rechazadas principalmente a través de la prensa.

CUADRO 7.1. *Gobierno de Adolfo Ruiz Cortines. Política*

- **Política interna**
  - **Tres problemas al comenzar el sexenio**
    - Impopularidad del grupo en el poder
    - Encarecimiento del costo de la vida
    - Rivalidades dentro de la familia revolucionaria
    - **Austeridad y moralización**
      - Reformas legislativas
      - Reducción del gasto público
    - **Mecanismos de control**
      - Sobre los gobernadores
      - Sobre el movimiento obrero
    - Fortalecimiento del partido en el poder
    - Estabilidad política
    - Crecimiento de la oposición en las elecciones de 1955
    - Selección del candidato presidencial del PRI: equívocos y confusiones
    - Elecciones en 1958
  - **Conflictos sociopolíticos en 1958**
    - Invasiones de tierras en el norte
    - Huelga de un grupo de maestros
    - Huelga del sindicato ferrocarrilero
    - Soluciones conciliatorias en dos de los casos
- **Política exterior**
  - **Relaciones con Estados Unidos**
    - Buen entendimiento a pesar de la tendencia nacionalista del gobierno mexicano
    - Nuevo acuerdo sobre problema de braceros
    - Crédito externo e inversión extranjera directa
  - **El ámbito interamericano**
    - Conferencia de Caracas
      - Fallido intento por defender la autodeterminación de las naciones
    - Invasión estadounidense a Guatemala
      - Cautelosa reserva de México y crítica escasa

Economía

Política estabilizadora

Durante el gobierno de Ruiz Cortines se pueden distinguir tres momentos en cuanto al desarrollo de la economía nacional [véase fuente 2. "La economía en los años cincuenta"]: una primera etapa que llega hasta 1954 y en la que se dan los intentos iniciales de estabilización buscando abatir la inflación y equilibrar el presupuesto; la segunda fase cubre los años 1954 a 1956, periodo en el que se logra la recuperación económica y se origina el desarrollo estabilizador. El tercer momento comprende los últimos años del sexenio y en él se da un debilitamiento de la economía nacional, debido en gran parte a que la economía mundial estaba entrando en una nueva fase depresiva.

Al comenzar el periodo ruizcortinista, la economía mexicana estaba inmersa en una inflación cuyo proceso se había originado en los sexenios anteriores y que no se había podido erradicar, a pesar del rápido crecimiento económico iniciado en 1950; por el contrario, precisamente fue ese auge el que desató una inflación acelerada por haberse incrementado las inversiones de forma desmesurada, por los efectos que trajo consigo la exagerada dependencia de los mercados extranjeros, y debido a la estrechez del mercado interno provocada por la política de control de salarios.

Esos problemas se hicieron palpables al terminar la Guerra de Corea en 1953, ya que disminuyó la demanda mundial y se redujeron los precios internacionales de las materias primas, hechos que afectaron de forma inmediata a la producción agrícola mexicana, basada fundamentalmente en los cultivos de exportación. A su vez, esto se tradujo en la reducción del ingreso para la clase campesina, dándose en consecuencia una considerable disminución de la demanda interna de productos tanto agrícolas como industriales. Ante la dificultad para vender sus productos, los empresarios decidieron limitar sus inversiones y agravaron el problema al reducir notablemente el PIB, que casi se estancó en 1952.

De esta manera, después de diez años de crecimiento ininterrumpido, la economía nacional había llegado a una situación de crisis de la que no podría salir sin la ayuda del sector gubernamental. Por eso, aunque Ruiz Cortines reconocía la necesidad de continuar fomentando la producción, puso en marcha una *política estabilizadora* que pretendía detener el rápido aumento del costo de la vida y trataba de evitar que la demanda interna continuara reduciéndose, porque ello frenaba el crecimiento industrial. Las medidas tendientes a poner en práctica esa política económica fueron las siguientes:

Plan agrícola de emergencia. En 1953, este plan estuvo encaminado específicamente a elevar la producción de cultivos alimenticios básicos como el maíz, el frijol y el trigo, canalizando un número mayor de créditos de la banca privada hacia el sector rural y aplicando modernos procedimientos destinados al mejor aprovechamiento de las tierras. Los resultados del citado plan fueron exitosos en términos generales, se logró incrementar la producción de los alimentos básicos, pero este aumento no fue suficiente para cubrir las necesidades de la población, y benefició muy poco a los pequeños agricultores, ya que se siguió dando preferencia a las grandes y medianas empresas que poseían las mejores tierras.

Importación de alimentos. Esta medida se consideró fundamental en la lucha contra la inflación, y consistía en importar solamente los alimentos indispensables para complementar las cosechas que se obtendrían en el país por medio del plan agrícola. Pero esas cosechas no fueron de la magnitud que se esperaba debido a que una sequía abatió al campo mexicano en el año 1953, por lo que hubo necesidad de aumentar las importaciones con el fin de satisfacer la demanda interna de alimentos básicos.

Control del comercio. Este control se efectuó a través de dos organismos gubernamentales, la Dirección General de Precios, que se encargó de fijar los precios y de vigilar que

---

Ejercicio 3

1. ¿En qué consistió el acuerdo, en marzo de 1954, entre México y Estados Unidos, sobre el problema derivado del bracerismo?
2. ¿Por qué el gobierno ruizcortinista consideró necesario recurrir al endeudamiento externo?
3. Describe las características de la inversión extranjera directa, durante el gobierno de Ruiz Cortines.
4. Describe cómo influyeron en la Conferencia de Caracas los intereses de Estados Unidos en la política de Guatemala.

Al comenzar el periodo ruizcortinista, la economía mexicana estaba inmersa en una inflación originada en los sexenios anteriores, que no se había podido erradicar, a pesar del rápido crecimiento económico iniciado en 1950.

Ruiz Cortines puso en marcha una política estabilizadora *que pretendía detener el rápido aumento del costo de la vida y trataba de evitar que la demanda interna continuara reduciéndose.*

El plan agrícola de emergencia *pretendía elevar la producción de alimentos básicos, aumentando los créditos de la banca privada y aplicando modernos procedimientos para el mejor aprovechamiento de las tierras.*

El presidente Ruiz Cortines

En lucha contra la inflación, se buscó adquirir en el exterior solamente los alimentos indispensables para complementar las cosechas que se obtendrían en el país por medio del plan agrícola.

La política estabilizadora permitió mejorar los salarios reales de los trabajadores en general, pero los empresarios suspendieron sus inversiones hasta que el gobierno abandonara su política de austeridad.

El fomento del gobierno a la industria consistió en siete medidas tendientes a beneficiar con el proteccionismo a la empresa privada nacional.

fueran respetados por los comerciantes, y la Secretaría de Gobernación, que combatió el acaparamiento y el monopolio.

El equilibrio presupuestal y sus resultados. La estabilización del presupuesto y la disminución de precios que resultó de ella, permitieron efectuar mejoras a los salarios reales de los trabajadores en general, con excepción de quienes permanecían sin empleo a causa de la contracción de las inversiones públicas y privadas, ocasionada por el proceso inflacionario. Sin embargo, los empresarios privados, desconfiando de la política oficial, decidieron no invertir en espera de que el gobierno modificara su política de austeridad presupuestal y decidiera fomentar el desarrollo de la industria, lo cual tuvo que realizarse a finales de 1953.

A partir de ese año, el gobierno intensificó el fomento a la producción agrícola mejorando los precios de garantía del maíz y del frijol, y ampliando las partidas presupuestales para acondicionar los sistemas de riego, aprovechar mejor los recursos y proporcionar insumos a los productores. Pero, como había sucedido en administraciones pasadas, se puso mayor atención al fomento a la industria, el cual consistió en:

1) crecimiento del gasto público, destinando al sector paraestatal 20.2% del presupuesto en 1954;

2) otorgamiento de facilidades fiscales a la empresa privada, elevando considerablemente exenciones y subsidios, y reduciendo el ISR y otros impuestos de menor trascendencia; además, quedaron exentos del pago de impuestos los sueldos hasta de 300 pesos mensuales, con el fin de mejorar el ingreso de los potenciales compradores de productos nacionales;

3) aplicación de medidas financieras, tendientes a aumentar la disponibilidad de los bancos de depósito y, en consecuencia, su capacidad de otorgar créditos; se fomentó, además, el ahorro orientándolo al mercado de valores, al grado de que a partir de 1954 se hizo notar la preferencia de los ahorradores por las inversiones de valores. Por otra parte, se establecía un Fondo de Garantía y Fomento a la mediana y pequeña industrias, que comenzó a operar en 1954;

4) creación de la Financiera Nacional Azucarera, destinada a impulsar la industria del azúcar;

5) establecimiento del Consejo de Fomento y Coordinación de la Producción Nacional, que tenía el propósito de coordinar la política económica del gobierno con la iniciativa privada, para unir los esfuerzos tendientes a mejorar la economía nacional;

6) adopción de una política proteccionista orientada a desligar el mercado interno de la competencia comercial exterior, y cuyas medidas se aplicaron en febrero de 1954, elevando en 25% casi todos los impuestos a las importaciones y limitando la importación de artículos suntuarios; y se modificó la tarifa del impuesto general de importaciones, con el fin de ajustarlo a las necesidades de las industrias en el país;

7) devaluación del peso de 8.65 a 12.50 por dólar, acción que resultó en beneficio de la industria, en primer lugar porque se abarataron los productos nacionales de exportación, que tuvieron entonces mayor demanda en el mercado exterior, y en segundo, porque se detuvo la salida de capitales que había comenzado el año anterior. Así, la devaluación favoreció a la economía, aunque a costa de sacrificar el bienestar social, ya que los trabajadores vieron reducido su poder de compra;

> **Fuente 2. La economía en los años cincuenta**
>
> En suma, el comportamiento de la economía durante los años cincuenta fue muy dinámico, a pesar de las fluctuaciones ocurridas en el exterior que impactaron en los precios y la balanza de pagos. No cabe duda que la política comercial que aisló al mercado interno de la competencia externa brindó frutos extraordinarios en esta etapa y en la primera parte de los años sesenta: la fuerza más importante por el lado de la demanda fue el mercado interno que estaba en expansión, mientras que la sustitución de importaciones apenas jugó un papel secundario; la inversión, sobre todo la privada, creció mucho más rápido que el PIB, por lo que la productividad se elevó en forma significativa; el empleo aumentó aún más aprisa que la población económicamente activa, lo cual constituyó un avance notable dado el rápido crecimiento poblacional; por su parte, los salarios reales, al menos en la industria, también mostraron un fuerte crecimiento aunque menor que el del producto per cápita, lo que implicó mayor bienestar social en términos absolutos, pero probablemente una concentración del ingreso más aguda. El "milagro" mexicano estaba en plenitud.
>
> Enrique Cárdenas,
> *La hacienda pública y la política económica 1929-1958*,
> Fondo de Cultura Económica, México, 1994, p. 144.

Consecuencias de la política estabilizadora

Con la política de fomento a la industria, la moderación del gasto público, el equilibrio del presupuesto basado esencialmente en una mayor utilización del crédito externo, y la política monetaria que fijó la paridad cambiaria para 1956, el gobierno logró poner fin a la espiral inflacionaria que hasta entonces había estado acompañando al crecimiento económico del país, permitiendo con ello que México entrara en la etapa del "desarrollo estabilizador", triunfo que habría de causar asombro en el ámbito internacional y fue considerado como "milagro mexicano".

La producción creció notablemente y se basó sobre todo en el mercado interno, aunque tal crecimiento no se diera de igual forma en todos los sectores. Sin embargo, la situación de la economía comenzó a cambiar negativamente hacia finales de 1956, debido a que junto con la inversión extranjera directa había entrado el capital especulativo, prestado generalmente a corto plazo, que salió del país cuando la economía mundial entró en una nueva depresión que afectó el equilibrio de la balanza de pagos.

Al estancarse la demanda externa, se vieron afectados los sectores de la producción, lo cual condujo a nuevos ajustes en la política económica de Ruiz Cortines, con tres objetivos prioritarios: 1) mantener una libertad de cambios sin restricciones, con el fin de que fuera posible el regreso de los capitales; 2) conservar inalterable el tipo monetario de cambio para garantizar a los dueños de capitales extranjeros que sus inversiones no se verían perjudicadas por nuevas devaluaciones y, al mismo tiempo, para desalentar a la especulación; 3) mantener la estabilidad en el nivel general de precios, con el propósito de no afectar a las exportaciones.

A estos objetivos hubieron de quedar subordinados aquellos que se habían planteado anteriormente; incluso el crecimiento económico quedó condicionado a que no hubiera desajustes serios con el exterior, ni presiones inflacionarias internas. La política de fomento a la producción también sufrió un retroceso, pues el gobierno se limitó a

Al poner fin a la espiral inflacionaria, el gobierno logró que México entrara en la etapa del "desarrollo estabilizador", triunfo que habría de causar el asombro en el ámbito internacional y fue considerado como "milagro mexicano".

La situación de la economía comenzó a cambiar negativamente hacia finales de 1956, debido a que, junto con el capital de inversión, había entrado el especulativo.

elevar prudentemente las inversiones y el consumo —para no excederse en el gasto público—, y apenas si dio impulso a las exportaciones. Así, durante los últimos dos años del sexenio no hubo una intervención gubernamental en la economía que pudiera considerarse novedosa o de relevancia, de manera que la política de estabilización acabó por imponerse sobre la de crecimiento. Las inversiones que el gobierno canalizó al sector productivo, a pesar de lo insuficientes que resultaron, se orientaron en especial hacia los sectores industrial, de comercio y transportes; en cambio, el sector agrícola —siempre necesitado del apoyo económico—, prácticamente no se benefició con la inversión estatal en los años 1957 y 1958, por lo que la producción entró en franca recesión, provocando presiones inflacionarias y elevando el costo de la vida. Como resultado, el último año del sexenio se habría de caracterizar por las manifestaciones de descontento de las clases trabajadoras [véase fuente 3. "Los conflictos en el año de 1958"], lo cual afectó la política del país en momentos de la sucesión presidencial.

El último año del sexenio se caracterizó por las manifestaciones de descontento de las clases trabajadoras por el alto costo de la vida, lo cual afectó la política del país en momentos de la sucesión presidencial.

No obstante, el gobierno de Ruiz Cortines había logrado establecer los lineamientos de una política económica que, mientras se dieran condiciones favorables internas y externas, serían decisivas para el desarrollo capitalista de México en la década siguiente.

Gobierno de Adolfo López Mateos: Consolidación de la política estabilizadora

Política interna

La revolución equilibrada

El sexenio 1958-1964 se inició en plena efervescencia causada por la lucha sindical ferrocarrilera, que estuvo a punto de hacer tambalear al sistema político, y en medio de una difícil situación económica, que amenazaba con frenar el crecimiento alcanzado en años anteriores. El gobierno de Adolfo López Mateos se propuso dos metas fundamentales: la primera consistió en fortalecer al sistema político, para lo cual era

Ejercicio 4

1. Describe en síntesis cada una de las cuatro medidas del gobierno de Ruiz Cortines, para poner en práctica la política del desarrollo estabilizador.

2. ¿En qué consistió el "milagro mexicano" en economía, alcanzado por el régimen ruizcortinista?

3. ¿A qué se debió la nueva situación de crisis económica, a fines del sexenio ruizcortinista?

Fuente 3. Los conflictos en el año de 1958

... El año de 1958 fue particularmente difícil. Fue un año de inflexión: tumultos, manifestaciones y huelgas de ferrocarrileros, maestros, universitarios, petroleros, telegrafistas, burócratas. Sin hacer distinción ni clasificación, el espíritu de huelga y protesta se apoderó de la voluntad de los trabajadores. La apatía y la sumisión acostumbradas se desvanecieron. La respuesta al paro de los círculos más consolidados del proletariado urbano, la congelación de salarios y el apoyo irrestricto del gobierno a la burocracia sindical violó las reglas tradicionales del juego, ignorándolas. La calle y la bandera rojinegra se convirtieron en el escenario y el símbolo de las confrontaciones sociales. De nuevo, México emergía ante gobernantes y gobernados sin máscara ni bozal, con su verdadera fisonomía: La de un país de clases irreconciliables.

Ilán Semo,
"El ocaso de los mitos, 1958-1968", *México, un pueblo en la historia*, Semo (coordinador),
Tomo 6, p. 42, México, Alianza Editorial, 1989.

Adolfo López Mateos se propuso dos metas: fortalecer al sistema político, suprimiendo todo movimiento sociopolítico que amenazara la estabilidad, y reactivar la economía.

Cuadro 7.2. *Gobierno de Adolfo Ruiz Cortines. Economía y sociedad*

Tres momentos		
Primero 1952-1954	Segundo 1954-1956	Tercero 1956-1958

— Inflación acelerada y agravada al terminarse la Guerra de Corea
— Situación de crisis interna
— Objetivos del gobierno:
  a) Mantener la estabilidad de precios dentro del país.
  b) Restablecer el equilibrio de la balanza comercial.
  c) Sanear las finanzas públicas
— Política estabilizadora, medidas:
  a) Plan agrícola de emergencia.
  b) Importación de alimentos a gran escala.
  c) Control de comercio interno.
  d) Austeridad presupuestal
— Inseguridad de empresarios y comerciantes
— Fomento a la industria; siete acciones gubernamentales
— Devaluación del peso en febrero de 1954
	— Efectos favorables de la política estabilizadora
	— Fin de la espiral inflacionaria
	— México entra a la etapa del "desarrollo estabilizador"
	— El "milagro mexicano"
	— Crecimiento en la producción por sectores, en orden de importancia:
	— Electricidad.
	— Agricultura.
	— Petróleo.
	— Industria manufacturera.
	— Comercio y transportes.
	— Construcción.
	— Ganadería.
	— Minería
	— Nuevos problemas:
	— El flujo de capitales extranjeros acentúa la dependencia.
	— Entrada del capital especulativo.
	— Estancamiento de la demanda externa
	— Nuevos ajustes del gobierno
	  a) Libertad de cambios.
	  b) Mantenimiento del tipo monetario de cambio.
	  c) Estabilidad de precios
		— Retroceso en la política de fomento industrial
		— Imposición de la política de estabilización sobre la de crecimiento
		— La inversión pública se orienta a los sectores industrial y de comercio y transportes
		— Producción agrícola en la franca escasez, produciendo presiones inflacionarias y aumento en el costo de la vida
		— Manifestaciones sociopolíticas de descontento:
		— Invasiones de tierras.
		— Conflicto magisterial.
		— Conflicto ferrocarrilero
		— Balance final de los triunfos de la política económica del sexenio ruizcortinista

necesario suprimir de raíz todo movimiento sociopolítico que amenazara la estabilidad; la otra meta era la reactivación de la economía, condicionada a que se cumpliera la primera.

Por ello, el inicio del régimen de López Mateos estuvo marcado por una represión intensa contra los trabajadores ferrocarrileros, con el fin de conjurar una huelga que hubiera sido muy perjudicial para el país, y con el propósito de restablecer el control sobre los sindicatos disidentes. Después de aquel uso de fuerza, se inició una etapa de apertura en algunos de los espacios políticos, cerrados durante los regímenes anteriores y se buscó resolver el descontento laboral recurriendo a medidas sociales y económicas.

Una característica del periodo fue la ligera inclinación hacia la izquierda —la llamada "atinada izquierda"— que mostró el gobierno de López Mateos, más en la retórica que en la práctica. La Revolución Cubana tuvo alguna influencia en esa inclinación, pero sobre todo fue adoptada como un recurso para equilibrar las fuerzas políticas antagónicas. El triunfo de Fidel Castro y su adhesión al sistema comunista revivió las diversas corrientes nacionalistas e izquierdistas mexicanas, que adquirieron cierta

Adolfo López Mateos, presidente de la República

fuerza, sobre todo al ser apoyadas por el ex presidente Lázaro Cárdenas. La vertiente contraria, representada por la Iglesia católica y los empresarios, también expresó su militancia, apoyada por otro ex presidente, Miguel Alemán. Ante esas circunstancias, López Mateos tuvo que actuar con rapidez y habilidad para guardar el equilibrio y mantener al régimen en el "centro político" donde se había ubicado después de 1940, pero que durante el gobierno alemanista se había desviado hacia la derecha.

En el mismo contexto, la política lopezmateísta se enmarcó bajo el concepto de "revolución equilibrada", con el cual, además de reforzar el centro político del régimen, aludía de forma explícita al esfuerzo por organizar el gasto público de una manera equilibrada entre las áreas social, económica y administrativa. Esto se interpretó como una forma de adaptar los ideales de la Revolución de 1910 a las condiciones del momento, ya que el presidente López Mateos parecía muy preocupado por revivir la tradición revolucionaria, abandonada a partir de la década de 1940.[8]

De acuerdo con la política de apertura y el viraje hacia la izquierda, no hubo grandes represalias de las autoridades ante la creación del Movimiento de Liberación Nacional (MLN), organización política de tendencia izquierdista e independiente del PRI, ni ante el nacimiento de la revista *Política*, que mantuvo nexos con el MLN y fue de crítica al sistema. Dicha revista, aun cuando no se caracterizaba por una ideología bien definida, contenía elementos socialistas entremezclados con un nacionalismo que evocaba los tiempos de Cárdenas.[9]

Sin embargo, la apertura no fue una constante en la política del sexenio; por lo menos dos casos la empañaron. El primero ocurrió en la ciudad de San Luis Potosí, donde el doctor Salvador Nava —quien había buscado la candidatura del PRI a la gubernatura del estado, sin conseguirla— se postuló como candidato de la Alianza Cívica Potosina, en la que también participó el PAN, logrando un importante apoyo popular. Cuando los resultados oficiales dieron el triunfo al candidato del PRI, los navistas recurrieron a la resistencia civil; el ejército intervino para acallar la protesta, hubo varias personas muertas y Nava fue arrestado y conducido a la capital del país.

El segundo caso se escenificó en el estado de Morelos, donde el líder campesino Rubén Jaramillo, quien había sido revolucionario zapatista, persistía en su lucha por el reparto de tierras, razón por la que fue continuamente perseguido hasta que, en 1959, López Mateos le otorgó la amnistía. Confiado en que no corría peligro, Jaramillo continuaba su lucha por la vía jurídica cuando, el 23 de mayo de 1962, fue asesinado por un grupo de militares.

Reforma electoral de 1963

López Mateos buscó extender la *revolución equilibrada* [véase fuente 4. "La Revolución equilibrada"] al proceso electoral, como una respuesta a las críticas de la oposición y a la disidencia sindical. En junio de 1963 fueron reformados los artículos 54 y 63 constitucionales, introduciendo una modalidad en el sistema electoral mexicano, conocida como "diputados de partido", la cual se fundamentaba en la idea de que en un régimen democrático se deben respetar los derechos de las minorías. En la exposición de motivos de dicha reforma se expresaba que "tanto las mayorías como las minorías tienen derecho a opinar, a discutir y a votar, pero sólo la mayoría tiene derecho a decidir".[10]

---

[8] Enrique Suárez Gaona, *¿Legitimación revolucionaria del poder en México? (Los presidentes, 1910-1982)*, Siglo XXI Editores, México, 1987, p. 99.
[9] José Luis Reyna, "Las elecciones en el México institucionalizado", en Pablo González Casanova (coordinador), *Las elecciones en México, evolución y perspectivas*, Siglo XXI Editores, México, 1985, pp. 111-112.
[10] Javier Patiño Camarena, "Las elecciones de diputados: su significado político, jurídico y estadístico", en Pablo González Casanova (coordinador), *Las elecciones en México, evolución y perspectivas*, p. 215.

El gobierno de López Mateos mostró una ligera inclinación hacia la izquierda, más en la retórica que en la práctica, adoptada como un recurso para guardar el equilibrio y mantener al régimen en el "centro político".

El concepto de "revolución equilibrada", además de reforzar el centro político del régimen, aludía al esfuerzo por organizar el gasto público de manera equilibrada entre las áreas social, económica y administrativa.

La sombra de Cárdenas

De acuerdo con la política de apertura y el viraje hacia la izquierda, no hubo represalias hacia las críticas al sistema; sin embargo, la apertura no fue una constante en la política del sexenio; por lo menos dos casos la empañaron.

> **Fuente 4. La Revolución equilibrada**
>
> Silogismo fácil: si Cárdenas era revolucionario y Cárdenas había expropiado el petróleo, ¿qué debía hacer un presidente revolucionario además de repartir tierras (o puntas de cerros)? Expropiar una gran industria en manos extranjeras. Para fortuna de López Mateos, había un sector industrial en esas condiciones: el eléctrico. Así, el 27 de septiembre de 1960, a medio siglo del estallido de la Revolución, el gobierno tomaba pacífica posesión de la industria eléctrica con todo y su personal e instalaciones. Económicamente, la operación fue mucho más clara y barata que la expropiación petrolera. Políticamente careció del dramatismo de 1938, pero pagó grandes dividendos: representaba la reivindicación de los recursos naturales, la bandera principal del cardenismo.
>
> Para doblegar a Cárdenas había que imitar a Cárdenas, y revivir otros momentos de la obra revolucionaria. Por ejemplo, la de Vasconcelos, tan cercana al alma de López Mateos. Él mismo había editado libros de cultura popular en los años treinta. En febrero de 1959, y bajo la dirección de Martín Luis Guzmán, se creó la Comisión Nacional de los Libros de Texto Gratuitos, cuyo objetivo era editar y distribuir millones de textos únicos para todos los niños de las primarias mexicanas. También tras la huella de Vasconcelos, el gobierno de su discípulo revivió la práctica de los desayunos escolares y echó a andar un "plan de once años" para elevar la educación del país. Como un eco del entusiasmo ecuménico de la cultura en los años veinte, proyectó e inauguró varios museos dignos de la historia mexicana: el de Historia Natural, el de la Ciudad de México, el museo del Virreinato en el ex convento de Tepotzotlán y, presidido por la inmensa mole del dios Tláloc de la lluvia, el extraordinario museo de Antropología e Historia, en cuyas paredes se inscribió un llamado al mexicano a "mirarse con orgullo en el espejo de su pasado".
>
> Enrique Krauze,
> *La presidencia imperial, ascenso y caída del sistema político mexicano (1940-1996)*, Tusquets, México, 1997, p. 263.

Rubén Jaramillo

Según el nuevo sistema, los partidos políticos minoritarios podían contar hasta con 20 curules en la Cámara de Diputados; el partido político con tal derecho debía estar representado por aquellos de sus candidatos que, sin haber triunfado por mayoría en el distrito electoral correspondiente, hubieran obtenido el mayor número de votos; una vez designados, dichos diputados tendrían el mismo rango y carácter que los diputados que ocupaban el cargo por haber obtenido la mayoría de votos en sus distritos respectivos.[11] Era además necesario que los partidos minoritarios obtuvieran 2.5% de la votación nacional. Los que alcanzaran dicho porcentaje tenían derecho a 5 diputados de partido, y por cada medio por ciento que excedieran ese porcentaje, tenían derecho a un diputado más hasta llegar a 20.

Esta medida benefició al PAN, no sólo porque tuvo el mayor número de diputados de partido, sino porque demostró ser el más fuerte partido de oposición, frente al PPS y al PARM que no alcanzaron

Salvador Nava

---

[11] *Ibid.*, p. 216.

el porcentaje requerido en las elecciones de 1964.[12] De esa manera, la oposición participaba del Poder Legislativo, aunque sólo en la Cámara de Diputados; la de senadores continuó integrada en su totalidad por miembros del PRI, exclusivamente.

Labor legislativa

El gobierno de López Mateos realizó una extensa labor legislativa; por iniciativa presidencial se reformaron varios artículos de la Constitución en lo referente a aprovechamiento de recursos naturales, servicios públicos y seguridad social, impuestos, obras públicas, protección a la infancia y fomento económico. Destacan la ley reglamentaria del artículo 27 constitucional, en materia de aprovechamiento de recursos minerales, que tuvo el efecto de que las empresas extranjeras vendieran el porcentaje mayoritario de sus acciones a inversionistas mexicanos. De marcada importancia fue la nacionalización de la industria eléctrica en 1960, con la consecuente reforma constitucional, y mediante la compra de las dos grandes empresas privadas de generación y distribución de energía eléctrica que todavía operaban en México, la American Foreign Power Co. y la Mexican Light and Power Co., de acuerdo con dos operaciones financieras independientes entre sí y con el consentimiento mutuo de las partes, por las que se traspasaron propiedades con un valor de 400 millones de dólares. Posteriormente, en 1961, el gobierno mexicano adquirió el resto de los sistemas generadores de energía eléctrica.

Antonio Ortiz Mena anuncia la mexicanización de la industria eléctrica

Sucesión presidencial

A pesar de algunos síntomas de inquietud entre la clase empresarial y los sectores de derecha —debido a la simpatía del régimen hacia la Revolución Cubana, así como a las medidas en política social y educativa— a finales del sexenio de López Mateos se observaba un ambiente político de tranquilidad, sin que se manifestaran conflictos ni dentro ni fuera de la familia revolucionaria. Esa tranquilidad se debía, en primer lugar, a que el desarrollo estabilizador había encauzado el país hacia un crecimiento relativamente sostenido, sin inflación y con una tendencia al alza —aunque ligera— del poder adquisitivo. En segundo lugar, a la política de apertura, concretada principalmente en la reforma electoral de 1963 y en la tolerancia a las voces de crítica hacia el régimen. Por último, se había logrado someter a las facciones disidentes del sector laboral, lo cual se tradujo en el logro de la paz social.

Sin embargo, en el exterior había preocupación por el futuro de México; una revista estadounidense publicó, en febrero de 1963, un artículo en el cual se describía un escenario catastrofista que ciertamente era exagerado y no correspondía a la realidad mexicana, pero que alertaba sobre importantes tensiones no sólo para el régimen de López Mateos, sino para la legitimidad del sistema político en su conjunto. Una de esas tensiones se refería al impacto de la Revolución Cubana, y otra consistía en las presiones demográficas, "que comenzaban a traducirse en demandas insatisfechas de reparto de más tierras en el campo y de dotación de servicios públicos en las ciudades que habían crecido vertiginosamente en las últimas décadas". Se advertía que los trastornos políticos y económicos que vivía México se recrudecerían al acercarse la

---

En junio de 1963, se estableció una reforma en el sistema electoral mexicano, conocida como "diputados de partido", fundamentada en la idea democrática de respetar los derechos de las minorías.

La nacionalización de la industria eléctrica tuvo lugar en 1960, mediante la compra de las dos grandes empresas privadas de generación y distribución de energía eléctrica que todavía operaban en México.

Ejercicio 5

1. ¿Cuáles fueron dos propósitos importantes de la inclinación hacia la izquierda que mostró el gobierno de López Mateos?
2. ¿Por qué la política de apertura no fue una constante en el sexenio de López Mateos?
3. Describe la reforma electoral realizada por iniciativa del presidente López Mateos.
4. Describe la labor legislativa del régimen lopezmateísta.

A pesar de algunos síntomas de inquietud entre la clase empresarial y los sectores de derecha, a finales del sexenio de López Mateos se observaba un ambiente político de tranquilidad.

---

[12] Francisco José Paoli Bolio, "Legislación electoral y proceso político, 1917-1982", en *Ibid.*, p. 152.

fecha de la sucesión presidencial. Por tanto, se planteaba la necesidad de que el candidato del partido oficial fuera un "político fuerte que pudiera unificar al país fácilmente en torno suyo, si tuviera que enfrentarse firmemente con levantamientos provocados por la extrema izquierda".[13]

Eran varios los miembros del gabinete que se mencionaban como probables candidatos del PRI al Poder Ejecutivo Federal, pero los que tenían mayores posibilidades eran, en ese orden: Gustavo Díaz Ordaz, secretario de Gobernación; Donato Miranda Fonseca, secretario de la Presidencia; y Antonio Ortiz Mena, secretario de Hacienda. El primero de ellos fue el escogido; López Mateos veía en Díaz Ordaz al político fuerte que México requería en aquellos momentos. En una ocasión comentó:

La Revolución Cubana

> Durante la "crisis de los misiles", le encargué que me cuidara la tranquilidad del país, que no quería alteraciones de orden y cumplió a cabalidad. En menos de veinticuatro horas encerró a todos los líderes de izquierda. No se movió un alma. Entonces me dije: "Éste es el hombre."[14]

Fuente 5. López Mateos: "en el quinto año la gente te trata como Dios y..."

Se atribuye a López Mateos un cuento: "Durante el primer año la gente te trata como Dios y la rechazas con desprecio; en el segundo te trata como Dios y no le haces caso; en el tercero te trata como Dios y lo toleras con incredulidad; en el cuarto te trata como Dios y comienzas a tomarlo en serio; en el quinto te trata como Dios y no sólo lo crees: lo eres."

El saldo político del quinto año de gobierno era como para sentirse Dios. Había pasado casi indemne una prueba de fuego. En el primer círculo del sistema, la subordinación se había reforzado: el ejército comprobaba su lealtad, los caciques pasaban a la historia, los obreros y campesinos se alineaban a la consigna del "pan o palo", los diputados, senadores, gobernadores y presidentes municipales seguían obedientemente subidos al "carro completo". En el segundo círculo parecía haber arrestos de insubordinación, pero a la postre todo cambió para seguir (casi) igual: los empresarios reconciliados, la Iglesia tranquila, la prensa casi toda servil, muchos intelectuales afiliándose (de manera abierta o vergonzante) al PRI. Hasta en el tercer círculo, el PAN parecía complacido con la reciente reforma electoral. Sólo en las nuevas zonas de la izquierda (la cultura, las universidades públicas y los sectores de la Iglesia comprometidos con la "opción por los pobres") se gestaba un movimiento opositor al sistema tan radical como el cristero o sinarquista, pero inspirado esta vez no en el grito "¡Viva Cristo Rey!", sino en el triunfo de la Revolución Cubana.

Enrique Krauze,
La presidencia imperial, ascenso y caída del sistema político mexicano (1940-1996),
pp. 272-273.

López Mateos controla el timón, portada de *Jueves de Excélsior*

---

[13] Leonardo Lomelí Vanegas, "La presidencia de Alfonso Corona del Rosal", en González Compeán, Miguel y Leonardo Lomelí (coords.), *El Partido de la Revolución. Institución y conflicto (1928-1999)*, pp. 328-329.
[14] Enrique Krauze, *La presidencia imperial, ascenso y caída del sistema político mexicano (1940-1996)*, Tusquets, México, 1997, p. 291.

> *La designación del candidato del PRI recibió muy pocas críticas y éstas provinieron de la revista* Política, *la cual pronosticó que con Díaz Ordaz el régimen entraría en una fase derechista e incluso fascista.*

La designación recibió muy pocas críticas y éstas provinieron de la revista *Política*, la cual pronosticó que con Díaz Ordaz el régimen entraría en una fase derechista e incluso fascista. El 17 de noviembre, al aceptar la candidatura del PRI, Díaz Ordaz pronuncia una frase que anunciaba el carácter de su régimen: "En México existen todas las libertades menos una: la libertad para acabar con todas las libertades; nadie tiene fueros contra México."[15]

Como resultado de las elecciones, el candidato del PRI obtuvo 88.6% de los votos, mientras que para el candidato panista, José González Torres, correspondió el restante 11.4%.

Política exterior

Relaciones con Estados Unidos

Durante el sexenio de López Mateos, un asunto que empañó hasta cierto grado las relaciones con Estados Unidos fue la posición de México hacia el régimen socialista de Cuba. Las muestras de amistad hacia la Revolución Cubana se enmarcaban en la línea de la política exterior de México, defensora de la no intervención y autodeterminación de los pueblos, pero también coincidían —o al menos así lo percibían los estadounidenses— con la relativa tendencia de izquierda adoptada por López Mateos.

Aun cuando México, en tanto miembro del sistema interamericano, forma parte de la zona de influencia de Estados Unidos, en el periodo 1958-1964 pudo mantener una cierta independencia, al ser el único país del área que mantuvo relaciones con Cuba de manera ininterrumpida, en una actitud de congruencia con su punto de vista tradicional en materia de soberanía y no intervención, aun en contra de la resolución adoptada por los miembros de la OEA. En enero de 1962, al celebrarse una reunión interamericana en Punta del Este, Uruguay, para considerar las "amenazas a la paz continental y determinar las medidas necesarias", en obvia referencia a Cuba, México se rehusó a apoyar, —junto con Argentina, Bolivia, Brasil, Chile y Ecuador— la disposición de excluir a Cuba de la OEA.

Al presentarse la "crisis de los misiles", en octubre de 1962, el Consejo de la OEA aprobó por unanimidad el apoyo a medidas que aseguraran el retiro de los proyectiles soviéticos de Cuba, "incluyendo el uso de la fuerza armada"; la delegación mexicana, no obstante su aprobación a tales medidas, introdujo —con las delegaciones

> **Ejercicio 6**
>
> 1. Menciona los tres motivos por los cuales había tranquilidad política al final del sexenio de López Mateos.
> 2. Explica por qué una revista estadounidense advertía sobre la necesidad de escoger un político fuerte como candidato del PRI a la presidencia en 1964.
> 3. ¿Cuál fue la crítica que hizo la revista *Política* a la candidatura de Díaz Ordaz?

> *Durante el sexenio de López Mateos, un asunto que empañó hasta cierto grado las relaciones con Estados Unidos fue la posición de México hacia el régimen socialista de Cuba.*

Gustavo Díaz Ordaz, secretario de Gobernación

López Mateos con el presidente Eisenhower de Estados Unidos

---

[15] *Los presidentes de México. Discursos políticos 1910-1988,* Tomo IV, Presidencia de la República/Colegio de México, México, 1988, p. 150.

de Brasil y Bolivia— una reserva en el sentido de que esto no debería tomarse como justificación para un ataque armado a Cuba. En 1964, en una reunión de la OEA celebrada en Washington, se aprobó una resolución en el sentido de que todos los países miembros de este organismo debían romper relaciones con Cuba. México votó en contra por considerar esa medida como atentatoria de la soberanía de los Estados, e incluso se abstuvo de acatarla.[16]

Pero esa posición del gobierno de México no alteró significativamente el buen entendimiento que existía con Estados Unidos. Poco después de la negativa de romper relaciones con Cuba, el presidente John F. Kennedy visitó México en medio de un ambiente de cordialidad y simpatía; ésa fue la segunda visita de un mandatario estadounidense durante el sexenio de López Mateos, ya que Eisenhower había hecho una visita oficial en 1959. Otra prueba significativa de la colaboración entre las dos naciones fue la devolución del territorio de El Chamizal, solicitada desde la época porfirista y que por fin se realizó oficialmente el 25 de febrero de 1964, cuando el presidente López Mateos recibió simbólicamente dicho territorio.

La cooperación con Estados Unidos era necesaria, como lo había sido en el pasado, para impulsar el desarrollo económico de México, y tuvo efectos decisivos en la política del desarrollo estabilizador que se consolidó en el sexenio de López Mateos. La obtención de créditos en el exterior, a partir de 1960, fue posible por la buena disposición del gobierno estadounidense, pues, a diferencia de la actitud que asumiera a principios de los años cincuenta, se mostró en favor de conceder crédito a los países latinoamericanos, particularmente después de la creación de la Alianza para el Progreso en 1961, en un esfuerzo por neutralizar la influencia de la Revolución Cubana en el hemisferio. Además, la banca privada estadounidense concedió préstamos a México por sumas considerables.

Así, el crédito externo proveniente de Estados Unidos tuvo fuerte influencia en el país durante el periodo de López Mateos y, a pesar de la nacionalización de la industria eléctrica, se continuó alentando la inversión extranjera directa, orientándola a la industria manufacturera con el consabido objetivo de fomentar la producción en este sector.

La Revolución Cubana en la Conferencia en Punta del Este

En octubre de 1962, la OEA apoyó las medidas que aseguraran el retiro de los proyectiles soviéticos de Cuba; la delegación mexicana advirtió que esto no debería tomarse como justificación para un ataque armado a Cuba.

Estados Unidos rompe relaciones con la Cuba revolucionaria

El presidente John F. Kennedy y su esposa en México

Reunión de López Mateos y Lyndon B. Johnson en El Chamizal

La posición del gobierno de México con respecto a Cuba no alteró significativamente el buen entendimiento y la cooperación que existía con Estados Unidos.

---

[16] Mario Ojeda, *Alcances y límites de la política exterior de México,* El Colegio de México, México, 1984, pp. 42-48.

Diversificación de la política exterior

La búsqueda de nuevos mercados y de relaciones diplomáticas que permitieran diversificar la política exterior —que evidenciaba una relación demasiado estrecha con Estados Unidos—, así como el deseo de reforzar la legitimidad del régimen con una política más activa en el ámbito internacional, llevaron a López Mateos a efectuar numerosos viajes proclamando su política de paz y desarme, buscando estrechar los vínculos de amistad con las naciones con las que se tenían relaciones diplomáticas, y entablar nuevos lazos con otras. Con la misma política, durante el sexenio de López Mateos, México fue visitado por 23 jefes de Estado y dirigentes de organizaciones internacionales, algunos de ellos con el fin de apoyar la creación en 1960 de la Asociación Latinoamericana de Libre Comercio (ALALC).

En octubre de 1963, el Comité Olímpico Internacional otorgó a México la sede para la XIX Olimpiada, que habría de celebrarse en 1968, y en 1964 la *Federation Internationale de Football Association* (FIFA) aceptó que en 1970 se celebrara en México la competencia mundial de fútbol, no obstante la oposición de algunos países a que se celebrasen en un mismo país ambos eventos de manera consecutiva. La decisión de la FIFA y el Comité Olímpico Internacional significó una respuesta positiva al interés mostrado por López Mateos en conseguir que México atrajera la atención mundial por medio de esos eventos.

Política económica: Confirmación del desarrollo estabilizador

La difícil situación económica que encontró el gobierno de López Mateos al iniciar sus gestiones y la necesidad de continuar impulsando el desarrollo económico llevaron al planteamiento de dos objetivos prioritarios relacionados entre sí: mantener la estabilidad monetaria, sin que ello significara descuidar el fomento al crecimiento económico del país; y conservar la estabilidad en los precios.

Lograr el primer objetivo era la preocupación fundamental de López Mateos y para ello se procuró limitar las importaciones, ejerciendo un control más estricto sobre las compras en el exterior, tanto privadas como del Estado. Se mantuvo vigente la estrategia de sustitución de importaciones, para lo cual fue primordial el impulso a la industria petroquímica y siderúrgica, aparte del que se imprimiera a la producción agrícola de alimentos. Con respecto de las exportaciones, se buscó incrementar las de bienes y servicios, reduciendo algunos aranceles; se prorrogó el pago de impuestos a los productos minerales de exportación, se impulsó el turismo internacional mediante la creación del Departamento de Turismo, y se buscó ampliar las exportaciones hacia

López Mateos en Japón, con el emperador Hirohito

La búsqueda de nuevos mercados y el deseo de diversificar la política exterior, así como el deseo de reforzar la legitimidad del régimen, llevaron a una política más activa en el ámbito internacional.

Ejercicio 7

1. Describe la posición del gobierno de López Mateos hacia el gobierno socialista de Cuba.
2. ¿De qué manera influyó en las relaciones con Estados Unidos la posición de México con respecto a Cuba?
3. ¿Por qué se consideraba necesaria para la economía mexicana la cooperación de Estados Unidos?
4. Describe las acciones de López Mateos en su intento por diversificar la política exterior.

Ante la necesidad de continuar impulsando el desarrollo económico, López Mateos se planteó dos objetivos prioritarios: mantener la estabilidad monetaria y conservar la estabilidad en los precios.

López Mateos en América del Sur

CUADRO 7.3. *Gobierno de Adolfo López Mateos. Política*

- **Política interna**
  - Dos metas: Fortalecimiento del sistema político
    - Reforma electoral
      - Sistema de diputados de partido
        - Ambiente político de tranquilidad en camino a la sucesión presidencial
    - Labor legislativa
      - Leyes para el fomento económico
      - Nacionalización de la industria eléctrica
        - Preocupación en el exterior por el futuro de México: la necesidad de un político fuerte como candidato del PRI
  - Reactivación de la economía
  - Revolución equilibrada
    - Ligera inclinación hacia la izquierda
      - Política de apertura con excepción de dos casos

- **Política exterior**
  - Relaciones con Estados Unidos
    - Cordialidad no obstante la simpatía de México hacia la Revolución Cubana
      - Visita de John F. Kennedy a México
      - Devolución de El Chamizal
      - Alianza para el Progreso y obtención de créditos
  - Diversificación de la política exterior
    - Interés de López Mateos por proyectar la imagen de México al exterior
      - Estrechamiento de vínculos de amistad internacional
    - Difusión de la posición de México a favor de la paz y el desarme
      - El Comité Olímpico Internacional otorga a México la sede para 1968

el mercado latinoamericano. Además, fue solicitado el respaldo de instituciones financieras extranjeras para que apoyaran al peso mexicano facilitando divisas adicionales al Banco de México, con lo que se procuraba detener la salida de capitales.

El otro objetivo —mantener la estabilidad de los precios— implicó una política de control del gasto público y una restructuración administrativa que permitió aprovechar mejor los recursos financieros disponibles. Las inversiones públicas se canalizaron hacia los sectores que más las requerían —como era el destinado a la producción de alimentos y el de insumos básicos— y se ampliaron las vías de comunicación y los transportes. Se reestructuró la Secretaría de Industria y Comercio, de modo que pudiera ejercer control sobre los precios e intervenir en la producción, distribución y consumo, cuando la economía nacional se encontrara en dificultades; se hicieron modificaciones legales para otorgar al presidente de la República amplio poder discrecional en cuanto a determinar las mercancías y servicios que estarían sujetos a control y en lo que se refiere a fijar los precios máximos al mayoreo y menudeo.

Como efecto de estas medidas, al finalizar el primer año del sexenio, la situación económica era mucho más estable que en los tres años anteriores; se había logrado equilibrar la balanza de pagos, detener el alza del costo de la vida y avanzar en el desarrollo de industrias básicas como el petróleo, la petroquímica, la siderurgia, la electricidad, que fue nacionalizada al año siguiente. No obstante, la nivelación de precios no había abarcado a todos los productos y muchos registraron aumentos a causa de la revisión de precios del petróleo y sus derivados, así como de los ajustes en los fletes ferroviarios.

Unidad Tlatelolco, obra de López Mateos

A fines de 1959, la situación económica era mucho más estable que en los tres años anteriores; se había logrado equilibrar la balanza de pagos, detener el alza del costo de la vida, y avanzar en el desarrollo de industrias básicas.

Política social

Nueva etapa de la reforma agraria

La política social de López Mateos se orientó hacia el sector agrario, considerando los brotes de descontento popular de 1958, cuando los campesinos lucharon por destruir los latifundios y presionaron para que se continuara con el reparto de tierras, estancado desde hacía 18 años. En lo que se consideró una nueva etapa de la reforma agraria, López Mateos repartió más de 16 millones de hectáreas durante su gobierno, canceló arrendamientos de particulares, y el 31 de diciembre de 1962, se derogó la Ley Federal de Colonización que obstruía la reforma agraria. Además, fueron incorporados al régimen del Seguro Social los productores de caña de azúcar y sus trabajadores.

Política obrera

La creciente participación del Estado en la economía implicó también la realización de obras de asistencia social, beneficiando sobre todo a los trabajadores del sector industrial y de las empresas estatales. Se impulsó la participación de los trabajadores en las utilidades de las empresas, se dieron nuevas bases a la fijación de salarios mínimos y se fortalecieron otras garantías del derecho obrero. Entre las mejoras al sector paraestatal, destaca la creación del Instituto de Seguridad y Servicios Sociales para los Trabajadores del Estado (ISSSTE), que beneficiaba a un amplio sector laboral que hasta entonces había sido relegado.

Por otra parte, para evitar nuevos brotes de descontento del movimiento obrero, López Mateos impuso un mayor control sobre las organizaciones de masas, en particular en la de los obreros, evitando —mediante mecanismos de negociación y cooptación— que adquirieran fuerza los líderes sindicales que no hubieran mostrado plenamente su lealtad al sistema político.

Educación

Lo más relevante en materia de educación fue la creación de la Comisión Nacional de Libros de Texto Gratuitos en febrero de 1959, destinada a proporcionar libros de texto a todos los niños en el nivel de enseñanza primaria. Tal medida —que pretendía proporcionar gratuitamente materiales didácticos a las familias de escasos recursos y quizá

Con base en la presión de los campesinos para que se destruyeran los latifundios y se continuara con el reparto de tierras, López Mateos emprendió una nueva etapa de la reforma agraria.

Entre las mejoras sociales destaca la creación del Instituto de Seguridad y Servicios Sociales para los Trabajadores del Estado (ISSSTE), que beneficiaba a un amplio sector laboral que hasta entonces había sido relegado.

Entrega de libros de texto

El presidente López Mateos entrega títulos agrarios

La patria en la educación gratuita

Cuadro 7.4. *Gobierno de Adolfo López Mateos. Economía y política social*

Política económica	Confirmación del desarrollo estabilizador. Dos objetivos	Mantener la estabilidad monetaria	Vigencia de la estrategia de sustitución de importaciones
			Impulso al turismo internacional
			Aumento de las exportaciones al mercado latinoamericano
		Mantener la estabilidad de precios	Canalización adecuada de los recursos financieros
			Control interno de precios
			Reestructuración administrativa
			Modificaciones legales
Política social	Nueva etapa de la reforma agraria		Reparto considerable
			Derogación de la Ley Federal de Colonización
			Incorporación de cañeros al Seguro Social
	Política obrera		Nuevas bases para salario mínimo y garantías del derecho obrero
			Creación del ISSSTE
	Educación		Institución del libro de texto gratuito para el nivel de enseñanza primaria → Reacción adversa de la clase media

también buscaba homogenizar la educación primaria— provocó una reacción adversa de la clase media, la Iglesia católica y el sector empresarial, en particular el de Monterrey, que consideraban la medida como una intromisión inaceptable del Estado en la libertad que tenían los padres de escoger la educación conveniente para sus hijos. Advertían sobre el peligro de que la ideología comunista se filtrara a México a través del contenido de los textos proporcionados gratuitamente —además "únicos" y obligatorios— por un gobierno que simpatizaba con el régimen cubano. Aquella oposición, que no estaba apoyada en un análisis concienzudo de aquellos manuales escolares, no prosperó y el libro de texto gratuito, al contrario de constituir un peligro para la libertad de enseñanza y los valores de la cultura nacional, demostró con el tiempo sus importantes beneficios.

Lo más relevante en materia de educación fue la creación de la Comisión Nacional de Libros de Texto Gratuitos en febrero de 1959, destinada a proporcionar textos a todos los niños en el nivel de enseñanza primaria.

Gobierno de Gustavo Díaz Ordaz

Política interna

Introducción

A diferencia del ambiente general de concordia en la vida política del país durante el sexenio de López Mateos, el gobierno de su sucesor se caracterizó por un ejercicio del poder rígido y autoritario, que no toleraba la crítica y mucho menos la disidencia. La propia personalidad de Gustavo Díaz Ordaz, severa y enérgica, dio paso a la acentuación de un autoritarismo presidencial que algunos críticos contemporáneos llegaron a juzgar como despotismo, sobre todo después de los sucesos de 1968. Aunque

Ejercicio 8

1. Describe las medidas del gobierno de López Mateos para cumplir con los objetivos de mantener la estabilidad monetaria y de conservar la estabilidad en los precios.
2. Describe las medidas del régimen lopezmateísta con respecto a la reforma agraria y a la política obrera.
3. ¿Por qué hubo inconformidad de algunos sectores de la sociedad hacia la implantación del libro de texto gratuito?

Gustavo Díaz Ordaz, presidente de la República

Gustavo Díaz Ordaz, toma de posesión

> *A diferencia del gobierno anterior, el de Gustavo Díaz Ordaz se caracterizó por un ejercicio del poder rígido y autoritario, que no toleraba la crítica y mucho menos la disidencia.*

> *En la década de 1960, sectores sociales hasta entonces sin voz —los jóvenes universitarios entre los que ahora se incluía la participación de las mujeres—, fueron los principales protagonistas de un mundo en transformación.*

la economía mexicana continuó creciendo y no hubo presiones inflacionarias, la característica sobresaliente de este periodo fue una "escasez de canales institucionales de participación para una sociedad cada vez más compleja".[17]

En aquellos años, la sociedad mexicana era compleja, y se vivía en un mundo complejo. En la década de los años sesenta, sectores sociales hasta entonces sin voz —los jóvenes universitarios entre los que ahora se incluía de manera importante la participación de las mujeres— fueron los principales protagonistas de un mundo en transformación, dispuestos a cuestionar e incluso a reprobar las acciones, valores y tradiciones de la sociedad capitalista, bajo la persistente amenaza de guerra nuclear, inmersa en el materialismo y en ideas convencionales que ya no respondían a la realidad.

Frente a ese despertar de la juventud, que pedía "paz y amor" ante los signos de "calentamiento" de la Guerra Fría, y que exigía ser tomada en cuenta en las decisiones políticas, en varias partes del mundo los gobiernos desoyeron y subestimaron el llamado. En México, lo paradójico fue que, frente a las voces —no sólo de los jóvenes, sino también de adultos de clase media— que clamaban justicia social y democracia, de manera general el sistema político se cerró en torno a un presidente autoritario; a él se subordinaron los tres niveles de gobierno, el Poder Legislativo (con excepción de los "diputados de partido") y el Poder Judicial, el ejército y el grueso de las fuerzas sindicales.

Juventud femenina en protesta

López Mateos y Díaz Ordaz el 1° de diciembre de 1964

---

[17] José Luis Reyna, *Op. cit.*, p. 113.

El papel de los empresarios y de la alta jerarquía eclesiástica obviamente no fue de subordinación, pero sí de complacencia. Díaz Ordaz había retomado el camino del anticomunismo, según lo declarara públicamente, y quedaba atrás la "atinada izquierda" de López Mateos que tanta intranquilidad provocara en estos sectores. La prensa se convirtió prácticamente en vocera del régimen, aunque hubo excepciones, dos de las cuales —el *Diario de México* y la revista *Política*— pagaron con su desaparición el uso de la libertad de expresión.

> *Frente a las voces —no sólo de los jóvenes, sino también de adultos de clase media— que clamaban justicia social y democracia, de manera general el sistema político mexicano se cerró en torno a un presidente autoritario.*

Primeras muestras de autoritarismo

La respuesta ante el movimiento médico

El primer conflicto que enfrentó el régimen de Díaz Ordaz no surgió de las clases trabajadoras como en años anteriores, sino de un sector de la clase media profesional, el de los médicos del ISSSTE —dentro de la burocracia del sistema—, donde el grupo de residentes e internos era el más explotado. Este grupo organizó un movimiento de protesta y amenazó con una huelga, en caso de que sus condiciones económicas y laborales no mejoraran; en respuesta, los integrantes del movimiento fueron destituidos.

> *El movimiento de protesta organizado por los médicos fue sometido por el gobierno mediante presión sindical y represión.*

En seguida se formaron dos asociaciones de médicos, una radical y otra moderada, que siguieron en pie de lucha frente al gobierno, utilizando el recurso de la huelga. Pero Díaz Ordaz no era un presidente dispuesto a ceder a las presiones; se limitó a conceder algunos aumentos y beneficios adicionales, pero sin atender el total de las demandas. Por el contrario, utilizó como medio de presión a los sindicatos filiales al sistema, que acusaron de comunistas a los médicos inconformes, y se valió del uso de la fuerza enviando un grupo de granaderos a desalojar el hospital ocupado por los huelguistas, algunos de los cuales fueron arrestados.[18] Finalmente, el movimiento médico tuvo que ceder; Díaz Ordaz había dejado en claro cuál sería la tónica de su gobierno.

Manifestación de protesta de un grupo de médicos

Intento fallido de democratizar al PRI

El autoritarismo de Díaz Ordaz se manifestó también en su negativa a aceptar dentro del sistema político cualquier tipo de proyectos de tendencia democrática, como fue el caso concreto del que presentó Carlos Madrazo. Éste había sido nombrado presidente del PRI en 1964, a pesar de conocerse sus convicciones democratizantes, debido aparentemente a que algunos elementos de la Coalición Revolucionaria del partido buscaban ampliar las posibilidades de participación e influyeron en la designación de Madrazo.

El nuevo presidente del PRI intentó introducir algunas reformas tendientes a fortalecer la participación de sus integrantes; en vez de que los candidatos a algún puesto de elección popular debieran su designación al gobernante inmediatamente superior, Madrazo proponía elecciones internas en las que las decisiones fueran tomadas por las bases del partido y no por los dirigentes ni por intereses regionales, caciquiles o sindicales. Con la intención de probar el método en elecciones primarias "de abajo hacia arriba", en la mayoría de

Granaderos en el hospital 20 de noviembre

> *Carlos Madrazo fracasó en su intento por introducir en el PRI reformas que fortalecieran la participación de sus integrantes en las decisiones del partido.*

---

[18] Enrique Krauze, *Op. cit.*, pp. 297-301.

Carlos Madrazo

Carlos Madrazo hizo abiertas y frecuentes críticas contra la actitud "antidemocrática e irresponsable" del PRI, y advirtió que se daría un distanciamiento hacia el partido, sobre todo de parte de los jóvenes.

Hubo otros rasgos que dieron muestra de la dureza del régimen desde los primeros años del sexenio: contra el izquierdista Frente Electoral del Pueblo, contra la prensa y contra movimientos de protesta en varios estados.

Ejercicio 9

1. ¿Cómo respondió el presidente Díaz Ordaz a las demandas de los médicos del ISSSTE?

2. ¿En qué consistía la propuesta de Carlos Madrazo para democratizar al PRI?

3. ¿Cuál fue la reacción de los priístas a la propuesta democratizadora de Carlos Madrazo?

4. Menciona las críticas de prensa hacia Díaz Ordaz, que motivaron el cierre del periódico *El Diario de México* y la revista *Política*.

los municipios del país, Madrazo inició su aplicación en los estados de Baja California, Chihuahua, Durango y Aguascalientes.

Pero era previsible que brotara la inconformidad de parte de los gobernadores, privados de la prerrogativa de seleccionar a los presidentes municipales en sus estados respectivos. En noviembre de 1965, Madrazo denunció prácticas de fraude en las elecciones internas de dos municipios de Sinaloa, uno de ellos la propia capital del estado, y fueron anuladas. El gobernador acusó al presidente del PRI de inmadurez política agregando que "el sistema de Madrazo no es una novedad. Operó en 1946 y 1947 y provocó una tremenda división. El partido no está preparado para ello".[19] En las elecciones municipales en Culiacán ganó un "candidato independiente", precisamente quien había resultado triunfador en las anuladas elecciones. Madrazo quedaba en una situación de desprestigio, y a partir de ese momento, sus días al frente del partido estaban contados; al fracaso del experimento democrático se sumaba el disgusto que provocó su rechazo a una reforma que pretendía la reelección en la Cámara de Diputados. El día 22 del mismo mes, tras una entrevista con Díaz Ordaz, Madrazo renunció a su cargo.

A partir de su salida de la dirección del partido, Madrazo hizo abiertas y frecuentes críticas contra la actitud "antidemocrática e irresponsable" del PRI, y advirtió que se daría un distanciamiento, sobre todo de parte de los jóvenes, hacia el partido en los siguientes procesos electorales. La prensa extranjera vio la oposición del gobierno en contra de Madrazo como una acción "dirigida en contra de sus propias ambiciones políticas que, según se rumoraba abiertamente, incluían la Presidencia de México."[20] Los proyectos de Madrazo quedaron truncados por su muerte en un accidente aéreo en 1969.

Respuesta frente a la crítica y la disidencia

La revista *Política* deja de publicarse

Hubo además otros rasgos que dieron muestra de la dureza del régimen desde los primeros años del sexenio; uno de ellos fue contra el partido izquierdista Frente Electoral del Pueblo (FEP) —al que le había sido negado el registro legal para participar en las elecciones presidenciales de 1964—, cuyos principales dirigentes fueron encarcelados a principios del siguiente año. La prensa también fue objeto de la dureza del régimen diazordacista en dos casos representativos: en junio de 1966, un error aparentemente involuntario en *El Diario de México*, ocurrido al intercambiarse la redacción al pie de dos fotografías, una del presidente y la otra de unos simios del zoológico, llevó a la desaparición del periódico por orden de Díaz Ordaz. El otro caso afectó a la revista *Política* debido a que criticó algunas medidas del gobierno, pero sobre todo por haber advertido, en 1963, acerca del autoritarismo de Díaz Ordaz y haber anunciado en su portada que no sería presidente.[21]

La mano dura de Díaz Ordaz también se dejó sentir contra los movimientos de protesta. Las consecuencias sociales negativas derivadas del extremo al que fuera llevando el modelo de desarrollo económico y el endurecimiento del autoritarismo presidencial provocaron algunos brotes de descontento en el campo, la aparición de

---

[19] Citado por *Ibid.*, p. 303.
[20] Roger D. Hansen, *La política del desarrollo mexicano*, Siglo XXI Editores, México, 1984, pp. 163-164.
[21] Enrique Krauze, *Op. cit.*, p. 307.

Cap. 7. Los sexenios del desarrollo estabilizador (1952-1970)

guerrilleros —sobre todo en el estado de Guerrero—, y manifestaciones de protesta en Sonora que obligaron al gobierno a imponer el estado de sitio en esa región.

Movimiento estudiantil de 1968

Orígenes inmediatos

El conflicto más grave de todos los ocurridos durante el gobierno de Díaz Ordaz —y durante los gobiernos emanados del PRI hasta esa fecha—, que haría sacudir al propio régimen político y marcaría un hito en la historia de México, ocurrió en el Distrito Federal en el año 1968, entre los meses de julio y octubre.

Este acontecimiento, que culminó con la trágica noche del 2 de octubre en Tlatelolco, tuvo su origen inmediato en la represión policiaca de que fueron objeto, el día 22 de julio, los alumnos de las escuelas vocacionales 2 y 5 del Instituto Politécnico Nacional (IPN), seguida por la protesta estudiantil contra la represión y contra la ocupación de esas escuelas por los granaderos. La agresión de los policías con bombas lacrimógenas tuvo como pretexto sofocar un enfrentamiento callejero entre los estudiantes de esas vocacionales y los de la preparatoria "Isaac Ochoterena", incorporada a la UNAM, enfrentamiento que se sumaba a las manifestaciones de descontento estudiantil surgidas en la ciudad de Morelia, Michoacán, hacía un año.[22]

El conflicto más grave de todos los ocurridos durante el gobierno de Díaz Ordaz, que marcaría un hito en la historia de México, ocurrió en el Distrito Federal en el año 1968, entre los meses de julio y octubre.

Después de aquella agresión policiaca, la Federación Nacional de Estudiantes Técnicos (FNET), organismo que por años había controlado al Politécnico, convocó a una manifestación de protesta contra la represión, que se celebraría el día 26 de julio, fecha en la que al parecer casualmente se había organizado una marcha para conmemorar, como se había hecho ya en años anteriores, el aniversario de la Revolución Cubana, acto que era organizado por una agrupación juvenil controlada por el Partido Comunista Mexicano. Ambas manifestaciones contaban con el permiso del Departamento del Distrito Federal.

Al acercarse al Hemiciclo a Juárez en la Alameda Central, 5000 estudiantes de la FNET se separaron de su propia manifestación para unirse a los manifestantes pro cubanos, y se dirigieron a la Plaza de la Constitución, a pesar de que algunos de los organizadores trataran de impedirlo, al ver el despliegue de fuerza policiaca que se acercaba al Zócalo. El choque entre los manifestantes y la policía duró varias horas, mientras que agentes de Seguridad y el Servicio Secreto ocupaban las oficinas centrales del Partido Comunista y aprehendían a varios de sus miembros, queriendo dar la impresión, según comentarios del periódico *El Día*, de que el Partido Comunista Mexicano había sido el promotor de los desórdenes que la propia policía causara.[23]

Pleito entre estudiantes el 22 de julio de 1968

El sábado 27 fueron ocupadas las escuelas preparatorias 1, 2 y 3 de la UNAM, por los propios estudiantes en señal de protesta, y el día 29 llegó a su punto más alto el enfrentamiento abierto entre granaderos y estudiantes. La imposibilidad de los primeros para controlar a los estudiantes los llevó a pedir la intervención del ejército, y en la madrugada del día 30 un grupo de militares derribó con un disparo de bazuca una de las puertas de madera labrada de la preparatoria 1, ubicada en el antiguo Colegio de San Ildefonso, edificio del siglo XVIII, y ocupó además las preparatorias 2, 3 y 5 de la

El 26 de julio, una manifestación de estudiantes fue agredida en el Zócalo por la fuerza policiaca, dándose un enfrentamiento durante varias horas.

---

[22] Sergio Zermeño, *México, una democracia utópica, el movimiento estudiantil del 68*, Siglo XXI Editores, México, 1978, p. 11.
[23] *Ibid.*, p. 13.

En la madrugada del 30 de julio, un grupo de militares derribó una puerta de la preparatoria ubicada en el antiguo Colegio de San Ildefonso, ocupando luego tres preparatorias de la UNAM y una vocacional del IPN.

Fuerza militar y policiaca

El ejército en San Ildefonso

UNAM, y una vocacional del IPN; como resultado de estas acciones hubo 400 lesionados y un millar de detenidos. La presencia del ejército y la dureza de la represión convertían un asunto local y policiaco en un asunto de seguridad nacional. Al medio día del mismo 30 de julio, el rector de la UNAM, Javier Barros Sierra, decretó luto en la Ciudad Universitaria, pronunció un discurso en contra de la ocupación de los planteles universitarios y decidió encabezar una marcha de protesta. Días después, se declararon en huelga las escuelas del IPN, de la UNAM, de Chapingo y de algunas Universidades en los estados de la República, de manera que el movimiento se convirtió casi en una huelga nacional de la educación media y superior.

A partir de los graves acontecimientos del día 30 de julio, el regente de la ciudad de México, general Alfonso Corona del Rosal consideró llegado el momento de poner fin al conflicto y dio solución a un pliego petitorio que le presentaron los dirigentes de la FNET, en el que se pedía la liberación de los estudiantes presos y la destitución de los policías y granaderos responsables de los atropellos.

A principios de agosto se formó el Comité Nacional de Huelga y surgió una Coalición de Profesores en apoyo a las brigadas de estudiantes que también obtuvieron el respaldo de algunas universidades privadas.

En los primeros días de agosto se formó un Consejo Nacional de Huelga (CNH) y, al poco tiempo, surgió una Coalición de Profesores en apoyo a las brigadas de estudiantes que ya sumaban 150. Asimismo, el movimiento obtuvo el respaldo de algunas universidades privadas como la Iberoamericana, la del Valle de México, así como por El Colegio de México.

El 4 de agosto fue publicado el pliego petitorio definitivo de seis puntos, que anulaba al de la FNET:

1. Libertad a los presos políticos.
2. Destitución del jefe y del subjefe de la policía, así como también el jefe del cuerpo de granaderos.

El rector de la UNAM, Javier Barros Sierra, decretó luto en la Ciudad Universitaria, pronunció un discurso en contra de la ocupación de los planteles universitarios y decidió encabezar una marcha de protesta.

Alfonso Corona del Rosal

El rector Javier Barros Sierra decreta luto en la UNAM

3. Extinción del cuerpo de granaderos, instrumento directo en la represión, y no creación de cuerpos semejantes.
4. Derogación del artículo 145 y 145 bis del Código Penal Federal (delito de disolución social), instrumento jurídico de la agresión.
5. Indemnización a las familias de los muertos y a los heridos víctimas de la agresión desde el 26 de julio en adelante.
6. Deslindamiento de responsabilidades por parte de las autoridades de los actos de represión y vandalismo a través de policía, granaderos y ejército.[24]

Causas de fondo

En la tónica de esas demandas y en los discursos pronunciados por los protagonistas del movimiento, pueden encontrarse las causas de fondo de aquel movimiento estudiantil. La retórica que se planteaba se hacía en términos liberal-democráticos. Como apunta Zermeño, "es reconocible el contenido más global de los estudiantes (el nuestro ha sido un movimiento estudiantil-popular por libertades democráticas) y la misma fórmula fue adoptada también como bandera por los maestros".[25] Destaca este autor que el Partido Comunista y sus organizaciones juveniles tuvieron una cierta importancia en el movimiento, pero de ninguna manera jugaron un papel hegemónico y menos aún de verdadera vanguardia. Aunque muchos líderes pertenecían o habían pertenecido al Partido Comunista o a algunas facciones de la izquierda, del total de esos líderes, sólo 10% estaba afiliado a algún partido político, y hubo quienes renunciaron a tal afiliación durante el conflicto. Según Enrique Krauze: "En el movimiento había católicos, panistas y hasta curas. La gran masa de jóvenes rebeldes tenía un simple entusiasmo libertario, similar al de sus congéneres en Europa y Estados Unidos. Actuaba movida por las emociones más que por las ideas o las ideologías."[26]

Por otra parte, el llamado que el movimiento hiciera a los sectores populares no fructificó; el sector obrero tuvo una participación prácticamente nula. Si llegó a haber apoyo, éste fue muy escaso y provino de algunos grupos aislados de telefonistas, del movimiento revolucionario del magisterio, de la sección 34 de petroleros, y de trabajadores de algunas empresas. Los contingentes fundamentales del movimiento obrero, por el contrario, apoyaron al gobierno, por lo menos durante el comienzo del enfrentamiento. Esto puede explicarse por el efectivo control de los sindicatos, el recuerdo de la coerción de 1959, pero sobre todo porque había seguridad de empleo y un sector estratégico de trabajadores gozaba de algunos beneficios reales; además, los obreros sentían desconfianza hacia el movimiento estudiantil.[27]

Los sectores participantes en el movimiento estudiantil del 68 fueron:

- El sector politizado de la izquierda universitaria y estudiantil en general, formado de manera significativa por los alumnos de las escuelas de Ciencias Sociales y Humanidades, preocupados porque constituían 25% del estudiantado sin que su crecimiento correspondiera a un incremento paralelo de los sectores de empleo relacionados con sus profesiones. También lo conformaban algunos pequeños grupos del sector juvenil del Partido Comunista —que se integraron para protestar porque se había negado a su partido la participación política por

> **Ejercicio 10**
> 1. ¿Cuál fue el origen inmediato del movimiento estudiantil de 1968 en la ciudad de México?
> 2. Describe los acontecimientos ocurridos el 26 de julio, con referencia al movimiento estudiantil de 1968.
> 3. ¿Cuáles fueron los hechos del 30 de julio, que llevaron al rector de la UNAM a decretar el luto en la Ciudad Universitaria?

En la tónica de las demandas expresadas en el pliego petitorio y en los discursos pronunciados por los protagonistas del movimiento, pueden encontrarse las causas de fondo del movimiento estudiantil del 68.

El Partido Comunista y sus organizaciones juveniles tuvieron una cierta importancia en el movimiento, pero de ninguna manera jugaron un papel hegemónico y menos aún de verdadera vanguardia.

Heberto Castillo, maestro universitario

---
[24] *Ibid.*, pp. 29 y 30.
[25] *Ibid.*, p. 32.
[26] Enrique Krauze, *Op. cit.*, pp. 323-324.
[27] Manuel Camacho, *El futuro inmediato*, en la colección: La clase obrera en la historia de México, Vol. 15, Siglo XXI Editores, México, 1980, pp. 60-61.

> *La presencia en el conflicto de profesores e intelectuales del ala humanista universitaria resulta muy importante en cuanto revela el malestar de las nuevas generaciones de profesionales.*

la vía democrática—, así como estudiantes de Ciencias Naturales, de Medicina, de la escuela de Chapingo, de la Normal, y de algunas escuelas del Politécnico; se incorporaron también varios profesores de estos centros de estudios.

- La base estudiantil radical, formada por alumnos de escuelas preparatorias y vocacionales y estudiantes de educación superior, grupo que constituyó el núcleo inicial del movimiento.
- Un grupo profesional, compuesto por profesores e intelectuales procedentes del ala humanista de la Universidad y de algunas escuelas del Politécnico, como las de Biología y Economía; integraban también este grupo un número considerable de estudiantes próximos a terminar su carrera, o que ya la habían concluido; además, la propia administración universitaria tomó parte de alguna forma en el movimiento.[28]

La presencia de este último sector en el conflicto resulta muy importante en cuanto revela el malestar de las nuevas generaciones de profesionales, que no habían encontrado acomodo en las instituciones del sistema político y veían cerrados los canales de acceso a los niveles de la jerarquía gobernante, monopolizada por los viejos mecanismos del "compadrazgo" o del sistema de recompensas.

> *Los participantes en el movimiento estudiantil del 68 compartían dos características: 1) no se encontraban en crisis desde el punto de vista económico; y 2) eran integrantes de clases medias en ascenso que luchaban por la democracia.*

Así, el movimiento estudiantil del 68 involucró a elementos diferentes que, aun cuando lograron integrarse y definirse dentro del conflicto, no se identificaban en una ideología homogénea. Sin embargo, tenían en común dos características: 1) no se trataba de grupos que se encontraban en crisis desde el punto de vista económico, porque, no obstante que la situación de los estudiantes de ciencias sociales y humanidades era la menos favorecida para el mercado de trabajo, no podían considerarse en una situación de crisis inminente o grave; la generalidad de los estudiantes de educación media y superior en los años sesenta pertenecía a las clases medias, e incluso altas; 2) se trataba de un movimiento de clases medias en ascenso, inconformes con la tendencia general de los gobernantes a favorecer a las clases altas, y ante la imposibilidad de acceder al poder político. Eran, por lo tanto, enemigas del Estado fuerte y autoritario. Su objetivo primordial era la exigencia de la democracia que les permitiera tomar parte de las decisiones de la vida nacional.

> *Existía una crisis de credibilidad hacia el modelo cultural impuesto por el gobierno, el cual, al tiempo que invocaba el nacionalismo, se hacía cada vez más dependiente de la economía extranjera.*

Existía además una crisis de credibilidad hacia el modelo cultural, impuesto por el gobierno para respaldar las políticas de desarrollo económico, el cual, al tiempo que invocaba el nacionalismo, se hacía cada vez más dependiente de la economía extranjera, mayoritariamente de Estados Unidos. La creciente infiltración de la cultura

Estudiantes mexicanos contra la guerra de Vietnam

La juventud a favor de la paz

> *Las rebeliones en Francia, Alemania y Estados Unidos expresaban el descontento de los jóvenes contra los valores impuestos por la sociedad occidental, frente a la realidad de un mundo amenazado.*

---
[28] Sergio Zermeño, *Op. cit.*, pp. 37-40.

estadounidense a través de los artículos de consumo producidos por la industria manufacturera, y a partir de los medios masivos de comunicación, había provocado una crisis de identidad y una ruptura con la ideología del gobierno, cuyo manejo de los conceptos nacionalistas no correspondía a la realidad y los hacía parecer anacrónicos a una juventud que, por otra parte, de ninguna manera era ajena a los sucesos del mundo exterior.

Las rebeliones estudiantiles en Francia, Alemania y Estados Unidos expresaban el descontento de una generación muy especial de jóvenes que protestaban en contra de los valores impuestos por la sociedad occidental, que ellos juzgaban falsos e hipócritas, frente a la realidad de un mundo amenazado por la autodestrucción total. Abanderaron la cruzada por la paz y estaban dispuestos a transformar al mundo, convencidos de que los adultos —que eran quienes imponían las normas a seguir— habían equivocado el rumbo y debían de ceder el paso a las nuevas generaciones. Los años sesenta constituyeron una década de ruptura con lo tradicional; la del concilio Vaticano II; la de la "Primavera de Praga" en 1968; la del enfrentamiento de Cuba al país más poderoso de la tierra; la de aquella deplorable intervención de Estados Unidos en Vietnam que tanto daño hiciera a la juventud de un pueblo que se había creído hasta entonces el ejemplo a seguir, el único baluarte de los derechos humanos.

El torbellino mundial de la década de los sesenta habría de envolver también al país en crecimiento que era entonces México; sin embargo, los estudiantes mexicanos no buscaban, como los franceses, un cambio violento de la sociedad, ni poseían el radicalismo de los jóvenes alemanes y estadounidenses; tampoco llegaban al idealismo casi místico de los *hippies*. Del exterior, además del eco de la protesta, tomaron nuevos héroes y nuevos iconos, aquellos identificados con el rechazo a lo establecido, con el antiimperialismo y con el idealismo revolucionario, como el "Che" Guevara. El movimiento de los jóvenes mexicanos fue reformista y democrático; querían acabar con las condiciones impuestas por el régimen que los excluía de la toma de decisiones, pero no con el propio régimen; sus peticiones fueron realmente moderadas y "se resumían en una palabra que fue el eje del movimiento y el secreto de su instantáneo poder de seducción sobre la conciencia popular: *democratización*".[29] Gilberto Guevara Niebla, uno de los estudiantes protagonistas, puntualiza:

> El movimiento estudiantil fue estrictamente democrático, pues la democracia resultó algo conquistable y no como piensan y pensaban algunos marxistas, inconquistable sin un cambio de estructuras. Los estudiantes éramos portadores de una idea realista, no jugábamos al todo o nada, sino que buscábamos soluciones parciales, negociaciones, sondeos y la posibilidad del diálogo.[30]

Los hechos durante agosto y septiembre

Los sucesos se fueron agravando durante los meses de agosto y septiembre, a medida que se acercaba la fecha señalada para la inauguración de los juegos olímpicos, y con los ojos del mundo puestos sobre México, situación que hizo suponer a Díaz Ordaz que el propósito era impedir la Olimpiada, como también veía una conjura comunista detrás del movimiento estudiantil.

El día 13 de agosto se realizó la primera manifestación al Zócalo, pero el día 27 fue decisivo en el rumbo de los acontecimientos. Una manifestación integrada por

Los estudiantes mexicanos no buscaban un cambio violento de la sociedad; del exterior, además del eco de la protesta, tomaron nuevos héroes y nuevos iconos.

El movimiento de los jóvenes mexicanos fue reformista y democrático, querían acabar con las condiciones impuestas por el régimen que los excluía de la toma de decisiones, pero no con el propio régimen.

Ernesto "Che" Guevara

Gilberto Guevara Niebla, líder estudiantil

---

[29] Octavio Paz, "La última década", en ¿*Ha muerto la Revolución Mexicana? Balance y epílogo,* Vol. 2, preparado por Stanley R. Ross, Sep Setentas, México, 1972. pp. 87-88.
[30] "El movimiento a la ofensiva", entrevista con Gilberto Guevara Niebla, en *Pensar el 68,* Hermann Bellinghausen y Hugo Hiriart (coords.), Cal y Arena, México, 1993, p. 60.

El 27 de agosto fue decisivo en el rumbo de los acontecimientos; una manifestación integrada por 400 mil personas realizó un mitin en la Plaza de la Constitución; esta vez la protesta subió de tono y se realizaron actos desafiantes.

El Zócalo la mañana del 28 de agosto

Manifestación del silencio

400 mil personas realizó un mitin en la Plaza de la Constitución. Esta vez la protesta subió de tono y se realizaron actos desafiantes, como hacer sonar las campanas de la Catedral, izar la bandera rojinegra en el asta de la plaza, y lanzar ataques verbales al presidente Díaz Ordaz, a quien se pedía, en términos ofensivos, salir al balcón del Palacio Nacional. Al no ocurrir esto, la multitud instó al gobierno a sostener el diálogo el 1° de septiembre, a las diez de la mañana, una hora antes del informe presidencial.

Ante la amenaza de los organizadores del mitin de permanecer en el Zócalo hasta el día del informe, en un despliegue de fuerza militar y policiaca, fueron desalojados los manifestantes que permanecían de guardia en el lugar.

Ante la amenaza de los organizadores del mitin de permanecer en el Zócalo hasta el día del informe, en la madrugada del día 28 el gobierno retornó a su acción represiva y en un despliegue de fuerza militar y policiaca, fueron desalojados los manifestantes que permanecían de guardia en el lugar; más tarde, las autoridades efectuaron un acto de desagravio a la bandera nacional. El día 30, el Consejo Nacional de Huelga acordó no celebrar mitin alguno el 1° de septiembre, se manifestó dispuesto al diálogo y declaró que "el movimiento estudiantil no tiene relación alguna con la Olimpiada y no desea entorpecer su celebración".[31]

Pero Díaz Ordaz no estaba dispuesto a dialogar; aprovechando el informe, negó la existencia de presos políticos, rechazó las demandas y advirtió que ejercería, "siempre que sea estrictamente necesario", la facultad de disponer de las fuerzas armadas para la seguridad interior. "Sé que millones de compatriotas están decididamente a favor del orden y en contra de la anarquía... No quisiéramos vernos en el caso de tomar medidas que no deseamos, pero que tomaremos si es necesario; hasta donde estemos obligados a llegar llegaremos."[32]

Díaz Ordaz negó la existencia de presos políticos, rechazó las demandas, y advirtió que ejercería, "siempre que sea estrictamente necesario", la facultad de disponer de las fuerzas armadas para la seguridad interior.

En respuesta al informe presidencial, el Consejo Nacional de Huelga negó que buscara presionar al gobierno de forma ilegítima, pero que "la falta de respuesta a una demanda lleva necesariamente a la acción popular, única vía que queda abierta ante un régimen sordo y mudo". No obstante, el CNH ratificó su disposición al diálogo con las autoridades y recibió a cambio una contestación fría y burocrática en cuyas líneas se da por entendida la negativa a reconocer la organización del movimiento. El 13 de septiembre se llevó a cabo una gran manifestación del silencio, organizada por el CNH, en la que se llegan a reunir 250 mil personas en el Zócalo, en perfecto orden; ahí se reitera la disposición a entablar pláticas públicas con las autoridades, pero no se obtiene respuesta alguna por parte del gobierno.

"Hasta donde estemos obligados a llegar, llegaremos"

El 13 de septiembre se llevó a cabo una manifestación del silencio, organizada por el CNH, que ocupó el Zócalo, donde se reiteró la disposición a entablar pláticas con las autoridades, sin obtener respuesta alguna.

---

[31] Sergio Zermeño, *Op. cit.*, pp. 131-132.
[32] Citado por Enrique Krauze, *Op. cit.*, p. 339.

Cap. 7. Los sexenios del desarrollo estabilizador (1952-1970)

La noche del día 15, los estudiantes se reúnen en Ciudad Universitaria a celebrar la Independencia y la multitud festiva invita a Heberto Castillo, profesor simpatizante del movimiento, a dar "el Grito". El ¡Viva México! en la voz del maestro resuena en el ámbito universitario, sin advertir quizá que comete el acto, para el gobierno imperdonable, de suplantar al presidente.

El 18 de septiembre el ejército ocupó la UNAM sin encontrar resistencia y quinientas personas fueron detenidas, incluyendo varios funcionarios de la Universidad. A partir de ese momento se recrudece la represión y esto divide al movimiento en dos tendencias opuestas: una insiste en el diálogo público, representada por el CNH, que comienza a ceder frente a la escala represiva; la otra, adoptada por el sector más amplio y combativo del grupo estudiantil, se enfrenta, el 23 de septiembre, a las fuerzas del gobierno en el sitio conocido como Casco de Santo Tomás cercano a la Escuela Normal, con saldo trágico de varios muertos y heridos; 350 estudiantes —mujeres y hombres— fueron detenidos y golpeados. La severa represión hizo efecto: el movimiento empezó a declinar.

El CNH había convocado a una reunión para el 2 de octubre, en la Plaza de las Tres Culturas,[33] para de ahí partir en manifestación al Casco de Santo Tomás; pero, al advertir los líderes del movimiento que el ejército impedía el acceso a ese lugar, se decidió reducir todo a un mitin en Tlatelolco.[34]

> *El 18 de septiembre el ejército ocupó la UNAM, sin encontrar resistencia; varias personas fueron detenidas, incluyendo funcionarios de la Universidad; después de este incidente, el movimiento empieza a declinar.*

La Noche de Tlatelolco

La Plaza de las Tres Culturas había sido un sitio escogido, en varias ocasiones, como punto de reunión del movimiento, por estar cercano a varios planteles estudiantiles y en medio de la unidad habitacional Nonoalco-Tlatelolco, compuesta por una serie de edificios que albergaban a familias de clase media y trabajadora, que habían dado muestras de simpatías con los estudiantes.

Relata Elena Poniatowska que "a las cinco y media del miércoles 2 de octubre, aproximadamente diez mil personas se congregaron en la explanada de la Plaza de las Tres Culturas para escuchar a los oradores estudiantiles del Consejo Nacional de Huelga, los que, desde el balcón del tercer piso del edificio Chihuahua se dirigían a la multitud compuesta en su mayoría por estudiantes, hombres y mujeres, niños y ancianos sentados en el suelo, vendedores ambulantes, amas de casa con niños en brazos, habitantes de la Unidad, transeúntes que se detuvieron a curiosear... El ambiente era tranquilo, a pesar de que la policía, el ejército y los granaderos habían hecho un gran despliegue de fuerza... y en el tercer piso del edificio, además de los periodistas que *cubrían* las fuentes nacionales había corresponsales y fotógrafos extranjeros enviados para informar sobre los Juegos Olímpicos que habrían de iniciarse diez días más tarde".[35]

Luis González de Alba, líder estudiantil

Plaza de las Tres Culturas

Ejercicio 11

1. Menciona tres de las demandas más importantes del movimiento estudiantil de 1968.

2. ¿Cuáles características tenían en común los participantes en el movimiento estudiantil de 1968?

3. Describe dos acontecimientos del ámbito internacional que influyeron en el surgimiento del movimiento estudiantil de 1968 en México.

4. Menciona los hechos ocurridos en la ciudad de México entre agosto y septiembre, con referencia al movimiento estudiantil de 1968.

---

[33] Esta plaza es llamada así por estar rodeada de edificios que representan tres momentos en la historia de México: los restos arqueológicos de la ciudad prehispánica de Tlatelolco, un templo católico de la etapa virreinal y un conjunto habitacional construido en la década de 1960.
[34] "El 2 de octubre", entrevista con Gilberto Guevara Niebla, en *Pensar el 68, Op. cit.*, p. 117.
[35] Elena Poniatowska, *La noche de Tlatelolco,* Era, México, 1994, p. 166.

Aprehensiones la noche del 2 de octubre de 1968

General Marcelino García Barragán, secretario de la Defensa

Los corresponsales y fotógrafos, nacionales y extranjeros, estaban ahí para atestiguar lo inesperado, el estallido brutal de violencia que rompió la tranquilidad del ambiente en aquella tarde de octubre en la ciudad de México, que segó vidas humanas y sacudió la vida del país entero.

En el momento en que un orador anunciaba la suspensión de la marcha al Casco de Santo Tomás, un helicóptero que daba vueltas sobre la plaza lanzó una bengala verde y luego una roja; se oyeron los primeros disparos que parecían provenir de la parte inferior del edificio Chihuahua.[36] La gente se alarmó y empezó a correr, mientras los líderes estudiantiles, que en un principio creyeron que les arrojaban balas de salva para provocarlos, pedían inútilmente la calma. Pero las balas eran de verdad; los soldados en la explanada (calculados en cinco mil)[37] respondieron al fuego proveniente del edificio; entre la multitud había agentes policiacos vestidos de civil, que traían en la mano izquierda un guante blanco como contraseña y portaban ametralladoras; ellos se encargaron de someter a golpes a los estudiantes.[38] Algunos periodistas fueron obligados, a punta de bayoneta, a entregar los documentos filmados.

El fuego nutrido duró aproximadamente una hora; hubo cientos de muertos —niños, mujeres, jóvenes, ancianos y también soldados—, muchos heridos, desaparecidos, y más de dos mil detenidos que fueron golpeados y vejados. Al cesar los disparos, sólo se escuchaban los gritos de "¡Batallón Olimpia, Batallón Olimpia!" y el ruido de los tanques que patrullaban el área. Así terminó aquella noche, inconcebible en un México "en desarrollo". Cuando parecía muy ajena y distante la escena de los tanques soviéticos en Praga, cuando se clamaba en todo el mundo por libertad y democracia, el gobierno traducía en violencia contra los propios mexicanos la frase del presidente: "Nadie tiene fueros contra México."

Treinta años después, una publicación editorial reproduce los documentos del general Marcelino García Barragán —entonces secretario de la Defensa Nacional— donde este personaje clave atestigua:

> Surgieron francotiradores de la población civil que acribillaron al Ejército y los manifestantes... se sumaron oficiales del Estado Mayor Presidencial que una semana antes, como lo constatamos después, habían alquilado departamentos de los edificios que circundan a la Plaza de las Tres Culturas y que, de igual manera, dispararon al Ejército que a la población en general.[39]

El 2 de octubre pone fin al conflicto estudiantil. La Olimpiada se celebró, del 12 al 27 de octubre, sin que hubiera disturbio alguno. El 4 de diciembre el CNH decide levantar la huelga y dos días después queda disuelto dicho organismo. Las clases se

Cuando un orador anunciaba la suspensión de la marcha al Casco de Santo Tomás, un helicóptero lanzó bengalas; se oyeron los primeros disparos que parecían provenir de la parte inferior del edificio Chihuahua.

Entre la multitud había agentes policiacos vestidos de civil, que traían en la mano izquierda un guante blanco como contraseña y portaban ametralladoras; ellos se encargaron de someter a golpes a los estudiantes.

Al cesar los disparos después de una hora, sólo se escuchan los gritos de "¡Batallón Olimpia, Batallón Olimpia!" y el ruido de los tanques que patrullaban el área.

---

[36] "Todos los testimonios coinciden en que la repentina aparición de luces de bengala en el cielo de la Plaza... desencadenó la balacera que convirtió el mitin estudiantil del 2 de octubre en la tragedia de Tlatelolco." *Ibidem.*

[37] Tanto el regente Corona del Rosal como el secretario de la Defensa Nacional coinciden en afirmar que el ejército sólo tenía la "misión de desalojar". Cfr. Enrique Krauze, *Op. cit.*, p. 351.

[38] David Vega, "En el lugar de los hechos", en *Pensar el 68*, pp. 121-122.

[39] Julio Scherer García y Carlos Monsiváis, *Parte de guerra, Tlatelolco 1968*, Alfaguara, México, 1999, p. 236.

reanudan y la tranquilidad parece volver a la ciudad de México, pero ni la capital ni la nación volverían a ser las mismas; aquella noche de octubre en Tlatelolco marcó un nuevo rumbo en la historia del país.

En su quinto informe de gobierno (1969), Díaz Ordaz dijo:

> No faltaron quienes, confundidos por los incidentes, creyeron que nos hallábamos en profunda crisis... Hablar de reformas y cambios de estructuras se convirtió en tópico de tópicos. No estamos en una encrucijada. Seguimos nuestro propio camino y estamos construyendo un modelo también propio para nuestro futuro, apegado a nuestras raíces, fiel a nuestro modo de ser.

La bandera olímpica

Consideraba Díaz Ordaz que debería haber transformaciones, pero las atribuía a factores externos, a cambios en las sociedades modernas en general. Dirigiéndose en especial a los jóvenes, declaró:

> Hay jóvenes impacientes, muchos de buena fe, que afirman estar fatigados de oír hablar de la Revolución Mexicana y de la justicia social, y a quienes nuestros héroes les son indiferentes o despreciables. Es posible que su desprecio sea hijo de su ignorancia.
> Invitamos a esos jóvenes disidentes a analizar nuestra realidad antes de aceptarla o rechazarla; a conocer la vida de nuestros héroes para entenderlos y juzgarlos; a estudiar la Revolución Mexicana para identificarse con ella o criticarla y combatirla. Esperamos que, con el interés y la pasión que ponen en conocer otros caminos, vuelvan los ojos hacia lo que es suyo y no lo rechacen sólo porque también es nuestro y lo tienen tan cerca. De todas suertes será aquí, en esta tierra, en su tierra, en nuestra tierra, donde tendrán que cumplir su destino.
> Si no deseamos jóvenes ilusos, menos queremos jóvenes desilusionados. Pugnamos porque las nuevas generaciones, en vez de navegar a la deriva, ingresen a la

El quinto informe de Díaz Ordaz

Detención masiva de estudiantes

Díaz Ordaz declara inaugurados los Juegos de la XIX Olimpiada

La Olimpiada se celebró sin que hubiera disturbio alguno. El 4 de diciembre el CNH levantó la huelga y dos días después quedó disuelto dicho organismo. Las clases se reanudaron y la tranquilidad pareció volver.

Díaz Ordaz inició el cambio de rumbo en el país, obligado por la terrible sacudida que dio al régimen no sólo el movimiento estudiantil en sí, sino la solución de fuerza que le impusiera.

vanguardia de la Revolución para impulsarla y para que, al sustituirnos, conozcan y sepan evitar nuestros errores y aprovechen también nuestros aciertos.

En el mismo informe, declaraba, esta vez en singular:

Por mi parte, asumo íntegramente la responsabilidad: personal, ética, social, jurídica, política e histórica, por las decisiones del gobierno en relación con los sucesos del año pasado.

Pero Díaz Ordaz se equivocaba al suponer que no se vivía en una encrucijada. De manera inmediata, él mismo inició el cambio de rumbo, que no era del tipo de transformaciones que responden a factores externos, sino de aquel obligado por una sacudida, la terrible sacudida que dio al régimen no sólo el movimiento estudiantil en sí, sino la solución de fuerza que le impusiera. En el tiempo que restaba al sexenio, Díaz Ordaz moderó en algunos aspectos su actitud autoritaria, intensificó los proyectos sociales, y modificó el artículo 34 constitucional, con el fin de otorgarles derecho de participación electoral a todos los jóvenes mayores de 18 años. Según palabras de James Wilkie: "Si el gobierno ganó la batalla de Tlatelolco, algunos observadores opinan que haya perdido la guerra."[40]

Ejercicio 12

1. ¿Por qué fue escogida la Plaza de las Tres Culturas como lugar de reunión de los integrantes del movimiento estudiantil de 1968?
2. Relata en síntesis los acontecimientos ocurridos la noche del 2 de octubre de 1968, en la Plaza de las Tres Culturas.
3. Menciona las justificaciones que Díaz Ordaz expuso en su quinto informe de gobierno, sobre la represión contra el movimiento estudiantil la noche del 2 de octubre de 1968.

La sucesión presidencial en 1970

A principios de 1969, eran tres los miembros del gabinete presidencial con mayores posibilidades para obtener la candidatura del PRI para suceder a Díaz Ordaz: Luis Echeverría Álvarez, secretario de Gobernación; Emilio Martínez Manautou, secretario de la Presidencia; y Alfonso Corona del Rosal, jefe del Departamento del Distrito Federal.

La candidatura de Echeverría —cuya participación directa en los sucesos de 1968, en función de su cargo, lo hacía aparecer como parcial responsable de la acción represiva del gobierno— era mal vista por los círculos liberales y era también objetada por la izquierda cuyos integrantes lo consideraban como uno de los elementos de la derecha central del PRI, por lo que no se podían tener grandes esperanzas de que fuera a realizar importantes reformas económicas o políticas. Así pues, su candidatura se perfilaba ante la opinión pública como "más de lo mismo" para los seis años por venir, y mucho se temía que fuera a darse un endurecimiento todavía mayor en el sistema político.

La candidatura de Luis Echeverría se perfilaba ante la opinión pública como "más de lo mismo" para los seis años por venir, y mucho se temía que fuera a darse un endurecimiento todavía mayor en el sistema político.

Emilio Martínez Manautou

Alfonso Martínez Domínguez

Luis Echeverría, candidato del PRI a la presidencia

---

[40] James Wilkie, *La Revolución Mexicana. Gasto federal y cambio social,* Fondo de Cultura Económica, México, 1978, p. 327.

En cambio, Emilio Martínez Manautou ofrecía una relativa tendencia a flexibilizar el sistema; incluso se le consideraba como un progresista que trataba de alejarse del autoritarismo. Por tales motivos, algunos intelectuales de renombre apoyaron de manera abierta la candidatura del secretario de la Presidencia.

El *destape* se produjo el 22 de octubre del mismo año, cuando el propio Díaz Ordaz comunicó a los principales dirigentes del partido que "después de una auscultación muy completa", el presidente del PRI, Alfonso Martínez Domínguez, había "llegado a la conclusión de que el candidato que reúne las mejores condiciones y aquel por el que se inclina la mayoría del país es Luis Echeverría" [véase fuente 6. "La selección de Luis Echeverría como candidato presidencial"].[41]

El 15 de noviembre de 1969, Echeverría tomó protesta como candidato del PRI, y en su discurso expresó lo que después sería su lema de campaña, al señalar que tanto la Revolución Mexicana como la Constitución de 1917 "no apuntan a la derecha, a la izquierda o al centro, sino arriba y adelante".

Durante su campaña, Echeverría se esforzó por convencer a la opinión pública de que, durante su gobierno, no habría "más de lo mismo", sino que se proponía efectuar un auténtico cambio, en un ambiente de apertura democrática.

Echeverría, rompiendo con la tradición política, hizo críticas no sólo al sistema, sino al mismo Díaz Ordaz, sin que esto produjera rupturas ni aparentes reacciones adversas del presidente saliente.

Fuente 6. La selección de Luis Echeverría como candidato presidencial

En varias ocasiones, el propio Martínez Domínguez ha contado cómo Gustavo Díaz Ordaz explicó y justificó la designación de Luis Echeverría. En 1972, durante una cena en su casa de Sierra Ventana, ante la pregunta de uno de los comensales (...) el ex presidente recurrió al símil del carreterazo y a la analogía de los delincuentes con el movimiento estudiantil del 68 para iluminar a sus amigos sobre una decisión de la que se arrepintió y cuya racionalidad retrospectiva parecía misteriosa. "Supongamos –dijo– que vamos en un automóvil por un camino encumbrado, y de repente nos asaltan unos bandidos sin escrúpulos. En el coche viaja conmigo Antonio Ortiz Mena: se esconde cuando nos conminan a descender del vehículo y desaparece de la escena. Me acompaña Emilio Martínez Manautou, quien sugiere a los asaltantes que no me pidan dinero a mí, sino que se entiendan mejor con él; igual muy pronto será más rico y poderoso. Alfonso Corona del Rosal, por su parte, empieza a negociar con los maleantes y a proponerles diversos tratos que oscilan entre la audacia y lo inconfesable. Sólo Luis Echeverría salta del carro, confronta a los forajidos y les advierte: 'Lo que es con él, es conmigo'." La conclusión del poblano era que, al menos en esos momentos, la lealtad de Echeverría superaba con creces a la de sus rivales; en ella residía la razón última de su elección.

En realidad, la anécdota demuestra algo mucho más significativo y consustancial al proceso sucesorio mexicano. (...) Gustavo Díaz Ordaz confesó en esa charla de sobremesa que optó por Luis Echeverría porque, en el instante decisivo, carecía de alternativa. Díaz Ordaz procedió por eliminación: escogió a Echeverría porque representaba, según la afortunada frase de Porfirio Muñoz Ledo, "la única carta restante".

Jorge G. Castañeda,
La Herencia. Arqueología de la sucesión presidencial en México,
Alfaguara, México, 1999, pp. 322-323.

---

[41] Jorge G. Castañeda, *La Herencia. Arqueología de la sucesión presidencial en México,* Alfaguara, México, 1999, p. 322.

Díaz Ordaz con García Barragán, Esther Zuno y Luis Echeverría, en 1967

Díaz Ordaz y Richard Nixon con sus respectivas esposas

Pero lo más singular de esa campaña fue el hecho de que, rompiendo con la tradición política, Echeverría hizo críticas no sólo al sistema, sino al mismo Díaz Ordaz, sin que esta acción inusitada produjera rupturas en el sistema ni aparentes reacciones adversas del presidente saliente que fue cediendo, por el contrario, algunas de sus facultades y permitió que fueran sustituidos los secretarios de Hacienda y Agricultura de su gabinete, por quienes ocuparían esos cargos al asumir Echeverría el mando presidencial. Cuando eso sucedió, Díaz Ordaz no ocupó puesto político alguno, ni siquiera hizo un solo acto de aparición en la política nacional durante todo el sexenio.

Las elecciones presidenciales del 5 de julio tenían especial importancia para el PRI, pues se iba a poner a prueba el grado de aceptación que tenía el régimen frente a la sociedad civil, después de los acontecimientos del 2 de octubre de 1968. En los resultados de ese proceso electoral se manifestó el sentir popular hacia las acciones represivas del gobierno en la Noche de Tlatelolco; el voto de la oposición, representada por el Partido Acción Nacional como el principal opositor del PRI, y el abstencionismo de protesta se dieron con mayor fuerza que en los dos comicios presidenciales anteriores. Echeverría obtuvo el 85.7% de los votos, y el 14.3% restante fue para Efraín González Morfín, candidato del PAN.

Política exterior

Relaciones con Estados Unidos

Relaciones armónicas

Las relaciones con Estados Unidos siguieron ocupando un lugar prioritario para México en lo económico y en lo político. El modelo de desarrollo estabilizador continuaba ligado a las inversiones estadounidenses, tanto las indirectas como las directas, y en cuanto a lo político, con excepción de algunos problemas y discrepancias, las relaciones con el vecino país se desarrollaron básicamente en un plano de concordia que permitió la firma de los siguientes acuerdos bilaterales:

- Un plan concreto (enero de 1965) para reducir la salinidad de las aguas del río Colorado que había sido motivo de protestas por parte de México, ya que la salinidad afectaba las tierras de cultivo de la región noroeste del país.
- Reintegración al territorio mexicano (octubre de 1967) de 176.92 hectáreas que constituían la zona de El Chamizal, para lo cual se hicieron trabajos de rectificación del cauce del río Bravo.

Con excepción de algunos problemas y discrepancias, las relaciones con Estados Unidos se desarrollaron básicamente en un plano de concordia que permitió la firma de varios acuerdos bilaterales.

- La firma de un acuerdo (enero de 1968) que por cinco años otorgaba derechos recíprocos de pesca a embarcaciones de México y Estados Unidos, en una zona comprendida entre nueve y doce millas náuticas a lo largo de la costa de ambos países.
- Acuerdo entre los presidentes de ambos países (abril de 1970) y ratificado por los Congresos respectivos, mediante el cual se buscaba resolver los problemas fronterizos originados por los cambios en el cauce del río Bravo.

Las relaciones entre los dos países también fueron de mutua condescendencia en otros aspectos. Los estadounidenses no parecieron preocuparse mucho por los esfuerzos del gobierno mexicano para obligar a las compañías subsidiarias de empresas extranjeras a que aceptaran la participación de capital mexicano. Tampoco protestó Estados Unidos cuando Pemex canceló en 1969 los llamados "contratos riesgo" para la producción de petróleo, suscritos con cuatro compañías independientes estadounidenses. Por otra parte, durante el grave conflicto estudiantil de 1968, el gobierno de Estados Unidos, aunque estuvo atento a los acontecimientos y a su funesto desenlace, se mantuvo al margen sin llegar a pronunciarse al respecto, admitiendo implícitamente la solución de fuerza que diera el gobierno de Díaz Ordaz.

Discrepancias y problemas

Las discrepancias entre México y Estados Unidos se enmarcaron en la tradicional lucha ideológica a causa del intervencionismo y del imperialismo estadounidenses. Además de defender el principio de no intervención en los foros internacionales, el presidente mexicano condenó abiertamente la invasión de la capital de la República Dominicana ordenada por el presidente Lyndon B. Johnson en 1965. Contra el imperialismo, en su visita oficial a Estados Unidos en 1967, Díaz Ordaz denunció claramente el carácter desigual y desventajoso para México de los términos en que se daba el intercambio entre los dos países, condiciones que habían empeorado progresivamente al deteriorarse de forma creciente los precios de las materias primas mexicanas, en relación con los precios de los productos industriales que importaba.

De entre los problemas concretos entre los dos países destaca el que ocasionó la llamada "Operación intercepción", llevada a cabo por las autoridades estadounidenses entre el 21 de septiembre y el 10 de octubre de 1969. Dicha medida consistió en una minuciosa y por supuesto lenta revisión a todos los viajeros, ya fueran mexicanos o estadounidenses, que ingresaran a Estados Unidos provenientes de México. La razón

> *Las discrepancias entre México y Estados Unidos se enmarcaron en la tradicional lucha ideológica a causa del intervencionismo y del imperialismo estadounidenses, que afectaba a los países latinoamericanos.*

> *Un problema entre México y Estados Unidos fue el ocasionado por la "operación intercepción", llevada a cabo por las autoridades estadounidenses.*

> *Uno de los más importantes acuerdos internacionales fue el Tratado de Tlatelolco, firmado en 1967 en la Secretaría de Relaciones Exteriores de México, por los delegados de 21 países iberoamericanos.*

Díaz Ordaz en la cumbre de Punta del Este

> **Ejercicio 13**
>
> 1. Describe las características de las relaciones entre México y Estados Unidos, durante el gobierno de Díaz Ordaz.
> 2. ¿Cómo afectó a México la "operación intercepción", llevada a cabo por las autoridades estadounidenses en 1969?
> 3. Menciona el contenido esencial del Tratado de Tlatelolco, firmado por 21 países iberoamericanos.

que se adujo para tal inspección —practicada a cuatro millones y medio de personas en las tres semanas que duró la operación— fue la de disminuir el flujo de contrabando de drogas procedentes de México, pero el verdadero motivo era entorpecer el paso de visitantes estadounidenses a las ciudades fronterizas mexicanas, con el fin de ejercer presión sobre México y mostrar ante la opinión pública de Estados Unidos la labor de su gobierno para acabar con el tráfico de estupefacientes. Al mismo tiempo, de manera extraoficial, se hacía saber al gobierno mexicano que, llegado el caso, el gobierno estadounidense podría publicar una lista con los nombres de funcionarios mexicanos involucrados en el narcotráfico.

La citada operación, además de no haber logrado interceptar sino relativamente pocas cantidades de droga, causó grave daño al comercio de ambos lados de la frontera y, aunque obligó al gobierno mexicano a emprender una campaña contra el narcotráfico, que tuvo muy buenos resultados, fue calificada por Díaz Ordaz como un "error burocrático" cuyo único logro había sido levantar "un muro de sospechas entre nuestros pueblos".[42]

El ámbito latinoamericano

Tratado de Tlatelolco. Fiel a la política exterior de México, Díaz Ordaz se fundó en el principio de no intervención y participó en algunos acuerdos relacionados con los

CUADRO 7.5. *Gobierno de Gustavo Díaz Ordaz. Política*

- **Política interna — Acentuación del autoritarismo presidencial**
  - Introducción: rasgos generales del periodo
  - Autoritarismo
    - Anulación de los canales de participación política
    - Aumento de la represión
      - Movimiento médico
      - Anulación a la libertad de expresión
    - Negativa a los proyectos democratizadores dentro del sistema político
      - Fallido intento democratizador de Carlos Madrazo
    - Movimiento estudiantil en 1968
      - Orígenes inmediatos
      - Causas de fondo
        - Hechos en agosto y septiembre
        - Noche de Tlatelolco
    - Díaz Ordaz asume la responsabilidad de los hechos del 2 de octubre
    - Sucesión presidencial candidatura de Luis Echeverría
    - Cambio de rumbo

- **Política exterior**
  - Relaciones con Estados Unidos
    - Relaciones armónicas
      - Acuerdos bilaterales
    - Discrepancias y problemas
      - Defensa de México al principio de no intervención
      - Denuncia de las desventajas en los términos del intercambio
      - "Operación intercepción"
  - El ámbito latinoamericano
    - Viajes a Centroamérica
    - Política de no intervención
    - Tratado de Tlatelolco

---

[42] Josefina Z. Vázquez y Lorenzo Meyer, *México frente a Estados Unidos, un ensayo histórico, 1776-1980*, El Colegio de México, México, 1982, pp. 206-209.

beneficios a países en desarrollo. Uno de los más importantes fue el *Tratado de Tlatelolco*, firmado en febrero de 1967 en la Secretaría de Relaciones Exteriores de México, por los delegados de 21 países iberoamericanos, y por el que se prohibía la fabricación, posesión y utilización de armas nucleares en América Latina, permitiéndose, en cambio, la utilización de la energía atómica para fines pacíficos. El tratado, que fue rechazado por Cuba, firmado con algunas objeciones por Estados Unidos y de cuya aprobación se abstuvieron algunas potencias como la Unión Soviética y Francia, fue ratificado por 91 votos en el pleno de la Asamblea de las Naciones Unidas, en noviembre del mismo año de 1967.

Economía y sociedad

El desarrollo estabilizador en su última fase

Crecimiento económico

Durante el sexenio de Díaz Ordaz —y en general durante toda la década de 1960— la economía mexicana disfrutó de uno de los periodos de mayor crecimiento. El PIB creció a una tasa promedio de 7.1% entre 1963 y 1971, cifra muy superior al índice de crecimiento de la población nacional, a pesar de que éste registró gran dinamismo, particularmente en las zonas urbanas. La inflación fue de 2.8% en promedio anual y el empleo mantuvo un crecimiento importante.

En el rápido crecimiento de la economía influyó, en gran medida, la inversión pública que ascendió a cerca de 130 millones de pesos (casi el doble de la del gobierno anterior) la cual, al destinarse a obras de infraestructura básica y de servicio, alentó la inversión privada. Además, ésta continuó recibiendo los beneficios de la política proteccionista, impulsada desde la década anterior, a través de las barreras impuestas para evitar que los extranjeros invirtieran en áreas productivas donde ya estuvieran operando los empresarios nacionales, o en ciertos sectores "estratégicos" de la economía, reservados al control del Estado.

Con base en el éxito obtenido hasta ese momento por el modelo de sustitución de importaciones, se consideró llegada la oportunidad de profundizarlo, es decir, avanzar de la fabricación de bienes de la industria ligera, a la fabricación de bienes intermedios y de capital. De esta forma se buscaba completar el proceso y depender cada vez menos de la tecnología extranjera y de la capacidad de obtener divisas para adquirir aquello que no se pudiera producir internamente. Todo esto bajo el criterio de que el progreso debía basarse esencialmente en los recursos que los mexicanos produjeran, y de que el crédito y la inversión extranjeros debían ser complementarios de los nacionales.

Como resultado de esa estrategia, una de las transformaciones importantes del periodo fue la reducción del sector externo en la economía, tanto en importaciones como en exportaciones, aunque las primeras crecieron un poco más que las segundas, con el consecuente déficit comercial. Pero el efecto fue positivo, en la medida en que, a pesar de que el monto de las importaciones de bienes de consumo no se redujo e incluso creció ligeramente, la importación de bienes intermedios registró una reducción de 31.3% en 1962 a 18.1 en 1970.[43]

Política financiera

Para lograr el crecimiento de la economía, fue necesario contar con un sector financiero dinámico que estimulara el ahorro y pudiera canalizar eficientemente los recursos

---

[43] Enrique Cárdenas, *La política económica en México, 1950-1994*, Fondo de Cultura Económica/El Colegio de México, México, 1996, pp. 61-65.

Antonio Ortiz Mena, secretario de Hacienda

Con el crecimiento del déficit en las finanzas públicas, el gobierno se vio en la necesidad de pedir prestado, y se fue acumulando la deuda pública federal, tanto interna como externa.

En el año de 1970, los signos de progreso material que hacían ver a México con optimismo eran muchos y de diversa índole; sin embargo, el modelo de desarrollo empezaba ya a mostrar signos de agotamiento.

Los factores de debilidad del modelo de sustitución de importaciones fueron: la pérdida de competitividad en la industria; el rezago del sector agropecuario; la creciente dependencia financiera del exterior; la explosión demográfica urbana.

a las actividades productivas. A partir de 1963, el sistema bancario, a través del encaje legal, comenzó a financiar sistemáticamente al sector público mediante la tenencia de bonos gubernamentales como parte de sus reservas legales. De acuerdo con el énfasis que el gobierno puso en el fomento al campo, se creó el Banco Nacional de Crédito Agrícola.

El Impuesto sobre la Renta fue transformado y pasó de ser un sistema cedular a otro que gravara los ingresos globales de las personas físicas y morales, independientemente de la fuente de procedencia. Esta medida constituyó una importante simplificación del impuesto, además de ofrecer estímulos significativos a la reinversión de utilidades. Se estableció un sistema por medio del cual el contribuyente podía deducir impuestos de algunos de sus gastos. La Ley de Instituciones de Crédito se modificó para garantizar la mexicanización de la banca y se dieron facilidades para que los bancos de depósito captaran recursos a mediano plazo, en condiciones competitivas de mercado.

La inversión pública federal se distribuyó, en orden de cantidad total ejercida en el sexenio, en los rubros de: fomento industrial; beneficio social; comunicaciones y obras públicas; fomento agropecuario; y administración y defensa. Es interesante observar que el gobierno de Díaz Ordaz tuvo, a partir de 1968, las mayores cantidades de gastos sociales ejercidas hasta ese momento en la historia de México, incluso superiores a las de López Mateos, como también demuestran un aumento significativo, con respecto al gobierno anterior, las partidas ejercidas en el fomento al sector agropecuario.[44]

Pero, conforme aumentaban los montos de la inversión pública a lo largo del sexenio, aumentaba también el déficit en las finanzas públicas, por lo que el gobierno se vio en la necesidad de pedir prestado, y se fue acumulando la deuda pública federal, tanto interna como externa; en 1970 ésta llegó a la cantidad de 99 millones 13 mil pesos.

En conclusión, puede afirmarse que "el sexenio de Díaz Ordaz presencia el definitivo fortalecimiento del capital financiero de México, la consolidación de su importancia en el proceso de reproducción del capital. Los recursos del sistema bancario se duplicaron. Los destinatarios de tales recursos fueron la industria y el comercio, principalmente la primera".[45] En el año de 1970, los signos de progreso material que hacían ver a México con optimismo eran muchos y de diversa índole, pues en los últimos 35 años el país había tenido una transformación radical; su economía, predominantemente agrícola en los años treinta, había llegado a convertirse en urbana e industrial. Sin embargo, el modelo de desarrollo empezaba ya a mostrar signos de agotamiento.

Factores de debilidad

La industria: pérdida de competitividad. Orientada al mercado interno —sobre todo urbano—, la industria mexicana demandó y obtuvo del gobierno, por una parte, el mantenimiento de aranceles proteccionistas y de controles a la importación que por ser excesivos y casi permanentes, dieron motivo para que los empresarios tuvieran un mercado cautivo, sin tener que afrontar los riesgos de la competencia, lo cual actuó en detrimento del precio y de la calidad de los artículos que producía. Por otra parte, a fin de consolidar altos márgenes de ganancia para la industria, se mantuvo una política de precios bajos para los productos del campo, y además, se mantuvieron inalterados los precios de los bienes y servicios proporcionados por el sector

---

[44] *Estadísticas Históricas de México,* "Destino de la inversión pública federal realizada", Instituto Nacional de Estadística, Geografía e Informática (INEGI), CD-ROM, 2000.

[45] Octavio Rodríguez Araujo, *La reforma política y los partidos en México,* Siglo XXI Editores, México, 1983, p. 46.

público, mientras que el gobierno asumía por entero el costo y la ejecución de las obras de infraestructura necesarias.

Ante esa situación estaba claro que el modelo de sustitución de importaciones había entrado a una fase de agotamiento, pues, al no producirse en México de manera significativa las materias primas industriales y los bienes de capital, es decir, maquinaria y tecnología —pues los que empezaron a fabricarse eran insuficientes y requerían, a su vez, de más alta tecnología— fue necesario que buena parte de estos bienes tuvieran que adquirirse en el exterior, de manera que el mero funcionamiento de la planta industrial obligaba a la importación de manera permanente y creciente; se llegó así a una situación en la que aumentaban considerablemente las importaciones, mientras que disminuían las exportaciones, tanto por razones externas de disminución de la demanda, como por las razones internas del decrecimiento de la producción industrial, factor que, como es obvio, reducía la entrada de divisas.

Rezago del sector agropecuario. La concentración de la propiedad en las actividades agrícolas era también importante, aunque el capital extranjero no participaba entonces de manera directa sino que las empresas transnacionales (ET) se ocupaban más bien de la industrialización de los productos del campo y, en esa medida, controlaban parte de la producción agropecuaria. Ese proceso de concentración de la propiedad agraria estuvo acompañado por un creciente deterioro de la dinámica de la producción, al grado de que hacia 1970 las actividades agrícolas habían dejado de ser un factor determinante del desarrollo de la economía nacional. Durante el periodo 1965-1970, prácticamente no aumentó la superficie cultivada y, al haberse concentrado la investigación y la asistencia técnica en zonas y cultivos específicos como el algodón —cuyo volumen de producción tuvo una caída en 1968 que se prolongaría por muchos años—, los rendimientos permanecieron estancados.

De este modo, el mercado se estrechaba, tanto por la falta de expansión de la agricultura, como porque ello limitaba el crecimiento de las actividades no agrícolas, principalmente las industrias en las que, desde los años cincuenta, la agricultura había jugado un papel importante, en términos de mano de obra, alimentos y transferencia de recursos. Con el deterioro del sector agrícola —motivado en gran medida por el preferente fomento a la industria— las actividades productoras de bienes industriales dejaron de tener en la agricultura un sustento sólido.

Creciente dependencia financiera del exterior. El estancamiento del sistema tributario y la política de precios congelados de las empresas paraestatales, para llevar su programa de gasto presupuestal año con año, el gobierno se vio forzado a disponer del crédito por encima de lo conveniente. En principio recurrió al crédito interno por la vía del encaje legal, pero como esto no fue suficiente, tuvo que acudir a la reserva de divisas. Pero cuando —a pesar de los ingresos generados por los avances en la rama del turismo y por la naciente industria maquiladora— tal reserva se redujo significativamente, a medida que disminuían las exportaciones y aumentaban las importaciones, el Estado, con el fin de mantener el modelo de sustitución de importaciones, recurrió de manera creciente a la inversión extranjera indirecta, es decir al endeudamiento externo.

También se dio un considerable aumento de la inversión extranjera directa. Desde los años cincuenta y sobre todo después de la Guerra de Corea, la inversión extranjera estadounidense vio en la actividad manufacturera mexicana el terreno propicio para su expansión, una vez agotados los campos tradicionales en los que antes había participado. Para 1970, la magnitud de la participación de las empresas trasnacionales era ya considerable, de manera predominante en las ramas de tabaco, productos de hule, química, productos farmacéuticos, productos del petróleo y derivados, maquinaria no eléctrica, maquinaria eléctrica y equipo de transporte. Entre 35 y 40% de la producción industrial del país provenía en 1970 de las empresas trasnacionales.

Explosión demográfica urbana. El proceso de industrialización, aunado al rezago de las actividades agropecuarias, introdujo profundos cambios en la estructura social

> **Ejercicio 14**
>
> 1. ¿Cuáles fueron los factores que influyeron en el crecimiento de la economía mexicana, en la década de 1960?
> 2. ¿De qué manera se avanzó en el modelo de sustitución de importaciones, durante el sexenio 1964-1970?
> 3. Menciona los rasgos, positivos y negativos, de las finanzas públicas en el sexenio de Díaz Ordaz.
> 4. Describe en síntesis cada uno de los cuatro factores de debilidad del modelo de desarrollo estabilizador, a fines de los años sesenta.

mexicana, y lo más evidente fue el acelerado crecimiento de las ciudades y obviamente el de los grupos sociales que las habitaban. Al mismo tiempo, y debido a las insuficiencias de la actividad agropecuaria y del desarrollo industrial, creció también en las ciudades el grupo de los marginados, que se fueron concentrando en las zonas aledañas, dando origen a las llamadas "ciudades perdidas".

La concentración urbana tendió a autorreforzarse. El atractivo que ofrecían los grandes núcleos urbanos para las actividades industriales se vio fortalecido por servicios urbanos baratos y mejoras en las comunicaciones, lo que agudizó la migración rural; mientras que en 1935, poco más de 34% del total de la población del país vivía en localidades consideradas urbanas, en 1970 el porcentaje de esas poblaciones había aumentado a 60. Los grupos sociales favorecidos con este esquema de crecimiento presionaron al Estado con demandas de más y mejores servicios públicos, y esto generó una transferencia real de recursos del campo hacia los centros urbanos y de las ciudades medias hacia la capital. De esta manera, el desarrollo de algunas regiones provocó el empobrecimiento de otras, determinando con ello el fenómeno migratorio que a su vez agudizaba el problema de la marginación, hasta convertirlo en un círculo vicioso porque, al mejorar la situación de las zonas marginadas en las ciudades, éstas resultaban atractivas para la llegada de nuevos contingentes de población rural.

El México de finales de la década de 1960 era muy distinto al que se mostraba en apariencia; junto a la solidez monetaria, el crecimiento económico y la aparente estabilidad, que a pesar de todo no lograra romper el movimiento estudiantil de 1968, estaban la creciente concentración de la riqueza, los rezagos en la atención de los servicios sociales, la penetración creciente del capital extranjero, la insuficiencia agropecuaria, la ineficiencia industrial, el desempleo, la represión y el debilitamiento del sector público.

Al final de cuentas, el descontento de las clases medias en ascenso en un momento histórico de rechazo al autoritarismo, y las presiones económicas del exterior, arrojaron un saldo negativo a finales del periodo. El tiempo de Díaz Ordaz fue, en palabras de Octavio Paz, un "tiempo nublado" que presagiaba tormenta, y cuando ésta llegó en aquel 1968, ensombreció su obra como gobernante e hizo virar la trayectoria de la política mexicana.

CUADRO 7.6. *Gobierno de Gustavo Díaz Ordaz. Economía*

El desarrollo estabilizador en su última fase:

- **El crecimiento económico, éxito de la política proteccionista**
  - Profundización del modelo de sustitución de importaciones
    - Reducción del sector externo
    - Efecto positivo
  - Fabricación de bienes intermedios y de capital
  - Política financiera
    - Bonos gubernamentales para financiar al sector público
    - Creación del Banco de Crédito Agrícola
    - Inversión pública federal: fomento a la producción y cantidades de gasto social, mayores a las ejercidas hasta ese momento
    - → Déficit creciente y aumento de la deuda pública

- **Factores de debilidad en el modelo de sustitución de importaciones**
  - La industria: pérdida de competitividad
  - Rezago del sector agropecuario
  - Creciente dependencia financiera del exterior
  - Explosión demográfica urbana

Actividades de aprendizaje

1. Consulta fuentes especializadas en economía de México referentes al modelo de sustitución de importaciones. Elabora por escrito una lista descriptiva de las características (cinco como mínimo) de ese modelo durante la etapa del desarrollo estabilizador.

2. Consulta la obra de Olga Pellicer de Brody y José Luis Reyna, *El afianzamiento de la estabilidad política,* referida en este capítulo, acerca de la disciplina impuesta por el presidente Ruiz Cortines a los gobernadores de Oaxaca, Yucatán y Guerrero. Elabora un resumen de dos cuartillas sobre el tema.

3. Elabora un cuadro comparativo acerca de los tres conflictos sociopolíticos ocurridos en México en 1958, con base en las siguientes variables:

    a) Grupo social participante.

    b) Causa o causas de descontento.

    c) Acciones de protesta.

    d) Solución aplicada por el gobierno.

4. Investiga sobre la Organización de Estados Americanos (OEA), con respecto a su fundación, países miembros y objetivos fundamentales. Realiza un escrito de dos cuartillas con los resultados de esta investigación.

5. Después de investigar sobre la intervención de Estados Unidos en Guatemala en 1954, elabora un escrito de una cuartilla donde describas tal suceso y el papel de México en el mismo.

6. Después de leer en este capítulo acerca de la política de López Mateos, así como las fuentes 4 y 5, contesta por escrito las siguientes preguntas:

    a) ¿Cómo influyó la Revolución Cubana en el ambiente político de México?

    b) ¿Cuáles fueron los propósitos de la llamada revolución equilibrada?

    c) ¿Cuáles fueron las acciones de López Mateos en su intento por "imitar a Cárdenas"?

7. Realiza una investigación en distintas fuentes bibliográficas acerca de uno de los dos casos en los que no se aplicó la apertura lopezmateísta: a) los hechos políticos ocurridos en San Luis Potosí con respecto a Salvador Nava, y b) la lucha de Rubén Jaramillo y su muerte violenta. Elabora el guión de un documental corto.

8. Realiza una investigación en fuentes adicionales a tu libro de texto, que te permita ampliar la información acerca de la reforma electoral de 1963. Elabora un escrito de cuartilla y media con los resultados de esta indagación.

9. Después de investigar acerca de los hechos históricos más destacados, ocurridos en Europa, Estados Unidos y América Latina, en la década de 1960, elabora un cuadro comparativo, con base en las siguientes variables:

    a) País en el que ocurren los hechos.

    b) Movimientos de protesta.

    c) Acontecimientos político-militares en relación con la Guerra Fría.

    d) Música, cinematografía y moda.

10. Elabora un escrito de dos o tres cuartillas, donde hagas un relato sintetizado acerca de los acontecimientos del movimiento estudiantil de 1968.

11. Después de leer en este capítulo la sección correspondiente al gobierno de Díaz Ordaz, y de consultar fuentes bibliográficas adicionales, contesta por escrito las siguientes preguntas:

a) Aparte de la respuesta de Díaz Ordaz ante el movimiento estudiantil en 1968, ¿cuál acto de autoritarismo consideras más grave y por qué?

b) ¿Cuáles fueron las medidas aplicadas para mantener el desarrollo estabilizador, no obstante los signos de deterioro en el modelo de crecimiento económico?

c) ¿En qué rubros aplicó este gobierno el gasto social, considerado como el más alto hasta ese momento en la historia de México?

12. Después de observar y analizar la película mexicana *Rojo amanecer*, elabora un ensayo crítico donde expreses tus puntos de vista sobre el contenido de esta obra filmográfica.

Bibliografía

Bellinghausen, Hermann y Hugo Hiriart (coords.), *Pensar el 68,* Cal y Arena, México, 1993.

Camacho, Manuel, *El futuro inmediato,* en la Col. La clase obrera en la historia de México, Vol. 15, Siglo XXI Editores, México, 1980.

Cárdenas, Enrique, *La política económica en México, 1950-1994,* Fondo de Cultura Económica/Colegio de México, México, 1996.

Castañeda, Jorge G. *La Herencia. Arqueología de la sucesión presidencial en México*, Alfaguara, México, 1999.

Cosío Villegas, Daniel, *El estilo personal de gobernar,* Cuadernos Joaquín Mortiz, México, 1974.

González Casanova, Pablo (coordinador), *Las elecciones en México, evolución y perspectivas,* Siglo XXI Editores, México, 1985.

González Compeán, Miguel y Leonardo Lomelí (coordinadores), *El Partido de la Revolución. Institución y conflicto (1928-1999),* Fondo de Cultura Económica, México, 2000.

Guevara Niebla, Gilberto, *La democracia en la calle, crónica del movimiento estudiantil mexicano,* Siglo XXI Editores, México, 1988.

Hansen, Roger D., *La política del desarrollo mexicano,* Siglo XXI Editores, México, 1984.

Krauze, Enrique, *La Presidencia imperial, ascenso y caída del sistema político mexicano (1940-1996),* Tusquets, México, 1997.

_____, *El sexenio de Díaz Ordaz,* Clío, México, 1999.

_____, *El sexenio de López Mateos,* Clío, México, 1999.

_____, *El sexenio de Ruiz Cortines,* Clío, México, 1999.

Los presidentes de México. Discursos políticos 1910-1988, Tomo IV, Presidencia de la República/El Colegio de México, México, 1988.

Martínez Assad (coordinador), *La sucesión presidencial en México, 1928-1988,* Nueva Imagen, México, 1992.

Medina Peña, Luis, *Hacia el Nuevo Estado. México, 1920–1933,* Fondo de Cultura Económica, México, 1994.

Ojeda, Mario, *Alcances y límites de la política exterior de México,* El Colegio de México, México, 1984.

Pellicer de Brody, Olga y Esteban L. Mancilla, *El entendimiento con los Estados Unidos y la gestación del desarrollo estabilizador,* El Colegio de México, México, 1978.

Pellicer de Brody, Olga y José Luis Reyna, *El afianzamiento de la estabilidad política,* El Colegio de México, México, 1981.

Poniatowska, Elena, *La noche de Tlatelolco,* Era, México, 1994.

Rodríguez Araujo, Octavio, *La reforma política y los partidos en México,* Siglo XXI Editores, México, 1983.

Rodríguez Prats, Juan José, *El poder presidencial. Adolfo Ruiz Cortines,* Porrúa, México, 1992.
Ross, Stanley R., *¿Ha muerto la Revolución Mexicana? Balance y epílogo,* Vol. 2, Sep Setentas, México, 1972.
Scherer García, Julio y Carlos Monsiváis, *Parte de guerra, Tlatelolco 1968,* Alfaguara, México, 1999.
Suárez Gaona, Enrique, *¿Legitimación revolucionaria del poder en México? (Los presidentes, 1910-1982),* Siglo XXI Editores, México, 1987.
Testimonios de Tlatelolco, edición especial de la revista *Proceso,* México, 1 de octubre de 1998.
Varios autores, *La transición interrumpida, México 1968-1988,* Universidad Iberoamericana/Nueva Imagen, México, 1993.
Vázquez, Josefina Zoraida y Lorenzo Meyer, *México frente a Estados Unidos, 1776-1980,* El Colegio de México, México, 1982.
Wilkie, James, *La Revolución Mexicana. Gasto federal y cambio social,* Fondo de Cultura Económica, México, 1978.
Zermeño, Sergio, México, *una democracia utópica, el movimiento estudiantil del 68,* Siglo XXI Editores, México, 1978.

Capítulo 8
Del desarrollo estabilizador al desarrollo compartido (1970-1976)

Los años de la guayabera

1970
Es creado el Consejo Nacional de Ciencia y Tecnología (Conacyt); diciembre.
El presidente Echeverría anuncia un primer proyecto de reforma fiscal; 16 de diciembre.

1971
Es promulgada la Ley Federal de la Reforma Agraria; 16 de marzo.
Se crea la Comisión Nacional Tripartita; junio.
Es reprimida por los "halcones" una manifestación estudiantil; 10 de junio.
Ante la ONU, Echeverría se pronuncia en contra de la sobretasa aplicada por Estados Unidos a las importaciones; 5 de octubre.

1972
El presidente Echeverría realiza una visita a la República de Chile; abril.
Echeverría presenta ante los países miembros de la ONU la idea de formular una Carta de los Derechos y Deberes Económicos de los Estados; 19 de abril.

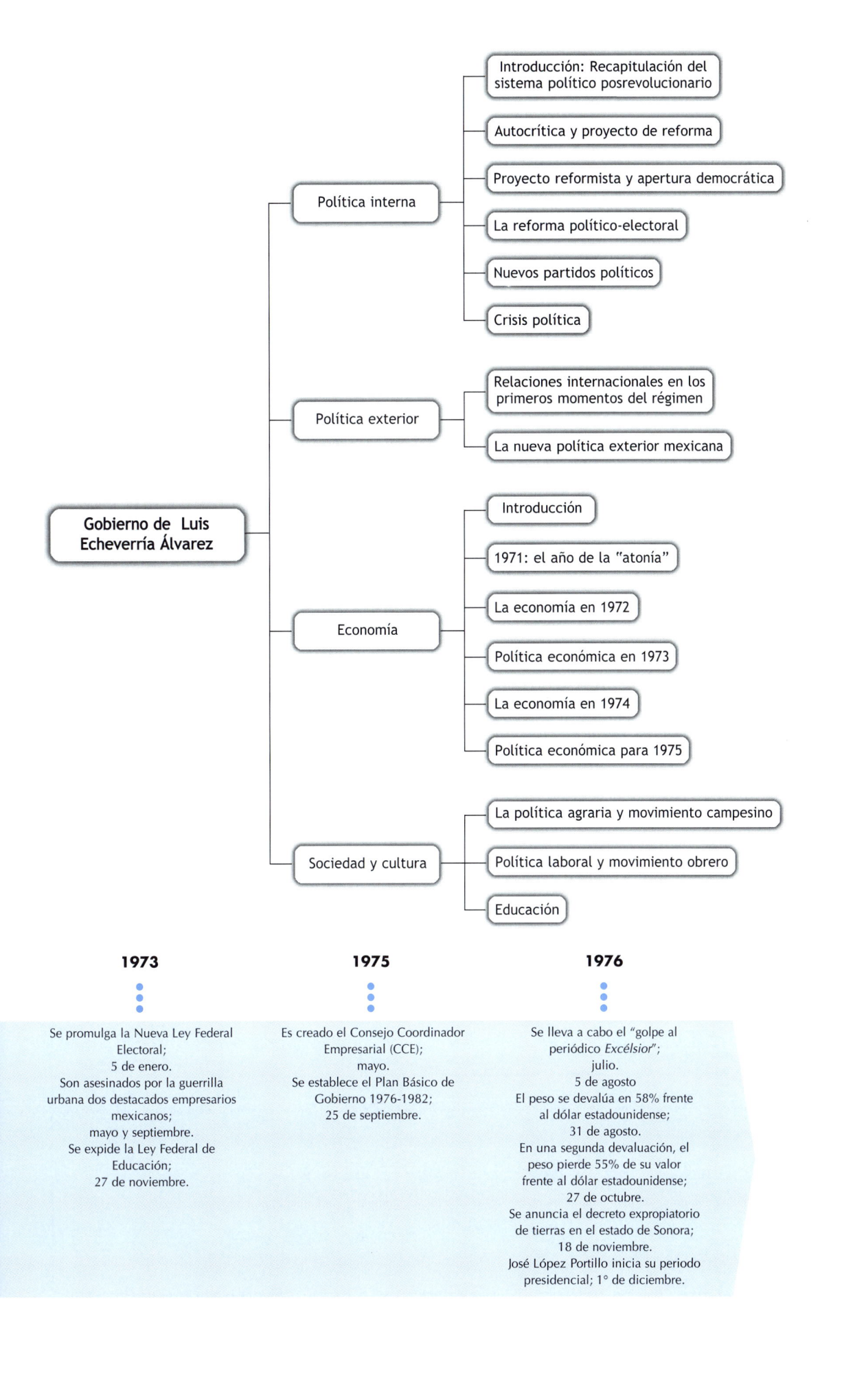

```
Gobierno de Luis
Echeverría Álvarez
├── Política interna
│   ├── Introducción: Recapitulación del sistema político posrevolucionario
│   ├── Autocrítica y proyecto de reforma
│   ├── Proyecto reformista y apertura democrática
│   ├── La reforma político-electoral
│   ├── Nuevos partidos políticos
│   └── Crisis política
├── Política exterior
│   ├── Relaciones internacionales en los primeros momentos del régimen
│   └── La nueva política exterior mexicana
├── Economía
│   ├── Introducción
│   ├── 1971: el año de la "atonía"
│   ├── La economía en 1972
│   ├── Política económica en 1973
│   ├── La economía en 1974
│   └── Política económica para 1975
└── Sociedad y cultura
    ├── La política agraria y movimiento campesino
    ├── Política laboral y movimiento obrero
    └── Educación
```

1973

Se promulga la Nueva Ley Federal Electoral;
5 de enero.
Son asesinados por la guerrilla urbana dos destacados empresarios mexicanos;
mayo y septiembre.
Se expide la Ley Federal de Educación;
27 de noviembre.

1975

Es creado el Consejo Coordinador Empresarial (CCE);
mayo.
Se establece el Plan Básico de Gobierno 1976-1982;
25 de septiembre.

1976

Se lleva a cabo el "golpe al periódico *Excélsior*";
julio.
5 de agosto
El peso se devalúa en 58% frente al dólar estadounidense;
31 de agosto.
En una segunda devaluación, el peso pierde 55% de su valor frente al dólar estadounidense;
27 de octubre.
Se anuncia el decreto expropiatorio de tierras en el estado de Sonora;
18 de noviembre.
José López Portillo inicia su periodo presidencial; 1° de diciembre.

Del desarrollo estabilizador al desarrollo compartido (1970-1976)

El título de este capítulo sugiere el fin de la política de desarrollo estabilizador. Cubre el periodo presidencial de Luis Echeverría Álvarez, quien iniciaba su gobierno con la carga de haber participado de manera directa en los sucesos de octubre de 1968, en su carácter de secretario de Gobernación en el gabinete de Díaz Ordaz.

En un intento por superar aquella carga, Echeverría adoptó desde el inició una posición de autocrítica al sistema político del que él mismo formaba parte, y tomó la decisión de cambiar de rumbo en la política y también en la economía. Desafortunadamente, sus acciones no fueron congruentes con sus supuestas intenciones, y durante su sexenio el país se vio afectado por una serie de errores, en medio de una situación de severa inseguridad social y con el reprobable hecho de otra acción represiva del gobierno en contra de estudiantes universitarios.

En la política, el cambio de rumbo se expresó mediante una reforma electoral que llegaría a ser la primera en el largo proceso que se ha vivido en México hacia la construcción de un sistema electoral basado en instituciones democráticas. Aquel avance contrastaba con las acciones autoritarias del gobierno echeverrista que no toleraba la disidencia, pero que tampoco pudo someter a los grupos subversivos que agredieron a la población civil.

En economía, el nuevo rumbo significó en principio una crítica al modelo de desarrollo estabilizador por el hecho de no haber beneficiado de manera equitativa a todos los sectores sociales. A partir de esa crítica, Echeverría decidió resolver esas fallas implementando un nuevo modelo económico, el "desarrollo compartido", en el cual habría una mayor participación del gobierno, reduciendo el papel de los empresarios privados, a quienes empezó a señalar como causantes de la desigualdad socioeconómica.

Los ataques contra estos empresarios caracterizaron el discurso y muchas de las acciones de Echeverría durante prácticamente todo el sexenio, provocando una situación de enfrentamiento que provocó graves daños en la economía nacional.

En las relaciones internacionales, el gobierno echeverrista se caracterizó por una serie de incongruencias y acciones irreflexivas que dañaron la imagen de México en el exterior, mientras Echeverría se dedicaba a promover su protagonismo en un intento por ser reconocido como líder por la defensa de los derechos de los países del llamado Tercer Mundo.

Podremos ver con gran detalle que el gobierno echeverrista se desarrolló en una constante contradicción y cometió graves errores. Sin embargo, también dejó en su legado varios aciertos. Entre ellos la reforma educativa que, a semejanza de la electoral, fue de singular trascendencia sobre todo por la creación de varias instituciones que perduran hasta nuestros días. Este periodo presidencial, con sus múltiples desaciertos y sus contados aciertos, marcaría un nuevo y difícil rumbo en el marco histórico representado por los gobiernos de la Revolución.

Gobierno de Luis Echeverría Álvarez

Política interna

Introducción. Recapitulación del sistema político posrevolucionario

El movimiento estudiantil de 1968 constituye un parteaguas en el proceso histórico del México contemporáneo; su trágico desenlace dejó una profunda huella en la sociedad nacional y determinó un cambio de rumbo en el modo de hacer política del gobierno mexicano; se buscaron entonces explicaciones al descontento social de los jóvenes de clase media cuya más destacada manifestación, aunque no la única, fue la protesta estudiantil que culminara en la "noche de Tlatelolco". Los factores de aquella inconformidad —que compartían con los jóvenes algunos intelectuales conscientes de la problemática social que vivía el país— deben de buscarse no sólo en el contexto socioeconómico y político de México en aquella época convulsiva, sino incluso más atrás, cuando al terminar la lucha revolucionaria en 1920, fue instrumentado el sistema político que permitiera, en el marco de una estabilidad interna prolongada, la reconstrucción económica del país, retomando los cauces del capitalismo iniciado en el porfiriato.

En la década de 1960, México se había hecho merecedor de un gran prestigio en los círculos internacionales financieros y de negocios. El crecimiento económico impulsado por el "milagro mexicano" logrado a fines de los años cincuenta, la solidez monetaria y la apertura del crédito exterior eran algunas de las bases de ese prestigio y, de hecho, una de las pruebas de aquella visión exitosa que se tenía sobre México en el exterior fue la aceptación del Comité Olímpico Internacional para que se celebrara en este país la XIX Olimpiada.

Era innegable que el sistema político, no obstante las deficiencias que pudieran atribuírsele, había sido capaz de dar al país más de cincuenta años de estabilidad política, y que no obstante la marcada desigualdad socioeconómica, el orden interno no se había perturbado al grado de provocar una represión generalizada de parte del gobierno (salvo las medidas represivas que había adoptado en algunos casos concretos como el movimiento ferrocarrilero, a fines de 1958). Además, la estabilidad del país se manifestaba mediante las expresiones formales —al menos así, formales— más importantes de la democracia: partidos políticos, procesos electorales periódicos, presidentes civiles, libertad de prensa.

Sin embargo, detrás de aquella visión de estabilidad interna, se encontraban unas contradicciones estructurales en las que se cimentó el proceso de construcción del Estado mexicano a partir de 1920, las cuales, aun cuando de alguna manera se habían venido expresando desde entonces, cobraron gran intensidad en 1968, alimentadas hasta cierto punto por los acontecimientos externos de ese año particularmente conflictivo en el ámbito mundial. Luego, a partir del periodo obregonista se distinguen en la política mexicana dos peculiaridades de carácter estructural;[1] en primer lugar, el origen revolucionario y por tanto popular del Estado, dadas las implicaciones sociales del movimiento iniciado en 1910; y en segundo lugar, su compromiso con el desarrollo capitalista interrumpido durante la lucha armada cuya continuidad se hacía necesaria en términos de la modernidad a la que aspiraba el Estado mexicano. Así pues, la simultánea presencia de esos dos aspectos estructurales: un sistema político de masas (iniciado con el caudillismo populista de Obregón y prolongado hasta el periodo cardenista, dejando aparte el personalismo callista), y una economía capitalista, constituyeron una contradicción que el mismo Obregón, consciente quizá de los posibles efectos negativos de ésta, tratara de suavizar mediante la estrategia populista que esgrimiera como bandera a la "conciliación de las clases".

Luis Echeverría, presidente de la República

El trágico desenlace del movimiento estudiantil de 1968 dejó una profunda huella en la sociedad nacional y determinó un cambio de rumbo en el modo de hacer política del gobierno mexicano.

Los factores de aquella inconformidad deben de buscarse no sólo en el contexto socioeconómico y político de aquella época convulsiva, sino incluso más atrás, cuando fue instrumentado el sistema político posrevolucionario.

Detrás de la visión de estabilidad interna en el México de los años sesenta, se encontraban unas contradicciones estructurales en las que se cimentó el proceso de construcción del Estado mexicano a partir de 1920.

---

[1] Miguel Basáñez, *El pulso de los sexenios*, Siglo XXI Editores, México, 1990, pp. 28-30.

> *La simultánea presencia de esos dos aspectos estructurales —un sistema político de masas y una economía capitalista— constituyó una contradicción que se trató de suavizar con la estrategia de la "conciliación de las clases".*

Aunque no se puede negar que estos dos aspectos se tradujeron, en la práctica, uno en movilidad social para las masas populares y el otro en crecimiento económico para el país en general, el binomio populismo-capitalismo condujo a que la relación entre el Estado y las masas fuera, al mismo tiempo, tanto de alianza y apoyo por un lado, como de control y manipulación por el otro. El populismo consistió en la instrumentación de beneficios sociales y de condiciones que permitieran la movilidad social; en cambio, la otra cara de la moneda, el capitalismo, llevó al Estado a ejercer el control de las masas populares mediante el corporativismo sindical y el autoritarismo; es más, podría decirse que el populismo tuvo como razón de ser, tanto en México como en los países latinoamericanos donde se practicara, acallar los reclamos sociales que amenazaban no sólo al gobierno sino también al desarrollo de la economía capitalista. Así, los aspectos esenciales de esa política contradictoria, populismo-autoritarismo, fueron aquellos mecanismos de conducción ideológica que permitieron al Estado mantener el apoyo y la lealtad de las masas y legitimar de esa manera su hegemonía. Pero la legitimidad de la hegemonía estatal mexicana sólo podría darse, e incluso mantenerse, a condición de que el control ideológico se viera reforzado por hechos reales capaces de demostrar que el nuevo orden estaba respondiendo a las aspiraciones sociales; porque no bastaba que éstas hubieran cristalizado teóricamente en cuatro artículos constitucionales: educación (3º), reforma agraria (27), trabajo (123) y no reelección (83), sino que deberían traducirse en acciones gubernamentales concretas tendientes a mejorar el nivel de vida de la población.

> *El binomio populismo-capitalismo condujo a que la relación entre el Estado y las masas fuera, al mismo tiempo, tanto de alianza y apoyo por un lado, como de control y manipulación por el otro.*

La hegemonía del Estado mexicano, entendida como el liderazgo ideológico de la sociedad por parte de la burocracia político-militar que tomó a su cargo el aparato estatal a partir de 1917, fue construida sobre cuatro demandas que habían servido de fundamento a la lucha revolucionaria posterior al maderismo: 1) redistribución de la tierra; 2) creación de sindicatos obreros; 3) extensión de la educación a las masas; y 4) cumplimiento del principio de no reelección. No podría decirse que la satisfacción legislativa de tales demandas surgiera del grupo político-militar dominante, es decir, el constitucionalista encabezado por Carranza; por el contrario, Carranza fue más bien forzado a aceptarlas, pues al igual que Madero, don Venustiano se inclinaba más hacia la realización de unos pocos cambios de tipo conservador que a la aplicación de innovaciones sociales que él habría considerado *exóticas*.[2] Pero al aceptar aquellas demandas, los carrancistas se encontraron sin proponérselo con alianzas que brindaban apoyos desde diversos sectores sociales, lo cual significaba establecer un cierto compromiso con tales grupos. Sin embargo, la perspectiva de Obregón fue más pragmática que la de Carranza en el sentido de ser capaz de percatarse de los beneficios que tales alianzas podrían traer para la formación del poder estatal en aquellos difíciles momentos.

> *Los aspectos esenciales de la política contradictoria de populismo-autoritarismo fueron los mecanismos que permitieron al Estado mantener el apoyo y la lealtad de las masas y legitimar de esa manera su hegemonía.*

Al llegar Obregón al poder, comprendió que en tanto se mostrara la buena disposición del grupo en el poder para atender aquellas cuatro demandas, la familia revolucionaria podría obtener la lealtad de los obreros industriales, de los campesinos, de las clases medias y aun de la propia burocracia político-militar. De esa manera, comenzó a hacerse evidente para el grupo en el poder la necesidad de contar con mecanismos o estrategias capaces de convertir en realidad aquellas demandas, y, a causa de ello, el periodo caudillista de los años veinte inició el camino hacia la hegemonía estatal de corte populista, para establecer luego en los años treinta la consolidación institucional que caracterizaría a la política mexicana por el resto del siglo. La creación del PNR en 1929, el rompimiento Cárdenas-Calles en 1936 y la expropiación petrolera en 1938, y por último el arreglo constitucional establecido por Cárdenas para fundamentar una presidencia poderosa, incluso más poderosa que el mismo presidente,

> *La hegemonía del Estado mexicano fue construida sobre cuatro demandas: 1) redistribución de la tierra; 2) creación de sindicatos obreros; 3) extensión de la educación a las masas; y 4) cumplimiento del principio de no reelección.*

---

[2] *Ibid.*, p. 31.

Cap. 8. Del desarrollo estabilizador al desarrollo compartido   347

constituyen los cimientos de un sistema que se mantuvo vigente durante varias décadas, sin que hubiera complicaciones internas de un peso tal que llegaran a amenazar la legitimidad del régimen.

Dentro de ese mecanismo, el partido oficial resultó esencial para la estabilidad política. El PNR (posteriormente PRM y luego PRI) reflejaba básicamente el arreglo de las demandas revolucionarias al estructurar por sectores a las masas trabajadoras y a las clases medias. Sin embargo, en los años cuarenta habría de ocurrir un cambio importante en el panorama del sistema político mexicano, cuando el gobierno populista-capitalista comenzó a experimentar un cierto desequilibrio, pues progresivamente se consolidaba el desarrollo capitalista, mientras que se posponían las demandas populistas. Este cambio puede explicarse en virtud de varios aspectos, entre los que destacan los siguientes: a) el auge económico que experimentó México con la coyuntura favorable de la Segunda Guerra Mundial; b) las expectativas de desarrollo industrial interno generadas por el proceso de sustitución de importaciones; c) los efectos internacionales de la posguerra, en concreto la Guerra Fría que prácticamente obligó al gobierno mexicano a tomar partido frente a la política de bloques. Estos aspectos influyeron para inclinar la balanza en favor de la economía industrial capitalista y, en consecuencia, a favor del sector privado, al mismo tiempo que se acendraban los mecanismos del corporativismo autoritario.

Al tiempo que este desequilibrio se fue acentuando, comenzó a manifestarse el descontento de los grupos afectados por el cambio operado en su relación con el gobierno. La división de la CTM en 1947, los movimientos de los ferrocarrileros y maestros en 1958, el Movimiento de Liberación Nacional de 1961, el movimiento médico de 1964 y, finalmente, el movimiento estudiantil de 1968, constituyen síntomas significativos de la existencia de un estrechamiento gradual del espacio político. El movimiento estudiantil puede considerarse como la culminación de una tendencia que se generó en los años cuarenta: el apoyo creciente del Estado a las actividades empresariales, al mismo tiempo que declinaban las alianzas con las masas y con los sectores medios de población. Las enormes proporciones de la protesta estudiantil causaron desconcierto. No hubo sector del gobierno, o de la sociedad en general, que no viera con asombro el inesperado alcance del movimiento estudiantil. La nación no estaba preparada ni cívica ni políticamente para enfrentar un fenómeno que pocos hubieran imaginado años atrás. Lo insospechable no fue el movimiento en sí mismo, sino su magnitud, sus alcances potenciales y, sobre todo, lo que significó al desarrollo político institucional del país.³

Por otra parte, si se busca una respuesta acerca del éxito o del fracaso del movimiento estudiantil en relación con sus seis demandas iniciales, habrá de reconocerse que esto es sólo una cuestión de tiempo, pues mientras que en el transcurso del régimen de Díaz Ordaz no se registró ningún cambio significativo respecto a la satisfacción de aquellas demandas, durante la administración de Echeverría, por el contrario, varias fueron de particular importancia. El impacto más importante de 1968 fue una especie de llamada de atención no sólo para el sector público sino incluso para su alianza con el sector privado empresarial. Este último punto influyó en el ánimo de Echeverría y en el nuevo rumbo que éste imprimió a la política mexicana.

Autocrítica y proyecto de reforma

Desde su campaña presidencial, Luis Echeverría se propuso abrir canales de comunicación con los sectores sociales resentidos por la represión contra el movimiento de

En los años cuarenta, el gobierno populista-capitalista comenzó a experimentar un cierto desequilibrio, pues progresivamente se consolidaba el desarrollo capitalista, mientras que se posponían las demandas populistas.

Echeverría, secretario de Gobernación de Díaz Ordaz

El movimiento estudiantil puede considerarse como la culminación del apoyo creciente del Estado a los empresarios, al tiempo que declinaban las alianzas con las masas y con los sectores medios de población.

Luis Echeverría emprendió una apertura democrática, con el propósito de que su gobierno fuera visto como una nueva alternativa que recogía de la sociedad la crítica a los actos represivos del gobierno de Díaz Ordaz.

---
³ Carlos Tello, *La política económica en México 1970-1976*, Siglo XXI Editores, México, 1986, pp. 34-35.

> **Ejercicio 1**
>
> 1. Menciona las dos peculiaridades de carácter estructural del sistema político mexicano posrevolucionario.
> 2. Explica las consecuencias del binomio populismo-capitalismo, sostenido por el régimen posrevolucionario.
> 3. Menciona los factores de desequilibrio en el régimen populista-capitalista.
> 4. ¿Cuáles fueron las consecuencias sociales del desequilibrio operado en el régimen populista-capitalista?

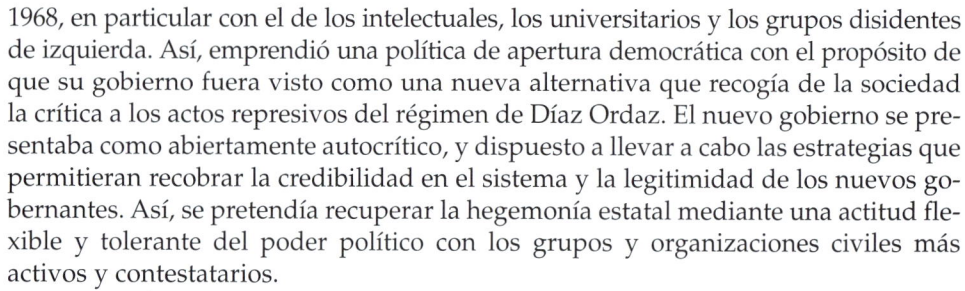

1968, en particular con el de los intelectuales, los universitarios y los grupos disidentes de izquierda. Así, emprendió una política de apertura democrática con el propósito de que su gobierno fuera visto como una nueva alternativa que recogía de la sociedad la crítica a los actos represivos del régimen de Díaz Ordaz. El nuevo gobierno se presentaba como abiertamente autocrítico, y dispuesto a llevar a cabo las estrategias que permitieran recobrar la credibilidad en el sistema y la legitimidad de los nuevos gobernantes. Así, se pretendía recuperar la hegemonía estatal mediante una actitud flexible y tolerante del poder político con los grupos y organizaciones civiles más activos y contestatarios.

En sus discursos de campaña electoral, Echeverría se fue labrando una imagen propia que lo distinguiría netamente de su predecesor. En el ambiente político se comenzaron entonces a hacer predicciones en el sentido de que en el nuevo sexenio se cumpliría la llamada ley del péndulo, la cual sostenía que en la historia posrevolucionaria de México, a un presidente conservador sigue uno de tendencia liberal y así sucesivamente; bajo esta suposición Luis Echeverría vendría a ser una esperanza de cambio, de apertura política, no obstante la opinión pública adversa generada por la parte de responsabilidad que como secretario de Gobernación de Díaz Ordaz tenía en los sucesos del 2 de octubre, así como por su trayectoria política anterior a esos hechos.

Echeverría anunciaba además un proyecto reformista en lo económico que pretendía corregir los defectos del modelo de desarrollo estabilizador, el cual, según decía, no sólo había sido incapaz de lograr la justicia social sino que por el contrario, había creado una aguda concentración del ingreso en las altas capas de la sociedad, acentuando con ello las desigualdades. Reconocía la marginación económica y social que padecía gran parte de la población nacional, y prometía que a lo largo de su sexenio esa situación habría de cambiar pues se proponía impulsar la creación de nuevas fuentes de trabajo, lograr la descentralización industrial, dar apoyo a las regiones más atrasadas, y alcanzar una más justa distribución de la riqueza.

La campaña echeverrista, promesa de cambio

Echeverría pretendía corregir los defectos del modelo de desarrollo estabilizador, el cual no sólo había sido incapaz de lograr la justicia social sino que había creado una aguda concentración del ingreso.

El programa de gobierno de Echeverría se enmarcó en una tónica que prometía el retorno a las raíces populares de la Revolución Mexicana y del cardenismo, así como la promesa formal de redistribución de la riqueza, al mismo tiempo que reconocía la necesidad de lograr mayor eficiencia en el aparato económico y productivo. Sin embargo, Echeverría se rehusó desde un principio a utilizar terminologías radicales de izquierda o de derecha; el nuevo gobierno no tomaría vías "ni izquierdas ni derechas", sino que se proyectaría hacia "arriba y adelante". Sugirió además la idea de que el cambio más importante para el país no era solamente de condiciones sociales, políticas o económicas, sino "un cambio de estructuras mentales", y empezó a hablar de autocrítica, de apertura política y del valor de la "praxis".[4]

Por la expresión de estas ideas, Luis Echeverría representaba una autocrítica del sistema político establecido por la familia revolucionaria, lo cual no dejaba de causar cierta inquietud entre algunos grupos influyentes en la política o en la economía, que veían con desconfianza el nuevo giro que comenzaron a tomar el discurso y las acciones gubernamentales.

Echeverría se rehusó desde un principio a utilizar terminologías radicales de izquierda o de derecha; su gobierno no tomaría vías "ni izquierdas ni derechas", sino que se proyectaría hacia "arriba y adelante".

La autocrítica de Echeverría se enfocó en dos aspectos: en primer término, el *reconocimiento de una situación de deterioro económico y político producido en los dos decenios anteriores*, situación que imponía un cambio radical de los métodos de gobierno segui-

---

[4] Miguel Basáñez, *La lucha por la hegemonía en México (1968-1980),* Siglo XXI Editores, México, 1988, p. 186.

Cap. 8. Del desarrollo estabilizador al desarrollo compartido

> **Fuente 1. El gobierno de Echeverría: "comedia de equivocaciones"**
>
> (...) el candidato presidencial hablaba una y otra vez de la necesidad de un cambio, pero sin definir tampoco cuál era o podía ser. Por eso cabe decir que el gobierno de Echeverría se inició bajo los auspicios de una típica "comedia de equivocaciones".
>
> Ésa, como toda comedia, tuvo más de un acto. El primero puede identificarse con la campaña electoral, y su nota dominante fue de confusión, es decir, "falta de orden, de concierto y de claridad". El candidato brincaba con tanta prontitud y tan repetidamente de un lugar a otro, que resultaba difícil seguir, no ya la pista ideológica, sino la simplemente geográfica. (...) Luego, como resultaba inevitable hablar en cada sitio visitado, se produjo un torrente de declaraciones, improvisadas, muchas incompletas, vagas y aun contradictorias, cosa perfectamente explicable, pues aun cuando el candidato tenía tras de sí una larga carrera administrativa, su experiencia previa, en el mejor de los casos, era tan sólo política, de modo que resultaba precario su conocimiento de las cuestiones económicas, sociales e internacionales.
>
> A su tiempo se supo que los dirigentes de uno de nuestros grandes bancos, en parte por presentir que el señor Echeverría podía resultar un gobernante singular, y en otra mayor porque acababan de adquirir unas computadoras y no sabían exactamente en qué emplearlas, decidieron ponerlas a trabajar en recoger todos los dichos del candidato para que al final de la campaña pudiera vaticinarse cómo se proponía gobernar a la nación.
>
> Daniel Cosío Villegas,
> *El estilo personal de gobernar*,
> Joaquín Mortiz, México, 1974, p. 17.

dos hasta entonces; en segundo lugar, *la reafirmación de los principios fundamentales de la Revolución Mexicana*, tales como: el nacionalismo reformista; la defensa de la propiedad privada y de la libre iniciativa individual; el Estado de gobierno fuerte, promotor y director del desarrollo y de la vida social en su conjunto; las reformas sociales reformuladas como instrumentos de pacificación social, pero sobre todo como factores del propio desarrollo; y la revitalización del principio de la conciliación de las clases.

Al analizar estas dos ideas básicas de la autocrítica echeverrista, se puede inferir que la tendencia del nuevo gobierno llevaba la intención de volver al equilibrio del régimen sostenido en el binomio populismo-capitalismo, como un medio de dar satisfacción a las demandas de las nuevas generaciones —sobre todo de estudiantes universitarios del área de ciencias sociales— que resentían el cambio de rumbo, desfavorable para ellas, operado en el sistema desde el inicio de la posguerra. Era una clara confesión de que el régimen establecido estaba en peligro y que era necesario sacarlo adelante.

Pero Echeverría reconocía que aquella autocrítica caería en el vacío si los dos aspectos señalados por él no se conjugaban en la práctica, porque si los gobiernos de las dos décadas anteriores no habían logrado las metas de justicia social emanadas de la Revolución, no se debía —según la perspectiva de Echeverría— a que los principios estuvieran equivocados, sino a que los medios adoptados no habían sido eficaces, y era justamente la adopción del criterio de la eficacia como norma de los nuevos cambios lo que hacía que las propuestas del nuevo gobierno aparecieran como si fueran no sólo medidas necesarias en aquel momento, sino ante todo medidas *prácticas*.[5]

"Arriba y adelante"

La autocrítica echeverrista se enfocó en: el reconocimiento de una situación de deterioro económico y político producido en los dos decenios anteriores, y la reafirmación de los principios fundamentales de la Revolución Mexicana.

---
5 Arnaldo Córdova, *La Revolución y el Estado en México*, Era, México, 1989, pp. 228-229.

La tendencia del gobierno echeverrista llevaba la intención de volver al equilibrio sostenido en el binomio populismo-capitalismo, como un medio de dar satisfacción a las demandas de las nuevas generaciones.

Echeverría al tomar posesión de la Presidencia

Echeverría apoyó la intervención del Estado en todas las esferas de la economía, dando a la inversión pública un papel relevante en el futuro económico del país, hacia un nuevo modelo de crecimiento.

La felicitación de Díaz Ordaz

Bajo la consigna general de *desarrollo con redistribución del ingreso*, Echeverría reconoció que el progreso material del país se había logrado pero a costa del sacrificio de la economía popular y de la excesiva explotación de los trabajadores. Prometió también reorganizar la reforma agraria mediante mecanismos de colaboración entre predios ejidales y privados, y replanteó la idea de colectivizar los ejidos con miras a un aumento sustancial de la productividad. Propuso la aplicación de los recursos económicos en manos del Estado, a fin de promover una política de creación de empleos y la ampliación de la planta industrial, lo cual exigía llevar a cabo una reforma fiscal a fondo y reducir de manera consistente el endeudamiento público interno y externo. A los empresarios, Echeverría propuso un nuevo programa económico cuya base sería la producción de manufacturas para la exportación, incluyendo en dicho programa a los empresarios extranjeros.

En su mensaje de toma de poder, Echeverría enfatizó la necesidad de introducir modificaciones al proyecto de desarrollo, a fin de llevar sus beneficios a todos los sectores sociales del país. Después de señalar los efectos socialmente nocivos del desarrollo estabilizador, el nuevo presidente cuestionó también el papel que había jugado la iniciativa privada, así como la responsabilidad que ésta tenía en la estrategia de desarrollo seguida hasta entonces, que llevó a la concentración de la riqueza en las capas altas de la población. Aun cuando no negaba la importancia de los empresarios en el ámbito económico, se proponía la redefinición del papel que, según consideraba el nuevo presidente, correspondía al Estado en la conducción del proceso económico, recuperando en cierta medida los postulados ideológicos de la Revolución Mexicana expresados en la Constitución de 1917; desde esta perspectiva, Echeverría apoyó la intervención del Estado en todas las esferas de la economía, adjudicando a la inversión pública un papel relevante en el futuro económico del país.

Echeverría justificó la necesidad de realizar el paso a un nuevo modelo de crecimiento que permitiera continuar con el ritmo observado en la década anterior, pero corrigiendo sus efectos de desequilibrio social. En el fondo, lo que se cuestionaba no era el modelo en sí mismo, sino sus efectos negativos en cuanto a la falta de justicia social y, por tanto, se pensaba que era posible solucionar las contradicciones generadas por el desarrollo estabilizador, sin atentar contra su esquema de crecimiento acelerado; se trataba además de recuperar la importancia relativa del Estado en el proceso económico, importancia que a juicio de Echeverría, había venido decreciendo paulatinamente.

A fines de 1970, el fracaso del sistema político en justicia social, se evidencia en los datos estadísticos sobre la distribución del ingreso, con base en los indicadores de educación, nutrición, vivienda y seguridad social.

El 50% de las familias con más bajos ingresos recibía el 15% del ingreso, mientras que en el otro extremo, el 20% de las familias con más altos ingresos recibía el 64%, y el 10% de las familias más ricas (menos de 900 mil familias) recibía el 51% de ese 64%. Visto de esta manera, el ingreso personal promedio por persona era de 600 dólares por año (a precios corrientes), en tanto que 10% de las familias más pobres de México recibía alrededor de 90 dólares (1 125 pesos) por persona en el año. Asimismo, el ingreso *per cápita* se repartía de manera más equitativa en los centros urbanos que en los rurales, donde cerca de 60% de las familias de menores ingresos recibía un ingreso mensual equivalente al que recibía sólo 16% de las familias urbanas con menores ingresos.[6]

La autocrítica echeverrista resultaba coherente con la realidad, y el reconocimiento del fracaso del régimen en materia de justicia social por parte de quien en ese momento era su representante podría significar alguna esperanza de solución para

---

[6] Enrique Suárez Gaona, *¿Legitimación revolucionaria del poder en México?*, Siglo XXI Editores, México, 1987, p. 125.

los agobiantes problemas de las grandes masas de población. Pero el nuevo presidente tenía el agravante personal de haber hecho su carrera política como funcionario limitado a la capital del país, sin haber tenido cargos de elección popular y sin haber pertenecido a alguna administración estatal o local que le hubiera permitido establecer contacto con las masas populares; por ello, no se tenían grandes esperanzas de que su gobierno pudiera corregir realmente las fallas socioeconómicas de sus antecesores, no obstante su crítica a las deficiencias sociales del modelo de desarrollo estabilizador.

Durante las primeras semanas de su mandato, Echeverría desplegó una actividad pocas veces vista en un presidente de la República; en los días que siguieron inmediatamente a su llegada al poder, además de realizar su primera gira de trabajo visitando la zona ixtlera, el nuevo gobierno creó un sinnúmero de comisiones e instituciones, entre las que se cuentan: la Comisión Nacional de las Zonas Áridas, el Instituto Nacional para el Desarrollo de la Comunidad Rural y de la Vivienda Popular, el Instituto Mexicano de Comercio Exterior, el Consejo Nacional de Ciencia y Tecnología. Además, se sometieron a consideración del Congreso varias iniciativas de ley tales como la Ley Federal de la Reforma Agraria, la Orgánica de Petróleos Mexicanos, la General de Instituciones de Crédito y Organizaciones Auxiliares, la Orgánica del Banco de México, y la de control federal de los Organismos Descentralizados y Empresas de Participación Estatal.

Consejo de Ciencia y Tecnología

Echeverría con empresarios industriales

El propósito de Echeverría era mostrar fidelidad a los orígenes populares de la Revolución Mexicana, a su lucha contra la injusticia social mediante la identificación entre gobernantes y gobernados. "Más que realizar un programa de gobierno", decía, "ejecutaremos un programa del pueblo" y agregaba: "No descansaré un solo día del sexenio en la tarea de promover el mejoramiento de los campesinos y del medio rural." Remarcaba la necesidad de la intervención estatal en la economía, porque consideraba que el Estado tenía "una racionalidad distinta a la del grupo empresarial", aunque reconocía la existencia de empresarios nacionalistas que, por tener una mentalidad similar a la del Estado, estaban dispuestos a engrandecer a México.

La idea del empresario nacionalista, expresada por Echeverría desde recién iniciada su administración, se habría de retomar una y otra vez a todo lo largo del sexenio; el discurso echeverrista estaría por lo general lleno de referencias y llamados a aquel sector de la iniciativa privada que, de acuerdo con esa apreciación, debería de constituirse en el aliado más efectivo en la instrumentación del proyecto económico estatal. El eje del pacto social y de desarrollo económico, debería estar concertado por tres elementos: el Estado, los empresarios nacionalistas y los sectores populares, con base en la idea de que buscar apoyo en sólo una de las partes constituiría un grave error político. En este esquema no se incluía al inversionista extranjero pues se consideraba que "viene a nuestro país sólo en espíritu de lucro y con afán de desplazar el capital nacional";[7] se aceptaba el capital foráneo a condi-

El eje de pacto social y de desarrollo económico debería estar concentrado por: el Estado, los empresarios nacionalistas y los sectores populares, y no se incluía al inversionista extranjero, pues sólo era complementario.

"Nacionalismo" echeverrista

Ejercicio 2

1. ¿Cuál fue el propósito de Luis Echeverría al anunciar la apertura democrática?

2. Describe las medidas propuestas por Echeverría para retomar el binomio populismo-capitalismo.

3. ¿Cuál era el papel que el proyecto reformista de Echeverría adjudicaba al Estado?

4. ¿Por qué la autocrítica echeverrista cuestionó también el papel de la iniciativa privada en el modelo de desarrollo estabilizador?

---

[7] Américo Saldívar, *Ideología y política del estado mexicano (1970-1976),* Siglo XXI Editores, México, 1981, p. 68.

ción de que fuera complementario a la parte del capital mexicano, que debería ser la mayoritaria y fundamental.

Proyecto reformista y apertura democrática

La primera reforma económica que trató de poner en marcha el gobierno de Echeverría consistió en un proyecto de *reforma fiscal*, amparada por una ley expedida por el Congreso en diciembre de 1970, es decir, a los pocos días de iniciado el sexenio. Tal proyecto no pretendía una modificación radical al sistema tributario ya que afectaba de manera primordial a los artículos de lujo; sin embargo, fue rechazado por la iniciativa privada a través de sus diversas organizaciones, no tanto porque estuvieran en contra de la reforma en sí, sino porque, por primera vez, el gobierno tomaba una decisión de tal naturaleza sin habérsela dado a conocer con anterioridad.

Después de aquel fracasado intento de reforma fiscal, que de haberse puesto en marcha hubiera significado un cierto alivio a los problemas financieros del Estado, al iniciarse el año de 1971, el gobierno tomó la decisión de adoptar una política restrictiva que, aparte de reducir el gasto público, ejerciera un control sobre el sistema monetario y crediticio. Pero tal medida, que representaba una contradicción al proyecto reformista de Echeverría anunciado desde sus discursos de campaña, tuvo efectos negativos; el crecimiento de la economía descendió bruscamente, pues al reducir el gobierno su ritmo de inversiones y gastos, se contrajo la demanda y esto dio motivo para que el sector privado se mostrara cauteloso y redujera también sus inversiones, con el consecuente aumento del desempleo y el incremento en los precios de los artículos de consumo.

A los problemas económicos —o precisamente en relación con ellos— se agregó un movimiento estudiantil originado en Nuevo León, que fue reprimido severamente en junio de ese mismo año de 1971, poniendo en entredicho las políticas de apertura democrática y de justicia social anunciadas por Luis Echeverría.[8]

En el marco de esos acontecimientos, se creó la Comisión Nacional Tripartita, integrada por empresarios, dirigentes obreros y representantes del gobierno, como un organismo de consulta mediante el cual se pretendía institucionalizar el pacto social y conciliar los diferentes intereses del sector privado y de los trabajadores, bajo la función mediadora del Estado. En la declaración de principios de ese nuevo organismo se proponía: "salvar las contradicciones derivadas de nuestra estructura económica, en un esfuerzo conjunto del gobierno y de los diferentes sectores para orientar la actividad de todos conforme a los intereses del país".[9]

La reforma político-electoral

Los acontecimientos de fines del sexenio de Díaz Ordaz habían dañado la imagen del PRI, y esto se evidenció en el proceso electoral de 1970, no sólo en los comicios presidenciales. En las elecciones de diputados, las pérdidas del PRI fueron incluso más acentuadas con respecto a años anteriores, sobre todo en las ciudades. Sin embargo, más grave aún para el partido en el poder fue el comportamiento del abstencionismo, de acuerdo con la idea de que cualquier voto no dirigido a un candidato del PRI era considerado como un voto en contra de éste. Pero aparte de las elecciones como

> *El gobierno de Echeverría vio la conveniencia de presentar un proyecto de reforma electoral que diera carácter legal a la apertura democrática, la cual fue promulgada el 5 de enero de 1973.*

---

[8] Américo Saldívar, "Fin de siglo", en *México, un pueblo en la historia,* Enrique Semo (coordinador), Vol. 7, Era, México, 1989, p. 51.
[9] Américo Saldívar, *Ideología y política del estado mexicano (1970-1976),* p. 112.

indicador del malestar social contra el régimen —y también como secuela de la represión del movimiento estudiantil, y de las tácticas de persecución política y policiaca que el gobierno de Díaz Ordaz emprendiera contra los partidos y las personas de izquierda—, desde 1969 se había desatado una ola de acciones subversivas, de secuestros, asaltos, terrorismo y movimientos guerrilleros, que se extendieron por varias regiones del país. Todas estas manifestaciones de descontento ponían en grave riesgo la estabilidad interna; por tanto, se consideraba urgente la necesidad de encauzar la rebeldía y las protestas por vías legales, no violentas.

Hacia finales de 1971, el gobierno de Echeverría vio la conveniencia de presentar un proyecto de reforma electoral que diera carácter legal a la apertura democrática, pues aparte de la necesidad urgente por mantener la paz social, la cual estaba en peligro, el gobierno tenía frente a sí el reto de convertir en acciones prácticas lo que el discurso echeverrista postulaba como principio programático de cambio. En dicho discurso se otorgaba gran importancia al momento electoral como factor relevante de influencia en la recuperación de legitimidad política frente a las clases populares, y de autonomía frente a la clase económicamente dominante; por tanto, el presidente Echeverría aceptaba expresamente que la autonomía estatal se apoyaba en el sufragio y en la voluntad popular mayoritaria, y que la autoridad del Estado sólo estaría limitada por la legalidad señalada en la Constitución y el Poder Legislativo.

Se decretaron reformas y adiciones a diversos artículos constitucionales que en su conjunto constituyen lo que se denominó *Nueva Ley Federal Electoral de 1973* promulgada el 5 de enero de 1973, la cual establecía los siguientes estatutos:

- Se reducía de 75 mil a 65 mil el número de afiliados para que un partido obtuviera su registro, y a 2 mil el de los miembros residentes en cada una de las dos terceras partes de los estados de la República.
- Se ampliaba el número acreditable de diputados de partido, llegando hasta 25 en lugar de 20 y se reajustaría la base demográfica de los distritos electorales.
- Se establecían las edades de 21 y 30 años para tener acceso, respectivamente, a diputaciones federales y a senadurías.
- Se prohibía el voto a las personas declaradas vagos o ebrios consuetudinarios, así como a los procesados por delitos, y a los drogadictos o enfermos mentales.
- Se incorporaba con voz y voto a un comisionado de cada partido en la Comisión Federal Electoral.
- Se precisaba el establecimiento de la credencial permanente de elector y se fijaron normas para la propaganda de las campañas electorales, garantizando el acceso de todos los partidos a los medios masivos de difusión.
- Se prometía dar apertura a la acción política organizada de los nuevos grupos y a las corrientes de opinión que aspiraran con legitimidad a participar en la lucha electoral.[10]

Con esta reforma se pretendía establecer un régimen de partidos donde cada uno de ellos tuviera acceso al poder según el número de votos que recibiera, pues de acuerdo con la importancia que se daba al proceso electoral, las principales preocupaciones del gobierno en aquellos momentos se relacionaban con los problemas referentes a la *proporcionalidad y la representatividad* de los partidos políticos. En la nueva ley se concedía representación a los partidos en todas las instancias y niveles donde se presentaran candidatos a las elecciones federales en comités locales, distritales y mesas de casilla, pues hasta entonces las representaciones de partidos en esos organismos habían tenido voz pero no derecho a voto y se consideraba que a partir de la nueva reforma electoral los partidos podrían tener equitativamente la posibilidad de vigilancia y fuerza legal ante la Comisión Federal Electoral.

---

[10] *Enciclopedia de México*, CD-ROM, 2000.

> *La política de apertura democrática de Echeverría alentó la formación de nuevos partidos políticos, la mayoría de izquierda.*

Nuevos partidos políticos

La política de apertura democrática de Echeverría alentó la formación de nuevos partidos políticos, la mayoría de izquierda, entre los cuales destacan los siguientes:

Partido Demócrata Mexicano (PDM). De tendencia anticomunista, antiliberal, ultranacionalista y de orientación religiosa, con origen en la Unión Nacional Sinarquista (UNS), creada por las organizaciones católicas formadas en 1929, después del conflicto cristero. Se integró principalmente con campesinos, pequeños propietarios, artesanos y empleados, quienes decían buscar una alternativa política distinta al PRI capaz de representar sus intereses y aspiraciones pequeñoburguesas; aseguraban no aspirar a la implantación del socialismo en México pero sí al "reformismo que corrija los males del capitalismo mexicano".

Partido Mexicano de los Trabajadores (PMT). La historia de este partido, ligada a la del Partido Socialista de los Trabajadores, dio comienzo con la formación del Comité Nacional de Auscultación y Coordinación (CNAC), promovido por algunos intelectuales y militantes de movimientos políticos recientes —el movimiento ferrocarrilero de 1958-1959, el de Liberación Nacional de 1961 y el estudiantil de 1968—. Entre estas personas destacaban Demetrio Vallejo, Octavio Paz, Luis Villoro, Carlos Fuentes y Heberto Castillo, quienes firmaron, en septiembre de 1971, un llamado al pueblo mexicano escrito por Carlos Fuentes, en el que se oponían al modelo, "impuesto por el imperialismo norteamericano en estrecha alianza con la oligarquía" que los gobiernos mexicanos habían elegido como vía al crecimiento económico y en el que había faltado la justicia social y la libertad política. Decían además que tal camino sólo había beneficiado a una minoría y que, además de propiciar el monopolio económico y político, había debilitado la independencia del país y dejado "sin participación ni voz a la mayoría del pueblo mexicano: los campesinos, los obreros, los estudiantes, los profesores, los profesionales y los intelectuales". Se convocaba a todos los mexicanos que desearan una verdadera democracia en el país a que aportaran sus ideas para definir el programa y las metas de una organización que sumara los esfuerzos de quienes luchaban por la independencia económica, la justicia social y la libertad política de México.

En noviembre de ese mismo año se creó el Comité Nacional de Auscultación y Coordinación, el cual tenía como objetivos: a) el irrestricto derecho a las garantías individuales y sociales, b) la libertad de presos políticos, c) nacionalización de industrias básicas, de la banca, etcétera, d) reformas a la Ley Federal Electoral, e) revisión de las leyes agrarias, del trabajo y educativas, y f) control de cambios y de inversiones extranjeras.

En mayo de 1972 se publicó en la ciudad de Mexicali un documento que, además de plantear los lineamientos del CNAC casi en los mismos términos, señalaba ya la necesidad de formar un nuevo partido político. Los puntos a destacar de la llamada *exhortación de Mexicali* fueron: 1) pugnar por la organización política de los trabajadores de la ciudad y del campo; 2) que la organización tenga como fin último sustituir la actual estructura económica, política y social de México, por otra en la que los medios de producción sean de propiedad social y no de la burguesía, y 3) que la organización para alcanzar los fines perseguidos luche por la conquista del poder político. Dicha exhortación estaba firmada por: Demetrio Vallejo, Heberto Castillo, Carlos Sánchez Cárdenas, Luis Tomás Cervantes Cabeza de Vaca y Romeo González Medrano.[11]

Octavio Paz

Carlos Fuentes

> *El Comité Nacional de Auscultación y Coordinación (CNAC), promovido por algunos intelectuales y militantes de movimientos políticos recientes, dio origen al Partido Mexicano de los Trabajadores.*

---

[11] Américo Saldívar, *Op. cit.*, pp. 145-150.

A fines de 1972, y tras una crisis interna que llevó al divisionismo dentro de la organización, el CNAC cambió parcialmente su nombre por el de Comité Nacional de Auscultación y Organización (CNAO), en el que se acordó la formación de un partido político. Las metas de ese partido serían luchar por: el respeto al derecho de huelga, de asociación y de protesta de los trabajadores; una verdadera democracia sindical que incluyera el respeto al derecho de los trabajadores del campo y de la ciudad para elegir y deponer a sus dirigentes, a fin de acabar con el *charrismo* sindical; una solución integral a los problemas del campo, acabando con los latifundios; la supresión del derecho de amparo en materia agraria; la nacionalización de los bancos; la eliminación de los monopolios capitalistas; el combate a la corrupción en la administración pública, en los negocios privados y en las organizaciones de los trabajadores; el derecho a una educación que permitiera a los hijos del pueblo trabajador el acceso a todos los grados de enseñanza. Bajo estas propuestas, en septiembre de 1973 nació el *Partido Mexicano de los Trabajadores* (PMT) democrático y antiimperialista radical, encabezado por Heberto Castillo.

Partido Socialista de los Trabajadores (PST). De forma paralela al PMT se integró el PST, organizado por un grupo de personas que, encabezadas por Rafael Aguilar Talamantes, se habían separado del CNAO. Este partido, de tendencia marxista-leninista, antiimperialista y reformista, habría de obtener su registro hasta 1979, condicionado a los resultados de las elecciones federales de ese año.

Partido Revolucionario de los Trabajadores (PRT). A finales de 1976, y como resultado de la fusión de las principales fracciones trotskistas existentes en México, surgió el PRT, con la pretensión de construir el socialismo en México por medio de la dictadura del proletariado. Proponía el registro de todos los partidos que lo solicitaren, la eliminación de la afiliación colectiva, la no discriminación contra la oposición real, el aumento del tiempo y espacio disponibles en la radio, televisión y prensa, y la amnistía general e irrestricta. El PRT obtuvo su registro en 1978.

Partido Socialista Revolucionario (PSR). Este partido se integró a finales de 1976, con la teoría del marxismo-leninismo como base de su acción revolucionaria y política. Proponía una política económica popular y antiimperialista para superar la crisis económica, y se postulaba en contra de "la errática política gubernamental que sólo beneficia a la oligarquía". El PSR consideraba que la unidad de las fuerzas democráticas y de izquierda facilitaría la lucha revolucionaria, uno de sus objetivos centrales. En 1976 y 1979, el PSR estableció una alianza electoral con el Partido Comunista Mexicano.

Crisis política

Movimientos estudiantiles

Crisis en la Universidad de Nuevo León (UNL). Desde el primer año del sexenio echeverrista, en 1971, comenzaron en diversos estados de la República las manifestaciones estudiantiles de descontento y algunas llegaron a convertirse en verdaderos conflictos sociopolíticos de repercusión nacional. Uno de los casos más destacados ocurrió en el estado de Nuevo León, durante los primeros cinco meses de ese año, como secuela de una serie de acontecimientos sociopolíticos ocurridos principalmente a causa de la existencia de ideologías contrarias —de izquierda y derecha—, que se enfrentaron entre sí y contra las autoridades de la universidad, en lucha por defender sus ideas y por alcanzar sus respectivas metas.

En 1964 se había creado el Sindicato de Trabajadores de la Universidad de Nuevo León (STUNL) en relación con las demandas salariales de un grupo de maestros. A partir de entonces se sucedieron varias confrontaciones protagonizadas por grupos de estudiantes y maestros, en protesta contra las autoridades universitarias, ya fuera por razones ideológicas respecto al enfoque del plan de estudios, o por oposición

Ejercicio 3

1. Menciona tres de los puntos más importantes de la Ley Federal Electoral, creada en 1973.

2. ¿Cuál era el propósito de Echeverría con la promulgación de la Ley Federal Electoral de 1973?

3. Describe la formación y objetivos del Partido Mexicano de los Trabajadores.

El movimiento estudiantil de Nuevo León, tuvo origen en acontecimientos sociopolíticos ocurridos por la existencia de ideologías contrarias que se enfrentaron entre sí y contra las autoridades de la Universidad.

a las decisiones tomadas por la rectoría ante la falta de recursos financieros. A fines de 1967, el gobernador Eduardo A. Elizondo propuso un plan para dar solución a los problemas financieros y evitar fuera impuesto un límite de ingreso cuya simple propuesta había levantado una ola de protestas entre el estudiantado; en el citado plan se proponía aumentar las cuotas a los alumnos que estuvieran en posibilidades de solventar tal aumento y se ofrecía proporcionar becas-crédito para quienes no pudieran cubrir las nuevas cuotas.

La publicación del plan generó, durante los primeros meses de 1968, una nueva lucha de facciones entre los grupos que lo apoyaban y los estudiantes que lo rechazaron exigiendo al gobierno estatal buscar otras alternativas para allegarse recursos financieros. Al avanzar el año, al conflicto del estudiantado local —cuya agitación no se limitaba a la UNL sino que se había manifestado también en una institución educativa privada, el Instituto Tecnológico y de Estudios Superiores de Monterrey— se sumó la efervescencia estudiantil que tenía lugar en la capital de la República, y cuyo trágico desenlace encendió todavía más los ánimos antigobiernistas del estudiantado universitario neoleonés.

En el transcurso de 1969 se hizo presente la insurrección estudiantil en varias de las facultades de la UNL, principalmente en la de Ciencias Químicas, cuyo alumnado planteó la necesidad de reformar la Ley Orgánica de la Universidad, por la cual se dispuso una reducción de 42 a 35 millones de pesos en el subsidio a la UNL;[12] en octubre, el movimiento estudiantil adquirió fuerza y llegó a tomar la rectoría como una medida de presión; entre sus demandas estaba el establecimiento de un régimen paritario en la universidad, es decir que los estudiantes pudieran tener derecho, junto con maestros y autoridades, a elegir a los directores de cada facultad. Pero el régimen paritario sólo constituía una parte de las demandas de los estudiantes, pues además se pugnaba por lograr la autonomía de la universidad.

El conflicto se prolongó y se sucedieron las huelgas y las manifestaciones callejeras. En medio de aquella situación de intranquilidad social, el Congreso del Estado concedió la autonomía a la Universidad de Nuevo León, a fines de noviembre de 1969, y pocos días después se creaba la Nueva Ley Orgánica según la cual los estudiantes y maestros habrían de participar en la elección de los directores de sus respectivos planteles y del rector de la universidad, en forma paritaria y ponderada; aunque, en última instancia, era la Junta de Gobierno la que se encargaba de hacer la designación definitiva de las personas que ocuparían dichos cargos.

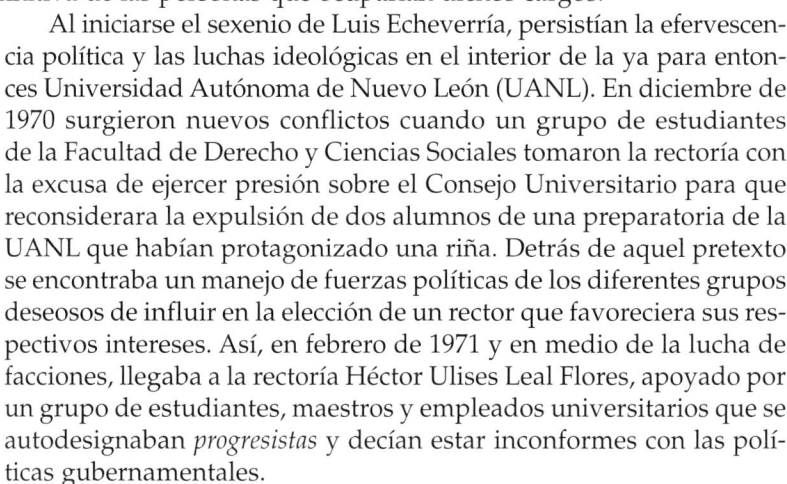

Al iniciarse el sexenio de Luis Echeverría, persistían la efervescencia política y las luchas ideológicas en el interior de la ya para entonces Universidad Autónoma de Nuevo León (UANL). En diciembre de 1970 surgieron nuevos conflictos cuando un grupo de estudiantes de la Facultad de Derecho y Ciencias Sociales tomaron la rectoría con la excusa de ejercer presión sobre el Consejo Universitario para que reconsiderara la expulsión de dos alumnos de una preparatoria de la UANL que habían protagonizado una riña. Detrás de aquel pretexto se encontraba un manejo de fuerzas políticas de los diferentes grupos deseosos de influir en la elección de un rector que favoreciera sus respectivos intereses. Así, en febrero de 1971 y en medio de la lucha de facciones, llegaba a la rectoría Héctor Ulises Leal Flores, apoyado por un grupo de estudiantes, maestros y empleados universitarios que se autodesignaban *progresistas* y decían estar inconformes con las políticas gubernamentales.

Universidad de Nuevo León

---

[12] Leonardo Lomelí Vanegas, "El PRI durante el gobierno de Luis Echeverría", en *El partido de la Revolución. Institución y conflicto (1928-1999),* Miguel González Compeán y Leonardo Lomelí (coords.), FCE, México, 2000, p. 439.

Por esas mismas fechas, el gobernador Elizondo creaba un nuevo proyecto de ley que, aprobado por el Congreso estatal, fundamentó la formación de una Asamblea Popular integrada por 37 representantes de los diversos sectores de la sociedad civil neoleonesa —13 de la UANL, 10 de los sindicatos, 4 de las organizaciones agrícolas, 8 de los medios de información, uno de la industria y uno del comercio— a fin de que se constituyera en la autoridad suprema de la UANL. El proyecto en cuestión fue rechazado por quienes argumentaron se estaba atentando contra la autonomía de la UANL, pues, según decían, el 65% de la asamblea estaría compuesto por personas ajenas a la Universidad. Este rechazo a la propuesta gubernamental prolongó la situación de conflicto en el ámbito universitario.

El Consejo Universitario de la UANL protestó de manera inmediata contra el proyecto de la asamblea creada a iniciativa del gobierno estatal y en seguida se declaró una huelga general. Ante la conflictiva situación, el gobernador procedió a nombrar un nuevo rector, tomando como base a la nueva legislación; la persona que ocupó entonces la rectoría fue Arnulfo Treviño Garza, un médico militar de filiación socialista, cuya pertenencia al ejército sirvió de pretexto a los disidentes para lanzar nuevas protestas esta vez con la intención de que tuvieran repercusión nacional. Estudiantes y maestros de la universidad neoleonesa solicitaron a otras universidades del país se solidarizaran con ellos, y a partir de ese momento comenzó a extenderse por las diversas regiones de la República una campaña estudiantil de apoyo, expresada mediante mítines y manifestaciones callejeras. Hacia fines de mayo las autoridades gubernamentales de Nuevo León decidieron utilizar la fuerza para someter al orden a los inconformes, pero esto provocó nuevas demostraciones de apoyo en distintas regiones del país, inclusive de parte del rector de la UNAM, Pablo González Casanova.

La situación había llegado a tal grado de tensión que el gobierno federal decidió intervenir para solicitar al gobernador Elizondo se diera marcha atrás con el proyecto, a lo cual se negó el ejecutivo estatal porque, según dijo, la creación de tal proyecto no había sido obra suya sino de la sociedad civil neoleonesa. Finalmente, ante la insistencia del secretario federal de Educación, Víctor Bravo Ahúja —que había acudido a Monterrey ante la gravedad de la situación—, Elizondo mantuvo su negativa y prefirió renunciar a su cargo. En seguida se creó una nueva legislación universitaria que entró en vigor el 5 de junio y representó una solución temporal a las tensiones universidad-estado. Ulises Leal fue ratificado en la rectoría y todo hacía pensar que el conflicto había terminado.

Sin embargo, pocos días después volvió a entrar la UANL en un estado de convulsión interna, cuando fuerzas encontradas de izquierda y derecha coincidieron para derrocar a Ulises Leal de la rectoría. La universidad se vio de nuevo inmersa en una crisis política de grandes proporciones, que incluyó encuentros violentos entre los seguidores de Ulises y sus detractores. Finalmente, éste se vio obligado a renunciar y fue sustituido por un nuevo rector que se consideró menos conflictivo.

Movimiento estudiantil en la ciudad de México. La serie de acontecimientos en la UANL dieron motivo para que los estudiantes de la ciudad de México, principalmente de la UNAM, y en su mayoría de izquierda, unieran a sus protestas contra el gobierno la inconformidad por lo que consideraron un atentado contra la autonomía universitaria en Nuevo León. La tarde del día 10 de junio de 1971 —que coincidió con la festividad católica de *Corpus Christi* y por ello pasaría a la historia como *represión del jueves de Corpus*, se reunió un conjunto de cerca de diez mil personas que pedían la democratización de la enseñanza con representación igualitaria tanto para maestros como estudiantes, la libertad de los presos políticos, la asignación de 12% del PIB a la enseñanza y el control de los presupuestos universitarios por estudiantes y maestros, expresando, además, la solidaridad con los universitarios de Nuevo León. La manifestación no fue autorizada por el gobierno y se dieron órdenes para

Al iniciarse el sexenio de Echeverría, persistían la efervescencia política y las luchas ideológicas en la Universidad Autónoma de Nuevo León, cuyo Consejo Universitario rechazó un proyecto de ley creado a iniciativa del gobernador del estado.

La manifestación del 10 de junio de 1971

El 10 de junio de 1971, en la ciudad de México, estudiantes que realizaban una manifestación con varias demandas y apoyo a los estudiantes de la UANL fueron severamente reprimidos por fuerzas paramilitares del gobierno.

Echeverría en reunión con estudiantes

impedirla con la fuerza policiaca, pero los estudiantes continuaron con sus planes. Cuando el contingente estudiantil iniciaba su recorrido por las calles de la capital del país, se presentó un grupo paramilitar, integrado por los llamados *halcones*, que con armas de fuego y garrotes agredió a los integrantes de la manifestación y se produjo una masacre en la que murieron por lo menos 29 personas y fueron heridas un centenar.[13] La complicidad de los *halcones* con la policía capitalina era conocida por la opinión pública y fue denunciada ante el presidente Echeverría, quien mostró indignación por los sucesos, pidió la renuncia al regente de la ciudad de México, Alfonso Martínez Domínguez, así como al director de la policía, coronel Rogelio Flores Curiel, y prometió llevar a cabo una investigación, declarando que los estudiantes eran inocentes.[14]

La investigación prometida por el presidente nunca llegó a concretarse pero en cambio, la represión del 10 de junio de 1971 tuvo repercusiones en el desarrollo del movimiento estudiantil, cuyos integrantes, ante la respuesta represiva de las autoridades a sus peticiones, consideraron que por la vía del diálogo no habrían de ser escuchados, y optaron por abandonar las formas políticas democráticas para adoptar acciones extremistas. Esta decisión tuvo una influencia considerable en el origen del movimiento guerrillero urbano, de base estudiantil, que se iniciara precisamente a partir del 10 de junio de 1971.

Conflictos en la Universidad Autónoma de Puebla. También en el año de 1971, en febrero, se produjo el estallido de un movimiento estudiantil iniciado en la Universidad Autónoma de Puebla (UAP) cuando grupos del "comité de lucha" intentaron poner en marcha un proyecto reformista para aquella institución educativa. Esto generó diversos enfrentamientos entre los grupos con tendencias ideológicas contrarias, provocando un deplorable estado de violencia desencadenado con el asesinato de un estudiante por un grupo de golpeadores, y aun cuando éstos fueron expulsados de la universidad continuó incontrolable la convulsión interna; el puesto de rector fue ocupado sucesivamente por dos personas en un breve periodo, sin que se lograra poner fin a la grave situación; por el contrario, el movimiento estudiantil cobró más fuerza e incluyó a otros sectores sociales hasta desembocar en la creación del Frente Obrero Campesino Estudiantil Popular de Puebla (FOCEPP).

El activismo estudiantil de la UAP se prolongó hasta el año siguiente y, en junio de 1972, surgió una nueva crisis; las autoridades estatales fracasaron en su intento por imponer un rector y en cambio el movimiento estudiantil sí logró llevar a la rectoría a Sergio Flores Suárez, reconocido militante del Partido Comunista. Esto provocó la reacción de los grupos de derecha decididos a expulsar el comunismo del ámbito universitario, mientras que, por otro lado, las fuerzas de izquierda convirtieron a la UAP en punto de referencia de todas las luchas populares que estallaron en ese periodo. En medio de tal clima de tensión y violencia, el primero de mayo de 1973, ocurrió un nuevo acto represivo contra el movimiento estudiantil cuando un policía disparó contra una multitud reunida para festejar el día del trabajo; resultaron muertas cinco personas, cuatro estudiantes y un obrero. Esta acción despertó de inmediato un movimiento de solidaridad

---

[13] Enrique Semo, "1971: Jueves de Corpus" en *Proceso*, núm. 1284, 10 de junio de 2001, p. 56.
[14] Daniel C. Levy, *Universidad y gobierno en México, la autonomía en un sistema autoritario,* Fondo de Cultura Económica, México, 1987, p. 54.

Cap. 8. Del desarrollo estabilizador al desarrollo compartido

en todo el país —el día 8 de ese mismo mes hubo un paro nacional de universidades— y tuvo como efecto la renuncia del gobernador del estado de Puebla.

Como muestra del descontento estudiantil en contra del presidente Echeverría —no obstante sus notorios esfuerzos por recuperar la confianza de la población universitaria del país a través del impulso otorgado a la educación superior—,[15] es significativa la reacción violenta de los estudiantes de la UNAM contra el presidente cuando, el 14 de marzo de 1975, en un intento por restaurar la tradición, perdida desde 1966, de que el presidente inaugurara los cursos de cada nuevo periodo escolar de esa universidad, Echeverría recibió insultos de los estudiantes e incluso fue herido en la frente por una piedra que éstos le arrojaron cuando trataba de salir del recinto universitario.

En la Universidad Autónoma de Puebla (UAP) se produjo el estallido de un movimiento estudiantil, cuando grupos del "comité de lucha" intentaron poner en marcha un proyecto reformista para aquella institución educativa.

Secuela de los movimientos estudiantiles

Entre los años de 1971 y 1975 el movimiento estudiantil se manifestó en diversos estados de la República y llegó a entremezclarse con las luchas de las clases populares en el surgimiento de organizaciones del tipo de "comités de defensa popular" formados como resultado de la situación de crisis económica que vivía el país, que afectaba en primera instancia a los trabajadores. Algunos de esos comités se crearon en los estados de Chihuahua, Puebla, Tamaulipas, Durango y Michoacán, mientras que en la capital de la República el estudiantado más activo buscó relacionarse con el movimiento obrero y simpatizar con las luchas que se desarrollaban en las colonias populares e incluso a identificarse con la guerrilla urbana. Estos grupos —entre los que se incluían estudiantes aliados a ellos o meros simpatizantes— fueron objeto de persecución y severa represión, que llevó a la desaparición e incluso a la muerte de personas cuyo número no fue oficializado, debido a que tales hechos no fueron reconocidos por las autoridades.

El repudio de los estudiantes en la UNAM

Pero los estudiantes también obtuvieron algunos logros; por un lado, las diferentes formas de participación política que se establecieron en varias escuelas de la UNAM (Economía, Ciencias, Arquitectura) y en Chapingo; y, por otro lado, las innovaciones institucionales que impulsó durante su rectorado el doctor Pablo González Casanova, entre las cuales destaca la creación del Colegio de Ciencias y Humanidades (CCH), en enero de 1971; con respecto a las fuerzas de izquierda de la UNAM, las autoridades universitarias cedieron en cuanto a agregar mayor número de cursos de teoría marxista al currículum de las carreras de ciencias sociales.

Entre los años de 1971 y 1975, el movimiento estudiantil se manifestó en diversos estados de la República, y llegó a entremezclarse con las luchas de las clases populares.

Una consecuencia interesante de las luchas que libró el movimiento estudiantil entre 1968 y 1975 fue la de producir militantes de partidos políticos que pasaron a integrar múltiples organizaciones políticas de izquierda, e incluso algunos de ellos se incorporaron a las filas del PRI. Puede decirse que la experiencia dramática del movimiento estudiantil de aquellos agitados años sirvió de entrenamiento inicial para dar forma a una nueva generación de políticos.

Acciones armadas

Durante el periodo echeverrista se vio perturbado el orden interno por movimientos armados en contra del gobierno, además de secuestros a personas particulares y asaltos

Ejercicio 4

1. Describe los sucesos que dieron origen de la crisis política en la Universidad de Nuevo León.

2. ¿Cuáles fueron los motivos de la inconformidad de los estudiantes de la UANL en 1971?

3. Relata los acontecimientos ocurridos en la ciudad de México, el 10 de junio de 1971.

4. Menciona dos aspectos comunes en los movimientos estudiantiles en las ciudades de Monterrey, México y Puebla.

[15] Véase el apartado de Sociedad en este mismo capítulo.

> El orden interno se vio perturbado por movimientos armados en contra del gobierno, además de secuestros a particulares y asaltos de bancos y de centros comerciales, que se extendieron por todo el país.

Rubén Figueroa con sus secuestradores

> El secuestro fue la táctica más utilizada por los grupos armados y también la más preocupante para las autoridades, por el gran peso político y económico que tenían las víctimas en la sociedad mexicana.

de bancos y de centros comerciales, que se extendieron por todo el país. La modalidad empleada por esos movimientos consistió en la guerra de guerrillas, destacando en primer lugar la encabezada por Genaro Vázquez Rojas, profesor de primaria y dirigente de la Asociación Cívica Nacional Revolucionaria, perseguido desde 1966 por sus actos subversivos, y quien organizara la guerrilla campesina en su estado natal de Guerrero. En segundo lugar estuvo la guerrilla que empezara a operar a principios de 1967 en la sierra de ese mismo estado, constituida por un grupo denominado Partido de los Pobres y encabezada por Lucio Cabañas.

Además de los grupos guerrilleros dirigidos por Vázquez Rojas y por Cabañas hubo muchos más, y entre ellos destacaron los que pudieran clasificarse en su mayoría como urbanos, que operaban en distintas regiones y ciudades del país: el Distrito Federal, Monterrey, Chihuahua, Guadalajara y Sinaloa. Dentro de estos grupos estaban: el Movimiento de Acción Revolucionaria (MAR), el Comando Armado del Pueblo (CAP), la Federación de Estudiantes Revolucionarios (FER), y la Liga Comunista 23 de Septiembre. El secuestro fue la táctica más utilizada por estos grupos para financiar sus actividades, y también la más preocupante para las autoridades, no sólo por la frecuencia con que ocurrieron tales actos delictivos, sino por el gran peso político y económico que tenían las víctimas en la sociedad mexicana.

El primer secuestro tuvo lugar en septiembre de 1971 cuando un grupo de activistas perteneciente al denominado Frente Urbano Zapatista (FUZ), secuestró en la ciudad de México al empresario Julio Hirschfield Almada, yerno de Aarón Sáenz, que ocupaba el cargo de director general de Aeropuertos y Servicios Auxiliares. Los secuestradores exigieron como rescate la cantidad de tres millones de pesos, además de la libertad de 25 presos políticos, precio que las autoridades gubernamentales accedieron a pagar. Un mes después, una guerrilla que tomó el nombre de José María Morelos y que operaba en la sierra de Guerrero, al mando de Genaro Vázquez Rojas, secuestró a Jaime Castrejón, rector de la universidad del estado, exigiendo a cambio de su libertad, aparte de una cierta cantidad de dinero, el traslado a Cuba de nueve presos políticos, así como un juicio justo para unos campesinos que habían sido apresados en esa misma entidad federativa.

En mayo de 1973 ocurrieron varios secuestros: el del cónsul estadounidense en Guadalajara que fuera rescatado a cambio de otorgar la libertad a 30 presos políticos, y después el cónsul honorario de Gran Bretaña y el industrial jalisciense Fernando Aranguren; en estos dos últimos casos los presos políticos reclamados para el canje rechazaron la libertad que se les ofrecía en tales condiciones y ante ese fracaso los secuestradores lanzaron nuevas demandas que el gobierno se negó a satisfacer ofreciéndoles en cambio un salvoconducto para salir del país; los secuestradores rechazaron el ofrecimiento y optaron por liberar al cónsul mas no así al industrial Aranguren, quien fue asesinado por la guerrilla. En septiembre de ese mismo año, hubo un intento de secuestro contra Eugenio Garza Sada, prominente empresario regiomontano, cuando fue interceptado el automóvil en que se dirigía a sus oficinas y, al tratar los agredidos de defenderse, los terroristas abrieron fuego dando muerte al industrial y al chofer que lo acompañaba.

El 30 de mayo de 1974, Lucio Cabañas llevó a cabo el secuestro de Rubén Figueroa, candidato del PRI a la gubernatura de Guerrero e importante accionista y líder de compañías de transportes. Sin embargo, ésta habría de ser la última acción delictiva de Cabañas pues el 2 de diciembre de ese mismo año, días después de que Figueroa fuera liberado, Cabañas y la mayoría de sus cómplices fueron muertos en una emboscada que les tendió el ejército. Genaro Vázquez había muerto dos años antes, en febrero de 1972, en un accidente automovilístico.

Un secuestro de particular significancia ocurrió en agosto de 1974, en contra de José Guadalupe Zuno, suegro del presidente de la República; en esa ocasión los terroristas exigían 20 millones de pesos y la excarcelación de 10 presos a cambio de la libertad de Zuno. Sin embargo, el gobierno no estuvo dispuesto a hacer concesión alguna y varias semanas después fue liberado. Finalmente, en medio de una ola de violencia terrorista en la que fueron asesinados varios policías, en septiembre de 1976, la guerrilla intentó, sin lograrlo, el secuestro de la hermana del presidente electo, Margarita López Portillo.

Para fines del sexenio, la mayoría de los activistas de al menos media docena de organizaciones clandestinas, que habían adoptado la acción armada como forma de combatir las injusticias sociales, se encontraban ya en prisión o habían sido eliminados. Mas no fue sólo la acción de los cuerpos policiacos y el ejército lo que frenó los movimientos armados, también influyó el hecho de que los trabajadores, a quienes supuestamente defendía la lucha reivindicativa de los grupos guerrilleros, no hicieron causa común con éstos. De ahí en adelante, los actos de protesta se habrían de canalizar principalmente a través de los partidos políticos de izquierda y las organizaciones sindicales.[16]

Ejercicio 5

1. Describe las acciones armadas de los grupos guerrilleros en contra del gobierno echeverrista.
2. ¿Por qué la táctica del secuestro realizada por los grupos guerrilleros fue el problema más preocupante para las autoridades?
3. ¿Cómo actuó el gobierno echeverrista para frenar las acciones armadas de los guerrilleros?

Antagonismo entre el gobierno y el sector empresarial

Primeros momentos de fricción. En el marco de los conflictos sociopolíticos que caracterizaron al periodo 1970-1976, tienen particular significancia los desacuerdos que en varias ocasiones se dieron entre el gobierno y los dirigentes empresariales; moderado al principio, el antagonismo se fue acentuando hasta tomar un rumbo verdaderamente conflictivo a partir de 1973. El primer enfrentamiento concreto ocurrió a raíz de la reforma fiscal anunciada por el gobierno el 16 de diciembre de 1970, en la que se proponía gravar fundamentalmente las ganancias del capital y los ingresos anuales superiores a cien mil pesos. La reacción de los grupos empresariales fue inmediata y en particular fue el dirigente de la Coparmex, Roberto Guajardo Suárez, quien al día siguiente de conocerse el proyecto manifestó públicamente su desacuerdo. Afirmaba que contra la sana costumbre del gobierno en años anteriores de dar a conocer previamente a los empresarios cualquier medida que pudiera afectar el desarrollo económico del país, en aquella ocasión las autoridades políticas no habían respetado una de las reglas esenciales del juego en sus relaciones con el sector privado. La reacción puede explicarse por el hecho de que en aquella acción unilateral de la administración echeverrista que apenas se iniciaba, los grupos empresariales veían el riesgo de sentar un precedente en sus futuras relaciones con el Estado, y no creyeron conveniente tomar aquel riesgo.

Durante el año de 1972 el enfrentamiento entre los empresarios y el gobierno giraba en torno a cuatro puntos: la política fiscal, la política obrera, el papel del Estado en la economía, y el conjunto de las medidas emprendidas por Echeverría para reconciliarse con los grupos de izquierda. Las leyes para regular la inversión extranjera y la transferencia de tecnología, aunadas a las medidas adoptadas para combatir la inflación, fueron dos de los elementos de política económica que en mayor medida disgustaron a los empresarios, en medio de una situación en la que, además, se desarrollaban brotes significativos de sindicalismo independiente que causaron mayor inquietud entre el sector empresarial.

Otra medida que constituyó un factor de conflicto entre gobierno y empresarios, fue la iniciativa de reforma a la Ley del Impuesto Sobre la Renta, propuesta por el presidente Echeverría. Esta ley, que había sido el punto central del primer conflicto, constituía en 1972, después de los resultados negativos de la política económica restrictiva del año anterior, un intento más serio de reforma orientada a tres propósitos: a) eliminar el anonimato en lo que se refería a los valores de renta fija y de las acciones, b) aumentar

El enfrentamiento entre empresarios y gobierno giraba en torno a cuatro puntos: la política fiscal, la política obrera, el papel del Estado en la economía y las medidas de Echeverría para reconciliarse con los grupos de izquierda.

Los empresarios protestaron por la visita que hiciera a México Salvador Allende, presidente de Chile, pues consideraban que representaba un peligro de contaminación ideológica marxista para la sociedad mexicana.

---

[16] Américo Saldívar, *Fin de siglo,* pp. 60-63.

los gravámenes a los ingresos del capital, y c) crear un impuesto sobre el patrimonio; se proponía además restringir las deducciones por los gastos de operación de las empresas y aumentar de manera progresiva el impuesto a las personas físicas. Pero el citado proyecto del Ejecutivo, que en esta ocasión sí se había sometido a la consulta previa de los dirigentes empresariales, fue modificado de manera drástica por la Secretaría de Hacienda, a fin de no afectar los intereses del sector privado, que había amenazado con retirar sus fondos de la banca y enviarlos al exterior, en caso de que fuera aprobada en forma total la iniciativa de reforma fiscal.

Otro momento de fricción entre el gobierno y los empresarios ocurrió en ocasión de la visita que hiciera a México Salvador Allende, presidente de la República de Chile; poco después de esta visita un gran número de asociaciones empresariales y profesionales del país publicaron un manifiesto mediante el cual exponían su descontento por la presencia de Allende al considerar que representaba un peligro de contaminación ideológica marxista para la sociedad mexicana, sobre todo en virtud del apoyo que otorgaba el gobierno mexicano al presidente socialista de Chile. Sin embargo, inmediatamente después los dirigentes de la Concanaco, de la Concamin y de la Coparmex, publicaban un manifiesto mediante el cual expresaron una opinión más moderada y diplomática respecto a la visita del presidente chileno, aunque estuvieron de acuerdo en remarcar las diferencias políticas e ideológicas respecto al gobierno de Allende, insistiendo en que el camino de México no debía guiarse por ningún modelo extranjero.

Conflictos gobierno-empresarios en 1973. En los primeros meses de ese año se vivía en el país un ambiente de intranquilidad en las relaciones obrero-patronales porque el sector obrero, afectado por la crisis inflacionaria, y alentado por las organizaciones sindicales oficiales —la CTM en primer lugar— amenazaban con una huelga general si los empresarios no satisfacían sus demandas de aumento salarial. La situación se enmarcaba en el doble juego que ejercía el gobierno y, en especial, el presidente Echeverría, quien por un lado exhortaba a la mutua comprensión entre los grupos obreros y el sector patronal y proponía la negociación como recurso supremo para disminuir o evitar los conflictos; y por otro lado, fomentaba el radicalismo de los líderes sindicales a utilizar la amenaza de huelga general como medida de presión frente al sector empresarial, sobre todo cuando éste se oponía a las medidas gubernamentales. Así, a mediados de 1973, el gobierno fomentó la demanda obrera de la semana de 40 horas, al conceder esta prerrogativa a los obreros y empleados del sector paraestatal y a los trabajadores bancarios; más tarde, en su tercer informe de gobierno, Echeverría anunciaba su decisión de promover reformas legales que consagraran, en definitiva, la semana de 40 horas como una conquista obrera. No obstante que tales reformas nunca se llevaron a cabo, el anuncio hecho por el presidente constituyó una clara advertencia al sector empresarial acerca de los recursos de que podía disponer el Estado para doblegar su resistencia.

En efecto, a los pocos días del informe, el presidente de la Coparmex aceptaba que debía concederse un aumento salarial, con lo cual se reconocía de manera tácita la autoridad gubernamental para dar solución al conflicto obrero-patronal. Después de esas declaraciones empresariales, Echeverría se encargó de suavizar las posiciones de los sindicatos al declarar que no consideraba necesaria la huelga general de trabajadores para obtener mejores salarios, puesto que percibía un espíritu de negociación muy positivo.

El día 11 de septiembre murió el presidente de Chile, Salvador Allende, en medio de la turbulencia que provocó en ese país el golpe de Estado militar dirigido por Augusto Pinochet. La acción del gobierno de Echeverría, al decretar tres días de luto nacional y otorgar asilo a los políticos chilenos colaboradores del depuesto régimen

Salvador Allende en México

Por un lado, Echeverría exhortaba a la mutua comprensión entre los grupos obreros y el sector patronal para disminuir o evitar los conflictos; y por otro lado, fomentaba el radicalismo de los líderes sindicales.

Echeverría y Fidel Velázquez en el 1° de mayo de 1971

Ejercicio 6

1. ¿Por qué el sector empresarial se opuso a la reforma fiscal propuesta por el presidente Echeverría en 1970?

2. Menciona los motivos que provocaron el enfrentamiento entre los empresarios y el gobierno, durante 1972.

3. ¿Qué acciones tomó el presidente Echeverría ante los conflictos obrero-patronales, en el año de 1973?

socialista de Allende, revivió el conflicto con los empresarios en momentos difíciles, cuando se daban graves tensiones internas a causa de los problemas salariales y la inflación.

Un enfrentamiento más grave aún entre el gobierno de Echeverría y el sector empresarial ocurrió cuando perecieron a manos de la guerrilla los dirigentes empresariales Eugenio Garza Sada de Monterrey y Fernando Aranguren de Guadalajara. En ocasión del funeral de Garza Sada, al que asistiera personalmente Echeverría, fue pronunciado un discurso por el entonces presidente del Consejo Consultivo del Grupo Monterrey, Ricardo Margain Zozaya, quien acusó al gobierno —increpando directamente al presidente— de fomentar la subversión, dando cabida a las ideas marxistas y provocando el enfrentamiento entre las clases.

El enfrentamiento más grave entre Echeverría y el sector empresarial ocurrió cuando murieron a manos de la guerrilla los dirigentes empresariales Eugenio Garza Sada de Monterrey y Fernando Aranguren de Guadalajara.

> Sólo se puede actuar impunemente cuando se ha perdido el respeto, cuando no tan sólo se deja que tengan libre cauce las más negativas ideologías, sino que además se les permite que cosechen sus frutos negativos de odio, destrucción y muerte. Cuando se ha propiciado desde el poder a base de declaraciones y discursos el ataque reiterado al sector privado, del cual formaba parte destacada el occiso, sin otra finalidad aparente que fomentar la división y el odio entre las clases sociales. Cuando no se desaprovecha ocasión para favorecer y ayudar a todo cuanto tenga relación con las ideas marxistas, a sabiendas que el pueblo mexicano repudia este sistema por opresor.[17]

Este discurso desencadenó una ola de pronunciamientos públicos por parte de todos los sectores sociales y políticos. Los empresarios de varias ciudades del país apoyaron las palabras expresadas por Margain aunque algunos de ellos las calificaron como "naturales" dadas las circunstancias de violencia en que se encontraba el país pero "exageradas" en cuanto a las preocupaciones señaladas en aquella oración fúnebre. Una de las actitudes más notables fue la de un grupo de empresarios del estado Jalisco que, resintiendo al igual que los de Nuevo León la pérdida de uno de sus integrantes en circunstancias similares, publicaron un desplegado en el que exigían al gobierno una actuación firme contra la subversión y pedían poner un límite a la "generosidad con otros países", en clara alusión a la actitud tomada por Echeverría ante el derrocamiento y muerte de Salvador Allende, que había tenido lugar días antes.[18]

El secretario de Gobernación, Mario Moya Palencia, respondió a las declaraciones empresariales invocando la alianza popular en la que se basaba el gobierno de Echeverría, alianza que implicaba al sector privado como uno de los ejes más fuertes del pacto social. Al mes siguiente del discurso pronunciado por Margain Zozaya, se realizó una manifestación en apoyo del gobierno en la cual aseguraba el presidente que el ambiente del país había vuelto a la normalidad, gracias a la sensatez y al espíritu solidario de los sectores integrantes del pacto social.

Pero las trágicas muertes de aquellos dos empresarios perturbaron de nuevo las relaciones entre el gobierno y los empresarios, sin que se hubiera resuelto el conflicto relativo al aumento salarial; otra vez se hizo necesaria la intervención del gobierno y finalmente se conju-

Eugenio Garza Sada

Echeverría, informe de gobierno

---

[17] Cita del discurso de Margain en el funeral de Eugenio Garza Sada. Pablo González Casanova y Enrique Florescano (coordinadores) *México, hoy,* Siglo XXI Editores, México, 1979, p. 313.
[18] Para mayor abundamiento sobre el tema, véase el apartado de política exterior.

ró la amenaza de huelga general cuando empresarios y obreros organizados llegaron a un acuerdo. El salario mínimo se aumentó en 18 por ciento para todas las regiones; se recomendó un 20 por ciento de incremento en el salario de los trabajadores sindicalizados que percibían salario mayor al mínimo; se aumentó del 10 al 15 por ciento el salario de los empleados bancarios y también los del gobierno, y para los trabajadores que ganaran más de 4,500 pesos al mes, el incremento máximo consistió en un 13 por ciento.[19]

Presiones obreras en el conflicto gobierno-empresarios. En el año de 1974 la inflación continuaba en ascenso y esto dio motivo para que se volviera a presentar un conflicto salarial semejante al año anterior. El sindicalismo independiente cobraba fuerza, mientras que los líderes del sindicalismo oficial trataban de encontrar una solución general, recurriendo por segunda vez a la petición de un aumento salarial de emergencia. La situación se hizo más grave y, en el mes de junio, más de diez mil comercios de la ciudad de Monterrey cerraron sus puertas en protesta por las presiones obreras. El gobierno recurrió a la Comisión Nacional Tripartita como instancia legal y logró la aprobación de un plan de 14 puntos destinados a combatir la inflación.

Sin embargo, el plan antiinflacionario no fue capaz de aliviar la situación de crisis y, en cambio, las relaciones entre gobierno y empresarios se hacían cada vez más tensas; la respuesta de Echeverría a las críticas empresariales consistió en dar impulso a las demandas obreras y en declarar abiertamente estar de parte de los trabajadores. Con la confianza del apoyo presidencial, el Congreso del Trabajo decidió emplazar nuevamente a huelga general para el día 20 de septiembre, al tiempo que exigía un aumento general de emergencia del 35% y, en respuesta a esta nueva exigencia, los empresarios solicitaron una tregua hasta diciembre de ese mismo año de 1974, a fin de comprobar los resultados del plan antiinflacionario; dicha propuesta fue rechazada por los dirigentes sindicales.

En su IV informe de gobierno, el presidente justificó la política económica de su administración y apoyó abiertamente la demanda de aumento salarial del Congreso del Trabajo: "El gobierno ratifica su compromiso moral y constitucional de luchar al lado de los trabajadores. En modo alguno son responsables las clases laborantes del alza en el costo de la vida. Sí, en cambio, ven disminuida su ya raquítica participación en el ingreso nacional." En clara referencia a los empresarios, Echeverría expresaba: "Quienes no han mostrado ser pacientes para incrementar los precios, invocan ahora pretendidas razones económicas para pedir a los trabajadores que ellos sí sepan esperar." Por último, afirmaba categórico: "Renuevo el compromiso de respeto, en toda circunstancia, a un derecho cuyo ejercicio ha sido mayor en este periodo que en cualquier otro de nuestra historia: el derecho de huelga."[20]

Con estas palabras, el presidente Echeverría reafirmaba la orientación de su política de gobierno anunciada desde el inicio del sexenio, al tiempo que retomaba los postulados ideológicos de la Revolución Mexicana, como la máxima manifestación del compromiso del Estado ante la "mayoría popular", en lo que vendría a constituir un regreso a la ideología del populismo. Pero las circunstancias eran muy diferentes a las que se daban en México cuando Obregón puso en

Comisión Nacional Tripartita

Populismo de Echeverría

---

[19] Carlos Tello, *La política económica en México, 1970-1976*, Siglo XXI, México, 1986, p. 71
[20] Américo Saldívar, *Ideología y política del estado mexicano (1970-1976)*, p. 130.

práctica por vez primera el populismo, y ni siquiera eran comparables a las de tiempos de Cárdenas. Como lo demostraron los hechos, al adoptar el socialismo como estrategia populista Echeverría despertó la desconfianza de la iniciativa privada, sin que el gobierno pudiera obtener el apoyo que buscaba en las masas, ya que éstas tampoco confiaban en el régimen, porque en muchas ocasiones vieron frustradas sus esperanzas de mejoramiento económico. Pero lo más grave fue que los medios utilizados por Echeverría, además de acentuar las contradicciones entre el sector empresarial y las organizaciones obreras, provocaron una confrontación entre empresarios y gobierno que resultó adversa para el país. Desde el punto de vista de los empresarios, los resultados de la política populista de Echeverría fueron exactamente opuestos a lo que pretendía, pero consideraban que su mayor error consistía en haber atacado verbalmente al sector privado, pues lo único que logró con esa actitud fue que los empresarios se unieran para defenderse contra esos ataques.[21]

Creación del Consejo Coordinador Empresarial. La unidad de los empresarios en contra de los repetidos ataques verbales de Echeverría, fue el punto de partida para la fundación del *Consejo Coordinador Empresarial* (CCE) en agosto de 1976. Los empresarios nacionales percibieron en el clima político del sexenio un peligro para la libertad de empresa y la propiedad privada y decidieron promover una campaña orientada a mejorar la imagen del sector privado y a dar a conocer las condiciones en que se daba aquella unidad empresarial.

El Consejo Coordinador Empresarial fue creado a iniciativa del Consejo Mexicano de Hombres de Negocios (CMHN), integrado por el grupo conocido como "los treinta", quienes constituían la dirigencia del sector empresarial. Los propósitos del CCE eran presentar un frente unido para defenderse de los que consideraban excesos del gobierno de Echeverría, y aumentar su capacidad de presión y de negociación ante el poder estatal. Se trataba de que los empresarios lograran una sólida unidad y coordinación de intereses de todos los sectores activos del país, y de que la empresa privada retornara a su tradicional papel como elemento motor de la economía.

En el documento mediante el cual quedaba constituido el CCE se señalaban los siguientes puntos principales: a) en una sociedad democrática la actividad económica debe corresponder fundamentalmente a la inversión privada, ya que la producción de bienes y servicios no es función del Estado. La planeación económica no debe estar centralizada ni ser compulsiva, sino indicativa; b) es deber del Estado alentar y promover la inversión privada que dé como resultado la creación de nuevas fuentes de trabajo. Se deben evitar las políticas proteccionistas y los incentivos que provocan la proliferación de industrias ineficientes, y c) el futuro desarrollo de México depende de la expansión del sector comercial privado; se deberán evitar el intervencionismo y la competencia desleal oficiales.

El CCE criticaba la expansión de las empresas estatales o paraestatales dentro de la estructura industrial y subrayaba que "la sistemática tendencia del Estado para intervenir como empresario constituye un grave peligro para el ejercicio de los derechos individuales, reiterando que las empresas estatales debían ser vendidas o revendidas a inversionistas privados". Se pronunciaba a favor del establecimiento de un organismo consultor en el ámbito nacional que debería tener por objeto lograr una armónica y efectiva coordinación entre el gobierno y la empresa privada, a condición de que tal organismo no se convirtiera en un instrumento de presión política y económica. Con este último planteamiento, que aludía claramente a la Comisión Nacional Tripartita, el CCE rechazaba la existencia de este organismo que, para muchos empresarios, era ya considerado como obsoleto y mediante el cual el gobierno se asociaba con los líderes

> *Al adoptar el socialismo como estrategia populista, Echeverría despertó la desconfianza de la iniciativa privada, sin que el gobierno pudiera obtener el apoyo que buscaba en las masas.*

> *La unidad de los empresarios en contra de los repetidos ataques verbales de Echeverría fue el punto de partida para la fundación del* Consejo Coordinador Empresarial *(CCE).*

Echeverría en guayabera

---

[21] *Ibid.*, p. 75.

sindicales para hacer y deshacer a su antojo. Otro punto clave del documento es la censura hacia el fomento de la lucha de clases, por considerarlo un elemento antisocial que atentaba contra los principios de la libertad económica empresarial y de libre empresa.

En respuesta, Echeverría declaró que no se venderían las empresas descentralizadas, y afirmó de manera categórica que en virtud de que el modelo de desarrollo de las tres últimas décadas había favorecido esencialmente a los grupos empresariales e industriales, de lo que se trataba ahora era atender las necesidades y aspiraciones de los sectores más numerosos del país. Ante esta declaración era evidente que el régimen de Echeverría estaba en abierto conflicto con el sector social dominante: los grandes empresarios.[22]

El sector empresarial ante la sucesión presidencial. Después de la formación del CCE, las organizaciones empresariales sólo hicieron unas pocas y aisladas declaraciones respecto de la situación de incertidumbre generada por sus conflictivas relaciones con el gobierno. Se acercaba la fecha en que el PRI debería seleccionar su candidato a la Presidencia para el siguiente sexenio y los empresarios se abstuvieron de sugerir a alguna persona, pero insistieron en especificar las características que desearían encontrar en el candidato presidencial. Aparte de la mera preocupación por el cambio de gobierno, el interés de los empresarios en el proceso electoral estaba relacionado con el debate que se dio entre ellos sobre la cuestión de unirse al PRI, debate que protagonizaron principalmente la Concamin y la Coparmex pues mientras que la primera se opuso a la incorporación del sector privado al PRI, mediante una carta dirigida a todos sus miembros en la que prohibía la participación política en el partido oficial, Coparmex por el contrario, estaba a favor de integrarse a él y consideraba como una forma de discriminación la renuencia del PRI a afiliar empresarios. Pero cualquiera que hubiera sido la polémica sobre este asunto, parece haber concluido al anunciarse la candidatura de López Portillo en septiembre de 1975.

Hacia fines de 1975, una nueva acción del gobierno echeverrista provocó que, a pesar de la complacencia mostrada por los empresarios ante la selección del candidato presidencial del PRI, el CCE emprendiera su más importante confrontación pública con el gobierno, al organizar una huelga nacional, en apoyo de los propietarios agrícolas de los estados de Sinaloa y Sonora, afectados por una acción expropiatoria de las autoridades agrarias en esa región (acción que se describe en páginas posteriores). El llamado a la huelga no tuvo éxito, pero en cambio los empresarios lograron frenar las acciones agrarias, al menos en ese momento.[23]

Otro motivo de conflicto entre gobierno y empresarios fue la iniciativa de Ley Sobre Asentamientos Humanos propuesta por Echeverría a principios de 1976, tendiente a normar y controlar el crecimiento excesivo de las ciudades y evitar la especulación sobre los terrenos urbanos. El gobierno mantuvo un discreto hermetismo sobre el contenido del proyecto de ley, ya que sólo se invitaron a algunos especialistas para que participaran en su formulación.

El sector privado sí fue enterado del proyecto inicial pero, debido a la delicada situación existente entre este sector y el gobierno, sus integrantes se opusieron a algunos artículos del proyecto de ley, sobre todo a los que se referían a la posibilidad de que el Estado se erigiera como responsable de fundar y ordenar centros de población, y tampoco estaban de acuerdo en lo concerniente a lo que la ley consideraba como "causas de expropiación", fundamentadas en "razones de beneficio colectivo, utilidad pública y función social". La iniciativa de ley se convirtió así en un nuevo factor de conflicto y de enfrentamiento abierto entre el Estado y una fracción importante del

> *A fines de 1975, el CCE emprendió su más importante confrontación pública con el gobierno, al organizar una huelga nacional en apoyo de los propietarios agrícolas de Sinaloa y Sonora, afectados por la expropiación de tierras.*

> *La iniciativa de ley sobre asentamientos humanos, propuesta por Echeverría a principios de 1976, fue otro motivo de conflicto entre el gobierno y los empresarios.*

---

[22] Américo Saldívar, *Fin de siglo*, pp. 48-50.
[23] Miguel Basáñez, *La lucha por la hegemonía en México*, pp. 199-201.

sector privado, que interpretaba los planteamientos oficiales como un verdadero intento de nacionalización de los terrenos excedentes, e inclusive de expropiación de casas-habitación no ocupadas por sus propietarios.

Por otra parte, el hermetismo con el que se preparaba el mencionado proyecto de ley provocó que se levantara una ola de rumores destacando por su contenido los siguientes: a) que se introducirían familias allí donde hubiera habitaciones sin uso; b) el gobierno dispondría de facultades para edificar en los jardines de las casas particulares; c) quien poseyera más de una casa habitación la perdería.

El 6 de febrero fue aprobada por el Congreso de la Unión una adición al artículo 27 constitucional, en la cual se establecía que la nación, es decir el Estado, tendría en todo tiempo "el derecho de imponer a la propiedad privada las modalidades que dicte el interés público, así como de regular, en beneficio social, el aprovechamiento de los elementos naturales susceptibles de apropiación, con objeto de hacer una distribución equitativa de la riqueza pública, cuidar de su conservación, lograr el desarrollo equilibrado del país y el mejoramiento de las condiciones de vida de la población rural y urbana".[24]

En esencia, el gobierno decía tener los siguientes propósitos: a) mejoramiento de las condiciones de vida de la población; b) desarrollo equilibrado entre ciudad y campo; c) distribución equitativa de la riqueza; d) descongestión de las grandes urbes; e) humanización de la vida en común; f) regularización del mercado de los terrenos y el de los inmuebles destinados a vivienda popular, evitando se especulase con los mismos, y g) procurar que todos los habitantes contasen con una habitación digna.

El proceso de reglamentación de la ley se desarrolló dentro de un periodo crítico de 60 días. El 31 de marzo del mismo año en la prensa de la capital de la República se publicó un desplegado firmado por la hasta entonces desconocida Conferencia Nacional de Colonias Proletarias; se afirmaba que con fecha de 21 de febrero anterior, se había celebrado en Monterrey una reunión secreta en la que habían participado 160 personas acaudaladas procedentes de 18 estados del país y en la cual se había elaborado un plan para desestabilizar al gobierno mediante presiones y ataques masivos al presidente, a fin de impedirle que convocara al Congreso para reglamentar la Ley de Asentamientos Humanos.

El 19 de abril se llevó a cabo la Reunión Nacional Sobre Asentamientos Humanos, a la que asistieron representantes de todos los estados de la República con objeto de justificar, mediante estudios ahí presentados, la necesidad de regular el crecimiento urbano en el país. Echeverría aprovechó la ocasión para denunciar la reunión de Monterrey, calificándola de "subversiva" y "profascista", y acusando directamente al Grupo Monterrey de estar patrocinando la campaña.

De esta manera, el gobierno iniciaba su propia campaña contra el Grupo Monterrey; el presidente del PRI hizo un llamado en el que conminaba a los trabajadores a emprender una acción directa en contra de los malos mexicanos que se oponían a las instituciones revolucionarias, mientras que el candidato a la Presidencia, José López Portillo, hacía lo posible por mediar en el conflicto para evitar mayores rupturas.

Después de varios enfrentamientos verbales y de acusaciones mutuas, el sector empresarial aceptó públicamente la necesidad de la ley, haciendo del conocimiento público haber celebrado reuniones con las autoridades, e incluso con el presidente, a fin de proponer reformas al proyecto de ley. Estas declaraciones suavizaron la tensa situación, Echeverría adoptó un tono conciliador y el secretario de la Presidencia anunció oficialmente estar haciendo reformas al proyecto. Al presentarse al Congreso para su aprobación fue reestructurado totalmente; se le hicieron 48 enmiendas despojándolo de su carácter conflictivo, al grado de que la fracción panista en la Cámara, la más asidua defensora del sistema de libre empresa, llegó a aprobar las enmiendas.

---

[24] Américo Saldívar, *Op. cit.*, p. 57.

Ejercicio 7

1. ¿Por qué los empresarios de Jalisco y Nuevo León culparon indirectamente a Echeverría de los asesinatos de dos de sus miembros más destacados?

2. Menciona los objetivos y contenido esencial del documento por el que se constituyó el Consejo Coordinador Empresarial.

3. Describe el conflicto entre el gobierno echeverrista y el sector empresarial, con motivo de la Ley de Asentamientos Humanos.

Ejercicio 8

1. ¿Cuál fue el efecto económico inmediato del ataque echeverrista contra el grupo Monterrey?

2. Describe los signos de desconfianza e intranquilidad en el país al final del sexenio echeverrista.

3. ¿Cuáles fueron los efectos del decreto expropiatorio de tierras en el estado de Sonora, en las relaciones entre el gobierno y la iniciativa privada?

A pesar de los serios problemas del gobierno de Echeverría, quedó demostrado que, aun bajo circunstancias adversas, se mantenía el control presidencialista sobre la selección del candidato del PRI a la Presidencia.

Desafortunadamente, en los últimos meses del sexenio habrían de surgir nuevos enfrentamientos que conducirían a la ruptura definitiva entre el sector empresarial y el gobierno echeverrista.

Sucesión presidencial

A pesar de los serios problemas que enfrentó durante casi todo el sexenio el gobierno de Echeverría, quedó demostrado que aun en circunstancias adversas se mantenía el control presidencialista sobre la selección del candidato del PRI a la Presidencia. En el verano de 1975, Echeverría hizo algunas innovaciones en el proceso de selección del candidato priísta al promover un juego relativamente abierto entre los posibles candidatos. Con bastante anticipación a la designación formal del partido, *destapó* a los precandidatos y los hizo aparecer ante el Congreso —las llamadas comparecencias— con el supuesto fin de que habiéndose efectuado el destape de manera colectiva, pudiera inclinarse la opinión pública, y obviamente las bases del PRI, por alguno de ellos en particular.

Integraban el grupo de presidenciables el secretario de Gobernación, Moya Palencia, a quien la prensa colocó de inmediato en el primer lugar en la carrera, seguido por el secretario de la Presidencia, Hugo Cervantes del Río; el secretario de Hacienda, José López Portillo; el secretario de Obras Públicas, Luis Enrique Bracamontes; el secretario del Trabajo, Porfirio Muñoz Ledo; el secretario de la Reforma Agraria, Augusto Gómez Villanueva; y el director del Instituto Mexicano del Seguro Social, Carlos Gálvez Betancourt. El único de éstos que no había formado equipo hacia la sucesión era José López Portillo, "aunque de todos era el que mejor conocía el presidente y el que mejor lo conocía a él".[25]

López Portillo acompaña al presidente Echeverría en un acto oficial

De acuerdo con las directrices del sistema, el sucesor de Echeverría debería sujetarse al Plan Básico de Gobierno 1976-1982, un programa de acción elaborado por el PRI, que contenía las orientaciones generales para el desarrollo económico y social del país en el siguiente sexenio. El plan, aprobado el 25 de septiembre de 1975, establecía una serie de objetivos concretos: en el orden político se proponía una planeación democrática con base en la cual se aumentaría hasta un máximo total de 400 el número de representantes en la Cámara de Diputados. En el aspecto económico, el plan proponía un crecimiento promedio de 8% del producto interno bruto, pero advertía que el país no debía endeudarse más allá de su capacidad de pago. En política laboral consideraba que debía establecerse como garantía social el derecho de los trabajadores a la capacitación profesional y a la educación permanente y que debía lograrse la semana de 40 horas de trabajo con pago de 56 horas. Se ofrecían además propuestas concretas de solución en aspectos financieros, en relación con las empresas paraestatales, sobre el derecho de los mexicanos a la salud, y acerca de la promoción que debía hacerse para integrar a la mujer a las tareas de desarrollo del país.[26]

El presidente Echeverría no esperó a que el partido aprobara el plan básico, y el 17 de septiembre informó a José López Portillo que él sería su sucesor. El día 22, el líder de la CTM Fidel Velázquez anunció que el secretario de Hacienda había sido seleccionado candidato del PRI a la Presidencia. Tal designación fue interpretada en los círculos políticos como un verdadero "madruguete", puesto que se había hecho sin

Para los empresarios nacionales no parecía haber el menor signo de incertidumbre hacia el futuro presidente, pues consideraban que el candidato del PRI había hecho un papel positivo como secretario de Hacienda.

---

[25] Leonardo Lomelí Venegas, "El PRI durante el gobierno de Luis Echeverría", p. 449.
[26] Enrique Suárez Gaona, *¿Legitimación revolucionaria del poder en México?*, pp. 153-158.

respetar los reglamentos del PRI. Además, el hecho de que el destape fuera encomendado a la CTM parecía demostrar que esa central obrera continuaba actuando como fuerza estabilizadora y legitimizadora del sistema político mexicano.

Para los empresarios nacionales y extranjeros la designación de López Portillo fue bien recibida, y prometieron redoblar esfuerzos para cumplir con su "responsabilidad social de *invertir y reinvertir*". No parecía haber el menor signo de incertidumbre hacia el futuro presidente, pues consideraban que el candidato del PRI había hecho un papel positivo como secretario de Hacienda.

López Portillo no tuvo contrincante en las elecciones presidenciales, pues ningún otro de los partidos políticos registrados presentó candidato. Sin embargo, el abstencionismo fue significativamente alto, lo cual era un indicador importante del clima de desconfianza que se sentía en el país. Además, comparado al de las elecciones de 1970, el abstencionismo general de 1976 se incrementó en poco más de un millón de ciudadanos; de la población empadronada sólo acudió a votar 31%, cifra inferior al porcentaje registrado en 1970 que fue de 35%, y ligeramente superior a la de 1964, que registró 30.6%.[27]

López Portillo, candidato único

Conflictivo final de sexenio

Crisis de confianza y política del rumor

Durante prácticamente todo el sexenio, varios rumores alarmistas se propagaron por el país, aumentando el clima de desconfianza de la población hacia el régimen echeverrista, rumores que se acrecentaron en el último año al ocurrir la devaluación del 31 de agosto. Además, una nueva acusación de Echeverría contra el grupo empresarial —al que culpaba de propagar la ola de rumores— se agregó a la serie de factores de conflicto en aquellos días; en las semanas siguientes a la devaluación, cuando era más necesaria que nunca la conciliación de los sectores público y privado para fortalecer el sistema monetario, el presidente atacó directamente al sector empresarial, y en particular a los integrantes del grupo Monterrey, llamándoles "egoístas y malos cristianos", y además los acusó de ser los responsables directos del clima de inquietud social en el que se encontraba Nuevo León en esos momentos. En una reunión del Fomento Metropolitano de Monterrey, Echeverría lanzó ataques directos "a los ricos y poderosos de Monterrey que se dicen cristianos y se dan golpes de pecho, pero se niegan a ayudar a sus semejantes, y aunque crean industrias, éstas carecen de sentido social, lo que los conviete en profundamente reaccionarios y enemigos del pueblo".

Los rumores alarmistas que se propagaron por el país durante casi todo el sexenio se acrecentaron en el último año al ocurrir la devaluación del 31 de agosto.

En seguida se registró la huida de capitales que habría de considerarse como causa fundamental de la segunda devaluación, anunciada por el gobierno el día 27 de octubre y por la cual la moneda mexicana perdía 55% de su valor respecto al dólar estadounidense; al analizar la situación se llegó a la conclusión de que la nueva devaluación se debía básicamente a la crisis generalizada de confianza que había propiciado la fuga masiva de capitales.

El desorden de la economía y la aparente incapacidad del gobierno para controlarlo dieron como resultado que en los últimos meses del sexenio se generara un ambiente de inseguridad en medio del cual se pensaba que podía suceder cualquier cosa,

Cuando era más necesaria la conciliación de los sectores público y privado, Echeverría atacó directamente al sector empresarial, y en particular a los integrantes del grupo Monterrey, y esto provocó una huida de capitales.

---

[27] Rogelio Ramos Oranday, "Oposición y abstencionismo en las elecciones presidenciales", en *Las elecciones en México, evolución y perspectivas,* Pablo González Casanova (coord.), Siglo XXI Editores México, 1985, p. 180.

mientras que se acercaba el 1º de diciembre, en constante aumento de la efervescencia política y de la inquietud e inseguridad sociales. Los rumores más insistentes eran aquellos que podían tener repercusiones más directas sobre la vida de los ciudadanos, por ejemplo: la congelación de las cuentas bancarias, la nacionalización de la banca o el racionamiento de algunos productos alimenticios básicos. Estos últimos rumores provocaron compras de pánico y la cancelación masiva de las cuentas bancarias. Pero el más grave de todos los rumores fue el de que se preparaba un golpe de Estado contra el régimen echeverrista, el cual para algunos surgiría de los grupos opositores de derecha y, en cambio, para otros se gestaba como un movimiento de izquierda. La primera fecha manejada para que surgiera el citado golpe fue el 15 de septiembre y al llegar la fecha sin que esto ocurriera, se transfirió al 20 de noviembre, como si fuera necesaria una fecha conmemorativa para que tuviera lugar un evento de tal naturaleza. Se decía también que el general Hermenegildo Cuenca Díaz, secretario de la Defensa Nacional, había sido apresado e incluso asesinado.

Al llegar el 20 de noviembre, no se produjo el supuesto golpe de Estado pero sí en cambio surgió una nueva serie de murmuraciones al mismo tiempo que se agudizaba la crisis en el sistema monetario. El día 21 empezó a circular el rumor de que Echeverría preparaba un autogolpe de Estado con el propósito de mantenerse en el poder para instaurar un nuevo maximato. Ante la gravedad de los rumores, los dirigentes del ejército reiteraron su lealtad hacia las instituciones democráticas, responsabilizando de los rumores a los grupos económicamente fuertes que se habían visto afectados por la política del presidente; el propio Echeverría denunciaba el surgimiento de grupos neofascistas y acusaba a las "poderosas minorías que no imaginan otra solución para el destino de México que la alianza con poderosos intereses a los cuales entregar el destino de México".

Para esas fechas una nueva acción del gobierno se había constituido en un factor más de conflicto con el sector privado; el 18 de noviembre, la Secretaría de la Reforma Agraria anunció la afectación de 37 131 hectáreas de riego en los valles del Yaqui y Mayo, y otras 61 655 de agostadero en varios municipios de Sonora; más tarde, varios grupos de campesinos, alentados por funcionarios políticos, invadieron terrenos en los estados de Durango y Sinaloa. Los propietarios agrícolas afectados vieron en aquella medida del gobierno una nueva violación al derecho de propiedad privada y cundió entre ellos el temor de que aquellas expropiaciones podían sentar un precedente en otras regiones y agudizar las tensiones en el campo; para los empresarios y el sector privado en general, una medida como aquella —tomada en vísperas de cambio de gobierno— únicamente podía ser una provocación. Afirmaban que la decisión era ilegal y que no sólo se había despojado de sus pertenencias a pequeños agricultores, sino que se había llegado al grado de incluir como tierras agrícolas a más de treinta fábricas importantes de Ciudad Obregón. Una respuesta concreta en contra de la medida expropiatoria fue organizada por comerciantes de varios estados de la República mediante un paro que constituía un acto de solidaridad hacia los propietarios afectados.

Las protestas del sector privado dieron ocasión para que en los medios gubernamentales se recrudeciera la ofensiva verbal y se volviera a acusar a los empresarios de organizar murmuraciones y calumnias con el fin de desestabilizar al régimen echeverrista, e incluso se llegó a pedir que se elaborara una ley contra la calumnia. Se hablaba de una acción orquestada en contra del Estado, aunque sin especificar su origen, atribuyéndola a "fuerzas oscuras" y "emisarios del pasado". Las acusaciones se fueron precisando y el 18 de noviembre se anunció que la Cámara de Diputados investigaría el origen de lo que se consideraba una campaña de murmuraciones. El general Cuenca Díaz reiteró la lealtad de las fuerzas armadas a las instituciones nacidas de la Revolución y él mismo calificó de imposible un golpe de Estado; coincidiendo con el secretario de Defensa, los militares renovaron su fe ciudadana y responsabilizaron de los rumores a "los grupos económicamente fuertes" que habían sido los más afectados por la política echeverrista.

Se decía que habría un golpe de Estado contra el régimen echeverrista de parte de los grupos de derecha o de los de izquierda, y cuando no ocurrió, se dijo entonces que Echeverría se preparaba a instaurar un nuevo maximato.

La Secretaría de la Reforma Agraria decretó la afectación de tierras en Sonora, y grupos de campesinos alentados por funcionarios políticos invadieron terrenos en los estados de Durango y Sinaloa.

Fueron en aumento las provocaciones mutuas entre el gobierno y los empresarios, de manera que la estabilidad nacional llegó a verse realmente amenazada.

Uno de los líderes del Partido Socialista de los Trabajadores denunció ante la prensa que los rumores de golpe de Estado y el paro de comerciantes eran producto de una campaña de desestabilización del tipo de las que utilizaba la Agencia Central de Inteligencia (CIA) de Estados Unidos en otros países latinoamericanos. El 26 de noviembre, el diputado priísta por Nuevo León, Raúl Caballero, llevó aún más lejos la acusación de atribuir los cargos de "sabotaje y traición" al presidente de la Coparmex, Andrés Marcelo Sada, cuando lo señaló como "el principal instigador de los rumores que propiciaron la salida de dólares, en un intento por desestabilizar al país, utilizando los mismos medios que se habían empleado contra Salvador Allende en Chile."

A partir de ese momento se publicó en la prensa una serie de acusaciones y contraacusaciones entre el sector público y el privado. Por una parte, los funcionarios echeverristas compartían la idea de que las murmuraciones constituían un arma de los grupos de la derecha en contra del rumbo supuestamente socialista que el país había tomado durante el sexenio. En cambio, los integrantes de la iniciativa privada consideraban que las murmuraciones eran producto de una política de contradicciones, de decisiones conflictivas, confusas, o más concretamente de la irresponsabilidad y torpeza de los funcionarios públicos que se distinguían por la ligereza de sus afirmaciones, causando con ello malas interpretaciones entre la población.

Lo más grave fue que nada o muy poco se hizo para detener el avance del conflicto Estado-empresarios; al contrario, de uno y otro lados, fueron en aumento las provocaciones, de manera que la estabilidad nacional llegó a verse realmente amenazada. A las acusaciones de los funcionarios públicos respondió Jorge Sánchez Mejorada, de la Concamin, ante la reunión de la Comisión Tripartita celebrada en Palacio Nacional el 22 de noviembre: "...nunca se podrá esperar un incremento en la productividad si no se garantiza la estabilidad política, el respeto a la propiedad, producción, trabajo, comercio y la planificación tributaria a largo plazo... las cosas se han hecho mal, no se puede tapar el sol con un dedo; los paros de la industria y el comercio son una actitud cívica contra las agresiones que ha sufrido la iniciativa privada". Por su parte, Andrés Marcelo Sada se negó a hacer comentarios sobre las acusaciones en su contra y se limitó a manifestar sus esperanzas en la nueva administración que estaba por iniciar José López Portillo, declarando enfático que: "Nadie quisiera que la situación actual se repitiera en el nuevo sexenio".

Como el conflicto había llegado a personalizarse y no se trataba en realidad de un rompimiento entre los empresarios y el sistema político, sino particularmente entre aquellos y Luis Echeverría, el hecho de que una nueva persona asumiera la Presidencia significaba, por sí solo, una garantía de que las tensiones disminuirían. En aquellos momentos de final de sexenio la comparación entre el presidente saliente y el entrante era inevitable, aunque en un principio fuera sólo por los rasgos contrastantes de sus respectivas personalidades; el gesto adusto y la carrera burocrática-política del primero frente a la imagen tecnocrática del segundo que además hacía gala de sentido del humor, significaba ya una promesa de cambio.[28]

Echeverría con Fidel Castro en Cuba

Daniel Cosío Villegas

El folclor echeverrista

---

[28] Soledad Loaeza, *El llamado de las urnas,* Cal y Arena, México, 1989, pp. 122-127.

> **Fuente 2. Las constantes sicológicas del presidente Echeverría**
>
> Es un hecho (...) que durante su larga carrera administrativa, incluso siendo ya secretario de Gobernación, es decir, la segunda figura política nacional [Echeverría], fue distintamente reservado. Tanto, que más de una persona está persuadida de que Díaz Ordaz, que lo trató a diario durante largos años se fue de espaldas desde el primer día de la campaña al darse cuenta el monstruo insospechado que había venido alimentando pacientemente a lo largo de esos dieciocho años. Este hecho apunta a dos conclusiones: primera, la ociosidad completa del sistema tapádico con que se escoge a nuestros presidentes; y la segunda, que la suma enorme de poder que éstos adquieren en cuanto reposan en la silla presidencial es capaz de volver al revés a un hombre transformándolo en otro diametralmente opuesto.
>
> En todo caso, lo que aquí se persigue es descubrir y apreciar las constantes sicológicas del Presidente, tal y como las revelan sus actos de gobierno y sobre todo sus expresiones verbales y escritas. (...)
>
> Sin duda la constante más sobresaliente es su extraordinaria locuacidad, extraordinaria tanto midiéndola a luz de nuestras tradiciones como si se la mira en sí misma. (...) se tiene la impresión de que para Echeverría hablar es una necesidad fisiológica cuya satisfacción periódica resulta inaplazable.
>
> (...) Puede considerarse como imposible que un hombre, así sea de singular talento, de cultura enciclopédica y con un dominio magistral del idioma, pueda decir todos los días, y a veces dos o tres al día, cosas convincentes y luminosas. En este caso particular resulta mucho más remoto porque la mente de Echeverría dista de ser clara y porque su lenguaje le ayuda poco. (...) tiende a expresarse en párrafos larguísimos, de quince o veinte líneas sin más respiro que un par de comas. Además, están plagados de oraciones incidentales explicativas que diluyen la fuerza sin poder tener el pensamiento principal.
>
> (...) Esas fallas desafortunadas, sobrepuestas a la urgencia de hablar, conducen de modo inevitable a sentencias cuyo significado resulta oscuro o a expresiones archisabidas.
>
> (...) Nada de extraño tendría que estas imperfecciones habladas y escritas del Presidente tuvieran algo que ver con otra de sus constantes sicológicas: la incapacidad de reposar, la prisa con que se mueve, la prisa con que quiere hacer las cosas y la prisa con que quiere que otros, todos, las hagan. Y esto, a su vez, está ligado a su insistencia en que él cumple cuanto ofrece y lo cumple en el día, a la hora y al minuto convenidos.
>
> Daniel Cosío Villegas,
> *El estilo personal de gobernar*,
> pp. 30-40.

Significaba una promesa que en aquel año de 1976 se esperaba con mayor ansiedad que en los anteriores cambios de gobierno de la historia posrevolucionaria; una situación que no se podía comparar siquiera con la transferencia de poder en 1940, cuando el carácter conciliador de Ávila Camacho prometía un cambio de rumbo a la iniciativa privada, pues si Luis Echeverría había pretendido seguir los pasos de Cárdenas mediante un nuevo populismo nacionalista enmarcado en lo que se llamó un "estilo personal de gobernar", orientado a recuperar las relaciones del gobierno con las clases contestatarias, había fracasado en sus propósitos, y ese fracaso no sólo se debía a las actitudes de abierta agresión contra los empresarios (que Cárdenas no utilizó), sino quizá también a que, obsesionado por la huella de los sucesos de 1968, no supo comprender en toda su magnitud que las fuerzas socioeconómicas de su tiempo no eran las del México de los años treinta.

Por otra parte, el nacionalismo echeverrista fue superficial; no se intentó una verdadera revitalización de los valores de la cultura nacional, sino que se manejaron, con excesiva insistencia, algunos elementos del folclor que a la larga parecieron tener un efecto contrario al que se buscaba. Hubo ciertamente "apertura democrática" hasta donde pudo permitirlo el autoritarismo del sistema político, que no varió sustancialmente. Aunque en cierta medida se permitió la crítica, al menos en relación con el sexenio anterior, el boicot orquestado contra la dirección del periódico *Excélsior* encabezada por Julio Scherer García, que culminó con la salida de éste y de un numeroso grupo de trabajadores y colaboradores en julio de 1976, fue uno de los ejemplos de que la apertura democrática echeverrista era mera retórica.

Al final del sexenio, la comparación entre el presidente saliente y el entrante era inevitable, aunque en un principio fuera sólo por los rasgos contrastantes de sus respectivas personalidades.

Julio Scherer el día de su desalojo de *Excélsior*

Las revistas en defensa de la libertad de expresión

Política exterior

Relaciones internacionales en los primeros momentos del régimen

Desde su campaña electoral, Echeverría había mostrado preocupación por la situación de crisis en que se encontraba el sector externo de la economía mexicana, crisis que se manifestaba en el creciente déficit comercial, en la reciente reducción del superávit turístico, y en el crecimiento de la deuda externa. En su discurso de toma de posesión, Echeverría planteó la necesidad de aumentar las exportaciones a fin de poder financiar la compra de tecnología y maquinaria que aún no se producían en México; decía tener el propósito de seguir luchando para que fueran más justas las relaciones de intercambio y explorar nuevos mercados en todas las regiones del mundo. De acuerdo con estos planteamientos, el gobierno echeverrista diseñó en principio una política exterior determinada por factores económicos, cuyas medidas iniciales fueron: la apertura de relaciones con países no incluidos antes en el comercio internacional de México, el envío al extranjero de misiones comerciales y la designación de profesionales de la economía para ocupar muchos de los puestos de embajador.

Con la intención de recuperar la confianza de los grupos disidentes, el gobierno de Echeverría puso en marcha una nueva política exterior que se encaminara en el mismo sentido de la apertura democrática orientada hacia el interior. Por ello, tendría como fundamento central el principio del pluralismo ideológico destinado a diversificar las relaciones internacionales de México, es decir, a buscar el acercamiento con diversos países, sin importar la orientación política seguida por sus respectivos gobiernos.

Sin embargo, en los primeros momentos del sexenio las relaciones con el exterior se mantuvieron dentro de la línea tradicional y los cambios —salvo el de los nombra-

> En un principio, las relaciones con el exterior se mantuvieron dentro de la línea tradicional y los cambios se enmarcaron en los esquemas que habían caracterizado la política exterior mexicana a partir de la Guerra Fría.

mientos de economistas embajadores— se enmarcaron en los esquemas que habían caracterizado la política exterior mexicana, sobre todo, a partir de la Guerra Fría. Como ejemplo de esto, el primer acto importante del gobierno de Echeverría fue el declarar *non gratos*, a cinco funcionarios de la embajada de la Unión Soviética, bajo el cargo de estar involucrados en el entrenamiento de un grupo de guerrilleros mexicanos en Corea del Norte. Esta medida pareció indicar en aquel momento que la línea del gobierno de Echeverría, en materia de política exterior, seguía una orientación anticomunista dentro del aislacionismo político que habían mostrado la mayoría de los gobiernos anteriores. Por otra parte, Echeverría no contemplaba entre sus planes inmediatos realizar viajes al exterior. Al contestar, en mayo de 1971, la pregunta que en ese sentido le hiciera un periodista, el presidente dijo: "Realmente no pienso salir del país en dos o tres años, nos estamos encarrilando aquí. Yo quiero salir a la provincia mexicana."[29]

El cambio de orientación habría de darse más tarde, a medida que el gobierno echeverrista decidió utilizar la política exterior como un medio de revitalizar internamente la imagen del sistema político frente a los grupos disidentes, y demostrar al mismo tiempo el deseo de alcanzar un orden internacional más justo y equitativo no sólo para México sino para todos los países en vías de desarrollo. Además, la nueva política exterior mexicana coincidió con el momento en que se hizo evidente que el gobierno de los Estados Unidos había puesto fin a la llamada relación especial que decía sostener con México. Como primera medida de cambio de su política, el gobierno estadounidense redujo los fondos financieros que dedicaba a la asistencia económica de los países latinoamericanos. Parecía ser que una vez terminada la tirantez política en el mundo y en el continente, las autoridades políticas estadounidenses dejaban nuevamente que los intereses económicos privados de los empresarios de su país tomaran el liderazgo en las relaciones con América Latina; y así, la presencia oficial de Estados Unidos en el área latinoamericana se redujo notablemente.

> La nueva política exterior mexicana coincidió con el momento en que se hizo evidente que el gobierno de los Estados Unidos había puesto fin a la llamada relación especial que el gobierno de ese país decía sostener con México.

Ese cambio de actitud en la política de Estados Unidos hacia América Latina se relacionaba de alguna manera con la agudización de los problemas económicos externos de ese país, cuya balanza de pagos, que había permanecido bajo considerable presión durante algunos años, llegó a tal punto de deterioro que provocó la devaluación del dólar. Los estadounidenses atribuyeron la difícil situación financiera principalmente al crecimiento de la ayuda al exterior que incluía las inversiones en el extranjero, los gastos militares y la competencia comercial que llamaron desleal de parte de algunos países amigos. En consecuencia, el gobierno de Estados Unidos llegó a la conclusión de que había llegado el momento de obligar a sus aliados, sin excluir la América Latina, a pagar por la crisis del dólar.[30]

En agosto de 1971, el presidente Richard M. Nixon estableció un impuesto adicional del 10 por ciento a las importaciones de productos sujetos a derechos aduanales; tal medida, aun cuando estaba dirigida a todos los países que mantenían relaciones comerciales con los Estados Unidos, afectaba en mayor grado a aquellas naciones de América Latina que por encontrarse "en vías de desarrollo" tenían nexos más estrechos con la economía estadounidense. México trató de negociar una dispensa de la sobretasa y Canadá adoptó una acti-

Echeverría con el presidente Nixon y la esposa de éste

---
[29] Mario Ojeda, *Alcances y límites de la política exterior de México*, El Colegio de México, México, 1984, p. 178.
[30] *Ibid.*, p. 174.

tud semejante. Los gobiernos de ambas naciones suponían que por su inmediata vecindad con los Estados Unidos merecían un trato preferente de parte de este país, principalmente porque confiaban en la existencia de una relación especial que el gobierno de Estados Unidos decía tener hacia ellos; pero ni México ni Canadá lograron la dispensa del nuevo impuesto, con lo que se hizo evidente la fragilidad de la relación especial.

La nueva política exterior mexicana

Planteamientos de la política a favor del Tercer Mundo

Los primeros signos concretos del nuevo rumbo que estaba tomando el gobierno mexicano en política exterior, se dieron a partir de agosto de 1971, cuando de manera inesperada México firmó un nuevo convenio aéreo con Cuba, medida que, sumada a otras acciones de menor importancia, constituía un claro signo de que se intentaba realizar un acercamiento en las relaciones de México con ese país, pues aun cuando nunca fueron suspendidas, desde 1962, se habían visto afectadas por un enfriamiento que obstaculizó el intercambio real con ese país. A medida que avanzaba el sexenio fue en aumento el acercamiento con Cuba hasta culminar con la visita de Echeverría a La Habana en 1975.

El nuevo convenio aéreo con Cuba era una medida que, sumada a otras acciones de menor importancia, constituía un claro signo de que se intentaba realizar un acercamiento en las relaciones de México con ese país.

Una manifestación todavía más clara de la nueva orientación en la política exterior de México, fue el discurso pronunciado por el presidente Echeverría ante la Asamblea General de las Naciones Unidas el 5 de octubre de 1971. Abandonando la cautela característica de años anteriores, se refirió en concreto a la sobretasa impuesta a las importaciones por el gobierno de Estados Unidos: "Creo mi deber señalar", expresó, "que la imposición de un gravamen adicional del diez por ciento a las importaciones norteamericanas vulnera los intereses de mi país, así como los de todas las naciones en vías de desarrollo".[31] Agregó que su gobierno se proponía abandonar el énfasis que hasta entonces había puesto en la negociación bilateral con los Estados Unidos, para encaminarse hacia una diplomacia multilateral y hacia los planteamientos del Tercer Mundo, para solidarizarse con los países subdesarrollados en sus esfuerzos por mejorar las relaciones comerciales, y en la denuncia de los perjuicios causados en las economías de los países pobres, a causa de la tendencia proteccionista de Estados Unidos.[32]

Ante la ONU, Echeverría dijo que su gobierno se proponía abandonar el énfasis en la negociación bilateral con los Estados Unidos, para encaminarse hacia una diplomacia multilateral y hacia los planeamientos del Tercer Mundo.

Pero el hecho que habría de confirmar de manera definitiva el cambio de orientación de la política exterior de México —y el esfuerzo por valerse de ella como medio para fortalecer la imagen interna del régimen frente a los grupos disidentes de izquierda— fue la visita que hizo Echeverría a Chile en abril de 1972, en el marco del acercamiento de México con el gobierno socialista de Salvador Allende. En esa visita, el presidente mexicano compareció ante la Tercera Reunión de la UNCTAD (en español *Conferencia de las Naciones Unidas sobre Comercio y Desarrollo*) celebrada en Santiago, la capital de ese país, en donde confirmó la posición tercermundista y el énfasis del nuevo enfoque multilateral ya planteados por él en la Asamblea General de la ONU, al presentar la idea de un proyecto de *Carta de Derechos y Deberes Económicos de los Estados*, que Echeverría concebía como un instrumento destinado a defender las economías de los países en desarrollo.

Luis Echeverría en la ONU

---

[31] Citado por Manuel Tello, *La política exterior de México (1970-1974)*. FCE, México, 1975, p. 81.
[32] Olga Pellicer de Brody, "El acercamiento de México a América Latina: una interpretación política", en *Contemporary Mexico*, Compilado por James W. Wilkie *et al.*, University of California Press y El Colegio de México, Estados Unidos de América, 1976, pp. 448-451.

El hecho que confirmó de manera definitiva el cambio de orientación de la política exterior de México fue la visita que hizo Echeverría a Chile, en un acercamiento de México con el gobierno socialista de Salvador Allende.

Discurso a favor del Tercer Mundo

Echeverría en Chile con el presidente Salvador Allende

Centro de Estudios Económicos y Sociales del Tercer Mundo

La visita de Echeverría a Chile tenía un especial significado en aquellos momentos, por lo que representaba el nuevo gobierno socialista tanto para la política interna del propio país sudamericano como para la política internacional. Salvador Allende había llegado al poder presidencial por mayoría relativa, después de una elección en la que obtuvo aproximadamente 37% de la votación total, lo cual significaba que el 63% restante del voto chileno estaba en su contra, o lo que era casi lo mismo, en contra del socialismo. Al día siguiente de que Echeverría llegara a la ciudad de Santiago, se llevó a cabo una manifestación organizada por los grupos a favor de Allende, como respuesta a una manifestación anterior de los sectores oposicionistas y, aun cuando la primera concentró un mayor número de personas, no cabía duda que ante la ambivalente posición del presidente chileno, Echeverría había escogido el momento menos propicio para visitar Chile; y en efecto, el peligro de visitar a un jefe de Estado que gobernaba con la oposición expresa de la mayoría, empañó la visita del presidente mexicano.

Por otra parte, el gobierno de Allende había expropiado de manos extranjeras el cobre —principal industria nacional chilena— acción que le atrajo como represalia el bloqueo de los créditos de parte de los Estados Unidos y de los organismos económicos internacionales. En un intento por solucionar ese conflicto financiero internacional, y coincidiendo con la visita del presidente mexicano a Santiago, se estaba celebrando en París una reunión que tenía por objeto discutir la solicitud chilena de renegociación de su deuda externa con los países europeos. Esto tiene importancia porque Echeverría llegó a Chile con la oferta de una línea de préstamos que, aunque modesta, significaba una acción importante para romper el bloqueo crediticio de Estados Unidos contra ese país.

La política de México en el caso de Chile no se limitó a las declaraciones verbales que ambos mandatarios intercambiaron durante sus mutuas visitas (Allende correspondió a la visita de Echeverría en diciembre de 1972), sino que hubo actos concretos de solidaridad y ayuda económica de parte de México, los cuales representaron sacrificios para el país, en medio de la situación de crisis que vivía, y atrajeron en consecuencia duras críticas al régimen echeverrista, sobre todo de parte de los grupos empresariales.

Sin embargo, el principal catalizador de la nueva política exterior de México no fue tanto el interés del gobierno por recuperar la confianza de los grupos de izquierda, sino más bien el percatarse de los grandes cambios operados en orden internacional. La sobretasa impositiva a las importaciones, aprobada por el presidente estadounidense en agosto de 1971, hizo evidente que México era en extremo vulnerable y contaba con escasas defensas frente a las acciones que tomara unilateralmente el gobierno de los Estados Unidos; esta toma de conciencia reforzó la convicción del régimen echeverrista acerca de la urgente necesidad de diversificar las relaciones comerciales y financieras con el extranjero, y al mismo tiempo encontrar nuevas bases de negociación con el vecino país del norte.

La política exterior del gobierno echeverrista se enmarcó en dos líneas de acción: 1) la expansión y diversificación de las relaciones económicas y 2) la lucha por el establecimiento de un orden internacional económico más justo y equitativo. Para poner en práctica lo primero, Echeverría eligió caminos bilaterales de negociación y cooperación, realizando giras internacionales y contactos personales con varios jefes de Estado (13 giras en las que visitó 37 países y asistió a las reuniones de varios organismos internacionales). En el cumplimiento del segundo propósito, Echeverría tomó diferentes acciones y participó en diversos foros internacionales, destacando entre esas actividades la *Carta de Derechos y Deberes Económicos de los Estados*, el Sistema Económico de América Latina (SELA) y el proyecto del Sistema para el Desarrollo del Tercer Mundo.

Aunque la mayoría de las visitas y reuniones de Echeverría con diversos jefes de Estado tuvieron interés económico —como en lo referente a Japón, los países europeos, Irán, Kuwait, e incluso Venezuela— otras visitas que realizara al extranjero —por ejemplo al Vaticano, a la Unión Soviética, a China, o a Cuba— tuvieron intenciones más bien políticas. Fueron hechas con el objetivo de dar contenido al principio del pluralismo ideológico que fundamentaba la nueva política exterior de México, y de ratificar la posición de solidaridad con el Tercer Mundo. Además, Echeverría buscaba legitimar frente a los grupos de izquierda nacionales su postura a favor de los países con gobiernos "progresistas" como Chile. En este sentido, es particularmente notable el cambio vertiginoso que se dio en la política mexicana, en cuanto a sus relaciones con China Popular; todavía en 1970 se había mantenido la posición tradicional de votar en contra de la admisión de la China continental a las Naciones Unidas. Sin embargo, en la sesión de la Asamblea General de este organismo en octubre de 1971, México votó finalmente en favor de tal admisión, aunque en una primera instancia se había pronunciado por la tesis de "las dos Chinas", que implicaba la inclusión de Taiwán bajo el rubro de República de China, lo cual era obviamente inadmisible para el gobierno de China Popular. En febrero del siguiente año, o sea, solamente cuatro meses después de emitido su voto favorable a la admisión, México estableció relaciones con China Popular —lo que significó el desconocimiento de Taiwán— y un año después (abril de 1973) se llevó a cabo la visita del presidente Echeverría a la entonces ciudad de Pekín.

La política exterior del gobierno echeverrista se enmarcó en dos líneas de acción: 1) la expansión y diversificación de las relaciones económicas y 2) la lucha por el establecimiento de un orden internacional económico más justo y equitativo.

Echeverría con Mao Tse Tung en China

Excesos de la nueva política exterior

La política exterior del gobierno de Echeverría fue objeto de frecuentes críticas de parte de algunos sectores nacionales. Las críticas se referían sobre todo a ciertas acciones del régimen que no sólo parecían del todo injustificadas ante la opinión pública, sino incluso se consideraron como provocaciones innecesarias que ponían a México en entredicho ante la comunidad internacional. Una de esas acciones tuvo lugar a mediados de 1975, cuando el gobierno mexicano se ofreció a mediar en el conflicto árabe-israelí, en momentos en que los representantes de Estados Unidos y de la Unión Soviética competían entre sí por jugar ese papel mediador, y cuando la ONU había sido incapaz de dar solución al conflicto. En noviembre de ese mismo año apareció un desplegado en el periódico estadounidense *The New York Times* en el que se solicitaba expresamente a los judíos de Estados Unidos abstenerse de viajar a México y de hacer negocios con exportadores e importadores mexicanos; como justificación de ese boicot se argumentaba que México había votado días antes en las Naciones Unidas en favor de una declaración en el sentido de que *el sionismo es una forma de racismo*.

Echeverría en el Parlamento británico

A los pocos días de publicado el documento, el presidente de la Asociación Mexicana de Hoteles declaraba a la prensa que cerca de 30 mil reservaciones habían sido canceladas, y varias convenciones programadas para llevarse a cabo en México habían sido suprimidas. Sin embargo, la reacción de la comunidad judía estadounidense resultaba exagerada si se toma en cuenta que el hecho contra el cual protestaba se trataba tan sólo de una simple declaración y no de un dictamen oficial, y si se considera además que otros 71 países votaron en el mismo sentido que México; más bien parece ser que el incidente se enmarcaba en el disgusto de la comunidad judía por el reconocimiento tácito dado por Echeverría a Yasser Arafat, como líder del movimiento de liberación palestina.

El hecho es que, justificado o no, el boicot judío estadounidense demostró que por su alta dependencia del turismo de Estados Unidos, México resultaba un blanco

Ejercicio 9

1. ¿De qué manera la nueva política exterior del gobierno echeverrista, pretendía recuperar la confianza de los grupos disidentes nacionales?

2. ¿Cómo se hizo evidente la decisión de Estados Unidos de poner fin a la relación especial con México?

3. Describe los tres hechos que muestran la puesta en marcha de la nueva política exterior echeverrista.

Las críticas contra la política exterior de Echeverría se referían sobre todo a ciertas acciones que, además de injustificadas, se consideraron como provocaciones innecesarias que ponían a México en entredicho ante la comunidad internacional.

vulnerable para el boicot y esto a su vez parecía confirmar el temor de quienes consideraban los actos de Echeverría en materia de política exterior como provocaciones innecesarias. En los primeros días de diciembre, el canciller mexicano se vio obligado a viajar a Tel Aviv con el objeto de discutir "cualquier malentendido que hubiera surgido recientemente entre nosotros". A lo que, según versiones de prensa, el viceprimer ministro israelí contestó: "tendremos seguramente la posibilidad de aclarar ese malentendido... Usted tendrá ocasión de comprobar que Israel es un país democrático en donde no se ejerce ninguna discriminación". Finalmente, antes de regresar a México, el canciller mexicano declaraba: "nuestro malentendido del pasado está ahora perdonado, olvidado y enterrado... No hay discriminación en Sión y donde no hay discriminación no hay racismo"; esta declaración fue después reiterada por el propio presidente Echeverría ante líderes de varias agrupaciones judías de los Estados Unidos y Canadá, quienes viajaron a México invitados expresamente por el gobierno mexicano para esa entrevista.[33]

Hubo además casos de incongruencia e improvisación. Por ejemplo, en relación con España, México presentó ante las Naciones Unidas una solicitud de suspensión de derechos al gobierno de Francisco Franco como miembro de dicho organismo, así como el rompimiento colectivo de relaciones diplomáticas con la España franquista. En un mensaje dirigido en septiembre de 1975 a los representantes de la República Española residentes en México, Echeverría declaró que había hecho aquella solicitud como un medio que contribuyera a precipitar la caída del régimen de Francisco Franco, a quien censuraba por haber impuesto la pena de muerte a varios nacionalistas vascos acusados de actos terroristas.

Esta acción del presidente mexicano —que no prosperó más allá de la presentación formal del documento ante la ONU— constituyó un claro ejemplo de algunos de los excesos retóricos de la nueva política exterior. Significaba además un virtual alejamiento del principio de no intervención sostenido tradicionalmente por México —salvo alguna excepción en tiempos de Cárdenas y precisamente en relación con España—, y con el que Echeverría se había comprometido al principio de su mandato. Más tarde se llegó a declarar que el gobierno mexicano consideraba necesario intervenir en casos de regímenes violatorios de los derechos humanos, lo cual llegó a interpretarse, en el ámbito de la política internacional, como un medio por el que Echeverría ponía fin al principio mexicano de no intervención.

Otro ejemplo de incongruencias y de acciones irreflexivas en materia de política exterior tuvo su origen en octubre de 1975 en la inauguración de los Juegos Panamericanos en México, cuando el presidente Echeverría, en una declaración aparentemente improvisada, dio motivo para suponer que la política tradicional de México habría de sufrir un cambio radical respecto de la situación jurídica de la soberanía de Belice. En esa ocasión, de las autoridades extranjeras invitadas, eran sólo precisamente Belice y Guatemala los únicos países representados por funcionarios de alta jerarquía y, frente a ellos, el presidente mexicano declaró ante la prensa que México no tenía ninguna solicitud territorial que formular respecto al problema entre Belice y Guatemala, y agregaba: "México es muy respetuoso de los derechos de Guatemala que son derechos históricos".

Esa declaración de Echeverría podía interpretarse de varias maneras, pero la interpretación más obvia —dados los antecedentes reiterados de la posición mexicana al respecto— era de que por una parte, México renunciaba expresamente a los derechos, que hasta entonces había defendido, sobre parte del territorio beliceño (por haber pertenecido en tiempos coloniales a la Capitanía General de Yucatán); y por otra, podía suponerse que México reconocía las pretensiones de Guatemala sobre Belice, haciendo a un lado el derecho de autodeterminación del pueblo beliceño. De esta

---

[33] Mario Ojeda, *Op. cit.*, p. 198.

Cap. 8. Del desarrollo estabilizador al desarrollo compartido

manera, la declaración de Echeverría significaba un cambio absoluto de la posición mexicana y en consecuencia provocó un gran revuelo en los medios de difusión nacionales e internacionales, además de crear temores injustificados en Belice y vanas ilusiones en Guatemala.

Al poco tiempo —quizás en relación con lo declarado por el presidente mexicano—, surgió una aguda crisis en la zona en cuestión, al enviar la Gran Bretaña fuerzas militares a Belice con objeto de rechazar una eventual invasión guatemalteca a ese territorio. Para México el asunto se complicó aún más puesto que Echeverría tenía programada una visita oficial a Guatemala precisamente en la semana siguiente al comienzo de la crisis, lo cual significaba que durante su estancia en ese país se vería obligado a aclarar la verdadera posición de México frente al conflicto. Ante aquella disyuntiva el gobierno mexicano decidió, dos días antes de la visita de Echeverría a Guatemala, presentar ante la Asamblea General de las Naciones Unidas un proyecto de resolución en el que se invitaba a los gobiernos de Guatemala y Gran Bretaña a "reanudar sin demora sus negociaciones, a fin de encontrar una solución pacífica a su problema, teniendo debidamente en cuenta las disposiciones y objetivos de la Carta de la ONU, así como los derechos del pueblo beliceño". Tal proyecto, que fue redactado en forma apresurada y extemporánea [véase fuente 3. "La Carta de Derechos y Deberes Económicos de los Estados"], resultaba poco realista en cuanto al logro de los objetivos declarados, pero, en virtud de constituir un llamado a la negociación pacífica, reiteraba la posición tradicional de México a favor de la autodeterminación del pueblo beliceño, con lo cual se evitó el riesgo de una confrontación entre Echeverría y el gobierno guatemalteco durante su estancia en ese país.

El incidente terminaba así, pero a costa de la pérdida del prestigio de la nueva política exterior, sobre todo en su imagen a favor del Tercer Mundo, y a costa del enfriamiento de las relaciones con Guatemala, pues su presidente decidió aplazar en fechas posteriores una visita a México. No obstante, cuando al año siguiente un terremoto de gran magnitud sacudió a Guatemala causando 23 mil muertos y grandes pérdidas materiales, la solidaridad con la que México se prestó a enviar ayuda permitió establecer el acercamiento entre los dos países.

Las fuertes críticas de la opinión pública nacional obligaron al gobierno a cambiar de estrategia. A fines de diciembre de 1975, renunció a su cargo el secretario de Relaciones Exteriores, Emilio O. Rabasa, quien fue sustituido por Alfonso García Robles, uno de los diplomáticos de carrera de mayor antigüedad y experiencia diplomática; se creó además la Subsecretaría de Asuntos y Estudios Internacionales Especiales, medida que se interpretó como un intento de volver a los antiguos cauces de la diplomacia mexicana tradicional.

En conclusión, podría decirse que, a pesar de los excesos y la falta de congruencia, en lo general la nueva política exterior de Echeverría significó un cambio importante para el país, en el sentido de que diversificó sus relaciones exteriores que hasta

> *En lo general, la nueva política exterior de Echeverría significó un cambio importante para el país, porque diversificó sus relaciones exteriores que hasta entonces había mantenido casi de manera exclusiva con Estados Unidos.*

Recibimiento a Isabel II de Gran Bretaña

Echeverría con el presidente Gerald Ford de Estados Unidos

CUADRO 8.1. *Gobierno de Luis Echeverría. Política*

Política interna Autocrítica y proyecto de reforma	Reafirmación de los principios de la Revolución	Reforma del Estado. Desarrollo compartido	Nueva Ley Electoral	
	Apertura democrática	Reforma político-electoral	Nuevos partidos políticos	Sucesión presidencial en 1976
	El camino hacia arriba y adelante	Regreso al populismo	Comisión Nacional Tripartita	Conflictivo final de sexenio
		Crisis política: Movimientos estudiantiles represión gubernamental		Nuevas protestas del sector privado
		Acciones guerrilleras		Crisis de confianza y política del rumor
		Enfrentamientos del gobierno con el sector empresarial	Consejo Coordinador Empresarial	
Política exterior	Primeros momentos del régimen	Política determinada por factores económicos		
		Orientación anticomunista		
	Nueva orientación vinculada a la apertura ideológica interna: 1) Diversificación de las relaciones económicas. 2) Lucha por un orden internacional más justo	Estados Unidos pone fin a la relación especial con México	Política a favor del Tercer Mundo	Excesos: Mediación en el conflicto árabe-israelí
			Amistad hacia Cuba y Chile	Hacia el gobierno de Francisco Franco
			Carta de Derechos y Deberes Económicos de los Estados	Problema entre Belice y Guatemala
			Relaciones con China Popular	

entonces había mantenido casi de manera exclusiva con los Estados Unidos; durante su administración, 62 nuevos países —en su mayoría asiáticos, africanos y de Medio Oriente— fueron agregados a la lista de 65 con los que México mantenía relaciones diplomáticas antes de 1970.[34] Su acercamiento con los países del Tercer Mundo, y en especial con los de América Latina, constituyó un paso importante en la integración de México a un mundo políticamente plural en donde pudiera participar en foros internacionales para analizar y discutir los problemas económicos y políticos de trascendencia, en camino hacia un nuevo modelo de relación entre los países del mundo.

Economía

Introducción

Hacia 1970 México era considerado como el país subdesarrollado que en algunos aspectos podía compararse con los desarrollados por su dinamismo y su solidez mo-

> *La economía del sexenio se caracterizó por un comportamiento de freno y arranque. Año con año, la política para impulsar el desarrollo compartido fue de una a otra estrategia y de fracaso en fracaso.*

---

[34] Judith Adler Hellman, *Mexico in crisis*, Holmes & Meier Publishers, Estados Unidos de América, 1988, p. 195.

Fuente 3. La Carta de Derechos y Deberes Económicos de los Estados

Debemos fortalecer los precarios fundamentos legales de la economía internacional. No es posible un orden justo y un mundo estable, en tanto no se creen obligaciones y derechos que protejan a los estados débiles. Desprendamos la cooperación económica del ámbito de la buena voluntad para cristalizarla en el campo del derecho. Traslademos los principios consagrados de solidaridad entre los hombres a la esfera de las relaciones entre los países.

A lo largo de todos estos años han ido configurándose las bases de lo que bien podría llegar a ser una Carta de Derechos y Deberes Económicos de los Estados, complementaria de la Declaración Universal de los Derechos del Hombre.

El reconocimiento de la comunidad de naciones a las justas demandas de nuestros pueblos, permite delinear algunos de sus principios: Libre disposición de los recursos naturales. Respeto irrestricto del derecho que cada pueblo tiende a adoptar la estructura económica que le convenga e imprimir a la propiedad privada las modalidades que dicte el interés público. Renuncia al empleo de instrumentos y presiones económicas para reducir la soberanía política de los estados. Supeditación del capital extranjero a las leyes del país que acuda. Prohibición expresa a las corporaciones trasnacionales de intervenir en los asuntos internos de las naciones. Abolición de las prácticas comerciales que discriminan las exportaciones de los países no industrializados. Ventajas económicas proporcionales según los niveles de desarrollo. Acuerdos que garanticen la estabilidad y el precio justo de los productos básicos. Amplia y adecuada transmisión de los avances tecnológicos y científicos, a menor costo y con más celeridad a los países atrasados. Mayores recursos para el financiamiento del desarrollo, a largo plazo, bajo tipo de interés y sin ataduras.

Luis Echeverría,
Discurso ante la III Conferencia de las Naciones Unidas
sobre Comercio y Desarrollo (UNCTAD),
19 de abril de 1972, Santiago de Chile.

Ejercicio 10

1. ¿Por qué recibió duras críticas la visita que hizo Echeverría a Chile en abril de 1972?
2. Describe cómo puso en práctica Echeverría: 1) la expansión y diversificación de las relaciones económicas y 2) la lucha por el establecimiento de un orden internacional económico más justo y equitativo.
3. Describe uno de los excesos de la política exterior del gobierno de Echeverría.

netaria y crediticia. Pero esa imagen de México sólo correspondía a parte de la verdad; la otra parte no era tan halagüeña. El nivel de desempleo iba en rápido aumento y la satisfacción de las necesidades de servicios educativos, médicos, sanitarios y de vivienda tenía un atraso de varios años. Algunas ramas del sector industrial —electricidad, petróleo, siderurgia y minería— padecían estancamiento a causa de problemas financieros. Pero lo más grave de todo era la imposibilidad de mantener la autosuficiencia en materia de producción de alimentos, a causa del rezago y la descapitalización de la agricultura.

El crecimiento del mercado interno también se estancaba debido al creciente desequilibrio entre los precios de los artículos de consumo y los salarios de los obreros; y mucho menor era el poder adquisitivo de los campesinos, cuyas remuneraciones se mantenían a la baja de modo persistente. Millones de mexicanos empobrecían y apenas les quedaban alternativas aceptables como fuentes de ingresos, mientras que las clases empresariales veían con desaliento cómo se estrechaban las posibilidades de inversión.

Ante esa situación, en los medios gubernamentales se pensaba que había llegado el momento de hacer un cambio significativo en la política de desarrollo, y Echeverría decidió orientar la economía hacia lo que llamó "desarrollo compartido", lo cual implicaba una mayor injerencia del Estado en las actividades económicas. A pe-

Hugo B. Margáin, secretario de Hacienda

sar de las buenas intenciones, la política económica del sexenio se caracterizó por un constante cambio de rumbo en un comportamiento de freno y arranque que, además de no cumplir con sus objetivos inmediatos, inició un largo periodo de crisis económica que afectó gravemente al país. Año con año, la economía para impulsar el desarrollo compartido fue de una a otra estrategia y de fracaso en fracaso.

1971: el año de la "atonía"

El programa económico tendiente a corregir las fallas del modelo de desarrollo estabilizador, se publicó de manera extraoficial en los primeros meses del nuevo gobierno, con los siguientes objetivos básicos: a) crecimiento con distribución del ingreso; b) reforzamiento de las finanzas públicas y del sector paraestatal; c) reorganización de las transacciones internacionales y reducción de la deuda externa; d) modernización del sector agrícola y aumento del empleo; y e) racionalización del desarrollo industrial.

De acuerdo con esos objetivos, se buscaba dar una nueva orientación a la estrategia política seguida por los gobiernos inmediatamente anteriores, a fin de que el Estado recuperara la iniciativa en los procesos económicos del país, lo cual, de acuerdo con el planteamiento de Echeverría, implicaba "disminuir el poder alcanzado por la clase empresarial y en particular por el gran capital monopolista dominado por los intereses extranjeros".

El Estado era considerado como el único elemento de la sociedad capaz de garantizar la continuidad del crecimiento y de generar, tomando a la política económica como instrumento, los cambios que aseguraran el desarrollo integral del país. Se buscaba una nueva correlación de fuerzas que tendiera a aumentar el peso político y económico del Estado de tal modo que fuera el gestor del proyecto conjunto, tanto político como económico, pero fijándose además como meta ampliar la presencia de la mediana y pequeña burguesía nacional en el crecimiento de la economía, a fin de evitar el predominio absoluto del gran capital financiero, tanto nacional como transnacional.

Desde los primeros días empezó el gobierno echeverrista a hacer énfasis en la necesidad de una reforma fiscal; ésta se justificaba por la necesidad —de acuerdo con el proyecto del régimen— de controlar una mayor cantidad de los recursos monetarios de la que entonces se obtenía mediante la "excesiva bondad" del fisco en México. Aunque la reforma fiscal fue considerada de carácter moderado, fue motivo de preocupación para los empresarios, quienes argumentaban que la obtención de fondos fiscales no debía hacerse mediante el aumento de los impuestos sino a través de una mayor eficiencia en la recaudación de los mismos. Sobre todo, insistían en que era indispensable que los proyectos gubernamentales se dieran a conocer a la iniciativa privada, como antes ocurría, a fin de tomar en consideración sus opiniones antes de la aprobación definitiva de tales proyectos.

Después de esta leve desavenencia entre el gobierno y la iniciativa privada, el sector público optó por dar a conocer y discutir previamente con el sector privado cualquier proyecto de ley que se fuera a presentar ante el Congreso e inclusive algunos puntos controversiales fueron revisados en la Cámara de Senadores.

Pero en aquellos primeros momentos del sexenio, la mayor preocupación del gobierno consistía en dar solución urgente a los graves problemas económicos que padecía el país, para lo cual se propuso adoptar una política de "consolidación", orientada a superar los problemas financieros, como un primer y necesario paso para alcanzar las metas generales de política económica. A fin de poner en marcha aquel proyecto, el gobierno aplicó una política de ajustes con la intención de encauzar la economía hacia la estabilidad. Era una medida restrictiva tanto en lo referente al presupuesto federal como en el sistema monetario; se pretendía hacer descender la tasa del crecimiento del

---

El Estado era considerado como el único elemento capaz de garantizar la continuidad del crecimiento y de generar, con la política económica como instrumento, los cambios que aseguraran el desarrollo integral del país.

PIB hasta 5%, pues se pensaba que de ese modo no aumentarían las importaciones y se reduciría el crecimiento del desequilibrio en la balanza de pagos, al tiempo que se controlaban las presiones inflacionarias.[35]

En virtud de aquella medida fueron canceladas en el primer año de gobierno las posibilidades de poner en práctica muchas de las acciones anunciadas en el discurso inaugural, iniciando con ello una de las contradicciones más importantes del periodo echeverrista, pues mientras que por un lado se aceptaba abiertamente la necesidad de atender las carencias sociales, y se anunciaba una mayor acción del Estado mediante incrementos al gasto público y una creciente participación gubernamental en la economía, por otro lado, las restricciones anulaban las posibilidades de realizar las acciones del Estado, en el sentido de llevar a cabo la justicia social prometida.

La política restrictiva tuvo resultados negativos inmediatos; el crecimiento de la economía descendió bruscamente, pues al reducir el gobierno su ritmo de inversiones y gastos, se contrajo la demanda y eso dio motivo para que el sector privado adoptara una actitud cautelosa y redujera también sus inversiones con el consecuente aumento del desempleo, mientras que aumentaban los precios al consumidor. Las presiones inflacionarias no pudieron detenerse y, por el contrario, aumentaron (el índice nacional de precios al consumidor pasó de 5.0 a 5.4%), y el déficit del sector público mostró un fuerte incremento de 31.7%.

Aparte de la recesión interna, México tuvo que hacer frente a los problemas económicos generados en el extranjero, pues a la disminución en el ritmo de crecimiento económico en los países industrializados y a los procesos inflacionarios que en ellos se estaban dando, se vino a añadir una grave crisis financiera, considerada como la peor de la posguerra. El 15 de agosto de ese año de 1971, el gobierno de los Estados Unidos dejó flotante el valor del dólar frente al oro y a otras monedas y fue entonces cuando impuso la sobretasa de 10%, para la importación de numerosos productos, incluidos los mexicanos.

Por tanto, Echeverría comenzaba su periodo presidencial con una política económica equivocada que convirtió el primer año de su gobierno en lo que se llegó a conocer como el año de la "atonía".

Echeverría comenzaba su periodo presidencial con una política económica equivocada que convirtió el primer año de su gobierno en lo que se llegó a conocer como el año de la "atonía".

La economía en 1972

Al comenzar el año de 1972, el gobierno de Echeverría decidió poner fin a la recesión aumentando el gasto público para que, al incrementar la demanda, se reactivara la producción y se generara una mayor oferta de empleo. Como resultado, la actividad económica se reanimó notablemente, sobre todo a partir del segundo semestre, y la tasa de crecimiento del PIB resultó ser mayor a 7%, en términos reales; en particular, la inversión pública se aumentó aceleradamente, y además se aumentó la oferta monetaria, con lo cual se logró la recuperación del crecimiento del consumo privado, favorecido además por la recuperación de los salarios reales.

El comportamiento de la economía en los dos primeros años ilustra lo que llegaría a ser una característica del sexenio echeverrista: la política de freno (1971) y arranque (1972) que habría de incidir de manera desfavorable en la evolución de la economía mexicana.[36]

Hacia finales de 1972, en plena recuperación económica y después de que el presidente reafirmara, en su segundo informe de gobierno, el papel rector del Estado y su responsabilidad para "fijar el rumbo y el ritmo de desarrollo" e invitar a la iniciativa

---

[35] José Ayala, José Blanco *et al.*, "La crisis económica, evolución y perspectivas", en *México, hoy,* Pablo González Casanova (coord.), Siglo XXI Editores, México, 1979, p. 48.
[36] *Ibid.*, p. 52.

privada a "desenvolver libremente su actividad con responsabilidad social y nacional", se habló de la conveniencia de reformar el artículo 5° constitucional con el propósito de reglamentar la libertad de la industria y el comercio.

Con respecto al papel que debía desempeñar el capital extranjero en la economía nacional y la reglamentación a que debía estar sujeto, en abril de ese año se resumieron en 10 puntos los criterios del gobierno echeverrista sobre tal desempeño.

Dichos criterios fueron incorporados a la nueva legislación que se aprobó sobre la materia y, de hecho, a pesar de la polémica que provocó, la reglamentación de la inversión extranjera llegó a incorporar, en un solo ordenamiento, diversas y dispersas políticas que tradicionalmente habían normado la política de México en esta materia. La polémica partió de algunos grupos del sector privado estadounidense que veían con recelo y desconfianza la retórica nacionalista y la adopción de políticas tendientes a reafirmar el papel rector del Estado, todo esto enmarcado en la visita de Salvador Allende a México.

En ese mismo año el gobierno buscó instrumentar reformas sobre el presupuesto de egresos y la política fiscal. Para tal efecto, en diciembre planteó ante los representantes de la iniciativa privada —ahora sí—, la posibilidad de reformar la Ley del Impuesto Sobre la Renta, a fin de eliminar por completo el anonimato en lo que se refería a los valores de renta fija y en acciones. Pero nuevamente los grupos empresariales mostraron desconfianza hacia los proyectos gubernamentales y recurrieron a la amenaza de enviar sus capitales al exterior, si se llevaba a efecto la citada reforma fiscal.

El temor de la descapitalización del país fue más fuerte que el proyecto fiscal; no se eliminó el anonimato, tan sólo se incrementaron las tasas de impuestos que retenían las instituciones pagaderas de los intereses y los dividendos a los inversionistas

El comportamiento de la economía en los dos primeros años llegaría a ser una característica del sexenio en materia de política económica: la política de freno (1071) y arranque (1972) que habría de ser muy desfavorable.

Fuente 4. Criterios echeverristas sobre el papel de la inversión extranjera

1. Ajustarse a las leyes mexicanas.
2. Ser complementarias del capital nacional y, en consecuencia, no desplazarlo o dirigirse a campos que estén siendo adecuadamente cubiertos por las empresas nacionales.
3. Orientarse, por tanto, hacia nuevos campos de actividad o al establecimiento de nuevas industrias.
4. Asociarse con capital mexicano en proporción minoritaria como regla general.
5. Dar ocupación preferente a técnicos y personal administrativo de nacionalidad mexicana, y cumplir con las disposiciones legales relativas a la capacitación de personal mexicano.
6. Aportar una tecnología avanzada y contribuir a la evolución y creación de aquellas técnicas que mejor se adapten a nuestras necesidades.
7. Producir artículos destinados a la exportación que podemos enviar, también a sus propios mercados.
8. Integrarse a la economía del país, incorporando hasta el máximo posible insumos y componentes nacionales.
9. Financiar sus operaciones con recursos del exterior y no acudir al crédito interno que es limitado y que está formado por el ahorro de los mexicanos.
10. En general, apegarse y coadyuvar al logro de los objetivos y políticas de nuestro desarrollo.

que optaban por permanecer en el anonimato. En cambio se elevó de 3 a 4% la tasa general de impuestos sobre ingresos mercantiles y se introdujeron algunas otras modificaciones a gravámenes sobre ciertos artículos específicos. De esta manera, el gobierno echeverrista establecía una modalidad que prevalecería durante todo el sexenio: apoyarse en los impuestos indirectos, recaudatorios, sin afectar el Impuesto Sobre la Renta.

Política económica en 1973

El presupuesto de egresos para 1973 implicaba un moderado aumento respecto al gasto ejercido en el año anterior; sin embargo, de la misma manera que en 1972 y ante la falta de inversión privada, se fueron aprobando ampliaciones al presupuesto, a grado tal que, a fin de año, el gasto público llegó a ser 17.4% mayor que el autorizado inicialmente por el Congreso. Esas ampliaciones fueron financiadas en buena medida con créditos internos y externos, a los que el gobierno se vio obligado a recurrir, en virtud de que los gastos excedieron el monto de los ingresos recaudados ya fuera por vía tributaria o por precios y tarifas, y además porque el ahorro privado —al que por muchos años había recurrido el gobierno para financiar el déficit público por conducto del sistema de intermediación financiera— disminuyó su ritmo de crecimiento en relación con los años anteriores.

El PIB sostuvo una alta tasa de crecimiento (7.6%), debido, como en el año anterior, al crecimiento de la inversión pública y a un repunte de la inversión privada. Pero las presiones inflacionarias comenzaron a dispararse y el índice nacional de precios al consumidor aumentó 12.1%, lo que provocó diversas reacciones en el país; en marzo, los dirigentes de las cámaras de comercio rechazaron un programa contra la inflación presentado por el gobierno, el cual básicamente consistía en orientar al consumidor, vigilar los precios y establecer una mayor intervención del Estado en la distribución de los bienes de consumo. El Congreso del Trabajo respondió en contra de la actitud de los comerciantes, acusándolos de "fraude y soberbia" y, en adelante, fue subiendo el tono de las declaraciones de las centrales obreras; Fidel Velázquez dijo en una ocasión que "el saqueo de las tiendas por parte de los trabajadores es válido cuando se lucha contra los abusos de los comerciantes".

A fines de julio, el secretario de Hacienda presentó un nuevo programa de 16 puntos, orientado a combatir la inflación y la especulación, por medio del aumento de la producción y la oferta de mercancías de consumo generalizado. Sin embargo, el programa no tuvo los resultado esperados, en gran parte porque varios de los puntos sólo podrían ser efectivos a mediano plazo, y a condición de que las políticas monetaria, crediticia y fiscal no fuesen restrictivas.

El Congreso del Trabajo apoyó de manera parcial el programa puntualizando que no se debía reducir el gasto destinado a la inversión, sino que eran las utilidades de las empresas las que debían reducirse y ejercerse un más estricto control de precios; afirmaba asimismo que los incrementos de salarios no deberían estar subordinados a los aumentos en la productividad, puesto que no estaba en manos de los trabajadores generarlos; por último, se anunciaba que los trabajadores pedirían un aumento de salarios de emergencia hasta del 33%.

El 26 de agosto, la iniciativa privada hizo una declaración conjunta en la que también daba su apoyo parcial al programa de los 16 puntos pero declaraba que un aumento general de salarios y un control de precios agravarían el proceso inflacionario y desalentarían de manera grave la inversión y la actividad productiva. Aceptaban, no obstante, que "por esta ocasión y previas las reformas legales adecuadas" se procediera a una revisión de los salarios mínimos. Tres días después, el Congreso del Trabajo anunciaba, ante la continua escalada de precios, una huelga general para el día 1º de octubre; en esos días llegaron a presentarse más de cuatro mil emplazamientos de huelga.

Echeverría, en su tercer informe de gobierno, hizo amplia referencia a los conflictos financieros del exterior y su consecuente impacto en la economía mexicana, y afirmó que se sostendría el tipo de cambio de 12.50 pesos por dólar.

Al presentar su tercer informe de gobierno, Echeverría hizo amplia referencia a los conflictos financieros del exterior y su consecuente impacto sobre la economía mexicana, y afirmó que se sostendría sin modificación alguna el tipo de cambio de 12.50 pesos por dólar, además de que no se establecerían controles cambiarios a las transacciones de mercancías o de capitales. El presidente anunció además el aumento a los precios de garantía del maíz y del frijol, el incremento de las remuneraciones a los servidores públicos, y un ajuste nivelador en los salarios mínimos porque, según dijo: "El Gobierno de México no podía pedir a las clases populares que resistan ellas solas el peso de la inflación, mientras ciertos grupos minoritarios aprovechan, en su beneficio, las condiciones del mercado."

José López Portillo, secretario de Hacienda en junio de 1973

La economía en 1974

Para 1974, se propuso un plan de trabajo destinado a combatir las presiones inflacionarias, tratando de no limitar sino más bien alentar la actividad económica, mediante un aumento del gasto público.

Para 1974 se propuso un plan de trabajo destinado a combatir las presiones inflacionarias, tratando de no limitar sino más bien alentar la actividad económica, mediante el gasto público que se proyectaba elevar en 14% respecto del año anterior, bajo el supuesto de que los ingresos aumentarían en 28%. Entre los propósitos para 1974 estaban los de hacer una mejor planeación de las finanzas públicas, ajustar el crecimiento del gasto público de acuerdo con las circunstancias, y seguir una política de ingresos orientada a captar recursos de los artículos destinados al consumo, en especial los correspondientes a los nuevos precios y tarifas de los energéticos, para canalizarlos a fines productivos.

Al empezar el año, el ambiente social parecía tomar buen cauce; los empresarios reconocían que el clima de confianza se había restablecido en el país; los obreros en general habían recuperado en parte el poder adquisitivo de sus salarios y los campesinos vendían sus productos a nuevos y más altos precios de garantía; la economía del país parecía recuperarse. Sin embargo, conforme avanzaba el año surgían signos de que la economía no se comportaba como se había previsto, y esto se atribuía en primera instancia a que las previsiones hechas al principio del año se habían apoyado en supuestos equivocados, además de mostrar contradicciones evidentes. Además, no se habían tomado en cuenta otros signos, externos e internos, que influían sobre la economía mexicana, tales como la crítica situación económica internacional sujeta a fuertes presiones inflacionarias, la creciente insurgencia obrera en el país, los problemas agrarios y de tenencia de la tierra, la desconfianza del sector privado, la escasez de alimentos y de materias primas, y las permanentes contradicciones entre la política del gasto público y la política monetaria y crediticia.

Ante el crecimiento continuo de la tasa de inflación, la Comisión Legislativa para la Defensa de la Economía Popular propuso un programa de 15 puntos donde se subrayaba la necesidad de ampliar y fortalecer la acción del Estado en materia económica y, de manera particular, sobre el control de precios. En abril de 1974 y por iniciativa del Congreso del Trabajo se constituyó con la participación del gobierno, el Comité Nacional Mixto para la Protección del Salario, y al mes siguiente, mediante un decreto presidencial, fue creado el Fondo Nacional de Fomento y Garantía al Consumo de los Trabajadores (Fonacot) con los propósitos de otorgar crédito a los trabajadores, establecer tiendas y centros de consumo, y fomentar el ahorro de los trabajadores. Se decretaba, asimismo, que fuera duplicado el capital social de Conasupo.

A pesar de los esfuerzos por detener la inflación, para mediados de 1974 era ya considerable el crecimiento de la tasa del índice nacional de precios al consumidor; en el mes de junio, la Comisión Nacional Tripartita elaboró un programa de 14 puntos, aprobado por Echeverría, tendiente a estabilizar, cuando menos hasta el fin de año, los precios de los productos de consumo básico de las clases populares. No obstante la aprobación de este plan, los obreros insistieron en exigir un aumento general de salarios que les permitiera recuperar su poder adquisitivo; el 3 de agosto siguiente la Secretaría de Industria y Comercio dio a conocer la "canasta del mexicano", una lista de 300 productos que, por acuerdo conjunto de comerciantes, industriales, productores y funcionarios públicos, mantendrían sus precios hasta el 31 de diciembre de ese año de 1974.

En el transcurso de los días siguientes, la prensa hizo saber que la "canasta" había nacido muerta; una encuesta realizada por el periódico *El Día* de la ciudad de México demostró que los precios de muchos de los productos habían sido aumentados previamente a la publicación de la lista. El día 6 del mismo mes, el Congreso del Trabajo aprobó una demanda general de aumento de salarios de 35% y decidió emplazar a huelga a todas las empresas del país, en caso de que para el 20 de septiembre no se hubiera llegado a un arreglo con el sector patronal. De hecho, varias huelgas ya habían estallado y se estaba creando un grave clima de tensión entre gobierno, empresarios y trabajadores. En vísperas del IV informe presidencial, los grupos empresariales mostraron su inconformidad con la forma en que el gobierno manejaba la situación económica, al no hacer acto de presencia en las negociaciones que deberían llevarse a cabo en la Secretaría del Trabajo.

En el informe, el presidente se refirió al problema obrero-patronal, y después de ratificar su compromiso, moral y constitucional, de luchar al lado de los trabajadores, agregaba que "quienes se preocupan por los síntomas del malestar obrero debieran preguntarse si las causas profundas de esa inconformidad no se encuentran en el deterioro de las condiciones de vida de los trabajadores y en la frecuente violación de las leyes destinadas a protegerlos". Anunció además un aumento a los salarios de los trabajadores al servicio del Estado y señaló que enviaría al Congreso dos iniciativas de ley, una para que la revisión de los salarios se hiciera anualmente, y la otra para que los salarios pactados en cada contrato colectivo de trabajo fueran ajustados al término de cada año.

Se dirigió con dureza a los que habían especulado contra la moneda y comprado dólares: "Los riquillos mexicanos, que compran dólares... para tratar de propiciar una devaluación, o ante el temor de ella, obtienen el desprecio del pueblo, de sus propios hijos, porque no están construyendo una patria para sus hijos." Al referirse a los actos de terrorismo interno señaló que "ningún grupo, por poderoso que sea, o apoyado que esté en las grandes metrópolis económicas, puede erigirse en dueño de los destinos nacionales". Ratificó que se mantendría fijo el tipo de cambio y que la política de gasto, si bien austera, no limitaría la acción del Estado en "sectores prioritarios".

Los empresarios no se mostraron inconformes con el informe presidencial y declararon tener confianza para seguir invirtiendo, pero externaron preocupación ante el anuncio hecho por el presidente de que se iban a efectuar controles de precios, porque opinaban que con tal medida se desalentaría la inversión y la producción, necesarias para combatir con eficacia el proceso inflacionario. Pocos días después, el 13 de septiembre, trabajadores y empresarios pactaron un aumento de 22% a todos los salarios menores de 5 mil pesos al mes, aumento que sería retroactivo al 1º de septiembre y que beneficiaba también a la burocracia, a los trabajadores del sistema bancario, y a las personas que percibían el salario mínimo.

El déficit público se mantuvo alrededor del 6% del PIB, pero a costa de que la inversión estatal prácticamente no creciera en términos reales. Sin embargo, el sector privado aumentó sus utilidades en 54% y sus inversiones crecieron en 20.1%, ampliando su capacidad productiva en algunas ramas; pero esto no impidió el decrecimiento del PIB, pues como resultado de la política restrictiva adoptada por el gobierno, disminuyó la inversión pública que en los primeros tres años del sexenio había alimentado el crecimiento del producto interno.

El año de 1974 registró la tasa de inflación más alta en la historia reciente del país. La espiral inflacionaria se disparó precisamente en momentos en que daba comienzo la desaceleración del PIB.

El año de 1974 registró la tasa de inflación más alta en la historia reciente del país y la espiral inflacionaria se disparó precisamente en momentos en que daba comienzo la desaceleración del PIB, cuyo crecimiento se dio en ese año a una tasa menor que en los dos años anteriores (5.9%), y cuando las economías de los países industrializados se encontraban en serias dificultades, provocadas en buena parte por la crisis del petróleo originada en octubre de 1973 y causada por la decisión de la Organización de Países Exportadores de Petróleo (OPEP), al aumentar en 17% el precio del barril y limitar en 15% la producción petrolífera.[37]

La deuda pública externa tuvo un crecimiento sustancial (41%), y el déficit en cuenta corriente de la balanza de pagos creció también de manera importante. Durante ese año hubo un incremento considerable de las importaciones (48.2%) aumentando en consecuencia el déficit en la cuenta corriente. La persistencia de ese déficit en la balanza de pagos, aunado al fuerte y creciente desnivel de los precios internos, más altos respecto a los precios del exterior en virtud de la sobrevaluación de la moneda nacional, desencadenó una creciente especulación contra el peso que se manifestó principalmente en la fuga de capitales.

En resumen, el crecimiento de las importaciones, la fuga de capitales y el creciente pago del servicio de la deuda externa, en momentos de aguda escasez de divisas por la caída de las exportaciones, obligó al Estado a aumentar aún más su deuda externa con el objeto de hacer frente a los compromisos contraídos en sus relaciones económicas con el exterior, lo cual reforzaba a su vez el desequilibrio externo y la especulación contra el peso. Tal era el costo real de sostener la paridad cambiaria a cualquier precio.[38]

Política económica para 1975

Al realizar el proyecto para 1975, se planeó que la carga tributaria aumentara en ese solo año en mayor proporción que en los cuatro años anteriores, pero en esta ocasión se pretendía gravar algunos de los artículos de consumo suntuario adquiridos por los sectores de población económicamente fuertes, bajo la idea de que esos gastos debían racionalizarse; con el mismo criterio, las nuevas adecuaciones afectarían además las inversiones en bienes raíces y algunas actividades especulativas.

En ese año la inversión pública aumentó en 19.9%, en tanto que la privada volvió a recaer representando sólo 1.6% en términos reales. Esta disminución constituyó el factor fundamental en el deterioro del crecimiento del PIB, con el consecuente aumento del desempleo y del desaprovechamiento de la capacidad productiva instalada. En el contexto de una política que se caracterizó como de "freno y arranque", con decisiones tomadas a última hora, los programas gubernamentales se aplicaban de manera improvisada restando eficacia a la administración pública. El aumento de la inversión pública hizo crecer el déficit fiscal a una tasa de 66.8%, pues la reforma fiscal que entró en vigor en ese año no aportó suficientes ingresos para costear el gasto público, por lo que el gobierno recurrió de nuevo al crédito con el consecuente aumento de la deuda pública, externa e interna, y los efectos que el creciente endeudamiento producía en la balanza de pagos, mientras que arreciaba la especulación contra el sobrevaluado peso y persistía la fuga de capitales al exterior.

Por otra parte, los indicadores de la economía mundial señalaban que durante 1975 habría de continuar el estancamiento producido por el proceso inflacionario en los países desarrollados; de acuerdo con las predicciones más optimistas, la recuperación debía iniciarse en el segundo semestre del año, y en cambio otras pronosticaban

---

[37] *Ibid.*, p. 56.
[38] Miguel Basáñez, *El pulso de los sexenios*, pp. 59-61.

que sería hasta 1976 cuando la recesión tocara fondo en las economías de esos países. Bajo este panorama, era de esperarse que las predicciones pesimistas para 1975 se confirmaran y, en consecuencia, las economías de los países subdesarrollados fueron seriamente afectadas.

En medio de la recesión de la economía mundial y de la falta de crecimiento de la inversión del sector privado en el país, conforme avanzaba el año las autoridades aplicaron medidas cada vez más restrictivas. A mediados de 1975 era ya evidente que la economía mexicana se encaminaba hacia una fuerte recesión y esto se advertía en numerosas ramas industriales.

Pero la gravedad de la situación no residía sólo en la recesión, sino en las serias complicaciones socioeconómicas que se derivaban de la misma. Además, en una situación en la que predominaban las empresas medianas y pequeñas, y donde más de la mitad de la población percibía ingresos de subsistencia, era de temerse que una contracción aguda de la economía agravara las ya difíciles condiciones de vida, con el consecuente deterioro del clima político y social del país.

El secretario de Hacienda, López Portillo, ante la Cámara de Diputados

La crisis económica en el último año de gobierno

Al definirse la política económica para 1976, el gobierno optó de nuevo por la aplicación de medidas restrictivas. Se planeaba incrementar el gasto público sólo en 10% respecto del año anterior, con la idea de que esto alentaría una mayor expansión del gasto privado, ya que, según se reconocía entonces, eran el gasto y el déficit públicos los que ocasionaban las presiones inflacionarias.

Al instrumentar aquellas medidas restrictivas, el gobierno parecía olvidar la experiencia de 1971, y tampoco tomaba en cuenta que se estaba apoyando en el supuesto de que el sector privado habría de estar dispuesto a aumentar sus inversiones, cuando precisamente se hacía más tensa su relación con el régimen echeverrista. Por otra parte, el último año del sexenio, que además coincidió con el boicot judío al turismo estadounidense hacia México, se caracterizó por la dolarización de la economía, la especulación contra el peso, la desintermediación del sistema bancario (la banca dejó de cumplir su papel de intermediario entre el sector productivo y el sector ahorrador), la fuga de capitales, la política monetaria y de gasto restrictivo, y el estancamiento de la economía nacional.

Además, con el objetivo declarado de estimular la captación de recursos y de detener las salidas de capital, el Banco de México permitió en toda la República la apertura de depósitos a tres y seis meses en dólares para residentes en el país, y hasta por 10% del pasivo exigible de las instituciones de depósito y financieras. Esa medida de permitir la captación en dólares para residentes en México tenía como objetivo paliar los síntomas de la enfermedad, pero no pudo resolver la gravedad de la situación.

Aparte de las deficiencias técnicas al instrumentar la dolarización, la medida tenía desventajas de fondo. En primer lugar, la libre conversión de moneda significó perder el control en el manejo de su oferta; en segundo, el sector no dolarizado presionó para obtener condiciones similares y amenazó con sacar el dinero del país en caso de no obtenerlas; en tercer lugar, la dolarización implicó que el Banco de México se viera en la necesidad de cubrir a los inversionistas dolarizados el costo del riesgo cambiario, o bien que el usuario de crédito al aceptar financiamiento en dólares, aceptaba asimismo que el riesgo cambiario corriera por su cuenta; la cuarta desventaja consistía en la devaluación que tal medida acarrearía, y en consecuencia, el crecimiento de la inflación.

En virtud de que la dolarización no representó una solución estructural, ni siquiera un paliativo a los problemas del sector financiero, el Banco de México buscó otra vía para estimular la captación en moneda nacional, la cual prácticamente no había crecido durante el año. Sin embargo, la captación de recursos por parte del sistema privado y mixto no sólo perdió dinamismo sino que vio alterada su estructura de manera sustancial. Lo más grave era que conforme se dolarizaba la economía, en un afán de sostener el tipo de cambio a cualquier precio, el sector público se endeudaba a corto y largo plazos. Así, la especulación privada contra el peso y la dolarización se convertían en deuda pública.

En septiembre de 1976, el gobierno reconocía la gravedad de la situación: la especulación contra el peso había impactado sobre la deuda externa pública, que había aumentado en 37.4% y llegaba a 19 600.2 millones de dólares. El secretario de Hacienda anunció que se abandonaba el tipo de cambio fijo del peso mexicano frente al dólar estadounidense y que se adoptaría la flotación, "de tal manera que las fuerzas del mercado actúen de manera indicativa respecto del nuevo tipo que deberá establecerse en el futuro".

A la flotación regulada de la moneda, que se introducía después de 22 años de estabilidad cambiaria, se le añadía un paquete de medidas complementarias que, según se dijo, tenían el propósito de obtener las máximas ventajas posibles y reducir al mínimo los impactos desfavorables de la nueva situación cambiaria:

a) Aumento de los impuestos a la exportación de mercancías,
b) Supresión de los CEDIS (Certificados de Devolución de Impuestos),
c) Reducción selectiva de aranceles a la importación,
d) Establecimiento de un impuesto sobre utilidades excedentes,
e) Puesta en práctica de un sistema de crecimiento regulado del crédito,
f) Elevación de las tasas de interés a los pequeños ahorradores,
g) Ajustes al programa de gasto público,
h) Fortalecimiento de los mecanismos de control de precios,
i) Sostenimiento de los precios de venta de la Conasupo,
j) Ajustes en las percepciones de los trabajadores al servicio del Estado.

Tras la decisión gubernamental de la flotación monetaria, surgieron diferentes reacciones de los sectores económicos y políticos. De acuerdo con el Partido Acción Nacional, la medida significaba que desde hacía muchos años la paridad oficial del peso había constituido una estrategia política y no una expresión monetaria concreta del intercambio de bienes y servicios con el exterior. Por otra parte, los partidos de izquierda culpaban de la situación tanto al gobierno como a la iniciativa privada y manifestaban que la devaluación aumentaría la especulación sin garantizar en modo alguno la repatriación de los capitales que la gran burguesía había sacado del país; según decían, la devaluación, que habría de recaer sobre los trabajadores asalariados, demostraba la bancarrota política de un gobierno que "pretende basar el financiamiento de la inversión en créditos del exterior, y apoya la industrialización en la compra de bienes de capital en el extranjero para elaborar productos de consumo destinados a un sector privilegiado".

En cambio, para algunos funcionarios del gobierno y del PRI, la flotación del peso marcaba el fin de toda una época en el desarrollo económico nacional y ponía fin al mito del desarrollo estabilizador que se basaba en la permanencia inmóvil del cambio monetario, al tiempo que despejaba el camino para la siguiente administración. El secretario de la Presidencia señalaba que "la paridad monetaria no representa ni el honor, ni la dignidad, ni el escudo nacional, sino un instrumento en manos del Estado"; "la flotación del peso", agregaba, "debe considerarse como una técnica financiera puesta en práctica en el momento oportuno".

El presidente electo, José López Portillo, en un mensaje ante la Cámara de Senadores, dio su opinión al respecto: "no podíamos seguir sacrificando los intereses de

---

En septiembre de 1976, el gobierno reconoció que la especulación contra el peso había impactado sobre la deuda externa pública, y anunció que se abandonaba el tipo de cambio fijo del peso frente al dólar estadounidense para adoptar el sistema de flotación.

Ejercicio 11

1. Menciona los objetivos del programa económico echeverrista, en el primer año de gobierno.

2. ¿Cuál era el papel que Echeverría atribuía al Estado, para impulsar el desarrollo compartido?

3. ¿En qué consistió la tendencia de freno y arranque que caracterizó la política económica del gobierno echeverrista?

4. Menciona cuatro puntos principales de los criterios del gobierno echeverrista sobre el papel de la inversión extranjera.

México a un tabú, que se había convertido de medio en fin, de precondición en objetivo. Estábamos sacrificando el desarrollo del país en los últimos meses para mantener una paridad que sólo estaba favoreciendo a quienes constituyen la parte menos respetable de nuestra sociedad".

Los empresarios, aunque desconcertados ante la medida, fueron moderados al externar sus declaraciones; los banqueros consideraban que la flotación del peso había sido desde luego una medida "muy estudiada, muy razonada, que obedece a un programa económico que tiende a facilitar las distintas actividades del país para que éste vuelva a tener crédito".

El presidente de la Concanaco indicó que sería lógico esperar que ante el aumento de costos hubiera aumento de precios y se tuvieran que revisar los salarios; por otra parte, el dirigente de la Canaco, después de señalar que era necesario restituir la confianza para que volviera a incrementarse la inversión, ofrecía colaborar mediante la organización a su cargo, para evitar abusos, especulaciones y acaparamientos en el comercio.

López Portillo, presidente electo

Mas los abusos se presentaron de inmediato; aprovechando la devaluación y ante una eventual y aún no definida alza en los salarios, el comercio hizo en los precios los ajustes que consideró pertinentes; la especulación no se hizo esperar y se empezaron a realizar compras de pánico de bienes de consumo. Además, muchas de las operaciones de compra-venta se realizaban en dólares, ante el temor de un nuevo ajuste en la paridad cambiaria. El movimiento obrero organizado inició sus planteamientos en torno a un ajuste general de salarios; así, la preocupación permanente por los movimientos en el tipo de cambio, los ajustes en los precios y los salarios, además de los crecientes rumores, caracterizaron y afectaron negativamente los tres últimos meses de la administración de Luis Echeverría.

Prácticamente al día siguiente de anunciada la flotación, de manera continua y sistemática se ejercieron presiones para que el gobierno estableciera una paridad fija, a fin de poder llegar a un acuerdo en materia de ajuste salarial; el 11 de septiembre, el Banco de México fijó una nueva paridad en 19.90 pesos por dólar y así el porcentaje de la devaluación consistió en 58% (de 12.50 a 19.90). La decisión de dejar flotar el peso provocó una nueva intervención del Fondo Monetario Internacional (FMI) en la economía mexicana, como única salida a la crisis de las finanzas públicas y el déficit de la balanza de pagos. En primer lugar, porque así lo exigía la magnitud de la devaluación del peso mexicano, pues según la carta constitutiva del FMI, una devaluación de más de 10% exige la supervisión de dicho organismo internacional. En segundo lugar, porque se hacía necesario el apoyo financiero de esa institución —que ofreció al gobierno mexicano hasta 1 200 millones de dólares para hacer frente a sus dificultades financieras— aun cuando tal apoyo implicara la adopción de un acuerdo estabilizador. En tercer lugar, porque los acreedores externos del gobierno exigían el aval del FMI para mantener sus negocios con México.

La decisión de dejar flotar el peso provocó una nueva intervención del Fondo Monetario Internacional (FMI) en la economía mexicana, como única salida a la crisis de las finanzas públicas y el déficit de la balanza de pagos.

El convenio de "facilidad ampliada" firmado con el FMI fijó un tope máximo a la expansión monetaria total, considerada altamente inflacionaria; exigió el reforzamiento de la reserva internacional del país; limitó el endeudamiento neto proveniente de cualquier fuente externa a no más de 3 000 millones de dólares; exigió la reducción del déficit del sector público; y aconsejó establecer un programa económico que restaurase la tasa de crecimiento real, aumentara el empleo y el ingreso real *per cápita*, y estimulase el ahorro interno y la formación de capital.[39]

En los primeros días de septiembre, empezó a correr el rumor de que se congelarían las cuentas bancarias y se nacionalizaría la banca; esta idea adquirió propor-

---

[39] Carlos Tello, *La política económica en México 1970-1976*, p. 165.

ciones desmesuradas a partir del anuncio de la nueva paridad cambiaria, a tal grado que el día 15 los bancos efectuaron movimientos inusitados ante la acción de numerosos cuentahabientes que retiraban sus depósitos, al paso que disminuía la confianza del público en el sistema de intermediación financiera. Ante esa situación, las autoridades desmintieron los rumores mediante un comunicado que se dio a conocer a la prensa nacional el día 16.

Una vez establecida la nueva paridad, y no obstante los rumores, la atención se concentró en las negociaciones sobre precios y salarios. Los obreros pedían 65% de aumento, en tanto que los empresarios ofrecían apenas 10%. Después de varios días de negociaciones, el 24 de septiembre se aceptó la recomendación presidencial en el sentido de aumentar los salarios, con retroactividad al 1° de ese mismo mes, en 23% para salarios hasta de 10 000 pesos; de 21% para los de 10 001 a 20 000, y de 16% para los mayores de 20 000. Al día siguiente, la Conasupo anunció incrementos entre 10 y 23% en los precios de garantía de algunos productos agropecuarios y la Secretaría de Industria y Comercio autorizó un aumento de 10% en los precios de artículos sujetos a control, en relación con los precios que tenían el 15 de agosto.

A finales de septiembre, y con el propósito de incrementar el ahorro y reducir el déficit de las finanzas públicas, el presidente de la República expidió un decreto de austeridad, mediante el cual se limitaban los gastos corrientes y de inversión del sector público. Aquellas medidas gubernamentales, sumadas a los problemas socioeconómicos, fueron suficientes para que algunos funcionarios e inclusive algunos grupos empresariales declararan que la economía del país se encauzaba a la normalidad.

A pesar de las declaraciones optimistas, el público perdía la confianza de manera creciente y durante ese lapso tuvo lugar una muy importante caída en la captación de recursos por parte de la banca privada y mixta, caída alentada por el clima de especulación y de murmuración que prevalecía en el país. Los inversionistas y, en general, quienes no especularon contra el peso se sintieron traicionados por haber creído de buena fe en las declaraciones de las autoridades financieras que de manera reiterada y enfática habían proclamado la firmeza de la moneda nacional.

En medio de aquel ambiente de incertidumbre, fueron publicados en la prensa unas declaraciones del presidente Echeverría, en las que censuraba a los industriales del Grupo Monterrey:

> Los empresarios regiomontanos tienen malos consejeros políticos que ven más al pasado que al futuro. Por eso, a veces, aunque crean industrias, son profundamente reaccionarios y enemigos del progreso del pueblo... se dicen cristianos y no lo son porque no ayudan a sus semejantes en muchas cosas en que podrían ayudarlos; se dicen cristianos y se dan golpes de pecho, lo cual es muy fácil; pero no establecen instituciones para el desarrollo económico y social de los marginados de la zona metropolitana de Monterrey.[40]

A raíz de estas declaraciones, se intensificaron los rumores y las fugas de capital. El 26 de octubre, el Banco de México informaba que ya no intervendría necesariamente para sostener la paridad de 19.90, con lo cual, además de aumentar la confusión entre el público, se provocó una segunda devaluación que llevó al peso a cotizarse a 25.50 a fines de mes. Así, en dos meses, la devaluación fue de más de 100%.

El 22 de noviembre se publicó en la prensa un comunicado del Banco de México mediante el cual, a partir de esa fecha y hasta nuevo aviso, se deberían abstener las instituciones de crédito de comprar y vender moneda extranjera y oro amonedado.

---

[40] Rosa Elena Montes de Oca Luján, "La cuestión agraria y el movimiento campesino", en *Desarrollo y crisis de la economía mexicana*, Rolando Cordera (compilador), Fondo de Cultura Económica, México, 1981, pp. 605-611.

Cap. 8. Del desarrollo estabilizador al desarrollo compartido

En esa misma fecha, la Secretaría de Hacienda autorizaba a las casas de bolsa a operar divisas en sus respectivas oficinas, con lo cual desaparecía de manera temporal la función reguladora del Banco de México con respecto a las fluctuaciones del peso.

Esos comunicados, además de la confusión general que provocaron (en el aeropuerto de la ciudad de México se vendían hasta 300 dólares por persona, a condición de que se comprobara la calidad de viajeros de los compradores), sirvió para que la cotización del dólar subiera de 24.32 a 28.48 la venta, y de 24.08 a 28.20 la compra. Sin embargo, para el 30 de noviembre, la cotización del dólar había bajado a 22.50 la venta y 21.50 la compra.

La continua devaluación aumentó las críticas en contra del gobierno, centradas en el argumento de que la situación económica nacional era el resultado lógico de la política económica instrumentada a lo largo del sexenio, la cual, además de equivocada e ineficaz, constituía una prueba irrefutable del fracaso, no sólo de la llamada política de desarrollo compartido en sí misma, sino, además, de su inoperancia como alternativa frente al desarrollo estabilizador.

Ejercicio 12

1. ¿Cuáles fueron los motivos que obligaron al gobierno de Echeverría a recurrir al crédito interno y externo?
2. Menciona los factores que influyeron en el aumento creciente de la inflación a partir de 1973.
3. ¿A qué se debió la fuga de capitales que, a partir de 1974, agravó la situación de crisis económica del país?
4. Describe las características de la economía mexicana en los dos últimos años del gobierno echeverrista.

Sociedad y cultura

La política agraria y el movimiento campesino

Desde principios del sexenio se dieron a conocer los propósitos de la política agraria del gobierno de Echeverría, los cuales consistían en concluir la fase del reparto agrario iniciada por Lázaro Cárdenas, y cumplir al mismo tiempo los objetivos de modernización, productividad y empleo, en virtud de las condiciones decadentes en que se encontraba el campo mexicano. Se trataba de evitar la agudización de la protesta campesina y recuperar, como se pretendía en otras áreas sociales, la legitimidad de los organismos oficiales de control. A fin de llevar a la práctica aquellos propósitos, desde el primer año de su gobierno inició Echeverría una dinámica actividad legislativa.

Legislación agraria. La Nueva Ley Federal de Reforma Agraria, promulgada en abril de 1971, pretendía resolver los problemas relacionados con la propiedad agraria. En el año de 1973 se promulgó la Ley Federal de Aguas, a través de la cual se pretendía corregir las políticas que habían permitido que las tierras irrigadas se concentraran en manos de unos pocos beneficiarios; en ese mismo año se decretó además la creación de la Secretaría de la Reforma Agraria. En 1975 dio comienzo la modernización del sistema financiero rural, mediante la fusión de los bancos oficiales de crédito agrícola en el Banco Nacional de Crédito Rural, mismo que junto con el Fondo Nacional de Fomento Ejidal (Fonafe), creado anteriormente, estaba destinado a financiar la producción agroindustrial.

Los propósitos de la política agraria del gobierno de Echeverría, consistían en concluir la fase del reparto agrario iniciada por Lázaro Cárdenas, y cumplir al mismo tiempo los objetivos de modernización, productividad y empleo.

Al año siguiente, entró en vigor la Ley General de Crédito Rural con el propósito de otorgar crédito fácil, aumentar los volúmenes de financiamiento y reducir las tasas de interés para aquellas inversiones consideradas prioritarias. Por último, se promulgó la Ley de Sociedades de Solidaridad Social, con la cual se pretendía crear un nuevo tipo de sociedad campesina, construida con el patrimonio colectivo de ejidatarios, comuneros, campesinos sin tierra, y parvifundistas, quienes destinarían una parte de su remuneración a un fondo de solidaridad social para realizar actividades comerciales. Lo singular de este tipo de sociedades era que todas las labores serían realizadas con el propósito de no contratar trabajadores asalariados.

La política agraria echeverrista

Con respecto al programa ejidal, en el año de 1975 se incrementó el crédito agrícola en 23% en relación con los primeros años del sexenio. Con este aumento el

CUADRO 8.2. *Gobierno de Luis Echeverría. Economía*

La economía en la primera mitad del sexenio	Programa inicial de política económica {	Reforma fiscal Medidas contraccionistas {	Inconformidad del sector empresarial 1971, el año de la *atonía* Nuevo Proyecto de reforma para 1972
		Presiones externas e internas Crecimiento continuo de la inflación Medidas de política social: aumento de salarios creación del Fonacot {	Nueva inconformidad del sector empresarial Mantenimiento de la paridad cambiaria Se registra en 1974 la tasa de inflación más alta Crecimiento sustancial de la deuda externa
Situación económica entre 1974 y 1976	Nuevo plan de trabajo Mejoría en el ambiente social Aparente recuperación económica {	Crecimiento de la inflación a partir de 1973 {	Programa de 16 puntos contra la inflación
		Déficit de la balanza de pagos Nuevas presiones externas Recesión Deterioro del clima político y social	Nuevas medidas restrictivas en 1976. Dolarización interna. Endeudamiento creciente. Decreto de flotación del peso. Constante aumento de precios. Se fija una nueva paridad { Crisis de confianza Fuga de capitales

gobierno pretendía impulsar a las propiedades ejidales, dentro de un programa mediante el cual se buscaba adecuar la organización ejidal a las metas del Plan Nacional Agrícola: elevar la producción e incrementar la capacidad productiva de los campesinos para lograr una mayor capitalización del sector ejidal. El plan pretendía reorganizar, para el año siguiente, 11 mil ejidos y comunidades agrarias, pero, a finales de 1976, sólo llegaron a funcionar menos de un millar de este tipo de unidades rurales.

Disposiciones administrativas. En 1973 fue creada la Comisión Nacional Coordinadora del Sector Agropecuario, destinada a evitar la dispersión y duplicación de esfuerzos de las organizaciones estatales encargadas de este sector. No obstante, la citada comisión resultaba contradictoria, pues en lugar de simplificar las tareas, llegó a multiplicar de manera considerable los organismos dedicados a este renglón. Por otra parte, fue de relevancia la transformación que en 1975 se hizo del Departamento de Asuntos Agrarios y Colonización (DAAC) al convertirlo en Secretaría de la Reforma Agraria, dedicada a la organización y planificación del sistema ejidal.

Otra de las medidas gubernamentales de estímulo al sector agropecuario, fue el incremento a los precios de garantía de ciertos productos con el propósito de detener el deterioro del nivel de vida de las masas campesinas. Pero al llevarla a la práctica, esta medida benefició sobre todo a los grandes agricultores, ya que volvió más lucrativo el cultivo de productos básicos como el maíz, frijol, trigo y algunas oleaginosas, sobre todo cuando les resultó más rentable sustituir cultivos de exportación por estos productos beneficiados con precios de garantía. Además, al agotarse el estímulo provocado por los aumentos de los precios de garantía, y al recuperarse los precios de los productos de exportación, se sustituyeron los cultivos de productos básicos por los cultivos que traían mayor rentabilidad a los grandes agricultores.

La urgencia de elevar la producción agropecuaria para resolver la crisis económica determinó que la mayor parte de los recursos fueran canalizados hacia las áreas con mayores potenciales de productividad inmediata.

La urgencia de elevar la producción para resolver la crisis económica y obtener divisas determinó que la mayor parte de los recursos destinados al sector agropecuario fueran canalizados hacia las áreas con mayores potenciales de productividad inmediata, y esa circunstancia obligó a dejar prácticamente a un lado el pretendido impulso a la colectivización del sector ejidal, el cual requería de grandes recursos para hacerse viable, y además se desatendió a la agricultura de subsistencia, que era la más atrasada, causando con ello que la crisis agrícola se hiciera más profunda. De manera similar, las medidas tendientes a elevar el ingreso de los campesinos y el nivel de empleo del sector se vieron relegadas a un segundo plano debido a la incapacidad del Estado para solventar su costo. Con referencia a la política de reforma agraria, al final del sexenio se habían repartido 12 773 888 hectáreas, cantidad que representaba prácticamente la mitad de las tierras distribuidas en el periodo de Díaz Ordaz.

La promesa echeverrista para el campo

El movimiento campesino. Al empezar la década de 1970 se manifestó una movilización campesina sin precedente en la historia posrevolucionaria, tanto por su magnitud como por lo que llegó a significar en el marco de los acontecimientos generados por la crisis económica y política que caracterizó el sexenio echeverrista.

La lucha por la tierra fue el motivo más fuerte de la movilización campesina; en los años de 1972 y 1973 se llegaron a dar 600 invasiones de tierra y en junio de ese último año el secretario de la Defensa aseguraba haber desalojado, mediante la intervención del ejército, a 30 grupos de campesinos invasores declarando que no habría de permitir una sola toma de tierra más. Ante el fracaso de la CNC como órgano oficial para controlar la situación, el gobierno creó el Congreso Permanente Agrario (Conpa) —en el que se incorporó la propia CNC y la Unión General de Obreros y Campesinos de México (UGOCM)—; la nueva organización se comprometía a rechazar

Al empezar la década de 1970 se manifestó una movilización campesina sin precedente en la historia posrevolucionaria, y el motivo más fuerte fue la lucha por las tierras.

los "actos ilegales", refiriéndose, sin decirlo, a las invasiones de tierra realizadas por el movimiento campesino. Como siguiente paso, las organizaciones que integraban el Conpa firmaron el llamado *Pacto de Ocampo* a fines de 1974, por el que se comprometían a unirse en una central única para apoyar la política agraria del régimen, luchar contra el latifundio y encauzar por la vía legal la toma de tierras.

Como contrapartida al Pacto de Ocampo se organizó la Central Independiente de Obreros Agrícolas y Campesinos (CIOAC), con los propósitos de defender y organizar a los campesinos, lograr la sindicalización independiente de los trabajadores agrícolas, llevar el reparto agrario a su culminación y derogar el amparo agrario en virtud de que éste sólo favorecía a los grandes propietarios agrícolas. Estos últimos, que se oponían al Pacto de Ocampo por considerar que estimulaba la invasión de terrenos por parte de los campesinos, fundaron en 1975 la Unión Agrícola Nacional (UNAN), la cual integró a la mayoría de las uniones regionales agrícolas y ganaderas del país. En diciembre de ese mismo año, los empresarios agrícolas de Sonora y Sinaloa organizaron un paro de labores, que fue secundado por las cámaras de comercio locales.

El movimiento campesino crecía en organización y en extensión geográfica, al tiempo que adquiría mayor profundidad, manifestándose en marchas, invasiones de tierra, ocupación de oficinas de asuntos agrarios, destitución de presidentes municipales y rechazo a las asambleas ejidales promovidas por el gobierno. Para 1975, prácticamente no había un estado de la República que no hubiera sido escenario de manifestaciones de la protesta campesina y de invasiones de tierra.

El decreto expropiatorio en los valles del Yaqui y del Mayo en Sonora, en noviembre de 1976, fue manejado por el gobierno como una respuesta a los fuertes reclamos de los campesinos de ese estado que se quejaban de la represión violenta de que habían sido objeto por parte del entonces gobernador, Carlos Armando Biebrich, destituido de su cargo a raíz de una matanza de campesinos perpetrada por la policía del estado, en el valle del Yaqui, en octubre de 1975.

Aquella solución populista agravó la situación de antagonismo entre los empresarios y el gobierno. La UNAN creada el año anterior precisamente con el propósito de defender la propiedad privada contra las invasiones de tierra, se pronunció enérgicamente en contra de las resoluciones de expropiación, por considerarlas ilegales, en momentos en que se llegaba al final del periodo presidencial de Luis Echeverría, insertándose el problema agrario en el marco de la profunda crisis que heredaría el gobierno de José López Portillo.[41]

Política laboral y movimiento obrero

Política laboral. En condiciones económicas nada fáciles, y dadas las necesidades del régimen de contar con el apoyo obrero en circunstancias en que las relaciones con el empresariado se hacían más tensas, Echeverría adoptó una política laboral favorable a los trabajadores y, en especial, a la dirigencia sindical, para lo cual se crearon un sinnúmero de instituciones —Conampros, Conasuper, Fonacot, Infonavit, Fovissste, y la Comisión Nacional Tripartita—. Además, el gobierno dictó una serie de decretos y leyes con el propósito de mejorar las percepciones de los trabajadores; aparte de los tres aumentos de emergencia que tuvieron lugar durante el sexenio, quedó aprobada la iniciativa de ley para la revisión anual de los salarios mínimos contractuales. En términos generales, podría decirse que la apertura económica hacia el sector laboral superó en gran medida a la apertura política y produjo los buenos resultados esperados por el gobierno en lo que respecta al control y al apoyo del sindicalismo oficial.[42]

El decreto de expropiación de tierras de riego y de agostadero en los valles del Yaqui y del Mayo en Sonora, fue manejado por el gobierno como una respuesta a los fuertes reclamos de los campesinos de ese estado.

Ejercicio 13

1. Describe dos aspectos de la política agraria del gobierno echeverrista.
2. ¿A qué se debió el fracaso del impulso a la colectivización del sector ejidal, pretendido por Echeverría?
3. Describe las características de la lucha por la tierra entre el movimiento campesino y los grandes propietarios agrícolas, en el sexenio 1970-1976.

Echeverría adoptó una política laboral favorable a los trabajadores y, en especial, a la dirigencia sindical, para lo cual se crearon un sinnúmero de instituciones y se dictó una serie de decretos y leyes.

---

[41] María Amparo Casar, "Movimiento obrero, estabilidad y democracia", en *Estabilidad y luchas por la democracia, 1900-1982,* coordinado por Octavio Rodríguez Araujo, pp. 306-308.
[42] Raúl Trejo Delarbre y José Woldenberg, "Los trabajadores ante la crisis", en *Desarrollo y crisis de la economía mexicana,* pp. 666-681.

Insurgencia sindical. En cambio, el sindicalismo independiente mantuvo durante el sexenio una seria y constante oposición hacia el sindicalismo oficial. Durante esos años, México fue escenario de la protesta de los trabajadores industriales independientes, cuyo denominador común fueron las demandas por obtener mejoras salariales en virtud de la crisis económica, y la lucha por establecer un sindicalismo verdaderamente obrero e independiente del *charrismo*. En algunas regiones del país, principalmente en el estado de Guerrero, algunos de aquellos movimientos establecieron nexos tanto con la guerrilla urbana como con los grupos de guerrilleros campesinos.

El año de 1972 se caracterizó por un sostenido crecimiento de la oposición sindical y del movimiento de masas; el sindicalismo independiente puso en práctica nuevas formas de lucha como la protesta contra las directivas burocráticas en las asambleas, las manifestaciones, la ocupación de terrenos urbanos, las celebraciones del día del trabajo paralelas a las del sindicalismo oficial, las marchas y la integración de movimientos solidarios entre los organismos obreros independientes. En los siguientes dos años la oposición sindical se extendió a otros sectores productivos tanto en el sector público como en el privado, incluso al sector comercial, sin que el gobierno pudiera detener su crecimiento, no obstante las mejoras salariales que promovió.

En abril de 1975 más de 20 mil trabajadores electricistas dieron a conocer públicamente en la capital del estado de Jalisco, el programa del Movimiento Sindical Revolucionario (MSR) que luego habría de conocerse como la *Declaración de Guadalajara*. Dicho programa se dividía en tres grandes apartados: el primero planteaba la necesidad de organizar a los trabajadores para que recuperaran el control de las asociaciones sindicales, independizándolas del poder estatal; el segundo proponía una serie de medidas orientadas a elevar el nivel de vida de los asalariados mexicanos; y el tercero postulaba la necesidad de crear un sistema nacional y estatal de promoción agropecuaria. El programa demandaba, además, la expropiación de empresas imperialistas, el establecimiento de un monopolio estatal sobre el comercio exterior y la alianza orgánica de México con el resto de las naciones productoras de materias primas que trataban de liberarse de las "garras imperialistas".

Además de los proyectos planteados en la Declaración de Guadalajara, insurgencia obrera se distinguió en este periodo por tres modalidades de actividad sindical: 1) la creación de sindicatos de empresa y en los intentos por democratizar a los sindicatos locales en empresas de todas las ramas; 2) la búsqueda por la democratización de los principales sindicatos nacionales del sector industrial, como fue el caso del movimiento de los electricistas; 3) la creación de sindicatos en sectores en los que la agremiación de los trabajadores había sido hasta entonces escasa o inexistente, lo cual propició el desarrollo de sindicatos de trabajadores bancarios, de profesionistas y de trabajadores universitarios, los cuales, también en lucha contra el gobierno, se destacaron por su adhesión al movimiento obrero.

En medio de esta efervescencia sindical se dio un incremento notable de los emplazamientos a huelga, que en 1975 fueron 2 155 y el año siguiente llegaron a 6 299. La mayor parte de esas huelgas se organizaban en demanda de aumentos salariales y, en un segundo plano, en busca de mejores prestaciones. Pero algunas ocasiones llegaron a incluir objetivos democratizadores, como fue el caso del movimiento sindical de los electricistas expresado a través de la *Declaración de Guadalajara* y apoyado por manifestaciones de sindicatos obreros en todo el país.

En mayo de 1976 se creó el Frente Nacional de Acción Popular (FNAP), formado por diferentes sectores obreros que pretendían formar un bloque unido e independiente del gobierno, que les permitiera hacer frente a la crisis. El programa de este grupo se basaba en el modelo y en los planteamientos de la Declaración de Guadalajara, pero agregaba el objetivo de luchar por la contratación colectiva y por defender y preservar el derecho de huelga. Sin embargo, el FNAP no habría de mantenerse mucho tiempo; al estar compuesto por grupos sociales de diversa índole, muchos de

> *La protesta de los trabajadores industriales independientes tuvo como causa común las demandas por obtener mejoras salariales y por establecer un sindicalismo verdaderamente obrero e independiente del charrismo.*

Ejercicio 14

1. Describe los rasgos generales de la política obrera del gobierno echeverrista.
2. Menciona las demandas del sindicalismo independiente, expresadas por los obreros electricistas en la Declaración de Guadalajara.
3. ¿Cuáles fueron las tres modalidades de la actividad sindical independiente, durante el sexenio 1970-1976?

estos grupos no cumplieron el programa establecido y aquel frente se desvaneció paulatinamente.[43]

Las acciones protagonizadas por la insurgencia sindical se prolongaron durante los últimos cuatro años de periodo echeverrista y, en el último año, empezaron a declinar, debido a la desarticulación del FNAP y a la represión gubernamental ejercida a través del ejército contra el SUTERM. En cambio, los trabajadores electricistas resultaron beneficiados en la lucha, pues si en 1970 sus salarios promedio eran inferiores a los de los petroleros, en 1976 se veía claramente que los habían superado. En esas condiciones de desarticulación de los movimientos sindicales, se daba la sucesión, la campaña y la elección presidencial de 1976, cuando el relativo auge de la izquierda y de los movimientos populares se había detenido.

Educación

Reforma educativa

La política educativa del sexenio estuvo determinada por el mismo eje conductor que guió la mayoría de los actos de su gobierno: la secuela de los acontecimientos del 2 de octubre de 1968. Pero Echeverría dedicó un especial y significativo empeño hacia la educación, en un esfuerzo por atraerse la simpatía, si no el apoyo, de los estudiantes e incluso de los profesores universitarios.

Desde su campaña electoral, Echeverría anunció el proyecto de una reforma educativa profunda e integral, en todos los niveles, que habría de requerir la colaboración de maestros, alumnos, y diversos sectores sociales. Tal reforma incluía la creación de nuevas instituciones y la expedición de nuevas leyes, y se entendía como un proceso permanente orientado a imprimir un mayor dinamismo a la educación nacional, con el fin de adecuarla a las transformaciones que se estaban dando en la sociedad mexicana.

Para dar fuerza legal al proyecto de reforma educativa, el 27 de noviembre de 1973 se expidió la Ley Federal de Educación en la cual se definía la educación como medio fundamental para adquirir, transmitir y acrecentar la cultura para contribuir al desarrollo del individuo y a la transformación de la sociedad, y como factor determinante en la adquisición de conocimientos en el marco de un sentimiento de solidaridad social. Remarcaba la importancia de la educación extraescolar mediante la cual se impartiera la instrucción elemental, media y superior; disponía que el sistema educativo debía permitir al educando, en cualquier tiempo, incorporarse a la vida económica y social, y también debía permitir que los trabajadores pudieran estudiar; establecía la necesidad de llevar un registro nacional de educandos, educadores, títulos académicos y establecimientos educativos, así como instrumentar un sistema nacional de créditos para estudiantes; se acordaba que la revalidación de las materias se otorgara por tipos de educación, grados escolares o materias, para asegurar flexibilidad en este aspecto; y, por último, creaba un sistema federal de certificación de conocimientos conforme a bases bien definidas, de manera que propiciara el estudio autodidáctico.

La nueva Ley establecía que la educación debía corresponder a la etapa de cambios que vivía el país, y al momento de desarrollo científico y tecnológico del mundo; promovía la conciencia crítica mediante métodos de enseñanza que no se fundamentaran ya en la memorización sino en la capacidad de observación y en el análisis;

Echeverría dedicó un especial y significativo empeño hacia la educación, en un esfuerzo por atraerse la simpatía, si no el apoyo, de los estudiantes e incluso de los profesores universitarios.

Víctor Bravo Ahúja, secretario de Educación

---
[43] Juan Prawda, *Teoría y praxis de la planeacion educativa en México,* Grijalbo, México, 1984, pp. 71-73.

la educación debía de centrarse en el maestro por tratarse del factor primordial en el proceso educativo, pero se enfatizaba el papel activo del alumno en el aprendizaje; por ello, se evitaría dar al estudiante el conocimiento elaborado para buscar en cambio que aprendiera por sí mismo.

Se concebía el sistema educativo nacional como un proceso integral que abarcara todos los niveles escolares, e incluía de manera especial a la educación extraescolar con el propósito de capacitar a todos los mexicanos, tanto para que pudieran continuar estudios de educación superior como para que se incorporaran a alguna actividad productiva. Para esto, se emprendieron programas de primaria acelerada, primaria intensiva, cursos comunitarios, sistemas abiertos en secundaria, preparatoria y estudios profesionales para el magisterio. Con referencia a los valores, se acentuaron aquellos relacionados con la apertura democrática proclamada por el régimen: pluralismo, diálogo, pensamiento crítico, solidaridad social y participación. Se hacía hincapié en la necesidad de luchar por la justicia, el respeto a la libertad y a la disidencia, la responsabilidad de la comunicación entre educandos, maestros y padres de familia.[44]

> *Se concebía el sistema educativo nacional como un proceso integral que abarcara todos los niveles escolares e incluía, de manera especial, a la educación extraescolar.*

La reforma educativa en los diversos niveles de enseñanza. La reforma educativa se ocupaba de manera prioritaria de la enseñanza primaria y, por considerar que los libros de texto constituían el medio fundamental de dicho nivel de enseñanza, se emprendió una reforma completa de los mismos, bajo la orientación conceptual de la educación como un proceso personal de descubrimiento y exploración, y no ya de mera acumulación de información.

Para la enseñanza media básica (secundaria) se formuló un programa por área y otro por asignaturas mediante el cual se pretendía "ofrecer los fundamentos de una formación general de preingreso al trabajo y para el acceso al nivel inmediato superior". Con respecto a la enseñanza media superior (bachillerato) durante el sexenio hubo dos modificaciones en cuanto a los ciclos escolares; en 1971 se recomendó que se organizara como ciclo formativo de tres años con carácter bivalente, es decir, a la vez terminal y propedéutico hacia los estudios superiores; dos años más tarde se proponía organizar dicho nivel de enseñanza por semestres y créditos, con salidas laterales hacia el trabajo productivo.

Con referencia a la enseñanza normal se estableció un nuevo plan de estudios en tres áreas: científico-humanista (Matemáticas, Español, Ciencias Naturales y Ciencias Sociales), formación física, estética y tecnológica, y por último la formación profesional específica.

La reforma educativa estableció además un sistema de enseñanza abierta en varios niveles; primaria para adultos, licenciatura para maestros, preparatoria abierta (CEMPAE), enseñanza abierta del Colegio de Bachilleres y el Instituto Politécnico Nacional para carreras cortas y algunas licenciaturas.

Respecto a la educación superior, que en este sexenio se fomentó como nunca antes. La Asociación Nacional de Universidades e Institutos de Educación Superior (ANUIES), fundada en 1958, tenía por objetivo conjuntar los esfuerzos de las diversas universidades por lograr la superación académica e intercambiar opiniones acerca de su propia problemática. En el sexenio 1970-1976, la ANUIES desempeñó además un papel de intermediaria entre las instituciones educativas y el gobierno federal, con el objeto de obtener subsidios, y fue desarrollando diversas actividades de investigación, asesoría, programa de becas, publicación de materiales y capacitación de profesores y administradores involucrados en la educación superior.

Entre 1971 y 1975 surgió un conjunto de acuerdos que se consideraron como el modelo de la reforma educativa en las universidades, cuyos objetivos, orienta-

> *En el sexenio echeverrista hubo un notable aumento en la creación de instituciones educativas, principalmente en el nivel superior.*

---

[44] *Ibid.*, p. 62.

ciones generales y metas operativas se fundamentaron en los siguientes principios filosóficos:

1. La educación debe implementarse conforme a un concepto integral en el que convergen lo individual y lo social.
2. La educación, en cuanto contribuye a la formación de los cuadros calificados, necesarios para lograr niveles más altos de convivencia, es un factor importante de cambio social.
3. La enseñanza superior tiene la triple tarea de docencia, investigación y difusión cultural. Además, las instituciones son instrumentos creadores que ejercen una actitud crítica, dentro de un genuino espíritu científico.
4. La autonomía de las instituciones de cultura emana de la autoridad que la sociedad reconoce tácita o explícitamente. No es un privilegio, sino un derecho y una responsabilidad. La autonomía es imprescindible en el cumplimiento de los fines de la educación superior, y se consideran inviolables la independencia y la libertad de cátedra e investigación que la sustentan.[45]

Con respecto a las funciones de la universidad en relación con los procesos sociales y políticos —uno de los puntos más críticos en la protesta estudiantil de 1968— el modelo ANUIES se basaba en el criterio de que la demanda social sería la que determinara el crecimiento de las universidades, y la norma de promoción sería el mérito académico, con lo cual se aceptaba de manera implícita que se pretendía ofrecer oportunidades de ascenso social a todos los estudiantes, independientemente de su extracción socioeconómica, con la única condición del mérito académico.

Instituciones educativas. Fue notable el aumento de instituciones educativas que se crearon, principalmente en el nivel superior, durante el sexenio echeverrista, entre las cuales destacan: el Colegio de Bachilleres, las Escuelas Nacionales de Estudios Profesionales (ENEP) de la UNAM, la Universidad Autónoma Metropolitana (UAM), la Universidad de Baja California Sur, la Universidad Autónoma de Ciudad Juárez y la Universidad Autónoma de Chiapas. Sobre estudios profesionales específicos se crearon: la Facultad de Ciencias Químicas en la Universidad Autónoma de Tamaulipas, la Escuela de Veterinaria y Zootecnia en la Universidad de Nayarit, y la Escuela de Ciencias del Mar, en la Universidad de Sinaloa. Se crearon además 16 Institutos Tecnológicos Regionales, aumentando a 34 el número de estas escuelas en el país, y se concedió la autonomía a las universidades de Oaxaca, Nuevo León y Sinaloa.

En diciembre de 1970 fue creado, por decreto presidencial, el Consejo Nacional de Ciencia y Tecnología (Conacyt), el cual sustituyó al Instituto de Investigación Científica fundado en 1961. El Conacyt se formó como un organismo descentralizado con personalidad jurídica y patrimonio propio, y entre sus funciones principales están: ser asesor del gobierno en todo lo relacionado con la ciencia y la tecnología; fomentar las investigaciones en instituciones académicas, tanto públicas como privadas; conocer las investigaciones realizadas por extranjeros en México; llevar a cabo un programa nacional de becas, así como intervenir en las que ofrecen organismos públicos nacionales e internacionales; fomentar programas de intercambio con otros países; publicar los avances en la investigación de ciencia y tecnología, efectuados por mexicanos y residentes en el país.

Además, fue significativo el aumento de los subsidios que el gobierno echeverrista concedió a las instituciones públicas de nivel superior, pues si en 1970 los sub-

---

[45] *Ibid.*, p. 189.

sidios federales significaban 23.5% de los ingresos que recibían las universidades estatales, al término del sexenio en 1976, llegaron a representar 52.4%. Sin embargo, tal aumento apenas llegó a compensar el déficit que sufrían esas instituciones, en virtud de la situación inflacionaria del periodo 1970-1976. Por otra parte, la distribución de los subsidios fue desigual, puesto que se canalizó en mayor proporción a las instituciones localizadas en la capital de la República (UNAM, IPN, UAM).[46]

Fuente 5. La verdadera naturaleza de la "apertura democrática"

A mediados de 1976 el fracaso del experimento populista era claro: el peso se desplomaría al final del sexenio de 12.50 a 70 por dólar; la deuda externa se había triplicado (de 8 a casi 26 billones de dólares) el salario real había ido a la mitad, comparado con los años del "desarrollo estabilizador". En *Plural*, Gabriel Zaid escribía: "se optó por un keynesianismo inocente, digno de muchachos pasantes de economía, entusiasmados por la oportunidad de jugar al aprendiz de brujo; multiplicar milagrosamente los panes, desbocando el gasto público".

Pero un logro parecía real y tangible, lo que Cosío Villegas llamó (a despecho de los ataques que había recibido) el "resurgimiento de una vida pública más abierta y democrática". Por desgracia, a cuatro meses escasos de la muerte de Cosío Villegas, en julio de 1976, el presidente Echeverría orquestó un golpe de Estado contra la dirección del periódico *Excélsior*. Cuando el director Julio Scherer fue desalojado violentamente, gran parte de los colaboradores y la planta completa de la revista *Plural* entonces dirigida por Octavio Paz y asociada a *Excélsior*, se salieron en solidaridad con él. En noviembre de 1976 Scherer y su grupo fundaron la revista *Proceso*. Poco después, Paz y el suyo fundaron *Vuelta*. Ambas revistas independientes estaban destinadas a perdurar.

Ominosamente, el golpe a *Excélsior* arrojaba una luz retrospectiva sobre el pasado inmediato y aclaraba la verdadera naturaleza de la "apertura democrática". Echeverría había buscado *apoderarse* del movimiento estudiantil, ser él mismo más fervoroso de sus predicadores, llevar la antorcha del cambio social al campo de México, a todo México, a Latinoamérica, al Tercer Mundo, al segundo, al primero, a las Naciones Unidas, a las naciones todas. Al ver que la terca realidad no respondía a sus prédicas, se sintió amenazado, incomprendido, y se lanzó contra sus críticos.

En 1974 fue Cosío Villegas. En 1975 fueron los mismos estudiantes, a quienes temerariamente visitó y arengó en un auditorio de la UNAM. Iba a ser momento culminante de su sexenio, el acto mágico que lo liberaría de toda responsabilidad en el 68. Para eso había recorrido el mundo, para eso había gastado miles de millones de dólares. Sentía merecerlo: ¿no había apoyado a Allende, emulado a Cárdenas, visitado a Castro?, ¿no había sido el más revolucionario de los presidentes? Pero los ingratos estudiantes lo recibieron con insultos, alguien le arrojó una pedrada, como a Moctezuma. "¡Jóvenes fascistas, jóvenes manipulados por la CIA!", exclamaba, mientras sus ayudantes lo empujaban afuera del recinto para introducirlo en la cajuela de un auto y salvarlo milagrosamente de un peligro inminente.

Enrique Krauze,
La Presidencia imperial,
Tusquets, México, 1997, pp. 379-380.

Ejercicio 15

1. ¿Cuál era el propósito principal del impulso que dio a la educación extraescolar el gobierno echeverrista?

2. Menciona los objetivos esenciales de la Ley Federal de Educación de 1973.

3. ¿Cómo se aplicó la reforma educativa del gobierno echeverrista en los diversos niveles de enseñanza?

4. Menciona cuatro de las instituciones educativas creadas durante el sexenio 1970-1976.

---

[46] *Ibid.*, p. 189.

> *La reforma educativa del régimen echeverrista no tuvo el éxito esperado; sin embargo, fue de trascendencia, al dar origen a una nueva concepción en el proceso enseñanza-aprendizaje y en el estímulo a la investigación.*

En la práctica, la reforma educativa del régimen echeverrista no constituyó un plan integrado de acciones con programas y metas precisas; más bien se fue elaborando y dando a conocer sobre la marcha, y no tuvo el éxito esperado debido en buena medida a que los beneficios educativos se utilizaron como factores de negociación política entre instituciones educativas y gobierno. Sin embargo, la reforma fue de trascendencia al dar origen a una nueva concepción en el proceso enseñanza-aprendizaje. También fue de singular trascendencia la labor editorial de los intelectuales mexicanos que, con sentido crítico, se dedicaron durante ese periodo a la investigación, sobre todo en ciencias sociales, y dejaron un abundante acervo en libros y revistas como valiosa documentación de aquella conflictiva época de la historia mexicana.

CUADRO 8.3. *Gobierno de Luis Echeverría. Sociedad y cultura*

- **Política agraria**
  - **Legislación**
    - Nueva Ley Federal de Reforma Agraria.
    - Ley Federal de Aguas.
    - Ley General de Crédito Rural.
    - Creación de la Secretaría de la Reforma Agraria
      - Decreto de expropiación de tierras privadas en el estado de Sonora
        - Se agudiza el conflicto entre el gobierno y el sector privado
  - **Disposiciones administrativas**
    - Comisión Nacional Coordinadora del Sector Agropecuario.
    - Incremento a los precios de garantía de algunos productos.
    - Recursos canalizados a las áreas de mayor productividad.
    - Incremento al crédito agrícola ejidal

- **Movimiento campesino**
  - Movilización sin precedentes
    - La lucha por la tierra, motivo más fuerte
      - Pacto de Ocampo
      - CIOAC y UNAN, organizaciones contrarias al Pacto de Ocampo

- **Sector obrero**
  - Política laboral favorable
    - Instituciones creadas en el sexenio
      - Conampros
      - Conasuper
      - Fonacot
      - Infonavit
      - Fovissste
  - Insurgencia sindical
    - Constante oposición de los sindicatos independientes al sindicalismo oficial
      - Movimiento Sindical Revolucionario.
      - Declaración de Guadalajara
      - Tres modalidades de acción sindical
        - Frente Nacional de Acción Popular

- **Reforma educativa**
  - Impulso a la educación extraescolar autodidacta
  - Creación de métodos de enseñanza orientados a promover la conciencia crítica
    - Ley Federal de Educación
    - Sistema educativo como proceso integral de todos los niveles escolares
      - Nuevas instituciones de nivel superior
    - Enseñanza abierta

Actividades de aprendizaje

1. Elabora un cuadro comparativo acerca de los movimientos estudiantiles ocurridos en el país durante el sexenio 1970-1976, utilizando las siguientes variables: a) ciudad donde acontece, b) factores de origen, c) desarrollo y conclusión.

2. Realiza una investigación bibliográfica, que te permita ampliar la información sobre los sucesos ocurridos en la ciudad de México, el *Jueves de Corpus*, 10 de junio de 1971. Elabora un escrito de una cuartilla y media, incluyendo fotografías, con los resultados de tu investigación.

3. Con base en la lectura de este capítulo, elabora una tabla de dos columnas donde listes, por un lado, las acciones realizadas por Luis Echeverría, tendientes a cumplir con su promesa de apertura democrática, y por otro, las acciones que contradecían tal promesa.

4. Realiza una investigación —en bibliografía, hemerografía, Internet— acerca de los sucesos relacionados con el llamado "golpe a *Excélsior*", y en un escrito de una cuartilla y media, describe tales acontecimientos.

5. Después de dar lectura a las fuentes 1 y 2 de este capítulo, sintetiza por escrito los rasgos más característicos de la personalidad del presidente Luis Echeverría.

6. Analiza el contenido de la Carta de Derechos y Deberes Económicos de los Estados (fuente 3) y elabora un breve escrito de una cuartilla donde expliques las razones por las cuales las propuestas de Echeverría contenidas en dicha carta no se llevaron a la práctica, en el contexto de la ONU.

7. Investiga en diversas fuentes bibliográficas sobre el tema de educación en México, cuáles de las reformas e instituciones educativas creadas por el gobierno de Echeverría perduran hasta el momento actual. Con el resultado de tu investigación, elabora una lista con una breve descripción de cada una.

8. Investiga en fuentes especializadas los objetivos de la creación del Conacyt y la importancia que dicho organismo tiene en la capacitación de los estudiantes mexicanos a nivel superior y en posgrado. Elabora un resumen de tres cuartillas con la información obtenida.

9. Investiga acerca de los movimientos guerrilleros que surgieron en México durante el gobierno de Echeverría y elabora un cuadro resumen con base en las siguientes variables: 1) objetivos del grupo guerrillero; 2) métodos o técnicas de acción; 3) líderes del movimiento; y 4) postura ideológica.

Bibliografía

Ayala, José, José Blanco et al., "La crisis económica, evolución y perspectivas", en México, hoy, Pablo González Casanova (coord.), Siglo XXI Editores, México, 1979.
Basáñez, Miguel, *El pulso de los sexenios,* Siglo XXI Editores, México, 1990.
_____, *La lucha por la hegemonía en México (1968-1980),* Siglo XXI Editores, México, 1988.
Castañeda, Jorge G., *La Herencia. Arqueología de la sucesión presidencial en México,* Alfaguara, México, 1999.
Córdova, Arnaldo, *La Revolución y el Estado en México,* Era, México, 1989.
Cosío Villegas, Daniel, *El estilo personal de gobernar,* Cuadernos Joaquín Mortiz, México, 1974.
Enciclopedia de México, CD-ROM 2000.
González Casanova, Pablo (coord.), *Las elecciones en México, evolución y perspectivas,* Siglo XXI Editores, México, 1985.
González Casanova, Pablo y Enrique Florescano (coords.), *México, hoy,* Siglo XXI Editores, México, 1979.
González Compeán, Miguel y Leonardo Lomelí (coords.), *El Partido de la Revolución. Institución y conflicto (1928-1999),* Fondo de Cultura Económica, México, 2000.
Hellman, Judith Adler, *Mexico in crisis,* Holmes & Meier Publishers, Estados Unidos de América, 1988.
Krauze, Enrique, *El sexenio de Luis Echeverría,* Clío, México, 1999.
Levy, Daniel C., *Universidad y gobierno en México, la autonomía en un sistema autoritario,* Fondo de Cultura Económica, México, 1987.
Loaeza, Soledad, *El llamado de las urnas,* Cal y Arena, México, 1989.
Los presidentes de México. Discursos políticos 1910-1988, Tomo IV, Presidencia de la República/Colegio de México, México, 1988.
Martínez Assad (coord.), *La sucesión presidencial en México, 1928-1988,* Nueva Imagen, México, 1992.
Montes de Oca Luján, Rosa Elena, "La cuestión agraria y el movimiento campesino", en *Desarrollo y crisis de la economía mexicana,* Rolando Cordera (comp.), Fondo de Cultura Económica, México, 1981.
Ojeda, Mario, *Alcances y límites de la política exterior de México,* El Colegio de México, México, 1984.
_____, *México; el surgimiento de una política exterior,* Secretaría de Educación Pública, México, 1986.
Pellicer de Brody, Olga, "El acercamiento de México a América Latina: una interpretación política", en *Contemporary Mexico,* Compilado por James W. Wilkie et al., University of California Press/El Colegio de México, Estados Unidos de América, 1976.
Prawda, Juan, *Teoría y praxis de la planeación educativa en México,* Grijalbo, México, 1984.
Rodríguez Araujo, Octavio, *La reforma política y los partidos en México,* Siglo XXI Editores, México, 1983.
_____ (coord.), *Estabilidad y luchas por la democracia, 1900-1982,* El Caballito, México, 1988.
Saldívar, Américo, *Ideología y política del estado mexicano (1970-1976),* Siglo XXI Editores, México, 1981.
_____, "Fin de siglo", en *México, un pueblo en la historia,* Enrique Semo (coordinador), Vol. 7, Nueva Imagen Era, México, 1989.
Semo, Enrique, "1971: Jueves de Corpus" en *Proceso,* núm. 1284, México, 10 de junio de 2001.
Suárez Gaona, Enrique, *¿Legitimación revolucionaria del poder en México?,* Siglo XXI Editores, México, 1987.

Tello, Carlos, *La política económica en México 1970-1976*, Siglo XXI Editores, México, 1986.

Tello, Manuel, *La política exterior de México (1970-1974)*, FCE, México, 1975.

Trejo Delarbre, Raúl y José Woldenberg, "Los trabajadores ante la crisis", en *Desarrollo y crisis de la economía mexicana*, Rolando Cordera (comp.), México, 1981.

Capítulo 9

Los sexenios de la crisis
(1976-1988)

Los sexenios de la crisis

1976

Se expide una nueva Ley Orgánica de la Administración Pública Federal; diciembre.

1977

Es publicada la Ley Federal de Organizaciones Políticas y Procesos Electorales (LFOPPE); 30 de diciembre.

1979

Se llevan a cabo elecciones legislativas, con base en la LFOPPE; julio.
El presidente López Portillo propone ante la ONU un Plan Mundial de Energía; septiembre.

1983

Primera reunión de países latinoamericanos del Grupo de Contadora; 9 de enero.
Miguel de la Madrid presenta el Plan Nacional de Desarrollo; 30 de mayo.
Triunfos de la oposición en las elecciones locales; junio.
Es aprobada la Ley Federal de la Reforma Agraria; diciembre.

1984

Protesta del movimiento obrero contra la política económica del gobierno; 1° de mayo.

1985

Se pone en marcha el Programa de Descentralización de la Administración Pública Federal.
Los resultados de las elecciones aumentan el número de derrotas para el PRI; julio.
Dos terremotos de gran intensidad devastan la ciudad de México; 19 de septiembre.
Surge nueva situación de crisis económica; septiembre.
México presenta solicitud de ingreso al Acuerdo General sobre Aranceles Aduaneros y Comercio (GATT); diciembre.

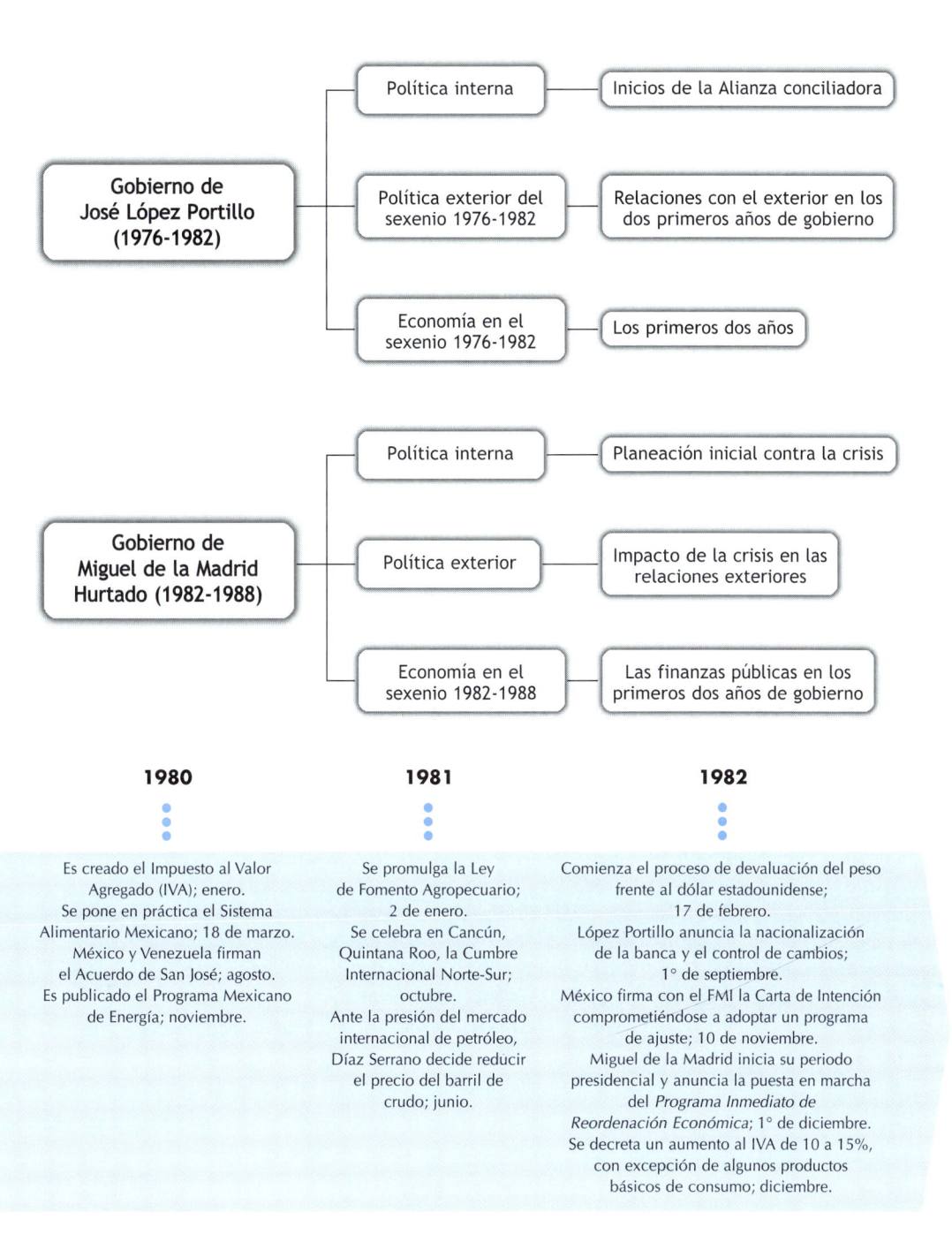

```
Gobierno de
José López Portillo ─┬─ Política interna ──────────── Inicios de la Alianza conciliadora
(1976-1982)          │
                     ├─ Política exterior del ─────── Relaciones con el exterior en los
                     │  sexenio 1976-1982             dos primeros años de gobierno
                     │
                     └─ Economía en el ────────────── Los primeros dos años
                        sexenio 1976-1982


Gobierno de
Miguel de la Madrid ─┬─ Política interna ──────────── Planeación inicial contra la crisis
Hurtado (1982-1988)  │
                     ├─ Política exterior ─────────── Impacto de la crisis en las
                     │                                relaciones exteriores
                     │
                     └─ Economía en el ────────────── Las finanzas públicas en los
                        sexenio 1982-1988             primeros dos años de gobierno
```

1980

Es creado el Impuesto al Valor Agregado (IVA); enero.
Se pone en práctica el Sistema Alimentario Mexicano; 18 de marzo.
México y Venezuela firman el Acuerdo de San José; agosto.
Es publicado el Programa Mexicano de Energía; noviembre.

1981

Se promulga la Ley de Fomento Agropecuario; 2 de enero.
Se celebra en Cancún, Quintana Roo, la Cumbre Internacional Norte-Sur; octubre.
Ante la presión del mercado internacional de petróleo, Díaz Serrano decide reducir el precio del barril de crudo; junio.

1982

Comienza el proceso de devaluación del peso frente al dólar estadounidense; 17 de febrero.
López Portillo anuncia la nacionalización de la banca y el control de cambios; 1° de septiembre.
México firma con el FMI la Carta de Intención comprometiéndose a adoptar un programa de ajuste; 10 de noviembre.
Miguel de la Madrid inicia su periodo presidencial y anuncia la puesta en marcha del *Programa Inmediato de Reordenación Económica*; 1° de diciembre.
Se decreta un aumento al IVA de 10 a 15%, con excepción de algunos productos básicos de consumo; diciembre.

1986

Un grupo de priístas del ala izquierda forma la Corriente Democrática; agosto.
De la Madrid presenta iniciativa de reforma a la LFOPPE; diciembre.
Se agrava durante el año la situación de crisis económica.

1987

Caída de la Bolsa Mexicana de Valores; 19 de octubre.
Es firmado el Pacto de Solidaridad Económica; 15 de diciembre.

1988

Se anuncia la "caída" del sistema nacional de cómputo de los votos electorales; 6 de julio.
Cuauhtémoc Cárdenas, Manuel Clouthier y Rosario Ibarra, presentan ante la CFE un "llamado a la legalidad"; 6 de julio.
Carlos Salinas de Gortari inicia su periodo presidencial; 1° de diciembre.

Los sexenios de la crisis (1976-1988)

El título de este capítulo es por sí mismo sugerente: se refiere a la situación de crisis económica que se vivió en México durante los periodos presidenciales de José López Portillo y Miguel de la Madrid Hurtado. La lectura de esta sección, te llevará a recorrer un tiempo en el cual comenzó a declinar el sistema político vigente desde la década de 1920, un tiempo en el que las crisis económicas recurrentes fueron un importante factor para impulsar las demandas de cambio democrático.

La crisis económica de los sexenios abordados en este capítulo, que era efecto inmediato de las políticas equivocadas del gobierno de Echeverría, tenía orígenes más profundos: el modelo de sustitución de importaciones, vigente desde tiempos de Lázaro Cárdenas, ya no funcionaba; además de las fallas que se reflejaban en la economía nacional, sus características ya no correspondían a la nueva situación de los países capitalistas que empezaban a abrir sus fronteras al comercio internacional.

Aunque parezca poco sensato, a pesar de sus fallas el modelo continuó aplicándose en México durante el gobierno de López Portillo, quien confiadamente apoyó la economía del país en los recursos petroleros, hasta que ese apoyo falló y la situación de crisis alcanzó su nivel máximo de gravedad en un fin de sexenio marcado por la crisis y la expropiación de la banca comercial. Comprenderás que el siguiente gobierno heredó una situación difícil, agravada por la presión de las instituciones financieras internacionales que lo obligaron a cambiar de rumbo y a tomar medidas drásticas que afectaron duramente a la población, intensificando su descontento contra el régimen político dominado por el PRI.

Sin embargo, en ese periodo hubo algunas acciones positivas. Una de ellas fue la nueva reforma electoral impulsada por el gobierno de López Portillo y continuada por Miguel de la Madrid, la cual resultó más avanzada y completa que la promovida por Echeverría. Es muy importante que sepas que la ley electoral de 1977 es una fuente primordial de referencia en el estudio del proceso hacia la democracia en México. Esa reforma electoral fue creada en aquellos momentos con el propósito de satisfacer las demandas por una apertura política promovida por los grupos contrarios al régimen, y para impedir el surgimiento de grupos rebeldes. Sin embargo, la inconformidad hacia el partido en el poder, agravada por la crisis económica, era cada vez más evidente y se reflejaba en las derrotas electorales que empezó a sufrir el PRI, particularmente a partir del sexenio de De la Madrid.

A la difícil situación política y económica que tuvo que enfrentar el gobierno de Miguel de la Madrid se agregó la calamidad de tres desastres que causaron un gran número de pérdidas humanas: el incendio de una refinería en los suburbios de la ciudad de México en 1984, los sismos que destruyeron varias zonas de la capital del país en 1985 y, dos meses antes de terminar el sexenio, el huracán "Gilberto" que devastó las regiones noreste y sureste del país

Por último, las elecciones para presidente de la República, celebradas en 1988, cuyo resultado oficial fue –y sigue siendo– fuertemente cuestionado, constituyeron un hito, es decir, un hecho trascendental en la historia de la prolongada y tenaz lucha por construir una nación verdaderamente democrática.

Gobierno de José López Portillo (1976-1982)

Política interna

Inicios de la Alianza conciliadora

José López Portillo inició su mandato presidencial en medio de un ambiente de incertidumbre y bajo el impacto psicológico de la devaluación decretada por su antecesor. A los ojos de propios y extraños, el modelo de desarrollo compartido había demostrado no ser una opción viable para corregir las deficiencias del modelo de desarrollo estabilizador, como Echeverría propuso al principio de su administración; correspondía ahora a su sucesor enmendar las fallas de la fracasada política económica. Desde los primeros momentos, López Portillo cimentó su prestigio como gobernante en la premisa fundamental de que había sido electo para administrar la crisis. Comentaba él mismo que su gobierno aspiraba a sacar al país del "bache" en que se encontraba; por lo tanto, consideraba como parte esencial de su política elaborar una estrategia que permitiera administrar el Estado con eficacia.

La tarea crucial de López Portillo era lograr la reconciliación con los miembros del sector empresarial resentidos contra el sistema político. En las difíciles condiciones socioeconómicas en que se encontraba el país, era imprescindible para el nuevo gobierno recuperar el apoyo de la iniciativa privada para llevar a la práctica un plan de reformas capaz de solucionar la crisis financiera. Por eso, desde los días de su campaña electoral, López Portillo se dedicó a tranquilizar los ánimos de los empresarios y a presentar su gobierno como un régimen de conciliación.

El logro de la conciliación implicaba en gran parte que el nuevo Ejecutivo Federal estuviera dispuesto a reconocer la situación de crisis monetaria que heredaba su administración; López Portillo abordó el tema de la devaluación y los efectos de la misma como el eje central de su discurso inaugural, admitiendo la gravedad de la crisis económica y asegurando al mismo tiempo que México tenía los recursos naturales y humanos para superarla. Invitó a todos los mexicanos a trabajar unidos en el esfuerzo por encontrar soluciones a la crisis y, al referirse a los efectos psicológicos de la devaluación, el nuevo presidente hizo un reclamo a los mexicanos que habían perdido la confianza en su país:

José López Portillo, presidente de la República

López Portillo cimentó su prestigio como gobernante en la premisa fundamental de que había sido electo para administrar la crisis.

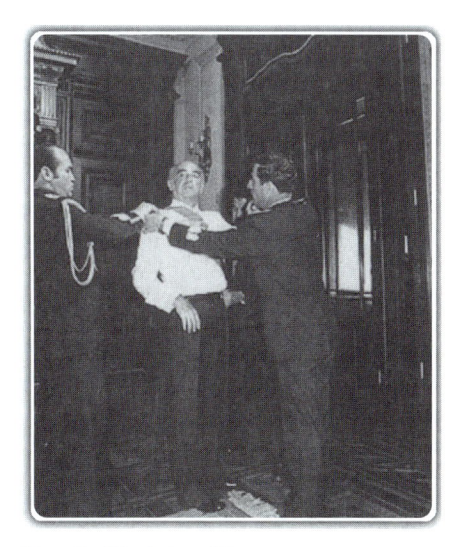

López Portillo: la investidura presidencial

Discurso de inauguración del gobierno de José López Portillo

La tarea crucial de López Portillo era lograr la reconciliación con los miembros del sector empresarial resentidos contra el sistema político; por eso, presentó su gobierno como un régimen de conciliación.

> *López Portillo invitó a todos los mexicanos a trabajar unidos para encontrar soluciones a la crisis e hizo un reclamo a los mexicanos que habían perdido la confianza en su país.*

Ni hemos perdido todo, ni podemos esperarlo todo de la devaluación. No es desastre ni panacea. Expresa, objetivamente, nuestra relación de intercambio con el mundo... Lo ciertamente grave, es que en los momentos de deterioro, algunos mexicanos perdieron la confianza en el país... México necesita reafirmar sus valores, su fuerza y la seguridad de que su destino no depende de veleidades monetarias o de alguna cifra mágica que establezca la paridad del peso con monedas extranjeras. Se hace imprescindible reiterar que nuestro desarrollo depende del esfuerzo productivo de los mexicanos; que nuestros recursos naturales no se han empobrecido por haberse devaluado nuestra moneda; que la capacidad creadora de sus habitantes no está a merced de pánicos financieros y que, en consecuencia, los precios, los salarios y el nivel de vida sólo se deterioran en la medida en que, por ignorancia, temor o mala fe, seamos incapaces de comprender que lo único afectado es el valor de lo que compramos en el exterior. Quisiera que así lo entendiéramos muy pronto, para evitar la peor de las dependencias enajenantes, la psicológica, la que nos hace perder identidad y dirección.[1]

En esa misma ocasión, en la que como en todos sus discursos a lo largo del sexenio hizo gala de su florido manejo del lenguaje, López Portillo anunció algunos de sus proyectos, particularmente el de la *Alianza para la Producción*, proyecto al que consideraba como la estrategia clave para resolver los problemas socioeconómicos. Expresó entonces que tal alianza debía ser popular, nacional y democrática, e implicaba la colaboración de todos los mexicanos, a quienes pidió le concedieran tiempo y creyeran en su buena fe.

Según López Portillo la solución a los problemas del país consistía en "integrar con todos los 'yo' un 'nosotros' "; idea que se simplificó en la frase: "la solución somos todos", utilizada como lema de su gobierno. Hizo un dramático llamado de solidaridad a los diferentes sectores de la sociedad, a las mujeres, los jóvenes, los trabajadores, los intelectuales, pero también a los pesimistas, a los desnacionalizados, y a los que "se dejan arrastrar por los rumores y chismes", en clara alusión a la ola de rumores que corrió por el país en los últimos años del gobierno echeverrista. A los empresarios les pedía aportar su capacidad para generar prosperidad compartida y para "dar función social a la riqueza", y para los grupos marginados, una petición:

> *López Portillo pedía a los empresarios aportar su capacidad para generar prosperidad y para "dar función social a la riqueza", y a los marginados les pedía perdón "por no haber acertado todavía a sacarlos de su postración".*

> A los desposeídos y marginados si algo pudiera pedirles, sería perdón por no haber acertado todavía a sacarlos de su postración; pero les expreso que todo el país tiene conciencia y vergüenza del rezago y que precisamente por eso nos aliamos para conquistar por el derecho la justicia.

La Alianza para la Producción era sobre todo un medio por el cual López Portillo intentaba reanudar los lazos con el sector empresarial; en abril de 1977 el Grupo Monterrey se comprometió a cooperar con el nuevo gobierno mediante fuertes inversiones de capital, actitud que López Portillo calificó como "profundamente nacionalista". Desde un principio y durante gran parte del sexenio, la manera en que se dio la relación entre este grupo empresarial y el gobierno federal demostraba, por una parte, que el presidente juzgaba muy necesarios su apoyo y cooperación para la buena marcha de la economía nacional, y por otra, que habían sido superados los conflictos entre empresarios y gobierno generados en el sexenio anterior.

Casi todos los convenios que propuso López Portillo fueron bien acogidos por los empresarios, pues reflejaban el deseo de marcar una independencia con respecto

---

[1] *Los presidentes de México. Discursos políticos 1910-1988,* Tomo V, Presidencia de la República, El Colegio de México, 1988, pp. 24-25.

a Echeverría ya que la estrecha amistad entre uno y otro hacía temer a la iniciativa privada que el ex presidente buscara influir sobre las decisiones del nuevo gobierno; esto no sucedió y López Portillo demostró desde un primer momento que actuaba por cuenta propia al formular políticas que eran claramente distintas a las de su predecesor, particularmente las relativas a la esfera económica.² Tal independencia se manifestó en la composición inicial del gabinete presidencial; López Portillo nombró como secretarios de Estado a las personas que habían colaborado con él cuando, siendo subsecretario de la Presidencia en el gobierno de Díaz Ordaz, intentó llevar a cabo una reforma administrativa. Además, fue significativa su actitud al instrumentar un plan de desarrollo diferente del creado por el PRI a fines del sexenio anterior.

Ante la necesidad de efectuar cambios en la política económica, la nueva administración estaba consciente de que debía evitar los conflictos con la clase empresarial, pero también advertía que su alianza con ese grupo podría provocar la inconformidad de los demás sectores sociales, en particular con el movimiento obrero que, de acuerdo con el tradicional corporativismo del Estado, constituía una importante base de apoyo para el gobierno. Para resolver ese aspecto contradictorio, López Portillo utilizó un recurso ya planteado en el sexenio anterior, pero que se había pospuesto por considerarlo como algo secundario; tal recurso consistía en realizar una reforma política, entendida como una estrategia encaminada a aliviar las tensiones sociales provocadas por la crisis económica, pero que no implicaba llevar a cabo paralelamente reformas en la economía que pusieran en riesgo la alianza con el sector privado.

López Portillo y Echeverría el 1° de diciembre de 1976

La estrecha amistad entre Echeverría y López Portillo hacía temer a la iniciativa privada que el ex presidente buscaba influir sobre las decisiones del nuevo gobierno.

Reforma política

La puesta en marcha de un amplio plan de reforma de las instituciones políticas, se presentaba como una solución viable desde la perspectiva de buscar un atenuante para los efectos sociales de la crítica situación económica del país, ofreciendo mayores oportunidades de acceso a la estructura política. De acuerdo con lo expresado por el secretario de Gobernación, Jesús Reyes Heroles, el primero de abril de 1977, se buscaba un doble propósito: por un lado, se trataba de institucionalizar las demandas de apertura política de la disidencia, impidiendo que ésta tomara el camino de la subversión como había sucedido en el sexenio anterior, y por otro lado, se pretendía otorgar a las instituciones públicas una mayor representatividad política y social, permitiendo que el Estado ensanchara las posibilidades de representación política de modo tal que se pudiera captar "el complicado mosaico ideológico nacional de una corriente mayoritaria, y de las pequeñas corrientes que, difiriendo en mucho de la mayoritaria, forman parte de la nación". Agregaba Reyes Heroles que el gobierno habría de introducir reformas políticas tendientes a facilitar la unidad democrática del pueblo, "abarcando la pluralidad de ideas e intereses que lo configuran".³

Jesús Reyes Heroles, secretario de Gobernación

Nueva ley electoral

En octubre de 1977, el presidente de la República presentó al Congreso su iniciativa de reformas a la Constitución y su proyecto para una nueva ley electoral, la cual fue

La reforma política de López Portillo se presentaba como un atenuante para los efectos sociales de la crítica situación económica del país, ofreciendo mayores oportunidades de acceso a la estructura política.

---

² Dale Story, *Industria, estado y política en México,* Grijalbo y Consejo Nacional para la Cultura y las Artes, México, 1990, pp. 204-205.
³ Arnaldo Córdova, *La Revolución y el Estado en México,* Era, México, 1989, p. 311.

> *La nueva ley electoral fue promulgada en diciembre de 1977 bajo el título de* Ley Federal de Organizaciones Políticas y Procesos Electorales *(LFOPPE).*

promulgada a fines del siguiente mes de diciembre bajo el título de *Ley Federal de Organizaciones Políticas y Procesos Electorales* (LFOPPE), en la cual se incluyó una ley de amnistía destinada a beneficiar a un buen número de presos y prófugos políticos, en un intento por dar solución jurídica a los conflictos protagonizados por la guerrilla urbana y rural que inquietó al país en el sexenio anterior.

La LFOPPE redujo de manera formal el papel de la Secretaría de Gobernación en algunos asuntos clave, entre ellos el del registro de los partidos políticos; creó figuras jurídicas nuevas, como la de "asociación política", y estableció que los partidos fueran considerados como "entidades de interés público". Pero el aspecto central de la nueva ley, considerada posteriormente por analistas políticos como "un salto hacia la formación del moderno sistema de partidos",[4] era beneficiar a los grupos políticos minoritarios porque, aparte de considerar a los partidos que ya gozaban de registro, abría posibilidades reales para que otras organizaciones de interés político tuvieran acceso al sistema. Esto hizo a la nueva ley especialmente atractiva para la mayoría de los partidos y grupos opositores, pues les ofrecía mayores ventajas que cualquier otra reforma anterior, y los subsidios económicos eran parte de esas ventajas; pero lo más importante consistía en que la LFOPPE ofrecía al conjunto de los partidos de oposición mayores posibilidades de representación en la Cámara de Diputados que la reforma política de 1963, y aunque este aspecto de la nueva reforma no resultaba ahora atractivo para el PAN como lo había sido en tiempos de López Mateos, constituyó un elemento central en el apoyo que los demás partidos y organizaciones dieron a la iniciativa de ley.[5]

> *La nueva ley electoral fue especialmente atractiva para la mayoría de los partidos y grupos opositores, pues les ofrecía mayores ventajas que cualquier otra reforma anterior.*

La ley constaba de cinco títulos: a) sobre los partidos políticos y sus prerrogativas y sobre las organizaciones políticas; b) la nueva conformación de la Cámara de Diputados; c) la autoridad electoral, d) el régimen de nulidades, recursos y sanciones, y e) coaliciones y frentes.[6]

Reformas constitucionales

La nueva organización del sistema electoral mexicano, implicó una importante reforma de los artículos constitucionales relacionados con este aspecto: el 41, que se refiere a los partidos políticos; el 52, que establece el sistema mixto con el predominio de la mayoría y la ampliación de los diputados hasta 400 (300 electos según el principio de mayoría relativa, y hasta 100, según el sistema proporcional); el 54 y el 55, que establecen los requisitos para las candidaturas de los diputados federales; el 60, que trata sobre el sistema de integración del Colegio Electoral y la Comisión Federal Electoral (CFE), y establece el recurso de *reclamación* ante la Suprema Corte de Justicia contra las resoluciones de dicho Colegio, sin que la Corte tenga facultad de decisión, sino sólo de emitir opinión; el 73, que se refiere a los ordenamientos legales aplicables al Distrito Federal; el 97, que permite a la Suprema Corte investigar de oficio los hechos violatorios del voto público, en los casos en que, a su juicio, pudiera ponerse en duda la legalidad de todo el proceso de elección de alguno de los poderes de la Unión; finalmente, el 115, que, dentro de las modalidades de las legislaciones estatales, establece la introducción del principio de representación proporcional en la elección de los ayuntamientos y el establecimiento del sistema de diputados locales de minoría.[7]

---

[4] Ricardo Becerra, Pedro Salazar y José Woldenberg, *La mecánica del cambio político en México. Elecciones, partidos y reformas*, Cal y Arena, México, 2000, p. 77.
[5] Juan Molinar Horcasitas, *El tiempo de la legitimidad. Elecciones, autoritarismo y democracia en México*, Cal y Arena, México, 1991, pp. 96-97.
[6] Ricardo Becerra, Pedro Salazar, José Woldenberg, *Op. cit.*, pp. 109-128.
[7] Francisco José Paoli Bolio, "Legislación electoral y proceso político, 1917-1982", en *Las elecciones en México, evolución y perspectivas*, Pablo González Casanova (coord.), Siglo XXI Editores, México, 1985.

Sistema de diputados de partido

Fue de particular importancia la modificación realizada en el sistema de diputados de partido, que ahora se dividía en dos tipos de candidatos y de medios para obtener la diputación. En un caso se trataba de distritos federales *uninominales*, que deberían ser en número de 300 y tendrían que establecerse en cada elección, y sólo podría triunfar un candidato en cada uno de ellos, esto es, el que obtuviera mayoría relativa (por esa razón se llamarían uninominales). En el otro caso, se refería a circunscripciones *plurinominales*, que debían ser en número de 5 y permitirían la elección de hasta 100 diputados, según un sistema de representación proporcional variable, elegido por la Comisión Federal Electoral, que además decidía para cada elección las entidades federativas que debían abarcar las circunscripciones plurinominales, sin que existieran criterios prefijados para ello.

La ley establecía además que si un partido obtenía 60 o más diputaciones por el sistema de elección uninominal no tendría derecho a diputaciones por elección proporcional; mientras que un partido minoritario debería haber obtenido, cuando menos, 1.5% de la votación total, y si los partidos minoritarios obtenían conjuntamente 90 o más constancias de mayoría en los distritos uninominales, el número de bancas de representación proporcional se reducía a la mitad, o sea a 50, a fin de mantener inalterable el derecho de la mayoría.

Reacciones a la nueva ley electoral

La LFOPPE fue objeto de críticas, principalmente de parte de los partidos políticos mayoritarios, incluso del mismo PRI y, en particular, del sindicalismo oficial, sobre todo la CTM, cuyos dirigentes veían en la reforma política una amenaza para la hegemonía que esa organización ejercía dentro del partido. La crítica se centró en los puntos siguientes:

- se consideraba que la nueva ley no facilitaba la vigilancia necesaria para suprimir el fraude electoral;
- se juzgaba inapropiado la hegemonía que la ley aseguraba al gobierno en las instancias organizadoras, vigiladoras y calificadoras de los procesos;
- se argumentaba que era inadecuado el sistema de organización, levantamiento y registro del padrón electoral;
- se rechazaba por inoperante el papel otorgado al Poder Judicial en materia electoral;
- se criticaba el hecho de que la Comisión Federal Electoral fuera convertida en un "superpoder", sobre todo, porque estaba integrada, en su mayoría, por miembros del gobierno o del PRI;
- se consideraba que el sistema de diputados plurinominales, al no tener un área regional fija, como era el caso de los distritos, permitía al gobierno mover a su conveniencia cada trienio la ubicación territorial de las circunscripciones, cuando en alguna región específica se presentaran fricciones con los partidos de oposición.

Aplicación y modificaciones

La reforma política fue puesta a prueba en 1979 en las elecciones para diputados. De los 300 distritos de mayoría simple, el PRI sólo perdió 4 con el PAN, al cual le corres-

La primera prueba de la LFOPPE en las elecciones de 1979 no resultó del todo exitosa, pues aun cuando se amplió el conjunto de partidos de oposición, ello no trajo consigo una mayor afluencia de electores.

Partido Comunista Mexicano

Partido Socialista de los Trabajadores

La modificación hecha a la LFOPPE en 1982 permitió que, aparte del PRI y del PAN, obtuvieran su registro definitivo partidos ya existentes como el PARM y el PPS, y que se otorgara el registro condicionado a otros partidos.

pondieron además 39 de representación proporcional. El Partido Comunista Mexicano (PCM) obtuvo 18; al Partido Auténtico de la Revolución Mexicana (PARM) le correspondieron 12 y el Partido Popular Socialista (PPS) obtuvo 11. Además, se hicieron acreedores al registro el Partido Socialista de los Trabajadores (PST) y el Partido Demócrata Mexicano (PDM), logrando cada uno 10 diputaciones. Se hizo notorio que, en comparación con las elecciones para diputados de seis años antes, el PRI y el PAN habían perdido 750 000 y 680 000 votos, respectivamente, lo cual parecía demostrar que las corrientes minoritarias se habían visto favorecidas, como había sido la intención de la reforma política. Sin embargo, esta primera prueba de la LFOPPE no resultó del todo exitosa, pues, aun cuando se amplió el conjunto de partidos de oposición, ello no trajo consigo una mayor afluencia de electores, y siendo uno de los principales objetivos abatir el abstencionismo, éste aumentó notablemente llegando a 50.67% de acuerdo con las cifras oficiales.[8]

La LFOPPE fue modificada en dos ocasiones, durante el sexenio de López Portillo, después de las elecciones federales de 1979; la primera en 1980, que sólo se refirió a detalles de escasa importancia en el proceso electoral, como el derecho de los partidos a nombrar representantes, propietario y suplente ante las mesas directivas de las casillas electorales. La segunda modificación, publicada en enero de 1982, incluía entre las modificaciones fundamentales la referente a la pérdida de registro de partido, que en la LFOPPE original ocurría si en tres elecciones federales consecutivas no se obtenía 1.5% de la votación nacional; en cambio, ahora bastaba con una sola vez que no se obtuviera dicho porcentaje en una elección nacional, para que un partido perdiera su registro definitivo.

Heberto Castillo, del Partido Mexicano de los Trabajadores

Esto permitió que, aparte del PRI y del PAN, obtuvieran su registro definitivo partidos ya existentes como el PARM y el PPS, y que se otorgara el registro condicionado a otros partidos: el Social Demócrata, el Socialista de los Trabajadores y el Partido Comunista. Este último formó una coalición con el Partido Mexicano de los Trabajadores, el Popular Mexicano y el Socialista Revolucionario. Otras organizaciones, como el Partido Revolucionario de los Trabajadores y la Unidad de Izquierda Revolucionaria, se convirtieron en *Asociaciones políticas*, para lo cual solamente requerían contar con cinco mil afiliados en 10 entidades federativas y demostrar actividades políticas continuas durante dos años.

Ejercicio 1

1. ¿Por qué López Portillo consideraba necesaria la conciliación del gobierno con los empresarios?
2. ¿Cuáles eran los dos propósitos de la reforma política emprendida en 1977?
3. Menciona tres aspectos de la *Ley Federal de Organizaciones Políticas y Procesos Electorales* (LFOPPE), que sirvieran a los propósitos de la reforma política.
4. Menciona cuatro de las críticas hechas a la LFOPPE.

---

[8] Martha Singer Sochet, "Partidos políticos, estabilidad y democracia, 1900-1982", en *México, estabilidad y luchas por la democracia, 1900-1982,* Octavio Rodríguez Araujo (coordinador), El Caballito, México, 1988, p. 422.

Reforma administrativa

Entre los primeros programas elaborados por el régimen de López Portillo en el contexto de la crisis económica, se llevó a cabo una reforma en la administración pública federal, la cual había crecido excesivamente en menoscabo de su eficacia.

Con tal propósito, se elaboró un complejo programa que incluía dos procesos: a) depuración en gran escala del sector paraestatal, y b) reorganización de la administración centralizada. Este programa se llevó a cabo mediante una nueva Ley Orgánica de la Administración Pública Federal, expedida a fines de diciembre de 1976, en la cual se concibió a ambos procesos como un todo, sometidos a las mismas normas. Los cambios más destacados fueron: la sustitución de la Secretaría de la Presidencia por la de Programación y Presupuesto; la fusión de las secretarías de Agricultura y Ganadería, y la de Recursos Hidráulicos, para formar la Secretaría de Agricultura y Recursos Hidráulicos; la incorporación de la rama industrial a la de Patrimonio y Fomento Industrial, y la creación de la Secretaría de Asentamientos Humanos y Obras Públicas.

Además, con el propósito de lograr un funcionamiento armónico de las dependencias centralizadas y las entidades paraestatales, se ideó un mecanismo llamado de "sectorización", que agrupaba a las paraestatales en sectores formados y encabezados por cada dependencia centralizada. De esta manera, cada secretaría o departamento encabezaba un número diverso de entidades descentralizadas que se iban agrupando y formando sectores de acuerdo con la función que realizaban. Asimismo, la sectorización establecía que las relaciones entre las paraestatales y el Ejecutivo Federal se llevara a cabo por medio de la "cabeza de sector", es decir, del secretario de Estado correspondiente. Sin embargo, con el tiempo, y quizá debido a la complejidad misma del sistema, las paraestatales quedaron subordinadas a las dependencias centralizadas y, por tanto, la sectorización no llegó a cumplir con el objetivo de armonizar las funciones entre ambos tipos de dependencias.

> *Para llevar a cabo la reforma administrativa, el gobierno de López Portillo elaboró un programa que incluía dos procesos: a) depuración en gran escala del sector paraestatal, y b) reorganización de la administración centralizada.*

Planificación para el desarrollo

En su primer informe de gobierno, López Portillo hizo un diagnóstico de la situación socioeconómica que su administración heredaba. "México estaba, en síntesis", dijo:

> en el punto más difícil, de mayor escepticismo, más oscuro de la encrucijada. Así recibimos, hace apenas unos meses, a la nación. Pedí tiempo y propuse tregua. Uno y otra me fueron concedidos. Lo necesitábamos todos. Lo ganamos todos. No prometí milagros, en la conciencia de que, en economía, es imposible pasar, en el corto plazo, de la angustia y el abatimiento, a la prosperidad.[9]

Hizo referencia a la Alianza para la Producción, para cuyo efecto convocó a todos los grupos sociales, gremios y agrupación de intereses, a realizar un esfuerzo colectivo y cotidiano para conciliar los objetivos nacionales de desarrollo y justicia social, con las demandas específicas de los diversos factores de la economía. Pero, como lo anunció inicialmente, la alianza debía inscribirse en un programa general y de largo plazo que definiera con precisión las prioridades del desarrollo nacional y estableciera con claridad los términos en que habrían de darse las relaciones entre el Estado, el sector privado nacional y el capital extranjero, así como las formas de par-

> *El Plan Global de Desarrollo (PGD) debía cumplirse en tres etapas bianuales: los primeros dos años dedicados a superar la crisis; los siguientes dos serían de consolidación de la economía, y los últimos de crecimiento acelerado.*

---

[9] *Los presidentes de México*, pp. 74-75.

> *El PGD se componía de tres partes: la primera relativa a la política, la segunda a la economía sustentada en las exportaciones petroleras, y la tercera tendiente a transformar el crecimiento económico en desarrollo social.*

ticipación de los trabajadores. De acuerdo con el planteamiento presidencial, se debían programar metas sucesivas para instrumentar el *Plan Global de Desarrollo* (PGD), en tres etapas bianuales: los primeros dos años, que estaban por concluir, estarían dedicados a superar la crisis; los siguientes dos serían de consolidación de la economía, y los últimos de crecimiento acelerado.

Con base en la organización sectorial de la administración pública que antecedió al plan global, la planeación surgió de las cabezas de sector, es decir de los secretarios de Estado, quienes se dedicaron a la tarea de elaborar los proyectos que habrían de integrarse luego al PGD.

El documento que contenía el Plan Global de Desarrollo [véase fuente 1. "Las estrategias del Plan Global de Desarrollo"] se componía de tres partes. La primera, relativa a la política, estaba sustentada —de acuerdo con los autores del plan—, en el concepto de "proyecto nacional surgido de la Revolución y de la Constitución de 1917 y expresado en la democracia plural y en la economía mixta". La segunda parte se refería a la economía y en ella se presentaba la estrategia de desarrollo creada por la administración lopezportillista, en la que destacaba el papel del petróleo como "palanca del desarrollo", pues se suponía que mediante su exportación masiva se obtendría el financiamiento para el proyecto social. La tercera parte del plan correspondía a lo social y estaba orientada a demostrar cómo las acciones en política y economía habrían de transformar el crecimiento económico en desarrollo social. La estrategia de desarrollo del PGD estaba integrada por 22 acciones políticas básicas que suponían la utilización concertada de todos los instrumentos y medios a disposición del sector público.

> *El sistema nacional de planeación, con un gran conjunto de elementos interrelacionados, se convirtió en un embrollado sistema de funciones que no serían cumplidas con eficiencia.*

A partir del PGD se diseñó un sistema nacional de planeación que pretendía cubrir desde el gobierno federal a los de los estados y municipios, con tres vertientes global, sectorial y regional. Se trataba, según palabras de López Portillo, de "organizar al gobierno para organizar al país". Sin embargo, este gran conjunto de elementos interrelacionados (alianza, plan global, sectorial y regional, sistema nacional de planeación; reformas política, fiscal, educativa y económica; y el surgimiento de un sistema nacional alimentario aunado a un programa de productos básicos) se convirtió en un embrollado sistema de funciones que no habrían de ser cumplidas con eficiencia y que, por lo contrario, aumentaron el aparato burocrático creando una situación de crisis política, manifiesta en los últimos años del sexenio cuando la crisis económica hizo salir a la superficie los errores de la planeación administrativa y los repetidos fracasos en la conducción de la economía.

Después de momentos de euforia en los que el presidente hizo concebir a los mexicanos la idea de haber alcanzado la solución definitiva a los problemas económicos, y que ya tan sólo se trataba de "aprender a administrar la riqueza", de nuevo el final del sexenio llegaba en un clima de desconfianza, y de nuevo los rumores provocaban la fuga de capitales.

Sucesión presidencial

En el contexto de una situación de aguda crisis económica, en septiembre de 1981 empezaron a manifestarse los síntomas del mecanismo que conducía a la nominación del candidato presidencial para el siguiente sexenio. A mediados de 1981 se presentaron varios acontecimientos que complicaron el proceso de sucesión presidencial: el primero fue la caída de los precios del petróleo; después la destitución del director de Pemex, Jorge Díaz Serrano, debido a un desacuerdo con López Portillo con respecto a la reducción de los precios del petróleo de exportación; por último, las presiones ejercidas por el sector financiero y por un grupo de empresarios, que se oponía a las políticas económicas del régimen.

José López Portillo y Miguel de la Madrid

Fuente 1. Las estrategias del Plan Global de Desarrollo

1. Fortalecer al Estado, para satisfacer las demandas de una sociedad en pleno crecimiento, que requieren cada vez más el esfuerzo común.
2. Modernizar los sectores de la economía y la sociedad.
3. Generar empleo en un ambiente digno y de justicia, como propósito básico de la estrategia. Se propone crear 2.2 millones de nuevos puestos de trabajo, entre 1980 y 1982.
4. Consolidar la recuperación económica, logrando por lo menos un crecimiento del PIB de 8%, durante los primeros tres años.
5. Reorientar la estructura productiva hacia la generación de bienes básicos y a la creación de una industria nacional de bienes de capital.
6. Racionalizar el consumo y estimular la inversión.
7. Desarrollar, en forma acelerada, el sector agropecuario, para que se eleve el nivel de vida de los campesinos y se satisfagan las necesidades alimenticias de la población nacional.
8. Impulsar el Sistema Alimentario Mexicano (SAM).
9. Fomentar el gasto prioritario y reforzar a la empresa pública, eliminando los subsidios excesivos.
10. Utilizar el petróleo como palanca de desarrollo económico y social, canalizando los recursos que de él se obtengan, a las prioridades de la política de desarrollo.
11. Estimular una política de productividad y una adecuada distribución de sus beneficios entre los trabajadores del campo y la ciudad, y la sociedad en su conjunto.
12. Destinar mayores recursos para la provisión de mínimos de bienestar, particularmente para la población marginada, urbana y rural.
13. Inducir, con pleno respeto a la libertad individual, la reducción en el crecimiento de la población y racionalizar su distribución territorial.
14. Obtener una mejoría en el nivel de vida de la población, mediante un incremento sustancial del consumo a través del empleo productivo.
15. Ampliar y mejorar la educación básica para niños y adultos.
16. Vincular la educación terminal —media y superior— con las necesidades de trabajadores capacitados, técnicos medios y profesionales que requiere el sistema nacional de producción.
17. Impulsar la capacitación y organización social para el trabajo.
18. Desconcentrar, concentrando (*sic*) la actividad económica y los asentamientos humanos en un esquema regional nuevo, con énfasis en costas y fronteras.
19. Controlar y reducir el ritmo de la inflación.
20. Avanzar en la estrategia de nuevas formas de financiamiento del desarrollo.
21. Establecer una vinculación eficiente con el exterior, que estimule la modernización y la eficiencia del aparato productivo.
22. Ampliar la concertación de acciones entre los sectores público, social y privado, en el marco de la Alianza para la Producción.

Héctor Cuadra, "El Modelo normativo de la rectoría económica del Estado, 1917-1987", *México, 75 años de Revolución, Política,* Vol. II, Fondo de Cultura Económica, México, 1988, pp. 622-624.

Los comicios de 1982 llegaron a incorporar por primera vez en la historia electoral contemporánea al mayor número de partidos políticos y al mayor número de candidatos.

El 25 de septiembre, el PRI hizo el destape oficial del secretario de Programación y Presupuesto, Miguel de la Madrid Hurtado, como su candidato a la Presidencia. El anuncio se daba de forma adelantada, tan sólo unos días después del quinto informe de gobierno, y anticipándose casi un mes a la cumbre internacional que se habría de celebrar en Cancún, y a la que López Portillo quería llegar, según sus propias palabras, "con toda la fuerza del presidente de la República".

Elecciones federales en 1982

Los efectos de la crisis económica hicieron predecir resultados adversos para el sistema electoral establecido por la LFOPPE; sin embargo, los comicios de 1982 llegaron a incorporar por primera vez en la historia electoral contemporánea al mayor número de partidos políticos y de candidatos, no sólo para renovar la legislatura federal, sino también para elegir al nuevo presidente de la República.

Por primera vez, después de 30 años, hubo más de dos candidatos, formalmente registrados, para la Presidencia de la República. Los candidatos de oposición eran: Pablo Emilio Madero, por el Partido Acción Nacional; Rosario Ibarra de Piedra, por el Partido Revolucionario de los Trabajadores (PRT); Manuel Moreno Sánchez por el Partido Social Demócrata (PSD); Arnoldo Martínez Verdugo, por una coalición de partidos de izquierda integrada en el Partido Socialista Unificado de México (PSUM); Cándido Díaz Cerecero, por el Partido Socialista de los Trabajadores (PST); Ignacio González Gollas, por el Partido Demócrata Mexicano (PDM). El Partido Popular Socialista (PPS) y el Partido Auténtico de la Revolución Mexicana (PARM) apoyaron la candidatura de Miguel de la Madrid Hurtado.

Contra los pronósticos pesimistas, en las elecciones de 1982 disminuyó el abstencionismo y los partidos de oposición vieron aumentar su influencia en el electorado nacional. El PRI obtuvo 299 curules de mayoría relativa; el PAN ganó una de mayoría relativa y 50 de representación proporcional; el PSUM se convirtió en la tercera fuerza política más importante al lograr 17 diputaciones proporcionales, mientras que el PST alcanzó 11 diputaciones también por representación proporcional, y 10 fueron para el PPS. En cambio el PARM y el PSD no pudieron lograr 1.5% de la votación nacional y perdieron su registro. El PRT consiguió mantener su registro pero no pudo colocar a ninguno de sus candidatos en el Congreso.[10]

Pablo Emilio Madero, candidato del PAN

Miguel de la Madrid, candidato del PRI

Ejercicio 2

1. Describe las tres partes en que estaba compuesto el Plan Global de Desarrollo del gobierno de López Portillo.

2. ¿Por qué no se pudieron cumplir cabalmente las metas del Plan Global de Desarrollo?

3. ¿Cuáles fueron los tres eventos ocurridos en 1981, que complicaron el proceso de sucesión presidencial?

4. Describe las características de las elecciones federales de 1982.

---

[10] Juan Rebolledo, "El Sistema Electoral", en *México, 75 años de Revolución, Política II,* Fondo de Cultura Económica, México, 1988, pp. 443-445.

Cap. 9. Los sexenios de la crisis (1976-1988)

En cuanto a las elecciones para presidente, en porcentaje de votos, el PRI obtuvo 68.43 de los votos, el PAN 15.68, el PSUM 3.48, el PDM 1.84, el PRT 1.76, el PPS 1.53, el PST 1.54, el PARM 1.03 y el PSD 0.20 (4.47% de votos fue anulado).[11]

Crítico final de sexenio

La crisis económica que llegaría a situarse a niveles más graves aún que la experimentada en el sexenio anterior, tuvo su origen en varios factores tanto estructurales como coyunturales de origen externo; sin embargo, el presidente López Portillo se apoyó fundamentalmente en los factores externos para explicar la situación que lo llevó a tomar decisiones drásticas al finalizar su administración.

El 5 de febrero de 1982, en la Quinta Reunión de la República celebrada en la ciudad de Guadalajara, el presidente pronunció un discurso de particular interés para la interpretación de las acciones de su gobierno en aquellos momentos. López Portillo atribuía al "entorno internacional" el aumento de la deuda pública y el crecimiento incesante de la inflación; se basaba en los datos del desempleo creciente en los países industrializados, donde las importaciones bajaron casi a la mitad entre 1979 y 1981, y a la baja de los precios de las materias primas —incluido el petróleo—, la más brusca en 25 años. Este último punto era en realidad el más grave, en virtud de que todavía en ese discurso, López Portillo consideraba al petróleo como el "pivote de nuestra autodeterminación financiera", y retomando las bases del Plan Global de Desarrollo, implícitamente consideraba al energético como "palanca de desarrollo social".

Para fundamentar que la crisis no era de carácter estructural, afirmaba en esa misma ocasión "con toda certidumbre", que las dos grandes prioridades de su gobierno, alimentos y energéticos, habían sido cumplidas y que, por primera vez en la historia moderna de México, se había tenido una alta tasa de crecimiento económico durante cuatro años consecutivos, y ese crecimiento no había sido "ni a costa del desarrollo social ni en beneficio exclusivo de las clases poderosas", con lo cual pretendía callar las "voces críticas e injustas" que afirmaban lo contrario.

Al hablar de la política monetaria, destacó la necesidad de cuidar las divisas del país y, en virtud de la condición desfavorable del peso mexicano frente a la moneda estadounidense, invitaba a los mexicanos a evitar las importaciones de lujo, "ni idas a esquiar al norte ni idas a comprar a cualquier parte". Justificó las medidas de su política monetaria mediante la flotación, los aranceles, las licencias y los estímulos y fomentos a la exportación, por considerar que eso era lo que convenía al país. "Ésa es la estructura", dijo, "que me he comprometido a defender como perro", frase con la que hacía alusión a otra pronunciada por él anteriormente cuando aseguró enfático que mantendría la paridad cambiaria y, que "defendería al peso como un perro". En la reunión de Guadalajara intentó justificar aquella expresión que le había sido criticada: "Yo que vuelo tanto en helicóptero, encuentro y reflexiono: el único animal que se enfrenta al helicóptero es el perro, los demás corren."[12]

Mientras tanto, se acentuaba el desprestigio de la imagen del presidente López Portillo, en un tiempo político de transición gubernamental tradicionalmente difícil para el gobernante saliente; en mayo de ese mismo año, formuló una extensa explicación en un programa de televisión, donde aceptaba que el país padecía problemas de liquidez financiera pero que no se encontraba en una crisis económica. Hacía un

Los viajes de López Portillo en helicóptero

> López Portillo justificó las medidas de su política monetaria, por considerar que ésa era la estructura que convenía al país y que él estaba dispuesto a defenderla "como un perro".

---

[11] Octavio Rodríguez Araujo, *México: estabilidad y luchas por la democracia 1900-1982*, El Caballito, México, 1988, p. 425.
[12] *Los presidentes de México*, pp. 169-183.

> *El discurso de mayor impacto de todos los pronunciados por José López Portillo fue el correspondiente al último informe de gobierno, por el anuncio sorpresivo de la nacionalización de la banca y el control de cambio monetario.*

llamado a la confianza, admitiendo al mismo tiempo que "gozaba de menos credibilidad que un empleado de ventanilla bancaria".

Pero el discurso de mayor impacto de todos los pronunciados por José López Portillo, fue el correspondiente al último informe de gobierno, por el anuncio sorpresivo que en él se hizo. Frente a una situación de crisis innegable, el presidente aseguró que la política económica seguida por su gobierno no había sido equivocada, particularmente con respecto al petróleo, al que continuaba considerando como factor de unión entre los mexicanos y símbolo de su nacionalismo. Mantenía el criterio de atribuir el origen de la crisis, en primer lugar, a factores externos, y en segundo lugar, y esta vez con gran énfasis, a "quienes usaron de la libertad para sacar dinero del país".

Tras ese preámbulo de justificaciones y recriminaciones, López Portillo anunció en tono dramático: "Lo importante viene ahora"; se refirió enseguida a los grandes males del momento: "un desorden económico internacional que castiga a los países en desarrollo, con factores monetarios, financieros, comerciales, tecnológicos, alimentarios y energéticos", y los internos después:

> Aquí dentro fallaron tres cosas fundamentalmente: la conciliación de la libertad de cambios con la solidaridad nacional; la concepción de la economía mexicanizada, como derecho de los mexicanos sin obligaciones correlativas; y el manejo de una banca concesionada, expresamente mexicanizada, sin solidaridad nacional y altamente especulativa.

Aquellas tres fallas aludían por un lado a la libertad que el Estado otorgaba a los ciudadanos, y por otro, al mal uso que los mexicanos habían dado a tal libertad, lo cual significó, según dijo López Portillo:

> que en unos cuantos años, sustanciales recursos de nuestra economía generados por el ahorro, por el petróleo y la deuda pública, salieran del país por conducto de los propios mexicanos y sus bancos, para enriquecer más a las economías externas, en lugar de canalizarse a capitalizar al país, conforme a las prioridades nacionales.

En tono cada vez más exaltado acusó:

> Ha sido un grupo de mexicanos, sean los que fueran, en uso —cierto es— de derechos y libertades pero encabezado, aconsejado y apoyado por los bancos privados, el que ha sacado más dinero del país que los imperios que nos han explotado desde el principio de nuestra historia.

Estas palabras contenían la idea que serviría luego de fundamento para criticar a quienes llamó "sacadólares", y que de manera implícita consideraba pertenecientes al sector privado, puesto que no hizo alusión alguna a la posibilidad de que los funcionarios de gobierno estuvieran entre las personas que habían sustraído divisas del país, y no podía hacerla, en virtud de la decisión que había tomado y que estaba por anunciar.

Las más grandes recriminaciones en aquel último informe de gobierno iban en contra de la banca privada, causante directa a los ojos de López Portillo de los grandes males internos que habían agravado la situación de crisis generada por factores externos. Por ello, consideraba que para salvar la estructura productiva del país y proporcionarle los recursos financieros necesarios para seguir adelante, se debía "detener la injusticia del proceso perverso de fuga de capitales-devaluación-inflación que daña a todos, especialmente al trabajador, al empleo y a las empresas que lo generan". En seguida anunció

López Portillo, último informe de gobierno

Cap. 9. Los sexenios de la crisis (1976-1988)

haber expedido dos decretos, *uno que nacionalizaba los bancos privados del país* [véase fuente 2. "Nacionalización de la banca: un acto de soberanía"] *y otro que establecía el control generalizado de cambios.* El anuncio fue dicho en un tono decididamente dramático: "¡Es ahora o nunca. Ya nos saquearon. México no se ha acabado. No nos volverán a saquear!" Aseguraba que en manos del gobierno estarían garantizados todos los depósitos y hacía un llamado al patriotismo y a la comprensión ante las molestias que transitoriamente sufrirían algunas personas, "fundamentalmente nuestros compatriotas en las fronteras"; mas prometía que el gobierno se organizaría de tal manera que esas molestias fueran las menos y pasaran pronto.

Para terminar y por tratarse de su último informe, en tono emotivo daba las gracias a los diferentes grupos y sectores, destacando la referencia a los "desnacionalizados" a quienes les daba "un mes, septiembre, el mes de la Patria, para que mediten y resuelvan sobre sus lealtades", y venía luego una amenaza: "después actuaremos nosotros". Y también la referencia que retomaba de su primer informe:

> A los desposeídos y marginados, a los que hace seis años les pedí un perdón que he venido arrastrando como responsabilidad personal, les digo que hice todo lo que pude para organizar a la sociedad y corregir el rezago; que avanzamos; que si por algo tengo tristeza es por no haber acertado a hacerlo mejor.

En el cierre, con voz entrecortada, repitió las frases ya utilizadas por él hacia unos meses, en la Quinta Reunión de la República:

> "México ha vivido. México vive. México vivirá. ¡VIVA MÉXICO!"

En los meses anteriores al cambio de gobierno, se percibía en el ambiente nacional un profundo desaliento, un despertar a una realidad triste después de haber vivido en el ensueño de la bonanza petrolera que prometía a México un lugar entre las potencias mundiales de nivel medio. Los decretos de la *nacionalización* de la banca y el control de cambios produjeron diferentes reacciones: los abogados discutían en torno a si los decretos, y sobre todo la forma en que fueron expedidos, eran o no constitucionales; el movimiento obrero y los partidos políticos, con excepción del PAN y el PDM, se pronunciaron a favor de la medida; en las páginas editoriales de la prensa nacional se encontraban divididas las opiniones; los financieros privados y buena parte de los financieros públicos estuvieron en contra. Por otra parte, hubo una notoria ausencia de la oposición que se esperaba de parte de la fracción conservadora de la Iglesia católica, y fue además notoria la heterogeneidad de las reacciones entre los miembros del sector empresarial, algunos de los cuales aceptaron la decisión de López Portillo.[13]

López Portillo atribuía el origen de la crisis, en primer lugar, a factores externos, y en segundo lugar a "quienes usaron de la libertad para sacar dinero del país", aludiendo a "los propios mexicanos y sus bancos".

"¡No nos volverán a saquear!"

"A los desposeídos y marginados..."

Apoyo de varios sectores a la nacionalización bancaria

---
[13] Miguel Basáñez, *El pulso de los sexenios,* Siglo XXI Editores, México, 1990, pp. 77-79.

El presidente López Portillo hizo intentos por establecer las bases y normas generales para el futuro de la banca nacionalizada, pero el inminente fin de su gobierno le restó fuerza frente a las expectativas de la sociedad y frente a la clase política que buscaba alinearse, o se había alineado ya, en torno al próximo presidente. A fines de octubre López Portillo admitió que "reorganizar" la banca nacionalizada en los treinta días que restaban a su administración sería algo "irresponsable y de una imprudencia política extrema".[14] Por otro lado, el gobierno entrante se mostraba discreto y reticente frente a la nacionalización, lo cual se tomó como indicio de discrepancia política hacia la medida. Así, durante los últimos días del sexenio el país vivió en una especie de parálisis; de un lado la recta final de un gobierno

Apoyo popular a la nacionalización bancaria

CUADRO 9.1. *Gobierno de José López Portillo. Política interna*

Alianza conciliadora	Necesidad de reconciliación con el sector empresarial / Llamado de solidaridad a los diferentes sectores sociales	Alianza para la producción	Compromiso de colaboración del sector empresarial
Reforma política	Ley Federal de Organizaciones Políticas y Procesos Electorales (LFOPPE) — Cinco títulos sobre: a) Partidos y organizaciones políticas. b) Nueva conformación de la Cámara de Diputados c) Autoridad electoral d) Régimen de nulidades, recursos y sanciones e) Coaliciones y frentes	Reformas constitucionales / Modificación al sistema de diputados de partido	Reacciones a la nueva ley electoral / Prueba en las elecciones federales de 1979 / Modificaciones a la LFOPPE
Reforma administrativa	Objetivo: reducir el aparato estatal para lograr mayor eficiencia	Procesos: a) Depuración del sector paraestatal. b) Reorganización de la administración centralizada	Sectorización de la Administración pública
Planificación para el desarrollo	Plan Global de Desarrollo / "Organizar el gobierno para organizar el país"	División del plan en tres partes: Política — Democracia plural, Economía mixta; Económica — El petróleo como palanca de desarrollo; Social — Transformación del crecimiento económico en desarrollo social	
Crítico final de sexenio	Elecciones federales en 1982: Disminución del abstencionismo / Aumento de la influencia de los partidos políticos de oposición	López Portillo atribuye la crisis económica a factores externos / Defensa del peso mexicano	Último informe: Recriminación y anuncio de los decretos de Nacionalización bancaria y el control de cambios / Ambiente de crisis y nueva desconfianza en el régimen político

---

[14] Héctor Aguilar Camín y Lorenzo Meyer, *A la sombra de la Revolución Mexicana*, Cal y Arena, México, 1989, pp. 257-258.

Fuente 2. Nacionalización de la banca: un acto de soberanía

Sin duda de las decisiones críticas, la Nacionalización de la Banca será la que caracterizará mi régimen, aun sobre el esfuerzo de modernización planeada que intenté para el país y que estuvo a punto de culminar y se nos precipitó en el derrumbe de 1981.

Yo mismo me desconcierto al percatarme de que una medida de ajuste al Plan, tomada en circunstancias críticas, vaya a convertirse en lo más impresionante de los seis años de mi Gobierno, en el que me esforcé en racionalizar un gran propósito político, y es que la realidad es superior a toda tesis. Lo que no se puede ponderar, va obligando, sobre los planes y aun sobre los propósitos, a la asunción de actitudes congruentes con los principios. Y la Nacionalización de la Banca, independientemente del operativo económico que significa, fue eso, una decisión correctiva, ante el riesgo del derrumbe de un proyecto político nacional, para afirmar el principio de la soberanía del Estado frente a la acción perversa de las presiones asociadas o coincidentes, intra y extranacionales, que le disputaban el espacio de sus funciones. Fue sencillamente un acto de fuerza institucional para expresar y fortalecer el poder político del Estado y facilitar la función del económico en cuanto satisface el interés general. Fue una toma de conciencia de la injusta e inconveniente concentración del ingreso y del drama de su fuga a economías extranjeras inequitativas y abusivas.

La Nacionalización de la Banca fue la afirmación de la soberanía nacional en su doble expresión, intra y extraestatal, frente a un orden económico internacional, a veces hostil y muchas más, indiferente a los apremios del desarrollo económico de los países pobres y atrasados respecto del progreso industrial; frente a las expresiones concretas de los intereses económicos y seguridades políticas de los países poderosos; frente a las pretensiones de una clase nacional rica que, en el extremo, identifica sus propios intereses en y con el extranjero. Como Presidente, en uso de facultades legales, afirmé la soberanía y la independencia nacional, sobre los que, o la habían olvidado, la desdeñaban o pretendían conculcarla.

Por un acto de soberanía, el Estado rescata legítimamente, del interés privado, un instrumento económico fundamental para orientar el manejo del ahorro nacional en función del interés general, contradicho por el privado. Instrumento "mexicanizado" al que el Estado había concesionado ese servicio y cuyos empresarios habían colocado en virtual quiebra, banqueros enriquecidos de bancos empobrecidos por la promoción, ejecución y protección a la fuga de capitales y dolarización de la economía. Sólo el Estado podía salvar el sistema financiero nacional y operarlo después en función de los intereses nacionales y ya no más de los privilegiados por la "mexicanización".

(...) Estaba visto que la "mexicanización" no era remedio a la insolidaridad con México, sólo la nacionalización y la hicimos hasta donde mi responsabilidad pudo resolver.

O el mundo se ordena para resolver problemas substanciales de países como el nuestro, o cada país, con todas sus limitaciones, protege su economía resolviendo a favor del interés general sobre el particular; cerrándose; nacionalizándose y cancelando riesgos de libertad abusivas. Éste era, frente a la crisis, mi proyecto final. Limitado sin duda; precario; pero expresión de la gloria de la soberanía; de la dignidad de una Nación.

José López Portillo,
Mis tiempos: biografía y testimonio político, Vol. 2,
Fernández Editores, México, 1988, p. 1249.

Ejercicio 3

1. ¿Cuáles fueron los factores, externos e internos, a los que López Portillo atribuía la grave crisis económica de 1982?

2. ¿Cuáles fueron las justificaciones de López Portillo para emitir los dos decretos anunciados en su último informe de gobierno?

3. Describe las reacciones que hubo en el país con respecto a la nacionalización de la banca y el control de cambios.

en sus últimos momentos, sin fuerza política ni proyecto alguno para dar rumbo específico a su decisión nacionalizadora, y del otro, un gobierno electo obligado a replantearse propósitos y compromisos, ante la nueva e inesperada coyuntura que heredaba.

Política exterior del sexenio 1976-1982

Relaciones con el exterior en los primeros dos años de gobierno

Durante los primeros dos años del sexenio, las acciones del gobierno de José López Portillo en política exterior estuvieron muy restringidas, pues los mayores esfuerzos del nuevo régimen se concentraron primordialmente en resolver los problemas internos. Sin embargo, en ese lapso ocurrieron dos acontecimientos importantes.

En primer lugar, el establecimiento de relaciones diplomáticas con la Monarquía Constitucional de España, como consecuencia de los cambios políticos ocurridos en ese país tras la muerte de Francisco Franco, relaciones reafirmadas con la visita que hicieran a México el rey Juan Carlos I y su esposa en 1977. El segundo hecho consistió en el viaje que realizó el presidente mexicano a Panamá, en junio de 1978, para asistir como testigo, junto con otros cuatro presidentes de América Latina, a la ceremonia de ratificación de los Tratados entre el gobernante panameño, Omar Torrijos, y James Carter, presidente de Estados Unidos, referentes al Canal de Panamá. En este suceso se hizo evidente el interés que llevaría más tarde a López Portillo, con base en el principio tradicional mexicano de no intervención, a encabezar la defensa por la autonomía de los pueblos centroamericanos frente a la hegemonía continental de Estados Unidos, ya que mostró su desacuerdo hacia una enmienda que el Senado de Estados Unidos agregó al ratificar los Tratados sobre el Canal, acerca de la posibilidad de una intervención unilateral estadounidense en esa zona, a fin de garantizar su neutralidad.

La situación de México en el ámbito internacional empezó a tomar un giro distinto cuando la economía mexicana comenzó a reactivarse y a superar las más agudas manifestaciones de la crisis originada en 1976, gracias a la explotación de las reservas de hidrocarburos y a las crecientes exportaciones de petróleo crudo, que parecían constituir la solución definitiva a los problemas económicos y sociales del país. Aparte del clima de confianza que el *boom* petrolero produjo hacia el interior del sistema político, lo más significativo era que la ampliada capacidad petrolera de México abría nuevas posibilidades de negociación con Estados Unidos.

El petróleo y su influencia en el cambio de rumbo en la política exterior

Al inicio del gobierno de López Portillo, todo parecía indicar que la política exterior de México retornaría a la postura aislacionista y de buenas relaciones con Estados Unidos, que había caracterizado los regímenes anteriores a Echeverría; incluso se llegó a afirmar entonces que se estaba gestando una nueva relación en la cual México tendría que "disciplinarse" a los criterios estadounidenses. No obstante, en 1979 las cosas parecieron cambiar de súbito y el retorno a la política tradicional fue aplazado; ya desde 1978 se había comenzado a gestar una coyuntura favorable a México con respecto a la importancia de su petróleo para Estados Unidos; en opinión de algunos economistas de este país, era necesario diversificar las fuentes externas del combustible, ante la decisión de los países miembros de la Organización de Países Exportadores

Visita de los Reyes de España

Durante 1977 y 1978, ocurrieron dos acontecimientos importantes en materia de política exterior: el establecimiento de relaciones con España y la visita presidencial a Panamá.

La situación de México en el ámbito internacional empezó a cambiar cuando la economía mexicana comenzó a reactivarse y a superar las más agudas manifestaciones de la crisis originada en 1976.

Cap. 9. Los sexenios de la crisis (1976-1988)

de Petróleo (OPEP) de elevar los precios en un 14%, y la crisis política en Irán[15] que ocasionó la suspensión de las exportaciones de petróleo de ese país a Estados Unidos.

A fines de 1978, había suficientes intereses en Estados Unidos para que, a través de la prensa, se buscara convencer a la opinión pública de ese país de la importancia del potencial petrolero mexicano, y presionar al gobierno del presidente James Carter a limar las asperezas en las relaciones con México que pudieran obstaculizar un posible entendimiento en materia petrolera.[16]

El repentino aumento de interés de los estadounidenses en el petróleo mexicano era una coyuntura favorable para los planes de López Portillo quien, desde principios de su gobierno, había tomado la decisión de apoyar su política económica contra la crisis en la exportación de los recursos petrolíferos del país recientemente incrementados, al descubrirse nuevos yacimientos en la zona del Golfo de México. Sólo faltaba vencer una dificultad, convencer a la escéptica opinión pública internacional acerca de la dimensión real de esas nuevas reservas, lo cual se resolvió gradualmente a medida que algunas empresas privadas certificaron la capacidad potencial de México para la producción masiva. El gobierno de Estados Unidos estaba particularmente interesado en comprobar esa capacidad, porque cada nuevo barril de petróleo exportado al mercado mundial por productores independientes sería un medio de romper con el control de precios ejercido por la OPEP. Así, de manera sorpresiva, México se convertiría para el mercado mundial del petróleo en una fuente de abastecimiento más confiable que los países árabes.[17]

Para elevar la producción petrolera a los altos niveles proyectados por el gobierno de López Portillo, se necesitaba un financiamiento externo adicional superior al tope impuesto a México por el Fondo Monetario Internacional (FMI) en materia de endeudamiento, lo cual se pudo lograr al considerarse dicho financiamiento dentro de una cuenta separada. Gracias al buen resultado de esas negociaciones, México pudo convertirse en poco tiempo en un importante productor de hidrocarburos y logró que el valor de las exportaciones por concepto del petróleo aumentara notablemente y se diera en consecuencia un aumento de los ingresos que permitió a López Portillo estabilizar la situación política interna e iniciar un ambicioso plan de desarrollo económico.

Discurso de López Portillo durante la visita del presidente Carter

Torre de PEMEX, el auge petrolero

El repentino aumento de interés de los estadounidenses en el petróleo mexicano era favorable para los planes de López Portillo, quien pretendía solucionar la crisis económica con la exportación petrolera.

Para elevar la producción petrolera a los altos niveles proyectados por el gobierno de López Portillo, se necesitaba un financiamiento externo adicional superior al tope impuesto a México por el FMI en materia de endeudamiento.

Al convertirse México en un importante productor de petróleo, de carácter independiente, y una fuente de abastecimientos más segura que los países árabes, varias potencias industriales recurrieron a los hidrocarburos mexicanos.

---

[15] En 1978 estalló en Irán una revolución organizada por grupos religiosos islámicos, que logró derrocar al gobierno del Sha Reza Pahlevi, quien era apoyado por Estados Unidos.

[16] Esas asperezas se debían en buena medida a la política de mano dura empleada por el gobierno de Carter para detener la inmigración ilegal de trabajadores mexicanos hacia su país; en 1977, el presidente de Estados Unidos promovió algunas reformas a la Ley de Inmigración y Nacionalidad, que incluían el establecimiento de sanciones para los estadounidenses que contrataran a trabajadores mexicanos inmigrados de manera ilegal, y aun cuando el Plan Carter no llegó a aprobarse, provocaron un enfriamiento en las relaciones con el gobierno de México.

[17] Mario Ojeda, "México: su ascenso a protagonista regional", *Las relaciones de México con los países de América Central,* Mario Ojeda (comp.), El Colegio de México, México, 1985, p. 17.

Visita del papa Juan Pablo II a México

El auge petrolero condujo a la convicción general de que México estaba llegando a convertirse en una potencia media y de que, como tal, debía asumir un papel más destacado en los asuntos internacionales.

López Portillo propuso ante la ONU la adopción de un Plan Mundial de Energía que sugería llevar a la práctica mediante un grupo de trabajo integrado por representantes de los países productores de petróleo.

Ejercicio 4

1. ¿A qué se debió el repentino aumento de interés de los estadounidenses en el petróleo mexicano?
2. ¿De qué manera benefició a México el aumento de las exportaciones petroleras?
3. ¿Cómo influyó el auge petrolero en el cambio de rumbo de la política exterior mexicana?

La captación de divisas por concepto de venta de petróleo permitió que el gobierno mexicano pudiera liberarse antes de lo convenido del programa de estabilización impuesto por el FMI al gobierno de Echeverría en 1976. Al convertirse México en un importante productor de petróleo, de carácter independiente (no afiliado a la OPEP), y al ser considerado como una fuente de abastecimientos más segura que los países árabes, varias potencias industriales, entre ellas Francia y Japón, recurrieron a los hidrocarburos mexicanos.

El auge petrolero condujo a la convicción general de que México estaba llegando a convertirse en una potencia media y de que, como tal, debía asumir un papel más destacado en los asuntos internacionales. Una apreciación como ésta en el ámbito mundial daba confianza al gobierno de López Portillo para adoptar una política exterior más activa y así, a partir del tercer año del sexenio, las relaciones con el exterior mostraron básicamente una continuidad con la actuación del gobierno echeverrista, en el sentido de que mantuvo el pluralismo y la actividad que caracterizaron la actuación de su antecesor en esta materia; asimismo, se retomaron los planteamientos de Echeverría a favor de los países del Tercer Mundo, especialmente en lo relativo a la solidaridad con los países latinoamericanos.[18]

Una de las primeras iniciativas de López Portillo en el marco de esa reactivada política exterior fue precisamente con referencia al petróleo. En septiembre de 1979, ante la Asamblea General de las Naciones Unidas, el presidente de México propuso la adopción de un Plan Mundial de Energía que sugería llevar a la práctica mediante un grupo de trabajo integrado por representantes de los países productores de petróleo, tanto capitalistas como socialistas, y cuyo objetivo fundamental consistía, según dijo, en:

> asegurar la transición ordenada, progresiva, integral y justa entre dos épocas de la humanidad, entre dos sistemas de energía: el actual, caracterizado por una estructura dependiente de los combustibles fósiles más rápidamente agotables, los hidrocarburos, y el futuro en que esa estructura dependerá progresivamente de las fuentes de energía no agotables.[19]

Invitaba a los exportadores e importadores de petróleo a establecer lo más pronto posible las bases de un mercado estable y racional. Además, la propuesta del Plan Mundial de Energía se presentaba en el marco de las negociaciones que conducían a la reestructuración del sistema de relaciones internacionales en otros aspectos tales como las materias primas, el comercio, el desarrollo, las finanzas y los pagos internacionales, reestructuración que López Portillo consideraba imposible si no se organizaba y racionalizaba el sector energético de la economía mundial.

Otro aspecto importante de la política internacional activa de López Portillo fue el intercambio de visitas con mandatarios extranjeros (durante el sexenio, el gobierno mexicano recibió a 66 de ellos y López Portillo visitó 20 países). Una de las visitas más significativas fue la del papa Juan Pablo II, a fines de enero de 1979. La importancia de este hecho radica no sólo en que era la primera vez que México recibía la visita del máximo jerarca de la Iglesia católica, sino en que aún persistía el rompimiento de las relaciones Iglesia-Estado vigente desde la época de Calles, situación que influía en la tradicional actitud de los gobernantes mexicanos —y de los altos funcionarios del sistema político— por no manifestar públicamente su filiación religiosa.

---

[18] Andrés L. Valencia Benavides, "Política exterior: principios y perspectivas", en *México, 75 años de Revolución*, Política II, p. 750.
[19] *Los presidentes de México*, pp. 123-125.

La política exterior en Centroamérica y el Caribe

Una de las acciones más importantes de la política exterior de México en el marco del auge petrolero fue la firma del Acuerdo de San José, suscrito con Venezuela en agosto de 1980, en el cual se comprometía a otorgar un abastecimiento de petróleo en créditos bastante blandos a los países centroamericanos y del Caribe, decisión que hizo posible para México tener una presencia efectiva en esas regiones. Después de 1979, el escenario principal de la nueva actividad desplegada por el gobierno de López Portillo en política exterior fue Centroamérica, en donde los múltiples problemas socioeconómicos y políticos mantenían en un continuo estado de tensión a los países de esa zona, con excepción de Costa Rica que disfrutaba de un sólido prestigio democrático.

De manera particular, Nicaragua era el país más convulsionado de la región, debido al descontento interno generado por el prolongado dominio de las oligarquías conservadoras apoyadas por la dinastía Somoza que gobernaba al país desde 1937 y cuyo último representante, Anastasio Somoza Debayle, había llevado a su gobierno dictatorial a límites intolerables para la población y había propiciado el estallido de una revolución armada en su contra. La revolución sandinista (llamada así en honor de Augusto César Sandino, guerrillero muerto en 1934 por órdenes del primer gobernante del clan Somoza) integraba a un número considerable de seguidores y fue tomando fuerza a medida que Somoza incrementaba la represión en intentos desesperados por acabar con el movimiento.

En mayo de 1979, México rompió relaciones con el gobierno somocista en un intento por aislarlo y apresurar su derrocamiento, y encabezó la oposición de varios países latinoamericanos a las propuestas de intervención de la OEA en Nicaragua. Cuando en julio siguiente Somoza renunció al poder, y se hizo cargo del gobierno una Junta de Reconstrucción Nacional integrada por cinco revolucionarios sandinistas, México se convirtió en el defensor internacional del nuevo gobierno, mediante varias acciones: hizo gestiones ante el gobierno de Estados Unidos para persuadirlo de no intervenir en Nicaragua, y llegó a proponer, en febrero de 1982, un pacto de no agresión con este país; junto con Venezuela, abasteció su demanda de petróleo por el Acuerdo de San José; garantizó ante la banca internacional la deuda externa nicaragüense y suministró al nuevo régimen sandinista ayuda económica y técnica en mayor medida que otros países.

Durante los años de 1980 y 1981, El Salvador se convirtió en el centro de los conflictos políticos centroamericanos y los enfrentamientos armados en ese país alcanzaron niveles de guerra civil, entre grupos de derecha y la guerrilla izquierdista encabezada por el *Frente Farabundo Martí para la Liberación Nacional*, participando además las fuerzas armadas del gobierno. Ante la gravedad de la situación política en El Salvador, y el peligro que representaba para la paz en la región centroamericana, los ministros de Relaciones Exteriores de México y de Francia presentaron ante las Naciones Unidas un comunicado conjunto en el que expresaban su grave preocupación por el pueblo salvadoreño y por el peligro de que la crisis interna de ese país se convirtiera en un conflicto internacional; otorgaban su reconocimiento a las organizacio-

Entrada de sandinistas en Managua, Nicaragua

Después de 1979, el escenario principal de la nueva actividad del gobierno de López Portillo en política exterior fue Centroamérica, región que vivía en continuo estado de tensión.

Nicaragua era el país más convulsionado de la región, debido al descontento interno generado por el prolongado dominio de las oligarquías conservadoras apoyadas por la dinastía Somoza.

Cuando Somoza renunció al poder y se hizo cargo del gobierno de Nicaragua una Junta integrada por revolucionarios sandinistas, México se convirtió en el defensor internacional del nuevo gobierno.

Entre 1980 y 1981, El Salvador fue el centro de los conflictos políticos centroamericanos, donde los enfrentamientos armados alcanzaron niveles de guerra civil entre grupos de derecha y grupos guerrilleros de izquierda.

Al iniciarse en Estados Unidos la administración Reagan, aumentó el riesgo de conflicto internacional en Centroamérica y el Caribe.

López Portillo en Managua, Nicaragua

El plan de paz propuesto por López Portillo defendía el derecho de los pueblos a la libre determinación y el respeto a la soberanía, y reiteraba la preocupación por liberar a Centroamérica de ser utilizada como pretexto en la confrontación Este-Oeste.

nes revolucionarias salvadoreñas en calidad de "fuerzas políticas representativas", y hacían un llamado a la Comunidad Internacional para que, a través de la ONU, se asegurara la protección de la población civil y se facilitara la conciliación entre las fuerzas en pugna.

En 1981 aumentó el riesgo de un conflicto internacional en la región centroamericana, al iniciarse en Estados Unidos la administración de Ronald Reagan, con una política exterior agresiva destinada a evitar la extensión del comunismo en el continente americano. El gobierno de Reagan acusaba a Cuba y al régimen sandinista de Nicaragua de fomentar la guerra en El Salvador y ello hacía temer la posibilidad de una intervención estadounidense en ese país. Surgía además la amenaza de un enfrentamiento bélico entre Nicaragua y Honduras con motivo de los constantes incidentes fronterizos motivados por la presencia de unos militares que habían pertenecido a la Guardia Nacional del derrocado Somoza, que se habían internado en territorio hondureño en busca de refugio. En ese contexto, en febrero de 1982, el presidente de México pronunció en la ciudad de Managua un discurso en el que proponía distintas vías de diálogo como formas de solución y se oponía abiertamente a una intervención de Estados Unidos en la región de Centroamérica y el Caribe, porque ello provocaría una convulsión continental y el resurgimiento de un profundo sentimiento en contra de Estados Unidos.

En esa misma ocasión, López Portillo sometió a consideración de la comunidad regional una importante iniciativa para sentar las bases de un esfuerzo sostenido hacia "la paz, la estabilidad, la democracia y el desarrollo de Centroamérica". El plan proponía tres canales de acción: 1) la continuación de las conversaciones entre Estados Unidos y Cuba, ya iniciadas por sugerencia de México; 2) una solución negociada para El Salvador, en la que México, otras naciones amigas e incluso los aliados de Estados Unidos, otorgaran seguridades al gobierno estadounidense acerca de sus preocupaciones sobre las consecuencias de una paz negociada; y 3) una serie de pactos de no agresión entre Nicaragua y Estados Unidos, por una parte, y entre Nicaragua y sus vecinos por otra. Finalmente, para poner en práctica el plan, México se ofrecía como conducto, o "comunicador", como se le llamó oficialmente. En su presentación del plan, el presidente mexicano hizo hincapié en que su política hacia la región no defendía ideología alguna, sino el derecho de los pueblos a la libre determinación y el respeto a la soberanía; reiteraba asimismo la preocupación de México por liberar a Centroamérica de ser utilizada como pretexto en la confrontación Este-Oeste.

Las reacciones al plan mexicano fueron variadas; Nicaragua y Cuba respondieron favorablemente, aun cuando el gobierno cubano puso condiciones. En El Salvador, fue calificado por el gobierno como un acto de intromisión, mientras que los revolucionarios dieron su apoyo al plan. El gobierno de Estados Unidos reaccionó fríamente aduciendo que, si bien en el plan "había convergencia de perspectivas", no se daba un tratamiento adecuado al asunto de la ayuda nicaragüense a los insurgentes de El Salvador. La actitud de los estadounidenses se relacionaba en gran medida con su preocupación por la simpatía que el gobierno de López Portillo manifestaba hacia la Cuba de Fidel Castro que —aparte de la visita que hiciera el presidente mexicano a ese país caribeño— sobrepasaba incluso la posición adoptada por México en la época de López Mateos.

Una última muestra del activismo en la política exterior del régimen lópezportillista fue la Cumbre Norte-Sur celebrada en Cancún, Quintana Roo, en octubre de 1981, a la que asistieron mandatarios de los países industrializados, atendiendo la iniciativa del presidente

Fidel Castro de visita en México

Cumbre Norte-Sur en Cancún

La reunión de Cancún fue aparentemente un intento de López Portillo por orientar su política exterior hacia posiciones menos radicales y más conciliadoras con Estados Unidos.

mexicano. La reunión de Cancún, que en líneas generales se había convocado con el propósito de entablar negociaciones globales para establecer un nuevo orden económico mundial, fue aparentemente un intento de López Portillo por orientar su política exterior hacia posiciones menos radicales y más conciliadoras con Estados Unidos, aunque sin renunciar a la vocación de potencia media que México había adquirido, según la opinión de su propio gobernante.

Al interior del país, la política exterior centroamericana de López Portillo fue objeto de críticas de parte de quienes consideraron que México rompía de una manera posiblemente irrevocable con su relativa pasividad y neutralidad en los asuntos del continente americano, para colocarse al lado de los "marxistas de la región".[20] Expresaban que el gobierno mexicano se había distanciado de los principios tradicionales en materia de política exterior, sobre todo en dos casos específicos: uno en ocasión de la ruptura de relaciones diplomáticas con el régimen de Somoza, porque la medida iba dirigida contra un gobierno establecido mediante un proceso electoral, independientemente de que pudiera señalarse tal proceso como fraudulento. El segundo caso se refería al comunicado conjunto suscrito con Francia sobre la situación interna en El Salvador; se consideraba que esta acción se desviaba de la política tradicional de México porque constituía una intromisión en los asuntos internos de un país extranjero, y porque el comunicado distanció a México del resto de América Latina al haber sido expedido conjuntamente con otro país y, particularmente, con una potencia extracontinental, lo cual se consideraba especialmente ofensivo para la tradición interamericana y dificultaba el cumplimiento de la responsabilidad que uno y otro país habrían de asumir en la zona centroamericana en conflicto.

Pero quizá lo más criticable de la política exterior de López Portillo fue su excesiva confianza en que el petróleo había convertido a México en una potencia media capaz de influir en la toma de decisiones sobre la política latinoamericana, arriesgando peligrosamente las relaciones bilaterales con Estados Unidos, a semejanza de la situación creada durante el gobierno de Luis Echeverría. Sin embargo, cuando años más tarde la ansiada paz en Centroamérica se fue convirtiendo en realidad, se recordó de manera encomiable el papel protagónico del gobierno de López Portillo en los esfuerzos internacionales por el logro de esa paz.[21]

La política exterior centroamericana de López Portillo fue criticada por quienes consideraron que México rompía con su relativa pasividad y neutralidad en los asuntos del continente americano.

Ejercicio 5

1. ¿A qué se comprometió México con el Acuerdo de San José, suscrito con Venezuela en agosto de 1980?

2. Describe el papel adoptado por el gobierno de López Portillo en los conflictos políticos en Nicaragua y en El Salvador.

3. ¿Por qué el gobierno de Estados Unidos estaba preocupado con la actitud de la política exterior mexicana en Centroamérica?

4. ¿Por qué fue criticada en México la política exterior centroamericana de López Portillo?

---

[20] Jorge Chabat, "Condicionantes del activismo en la política exterior mexicana (1960-1985)", *Fundamentos y prioridades de la política exterior de México,* Humberto Garza Elizondo (comp.), en El Colegio de México, México, 1986, p. 102.

[21] Precisamente en la ciudad de México se firmó, el 16 de enero de 1992, el Pacto de Chapultepec que puso fin a la guerra civil en El Salvador.

CUADRO 9.2. *Gobierno de José López Portillo. Política exterior*

Relaciones con el exterior en los primeros dos años de gobierno / Aparente retorno a la política tradicional aislacionista	{ Establecimiento de relaciones diplomáticas con la Monarquía Constitucional de España / Testificación en la ceremonia de ratificación del Tratado Carter-Torrijos sobre el Canal de Panamá }	{ Nuevo interés de Estados Unidos en el petróleo mexicano / Financiamiento externo adicional para aumentar la producción petrolera }	{ Auge petrolero / México: potencia media / Plan Mundial de Energía }	{ Se reforma el pluralismo echeverrista en política exterior, así como los planteamientos a favor del Tercer Mundo }
Política exterior en Centroamérica y el Caribe	{ Acuerdo de San José / Conflictos en Nicaragua Revolución sandinista / Guerra civil en El Salvador }	{ Apoyo de México al gobierno revolucionario / Comunicado conjunto México-Francia / Plan de Paz del gobierno mexicano }	{ Fría reacción del gobierno de Estados Unidos }	{ Cumbre Norte-Sur en Cancún } { Crítica a la política exterior del gobierno de López Portillo }

Economía en el sexenio 1976-1982

Los primeros dos años

Al llegar José López Portillo a la Presidencia de la República en diciembre de 1976, la economía se encontraba en una situación tal de crisis que se llegó a considerar como la más seria desde los tiempos de la posguerra. En ese año, los indicadores de la economía mexicana mostraban un claro estado de deterioro: las reservas monetarias habían sufrido una brusca reducción; el déficit fiscal llegó al 10% del PIB; y la inflación alcanzó 27%, la más alta tasa desde el sexenio de Ruiz Cortines. El déficit en cuenta corriente sobrepasaba los 3 000 millones de dólares, cantidad tres veces superior al de 1970, y la deuda externa había llegado en seis años a casi 20 000 millones de dólares. Ante este estado de crisis, las salidas de capital aumentaron y continuó un proceso de creciente dolarización de la economía.

El nuevo presidente mexicano era considerado entonces por la prensa internacional como una persona realista y pragmática, capaz de sacar a México de la crisis económica y de restaurar la confianza en el país, después de los excesos a que lo había conducido Echeverría. Se consideraba asimismo que la política económica de López Portillo era "recia y conservadora", que su gabinete ministerial estaba integrado por tecnócratas "pragmáticos y altamente calificados", y aun llegaron a expresar que México tenía "el gobierno más competente de América del Norte".[22]

Mientras que el nuevo gobierno recuperaba la confianza de los economistas extranjeros —incluso del FMI que veía posibilidades de cumplimiento al Acuerdo de Facilidad Ampliada suscrito con México después de la devaluación de 1976—, en el ámbito interno se buscaba atraer a los empresarios nacionales hacia la Alianza para la Producción, pues la participación de la iniciativa privada era de primordial importancia en dicho programa puesto que la recuperación económica dependía de que el gobierno pudiera llegar a un acuerdo con el sector empresarial y a restablecer la in-

---

[22] Judith Adler Hellman, *Mexico in crisis*, Holmes & Meyer Publishers, Estados Unidos de América, pp. 217-218.

versión privada que había disminuido notablemente en los últimos años. El gobierno de López Portillo tenía como propósitos fundamentales alentar la inversión, impulsar la modernización del aparato productivo, atenuar la inflación e incrementar el empleo; tales propósitos exigían el establecimiento de compromisos recíprocos entre las clases obrera y patronal y entre los sectores productivos prioritarios, y por lo tanto, se estimaba que la Alianza para la Producción sería el instrumento ideal para llegar a la concertación requerida. Además, había otro factor que López Portillo consideraba de singular importancia para la reactivación de la economía nacional, y consistía en el incremento de las exportaciones petroleras.

El petróleo, "pivote de la economía nacional"

Desde el sexenio anterior se tenían noticias acerca de nuevos yacimientos petrolíferos, descubiertos en la zona de Campeche en el Golfo de México, pero éstos no se habían comenzado a explotar por varias razones: por una parte, no se sabía con certeza la extensión de las reservas petroleras, y por otra, Echeverría se mostraba particularmente aprensivo acerca de las intenciones de Estados Unidos, pues temía que el gobierno de ese país ejerciera presiones directas contra México si se daban a conocer la existencia de nuevas reservas. Influyó además la visión nacionalista del gobierno echeverrista, que lo impulsaba a mantener el petróleo y el gas bajo tierra, para ser usado en tiempos de necesidad, con base en la idea de que las crecientes exportaciones de petróleo representaban un despilfarro de los recursos nacionales con objeto de saciar las ambiciones de otros países.[23]

Uno de los primeros proyectos de la política económica de López Portillo fue impulsar la explotación de los yacimientos descubiertos, con el fin de utilizar la exportación petrolera como base primordial de la reactivación económica.

López Portillo adoptó una posición diferente respecto a los recursos petrolíferos, y uno de los primeros proyectos de su política económica fue impulsar la explotación de los yacimientos descubiertos, con el fin de utilizar la exportación petrolera como base primordial de la reactivación de la economía. A partir de 1978, el gobierno estuvo en posibilidades de aumentar las exportaciones del energético, dando comienzo al auge petrolero vigente durante buena parte del periodo lopezportillista; según anunció el propio presidente, el petróleo se convertía en "pivote del crecimiento de la economía mexicana". Al presentar su segundo informe de gobierno, declaró que las reservas seguras de petróleo ascendían a 20 mil millones de barriles, las probables a 37 mil millones, y las potenciales, a 200 mil millones. Aseguró que la crisis económica había terminado, y que el petróleo jugaría un papel fundamental en el futuro desarrollo económico del país.

A partir de 1078, el petróleo fue convertido en "pivote del crecimiento de la economía mexicana".

López Portillo siempre insistió en sus discursos que la prioridad de la producción petrolera era satisfacer el consumo interno y preservar la autonomía nacional. En su cuarto informe de gobierno afirmó que la explotación de las reservas petroleras representaba un "margen de seguridad" de más de 60 años, en comparación con las reservas de los demás países productores de petróleo que, según dijo, alcanzaban tan sólo para 30 años. Señaló asimismo que la "producción petrolera no representaba el objetivo fundamental de su gobierno" y agregó: "el petróleo mexicano es nuestro y para nuestro propio desarrollo", frase que utilizó con frecuencia como lema nacionalista. En el siguiente informe, en 1981, ante las críticas a su gobierno por haber petrolizado la economía nacional, López Portillo declaró que México no se había convertido en una economía petrolera y que la producción del crudo sólo representaba 7% del producto nacional; sin embargo, admitió que los derivados del petróleo participaban con más de dos terceras partes de las exportaciones totales del país.

Desastre petrolero

---

[23] Dale Story, *Industria, estado y política en México*, p. 218.

El Programa Mexicano de Energía, publicado en 1980, establecía metas específicas hasta 1990, y objetivos hasta el año 2000, con el propósito fundamental de terminar con la "situación de dependencia de los hidrocarburos".

A mediados de 1981, las fuerzas del mercado internacional del petróleo actuaron sobre la política de precios en México, y Jorge Díaz Serrano, director de Pemex anunció la disminución de cuatro dólares, en el precio del barril de crudo.

Las medidas del gobierno mexicano para anular la baja al precio del petróleo realizada por Díaz Serrano no dieron buen resultado, y los clientes comenzaron a cancelar sus pedidos.

Jorge Díaz Serrano

En el *Programa Mexicano de Energía*, publicado en noviembre de 1980, se establecían metas específicas hasta 1990, y objetivos hasta el año 2000, declarando que la meta fundamental consistía en terminar con la "situación actual de dependencia de los hidrocarburos", para cuyo logro se proponían seis objetivos: 1) satisfacer las demandas internas de energía; 2) racionalizar tanto la producción como el uso de la energía; 3) diversificar las fuentes primarias de energía; 4) integrar al sector energético con el resto de la economía; 5) conocer con más seguridad el monto de las reservas nacionales de recursos energéticos; y 6) reforzar la infraestructura científica y tecnológica.[24]

Para 1978, el auge petrolero permitió reducir la deuda de corto plazo que alcanzaba casi los 4 000 millones de dólares, a cerca de 1 000 millones. Además, logró incrementar la disponibilidad de divisas, tanto por concepto de exportaciones como porque colaboró para que México pudiera obtener mayor crédito externo.

Hacia mediados de 1981 el precio del petróleo ligero, que había sobrepasado los 38 dólares por barril, contra casi todas las expectativas comenzó a descender, sin que los miembros de la OPEP pudieran llegar a un acuerdo para disminuir la sobreproducción de crudo y frenar así la caída de su cotización en el mercado internacional. Esas fuerzas del mercado (y específicamente la saturación mundial del petróleo) actuaron inevitablemente sobre la política de precios en México, y Jorge Díaz Serrano, director de Pemex, anunció a principios de junio la disminución de cuatro dólares en el precio del barril de crudo, quedando el tipo Istmo (ligero) a 34.50 y el Maya (pesado) a 28 dólares. Esta decisión parecía razonable si se quería conservar a los clientes; sin embargo, en México fue juzgada como una falta a la solidaridad nacional, por quienes consideraron que prácticamente se "regalaría" el energético a las empresas compradoras, en particular a las de Estados Unidos. Díaz Serrano asumió la responsabilidad del caso y presentó su renuncia [véase fuente 3. "La renuncia de Jorge Díaz Serrano"] declarando que no quería ser un "elemento de discordia".

Poco después, el gobierno mexicano comenzó a idear estrategias para anular la baja al precio del petróleo realizada por Díaz Serrano, con el deseo expreso de preservar la soberanía nacional sobre el petróleo. De esta manera, a partir del día primero de julio se aumentó el precio del crudo en 2 dólares por barril (a la mitad de lo fijado en junio) con la esperanza de recuperar los ingresos perdidos. Sin embargo, la medida no produjo los resultados deseados; los clientes comenzaron a cancelar sus pedidos, con lo que las exportaciones por este concepto se redujeron drásticamente (de 1.43 millones de barriles diarios en mayo, a sólo 0.7 en julio siguiente). La reducción de ingresos gubernamentales sobrepasaron en un sólo mes los 700 millones de dólares, y provocaron que el presupuesto federal se redujera en cuatro puntos porcentuales.

En noviembre del mismo año, las exportaciones petroleras recuperaron su nivel de 1.4 millones de barriles diarios, como consecuencia tanto de la baja de los precios, como de la mejora efectuada en la mezcla de crudo que México ofreció al mercado. A pesar de las dificultades, el gobierno mantuvo su propósito de lograr el crecimiento del sector petrolero; incluso en 1982, cuando la crisis económica azotó al país, se logró incrementar la producción del combustible en 19% respecto al año anterior; para ese entonces, ya se habían sobrepasado los límites de producción estimados, no obstante que el mercado internacional del energético se encontraba saturado.

Al mismo tiempo que la OPEP intentaba mantener los precios reduciendo las exportaciones en 18%, México ofrecía el petróleo a los

---

[24] *Ibid.*, p. 220.

precios más bajos del mercado y aumentaba sus ventas. De hecho, entre 1979 y 1982, la producción mexicana del petróleo aumentó en 70%, mientras que la de la OPEP cayó en 40%. Los precios del crudo mexicano se mantuvieron por debajo de los de la OPEP hasta noviembre de 1981, fecha en que México unificó sus precios al nivel de los de los países árabes. Desde febrero de 1982, después de que la devaluación obligó a México a bajar los precios, y hasta marzo de 1983, en que los precios internacionales del crudo se desplomaron, el precio del carburante ligero mexicano (Istmo) se mantuvo en sólo 1.50 dólares por barril por debajo del petróleo árabe. Las críticas sobre la petrolización de la economía mexicana parecían acertadas; hacia finales del sexenio de López Portillo, el petróleo se había convertido efectivamente en el motor de crecimiento del resto de la economía; su participación en el PIB había aumentado al doble, representaba más de las tres cuartas partes del total de las exportaciones (en 1978 sólo constituía una tercera parte), y aportaba cerca de 30% de todos los ingresos de la federación (contra sólo 11% en 1979). Por otro lado, no fueron tomadas en cuenta las restricciones impuestas respecto a la distribución geográfica de los mercados, pues aun cuando Pemex sostenía que las exportaciones a Estados Unidos continuaban representando sólo 50% del total de 1982, otros reportes aseguraban que el monto de las exportaciones era aproximadamente de 60%. En agosto de 1981, México

> *México fue el primer país en firmar un contrato a largo plazo sobre la venta de petróleo para la reserva estratégica de Estados Unidos, y reemplazó a Arabia Saudita como principal abastecedor de petróleo para los estadounidenses.*

Fuente 3. La renuncia de Jorge Díaz Serrano

El 6 de junio de 1981, anoté:

Ya tomé la decisión. Le pedí a Jorge Díaz Serrano su renuncia y, en su lugar, designé Director de PEMEX a Moctezuma [Esteban]. Dura, amarga decisión política, para volver a enhebrar una serie de cuentas que se habían soltado: la posición independiente de México en el mercado del petróleo. La decisión del precio, tal vez correcta en el fondo, pero la oportunidad y forma fue de sumisión a las empresas norteamericanas. Ello me pone en condiciones desventajosas para mi entrevista con Reagan y en imposible para el Diálogo Norte-Sur. Fuimos los primeros en romper el precio a la baja. Pudimos observar el mercado, resistir presiones, organizar clientela. No me gustó la oportunidad, ni la forma. Parecemos esquiroles de la OPEP y tenía yo una sensación de vergüenza.

Por otro lado, en lo interno, era evidente que una decisión fundamental se había tomado a mi margen y en estos momentos la Presidencia no puede padecer menoscabo alguno. De otra parte se inhabilitó Jorge como precandidato y yo necesito otro más para adecuar a tiempo mi decisión y no cerrar el juego.

La escena fue de lo más dolorosa, aunque debo reconocer la gallarda actitud de Jorge, su entereza. Salvo un parpadeo acentuado y después una emoción contenida de la que pronto se recuperó, nada reveló. Es un varón. ¡Qué amarga es la política! Todavía ahora, varias horas después, tengo la sensación de vacío en el estómago y el temor de haber sido injusto y la convicción de que la decisión fue lo mejor en las circunstancias, para asegurar mi acción en lo interno y en lo internacional. No puedo llegar con las banderas bajadas a Estados Unidos.

La carrera de Jorge fue vertiginosa y brillante. Llegó, en poco tiempo, a precandidato, después de haberme ayudado, tal vez como nadie, a construir otro México. No quiero creer que soy un desgraciado injusto, lo pensé mucho, toda la noche, y decidí. Después lo oí durante media hora y antes de que me convencieran la amistad y su lealtad, resolvió la política.

José López Portillo,
Mis tiempos: biografía y testimonio político, Vol. 2,
Fernández Editores, México, 1988, p. 1061.

Ejercicio 6

1. ¿Cuál era el propósito principal de la Alianza para la Producción?

2. ¿Por qué López Portillo consideraba al petróleo como el "pivote del crecimiento de la economía mexicana"?

3. ¿A qué se debió que Jorge Díaz Serrano se viera obligado a presentar su renuncia como director de Pemex?

4. ¿Por qué pueden considerarse acertadas las críticas hacia la petrolización de la economía mexicana?

se convirtió en el primer país en firmar un contrato a largo plazo sobre la venta de petróleo para la reserva estratégica de Estados Unidos, y en 1982 reemplazó a Arabia Saudita como fuente principal de suministro de las importaciones petroleras estadounidenses.[25]

Políticas de reactivación económica

Durante 1978 se pusieron en práctica las políticas consideradas indispensables para impulsar la reactivación económica y una de ellas fue la expansión del gasto público, que se incrementó casi en 50% entre 1977 y 1981. Como efecto de esta medida se alcanzó un mayor crecimiento del PIB y se logró bajar la inflación pero, a semejanza de lo ocurrido en el sexenio anterior, el aumento excesivo del gasto público trajo como consecuencia el déficit presupuestal y el aumento consiguiente de la deuda pública externa, pues el gobierno solicitó nuevos empréstitos que, durante 1981, sumaron poco menos de 20 000 millones de dólares, monto casi igual al total de la deuda pública existente a fines de 1976.

> *A semejanza de lo ocurrido en el sexenio anterior, el aumento excesivo del gasto público trajo como consecuencia el déficit presupuestal del gobierno de López Portillo y el aumento de la deuda pública externa.*

Otra estrategia fue la política de flexibilización de las tasas de interés, que anteriormente eran fijadas por el Banco de México, dirigida a rescatar la intermediación financiera y proteger el ingreso del capital financiero, lo cual permitió un fuerte aumento de captación bancaria entre 1977 y 1981. Esto permitió un alto crecimiento del crédito otorgado por la banca comercial a organizaciones, empresas y personas particulares, aunque el crecimiento del crédito interno se orientó en mayor medida al sector público, dadas las exigencias de cubrir el financiamiento del déficit público.

El lapso entre 1979 y 1980 fue considerado por López Portillo como de consolidación del desarrollo, pues afirmaba haber superado la crisis y restablecido la confianza en el país; la promulgación del Plan Nacional de Desarrollo Industrial a principios de 1979 era una muestra de la euforia que se vivía en ese entonces, con un crecimiento de 9% y una inflación que había logrado bajarse a 18%. En medio del auge petrolero y con la expectativa de que se llegaría a un superávit en cuenta corriente, y de que inclusive México podría dejar de ser un país deudor, aparentemente pasó inadvertido el hecho de que ya no se estaban cumpliendo las metas inicialmente previstas en el programa de gobierno con base en el Acuerdo de Facilidad Ampliada con el FMI.

En 1980, el crecimiento se mantenía aún a niveles de 8%, pero la inflación se elevó a 26%, y el déficit en cuenta corriente había aumentado de manera considerable. Al impulso del auge petrolero se dio un espectacular crecimiento de las importaciones, ya que se mantuvo una política de liberalización del comercio exterior, con el propósito de agilizar y facilitar la entrada de importaciones de bienes de capital tendientes a lograr una mayor productividad. Por otra parte, se prosiguió con la liberación de precios que se había aplicado a partir de 1977, encaminada a terminar con la llamada "economía ficción" y asegurar niveles de rentabilidad que incentivaran el crecimiento de la inversión y de la producción. Las políticas de precios y salarios fueron importantes para asegurar altos niveles de rentabilidad y recuperar la confianza del sector empresarial, cuya inversión se elevó considerablemente.[26]

> *En 1979 varias condiciones parecían favorecer la entrada de México al GATT, pero había argumentos en contra que llevaron al gobierno de López Portillo a tomar la decisión de no ingresar a este organismo internacional.*

En este contexto de euforia industrial, se volvió a discutir la posibilidad de que México ingresara al *Acuerdo General sobre Aranceles Aduaneros y Comercio* (GATT), y en enero de 1979 el gobierno de López Portillo inició las negociaciones pertinentes. En ese momento, varias condiciones parecían favorecer la entrada de México al GATT; los países integrantes de esta organización se mostraban más comprensivos respecto a las necesidades del Tercer Mundo y se habían ampliado las posibilidades de ingreso

---

[25] *Ibid.*, pp. 223-224.
[26] *Ibid.*, p. 72.

para los países en vías de desarrollo, bajo condiciones menos desventajosas para sus economías.

Después de iniciadas las negociaciones para ingresar al GATT, López Portillo convocó a miembros de las altas esferas económicas y políticas nacionales a una consulta para someter a discusión la posibilidad de que México perteneciera a ese organismo internacional. Los argumentos a favor partían generalmente del hecho de que la mayoría de las naciones —incluyendo muchos de los países de bajo desarrollo— eran ya miembros del GATT, y representaban entre 80 y 90% del comercio internacional.

Por el contrario, los argumentos en contra se centraban en dos cuestiones principales: por un lado la pérdida de soberanía nacional, y por otro las desventajas económicas. Muchos críticos aseguraban que unirse al Acuerdo significaba ceder a las presiones de Estados Unidos, con lo cual se aumentaría la relación de dependencia de México con este país. Además, opinaban que el GATT sólo beneficiaría a las naciones desarrolladas incrementando su comercio internacional en detrimento de la economía mexicana. Se temía también que México no pudiera disfrutar de los privilegios que el GATT otorga a los países de bajo desarrollo ya incorporados, puesto que al ser considerado ya como un país en desarrollo avanzado (el propio presidente mexicano consideraba a México como una potencia media) sería excluido del trato preferencial otorgado a aquellos países. Las personas opuestas al ingreso de México al GATT señalaban que el país podía participar en las negociaciones comerciales multilaterales sin necesidad de ser miembro del Acuerdo. Una de las mayores desventajas que se señalaban en el aspecto económico era que la competencia con el exterior produciría quiebras masivas entre las empresas industriales medianas y pequeñas. Esto último estaba en relación con la situación de ventaja que por muchos años habían disfrutado las empresas mexicanas gracias a las políticas proteccionistas que las habían puesto a salvo de la competencia externa pero que, al mismo tiempo, fueron en detrimento de la calidad de los productos mexicanos frente a los extranjeros.

En marzo de 1980, el presidente López Portillo tomó la decisión final de no ingresar al GATT después de una reunión con el gabinete en la cual los ministros encargados de la "planeación" constituyeron la mayoría (con 5 votos en contra y 3 a favor del ingreso al GATT).

Reforma fiscal

En 1979 el gobierno de López Portillo realizó reformas fiscales que reducían las tasas impositivas para los grupos de menores ingresos; llevó a cabo una reforma en la estructura de los aranceles, sustituyendo licencias de importación por tarifas arancelarias, las cuales fueron consideradas de acuerdo al "valor normal" de los productos y no a su precio oficial; estas reformas tenían el propósito de reducir los aranceles de manera gradual y lograr una mayor eficiencia de las industrias nacionales. Estas medidas de liberación comercial afectaban necesariamente a las pequeñas y medianas industrias que quizá no habrían de resistir la competencia extranjera; sin embargo los empresarios de esas industrias dejaron de inquietarse cuando López Portillo anunció que México no entraría al GATT.

En enero de 1980 se creó una nueva forma de recaudación fiscal denominada *Impuesto al Valor Agregado* (IVA); este impuesto, que debía ser absorbido por los consumidores, añadía el 10% al valor de los productos y reemplazaba al impuesto sobre ingresos mercantiles que era de 4%. La medida fue criticada por quienes consideraron que el IVA aumentaría la inflación en el corto plazo; sin embargo, se explicó que se trataba de una manera más eficiente de recaudación destinada a evitar la evasión fiscal, aun cuando se reconocía que con esto no se llegaba a resolver la desproporción existente en la carga tributaria ejercida sobre los grupos de menores ingresos.

En enero de 1980 se creó una nueva forma de recaudación fiscal denominada Impuesto al Valor Agregado (IVA), *que gravaba los productos de consumo, en sustitución al impuesto sobre ingresos mercantiles.*

Ejercicio 7

1. Menciona las medidas del gobierno de López Portillo para reactivar la economía, aplicadas antes de 1980.

2. ¿Cuáles fueron los efectos económicos inmediatos del auge petrolero?

3. ¿Cuáles fueron los argumentos que llevaron a López Portillo a rechazar la posibilidad de ingresar al GATT?

4. Menciona dos medidas de la reforma fiscal establecida por López Portillo.

Política agropecuaria

Durante el sexenio de López Portillo los aspectos en materia de reforma agraria pasaron a segundo plano para orientarse en cambio a la producción y a la autosuficiencia alimentaria; sin embargo, el reparto agrario se continuó, pero a un ritmo mucho menor que los regímenes precedentes, pues se firmaron resoluciones que amparaban una superficie de 6 366 000 hectáreas para 250 mil campesinos.[27] En 1977 se dio la fusión de la Secretaría de Agricultura y Ganadería con la de Recursos Hidráulicos, para formar la Secretaría de Agricultura y Recursos Hidráulicos, con el propósito de facilitar el manejo de la política agrícola. Por otra parte, además de continuar las obras iniciadas en el sexenio anterior, se construyeron obras de irrigación a un ritmo acelerado.

El gobierno de López Portillo revirtió las políticas destinadas a promover la agricultura de subsistencia así como la reforma agraria; al respecto destaca la promulgación de la *Ley de Fomento Agropecuario*, publicada en el Diario Oficial de la Federación con fecha 2 de enero de 1981, en la cual se establecen normas sobre la planeación y programación del sector agropecuario, y sobre los aspectos de definición y operación de los distritos de tierras de temporal, el uso agrícola de los terrenos de agostadero susceptibles de cultivo, la mecanización del campo, los sistemas de riego compartido, la asistencia técnica, la reagrupación de la pequeña propiedad y el combate al minifundio, y el uso de tierras ociosas.

Pero lo más relevante de la Ley de Fomento Agropecuario fue la introducción de una nueva forma de organización que buscaba una acción conjunta entre la propiedad social y la privada, denominada Unidad de Producción, la cual, sin cambiar la estructura constitucional de la propiedad agraria, permitiera la "asociación voluntaria" de ejidos o comunidades, con colonos y pequeños propietarios, bajo la vigilancia de la Secretaría de Agricultura y Recursos Hidráulicos. Tales unidades de producción tenían el propósito fundamental de mejorar la producción agropecuaria conforme a las metas de los programas nacionales y "podrían prever el uso de espacios comunes, construcción de obras de provecho común, utilización de equipos, prestación de servicios en mutuo beneficio y las demás modalidades que mejor propicien el logro de las metas".[28]

En 1980, el presidente López Portillo anunció la creación del *Sistema Alimentario Mexicano* (SAM), programa con el que se proponía "avanzar en la Alianza para la Producción y correr riesgos con los campesinos". El programa sería totalizador, tendería hacia metas nutricionales realistas y tendría como objetivo prioritario la autosuficiencia nacional, todo lo cual implicaba que se habrían de precisar objetivos y acciones concretas dentro de un enfoque de producción, distribución y consumo. El SAM, considerado como la principal iniciativa de López Portillo en materia agropecuaria, se puso en práctica en mayo de 1980 mediante aspectos fiscales y monetarios destinados a estimular principalmente la producción de alimentos básicos como el maíz, frijol, arroz y trigo, en las áreas de temporal. La puesta en marcha del SAM implicó la ampliación de la disponibilidad del crédito, subsidios a los precios de semillas y fertilizantes, ampliación de las coberturas del seguro agrícola, el establecimiento del riesgo compartido, etcétera.

Las medidas anteriores generaron un cambio significativo en la producción agrícola, que en ese mismo año de 1980 creció en 10% respecto a 1979 y, en 1981, el crecimiento fue de 8%. Sin embargo, ante la difícil situación que empezó a enfrentar la economía nacional en ese año y que se agravó en el siguiente, disminuyeron los vo-

---

Durante el sexenio de López Portillo los aspectos en materia de reforma agraria pasaron a segundo plano para orientarse, en cambio, a la producción y a la autosuficiencia alimentaria.

Lo más relevante de la Ley de Fomento Agropecuario fue la introducción de una nueva forma de organización que buscaba una acción conjunta entre la propiedad social y la privada, denominada Unidad de Producción.

Política agropecuaria

El Sistema Alimentario Mexicano (SAM) se puso en práctica mediante aspectos fiscales y monetarios destinados a estimular principalmente la producción de alimentos básicos en las áreas de temporal.

---

[27] Sergio Reyes Osorio y María de los Ángeles Moreno Uriegas, "El desarrollo rural integral", en *México, 75 años de Revolución*, Desarrollo Económico I, Fondo de Cultura Económica, México, 1988, p. 223.
[28] *Diario Oficial de la Federación*, 2 de enero de 1981, p. 12.

lúmenes de crédito y subsidios, así como los precios de garantía en términos reales. A esto se sumó el hecho de que 1982 fue un año particularmente escaso en lluvias, por lo que, no obstante los esfuerzos realizados por el gobierno a través del SAM, el hecho de haberse puesto en marcha este programa en los dos últimos años del sexenio, cuando la economía ya había entrado en crisis, hizo imposible mantener un alto ritmo de producción agrícola en las áreas de temporal sujetas a los cambios climáticos, a las que se orientaba el programa.

Por otra parte, el crecimiento desproporcionado del aparato burocrático en el sector agrícola absorbía una parte importante de los recursos destinados a promover el desarrollo rural, provocando que éste resultara muy costoso y no siempre eficiente. En consecuencia, el crecimiento del producto agrícola, no obstante que llegó a una tasa media anual de 3.7%, resultó insuficiente frente al crecimiento muy acelerado de la demanda, y esto obligó a seguir recurriendo a la importación de granos básicos alimenticios, oleaginosas y forrajes, que alcanzó una cifra media anual de 5.4. millones de toneladas, es decir, el doble del nivel alcanzado durante el sexenio anterior.

Con el grupo consultivo de la Secretaría de la Reforma Agraria

El crecimiento del producto agrícola resultó insuficiente frente al crecimiento muy acelerado de la demanda, y esto obligó a seguir recurriendo a la importación de granos básicos alimenticios, oleaginosas y forrajes.

Sector industrial, la planeación

El Plan de Desarrollo Industrial ocupaba un lugar prioritario en el Plan Global de Desarrollo, y se proponía atacar los cuatro puntos considerados como más débiles del proceso de industrialización: 1) la industria había descansado demasiado en el mercado interno, dando lugar a empresas pequeñas e ineficientes, incapaces de competir a nivel externo; 2) la industria se había concentrado mucho en tres centros urbanos principales; 3) la producción se encontraba orientada, en gran medida, hacia la sustitución de importaciones de bienes de consumo; y 4) unas pocas empresas muy grandes coexistían con multitud de empresas pequeñas en ramas muy dinámicas.

El plan contenía además una enorme lista de objetivos encaminados a poner atención en esos puntos débiles, e incluía el apoyo a la producción tanto de productos de consumo básico como de capital; el desarrollo de industrias de alta productividad capaces de competir en los mercados internacionales; la integración del sector industrial a través de las ramas productivas de bienes de capital; la descentralización geográfica de la producción industrial; el incremento del empleo; el estímulo a la inversión, y una disminución del déficit de la balanza de pagos por medio del desarrollo industrial.

Uno de los objetivos más importantes del plan era la enumeración de las prioridades sectoriales y regionales del desarrollo industrial; se crearon tres zonas geográficas con divisiones internas, con el propósito de reducir la participación de la ciudad de México y su área metropolitana en la producción industrial. Además, se reservó dentro del plan una categoría especial para las pequeñas industrias, reconociendo la importancia de su papel en el empleo dentro de ciertas ramas, particularmente en alimentos, metalurgia y bienes de consumo básico.

Todas estas prioridades se identificaban con incentivos específicos y se consideraba a los estímulos fiscales como el elemento clave de su instrumentación, los cuales serían otorgados a través de créditos federales mediante un certificado de promoción fiscal (Ceprofi), válido por cinco años. Estos créditos serían otorgados tanto para incrementar la inversión como para generar empleo adicional, y la magnitud de la inversión sería determinada de acuerdo con las prioridades regionales y sectoriales. Otro instrumento importante dentro de la promoción industrial era un esquema de precios diferenciales (o subsidiados) para la energía y productos petroquímicos de empresas estatales. El plan ofrecía facilidades a las empresas pequeñas y medianas para

Ejercicio 8

1. Describe el aspecto más relevante de la Ley de Fomento Agropecuario, promulgada en 1981, con respecto a la propiedad agraria.

2. Describe dos motivos que impidieron el cabal cumplimiento de las metas del Sistema Alimentario Mexicano.

El Plan de Desarrollo Industrial buscaba atacar cuatro puntos considerados como los más débiles del proceso de industrialización y contenía una enorme lista de objetivos encaminados a ese propósito.

> **Ejercicio 9**
>
> 1. Menciona los cuatro puntos más débiles del proceso de industrialización que el gobierno lopezportillista planeaba atacar.
> 2. Describe los objetivos del plan industrial del gobierno de López Portillo.
> 3. ¿Por qué el Plan Industrial de Desarrollo fue objeto de críticas de parte de algunos empresarios?

que tuvieran acceso a recursos y a diversos servicios técnicos y ampliaba el volumen de crédito, en mejores términos, para las industrias de bienes de capital.

Sin embargo, el Plan de Desarrollo Industrial no fue aceptado por todos los integrantes del sector empresarial; algunos de ellos criticaron sus objetivos y consecuencias, y mostraron gran preocupación especialmente porque el gobierno pretendía rebasar algunos límites dentro de la economía, y porque el plan contenía aspectos que podían interpretarse como obligatorios, además de contener ciertas contradicciones. A fines de 1979, el presidente del Consejo Coordinador Empresarial, Prudencio López, señalaba que el sector privado no debía ser obligado a cumplir con el Plan de Desarrollo Industrial, y describió tres características que los grupos empresariales desearían tuvieran los planes nacionales de desarrollo: 1) que fueran obligatorios sólo para el sector público y orientados hacia la iniciativa privada; 2) que fueran congruentes con la realidad económica; y 3) que fueran accesibles a los empresarios, trabajadores, profesionales y grupos técnicos.

Ante la presión empresarial, en octubre de 1980, López Portillo rectificó y señaló que la planeación abarcaba solamente al sector público, declaración que contribuyó a atenuar las críticas del sector industrial. Para mediados de 1981, ya habían sido firmados varios programas de desarrollo, y no existía evidencia alguna de coerción estatal en contra de los industriales privados.[29]

Deterioro del modelo de sustitución de importaciones

A pesar de los intentos por revitalizar el modelo de sustitución de importaciones, a partir del trienio 1978-1981 el proceso de desarrollo económico estuvo sustentado en la exportación de hidrocarburos y presentó una fuerte tendencia hacia un enfoque contrario, la *desustitución de importaciones* en el sector industrial.

> *El proceso de desarrollo económico, sustentado en la exportación de hidrocarburos, presentó una fuerte tendencia hacia la de sustitución de importaciones en el sector industrial.*

La industrialización vía sustitución de importaciones, que durante tres décadas había constituido en México la estrategia de desarrollo económico, hacia 1970 empezó a mostrar desequilibrio hasta llegar a afectar definitivamente la balanza de pagos. Modificó la estructura de las importaciones en la medida en que requirió bienes intermedios y de capital que anteriormente no se importaban, produciendo con ellos bienes de consumo que hasta entonces se adquirían en el mercado exterior. De esta manera, la balanza de mercancías siguió actuando como un factor determinante en la cuenta corriente, cuyo déficit creció a un promedio anual de 31%. Para tratar de financiar ese saldo negativo se recurrió al endeudamiento externo y, en menor medida, a la inversión extranjera directa, con objeto de mantener vigente al modelo económico.

La situación se revirtió en gran parte, precisamente debido a que el modelo fue prolongado de forma artificial. El desequilibrio del sector externo de la economía mexicana sobrevino porque se mantuvieron vigentes aquellos rasgos del modelo que inhibían la eficiencia de la planta productiva a largo plazo, por ejemplo, los excesivos niveles de protección a la industria, y la sobrevaluación del tipo de cambio, factores que frenaron las exportaciones y estimularon las importaciones. Además, dos hechos agravaron el creciente deterioro del modelo de sustitución de importaciones: 1) la devaluación de 1976 (ocurrida después de 22 años de estabilidad cambiaria) como efecto por demás elocuente del creciente desequilibrio con el exterior; y 2) la consolidación de un nuevo sector de naturaleza internacional, el petrolero, en el que se sustentó el crecimiento económico entre 1977 y 1981, pero cuyos efectos negativos incidieron en el surgimiento de una nueva y más grave crisis, en 1982.

---

[29] Dale Story, *Industria, estado y política en México, Op. cit,* pp. 236-245.

Colapso de la economía al final del sexenio

En términos de la estrategia propuesta para el sexenio, se puede considerar que los dos años previstos para superar la crisis se redujeron a uno solo, mientras que las etapas para la estabilización y el crecimiento sin inflación fueron suprimidas por completo. En su lugar, se siguió una estrategia de crecimiento rápido promovida con base en déficit fiscales. El desequilibrio financiero del sector público fue acentuándose con el tiempo, en tanto que el déficit era parcialmente cubierto por préstamos externos.

En unos cuantos años, la economía mexicana se volvió excesivamente dependiente de las exportaciones de petróleo. Aunque se argumentaba que la economía no dependía del petróleo puesto que sólo representaba 6% del PIB, lo cierto es que este producto constituyó el factor dominante de la balanza de pagos y la economía es extremadamente vulnerable a las fluctuaciones de un solo producto en el mercado internacional. Tras la renuncia de Díaz Serrano y la decisión de las nuevas autoridades de volver a aumentar el precio del crudo, decayó el volumen de las exportaciones y el gobierno mexicano amenazó a sus clientes con suspender las ventas futuras de petróleo si no se mantenía la demanda en los anteriores niveles. Esta actitud se basó en una valoración errónea de las condiciones del mercado internacional del petróleo, pues la caída de la demanda se interpretó como un fenómeno temporal.[30]

Ante la disminución de los ingresos procedentes de la exportación de petróleo, en vez de instrumentar los ajustes necesarios en el presupuesto y en el tipo de cambio monetario, el gobierno permitió que aumentara el déficit de las finanzas públicas y continuó recurriendo al crédito externo. De manera simultánea, comenzó a decaer la confianza de los particulares en el peso mexicano al advertir, cada vez en mayor medida, la sobrevaluación existente en la moneda; en consecuencia, aumentó el incentivo para canjear pesos por dólares y cobró fuerza una corriente masiva de pesos a dólares y hacia cuentas bancarias en Estados Unidos.

A principios de 1982, se manifestó la reacción en cadena de los elementos que inducían el deterioro de la moneda mexicana; para mediados de febrero, el éxodo de pesos a dólares ascendió a cantidades masivas, erosionando las reservas monetarias a un ritmo alarmante. El 17 de ese mismo mes, después de que los bancos cerraron, se anunció la devaluación; ese día el dólar se había cotizado a $26.88, y al día siguiente ascendió a $37.66. Después de esa devaluación, el peso continuó debilitándose; a fines de febrero subió a $44.64, y para julio había alcanzado la cifra de $49. Tras la devaluación, la balanza comercial mejoró considerablemente; no obstante, la cuenta corriente de la balanza de pagos continuaba arrojando un déficit que fue en aumento.

Ante la crítica situación, se incrementó la desconfianza de los particulares en la política financiera del sector público, porque el déficit presupuestario continuaba en aumento, a pesar de que, desde 1981, el gobierno había prometido reducir el gasto público. Esta actitud inconsistente del sector público aceleró la fuga de capitales, pese a la opción que ofrecía el sistema bancario mexicano de hacer depósitos en dólares dentro del país (los llamados "mexdólares"). En el sector privado había gran temor de que se implantara el control de cambios, por lo que Miguel Mancera, director del Banco de México, publicó un folleto en el que exponía las inconveniencias de tal medida, con el propósito de contrarrestar los rumores de que se suprimiría la libre convertibilidad de la moneda; pero el ambiente de inseguridad persistió.

En julio, después de las elecciones presidenciales, la conversión masiva de pesos a dólares y la fuga de capitales alcanzó niveles más altos y, el 6 de agosto, el Banco

---

[30] Pascual García Alba y Jaime Serra Puche, *Causas y efectos de la crisis económica en México,* El Colegio de México (Jornadas, núm. 104), México, 1984, pp. 60-66.

> *Aparte de lo que la nacionalización de la banca y el control de cambios trajeron consigo en el ámbito socioeconómico y político interno, complicaron las negociaciones promovidas por el gobierno ante el FMI.*

de México se retiró del mercado cambiario, lo que significó la segunda devaluación formal del peso en 1982; al día siguiente la cotización del dólar subió de $49 a $74.08. Al mismo tiempo, se estableció un sistema dual de cambios para la moneda estadounidense; una cotización de mercado libre y otra preferencial de $50 destinada a proporcionar dólares para importaciones prioritarias, pago de deuda externa pública e intereses ordinarios de la deuda externa privada. Poco después, el 19 de agosto, el sistema fue modificado; se decretó la congelación de los depósitos en dólares en los bancos mexicanos y sólo podían ser retirados en pesos al nuevo tipo de cambio llamado "general", de $69.50, manteniéndose los otros dos tipos, el preferencial a $50 y el del mercado libre, que para ese momento ascendía a $114.77.[31]

Estas medidas aceleraron la fuga de capitales en lugar de detenerla, pues la confianza en el peso se deterioró aún más debido a la falta de convertibilidad derivada del mercado dual. El 1 de septiembre, en su último informe de gobierno, López Portillo anunció lo que llamó "nacionalización de la banca privada" (con excepción del Citybank, un banco extranjero, y el Banco Obrero) y el control de cambios, dejando en manos del gobierno el control prácticamente absoluto de todas las operaciones bancarias.

Aparte de lo que aquella medida expropiatoria trajo consigo en el ámbito socioeconómico y político interno, complicó las negociaciones promovidas por el gobierno desde el primer semestre de 1982 ante el Fondo Monetario Internacional, a fin de conseguir un crédito por 4 500 millones de dólares. Se trataba de un nuevo crédito de facilidad ampliada condicionado a un riguroso programa de ajuste económico que México se comprometía a instrumentar para disminuir la inflación. Después del 1 de septiembre se dificultaron las negociaciones puesto que las medidas decretadas iban totalmente en contra de la filosofía del FMI, opuesta a cualquier forma de intervención del Estado en la economía. Finalmente, tras duros debates, el 10 de noviembre de 1982 el gobierno de México firmó la Carta de Intención que lo comprometía a adoptar un programa de ajuste aceptable para el FMI, el cual debía tener una vigencia de tres años, esto es 1983, 1984 y 1985 y que claramente corresponderían al próximo gobierno de Miguel de la Madrid.

> *Los últimos días del sexenio 1976-1982 se desenvolvieron en un ambiente de continuo sobresalto, en medio de un vacío psicológico respecto al valor de la moneda mexicana y a la nueva pérdida de credibilidad en el gobierno.*

Los últimos días del sexenio se desenvolvieron en un ambiente de continuo sobresalto, en medio de un vacío psicológico respecto al valor de la moneda mexicana y del desaliento contagioso de la población en general que una vez más perdía la confianza en su gobierno, sobre todo porque le había hecho creer en una bonanza irreal, y le había alentado a través de las exaltadas palabras del presidente de la República cuando aseguraba que "el único problema de México consistía en saber administrar su riqueza". Así, con un desaliento aún más profundo que el de seis años atrás, México cerraba un periodo presidencial e inauguraba otro el 1 de diciembre de 1982.

Sociedad y cultura en el sexenio 1976-1982

Política obrera

Al comienzo del gobierno de López Portillo, las condiciones cambiaron para el movimiento obrero organizado en el sindicalismo oficial; las medidas tomadas para reactivar la economía, implicaron la necesidad de negociar con el movimiento obrero una política de restricciones salariales. La posibilidad de que en los primeros años del sexenio las organizaciones sindicales oficiales aceptaran tales restricciones no era muy remota, por dos razones principales: a) la tradicional colaboración entre el sin-

Ejercicio 10

1. Describe los factores que influyeron para que se agravara el deterioro del modelo de sustitución de importaciones.

2. Describe tres factores que llevaron al colapso de la economía mexicana entre 1981 y 1982.

3. ¿Cuáles fueron las medidas del gobierno que aceleraron la fuga de capitales en 1982?

4. ¿A qué se comprometía México con la Carta de Intención firmada con el FMI en noviembre de 1982?

---
[31] Hugo Ortiz y Sidney Wise, *México: Banco de Datos*, El Inversionista Mexicano, México, 1994, pp. 40-44.

CUADRO 9.3. *Gobierno de José López Portillo. Economía*

Etapa	Elementos	Detalles	Consecuencias
Los primeros dos años	Situación de deterioro / Confianza en el nuevo gobierno	Propósitos fundamentales: Alentar la inversión, modernizar el aparato productivo, atenuar la inflación e incrementar el empleo	Alianza para la Producción, instrumento ideal
Políticas de reactivación económica a partir de 1978	Incremento del gasto público / Petróleo, pivote de la economía / Descenso de la inflación / Reforma fiscal / Creación del IVA	Programa Mexicano de Energía / Aumento de la deuda pública / Medidas de estabilización	1979 a 1980, años de consolidación / Euforia por el auge petrolero y clima de confianza elevan la inversión privada / Rechazo de ingreso al GATT / Caída de los precios en el mercado internacional / Medidas fracasadas / Drástica reducción de las exportaciones petroleras / Déficit público
Política agropecuaria	Reparto agrario a segundo plano / Orientación a la autosuficiencia alimentaria	Ley de Fomento Agropecuario / Creación del SAM / Creación de la SARH	Crecimiento significativo, aunque insuficiente, de la producción agrícola / Aumento del aparato burocrático / Necesidad de recurrir a la importación de granos básicos
Política industrial	Plan de desarrollo industrial	Prioridades sectoriales y regionales / Impulso a la pequeña industria	Estímulos fiscales / Esquema de precios diferenciales / Críticas y objeciones al Plan Global de Desarrollo / Creciente deterioro del modelo S. I.
Colapso de la economía al final del sexenio	Incumplimiento de las etapas de estabilización y crecimiento / Desequilibrio de las finanzas públicas	Excesiva dependencia de exportaciones petroleras / Impacto de la caída de los precios internacionales	Aumento del crédito externo / Sobrevaluación y deterioro del peso mexicano / Clima de desconfianza. Conversión masiva de pesos a dólares y fuga de capitales. Devaluaciones y medidas financieras emergentes

Las medidas tomadas por López Portillo para reactivar la economía, implicaron la necesidad de negociar con el movimiento obrero una política de restricciones salariales.

dicalismo oficial y los gobiernos emanados de la Revolución, en el contexto del corporativismo; y b) los aumentos salariales otorgados durante el sexenio de Echeverría, que permitían mantener la adhesión del movimiento obrero, pese al deterioro del poder adquisitivo causado por la crisis.

Existía además otro factor importante que marcó la diferencia en las relaciones de uno y otro periodo gubernamental en la década de 1970; como se comentó en su oportunidad, durante la administración echeverrista los sindicatos independientes protagonizaron la insurgencia obrera y ejercieron una presión constante sobre los dirigentes del sindicalismo oficial para que intercedieran ante el gobierno a fin de que fueran satisfechas sus demandas. Por el contrario, López Portillo encontró una oposición debilitada de parte de los sindicatos independientes y, además, la reforma política creada en 1977, aparte de reforzar la adhesión del sindicalismo oficial, abrió la posibilidad de que la disidencia sindical se expresara y actuara dentro de líneas institucionales.

La acción laboral del gobierno de López Portillo se manifestó en dos tipos de acciones; por un lado, fortaleció las instituciones ya creadas tales como el Banco Obrero, el Fonacot, etcétera, y por el otro emprendió nuevas reformas constitucionales, como la del artículo 123, a fines de 1978, según la cual sería promovida la creación de empleos y de organización social para el trabajo, señalando que las empresas, cualquiera que fuera su actividad, estaban obligadas a proporcionar a sus trabajadores capacitación o adiestramiento. Se ampliaba además la jurisdicción federal a otras ramas industriales, con lo que se respondía parcialmente a una antigua demanda del movimiento obrero.

López Portillo y Fidel Velásquez, 1 de mayo de 1979

A pesar de que la insurgencia obrera no se manifestó de la manera radical e incluso violenta como lo hiciera en el periodo echeverrista, hubo una serie de movimientos sociales y huelgas en el sexenio 1976-1982 (casi 1500 durante el sexenio), generalmente motivados por razones económicas. Entre las acciones concretas de la protesta obrera destacan las siguientes: a) entre 1977 y 1978 los trabajadores de la energía nuclear que se oponían a una iniciativa de ley, la cual por una parte permitía la intervención extranjera en el aprovechamiento del uranio y, por otra, coartaba los derechos de los trabajadores en ese sector; b) en el Sindicato Nacional de Trabajadores de la Educación se dieron también movilizaciones, principalmente porque los maestros demandaban el pago de salarios atrasados; c) los trabajadores minero-metalúrgicos de varias regiones del país protagonizaron huelgas y paros en demandas de mejores salarios, condiciones de seguridad e higiene y reducción de la jornada laboral; en la industria automotriz sobresale el movimiento huelguístico que en 1981 llevaron a cabo los trabajadores de Volkswagen en la ciudad de Puebla; d) los trabajadores universitarios formaron en octubre de 1979 el Sindicato Único Nacional cuya primera tarea fue pugnar por una legislación que reconociera los derechos laborales y sindicales de este sector y es éste uno de los sectores donde se dio el mayor número de huelgas.

La acción laboral del gobierno de López Portillo se manifestó en dos tipos de acciones: fortaleció las instituciones ya creadas, y emprendió nuevas reformas constitucionales.

Educación

La planeación educativa

A pesar de que la insurgencia obrera no se manifestó de la manera radical e incluso violenta como lo fue en el periodo echeverrista, en el sexenio de López Portillo hubo una serie de movimientos sociales y huelgas.

En 1977, siendo Porfirio Muñoz Ledo secretario de Educación, se elaboró un Plan Nacional de Educación basado en un análisis cuantitativo y cualitativo de la situación educativa del país, con el fin de instrumentar las nuevas estrategias de acuerdo con las necesidades de desarrollo en aquellos momentos. El nuevo programa contenía cinco objetivos: 1) ofrecer la educación básica a toda la población, particularmente a la que se encontraba en edad escolar; 2) vincular la educación terminal con el sistema productivo de bienes y servicios; 3) elevar la calidad de la educación; 4) mejorar la atmósfera cultural y fomentar el desarrollo del deporte; 5) aumentar la eficiencia del sistema educativo nacional.

Cap. 9. Los sexenios de la crisis (1976-1988)

Durante el periodo 1978-1982 estuvo Fernando Solana al frente de la SEP y en el comienzo de ese lapso, en el contexto de la euforia producida por la bonanza petrolera, la política educativa se basó en el principio de que el desarrollo de un país se mide por las oportunidades que tienen sus pobladores de informarse, de aprender y de enseñar; por su capacidad de producir, su libertad para juzgar la estructura social y política en que vive y su posibilidad para transformarla. Se consideraba que de no tomarse en cuenta esta perspectiva, se corría el riesgo de "construir un país rico y aún poderoso pero poco desarrollado, como algunos países exportadores de petróleo que han arribado a la riqueza y permanecen en el subdesarrollo". De esta manera, la educación se convirtió en sinónimo de proceso hacia el desarrollo (más allá del mero crecimiento), bajo la consideración de que "posibilita una alta productividad y capacita al individuo para su autodeterminación".[32]

Una preocupación importante consistía en abatir el analfabetismo, que al inicio del sexenio era todavía muy alto en el país (18%). Por esta razón, la SEP elaboró el Plan Nacional de Educación para Adultos y en 1978 se inició el Programa Nacional de Educación para Grupos Marginados. Sin embargo, ante los escasos avances de estos programas, se hizo preciso replantear las estrategias, y a mediados de 1981 se creó el Programa Nacional de Alfabetización (Pronalf), cuyos objetivos eran: 1) reducir la cantidad de analfabetos y poner en práctica una acción dinámica de alfabetización; 2) crear conciencia nacional sobre el problema del analfabetismo e incrementar la capacidad del Estado mexicano para ofrecer servicios de alfabetización y ampliar los servicios de educación básica para adultos; y 3) incrementar la capacitación para el trabajo en los lugares donde se desarrollara la alfabetización.[33] En ese mismo año se creó el Instituto Nacional para la Educación de los Adultos (INEA), cuyo objetivo general consistía en ofrecer a los adultos educación básica y programas que contribuyeran al desarrollo de sus capacidades para mejorar la calidad de su vida e impulsar el bienestar social y económico del país.

Entre 1978 y 1982 se realizaron además diversas acciones destinadas a vincular la secundaria técnica con el sector productivo, entre ellas el plan piloto para la producción agropecuaria, enfocado al desarrollo de pequeñas unidades de producción (de acuerdo con la Ley de Fomento Agropecuario) en las escuelas y la actualización del personal docente en las secundarias técnicas del ramo automotriz, en coordinación con organismos de dicha industria. Asimismo, fue creado el Colegio Nacional de Educación Profesional Técnica (Conalep) para fomentar y diversificar la educación terminal en todo el país, y estimular a los egresados de secundaria al estudio de carreras terminales requeridas regionalmente para el crecimiento industrial del país.

Respecto de la educación superior, a finales de 1978 la ANUIES elaboró el Plan Nacional de Educación Superior, donde se establecía en principio que, dada la importancia de la educación superior, ésta no debía considerarse en forma aislada, sino en relación con los ciclos educativos que la preceden; se argumentaba que no obstante su diversidad, todas las instituciones educativas de este ciclo comparten objetivos comunes y, en consecuencia, era necesario establecer un sistema específico de planeación permanente, a fin de satisfacer los requerimientos institucionales y las necesidades del desarrollo regional y nacional.

La interacción entre la ciencia y la tecnología se consideraba crucial para los proyectos de desarrollo económico en aquellos momentos, pero se advertía la necesidad de dar a la educación un nuevo sentido humanístico que, "enraizado en los más firmes valores de la cultura universal, busca el descubrimiento y realización de nuevos valores

---

[32] Juan Prawda, *Teoría y praxis de la planeación educativa en México*, Grijalbo, México, 1984, pp. 87-88.
[33] José Ángel Pescador Osuna, "El esfuerzo alfabetizador en México (1910-1985). Un ensayo crítico", en *México, 75 años de Revolución*, Educación, cultura y comunicación I, Fondo de Cultura Económica, México, 1988, p. 167.

La política cultural lopezportillista se basaba en cuatro principios: a) libertad para la creación; b) estímulo a la producción cultural; c) participación del Estado en la distribución de los bienes y servicios culturales; y d) preservación del patrimonio cultural de la nación.

fundados en la racionalidad de la ciencia y en las posibilidades de la tecnología". Por ello, se afirmaba que las disciplinas humanísticas impartidas en las instituciones de educación superior habrían de contribuir a "superar las distintas formas de alienación del ser humano y crear condiciones para el ejercicio pleno de sus atributos personales".

Por lo anterior, y con base en la idea de entender a la política educativa "no como el arte de lo posible sino como el arte de abrir posibilidades", adquirieron especial importancia tanto la educación terminal como la superior, vinculadas ambas al trabajo productivo y a la satisfacción de necesidades básicas de la población. Sin embargo, y a pesar del enfoque humanístico que se pretendía dar a los estudios superiores, la tendencia hacia una mayor eficiencia y productividad industrial influyó para que en los estudios terminales se diera preferencia a las carreras técnicas y de ingeniería, sobre las de humanidades y ciencias sociales.

La política cultural

Las autoridades de la SEP intentaron moderar el desequilibrio entre las dos áreas del conocimiento, estableciendo una política cultural que se basaba en cuatro principios: a) libertad para la creación; b) estímulo a la producción cultural; c) participación del Estado en la distribución de los bienes y servicios culturales; y d) preservación del patrimonio cultural de la nación. Se aclaraba que con esta política el Estado no pretendía dirigir la cultura nacional, puesto que reconocía que las creaciones del espíritu son esencialmente libres y que "el peor de los totalitarismos es el del espíritu". Por lo mismo, el gobierno no buscaría por sí mismo hacer arte, ciencia, filosofía, o someter las creaciones de la comunidad a criterios políticos o censuras ideológicas. La participación del Estado en la promoción de la cultura se haría fundamentalmente a través del sistema educativo, mediante la formación del hábito de la lectura, la apertura de bibliotecas y museos, el patrocinio de obras de teatro, cine, música, danza, y el impulso a la industria editorial y librera.

Excavaciones en el Templo Mayor de la antigua Tenochtitlan

Se consideraba además que el gobierno estaba obligado a preservar el patrimonio cultural de la nación, para lo cual buscó fomentar la protección de libros y objetos valiosos, la preservación de las costumbres, la identidad nacional, y en fin, la exploración arqueológica e histórica del rico pasado de México. A este respecto fue de gran significancia el hallazgo casual, en febrero de 1978, de una pieza escultórica del periodo azteca dedicada a la diosa Coyolxauhqui, en el centro histórico de la ciudad de México, a un costado de la Catedral Metropolitana, precisamente donde la tradición situaba al Templo Mayor o Gran Teocalli de la destruida Tenochtitlan. El valioso hallazgo sirvió de sobrada justificación para iniciar un proyecto arqueológico que significaba derribar los edificios coloniales construidos sobre el sagrado recinto de los aztecas. En agosto de 1981, López Portillo escribió:

> Y yo tenía el poder para rescatar el espacio y redimir tiempos nuestros. Poner, junto a la plaza donde está el templo del crucificado, el de la descuartizada. Desconcertantes caminos de sangre de esta humanidad nuestra. Tal vez no habría otra oportunidad. Descubrir, sacar a la luz, darle otra vez dimensión a las proporciones centrales de nuestro origen. Abrir el espacio de nuestra conciencia de Nación excepcional. Y pude hacerlo. Simplemente dije: exprópiense las casas. Derríbense. Y descúbrase, para el día y la noche, el Templo mayor de los aztecas.[34]

La diosa azteca Coyolxauhqui

---

[34] Prólogo a la obra de Beatrice Trueblood, *El Templo Mayor,* Bancomer, México, 1981.

Crisis urbana

Uno de los problemas a los que intentó dar solución el gobierno de López Portillo fue el acelerado crecimiento demográfico en las grandes ciudades del país que generaba a su vez graves conflictos sociales; este problema, que se venía presentando desde hacía varias décadas como resultado de la industrialización, convirtiéndose en factor de conflictos sociales, adquirió mayor dimensión a partir de 1975, a causa del aumento del desempleo y el consecuente deterioro en la calidad de vida de las clases populares, tanto las urbanas como las rurales, pues ante el agravamiento de la crisis económica, muchos trabajadores del campo tendieron a emigrar a las ciudades en busca de mejores condiciones de vida.

López Portillo y Carlos Hank González: la planeación urbana

El gobierno de López Portillo hizo algunos esfuerzos por mejorar la situación del sector agrícola, principalmente a través del Sistema Alimentario Mexicano. En cuanto a las ciudades, la Secretaría de Asentamientos Humanos y Obras Públicas creó en 1978 el Plan Nacional de Desarrollo Urbano, que incluía una larga lista de objetivos:

CUADRO 9.4. *Gobierno de José López Portillo. Sociedad*

Política obrera	Restricciones salariales, posibles en virtud de tres razones: a) Colaboración del sindicalismo oficial b) Aumentos del sexenio anterior c) Oposición debilitada de los sindicatos independientes	Acciones de la política laboral: fortalecimiento de instituciones existentes, nuevas reformas constitucionales, proyecto del Plan Básico de Gobierno	Movimientos sociales y huelgas, generalmente por causa de la crisis económica
Educación	Educación como sinónimo de proceso hacia el desarrollo, más allá del mero crecimiento económico	Plan Nacional de Educación para Adultos Programa Nacional de Educación para Grupos Marginados Programa Nacional de Alfabetización Creación del Instituto Nacional para la Educación de los Adultos Colegio Nacional de Educación Profesional Técnica (Conalep) Plan Nacional de Educación Superior de la ANUIES Política cultural: preservación del patrimonio cultural de la nación	
Crisis urbana	Intentos de solución al acelerado crecimiento demográfico en las ciudades de México, Monterrey y Guadalajara	Creación del Plan Nacional de Desarrollo Urbano	Impulso a la industria, impide modificar las tendencias de concentración urbana

El gobierno de López Portillo no encontró la fórmula adecuada para instrumentar una verdadera reforma en relación con los asentamientos humanos, y éstos siguieron concentrándose en las grandes zonas urbanas.

> **Ejercicio 11**
>
> 1. ¿Cuáles fueron las tres razones por las cuales las organizaciones sindicales oficiales aceptaron las restricciones impuestas por la política económica de López Portillo?
>
> 2. Menciona los cinco objetivos del Plan Nacional de Educación del gobierno lopezportillista.
>
> 3. Describe las acciones de López Portillo para poner en práctica el Plan Nacional de Educación.
>
> 4. Describe los principios básicos y las acciones de la política cultural lopezportillista.

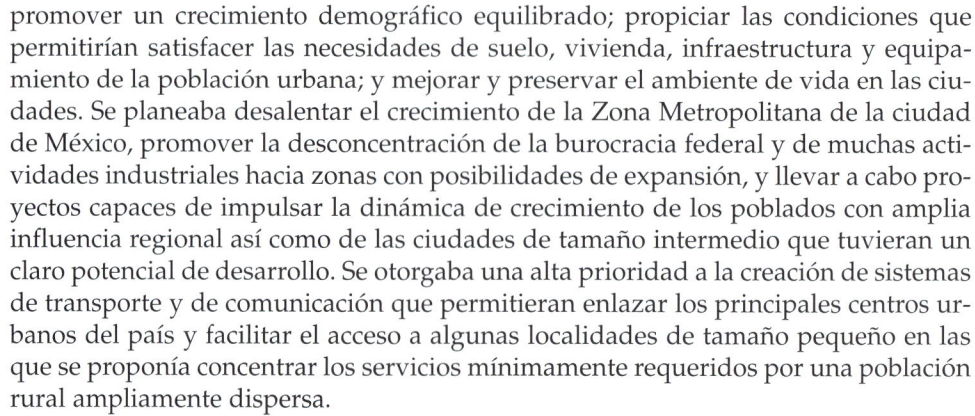

promover un crecimiento demográfico equilibrado; propiciar las condiciones que permitirían satisfacer las necesidades de suelo, vivienda, infraestructura y equipamiento de la población urbana; y mejorar y preservar el ambiente de vida en las ciudades. Se planeaba desalentar el crecimiento de la Zona Metropolitana de la ciudad de México, promover la desconcentración de la burocracia federal y de muchas actividades industriales hacia zonas con posibilidades de expansión, y llevar a cabo proyectos capaces de impulsar la dinámica de crecimiento de los poblados con amplia influencia regional así como de las ciudades de tamaño intermedio que tuvieran un claro potencial de desarrollo. Se otorgaba una alta prioridad a la creación de sistemas de transporte y de comunicación que permitieran enlazar los principales centros urbanos del país y facilitar el acceso a algunas localidades de tamaño pequeño en las que se proponía concentrar los servicios mínimamente requeridos por una población rural ampliamente dispersa.

Pero estas líneas de acción, que respondían a necesidades apremiantes y a objetivos largamente perseguidos, no llegaron a instrumentarse de manera completa, pues apenas si empezaron a especificarse las estrategias para retener a la población en sus lugares de origen, o para reubicar en forma efectiva a los migrantes y, en consecuencia, no se logró modificar sustancialmente las tendencias de asentamiento de la población. Desafortunadamente, ante la perspectiva imperante de seguir impulsando el desarrollo industrial, el gobierno de López Portillo no encontró la fórmula adecuada para instrumentar una verdadera reforma en relación con los asentamientos humanos, y éstos siguieron concentrándose en las grandes zonas urbanas, con toda la problemática social inherente.

Gobierno de Miguel de la Madrid Hurtado (1982-1988)

Política interna

Planeación inicial contra la crisis

Al asumir el poder presidencial en diciembre de 1982, Miguel de la Madrid Hurtado recibía un país en grave deterioro económico; tras los repetidos fracasos de los últimos dos sexenios, la situación de crisis persistía —incluso se había agravado— no sólo en el aspecto económico; se convirtió en crisis de legitimidad del sistema político, en crisis de confianza de los ciudadanos en sus gobernantes.

Las promesas del nuevo gobierno de reactivar la economía, solucionar los problemas sociales y sacar al país de la crisis, sonaban vacías de contenido, a fuerza de tanto repetirse en una retórica sin práctica. En su discurso de toma de posesión, Miguel de la Madrid hizo referencia al clima de desconfianza que había producido la crisis; reconocía que el país vivía una situación de emergencia, que requería el esfuerzo colectivo y la solidaridad nacional. Tras señalar con énfasis: "No permitiré que la Patria se nos deshaga entre las manos. Vamos a actuar con decisión y firmeza", el presidente remarcó la importancia del "nacionalismo revolucionario" como la fuerza unificadora requerida en aquellos momentos de abatimiento.

En la misma ocasión, Miguel de la Madrid anunció la puesta en marcha del *Programa Inmediato de Reordenación Económica* (PIRE), que contenía los siguientes 10 puntos: 1) reducción del gasto público; 2) protección al empleo; 3) continuidad de la mayoría de los programas de inversión productiva; 4) honestidad y eficiencia dentro del sector público; 5) protección y estímulos para los programas que proveyeran de productos básicos al sector popular; 6) reformas fiscales para incrementar los ingresos gubernamentales; 7) canalización del crédito hacia el desarrollo nacional y operación eficiente de los bancos nacionalizados; 8) política cambiaria "realista"; 9) reestructuración del

Miguel de la Madrid Hurtado, presidente de la República

sector burocrático para volverlo más eficiente; y 10) reformas constitucionales para reafirmar la rectoría del Estado dentro de la economía mixta.

De manera particular, los objetivos primordiales del PIRE eran:

- Reducir la inflación, instrumentar una política de austeridad orientada a frenar el crecimiento del gasto y a aumentar los ingresos del sector público; reestructurar la Administración Pública Federal para que actuara con eficacia y agilidad, sujetándola a la más estricta responsabilidad de los funcionarios.
- Proteger el empleo, crear ocupaciones temporales de bajo costo tanto en el medio rural como en las zonas urbanas más problemáticas, y brindar apoyos especiales al abasto y al consumo popular.
- Preservar la planta productiva, estimular los productos nacionales sustitutivos de importaciones, mantener un tipo de cambio realista, continuar las obras de infraestructura en proceso con un criterio de selectividad y ayudar a las empresas a superar su crisis de liquidez, facilitándoles la reestructuración de su deuda externa.
- Recuperar el crecimiento sostenido de la economía, promover reformas de fondo al sistema económico nacional, bajo el principio de rectoría del Estado y dentro del régimen de economía mixta establecido por la Constitución General de la República.

Para el cumplimiento del PIRE, Miguel de la Madrid delineó una serie de estrategias que sintetizaban las pautas a seguir y pretendían atacar los puntos más vulnerables del ambiente sociopolítico: a) *renovación moral*; b) *planeación* sistemática y explícita de la acción gubernamental, enriquecida con la participación de la sociedad; c) sanción jurídica de la *rectoría económica del* Estado; d) fortalecimiento del *federalismo*; e) *democratización*; y f) *descentralización*.

Renovación moral

La estrategia de renovación moral fue considerada desde un principio por Miguel de la Madrid como compromiso y permanente norma de conducta de su gobierno, pues, según dijo:

> no es compatible servir en puestos públicos y simultáneamente operar negocios cuya actividad se funde en relaciones económicas con el gobierno. Esta dualidad es inmoral. O se gobierna o se hacen negocios. Los puestos públicos no deben ser botín de nadie.[35]

Para dar cumplimiento al propósito de renovación moral, se expidió la Ley Federal de Responsabilidades de los Servidores Públicos, destinada a definir con precisión las obligaciones políticas y administrativas de los empleados públicos, así como las sanciones en caso de incumplimiento de tales obligaciones. Entre las especificaciones de la citada ley se señalaba la obligación de los servidores públicos de presentar cada año el registro de su patrimonio y la prohibición de recibir obsequios valiosos, así como el impedimento a los funcionarios de alto nivel de contratar a parientes suyos para el desempeño de los puestos bajo su administración. Por último, se llevó a cabo la reforma al Artículo 123 constitucional para regular las percepciones de los servidores públicos y sentar las bases para la formación profesional del servicio civil.

Miguel de la Madrid anunció la puesta en marcha del Programa Inmediato de Reordenación Económica, cuyos principales objetivos eran reducir la inflación, proteger el empleo y la planta productiva, y recuperar un crecimiento sostenido de la economía.

La sombra de Ruiz Cortines en la renovación moral

La Ley Federal de Responsabilidades de los Servidores Públicos estaba destinada a definir las obligaciones políticas y administrativas de los empleados públicos, así como las sanciones en caso de incumplimiento de tales obligaciones.

---

[35] Discurso de toma de posesión, *Los presidentes de México*, pp. 243-244.

Entre los cambios propuestos en el Plan Nacional de Desarrollo 1983-1988, se planeaba el ingreso de México al GATT, el "adelgazamiento" del Estado, y el programa de reconversión industrial.

Como evidencia del cumplimiento de la Ley Federal de Responsabilidades de los Servidores Públicos, dos casos fueron de particular impacto en la opinión pública; el primero fue la acusación contra Jorge Díaz Serrano en 1983, por considerarlo responsable de un cuantioso fraude presuntamente cometido por él cuando era director de Pemex; al año siguiente, Arturo Durazo Moreno, quien había sido jefe de la policía del Distrito Federal en el sexenio anterior, fue acusado de evasión fiscal, acopio de armas, y extorsión ejercida en contra de sus subordinados. Ambos ex funcionarios fueron enjuiciados y condenados a una pena de varios años de cárcel. Para 1985, la Secretaría de la Contraloría de la Federación —creada por el gobierno de Miguel de la Madrid con el propósito de controlar y evaluar la administración pública— había aplicado sanciones a 163 funcionarios públicos, 88 de los cuales fueron cesados, 10 estaban sujetos a proceso penal, y los restantes quedaron inhabilitados para ocupar cargos en el gobierno.

Plan Nacional de Desarrollo

La planeación del gobierno de De la Madrid, en 1979, se basó en una consulta popular de alcance nacional, de la cual derivaron siete temas principales: nacionalismo revolucionario; democratización integral; sociedad igualitaria; renovación moral; descentralización de la vida nacional; lucha contra la inflación; creación de empleos; desarrollo.

El Plan Nacional de Desarrollo (PND) para el periodo 1983-1988 señalaba cuatro objetivos principales: 1) fortalecer las instituciones democráticas; 2) vencer la crisis; 3) recuperar la capacidad de crecimiento económico; 4) iniciar los cambios cualitativos necesarios en las estructuras políticas, económicas y sociales de la nación. Entre esos cambios se planeaba el ingreso de México al GATT, el "adelgazamiento" del Estado —que significaba una política de privatización de algunas empresas públicas—, y el programa de reconversión industrial.

En relación con la política industrial, con base en la idea de que el problema fundamental de la industria mexicana había sido la excesiva concentración en la sustitución de importaciones de bienes de consumo básicos, el plan proponía: desarrollar las industrias productoras de bienes de consumo básico, promover selectivamente las industrias de bienes de capital para incrementar la integración industrial, apoyar aquellas ramas de la industria con potencial para exportar e ingresar divisas al país, crear una base de tecnología nacional y fomentar la eficiencia y competitividad de las empresas paraestatales.

Para dar fundamento legal a la rectoría económica del Estado, De la Madrid promovió reformas constitucionales para establecer un sistema de planeación del desarrollo, y se definió la economía mixta como base del desarrollo.

Para dar fundamento legal a la rectoría económica del Estado, el régimen de De la Madrid promovió reformas a los artículos 25, 26, 27 y 28 de la Constitución, mediante las cuales se estableció un sistema de planeación del desarrollo, se definió la economía mixta como base del desarrollo, se precisaron las áreas estratégicas reservadas con exclusividad al Estado y se establecieron las bases del desarrollo rural integral.

Miguel de la Madrid proclama la renovación moral

Descentralización y democratización

Las acciones del gobierno en relación con el impulso al federalismo, ligadas al proyecto de descentralización, estuvieron orientadas a la solución de los problemas originados por la creciente concentración demográfica, económica y política, en las principales ciudades del país. En diciembre de 1982, se hicieron reformas al Artículo 115 constitucional, encaminadas a restituir a las entidades municipales las atribuciones básicas de su función administrativa. Con este propósito fue creado el Centro de Estudios Municipales y el Gobierno Federal firmó con cada entidad federativa un Convenio Único de Desarrollo (CUD) el cual debía funcionar a través de un Comité de Planeación para el Desarrollo (Coplade) con la participación de representantes de gobiernos locales, así como de diversos sectores sociales y de personas expertas en problemas específicos.

El impulso al federalismo y el proyecto de descentralización de Miguel de la Madrid buscaban solucionar los problemas originados por la creciente concentración demográfica, económica y política, en las principales ciudades del país.

En enero de 1985, De la Madrid puso en marcha el Programa de Descentralización de la Administración Pública Federal, cuyas acciones generales se clasificaron en tres tipos: a) de transferencia de entidades paraestatales a los gobiernos estatales; b) de coordinación, para pasar a los gobiernos de los estados, mediante el CUD, la responsabilidad de llevar a la práctica los programas; y c) de desconcentración de funciones administrativas.

Administración Pública

En el aspecto administrativo, el gobierno de Miguel de la Madrid realizó algunos cambios; la Secretaría de Asentamientos Humanos y Obras Públicas modificó su nombre por el de Secretaría de Desarrollo Urbano y Ecología; la Secretaría de Salubridad y Asistencia fue llamada simplemente Secretaría de Salud; el ramo industrial (que durante el gobierno anterior se había incorporado a la Secretaría de Patrimonio y Fomento) volvió a integrarse a la Secretaría de Comercio y Fomento Industrial; fue creada la Secretaría de la Contraloría General de la Federación. Por último, para administrar la banca nacionalizada fue creada la Subsecretaría de la Banca, la cual fue finalmente suprimida en 1986.

Durante los primeros cuatro años de gobierno de Miguel de la Madrid no fueron creadas entidades paraestatales de importancia, a excepción de la llamada Renovación Habitacional Popular, constituida para dar solución a los problemas de vivienda originados por los sismos de septiembre de 1985. Sin embargo, con base en la rectoría económica del Estado, se establecieron algunas áreas estratégicas de la economía reservadas al control exclusivo del Estado, tales como petróleo e hidrocarburos, petroquímica básica, minerales radiactivos y generación de energía nuclear, ferrocarriles, correos y telégrafos, etcétera.

Procesos electorales y partidos políticos

Los procesos electorales, federales y locales, celebrados en el país entre 1983 y 1985, constituyeron un termómetro de la inconformidad del electorado hacia el partido en el poder. En las elecciones celebradas en 1983, el PRI triunfó en las gubernaturas y diputaciones, así como en la gran mayoría de los municipios. Sin embargo, sus derrotas fueron significativas; perdió en dos ciudades capitales de estado: en San Luis Potosí, donde ganó la alcaldía el candidato del Frente Cívico Potosino, y en Guanajuato, donde obtuvo el triunfo una coalición PAN-PDM. En el estado de Chihuahua el PRI sufrió la derrota más espectacular de su historia, al perder frente al PAN siete alcaldías de importancia, entre ellas la de la capital y la de Ciudad Juárez.

Entre 1983 y 1984, el PAN logró algunas victorias electorales, principalmente en el norte del país, e impugnó varios triunfos al PRI bajo la acusación de haber utilizado maniobras fraudulentas. En virtud de ese avance de la oposición, las elecciones de 1985 eran cruciales para el gobierno de De la Madrid, por el hecho de que llevarían a la renovación del cuerpo legislativo federal, que estaría en funciones los últimos tres años del sexenio. En el exterior también se consideraban importantes aquellas elecciones; la prensa estadounidense seguía con gran interés el desarrollo de las elecciones mexicanas y estaba pendiente de su resultado. El interés estadounidense por la democracia en México no era un hecho aislado; se inscribía en el marco de una compleja ofensiva ideológica encabezada por el gobierno de Reagan quien, con la intención de restablecer el liderazgo mundial de su país tras los fracasos de su antecesor, emprendió una cruzada democratizadora que afectó principalmente a los países latinoamericanos.

En México, la efervescencia partidista parecía demostrar que esos comicios eran probablemente los que mayor interés y expectación habían despertado en mucho

---

En el aspecto administrativo, Miguel de la Madrid realizó algunos cambios en las secretarías del gobierno federal y estableció algunas áreas estratégicas de la economía reservadas al control exclusivo del Estado.

Ejercicio 12

1. ¿Cuáles fueron las acciones del gobierno de Miguel de la Madrid para dar cumplimiento al propósito de renovación moral?

2. Describe lo que proponía el Plan Nacional de Desarrollo del gobierno de De la Madrid.

3. ¿Cómo se dio fundamento legal a la rectoría económica del Estado?

4. Describe las acciones del gobierno de De la Madrid en relación con el impulso al federalismo y a la descentralización.

Los procesos electorales, federales y locales, celebrados entre 1983 y 1985, constituyeron un termómetro de la inconformidad del electorado hacia el partido en el poder.

El PAN, "la nueva mayoría"

Desastre sísmico en la ciudad de México

Los efectos sociales de los sismos de 1985 se convirtieron en un factor más de descontento hacia las autoridades gubernamentales, a las que se acusó de negligencia para atender las urgentes necesidades de los damnificados.

La planeación democrática del sexenio de Miguel de la Madrid implicó una nueva reforma al proceso electoral y, en consecuencia, a la Ley Federal de Organizaciones Políticas y Procesos Electorales.

tiempo, y eran considerados por algunos como un parteaguas en la historia política de la nación. El PAN, la fuerza de oposición más notoria en la contienda, enarboló el lema "somos la nueva mayoría", casi dando por seguros sus triunfos; en respuesta, el PRI adoptó una estrategia defensiva que se sintetizaba en la frase: "con México sí, PRI", al tiempo que advertía sobre el peligro que representaba el avance panista para la seguridad nacional, dada su supuesta vinculación con las políticas intervencionistas de Estados Unidos; este manejo antipanista era compartido por algunos partidos minoritarios de izquierda, que por obvias razones ideológicas no estaban de acuerdo con el avance del PAN.

Los resultados de las elecciones aumentaron el número de derrotas para el PRI, pero, al mismo tiempo, muchas de sus victorias fueron cuestionadas, levantándose el tono de las voces que clamaban contra el fraude electoral, clamores que en algunos casos se tradujeron en violencia. La prensa estadounidense hizo severas críticas a los comicios de julio de 1985 argumentando que ya era tiempo de que "los líderes responsables de México, así como los amigos externos del país, se sienten y realicen una seria evaluación. México es una nación en problemas, hecho que las elecciones pasadas hicieron claro".[36] No obstante el desaliento y la inconformidad hacia el sistema electoral mexicano, tanto dentro como fuera del país, una cosa parecía ser cierta: si los comicios de 1985 no constituyeron el parteaguas previsto, sí en cambio demostraron la existencia de un nuevo impulso en la vida democrática del país y alertaban al régimen sobre la necesidad de realizar la autoevaluación sugerida por los "amigos externos" y demandada por las presiones políticas internas.

Pero las discordias electorales ocurridas en 1985 perdieron importancia durante los últimos meses de ese año, frente a la tragedia de gran magnitud experimentada por efecto de los sismos que sacudieron el centro de la República los días 19 y 20 de septiembre de ese año. Las pérdidas de vidas humanas en la ciudad de México fueron cuantiosas, y más de 300 mil personas quedaron sin hogar como efecto del derrumbe de cientos de edificios y de los severos daños en varios miles de casas-habitación. Los efectos sociales de esta violenta sacudida de la Naturaleza tuvieron serias repercusiones políticas al constituirse en un factor más de descontento hacia las autoridades gubernamentales, a las que se acusó de negligencia para atender las urgentes necesidades de los damnificados. De esta manera, los terremotos agregaron un elemento más para agravar la persistente crisis política y económica que padecía México desde hacía varios años.

Reforma electoral

La planeación democrática del sexenio implicó una nueva reforma al proceso electoral y, en consecuencia, a la Ley Federal de Organizaciones Políticas y Procesos Electorales (LFOPPE). En diciembre de 1986, el presidente De la Madrid envió al Congreso una iniciativa de reforma que pretendía dar respuesta a una serie de protestas surgidas en relación con los resultados de las elecciones federales de 1985, y a los numerosos conflictos ocurridos durante las elecciones locales, entre los años de 1983 y 1986.

---

[36] Juan Molinar Horcasitas, *El tiempo de la legitimidad,* p. 137.

Cap. 9. Los sexenios de la crisis (1976-1988)

La iniciativa contemplaba una reforma constitucional y la elaboración de un nuevo Código Electoral Federal, cuyos cambios más importantes fueron:

- El Senado continuó integrado por dos senadores por cada estado y dos por el Distrito Federal; se renovaría por mitad cada tres años, con el propósito de dar continuidad a los trabajos de este órgano legislativo.
- En la Cámara de Diputados se introdujeron varios cambios importantes: se aumentó de 100 a 200 el número de diputados por el sistema proporcional, con lo cual se incrementó a 500 el número de representantes en esta Cámara, 300 de los cuales seguían siendo elegidos por mayoría relativa (en 300 distritos electorales). Así, la relación entre los diputados de mayoría relativa y los de representación proporcional tendía a acercarse y podría significar una mayor presencia de la oposición. Se establecía que en caso de que ningún partido obtuviera la mayoría absoluta, el partido mayoritario podría contar con tantos diputados de representación proporcional como fueran necesarios para que ese partido obtuviera la mitad más uno de los diputados, con lo cual prácticamente adquiriría la mayoría en la Cámara, aunque no podría tener más de 70% de las curules. Además, la elección de diputados, tanto de mayoría relativa como de representación proporcional, se haría mediante una sola boleta, con lo que se facilitaba el cómputo de los votos de este sistema.
- Se creó la Asamblea de Representantes del Distrito Federal, que sería renovada cada tres años, y estaría compuesta por 40 representantes electos por el principio de representación mayoritaria y por 26 de representación proporcional, mediante una sola lista y una sola circunscripción. Podían contender los partidos políticos nacionales y la organización de los comicios correspondientes quedaba a cargo de la Comisión Federal Electoral.
- La Comisión Federal Electoral quedó integrada con el secretario de Gobernación, un representante del Senado y otro de los diputados, más representantes de los partidos de acuerdo con el porcentaje de su votación.
- Se suprimió la figura de registro condicionado para los partidos políticos.
- Se extendieron las prerrogativas a los partidos políticos mediante un sistema de financiamiento para la realización de sus actividades electorales, estableciendo que los recursos económicos se otorgarían proporcionalmente al número de votos y al número de diputados obtenidos en la elección anterior.
- Se creó un Tribunal de lo Contencioso Electoral de carácter administrativo que sustituía el recurso de reclamación ante la Suprema Corte de Justicia, dotado de recursos de apelación y queja, e integrado por nueve magistrados nombrados por el Congreso de la Unión a propuesta de los partidos políticos, con lo que se otorgó un nuevo espacio para dirimir las quejas, restando peso a la Comisión Federal Electoral.[37]

> **Ejercicio 13**
> 1. ¿De qué manera las elecciones celebradas entre 1983 y 1985 demostraron la existencia de un nuevo impulso en la vida democrática del país?
> 2. Describe cuatro aspectos relevantes de la reforma hecha a la LFOPPE durante el gobierno de Miguel de la Madrid.

Presiones internas

Desde los primeros momentos del sexenio se manifestó la inconformidad de algunos sectores de la población hacia las drásticas medidas de austeridad adoptadas para combatir la crisis. El gobierno de Miguel de la Madrid fue sometido a presiones internas provenientes de tres sectores sociopolíticos:

---

[37] Ricardo Becerra, Pedro Salazar y José Woldenberg, *La mecánica del cambio político en México*, pp. 179-198.

> El gobierno de Miguel de la Madrid tuvo presiones internas provenientes de tres sectores: los movimientos obrero y campesino; las organizaciones y partidos de izquierda y las organizaciones y partidos de derecha.

Movimientos obrero y campesino. A partir de la instrumentación del PIRE en diciembre de 1982, las organizaciones obreras del país —tanto las independientes como las oficiales inscritas en el Congreso del Trabajo— manifestaron su inconformidad hacia la política económica del nuevo gobierno, cuyo costo social ya había sido reconocido incluso por los principales funcionarios gubernamentales.[38]

La inconformidad obrera se dirigió de manera particular en contra de la política salarial, el aumento de precios y tarifas de los servicios públicos, la reducción y eliminación de subsidios y la liberación de controles de precios de algunos productos de consumo general. Las organizaciones obreras presentaron un número creciente de propuestas alternativas para dar solución a la crisis; tanto la CTM como el Congreso del Trabajo formularon programas de política económica y social, y utilizaron el emplazamiento a huelga, incluso generalizado, como recursos de presión en defensa de sus reivindicaciones.

El movimiento campesino protagonizó también algunas presiones hacia la política económica, las cuales ocurrieron principalmente en las regiones centro y sur del país. Las demandas campesinas se dirigieron principalmente en contra del alza en los precios de los bienes de consumo básico y el transporte, la disminución de los estímulos y subsidios a la producción agrícola, la ineficiencia y corrupción de los funcionarios agrarios, los rezagos en la dotación, tenencia y restitución de tierras, y la represión en el campo.[39]

Miguel de la Madrid en la CTM

Organizaciones y partidos de izquierda. Los partidos de izquierda (PPS, PST, PSUM, PMT y PRT) mantuvieron una crítica permanente hacia la política de austeridad del gobierno de Miguel de la Madrid y ejercieron constantes presiones mediante manifestaciones, mítines, bloqueos de carreteras, pero, sobre todo, a través de las campañas electorales, principalmente municipales. De manera general, sus demandas se basaban en el argumento de que la aplicación de ese tipo de política económica había implicado siempre que las clases trabajadoras soportaran todo el peso de la crisis, al empeorarse tanto la situación del empleo como la distribución del ingreso, mientras resultaban favorecidos los grandes monopolios y oligopolios.

Entre la extensa lista de demandas presentada por los partidos de izquierda, destacan las siguientes: impulsar una profunda reforma fiscal que grave a las utilidades del capital; derogar el IVA; eliminar los subsidios a las empresas privadas; establecer severos controles a la inversión extranjera; romper con el FMI y declarar la moratoria de pagos de la deuda externa; establecer el control generalizado de cambios monetarios; nacionalizar las industrias alimentaria, químico-farmacéutica y el comercio exterior; incrementar el gasto social; democratizar al Distrito Federal a través de la elección popular del gobierno capitalino; lograr la desaparición del presidencialismo; crear un organismo calificador de los resultados electorales con absoluta independencia del Poder Ejecutivo; reconocer la existencia de presos políticos y su liberación; proporcionar información veraz sobre la ubicación de las personas desaparecidas por motivos políticos; etcétera.

Organizaciones y partidos de derecha. Las presiones de este sector giraron principalmente en torno a la capacidad politicoeconómica del gobierno para manejar la crisis; el liderazgo del régimen en la política nacional; las formas y procedimientos de la democracia en el sistema político mexicano y la seguridad, paz y libertad en el país.

---

[38] Miguel Basáñez, *El pulso de los sexenios*, pp. 85-86.
[39] *Ibid.*, p. 88.

Cap. 9. Los sexenios de la crisis (1976-1988)

En el plano específico, los planteamientos de la derecha consistieron en: promover el incremento y ampliación del capital nacional; eliminar las barreras al libre flujo del comercio y el capital; liberar o privatizar las empresas públicas; condicionar y delimitar la intervención económica-productiva del sector público; excluir y desorganizar políticamente a la izquierda; articular y contener las demandas de reivindicación social de los trabajadores.[40]

Fue de particular importancia la fuerza adquirida por los grupos de derecha, integrados mayoritariamente por las clases medias, en respuesta al creciente aumento de la crisis económica que los gobiernos de Echeverría y López Portillo no pudieron detener, y que se traducía en una cada vez más grave crisis de legitimidad política y de confianza de la sociedad civil en el sistema político; bajo esta perspectiva, los grupos conservadores intensificaron sus campañas políticas canalizando en su favor el descontento contra el grupo en el poder. Es también significativo el incremento de la actividad política de la Iglesia católica mexicana, pues aparte de que en este periodo aumentó la presión de esta institución hacia el gobierno —en un afán muchas veces manifiesto de poner fin a la situación jurídica que la ha mantenido al margen de la vida política—, la Iglesia católica adoptó una actitud partidista y participó, abierta o veladamente, en favor de los partidos de oposición, de la derecha en el norte del país y de la izquierda en el sur.

Uno de los más frecuentes medios de presión utilizados por las organizaciones y partidos de derecha durante el sexenio 1982-1988 fue la amenaza de desobediencia civil, particularmente en el pago de impuestos, las movilizaciones políticas en forma de plantones y manifestaciones frente a edificios públicos, huelgas de hambre, ocupaciones de palacios municipales y estatales, así como bloqueos de carreteras, puentes y avenidas importantes.

Las victorias electorales del PAN en 1985 dieron origen al surgimiento, dentro de su organización interna, de un grupo de personas que propusieron a su partido ofrecer una participación más activa en los procesos electorales.

Los partidos políticos hacia la sucesión presidencial

La crisis económica persistente durante casi tres sexenios ejerció un impacto negativo sobre el grupo político en el poder, agravando su crisis de legitimidad y la pérdida de confianza de algunos sectores sociales, tanto de derecha como de izquierda, que antes otorgaban sus votos a favor del partido oficial y que ahora se decidieron a buscar otras opciones partidistas ante el creciente desprestigio del PRI.

El "neopanismo", alternativa renovada de la derecha

Por el lado de la derecha, el principal partido beneficiario de esta situación fue el PAN, cuyas victorias electorales se consideraron como síntoma de desaprobación ciudadana hacia las políticas del Gobierno Federal, bajo el argumento de que el auge del PAN se debía "menos a su popularidad como opción política que al hecho de haber emergido como receptor de votos destinados a rechazar y presionar al PRI".[41] Con el apoyo de buena parte del sector empresarial y de grupos conservadores de la jerarquía de la Iglesia católica, el PAN pudo canalizar a su favor el reclamo ciudadano por una democracia electoral más transparente, en las regiones urbanas del norte y centro del país.

Este auge del PAN, manifiesto sobre todo a partir de las elecciones de 1985, dio como resultado el surgimiento dentro de su organización interna, de un grupo de personas que propusieron a su partido ofrecer una participación más activa en los procesos

Manuel J. Clouthier

---
[40] Soledad Loaeza, *El llamado de las urnas,* Cal y Arena, México, 1989, p. 85.
[41] *Ibídem.*

electorales, frente a la tradicional pasividad de los panistas de larga militancia. En principio, el "neopanismo", como se llamó a esta nueva corriente, tuvo algunas fricciones con ese grupo, pero al fin logró el apoyo de la mayoría de los militantes de su partido. En noviembre de 1987, durante la Convención Nacional del PAN celebrada con el fin de designar candidato presidencial, obtuvo el triunfo Manuel J. Clouthier venciendo en la primera votación por una considerable mayoría a sus dos oponentes, Jesús González Schmal y Salvador Rosas Magallón, en un hecho sin antecedentes en la historia del PAN.

Clouthier era un empresario originario de Sinaloa cuya diligente actividad en la política empresarial, desde 1967, lo llevó a ocupar primero la presidencia de Coparmex y más tarde, en 1980, la del Consejo Coordinador Empresarial, precisamente en los momentos más difíciles de la economía lópezportillista. La carrera política de Clouthier dentro del PAN se inició posteriormente y en 1986 conquistó la nominación como candidato a la gubernatura de Sinaloa; por ello fue significativo su rápido ascenso en las filas del PAN, que se debió en buena parte a su carisma personal y al dinamismo que imprimía a sus acciones políticas. Durante su campaña electoral por la Presidencia de la República dio muestra de ese dinamismo y dio al PAN una imagen de participación activa que no había tenido a lo largo de su historia.

Tendencias reformistas en el PRI

Dentro del PRI, se manifestó también la división, que en este caso sí condujo a la escisión partidista y que constituyó uno de los hechos políticos más sobresalientes de la sucesión presidencial en 1988. A mediados de 1986 se formó un grupo de priístas del ala izquierda que integraron el *Movimiento de Renovación Democrática*, encabezados por Porfirio Muñoz Ledo, ex presidente del PRI, y Cuauhtémoc Cárdenas Solórzano, ex gobernador de Michoacán e hijo del presidente Lázaro Cárdenas. Los integrantes de este movimiento político, conocido luego bajo el nombre de Corriente Democrática, al tiempo que afirmaban que no pretendían separarse del PRI, criticaron abiertamente la manera en que el partido realizaba la selección interna de sus candidatos para las contiendas electorales y proponían que se hiciera en forma competitiva el proceso de selección del candidato presidencial. Los dirigentes de la Corriente Democrática consideraban que el PRI debería eliminar el *tapadismo* por anacrónico, sustituyéndolo por un calendario preestablecido para que los aspirantes a la sucesión presidencial se registraran como precandidatos, y en caso de tener cargos públicos, renunciaran a ellos.

El reclamo de la Corriente Democrática fue atendido, al menos en parte, mediante un procedimiento hasta entonces desusado; en junio de 1987, el Comité Ejecutivo Nacional del PRI convocó a seis de sus miembros —aquellos que con mayor insistencia eran mencionados como probables candidatos— a comparecer ante el Congreso y exponer frente a la opinión pública, por medio de la televisión, sus puntos de vista acerca de los grandes problemas nacionales. Lo significativo de aquellas comparecencias consistía en que, por primera vez, los aspirantes priístas a la sucesión presidencial se reconocían públicamente como tales, sin incurrir por ello en indisciplinas hacia su partido, sino que eran invitados por éste a expresar públicamente sus aspiraciones presidenciales.[42]

El 4 de octubre de 1987, el presidente del PRI, Jorge de la Vega Domínguez, dio a conocer el nombre de la persona elegida como

---

Ejercicio 14

1. ¿Cuáles fueron las causas de la inconformidad de obreros y campesinos, hacia el gobierno de Miguel de la Madrid?
2. ¿Cómo se manifestó la inconformidad de las organizaciones y partidos de izquierda hacia el régimen de Miguel de la Madrid?
3. ¿En qué consistieron las críticas hechas por las organizaciones y partidos de derecha hacia el régimen de Miguel de la Madrid?
4. Describe el origen y las características del neopanismo.

La división ocurrida dentro del PRI, que condujo a la escisión partidista, constituyó uno de los hechos políticos más sobresalientes de la sucesión presidencial en 1988.

Dirigentes de la Corriente Democrática del PRI

---

[42] Miguel Basáñez, *Op. cit.*, pp. 102-103.

candidato del partido a la presidencia, Carlos Salinas de Gortari, secretario de Programación y Presupuesto y uno de los tres aspirantes a quienes la prensa nacional se refería con mayor insistencia (los otros dos eran Manuel Bartlett y Alfredo del Mazo). Pero aquella selección no fue satisfactoria para los miembros de la Corriente Democrática, quienes abandonaron el PRI y se dispusieron a elegir su propio candidato, que resultó ser Cuauhtémoc Cárdenas.

La difícil unidad de la izquierda

A diferencia de la oposición de derecha representada por sólo dos partidos políticos (PAN y PDM) claramente diferenciados entre sí y con respecto al PRI, la oposición de izquierda se caracterizó por su falta de unidad, con movimientos de acercamiento y de distanciamiento entre unos grupos y otros, y con respecto a las dos corrientes del PRI, la tradicional y la democrática. Por tanto, al acercarse las elecciones de 1988, los dirigentes de los partidos de izquierda consideraron la unidad como algo necesario, sobre todo tomando en cuenta los avances electorales de la derecha en 1985 y 1986.

Carlos Salinas, candidato del PRI a la Presidencia

Sin embargo, los proyectos unitarios de la izquierda no llegaron a hacerse efectivos en la medida deseada, y sólo consiguieron agruparse en dos grandes tendencias, una alrededor del Partido Mexicano Socialista (PMS) creado en mayo de 1987, y otra en torno al PRT.[43] Por otra parte, durante el proceso electoral 1987-1988, el PPS y el PARM, que hasta entonces habían apoyado invariablemente a los candidatos presidenciales del PRI, y el PST, que coincidía con los planteamientos del nacionalismo revolucionario del partido en el poder, no estuvieron de acuerdo con la selección del candidato priísta, por lo que decidieron aliarse y postular a Cuauhtémoc Cárdenas; así, el PST cambió su nombre por el de *Partido del Frente Cardenista de Reconstrucción Nacional* (PFCRN). De esta manera, PARM, PPS y PFCRN —que no habían logrado rebasar 2.5% de los votos— pretendían garantizar mediante la postulación de Cárdenas una copiosa votación que les permitiera mantener su registro; además, y quizá lo más importante, el hecho de contar con el hijo de Lázaro Cárdenas confería a su lucha política una fuerza ideológica muy significativa frente a la difícil situación en que se encontraban las clases trabajadoras.

La oposición de izquierda se caracterizó por su falta de unidad, con movimientos de acercamiento y de distanciamiento entre unos grupos y otros, y con respecto a las dos corrientes del PRI, la tradicional y la democrática.

Por otra parte, la unión partidista encabezada por el PMS, en el que se integraban el PSUM y el PMT, decidió elegir su candidato mediante un sistema novedoso de elecciones primarias directas y abiertas, en el que resultó triunfador Heberto Castillo, quien proponía un radical programa de acción política. El PRT volvió a postular a Rosario Ibarra de Piedra, y adoptó acciones de resistencia y desobediencia civil; pero al avanzar el proceso electoral, la retórica de esta candidata fue subiendo de tono hasta colocarse en una posición de gran radicalismo frente al gobierno, posición que hizo extensiva a su propio partido al expulsar a un grupo de militantes que sostenían la conveniencia de postular como candidato a Cuauhtémoc Cárdenas.

En síntesis, el panorama de los partidos políticos en México presentaba en 1988 características muy diferentes al observado en mucho tiempo en contiendas por la sucesión presidencial; no sólo se manifestaba una enconada lucha por el poder de parte de la oposición,

Cuauhtémoc Cárdenas en la UNAM

---

[43] Silvia Gómez Tagle, "Los partidos, las elecciones y la crisis", en *Primer informe sobre la democracia: México 1988*, Pablo González Casanova y Jorge Cadena Roa (coords.), Siglo XXI Editores, México, pp. 223-224.

> **Ejercicio 15**
>
> 1. Describe el origen del Movimiento de Renovación Democrática, surgido en el PRI en 1986.
> 2. ¿Cuáles eran las críticas hechas al PRI por la Corriente Democrática?
> 3. ¿Cuál fue la reacción de los miembros de la Corriente Democrática ante la forma de selección del candidato presidencial del PRI?

ahora más fuerte y diversa (por primera vez un sector de la oposición de izquierda aparecía como un bloque unificado y en contra del PRI), sino que al interior de los partidos más fuertes se presentaba un singular fenómeno de renovación que auguraba una contienda electoral mucho más competitiva. Así pues, tal perspectiva representaba un serio peligro para el partido que había permanecido en el poder desde su fundación hacía más de cincuenta años. Pero, en el fondo de todo, estaba la crisis económica, como el más agudo acicate del despertar político de la nación.

La desesperada situación de la economía en 1987, el peor de todos los años que vivió el país desde que se iniciara la crisis, obligó al gobierno a establecer un programa antiinflacionario urgente y radical que se dio a conocer como *Pacto de Solidaridad Económica*, una alianza entre el gobierno federal y los tres principales sectores de la sociedad mexicana (obrero, campesino y empresarial) con la meta prioritaria de abatir la inflación, pero que fue considerado por algunos críticos del sistema como "electorero", esto es, diseñado como una medida emergente del gobierno de Miguel de la Madrid para recuperar la confianza del electorado y evitar la derrota del candidato del PRI.

Las elecciones federales de 1988, parteaguas histórico

Las elecciones de 1988 se desarrollaron en medio de un clima político marcado por los conflictos internos del PRI y el surgimiento de un nuevo liderazgo que, habiendo emergido del propio seno de ese partido, se mostraba ahora con una fuerza independiente y capaz de aglutinar a una variada gama de grupos de izquierda, como efectivamente se manifestó en la gran cantidad de seguidores que logró reunir Cuauhtémoc Cárdenas en el zócalo de la ciudad de México. Pero con todo, ni los dirigentes de este nuevo movimiento ni los del PRI pudieron prever la importancia que tendría el voto ciudadano el día 6 de julio, pues nunca antes unas elecciones federales llegaron al nivel de competencia que alcanzaron las de 1988.

El 6 de julio fue un día muy largo para toda persona vinculada con el proceso. Los medios de comunicación anunciaron que en casi todas las casillas electorales se siguieron los pasos marcados por la ley y que la votación dio comienzo a las 8:00 horas de la mañana, y a esa hora se instaló la Comisión Federal Electoral (CFE) en sesión permanente, como responsable de la vigilancia del proceso. Pero desde las 10:00 horas empezaron a circular informaciones sobre dificultades en algunas casillas, y a lo largo del día fueron creciendo las protestas de los partidos de oposición que argumentaban irregularidades y fraudes. En las oficinas del PFCRN se informó que Cuauhtémoc Cárdenas daría una conferencia de prensa a las 18:00 horas para anunciar las acciones que se habrían de seguir ante el fraude electoral, y también se esperaban las declaraciones del PAN a través de su candidato, Manuel J. Clouthier.

Avanzada la tarde, los candidatos de oposición se reunieron para planear una estrategia de protesta y acordaron presentarse juntos ante la Secretaría de Gobernación y, a pesar de que la jornada electoral no había terminado, pues en muchas casillas aún se seguía votando, juzgaban que había suficientes elementos para denunciar las irregularidades ante las autoridades electorales. Era evidente que la jornada electoral de ese día había sido la más vigilada por los partidos de oposición y por muchos otros grupos sociales, y la más observada por la prensa internacional en toda la historia del país.

Aproximadamente a las seis de la tarde, el Registro Federal de Electores (RFE) hizo un anuncio sorpresivo: el centro de cómputo de los votos se había *caído* y, ante esa situación, la Comisión Federal Electoral entró en receso. Con el propósito de tener los primeros resultados de las elecciones en la noche del mismo 6 de julio, se había instalado un sistema electrónico diseñado de tal manera que los resultados de cada uno de los 300 distritos serían comunicados por vía telefónica al Registro Federal

> *A las seis de la tarde del 6 de julio, el Registro Federal de Electores hizo un anuncio sorpresivo: el centro de cómputo de los votos se había caído y ante esa situación, la Comisión Federal Electoral entró en receso.*

de Electores y éste, a su vez, los debía enviar al centro de cómputo, donde se procesarían y se regresarían al RFE para ser luego enviados a la CFE, desde donde se darían a conocer públicamente. Al mismo tiempo, el sistema contemplaba que los partidos podrían tener acceso a un conjunto de ocho terminales de computadora, a través de las cuales se les enviaría la información.[44] En términos del léxico computacional, aquel complejo sistema de redes de comunicación "se cayó", debido a que, según explicaron las autoridades electorales, se congestionaron las líneas telefónicas y se descompusieron las máquinas; sin embargo, para los partidos de oposición la caída del sistema no era un argumento creíble.

Cuando los candidatos de oposición fueron informados de las irregularidades que estaban ocurriendo, decidieron manifestar su inconformidad ante las autoridades electorales. Cuauhtémoc Cárdenas, Manuel Clouthier y Rosario Ibarra de Piedra, se presentaron ante la CFE seguidos de una multitud que instaló un "plantón" a las puertas de la Secretaría de Gobernación. El propósito de los candidatos era entregar al presidente de ese organismo un documento que titularon "Llamado a la legalidad" [véase fuente 4. "El 'Llamado' a la legalidad'"], en el que demandaban el respeto a la voluntad popular expresada en el voto y la legalidad en el proceso electoral; las autoridades de la CFE consideraron que se estaba prejuzgando el proceso electoral antes de los resultados definitivos.

Esos resultados fueron anunciados el día 13 de julio, después de un cómputo que se realizó en todo el país, a partir del día 10, y fueron los siguientes:

Para Presidente de la República:

Carlos Salinas de Gortari	50.36%
Cuauhtémoc Cárdenas S.	31.12%
Manuel J. Clouthier	17.06%
Gumersindo Magaña	1.04%
Rosario Ibarra de Piedra	0.42%

La distribución numérica de diputados de mayoría relativa fue:

PRI	249 diputados
PAN	31 diputados
PARM	5 diputados
Alianzas cardenistas	15 diputados

La distribución numérica de los escaños del Senado fue:

PRI	60 senadores
PFCRN	4 senadores

Manuel Bartlett, secretario de Gobernación

Llamado a la legalidad

Los candidatos de oposición entregaron a la Comisión Federal Electoral un "Llamado a la legalidad", en el que demandaban el respeto a la voluntad popular expresada en el voto y la legalidad en el proceso electoral.

Aquellos resultados fueron sorpresivos por varias razones; en primer lugar, por el alto nivel del abstencionismo que registró el 49.72%, sobre todo tras la gran movilización política que se había dado durante las campañas y que prometía una copiosa votación. En segundo lugar, llamó la atención la popularidad alcanzada por Cuauhtémoc Cárdenas, cuya votación casi dobló la de Manuel J. Clouthier, desplazando al PAN como segunda fuerza electoral, al menos, en lo relativo a la candidatura presidencial, pues en los comicios para la legislatura, el PAN obtuvo el mayor número de diputados de mayoría relativa. En tercer lugar, el resultado más impresionante de las elecciones de 1988 fue la pérdida de votos del PRI en todos los niveles, pues después de haber obtenido 70.99% de los votos para Presidente de la República en 1982, ahora solamente alcanzó 50.36%. Por primera vez en su historia, el PRI llegó a la frontera de 50% de la votación

---

[44] Arturo Sánchez Gutiérrez, "La contienda electoral", en *Las elecciones de 1988 y la crisis del sistema político,* Jaime González Graf, (compilador), Instituto Mexicano de Estudios Políticos y Diana, México, 1989, pp. 105-114.

> **Fuente 4. El "Llamado a la legalidad"**
>
> La jornada electoral que acaba de concluir ha representado un despertar cívico del pueblo de México.
>
> Ha sido evidente la voluntad ciudadana para establecer un régimen democrático y abolir el autoritarismo imperante.
>
> La respuesta del gobierno y de los agentes del partido oficial ha sido contraria a esta abrumadora demanda ciudadana.
>
> Además de las numerosas violaciones a la legalidad constitucional, algunas sumamente graves que se habían venido cometiendo y denunciando a lo largo del proceso electoral, hoy se ha puesto en evidencia la determinación del grupo gobernante de consumar una imposición a despecho de la voluntad popular.
>
> Numerosas violaciones cometidas hasta ahora en perjuicio de todas nuestras organizaciones y partidos políticos, como la ausencia deliberada de autoridades electorales, la eliminación selectiva de ciudadanos del padrón electoral, la privación masiva de credenciales a servidores públicos, sindicalistas, y a concesionarios de mercados, las brigadas de votantes, colonos, empleados civiles y militares, el acarreo de campesinos, la inexistencia o ineficacia de la tinta indeleble, los intentos de voto múltiples por un solo sector electoral, la admisión de votantes en proporción superior al diez por ciento para efectos de anulación, el relleno de ánforas y otras muchas irregularidades que afectan gravemente la limpieza de los comicios del día de hoy y podrían determinar su nulidad, en caso de no ser satisfactoriamente reparadas.
>
> El anuncio anticipado de una supuesta victoria del partido oficial bajo estas condiciones, mucho antes de que haya culminado el proceso de cómputo y el de calificación, reafirma nuestras sospechas de que se está configurando un fraude de grandes proporciones que desvirtuaría el sentido de la voluntad ciudadana expresada en las urnas.
>
> En caso de que no se restablezca de modo inequívoco la legalidad del proceso electoral, los candidatos a la Presidencia de la República que suscribimos este documento, no aceptaríamos los resultados ni reconoceríamos las autoridades que provinieran de hechos fraudulentos, por lo que procederíamos a defender los derechos del pueblo mexicano con todas las armas que la Constitución nos otorga.
>
> Formulamos un apremiante llamado al Gobierno de la República para que repare de inmediato estas desviaciones y haga respetar la voluntad ciudadana.
>
> Cuauhtémoc Cárdenas, Manuel J. Clouthier, Rosario Ibarra de Piedra,
> 6 de julio de 1988.

y, también por primera vez, un candidato de la oposición logró llegar y aun rebasar 30% de la votación nacional. Por otro lado, el rápido avance del neocardenismo también resultaba significativo si se le compara con el PAN, que en sus cincuenta años de vida no había podido alcanzar 17% de votos que obtuvo esta vez.

Además, la elección del 6 de julio de 1988 aportó un cambio significativo en la distribución geográfica del voto, pues se profundizó la tendencia de competitividad en el Distrito Federal, en donde el PRI pocas veces había rebasado 50% de la votación; en esta ocasión la elección a favor del partido oficial cayó hasta niveles de 20%, al grado de quedar en una posición de minoría absoluta frente al PAN y al neocardenismo.[45]

---

[45] Alberto Aziz Nassif y Juan Molinar Horcasitas, "Los resultados electorales", *Segundo informe sobre la democracia: México, el 6 de julio de 1988,* Pablo González Casanova (coord.), UNAM y Siglo XXI Editores, México, 1990, p. 139.

Como un elemento más en la lista de sucesos políticos en el verano de 1988, al rendir su último informe de gobierno ante el Congreso de la Unión, Miguel de la Madrid se encontró frente a un hecho inesperado e inconcebible hasta entonces en un acto presidencialista: los congresistas de la oposición interrumpieron en varias ocasiones la lectura del informe, tratando de entablar un diálogo directo con el presidente. La situación era espectacular y causó gran conmoción no sólo en el interior del recinto, sino en el país en general, dada la amplia difusión de la ceremonia y el interés nacional por escuchar el informe en críticas circunstancias por las que atravesaba la nación.

Miguel de la Madrid detuvo la lectura del documento en las 12 ocasiones en que fue interrumpido, mientras que el presidente del Congreso trataba de rebatir con argumentos legales a los diferentes miembros de la oposición que, una y otra vez, pedían la palabra o simplemente se dirigían al presidente de la República, argumentando a su vez que ningún miembro del Congreso puede ser impedido de expresar, en el recinto parlamentario, libremente sus opiniones. Aparentemente existía la duda de si un miembro del Congreso estaba en su derecho al tratar de entablar un diálogo durante la celebración de un acto de tal naturaleza, que además se consideraba protocolario, pues la lectura del informe presidencial no es obligatoria y la Constitución tan sólo alude a la presentación de un informe por escrito.

> *Al rendir su último informe de gobierno, De la Madrid se encontró frente a un hecho inconcebible hasta entonces en un acto presidencialista: los congresistas de la oposición interrumpieron en varias ocasiones la lectura del informe.*

CUADRO 9.5. *Gobierno de Miguel de la Madrid. Política interna*

- **Planeación inicial contra la crisis**
  - Se anuncia el Programa Inmediato de Reordenación Económica (PIRE)
    - Objetivos generales:
      - Reducir la inflación
      - Proteger el empleo y la planta productiva
      - Recuperar el crecimiento sostenido de la economía
    - Contenido en 10 puntos
  - Estrategias:
    - Renovación moral → Ley Federal de Responsabilidad de los Servidores Públicos
    - Planeación → Plan Nacional de Desarrollo
    - Rectoría del Estado → Reformas constitucionales
    - Descentralización y democratización:
      - Impulso al Federalismo, reforma al Art. 115, creación del CUD y Coplade
      - Descentralización de la Administración Pública

- **Procesos electorales y partidos políticos**
  - En las elecciones celebradas entre 1983 y 1985, avance del PAN y triunfos discutidos del PRI
  - Nueva reforma a la LFOPPE
    - Código Federal Electoral:
    - Cambios en la composición del Congreso.
    - Creación de la Asamblea de Representantes del D. F.
    - Comisión Federal Electoral.
    - Tribunal de lo Contencioso Electoral.

- **Presiones sociopolíticas**
  - Movimiento obrero y campesino
  - Organizaciones y partidos de izquierda
  - Organizaciones y partidos de derecha
  - Los partidos políticos hacia la sucesión presidencial:
    - Neopanismo
    - Tendencias reformistas en el PRI: la Corriente Democrática
    - La difícil unidad de la izquierda: dos tendencias
  - Sucesión presidencial, nuevo ambiente de crisis
  - Elecciones federales de 1988, parteaguas histórico

Porfirio Muñoz Ledo interpela al presidente De la Madrid

Después de insistir inútilmente en el diálogo con el presidente, la oposición de izquierda decidió abandonar el recinto legislativo, mientras que la oposición de derecha reclamaba al presidente su participación en el fraude cometido en las elecciones pasadas. Afortunadamente, la situación no pasó de una serie de enfrentamientos verbales que al fin fueron acallándose hasta permitir que Miguel de la Madrid terminara la lectura de su informe. Sin embargo, aquel desusado acontecimiento parecía demostrar que el sistema político mexicano estaba entrando a una nueva era.

Ejercicio 16

1. Describe los acontecimientos político-electorales ocurridos el 6 de julio de 1988.

2. Describe las tres razones por las que fueron sorpresivos los resultados de la elección presidencial de 1988.

Fuente 5. La lucha contra Carlos Salinas después del 6 de julio

Después del 6 de julio la lucha contra Salinas comenzó cuando Cuauhtémoc Cárdenas se proclamó candidato triunfante después de afirmar que un alto funcionario del Gobierno Federal le había proporcionado información y que lo diría el 1 de diciembre. Con esta declaratoria se entablaba una primera competencia por la Presidencia de la República. Ante los opositores todos los ámbitos sociales, la interpretación lógica era que Carlos Salinas había perdido en las elecciones y que el PRI había hecho un gran fraude para llevar a su candidato a la Presidencia. Además, las declaraciones de Cuauhtémoc Cárdenas estaban acompañadas de las protestas de todos los partidos por el fraude cometido y por la falta de respeto a la voluntad popular al elegir a sus gobernantes.

La lucha contra Carlos Salinas continuó a lo largo de todas las discusiones en la Comisión Federal Electoral y del Colegio Electoral de la Cámara de Diputados y durante el Informe Presidencial, cuando todos los diputados de la oposición interrumpieron al Presidente Miguel de la Madrid con el grito de "fraude, fraude, fraude..." Sin embargo, los momentos más importantes se dieron cuando la Cámara de Diputados se erigió en Colegio Electoral para calificar las elecciones presidenciales.

El jueves 8 de septiembre la Cámara de Diputados convertida en Colegio Electoral comenzó la calificación de las elecciones presidenciales. Mientras tanto, Cuauhtémoc Cárdenas insistió en que de no demostrarle lo contrario, él había ganado las elecciones. Anunció que llamaría a la movilización popular para defender su triunfo. Entonces se inició una discusión que complicaría la calificación de las elecciones: Cárdenas argumentó que la única manera de demostrar que Carlos Salinas había ganado era abriendo los paquetes electorales y contando los votos. De esta manera profundizó un reclamo de la oposición, consistente en abrir 24 000 paquetes electorales de otras tantas casillas, sobre las cuales la Comisión Federal Electoral no había proporcionado todavía información. La oposición siempre afirmó que en esas 24 000 casillas se escondió el fraude electoral, pues la tendencia de la votación se orientaba a favor de Cuauhtémoc Cárdenas.

De hecho, el abrir los paquetes electorales hubiera significado descalificar el proceso electoral en su conjunto, pues se estarían considerando inválidos los cómputos realizados en las casillas electorales el mismo día de la elección. Como legalmente está establecido que la irregularidad en el 20% de las casillas es razón para anular las elecciones, se hubiera abierto el camino a la anulación, por lo que el PRI y las autoridades de la Secretaría de Gobernación sistemáticamente se negaron a hacerlo.

(...) Finalmente, la oposición siguió insistiendo en que Carlos Salinas fue un presidente impuesto y el conjunto del proceso electoral quedó para muchos descalificado y deslegitimado por las formas como se condujeron los organismos electorales.

Arturo Sánchez Gutiérrez,
"La contienda electoral" en, *Las elecciones de 1988 y la crisis del sistema político*,
Diana, México, 1989, pp. 131-133.

Política exterior

Impacto de la crisis en las relaciones exteriores

Al tomar posesión de la Presidencia de la República, Miguel de la Madrid heredó, igual que su predecesor, un país en crisis; pero en 1982 la crisis presentaba mayor magnitud y trascendencia. Los bancos internacionales privados, a los que se debía una parte considerable de la deuda mexicana, no parecían muy dispuestos a renegociar dicha deuda, porque, desde su punto de vista, ello equivalía en buena medida a añadir dinero bueno al malo y, además, la nacionalización de la banca y el control de cambios decretados por el gobierno saliente de López Portillo aumentaban la desconfianza de las organizaciones financieras internacionales, incluyendo al FMI.

De la Madrid puso en marcha una serie de estrategias contenidas en el PIRE para tratar de dar solución a los problemas internos, y al mismo tiempo buscó negociar en términos favorables el pago de la deuda con el gobierno de Estados Unidos, con el FMI, y con la comunidad bancaria internacional. Sin embargo, con todo y lo arduo de este esfuerzo, la política exterior no cambió de rumbo, como se llegó a suponer al inicio del sexenio tanto dentro como fuera del país. Desde un principio se sentaron las bases para reafirmar las tesis de los dos gobiernos anteriores sobre la necesidad de seguir una política de participación activa en los asuntos internacionales, dirigida particularmente a lograr la pacificación en Centroamérica y el Caribe, y mantener la presencia de México en la región a través del suministro de petróleo conforme al Acuerdo de San José.

La política exterior no cambió de rumbo; desde un principio, el gobierno de De la Madrid reafirmó las tesis de los dos sexenios anteriores, sobre la necesidad de seguir una política de participación activa en los asuntos internacionales.

Intervención de México en el plan de pacificación en Centroamérica

En Centroamérica se había agravado la situación de conflicto, a la que se sumaba la posibilidad de un enfrentamiento entre Honduras y Nicaragua como efecto del aumento de acciones militares protagonizadas por los grupos antisandinistas (los llamados "contras" apoyados por Estados Unidos) que, desde territorio hondureño, hacían esfuerzos por derrocar al gobierno revolucionario nicaragüense. Ante el peligro que tal situación representaba para la paz en la región, el gobierno de De la Madrid dio comienzo a una campaña diplomática en busca de países aliados que se unieran a los esfuerzos de México por lograr la distensión en Centroamérica.

Los gobiernos de Colombia, Panamá y Venezuela atendieron al llamado, y el 9 de enero de 1983 se reúnen los cancilleres de los cuatro países en la isla panameña de Contadora, en donde establecieron el compromiso de actuar conjuntamente en la búsqueda de ese objetivo pacificador. Los cancilleres integrantes del *Grupo de Contadora*, emitieron además un comunicado mediante el cual hicieron un llamado urgente a los países centroamericanos para que redujeran las tensiones a través del diálogo, y expresaron su preocupación por la intromisión de intereses externos, pues ante el apoyo que Estados Unidos prestaba a la "contra", y el respaldo de Cuba y de la Unión Soviética al gobierno sandinista de Nicaragua, los conflictos internacionales en la región se habían convertido en parte de la confrontación Este-Oeste, y habían creado en el continente una peligrosa atmósfera de guerra.

Los integrantes del Grupo de Contadora hicieron un llamado urgente a los países centroamericanos para que redujeran las tensiones a través del diálogo, y expresaron su preocupación por la intromisión de intereses externos.

Ante el continuo agravamiento de la situación, los propios presidentes de los cuatro países del Grupo Contadora se reunieron en Cancún, México, con el propósito de demostrar a la comunidad internacional su voluntad para actuar como mediadores en los conflictos. Así, dentro del "espíritu de Cancún", los cuatro mandatarios propusieron a los países centroamericanos los siguientes puntos: el cese

Presidentes del Grupo de Contadora

inmediato de cualquier situación de beligerancia en la zona, la suspensión de compras de armamento ofensivo, el desmantelamiento de instalaciones militares extranjeras en el área y el inicio de negociaciones sobre temas específicos, en busca de una salida a los conflictos.

Para apoyar los esfuerzos políticos de Contadora, los países latinoamericanos miembros del Sistema Económico Latinoamericano (Sela) se reunieron en Panamá en septiembre de 1983 para constituir, por iniciativa de México, el Comité de Acción de Apoyo al Desarrollo Económico y Social de Centroamérica (Cadesca), con el propósito de ayudar a promover la cooperación económica internacional en favor de los países centroamericanos, "sin discriminaciones ni condicionamientos". Por esta última frase podía inferirse que el nuevo grupo constituía una respuesta alternativa al plan de ayuda del presidente Reagan para la Cuenca del Caribe, que excluía a los países con gobiernos de orientación socialista. Por otra parte, los países de la Comunidad Económica Europea (CEE) acogieron desde un principio en forma favorable la iniciativa de Cadesca, y aceptaron brindar asistencia financiera a los países de América Central aunque a condición de que se garantizara la estabilidad política en la región.[46]

La Declaración de Cancún permitió que dieran comienzo las negociaciones entre los países centroamericanos, tendientes a establecer acuerdos más precisos en favor de la paz, que condujeron a la firma de un Documento de Objetivos en el que se detallaban los puntos de la estrategia de paz. A principios de enero de 1984, el Grupo Contadora consiguió que los países centroamericanos aprobaran el documento en el que se especificaban los mecanismos para el logro de la paz.

A pesar de los esfuerzos pacificadores del grupo mediador, la situación de conflicto persistió; Estados Unidos incrementó su injerencia en la región proporcionando ayuda militar a Honduras y El Salvador, mientras que Costa Rica respondió también en contra de Nicaragua, en protesta por los enfrentamientos que se daban en la frontera común entre fuerzas sandinistas y antisandinistas. En consecuencia, esos tres países empezaron a actuar en bloque contra Nicaragua y formaron un subgrupo dispuesto a negociar al margen de Contadora. En mayo de 1984, el presidente De la Madrid promovió el diálogo directo entre Estados Unidos y Nicaragua, iniciándose en territorio mexicano las pláticas entre los representantes de ambos países en el puerto de Manzanillo, Colima. Sin embargo, fue hasta 1988 cuando tras dos conferencias celebradas en Esquipulas, Guatemala, el gobierno sandinista accedió a negociar directamente con la oposición armada en busca de una solución pacífica; poco tiempo después, Nicaragua llevó a cabo elecciones democráticas.

Miguel de la Madrid con Daniel Ortega, presidente de Nicaragua

Pasos hacia la integración latinoamericana

La política exterior de Miguel de la Madrid tuvo como una de sus metas principales estrechar los vínculos con los países de América Latina, con la intención de establecer mecanismos de consulta y negociación para hacer frente a los diversos asuntos internacionales en un mundo cada vez más interdependiente. En marzo y abril de 1984, el presidente De la Madrid realizó visitas a Colombia, Brasil, Argentina, Venezuela y Panamá, con la finalidad de "fortalecer el diálogo latinoamericano para que renazca un espíritu bolivariano más acorde con nuestra realidad y con los requerimientos de nuestro tiempo".[47]

Una de las metas principales de Miguel de la Madrid fue la de estrechar vínculos con los países de América Latina, buscando establecer mecanismos de consulta y negociación para hacer frente a los diversos asuntos internacionales.

---

[46] Mario Ojeda, "México: su ascenso a protagonista regional", p. 30.
[47] Andrés L. Valencia Benavides, "Política exterior: principios y perspectivas", en *México: 75 años de Revolución,* Política II. p. 784.

Cap. 9. Los sexenios de la crisis (1976-1988)

En aquellos momentos existía entre los gobiernos de los países latinoamericanos en vías de desarrollo, la preocupación común por el creciente endeudamiento y el estado de crisis que padecían sus respectivas economías. Por esa razón, los jefes de Estado de esas naciones se reunieron en varias ocasiones con el propósito de establecer un frente unido para solicitar ante los países acreedores la instrumentación de medidas concretas —y específicas para cada caso— que permitieran aliviar la carga del endeudamiento externo.

Entre esas reuniones destacan dos, principalmente, primero la celebrada en Cartagena de Indias, Colombia, en junio de 1984 entre los cancilleres y ministros de Finanzas de Argentina, Brasil, Colombia, México, Bolivia, Chile, Ecuador, República Dominicana, Uruguay y Venezuela; de esta reunión surgió el *Consenso de Cartagena* en el que se establecía la responsabilidad compartida entre deudores y acreedores y, por lo tanto, la necesidad de entablar un diálogo entre ambos grupos de países. La segunda reunión, más significativa que la primera, se celebró en Río de Janeiro a propuesta del presidente mexicano, quien planteó la necesidad de instalar un mecanismo permanente de consulta y concertación política, mediante reuniones regulares de los ocho cancilleres (conocidos luego como el Grupo de los Ocho) de Argentina, Brasil, Colombia, México, Panamá, Perú, Uruguay y Venezuela respectivamente.

Relaciones con Estados Unidos

Durante el primer año del sexenio las relaciones entre México y Estados Unidos no sólo transcurrieron sin dificultades, sino que incluso el gobierno de este país favoreció la reestructuración de la deuda externa mexicana que se empezó a gestionar en agosto de 1983. Pero al año siguiente empezaron a manifestarse algunos desacuerdos entre los dos países, relacionados principalmente con los puntos de vista diferentes acerca de los conflictos políticos en Centroamérica, y con los obstáculos que ponía el proteccionismo estadounidense a los productos mexicanos.

En 1985, tras la reelección presidencial de Ronald Reagan, se hicieron más difíciles las relaciones entre México y Estados Unidos, debido en parte a la actitud de John Gavin, el embajador de ese país, que en varias ocasiones había hecho declaraciones sobre la política interna de México, en violación de su calidad diplomática, declaraciones que parecían estar relacionadas con el tratamiento poco favorable que daba la prensa estadounidense a los asuntos mexicanos. Otra causa de tensión entre los dos países fue un aviso de "advertencia turística" que el gobierno de Estados Unidos planeó distribuir entre los viajeros interesados en visitar México, para prevenirlos sobre la supuesta peligrosidad a que se expondrían al adentrarse en territorio mexicano; el aviso no llegó a distribuirse, pero la mera difusión del proyecto influyó para que se redujera en 15% el turismo estadounidense en ese año de 1985.

Todavía más graves para las relaciones bilaterales fueron los sucesos relacionados con el narcotráfico; en febrero de 1985 fue asesinado en México Enrique Camarena Salazar, un miembro de la DEA (por las siglas en inglés de la agencia contra las drogas, *Drug Enforcement Agency*) de Estados Unidos, mientras cumplía su labor de investigación. A raíz de ese hecho, el gobierno estadounidense acusó a México de estar involucrado en el tráfico ilegal de drogas e incluso hizo referencia a una "corrupción gubernamental", al tiempo que ordenaba un estricto sistema de revisión en las aduanas fronterizas que obstaculizó el tránsito entre ambos países. El asesinato del agente estadounidense provocó el aumento en el número de reportajes de prensa en el vecino país en los que se difundía una imagen negativa de México, a pesar de que en abril de ese mismo año fue aprehendido Rafael Caro Quintero, un poderoso narcotraficante al que se acusaba de ser el autor intelectual del asesinato de Camarena.

Pero no todo fue negativo en las relaciones bilaterales México-Estados Unidos; el gobierno del país vecino mostró buena disposición hacia la renegociación de la

Miguel de la Madrid con el presidente Reagan

Tras la reelección presidencial de Ronald Reagan, se hicieron más difíciles las relaciones entre México y Estados Unidos, y surgieron varios problemas en las relaciones bilaterales.

Enrique Camarena, agente de la DEA

Ayuda de Estados Unidos a las víctimas del terremoto

deuda mexicana, y en 1985, tras varios años de negociación, se pudo llegar a un acuerdo favorable respecto al comercio entre los dos países, en el sentido de poner fin a las prácticas discriminatorias que, por muchos años, se habían impuesto a los productos mexicanos de exportación. Además, un gesto humanitario y de buena voluntad fue la ayuda material que el presidente Reagan prestó al gobierno de México, en ocasión de los sismos ocurridos en septiembre de 1985, para colaborar, como también lo hicieron otros países, en el auxilio a los damnificados y en el rescate de las víctimas.

La política exterior mexicana en el contexto mundial

En el marco de las cuestiones de carácter global, fue de singular importancia la participación de México en la Iniciativa de Paz y Desarme que, en 1984, suscribió un grupo de seis países (Argentina, Grecia, India, México, Suecia y Tanzania) a sugerencia de la Asociación de Parlamentarios para un Orden Mundial, ante la preocupación internacional por el peligro que representaba para la paz del mundo la puesta en marcha de un programa de defensa espacial creado por el gobierno de Estados Unidos, al que el presidente Reagan denominó *Guerra de las Galaxias*. Los representantes del Grupo de los Seis, preocupados por el creciente riesgo de una guerra que traería muerte y destrucción para todos los pueblos de la tierra, hacían un llamado a las naciones poseedoras de armas nucleares convocándolas a dar marcha atrás a la carrera de este tipo de armamentos; al tiempo que enfatizaban el hecho de que esas naciones tenían la responsabilidad primordial de impedir una catástrofe nuclear, consideraban que el problema era demasiado grave y extenso como para dejarlo exclusivamente en sus manos.

En particular, demandaban que Estados Unidos y la Unión Soviética, así como el Reino Unido, Francia y China, suspendieran los ensayos, la producción y el emplazamiento de armas nucleares, para proseguir luego con una reducción considerable del armamento atómico y la adopción de medidas que garantizaran "la urgente y necesaria transferencia de recursos de la carrera armamentista al desarrollo económico y social".[48] El Grupo de los Seis se reunió posteriormente en dos ocasiones, una en Nueva Delhi, India, y la otra en Ixtapa, México.

Por otra parte, las visitas que realizó el presidente De la Madrid al exterior tuvieron la intención de ampliar las relaciones de México en el comercio internacional, en momentos en que ya se perfilaba la tendencia a la unificación de las economías regionales, impulsada por el ejemplo de la Comunidad Económica Europea. En este sentido fueron de particular interés las visitas a España, Gran Bretaña, Bélgica, Alemania Federal y Francia; asimismo, en su viaje a Canadá, De la Madrid acordó con el gobierno de ese país incrementar el comercio directo entre ambas naciones, aparte de coincidir en la preocupación por resolver de manera urgente las cuestiones relacionadas con la magnitud de la deuda externa de los países en desarrollo.

Economía en el sexenio 1982-1988

Las finanzas públicas en los primeros dos años de gobierno

En materia de economía, el gobierno de Miguel de la Madrid heredó tres grandes problemas: 1) una situación económica en peores condiciones de como la habían encontrado sus dos antecesores, 2) la inconformidad de la clase empresarial a causa de

---

Ejercicio 17

1. Describe las acciones del gobierno de Miguel de la Madrid, en relación con la búsqueda de la paz en Centroamérica.
2. Describe los pasos hacia el proceso de integración latinoamericana.
3. Describe los problemas surgidos en 1985 en la relación de México con Estados Unidos.
4. ¿Cuál fue el papel de la política exterior mexicana en el contexto mundial, durante el gobierno de Miguel de la Madrid?

El gobierno de Miguel de la Madrid trató de corregir el rumbo de la economía, por medio del Programa Inmediato de Reordenación Económica (PIRE), con medidas semejantes a las aplicadas por López Portillo.

---

[48] *Ibid.*, p. 794.

CUADRO 9.6. *Gobierno de Miguel de la Madrid. Política exterior*

- **Impacto de la crisis en las relaciones exteriores**
  - Desconfianza de las organizaciones financieras internacionales
  - Fuerte presión de los acreedores

- **Intervención de México en el plan de pacificación en Centroamérica**
  - Se mantiene, e incluso se reafirma, la política exterior activa, a pesar de la presión de los acreedores estadounidenses
  - En el primer año del sexenio, EUA favorece la renegociación de la deuda mexicana
  - Las diferentes posiciones de ambos gobiernos en torno a los conflictos en Centroamérica provocan desacuerdos
    - La presencia de los *contras* antisandinistas apoyados por Estados Unidos, aumenta la posibilidad de un enfrentamiento entre Honduras y Nicaragua
    - La actitud del embajador estadounidense, y el asunto relacionado con el asesinato de un agente de la DEA en México, dificulta las relaciones entre ambos países
      - Campaña diplomática del gobierno mexicano
      - Algunos aspectos favorables en las relaciones México-Estados Unidos
        - Formación del Grupo Contadora
        - Reunión del Sela
        - Declaración de Cancún
          - Pasos tendientes a la integración latinoamericana
          - Consenso de Cartagena

- **Relaciones con Estados Unidos**

- **Política exterior mexicana en el contexto mundial**
  - Participación de México en la iniciativa de paz y desarme
  - Grupos de los Seis
    - Primeros pasos de México en la nueva tendencia globalizadora del comercio internacional

los decretos expropiatorios de la banca introducidos a última hora por el gobierno anterior, y 3) la inaplazable y difícil tarea de negociar con la banca internacional en los momentos de más dura presión, por parte del gobierno de Estados Unidos presidido por Ronald Reagan.

En los primeros meses, el nuevo gobierno trató de corregir el rumbo de la economía, mediante el Programa Inmediato de Reordenación Económica (PIRE), cuyas medidas más importantes fueron: reducciones en el gasto, restricciones del crédito, limitaciones de importaciones, incrementos sustanciales y progresivos de los precios de los productos y servicios del Estado, devaluaciones de la moneda, y renegociaciones de la deuda externa, con el propósito de modificar los plazos y de obtener nuevos créditos. Esas medidas eran semejantes a las aplicadas infructuosamente por López Portillo, sólo que ahora se trataba de administrarlas en dosis más grandes.

Con respecto al descontento de la clase empresarial, De la Madrid se dedicó desde un principio a restablecer la confianza de este grupo y decidió retomar las políticas que López Portillo había auspiciado antes de 1982, a favor de la iniciativa privada. En su discurso inaugural anunció la reprivatización de 34% del capital de los bancos nacionalizados tres meses antes y durante el transcurso de su primer año de gobierno, comenzó a poner en práctica un plan de indemnización para los afectados, así como la reprivatización de las empresas propiedad de los bancos, otorgando preferencias a los ex banqueros para adquirirlas. De esta manera, Miguel de la Madrid logró la colaboración del sector empresarial para su programa de reordenación económica, a pesar de las medidas de austeridad contenidas en él.

Con referencia al compromiso con el FMI, de acuerdo con la Carta de Intención firmada en los últimos días del sexenio anterior, el gobierno de De la Madrid debía cumplir en un plazo de tres años —de 1983 a 1985— los objetivos siguientes:

- Crecimiento sostenido de la producción y del empleo.
- Superación del desequilibrio en el sector externo.
- Abatimiento de la inflación.
- Fortalecimiento de las finanzas públicas, de modo que el déficit financiero del sector público, como porcentaje del PIB, no debería pasar de 8.5% en 1983, de 5.5% en 1984 y de 3.5% en 1985.
- Reducción del endeudamiento público externo, el cual no debería exceder de 5 mil millones de dólares en 1983.
- Revisión y adecuación del sistema tributario.
- Elevación de precios y tarifas de bienes y servicios ofrecidos por el sector público.
- Racionalización del gasto, mediante la revisión de los programas de inversión no prioritarios y la racionalización de los subsidios.
- Fomento al ahorro a través de tasas de interés atractivas.
- Fomento al desarrollo del mercado de valores.
- Adecuación del control de cambios mediante una política cambiaria flexible.
- Racionalización del proteccionismo.

Desde los primeros momentos del sexenio, la política hacendaria se encaminó a corregir el desequilibrio fiscal, por lo que los precios y servicios del Estado se incrementaron significativamente en diciembre de 1982. En el mismo mes, se aprobó la Ley de Ingresos de la Federación para 1983, mediante la cual se aumentó el Impuesto al Valor Agregado (IVA) de 10 a 15%, con excepción de algunos productos básicos de consumo que se eximieron del pago de este impuesto. Se introdujo, además, una sobretasa de 10% al impuesto sobre la renta de las personas físicas cuyo ingreso excediera cinco veces el salario mínimo. Esta política fiscal fue acompañada por una reducción del gasto público con la consiguiente disminución de la inversión estatal.

En política monetaria, se buscó mantener un tipo de cambio realista y una existencia suficiente de divisas en el país para permitir el desarrollo de las actividades comerciales y financieras con el exterior. Tres semanas después de iniciado el sexenio, se estableció un sistema múltiple de control de cambios que consistió en un tipo de mercado libre a $150 por dólar; un tipo controlado flotante que comenzó a $95.10 por dólar, dedicado principalmente a importaciones prioritarias y para la amortización de la deuda externa; y un tipo "especial" también flotante, para la conversión de los "mexdólares". Además, la mayor parte de las operaciones cambiarias fronterizas se volvieron a sujetar a la supervisión de las autoridades monetarias mexicanas.

De la Madrid con los secretarios de Hacienda y de Programación y Presupuesto

En el sector externo, el programa correctivo del gobierno tuvo mejores resultados de los esperados por el FMI, pues al finalizar el año de 1983 se alcanzó un superávit en la cuenta corriente de 5,546 millones de dólares, y además subió la reserva de divisas casi al triple de la registrada en diciembre de 1982. Este éxito logrado por el gobierno mexicano en el sector externo impresionó favorablemente a la banca internacional y dio paso a la primera fase de la reestructuración de la deuda externa mexicana.

Al respecto de la deuda externa, desde 1983 se logró una primera reestructuración, consistente en diferir los vencimientos de 1982, 1983 y 1984 a ocho años de plazo con cuatro de gracia, al tiempo que se obtenía un financiamiento de dinero fresco por 3 800 millones de dólares, firmado en abril de 1984. Sin embargo, el pago de los intereses por concepto de la deuda acumulada fue en aumento, no sólo porque las tasas fueran altas, sino porque las continuas devaluaciones elevaban significativamente el monto de dichos intereses.

En conjunto, aquellas medidas lograron reducir en un año el déficit fiscal y se incrementó el ahorro del sector público; además, como resultado de la política de austeridad, se dio una disminución en la inflación que de 98.9% en 1982, pasó a 80.8% en 1983. En el año siguiente, se continuó con la política restrictiva del PIRE, mientras que la inflación continuaba a la baja, la economía en 1984 se comportó de manera muy favorable en cuanto al crecimiento de la producción y del empleo, así como en los indicadores de la balanza de pagos, y el producto interno bruto creció 3.5%, respecto al año anterior. Esta mejoría se atribuyó principalmente a los siguientes factores: comportamiento de los salarios que se mantuvieron a la baja; aumentos a los precios y tarifas de las empresas del sector público; mantenimiento de un tipo de cambio real bajo; crecimiento de las exportaciones, particularmente las no petroleras; crecimiento de la inversión pública (que ese año volvió a activarse 0.6%) y de la inversión privada (8.8) que fue alentada por las medidas financieras del gobierno.

A dos años de iniciado el sexenio, la economía nacional parecía alcanzar la estabilidad, como lo mostraban los indicadores macroeconómicos; la inflación había descendido progresivamente desde 1983, cuando llegó a los niveles más altos registrados hasta entonces (117.2% anualizado), para lograr en junio de 1985 —un mes antes de las elecciones federales— la cifra de 53.4%. El mercado cambiario también se había controlado; la devaluación persistía, pero ahora ocurría de una manera regular y previsible. Durante 1983, la moneda nacional se deslizó a razón de un peso al mes, pasando de 149 en enero, a 161 al final del año. Durante todo el año de 1984 y la mitad del siguiente, el deslizamiento continuó de manera regular, aunque a ritmos más acelerados: cuatro pesos mensuales durante 1984 y seis pesos al mes, en promedio, durante el primer semestre de 1985.[49]

---

[49] Juan Molinar Horcasitas, *El tiempo de la legitimidad,* pp. 206-207.

Los resultados de la balanza comercial también fueron satisfactorios, pues mostró un superávit en 1983, y en el primer semestre del año siguiente, las exportaciones de productos no petroleros presentaban una notable recuperación. También las finanzas públicas tuvieron una notable mejoría en los dos primeros años del sexenio, ya que el déficit bajó de 16.9% del PIB en 1982, a 9.6% en 1985; de esta manera se pudo evitar que la economía mexicana cayera en un estado de hiperinflación. En consecuencia, durante el primer semestre de ese año se detuvo el proceso de deterioro del poder adquisitivo de los salarios y se registró una leve recuperación en los niveles de empleo.

No obstante, aquella mejoría no significaba que el país hubiera logrado salir completamente de la crisis, pues al tomarse el PIB como un indicador de la situación, puede observarse que ese año fue menor al de 1982. De cualquier manera, el comportamiento de los otros indicadores arriba descritos influía para que la situación fuera vista con optimismo; parecía que lo peor de la crisis había sido superado.

Política agropecuaria

En el caso del sector agropecuario, el gobierno de Miguel de la Madrid continuó la política de su antecesor, en el sentido de dar prioridad a la autosuficiencia alimentaria, con base en el *Programa Nacional de Desarrollo Rural Integral*, en el que se definieron las estrategias para dar una atención constante, dentro de los límites marcados por la crisis, a la producción de alimentos básicos. Dichas estrategias se orientaron principalmente a proporcionar créditos, a tratar de neutralizar los efectos negativos de la inflación sobre los precios de garantía y, sobre todo, en lograr una mayor coordinación entre las organizaciones encargadas de prestar servicio al sector agropecuario, para lograr una mayor eficiencia. Así, entre 1983 y 1985, los programas de producción agrícola fueron cumplidos en su mayoría, a pesar de que la inversión pública en este sector sufrió una fuerte disminución de 32.6%, en términos reales.

Respecto a la reforma agraria, se buscó darle un carácter integral y enfocarla a dar certidumbre a la tenencia y usufructo de la tierra, para lo cual debían atenderse de manera especial los problemas pendientes de regularización de la tenencia, y la organización socioeconómica de los campesinos. En 1984 se promulgaron algunas reformas y adiciones a la Ley Federal de la Reforma Agraria, entre las cuales destaca la declaración de que los ejidos y las comunidades se habrían de explotar en forma colectiva, salvo cuando los interesados determinasen su explotación en forma individual, mediante acuerdo tomado en asamblea general. De esta forma, se colectivizaba por ley la organización de toda la propiedad social, pero se dejaba a las asambleas la decisión de rechazar dicha colectivización.[50]

Política industrial

Mediante el Programa de Fomento Industrial y Comercio Exterior creado desde el principio de su gobierno, el presidente Miguel de la Madrid proyectó un cambio estructural que permitiera por una parte fortalecer el mercado interno, y por otra aumentar la eficiencia del sector industrial, a fin de que pudiera enfrentar la competencia con el exterior. El proyecto contemplaba las siguientes estrategias:

a) Un nuevo patrón de industrialización y especialización del comercio exterior que permitiera resolver la restricción y vulnerabilidad con respecto al exterior, alcanzando un crecimiento autosostenido.

---

[50] Sergio Reyes Osorio y María de los Ángeles Moreno Uriegas, "El desarrollo rural integral", p. 224.

b) Un nuevo modelo tecnológico que facilitara la incorporación y difusión de tecnologías adecuadas, al nivel de eficiencia, requeridas por cada industria, a la formación de recursos humanos calificados para la imitación, adopción, compra, innovación y difusión de tecnologías; y a la dotación de recursos naturales.

c) La racionalización de la organización industrial que propiciara un uso más adecuado de los recursos y capacidades de cada planta industrial, a fin de aumentar la vinculación de empresas de diferentes tamaños en los procesos de producción.

d) La estrategia de localización industrial que orientara e indujera la desconcentración, promoviera un desarrollo regional equilibrado y propiciara la explotación eficiente y racional de los recursos naturales, atendiendo a las ventajas de cada región.

e) Un plan de coordinación de los agentes productivos para que, conforme al sistema de economía mixta bajo la rectoría del Estado, permitiera una mejor participación e interacción de los sectores público, social y privado en la actividad industrial, de acuerdo con sus naturales cualidades y potencialidades, bajo un esquema de complementación, confianza recíproca y acciones conjuntas en torno a objetivos comunes.

f) La dimensión social de la estrategia, manifiesta en la búsqueda de una mayor generación de empleos por unidad de capital invertido, la satisfacción de las necesidades básicas de la población y la mejoría de la distribución del ingreso.

A fin de poner en práctica ese conjunto de estrategias, se diseñó un paquete integral de instrumentos que abarcaban tres importantes aspectos: 1) *Protección y fomento al comercio exterior*, bajo la aclaración de que aquella política de protección rechazaba tanto "la liberación" a ultranza del comercio exterior, como el excesivo proteccionismo. 2) *Fomento a la industria*, mediante financiamientos y estímulos fiscales. 3) *Regulación* referente a precios e inversiones extranjeras; respecto de los primeros, se buscaba promover la producción de bienes básicos y garantizar niveles adecuados de rentabilidad; por el lado de las inversiones extranjeras, se tendía a modificar la posición exclusivamente defensiva, por una más activa que promoviera selectivamente las inversiones externas.

Ingreso al GATT

En 1985 se volvió a plantear la posibilidad de que México se incorporara al *Acuerdo General sobre Aranceles Aduaneros y Comercio* (GATT); para esta fecha, las circunstancias eran distintas a las que llevaron a rechazar el ingreso a esa organización cinco años antes. La nueva recaída de la economía parecía demostrar la necesidad de cambiar de rumbo en las políticas económicas y de abandonar las prácticas proteccionistas inherentes al modelo de sustitución de importaciones, cuyo deterioro era evidente desde hacía tiempo.

En noviembre de ese año se reanudaron las negociaciones de adhesión al GATT, tomando como marco de referencia el protocolo de 1979 (año en que se iniciaron las negociaciones anteriores), aunque con algunas modificaciones específicas. México estuvo dispuesto a otorgar concesiones para la reducción de aranceles en algunos productos, pero mantuvo la exigencia de salvaguardar ciertos principios, tales como el reconocimiento de su condición como país en desarrollo y, por lo mismo, la aplicación de un trato diferente al de los países con economías desarrolladas; el respeto a la soberanía nacional sobre los recursos naturales, en particular los energéticos; y la prioridad en el tratamiento al sector agropecuario.

En noviembre de 1985 el gobierno mexicano reanudó las negociaciones de adhesión al GATT, tomando como marco de referencia el protocolo de 1979 con algunas modificaciones específicas.

La incorporación de México al GATT significó el abandono de las políticas proteccionistas y el avance hacia el neoliberalismo.

> **Ejercicio 18**
>
> 1. Menciona cinco de los objetivos de la Carta de Intención firmada con el FMI en 1982, que consideres de mayor trascendencia para la reactivación de la economía mexicana.
> 2. ¿Cuáles fueron los factores que permitieron el mejoramiento de la economía en 1984?
> 3. Menciona las principales reformas y adiciones hechas a la Ley Federal de la Reforma Agraria, por el gobierno de De la Madrid.
> 4. ¿De qué manera las medidas de la política industrial de Miguel de la Madrid favorecían el ingreso de México al GATT en 1985?

La incorporación de México al GATT significó el abandono de las políticas proteccionistas y el avance hacia el *neoliberalismo*, modelo económico adoptado por las economías capitalistas que retomaban los elementos esenciales del liberalismo desarrollado en el siglo XX y los adaptaban a las nuevas condiciones del mercado internacional, en el marco de la *globalización*.

Nueva situación de crisis

A partir del segundo semestre de 1985, nuevamente se hizo presente el déficit público debido, en gran parte, a que el cumplimiento de los compromisos con los acreedores extranjeros se hizo en condiciones de altas tasas de interés y continuas devaluaciones.

Para solucionar el déficit, el gobierno recurrió al crédito interno, volvió a aplicar medidas restrictivas en el gasto público y disminuyó el financiamiento a las empresas; la inversión pública se redujo en momentos en que los sectores productivos requerían de más crédito, cuya escasez provocó además que subieran las tasas de interés. Otra medida del gobierno consistió en aumentar los instrumentos de ahorro no bancarios, como los Certificados de la Tesorería de la Federación (CETES), petrobonos, etcétera, para captar recursos y financiar sus gastos. Por otro lado, las importaciones aumentaron y, en consecuencia, se incrementó la demanda de divisas y sobrevino la disminución de las mismas; esa situación aumentó seriamente las presiones sobre la moneda nacional y ésta se vio de nuevo sometida a devaluaciones drásticas; el dólar en el mercado libre pasó de $248.27 a $340, es decir un aumento de 36.9%, superior a la devaluación de todo el año de 1984, con el agravante de que, aun a ese precio, había dificultades para adquirir la divisa extranjera.

En el segundo semestre de 1985, se sumaron a esa situación, de por sí difícil, por un lado los sismos ocurridos en el mes de septiembre que, en el aspecto estrictamente económico, causaron efectos directos sobre la balanza de pagos en cuanto a la baja del turismo extranjero, reducción de las exportaciones y mayores importaciones por motivo de la reconstrucción, la cual obviamente implicó mayores gastos del sector público. Por otra parte, ocurrió una nueva caída de los precios internacionales del petróleo que el presidente De la Madrid calificó como un "terremoto económico", el cual provocó un severo impacto en la economía mexicana, todavía dependiente de dicho energético, a pesar del aumento de las exportaciones no petroleras.[51]

Un nuevo desplome de la economía golpeó con fuerza a la sociedad mexicana, en medio de los graves estragos sociales dejados por los temblores. Precisamente ese mes de septiembre, la inflación se aceleró bruscamente hasta alcanzar la cifra de 135.2%, con fuertes pronósticos de continuar en rápido ascenso; a fines de año, el dólar libre llegó a cotizarse a $450 a la venta, y el controlado a $372.20. Los datos de la producción y el empleo eran también desalentadores; el PIB decreció 4.0% en 1986, el nivel de empleo en la industria manufacturera, que se había recuperado en 1985, volvió a contraerse, y el salario real se redujo drásticamente. Así, las clases trabajadoras perdieron casi la mitad el poder adquisitivo del salario y se enfrentaron cada vez en mayor grado a la dificultad de encontrar empleo o de preservar el que tenían.

Pero no solamente las clases trabajadoras sufrieron los efectos de la crisis económica en aquellos difíciles momentos; también fueron perjudicadas las personas (alrededor de 375 mil) pertenecientes a las clases media y alta que invirtieron sus capitales en la Bolsa Mexicana de Valores, alentadas por el acelerado auge experimentado por

> *A partir del segundo semestre de 1985, un nuevo desplome de la economía motivado por factores externos e internos, golpeó con fuerza a la sociedad mexicana.*

---

[51] El precio de venta del petróleo crudo mexicano disminuyó de 27 dólares por barril (d/b) en 1983, a 24.02 (d/b) en 1985 y a 11.84 (d/b) en 1986.

esa organización financiera. El incentivo de las altas tasas de interés en la bolsa, que ofrecían mayor rentabilidad a menor plazo, sumado al hecho de que las utilidades de las empresas eran bastante atractivas, las operaciones bursátiles constituían una opción de inversión que, orientada normalmente a un sector exclusivo de inversionistas, se había vuelto masiva al ponerse al alcance de un público (con capacidad de ahorro) sin experiencia en este tipo de operaciones, que quiso aprovechar la oportunidad de ganar dinero fácil y rápidamente, haciendo crecer la demanda de acciones a un nivel desorbitado.

El momento de mayor auge bursátil se dio entre junio de 1985 y septiembre de 1987, cuando el índice de precios y cotizaciones de la Bolsa Mexicana de Valores se multiplicó 70 veces, pasando de 4,597 puntos a 369,719. El problema de fondo era que aquellos recursos de capital se estaban canalizando hacia inversiones financieras y, en muchos casos, especulativas, en vez de orientarse a actividades productivas, y esa situación provocó que la economía fuera aún más débil, al no tener base productiva. El afán especulativo condujo a los inversionistas a realizar operaciones de margen y de plazo que generaron 'apalancamiento' sobre el capital invertido, es decir, se hacían compras de acciones poniendo como garantía las acciones adquiridas con anterioridad, con lo cual, al sobrevenir el desplome de la Bolsa, se originó una doble pérdida para los ahorradores que recurrieron a ese mecanismo.

A los factores negativos inherentes al proceso interno de especulación en la Bolsa Mexicana de Valores, se sumó la caída de las bolsas de valores ocurrida de manera simultánea en otras partes del mundo. Al desplomarse los índices bursátiles de Nueva York, la debilitada bolsa mexicana no pudo resistir y sobrevino la caída incontrolable el 19 de octubre de 1987, dejando como secuela la inmediata fuga de capitales, y una nueva devaluación drástica que elevó al dólar a 2,200 pesos; de nuevo aumentaron las presiones sobre los precios de los productos de consumo y ante dichas presiones el Congreso del Trabajo demandó una revisión al alza de los salarios, y todo esto ocurría en plena fase inicial de las campañas electorales de los candidatos a la Presidencia de la República. En el marco de esos acontecimientos, el gobierno convocó a representantes de los tres sectores sociales, a la firma del Pacto de Solidaridad Económica.

Pacto de Solidaridad Económica

El día 15 de diciembre de 1987, fue firmado el Pacto de Solidaridad Económica [véase fuente 6. "La firma del Pacto de Solidaridad Económica"], en el que intervinieron: Fidel Velázquez, presidente del Congreso del Trabajo; Agustín F. Legorreta, presidente del Consejo Coordinador Empresarial; Héctor Hugo Olivares Ventura, secretario general de la Confederación Nacional Campesina y Pedro Aspe Armella, secretario de Programación y Presupuesto.

Los tres sectores sociales se comprometían a solidarizarse con el gobierno para la instrumentación de un Pacto que, según dijo el presidente De la Madrid, "implica la adopción de medidas fuertes, de medidas amargas, dolorosas, que implican sacrificios y esfuerzos para todos; no estamos ofreciendo una 'cura mágica' de nuestros males económicos; estamos pidiendo a la sociedad más esfuerzo y más sacrificio".[52]

Rechazo al Pacto de Solidaridad Económica

---

[52] Pacto de Solidaridad Económica, Presidencia de la República, Dirección General de Comunicación Social, México, 15 de diciembre de 1987, p. 10.

El pacto incluía, entre otras determinaciones, la de incrementar los salarios mínimos y contractuales en 15% a partir del 16 de diciembre —al día siguiente de la firma—, 20% más a partir del 1º de enero de 1988, y una modificación mensual a partir del 1º de marzo de ese mismo año, de acuerdo con la evolución previsible del índice de precios de la canasta básica.

Asimismo, se acordaban ajustes al sistema tributario y un ajuste (en realidad un aumento) de los precios y tarifas del sector público, también a partir del 16 de diciembre; en 85% a los precios de gasolina, gas doméstico, teléfonos y electricidad, con el compromiso de no aumentar los precios y tarifas del sector público durante los meses de enero y febrero, y hacerlo a partir de marzo en un porcentaje igual al de la inflación prevista para cada mes.

Se consideraba necesario que el gasto público disminuyera de 22% del PIB en 1987, a 20.5% en 1988 y para cumplir con esta meta se haría un revisión cuidadosa y selectiva de los distintos renglones del gasto público, sin descuidar la prestación de servicios sociales básicos, y se aceleraría la ejecución del programa de desincorporación de empresas estatales no estratégicas ni prioritarias disminuyendo, y en algunos casos suprimiendo, los subsidios de dudosa justificación social y económica.

Otra determinación del pacto indicaba que el deslizamiento del tipo de cambio monetario evolucionaría con flexibilidad de acuerdo a como se presentaran las circunstancias, para apoyar la disminución rápida de la inflación y asegurar la competitividad de la planta productiva nacional. El tipo de cambio controlado aumentaría 22% con respecto al día anterior a la firma del pacto, complementando esta medida con una reducción en los aranceles para contrarrestar los efectos de la devaluación sobre los precios.

En relación con la productividad, se acordó aplicar una política de racionalización a la protección comercial, mediante una baja significativa en los aranceles y en los impuestos a la importación, de tal manera que el arancel efectivo máximo disminuyera de 45 a 20%. Se mantendría una estructura arancelaria escalonada —entre 0 y 20%— de acuerdo con el criterio de otorgar grados diferentes de protección a los productos nacionales en función de la distinta naturaleza de las mercancías y de las características de su fabricación.

Con el propósito de observar la operatividad del pacto y evaluar su eficacia, se creó una comisión de seguimiento y evaluación en la que participaron las secretarías de Comercio, Trabajo y Hacienda, así como representantes de los sectores privado, obrero y campesino, y se inició un amplio programa de difusión y apoyo publicitario a fin de convencer a la población en general de que el éxito del pacto era indispensable para asegurar la buena marcha de la economía en un futuro próximo.

Los resultados fueron alentadores con respecto a la inflación, pues ésta descendió gradualmente alrededor de 15% mensual en diciembre de 1987 y enero de 1988. En cuanto a los salarios mínimos, después del ajuste de 15% decretado en el pacto, en 1988 fueron revisados en dos ocasiones, la primera al empezar el año con un aumento de 20%, y la otra en marzo con un aumento de 3%. En términos nominales, el nivel promedio nacional de salarios mínimos fue 87.6% superior al de 1987, pero en términos reales, el salario nacional experimentó una caída de 12.7% en ese año.[53]

El Pacto de Solidaridad Económica permitió que Miguel de la Madrid entregara el poder a su sucesor en condiciones menos desalentadoras que aquellas en las que él mismo lo recibiera de manos de López Portillo, pues logró cumplir su promesa de evitar que por tercer sexenio consecutivo, México cayera en una crisis financiera de graves proporciones al final del periodo presidencial. Los indicadores económicos empezaron a mostrar un repunte que, aunque ligero, constituía una nueva esperanza y,

---

[53] Héctor Guillén Romo, *El sexenio de crecimiento cero*, Era, México, 1990, p. 109.

a pesar del sacudimiento político en las elecciones del 6 de julio, y del peso de todas las desgracias que padeció el país en el transcurso de su gobierno, que dejaron irreparables pérdidas de vidas humanas (el incendio en una planta de almacenamiento y distribución de gas en los suburbios de la ciudad de México en 1984, los sismos de 1985 y, dos meses antes de terminar su gobierno, el huracán "Gilberto" que devastó las zonas noreste y sureste del país) dejaba Miguel de la Madrid una imagen de seriedad y mesura que contrastaba con la de sus antecesores.

Con el Pacto de Solidaridad Económica, Miguel de la Madrid logró cumplir su promesa de evitar que, por tercer sexenio consecutivo, México cayera en una crisis financiera de graves proporciones al final del periodo presidencial.

Fuente 6. La firma del Pacto de Solidaridad Económica

(...) Llegamos hoy a un Pacto que implica la adopción de medidas fuertes, de medidas amargas, dolorosas, que implican sacrificios y esfuerzos para todos; no estamos ofreciendo una "cura mágica" de nuestros males económicos; estamos pidiendo a la sociedad más esfuerzo y más sacrificio.

El movimiento obrero ha moderado sus demandas de incremento salarial; lo que ahora se pacta en materia de salarios no es ni mucho menos lo que han demandado los líderes obreros; los líderes obreros querían un aumento mucho más fuerte en materia de salarios.

Los campesinos también hacen un esfuerzo porque aceptan que los precios de garantía simplemente se mantengan a su valor real del año de 1987. Esto implica, pues, también una restricción a la tendencia que traíamos de aumentar los precios de garantía por encima de inflación para revertir los términos de intercambio entre el campo y la ciudad.

Los empresarios también hacen un esfuerzo y limitan sus intereses; los empresarios aceptan una política de apertura comercial que va a implicar un enorme esfuerzo de productividad y eficiencia para competir en el mercado mundial; los empresarios también aceptan moderar precios y utilidades.

El Gobierno acepta también restringir su propia actividad; acepta restringir todavía más el gasto público y continuar la política de liquidaciones, quiebras o fusiones o ventas de empresas no estratégicas ni prioritarias. Para el gobierno también es duro bajar sus propios programas, ya que son programas destinados a servicios públicos y a la ampliación de la infraestructura física e industrial del país.

Todos, pues, hacemos sacrificios, limitamos pretensiones, afectamos nuestros propios intereses; no podemos presentar este Pacto como una solución de los problemas de manera inmediata, pero sí podemos presentar el Pacto y el programa que el mismo implica como un gran esfuerzo de toda la sociedad, que persigue un fin fundamental: evita que caigamos en una situación francamente hiperinflacionaria, que nos dañaría no sólo a la economía sino a la misma sociedad, y de la cual sería muy difícil salir después, más difícil todavía de lo que ahora nos cuesta evitar la hiperinflación, como lo hemos visto en el caso de otros países.

(...) Inútilmente se buscará comparar este Pacto y este programa a planes que se han impuesto en otros países; no es un "plan de choque" en cuanto que no hay una congelación total de los precios de economía mexicana; es, además, un programa concertado, insisto porque debo ser muy franco: sé que el Pacto a nadie deja contento, pero sí, el Pacto representa lo que en términos pragmáticos podemos hacer un esfuerzo adicional que se pide a toda la sociedad.

(...) Esto requiere de parte de la comunidad mexicana, de los factores de producción y en primer lugar del Gobierno, disciplina y una voluntad férrea de cumplir el compromiso.

Miguel de la Madrid Hurtado,
Presidente de la República,
México, D. F., 15 de diciembre de 1987.

Ejercicio 19

1. ¿Cuáles fueron los factores internos y externos que originaron un nuevo desplome de la economía, a fines de 1985?

2. ¿Por qué resultaron perjudicadas las personas de clase media y alta que invirtieron sus capitales en la Bolsa Mexicana de Valores, a partir de mediados de 1985?

3. ¿Cuáles fueron los resultados favorables del Pacto de Solidaridad Económica, creado en 1987?

CUADRO 9.7. *Gobierno de Miguel de la Madrid. Economía*

Problemas heredados del sexenio anterior	a) Empeoramiento de la situación económica b) Inconformidad del sector empresarial hacia las medidas expropiatorias de la banca mexicana c) Necesidad de entablar negociaciones con la banca internacional	Instrumentación del PIRE Drástico ajuste de las finanzas públicas Medidas tendientes a restablecer la confianza del sector empresarial Cumplimiento de los compromisos con el FMI	Política fiscal y monetaria Reestructuración de la deuda externa	Resultados positivos en 1983: reducción del déficit fiscal incremento del ahorro del sector público disminución de la inflación crecimiento superávit en la balanza comercial
Políticas agropecuaria e industrial	Sector agropecuario	Programa Nacional de Desarrollo Rural Integral Reforma agraria		
	Sector industrial	Programa de Fomento Industrial y Comercio Exterior	Ingreso al GATT	
Nueva situación de crisis	Déficit público Aumento del crédito interno Nueva recesión Aumento de las importaciones	Presiones sobre el peso Devaluaciones Nueva caída del precio del petróleo	Déficit en la Balanza de pagos Aumento acelerado de la inflación Auge y desplome de la Bolsa Mexicana de Valores	Pacto de Solidaridad Económica

Sociedad y cultura

Presiones del movimiento obrero por mejoras salariales

Al iniciarse el sexenio, en diciembre de 1982, el gobierno de Miguel de la Madrid buscó la manera de restituir en alguna medida el poder adquisitivo de los trabajadores, para lo cual convocó a obreros y empresarios con el fin de establecer un acuerdo en la Comisión Nacional de los Salarios Mínimos (CNSM), mediante el cual se concertó un aumento de 25% en promedio para enero de 1983. Al mismo tiempo, se modificó la Ley Federal del Trabajo con el propósito de que los salarios mínimos pudieran revisarse antes de concluido el año de su vigencia, y se puso en marcha un programa para la producción, abasto y control del Paquete Básico de Consumo Popular. En junio de ese mismo año se otorgó otro aumento, esta vez de 15.3%, y en los dos años siguientes, 1984 y 1985 la revisión del salario y los aumentos correspondientes se hicieron cada semestre. En los dos años subsecuentes, cuando la situación económica hizo crisis nuevamente después de una transitoria recuperación, los aumentos al salario fueron más frecuentes (tres veces en 1986 y cinco en 1987) para volver al aumento semestral en el último año del sexenio.

Sin embargo, con todo y su frecuencia, aquellos aumentos al salario mínimo no pudieron alcanzar el índice acelerado de la inflación y el salario real de los trabajadores se mantenía en continuo descenso, ni tampoco pudieron evitar las protestas y las huelgas con las que el sector obrero manifestó su inconformidad hacia la política económica del gobierno y su descontento por la persistencia de la inflación y la disminución progresiva del salario real. El día 1 de mayo de 1984, el movimiento obrero aprovechó el Día del Trabajo para hacer pública su protesta, en los desfiles que se realizaron en diversas ciudades de la República; en la ciudad de México ocurrió un hecho violento al ser arrojadas dos bombas "molotov" frente al Palacio Nacional, resultando heridas algunas personas.

Además de esa expresión abierta de descontento, se sumaba la frecuente utilización del recurso de huelga; durante el sexenio ocurrieron numerosas huelgas (alrededor de 900, de las cuales el mayor número, 312, corresponde al año de 1986), cuyos motivos principales fueron: peticiones de aumento salarial, revisiones de contrato, protesta por violaciones a los contratos colectivos, solicitudes de aumentos de emergencia, etcétera. Entre los movimientos huelguísticos destacan los siguientes: el de los trabajadores de Refrescos Pascual, en 1983; el conflicto en Teléfonos de México en septiembre y octubre del siguiente año; la suspensión de labores de más de siete mil obreros de la Siderúrgica Las Truchas en 1985, y el movimiento del Sindicato Mexicano de Electricistas en 1986.

El sector rural manifestó también su descontento; los conflictos agrarios más relevantes ocurrieron entre 1983 y 1985, en los estados de Chiapas, Veracruz, Oaxaca, México, Guanajuato y Sinaloa, con frecuentes invasiones de tierra por parte de los campesinos que eran luego desalojados por la policía. El movimiento campesino buscó respaldo político a sus demandas y estableció alianza con algunos partidos de oposición, principalmente de orientación izquierdista, incluso con una fracción de la Iglesia católica que respaldó sus demandas frente al poder político.

Los sismos de 1985 y su secuela en la problemática social

Aun cuando se registraron varios movimientos de tierra en aquel septiembre de 1985, fueron dos los de mayor intensidad; el primero ocurrió a las 7:19 horas del jueves 19, y el segundo al día siguiente a las 19:38 horas. En ambos casos se localizó el epicentro en las costas de los estados de Guerrero y Michoacán, siendo afectadas varias poblaciones de estos estados y de Jalisco. Pero los efectos más devastadores se sintieron en la capital del país, por el alto número de muertos y heridos, así como por la magnitud de los daños materiales, en un amplio sector de la ciudad que comprendió varias delegaciones y afectó escuelas, hospitales, hoteles, centros de trabajo, condominios habitacionales, viviendas.

Pasados los penosos días de las labores de rescate, afloraron todos los problemas sociales que los sismos dejaron como secuela; en las colonias populares, donde la cantidad de viviendas destruidas era mucho mayor que las habitables, los problemas eran cada día más serios; las personas se negaban a abandonar los barrios en que habitaban y algunos propietarios de edificios con rentas congeladas aprovechaban la situación para intentar desalojar a los inquilinos. Ante esa situación, el presidente de la República decretó en el mes de octubre la expropiación de cerca de 5 500 predios en una superficie de 250 hectáreas, para beneficiar a más de 200 mil habitantes de las colonias populares del Distrito Federal.

A las consecuencias dramáticas de los sismos se agregaron los problemas para dar solución inmediata a los damnificados, debido en gran parte a los intereses particulares de quienes buscaban sacar provecho de la situación o se negaban a pagar las indemnizaciones correspondientes, como fue el caso de unas empresas del ramo de la confección situadas en una de las zonas más afectadas de la ciudad de México,

Miguel de la Madrid ante el terremoto

y cuyas relaciones obrero-patronales eran bastante irregulares; en el momento del primer temblor se encontraban laborando miles de costureras en espacios cerrados, por lo que hubo cientos de víctimas. Los damnificados y los deudos de las víctimas se desesperaron ante la lentitud en la satisfacción de sus apremiantes demandas y decidieron unirse en organizaciones para exigir atención, mediante marchas de protesta en las que se hacía responsable a las autoridades gubernamentales por el burocratismo que retardaba la solución a sus problemas.

Miguel de la Madrid dirigió en dos ocasiones mensajes a la Nación para dar el pésame a las personas que habían perdido familiares, amigos o colaboradores. Reconoció la solidaridad mostrada por el pueblo de México en "las gigantescas y complejas tareas derivadas de la emergencia" y agradeció, en nombre de la República, la participación extranjera en las labores de rescate y su ayuda material a los damnificados. En el segundo mensaje, el día 3 de octubre de ese mismo año de 1985, anunció que se integraría una Comisión de Reconstrucción, la cual fue creada seis días más tarde, integrada por representantes del gobierno y de todos los sectores sociales del país.

Desastre sísmico en la ciudad de México

Educación

Desde los primeros momentos de su gobierno, el presidente De la Madrid se propuso realizar reformas en la educación, con el propósito de elevar su calidad a fin de que el sistema educativo nacional respondiera a los retos que planteaba un mundo cada vez más competitivo. En mayo de 1983 se dieron a conocer tres objetivos fundamentales, dentro del Plan Nacional de Desarrollo: 1) Promover el desarrollo integral del individuo y de la sociedad mexicana; 2) ampliar el acceso de todos los mexicanos a los bienes culturales, deportivos y de recreación; y 3) mejorar la prestación de los servicios correspondientes. En agosto de 1984 se publicó el Programa Nacional de Educación, Cultura, Recreación y Deporte, para el periodo 1984-1988.

A mediados de 1983 fue creado el Programa Cultural de las Fronteras, en el que se incorporaron los 12 estados fronterizos; dentro de ese programa se abrieron y reforzaron casas de la cultura, se efectuaron exhibiciones artísticas, se organizaron conferencias y coloquios, se publicaron revistas regionales y se celebraron encuentros regionales de música, artes plásticas y literatura. Otro aspecto a destacar en la obra educativa del sexenio fue la creación, en julio de 1984 del Sistema Nacional de Investigadores y, a fines del siguiente año este organismo contaba con 2,242 investigadores nacionales y candidatos, distribuidos en todo el país.

De la Madrid con Jesús Reyes Heroles, secretario de Educación

Despertar político de la sociedad mexicana

Al terminar el periodo presidencial de Miguel de la Madrid, la sociedad mexicana no había salido aún de la crisis, pero manifestaba en general una actitud diferente a la de los pasados dos finales de sexenio. Se notaba un significativo dinamismo en la participación política, y si bien esto no se reflejó en las urnas, pues se mantuvo la tendencia al abstencionismo, la adhesión de los diferentes grupos hacia los partidos de oposición, ya fueran de izquierda o de derecha, y los resultados mismos de las elecciones de 1988, parecían dar muestras de un despertar político que contrastaba con el abatimiento, y aun la indiferencia, de épocas pasadas.

Cap. 9. Los sexenios de la crisis (1976-1988)

Entre los principales ejemplos de esa nueva actitud se encuentran el crecimiento político de las clases media y alta reflejado en el neopanismo, la politización de la Iglesia católica, el aumento progresivo de la participación política de la mujer. Podría decirse que la sociedad mexicana se había propuesto abandonar su actitud de dejar la conducción del país en manos de sus gobernantes, para tomar la iniciativa hacia un nuevo rumbo.

CUADRO 9.8. *Gobierno de Miguel de la Madrid. Sociedad*

- **Movimiento obrero**
  - Acciones del gobierno
    - Acuerdo en la Comisión Nacional de los Salarios Mínimos
    - Reforma a la Ley Federal del Trabajo
    - Paquete Básico de Consumo Popular
  - Continuo deterioro del salario real, a pesar de los frecuentes aumentos de salario nominal
  - Huelgas manifestaciones de protesta

- **Movimiento campesino**
  - Conflictos agrarios
  - Alianza con los partidos de oposición y con la Iglesia católica

- **Educación y cultura**
  - Programa Nacional de Educación, Cultura, Recreación y Deporte
  - Programa Cultural de las Fronteras
  - Sistema Nacional de Investigadores

- **Secuelas de los sismos de 1985 en la problemática social**
  - Graves problemas de vivienda para los damnificados
  - Demandas por indemnizaciones de trabajadoras de la rama textil
  - Muestras de solidaridad entre la población

- **Despertar político de la sociedad mexicana**
  - Nueva actitud participativa
    - Neopanismo
    - Politización del clero católico
    - Creciente participación de la mujer

Ejercicio 20

1. Describe las presiones del movimiento obrero en relación con la situación de crisis económica.

2. ¿De qué manera los sismos de 1985 agravaron la situación económica y acentuaron el desprestigio del régimen político?

3. ¿Cuáles fueron las acciones del gobierno de Miguel de la Madrid en materia de política educativa?

Actividades de aprendizaje

1. Consulta bibliografía especializada que te permita obtener información adicional sobre la nacionalización de la banca mexicana en 1982, sus repercusiones económicas y el inicio del proceso de privatización de los bancos, durante el sexenio de Miguel de la Madrid. Elabora un escrito de dos cuartillas con los resultados de tu investigación.

2. Consulta distintas fuentes bibliográficas relativas a reformas electorales mencionadas en este capítulo, para que amplíes la información, mediante una investigación. Resume por escrito los aspectos que consideres más trascendentales para el avance de México hacia la democracia.

3. Después de investigar acerca de los conflictos políticos ocurridos en Centroamérica y el Caribe, en la década de 1980, elabora un cuadro comparativo, con base en las siguientes variables:

    - Orígenes y desarrollo del conflicto.
    - País o países implicados.
    - Intervención de Estados Unidos.
    - Participación de México en busca de la paz.

4. Con base en el estudio del tema de la industria petrolera durante el sexenio de López Portillo, la fuente 2 en este capítulo, y consultando fuentes adicionales, elabora un escrito de dos cuartillas donde desarrolles los siguientes aspectos:

    - Auge petrolero, orígenes y características.
    - Papel del petróleo mexicano en el ámbito internacional.
    - Petrolización de la economía mexicana.
    - Renuncia de Jorge Díaz Serrano; justificaciones de López Portillo.
    - El petróleo y la crisis económica de 1981-1982.

5. Realiza una investigación en fuentes especializadas acerca del papel de la Iglesia católica mexicana en la política, durante el periodo que cubre este capítulo. Elabora un escrito de cuartilla y media con los resultados de tu indagación.

6. En la obra de Soledad Loaeza, *El Partido Acción Nacional: la larga marcha*, referida en la bibliografía de este capítulo, consulta el tema sobre el surgimiento y desarrollo del neopanismo en la década de los años ochenta. Con la información obtenida, redacta un escrito de dos cuartillas.

7. Con el propósito de que obtengas información adicional para elaborar un escrito de dos cuartillas referente al origen de la Corriente Democrática en el PRI, consulta obras que traten este tema, de preferencia las siguientes, referidas en la bibliografía de este capítulo:

    - Miguel Basáñez, *El pulso de los sexenios*.
    - Miguel González Compeán y Leonardo Lomelí, *El Partido de la Revolución. Institución y conflicto*.
    - González Graf, Jaime (comp.), *Las elecciones de 1988 y la crisis del sistema político*.

8. Elabora un relato de dos cuartillas sobre el tema de las elecciones de julio de 1988, con base en la lectura del apartado correspondiente y las fuentes 4 y 5 en este capítulo, así como la consulta adicional de las obras publicadas sobre este hecho (referidas en las notas a pie de página y en la bibliografía).

9. Con respecto a la política agropecuaria de los gobiernos mexicanos entre 1976 y 1982, responde por escrito lo siguiente:
   - ¿Cuáles fueron las reformas realizadas acerca de la propiedad agraria?
   - ¿De qué manera afectaban tales reformas a la propiedad comunal?
   - Si consideras esas reformas trascendentales para la economía mexicana, explica por qué.

10. Después de estudiar en este capítulo el apartado acerca de la crisis económica de 1982 y la fuente 3, consulta fuentes adicionales sobre el tema y sobre la economía latinoamericana, para que desarrolles, por escrito los siguientes puntos:
    - Indicadores macroeconómicos que evidenciaron la situación de crisis.
    - Causas de la crisis.
    - Nacionalización de la banca; las justificaciones de López Portillo.
    - Repercusión de la crisis en países de América Latina.

11. Consulta fuentes especializadas que te permiten definir, por escrito, los conceptos de *neoliberalismo* y *globalización*, así como explicar la relación existente entre esos conceptos.

12. Después de estudiar el tema acerca del gobierno de Miguel de la Madrid en este capítulo, así como la fuente alusiva al Pacto de Solidaridad Económica, consulta bibliografía adicional —diccionario de términos económicos e historia económica de América Latina—, para que contestes por escrito las siguientes preguntas:
    a) ¿En qué nivel puede considerarse que el índice de precios al consumidor ha llegado a la *hiperinflación*?
    b) ¿A qué se refería el presidente De la Madrid al mencionar los "planes de choque" impuestos en otros países?
    c) ¿Cuáles eran las empresas que el gobierno mexicano consideraba prioritarias?
    d) ¿Qué significa que en agricultura algunos productos tengan "precios de garantía"?

Bibliografía

Aguilar Camín, Héctor y Lorenzo Meyer, *A la sombra de la Revolución Mexicana,* Cal y Arena, México, 1989.

Aziz Nassif, Alberto y Juan Molinar Horcasitas, "Los resultados electorales", en *Segundo informe sobre la democracia: México, el 6 de julio de 1988,* Pablo González Casanova (coord.), UNAM y Siglo XXI Editores, México.

Basáñez, Miguel, *El pulso de los sexenios,* Siglo XXI Editores, México, 1990.

Becerra, Ricardo, Pedro Salazar y José Woldenberg, *La mecánica del cambio político en México. Elecciones, partidos y reformas,* Cal y Arena, México, 2000.

Cárdenas, Enrique, *La política económica en México, 1950-1994,* Fondo de Cultura Económica y Colegio de México, México, 1996.

Chabat, Jorge, "Condicionantes del activismo en la política exterior mexicana (1960-1985)", *Fundamentos y prioridades de la política exterior de México,* Humberto Garza Elizondo (comp.), El Colegio de México, México, 1986.

Córdova, Arnaldo, *La Revolución y el Estado en México,* Era, México, 1989.

Cuadra, Héctor, "El Modelo normativo de la rectoría económica del Estado, 1917-1987", en *México, 75 años de Revolución,* Política, Vol. II, Fondo de Cultura Económica, México, 1988.

García Alba, Pascual y Jaime Serra Puche, *Causas y efectos de la crisis económica en México,* El Colegio de México (Jornadas, núm. 104), México, 1984.

Garza Elizondo, Humberto (comp.), *Fundamentos y prioridades de la política exterior de México,* El Colegio de México, México, 1986.

Gómez Tagle, Silvia, "Los partidos, las elecciones y la crisis", *Primer informe sobre la democracia: México, 1988,* Pablo González Casanova y Jorge Cadena Roa (coords.), Siglo XXI Editores, México.

González Casanova, Pablo y Héctor Aguilar Camín (coords.), *México ante la crisis,* Volúmenes 1 y 2, Siglo XXI Editores, México, 1985.

González Compeán, Miguel y Leonardo Lomelí (coords.), *El Partido de la Revolución. Institución y conflicto (1928-1999),* Fondo de Cultura Económica, México, 2000.

González Graf, Jaime (comp.), *Las elecciones de 1988 y la crisis del sistema político,* Diana, México, 1989.

Guillén Romo, Héctor, *El sexenio de crecimiento cero,* Era, México, 1990.

Hellman, Judith Adler, *Mexico in crisis,* Holmes & Meyer Publishers, Nueva York, EU, 1988.

Krauze, Enrique, *El sexenio de José López Portillo,* Clío, México, 1999.

_____, *El sexenio de Miguel de la Madrid,* Clío, México, 1999.

Loaeza, Soledad, *El llamado de las urnas,* Cal y Arena, México, 1989.

_____, *El Partido Acción Nacional: la larga marcha, 1939-1994,* Fondo de Cultura Económica, México, 1999.

López Portillo, José, *Mis tiempos,* Fernández Editores, 2 volúmenes, México, 1988.

Los presidentes de México. Discursos políticos 1910-1988, Tomo V, Presidencia de la República, El Colegio de México, 1988.

Martínez Assad (coord.), *La sucesión presidencial en México, 1928-1988,* Nueva Imagen, México, 1992.

Molinar Horcasitas, Juan, *El tiempo de la legitimidad. Elecciones, autoritarismo y democracia en México,* Cal y Arena, México, 1991.

Nuncio, Abraham (coord.), *La sucesión presidencial en 1988,* Grijalbo, México, 1987.

Ojeda, Mario, *Alcances y límites de la política exterior de México,* El Colegio de México, México, 1984.

_____ (comp.), *Las relaciones de México con los países de América Central,* El Colegio de México, México, 1985.

Ortiz, Hugo y Sidney Wise, *México: Banco de Datos,* El Inversionista Méxicano, México, 1994.

Pacto de Solidaridad Económica, Presidencia de la República, Dirección General de Comunicación Social, México, 1987.

Paoli Bolio, Francisco José, "Legislación electoral y proceso político, 1917-1982", en *Las elecciones en México, evolución y perspectivas,* Pablo González Casanova (coord.), Siglo XXI Editores, México, 1985.

Pescador Osuna, José Ángel, "El esfuerzo alfabetizador en México (1910-1985). Un ensayo crítico", en *México, 75 años de Revolución,* Educación, cultura y comunicación I, Fondo de Cultura Económica, México, 1988.

Prawda, Juan, *Teoría y praxis de la planeación educativa en México,* Grijalbo, México, 1984.

Rebolledo, Juan, "El Sistema Electoral", en *México, 75 años de Revolución,* Política II, Fondo de Cultura Económica, México, 1988.

Reyes Osorio, Sergio y María de los Ángeles Moreno Uriegas, "El desarrollo rural integral", *México, 75 años de Revolución,* Desarrollo Económico I, Fondo de Cultura Económica, México, 1988.

Rodríguez Araujo, Octavio, México: *estabilidad y luchas por la democracia 1900-1982,* El Caballito, México, 1988.

Sánchez Gutiérrez, Arturo. "La contienda electoral", *Las elecciones de 1988 y la crisis del sistema político,* Jaime González Graf, (compilador), Instituto Mexicano de Estudios Políticos y Diana, México, 1989.

Singer Sochet, Martha, "Partidos políticos, estabilidad y democracia, 1900-1982", en *México, estabilidad y luchas por la democracia, 1900-1982,* Octavio Rodríguez Araujo (coord.), El Caballito, México, 1988.

Story, Dale, *Industria, estado y política en México,* Grijalbo y Consejo Nacional para la Cultura y las Artes, México, 1990.

Trueblood, Beatrice, *El Templo Mayor,* Bancomer, México, 1981.

Valencia Benavides, Andrés L., "Política exterior: principios y perspectivas", en *México, 75 años de Revolución,* Política II, Fondo de Cultura Económica, México, 1988.

Capítulo 10

El sexenio salinista: Modernidad y turbulencia (1988-1994)

Modernidad y turbulencia

1988

Se pone en marcha el Programa Nacional de Solidaridad; 3 de diciembre.

1989

La PGR dicta orden de aprehensión contra Joaquín Hernández Galicia; 10 de enero.
Es creado el Partido de la Revolución Democrática (PRD); 5 de mayo.
Culmina el proceso de renegociación de la deuda externa; 23 de julio.
Triunfo del candidato del PAN a la gubernatura de Baja California; 2 de julio.

1990

Comienza la visita del papa Juan Pablo II a México; 6 de mayo.
Es creada la Comisión Nacional de Derechos Humanos; 6 de junio.
Es aprobado el Código Federal de Instituciones y Procedimientos Electorales (Cofipe); 14 de julio.
Creación del Comité de Desincorporación Bancaria; septiembre.

1991

Firma del Acuerdo Marco de Cooperación con la Unión Europea; abril.
Se promulga la reforma al artículo 4° constitucional, sobre los derechos de los pueblos indígenas; 28 de enero.
Se celebra la Cumbre Iberoamericana en Guadalajara, Jalisco; 18 de julio.
Firma de un acuerdo de libre comercio con la República de Chile; 22 de septiembre.

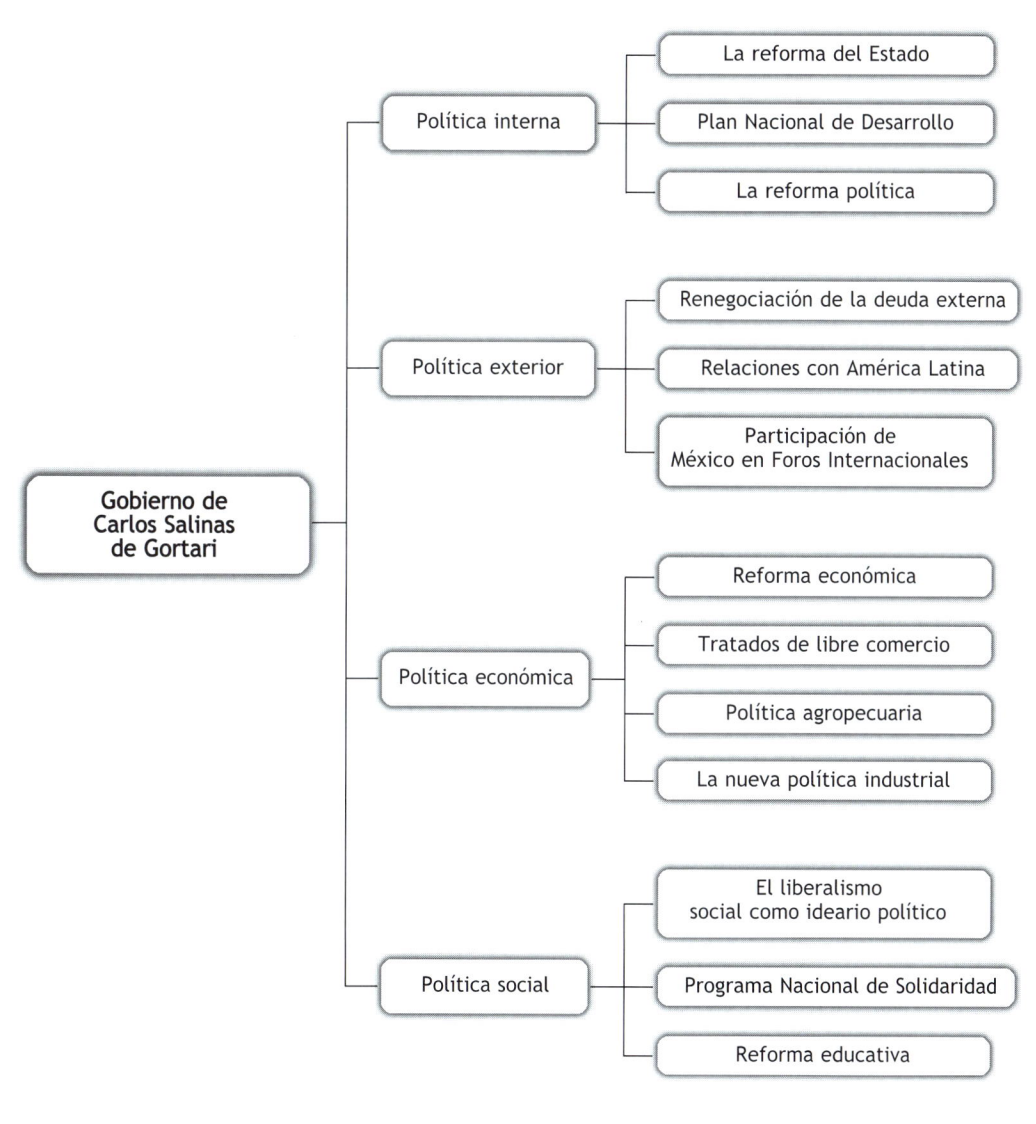

Gobierno de Carlos Salinas de Gortari

- **Política interna**
  - La reforma del Estado
  - Plan Nacional de Desarrollo
  - La reforma política

- **Política exterior**
  - Renegociación de la deuda externa
  - Relaciones con América Latina
  - Participación de México en Foros Internacionales

- **Política económica**
  - Reforma económica
  - Tratados de libre comercio
  - Política agropecuaria
  - La nueva política industrial

- **Política social**
  - El liberalismo social como ideario político
  - Programa Nacional de Solidaridad
  - Reforma educativa

1992

Se promulga la ley reglamentaria del artículo 27 constitucional; 26 de febrero.
Es publicada la Ley de Asociaciones Religiosas y Culto Público; 15 de julio.
Se firma el Tratado de Libre Comercio con América del Norte; 17 de diciembre.

1993

Es ratificado el TLCAN por los Congresos de Estados Unidos y de México; 17 y 22 de noviembre.
México ingresa a la APEC como socio de pleno derecho; 18 de noviembre.
Postulación de Luis Donaldo Colosio como candidato presidencial del PRI; 28 de noviembre.

1994

Estalla la rebelión del EZLN en el estado de Chiapas; 1 de enero.
Entra en vigor el TLCAN; 1 de enero.
Manuel Camacho es nombrado Comisionado para la Paz y la Reconciliación en Chiapas; 10 de enero.
Luis Donaldo Colosio es asesinado en Tijuana, Baja California; 23 de marzo.
Ernesto Zedillo es postulado como candidato sustituto del PRI a la Presidencia; 29 de marzo.
El priísta José Francisco Ruiz Massieu es asesinado en la ciudad de México; 28 de septiembre.
Ernesto Zedillo toma posesión como presidente de la República; 1 de diciembre.

El sexenio salinista: Modernidad y turbulencia (1988-1994)

Con la lectura de este capítulo recorrerás las páginas de un periodo de singular trascendencia en la historia de México, tanto por las acciones realizadas por el gobierno de Carlos Salinas de Gortari, como por la serie de hechos turbulentos que inquietaron al país durante el último año de su sexenio.

El gobierno de Salinas inició en medio de severas críticas debido a las sospechas de fraude en las elecciones que lo llevaron al poder, y con el agravante de la difícil situación económica heredada de los gobiernos anteriores. Ante esas circunstancias, el nuevo gobierno emprendió una serie de reformas en el marco de una estrategia de "modernización" con la que Salinas pretendía dar legitimidad a su gobierno y a la vez buscaba instrumentar medidas para resolver la situación de crisis para lograr luego el crecimiento de la economía.

Por ello, lo que se llamó Reforma del Estado implicó, entre otros aspectos importantes: una reforma electoral que llevó a la creación de instituciones como el IFE y el Tribunal Federal Electoral; un cambio constitucional relativo a la relación Estado-iglesias; un cambio en la situación jurídica del gobierno del Distrito Federal; y modificaciones constitucionales para capitalizar el sector agrario.

En el aspecto económico, además de las medidas para la recuperación de la economía, las cuales lograron su objetivo, destaca la orientación neoliberal ya iniciada en el sexenio de Miguel de la Madrid y adoptada por Salinas dentro de su política modernizadora, con la intención de situar a México en el ámbito de las relaciones comerciales interregionales impulsadas por la globalización. Fue en este contexto que se firmó el Tratado de Libre Comercio con Estados Unidos y Canadá, el cual debía entrar en vigor, en su primera fase, el 1 de enero de 1994.

Seguramente encontrarás contradictoria la actuación de Carlos Salinas: sus medidas modernizadoras, la mayoría positivas en lo general, contrastaron con sus acciones autoritarias, entre ellas su injerencia en los procesos electorales de los estados y, sobre todo, su continuo hostigamiento hacia el nuevo partido creado por Cuauhtémoc Cárdenas, ex candidato presidencial a quien supuestamente le fuera arrebatado el triunfo en los comicios de 1988.

Además, los avances en la creación de instituciones democráticas constituyeron para Salinas letra muerta, pues continuó con la vieja práctica de que los presidentes en funciones eligieran al candidato del PRI que habría de sucederlo en la Presidencia. Pero, como habrás de enterarte en estas páginas, en esta ocasión dicha práctica generó una difícil situación que puso en riesgo el juego sucesorio.

El último año de su sexenio fueron tiempos de suma gravedad para el país, el año en el que México vivió momentos que amenazaban con la pérdida de la estabilidad interna y la paz social. Comenzó con la sorpresiva declaración de guerra contra el Gobierno Federal por parte de un grupo rebelde integrado en su mayoría por indígenas del estado de Chiapas, y continuó con los asesinatos de prominentes priistas, uno de ellos el candidato de ese partido a la presidencia de la República.

De esta manera, muy turbulenta, terminó el sexenio de Carlos Salinas de Gortari: un periodo contradictorio, en el que hubo grandes avances, la persistencia del régimen autoritario, y un fatal desenlace. Un accidentado pero también fructífero tramo en el camino de la evolución histórica de México.

Gobierno de Carlos Salinas de Gortari

Política interna

La reforma del Estado

El periodo de la administración salinista fue en su conjunto una etapa crucial en la historia de México, no sólo en razón de los sucesos internos relativos a la descomposición del sistema político que, manifiesta en las controvertidas elecciones de 1988, alcanzara un trágico clímax en el último año del sexenio, sino porque las profundas transformaciones ocurridas en el plano internacional impusieron la continuidad de los cambios que en política económica había iniciado el gobierno anterior.

El 1 de diciembre de 1988, Salinas de Gortari asumió el poder en medio de severas críticas de los partidos de oposición —y también de la sociedad civil— hacia los resultados oficiales del proceso electoral de julio de ese año, producto de la "caída del sistema de cómputo". La sospecha de fraude, aunada al escaso margen en el número de votos a favor del candidato priísta, restaron legitimidad al gobierno que iniciaba, mientras la crisis económica seguía manifestando sus nocivos efectos sobre el poder adquisitivo de la población

Ante esa situación, Carlos Salinas de Gortari emprendió una *reforma del Estado* que, en busca de la *modernización*, se proponía romper con esquemas considerados caducos, inoperantes para una sociedad civil cada vez más participativa. Por otra parte, aquellos esquemas ya no correspondían al nuevo orden mundial surgido con el fin de la Guerra Fría, contexto en el cual los Estados nacionales tendrían un papel distinto, tanto en el plano político como en el económico, frente al desarrollo de las relaciones multipolares que harían más severa la competencia internacional.

El discurso salinista sobre la modernización del Estado dejaba claro que se habría de continuar por el camino iniciado en el sexenio anterior, cuando empezaron a instrumentarse las reformas tendientes a la adopción del modelo neoliberal imperante en el ámbito mundial. Sin embargo, ya desde entonces se empezaron a manifestar las voces de quienes advertían sobre las implicaciones negativas que el simple uso del término conllevaba en detrimento de la justicia social. Retomar el liberalismo abandonado por las economías capitalistas en los años posteriores a la Primera Guerra Mundial, significaba dejar atrás las políticas del *Estado de bienestar* propuestas en la teoría de John Maynard Keynes en aquellos aciagos días, para volver al liberalismo individualista en el que se fundamentó el sistema capitalista durante el siglo XIX y las primeras décadas del XX.

Consciente de las implicaciones negativas del modelo económico neoliberal, Salinas de Gortari destacó que el Estado debía "atender con esmero y como objetivo fundamental el bienestar popular", aunque sin paternalismo porque éste "suplanta esfuerzos e inhibe el carácter". Por lo tanto, su propuesta enfatizaba que la nueva política económica habría de beneficiar no sólo a las clases poseedoras del capital sino también "a los que menos tienen". Además de la cuestión económica, la *reforma del Estado* abarcaba objetivos políticos y sociales, delineados en tres acuerdos nacionales: 1) para la ampliación de la vida democrática; 2) para la recuperación económica y la estabilidad; y 3) para el mejoramiento productivo del bienestar popular.

En el aspecto político, se pretendían alcanzar los siguientes objetivos: abrirse al pluralismo; fortalecer el ejercicio de las libertades y de la tolerancia religiosa; eliminar los excesos de la burocracia y la regulación; dar nuevo valor a la defensa de los derechos humanos; fortalecer las relaciones entre los poderes, así como entre la federación y los estados y municipios; y hacer concertaciones con las fuerzas productivas para alcanzar metas económicas y sociales benéficas para toda la población.

El periodo salinista fue una etapa crucial, no sólo en razón de los sucesos internos relativos a la descomposición del sistema político, sino también por los cambios trascendentales en política económica.

Carlos Salinas de Gortari emprendió una reforma del Estado que, en busca de la modernización, se proponía romper con esquemas considerados caducos.

Carlos Salinas de Gortari, la toma del poder

Ante las implicaciones negativas del modelo económico neoliberal, Salinas proponía que la política económica habría de beneficiar no sólo a las clases poseedoras del capital sino también "a los que menos tienen".

Carlos Salinas de Gortari, recorrido tras la toma de posesión

> *La Reforma del Estado se basaba en tres acuerdos: 1) para la ampliación de la vida democrática; 2) para la recuperación económica y la estabilidad; y 3) para el mejoramiento productivo del bienestar popular.*

En relación con la economía, el principal objetivo consistía en estabilizar la economía y mantener el crecimiento. A fin de lograrlo, se proponía eliminar el carácter predominantemente propietario del Estado para convertirlo en "un Estado regulador, promotor, corresponsable en el desarrollo y en la promoción de la justicia... que aliente el crecimiento y la creación de empleo y lo haga con un sentido de justicia, corrigiendo las ineficiencias del mercado que agravan las condiciones de desigualdad entre regiones y entre grupos sociales".[1]

Poner en práctica ese propósito implicaba realizar una serie de ajustes para transformar el sistema macroeconómico, a través de medidas consistentes primordialmente en privatizaciones, desregulación y apertura al exterior, orientadas a la atracción de la inversión privada, tanto nacional como extranjera.

En materia de necesidades sociales, el Estado debía comprometerse a promover una menor desigualdad en las oportunidades de llevar una vida digna entre los grupos y las regiones, respetando las libertades, para lo cual se consideraba indispensable incorporar a los grupos del sector rural en el proyecto modernizador; mediante una modificación sustantiva de la reforma agraria.

Plan Nacional de Desarrollo

En busca de las metas por la reforma, el gobierno salinista elaboró el Plan Nacional de Desarrollo, publicado en mayo de 1989, en el cual se establecía, en principio, que el Estado mexicano debía modernizarse para "garantizar el Estado de Derecho y la seguridad de los ciudadanos, armonizar los intereses de todos los grupos y promover las condiciones de crecimiento que permitan un avance significativo en el bienestar de todos los mexicanos... y con ello, fortalecer la soberanía y colocar a México entre la vanguardia de las naciones". Así, la modernización implicaba alcanzar los siguientes objetivos:

I. La defensa de la soberanía y la promoción de los intereses de México en el mundo.
II. La ampliación de la vida democrática.
III. La recuperación económica con estabilidad de precios.
IV. El mejoramiento productivo del nivel de vida de la población.

Carlos Salinas de Gortari

> *Según el Plan Nacional de Desarrollo, el Estado debía modernizarse para garantizar el estado de derecho y la seguridad de los ciudadanos, armonizar los intereses de todos los grupos y promover las condiciones de crecimiento.*

La reforma política

Reforma legislativa sobre derechos humanos

En febrero de 1990 fue creada por decreto presidencial, la Comisión Nacional de Derechos Humanos, respaldada en 1992 por la reforma de la Ley Federal de Responsabilidades de los Servidores Públicos, para obligar a los funcionarios federales y estatales a rendir los informes solicitados por dicha Comisión, con exclusión de las materias electoral, laboral y jurisdiccional.

Se modificaron además otras leyes orientadas a mejorar la protección de los derechos humanos, entre ellas la relativa a proteger los derechos de las comunidades indígenas, la del Código Penal y la Ley de Procesos para garantizar la presencia de un abogado defensor y para invalidar confesiones que no hayan sido hechas frente al Ministerio Público. Respecto a las comunidades indígenas, fue modificado el artículo 4° constitucional para insertarle un primer párrafo donde se reconoce que la composición pluricultural de la nación está sustentada originalmente en sus pueblos

> *Por decreto presidencial fue creada la Comisión Nacional de Derechos Humanos; los funcionarios federales y estatales debían rendir los informes solicitados por dicha Comisión.*

---

[1] Juan Rebolledo, *La Reforma del Estado en México*, Fondo de Cultura Económica, México, 1993, pp. 50-51.

Cap. 10. El sexenio salinista: Modernidad y turbulencia

indígenas y que, por lo tanto, la ley deberá proteger y promover el desarrollo de sus lenguas, culturas, usos, costumbres, recursos y formas específicas de organización social, y deberá asimismo garantizarles el acceso efectivo a la jurisdicción del Estado.

Reforma electoral de 1990

En 1990 se creó la reforma electoral que modificó a 100 miembros el número de presuntos diputados y senadores integrantes de los colegios electorales. El nuevo Tribunal Federal Electoral se compuso de un pleno y cinco salas regionales y se le dotó de plena jurisdicción para decidir los casos de su competencia, se estableció que sus resoluciones sólo pudieran ser modificadas por las dos terceras partes de los miembros presentes del Colegio Electoral. Asimismo, se introdujo el tope máximo de representación de un partido en la Cámara de Diputados a 350 electos mediante ambos principios, y se modificó la fórmula para la asignación de diputados por la vía proporcional.

En ese mismo año, el 14 de julio, fue aprobado el Código Federal de Instituciones y Procedimientos Electorales (Cofipe), por el cual se creó el Instituto Federal Electoral (IFE) como autoridad responsable del "ejercicio de la función estatal de organizar las elecciones" (artículo 68), en vez de ser función pública del gobierno federal, como establecía el Código anterior. Además de ser un organismo autónomo, permanente y con personalidad jurídica propia, el IFE contaría con un patrimonio propio y con un cuerpo de funcionarios integrados en un servicio profesional electoral, para así garantizar veracidad y objetividad en la organización de las contiendas federales.

Las tareas del IFE quedaban distribuidas en los tres niveles, federal, local y distrital, de manera similar a la de los organismos anteriores (Comisión Federal Electoral, Comisiones locales y Comisiones Distritales); sin embargo, en esta ocasión había una intención descentralizadora, porque la asignación de las constancias de mayoría se realizaría en el nivel distrital para los diputados de mayoría relativa; en el local, para senadores, y en el federal para presidente y diputados de representación proporcional.

Otra muestra de la intención modernizadora de la reforma consistía en diferenciar las funciones y competencias del IFE, mediante dos aspectos; 1) la *autoridad* propiamente dicha, encargada de las resoluciones últimas que corresponde a los consejos general, local y distrital; y 2) *la operativa*, que pertenece a las juntas ejecutivas (general, local y distrital), en las cuales se fijarían los programas y procedimientos del IFE y se realizarían funciones técnicas (estadística electoral, distribución y ubicación de las casillas, insaculación de los funcionarios, etcétera). Estas juntas constituían el espacio privilegiado del Servicio Profesional Electoral mediante una estructura jerarquizada y seis ramas de actividades (registro de electores, prerrogativas y partidos políticos, organización electoral, servicio profesional, capacitación y educación cívica y administración).

Los consejos serían los representantes de los sectores involucrados en la organización electoral. En el plano federal, el Consejo General, órgano superior de dirección, compuesto por dos representantes de los poderes Ejecutivo (secretario de Gobernación) y Legislativo (dos diputados y dos senadores, uno propuesto por la fracción mayoritaria y otro por la primera minoría). Este Consejo General contaría también con representantes de los partidos políticos, según su porcentaje de votación anterior y hasta un máximo de cuatro, y los representantes de la ciudadanía (seis consejeros magistrados, elegidos por mayoría calificada de la Cámara de Diputados, a propuesta del presidente de la República). En los niveles local y distrital, el primer grupo de representantes estaría compuesto por los vocales de

---

El artículo 4° constitucional reconoce que la composición pluricultural de la nación está sustentada originalmente en sus pueblos indígenas; la ley deberá proteger y promover el desarrollo de sus lenguas, culturas, usos, costumbres, recursos y formas específicas de organización social.

Ejercicio 1

1. ¿Cuáles eran los objetivos políticos y económicos de la *reforma del Estado* propuesta por el presidente Salinas?

2. Menciona los cuatro objetivos del Plan Nacional de Desarrollo del gobierno salinista.

3. Describe dos cambios realizados por el gobierno de Salinas, para llevar a cabo la reforma legislativa sobre derechos humanos.

El Instituto Federal Electoral (IFE) fue creado como un organismo autónomo, y como autoridad responsable del "ejercicio de la función estatal de organizar las elecciones", en vez de que esa función fuera ejercida por el gobierno federal.

Sesión del Instituto Federal Electoral

La nueva credencial con fotografía para votar, creada con el diseño y la aprobación de todos los partidos políticos, pretendía la identificación plena y trasparente de los ciudadanos inscritos en el padrón nacional.

las respectivas juntas ejecutivas y los dos restantes (representantes de partidos y consejeros ciudadanos), de la misma manera que en el Consejo General.²

La reforma electoral continuó durante el resto del sexenio. En 1992 se acordó la expedición de una nueva credencial con fotografía para votar, con el diseño y la aprobación de todos los partidos políticos, a fin de lograr la identificación plena y transparente de los ciudadanos inscritos en el padrón nacional. En su IV informe de Gobierno, el presidente Salinas expresó que:

> la forma de mantener la conducción política del país y, por tanto, su soberanía respecto al exterior, es mediante el fortalecimiento de nuestro sistema democrático, de un sistema de partidos en un esquema competitivo. No puede haber regreso al partido prácticamente único, como no hay regreso al aislamiento de la dinámica mundial.

Por ello, en septiembre de 1993 se llevó a cabo una nueva fase de la reforma electoral que incluyó entre sus temas: el financiamiento a los partidos; el acceso de éstos a los medios de comunicación; y la búsqueda de equilibrio entre las cámaras legislativas, ampliando la participación en el Senado. Para tal efecto, se aprobaron reformas constitucionales a los artículos 41, 54, 56, 60 y 63.

Otro cambio importante en el proceso electoral, realizado en el mismo año, se refería a la situación jurídica del Distrito Federal. Esta reforma consideraba la creación de órganos de gobierno específicos para esa zona y proponía un procedimiento que sujetaba el nombramiento del jefe del Distrito Federal, hecho por el presidente de la República, al grupo de candidatos electos en el Congreso y en la Asamblea de Representantes. Se proponía además la creación de consejos ciudadanos en las demarcaciones del Distrito Federal, con facultades de gestoría y vigilancia para hacer frente a los problemas propios de la ciudad capital.

Un cambio importante en el proceso electoral, se refería a la situación jurídica del Distrito Federal, y al nombramiento del jefe de esa zona, que hasta entonces era designado por el presidente de la República.

Reforma de la relación Estado-iglesias

La historia de la relación Estado-Iglesia (católica) en México ha sido particularmente tensa y distinta a la existente en el resto de América Latina. En el siglo XIX, la reforma liberal generó una situación de abierto conflicto que, atenuado durante el porfiriato, volvió a cobrar nueva fuerza después de la Revolución y condujo a la Guerra Cristera en el periodo presidencial de Plutarco Elías Calles, ante la oposición del clero católico a la Constitución de 1917. Con el paso del tiempo se fue haciendo cada vez menos estricta la aplicación de las leyes relativas a las asociaciones religiosas, al grado de que, en ciertos aspectos, llegaron prácticamente a ser letra muerta. Durante la década de 1980, la Iglesia católica empezó a mostrar una actitud más participativa en los asuntos de la sociedad civil e incluso en la vida política, aumentando la presión hacia el gobierno para que se pusiera fin a la situación jurídica que la había mantenido al margen de la participación ciudadana.

El gobierno de Salinas de Gortari planteó, como parte de la visión modernizadora, la necesidad de hacer transparentes las relaciones del Estado con la Iglesia católica, con base en la idea de que la sociedad demandaba la anulación de preceptos constitucionales que ya no tenían razón de ser, sobre todo, porque generalmente eran ignorados en la práctica. En consecuencia, el Ejecutivo federal envió al

Prigione, nuncio apostólico, presenta sus credenciales ante el presidente

---
2 Jacqueline Peschard, "El nuevo código electoral", en *Cuadernos de Nexos,* Revista Nexos núm. 26, México, agosto de 1990, pp. IV y V.

Congreso la iniciativa de reforma a los artículos 3, 5, 24, 27 y 130 de la Constitución, la cual fue aprobada y convertida en la Ley de Asociaciones Religiosas y Culto Público, publicada en el *Diario Oficial de la Federación*, el 15 de julio de 1992.

El aspecto más significativo de esta ley fue el reconocimiento tanto de la personalidad jurídica de las agrupaciones religiosas e iglesias, como de la ciudadanía para los ministros de culto, con la salvedad de que éstos no podrían ejercer cargos públicos, pues quedaban facultados para votar, mas no para ser votados. Sin embargo, la nueva ley conservaba íntegros los principios de libertad de creencias, separación Estado-iglesias y educación laica, los cuales constituyen una parte sustancial de la política mexicana en este sentido. En este contexto de reconocimiento a las agrupaciones religiosas, destaca la restauración de las relaciones diplomáticas con el Estado Vaticano, reforzada en el año de 1993 con la visita, ya oficial, del papa Juan Pablo II.

> *El aspecto más significativo de la Ley de Asociaciones Religiosas y Culto Público fue el reconocimiento tanto de la personalidad jurídica de todas las agrupaciones religiosas e iglesias, como de la ciudadanía para los ministros de culto.*

Otras reformas a la Constitución

El artículo 27 constitucional. Ante la idea de que ya se había agotado el reparto agrario, y en vista del rezago en que se mantenía el sector agropecuario frente al crecimiento del sector industrial, el gobierno salinista presentó una iniciativa de reformas al artículo 27 constitucional, aprobada y publicada en enero de 1992, con la cual se pretendía:

a) Dar certidumbre jurídica en el campo para garantizar la impartición de justicia a través de tribunales federales agrarios dotados de plena autonomía para resolver, de manera expedita, los asuntos relativos a la tenencia en ejidos y comunidades, la controversia entre ellos y lo referente a sus límites. Se otorgaba a los ejidatarios y comuneros la libertad para decidir sobre el destino de sus tierras, ya sea para asociarse con particulares o con el Estado a fin de obtener una mejor productividad de esas tierras, o incluso para enajenarlas si así lo deseara la mayoría de los miembros del núcleo ejidal.

b) Capitalizar el campo para reactivar la producción y establecer de manera sostenida su crecimiento con el fin de atraer y facilitar la inversión en las proporciones que el campo demanda. Para ello, se consideró necesario eliminar las prohibiciones a las sociedades mercantiles, estableciendo los criterios generales que deberían satisfacer a efecto de invertir en el agro.

c) Proteger y fortalecer la vida ejidal y comunal, para lo cual se preservaba la protección del Estado, aunque distinguiendo claramente entre las acciones de protección y promoción que sí debe asumir, de aquellas que podrían suplantar la iniciativa y dignidad de los campesinos y de sus organizaciones.

De manera específica, la reforma al artículo 27 buscaba alcanzar los siguientes objetivos:

1. Establecer flujos de capital hacia la producción agropecuaria e impulsar una organización eficiente para la producción.
2. Impulsar la inversión pública en infraestructura y desarrollo científico y tecnológico.
3. Reducir la incertidumbre, propia de las actividades agropecuarias, a través del desarrollo de mejores instrumentos financieros como el seguro y los mercados de coberturas.
4. Impulsar, en beneficio del productor y del consumidor, la creación de sistemas de comercialización más modernos y cadenas de transformación más eficientes.

Ejercicio 2

1. Describe los objetivos, la composición y las funciones del Instituto Federal Electoral, creado durante el sexenio salinista.
2. Menciona dos aspectos de la reforma electoral realizada en el gobierno de Salinas, que fueron trascendentales para el avance a la democracia.
3. ¿En qué consistió la reforma salinista sobre la relación entre el Estado y las iglesias?

> *La reformas al artículo 27 constitucional, que ponían fin al reparto agrario, tenían como propósitos: dar certidumbre jurídica en el campo; capitalizar la actividad agropecuaria; y proteger y fortalecer la vida ejidal y comunal.*

> *El artículo 82 constitucional fue reformado con el propósito de eliminar el requisito de ser hijo de padre y madre mexicanos por nacimiento, para aspirar a la Presidencia de la República.*

5. Poner al alcance de los productores insumos competitivos y de alta calidad, necesarios para la agricultura moderna.
6. Proporcionar a los productores recursos para nuevas opciones de proyectos productivos a través del desarrollo de nuestros mercados financieros, el mayor volumen de ahorro que genere la economía nacional y la política de fomento de la banca de desarrollo.
7. Procurar el bienestar rural a través del Programa Nacional de Solidaridad para mejorar el nivel de salud y educación.[3]

Reforma al artículo 82 constitucional. A raíz de una campaña encabezada por el panista Vicente Fox Quesada —hijo de padre mexicano y madre española, que aspiraba a ser candidato de su partido para la Presidencia—, se discutió en la Cámara de Diputados una propuesta de reforma al artículo 82 constitucional, en su fracción I, en relación con la posibilidad de eliminar el requisito de ser hijo de padres mexicanos por nacimiento para aspirar a la Presidencia de la República. En septiembre de 1993 se inició el procedimiento de reforma y, tras acalorados debates entre las fracciones partidistas en el Congreso, la fracción I del mencionado artículo quedó como sigue:

I. Ser ciudadano mexicano por nacimiento, en pleno goce de sus derechos, hijo de padre o madre mexicanos y haber residido en el país al menos durante veinte años.

De esta manera, quedaba suprimido el requisito de ascendencia mexicana por ambos progenitores para los candidatos presidenciales; sin embargo, el decreto de reforma sujetó la entrada en vigor de la misma hasta el 31 de diciembre de 1999, anulando con ello la posibilidad de que Vicente Fox fuera candidato a la Presidencia en las elecciones de 1994.

Los hechos políticos entre 1988 y 1993

Durante los primeros cinco años del sexenio salinista la secuencia de hechos, no obstante la trascendencia de muchos de ellos, se condujo sin grandes sobresaltos e incluso se tenía la esperanza de que, después de varios periodos presidenciales, la administración de Salinas de Gortari llegaría a su fin con mejores condiciones en lo económico,

Ejercicio 3

1. ¿Qué pretendía la reforma salinista al artículo 27 constitucional, con respecto a la tenencia de la tierra en ejidos y comunidades?
2. Menciona cuatro objetivos de la reforma salinista al artículo 27 constitucional, que consideres más importantes para la productividad agropecuaria.
3. ¿Cuál fue el propósito del cambio realizado al artículo 82 constitucional, durante el gobierno de Salinas?

> *En los primeros cinco años del sexenio salinista, la secuencia de hechos se condujo sin grandes sobresaltos e incluso se tenía la esperanza de que el sexenio llegaría a su fin con mejores condiciones en lo económico.*

Vicente Fox y Porfirio Muñoz Ledo

Carlos Salinas de Gortari, informe de Gobierno

---

[3] Cfr. Javier Moreno Padilla (coord.), *Constitución Política de los Estados Unidos Mexicanos, Con una explicación sencilla de cada artículo para su mejor comprensión,* Trillas, México, 1994. p. 48.

Fortalecimiento del régimen

Al asumir el poder, Salinas de Gortari no sólo tuvo que hacer frente a los problemas económicos heredados del gobierno anterior, sino al severo cuestionamiento que se hacía a su propio gobierno; los sucesos políticos en el año electoral de 1988 y la sospecha generalizada de fraude en los comicios de los que fue declarado triunfador le restaron legitimidad al nuevo presidente frente a la opinión pública, obligándolo a buscar, en el menor tiempo posible, los mecanismos capaces de consolidar su imagen y fortalecer al régimen.

Una de las primeras medidas en este sentido fue la llamada "lucha contra la impunidad y la corrupción" (viejo vicio que no pudo erradicar la renovación moral de Miguel de la Madrid), en la cual se inscribió el sorpresivo golpe a Joaquín Hernández Galicia, alias "La Quina". El 10 de enero de 1989, la Procuraduría General de la República dictó orden de aprehensión por acopio de armas y otros delitos contra quien, aparte del control que ejercía sobre el sector petrolero en su calidad de líder sindical, gozaba de una poderosa influencia en la región petrolera de Tamaulipas y el norte de Veracruz, y era considerado prácticamente intocable. En el mismo operativo contra la corrupción sindical fueron detenidos los principales dirigentes del sindicato petrolero, entre ellos Salvador Barragán Camacho.

A este golpe espectacular se agregaron, en ese mismo año, otras muestras de la mano férrea del nuevo gobierno contra la corrupción: en el mes de febrero fue aprehendido el empresario Eduardo Legorreta Chauvet, acusado de cometer fraude durante el *crac* bursátil de 1987; el 8 abril se logró la captura de Félix Gallardo, uno de los traficantes más buscados en el mundo y, pocos días más tarde se dio otro golpe a la corrupción sindical, con la renuncia de Carlos Jongitud Barrios, líder del magisterio nacional, a sus cargos en SNTE; en el mes de junio el gobierno logró un importante triunfo con el esclarecimiento del crimen del periodista Manuel Buendía, asesinado en 1984, y la consecuente aprehensión de varios jefes policiacos vinculados con ese hecho. Todas estas acciones, además de otros castigos aplicados a funcionarios y ex funcionarios públicos, cumplieron el propósito de mostrar ante la opinión pública el interés del gobierno por combatir la corrupción; la imagen del presidente comenzaba a fortalecerse.

Al tiempo que mostraba su energía contra la corrupción y la impunidad, Salinas de Gortari emprendió importantes acciones en el aspecto económico con el fin de construirse la imagen de solidez y eficacia administrativa capaz de recuperar la confianza de la iniciativa privada nacional y extranjera, en la construcción de la apertura comercial.

Federalismo salinista

Desde sus primeros discursos oficiales, el presidente Salinas remarcó su intención de impulsar la participación de los estados y municipios en las grandes decisiones nacionales; habló de "recrear el federalismo" mediante planes y programas de diversa índole.

A mediados de 1989, el hecho de que le fuera reconocido oficialmente el triunfo al candidato del PAN a la gubernatura de Baja California (con la reacción adversa de algunos priístas) parecía augurar un importante avance hacia la democracia y el federalismo, puesto que se trataba de un hecho sin precedentes en la historia posrevolucionaria. Sin embargo, no se aplicó el mismo criterio en otros estados donde la injerencia del gobierno de Salinas se hizo manifiesta, tanto en la selección de los candidatos priístas a los gobiernos locales como en el proceso electoral y en los resultados oficiales, muchos de los cuales fueron seriamente cuestionados, al grado de que

Una de las primeras medidas de Salinas de Gortari para fortalecer su régimen fue la llamada "lucha contra la impunidad y la corrupción", aplicada en varios casos contra líderes sindicales y funcionarios públicos.

Joaquín Hernández Galicia "La Quina"

El federalismo salinista no se aplicó de igual forma en todos los estados de la República.

El Partido de la Revolución Democrática obtiene su registro

Los partidos políticos: su papel en los procesos electorales

la presión política condujo en algunos casos a la renuncia de gobernadores ya electos, para ser sustituidos por funcionarios interinos.

Pero los cambios de gobernadores, que llegaron a sumar 17 en el sexenio, no sólo ocurrieron con motivo de las rectificaciones del gobierno federal frente a una selección equivocada de candidatos priístas rechazados por la población local, sino porque hubo movimientos en el gabinete presidencial o cambios en las funciones de gobernadores que, habiendo sido electos por voto popular, eran removidos de sus cargos por decisión del gobierno central, nombrándose en su lugar a ejecutivos estatales provisionales, sustitutos o interinos.

Partido Revolucionario Institucional. Desde 1929 y hasta mediados de la década de 1980, el PRI había mantenido una larga historia de triunfos electorales a la manera de "carro completo"; es decir, que su arrolladora mayoría de votos lo llevaba a ocupar todos los niveles del poder político, elección tras elección. Sin embargo, la imagen de este partido empezó a declinar frente al electorado, particularmente en las zonas urbanas, a medida que el gobierno perdía credibilidad de manera creciente frente a la sociedad civil, debido en gran parte a los sucesivos fracasos económicos y a la turbulencia política que desde 1968 venían manifestándose, sobre todo al final de cada sexenio presidencial.

Al creciente descontento social contra el gobierno y su partido se sumó la desestabilización en el propio PRI, de cuyo interior surgió la Corriente Democrática, la cual, ante la imposibilidad de conciliarse con la dirigencia priísta, formó su propia organización política, el Frente Democrático Nacional (FDN), y en 1989 creó el Partido de la Revolución Democrática (PRD).

> *La crisis de legitimidad con la que llegó al poder Salinas de Gortari tras el controvertido proceso electoral de 1988 no sólo avivó el antagonismo entre el PRI y el PRD, sino que creó un nuevo divisionismo en el PRI.*

La crisis de legitimidad con la que llegó al poder Salinas de Gortari, tras el controvertido proceso electoral de 1988, no sólo avivó el antagonismo entre el PRI y el PRD (con muestras de animadversión personal entre Salinas de Gortari y Cuauhtémoc Cárdenas), sino que creó un nuevo divisionismo entre los viejos priístas, los llamados "dinosaurios", apegados a la tradición política y a la añoranza del "carro completo", y los priístas renovadores, interesados en llevar a cabo una reforma profunda del partido, para adecuarlo a los cambios exigidos por la nueva sociedad mexicana y la tendencia democratizadora que empezaba a manifestarse en el ámbito internacional al comenzar la década de 1990.

> *Los nuevos priístas buscaban desligar a su partido del gobierno, específicamente de la Presidencia, para que dejara de ser una maquinaria electoral y se convirtiera en una organización política autónoma.*

Entre las propuestas de los nuevos priístas destacaba la de desligar a su partido del gobierno, específicamente de la Presidencia, para que dejara de ser una maquinaria electoral como lo había concebido Calles, y se convirtiera en una organización política autónoma que abandonara no sólo las técnicas del "dedazo" y las imposiciones decretadas por el gobierno, sino que pudiera llevar a cabo la selección democrática de sus candidatos. Ésta era la bandera política que enarbolara Luis Donaldo Colosio, presidente del CEN del PRI, a partir de diciembre de 1988. El propio Salinas parecía compartir el reclamo democrático al reconocer, en su discurso de toma de posesión, que:

(...) el momento actual de México es esencialmente político. La nación se ha abierto ya a la imaginación y a la textura de nuestras diferenciadas ideas sobre cómo debe ser nuestra sociedad. (...) Avanzamos hacia un nuevo equilibrio en la vida política nacional. Éste no surgió el 6 de julio (en las elecciones); se manifestó en esa fecha. Hay un nuevo México político, una nueva ciudadanía con

Modernización del PRI

una nueva cultura política. Su expresión reclama cauces transformados. La organización política que tenga la visión, el talento y el coraje de entender los tiempos modernos y actuar en consecuencia, logrará encabezar esta nueva cultura y este nuevo quehacer político. (...)

El llamado a la renovación del PRI no podía ser más claro, porque si éste no era capaz de tener el talento y el coraje para "entender los tiempos modernos" corría el riesgo de ser desplazado por el partido que contara con esa capacidad. Al mismo tiempo, Salinas de Gortari decía pugnar por una apertura en la vida democrática del país para responder a la pluralidad de ideas, posición que pretendió demostrar con la reforma electoral que, a su parecer, estaba encaminada a lograr un mejor equilibrio entre los partidos políticos. Respecto a las reformas en el PRI, el discurso salinista se mantuvo en la misma tónica a lo largo del sexenio, apoyando (como primer priísta del país) los esfuerzos encaminados a la creación de un "nuevo PRI". Sin embargo, las voces de protesta y los hechos mismos contradijeron en repetidas ocasiones las palabras presidenciales. Fueron frecuentes las quejas por las viejas prácticas del "dedazo" y el fraude electoral, sobre todo cuando se trataba de estados donde había preferencias por partidos de oposición, o de aquellos otros relacionados con proyectos específicos del gobierno federal. La respuesta oficial a las quejas fue la imposición enérgica, la mayoría de las veces contra la protesta perredista en Michoacán (región donde el PRD había cosechado en 1988 significativos triunfos electorales), aunque en el caso de la protesta de origen panista, el gobierno mostró una actitud más conciliadora, que se manifestó en la concertación.

Desde un principio, el gobierno salinista mostró una tendencia favorable hacia el PAN, al reconocer en julio de 1989 el triunfo electoral de Ernesto Ruffo, candidato de este partido a la gubernatura del estado de Baja California. El PRI también reconoció dicho triunfo, pero tal reconocimiento, expresado por Colosio en su calidad de dirigente nacional, provocó el descontento y la protesta abierta de los priístas bajacalifornianos. Por otra parte, el trato diferente que daba el gobierno de Salinas al PAN y al PRD se manifestó en una especie de "democracia selectiva", pues mientras se mostraba conciliador con el primero y permitía el libre juego democrático en las jornadas electorales, como fue el caso de Chihuahua en las elecciones para gobernador en julio de 1992, con el PRD actuó de manera distinta en los comicios celebrados en esa misma fecha en Michoacán, bastión del cardenismo, donde el gobierno utilizó todos los recursos posibles para evitar el triunfo del candidato perredista a la gubernatura.

Pero las acciones gubernamentales que en mayor medida generaron el descontento de los priístas fueron las *concertacesiones* del gobierno con otros partidos, especialmente las realizadas con el PAN, entre las cuales destacan las ocurridas en los estados de San Luis Potosí y Guanajuato, en el verano de 1991. En el primer caso, el pueblo potosino, apoyado por el navismo,[4] y argumentando fraude electoral, rechazó el triunfo de Fausto Zapata, candidato priísta a la gubernatura, manteniendo una fuerte presión hasta lograr la renuncia del mismo. El caso de Guanajuato tuvo un origen similar, aunque el rechazo popular se

La reforma electoral propuesta por Salinas, estaba encaminada a responder a la pluralidad de ideas y a lograr un mejor equilibrio entre los partidos políticos.

Ernesto Ruffo Appel, primer gobernador de oposición

Las quejas por las prácticas del "dedazo" y el fraude electoral fueron frecuentes, sobre todo en donde había preferencias por partidos de oposición, o por aquellos relacionados con proyectos del gobierno federal.

Carlos Medina Plascencia

El trato diferente que daba el gobierno de Salinas al PAN y al PRD se manifestó en una especie de "democracia selectiva".

Las acciones gubernamentales que, en mayor medida, generaron el descontento de los priístas fueron las concertacesiones del gobierno con otros partidos, especialmente las realizadas con el PAN.

---

[4] El navismo constituyó un importante movimiento político encabezado por el doctor Salvador Nava, viejo luchador por la democracia en el estado, inicialmente a través del PAN; en 1985 los navistas formaron el Frente Cívico Potosino y ejercieron presión contra el fraude electoral y la represión de que fueron objeto de parte del gobernador Florencio Salazar, logrando la destitución de éste en 1987.

Ejercicio 4

1. Describe las medidas del gobierno de Salinas para fortalecer su imagen mediante la "lucha contra la impunidad y la corrupción".

2. ¿Por qué se considera que el federalismo salinista no se aplicó de igual manera en todos los estados de la República?

3. Describe el divisionismo al interior del Partido Revolucionario Institucional, durante el gobierno salinista.

Fuente 1. El PRI: La refundación frustrada

El periodo 1992-1994 es, por varias razones, uno de los más complejos en la historia reciente no sólo del PRI sino del país. En primer lugar, porque constituye el punto de inflexión de las reformas promovidas por el presidente Carlos Salinas de Gortari, el punto de su máxima popularidad y también de mayor control presidencial sobre el sistema político en su conjunto. A partir de esa coyuntura, paradójicamente, comienza a complicarse su propio proceso de sucesión presidencial. Cargado de rumores sobre la posibilidad de una reelección presidencial, que en el pasado sólo se había visto al terminar los sexenios de Miguel Alemán y Luis Echeverría, su fortaleza fue convirtiéndose en el germen de su debilidad. En efecto, el problema que Salinas enfrentó al intentar garantizar la continuidad de sus reformas para el siguiente sexenio, junto con el rechazo de importantes sectores del partido a que esa posibilidad se concretara, provocó fuertes tensiones en la sucesión presidencial. En segundo lugar, la forma contundente en la que se habían aprobado e instrumentado las reformas colocó al partido en una posición incómoda, ya que había tenido que apoyar cambios a la Constitución que afectaban o contradecían tesis que históricamente había defendido, sin tener siquiera la oportunidad de llevar a cabo una discusión interna para generar suficiente consenso sobre la necesidad y pertinencia de esos cambios. Al obviarla, el partido entró en una crisis de identidad que se expresó, en muchos casos, en el silencio de sus militantes ante los embates de la oposición. Aunque era evidente que existía una brecha, que tendía a ensancharse cada vez más entre el programa del partido y el programa del gobierno, la articulación entre el partido gobernante y el partido militante seguía presente. En tercer lugar, otro problema al que tenía que enfrentarse el partido y que había provocado algunas crisis en los meses anteriores al nombramiento de Luis Donaldo Colosio Murrieta como secretario de Desarrollo Social, era el de los conflictos poselectorales. Por ejemplo, en el caso de Guanajuato, en el que habían dado lugar a la renuncia del gobernador electo Ramón Aguirre y a la designación del panista Carlos Medina Plascencia como interino. Esto obligaba a la dirigencia del PRI a discutir márgenes de maniobra y de decisión del partido frente a negociaciones que se entablaban directamente entre la oposición y el Ejecutivo federal, así como a considerar el reto que para los priístas implicaba actuar como oposición por primera vez en su historia en los estados gobernados por el Partido de Acción Nacional (Baja California y Guanajuato). En último lugar había que encarar los conflictos que provocaba la aparición de fenómenos de violencia política en 1994, que comenzaron con el levantamiento del Ejército Zapatista de Liberación Nacional (EZLN) en Chiapas y tuvieron su máxima expresión en el asesinato del candidato presidencial del PRI. Ambos significaron duros golpes a uno de los principales activos (en términos de capital político) que hasta ese momento conservaba el partido: su capacidad para garantizar la estabilidad política y la solución pacífica de los conflictos.

La forma en la que el PRI intentó hacer frente a estos desafíos varió en función del estilo personal y del programa de los tres presidentes —Genaro Borrego Estrada, Fernando Ortiz Arana e Ignacio Pichardo Pagaza— que tuvo durante este periodo tan complejo. (...) Genaro Borrego planteó la idea de refundar al PRI. Esta propuesta implicaba una transformación similar a las que en su momento habían experimentado tanto el PNR como el PRM, es decir, dar paso a un nuevo instituto político, mucho más que a un simple cambio de siglas.

Miguel González Compeán y Leonardo Lomelí Vanegas,
"Refundación frustrada. Liberalismo social y violencia política", en
El Partido de la Revolución. Institución y conflicto (1928-1999),
Fondo de Cultura Económica, México, 2000, pp. 594-595.

Cap. 10. El sexenio salinista: Modernidad y turbulencia

Luis Donaldo Colosio, Carlos Salinas y Manuel Camacho, 1993

Luis Donaldo Colosio, candidato del PRI a la Presidencia

presentó desde la presentación de la candidatura a gobernador del priísta Ramón Aguirre, quien, no obstante, obtuvo el triunfo oficial en las elecciones. Las fuertes protestas llevaron a la rectificación y, tras su renuncia, Aguirre fue sustituido por el panista Carlos Medina Plascencia.

Otro de los aspectos en que se manifestó la influencia presidencial sobre el PRI consistió en la petición de financiamiento para las campañas electorales que, según informó la prensa, hizo Salinas a los empresarios nacionales, con los cuales tuvo una frecuente relación durante su gestión administrativa, sobre todo mediante la aplicación del proceso de privatización de empresas estatales. Al hacerse del conocimiento público, este hecho generó severas críticas especialmente de los demás partidos políticos, los cuales capitalizaron la información destacando que, aparte del notorio desequilibrio en el trato que el gobierno daba a los partidos, resultaba obvio que la anunciada autonomía del PRI no podría tener lugar mientras éste permaneciera ligado a la Presidencia.

La designación del candidato priísta al Poder Ejecutivo Federal, en noviembre de 1993, repitió una vez más la regla no escrita marcada por la tradición política mexicana sobre el particular, pero en esta ocasión hubo críticas más agudas porque se contradecía el persistente discurso de la dirigencia priísta sobre la necesidad de lograr la separación entre el partido y la Presidencia de la República.

A diferencia del sexenio anterior, cuando comparecieron ante el Congreso seis precandidatos para exponer sus perspectivas de la situación del país, esta vez no se guardaron las apariencias; volvió a manifestarse el juego del "tapado", que si en un principio estuvo integrado por siete aspirantes, al acercarse la fecha definitiva quedó reducido a dos finalistas: Manuel Camacho Solís, regente de la ciudad de México y Luis Donaldo Colosio, ex presidente del PRI y secretario de Desarrollo Social desde abril de 1992. Camacho era considerado —y se consideraba a sí mismo— como el aspirante priísta con mayores atributos para la sucesión presidencial de 1994.[5]

El 28 de noviembre de 1993 (fecha posterior a la realizada en sexenios anteriores), cuando fue anunciada la designación de Luis Donaldo Colosio [véase fuente 2. "La candidatura de Colosio"], Camacho mostró abiertamente su disgusto faltando a la protocolaria felicitación al candidato designado. Este hecho, sumado a la actitud adoptada por el regente en los días subsecuentes —incluidas su renuncia al cargo y su posterior nominación como secretario de Relaciones Exteriores—, no sólo constituyó un ejemplo más de la ruptura interna del sistema, sino que marcó el inicio de la serie de acontecimientos que caracterizaron la turbulencia política del final de sexenio.

A diferencia del sexenio anterior, cuando comparecieron seis precandidatos para exponer sus perspectivas de la situación del país, en el sexenio salinista no se guardaron las apariencias y volvió a manifestarse el juego del "tapado".

La actitud de Manuel Camacho no sólo constituyó un ejemplo más de la ruptura interna del sistema, marcó el inicio de la serie de acontecimientos que caracterizaron la turbulencia política del final de sexenio.

---

[5] Consultar el Cuadro comparativo de los aspirantes y gráficas de resultados, en: Alfonso Zárate, *Los usos del poder, mecanismos de la sucesión presidencial*, Raya en el agua, México, 1995.

Ejercicio 5

1. ¿De qué manera se contradijo en la práctica el llamado a la renovación del PRI, hecho por el presidente Salinas?
2. ¿En qué consistió la "democracia selectiva" del gobierno de Salinas en su relación con los partidos políticos de oposición?
3. ¿Por qué causaron descontento entre los priístas las concertacesiones del gobierno salinista con otros partidos?
4. Describe los acontecimientos en el proceso de selección del candidato presidencial del PRI en noviembre de 1993.

Fuente 2. La candidatura de Colosio

La postulación de Donaldo Colosio el domingo 28 de noviembre de 1993 se lanzó en un momento por demás propicio. Había un clima de opinión pública muy favorable por la certidumbre económica que trajo consigo la aprobación, unos días antes, del TLC. La fecha era adecuada, además, porque la elección iba a celebrarse a finales de agosto de 1994.

La designación despertó un gran entusiasmo entre las bases del PRI. El acto en el partido ese domingo de noviembre resultó especialmente cálido. En el transcurso de esa mañana, recibí en mi oficina de Los Pinos la visita de Pedro Aspe, el otro precandidato finalista, (...) venía de felicitar a Colosio. Admiré su actitud. El problema, sin embargo, surgió con Manuel Camacho: Manuel no quiso felicitar a Colosio. Ese domingo Camacho estaba en su casa de Cuernavaca, donde solía descansar; me llamó por teléfono en la mañana; yo me reporté con él una vez concretada la postulación. Le pedí que felicitara a Donaldo personalmente; me contestó que no lo haría sin antes hablar conmigo. Le respondí que estaba dispuesto a que habláramos pero que debía felicitar al candidato.

(...) Entonces [por la tarde] volví a hablar con Manuel, quien persistió en su actitud de no felicitar a Donaldo. Acepté que me visitara, pero le dije que las reglas no escritas de la competencia dentro del Partido y del sistema, señalaban que quienes no alcanzaban la postulación debían sumarse al candidato. Le pedí que viniera a desayunar al día siguiente en la residencia presidencial.

Camacho llegó puntual al desayuno. Su comportamiento fue respetuoso. Le hablé con franqueza. Le hice ver que él ya no tenía el ánimo para permanecer en un puesto tan delicado para el proceso electoral venidero como la jefatura del Departamento del Distrito Federal. El gabinete estaba cambiando en su composición, sobre todo por el paso de varios secretarios a la campaña de Colosio. Camacho había hecho de los asuntos internacionales su especialidad académica. Entonces aceptó seguir colaborando conmigo como secretario de Relaciones Exteriores.

En realidad, la actitud de Camacho no representó, ni con mucho, una crisis interna en el PRI, que ya había consolidado su apoyo a Colosio. Manuel Camacho había dejado de ser un contendiente real para la candidatura presidencial desde varios meses atrás. La "crisis" se redujo a una manifestación personal de Camacho, que al final no representó problemas mayores. La postulación de Colosio tuvo lugar sin desprendimientos de militantes ni de organizaciones del PRI; se había logrado mantener la cohesión interna del partido.

Pero las resistencias persistían. Sobre todo por la intensa corresponsabilidad de Colosio con el proyecto de cambio desde adentro que se promovía a través del liberalismo social. Ése era el proyecto a derrotar.

Carlos Salinas de Gortari,
México, un paso difícil a la modernidad,
Plaza & Janés, Barcelona, España, 2000, pp. 803-805.

También hubo divisionismo en el PAN, debido sobre todo al descontento de varios de sus integrantes, inconformes con las concertaciones negociadas por la dirigencia del partido con el gobierno.

Partido Acción Nacional. Mas no sólo el PRI enfrentó crisis internas durante el periodo 1988-1994; el divisionismo se dio también en el PAN, debido sobre todo al descontento de varios de sus integrantes, inconformes con su dirigente, Luis H. Álvarez, a quien acusaban de faltar a la democracia por tomar decisiones sin consultar a la asamblea del partido y por "sumarse a las acciones y tendencias de Salinas de Gortari",[6] en alusión a las concertaciones negociadas con el gobierno. En octubre de 1992,

---

[6] Jorge Eugenio Ortiz Gallegos, citado por Guillermo Correa, *Proceso*, México, 5 de octubre de 1992, pp. 18-22.

renunciaron al partido nueve destacados panistas, entre ellos Pablo Emilio Madero Belden, antecesor de Álvarez en la presidencia del CEN del PAN, ex candidato a la Presidencia de la República y ex dirigente estatal del mismo partido en Nuevo León. Tras la renuncia, el grupo formó una nueva organización política a la que llamaron Partido del Foro Democrático.

En marzo de 1993, al terminar Luis H. Álvarez su segundo periodo (seis años en total) como presidente del CEN del Partido Acción Nacional, fue elegido en su lugar Carlos Castillo Peraza, cuya militancia en el partido databa de 1967. A Castillo Peraza le correspondería anunciar la designación de Diego Fernández de Cevallos como candidato panista para la Presidencia de la República, tras la reunión de la Asamblea Nacional del PAN los días 20 y 21 de noviembre de 1993.

Partido de la Revolución Democrática. Los militantes del PRD se mantuvieron durante todo el sexenio en abierta confrontación con el PRI y directamente con Salinas, a quien interpelaron en todos los informes de gobierno, con protestas que subían de tono cuando el presidente hacía referencia a la democracia, a los procesos electorales, o a su política económica. El enfrentamiento entre perredistas y priístas se convirtió en lucha violenta, especialmente después de los procesos electorales, cuando los militantes del PRD, inconformes con los resultados oficiales, ocupaban las alcaldías en un intento por impedir que los priístas ejercieran los cargos correspondientes. Lo peor de todo fue la significativa cantidad de perredistas muertos, la cual ensombreció el panorama político de la nación y obstaculizó la prometida meta de alcanzar una mejor vida democrática.

La violencia tuvo otro efecto desfavorable para el PRD, pues ante la opinión pública nacional la lucha de esta fuerza política parecía recordar los radicalismos de izquierda de épocas pasadas. Por otro lado, los descalabros electorales de este partido en 1991 empezaron a desgastarlo y a generar inestabilidad interna. Además, el enfrentamiento entre su líder Cuauhtémoc Cárdenas y el presidente Salinas de Gortari generó una difícil situación para el PRD, cuya dirigencia se quejó en repetidas ocasiones del hostigamiento y marginación de que Cárdenas era objeto por parte de los medios de comunicación e incluso del propio gobierno. No obstante, el 17 de octubre de 1993 Cárdenas rindió protesta como candidato perredista a las elecciones presidenciales del siguiente año, apoyado por otros partidos de izquierda.

Cuauhtémoc Cárdenas, candidato del PRD

Partido del Trabajo. Durante el sexenio salinista surgieron nuevas organizaciones partidistas; una de ellas fue el Partido del Trabajo (PT), de corte izquierdista, que fue creado poco antes de las elecciones federales de 1991. Integrado por un conjunto de militantes de organizaciones sociales de masas, así como por algunas personas que habían protagonizado movimientos sociales anticapitalistas, el PT tenía entre sus objetivos mantener la vigencia de la democracia y la lucha por un futuro socialista para el país, en virtud de lo cual se proponía formar una fuerza unificada, como instrumento de las luchas populares por el poder político. El 14 de noviembre de 1993, el PT designó a Cecilia Soto González como candidata a la Presidencia de la República.

Partido Verde Ecologista de México. Es otra organización creada en este periodo. Fundado en 1992, cuyo propósito era alcanzar el poder político "para gobernar con el pueblo de México y para el pueblo de México con amor, justicia y libertad, y establecer la democracia manteniendo la paz social". En abierta oposición a las reformas del gobierno de Salinas de Gortari, el PVEM proponía restablecer el artículo 82 constitucional "para evitar que los hijos de extranjeros tengan acceso a la Presidencia de la República". Asimismo, ofrecía cancelar el compromiso del Tratado de Libre Comercio

---

Los militantes del PRD se mantuvieron durante todo el sexenio en abierta confrontación con el PRI y directamente con Salinas. El enfrentamiento llegó a la lucha violenta, especialmente después de los procesos electorales.

Durante el sexenio salinista surgieron nuevas organizaciones partidistas, entre ellas el Partido del Trabajo (PT) y el Partido Verde Ecologista de México (PVEM).

Ejercicio 6

1. ¿En qué consistió la división interna en el Partido Acción Nacional, durante el sexenio salinista?
2. ¿Cómo afectó al Partido de la Revolución Democrática el enfrentamiento con el PRI durante el sexenio de Salinas?
3. Describe las propuestas de los partidos del Trabajo y Verde Ecologista, en el periodo 1988-1994.

con Canadá y Estados Unidos "para substituirlo por el crecimiento de la economía nacional basado en la producción de alimentos y de artículos sanos y necesarios a la sociedad mexicana". El 13 de diciembre de 1993, el PVEM designó como candidato presidencial a Jorge González Torres.

Otros partidos. La mayoría de los partidos minoritarios existentes desde tiempo atrás postularon a sus respectivos candidatos a la Presidencia de la República, en los meses de noviembre y diciembre de 1993. El Partido Popular Socialista (PPS) postuló a Marcela Lombardo Otero (hija de Vicente Lombardo Toledano); el Partido del Frente Cardenista de Reconstrucción Nacional (PFCRN) designó a Rafael Ignacio Aguilar Talamantes; el Partido Demócrata Mexicano (PDM) apoyó la candidatura del ex panista Pablo Emilio Madero Belden; y, por último, en el mes de enero siguiente, el Partido Auténtico de la Revolución Mexicana (PARM) postuló a Álvaro Pérez Treviño como candidato presidencial.

Protestas y conflictos políticos

A pesar de que los primeros cinco años del gobierno fueron de una relativa estabilidad general, e incluso llegó a darse un ambiente de optimismo entre algunos sectores de la sociedad —satisfechos con el rumbo de la economía y con la imagen de recuperación que México reflejaba hacia el exterior—, aparte de la violencia postelectoral, desde el primer año hubo un considerable número de protestas de los sectores menos favorecidos, debido a los temores provocados por los planes salinistas de avanzar en la modernización económica iniciada por su antecesor.

La protesta campesina iba en contra de la reforma al artículo 27 constitucional, por considerar que constituía una violación a los derechos agrarios otorgados por la Revolución.

Protesta campesina. Una de tales protestas fue la efectuada por las organizaciones agrarias en contra de la reforma al artículo 27 constitucional, aprobada en enero de 1992; dichas organizaciones actuaban en representación de los campesinos ejidatarios quienes, desconfiando de las medidas gubernamentales, argumentaron que dicha reforma constituía una violación a los derechos agrarios otorgados por la Revolución y plasmados en la Constitución de 1917. Este descontento campesino constituyó uno de los factores en la formación de grupos de guerrilleros en el estado de Chiapas, documentados por la prensa a partir de 1992, aunque existentes desde la década anterior.

Primeros signos de desestabilización. En mayo de 1993, la ciudad de Guadalajara fue escenario de la muerte violenta de Juan Jesús Posadas Ocampo, cardenal y arzobispo de esa ciudad, y seis personas más (supuestas víctimas accidentales). De acuerdo con los resultados de las investigaciones, los asesinatos habían ocurrido como producto de una confusión, durante un enfrentamiento a tiros entre dos bandas de narcotraficantes. El sangriento suceso provocó disgusto entre la población jalisciense[7] y tuvo un efecto negativo para la estabilidad interna del país, dada la importancia del jerarca eclesiástico victimado, en el contexto de las nuevas relaciones Estado-Iglesia.

Aquel grave acontecimiento venía a sumarse a una serie de hechos preocupantes —amenazas de bombas, asesinatos de ex procuradores estatales, denuncias de infiltraciones del narcotráfico entre periodistas, políticos y cuerpos policiacos, etcétera— que constituirían los primeros signos de la desestabilización, como preludio a la severa crisis del año siguiente.

El asesinato del cardenal de Guadalajara, Juan Jesús Posadas Ocampo, provocó disgusto entre la población jalisciense y tuvo un efecto negativo para la estabilidad interna del país.

---

[7] En abril de 1992, una explosión de gasolina ocurrida en un amplio sector de la ciudad de Guadalajara provocó la muerte de 200 personas además de 1,800 heridos y decenas de miles de damnificados.

Cuadro 10.1. *Gobierno de Carlos Salinas de Gortari. Política interna*

- **Reforma del Estado**
  - Tres acuerdos nacionales:
    - Ampliación de la vida democrática
    - Recuperación económica y estabilidad
    - Mejoramiento productivo del bienestar popular
  - Plan Nacional de Desarrollo
  - Reforma política
    - Legislación sobre Derechos Humanos
    - Reforma electoral:
      - Aprobación del nuevo Código (Cofipe).
      - Creación del Instituto Federal Electoral (IFE).
      - Nueva credencial con fotografía.
      - Cambios en la situación jurídica del D. F.
    - Reforma de la relación Estado-Iglesias
    - Modificaciones a los artículos 27 y 82 constitucionales

- **Hechos políticos entre 1988 y 1993**
  - Medidas para el fortalecimiento del régimen salinista
    - Acciones contra la impunidad y la corrupción
  - Los partidos políticos: su papel en los procesos electorales
    - Partidos mayoritarios
      - PRI: Discrepancia entre el llamado a la renovación el uso de prácticas tradicionales
      - PAN: Triunfos electorales y concertacesiones
      - PRD: Confrontaciones con el salinismo
        - Candidaturas a la sucesión presidencial
        - La pugna en el PRI
    - Nuevos partidos: PT y PVEM
  - Protestas y conflictos políticos
    - Protesta campesina.
    - Primeros signos de desestabilización.
    - Disgusto entre la población jalisciense

1994: turbulento fin de sexenio

Rebelión en Chiapas

El día 1 de enero de 1994, a las 0:30 horas, el Ejército Zapatista de Liberación Nacional (EZLN), encabezado por el llamado subcomandante Marcos e integrado en su mayoría por indígenas mayas, tzeltales, tzotziles y tojolabales, tomó por las armas la ciudad de San Cristóbal de las Casas y las poblaciones de Altamirano, Las Margaritas, Ocosingo y Chanal [véase fuente 3. "La disyuntiva frente al llamado a las armas del EZLN"]. Al día siguiente, *Marcos* hizo pública la *Declaración de la Selva Lacandona*, que constituía una declaración de guerra en contra del gobierno de Carlos Salinas de Gortari.

El documento,[8] dirigido al pueblo de México, partía de la definición del grupo armado como producto de las luchas en que habían participado (los indígenas) en los diferentes hechos de la historia mexicana, no obstante lo cual se les negaba:

El Ejército Zapatista de Liberación Nacional

> (...) la preparación más elemental para así poder utilizarnos como carne de cañón y saquear las riquezas de nuestra patria sin importarles que estemos

---

[8] Presentado por: Juan Pablo González Sandoval y Jaime González Graf (coords.), *Los límites rotos, Anuario político,* Océano, México, 1995, pp. 75-76.

muriendo de hambre y de enfermedades curables, sin importarles que no tengamos nada, absolutamente nada, ni un techo digno, ni tierra, ni trabajo, ni salud, ni alimentación, ni educación; sin tener derecho a elegir libre y democráticamente a nuestras autoridades, sin independencia de los extranjeros, sin paz ni justicia para nosotros y nuestros hijos.

Por lo tanto, luego de enfatizar un "HOY DECIMOS ¡BASTA!", los firmantes agregaban que después de haber intentado por medios legales la aplicación de la Carta Magna, recurrirían a la aplicación de su artículo 39 para dirigirse:

(...) al ejército federal mexicano, pilar básico de la dictadura que padecemos, monopolizada por el partido en el poder y encabezada por el ejecutivo federal que hoy detenta su jefe máximo e ilegítimo, Carlos Salinas de Gortari (...) pedimos a los otros Poderes de la Nación se aboquen a restaurar la legalidad y la estabilidad de la Nación deponiendo al dictador.

Una vez que hicieron un llamado a la Cruz Roja Internacional y se acogieron a las Leyes sobre la Guerra de la Convención de Ginebra, los comandantes del EZLN exponían seis órdenes dirigidas a sus fuerzas militares, la primera de las cuales consistía en

avanzar hacia la capital del país venciendo al ejército federal mexicano, protegiendo en su avance liberador a la población civil y permitiendo a los pueblos liberados elegir, libre y democráticamente, a sus propias autoridades administrativas.

Por último, tras solicitar el apoyo del pueblo de México, lo invitaban a integrarse a las fuerzas insurgentes del EZLN.

La publicación de aquel comunicado y, por supuesto, el hecho mismo del estallido militar en Chiapas irrumpió en el momento en que el país, y el gobierno salinista en particular, vivía la euforia de entrar al primer mundo al ponerse en marcha el Tratado de Libre Comercio con Estados Unidos y Canadá. Para la sociedad mexicana en general, las noticias sobre la declaración de guerra del "autollamado" (calificativo en el que se insistía reiterativamente) Ejército Zapatista de Liberación Nacional constituían una verdadera sorpresa. Sin embargo, un desenlace como el ocurrido no resultaba tan sorpresivo para quienes habían seguido el desarrollo de la situación socioeconómica y política prevaleciente en la región chiapaneca desde hacía varios años, al menos en lo que se refiere a las causas inmediatas del estallido militar.

La historia de los grupos indígenas de Chiapas —que se enlaza a la historia mexicana desde que ese territorio se anexara al país en 1821, recién consumada la Independencia del dominio colonial español— guarda un cúmulo de luchas infructuosas por una vida digna para estos grupos humanos que, junto con otras etnias indígenas del país, han padecido por siglos la marginación, el despojo de tierras, la injusticia y la explotación laboral por parte de finqueros y caciques [véase fuente 4. "Las raíces de la rebelión"], pese al discurso oficial y a los diversos intentos gubernamentales, reales pero insuficientes, por mejorar su situación.[9]

Las protestas y la organización de movimientos campesinos en Chiapas no constituían una novedad, ni siquiera a principios de la década de 1990. En los años setenta surgió una lucha agraria amplia y organizada que, al parecer, tuvo su origen inmediato en una expansión excesiva de pastizales ganaderos, a costa de sacrificar la tierra

---

El 1 de enero de 1994, el Ejército Zapatista de Liberación Nacional (EZLN), encabezado por el subcomandante Marcos e integrado en su mayoría por indígenas mayas, tomó por las armas varias poblaciones del estado de Chiapas.

Marcos en la toma de San Cristóbal de Las Casas

La Declaración de la Selva Lacandona, publicada por el subcomandante Marcos, constituía una declaración de guerra en contra del gobierno de Carlos Salinas de Gortari.

El estallido militar en Chiapas irrumpió en el momento en que el país, y el gobierno salinista en particular, vivía la euforia de entrar al primer mundo con el Tratado de Libre Comercio con Estados Unidos y Canadá.

Las protestas y la organización de movimientos campesinos indígenas de Chiapas, en lucha por alcanzar una vida digna, no constituían una novedad ni siquiera a principios de la década de 1990.

---

[9] Para una visión más amplia sobre el tema, consultar: Thomas Benjamin, *Chiapas, tierra rica, pueblo pobre*, traducción Ramón Vera Herrera, Grijalbo, México, 1995.

de cultivo, algunas veces mediante invasiones a los ejidos. Ante la poca respuesta de la Secretaría de la Reforma Agraria y de la Confederación Nacional Campesina para atender las solicitudes de tierras, a partir de 1976 se multiplicaron las tomas de terrenos por parte de campesinos, lo cual dio motivo a la expulsión violenta de éstos y al encarcelamiento de sus líderes.

Pero las amenazas y aprehensiones no socavaron la lucha agraria sino que incentivaron la organización de uniones ejidales. En 1982 se celebró el Primer Congreso Regional de la Central Independiente de Obreros Agrícolas y Campesinos (CIOAC), organización que estableció una unión de crédito, apoyó a partidos de izquierda en el estado y organizó marchas de protesta. En el mismo año, y con ayuda de catequistas, la llamada Casa del Pueblo se unió a comunidades de varios municipios y formó la Organización Campesina Emiliano Zapata (OCEZ), dedicada a formar cooperativas alimentarias y de transporte, así como a organizar marchas de protesta.

En los años ochenta se agregaron otros problemas al escenario, ya de por sí complejo, en el estado de Chiapas: la presencia del narcotráfico, las disputas religiosas entre católicos y protestantes, y la presencia de refugiados de naciones centroamericanas, sobre todo de Guatemala, que amenazaban con trasladar a México el conflicto armado de ese país. Esta situación causó gran preocupación a las autoridades, por lo que los gobiernos federal y estatal comenzaron a militarizar el estado. En 1983 el Episcopado Mexicano consideraba que el estado se encontraba "a un paso de la guerrilla".[10] Sin embargo, aquella advertencia no sólo se desatendió, sino que fue rechazada enfáticamente por el procurador de justicia estatal quien la consideró "una falsa alarma (que) proviene de personas que tratan de desacreditar al gobierno y crear zozobra entre la ciudadanía chiapaneca".[11]

A principios de los noventa los conflictos agrarios se acentuaron sin que se atendieran aún las demandas de tierras; los campesinos despojados "cobraron cada vez más conciencia de que mientras a ellos los habían empobrecido, marginado y excluido, los grandes propietarios tenían latifundios simulados que ni siquiera explotaban".[12] Además de las movilizaciones de protesta, los campesinos indígenas empezaron a ocupar algunas parcelas y a cultivarlas, lo que motivó la respuesta violenta del ejército y de las llamadas *guardias blancas*.

En 1992, varios hechos agravaron la conflictiva situación de las etnias de Chiapas. En primer lugar, la modificación al artículo 27 constitucional que no sólo daba por concluida la reforma agraria, sino que abría la posibilidad de privatizar el ejido, agregando un factor más de desconfianza e incertidumbre sobre el futuro de los campesinos indígenas. En segundo lugar, las celebraciones del quinto centenario del descubrimiento de América revivieron viejas heridas en los momentos menos apropiados; las manifestaciones de protestas indígenas no se limitaron al estado de Chiapas, pero fue ahí donde agregaron un elemento más al estallido social; según relató posteriormente el subcomandante Marcos, "los compañeros dijeron, hemos estado luchando 500 años. Éste es un buen año para decir ya basta". Sin embargo, todavía esperaron un momento oportuno para enviar un claro mensaje no sólo a la nación, sino al mundo entero, el día en que entraba en vigor el Tratado de Libre Comercio, tercer y definitivo factor de descontento para los indígenas chiapanecos, ante el temor de que el acuerdo comercial trajera consigo nuevas y aún más severas formas de explotación.

Del enfrentamiento armado a la negociación. En los primeros 12 días que siguieron a la declaración de guerra, el gobierno federal pasó de la respuesta militar a la negociación

> *En 1992, varios hechos que agravaron la conflictiva situación de las etnias de Chiapas llevaron a Marcos a expresar: "Éste es un buen año para decir ya basta".*

> *En los primeros 12 días que siguieron a la declaración de guerra del EZLN, el gobierno federal pasó de la respuesta militar a la negociación política.*

---

[10] Guillermo Correa, "Chiapas a un paso de la guerrilla, advierte el Episcopado Mexicano", *Proceso*, México, 12 de diciembre de 1983, p. 20.
[11] Citado por Thomas Benjamin, *Op. cit.*, p. 276.
[12] Pablo González Casanova, *Causas de la rebelión en Chiapas*, "Documents on Mexican Politics", Internet, http://daisy.waterloo.ca/~alopez-o/polind.html

Al nombrar un Comisionado para la Paz y la Reconciliación en Chiapas, Salinas admitía que, ante la gravedad de los hechos, se requería de decisiones políticas a favor de la nación, como "un reconocimiento de lo que no funcionó".

política; del llamado enérgico al EZLN para deponer la conducta "violenta e ilegal" al reconocimiento "de lo que no funcionó" y al cese unilateral del fuego. Los cuatro mensajes a la nación emitidos por Salinas de Gortari durante ese lapso denotan un cambio de actitud; el primero de ellos (7 de enero), que mostraba disposición al diálogo, hablaba también de la "acción firme de la autoridad" contra los líderes que, según aseguraba, no eran indígenas sino "profesionales de la violencia, nacionales y un grupo de extranjeros" que actuaban en contra de la tranquilidad de las comunidades; prometía Salinas de Gortari el perdón solamente a aquellas personas "en condiciones de pobreza que han participado por engaño, presiones o aun por desesperación".

De ambas partes se presentaron condiciones para iniciar el diálogo. El gobierno exigía el cese al fuego, la entrega de armas por parte del "grupo transgresor", la devolución de rehenes y secuestrados,[13] y la identificación de los interlocutores y dirigentes del grupo armado. El EZLN pedía el reconocimiento como fuerza beligerante, el cese al fuego de ambas partes, el retiro de las tropas federales con pleno respeto a los derechos de las poblaciones rurales y la formación de una comisión nacional de intermediación, la cual se proponía estuviera integrada por Rigoberta Menchú, indígena guatemalteca y premio Nobel de la paz; Julio Scherer, director de la revista *Proceso* y el obispo Samuel Ruiz.

A partir del 9 de enero, el gobierno empezó a mostrar una actitud más conciliadora y anunció la creación de una comisión especial. Dos días después, el presidente Salinas de Gortari anunció cambios en su gabinete, los cuales iban particularmente en dos direcciones: una consistía en remover de la Secretaría de Gobernación a Patrocinio González Garrido, ex gobernador chiapaneco de triste memoria para las comunidades indígenas, y la otra estaba orientada a compensar a Manuel Camacho, todavía con resentimiento por no haber resultado como candidato elegido, colocándolo en una situación política de primer nivel al nombrarlo Comisionado para la Paz y la Reconciliación en Chiapas. Al anunciar los cambios, Salinas de Gortari expresaba estar dispuesto a impedir que "la dinámica de los graves hechos en Chiapas" condujera a más confrontaciones y reconocía: "Esto requiere de decisiones políticas en favor de la nación, y que son un reconocimiento de lo que no funcionó."

El 16 de enero, Salinas de Gortari ofreció la amnistía general para quienes hubieran participado en el levantamiento, vigente desde el día 1 de enero hasta las 11:00 horas del día 16; cinco días después, daban comienzo las pláticas en la catedral de San Cristóbal de las Casas, en las que Camacho ejercía como representante del gobierno y el obispo Samuel Ruiz como mediador en el conflicto. El EZLN presentó al comisionado para la paz un pliego petitorio con 34 puntos, algunos de los cuales fueron aceptados prometiéndose su resolución, sobre todo los que se referían a mejorar las condiciones sociales en el estado de Chiapas, así como a lograr un proceso democrático transparente en las elecciones federales de 1994 (el grupo beligerante había cedido en sus demandas de que renunciara Salinas).[14]

A partir de ese momento comenzó una larga etapa de encuentros y negociaciones entre los miembros del grupo armado, quienes invariablemente se presentaron con el rostro cubierto por "pasamontañas", y los diversos representantes que el gobierno federal nombró en fechas posteriores.

Desde el día del levantamiento y hasta la tercera semana de marzo, el tema de Chiapas acaparó la atención de los medios de comunicación, nacionales y extranjeros, que destacaban la figura del subcomandante Marcos y hacían especulaciones sobre su enigmática identidad, lo cual

Manuel Camacho Solís, comisionado para la paz

Diálogo de paz en la catedral de San Cristóbal de Las Casas

---

[13] Una de las personas secuestradas era Absalón Castellanos Domínguez, ex gobernador de Chiapas, y de quien las comunidades indígenas guardaban un mal recuerdo de injusticias y represión.
[14] Consultar los documentos relativos al conflicto en: Juan Pablo González Sandoval y Jaime González Graf, *Op. cit.*, pp. 75-135.

restó atención a las campañas electorales; pero después de este mes, los graves acontecimientos que trastornaron el sistema político nacional relegaron a un segundo plano el conflicto de Chiapas. Sin embargo, la fuerte sacudida de aquel 1 de enero ya no podría olvidarse; había obligado a la sociedad mexicana a replantearse muchas de las ideas que tenía sobre su propia realidad. De pronto, el llamado del otro México, el indígena, se alzaba para reclamar su derecho a la tierra de sus antepasados; para reclamar su lugar en la historia; para hacer volver el rostro a aquellos mexicanos que, ilusionados con la idea de ingresar al primer mundo, parecían olvidarse del México pobre y marginado.

> **Ejercicio 7**
>
> 1. Resume los aspectos esenciales de la *Declaración de la Selva Lacandona*, emitida por el EZLN el 1 de enero de 1994.
> 2. Describe brevemente los problemas y conflictos agrarios de las etnias indígenas de Chiapas, entre 1976 y 1993.
> 3. ¿Cuáles fueron las acciones del gobierno salinista en busca de una solución negociada al conflicto armado en Chiapas?

Fuente 3. La disyuntiva frente al llamado a las armas del EZLN

Serían casi las tres de la mañana del sábado primero de enero de 1994 cuando sonó el teléfono en mi recámara. Estaba en la residencia oficial de Los Pinos y la llamada era del general de división Antonio Riviello Bazán, secretario de la Defensa Nacional. Su voz mostraba enorme tensión. Sólo por su tono supe que era una llamada de alarma. Sin preámbulos, me informó que la ciudad de San Cristóbal de las Casas, en Chiapas, había sido ocupada por un grupo de guerrilleros fuertemente armado.

(...) Mi estado de ánimo transitó de la sorpresa a la preocupación, y de ahí a la duda. ¿Un grupo guerrillero que ocupa una ciudad? Ésa era una sorpresa. La preocupación apareció ante un riesgo mayor e inmediato: el de cobrar vidas humanas en caso de responder militarmente (...). De inmediato surgió la duda: ¿qué hacer?

(...) Durante la primera semana de enero de 1994, diversos sectores de la sociedad y del aparato estatal intentaron poner en marcha los métodos que a lo largo de la Guerra Fría se habían gestado, nacional e internacionalmente, para enfrentar los movimientos guerrilleros. Esos métodos podían resumirse en una sola acción: perseguirlos y destruirlos a cualquier costo, incluido el aniquilamiento de la población civil entre la cual se confundían los guerrilleros. Las presiones venían de todas partes. De la derecha, en primer término, lo cual era esperable (...). Sorprendentemente también hubo presiones desde la izquierda (...). Algunos miembros de la izquierda mexicana consideraban que la pretensión de tomar el poder a través de la lucha armada ponía en riesgo los avances democráticos por lo que habían luchado durante muchos años.

(...) Para mí sólo hubo una opción con fundamento ético, histórico, social y político: conducir al grupo armado a la mesa del diálogo. El EZLN estaba principalmente integrado —aunque no dirigido— por indígenas con válidos reclamos sociales y de justicia. La reforma del sistema no era políticamente compatible con una solución de fuerza contra un movimiento social. Nuestra fórmula exigía darle un giro radical a las respuestas tradicionales del Estado mexicano, las cuales habían consistido en poner toda la responsabilidad de los desbordamientos sociales en "agitadores", en minimizar las causas de los problemas y anteponer el principio de autoridad para justificar la ausencia de diálogo y la vía de la represión. Mis valores y principios estaban a favor de una negociación justa.

Carlos Salinas de Gortari,
México, un paso difícil a la modernidad,
Plaza & Janés, Barcelona, España, 2000, pp. 810, 817, 825-826.

Las campañas electorales por la Presidencia

El tema del EZLN en las campañas

El inicio del conflicto en Chiapas fue tema obligado en los discursos de los candidatos en campaña, cada uno de los cuales expresó su opinión al respecto, de acuerdo con sus particulares inclinaciones ideológicas, pero en lo general coincidieron en que el camino de las armas no era el medio más indicado para resolver las graves carencias de las comunidades chiapanecas.

Sin embargo, el efecto de mayor trascendencia del levantamiento neozapatista acerca del proceso electoral fue la incertidumbre generada a nivel nacional sobre si éste podría continuar dentro del marco institucional, puesto que una de las principales demandas del EZLN al gobierno era precisamente que se garantizara la plena transparencia en las elecciones federales de ese año, con plena autonomía de los órganos electorales. Así, la necesidad de ganar la credibilidad de la sociedad en los comicios a celebrarse en agosto, llevó al gobierno a acelerar las negociaciones entre los partidos políticos, a fin de realizar nuevos cambios a la ley electoral y avanzar con ello en la democratización de México.

El nombramiento de Jorge Carpizo como secretario de Gobernación se encaminó en esa dirección, al llevar un mensaje implícito sobre el interés de Salinas de Gortari por brindar autonomía a los órganos electorales, puesto que el IFE quedaría entonces en manos de una persona que, al no estar afiliada a partido político alguno, podría actuar con imparcialidad y limpieza.

Pero los cambios en el gabinete —sobre todo el nombramiento de Manuel Camacho Solís como comisionado para la paz y la reconciliación en Chiapas— opacaron la campaña presidencial de Luis Donaldo Colosio, iniciada precisamente un día antes de dichos cambios, en tanto que Camacho incrementaba su capital político y su prestigio gracias a los primeros avances en las negociaciones con el EZLN. Esta circunstancia dio origen a la propagación de rumores sobre la posibilidad de que el PRI cambiara su candidato a la Presidencia a favor de Manuel Camacho. El 27 de enero, con el propósito de acallar los intensos rumores, el presidente Salinas afirmó en tono coloquial ante un grupo de priístas que "no se hicieran bolas", pues el PRI tenía en Luis Donaldo Colosio al candidato que habría de llevar el partido al poder en las elecciones de agosto de ese año.

Por esas mismas fechas, la lucha entre los partidos entró en una nueva dinámica; el 17 de enero, un grupo de ciudadanos e intelectuales presentó a los candidatos a la Presidencia un documento titulado *Veinte compromisos por la democracia*, en el cual pedían, en líneas generales, respeto al voto, fortalecimiento de los poderes Legislativo y Judicial, fortalecimiento del desarrollo estatal y municipal y fortalecimiento de los derechos ciudadanos.[15]

El 27 del mismo mes, los candidatos a la Presidencia de la República y los presidentes de sus respectivos partidos políticos suscribieron —con excepción del PPS— un "Acuerdo para la paz, la justicia y la democracia", en el que se comprometían a buscar mejores condiciones de imparcialidad para las elecciones de 1994, para lo cual sería necesario efectuar cambios legales. En el citado documento se establecían cinco acuerdos básicos, cuya meta consistía en crear un clima de certidumbre y credibilidad en torno al proceso electoral, invitando además a quienes hubieran "optado por el enfrentamiento" a participar, por la vía institucional, en la vida política del país. La segunda parte del acuerdo contenía ocho puntos específicos, orientados a garantizar un proceso electoral imparcial.[16]

La necesidad de ganar la credibilidad de la sociedad en los comicios a celebrarse en agosto, llevó el gobierno a acelerar las negociaciones entre los partidos políticos, a fin de realizar nuevos cambios a la ley electoral.

Manuel Camacho con el presidente Salinas

Los cambios en el gabinete opacaron la campaña de Colosio, mientras Manuel Camacho aumentaba su capital político, y hubo rumores sobre la posibilidad de que el PRI cambiara su candidato a la Presidencia.

Luis Donaldo Colosio en campaña

---

[15] *Ibid.*, pp. 239-240.
[16] *Ibid.*, pp. 241-243.

Cap. 10. El sexenio salinista: Modernidad y turbulencia

Durante el mes de febrero, los oficios de Manuel Camacho siguieron acaparando la atención pública tras la liberación de Absalón Castellanos por el Ejército Zapatista y el inicio de las "Jornadas por la paz y la reconciliación". En una entrevista realizada el 18 de ese mes por el diario estadounidense *The Wall Street Journal*, Camacho no negó que seguía compitiendo por la Presidencia de la República, e incluso sugirió que su posible candidatura le ayudaría en sus negociaciones con el EZLN.

> **Fuente 4. Las raíces de la rebelión**
>
> Las causas profundas de la insurrección chiapaneca tienen raíces centenarias y difíciles de extirpar en el corto plazo, pero las causas inmediatas no son tan añejas; por ahí se debe iniciar la tarea de desenredar la madeja. Estas últimas tienen que ver con los procesos políticos, es decir, con la forma en que la élite tecnocrática —cerrada como pocas— ha ejercido su poder. La forma salinista de gobernar se puede calificar no sólo de autoritaria —no conoció otra forma— sino, además, de prepotente. Y esa prepotencia que particularmente visible en su trato con aquellos que se negaron a reconocerle la legitimidad que no pudo conseguir en las urnas.
>
> En más de un sentido, la administración salinista fue el arquitecto del drama chiapaneco, que es ya también nacional. El grupo salinista, heredero directo de la cultura y las formas autoritarias posrevolucionarias, no pudo asumir con credibilidad el poder que Miguel de la Madrid le legó, un poder ya muy desgastado por el mal uso que se le ha dado en un sistema monopólico. Una elección ganada sin credibilidad, no impidió a los jóvenes gobernantes tecnócratas instalarse cómodamente en el poder y consolidarse aprovechando los últimos momentos del anticomunismo. La élite económica mexicana e internacional, la iglesia y los gobiernos de Estados Unidos, más Europa occidental y Japón, apoyaron instintivamente al sistema tradicional mexicano para evitar lo que definieron como el mal mayor: un cardenismo al que se vio como cabeza de playa del viejo enemigo comunista.
>
> Por la vía de los hechos, y presentando a Cuauhtémoc Cárdenas como el abanderado de una izquierda moribunda pero aún peligrosa, el salinismo actuó frente a la sociedad mexicana y al mundo como si no hubiera más camino que el suyo, compartió pequeñas parcelas del poder únicamente con aquella oposición –el PAN– que aceptó no cuestionar ni su legitimidad ni su proyecto de reforma económica; una reforma que, en la práctica, permitió a unos pocos ganar mucho y rápido, mientras al gran resto lo puso en la lista de espera.
>
> La práctica electoral de "dados cargados" del neoliberalismo mexicano, incluyó muchas cosas que en el postmodernismo posanticomunista perdieron legitimidad y efectividad: la preservación de un partido de Estado, la permanencia por trece lustros de un mismo partido en el poder, el fraude sistemático, la imposición a la sociedad de la disciplina neoliberal, el control más o menos abierto de los medios masivos de comunicación, el uso de los recursos para combatir la pobreza (Solidaridad) para reforzar estrategias electorales del partido del Estado, la solicitud de cantidades estratosféricas a los beneficiarios del neoliberalismo para financiar a ese partido, etcétera. Todo lo anterior condujo a la oposición real a un callejón casi sin salida, pero también, y con Chiapas lo vemos, abonó el suelo para dar legitimidad a una rebelión abierta en un ambiente donde la defensa anticomunista del poder establecido estaba moribunda.
>
> Lorenzo Meyer,
> *Liberalismo autoritario. Las contradicciones del sistema político mexicano*,
> Océano, México, 1995, pp. 194-196.

Los candidatos a la Presidencia y los presidentes de los partidos políticos suscribieron el "Acuerdo para la paz, la justicia y la democracia", en busca de mejores condiciones de imparcialidad para las elecciones de 1994.

Mientras tanto, continuaron los esfuerzos por lograr la credibilidad ciudadana en las elecciones y también prosiguieron las campañas de los candidatos presidenciales. Los días 21 y 22 de febrero se concertaron pláticas privadas entre representantes del PRI, el PAN y el PRD, y el secretario de Gobernación, Jorge Carpizo, con el propósito de concretar las propuestas expresadas por esos partidos en el Acuerdo para la paz, la justicia y la democracia. Al mismo tiempo, fueron presentadas ante el IFE las plataformas político-electorales para el periodo 1994-2000.

El PRI propuso un programa de gobierno fundamentado en principios liberales y sociales, en el que destacaba la reforma social (acorde con el trabajo desempeñado por Colosio en el Programa Nacional de Solidaridad), que tenía como base el ideario del liberalismo social. El PAN proponía un programa de gobierno fundado en una concepción humanística que corrigiera las condiciones sociales, económicas y políticas derivadas del "neoliberalismo a ultranza" aplicado por el salinismo. El PRD ofrecía una alternativa política centrada en cuatro grandes apartados: democratización del Estado y de la sociedad; crecimiento económico con equidad; un nuevo pacto social y una agenda internacional que pugnaba por un nuevo orden, más justo y democrático, en las relaciones con el exterior.

El 6 de marzo, dos días después de registrada su candidatura, Luis Donaldo Colosio pronunció, con motivo del 65 aniversario del PRI, un discurso que llegaría a ser el más duro y propositivo de su campaña. Los contenidos de este documento y el manejo de los símbolos durante la ceremonia[17] evidenciaban que habría cambios definitivos para la historia del PRI. Al referirse a los nuevos tiempos, Colosio expresó:

El 6 de marzo, con motivo del 65 aniversario del PRI, Luis Donaldo Colosio pronunció un discurso que llegaría a ser el más duro y propositivo de su campaña.

Hoy vivimos en la competencia y a la competencia tenemos que acudir, y para hacerlo se dejan atrás viejas prácticas: las de un PRI que sólo dialogaba consigo mismo y con el gobierno, las de un partido que no tenía que realizar grandes esfuerzos para ganar.

Como un partido en competencia el PRI hoy no tiene triunfos asegurados, tiene que luchar por ellos y tiene que asumir que en la democracia sólo la victoria nos dará la estatura a nuestra presencia política.

Cuando el gobierno ha pretendido concentrar la iniciativa política ha debilitado al PRI. Por eso hoy, ante la contienda política, ante la contienda electoral, el PRI, del gobierno, sólo demanda imparcialidad y firmeza en la aplicación de la ley. ¡No queremos ni concesiones al margen de los votos ni votos al margen de la ley!

En seguida establecía un compromiso:

Hoy, ante el priísmo de México, ante los mexicanos, expreso mi compromiso de reformar el poder para democratizarlo y para acabar con cualquier vestigio de autoritarismo (...)

No queremos candidatos que, al ser postulados, los primeros sorprendidos en conocer su supuesta militancia seamos los propios priístas...

Es la hora de reformar el poder, de construir un nuevo equilibrio en la vida de la República; es la hora del poder del ciudadano (...) de la democracia en México (...) de hacer de la buena aplicación de la justicia el gran instrumento para combatir el cacicazgo, para combatir los templos de poder y el abandono de nuestras comunidades. ¡Es la hora de cerrarle el paso al influyentismo, a la corrupción y a la impunidad![18]

Discurso de Colosio el 6 de marzo de 1994

---

[17] Los elementos utilizados como marco al entarimado donde se pronunciaría el discurso, así como la colocación de los mismos, provocaron que algunas personas detectaran un mensaje implícito sobre la muerte del PRI. Cfr. *Ibid.*, p. 314.
[18] *Ibid.*, pp. 335-343.

En síntesis, las propuestas colosistas eran:

1. Reformar el poder para acabar con el presidencialismo.
2. Hacer del federalismo mexicano una realidad.
3. Establecer una nueva relación entre el PRI y el gobierno.
4. Promover la autocrítica dentro del PRI para superar actitudes que debilitan las posibilidades de cambio.
5. Reconocer la insensibilidad del PRI frente a los reclamos de la sociedad.
6. Luchar contra privilegios para acabar con el influyentismo.
7. Cerrar el paso a toda intención desestabilizadora.
8. Adoptar la premisa del cambio como única línea de continuidad.
9. Asegurar la certidumbre económica a partir de finanzas públicas sanas que a su vez se tradujeran en finanzas familiares sanas.
10. Garantizar la transparencia electoral.
11. Aceptar la presencia de observadores nacionales y visitantes internacionales en el proceso electoral.[19]

El discurso causó conmoción, sobre todo para quienes veían en las palabras del candidato una amenaza para la hegemonía del PRI en caso de llevarse a cabo la separación entre el partido y el gobierno; la amenaza iba dirigida también contra quienes veían disminuir sus propios privilegios, sustentados en el influyentismo que Colosio pretendía erradicar.

No obstante la confirmación dada por Salinas, continuaron las presiones para la eventual sustitución de la candidatura de Colosio, al grado de que Camacho, después de entrevistarse con el presidente, hizo una declaración a la prensa para responder a las presiones sobre su posible candidatura presidencial; aunque su respuesta no fue suficientemente clara, Camacho afirmó que no cancelaría su vida política ni actuaría por presiones o precipitadamente; agregaba que su responsabilidad estaba en Chiapas, pero que después de cumplir con esa misión tomaría la decisión política necesaria para hacer avanzar la democracia y propiciar la unidad en México.

Mientras tanto, el resto de los partidos cumplió con el registro de sus candidaturas ante el Consejo General del IFE. El 2 de marzo la Comisión Permanente del Congreso de la Unión convocó a un periodo extraordinario de sesiones para discutir la reforma electoral, con base en los acuerdos establecidos por el PRI, el PAN y el PRD; el 23 de ese mismo mes fue aprobado el paquete de reformas al artículo 41 constitucional, las terceras del sexenio, en las que se reforzaba la autonomía para los organismos electorales. Un día antes, Camacho Solís había declarado que no buscaría la candidatura a la Presidencia ni al Senado de la República, para no perjudicar el proceso de paz en Chiapas.

Muerte del candidato priísta

El proceso electoral fue perturbado por un gravísimo suceso; el mismo día 23 de marzo en que el Congreso aprobara las reformas electorales, Luis Donaldo Colosio fue asesinado durante un mitin de campaña en la colonia Lomas Taurinas de la ciudad de Tijuana, Baja California. En medio de terrible confusión, en el lugar de los hechos fue aprehendido Mario Aburto Martínez como presunto autor material del crimen.

El discurso de Colosio causó conmoción, sobre todo para quienes veían en las palabras del candidato una amenaza para la hegemonía del PRI en caso de llevarse a cabo la separación entre el partido y el gobierno.

Ejercicio 8

1. Describe cómo afectó las campañas electorales por la Presidencia, el conflicto del EZLN.

2. ¿En qué consistieron los esfuerzos de los diferentes organismos políticos, por lograr la credibilidad ciudadana en las elecciones de 1994?

3. ¿Por qué se considera al discurso de Colosio del 6 de marzo, como el más duro y propositivo de su campaña?

4. ¿Por qué se especuló en el PRI sobre la eventual sustitución de la candidatura de Colosio?

---

[19] Arturo Sánchez Gutiérrez, "Las campañas electorales", en *La voz de los votos: un análisis crítico de las elecciones de 1994*, Germán Pérez Fernández del Castillo y otros (coords.), FLACSO/Porrúa, México, 1995, pp. 28-29.

El 23 de marzo, Luis Donaldo Colosio, candidato del PRI a la Presidencia, fue asesinado durante un mitin de campaña en la colonia Lomas Taurinas de la ciudad de Tijuana, Baja California.

El móvil del asesinato —al que se dio carácter de magnicidio— no se resolvió con la captura de Aburto, ni con su confesión; las circunstancias oscuras en que ocurrió el crimen dieron lugar a varias hipótesis, muchas de las cuales se inclinaban por la conspiración, aunque también empezó a manejarse la posibilidad del "asesino solitario". Después de que el presidente Salinas designara una subprocuraduría especial para la investigación del crimen, se aprehendió a varias personas que habían integrado el cuerpo de seguridad del candidato, para luego liberarlas por falta de pruebas; así llegó el final del sexenio, sin que se lograra un avance significativo en las investigaciones.

El crimen de Colosio agravó en gran medida la crisis política por la que atravesaba el país desde el primer día de 1994, crisis que también tuvo repercusiones económicas. Se trataba de una situación inédita en la historia de México, al menos desde 1928 en que Álvaro Obregón fuera asesinado siendo presidente electo. En los días que siguieron inmediatamente a la muerte del candidato priísta, y pese a la pena y el repudio generalizados, la marcha del país hubo de continuar. Por lo pronto, para evitar que la economía se viera afectada, se tomaron medidas financieras de emergencia y se reunieron los sectores firmantes del Pacto para la Estabilidad y Crecimiento Económico, con miras a ratificar sus compromisos, mientras continuaba el proceso electoral.

El crimen de Colosio agravó en gran medida la crisis política por la que atravesaba el país desde el primer día de 1994, crisis que también tuvo repercusiones económicas.

En medio de la agitación consecuente, el PRI debió iniciar el proceso de designación de su nuevo candidato, manejándose los nombres de tres priístas con mayores probabilidades de sustituir a Colosio: Fernando Gutiérrez Barrios, ex secretario de Gobernación; Fernando Ortiz Arana, presidente nacional del PRI y Ernesto Zedillo Ponce de León, ex secretario de Educación Pública y coordinador de campaña de Luis Donaldo Colosio.

Nombramiento del nuevo candidato del PRI

En la madrugada del día 29 de marzo, los gobernadores y los representantes de los sectores del PRI se reunieron con el presidente Carlos Salinas, quien solicitó propuestas para nombrar al candidato sustituto. Manlio Fabio Beltrones, gobernador de Sonora, presentó un video en el que Colosio identificaba a Ernesto Zedillo como miembro de la generación del cambio [véase fuente 5. "La selección del candidato sustituto"]. Este hecho definió el nombramiento. Esa mañana, después de que Fernando Ortiz Arana declaró que se excluía de la candidatura, Zedillo fue designado nuevo candidato del PRI a la Presidencia. Pocas horas más tarde, el nuevo candidato presentaba su discurso de aceptación, y, con ello, las campañas electorales entraron a una nueva fase. Manuel Camacho Solís le envió ese mismo día una carta, en la que brindaba su apoyo al nuevo candidato priísta, pues, según decía, "con el fin de evitar que la situación del país se agrave, es importante consolidar la candidatura del PRI".

Ernesto Zedillo y Carlos Salinas de Gortari

El 1 de abril, el gobierno anunció que José María Córdoba Montoya dejaba la Oficina de la Presidencia de la República para trasladarse a los Estados Unidos como representante de México ante el Banco Interamericano de Desarrollo (BID). La salida de este personaje —nacido en Francia, de padres españoles—, cuya estrecha cercanía al presidente Salinas le había dado gran notoriedad, al grado de hablarse de un "poder tras el trono", fue un hecho que dio origen a dos interpretaciones principales: por una parte, algunos suponían que, dadas las circunstancias de inestabilidad en el PRI, se trataba de una concesión de Carlos Salinas a los priístas contrarios a Córdoba; por otra parte, podría tratarse de una remoción obligada para el presidente, después de las evidentes fallas en el manejo de la seguridad nacional. De cualquier forma, otro hecho pareció confirmar la primera hipótesis, al reaparecer Ignacio Pichardo Pagaza

El 29 de marzo Ernesto Zedillo fue designado nuevo candidato del PRI a la Presidencia y, con ello, las campañas electorales entraron a una nueva fase.

Cap. 10. El sexenio salinista: Modernidad y turbulencia

> **Fuente 5. La selección del candidato sustituto**
>
> El país estaba en riesgo de una crisis nacional. Los mexicanos se encontraban desconcertados por la tragedia. Además, conforme pasaban los minutos, aparecían señales de tensión en el área política, ante la incertidumbre provocada por la trágica ausencia del candidato del PRI a la presidencia de la República. Muy pronto las pasiones políticas se desataron: algunos miembros intentaron imponer el relevo de Colosio, con riesgo de provocar una ruptura en el PRI. Además, mis colaboradores más cercanos del área económica me seguían alertando de la amenaza de un pánico financiero y cambiario. La posibilidad de una crisis económica se consolidaba. A pesar del desconsuelo que en esos momentos me embargaba, tenía que hacer frente a estos conflictos potenciales. Cualquiera que hubiese sido el motivo para atentar contra Colosio, el resultado político podía ser la intolerancia, la regresión de la apertura política conseguida, la amenaza a las libertades y la imposibilidad de realizar una elección presidencial democrática. Se podía endurecer la vida política del país.
>
> (...) La ofensiva política para apoderarse de la postulación no había esperado ni al entierro. La lucha por el poder dentro del PRI había estallado. Tenía que actuar de inmediato. (...) Las opciones se redujeron en esos momentos críticos pues no podían ser candidato ni los secretarios de Estado ni los subsecretarios ni los gobernadores. El perfil del candidato tenía que llenar las cualidades que había considerado para postular a Colosio.
>
> (...) Apoyé como sustituto para la candidatura al hombre que, según creí en ese momento, Donaldo Colosio hubiera apoyado. Lo hice pensando en el país: el nuevo candidato debía contar con cualidades para conducir los cambios políticos, garantizar la estabilidad económica y financiera y elevar el nivel de vida de los mexicanos. Nos inclinamos por un hombre con conocimiento y experiencia en materia económica y no por algunos de los que contaban con mayor experiencia política. Eso no significaba ignorar que sin conducción política no había posibilidad de desarrollar una buena política económica. Se consideró que el desempeño en las tareas del gabinete presidencial siempre le daban a un secretario de Estado la formación necesaria para desarrollar una acción política de alto nivel.
>
> Carlos Salinas de Gortari, *México, un paso difícil a la modernidad*, Plaza & Janés, Barcelona, España, 2000, pp. 881-882, 884-886, 891-892.

José María Córdoba Montoya

en el escenario político como secretario general del PRI y como coordinador de la campaña de Zedillo, pues se le identificaba como miembro del grupo de priístas opuesto al nuevo rumbo que estaba tomando el partido.

Última etapa de las campañas electorales

Dos semanas después del asesinato de Colosio se reiniciaron las campañas electorales, apoyadas por el reforzamiento de las medidas de seguridad para los candidatos. Ernesto Zedillo propuso a sus homólogos del PRD y del PAN un debate sobre sus proyectos de gobierno, el cual fue aceptado por ambos contendientes, en tanto que los aspirantes a la Presidencia de la República del PFCRN, PT, PPS y PARM señalaron que una invitación que sólo tomaba en consideración a los candidatos del PAN y del PRD era "ex-

Ernesto Zedillo, Diego Fernández de Cevallos y Cuauhtémoc Cárdenas

Ernesto Zedillo en campaña

Cuauhtémoc Cárdenas, candidato del PRD, con los dirigentes del EZLN

La ciudadanización de los procesos electorales fue percibida por la opinión pública, como un acto tardío para dotar de credibilidad e imparcialidad a las elecciones de agosto de 1994.

cluyente y atentatoria contra el pluralismo democrático y el régimen de partidos", por lo que también realizarían un debate.

El 11 de mayo se efectuó el primer debate público en la historia política de México, entre los candidatos presidenciales Pablo Emilio Madero (PDM-UNO), Jorge González Torres (PVEM) y Rafael Aguilar Talamantes (PFCRN). Este acto revistió en general muy poco interés, aparte de que el escaso alcance de las propuestas de estos personajes fue criticada por diversos medios de comunicación, algunos de los cuales las calificaron como intrascendentes.

En enorme contraste, el debate entre los candidatos presidenciales Cuauhtémoc Cárdenas (PRD), Diego Fernández de Cevallos (PAN) y Ernesto Zedillo (PRI) recibió una gran difusión, llegando a cerca de 40 millones el número de mexicanos que atendieron el evento, difundido a través de la radio y la televisión. Desde los primeros momentos, Diego Fernández de Cevallos mostró una gran habilidad para dominar la escena del debate, y no sólo enfiló sus críticas contra el sistema político representado por el candidato priísta, sino también —y en mayor grado— contra el PRD y su candidato.

En cuanto al resultado general del debate, además de que las expectativas sobre los resultados en los comicios de agosto empezaron a inclinarse en favor de Fernández de Cevallos, fue notable la coincidencia de los tres participantes en cuanto a las propuestas sobre el camino por el que debería conducirse el país, ya que no hubo planteamientos radicales, ratificándose las ideas sobre la necesidad de mayor justicia social y democracia.

En los días posteriores al debate, cada uno de los candidatos buscó ganarse al electorado por caminos distintos. Bajo el lema de "bienestar para la familia", Ernesto Zedillo presentó una serie de programas, cada uno de los cuales contenía 10 propuestas para dar solución a los problemas más apremiantes del país. Diego Fernández de Cevallos buscó capitalizar su éxito en el debate e insistió en sus críticas y propuestas, haciendo aparecer al PAN como la opción más viable; sin embargo, conforme se acercaba la fecha de los comicios, disminuyó el ritmo de su campaña. Esta circunstancia llegó a ser tema de interés incluso para la prensa extranjera, que no podía explicarse por qué, después del éxito alcanzado en el debate del 12 de mayo, la campaña del candidato panista había efectuado un cambio de esa naturaleza en la recta final del proceso electoral.

Por su parte, Cárdenas intentó recuperar el terreno perdido, mostrando su disposición a reconocer las ventajas de una modernización económica acorde con los tiempos del Tratado de Libre Comercio, que insertarían a México en el marco de la economía internacional. Sin embargo, seguía manteniendo la necesidad de privilegiar los aspectos sociales sobre los económicos; como prueba de esto último, el día 15 de mayo viajó a Chiapas para entrevistarse con el subcomandante Marcos. Pero el mayor éxito para Cárdenas en esos días lo constituyó el mitin organizado en la UNAM, donde demostró que aún mantenía el poder de convocatoria que caracterizó su campaña en 1988.

El proceso electoral

Avances democráticos

La figura de los consejeros ciudadanos fue incorporada a la estructura del Consejo General del IFE. La principal tarea de los consejeros fue organizar, vigilar y sancionar el proceso electoral del 21 de agosto. Pero la ciudadanización de los procesos electorales, un avance significativo para la democracia del país, fue percibida por la opinión pública como un acto tardío para dotar de credibilidad e imparcialidad a las elecciones del 21 de agosto, puesto que se les llamaba a participar cuando ya estaba decidida la organización general del Consejo General del IFE.

En los primeros días de junio fue creado el Grupo San Ángel, integrado por intelectuales y políticos preocupados por la transición democrática del país. El hecho de que este grupo llegara a convertirse en un foro de discusión política fue un indicador de que las organizaciones ciudadanas habían ganado espacios dentro del sistema político, y un ejemplo del interés mostrado durante el proceso electoral por algunos sectores de la sociedad para que, por la vía pacífica y en el marco de las leyes, se avanzara en la democratización del sistema político mexicano.

> *El hecho de que el grupo San Ángel llegara a convertirse en un foro de discusión política fue un indicador de que las organizaciones ciudadanas habían ganado espacios dentro del sistema político.*

Problemas en los días previos a las elecciones

A medida que se acercaba el 21 de agosto, surgían nuevas manifestaciones de la inestabilidad existente en el sistema político. El 16 de junio, en respuesta a declaraciones de Ernesto Zedillo en las que criticaba la labor de Camacho en su calidad de comisionado para la paz y la reconciliación en Chiapas, este último decidió renunciar a dicho cargo porque las declaraciones del candidato presidencial priísta representaron, en palabras del propio Camacho, "una especie de voto de censura sobre mi trabajo, que dificulta más aún la construcción de la paz".[20]

La continua aparición de hechos desestabilizadores creó un ambiente de intranquilidad entre la población; en vísperas del 21 de agosto el panorama era de incertidumbre y crecía el temor de conflictos poselectorales generalizados en el país. Por ello, el Grupo San Ángel impulsó el establecimiento de un nuevo pacto entre las fuerzas políticas, que garantizara elecciones limpias y resultados creíbles. El 12 de julio todos los candidatos presidenciales firmaron el Acuerdo por la Civilidad, la Concordia y la Justicia en la Democracia, que establecía ocho compromisos y era complemento del acuerdo firmado en el mes de enero anterior.

> *La continua aparición de hechos desestabilizadores creó un ambiente de intranquilidad enre la población; en vísperas el 21 de agosto crecía el temor de conflictos poselectorales generalizados en el país.*

Por lo que se refiere al cierre de campañas de los diferentes partidos políticos, las concentraciones de seguidores logradas por los tres candidatos fueron un indicador de la cerrada lucha electoral y certificaron que los comicios del 21 de agosto serían los más competidos de la historia de México. En aquellos momentos, muchas personas suponían que la contienda electoral constituirá el principio de la construcción de un nuevo régimen político.

Sin embargo, la sociedad mexicana no optó por el cambio político; el resultado estuvo muy cerca de lo pronosticado por las encuestas previas y el PRI obtuvo una holgada ventaja sobre sus adversarios políticos, con 48.8%, en tanto que el PAN obtuvo 25.9%; el PRD, 16.6%; el PT, 2.7% el PVEM, 0.93%; el PFCRN, 0.8%; el PARM, 0.5%; y el PDM-UNO, 0.3%.[21]

> *Muchas personas suponían que la contienda electoral constituiría el principio de la construcción de un nuevo régimen político, sin embargo, la sociedad mexicana no optó por el cambio político.*

Entre los rasgos que distinguieron a las elecciones de 1994, los más relevantes fueron:

a) La presencia de observadores nacionales y extranjeros.
b) La participación ciudadana más copiosa de la historia, pues votó 75%, de las personas empadronadas, lo que significó una grave derrota al abstencionismo y echó por tierra la imagen de pasividad de los mexicanos frente a la política.

Ejercicio 9

1. Describe el proceso de selección del candidato del PRI a las elecciones presidenciales de 1994, después de la muerte de Colosio.
2. ¿Cuáles fueron los avances democráticos en el proceso electoral de 1994?
3. ¿Cuáles fueron los problemas desestabilizadores en los días previos a las elecciones de 1994?
4. Menciona los rasgos que distinguieron a las elecciones de 1994.

---

[20] Rafael Rodríguez Castañeda, "Atrás de las declaraciones de Zedillo, la línea de intolerancia que está dominando en el PRI: Manuel Camacho". *Proceso,* México, 20 de junio de 1994, p. 9.
[21] Juan Pablo González Sandoval y Jaime González Graf, *Op. cit.,* p. 397.

José Francisco Ruiz Massieu

c) El ambiente relativamente pacífico y tranquilo en que se desenvolvieron las elecciones, pese al clima de temor que, en días anteriores, prevalecía entre los ciudadanos.

d) La participación ciudadana en el control de los órganos electorales, lo cual constituyó un importante avance. No obstante, hubo algunas irregularidades, entre ellas la relacionada con el número de urnas especiales y de boletas en las casillas, originada por una decisión anterior, producto de la desconfianza de la oposición, que quiso restringir el número de casillas especiales y de boletas, para limitar las posibilidades de fraude electoral.

Persistente turbulencia en los últimos meses de 1994

El clima de tranquilidad en el que se desarrollaron los comicios del 21 de agosto, parecía demostrar que, salvo el conflicto aún no resuelto en Chiapas y las soluciones pendientes en los casos Posadas y Colosio, el sistema político se había revitalizado con el triunfo del candidato priísta y todo volvería a su cauce normal. Desafortunadamente, un hecho más de violencia sacudió las estructuras del grupo en el poder. El día 28 de septiembre fue asesinado José Francisco Ruiz Massieu, ex gobernador de Guerrero, secretario general del CEN del PRI y virtual líder de la Cámara de Diputados. Este nuevo hecho de sangre aumentó la incertidumbre sobre la estabilidad política del país, en momentos en que el sexenio salinista estaba a punto de terminar.

En su último informe de gobierno, presentado el 1 de noviembre, Salinas de Gortari reconocía que 1994 había sido "un año de tragedia y esperanza" en que el país había "vivido momentos de violencia localizada, de origen distinto pero con efectos similares (...) hechos inesperados y aun trágicos que causaron dolor y despertaron inquietud (...)". Entre esos hechos destacaba Salinas de Gortari el conflicto armado en Chiapas, en relación con el cual, "en lugar de endurecerse y de reducir el ejercicio de las libertades, el gobierno las protegió plenamente". En seguida hacía referencia a "otros ataques a la legalidad y a la tranquilidad", como los secuestros a empresarios y el aumento de actos delictivos que amenazaban la seguridad de los ciudadanos. Por último, los actos criminales contra los dos políticos priístas completaban el amargo cuadro de la tragedia.

Por el lado de la esperanza, Salinas de Gortari habló de los signos del cambio que permitían a México participar en los foros mundiales y contar con el reconocimiento y el respeto de la comunidad internacional. Pero, sobre todo, encomiaba la jornada cívica del 21 de agosto, en la que "a pesar de comentarios y rumores adversos (...) los mexicanos mostraron valor y serenidad, balance de espíritu y confianza en sus instituciones". Para el presidente, las elecciones de agosto habían demostrado la pluralidad de opiniones como norma de la vida pública, y la capacidad para debatir sobre problemas públicos fundamentales y tolerar la diversidad política y la opinión ajena, que, decía, "son la expresión más elevada de una comunidad política moderna".

Pero los signos salinistas de la modernidad, la esperanza de entrar al umbral del siglo XXI con el nombre de México inscrito en la lista de los países líderes en el marco de la globalización, la confianza de haber superado por fin los largos años de crisis económica, resultaron ser, otra vez, anhelos burlados, o bien realidades efímeras que se desvanecieron, ya no en el final del sexenio como en otras ocasiones, sino al principio del siguiente.

Un hecho más de violencia sacudió las estructuras del grupo en el poder, al ser asesinado José Francisco Ruiz Massieu, secretario general del CEN del PRI y virtual líder de la Cámara de Diputados.

Interpelaciones en el último informe de gobierno de Salinas

Política exterior

Durante el sexenio de Carlos Salinas de Gortari, México tuvo una intensa actividad en política exterior, en parte por las características propias del entorno mundial, pletórico en acontecimientos trascendentales durante el periodo en cuestión, y en parte

CUADRO 10.2. *Gobierno de Carlos Salinas de Gortari. Política interna*

- **Turbulento fin de sexenio**
  - **Rebelión en Chiapas**
    - El EZLN toma por las armas cinco municipios
      - Respuesta militar del gobierno federal en los primeros 12 días
      - Del enfrentamiento a la negociación
        - Intentos de negociación del gobierno salinista
    - Declaración de la Selva Lacandona
    - Antecedentes desde la década de 1970
      - Actitud conciliadora del gobierno Nombramiento del Comisionado para la paz y la reconciliación
  - **Elecciones en 1994**
    - Influencia de la rebelión del EZLN en el proceso electoral
      - Nombramiento de Manuel Camacho como comisionado en Chiapas, provoca rumores sobre la sustitución del candidato presidencial del PRI
      - Candidatos presidenciales crean "Acuerdo para la paz, la justicia y la democracia"
        - Discurso de Colosio provoca conmoción en el PRI
        - Camacho declara no buscar la candidatura
        - Asesinato de Colosio
          - Ernesto Zedillo, candidato sustituto
          - Reanudación de las campañas
          - Triunfo del PRI
          - Asesinato del secretario general del PRI

por el interés del presidente de proyectar la imagen de México (y quizá la suya propia) al exterior, aprovechando la coyuntura internacional.

De manera más específica, la actividad desplegada por el gobierno salinista en política exterior estaba estrechamente vinculada al proyecto económico, cuyos primeros pasos se habían dado en el sexenio anterior, al que Salinas se propuso dar continuidad. Los elementos de ese proyecto —la apertura comercial, el saneamiento de las finanzas públicas, la privatización de empresas estatales y la desregulación— tuvieron gran influencia sobre el rumbo de las relaciones de México con el exterior.

Así, la política exterior salinista pretendía llevar a la práctica la idea de que la inserción de México en el mercado internacional, unida a la captación de inversiones extranjeras, constituía el medio más adecuado para salir de la crisis y encaminarse luego hacia el desarrollo nacional. En consecuencia, fue necesario poner a la diplomacia mexicana al servicio del proyecto económico, para lo cual, una de las principales misiones de la cancillería consistió en efectuar labores de promoción que incrementaran la presencia de México en el extranjero, proyectando una imagen positiva.

Con referencia a la coyuntura internacional, destaca por su magnitud e importancia la caída del socialismo liderado por la ex Unión Soviética, cuyos efectos políticos inmediatos transformaron el panorama europeo y, de manera más significativa para el entorno mundial, pusieron fin a la Guerra Fría y en consecuencia a la rivalidad bipolar Este-Oeste, dando paso a un nuevo tipo de relaciones internacionales en las que México habría de ser partícipe, dada su inmediata vecindad con Estados Unidos.

El fin de la bipolaridad contribuyó a la formación de un nuevo fenómeno geopolítico y económico sin precedentes, caracterizado por la existencia de una red de relaciones comerciales ya no entre naciones aisladas, sino entre regiones formadas por bloques de países colindantes, en el marco de una fuerte competencia global, de la cual se deriva el nombre de *globalización*. Se trata de un fenómeno que, aunque característico del fin del siglo XX, es resultado de un proceso iniciado en Europa durante los años inmediatamente posteriores a la Segunda Guerra Mundial, hecho realidad a principios de los noventa, en coincidencia con la caída del socialismo.

La integración europea constituyó el primer ejemplo de regionalización económica, al que siguió la red de asociaciones integrada por los países del Pacífico asiático —Japón, Corea del Sur, Singapur, Tailandia, Indonesia, Malasia, Filipinas y China—,

> *Durante el sexenio de Carlos Salinas, hubo una intensa actividad en política exterior, en parte por las características del entorno mundial y en parte por el interés del presidente de proyectar la imagen de México al exterior.*

Carlos Salinas de Gortari en el Congreso de Estados Unidos

cuyas crecientes economías les permitieron rivalizar tanto con Europa como con Estados Unidos. La tendencia a conformar zonas de integración comercial constituyó una gran preocupación para el gobierno estadounidense, que durante la administración de George Bush planteó el proyecto de crear una zona de libre comercio en América del Norte.

La existencia de una red de relaciones comerciales entre los países que integran una región determinada implica la necesidad de abrir las fronteras entre las naciones integrantes de la misma, es decir, de una *liberalización* que permita el tránsito de bienes y servicios sin trabas arancelarias, respaldada jurídicamente por acuerdos firmados entre los gobiernos de las naciones respectivas. En ese contexto, el proyecto del presidente Bush no pretendía limitar la integración regional a los tres países de América del Norte, sino hacerlo extensivo a todo el continente, con la intención de crear el mercado más grande del mundo.

Sin embargo, al principio del sexenio la administración salinista tenía ante sí el gran reto de reducir el monto de la deuda —que en ese momento alcanzaba la suma de 81 003 millones de dólares— como una de las metas para lograr la recuperación económica que permitiera recobrar la confianza de los inversionistas nacionales y extranjeros. Las medidas de estabilización de precios y de ajustes financieros, reforzadas por la política de privatización que emprendió el gobierno, fueron claros indicios de que México se perfilaba por el camino de la liberalización y la reducción del aparato estatal, con miras a lograr la confiabilidad de los mercados financieros internacionales.

La necesidad de lograr "una mejor inserción de México en el mundo", y la de "promover la imagen de México en el exterior" constituían parte esencial de los objetivos sobre política exterior expresados en el Plan Nacional de Desarrollo, y empezaron a materializarse desde el primer año de gobierno, no sólo por los viajes que el presidente Salinas realizó a varios países extranjeros, sino porque en ellos aprovechó la ocasión para dar a conocer sus planes económicos, acordes con el nuevo orden multipolar y con la globalización económica, por lo que, según dijo: "era indispensable romper aislamientos, alejarse del proteccionismo y conducir la vinculación del país hacia los centros de la dinámica mundial y, en particular, hacia América Latina".[22]

Renegociación de la deuda externa

Una de las primeras acciones del gobierno de Carlos Salinas de Gortari consistió en celebrar una nueva renegociación de la deuda externa pública, con el propósito expreso de lograr una disminución sustancial de la transferencia de recursos al exterior, que a su vez permitiera el logro de tres objetivos, esenciales para la recuperación económica: a) disminuir la carga gubernamental del servicio de la deuda; b) alentar la repatriación de capitales; y c) atraer la inversión extranjera. El reto implicado en este proceso consistía en convencer al sector privado, nacional y extranjero, de que la política económica del nuevo gobierno era viable y digna de confianza; pero también implicaba convencer al gobierno de Estados Unidos, pues su apoyo era necesario para llevar a cabo la renegociación.

Las negociaciones empezaron en febrero de 1989, y en mayo y junio se firmaron los primeros acuerdos con el FMI, el Banco Mundial (BM) y el Club de París. Más tarde, al poner Estados Unidos en práctica el Plan Brady,[23] México se convirtió en el

---

[22] Carlos Salinas de Gortari, "Sexto Informe de Gobierno", en *Excélsior,* México, 2 de noviembre de 1994.
[23] El "Plan Brady" tomó su nombre del secretario del Tesoro de Estados Unidos, Nicholas Brady, dado que durante su gestión administrativa se anunció dicho plan.

primer país en lograr un acuerdo con los bancos comerciales, con base en dicho plan; el proceso, que significó una lucha ardua para el gobierno mexicano, dio comienzo en marzo de 1989 y los acuerdos definitivos se firmaron el 4 de febrero del siguiente año.

La renegociación de la deuda fue considerada como una de las acciones más importantes de la reforma económica y la política de modernización salinista.[24] Los beneficios del nuevo paquete financiero significaron un ahorro considerable de divisas para el país, pues en virtud de que el saldo de la deuda externa del sector público se redujo, se dejarían de pagar anualmente intereses por 657 millones de dólares. Además, el otorgamiento de garantías para el pago del *principal*,[25] eliminaba la presión de tener que acumular recursos para pagar esa cantidad al término del plazo de los nuevos bonos en el año de 2019, por lo que, según se suponía en aquellos momentos, se anulaba la necesidad de pedir nuevos créditos para pagar el servicio de la deuda recién negociada.

Al ponerse Estados Unidos en práctica el Plan Brady, México se convirtió en el primer país en lograr un acuerdo con los bancos comerciales sobre la renegociación de la deuda externa, con base en dicho plan.

Relaciones con América Latina

En el contexto de la integración latinoamericana, fueron de particular importancia las iniciativas propuestas por México para la celebración de la Cumbre Iberoamericana, la primera de cuyas reuniones tuvo lugar en julio de 1991 en la ciudad mexicana de Guadalajara. En ella participaron 21 jefes de gobierno y de Estado de países latinoamericanos, y también de España y Portugal. Durante el sexenio salinista, México participó en tres reuniones más: la Segunda Cumbre Iberoamericana, celebrada en Madrid, España, en 1992; la tercera, en Bahía, Brasil; y la cuarta en Cartagena de Indias, Colombia, en 1994.

En esa última Cumbre, el presidente Salinas logró importantes avances en su propósito de promover el libre comercio en el continente, pues los acuerdos derivados de esa reunión coincidieron con el interés salinista por impulsar la integración comercial en la región. De manera general, en las conclusiones finales quedó consolidada la idea de que el modelo neoliberal constituía la única opción viable para que los países latinoamericanos se incorporaran a la nueva dinámica internacional.

En el impulso a la integración latinoamericana, fueron importantes las iniciativas de México para la celebración de la Cumbre Iberoamericana, y la primera reunión tuvo lugar en Guadalajara en julio de 1991.

Respecto a la región de Centroamérica, continuaron las tendencias a la regionalización y al desarrollo sectorial que desde los años ochenta se venían manifestando en el área. El gobierno mexicano mantuvo el diálogo político en la región mediante una labor de concertación en los procesos de pacificación, principalmente con referencia a El Salvador, Guatemala y Colombia (aunque esta última pertenece a Sudamérica). Un reconocimiento a esa labor concertadora fue la petición del gobierno salvadoreño y del Frente Farabundo Martí para la Liberación Nacional, para celebrar en México la firma de los acuerdos de paz (Acuerdos de Chapultepec), en enero de 1992.

Carlos Salinas firma el TLCAN, 1992

En la Cumbre de Tuxtla Gutiérrez, celebrada en enero de 1991, con la participación de los presidentes de Honduras, El Salvador, Costa Rica y Guatemala, se suscribieron un Acuerdo General de Cooperación y un Acuerdo de Complementación, orientados

El gobierno mexicano mantuvo el diálogo político en Centroamérica mediante una labor de concertación en los procesos de pacificación, principalmente con referencia a El Salvador, Guatemala y Colombia.

---

[24] El valor económico de la deuda histórica acumulada se redujo en más de 20,000 millones de dólares, y con ello se logró disminuir la deuda en relación con el PIB, pues en términos de su impacto económico equivalía a pasar de 60% del producto nacional, a fines de 1988, a alrededor de 40% en marzo de 1990. Segundo Informe de Gobierno de Carlos Salinas de Gortari, México, 1 de noviembre de 1990.

[25] Se llama "principal" a la cantidad nominal otorgada en crédito o préstamo, cuyo reembolso se amortiza de una vez o en varios plazos. Cfr. Ramón Tamames y Santiago Gallego, *Diccionario de Economía y Finanzas*, Alianza Editorial, España, 1994.

> *El Grupo de Río se consolidó como el principal órgano latinoamericano de diálogo político, capaz de orientar e influir en mecanismos formales de integración regional.*

a lograr la plena liberalización de las relaciones comerciales entre México y la región centroamericana. Asimismo, se dio un gran impulso al Mecanismo Permanente de Consulta y Concertación Política, representado por el llamado Grupo de Río (fundado en 1986 por Argentina, Brasil, Colombia, México, Panamá, Perú, Uruguay y Venezuela), que en 1991 se amplió con la incorporación de Chile, Ecuador, Bolivia y Paraguay, y con la participación de un representante por la región centroamericana y otro por los países de El Caribe. Con esta expansión, el Grupo de Río se consolidó como el principal órgano latinoamericano de diálogo político, capaz de orientar e influir en mecanismos formales de integración regional como la Asociación Latinoamericana de Integración (Aladi) y el Sistema Económico Latinoamericano (Sela). Además, gracias a su nueva estructura ampliada, el grupo se convirtió en interlocutor privilegiado con grupos de países de otras regiones, principalmente con la Comunidad Europea, los países de la Asociación de Naciones del Sudeste Asiático (Ansea) y la Liga Árabe.

En 1993 se celebró en la ciudad de Caracas, Venezuela, una reunión entre el grupo de países conocido como Grupo de los Tres (G-3), integrado por Colombia, Venezuela y México, en la cual, aparte de establecer un acuerdo comercial entre estos países que debería entrar en vigor en enero de 1994, se fijó como prioridad el fortalecimiento de las relaciones económicas entre Centroamérica y el G-3, y la necesidad de apoyar el proceso de integración latinoamericana con base en la constitución de espacios ampliados de comercio e inversión.[26]

En la relación de México con América Latina, Cuba ha ocupado un lugar especial. Esto se debe en parte al papel significativo de la revolución cubana sobre la región de Centroamérica y El Caribe, pero también a los efectos que sobre la misma han tenido los persistentes esfuerzos de los sucesivos gobiernos estadounidenses por ejercer presiones contra el gobierno de Fidel Castro. Sobre este último aspecto, México ha mantenido una posición de rechazo frente a políticas que considera intervencionistas, en defensa del derecho internacional y con base en los principios de su política exterior.

> *El gobierno salinista mantuvo la posición de rechazo frente a políticas intervencionistas en Cuba, en defensa del derecho internacional y con base en los principios de su política exterior.*

Las consecuencias de la posguerra fría y, en particular, la extinción de la Unión Soviética agravaron la situación interna de Cuba y sus relaciones comerciales externas. El gobierno de Estados Unidos tomó diversas medidas para reforzar el embargo económico impuesto desde los años sesenta, como la de prohibir la llegada, a puertos estadounidenses, de buques que hubieran realizado recientemente actividades comerciales con Cuba. Además, en octubre de 1992 el presidente Bush promulgó una "ley para promover una transición pacífica hacia la democracia en Cuba" —conocida también como Ley Torricelli—, la cual avalaba la aplicación de sanciones a aquellos países que prestaran asistencia económica a Cuba. El objetivo declarado de esa ley —dada a conocer en vísperas de elecciones presidenciales en las que Bush contendía como candidato— consistía en lograr un cambio político en Cuba a través del endurecimiento del embargo económico, no obstante que con ello se vulneraba el principio de la libertad de comercio, consagrado por el derecho internacional y por el GATT.

México presentó su rechazo a la Ley Torricelli, recordando que las empresas constituidas al amparo de leyes mexicanas son regidas exclusivamente por éstas, independientemente del origen del capital social. En el ámbito de la comunidad internacional, el gobierno mexicano sostuvo que "la decisión de un Estado para establecer vínculos comerciales con otro es expresión plena de su soberanía y, por ende, no está subordinada a la voluntad de terceros Estados".[27]

Ejercicio 10

1. Describe los acontecimientos ocurridos en el ámbito internacional, que influyeron en la liberalización comercial emprendida por el gobierno de Salinas.
2. ¿Cuáles eran los objetivos que el gobierno de Salinas pretendía alcanzar con la renegociación de la deuda externa?
3. Menciona los avances logrados por el gobierno de Salinas con respecto al proceso de integración latinoamericana.
4. ¿Cuál fue el papel del gobierno de Salinas con respecto a las presiones de Estados Unidos hacia el régimen de Fidel Castro en Cuba?

---

[26] *Revista Mexicana de Política Exterior*, Instituto Matías Romero de Estudios Diplomáticos, Secretaría de Relaciones Exteriores, México, primavera de 1993, p. 97.
[27] Andrés Rozental, *La política exterior de México en la era de la modernidad*, Fondo de Cultura Económica, México, 1993, pp. 81-83.

Participación de México en Foros Internacionales

Desde su ingreso al GATT en 1985, México participó en las negociaciones de la Ronda Uruguay, cuyo éxito era considerado indispensable para impulsar el comercio mundial de bienes y servicios, y cuyos acuerdos se concluyeron en diciembre de 1988. Más tarde, en 1990, se celebró en Puerto Vallarta, México, una Reunión Informal de Ministros del GATT, tercera en la que participaba el país en calidad de miembro. Ahí se discutió la creación de una organización internacional que sustituyera al GATT, la cual habría de constituirse bajo el nombre de Organización Mundial de Comercio (OMC) o *World Trade Organization* (WTO), la cual entró en funciones el 1 de enero de 1995.

Ingreso de México a la OCDE. En abril de 1991, el gobierno mexicano expresó su deseo de adherirse a la Organización para la Cooperación y Desarrollo Económicos (OCDE),[28] y dos años más tarde fue admitido como país miembro. Con esta adhesión se esperaba que México obtuviera los siguientes beneficios:

1. La adopción de compromisos respecto a ciertos estándares internacionales de conducta garantizaría la consolidación de los avances de México en materia económica, ya que las políticas de los países miembros de la organización coinciden con las adoptadas por México.
2. El intercambio de experiencias en el diseño de políticas con otros países miembros y la posibilidad de participar en un foro donde se consulten y coordinen las políticas macroeconómicas de los países más desarrollados; además, México tendría acceso al cúmulo de información que genera la organización en múltiples áreas de interés económico y social.
3. Al quedar considerado como un país de menor riesgo, México podría aumentar significativamente su captación de inversión extranjera y obtener acceso al financiamiento internacional en términos más ventajosos.[29]

Relaciones con Estados Unidos

Negociaciones hacia el TLCAN

El Acuerdo de Libre Comercio que México estableció con Estados Unidos y Canadá durante el gobierno salinista tuvo como antecedente la iniciativa del presidente estadounidense George Bush, quien buscaba formar en el continente americano un mercado común que, al ser el más grande del mundo, fuera capaz de competir con la Comunidad Económica Europea. La propuesta de Bush se complementó con la llamada "Iniciativa para las Américas", orientada a impulsar las economías de los países al sur de la frontera de su país, mediante un programa de ayuda económica basado en tres aspectos principales: a) reducción de deuda, b) inversión y c) libre comercio. De acuerdo con ese proyecto, el primer paso consistía en integrar a su inmediato vecino del sur, México, a un acuerdo comercial ya existente entre Estados Unidos y Canadá, y constituir así el Tratado de Libre Comercio de América del Norte (TLCAN, o NAFTA, por sus siglas en inglés).

El proceso formal de negociación se inició en junio de 1991 y terminó en agosto de 1992; en diciembre de este último año se firmó el documento final, y sólo faltaba

> *En la reunión del GATT en Puerto Vallarta, se discutió la creación de una organización internacional que sustituyera a ese organismo, bajo el nombre de Organización Mundial de Comercio (OMC).*

> *En 1993, México fue admitido como país miembro de la Organización para la Cooperación y Desarrollo Económicos (OCDE).*

---

[28] La OCDE fue creada en 1960 como un foro de consulta y coordinación entre los gobiernos de los países miembros, con la finalidad de expandir la economía y el empleo, así como promover el bienestar económico y social de sus habitantes.
[29] Herminio Blanco Mendoza, *Las negociaciones comerciales de México con el mundo,* Fondo de Cultura Económica, México, 1993, pp. 101-114.

Aunque el Congreso de Canadá aprobó el TLCAN en junio de 1993, tanto en Estados Unidos como en México había opiniones contrarias a la aprobación del acuerdo comercial.

la aprobación de los poderes legislativos de las tres naciones. Sin embargo, el proceso no fue fácil, pues, aunque el Congreso de Canadá aprobó el tratado en junio de 1993, tanto en Estados Unidos como en México había opiniones contrarias a la integración, debido a las condiciones socioeconómicas tan claramente desiguales entre ambos países.

El temor de tener como socio comercial a Estados Unidos se fundamentaba en experiencias de acuerdos suscritos en el pasado, casi siempre desfavorables para México, que acentuaron la dependencia económica. El sector empresarial temía las implicaciones de una competencia tan desigual, en tanto que los grupos de izquierda alertaban sobre las repercusiones negativas que el tratado pudiera traer para las clases trabajadoras.

Por otra parte, en Estados Unidos, una fracción conservadora encabezada por el millonario texano Ross Perot —candidato independiente en las elecciones presidenciales de 1992 en las que resultó triunfador William J. Clinton— se opuso abiertamente al proyecto de convertir a México en socio comercial, ante el riesgo de que la mano de obra barata de los mexicanos tuviera repercusiones negativas en el empleo de los estadounidenses. Vocero de la nueva corriente aislacionista que comenzaba a manifestarse en aquel país, Perot advertía sobre el peligro de que una oleada de inmigrantes mexicanos hiciera crecer la población hispana en Estados Unidos, con todas las consecuencias agravantes que, según decía, habrían de recaer sobre la economía de su país.

La advertencia de Perot no sólo llegó a influir en la opinión pública estadounidense (una encuesta reveló que 46% de ciudadanos estaba en contra del TLCAN), sino también entre los legisladores comisionados para votar el tratado. El 9 de noviembre de 1993, el vicepresidente Albert Gore y Ross Perot protagonizaron un debate televisivo sobre el tema, en el que Gore resultó triunfador en favor del Tratado.

El día 17 de noviembre fue discutido el TLCAN en la Cámara de Representantes de Estados Unidos, siendo aprobado con 234 votos a favor y 200 en contra, y ratificado tres días después por el Senado de ese país, con 61 votos a favor y 38 en contra. El 22 de ese mismo mes, el Senado mexicano, de conformidad con la Constitución, aprobó el tratado internacional, que debería entrar en vigor el 1 de enero de 1994.

Firma de uno de los documentos del TLCAN

Conflictos con Estados Unidos

El enorme contraste entre ambas naciones sobre diversos aspectos ha dificultado a lo largo de la historia la posibilidad de una buena vecindad sin conflictos. Mientras que los gobiernos de ambos países establecen acuerdos para armonizar la relación bilateral, continuamente se presentan acontecimientos que ponen en riesgo el mantenimiento de esa armonía.

Una de las dificultades más recurrentes es la que se refiere al paso de trabajadores inmigrantes, la cual se acentúa eventualmente con el resurgimiento del aislacionismo estadounidense, muchas veces traducido en xenofobia y en odio racista. Lejos de reconocer que la mano de obra extranjera indocumentada ha colaborado al crecimiento de su economía, las autoridades estadounidenses consideran que la inmigración es un serio problema político, incluso relacionado con la seguridad nacional, al que han manejado unilateralmente, es decir, sin tomar en cuenta a las autoridades mexicanas correspondientes. Los argumentos que con mayor frecuencia se han expuesto como justificación de esas medidas se basan en la creencia de que la presencia de indocumentados aumenta el desempleo y provoca el descenso de los ingresos

Una de las dificultades más recurrentes en las relaciones con Estados Unidos es la que se refiere al paso de trabajadores inmigrantes, la cual se acentúa eventualmente cuando resurge el aislacionismo estadounidense.

que perciben los trabajadores locales, y de que, al no pagar impuestos, los indocumentados hacen uso "ilegítimo" de los servicios públicos gratuitos o subsidiados, sobre todo en los renglones de educación y salud.[30]

Tales argumentos fueron esgrimidos por el gobernador del estado de California, Peter Wilson quien, buscando la reelección, explotó con habilidad los temores de los votantes, convencidos de que la Propuesta 187, que niega servicios médicos y educativos a los hijos de indocumentados (cuyo número se estimaba en cerca de 300,000), podría obligar a que éstos regresaran a sus lugares de origen. A pesar de su aprobación en las urnas, la aplicación de tal propuesta no fue posible en el corto plazo, debido a que iba en contra de los principios de la Constitución Política de Estados Unidos, basados en el hecho innegable de que, en su origen, la población de ese país se formó con inmigrantes.

Otro factor de conflictos entre ambos países es el grave y complejo asunto del narcotráfico, en el que México se ve involucrado, no porque sea un productor importante de estupefacientes, sino por el hecho de que quienes integran los grandes cárteles de la droga utilizan el territorio mexicano como vía de acceso al importante mercado de consumidores estadounidense. No obstante que la raíz del problema es de orden interno, el gobierno de Estados Unidos ejerce severas presiones sobre los países latinoamericanos que padecen el narcotráfico.

Un factor de conflictos con Estados Unidos es el narcotráfico, en el que México se ve involucrado principalmente porque su territorio es utilizado como vía de acceso al importante mercado de consumidores estadounidense.

En ese contexto, tuvo lugar el secuestro del médico mexicano Humberto Álvarez Macháin, a quien las autoridades de la DEA (*Drug Enforcement Administration*) acusaron de complicidad en la tortura y asesinato del agente de esa organización gubernamental estadounidense, Enrique Camarena Salazar, victimado en 1985. En abril de 1990, la DEA dirigió y financió el secuestro de Álvarez Macháin, trasladado por la fuerza a territorio estadounidense, para ser entregado posteriormente a las autoridades judiciales del estado de California.

Relaciones con Europa

El gobierno salinista consideró necesario promover la diversificación de las relaciones exteriores, con los objetivos primordiales de equilibrar el gran peso que tiene Estados Unidos en la posición internacional de México y de abrir nuevas posibilidades al desarrollo socioeconómico del país. Por ello, durante su administración hubo esfuerzos por fortalecer y ampliar los contactos con Europa, para impulsar una mayor presencia de México en esa zona, en momentos en que los países europeos experimentaban importantes transformaciones político-económicas.

Sin embargo, la relación de México con Europa tuvo que efectuarse con base en las circunstancias por las que atravesaban los diferentes grupos de naciones de ese continente. Así, en el caso de los países industrializados —integrantes de la Comunidad Europea[31] y de la Asociación Europea de Libre Cambio— el gobierno mexicano buscó formar vínculos en calidad de socio comercial, a fin de tener un mayor y más estable acceso a los mercados de esos países, aprovechando la coyuntura del Tratado de Libre Comercio de América del Norte.

Durante el sexenio salinista hubo esfuerzos por ampliar y fortalecer los contactos con Europa, para impulsar una mayor presencia de México en esa zona, en momentos en que experimentaba importantes transformaciones.

Por lo que se refiere al este y centro de Europa, donde el mapa político fue transformado sustancialmente tras la caída del socialismo, el gobierno de Salinas creyó conveniente realizar algunos ajustes en las relaciones con los países de esa área, a fin de que dichas relaciones correspondieran a los procesos de cambio hacia el sistema de economía de mercado.

---

[30] Nora Lustig, *La propuesta 187: Una localización,* en "Cuaderno de Nexos", Revista Nexos, México, diciembre de 1994, pp. 24-26.
[31] A partir del 1 de noviembre de 1993, la Comunidad Europea adoptó el nombre de Unión Europea.

En cuanto a las acciones específicas de las vinculaciones con Europa, destacan:

a) El Acuerdo Marco de Cooperación con la CE, firmado en Luxemburgo en abril de 1991, el cual comprende principalmente los aspectos de cooperación económica, comercial y científico-técnica, e incorpora áreas específicas de promoción comercial, medio ambiente, capacitación, normas y certificación.
b) La creación de la Comisión México-Alemania 2000, integrada por representantes gubernamentales, de la iniciativa privada y de la comunidad académica de los dos países, quienes se comprometieron a convertirse en promotores destacados de la relación bilateral y a elaborar estudios prospectivos para futuros programas de cooperación bilateral.
c) El ingreso de México a la Organización para la Cooperación y Desarrollo Económicos (OCDE), en 1994.

México y la Organización de Cooperación Económica Asia-Pacífico

> *Se buscó incorporar a México en los organismos internacionales de la Cuenca del Pacífico, y se logró que el país se convirtiera en participante activo en el proceso de consolidación e integración de esa región.*

El gobierno salinista realizó una serie de acciones para incorporar a México en los organismos internacionales de la Cuenca del Pacífico y, al cabo de cinco años, logró convertirse de un lejano observador en un participante activo en el proceso de consolidación e integración de esa región, de singular importancia, por el hecho de pertenecer a ella dos potencias hegemónicas en la economía mundial: Estados Unidos y Japón.

Para impulsar las relaciones con esa región, en 1988 se estableció la Comisión Mexicana de la Cuenca del Pacífico, que participó en los grupos de trabajo especializados del Consejo de Cooperación Económica del Pacífico, del Consejo Económico

CUADRO 10.3. *Gobierno de Carlos Salinas de Gortari. Política exterior*

Objetivos en política exterior		Encuentros internacionales		
	Preservar y fortalecer la Soberanía nacional	Renegociación de la deuda externa	Acuerdo con los bancos comerciales extranjeros	
	Lograr una mejor inserción de México en el mundo, para apoyar el desarrollo político, económico y social del país	América Latina	Cumbre Iberoamericana. Cumbre de Tuxtla Gutiérrez. Grupo de Río. Grupo de los tres (G-3). Relaciones especiales con Cuba	
		Foros internacionales	Participación en la Ronda Uruguay del GATT. Ingreso a la OCDE	
	Proteger los derechos e intereses de los mexicanos en el extranjero	Estados Unidos	Negociación de TLC	—Trabajadores imigrantes
			Conflictos	—Narcotráfico
	Promover la imagen de México en el exterior	Europa	Acuerdos con la CE. Comisión México-alemana 2000	
		Cuenca del Pacífico	Comisiones y Acuerdos	

de la Cuenca del Pacífico, y de la Cooperación Económica Asia-Pacífico (APEC), organización a la que México pertenece, desde 1993, como miembro de pleno derecho.

Al final del sexenio, Salinas creía haber cumplido con el objetivo de proyectar hacia el ámbito internacional una imagen positiva de México. Su liderazgo, elogiado no pocas veces por la prensa extranjera, hizo posible que se considerara a Salinas como uno de los candidatos para la dirección de la Organización Mundial de Comercio. En su último informe de gobierno, declaró:

> Han transcurrido seis años decisivos para la política exterior de México. Hemos enfrentado los retos que plantean el fin de la Guerra Fría y la globalización económica. Ha sido un periodo excepcional que exigió una estrategia efectiva para situarnos al ritmo de los procesos contemporáneos de cambio, basándonos en principios y diversificando nuestras relaciones. Nuestra capacidad de acción se ha ampliado, nuestra voz es escuchada con respeto, nuestra presencia tiene significado en el mundo. La imagen, el prestigio y la influencia de México se han consolidado y todo ello ha fortalecido la soberanía nacional.[32]

Sin embargo, la serie de acontecimientos violentos ocurridos en el ámbito político durante los últimos 11 meses de gobierno habían nublado la imagen que Salinas se había esforzado en construir —para bien de México y de sí mismo—. Así, en la perspectiva internacional se produjo un viraje, y el país que avanzaba a pasos apresurados hacia el mundo desarrollado, se convirtió en lo que comenzaba a calificarse como "país de riesgo".

Política económica

Reforma económica

Primeras medidas hacia la recuperación económica

Desde los primeros momentos del sexenio, Carlos Salinas manifestó que su política económica estaría orientada a continuar las reformas de liberalización comercial iniciadas por el gobierno anterior, conducentes a la adopción del modelo neoliberal. Pero, ante el apremiante problema de la crisis económica que heredaba, las primeras medidas estarían encaminadas a lograr la estabilidad de la economía y a mantener el crecimiento de los sectores productivos que proporcionara a la población empleos seguros y bien remunerados; la recuperación implicaba, además, reducir la inflación —en ese momento de 51.6%—, de modo que pudiera alcanzar niveles de un dígito, similares a los de la inflación internacional.

En buena medida, la recuperación económica se había visto obstaculizada por la gran transferencia de recursos al exterior, es decir el envío de divisas en razón del pago del servicio de la deuda, que México se veía obligado a hacer cada año desde la crisis de 1982. Para reducir esa transferencia, se consideró necesario el cumplimiento de tres objetivos: 1) disminuir la carga del servicio de la deuda; 2) alentar la repatriación de capitales, y 3) atraer la inversión extranjera. Pero el cumplimiento de esos objetivos implicaba el reto de convencer al sector privado nacional y extranjero de que la política económica era factible y digna de confianza; asimismo, era preciso convencer al gobierno de Estados Unidos, cuyo apoyo era necesario para obtener financiamiento y para reducir la deuda.

En 1990, el gobierno salinista hizo dos anuncios: la reprivatización de los bancos y la búsqueda de un tratado de libre comercio con Estados Unidos, agregado al que

---

[32] Carlos Salinas de Gortari, "Sexto Informe de Gobierno", en *Excélsior*, México, 2 de noviembre de 1994.

Debido a su liderazgo, elogiado por la prensa extranjera, Salinas fue considerado como uno de los candidatos para la dirección de la Organización Mundial de Comercio.

Ejercicio 11

1. ¿Cuáles eran los objetivos de la participación de México en los Foros Internacionales, durante el gobierno de Salinas?

2. Describe los obstáculos en el proceso de negociación del Tratado de Libre Comercio con América del Norte.

3. ¿Cuáles fueron los conflictos que enfrentó el gobierno de Salinas en las relaciones con Estados Unidos?

4. Describe las acciones del gobierno de Salinas en su intento por diversificar las relaciones internacionales de México.

Desde un principio, Carlos Salinas manifestó que su política económica estaría orientada a continuar las reformas de liberalización comercial iniciada por el gobierno anterior, conducentes a la adopción del modelo neoliberal.

El nuevo financiamiento obtenido en virtud de la renegociación con la banca internacional significó un nuevo crecimiento de la deuda externa, pero también permitió disminuir la transferencia de recursos al exterior.

este país tenía ya con Canadá. El anuncio formal de la desincorporación bancaria, hecho en mayo de ese año, tuvo el efecto inmediato de acelerar las entradas de capital al país, lo que, a su vez, propició el descenso de las tasas de interés internas. La iniciativa para el acuerdo de libre comercio con Estados Unidos, anunciada en agosto siguiente, fortaleció la confianza de los empresarios porque demostraba que el gobierno mantenía su propósito de liberalización económica.

Esas medidas parecían indicar que por fin había comenzado la recuperación económica de México. En 1991 la inflación logró bajarse a 18.8%, y la tasa de crecimiento del PIB se estimó en 3.6%. De ahí en adelante, y por el resto del sexenio salinista, México vivió otra época de auge, alentado por las expectativas de ser considerado como un país con grandes posibilidades de crecimiento, capaz de incorporarse al Primer Mundo en el mediano plazo, expectativas que cobraron fuerza en noviembre de 1993, cuando el Congreso de Estados Unidos aprobó la firma del TLC.

Renovación del pacto sectorial

El proyecto de continuidad del modelo neoliberal implicaba la renovación del Pacto de Solidaridad Económica —firmado en diciembre de 1987 entre los tres sectores sociales y el gobierno de la República—, con el fin de acelerar los mecanismos de liberalización, incluyendo la *desregulación*, es decir, la eliminación de los reglamentos establecidos en la etapa proteccionista, que obstaculizaban el nuevo modelo económico de apertura comercial. Por ello, el gabinete económico salinista vio la conveniencia de establecer un nuevo acuerdo que, bajo el nombre de *Pacto para la Estabilidad y el Crecimiento Económico* (PECE), se llevó a cabo en cinco fases, entre enero de 1989 y diciembre de 1992.[33]

A principios de enero de 1993 fue creado el Pacto para la Estabilidad, la Competitividad y el Empleo (PECE) cuyos principales puntos eran:

- Se ampliaba la banda flotación del peso, aumentado el deslizamiento a 40 centavos diarios.
- Se acordaban aumentos graduales y uniformes en los precios de los energéticos, no mayores a 10% en 12 meses.
- Se acordó un aumento de 7% en los salarios mínimos a partir del primero de enero de 1993.
- Se comprometía el sector privado a absorber los aumentos en el precio de energéticos y salarios.
- Se establecía una disciplina fiscal para lograr las metas presupuestales y la inflación de un dígito.[34]

Como resultado de las medidas de recuperación, se logró la meta de reducir la inflación a un dígito; el índice nacional de precios al consumidor (INPC) general se redujo de 11.9% en 1992, a 8.0% en 1993, para llegar a 7.1% en el último año del sexenio. En este contexto tuvo lugar la reforma monetaria que por decreto presidencial se puso en vigor a partir de enero de 1993, mediante la cual se suprimieron tres ceros a los billetes y monedas metálicas, con el fin de favorecer el manejo del circulante monetario.

No obstante, desde 1992 persistían entre los economistas dos motivos de preocupación: uno era la inflación, que a pesar de haberse controlado, estaba muy lejos de alcanzar tasas similares a las de Estados Unidos, principal socio comercial de México;

---

[33] Pedro Aspe Armella, *El camino mexicano de la transformación económica*, Fondo de Cultura Económica, México, 1993, pp. 31-33.
[34] *Ibid.*, pp. 31-33.

el otro motivo preocupante se debía a que el peso mexicano había estado apreciándose —es decir sobrevaluándose—, con el consecuente efecto negativo sobre la balanza comercial.[35] La cuenta corriente de la balanza de pagos registró un saldo negativo desde el primer año del sexenio, que se fue incrementando a lo largo del mismo.

Sin embargo, la cuenta de capitales mostraba un efecto favorable debido sobre todo a la reducción de transferencia de recursos por concepto de la deuda externa y al flujo de inversiones extranjeras totales que, entre 1989 y julio de 1994, ascendieron a casi 50,000 millones de dólares; en consecuencia, el superávit de la cuenta de capital de la balanza de pagos fue de 31,000 millones de dólares que ingresaron al país en el primer semestre de 1994.[36]

Reforma financiera

Los objetivos de estabilidad macroeconómica y promoción del ahorro interno implicaron la reorganización de las instituciones financieras del país, principalmente en cinco áreas:

a) *Liberalización financiera*, destinada a continuar la reforma de octubre de 1988 que buscaba sustituir el rígido esquema anterior, basado en controles de crédito, por un sistema de mercado abierto. En la nueva reforma se eliminaba incluso la obligación de los bancos de mantener 30% de la cartera en bonos del gobierno.

b) *Innovación financiera*, mediante la creación de instrumentos financieros que permitieran al público transferir recursos y financiar proyectos al costo más bajo posible y se protegiera contra los riesgos de inflación o devaluación.

c) *Fortalecimiento de intermediarios financieros*, con la adopción de medidas que permitieran a las instituciones financieras captar el mayor número de clientes y darles acceso a una variedad de servicios al menor costo posible, al tiempo que mantuvieran su salud financiera.

d) *Privatización de la banca comercial*. Por iniciativa presidencial, el Congreso modificó la Constitución en mayo de 1990, con el fin de permitir la privatización de los bancos, nacionalizados en 1982.

e) *Financiamiento del déficit gubernamental*. La reforma financiera cambió la manera en que se había financiado hasta entonces el déficit gubernamental, utilizando el mercado de dinero a través del Banco de México, para buscar la transición hacia un financiamiento no inflacionario que, a la vez, permitiera una mayor independencia del banco central en materia de política monetaria.[37]

> *La reorganización de las instituciones financieras se realizó en cinco áreas: liberalización, innovación, fortalecimiento de intermediarios financieros, privatización de la banca comercial y financiamiento del déficit público.*

Jaime Serra Puche y Pedro Aspe

Reforma fiscal

Entre 1989 y 1991 se llevó a cabo una reforma al sistema tributario que, además de buscar una mayor recaudación de ingresos públicos, pretendía:

---

[35] Nora Lustig, *Hacia la reconstrucción de una economía*, FCE, México, 1994, pp. 83-84.
[36] Carlos Salinas de Gortari, *Sexto informe de gobierno*, transcripción de Miguel A. Padilla, 1 de noviembre de 1994.
[37] *Ibid.*, pp. 73-85.

Los principales aspectos de la reforma fiscal del gobierno salinista fueron las reducciones en las tasas impositivas del ISR y del IVA.

- Alcanzar mayor eficiencia y justicia del sistema tributario mediante la reducción de tasas impositivas, aumentos en la base gravable, eliminación de privilegios fiscales y lucha contra la evasión fiscal.
- Lograr un sistema fiscal competitivo con el de los principales socios comerciales de México.
- Aumentar el ahorro, a través de la reducción en las tasas de impuestos al ingreso de las personas físicas.
- Promover la inversión privada mediante una mayor deducción de las inversiones y eliminando el doble impuesto a los dividendos.[38]

La tasa del ISR a las empresas se redujo de 42 a 35% ajustado por inflación, mientras que la tasa máxima pagada por las personas individuales bajó de 50 a 35%, indizado al índice nacional de precios al consumidor. A partir de noviembre de 1991, y en el marco de las negociaciones del Pacto para la Estabilidad y el Crecimiento (PECE), la tasa general del IVA bajó de 20 y 15 a 10%. Además, el 1 de enero de 1992 entró en vigor una reforma por la que se sustituían las tasas de 6, 15 y 20% del IVA aplicables en las zonas fronterizas del país, por un impuesto de 10%. Con el propósito de garantizar que con las reducciones en las tasas impositivas se lograra una distribución más equitativa de la carga tributaria, se descentralizó parcialmente la administración fiscal, de modo que el cobro de los impuestos se realizara a través de los bancos comerciales.

Como parte importante de la reforma económica salinista, se continuó con el proceso de privatización de las empresas del Estado iniciado por el gobierno anterior.

Otras reformas fiscales fueron: la que buscaba simplificar los mecanismos del proceso de repatriación de capitales, para dar confianza a los nacionales interesados en traer su dinero de regreso al país; y la relativa a deducciones y exenciones, que consistió en un examen cuidadoso de la racionalidad económica de las amparadas por leyes anteriores y la eliminación en su caso de aquellas deducciones y exenciones que no estuvieran plenamente justificadas.

Desincorporación de empresas estatales

Como parte importante de las reformas económicas salinistas, se continuó con el proceso de privatización de las empresas del Estado iniciado por el gobierno anterior, de acuerdo con lo establecido en el Plan Nacional de Desarrollo 1988-1994, según el cual:

La modernización económica sería inconcebible sin la modernización de la empresa pública, ya que ésta juega un papel esencial en la promoción del desarrollo. Para atender con eficacia sus funciones, la empresa pública se sujetará a un profundo proceso de modernización estructural, y se concentrará en las áreas estratégicas y prioritarias para el desarrollo de su actividad.[39]

Privatización de Teléfonos de México

Las áreas estratégicas a que se refiere el Plan Nacional de Desarrollo, especificadas en el artículo 28 constitucional, son: acuñación de moneda, correos, telégrafos, radiotelegrafía y comunicación vía satélite, emisión de billetes por medio del Banco Central, petróleo y demás hidrocarburos, petroquímica básica, minerales radiactivos y generación de energía nuclear, electricidad y ferrocarriles.

Al comenzar el proceso de desincorporación de empresas, se establecieron los siguientes objetivos:

---

[38] Carlos Sales Sarrapy, "La reforma económica", en *México a la hora del cambio,* Luis Rubio y Arturo Fernández (eds.), Cal y Arena, México, 1995, p. 111.
[39] "Presentación", en *Plan Nacional de Desarrollo 1989-1994.* Poder Ejecutivo Federal, Secretaría de Programación y Presupuesto, México, mayo de 1989, p. xviii.

- Fortalecer las finanzas públicas.
- Canalizar adecuadamente los escasos recursos del sector público en las áreas estratégicas y prioritarias.
- Eliminar gastos y subsidios no justificables, ni desde el punto de vista social ni del económico.
- Mejorar la eficiencia del sector público, disminuyendo el tamaño de su estructura.[40]

Entre 1982 y 1993 se desincorporaron 942 empresas paraestatales —incluyendo las correspondientes a la banca comercial—, 228 de las cuales corresponden al gobierno salinista. En conclusión, el número de empresas estatales se redujo de 1155 en 1982 a sólo 213, hasta mayo de 1993.

La privatización de los bancos comerciales (18 en total) se llevó a cabo después de realizar algunos ajustes referentes a las operaciones bancarias y tras reformar la Constitución para poner fin a la exclusividad estatal en la prestación de servicios de banca y crédito (párrafo quinto del artículo 28), con lo cual se volvía al régimen del sistema financiero anterior a septiembre de 1982, aunque ahora con nuevas agrupaciones bancarias en las que se fusionaron algunos bancos pequeños.[41]

Los recursos obtenidos por la venta de las empresas estatales fueron colocados en un Fondo de Contingencia, creado con ese propósito en 1990, al que también se integraron los recursos generados por el aumento temporal de los precios del petróleo. De acuerdo con el último informe de gobierno, en septiembre de 1994 dicho fondo presentaba un saldo de 521 millones de nuevos pesos.

Pero la privatización fue objeto de fuertes críticas por la forma en que se llevó a cabo. Se consideró que había sido *selectiva* al favorecer a ciertos grupos empresariales en los que se concentraron la mayoría de las empresas privatizadas, generando, en consecuencia, la formación de monopolios y el aumento de "supermillonarios" —ubicados entre los más ricos del mundo por las revistas estadounidenses *Business Week* y *Forbes*, en publicaciones de 1991 y 1992, respectivamente—, en quienes se habría concentrado la riqueza de la nación, en tanto que aumentaba el índice de pobreza, polarizando de nueva cuenta a la sociedad mexicana.[42]

Otro importante aspecto relacionado con el sistema bancario fue la iniciativa presidencial, aprobada por el Congreso de la Unión en 1993, de conceder la autonomía al Banco de México, de modo que ninguna autoridad obligara a esta institución a otorgarle financiamiento. Con esta medida, se pretendía mantener una política monetaria prudente, buscando evitar que, como había sucedido en épocas pasadas, el gobierno recurriera al banco central para cubrir el déficit público mediante la emisión forzada de moneda. Como resultado de las políticas salinistas de ingreso y de gasto público, las finanzas del Estado pasaron de tener un déficit de 12.5% en 1988 a resultados superavitarios equivalentes al 0.5% y el 0.7% del PIB en 1992 y 1993, respectivamente, sin incluir los recursos provenientes de la privatización de las empresas públicas.

Proceso de liberalización comercial

La inserción de México en el marco global de las economías exigía como requisito indispensable la liberalización comercial, razón por la cual constituyó uno de los aspectos fundamentales de la reforma económica. En síntesis, la apertura comercial consistió

---

[40] Jacques Rogozinski, *La privatización de empresas paraestatales*, FCE, México, 1994, p. 41.
[41] Pedro Aspe Armella, *Op. cit.*, pp. 178-179.
[42] Lorenzo Meyer, *Liberalismo autoritario. Las contradicciones del sistema político mexicano*, Océano, México, 1995, pp. 135-137.

La privatización de empresas fue criticada como selectiva al favorecer a ciertos grupos empresariales generando, en consecuencia, la formación de monopolios y el aumento de "supermillonarios".

Por iniciativa presidencial fue concedida la autonomía al Banco de México, de modo que ninguna autoridad obligara a esta institución a otorgarle financiamiento, mediante la emisión forzada de moneda.

Ejercicio 12

1. ¿De qué manera la desincorporación bancaria y la liberalización comercial anunciadas por Salinas ayudaron en la recuperación de la economía?

2. ¿En qué consistió la renovación del pacto sectorial, emprendida por el presidente Salinas?

3. ¿Cuáles fueron los propósitos del gobierno de Salinas al reducir las tasas de impuestos?

4. ¿Por qué fue criticado el proceso de desincorporación de empresas estatales, realizado por el gobierno salinista?

> *La apertura comercial consistió en la eliminación de barreras no arancelarias y en la reducción de los aranceles, además de la actuación del marco regulatorio en materia de tecnología e inversión extranjera.*

en la eliminación de barreras no arancelarias y en la reducción de los aranceles, mediante un proceso iniciado en el sexenio anterior.

Otro aspecto importante en el proceso de apertura comercial fue la actualización del marco regulatorio en materia de tecnología e inversión extranjera, realizada mediante una nueva reglamentación a la Ley de Inversiones Extranjeras, publicada en mayo de 1989. En dicha ley se precisaban las condiciones para la entrada de capital foráneo y los sectores en los que éste podía invertir mayoritariamente; se eliminaba la discrecionalidad del gobierno mexicano para permitir o vetar esa inversión, y se fijaba un mecanismo para estimular a los extranjeros a invertir en el mercado mexicano de valores. Asimismo, el nuevo reglamento establecía un Programa de Promoción a la Inversión Extranjera, que daba un giro completamente distinto a la política de regulación creada en 1971 sobre esa misma materia. En consecuencia, se dio un notable crecimiento de la inversión extranjera directa.

Tratados de libre comercio

La negociación de tratados de libre comercio con diversos países se consideró fundamental por varias razones:

a) Permitía la apertura de nuevos mercados a productos mexicanos y la creación de mejores perspectivas para la inversión en el país, tanto de capitales nacionales como extranjeros;

b) establecía condiciones para que las actividades más intensivas en mano de obra se localizaran en México de manera preponderante, dada la estructura de la población, lo cual redundaría en una mayor generación de empleos y en el consecuente aumento de salarios;

c) beneficiaría también a los consumidores nacionales al poder adquirir estos bienes y servicios a precios competitivos;

d) fortalecería la eficiencia de los productores nacionales, ante la competencia internacional; y

e) facilitaría la planeación de los agentes económicos, porque los tratados delineaban las reglas del juego para un largo periodo.[43]

Tratado de Libre Comercio de América del Norte

El 12 de agosto de 1992, el secretario de Comercio y Fomento Industrial de México, Jaime Serra; el ministro de Industria, Ciencia y Tecnología y Comercio Internacional de Canadá, Michael Wilson; y la representante comercial de Estados Unidos, Carla Hills, concluyeron las negociaciones del Tratado de Libre Comercio de América del Norte (TLCAN).

El Tratado de Libre Comercio consta de un Preámbulo y 22 capítulos agrupados en ocho secciones. En el Preámbulo, al anunciar el establecimiento de la zona de libre comercio, los tres países confirmaban su compromiso de promover el empleo y el crecimiento económico en la región, a través de la expansión del comercio y de las oportunidades de inversión. Se comprometían además a proteger el medio ambiente, y a mejorar las condiciones de trabajo en los tres

Firma del TLC durante el gobierno de George Bush

---

[43] Fernando Sánchez Ugarte *et al., La política industrial ante la apertura,* Secofi/Nacional Financiera/FCE, México, 1994, pp. 53-60.

países, promoviendo el desarrollo sostenible y haciendo cada día más efectivos los derechos laborales.

Los objetivos generales del TLCAN son:

a) Eliminar obstáculos al comercio y facilitar la circulación transfronteriza de bienes y servicios entre los territorios de las partes (países firmantes).
b) Promover condiciones de competencia leal en la zona de libre comercio.
c) Aumentar sustancialmente las oportunidades de inversión en los territorios de las partes.
d) Proteger y hacer valer, de manera adecuada y efectiva, los derechos de propiedad intelectual en territorios de cada una de las partes.
e) Crear procedimientos eficaces para la aplicación y cumplimiento del TLCAN, para su administración conjunta y para la solución de controversias.
f) Establecer lineamientos para la ulterior cooperación trilateral, regional y multilateral encaminada a ampliar y mejorar los beneficios del TLCAN.

El gobierno de Salinas concretó la firma de tratados comerciales internacionales: el Tratado de Libre Comercio de América del Norte y varios acuerdos con países de América Latina.

En el capítulo sobre Definiciones Generales, aparte de establecer el compromiso de aplicar el Tratado en los diferentes niveles de gobierno, cada país ratifica sus derechos y obligaciones derivados del Acuerdo General Sobre Aranceles Aduaneros y Comercio (GATT), así como de otros convenios internacionales, y acuerda que para efectos de su interpretación, en caso de conflicto, las medidas del Tratado prevalecerán sobre las de otros convenios; sobre esto último existen excepciones, especialmente las disposiciones en materia comercial de cinco convenios ambientales, que prevalecerán sobre el TLCAN.

Los aspectos específicos del Tratado se refieren a:

- Comercio de bienes.
- Barreras técnicas al comercio.
- Compras del sector público.
- Inversión y comercio de servicios.
- Propiedad intelectual.
- Solución de controversias.

William Clinton firma el TLCAN, noviembre de 1993

Las disposiciones finales hacen referencia a modificaciones y adiciones; fecha de entrada en vigor; posibilidad de acceso para otros países o grupos de países; y procedimiento de denuncia que puede presentar cualquiera de los países miembros.[44]

Después de concluida la negociación del TLCAN, los gobiernos de los tres países decidieron negociar dos acuerdos de cooperación trilateral, paralelos al Tratado; uno de ellos, relativo a la "Cooperación en materia de medio ambiente", y el otro, sobre "Cooperación en cuestiones laborales". Sobre el particular, el gobierno mexicano logró que se tomaran en cuenta las siguientes condiciones:

- Que se respete escrupulosamente la soberanía, esto es, los acuerdos no crearán entidades supranacionales con injerencia en asuntos internos.
- Que no constituyan barreras veladas al comercio.
- Que mantengan intacto al Tratado.

---

[44] Para acceder a la descripción de los rubros del TLCAN, aquí solamente enunciados, se remite al lector a la obra de Herminio Blanco Mendoza, *Las negociaciones comerciales de México con el mundo*, pp. 165-225, o bien al *Texto Oficial del Tratado de Libre Comercio de América del Norte*, Secofi-Porrúa, México, 1993.

> **Ejercicio 13**
>
> 1. ¿Cuál era el propósito del presidente Salinas al conceder la autonomía al Banco de México?
> 2. ¿En qué consistió la nueva reglamentación a la Ley de Inversiones Extranjeras, publicada en 1989?
> 3. ¿Cuáles fueron las razones fundamentales para llevar a cabo la negociación de tratados de libre comercio con diversos países?

El TLCAN entró en vigor el 1 de enero de 1994 y, no obstante la inestabilidad política que México vivió en ese año, para el mes de agosto las ventas totales de México a Estados Unidos crecieron en 22%, comparadas con el mismo periodo del año anterior; el mayor incremento correspondió a las exportaciones de manufacturas, en tanto que las ventas a Canadá crecieron en 36% durante el primer semestre del año. Las inversiones extranjeras también aumentaron significativamente, pues entre enero y septiembre ingresaron al país por ese concepto más de 10 mil millones de dólares. Pero el TLC también generó efectos desfavorables; las importaciones tuvieron un considerable avance, registrándose al final del año un saldo negativo en la balanza comercial de 18,542 millones de dólares, que superaba el de los dos años anteriores.

Tratados con países de América Latina

Como parte del proyecto de crear un gran mercado en el continente americano, durante el gobierno salinista dio comienzo el proceso de negociación para establecer acuerdos comerciales con países de América Latina. Sin embargo, los esfuerzos hacia la integración comercial latinoamericana habían empezado mucho antes, en 1960, con el Tratado de Montevideo y la creación subsecuente de la Asociación Latinoamericana de Libre Comercio (Alalc), en la que participaron 11 países: Argentina, Bolivia, Brasil, Chile, Colombia, Ecuador, México, Paraguay, Perú, Uruguay y Venezuela. Veinte años más tarde, en 1980, surgió la Asociación Latinoamericana de Integración (Aladi), cuyo objetivo era la creación de un mercado común latinoamericano.

Sin embargo, el proceso de integración promovido por la Aladi se vio obstaculizado por las crisis económicas que padecieron los países latinoamericanos en la década de 1980. Fue hasta el inicio de la década de 1990 cuando se reiniciaron los proyectos de integración, aprovechando la coyuntura de la política de apertura comercial promovida por la Iniciativa de las Américas del gobierno de Estados Unidos.

En septiembre de 1991 se suscribió un Acuerdo de Complementación Económica entre México y Chile, que entró en vigor a partir del 1 de enero de 1992, en sustitución de todos los acuerdos existentes con anterioridad entre los dos países, en el contexto de la Aladi. En 1993 se intensificaron las negociaciones para establecer un acuerdo entre los países del G-3, que debería entrar en vigor en enero de 1994. Asimismo, México entabló negociaciones con países centroamericanos —Costa Rica, Nicaragua, Guatemala, Honduras y El Salvador— y también con El Caribe, como parte de los procesos de integración latinoamericana, promovidos por el gobierno de Salinas.

Política agropecuaria

> *En la política agropecuaria salinista destacan dos importantes elementos: las modificaciones al artículo 27 constitucional y a la Ley Agraria, realizadas en 1992, y el Programa de Apoyos Directos al Campo (Procampo).*

En la política agropecuaria salinista destacan dos importantes elementos, relacionados con la reforma económica: las modificaciones al artículo 27 constitucional y a la Ley Agraria, realizadas en 1992, y el Programa de Apoyos Directos al Campo (Procampo), establecido a fines de 1993. Este último tenía como metas principales, responder al problema de rentabilidad en el campo, atacar la pobreza y adecuar los sistemas de apoyo a la nueva realidad económica del país.

De manera específica, se pretendía sustituir gradualmente el apoyo otorgado en los precios de garantía por otro sistema de apoyos directos a las superficies sembradas con los principales granos y oleaginosas que se producen en el país. Se trataba de un programa de apoyos directos al ingreso de los productores nacionales, para equilibrarlos respecto a los subsidios otorgados en otros países. Con ello se pretendía beneficiar por igual a los campesinos que produjeran para el mercado y a quienes lo hicieran para el autoconsumo.

Los productores de menores recursos recibirían los apoyos de Procampo, independientemente de que comercializaran o no sus cosechas, en tanto que los productores con mayores recursos recibirían un múltiplo de este pago, dependiendo del número de hectáreas que poseyeran, sin rebasar los límites de propiedad establecidos por la Constitución. Al tratarse de un programa con 15 años de vigencia (hasta el año 2009), los pagos realizados en ese lapso se basarían en los niveles históricos de productividad de cada región; lo cual significaba que los pagos de Procampo se mantendrían constantes, sin importar que un predio aumentara o redujera su productividad.[45]

Ambas políticas salinistas, —la reforma al artículo 27 y la creación de Procampo—, fueron objeto de críticas sobre todo de los partidos de oposición. El PRD y los partidos de izquierda se pronunciaron en contra de la nueva política ejidal, con la consideración de que se anulaba uno de los más grandes logros sociales de la Revolución. En la crítica hacia Procampo coincidieron todos los integrantes de la oposición al PRI, porque, según decían, el propósito real del programa era conseguir el respaldo de los campesinos para el partido gobernante en las elecciones de agosto de 1994.

De cualquier modo, el año de 1994 fue, en términos generales, favorable para el sector agropecuario, que registró un aumento de 2%, pese a los serios problemas sociopolíticos que vivió el país. En general, durante el sexenio salinista el sector agropecuario mostró un comportamiento relativamente favorable, registrándose un crecimiento promedio de 1.38%.

Carlos Salinas, admirador de Zapata

En el marco de las políticas desregulatorias del sexenio, se encuentra la relativa a la actividad pesquera; en diciembre de 1989 el Congreso de la Unión aprobó un paquete de reformas a la Ley Federal de Pesca (LFP), que incluía la liberalización del cultivo de las siete especies antes reservadas a organizaciones de cooperativas. En junio de 1992 se expidió una nueva reforma a la LFP, que eliminó la política de especies reservadas no sólo en cultivo acuícola sino incluso para captura, estableció las bases para la expedición equitativa de concesiones y fundamentó la posibilidad de reglamentar la pesca por razones ecológicas.[46]

En el marco de las políticas desregulatorias fue reformada La Ley Federal de Pesca para liberar el cultivo acuícola y la captura de las siete especies antes reservadas a organizaciones de cooperativas.

La nueva política industrial

La puesta en marcha del nuevo modelo económico descansaba sobre todo en la reorientación de la política industrial hacia una concepción distinta de la que siguieron las políticas del modelo de sustitución de importaciones. La nueva política industrial, aplicada en México desde 1986, tenía como principal objetivo eliminar los instrumentos de la política proteccionista, con el supuesto de que "la economía de mercado es el camino más efectivo para promover el desarrollo económico del país y el bienestar de su población".[47]

En el proceso hacia el nuevo modelo económico hubo un periodo de transición, entre 1984 y 1988, durante el cual fue aplicado el Programa Nacional de Fomento In-

---

[45] Luis Téllez Kuenzler, *La modernización del sector agropecuario y forestal*, FCE, México, 1994, pp. 291-298.
[46] Gabriel Martínez y Guillermo Fárber, *Desregulación económica (1989-1993)*, FCE, México, 1994, pp. 191-192.
[47] Fernando Sánchez Ugarte *et al., Op. cit.*, p. 49.

dustrial y Comercio Exterior (Pronafice). Más tarde, en 1990, el gobierno de la República presentó, por medio de la Secretaría de Comercio y Fomento Industrial (Secofi), el Programa Nacional de Modernización Industrial y del Comercio Exterior (Pronamice), en el que se establecían las directrices concretas de la nueva política industrial.

El Pronamice se basaba en la consideración de que el modelo de sustitución de importaciones había causado el bajo desempeño del sector manufacturero en materia de crecimiento y empleo, al impedir que dicho sector fuera lo suficientemente competitivo como para integrarse en la economía mundial. En condiciones de una economía cerrada a la competencia con el exterior, el proceso de industrialización había generado altos costos, bajos niveles de calidad, rezago tecnológico y una asignación ineficiente de recursos. Además, las regulaciones excesivas u obsoletas impusieron costos elevados e innecesarios a los inversionistas, desalentando la productividad. En cambio, al exponer ahora a los productores de bienes manufacturados a la competencia internacional, éstos se obligarían a ser más eficientes y competitivos en la elaboración de productos que, además de no encontrarse en desventaja frente a los importados, fueran lo suficientemente atractivos, en calidad y precio, para tener aceptación en el mercado exterior.

En consecuencia, el Pronamice proponía una nueva estrategia de desarrollo, basada en dos principios fundamentales: 1) fortalecer la oferta y la demanda en la asignación de recursos, y 2) limitar la función del gobierno a establecer un ambiente favorable para el desarrollo de las empresas privadas, garantizando la existencia de estructuras de mercado competitivas capaces de asegurar una asignación eficiente de los recursos y una alta productividad. Con base en tales principios, las líneas de acción de la nueva política industrial serían: la *consolidación de la apertura comercial* y la *desregulación económica*.

El Pronamice se orientó a perfeccionar y afinar el régimen de libre comercio, mediante las siguientes acciones:

1. Eliminación de regulaciones excesivas u obsoletas, para crear a cambio un nuevo marco regulatorio capaz de reducir las barreras a la inversión y a las importaciones, así como prevenir las prácticas monopólicas.
2. Promoción de las exportaciones, con base en la eliminación de obstáculos que redujeran la capacidad y el ánimo exportador, a través de acciones en las que participen los exportadores.
3. Promoción del desarrollo tecnológico, considerando que el sector industrial debía definir sus necesidades tecnológicas en función del mercado, el Estado se limitaría a promover los mecanismos necesarios para impulsar dicho desarrollo.
4. Promoción de la inversión. El Pronamice establecía un programa especial de estímulo a fin de que la inversión privada, nacional y extranjera se convirtiera, junto con el sector exportador, en el motor del crecimiento industrial.
5. Promoción de las empresas, pequeñas, medianas y de nivel micro. El Pronamice consideraba que estas empresas debían ser objeto de un programa especial de apoyo, en virtud de la situación de desventaja que presentaban frente a los mercados.
6. Promoción de productividad y competitividad del aparato industrial, de acuerdo con un enfoque sectorial cuyo objetivo era identificar y resolver los problemas que obstaculizaban el ajuste de los sectores sociales, al nuevo esquema de precios resultante de la apertura y el libre juego de la oferta y la demanda.[48]

> *El Pronamice proponía una nueva estrategia de desarrollo industrial, que pretendía resolver el rezago ocasionado por el modelo proteccionista.*

---

[48] Fernando Clavijo y Susana Valdivieso, "La política industrial de México, 1988-1994", en *La industria mexicana en el mercado mundial. Elementos para una política industrial,* FCE, México, 1994, pp. 33-38.

Cuadro 10.4. *Gobierno de Carlos Salinas de Gortari. Economía*

- **Reforma económica**
  - **Medidas para la recuperación**
    - Objetivos: Reducir la transferencia de recursos al exterior
      1. Disminuir la carga del servicio de la deuda.
      2. Alentar la repatriación de capitales.
      3. Atraer la inversión extranjera
      - Renegociación de la deuda externa → Reducción del índice inflacionario a un dígito (7.1%) en 1994
    - Lograr la credibilidad de Estados Unidos para obtener financiamiento y reducir la deuda
      - Reprivatización de los bancos. Búsqueda de un acuerdo de libre comercio → Críticas → Reforma
    - Reducir la inflación a un dígito
      - Renovación del Pacto sectorial
  - **Reforma financiera**
    - a) Liberalización
    - b) Innovación
    - c) Fortalecimiento de intermediarios
    - d) Privatización de la banca comercial
    - e) Financiamiento del déficit gubernamental
      - Desincorporación de empresas estatales
      - Proceso de liberalización comercial y desregulación
        - Tratado de Libre Comercio con Estados Unidos y Canadá
        - Tratados comerciales con América Latina
    - Reforma fiscal
      - —Reducción de las tasas ISR e IVA.
      - —Simplificación para la repatriación de capitales
  - **Política agropecuaria**: Procampo
  - **Política industrial**: Pronamice / Nueva estrategia de desarrollo
    1. Fortalecimiento de la oferta y de la demanda en la asignación de recursos.
    2. Limitación de la función del gobierno
    - Crecimiento

Como efecto de la nueva política industrial, durante el sexenio salinista se dio un significativo crecimiento de la producción manufacturera; también aumentaron y se diversificaron considerablemente las exportaciones de productos industriales, incluyendo a los de la industria maquiladora. Pero las importaciones crecieron más rápidamente que las exportaciones. La entrada de capitales impulsada por la apertura comercial trajo consigo un aumento considerable de la entrada de productos manufacturados, sobre todo de Estados Unidos, llegando a duplicarse éstos en el lapso 1985-1993.[49]

En conclusión, el logro de la estabilidad económica alcanzado por el gobierno de Salinas llegó a considerarse como un nuevo "milagro mexicano", elogiado en el ámbito internacional, donde incluso se hablaba de una "Salinastroika", comparando, en cuanto a la magnitud de los cambios, las reformas de ese presidente mexicano con el viraje experimentado en la URSS gracias a la *Perestroika* de Mijaíl Gorbachov.[50] Entre 1989 y 1993, las principales revistas de circulación internacional dedicaron sus portadas a Carlos Salinas de Gortari, elogiándolo como el reformador que había transformado a México "de un país que miraba hacia su interior a uno que mira ha-

> *El logro de la estabilidad económica alcanzado por el gobierno de Salinas llegó a considerarse como un nuevo "milagro mexicano", elogiado en el ámbito internacional.*

---

[49] Fernando Sánchez Ugarte *et al., Op. cit.,* pp. 151-152.
[50] Sheila Melvin, "The Rebirth of Mexico", *The Freeman,* Foundation for Economic Education, Nueva York, Estados Unidos, mayo de 1992.

cia afuera"; un país con el que las naciones desarrolladas se interesaran por hacer negocios.⁵¹

Todavía en 1994, no obstante los graves signos de desestabilización política interna y su consecuente impacto sobre los mercados financieros, México seguía proyectando hacia el exterior la imagen de una economía sana y en crecimiento; la inflación se había reducido a un dígito, conforme a lo planeado, además de que el PIB había mostrado un promedio de crecimiento de 3% anual entre 1989 y 1993, y las finanzas públicas se habían mantenido superavitarias por casi todo el sexenio. Aparentemente, aquel positivo panorama económico sólo era perturbado por el déficit en la cuenta corriente que comenzara a manifestarse tras el aumento de las importaciones; pero esto no parecía preocupar demasiado en el medio económico mexicano, frente a las expectativas del futuro de prosperidad que, según se creía, habría de traer consigo el TLCAN, considerado como una carta más de triunfo para el liderazgo salinista.

Política social

El liberalismo social como ideario político

El liberalismo social fundamentó los programas de la política social del gobierno de Salinas, como una manera de contrarrestar la nueva política económica orientada hacia el neoliberalismo, cuya carga individualista despertaba el temor de que se agudizaran las injusticias sociales.

Pero el liberalismo social no fue una innovación salinista; surgió originalmente en Europa, como el propio liberalismo clásico, en la crítica que en la segunda mitad del siglo XIX hicieron los intelectuales contra los excesos del individualismo capitalista.⁵² En México, según la tesis de Jesús Reyes Heroles, la ideología en cuestión surgió antes, casi de manera simultánea a la difusión del liberalismo clásico en el país:

> (...) el liberalismo mexicano, en su largo proceso de formación, se aparta del liberalismo doctrinario en materia económica y social (...). En materia social casi como constante se mantienen, motivadas por nuestra peculiaridad, la discusión sobre la propiedad de la tierra y los movimientos populares que pugnan por una modificación en la propiedad territorial (...). La intervención de las masas indígenas en nuestras primeras luchas por la independencia —a diferencia de otros países latinoamericanos— encuentra en gran medida sus causas en la situación de la tierra y esta participación, a su vez, impulsa declaraciones y objetivos de claro contenido agrario por parte de los caudillos.⁵³

Así, el liberalismo social estaría presente en México, por lo menos desde la segunda década del siglo XIX, con Hidalgo y Morelos, pasando luego por los ideólogos de la Reforma, hasta llegar a los postulados agrarios de la Revolución, que imprimieron un carácter social a la Constitución de 1917. Mas, a lo largo de la historia mexicana, la realidad contradijo el discurso en múltiples ocasiones, manteniéndose vigentes los motivos para la lucha por la justicia social.

Al inicio de la década de 1990, las economías capitalistas abandonaron las políticas del "Estado de bienestar" para regresar al modelo liberal, al que México se adhería; este hecho hizo surgir las voces de advertencia sobre los peligros que ese

---

⁵¹ Pedro Aspe Armella, *Op. cit.*, pp. 31-33.
⁵² *Cfr.* George H. Sabine, *Historia de la teoría política,* Fondo de Cultura Económica, México, 1979, pp. 517-522.
⁵³ Jesús Reyes Heroles, "Liberalismo social", en *El liberalismo mexicano, La introducción de las ideas,* Vol. III, Fondo de Cultura Económica, México, 1974, pp. 541-542.

En 1994, no obstante los graves signos de desestabilización política interna y su impacto sobre los mercados financieros, México seguía proyectando hacia el exterior la imagen de una economía sana y en crecimiento.

Ejercicio 14

1. ¿En qué consistía el Programa de Apoyos Directos al Campo (Procampo)?
2. ¿Cuál era el propósito principal de la nueva política industrial salinista?
3. Menciona los dos principios fundamentales del Pronamice.
4. ¿Qué resultados obtuvo la política industrial salinista?

El liberalismo social fundamentó los programas de la política social del gobierno de Salinas, como una manera de contrarrestar la nueva política económica orientada hacia el neoliberalismo.

modelo podría traer consigo para las clases desprotegidas, advertencia que, en consecuencia, revivió el discurso social del liberalismo.[54]

De esta manera, el gobierno de Salinas se propuso pasar "del Estado de Bienestar al Estado Solidario". El uso del término *solidaridad*, iniciado en el sexenio anterior, se convirtió en sello característico de la política social salinista, invadiendo todos los canales de la propaganda oficial, sobre todo en lo referente al Programa Nacional de Solidaridad.

Programa Nacional de Solidaridad

Apenas iniciado su periodo gubernamental, el 3 de diciembre de 1988, Carlos Salinas de Gortari puso en marcha el Programa Nacional de Solidaridad (Pronasol) con el propósito de "intensificar las acciones para corregir los desequilibrios macroeconómicos, combatir la inflación y promover el crecimiento, y enfrentar a fondo las causas de la pobreza".[55] El programa fue concebido como un instrumento para atender de manera inmediata las necesidades y demandas más urgentes de los sectores de la población en situación de pobreza extrema, en materia de salud, vivienda, educación, alimentación, empleo, ecología e infraestructura productiva.

Esta política social presentaba la novedad de involucrar a las propias comunidades beneficiadas por el programa, en la planeación, instrumentación, ejecución y vigilancia de las tareas destinadas al mejoramiento de su nivel de vida. Por ello, el Pronasol se sustentó en cuatro principios básicos:

El presidente Salinas y el Programa Nacional de Solidaridad

1) *Respeto a la voluntad*, es decir, a las iniciativas y formas de organización de individuos y comunidades; 2) *participación plena*, efectiva y organizada de las comunidades en todas las acciones del programa; 3) *corresponsabilidad* entre la sociedad organizada y el Estado, para afrontar las tareas de la política social, y 4) *honestidad y transparencia* en el manejo de los recursos.

En un principio, el Pronasol se integró como un programa adscrito a la Subsecretaría de Desarrollo Regional de la entonces Secretaría de Programación y Presupuesto. Más tarde se creó la Secretaría de Desarrollo Social (Sedesol), destinada específicamente a la administración y aplicación del programa de referencia, a fin de atender las demandas de las comunidades, canalizadas a través de comités de solidaridad, formados para ese propósito.

El comité de solidaridad debía jerarquizar las demandas, con base en la consideración de que no todas podrían ser satisfechas, en virtud de la escasez de recursos. Con el apoyo técnico de alguna instancia de gobierno, generalmente la delegación de Sedesol o un técnico del municipio, debía crearse un expediente técnico en el cual se incluían todos los pasos a seguir, desde las acciones por realizar y los recursos involucrados hasta el cálculo de los costos y tiempos de la obra. Se establecían además las aportaciones y compromisos federales, estatales, municipales y de la propia comunidad, aclarando que esta última podría participar con dinero, materiales e incluso jornadas de trabajo, además de encargarse, durante todo el proceso, del seguimiento, evaluación y control de las acciones realizadas. De manera concreta, el Pronasol se orientó en tres canales de acción:

El Programa Nacional de Solidaridad fue concebido como un instrumento para atender de manera inmediata las necesidades y demandas más urgentes de los sectores de la población en situación de pobreza extrema.

---

[54] René Villarreal, "Liberalismo social y reforma del Estado", en *México en la era del capitalismo posmoderno*, Fondo de Cultura Económica, México, 1993, p. 166.
[55] Consejo Consultivo del Programa Nacional de Solidaridad, *El Programa Nacional de Solidaridad*, Fondo de Cultura Económica, México, 1994, p. 32.

1) *Solidaridad para el bienestar social.* Mejoramiento inmediato de los niveles de vida con énfasis en los aspectos de salud, alimentación, educación, vivienda, servicios básicos y regularización de la tenencia de la tierra.
2) *Solidaridad para la producción.* Oportunidad de empleo y desarrollo de las capacidades y recursos productivos de las comunidades, con apoyo a las actividades agropecuarias, agroindustriales, forestales, extractivas, microindustriales y piscícolas.
3) *Solidaridad para el desarrollo regional.* Construcción de obras de infraestructura de carácter regional y ejecución de programas especiales de desarrollo en regiones específicas. Con respecto a los grupos sociales a los que se dirigía el Pronasol, y que eran fundamentalmente "aquellos que muestran rezagos sociales evidentes", se fijaron tres categorías:

1. De manera prioritaria, a los grupos *indígenas*, pues se reconoce que en sus comunidades se presentan las más agudas condiciones de pobreza.
2. *Los campesinos y, en general, los habitantes del medio rural en las áreas semidesérticas y serranas*, por estar ubicados en un medio físico hostil en donde la inversión productiva y los servicios no generan el rendimiento que se obtiene en otras zonas del país.
3. *Los habitantes de las áreas marginales de las zonas urbanas*, pues se reconoce que en las colonias populares de las grandes ciudades la pobreza se había expandido con mayor rapidez durante los últimos años.

"**Sistema de Ahorro para el Retiro (SAR).** En febrero de 1992 fueron aprobadas por el Congreso modificaciones a las leyes del Seguro Social y del INFONAVIT, que permitieron la creación del Sistema de Ahorro para el Retiro (SAR), un esquema de ahorro obligatorio totalmente capitalizado con el propósito de mejorar la situación de los trabajadores afiliados al IMSS y al ISSSTE al momento de su jubilación, además de promover la creación de los fondos de pensiones que hasta entonces habían mostrado un desarrollo muy limitado en el país."

Reforma educativa

Dentro de la perspectiva modernizadora de la administración salinista, se consideró necesario aplicar reformas al sistema educativo nacional, con el fin de terminar con la concentración y centralización que lo caracterizaban, los cuales se traducían en serios obstáculos —burocráticos y financieros—, para su desarrollo. Mediante el Acuerdo Nacional para la Modernización Educativa, fueron transferidas a los gobiernos estatales las responsabilidades de dirección y operación de los centros educativos de la SEP, incluidos los recursos financieros para ejercerlas. Se establecieron mecanismos para fomentar una mayor participación de los maestros, padres de familia y la comunidad en su conjunto en el manejo de las escuelas, a través de Consejos Escolares de Participación Social, y se dio comienzo a la carrera magisterial para ofrecer una mejor calidad en los servicios educativos, poniendo especial atención de materias básicas como la aritmética, la historia y la gramática.

Los objetivos de la modernización educativa no sólo pretendían cubrir la demanda de educación primaria sino también la de secundaria, por lo que en noviembre de 1992, mediante una reforma al artículo 3° constitucional, se estableció la obligatoriedad de este nivel de enseñanza, en tanto que la educación que presta el Estado mantenía su carácter de gratuita.

El sindicalismo ante la modernización

El cambio de rumbo hacia el nuevo modelo económico afectó también al sindicalismo tradicional, persistente en México desde la vigencia del "Estado de bienestar" en

La administración salinista consideró necesario aplicar reformas al sistema educativo nacional, con el propósito de terminar con la concentración y centralización que obstaculizaban su desarrollo.

tiempos del presidente Cárdenas. Con los cambios operados en la política económica —reducción del gasto y de los subsidios, privatizaciones, apertura al exterior, nueva política industrial— surgió el argumento de que la modernización era incompatible con la relación corporativa que el Estado había mantenido con los sectores laborales, en virtud de los supuestos obstáculos que tal relación planteaba para la competencia con los países industrializados, derivada de la apertura. Se suponía también que la desincorporación de las empresas estatales habría de afectar de tal manera los intereses y poderes acumulados en los sindicatos, que éstos habrían de oponerse a los cambios, además de que la modernización implicaba nuevas formas de organización del trabajo, no sólo desconocidas sino opuestas a las practicadas por el sindicalismo mexicano.

> Con los cambios operados en la política económica, surgió el argumento de que la modernización era incompatible con la relación corporativa que el Estado había mantenido con los sectores laborales.

Según planteaba el Instituto Nacional de Solidaridad en junio de 1992, los principales obstáculos para la modernización sindical eran:

- Carencia de proyectos: salvo raras excepciones, las organizaciones sindicales no han generado un proyecto alternativo que les permita delinear ágilmente una política laboral acorde con las reformas del país.
- Incapacidad de adaptación: ante las nuevas tecnologías, las nuevas formas de organización del trabajo y la redefinición de las relaciones laborales, las organizaciones sindicales han sido incapaces, las más de las veces, de superar las formas tradicionales de intervención y acción sindical.
- Erosión de la representación sindical: se vive una época en que las dirigencias sindicales no logran expresar los intereses y anhelos de los trabajadores, afectando los esquemas de interlocución con las empresas y las autoridades gubernamentales.
- Deficiente democracia: los mecanismos de democracia sindical no siempre corresponden a la expresión plural de los agremiados, debido a que se carece de cauces institucionales para dirimir internamente las diferencias.
- Divisionismo: compartir propósitos, sumar esfuerzos y abatir los rezagos sociales de manera solidaria son incompatibles con el déficit de unidad que aún prevalece en el movimiento obrero.[56]

Carlos Salinas y Fidel Velázquez

Por ello, se proponía un nuevo corporativismo en el que se sustituyeran los obstáculos por formas más representativas, participativas y democráticas, capaces de "mejorar los mecanismos de organización y participación, con programas de estudio sobre movimientos y organizaciones sociales, de legislación y de desarrollo institucional". En consecuencia, el Instituto Nacional de Solidaridad proponía un curso para formar "cuadros sindicales con posibilidades de organizar, representar, dirigir y actuar bajo la filosofía de Solidaridad".

Pero las medidas gubernamentales destinadas a crear la nueva relación corporativa no pudieron impedir la manifestación de descontento de los trabajadores del Estado, afectados por el proceso de desincorporación y colocados ante un futuro laboral incierto que pudiera traducirse en desempleo. En ese contexto, los golpes gubernamentales contra los líderes sindicales, petrolero y magisterial, al principio del sexenio, se interpretaron como los primeros indicios de ruptura en la relación corporativa entre el gobierno y los sindicatos.

Ejercicio 15

1. ¿A qué se refiere el concepto de liberalismo social?
2. ¿Cuáles eran los propósitos de Salinas al basar la reforma del Estado en el liberalismo social?
3. ¿Cuáles eran los cuatro principios básicos del Pronasol?
4. ¿En qué consistía la organización y funcionamiento del Pronasol?
5. Menciona los principales obstáculos para la modernización sindical, según la perspectiva del gobierno salinista.

---

[56] Citado por Salvador Corro, "El Instituto Nacional de Solidaridad forma los líderes del salinismo", en *Proceso*, México, 9 de noviembre de 1992.

CUADRO 10.5. *Gobierno de Carlos Salinas de Gortari. Sociedad*

Política social	Pronasol	Principios básicos 1. Respeto a la voluntad de individuos y comunidades 2. Participación plena de las comunidades 3. Corresponsabilidad entre Sociedad y Estado 4. Honestidad y transparencia en el manejo de los recursos	Canales de acción: 1. Solidaridad para el bienestar social 2. Solidaridad para la producción. 3. Solidaridad para el desarrollo regional Categorías de grupos sociales: 1. Grupos indígenas. 2. Habitantes del medio rural. 3. Habitantes de áreas marginales urbanas
Liberalismo social como ideario político	Reforma educativa	Acuerdo Nacional para la Modernización Educativa	—Transferencia a los gobiernos estatales de responsabilidades y recursos financieros. —Mecanismos para una mayor participación de maestros, padres de familia y comunidad. —Carrera magisterial
	El sindicalismo ante la modernidad	Modernización sindical: obstáculos y propuesta	Descontento de los trabajadores del Estado

Actividades de aprendizaje

1. Con base en la lectura de este capítulo, elabora una tabla de dos columnas donde listes, por un lado, las acciones realizadas por Carlos Salinas de Gortari tendientes a cumplir con su promesa de renovación y democratización del PRI, y por otro, las acciones que contradecían tal propósito.
2. Consulta la Constitución Política de México, en una edición comentada como la que se cita en la bibliografía de este capítulo, para que, después de identificar en ella la reforma al Artículo 27 constitucional realizada durante el sexenio salinista, elabores un escrito de dos a tres cuartillas, donde menciones los cambios sobre la propiedad agraria y expliques por qué tales cambios provocaron la protesta campesina a la que se sumó el EZLN.
3. Además de dar lectura al apartado de política interna en este capítulo, así como la fuente 1 del mismo, realiza una investigación en fuentes bibliográficas y hemerográficas acerca de la situación de crisis y decadencia experimentada por el Partido Revolucionario Institucional, a partir del proceso electoral de 1988 y durante el sexenio salinista. Elabora un escrito de tres cuartillas con los resultados de tu investigación.
4. Después de consultar en bibliografía especializada en el estudio de la población indígena del estado de Chiapas, en las diversas etapas de la historia mexicana —la reforma juarista, el porfiriato, y los gobiernos de la Revolución hasta 1993—, elabora una monografía acerca de las posibles causas de fondo de la rebelión del EZLN.
5. Realiza una investigación en bibliografía especializada en comercio exterior de México, para que elabores una tabla en la que presentes datos estadísticos recientes sobre la balanza comercial —importaciones y exportaciones— con los países y regiones con los cuales se firmaron acuerdos comerciales durante el gobierno de Salinas.
6. Después de analizar en este capítulo acerca de los sucesos ocurridos en 1994 incluyendo las fuentes 2, 3 y 5, y de consultar fuentes adicionales, construye una tabla-resumen, de acuerdo a los siguientes puntos:
   - Reacción de Manuel Camacho ante la designación de Colosio como candidato del PRI a la Presidencia.
   - Pronunciamiento del EZLN y acciones del gobierno de Salinas al respecto.
   - Asesinato de Luis Donaldo Colosio.
   - Designación del candidato sustituto del PRI.
   - Proceso electoral (campañas y comicios del 21 de agosto).
   - Indicadores macroeconómicos entre enero y noviembre.
7. Con base en la información sobre los acontecimientos ocurridos en el ámbito internacional durante el sexenio del presidente Salinas, desarrolla por escrito los siguientes temas:
   a) Fin de la bipolaridad Este-Oeste.
   b) Integración de regiones económicas en el mundo.
   c) Acciones de Salinas para proyectar hacia el exterior una imagen positiva de México.
   d) Relaciones de México con Estados Unidos.
   e) Relaciones de México con América Latina.

Bibliografía

Aspe Armella, Pedro, *El camino mexicano de la transformación económica*, Fondo de Cultura Económica, México, 1993.

Becerra, Ricardo, Pedro Salazar y José Woldenberg, *La mecánica del cambio político en México. Elecciones, partidos y reformas*, Cal y Arena, México, 2000.

Benjamin, Thomas, *Chiapas, tierra rica, pueblo pobre*, traducción Ramón Vera Herrera, Grijalbo, México, 1995.

Blanco Mendoza, Herminio, *Las negociaciones comerciales de México con el mundo*, Fondo de Cultura Económica, México, 1993.

Clavijo, Fernando y Susana Valdivieso, "La política industrial de México, 1988-1994", en *La industria mexicana en el mercado mundial. Elementos para una política industrial*, FCE, México, 1994.

González Compeán, Miguel y Leonardo Lomelí (coords.), *El Partido de la Revolución. Institución y conflicto (1928-1999)*, Fondo de Cultura Económica, México, 2000.

González Sandoval, Juan Pablo y Jaime González Graf (coords.), *Los límites rotos, Anuario político*, Océano, México, 1995.

Krauze, Enrique, *El sexenio de Carlos Salinas*, Clío, México, 1999.

Lustig, Nora, *Hacia la reconstrucción de una economía*, FCE, México, 1994.

Martínez, Gabriel y Guillermo Fárber, *Desregulación económica (1989-1993)*, FCE, México, 1994.

Melvin, Sheila "The Rebirth of Mexico", *The Freeman*, Foundation for Economic Education, Nueva York, Estados Unidos, mayo de 1992.

Meyer, Lorenzo, *Liberalismo autoritario. Las contradicciones del sistema político mexicano*, Océano, México, 1995.

Moreno Padilla, Javier (coord.), *Constitución Política de los Estados Unidos Mexicanos. Con una explicación sencilla de cada artículo para su mejor comprensión*, Trillas, México, 1994.

Plan Nacional de Desarrollo 1989-1994. Poder Ejecutivo Federal, Secretaría de Programación y Presupuesto, México, Mayo de 1989.

Rebolledo, Juan, *La Reforma del Estado en México*, Fondo de Cultura Económica, México, 1993.

Reyes Heroles, Jesús, "Liberalismo social", en *El liberalismo mexicano. La introducción de las ideas*, Vol. III, Fondo de Cultura Económica, México, 1974.

Rogozinski, Jacques, *La privatización de empresas paraestatales*, FCE, México, 1994.

Rozental, Andrés, *La política exterior de México en la era de la modernidad*, Fondo de Cultura Económica, México, 1993.

Rubio, Luis y Arturo Fernández (eds.), *México a la hora del cambio*, Cal y Arena, México, 1995.

Salinas de Gortari, Carlos, *México, un paso difícil a la modernidad*, Plaza & Janés, Barcelona, 2000.

_____, "Sexto Informe de Gobierno", en *Excélsior*, México, 2 de noviembre de 1994.

Sánchez Gutiérrez, Arturo, "Las campañas electorales", *La voz de los votos: un análisis crítico de las elecciones de 1994*, Germán Pérez Fernández del Castillo, y otros (coords.), FLACSO/Porrúa, México, 1995.

Tamames, Ramón y Santiago Gallego, *Diccionario de Economía y Finanzas*, Alianza Editorial, España, 1994.

Téllez Kuenzler, Luis, *La modernización del sector agropecuario y forestal*, FCE, México, 1994.

Texto Oficial del Tratado de Libre Comercio de América del Norte, Secofi-Porrúa, México, 1993.

Varios autores, *Constitución Política de los Estados Unidos Mexicanos, comentada*, Universidad Autónoma de México, México, 1994.

Varios autores, *Todo México. Anuario 1995*, Enciclopedia de México, México, 1995.
Villarreal, René, *Liberalismo social y reforma del Estado, México en la era del capitalismo posmoderno*, Fondo de Cultura Económica, México, 1993.
Zárate, Alfonso, *Los usos del poder, mecanismos de la sucesión presidencial*, Raya en el agua, México, 1995.

Capítulo 11
Del fin de la era priista al gobierno del cambio (1994-2006)

FUENTE: Presidencia de la República (2006).

1994

Ernesto Zedillo, presidente de la República;
1 de diciembre.
Se eleva la banda superior del deslizamiento del peso frente al dólar;
20 de diciembre.

1995

Se anuncia el Acuerdo de Unidad para *Superar la Emergencia Económica* (AUSEE);
3 de enero.
William Clinton otorga a México un crédito por 20 mil millones de dólares para el rescate financiero internacional;
31 de enero.
Zedillo anuncia que se descubrió la identidad de los dirigentes del EZLN;
9 de febrero.
17 campesinos mueren asesinados en Aguas Blancas, Guerrero;
28 de junio.

1996

Se firman en San Andrés Larráinzar, Chiapas, los acuerdos sobre Derecho y Cultura indígena;
16 de febrero. El Ejército Popular Revolucionario (EPR) se declara en contra del gobierno de Zedillo;
28 de junio.
El PRI establece "candados" para los precandidatos presidenciales;
20 de septiembre.
Se aprueba una nueva reforma electoral;
14 de noviembre.

1997

Entra en vigor la reforma al Sistema de Pensiones del IMSS;
1 de julio.
Se llevan a cabo elecciones federales basadas en la nueva reforma electoral;
6 de julio.
45 indígenas tzotziles mueren asesinados en la comunidad de Acteal, Chiapas;
22 de diciembre.

2002

Se celebra en Monterrey, N. L., la Reunión Cumbre de la ONU para la Financiación del Desarrollo;
18 al 22 de marzo.
Los partidos políticos PAN, PRI y PRD, llevan a cabo elecciones internas para el cambio de sus dirigentes;
marzo

2003

Entra en vigor la Ley Federal de Transparencia y Acceso a la Información;
12 de junio.
Se celebran en el país elecciones federales;
6 de julio.
El EZLN constituye unas Juntas de Buen Gobierno, para las comunidades indígenas declaradas autónomas;
9 de agosto.

2004

López Obrador alcanza el más alto nivel de aprobación como jefe de gobierno del DF; Febrero. Se exhiben por televisión unos videos que muestran a funcionarios del gobierno del DF realizando actos de corrupción; marzo. Gobernadores priistas crean el Tucom; abril. La PGR presenta un proceso de desafuero en contra de López Obrador;
17 de mayo.
Tras renunciar a su cargo en el gabinete de Fox, Felipe Calderón inicia su campaña por la precandidatura presidencial;
31 de mayo.
México es aceptado como miembro observador del Mercosur;
julio.

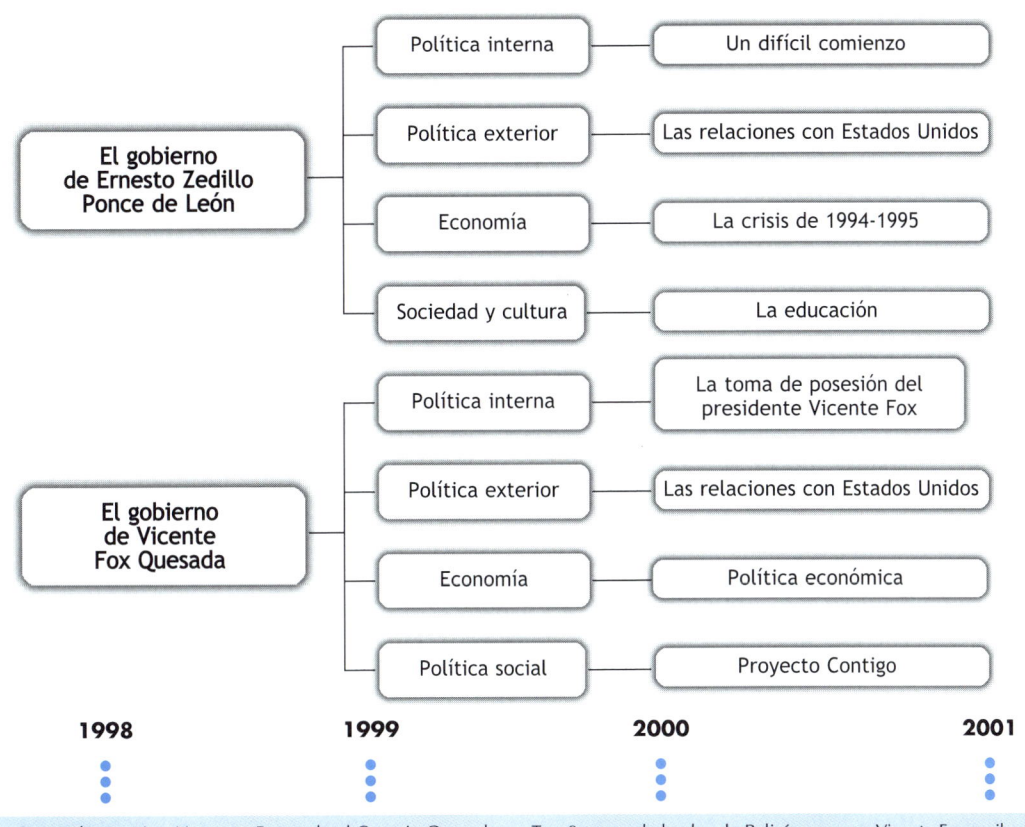

```
El gobierno                ┌── Política interna ─── Un difícil comienzo
de Ernesto Zedillo ────────┼── Política exterior ── Las relaciones con Estados Unidos
Ponce de León              ├── Economía ─────────── La crisis de 1994-1995
                           └── Sociedad y cultura ─ La educación

El gobierno                ┌── Política interna ─── La toma de posesión del presidente Vicente Fox
de Vicente ────────────────┼── Política exterior ── Las relaciones con Estados Unidos
Fox Quesada                ├── Economía ─────────── Política económica
                           └── Política social ──── Proyecto Contigo
```

1998

Se crea la organización "Amigos de Fox"; septiembre.
Se revela que agentes de la "Operación Casablanca" trabajaron ilegalmente en México; 21 de mayo.

1999

Es creado el Consejo General de Huelga por estudiantes inconformes con el aumento de cuotas en la UNAM; 20 de abril.
Entra en funciones el IPAB, en sustitución del Fobaproa; mayo.
Se lleva a cabo una elección abierta entre cuatro aspirantes del PRI a la candidatura presidencial; 7 de noviembre.

2000

Tras 9 meses de huelga, la Policía Federal Preventiva recupera Ciudad Universitaria; 6 de febrero.
Se adopta el Tratado de Libre Comercio entre México y la Unión Europea; 16 de marzo.
Se celebran elecciones presidenciales en las que, por primera vez, triunfa un candidato de oposición al PRI; 2 de julio.
Vicente Fox Quesada toma posesión como presidente de la República; 1 de diciembre
Andrés Manuel López Obrador asume la jefatura del gobierno del Distrito Federal; 5 de diciembre.

2001

Vicente Fox recibe la visita de George W. Bush, presidente de Estados Unidos; 15 de febrero.
Es presentado el Plan Puebla-Panamá; 12 de marzo.
Representantes indígenas del EZLN se presentan en el Palacio Legislativo de San Lázaro; 28 de marzo.
El Senado de la República aprueba la Ley de Derechos y Cultura Indígenas; 25 de abril.
La Fundación Vamos México, es presentada por Marta Sahagún de Fox; 29 de octubre

2005

Entra en vigor un acuerdo de asociación económica con Japón; abril.
La Cámara de Diputados aprueba el desafuero contra López Obrador; 7 de abril.
La PGR decide no ejercer acción penal contra AMLO. López Obrador renuncia a la jefatura de gobierno del DF, e inicia su campaña presidencial; 31 de julio.
Felipe Calderón gana la candidatura presidencial del PAN; 23 de octubre.
Roberto Madrazo, candidato del PRI a la presidencia; noviembre.
AMLO encabeza la preferencia electoral; mayo.

2006

Da comienzo la *guerra de los spots* en las campañas por la elección presidencial; marzo. Se inicia en Oaxaca un grave conflicto magisterial; 22 de mayo.
Se celebran las elecciones presidenciales más reñidas de la historia moderna de México; 2 de julio.
El IFE presenta los resultados oficiales, con el triunfo de Felipe Calderón, por un estrecho margen sobre AMLO; 5-6 de julio.
López Obrador desconoce los resultados oficiales, impugna la elección y convoca a una resistencia pacífica; 9 de julio.
Seguidores de AMLO bloquean el Paseo de la Reforma en la capital del país; 30 de julio.
Legisladores de PRD y PT impiden la lectura del sexto informe de gobierno del presidente Fox; 1 de septiembre.
El TEPJF valida la elección y declara a Calderón presidente electo; 5 de sep.
Ante rumores de acciones de grupos radicales, el presidente Fox da el "grito" en Dolores Hidalgo, Gto.; 15 de septiembre.
Seguidores de AMLO levantan el bloqueo; se realiza el desfile militar, y la Convención Nacional Democrática designa "presidente legítimo" a López Obrador; 16 de septiembre.

Del fin de la era priista al gobierno del cambio (1994-2006)

En este último capítulo harás un recorrido por la historia reciente del país: los años de una época en la que tú ya te has integrado como parte de la sociedad mexicana. Una historia que te concierne directamente, el legado que recibes, de manera inmediata, de los actores que participaron en ella; se trata de los pasos, muchas veces difíciles, que México transitó durante los recientes doce años.

De la misma manera que en los capítulos anteriores, éste sigue un esquema dividido en periodos gubernamentales; es decir, un esquema que, a partir del marco de la política, incorpora la descripción de los sucesos económicos, sociales y culturales que vive el país. Pero en estos doce años, la política tiene un papel de gran importancia y domina el escenario de la historia.

Este tiempo, en cuyo comienzo la economía sufrió una fuerte sacudida, ya superada, y en el que no faltaron los conflictos sociales, fue también un tiempo de importantes avances políticos en el camino hacia la democracia; un tiempo en el que el cambio de siglo y el comienzo de un nuevo milenio fue para México el inicio de una nueva era en su vida política, una era de promesas esperanzadoras, muchas de las cuales se diluyeron en una nueva desilusión.

El final de este lapso de doce años es también el final de un sexenio presidencial, y si la sociedad mexicana había experimentado en muchas ocasiones anteriores crisis económicas durante el paso de un sexenio a otro, esta vez, a pesar de la madurez de la ciudadanía, o quizá por ella misma, la crisis fue política. Los conflictos relacionados con la sucesión presidencial en 2006, dieron origen a una polarización y una incertidumbre nunca experimentadas en la vida política de México.

Han sido momentos de dura prueba, que México habrá de superar como tantas otras veces en el pasado, que sabrá olvidar las diferencias y unificar voluntades para heredar a las nuevas generaciones, a tu generación, un país más maduro y responsable.

Con la esperanza de siempre, la de cada seis años, la población en general confía en que se habrá de enderezar el rumbo del país para continuar su avance democrático y, habrá de poner fin no solamente a la polarización política, sino también a la otra polarización, a la que divide a la sociedad mexicana en un injusto desequilibrio entre ricos y pobres.

Vicente Fox y Felipe Calderón.
FUENTE: Presidencia de la República (2006).

El gobierno de Ernesto Zedillo Ponce de León

Política interna

Un difícil comienzo

Al comenzar el gobierno de Ernesto Zedillo había en el ámbito político, y en todo el país, un sentimiento de desánimo. Constituía motivo de gran preocupación para el futuro del país la turbulencia generada tanto por el conflicto en Chiapas como por los asesinatos políticos ocurridos en marzo y septiembre de aquel perturbador 1994.

Aunque las elecciones del 21 de agosto habían transcurrido sin contratiempos a pesar del clima de inseguridad y temor ante la posibilidad de nuevos atentados, el triunfo electoral de Ernesto Zedillo no parecía brindar una absoluta confianza en el futuro inmediato, y en el rostro del presidente entrante parecía reflejarse la incertidumbre que invadía a sus conciudadanos.

Los primeros intentos de unidad política

En la composición del gabinete ministerial, el presidente Zedillo incorporó algunas personas no priístas con la intención de mostrar su interés por alcanzar la unidad nacional. La Procuraduría General de la República quedó en manos de un político del PAN, Antonio Lozano Gracia, y se invitó a algunos integrantes del PRD no sólo al diálogo político, sino a colaborar en las tareas de gobierno.

Pero la ansiada unidad política pronto fue frustrada por conflictos postelectorales en varias regiones del centro del país, Chiapas y Tabasco, estados donde fueron más notorios. En el caso de Chiapas, los zapatistas, el obispo Samuel Ruiz y los perredistas pedían la renuncia del gobernador electo, el priísta Eduardo Robledo Rincón, y el reconocimiento del candidato del PRD, Amado Avendaño, como gobernador.[1] El día que Robledo Rincón tomó posesión del cargo, avalado por la presencia del presidente Zedillo, Avendaño instauró un gobierno paralelo apoyado por manifestaciones de inconformidad no sólo en Chiapas sino también en la capital del país.

Aunque las elecciones del 21 de agosto habían transcurrido sin contratiempos a pesar del clima de inseguridad y temor ante la posibilidad de nuevos atentados, el triunfo electoral de Ernesto Zedillo no parecía brindar una absoluta confianza en el futuro inmediato.

Ernesto Zedillo en su toma de posesión

Discurso inaugural del presidente Zedillo

Antonio Lozano Gracia, procurador general de la República

En la composición del gabinete ministerial, el presidente Zedillo incorporó algunas personas no priístas con la intención de mostrar su esfuerzo por alcanzar la unidad nacional.

Pero la ansiada unidad política pronto fue frustrada por conflictos postelectorales en varias regiones del centro del país, Chiapas y Tabasco, estados donde fueron más notorios.

---

[1] Rolando Cordera Campos, *Crónicas de la adversidad*, Cal y Arena, México, 1999, p. 66.

La medida de elevar la banda superior del deslizamiento del peso frente al dólar en 53 centavos, tuvo un fuerte impacto psicológico, pues desde 1987 no ocurría una devaluación tan abrupta.

La decisión de retirar al Banco de México del mercado de cambios, que dejaba el peso al libre juego de la oferta y la demanda, aceleró la devaluación.

Instalaciones de la Suprema Corte de Justicia de la Nación

Ejercicio 1

1. ¿Por qué al iniciarse el sexenio de Ernesto Zedillo no había confianza en el nuevo gobierno?
2. ¿Cuáles fueron los primeros intentos de unidad política del gobierno de Zedillo?
3. Describe los conflictos postelectorales en Chiapas y Tabasco.
4. Describe las consecuencias inmediatas de la decisión gubernamental de elevar la banda de deslizamiento del peso mexicano.

Marcos, subcomandante del EZLN

En Tabasco, el conflicto fue también a raíz de la contienda por la gubernatura: el PRD cuestionó la legitimidad del proceso electoral y se dieron fuertes enfrentamientos entre priístas y perredistas. El reclamo se basaba no tanto en la existencia de fraude electoral, sino en la enorme cantidad de recursos financieros utilizados en la campaña de Roberto Madrazo, lo que, según los perredistas, favoreció el triunfo del priísta y la consecuente derrota de su candidato, Andrés Manuel López Obrador.

El desplome de la economía

Mientras aumentaba la tensión en Chiapas y el gobierno federal insistía en sus llamados a la unidad política, los indicadores macroeconómicos empezaron a mostrar los efectos adversos de aquel difícil 1994: la fuga de capitales era cuantiosa e incontenible, y las reservas se estaban agotando. Ante las fuertes presiones sobre la moneda mexicana, la noche del 19 de diciembre se reunieron los integrantes del Pacto para el Bienestar, la Estabilidad y el Crecimiento (Pabec) —suscrito tres meses antes por los sectores productivos del país y ratificado por Zedillo— y acordaron elevar en 53 centavos de nuevos pesos la banda superior de deslizamiento del peso frente al dólar. Así, el techo de la banda pasó de 3.4712 nuevos pesos por dólar a 4.016 nuevos pesos, lo que implicaba un incremento del 15.26 por ciento.

La medida, anunciada en las primeras horas del martes 20, tuvo un fuerte impacto psicológico, pues desde 1987 no ocurría una devaluación tan abrupta. De manera inmediata se desquiciaron totalmente los mercados financieros, lo que se manifestó en la incertidumbre de los inversionistas, la caída de la Bolsa Mexicana de Valores, un fuerte incremento en las tasas de interés y un severo ataque especulativo contra el peso. La perturbación provocó compras de pánico y una "reetiquetación" continua de los productos de consumo; el poder adquisitivo de los mexicanos se desplomó, aumentando la incertidumbre y la desconfianza en el gobierno de Zedillo, al que se acusaba de debilidad y falta de capacidad para controlar la situación.

El 21 de diciembre el Banco de México se retiró del mercado de cambios para no arriesgar sus reservas internacionales. Esta decisión, que dejaba el peso al libre juego de la oferta y la demanda, aceleró la devaluación y el dólar se cotizó en 5.75 nuevos pesos. El día 29, el presidente anunció el Programa de Emergencia Económica para 1995 y dio a conocer la renuncia del secretario de Hacienda, Jaime Serra Puche, y la designación de Guillermo Ortiz Martínez como nuevo titular de esa Secretaría.

México llegó de esta forma al final de aquel año turbulento que afectó prácticamente todos los ámbitos de la vida nacional y cerró con una de las peores crisis en la historia mexicana del siglo XX, considerada como la mayor recesión desde la década de 1930.

El conflicto en Chiapas

La guerra de baja intensidad

A inicios de 1995 prevalecía un clima de gran tensión y se mantuvo latente la amenaza de un reinicio de las hostilidades entre el gobierno y el EZLN. El 1 de enero, el subcomandante Marcos emitió la *Tercera Declaración de la Selva Lacandona*, en la cual propuso la creación de un Movimiento para la Liberación Nacional, y el día 6 anunció una extensión unilateral de la tregua militar establecida a fines de diciembre anterior. Poco después se celebró una reunión entre Esteban Moctezuma, secretario de Gobernación, y la dirigencia del EZLN en la que ambas partes mostraron su disposición para buscar una solución negociada al conflicto.

La tregua se interrumpió el 9 de febrero, cuando el presidente Zedillo apareció en televisión para dar un mensaje sobre el ejército zapatista. Expresó que "mientras el gobierno insistía en su voluntad de diálogo y negociación, el EZLN venía preparando nuevos y mayores actos de violencia, no sólo en Chiapas, sino en otros lugares del país", e informó el descubrimiento de dos resguardos clandestinos, en la Ciudad de México y el estado de Veracruz, donde fueron detenidos varios miembros del movimiento. Zedillo agregó que esta acción había permitido identificar a importantes dirigentes del EZLN y girar órdenes de aprehensión contra Rafael Sebastián Guillén Vicente, alias *Marcos*; Fernando Yáñez, alias *Germán*; Jorge Javier Elorriaga, alias *Vicente*; Jorge Santiago, alias *Santiago*, y Silvia Fernández Hernández, alias *Sofía* o *Gabriela*.

Esteban Moctezuma Barragán

La supuesta identidad del subcomandante Marcos

Dirigentes del EZLN

El anuncio del presidente Zedillo sobre la identidad de los dirigentes del EZLN significó un cambio radical en la postura que desde el inicio de su gobierno mantuvo frente al conflicto chiapaneco.

La noticia provocó desconcierto y rechazo; nuevamente surgieron manifestaciones de protesta en contra de las órdenes del presidente y, en los días subsecuentes, el gobierno mostró falta de coordinación mientras sus integrantes hacían declaraciones contradictorias. A partir del 14 de febrero, el gobierno federal retomó su disposición al diálogo: Zedillo ordenó al ejército y la PGR evitar cualquier incidente que provocara un enfrentamiento, instó al EZLN a optar por la vía política y anunció que enviaría al Congreso de la Unión una iniciativa de Ley de Amnistía para quienes depusieran las armas. Mientras tanto, Eduardo Robledo Rincón, gobernador de Chiapas, solicitaba licencia para dejar su cargo.

En los días subsecuentes al anuncio de Zedillo sobre la persecución contra los dirigentes del EZLN, el gobierno mostró falta de coordinación mientras sus integrantes hacían declaraciones contradictorias.

Sin embargo, los conflictos persistieron. El 19 de febrero ocurrió un enfrentamiento en San Cristóbal de Las Casas entre simpatizantes y opositores del obispo Samuel Ruiz; los llamados *coletos* (gentilicio popular de los habitantes de la ciudad) exigían la renuncia del obispo a la Comisión Nacional de Intermediación (Conai) y demandaban que abandonara la diócesis; el conflicto chiapaneco mostraba así su carácter religioso por la lucha entre evangélicos y católicos.

Obispos Raúl Vera y Samuel Ruiz

A pesar de que el gobierno federal retomó su disposición al diálogo, los conflictos persistieron en el estado de Chiapas, y se hizo evidente su carácter religioso, en la lucha entre evangélicos y católicos.

Los Acuerdos de San Andrés Larráinzar

Después de varias etapas de negociación entre el gobierno y el EZLN, el 16 de febrero de 1996 se firmaron en San Andrés Larráinzar los Acuerdos sobre Derecho y Cultura

Se firmaron en San Andrés Larráinzar los Acuerdos sobre Derecho y Cultura Indígena, con el compromiso de formular un nuevo "marco constitucional de autonomía" que reconociera los derechos de los pueblos indígenas.

Indígena, con la mediación de la Comisión de Concordia y Pacificación (Cocopa) y la Conai, cuyo compromiso era formular un nuevo "marco constitucional de autonomía" que reconociera a los pueblos indígenas, entre otros, los siguientes derechos:

a) El uso, promoción y desarrollo de sus lenguas y culturas, así como de sus costumbres y tradiciones políticas, sociales, económicas, religiosas y culturales.
b) La práctica, ejercicio y desarrollo de sus formas específicas de organización política, económica y social.
c) El respeto a sus formas propias y autónomas de gobierno en las comunidades y municipios en los que están asentados. Las elecciones de las autoridades indígenas se efectuarán de conformidad con las tradiciones propias de cada pueblo.
d) El uso y disfrute de los recursos naturales de sus territorios, según se define en los artículos 13.2 y 14 del Convenio 169 de la OIT (Organización Internacional del Trabajo), a través del órgano de gobierno o de la administración que establezcan, exceptuando los recursos de las áreas estratégicas y aquellos cuyo dominio pertenece en forma exclusiva a la nación.

Negociaciones sobre el conflicto de Chiapas

Sin embargo, las discrepancias obstaculizaron las negociaciones y durante todo 1997 se debatieron públicamente los Acuerdos de San Andrés Larráinzar sin que pudiera llegarse a una solución. El 8 de septiembre de 1997, más de mil miembros del EZLN iniciaron la "marcha motorizada" hacia la capital de la República, que recibió el apoyo de decenas de miles de simpatizantes, entre ellos varios extranjeros y algunas organizaciones internacionales. No obstante, el gobierno mantuvo su postura de negarse a firmar la iniciativa presentada por la Cocopa.

Más de mil miembros del EZLN marcharon hacia la capital de la República, apoyados por decenas de miles de simpatizantes, entre ellos varios extranjeros, pero el gobierno continuó negándose a firmar la iniciativa de la Cocopa.

Fuente 1. Una guerra de baja intensidad

El EZLN y el EPR son producto muy decantados de la maduración del radicalismo político de quienes en los años sesenta y setenta buscaron transformar a México durante un cambio violento y a fondo del modelo político y económico imperante. Inspirados por la Revolución cubana y por otras fuentes del pensamiento de izquierda, campesinos, maestros y estudiantes mexicanos se enfrentaron con las armas al autoritarismo y a la corrupción del PRI y del capitalismo subdesarrollado en nombre de ese "hombre nuevo" que el Che Guevara buscó en Cuba, el Congo o Bolivia. La lucha tuvo lugar lo mismo en Chihuahua que en Guerrero, en la capital, en Monterrey o Guadalajara. Fracasaron, pero algunos de los sobrevivientes persistieron porque finalmente el régimen triunfó pero no cambió su naturaleza íntima, sino apenas la forma: reforma electoral para mantener al partido de Estado en compañía de partidos impotentes, populismos corruptos, solidaridades sin verdadera comunidad de intereses. Sin embargo, el castigo económico que a partir de 1982 se impuso a las clases populares, en particular a los campesinos, fueron el nuevo caldo de cultivo para que los activistas radicales sobrevivientes de los sesenta reanudaran la marcha.

Obviamente, la insurgencia actual ya no es similar a la de hace treinta años. Hoy tiene que tomar en cuenta el fracaso del "socialismo real"; no puede pretender la toma armada del poder por la élite revolucionaria para llevar a cabo la construcción de un régimen socialista. Sus metas son más modestas; ambos movimientos, con lenguaje y formas de luchas diferentes —el EZLN tiene un territorio más o menos definido y una identificación con una vieja cultura indígena, en tanto que el EPR es una guerrilla más clásica—, se proponen ser menos catalizadores de una lucha más amplia, no armada, que busca la democracia política y la justicia social, pero ya no la dictadura del proletariado, la estatización de la economía o la abolición de la propiedad privada. En una palabra, son movimientos que ya perdieron, o deberían haber perdido, la certeza de conocer "científicamente" la naturaleza y propósitos del cambio histórico.

Al concluir la primera guerra mundial, en 1919; George Clemenceau señaló que "es más fácil hacer la guerra que la paz". Quizá no todas las experiencias históricas avalan al estadista francés pero su visión es válida aquí hoy. Desde 1994 se iniciaron las negociaciones del gobierno con el EZLN y hasta hoy no se ha avanzado casi nada en el camino que lleve a su desarme por la vía de una respuesta razonable a sus demandas, muy justificadas, y que son resultado de un agravio histórico terrible y aún no resuelto: la conquista, la discriminación, el despojo, la explotación y la humillación centenarios, más una economía donde casi no hay lugar para la comunidad indígena. Esas demandas no sólo se refieren a cambios en las condiciones materiales de vida de las comunidades —tierra, salud, trabajo, educación o vivienda—, sino del régimen político mismo. Los rebeldes demandan, por la vía de una autonomía —que no de la independencia—, que se reconozca y se acepte en su favor lo que siempre ha sido México: una sociedad compuesta de diferentes civilizaciones, pero ahora dentro de un marco institucional de democracia real, donde la soberanía esté, por primera vez, en manos del ciudadano.

Lorenzo Meyer,
Fin de régimen y democracia incipiente,
Océano, 1998, pp. 246-247.

Marcha zapatista en la Ciudad de México

Funeral de indígenas asesinados en Acteal

Violencia

Desde mayo de 1997 se había recrudecido la violencia en el municipio de Chenalhó, Chiapas, donde un grupo armado asesinó a cuatro personas, secuestró a una más e incendió casas en varios ejidos. Como consecuencia de estos hechos, más de mil personas abandonaron sus hogares por el temor de nuevas agresiones.

En las elecciones de julio de ese año, el PRI resultó triunfador en el municipio de Chenalhó, uno de los baluartes tradicionales del EZLN; inconforme con los resultados electorales, el grupo armado estableció un concejo municipal autónomo paralelo, lo cual agravó el encono entre priístas y simpatizantes del movimiento zapatista. El 22 de diciembre, integrantes de la asociación civil "Las Abejas" fueron emboscados y asesinados en la comunidad de Acteal. En esa masacre, perpetrada por un grupo de enmascarados al que se atribuyó conexión con el PRI, resultaron muertos 45 indígenas tzotziles, entre ellos mujeres embarazadas y niños que se habían refugiado en un templo católico.

Mujeres indígenas desplazadas

La matanza de Acteal generó fuertes reacciones dentro y fuera del país. Zedillo ordenó una inmediata investigación y a los pocos días fueron detenidos más de 40 presuntos responsables.

> *Dos movimientos guerrilleros se sumaron al escenario conflictivo de la vida nacional: el Ejército Popular Revolucionario (EPR) y el Ejército Revolucionario de Insurgencia Popular (ERIP).*

La matanza de Acteal generó fuertes reacciones dentro y fuera del país. El EZLN expresó que la acción había sido ordenada por el gobierno estatal o el federal con el propósito de mantener una "guerra de baja intensidad" en contra de los zapatistas. El día 23, el presidente Zedillo condenó públicamente el acto de violencia y ordenó a la PGR la inmediata investigación y persecución de los culpables; a los pocos días fueron detenidos más de 40 presuntos responsables, incluyendo al presidente municipal priísta de Chenalhó, a quien se acusó de haber apoyado a los autores de la matanza.

Estancamiento de las negociaciones

Los cambios de funcionarios no modificaron el panorama y las negociaciones siguieron estancadas durante los últimos dos años del sexenio. Al acercarse las elecciones federales de 2000, los representantes del movimiento zapatista aseguraron que no obstaculizarían el proceso, pero invitaron a sus integrantes y simpatizantes a que se abstuvieran de votar.

En 1996, dos movimientos guerrilleros se sumaron al escenario conflictivo de la vida nacional: el Ejército Popular Revolucionario (EPR), que se levantó en armas en Guerrero, y el Ejército Revolucionario de Insurgencia Popular (ERIP), el cual operaba en los estados de Durango, Coahuila y Baja California.

EPR, lectura del "Manifiesto de Aguas Blancas"

La reforma política

El Acuerdo Político Nacional

El 17 de enero de 1995, el secretario de Gobernación, Esteban Moctezuma, anunció la firma de un *Acuerdo Político Nacional*, suscrito por los representantes de las organizaciones políticas PAN, PRI, PRD y PT, en el que se establecía, en primer lugar, la necesidad de avanzar de inmediato en la conclusión de una reforma electoral definitiva en el ámbito federal que también sirviera de referencia para las entidades federativas.

> *Al terminar el sexenio zedillista había la esperanza de que con el nuevo gobierno, por no haber surgido del PRI, se alcanzaría la paz en Chiapas y se establecerían condiciones para mejorar la vida de los pueblos indios.*

La reforma electoral

El 14 de noviembre de 1996 fue aprobada la reforma electoral en la Cámara de Diputados. En síntesis, los seis puntos principales contenían las siguientes modificaciones:

1) Se concretó la autonomía total de los órganos electorales; el gobierno abandonaba la organización electoral y ésta pasaba a manos de personas merecedoras de la confianza de los partidos políticos.
2) El Tribunal Federal Electoral (Tribunal Electoral del Poder Judicial de la Federación, TEPJF), encargado de dirimir las controversias legales, fue objeto de importantes modificaciones. La designación de los magistrados estaría a cargo de la Cámara de Senadores según propuesta de la Suprema Corte de Justicia; fue instaurado un control de legalidad de constitucionalidad, es decir, una vía para garantizar que todos los actos en materia electoral pudieran ser impugnados y revisados por la vía jurídica. El Tribunal ya no se limitaría a atender los problemas de índole federal, sino que se podría recurrir a él por causa de conflictos locales. Se trató de extender, sin cortapisas,

> *Debido a diferencias entre el PRI y el resto de los partidos, la reforma electoral fue aprobada sin consenso alguno, al votar sólo los priístas; no obstante, incluyó modificaciones trascendentales.*

Cuadro 11.1. *Gobierno de Ernesto Zedillo. Política interna*

- **Un difícil comienzo**
  - Primeros intentos de unidad política y seguridad pública
    - Incorporación de personas no priístas en el gabinete
    - Reforma al Poder Judicial
    - Conflictos postelectorales frustran la pretendida unidad política
  - Desplome de la economía
    - Abrupta devaluación del peso provoca incertidumbre en los medios financieros
    - Compras de pánico y salida de capitales
    - Banxico se retira del mercado de cambios
    - Se inicia la crisis económica más severa en los últimos 70 años

- **Plan Nacional de Desarrollo**
  - Objetivos
    1) Fortalecer el ejercicio pleno de la soberanía.
    2) Lograr que México sea un país de leyes y justicia para todos.
    3) Alcanzar un pleno desarrollo democrático.
    4) Impulsar un desarrollo social con oportunidades para todos.
    5) Conseguir un crecimiento económico vigoroso, sostenido y sustentable

- **Conflicto en Chiapas**
  - La guerra de baja intensidad
    - Ruptura de la tregua debido a persecución contra líderes del EZLN
    - Declaraciones y acciones contradictorias de las autoridades. Nueva invitación al diálogo ante la renovada violencia
  - Acuerdos de San Andrés Larráinzar
    - Firma de los acuerdos sobre Derechos y Cultura Indígena, con el compromiso de realizar una reforma constitucional
    - Persistencia del conflicto por discrepancias sobre la reforma constitucional
  - Violencia
    - Enfrentamientos y asesinatos en Chenalhó
    - Matanza de indígenas tzotziles en Acteal
    - Estancamiento de las negociaciones

el control jurídico a los actos de todas las autoridades electorales estatales, sin excepción.

3) Se modificó el régimen legal de los partidos políticos, haciendo más claras las condiciones para acceder a la contienda, con un elemento esencial: que fuera el voto ciudadano el que definiera la permanencia en el sistema de partidos. Se incrementó además el porcentaje para la representación en el Congreso.

4) Los recursos financieros públicos de los partidos aumentaron drásticamente —600 por ciento— en comparación a tres años antes, y lo mismo ocurrió en el acceso a los medios electrónicos. El financiamiento fue distribuido de modo más equitativo (el 70 por ciento distribuido conforme a la votación inmediata anterior y el 30 por ciento de un modo igualitario); se definieron topes claros y razonables a los gastos de campaña, con serias restricciones a las aportaciones privadas y mecanismos más estrictos en cuanto a control, auditoría y vigilancia.

5) Con respecto al acceso al Congreso de la Unión, la Cámara de Diputados continuaría constituyéndose por 300 diputados de mayoría, derivados de los 300 distritos, y 200 diputados plurinominales surgidos de listas de los partidos políticos. Se

Fidel Velázquez firma el Acuerdo Político Nacional, ante el presidente Zedillo

Ejercicio 2

1. Explica las acciones del Estado mexicano que provocaron la ruptura de la tregua entre el gobierno y el EZLN en febrero de 1995.

2. Describe tres de los Acuerdos de San Andrés Larráinzar que provocaron mayor controversia en el ámbito político nacional.

3. ¿Por qué persistió el conflicto entre el gobierno y el EZLN a pesar de la firma de los Acuerdos de San Andrés Larráinzar?

4. Describe los hechos de violencia ocurridos en el municipio de Chenalhó, Chiapas, en diciembre de 1997.

5. Describe tres de los puntos más importantes de la reforma electoral aprobada en noviembre de 1996.

instauró un tope a la sobrerrepresentación: ningún partido podría tener en adelante 8 por ciento más de escaños que su propia votación, salvo que los consiga a través de la votación uninominal. La Cámara de Senadores tendría mayor pluralismo con la elección de 32 senadores en una lista nacional de representación proporcional.

6) Se abrió la competencia electoral en la Ciudad de México mediante la elección directa de su jefe de gobierno, y se ampliaron las facultades de la Asamblea Legislativa del Distrito Federal.[2]

Instituto Federal Electoral

El sistema de partidos

Crisis en el PRI

El PRI vivía una crisis desde la década de 1980 y perdía votos electorales de manera sostenida; al mismo tiempo, el PAN y el PRD iban ganando espacios. Estas condiciones hacían imprescindible un replanteamiento y una búsqueda de legitimación del Revolucionario Institucional, muy especialmente después de la muerte violenta de dos de sus miembros distinguidos.

El PRI vivía una crisis desde la década de 1980 y perdía votos electorales de manera sostenida; al mismo tiempo, el PAN y el PRD iban ganando espacios. Estas condiciones hacían imprescindible un replanteamiento y una búsqueda de legitimación del Revolucionario Institucional.

El PRI y su relación con el gobierno

En marzo de 1995, en ocasión de un nuevo aniversario de la fundación del PRI, Zedillo pidió al partido "un apoyo siempre razonado y fundado en una relación

Ernesto Zedillo en el aniversario del PRI

En ocasión de un nuevo aniversario de la fundación del PRI, Zedillo hizo referencia a un concepto que durante el resto del sexenio marcó el tema de la relación PRI-gobierno: el de "sana distancia".

---

[2] Ricardo Becerra, Pedro Salazar y José Woldenberg, *La mecánica del cambio político en México. Elecciones, partidos y reformas*, Cal y Arena, México, 2000, pp. 424-427.

transparente; un apoyo que se derive del análisis objetivo, la explicación oportuna y el convencimiento sincero". Hizo referencia, además, a un concepto que durante el resto del sexenio marcó el tema de la relación PRI-gobierno: el de la "sana distancia".

Las palabras del presidente causaron desconcierto entre los priístas y motivaron especulaciones; Zedillo no habló de "sana relación", sino de "sana distancia" y no destacó tanto la calificación de "sana" como la determinación "distancia". Según relata un miembro del partido, "en un primer momento la audiencia permaneció azorada. Pero el azoro no duraría demasiado. Cuando el público llegó a su conclusión —cada quien a la suya— sobre el significado del mensaje presidencial, tomó sus providencias. Y en adelante las cosas cambiaron".[3] A partir de ese momento se enfrió la relación histórica entre el PRI y el Presidente de la República.

Sin embargo, Zedillo descubrió que resultaría muy difícil gobernar sin la colaboración del PRI y el Congreso. Por tanto, el presidente buscó en repetidas veces el apoyo de los legisladores de su partido y no se abstuvo de intervenir en las decisiones importantes de los priístas, pues la sana distancia, como dijo en una ocasión, "no le quitaba sus derechos políticos ni le impedía hacer política en su partido".

Partido Acción Nacional

Las tendencias electorales de 1994 y 1995 parecían mostrar que el PAN había llegado a ser la organización política de clases medias y populares más fuerte en las zonas urbanas del país. No sólo triunfó en ciudades consideradas bastiones panistas, sino también en algunas que habían sido baluartes de los partidos de izquierda y del PRI. Un hecho sorprendente fue que las dos mayores derrotas del PAN tuvieron lugar en Chihuahua, estado gobernado por un panista, Francisco Barrio, quien logró conquistar el Poder Ejecutivo del estado en 1992. En 1995, año del desplome electoral priísta en casi todo el país, el PRI recuperó el voto chihuahuense y logró dominar en el congreso local. Esto puso a Barrio en la situación —inédita en el país en el ámbito federal o estatal— de un gobernante obligado a ejercer el Poder Ejecutivo frente a una legislatura de oposición.

En 1996, el PAN obtuvo nuevos triunfos electorales en las principales áreas urbanas del país, especialmente en el norte. En cambio, el PRI mantuvo la preferencia electoral de las zonas rurales marginadas y fue significativo que conservara el municipio mexiquense de Chalco, cuna del programa *Solidaridad* del presidente Carlos Salinas.

Ese mismo año, un conflicto postelectoral provocó un serio enfrentamiento entre priístas y panistas en Huejotzingo, Puebla. El conflicto comenzó el 2 de febrero, cuando el Tribunal Estatal Electoral decidió otorgar la alcaldía de este lugar a Miguel Ángel Martínez Escobar, candidato del PRI, a pesar de que en un principio se había aceptado el triunfo de Jesús Meneses, del PAN. En respuesta, Acción Nacional se retiró del diálogo que entre los partidos políticos y el gobierno se estaba dando para llegar a un acuerdo de reforma política. El 15 de mayo se resolvió el conflicto a favor del PAN, con la "solicitud de licencia indefinida" de Martínez Escobar, quien fue sustituido por el panista Heriberto Ramírez Cerón. Para los dirigentes de Acción Nacional había quedado "allanado el camino para su reincorporación a los trabajos para la reforma del Estado". Para algunos grupos priístas, en cambio, aquella solución era la primera *concertacesión* de Zedillo con el PAN, en busca de alianzas políticas para impulsar su proyecto de reforma.

> *Las tendencias electorales de 1994 y 1995 parecían mostrar que el PAN había llegado a ser la más fuerte organización política de clases medias y populares en las zonas urbanas del país.*

> *Un serio enfrentamiento postelectoral entre priístas y panistas en Huejotzingo, Puebla, ocasionó que el PAN se retirara del diálogo por la reforma electoral entre los partidos políticos y el gobierno.*

> *Al comienzo del sexenio zedillista, como efecto de la situación de crisis, tanto por el divisionismo interno como por la marginación que sufría desde el gobierno de Carlos Salinas, el PRD tuvo una caída en su comportamiento electoral.*

---

[3] Sergio García Ramírez, *Renovación del PRI. Reflexión y convocatoria*, México, 2001, pp. 162-163.

Los resultados electorales del 6 de julio de 1997 modificaron la fisonomía del sistema de partidos así como las relaciones entre los poderes Ejecutivo y Legislativo, y entre los poderes federales y locales.

Partido de la Revolución Democrática

Como efecto de esa situación de crisis, tanto por el divisionismo interno como por la marginación que sufría desde el gobierno de Carlos Salinas, el PRD tuvo una caída en su comportamiento electoral en comparación con los triunfos que su organización original, el Frente Democrático Nacional (FDN), obtuvo en 1988. También se redujo su poder de convocatoria y su influencia sobre organizaciones sociales, en contraste con las alianzas logradas por el FDN. Con respecto a los resultados electorales, aunque 1995 fue relativamente malo para el PRD, en 1996 logró resultados favorables en el estado de Guerrero y obtuvo la presidencia municipal de Ciudad Nezahualcóyotl, en el Estado de México.

Estos triunfos eran significativos para un partido que, durante el sexenio zedillista, era virtualmente nuevo y estaba en proceso de institucionalización y consolidación. Desde sus orígenes, el PRD se mostró dispuesto a jugar un papel relevante en la transición democrática del país; en este sentido fue significativa su contribución y, en particular, la de Cuauhtémoc Cárdenas, cuya notable influencia sobre amplios sectores de la población le permitió ocupar una posición indiscutible para enfrentarse y cuestionar al autoritarismo priísta.

Las elecciones en 1997

El 6 de julio de 1997 se llevaron a cabo elecciones federales, y estatales en varias entidades de la República. Los resultados oficiales coincidieron en buena medida con lo previsto por las encuestas de opinión pero, sobre todo, reflejaron la importancia de los cambios realizados por la reforma electoral.

El sentido de la votación expresó claramente la profundidad del cambio: considerando la cantidad de votos para diputados de mayoría relativa, el PRI cayó del 50 por ciento obtenido en 1994 al 39.1 por ciento, el PAN se mantuvo prácticamente estancado en 26.6 por ciento y el PRD logró un notable repunte al pasar del 16 al 25.7 por ciento, para lograr un empate técnico con el PAN y colocarse como la segunda fuerza electoral en el ámbito nacional.

Otra novedad importante fue la realización de los primeros comicios en el Distrito Federal, que resultaron en el triunfo abrumador de Cuauhtémoc Cárdenas, para la jefatura de gobierno de dicha entidad, y en la obtención de 38 de los 40 escaños de la Asamblea Legislativa de mayoría relativa.

En consecuencia, la contienda del 6 de julio de 1997 quedó centrada en los tres primeros partidos, consolidándose un esquema tripartidista en el ámbito nacional, con la

Cuauhtémoc Cárdenas

Cuauhtémoc Cárdenas toma posesión como jefe del Distrito Federal

Fuente 2. La influencia externa en el avance a la democracia en México

Ya sin las razones de la guerra fría y el anticomunismo, el presidente Clinton, en su visita a México en 1997, rompió con los precedentes al decir que, como parte del protocolo, debería entrevistarse con los jefes de los dos partidos de oposición real: PAN y PRD. Ya en vísperas de las elecciones del 6 de julio, la prensa estadounidense dejó saber, sin mayor alarma, que Cuauhtémoc Cárdenas, el líder de centro izquierda mexicano, podría ganar la elección para jefe de gobierno de la capital mexicana y convertirse en "el segundo hombre más poderoso de México". En esas mismas fechas (4 de julio), *The New York Times* explicaba un par de días antes de las elecciones que millones de mexicanos, afectados por las crisis económicas, se preparaban a votar en contra del PRI. El mismo diario no esperó a la confirmación oficial, y con las encuestas de salida aceptó el triunfo de Cárdenas y la pérdida de la mayoría absoluta del PRI en la Cámara de Diputados.

(...) Ni en los círculos gubernamentales estadounidenses o europeos, ni en sus medios masivos de información ni tampoco en los mercados internacionales, hubo una reacción adversa a la pérdida de posiciones del PRI y, por tanto, de la presidencia mexicana. Las dudas del PRD sobre el Tratado de Libre Comercio fueron comentadas por los medios estadounidenses, pero ya sin alarma. En realidad, la aparición de un verdadero sistema electoral y el posible arraigo de un sistema tripartidista en México casi fue recibido con alivio por aquellos actores extranjeros que, en cierta medida, ya se habían convertido en rehenes del viejo autoritarismo mexicano. A ojos de las potencias externas, el PRI y su sistema se habían vuelto unos aliados incómodos. El apoyo a un régimen de partido de Estado era ya injustificable en términos morales en tiempos de la democracia y también en términos prácticos, pues su supuesta eficacia hacía tiempo que se había tornado en lo opuesto: ineficiencia, corrupción, desmoralización, polarización social e ilegitimidad.

La historia de México muestra una y otra vez que la influencia externa ha sido un factor importante en propiciar o retrasar el cambio pero al final de cuentas pocas veces ha resultado ser el factor determinante. Culpar al imperialismo de todos nuestros males, como lo sabía hacer el mestro Vicente Lombardo Toledano, puede resultar reconfortante psicológicamente pero es, en realidad, una salida falsa. Las razones básicas de nuestros atrasos y problemas en el siglo XX son locales. Es verdad que el mundo externo ha sabido usar las actuales deformaciones de la sociedad mexicana en su beneficio, y en ese proceso ha contribuido a mantenerles

Lorenzo Meyer,
Fin de régimen y democracia incipiente,
Océano, 1998, pp. 164-165.

Ejercicio 3

1. ¿Cuál fue la posición de Zedillo que llevó a los miembros del PRI a considerar que el presidente había renunciado al liderazgo del partido?
2. Describe los avances electorales del Partido Acción Nacional en 1995 y 1996.
3. ¿En que consistió el divisionismo en el PRD al comienzo del sexenio zedillista?
4. Describe el papel del PRD, y de Cuauhtémoc Cárdenas en particular, en el avance hacia la democracia.
5. Menciona dos cambios significativos en el sistema político mexicano resultantes de las elecciones federales de 1997.

situación peculiar de que en el ámbito local, con pocas y notables excepciones, el formato fue de tipo bipartidista (PRI-PAN y PRI-PRD).[4]

---

[4] Pablo Javier Becerra Chávez, "Las elecciones de 1997: La nueva lógica de la competencia", en César Cansino (coord.), *Después del PRI. Las elecciones de 1997 y los escenarios de la transición en México,* Centro de Estudios de Política Comparada, México, 1998, pp. 78-81.

Cuadro 11.2. *Gobierno de Ernesto Zedillo. Política interna*

Reforma política	Acuerdo Político Nacional	Siete principales compromisos entre el gobierno y los partidos PAN, PRI, PRD y PT	Repetidas interrupciones del diálogo. Reforma aprobada sin consenso, sólo con el voto de los priístas
	Reforma electoral	Seis puntos principales	– Autonomía de los órganos electorales. – Modificaciones en el TRIFE. – Modificaciones al régimen legal de los partidos. – Aumento en los recursos financieros de los partidos. – Cambios con respecto al Congreso de la Unión. – Apertura electoral en el Distrito Federal

Sistema de partidos	Crisis en el PRI	Divisionismo: dos proyectos de nación distintos	La relación con el gobierno: la "sana distancia"	La XVII Asamblea; los "candados" y la rebelión priísta
	Partido Acción Nacional (PAN)	Significativos avances electorales	Conflicto postelectoral en Huejotzingo, Puebla	
	Partido de la Revolución Democrática (PRD)	Divisionismo por diferencias en posiciones políticas. Caída en el comportamiento electoral	Partido en proceso de consolidación con un papel relevante en la transición democrática	

Elecciones federales de 1997	Resultados demuestran efectividad de la nueva reforma electoral	Nueva composición del Congreso de la Unión Triunfo abrumador del PRD en el Distrito Federal	Consolidación de un esquema tripartista en el ámbito nacional

Los conflictos políticos y sociales

Los problemas heredados

Entre los problemas que Zedillo heredó y exigían pronta solución figuraban las investigaciones pendientes sobre los asesinatos de Luis Donaldo Colosio, José Francisco Ruiz Massieu y del cardenal Jesús Posadas Ocampo. Por acuerdo presidencial, el procurador general de la República, Antonio Lozano Gracia, designó a Pablo Chapa Bezanilla como subprocurador especial para el esclarecimiento de los tres casos.

A fin de cuentas ninguno de los tres fue resuelto de manera enteramente satisfactoria. En el caso Colosio, la PGR terminó afirmando que Mario Aburto había sido el único autor del crimen. Con respecto al asesinato del cardenal Posadas, la versión oficial de la PGR explicaba que los pistoleros de una familia de narcotraficantes habían confundido al cardenal con un rival a quien se les había ordenado eliminar. Por su parte, las investigaciones sobre el asesinato de Ruiz Massieu estuvieron envueltas en una serie de escándalos y artimañas fallidas que sólo provocaron mayor confusión; además, la aprehensión de Raúl Salinas de Gortari como supuesto autor intelectual del crimen enfrentó al presidente Zedillo con el ex presidente Carlos Salinas. Estos sucesos aumentaron la falta de credibilidad de la opinión pública en el gobierno.

> *Ninguna de las investigaciones pendientes sobre los asesinatos de Colosio, Ruiz Massieu y el cardenal Jesús Posadas Ocampo fue resuelta de manera satisfactoria por el gobierno de Zedillo.*

Pablo Chapa Bezanilla y Antonio Lozano Gracia

Raúl Salinas de Gortari

Ejercicio 4

1. ¿Por qué las investigaciones sobre los asesinatos ocurridos en 1993 y 1994 influyeron en la falta de credibilidad de la opinión pública en el gobierno?

Los priístas adoptaron una forma de elección primaria entre los aspirantes, lo que constituyó el fin del "dedazo"; Francisco Labastida resultó ganador.

La sucesión presidencial

La selección de los candidatos

El proceso de selección en el PRI

En marzo de 1999, Zedillo pidió al partido que abriera su proceso interno de selección de candidato presidencial e incluso sugirió una fórmula similar a la de las elecciones primarias estadounidenses, por estados o regiones. Aunque los priístas no aceptaron esta última propuesta, adoptaron una forma de elección primaria entre los aspirantes, lo que constituyó el fin de uno de los ritos más característicos del sistema político mexicano: el "dedazo".

Oficialmente se postularon cuatro precandidatos: Humberto Roque, Manuel Bartlett, Roberto Madrazo y Francisco Labastida, quienes se enfrascaron en una dura batalla y se presentaron en un reñido debate transmitido por televisión. El 7 de noviembre se llevó a cabo una elección abierta a toda la población —no sólo a los priístas—, en la que Francisco Labastida resultó triunfador al obtener más del 60 por ciento de los votos.

Precandidatos del PRI a la Presidencia de la República

Francisco Labastida, candidato presidencial del PRI

Reconciliación en Los Pinos

La candidatura presidencial en el PAN

El Partido Acción Nacional contó en esa ocasión con un candidato dinámico y con gran arrastre popular. Vicente Fox Quesada, empresario y gobernador de Guanajuato desde 1995, inició abiertamente, a los tres años de ocupar ese cargo, su campaña por la candidatura del PAN para las elecciones presidenciales de 2000. En septiembre de 1998 fue creada, a iniciativa suya, la organización Amigos de Fox, que funcionó como una estructura paralela al PAN y cuyo propósito era crear un amplio movimiento ciudadano de respaldo a su precandidatura.

La organización Amigos de Fox logró que el PAN aceptara su candidatura, mediante una elección interna celebrada en septiembre en la que sólo él estaba registrado, y con participación restringida a militantes y simpatizantes. Así, Vicente Fox se convirtió en candidato a la presidencia cuando ya había entrado en vigor la reforma al artículo 82 constitucional, que le permitía postularse para ese cargo aunque uno de sus padres no fuera mexicano.

Vicente Fox, gobernador de Guanajuato

Gracias al éxito de la organización Amigos de Fox, se logró que el PAN aceptara la candidatura de Vicente Fox mediante una elección interna, restringida a militantes y simpatizantes, en la que sólo él estaba registrado como contendiente.

Cuauhtémoc Cárdenas, candidato de la coalición PRD-PT

En el PRD, el único candidato declarado a fines de 1998 era el ex presidente del partido, Porfirio Muñoz Ledo. Sin embargo, éste no parecía contar con la fuerza necesaria para desplazar a Cuauhtémoc Cárdenas, jefe del gobierno del Distrito Federal, favorito para ser por tercera ocasión candidato presidencial por su partido. En octubre de 1999 —después de que en mayo anterior había sido designado candidato a la presidencia por el Partido del Trabajo—, Cárdenas rindió protesta como candidato oficial del PRD después de haber presentado su renuncia a la jefatura del Distrito Federal, cargo que fue turnado a la perredista Rosario Robles, con la aprobación de la Asamblea Legislativa del D. F.

Rosario Robles, jefa de gobierno del Distrito Federal

Las alianzas

Al finalizar el año se constituyeron dos coaliciones de oposición. La Alianza por el Cambio, que incluía al PAN y al Partido Verde Ecologista de México (PVEM), apoyaba la candidatura de Vicente Fox. La Alianza por México, integrada por el PRD y el Partido del Trabajo (PT), respaldaba a Cuauhtémoc Cárdenas.

Candidatos de nuevos partidos

Se constituyeron dos coaliciones de oposición: la Alianza por el Cambio y la Alianza por México, aunque su importancia no era comparable a la que hubiera tenido la alianza PAN-PRD.

En junio de 1999, el IFE otorgó el registro a seis nuevos partidos políticos nacionales que habrían de contender en las elecciones de 2000 junto con los cinco partidos ya reconocidos. Esas nuevas organizaciones fueron el Partido del Centro Democrático (PCD); el Partido de la Democracia Social (PDS); el Partido Auténtico de la Revolución Mexicana (PARM), organización que habiendo perdido su registro en años anteriores, volvía a ser aceptada en el sistema; Convergencia por la Democracia (CD); el Partido de la Sociedad Nacionalista (PSN), y el Partido Alianza Social (PAS). Así, 11 partidos políticos con registro contendieron para las elecciones de julio de 2000.

Campañas electorales

La ventaja que tenía Labastida frente a sus adversarios al inicio de 2000 se fue deteriorando conforme avanzaban los meses; asimismo, Cuauhtémoc Cárdenas registró un descenso de su posición inicial mientras subía la popularidad de Vicente Fox.

Apoyado por una campaña publicitaria basada en la mercadotecnia empresarial,[5] Fox presentó una contienda dinámica en la que fueron muy importantes dos aspectos: 1) el manejo de la imagen, de un hombre sencillo de campo, católico practicante y buen padre de familia, vestido en ropa casual y usando unas inseparables botas vaqueras, y 2) la retórica de corte populista que utilizaba un estilo franco de hablar, incluso populachero. Además, los ataques verbales de Fox contra el candidato del PRI llegaron muchas veces al insulto mordaz, que buscaba —y en buen grado la obtuvo— la complacencia de los grupos sociales inconformes con la prolongada permanencia del PRI en el gobierno federal.

En cuanto a su propuesta de gobierno, centrada en el elemento clave del cambio, en varias ocasiones Fox hizo promesas contradictorias o muy difíciles de cumplir, pero supo encontrar los puntos sensibles de inconformidad social, económica y política que gran parte de la ciudadanía sentía hacia el PRI. Las encuestas de opinión fueron tornándose a su favor; ese avance también se manifestó en el resultado de los dos debates que se realizaron: el primero entre los seis candidatos y el segundo únicamente entre los tres principales.

Porfirio Muñoz Ledo, candidato presidencial del Partido Auténtico de la Revolución Mexicana

Gilberto Rincón Gallardo, candidato presidencial por el Partido Democracia Social

Francisco Labastida en campaña

Campaña publicitaria de Vicente Fox

Candidatos presidenciales del PRI, PAN y PRD

---

[5] Según Guillermo H. Cantú, uno de los colaboradores de la campaña de Fox: "En el español de México, el uso corriente de la palabra [mercadotecnia] implica la incorporación arbitraria de las técnicas empleadas para atender la comercialización de los productos y servicios que se ofrecen al público: Investigación de mercado, publicidad, promoción, canales de distribución, financiamiento de ventas, presentación, empaque, color, tamaño, sabor y servicios aliados o complementarios del producto o servicio de que se trate". Guillermo H. Cantú, *Asalto a Palacio. Las entrañas de una guerra,* Raya en el agua/Grijalbo, México, 2001, p. 44.

Ejercicio 5

1. Describe el proceso de selección del candidato presidencial en el PRI.
2. Describe las estrategias de precampaña de Vicente Fox para ser escogido como candidato del PAN a la Presidencia de la República.
3. Menciona los nombres de los candidatos que contendieron por la Presidencia de la República en el año 2000.
4. Describe los aspectos sobresalientes de las campañas electorales a la Presidencia de la República.

Fuente 3. Vicente Fox: Objetivos económicos y nuevo pacto social en la propuesta de campaña

OBJETIVOS ECONÓMICOS

1. Crear las condiciones necesarias para que el sector privado logre una competitividad global y una producción suficiente para crecer a una tasa superior al siete por ciento anual.
2. Lograr el equilibrio económico con base en una superávit fiscal, una inflación menor al tres por ciento anual y un déficit en la cuenta corriente de la balanza de pagos de sólo tres por ciento del PIB, todo ello con la participación de inversión extranjera directa.
3. Generar un millón 300 mil empleos formales por año, a fin de satisfacer la demanda de nuevas fuentes de trabajo y, al mismo tiempo, lograr una reducción sustancial de la tasa de desempleo existente.
4. Asegurar las condiciones estratégicas que permitan la participación de nuestros ciudadanos en los beneficios de la globalización, creando oportunidades concretas en la economía mundial.

OBJETIVOS DEL NUEVO PACTO SOCIAL

1. Instaurar un auténtico régimen democrático, que mantenga abiertos los canales de participación ciudadana, de modo que cada mexicano se sienta responsable del quehacer público, y en el que las autoridades actúen como socios interesados en el desarrollo de la sociedad. Es decir, preocupados por el bien común, no por obstaculizarlo, lucrando con los puestos públicos bajo su responsabilidad.
2. Hacer realidad el federalismo, eliminando el nefasto e ineficiente centralismo político y administratrivo. Ésta es la única forma de dar solución, de manera oportuna y apropiada, a los problemas locales, así como de asegurar un desarrollo armónico en todas las regiones del país según su vocación, talento y dedicación.
3. Autonomía y equilibrio de los poderes de la Unión. Los balances y contrapesos entre los poderes deben operar como fuerzas crecientes, no menguantes.
4. Gobernar por resultados. Renovar el gobierno de manera tal que la autoridad actúe con espíritu emprendedor, no burocrático, instaurando una actitud y una cultura de calidad en las tareas del gobierno, de modo que éste trabaje mejor, cueste menos y dé más y mejores servicios a los ciudadanos.
5. Ser implacable con la corrupción. La corrupción debilita la confianza de la sociedad en sus instituciones y provoca el relajamiento del Estado de derecho. Para enfrentarla, enviaremos señales claras desde el más alto nivel, a fin de que todo el mundo entienda la intolerancia que tendremos con ese flagelo que nos ocasiona tan grandes sufrimientos y frustraciones, y nos desprestigia en el resto del mundo.

Guillermo H. Cantú (coordinador),
Vicente Fox Propone,
Ediciones 2000, México, 2000, pp. 20, 37-38.

Elecciones históricas

El proceso electoral del 2 de julio transcurrió en paz a pesar de los temores de algún conflicto. Pero ya la democratización ciudadana era una realidad que se formaba después de un largo proceso a través de cuatro sexenios: desde las reformas de 1977 hasta la plena institucionalización del Instituto Federal Electoral.

Las encuestas pronosticaban una elección reñida entre Labastida y Fox, que en caso de decidirse por un margen de votos muy estrecho o un empate técnico, provocaría un serio conflicto, sobre todo porque se temía que el PRI no estaría dispuesto a perder la presidencia. Además, causó inquietud el comentario de Vicente Fox acerca de que Labastida tendría que ganar cuando menos con 10 puntos de diferencia para que fuera creíble su triunfo.[6]

Las elecciones fueron vigiladas, como nunca antes, por todos los partidos políticos y las coaliciones, así como por observadores nacionales y extranjeros. En particular, la elección presidencial acaparó la atención de los medios de comunicación del exterior, debido a la posibilidad de que los resultados llevaran a México a la alternancia del Poder Ejecutivo Federal.

Conforme avanzaba el día parecía confirmarse la ventaja del candidato de la Alianza por el Cambio. A las ocho de la noche, las cadenas televisoras dieron a conocer las encuestas de salida que perfilaron el triunfo de Vicente Fox. Más tarde, los conteos rápidos y los resultados del Programa de Resultados Electorales Preliminares (PREP) confirmaron las tendencias. Todos los actores políticos relevantes, incluido el presidente de la República, reconocieron los resultados. Antes de la media noche, Ernesto Zedillo dio un mensaje por televisión en el que, después de felicitar a los ciudadanos y al IFE por la ejemplar jornada electoral, expresó:

> Justo ahora el propio IFE nos ha comunicado a todos los mexicanos que cuenta ya con información, ciertamente preliminar, pero suficiente y confiable, para saber que el próximo presidente de la República será el licenciado Vicente Fox Quesada.

Anuncio de Zedillo sobre los resultados electorales, 2 de julio de 2000

Zedillo recibe en Los Pinos al presidente electo

---

[6] José Antonio Crespo, *PRI: de la hegemonía a la oposición. Un estudio comparado (1994-2001)*, Centro de Estudios de Política Comparada, México, 2001, p. 155.

Candidatos presidenciales

Andrés Manuel López Obrador

Palacio Legislativo Federal
(Cámara de Diputados)

El adiós de Ernesto Zedillo

Resultados oficiales

Con una votación total del 64 por ciento del padrón electoral, los resultados proporcionados por el IFE para los candidatos presidenciales fueron los siguientes:

Vicente Fox Quesada	42.52%
Francisco Labastida Ochoa	36.11%
Cuauhtémoc Cárdenas Solórzano	16.64%
Gilberto Rincón Gallardo	1.58%
Manuel Camacho Solís	0.55%
Partido Auténtico de la Revolución Mexicana	0.42%[7]
Candidatos no registrados	0.08%
Votos anulados	2.10%

Con respecto a la votación para integrar el Congreso de la Unión, fue muy significativo el comportamiento de una parte del electorado, que decidió actuar de manera diferenciada; es decir, esos electores votaron por Vicente Fox para la presidencia, pero sus votos para las Cámaras de Diputados y Senadores favorecieron a los partidos contrincantes de la alianza que postuló a Fox, lo que permitió establecer un equilibrio entre los poderes Legislativo y Ejecutivo.

Una vez publicadas las cifras oficiales, quedó establecido que la Cámara de Diputados estaría integrada por 211 legisladores del PRI, 207 del PAN, 50 del PRD, 17 del PVEM, 7 del PT, 3 de Convergencia Democrática, 3 del PSN y 2 del PAS. El Senado quedó integrado por 59 legisladores del PRI, 45 del PAN, 17 del PRD, 5 del PVEM, 1 del PT y 1 de la CD.[8] De esta manera, al no haber triunfado por mayoría absoluta, Vicente Fox quedaba limitado a ejercer una presidencia acotada por el Congreso, situación que ya había experimentado el presidente Zedillo después de las elecciones de 1997.

Por otra parte, al igual que Zedillo, el próximo presidente iba a tener que colaborar con la oposición en la capital de la República. El PRD mantuvo la jefatura de gobierno del Distrito Federal, con el triunfo de la Alianza por la Ciudad que postuló a Andrés Manuel López Obrador, quien obtuvo cerca del 39 por ciento de los votos frente a sus adversarios: Santiago Creel, de la Alianza por el Cambio (34 por ciento), Jesús Silva Herzog, del PRI (22 por ciento) y la candidata de Democracia Social, Teresa Vale (3.28 por ciento).

---

[7] El candidato del PARM, Porfirio Muñoz Ledo, renunció cuando ya había vencido el plazo legal para ser sustituido.
[8] Raúl Trejo Delarbre, *Mediocracia sin mediaciones. Prensa, televisión y elecciones,* Cal y Arena, México, 2001, p. 446.

Cap. 11. Del fin de la era priista al gobierno del cambio

CUADRO 11.3. *Gobierno de Ernesto Zedillo. Política interna*

- Conflictos políticos y sociales
  - Investigaciones pendientes
    - Caso Colosio
      - Dudas de la opinión pública sobre la identidad del asesino confeso y rumores sobre un posible complot
      - Resultados de las averiguaciones confirman la tesis del "asesino solitario"
    - Caso Posadas
      - Se concluyó que el asesinato del cardenal fue producto de una confusión
    - Caso Ruiz Massieu
      - Aprehensión de Raúl Salinas de Gortari, acusado como autor intelectual del asesinato
      - Implicaciones políticas. Desconcierto por la forma en que se llevó a cabo la investigación
  - Problemas de seguridad pública
    - Surgimiento de nuevos grupos guerrilleros.
    - Aumento en el número y gravedad de los delitos
- Sucesión presidencial
  - Selección de los candidatos
    - Proceso de selección en el PRI
    - Candidatura de Vicente Fox en el PAN
    - Cárdenas, candidato de la coalición PRD-PT
    - Las alianzas
      - Campañas electorales y debates televisivos
      - La imposible alianza PAN-PRD
    - Candidatos de nuevos partidos
      - Elecciones históricas
      - Reconocimiento zedillista del triunfo de Vicente Fox
      - Desconcierto en el PRI
      - Los meses de la transición

Ejercicio 6

1. ¿Por qué se consideraron históricas las elecciones del 2 de julio de 2000?

2. ¿Cuál fue la reacción del presidente Zedillo al conocerse los resultados preliminares de la elección?

3. ¿Qué efectos tuvo el voto diferenciado de los electores en el equilibrio entre el Poder Ejecutivo y el Legislativo?

Política exterior

Relaciones con Estados Unidos

Los problemas

En las relaciones con Estados Unidos hubo una queja persistente de México por las actitudes hostiles, incluso xenofóbicas, asumidas por algunos estadounidenses hacia la población mexicana en ese país.

Migración

Desde el primer año del sexenio surgieron discrepancias entre México y Estados Unidos debido al problema de la inmigración ilegal de mexicanos en ese país, y por las medidas unilaterales instrumentadas por el gobierno estadounidense para combatirla. Una queja persistente de México hacia el país vecino fue la referente a las actitudes hostiles, incluso xenofóbicas, asumidas por algunos ciudadanos hacia la población mexicana en Estados Unidos.

Migrantes esperando cruzar hacia Estados Unidos

Narcotráfico

El tema del narcotráfico fue, como en sexenios anteriores, uno de los puntos relevantes en disputa, sobre todo en relación con la denominada "certificación" otorgada anualmente por el gobierno estadounidense a los países que, en su opinión, libran una lucha efectiva contra el tráfico de estupefacientes. Esto ha provocado desacuerdos cada vez que se acerca la fecha de la certificación, y siempre amenaza con enturbiar las relaciones ante la posibilidad de que México no sea certificado. En 1997, la amenaza era factible al descubrirse la infiltración del narcotráfico en los organismos encargados de combatir a los traficantes de drogas. Finalmente, la certificación le fue reconocida a México, pero el debate se volvió a presentar un año tras otro, con el persistente riesgo para las buenas relaciones entre ambos países.

La "Operación Casablanca" fue un acto violatorio a la soberanía nacional cometido por el gobierno estadounidense en su lucha contra el narcotráfico, que causó gran molestia en México.

En 1998, un acto cometido por el gobierno estadounidense en su lucha contra el narcotráfico causó gran molestia en México. El 17 de mayo, Estados Unidos acusó a tres grandes bancos mexicanos —aunque posteriormente fueron retirados los cargos— y 17 funcionarios bancarios de lavar 85 millones de dólares para los carteles de Juárez y Cali (Colombia). La investigación, en la que participó personal del Departamento de Estado del país vecino, la CIA (*Central Intelligence Agency*) y otras dependencias relacionadas con el combate a las drogas para detectar redes de lavado de dinero en bancos de México, Venezuela y El Caribe, se llevó a cabo durante tres años —sin autorización del gobierno mexicano— bajo el nombre clave de "Operación Casablanca". Las autoridades de México fueron informadas de los hechos el mismo día en que la investigación fue dada a conocer públicamente.

Este caso desencadenó una gran controversia político-diplomática entre ambos gobiernos, e hizo que se llevaran a cabo varias reuniones entre la canciller de México Rosario Green y la secretaria de Estado de Estados Unidos, Madeleine Albright. Finalmente, el caso se consideró cerrado una vez que esta última funcionaria se comprometió a que en el futuro se evitaría este tipo de operaciones.

Operación Casablanca

La relación bilateral

Durante la administración zedillista se mantuvo, en general, la buena relación que durante la mayor parte del siglo XX había existido entre México y Estados Unidos, a pesar de los problemas y desacuerdos que surgieron entre las dos naciones. Esto se manifestó —además de la asistencia financiera que el presidente William J. Clinton brindó a México en 1995— en los cordiales encuentros entre ambos mandatarios.

Relaciones con América Latina

La política de México hacia América Latina estuvo orientada principalmente al fortalecimiento de los lazos políticos y comerciales con los países de la región. En el aspecto político, el gobierno de Zedillo participó en reuniones, entre los diferentes países y agrupaciones, en las que se trataron los puntos de mayor interés regional: combate a la pobreza extrema, lucha contra el narcotráfico y el crimen organizado, defensa de los derechos humanos, protección del medio ambiente, etcétera. Asimismo, México participó en las Cumbres Iberoamericanas —que incluyen a España y Portugal—, la primera de las cuales fue celebrada en 1991 en la ciudad mexicana de Guadalajara. También se firmaron acuerdos comerciales con el Grupo de los Tres, con Chile, y con Centroamérica y El Caribe.

Rosario Green y Madeleine Albright

Visita a México del presidente Clinton y su esposa

El presidente Zedillo con mandatarios de Centroamérica

A pesar de los problemas y desacuerdos que surgieron entre México y Estados Unidos, se mantuvo en general una buena relación y hubo varios encuentros entre los mandatarios de ambos países.

Durante el periodo 1994-2000, la política de México hacia América Latina estuvo orientada principalmente al fortalecimiento de los lazos políticos y comerciales con los países de la región.

Fuente 4. Los recientes cambios en la relación con Estados Unidos

En los últimos dieciocho años se han verificado diversos cambios en la política exterior mexicana, con la creación de mecanismos institucionales para dirimir controversias o simplemente facilitar la extensa e intensa relación con Estados Unidos.

(. . .) La interacción ha aumentado, sobre todo a raíz de la inclusión de nuevos actores —no gubernamentales— en la relación México-Estados Unidos. Algunos detractores del TLCAN aducían que la sociedad norteamericana impactaría en la mexicana y la desproveería de sus valores y tradiciones, sin tomar en cuenta que la permeabilidad de la frontera en el sentido cultural era en dos direcciones y que tal vez la influencia mexicana en Estados Unidos es más fuerte que la de este país en México, pese a las producciones de Hollywood y los productos de la grandes empresas multinacionales. Cabe recordar que la efervescencia de la campaña presidencial del año 2000 empezó en Estados Unidos con discursos en español de los candidatos a presidente de los partidos demócrata y republicano. Esta vez no se denigra a los hispanos, sino que se busca obtener su voto, con lo que la propuesta 63 se pospone por el momento.

Ejercicio 7

1. ¿Cuáles fueron las quejas de México hacia Estados Unidos en relación con el problema migratorio?

2. Explica por qué el proceso de certificación fue un problema persistente en las relaciones de México con Estados Unidos.

3. ¿Por qué la "Operación Casablanca" constituyó un acto violatorio a la soberanía nacional de México?

> Sin embargo, el relajamiento del estricto control que ejercía el partido dominante en México ha venido a contradecir el dogma wilsoniano de que la democracia es segura para el mundo y que deviene en estabilidad para los países. Sería olvidar la tesis que durante años prevaleció en la relación México-Estados Unidos durante la guerra fría: que el monopolio del PRI garantizaba la estabilidad política y económica mexicana y que había que mantenerla a costa de la democracia.
>
> Sería erróneo acusar al TLCAN de la creciente inseguridad en México o de su inestabilidad. Éstos son parte del proceso de la transición a la democracia, producto de las reformas políticas iniciadas durante el sexenio de Miguel de la Madrid, requeridas casi desde veinte años antes y que no se llevaron a cabo paulatinamente. Pedir reformas aceleradas y resultados inmediatos sin ver colapsos y reacomodos del antiguo orden político y social es absurdo. En parte la transición ha sido tan larga porque no ha existido una idea clara de qué es lo que se quiere consolidar y de qué manera. Los años de "dictadura perfecta" deformaron la cultura política mexicana en gran medida.
>
> Lo que sí es impacto indirecto del acercamiento con Estados Unidos es que, como se hizo tantas veces en el siglo XIX, México copie algunas ideas políticas y las ponga en práctica. Las ideologías de los partidos políticos, la Constitución y el nombre de los Estados Unidos Mexicanos son ejemplos del siglo pasado. Los debates entre los candidatos a la presidencia y las nuevas relaciones entre los niveles de gobierno mexicano son otros signos de la norteamericanización de la política interna mexicana, aunque la política exterior pretenda manejarse al margen.
>
> En el balance final destaca la creación de un marco positivo para las relaciones México-Estados Unidos, el cual ha permitido que las confrontaciones de la era posrevolucionaria o de las décadas de los setenta y ochenta parezcan lejanas y con escasas probabilidades de repetirse. La inclusión de un mayor número de actores heterogéneos ha sido la clave del éxito de la institucionalización.
>
> Gabriela de la Paz Meléndez,
> "México y Estados Unidos: de la confrontación a la sana distancia", en
> López Villafañe, Víctor y Carlos Uscanga (coordinadores)
> *México frente a las grandes regiones del mundo*,
> Siglo XXI Editores, México, 2000, pp. 64-67.

Relación con la Unión Europea

Un nuevo acuerdo

Ante la importancia económica de la región de la Cuenca del Pacífico, la administración zedillista prosiguió la labor diplomática a fin de establecer nuevos lazos comerciales con los países asiáticos miembros de la APEC.

Como parte de los esfuerzos de México por abrir nuevos mercados que hicieran contrapeso a la influencia de Estados Unidos, en 1995 se inició una serie de consultas con miras a la firma de un nuevo acuerdo entre México y la Unión Europea.

Las negociaciones concluyeron en marzo de 2000, cuando fue adoptado formalmente el "Acuerdo de Asociación Económica, Concertación y Cooperación entre la Comunidad Europea y sus Estados miembros, por una parte, y los Estados Unidos Mexicanos, por otra". El tratado de libre comercio con la Unión Europea se considera innovador por cuatro razones: 1) es el primero entre la UE y un país de América Latina; 2) es el más amplio que ha negociado la UE; 3) es el primer acuerdo firmado por México que lo obliga a respetar la democracia y los derechos humanos; y 4) es el primer nexo entre los dos mercados más grandes del mundo: Europa y América del Norte.[9]

---
[9] Sergio Aguayo Quezada (editor), *El almanaque mexicano*, Grijalbo, México, 2000, p. 404.

Cap. 11. Del fin de la era priista al gobierno del cambio

Ejercicio 8

1. ¿Cuál fue el asunto principal y prioritario en las relaciones de México con América Latina, la Unión Europea y los países asiáticos?
2. ¿Por qué fue importante para México su incorporación a la APEC?

Firma del acuerdo comercial entre México y la Unión Europea

Visita a México del príncipe Akishino de Japón y su esposa

Relaciones con países asiáticos

Para México es de suma importancia su participación como integrante de la Cooperación Económica Asia-Pacífico (APEC) en vista de que, en los últimos años, la zona asiática de la Cuenca del Pacífico se ha convertido en una de las regiones económicas más dinámicas del mundo; por tanto, durante la administración zedillista se prosiguió con la labor diplomática a fin de establecer nuevos lazos comerciales con los países miembros de esa organización económica internacional.

CUADRO 11.4. *Gobierno de Ernesto Zedillo. Política exterior*

Relaciones con Estados Unidos	Los problemas	Migración	Sentimiento antiinmigrante de algunos estadounidenses	Aumento en el número de personas muertas al tratar de cruzar la frontera
			Medidas unilaterales del gobierno de E. U. contra la inmigración ilegal	
		Narcotráfico	Desacuerdos en relación con el proceso de "certificación". Controversia por la "Operación Casablanca"	
		Extraterritorialidad	México se une al rechazo internacional hacia la Ley Helms–Burton	
	La relación bilateral		La buena relación con Estados Unidos se manifiesta en los cordiales encuentros entre ambos mandatarios, aparte de la asistencia financiera que el presidente Clinton brindara a México en 1995	
Relaciones con América Latina	– Fortalecimiento de lazos políticos y comerciales con los países de la región. – Participación en Cumbres Iberoamericanas			
La relación con Europa	– Firma del Tratado de Libre Comercio con la Unión Europea (TLCUE). – El conflicto de Chiapas en la relación de México con Europa			
Relaciones con países asiáticos	– Participación de México como integrante de la Cooperación Económica Asia-Pacífico (APEC). – Firma de acuerdo comercial con Israel			

Economía

La crisis de 1994-1995

Inicio de la crisis financiera

La medida adoptada el 19 de diciembre por los integrantes del Pacto para el Bienestar, la Estabilidad y el Crecimiento, de elevar la banda superior del deslizamiento del peso frente al dólar en 53 centavos de nuevos pesos, es decir, en 15 por ciento, no surtió el efecto esperado. La forma en que se llevó a cabo la medida provocó una escalada de conversión de pesos a dólares y las reservas internacionales continuaron en rápida tendencia a la baja, ante lo cual las autoridades reconocieron que el régimen de tasa de cambio prevaleciente no podía sostenerse más. Así, el día 22 se estableció un régimen de cambio flotante con el propósito de que, al producirse el ajuste en la tasa de cambio, el mercado se equilibrara sin necesidad de la intervención del Banco de México. Esta decisión provocó que aumentara la incertidumbre, por lo que el peso mexicano experimentó una severa devaluación que en tres meses llegó casi al 120 por ciento.

El rescate financiero internacional

El apoyo financiero internacional otorgado a México fue promovido por el presidente de Estados Unidos, William Clinton, quien dirigió la conformación de un paquete de rescate de 51 mil 759 millones de dólares, con el propósito fundamental de que México pudiera pactar líneas de crédito que le permitieran sustituir su deuda interna de corto plazo por deuda externa de largo plazo.

El paquete de rescate financiero fue duramente criticado por algunos legisladores estadounidenses, quienes consideraban que no resolvía ninguna de las deficiencias estructurales de la economía mexicana ni contribuía a disipar la irracionalidad de los mercados financieros internacionales. Por ello, se pronunciaron a favor de aumentar las condiciones que debían exigirse a México, a cambio del apoyo financiero, en asuntos como la migración, las relaciones con Cuba, las prácticas de extradición, el combate al narcotráfico, etcétera. La posición de esos legisladores produjo en México una importante fuga de capitales y el peso entró en una nueva fase de devaluaciones.

Ante el inminente peligro en que se encontraba la economía mexicana —además de que el llamado *efecto tequila* ponía en riesgo al resto de las economías del continente americano—, en el ámbito financiero internacional se tomaron dos decisiones drásticas. El 31 de enero de 1995, el presidente Clinton anunció que haría uso de sus facultades como presidente (es decir, sin esperar la aprobación del Congreso) para otorgarle a México un crédito de hasta 20 mil millones de dólares, por medio del Fondo para la Estabilización Cambiaria (ESF), lo que significaba más de tres veces el tamaño de la asistencia financiera de mediados de 1982 medida en términos reales. Al mismo tiempo, el Fondo Monetario Internacional anunció que incrementaría su acuerdo con México a 17 mil 800 millones de dólares, el más extenso en la historia del FMI tanto por su valor como por el porcentaje respecto a la cuota de un país, pues equivalía al 688.4 por ciento de la cuota de México, algo sin precedentes hasta ese momento.

Las medidas del gobierno mexicano para frenar la crisis

Acuerdo de Unidad para Superar la Emergencia Económica (AUSEE)

El 3 de enero de 1995, el presidente Zedillo anunció el Acuerdo de Unidad para Superar la Emergencia Económica (AUSEE). Se trataba de un plan de ajuste que, entre

---

El apoyo financiero internacional otorgado a México fue promovido por el presidente William Clinton, quien dirigió la conformación de un paquete de rescate de 51 mil 759 millones de dólares.

William J. Clinton y Ernesto Zedillo

Ante la resistencia de los legisladores estadounidenses con respecto a aprobar la ayuda económica para México, William Clinton, en uso de sus facultades como presidente, decidió otorgar un crédito de hasta 20 mil millones de dólares.

El 3 de enero de 1995, el presidente Zedillo anunció el Acuerdo de Unidad para Superar la Emergencia Económica (AUSEE), el cual contenía una serie de medidas contra la crisis.

otras medidas, incluía los compromisos contraídos como parte del rescate financiero internacional.[10]

Los ajustes del AUSEE se complementaron con el Fondo de Estabilización Cambiaria, de cerca de 20 mil millones de dólares, promovido por el presidente de Estados Unidos y con el acuerdo concertado por México con el FMI. A pesar de todas las acciones emprendidas por el gobierno y la asistencia pactada con el exterior, en los mercados financieros y cambiarios persistió la inestabilidad y la incertidumbre. Las tasas de interés y la tasa de cambio monetario continuaron mostrando una gran volatilidad y llegaron a niveles inesperados, provocando así crecientes preocupaciones acerca de la viabilidad del programa económico anunciado en enero.

> *Como efecto de la devaluación del peso, el sistema financiero se deterioró de manera drástica y dio paso a una grave crisis bancaria, acentuada por el desmedido aumento en las tasas de interés.*

El rescate bancario: ADE, UDI'S, Fobaproa-IPAB

Como efecto de la devaluación de la moneda mexicana, el sistema financiero se deterioró de manera drástica y dio paso a una grave crisis bancaria, acentuada por el aumento desmedido en las tasas de interés, las cuales pasaron de 14.5 por ciento en diciembre de 1994, a 109.7 por ciento en marzo de 1995. Esto agravó la situación de la cartera vencida —es decir, los créditos no recuperados— que venía padeciendo la banca comercial desde el sexenio anterior y que aumentó de 53 mil 500 millones de pesos en diciembre de 1994, a 137 mil millones de pesos para el mismo mes de 1995.

Ejercicio 9

1. ¿Cómo logró el presidente Clinton de Estados Unidos llevar a cabo el paquete financiero internacional para rescatar la economía de México?

2. ¿Cuáles fueron los compromisos adquiridos por México con Estados Unidos como garantía de pago de la asistencia financiera?

3. Explica por qué a pesar de las medidas pactadas en el AUSEE fue necesario instrumentar un nuevo programa de recuperación económica.

Acuerdo de Apoyo Inmediato para Deudores de la Banca (ADE)

Los objetivos principales eran dos: negociar con los pequeños y medianos deudores de la banca, y reforzar el sistema bancario, bajo las condiciones siguientes: a) limitar el impacto fiscal del programa y evitar que implicara una expansión monetaria; b) distribuir los costos del paquete entre la banca y el gobierno; c) inducir una disciplina de pago de los deudores y evitar que se beneficiara en mayor medida al que no había cumplido con respecto al que sí había pagado a tiempo, y d) crear las instancias específicas para reestructurar los endeudamientos.

Críticas contra el ADE

Programa de Reestructuración para los Débitos en Unidades de Inversión (UDI'S)

Se creó una nueva unidad monetaria de valor real constante, que podría usarse como referencia para toda clase de transacciones financieras. En un principio, la UDI tuvo un valor de 1 peso, que cambiaría de acuerdo con el comportamiento del Índice Nacional de Precios al Consumidor (INPC). Los ahorros de quienes invirtieran en UDI'S quedaban protegidos contra la erosión del valor real de la moneda, derivada de la inflación, y también estarían protegidos contra el riesgo inflacionario.

> *El Acuerdo de Apoyo Inmediato para Deudores de la Banca (ADE) tenía como principales objetivos negociar con los pequeños y medianos deudores de la banca, y reforzar el sistema bancario.*

Fondo bancario de protección al ahorro (Fobaproa)

Este fondo fue creado en 1990 como un instrumento preventivo para garantizar los depósitos de los ahorradores sin afectar las finanzas públicas. Sin embargo, tras la

> *Los ahorros de quienes invirtieran en UDIs quedaban protegidos contra la erosión del valor real de la moneda, derivada de la inflación, y también contra el riesgo inflacionario.*

---

[10] Mónica Serrano y Víctor Bulmer-Thomas, *La reconstrucción del Estado. México después de Salinas,* Fondo de Cultura Económica, México, 1998, pp. 175-178.

Tras la crisis iniciada en diciembre de 1004, el Fobaproa se utilizó como un instrumento correctivo que formó parte de los programas para sanear a los bancos cuya cartera era incobrable.

crisis iniciada en diciembre de 1994, se utilizó como un instrumento correctivo que formó parte de los programas para sanear a los bancos cuya cartera era incobrable. Los principales programas de apoyo a los bancos por medio del Fobaproa fueron los de capitalización y compra de cartera de créditos de bancos, y los de intervención y saneamiento.

La forma en que el gobierno llevó a cabo el rescate bancario fue objeto de severas críticas, sobre todo porque la deuda pública se elevó de manera considerable. A mediados de 2001, los pasivos del Fobaproa ascendían a 754 mil 761 millones de pesos (13.3 por ciento del PIB), que se sumaban a los 734 mil 344.2 mdp de la deuda pública interna (13.1 por ciento del PIB), además de los 82 mil 696.9 millones de dólares de la deuda pública externa (14.0 por ciento del PIB).[11] Pero las críticas se debían no sólo al costo fiscal para los contribuyentes, sino también a que el proceso implicó grandes irregularidades y hubo operaciones poco claras que hicieron sospechar posibles actos de corrupción.

En 1999, el Fobaproa fue sustituido por el Instituto para la Protección del Ahorro Bancario (IPAB), organismo descentralizado del gobierno federal, con personalidad jurídica y patrimonio propio. Se pretendía establecer un sistema de protección al ahorro bancario, concluir los procesos de saneamiento de los bancos y administrar y vender los bienes a su cargo, procurando obtener el máximo valor posible de recuperación.

El IPAB se creó como un sistema de protección al ahorro bancario, para concluir el saneamiento de los bancos y administrar y vender los bienes a su cargo, procurando obtener el máximo valor posible de recuperación.

La recuperación económica

En 1995 México vivió su peor recesión en 70 años, y el único aspecto positivo fue haber logrado un superávit en la balanza comercial. El crecimiento de las exportaciones —debido en buena medida al efecto positivo del TLCAN—, además de una ligera mejoría de la demanda interna, permitieron que en 1996 se iniciara un proceso de recuperación en la economía, con saldos positivos de crecimiento que se mantuvieron durante los años siguientes del sexenio. En 2000, cuando una de las grandes preocupaciones del presidente Zedillo era evitar una nueva crisis de fin de sexenio, los principales indicadores económicos mostraron un comportamiento favorable y pudo entregar el poder con una economía estable.

Ejercicio 10

1. Describe en qué consistió el Acuerdo de Apoyo Inmediato para Deudores de la Banca (ADE).
2. Menciona el objetivo principal de las Unidades de Inversión (UDI).
3. ¿Cuáles fueron los principales programas de apoyo a los bancos, por medio del Fobaproa? ¿Con qué fin fue creado el IPAB?

Cuando una de las preocupaciones de Zedillo era la de evitar una nueva crisis de fin de sexenio, los principales indicadores económicos mostraron un comportamiento favorable y pudo entregar el poder con una economía estable.

Acuerdo para el Crecimiento Económico

---

[11] Fuente: Dirección General Adjunta de Deuda Pública de la SHCP.

Cuadro 11.5. *Gobierno de Ernesto Zedillo. Economía*

- **Signos preocupantes durante 1994**
  - Aumentos significativos en el déficit en cuenta corriente.
  - Sobrevaluación del peso en relación con el dólar.
  - Aumento en la emisión de los Tesobonos.
  - Insuficiencia del ahorro interno.
  - Aumento de la cartera vencida de los bancos

  → Incertidumbre en los medios financieros y salida de capitales

- **La crisis económica 1994-1995**
  - **La decisión de elevar la banda de flotación del peso no dio el efecto esperado**
    - Acelerada conversión de pesos a dólares agota las reservas internacionales
    - Establecimiento del régimen de cambio flotante aumenta la incertidumbre y se produce una severa devaluación
  - **Rescate financiero internacional**
    - William J. Clinton promueve en los medios financieros internacionales un paquete de rescate para México
    - Como garantía de pago, México se compromete con Estados Unidos a depositar una cantidad en ingresos futuros por petróleo → Recuperación de la economía
  - **Medidas para frenar la crisis**
    - *Acuerdo de Unidad para Superar la Emergencia Económica* (AUSEE) y PARAUSEE
    - Rescate bancario
    - Programa de Capitalización Temporal (Procapte).
    - Acuerdo de Apoyo inmediato para Deudores de la Banca (ADE).
    - Programa de Reestructuración para los Débitos en Unidades de Inversión (UDI'S).
    - Fondo Bancario de Protección al Ahorro (Fobaproa)

Sociedad y cultura

La educación

La crisis financiera también impidió cumplir cabalmente con los propósitos del gobierno de Zedillo para impulsar el desarrollo del sistema educativo. Aunque se dieron algunos avances —como la distribución de libros de texto gratuitos para secundaria, y la ampliación del programa a más de un millón de estudiantes de este nivel— y hubo crecimiento del gasto en educación en comparación con el sexenio anterior, dicho crecimiento fue más bien modesto. En ese contexto, el nivel de ingresos de los maestros no sólo no aumentó sino inclusive llegó a ser inferior al que tenían en 1994.[12] Esta situación, además de la consecuencia obvia de la baja calidad en la educación, condujo en varias ocasiones a manifestaciones de protesta del sector magisterial.

Protesta de maestros, mayo del año 2000

---

[12] Sergio Aguayo Quezada, *El almanaque mexicano*, p. 92.

La huelga en la UNAM

Otro conflicto grave ocurrido en el sexenio zedillista fue la huelga en la Universidad Nacional Autónoma de México, que inició como protesta por el aumento de colegiaturas decretado por el Consejo Universitario y pronto se convirtió en la peor crisis en la historia de la UNAM.

Desde hacía varios años, las autoridades universitarias venían planteando sin éxito un aumento en las cuotas escolares, las cuales habían sido durante mucho tiempo de 0.20 pesos para la licenciatura y de 0.15 pesos para bachillerato. En febrero de 1999, el rector, Francisco Barnés de Castro, propuso ante el Consejo Universitario una reforma al Reglamento General de Pagos para aumentar la colegiatura en ambos niveles. Proponía incrementar las cuotas anuales para bachillerato a 1,360 pesos y para licenciatura a 2,040 pesos, especificando que los alumnos con ingresos familiares inferiores a los cuatro salarios mínimos quedarían exentos del pago.

El 15 de marzo, cuando ya se habían dado los primeros brotes de rechazo a la propuesta de reforma, el Consejo Universitario aprobó incrementar a 20 salarios mínimos (689.00 pesos) la cuota para la licenciatura y a 15 (516.00 pesos) para el bachillerato, en vez de los 30 y 20 salarios mínimos, respectivamente, que proponía el rector Barnés.

La respuesta inmediata de los estudiantes inconformes fue el rechazo a la decisión de las autoridades universitarias, argumentando que la aprobación de la reforma había sido ilegal. El 20 de abril crearon el Consejo General de Huelga (CGH) y se inició el paro en la UNAM. En muchas escuelas y facultades el cierre se hizo por la fuerza, pese a la oposición de la mayoría de los estudiantes.

Los miembros del CGH establecieron nuevas demandas, las cuales incluían el restablecimiento del pase automático (que permitía el acceso a la Universidad a todo graduado de las preparatorias de la institución, independientemente de su promedio académico); la no participación de la UNAM en los exámenes externos del Centro Nacional de Evaluación (Ceneval); la eliminación de los límites de tiempo para concluir los estudios; la organización de un Congreso Universitario para discutir el futuro de la UNAM; el alargamiento del semestre para reponer el tiempo perdido por la huelga, y garantías de que no habría represalias contra los huelguistas.

A medida que el tiempo transcurría sin vías de solución, los ánimos se exaltaban y los paristas endurecían su posición. Los académicos también fueron víctimas de la intolerancia y la violencia; el 20 de agosto se suscitó una agresión contra el ex rector José Sarukhán, quien se encontraba entre los investigadores que realizaban una marcha contra la huelga dentro de Ciudad Universitaria. El día 25, los paristas decidieron cerrar los principales accesos al recinto.

En noviembre el rector Barnés se vio obligado a renunciar y fue reemplazado por Juan Ramón de la Fuente, quien anunció que se discutirían todos los puntos con los paristas pero, también renuente a utilizar la fuerza pública, expresó que no tomaría medidas que deterioraran el nivel académico y se mostró dispuesto a negociar. En los primeros días de enero de 2000, las autoridades universitarias aceptaron casi todas las exigencias de los huelguistas, con excepción del restablecimiento del pase automático y la eliminación de límites de tiempo para concluir los estudios de una carrera; la intolerancia de los *ultras* persistió.

El 25 del mismo mes, De la Fuente se presentó en la universidad para entregar al CGH los resultados de un plebiscito organizado por la rectoría, los cuales reflejaron el deseo de los universitarios de poner fin al paro. El 6 de febrero más de 2 mil elementos de la Policía Federal Preventiva (PFP) ingresaron al recinto universitario,

El rector Barnés de Castro ante la huelga

Líderes paristas

Los estudiantes inconformes rechazaron la decisión de las autoridades universitarias, argumentando que la aprobación de la reforma sobre el aumento de cuotas había sido ilegal, y se inició el paro en la UNAM.

Agresión al mural de Siqueiros, durante la huelga en la UNAM

Un enfrentamiento en la Preparatoria 3 motivó la intervención de la Policía Federal Preventiva y, después de este hecho, la misma fuerza policiaca recuperó el recinto universitario.

Juan Ramón de la Fuente

El CGH impide al rector De la Fuente ingresar a la explanada de rectoría

Ejercicio 11

1. ¿Por qué la huelga iniciada en la UNAM en abril de 1999 se considera como la crisis más grave en la historia de esta institución?

2. ¿Cuáles eran las demandas del Consejo General de Huelga de los estudiantes inconformes de la UNAM?

3. Describe cómo se puso fin a la huelga en la UNAM.

recuperaron las instalaciones y aprehendieron a 632 paristas sin que se registrara enfrentamiento alguno con los miembros del CGH. Por fin había concluido la huelga; sin embargo, quedaba por definir el futuro de la máxima casa de estudios del país.

Reforma al sistema de pensiones del Seguro Social

Entre 1996 y 1997, el gobierno de Ernesto Zedillo impulsó un cambio radical en el sistema de jubilación y pensiones mediante una reforma a la Ley del Seguro Social que entró en vigor el 1 de julio de 1997. Se trataba, básicamente, de mejorar y reforzar el esquema de capitalización individual establecido en el Sistema de Ahorro para el Retiro (SAR), creado en 1992.

Los trabajadores, los patrones y el gobierno seguirían haciendo las aportaciones, y éstas se depositarían en empresas financieras privadas, las Administradoras del Fondo para el Retiro (Afores). Éstas serían las únicas instituciones encargadas de administrar tales recursos y, por tanto, el producto de las aportaciones de los fondos acumulados en las cuentas SAR de la banca comercial sería trasferido a las Afores. Estas instituciones abrirían una cuenta individual para cada trabajador y en ella se depositarían las cuotas obrero-patronales, más la aportación del gobierno a cada trabajador, quien podría escoger a voluntad la institución que administraría sus recursos, y podría invertir sus ahorros en uno o varios de los fondos operados por su Afore. Sin embargo, la inversión de los rendimientos de los fondos no sería efectuada directamente por la Afore, sino por sociedades especializadas en el fondo de retiro, cesantía y vejez, llamadas Siefores.

Así, en el futuro, los beneficios recibidos por el trabajador pensionado corresponderían a la aportación que haya realizado durante el periodo laboral activo; la propiedad de las aportaciones será transferida desde un principio al trabajador, quien podrá recuperarlas en caso de no alcanzar una pensión. Asimismo, se buscaba trasladar parte de la responsabilidad del control del sistema pensionario al propio asegurado quien, al otorgársele por ley la propiedad de los recursos provisionales, se convertiría en copartícipe de la vigilancia y del cumplimiento de las disposiciones de seguridad social, especialmente en materia de aportaciones al sistema.[13]

La reforma al sistema de pensiones del IMSS tenía el propósito de acelerar el crecimiento del ahorro doméstico, así como mejorar y reforzar el esquema de capitalización individual establecido en el Sistema de Ahorro para el Retiro (SAR), creado en 1992.

Las Administradoras del Fondo para el Retiro (Afores), únicas encargadas de administrar las aportaciones hechas por trabajadores, patrones y gobierno, en cuentas individuales para cada trabajador.

La inversión de los rendimientos de los fondos de inversión sería efectuada por conducto de sociedades especializadas en el fondo de retiro, cesantía y vejez, las llamadas Siefores.

---

[13] Carlos Sales, Fernando Solís y Alejandro Villagómez, "La reforma al sistema de pensiones: el caso mexicano", en *Gaceta de economía*, Instituto Tecnológico Autónomo de México, México, 1997, pp. 31-32.

CUADRO 11.6. *Gobierno de Ernesto Zedillo. Sociedad y cultura*

La política social en el Plan Nacional de Desarrollo
- Objetivo general: Elevar los niveles de bienestar y la calidad de vida de los mexicanos en todo el país, promoviendo el desarrollo equilibrado tanto de la población en la ciudad y en el campo, como el de las diferentes regiones
- Programa de Educación, Salud y Alimentación (Progresa):
  - Objetivo: Lograr una mejor educación, salud y alimentación para las familias que vivían en condiciones de pobreza extrema
  - Fracaso en el combate a la pobreza

Educación
- Protesta magisterial: Profesores de la Coordinadora Nacional de Trabajadores de la Educación (CNTE) realizan manifestaciones en demanda de mejoras salariales y modificaciones al sistema educativo
- Huelga en la UNAM:
  - Estudiantes crean el CGH y paralizan la UNAM, en rechazo al aumento de colegiaturas
  - A pesar de la invitación de las autoridades al diálogo, el movimiento se radicaliza y surgen actos de violencia
  - Tras nueve meses de paro, el recinto universitario es recuperado por la Policía Federal Preventiva

Reforma a la Ley del Seguro Social
- Objetivos:
  - Impulsar el ahorro doméstico
    - AFORES, instituciones encargadas de administrar las aportaciones
  - Mejorar el esquema de pensiones establecido en el Sistema de Ahorro para el Retiro (SAR)
    - SIEFORES, sociedades especializadas en el fondo de retiro, cesantía y vejez

---

Ejercicio 12

1. Explica por qué el rescate bancario provocó severas críticas contra el gobierno de Zedillo.
2. ¿En qué aspectos se mostró la recuperación de la economía mexicana a partir de 1996?
3. ¿En qué consistió la reforma al sistema de pensiones del Seguro Social que impulsó el gobierno de Zedillo entre 1996 y 1997?
4. ¿Cuáles son las responsabilidades contraídas por las instituciones financieras conocidas como Administradoras del Fondo para el Retiro (Afores) para con los trabajadores?

El gobierno de Vicente Fox Quesada

Política interna

La toma de posesión del presidente Vicente Fox

El 1 de diciembre de 2000, gran parte de la población mexicana vivía un ambiente festivo, con la satisfacción de atestiguar un momento democrático en la historia del país: la alternancia partidista en el poder presidencial y el fin del predominio priísta; se perfilaba una nueva era, y se confiaba en la promesa de cambio tantas veces reiterada en la campaña foxista.

También el nuevo presidente desbordaba entusiasmo y, como si continuara en campaña, mostró también ese día su estilo de actuar sencillo y campechano. Después de acudir a la basílica de la Virgen de Guadalupe donde oró junto con su familia, y de desayunar con "niños de la calle" en el barrio de Tepito en la capital del país, Vicente Fox Quesada se dirigió al Palacio Legislativo de San Lázaro, donde habría de tomar posesión de la presidencia de la República.

En ese discurso, titulado "La Revolución de la Esperanza", Fox ofreció construir un gobierno basado en la tolerancia y el respeto a las diferencias, y ejercer su mandato apegado a la legalidad, compartiendo el poder con el Legislativo y el Judicial. Por ello, señaló que "en esta nueva época de ejercicio democrático, el Presidente propone y el Congreso dispone". Además, Fox adelantó que su primer acto de gobierno sería enviar al Congreso de la Unión la iniciativa para el respeto a derechos y cultura indígenas elaborada por la Comisión de Concordia y Pacificación (Cocopa) en 1996, con el propósito de solucionar el conflicto armado en Chiapas. Vicente Fox hizo muchos otros compromisos al tomar posesión del cargo presidencial, que llegaron a sumar hasta 50, incluyendo varias reformas en diferentes rubros.

En su discurso inaugural, Vicente Fox ofreció un gobierno basado en la tolerancia y el respeto a las diferencias, y apegado a la legalidad; señaló además que "en esta nueva época de ejercicio democrático, el Presidente propone y el Congreso dispone".

La integración del gabinete administrativo

El gabinete del presidente Fox se formó tras previas reformas en la Administración Pública Federal, aprobadas por el Senado a fines de noviembre de 2000. Tales reformas implicaron la creación de la Secretaría de Seguridad Pública, así como el cambio de nombre y de facultades a otras dependencias. La Secretaría de Comercio y Fomento Industrial (Secofi) fue transformada en Secretaría de Economía, mientras que la Secretaría de Medio Ambiente, Recursos Naturales y Pesca (Semarnap) dejaba de tener facultades sobre la actividad pesquera que pasó a depender de la Secretaría de Agricultura, Ganadería, Desarrollo Rural y, a partir de ese momento, Pesca. Dos años después, el 1 de enero de 2003, entró en vigor otro cambio administrativo; la Secretaría de Contraloría y Desarrollo Administrativo (Secodam) se convirtió en Secretaría de la Función Pública.

En cuanto a la composición del gabinete se destacaba en ese primer momento la participación de economistas, intelectuales de izquierda y prominentes hombres de negocios. Era significativo entonces que entre los colaboradores de Fox se hallaran sólo unos cuantos miembros del PAN; en cambio, un buen número de las personas que escogió para ocupar cargos importantes ya habían tenido altos puestos como funcionarios en los gobiernos priístas. Se trataba, según palabras del nuevo presidente, más que de favorecer a un sector, "de dar nuevas esperanzas a cien millones de mexicanos". Esa composición en el gabinete hacía evidente que Fox no deseaba hacer un cambio radical con respecto al pasado, especialmente en materia económica.

El gabinete de Vicente Fox, llamado coloquialmente el *Gabinetazo*, como fue denominado por el propio Fox en una entrevista de banqueta cuando aún era presidente electo, permaneció sin cambios de funcionario titular durante la primera mitad de su gobierno, pero de ahí en adelante se realizaron varias transferencias. La Secretaría que tuvo mayores cambios de titular fue la de Energía, en cuatro ocasiones, seguida de las de Seguridad Pública, Economía y Reforma Agraria con tres cambios cada una. Las secretarías que se mantuvieron con el mismo titular durante todo el sexenio fueron: Defensa Nacional, Marina, Hacienda, Comunicaciones, Educación y Salud.

El gabinete del presidente Fox se formó tras previas reformas en la Administración Pública Federal. La composición en el gabinete hacía evidente que Fox no deseaba hacer un cambio radical con el pasado, especialmente en materia económica.

Ejercicio 13

1. ¿Por qué se considera como ejercicio democrático el hecho de que, según palabras de Vicente Fox, "el Presidente propone y el Congreso dispone"?

2. ¿Qué características tuvo el gabinete del presidente Fox al inicio de su gobierno?

3. De los 50 compromisos contraídos por Vicente Fox al tomar posesión de la presidencia, menciona los cuatro que consideres más trascendentales.

El Plan Nacional de Desarrollo 2001-2006

El Plan Nacional de Desarrollo (PND) para el periodo 2001-2006 fue presentado por el presidente Vicente Fox el 21 de mayo de 2001. El PND estableció tres áreas fundamentales: de *Desarrollo social y humano;* de *Orden y Respeto;* de *Crecimiento con calidad,* y *Compromisos con la nación.* En cada una de esas tres áreas se detallaron los objetivos rectores, el diagnóstico de la situación y las estrategias para cumplir tales objetivos. En consecuencia, el gobierno federal se propuso impulsar las siguientes reformas, que consideraba medulares:

1. Reforma para consolidar el avance democrático.
2. Reforma que abata la inseguridad y cancele la impunidad.
3. Reforma que permita combatir la pobreza y lograr una mayor igualdad social.
4. Reforma educativa que asegure oportunidades de educación integral y de calidad para todos los mexicanos.
5. Reforma que garantice el crecimiento con estabilidad en la economía, que tenga como premisa fundamental ser incluyente y justa.
6. Reforma que asegure la transparencia y la rendición de cuentas en la tarea del gobierno.
7. Reforma que descentralice las facultades y recursos de la Federación.[14]

Reformas constitucionales

Eduardo Sojo Garza-Aldape, colaborador del presidente Fox, presenta en su obra *De la alternancia al desarrollo,* las reformas constitucionales y las leyes creadas por el Poder Legislativo en los primeros cuatro años del gobierno de Fox. Algunas de ellas son las siguientes:[15]

Reformas constitucionales en materia de:
- Derechos y cultura indígenas (14/08/01)
- Municipio y cultura indígenas (14/08/01)
- Educación, con preescolar obligatoria (12/11/02)
- Turismo (29/09/03)
- Seguridad nacional (05/04/04)
- Calendario de entrega del paquete económico (30/07/04)
- Doble nacionalidad (02/07/04)
- Ampliación del segundo periodo de sesiones del Congreso (02/08/04)
- Corte Penal Internacional (turnado a congresos locales (09/12/04)

Nuevas leyes en materia de:
- Instituto Nacional de las Mujeres (12/1/01)
- Responsabilidades Administrativas de los Servidores Públicos (13/03/02)
- Ciencia y Tecnología (05/06/02)
- Transparencia y Acceso a la Información Pública Gubernamental (11/06/02)
- Derechos de las Personas Adultas Mayores (25/06/02)
- Sistemas de Ahorro para el Retiro (10/12/02)
- Orgánica de la PGR (27/12//02)
- Derechos Lingüísticos de los Pueblos Indígenas (13/03/03)

---

[14] http://pnd.presidencia.gob.mx/
[15] Eduardo Sojo Garza-Aldape, *De la alternancia al desarrollo. Políticas públicas del Gobierno del Cambio,* Fondo de Cultura Económica, México, 2005, p. 110-112.

- Servicio Profesional de Carrera en la Administración Pública Federal (APF) (10/04/03)
- Comisión Nacional para el Desarrollo de los Pueblos Indígenas (CDI) (21/05/03)
- Prevenir y eliminar la Discriminación (11/06/03)
- Desarrollo social (20/01/04)
- Aguas Nacionales (29/04/04)
- Aprobación de Tratados Internacionales en materia económica (02/09/04)
- Responsabilidad Patrimonial del Estado (31/12/04

Nuevas leyes en materia financiera:

- Ley Orgánica del Banco del Ahorro Nacional y Servicios Financieros (1/06/01)
- Ley de Ahorro y Crédito Popular (04/06/01)
- Ley de Sociedades de Inversión (04/06/01)
- Ley Orgánica Nacional Hipotecaria (11/10/01)
- Ley para Regular las Sociedades de Información Crediticia (15/01/02)
- Ley Federal de Instituciones de Finanzas (16/01/02)
- Ley Orgánica de Financiera Rural (26/12/02)

Relaciones del presidente Fox con el Congreso

La anterior lista de reformas constitucionales y nuevas leyes, parece mostrar una intensa y fructífera relación del Ejecutivo Federal con el Poder Legislativo; sin embargo, en la mayoría de los casos no fue así. El hecho de que el PAN no tuviera mayoría en ninguna de las dos cámaras del Congreso –tanto en la primera Legislatura como en la segunda del sexenio–, permitió que el Poder Legislativo actuara como factor de contrapeso al Poder Ejecutivo Federal.

Esto dio origen a que en múltiples ocasiones, y desde el primer año de la administración, las iniciativas de ley o de reformas constitucionales emitidas por el presidente Fox fueran rechazadas por el Congreso, en particular las que se referían a la política fiscal y a las reformas hacendaria, energética y laboral. El disgusto del presidente hacia los legisladores fue notorio y lo manifestó públicamente dentro y fuera del país. Por ello, la frase expresada en su toma de posesión, respecto a que "el presidente propone y el Congreso dispone", quedaba sin efecto frente a la compleja realidad de un gobierno acotado por el Congreso de la Unión.

Evaluación de la gestión administrativa federal

Desde el primer año de gobierno de Vicente Fox, los medios de comunicación empezaron a percibir, a través de las encuestas de opinión, un ambiente de desilusión entre la población mexicana, principalmente por el supuesto incumplimiento de las muchas promesas de campaña electoral, y por no haber propiciado el cambio, bandera con la que conquistó a quienes votaron a su favor. Otra de las razones de la desilusión se relaciona con el manejo de la economía y el creciente aumento del desempleo; además se cuestionaba la forma en que Fox estaba manejando su relación con los legisladores, la cual le impedía establecer acuerdos que condujeran a las reformas estructurales que la iniciativa privada, nacional y extranjera demandaba con insistencia.

Desde el primer año de gobierno de Fox se empezó a percibir, mediante encuestas de opinión, un ambiente de desilusión entre la población mexicana por el supuesto incumplimiento de las promesas de campaña electoral.

Aquel sentimiento de desencanto se hizo evidente en las encuestas nacionales realizadas durante el sexenio con respecto a la evaluación de la labor del presidente. En febrero de 2001, en una escala del 0 al 10, Fox obtuvo 7.5 puntos de calificación promedio, y entró en descenso para obtener 6.7 puntos en agosto siguiente y caer a 5.8 puntos, la más baja calificación, en marzo de 2002. A partir de esa fecha hubo una recuperación llegando la calificación a 6.8 puntos en marzo de 2003, para finalmente situarse en 6.5 puntos en diciembre, al cumplirse tres años de la administración foxista.[16]

Después de haber iniciado su mandato con uno de los índices más altos en la historia reciente de México, muy pronto su popularidad fue descendiendo no sólo por el incumplimiento de las promesas de campaña, sino además por los desaciertos cometidos por su administración, las inconsistencias en su discurso y el protagonismo de su esposa Marta Sahagún de Fox.

En el promedio anual, de acuerdo con Consulta Mitofsky, el presidente Fox obtuvo los siguientes porcentajes de aprobación: 63% en 2001, 52% en 2002, 58% en 2003, 54% en 2004, 59% en 2005, y 63% en 2006 (agosto).[17]

El Distrito Federal

El 5 de diciembre de 2000, Andrés Manuel López Obrador asumió la jefatura de gobierno de la Ciudad de México en una ceremonia efectuada en la Asamblea Legislativa del Distrito Federal. En esa ocasión expresó que la idea central del nuevo gobierno sería frenar el empobrecimiento del pueblo; ofreció además combatir la delincuencia y reordenar el desarrollo urbano de la ciudad.

Restauración del área central de la ciudad de México. El 21 de febrero de 2001, el jefe de gobierno del Distrito Federal instaló un Consejo Promotor de Proyectos Específicos para el Desarrollo Económico, con la participación de 18 prominentes empresarios del país. El objetivo de este Consejo es que esos empresarios intervengan en la creación de parques industriales de alta tecnología, en la restauración del área central de la capital (Reforma-Alameda-Centro Histórico) y del corredor Catedral-Basílica, en la modernización de la red de transporte de pasajeros y en la creación de mercados ambientales emergentes. A cambio se les otorgarán incentivos fiscales y facilidades administrativas para instalarse. En una de esas acciones, el 20 de febrero de 2002, el gobierno capitalino puso en marcha la segunda fase de la rehabilitación del corredor Reforma-Alameda-Centro Histórico.

Seguridad. El 10 de octubre de 2002, el gobierno del Distrito Federal contrató la asesoría del ex alcalde de Nueva York, Rudolph Giuliani, con el propósito de utilizar su experiencia en la instrumentación de un nuevo programa de seguridad pública para la capital de la República. Sin embargo, la seguridad se mantuvo como un problema de suma gravedad en la entidad, a pesar de que los índices de delincuencia han tenido un ligero descenso. De acuerdo con los datos de la Dirección General de Política y Estadística Criminal del Distrito Federal, el número de delitos denunciados ha sido de 120 330 en 2000, 108 418 en 2001, 102 948 en 2002, 101 408 en 2003, y de 7 651 en enero de 2004.[18]

Desarrollo social. Entre los programas del gobierno del Distrito Federal para impulsar el desarrollo social, destaca el énfasis otorgado a los adultos mayores. En el Consejo Asesor para la Integración, Asistencia, Promoción y Defensa de los Derechos de las Personas Adultas Mayores participan varias instancias, públicas y privadas, en

---

Andrés Manuel López Obrador expresó que la idea central del nuevo gobierno del Distrito Federal sería frenar el empobrecimiento del pueblo, y ofreció combatir la delincuencia y reordenar el desarrollo urbano de la Ciudad de México.

Vicente Fox y Andrés Manuel López Obrador. FUENTE: Presidencia de la República (2003).

---

[16] *Grupo Reforma*, 1 de septiembre de 2003.
[17] "Evaluación Gobierno Vicente Fox", www.consulta.com.mx agosto de 2006
[18] http://www.df.gob.mx/

Cap. 11. Del fin de la era priista al gobierno del cambio

las que se integran los grupos de trabajo encargados de promover los diversos aspectos relativos al bienestar de este sector de la sociedad capitalina.[19]

La popularidad de Andrés Manuel López Obrador. El 7 de diciembre de 2002, en una consulta telefónica organizada por el gobierno del Distrito Federal, 95.5% de los votantes apoyaron la gestión de Andrés Manuel López Obrador (AMLO). Participaron 296,261 ciudadanos, de los cuales 13,867 votaron en contra. Las calificaciones sobre la labor del jefe de gobierno del D.F. se mantuvieron en constante ascenso y los altos niveles de las cifras de aprobación no tenían precedente en la historia política de México, no obstante que algunas de sus acciones fueron criticadas.

En marzo de 2001, López Obrador obtuvo un porcentaje de aprobación de 60.4% en su desempeño como jefe de gobierno del D.F., y de ahí en adelante la calificación fue en ascenso, a excepción de la de marzo-junio de 2002 (70.9 y 68.2%); la más alta se registró en febrero de 2004, con 89.7% para terminar, en septiembre de ese año, en 86.2%.[20]

Esa popularidad fue un factor importante para que las encuestas de opinión aplicadas a lo largo de 2004 mostraran que, de llevarse a cabo elecciones presidenciales en ese momento, López Obrador sería el triunfador. La persistente popularidad del jefe de gobierno del D.F. dio motivo para que en el PRD se empezara a contemplar seriamente la posibilidad de elegirlo como candidato para presidente en las elecciones de 2006, no obstante que el llamado líder moral de este partido, Cuauhtémoc Cárdenas, no descartaba entonces la idea de competir por cuarta ocasión por la Presidencia de la República.

Por otra parte, la creciente popularidad de López Obrador constituyó una señal de alarma para el PRI y el PAN y, en particular, para el Presidente de la República. Empezaron entonces las fricciones y la búsqueda de medios para obstaculizar las probables pretensiones presidenciales de López Obrador.

Los videoescándalos. En marzo de 2004, el primer video de esta serie exhibido en televisión abierta mostraba a Gustavo Ponce Meléndez, secretario de finanzas del gobierno del Distrito Federal, realizando apuestas en el casino del hotel Bellagio, en Las Vegas, Nevada, Estados Unidos. Una información adicional de la misma televisora, señalaba que Ponce había realizado repetidos viajes a esa ciudad estadounidense durante los cuales había apostado fuertes cantidades de dinero, que excedían en mucho los ingresos que podría obtener con su sueldo como funcionario gubernamental.

Esto desató una serie de cuestionamientos con respecto a una red de corrupciones dentro de algunas empresas, instituciones y organizaciones del Distrito Federal. Por lo que el jefe de gobierno, Andrés Manuel López Obrador, destituyó de inmediato de su cargo a Gustavo Ponce Meléndez, para ayudar a la Procuraduría General de Justicia del Distrito Federal (PGJDF) a la investigación exhaustiva sobre la participación de esta persona en actos de corrupción.

Unos días después, en el programa noticioso de la empresa Televisa conducido por Víctor Trujillo (en su papel del payaso Brozo), se mostró un video donde René Bejarano, diputado por el PRD de la Asamblea Legislativa del Distrito Federal, recibía grandes sumas de dinero del empresario argentino Carlos Ahumada Kurtz, propietario del Grupo Quart. Bejarano señaló poco después que el dinero había sido entregado a la entonces presidenta del partido, Rosario Robles. Los escándalos repercutieron en la precipitada renuncia de Robles al partido. René Bejarano y otros funcionarios involucrados, entre ellos el delegado de Tlalpan, Carlos Ímaz, fueron expulsados del partido y sometidos a procesos legales.

Durante las investigaciones, el procurador de justicia del D.F., Bernardo Bátiz, dio a conocer ilícitos de varias empresas que recibieron pagos por adelantado sin ha-

---

[19] www.sds.df.gob.mx
[20] "AMLO" www.metropoli.org.mx/htm/areas/11/MitofskyDFSep_04.pdf

> *La persistente popularidad de Andrés Manuel López Obrador dio motivo para que en el PRD se empezara a contemplar seriamente la posibilidad de elegirlo como candidato para presidente en las elecciones de 2006.*

Ejercicio 14

1. ¿Cuáles son tres de las reformas del Plan Nacional de Desarrollo 2001-2006 que consideras más importantes y por qué?
2. Menciona los tres compromisos contraídos por Andrés Manuel López Obrador al tomar posesión de la jefatura de gobierno del Distrito Federal.
3. Describe las obras y programas del gobierno del Distrito Federal llevados entre 2001 y 2003.
4. ¿Por qué el PRD empezó a contemplar seriamente la posibilidad de elegir a López Obrador como candidato para presidente en las elecciones de 2006?

> *Los videoescándalos provocaron una serie de cuestionamientos con respecto a una red de corrupciones dentro de algunas empresas, instituciones y organizaciones del Distrito Federal.*

ber entregado el trabajo para el cual se las había contratado. Asimismo, las investigaciones descubrieron la implicación de una red de funcionarios del gobierno de la ciudad incrustados en los diferentes aparatos financieros de algunas delegaciones políticas como Gustavo A. Madero, Tláhuac y Álvaro Obregón.

Aquellos escándalos de corrupción dentro del gobierno del Distrito Federal dañaron al PRD y, en particular, la imagen de López Obrador, y no faltó quien sospechara que pudo haber tenido conocimiento de las acciones ilícitas de sus subalternos. En repetidas ocasiones el jefe de gobierno negó enfáticamente haber estado enterado; sin embargo, el daño ya estaba hecho.

El proceso de desafuero contra López Obrador. El inicio del conflicto de desafuero contra López Obrador tuvo su inicio en noviembre de 2001, cuando el ministerio público federal emprendió una averiguación previa sobre un problema en el predio El Encino, y después, en enero de 2002, un juez decidió suspender obras iniciadas en dicho terreno. El 17 de mayo de 2004 se presentó un proceso de desafuero en contra de Andrés Manuel López Obrador, en los tribunales nacionales, derivado de la acusación penal presentada por la Procuraduría General de la República (PGR).

El proceso fue provocado por la expropiación de un predio, ordenada por el jefe de gobierno del D.F., para la construcción de un camino de acceso a un hospital privado. Ante ese hecho, los tribunales determinaron que López Obrador había desacatado la orden de un juez de suspender los trabajos de construcción en tanto se definía el fondo del asunto. El fallo por desacato fue ratificado por un tribunal colegiado de apelación por lo que se convirtió en sentencia firme.

El juez ordenó a la Procuraduría General de la República iniciar un proceso en contra de López Obrador, por lo que el procurador Rafael Macedo de la Concha presentó a la Cámara de Diputados una petición de desafuero que eliminaría la inmunidad del jefe de gobierno en virtud de su cargo.

En respuesta, López Obrador y el PRD declararon que el gobierno del presidente Vicente Fox, apoyado por la Suprema Corte de Justicia de la Nación (SCJN), buscaba inhabilitarlo con el propósito de impedir su candidatura a las elecciones presidenciales de 2006. En particular, López Obrador afirmó de manera insistente que estaba siendo víctima de un complot que tenía la intención de frenar sus aspiraciones políticas. Ante esa acusación, tanto el presidente Fox como sus funcionarios señalaron en numerosas ocasiones que ellos eran ajenos a ese proceso, además de que no tenían poder para frenarlo. Por su parte, los representantes del Poder Judicial reiteraron que la justicia no podía doblegarse a las presiones de los políticos.

Sin embargo, más tarde, el propio Macedo de la Concha quedó en entredicho al darse a conocer que había participado, junto con el presidente Vicente Fox y otros miembros del gabinete, en una reunión con el presidente de la Suprema Corte de Justicia de la Nación, Mariano Azuela Güitrón, en la cual se había discutido el proceso de desafuero del jefe de gobierno capitalino.

La situación aumentó las fricciones entre la presidencia y el gobierno del Distrito Federal, y generó un fuerte descontento entre la población de la capital que apoyaba a López Obrador. El 8 de agosto de 2004, decenas de miles de capitalinos formaron una fila que se extendía por toda la avenida Insurgentes, en una cadena humana que exigía frenar el proceso de desafuero contra el jefe de gobierno.

A principios de 2005 inició la etapa crítica de este proceso, que culminó el 7 de abril del mismo año, cuando los miembros de la Cámara de Diputados votaron mayoritariamente a favor del desafuero contra López Obrador. Después de esa fecha "pasaron 20 días en los que el gobierno de Fox bajó en las encuestas, tuvo una desaprobación en la prensa internacional, el país se polarizó como hacía años no sucedía, el proyecto democrático se puso en jaque y la parte desaforada acumuló triunfos que poco a poco lo llevaron a derrotar a sus adversarios".[21]

---

[21] Alberto Aziz Nassif, "Paisaje después de la batalla", *El Universal,* 3 de mayo de 2005.

En efecto, pronto se demostró que el proceso de desafuero, al contrario de lo que hubieran esperado sus promotores, estaba actuando en beneficio de López Obrador al incrementar su nivel de popularidad, mientras que descendía el del presidente Fox. Por ello, las cosas darían un significativo viraje en ese mismo mes de abril: el 23 un juez devolvió el expediente a la PGR por considerar que hubo irregularidades y el 27, en un mensaje a la nación, el presidente Fox anunció que la Procuraduría General de la República revisaría de manera exhaustiva el expediente de consignación del jefe de gobierno del Distrito Federal, Andrés Manuel López Obrador, buscando, según dijo el mandatario, preservar dentro del marco de la ley la mayor armonía política del país; informó además que aceptaba la renuncia del procurador Rafael Macedo de la Concha, quien fue sustituido por Daniel Francisco Cabeza de Vaca.

El 4 de mayo siguiente, la Procuraduría General de la República publicó un comunicado en el que informaba haber determinado no ejercer acción penal contra Andrés Manuel López Obrador, jefe de gobierno del DF, por el caso El Encino.

El 31 de julio del mismo 2005, López Obrador renunció a su cargo para dedicarse a promover su candidatura por la Presidencia de la República en las elecciones del año siguiente. Fue sustituido por Alejandro Encinas Rodríguez, quien ocupaba el puesto de secretario de gobierno del DF.

Los estados de la Federación

Conflicto postelectoral en Tabasco

El 27 de diciembre de 2000, el Tribunal Electoral del Poder Judicial de la Federación (TEPJF) resolvió anular la elección de gobernador del estado de Tabasco celebrada el 15 de octubre de 2000, y revocó la constancia de mayoría otorgada al candidato del PRI, Manuel Andrade Díaz. El tribunal tomó esa decisión por considerar que la actuación del gobierno de Tabasco no fue imparcial en la elección. Al día siguiente, el Congreso local modificó la Constitución del estado para permitir al gobernador saliente, Roberto Madrazo, nombrar un gobernador interino por un periodo de hasta un año y medio, en lugar de seis meses; para tal cargo fue designado Enrique Priego Oropeza.

Yucatán

El gobernador de Yucatán, Víctor Cervera Pacheco, y el Congreso estatal se encontraban en "desacato" constitucional desde el 22 de febrero de 1997, por tratarse de la única entidad federativa de la República que no incorporó las reformas constitucionales y las transformaciones de la Ley Electoral Federal. En 2001, el estado vivió una fuerte crisis política. La fracción priísta del Congreso local, en desconocimiento a la resolución del Tribunal Electoral del Poder Judicial de la Federación, validó el consejo electoral disuelto en noviembre del año anterior e indujo a los ex funcionarios a reinstalarse para organizar los comicios que se llevarían a cabo en mayo.

Mientras continuaba la controversia constitucional, Patricio Patrón Laviada fue electo por el PAN como candidato a gobernador y fue apoyado por el PRD, el PT y el PVEM, partidos con los que el PAN formó una alianza. Tras una tensa espera, e iniciados los trabajos electorales, la Suprema Corte de Justicia de la Nación invalidó el llamado superconsejo que había integrado el Congreso de Yucatán, por lo que la organización y desarrollo de los comicios del estado estarían a cargo del TEPJF. El 27 de mayo de 2001, Patricio Patrón Laviada se convirtió en el primer aspirante a la gubernatura que en la historia reciente del estado logró derrotar al PRI. La toma de posesión se efectuó el 1 de agosto del mismo año, a pesar de la resistencia de Víctor Cervera y de los priístas que lo apoyaban.[22]

---

[22] "Yucatán 2001", *Enciclopedia de México*, CD-ROM 2005.

El proceso de desafuero actuó en beneficio de López Obrador aumentando su nivel de popularidad, mientras que descendía el del presidente Fox. Por ello, las cosas darían un significativo viraje.

Ejercicio 15

1. Explica de qué manera los videoescándalos afectaron a López Obrador como jefe de gobierno del Distrito Federal.

2. Describe la acción de López Obrador que provocó el proceso de desafuero en su contra.

3. Describe las circunstancias que llevaron al presidente Fox a renunciar a ejercer acción penal contra López Obrador.

El Tribunal Electoral del Poder Judicial de la Federación resolvió anular la elección de gobernador del estado de Tabasco celebrada el 15 de octubre de 2000, y revocó la constancia de mayoría otorgada al candidato del PRI, Manuel Andrade Díaz.

En los comicios del 27 de mayo de 2001, el panista y candidato de la alianza PAN-PRD-PT-PVEM se convirtió en el primer aspirante a la gubernatura que en la historia reciente de Yucatán logró derrotar al PRI.

Chiapas

El Ejército Zapatista de Liberación Nacional

En diciembre de 2000, al asumir el cargo de gobernador de Chiapas, Pablo Salazar Mendiguchía hizo un llamado a la reconciliación en ese estado y anunció una amnistía para los zapatistas presos. En los primeros días de enero del siguiente año, el presidente Vicente Fox se reunió con legisladores integrantes de la Cocopa y pidió que se llevara a cabo la discusión sobre derechos y cultura indígenas. Hizo además un llamado al EZLN para que aceptara el diálogo con el gobierno y anunció que continuaría el repliegue militar.

En tanto, el subcomandante Marcos, al conmemorar el 1 de enero el séptimo aniversario del alzamiento zapatista en Chiapas, instó a "recordar a todos, y a quien es gobierno, que hay muchas injusticias pendientes de remediar", y aprovechó la ocasión para anunciar que el EZLN realizaría una marcha a la Ciudad de México, sede del Poder Legislativo Federal, para convencer a los diputados y senadores sobre "lo que significa el reconocimiento constitucional de los derechos y la cultura indígenas".

El día 28 de marzo, en representación del EZLN, la comandante Esther dirigió un mensaje a la Nación desde la tribuna del recinto legislativo y anunció que, en reciprocidad a las señales de paz del presidente Vicente Fox, el Ejército Zapatista daría órdenes de paz a sus fuerzas.

Después de su participación en el Palacio Legislativo, los zapatistas abandonaron la Ciudad de México. En abril siguiente continuó el repliegue del ejército federal en las bases militares que, desde febrero de 1995, se habían instalado en Guadalupe Tepeyac, Río Euseba y La Garrucha, Chiapas. El día 25, el Senado aprobó en primera instancia la reforma constitucional en materia indígena, la cual incorporó parte de los acuerdos de San Andrés Larráinzar y de la iniciativa de la Cocopa. Sin embargo, quedaron excluidos algunos aspectos considerados de gran importancia por los zapatistas. Los dirigentes del EZLN declararon que la reforma constitucional traicionaba los Acuerdos de San Andrés y la Iniciativa de Ley Cocopa en varios puntos sustanciales, entre ellos los siguientes: autonomía y libre determinación, los pueblos indios como sujetos de derecho público, uso y disfrute de los recursos naturales, elección de autoridades municipales, derecho de asociación regional, y tierras y territorios. El rechazo a la ley indígena llevó a una nueva interrupción de las negociaciones de paz. El día 28, la Cámara de Diputados aprobó por 386 votos (PAN, PRI Y PVEM) contra 60 (PRD, PT y 5 priístas), la Ley de Derechos y Cultura Indígenas.

El presidente de la Cocopa, Félix Castellanos, declaró de manera inmediata que con la aprobación de esa ley se había entrado en un "estado de preguerra". En cambio, Vicente Fox, quien el 14 de agosto promulgó las reformas constitucionales sobre derechos y cultura indígenas, describió la nueva ley como "un gran paso adelante, un paso gigantesco", para alcanzar la paz en Chiapas, e hizo un llamado a quienes no estuvieran de acuerdo con la ley a hacer sus propuestas por la vía institucional. De manera inmediata se manifestó el rechazo indígena hacia la ley: el día siguiente a la promulgación, el Congreso Nacional Indígena (CNI) anunció que acudiría a la Suprema Corte de Justicia de la Nación y la Comisión Nacional de Derechos Humanos (CNDH), así como a foros internacionales, para ratificar su rechazo a las reformas constitucionales en materia indígena. Asimismo, la ley fue rechazada por varios estados de la República de población indígena y se presentaron varias controversias constitucionales; sin embargo, en la mayoría de las entidades federativas la ley fue aprobada. Como algunas personas habían previsto, la reforma constitucional o ley indígena provocó que se interrumpiera el diálogo entre el EZLN y el gobierno.

El 9 de agosto de 2003, el Ejército Zapatista puso en marcha una nueva forma de autogobierno que, según sus dirigentes, significaría el regreso del grupo guerrillero a la escena política nacional. En la localidad de Oventic, Chiapas, el movimiento zapatista decretó el fin de los centros político-culturales conocidos como "Aguascalientes", y constituyó las llamadas *Juntas de Buen Gobierno* zapatistas, las cuales rigen a las comunidades declaradas autónomas desde febrero de 2001. Se dio a conocer que esas juntas asumieron atribuciones del Estado como el cobro de impuestos. Para los dirigentes zapatistas, esta acción constituía un medio de hacer cumplir la Ley sobre Derechos y Cultura Indígena de acuerdo con los reclamos de los pueblos indígenas.

Oaxaca

Conflicto magisterial

El estado de Oaxaca, y en particular su ciudad capital, ha sido escenario de un conflicto magisterial que, iniciado el 22 de mayo de 2006, se ha ido complicando hasta adquirir características de suma gravedad, sin que hasta la fecha (finales de octubre) se haya encontrado una solución satisfactoria para las partes en conflicto.

En un año ya de por sí complicado con las reñidas elecciones presidenciales, el conflicto comenzó cuando, ante la negativa del gobierno estatal a satisfacer sus demandas, la Asamblea Magisterial determinó declarar un paro en las 14 mil escuelas del estado —que afecta a 1 millón 300 mil estudiantes— e iniciar un plantón indefinido en la ciudad de Oaxaca.

La demanda central que los maestros hacían al gobierno era la de rezonificación de los 70 mil integrantes de la sección 22 del Sindicato Nacional de Trabajadores de la Educación (SNTE), de la zona económica II por la III, considerada de vida cara, lo cual representaría para el gobierno una erogación de mil 400 millones de pesos. El 25 de mayo, el gobernador Ulises Ruiz presentó una propuesta de 60 millones de pesos para la rezonificación, pero fue rechazada por los maestros. En respuesta, Ulises Ruiz retiró su ofrecimiento, con lo que se canceló el diálogo entre el gobierno y el magisterio.

A partir de esa fecha, el conflicto ha adquirido niveles de suma gravedad partiendo de la suspensión de clases, manifestaciones, huelgas, *plantones* y bloqueos, hasta llegar al enfrentamiento violento entre el movimiento magisterial —integrado por la llamada Asamblea Popular del Pueblo de Oaxaca (APPO) y la sección 22 del Sindicato Nacional de Trabajadores de la Educación— y las fuerzas de seguridad estatales, con saldo de varios muertos y heridos, entre ellos maestros e indígenas que apoyan al movimiento. Esta delicada situación ha provocado además un grave deterioro social y económico en la ciudad de Oaxaca, prácticamente sitiada por los manifestantes.

El 22 de agosto, integrantes de la APPO instalaron barricadas con palos, llantas, camiones y alambres de púas en respuesta a un ataque contra las instalaciones de transmisión de la radio y la televisora estatales, desde donde 20 días antes la APPO había comenzado a coordinar sus acciones y reiterado su petición para que el gobernador Ulises Ruiz renuncie a su cargo.[23]

Ante la severa crisis y la anarquía que vive Oaxaca, ambas partes han pedido en repetidas ocasiones la intervención del Poder Ejecutivo Federal: el gobernador para solicitar la intervención de las fuerzas federales, y la APPO, por el contrario, para destituir a Ulises Ruiz como condición indispensable para negociar una solución al conflicto.

En repetidas ocasiones, el secretario de Gobernación, Carlos Abascal, respondió a los maestros que "el gobierno de Fox no pone o quita gobernadores", además de insistir en que no habría represión. El 1 de octubre, aviones del Ejército federal y helicópteros de la Armada nacional sobrevolaron el centro y la periferia de la ciudad de Oaxaca, mientras que en la población costera de Huatulco, Oaxaca, se confirmaba el arribo de tanquetas, aviones y helicópteros, así como 15 camiones que transportaban

En un año ya de por sí complicado con las reñidas elecciones presidenciales, estalló en Oaxaca un conflicto magisterial que ha adquirido características de suma gravedad.

El gobernador de Oaxaca, Ulises Ruiz (izq.) y Vicente Fox. FUENTE: Presidencia de la República (2005).

---
[23] Nurit Martínez, "Oaxaca vive mayor jornada de violencia", *El Universal*, 22 de agosto de 2006.

> **Ejercicio 16**
>
> 1. Describe los acontecimientos político-electorales ocurridos en Tabasco, Chiapas y Yucatán.
> 2. ¿Cuál fue el propósito de la marcha del EZLN a la Ciudad de México?
> 3. ¿Cómo se cumplió el ofrecimiento de la dirigencia zapatista hecho en el Palacio Legislativo?
> 4. ¿Por qué volvieron a interrumpirse las negociaciones de paz entre el gobierno federal y el EZLN?
> 5. Describe las demandas de los maestros participantes en el conflicto magisterial en Oaxaca.

tropa. Según expresó el representante de la Secretaría de Gobernación, sólo se trataba de "vuelos de reconocimiento".

El 22 de septiembre, una representación de la APPO inició una marcha a la Ciudad de México, a donde llegaron el 8 de octubre, con el fin de entrevistarse con el secretario de Gobernación para buscar una negociación, aunque rechazando toda propuesta que no implique la renuncia de Ulises Ruiz.

Las irregularidades en las campañas presidenciales de 2000

El caso "Pemexgate" y la multa al PRI

El llamado caso Pemexgate se inició a principios de 2002, cuando el IFE reveló que la empresa Petróleos Mexicanos había hecho una transferencia de recursos al PRI para apoyar la campaña presidencial de Labastida, por la vía del sindicato petrolero, el cual, adicionalmente, se había quedado con parte de los recursos. A lo largo de ese año, éste fue el caso de corrupción más sonado en el ámbito político; por primera vez en la historia de México un ex director, Rogelio Montemayor, y tres líderes del sindicato de Petróleos Mexicanos —Carlos Romero Deschamps (diputado federal), Ricardo Aldana (senador) y Javier Ortega (diputado local por el estado de Tamaulipas)— fueron acusados ante la Procuraduría General de la República por presunto desvío de recursos de la paraestatal hacia el financiamiento de la campaña del candidato priísta a la presidencia, Francisco Labastida.

Con respecto a la participación del Partido Revolucionario Institucional en este caso, después de varios meses de averiguaciones y deliberaciones, el Consejo General del IFE concluyó el 14 de marzo de 2003 que el PRI había recibido 500 millones de pesos sin haberlos notificado a la autoridad electoral, conducta que implicaba una segunda falta consistente en haber rebasado el límite de aportaciones que el propio partido había establecido. En consecuencia, fue sancionado con una multa del doble del monto implicado, es decir, de mil millones de pesos.[24]

> *El llamado caso Pemexgate se inició a principios del año 2002, cuando el IFE reveló que la empresa Petróleos Mexicanos había hecho una transferencia de recursos al PRI para apoyar la campaña presidencial de Francisco Labastida.*

El caso "Amigos de Fox" y la multa al PAN y PVEM

Otra irregularidad en la campaña presidencial de 2000, fue la que implicó a los partidos políticos que apoyaban la candidatura de Vicente Fox Quesada. La denuncia fue presentada en junio de ese año por los partidos de la Alianza por México y el PRI en contra de la Alianza por el Cambio, por haber recibido recursos provenientes del extranjero para financiar la campaña del candidato Fox.

Después de una exhaustiva investigación quedó demostrado el financiamiento ilícito y, el 10 de octubre de 2003, con seis votos en favor y tres abstenciones, el Consejo General del IFE aprobó fijar una sanción por 545 169 649.45 pesos, que deberían compartir los partidos que formaron la Alianza por el Cambio: Acción Nacional (PAN) y Verde Ecologista de México (PVEM). La sanción correspondía a siete faltas electorales graves cometidas por ambos organismos políticos, entre las que destaca haber recibido dinero del extranjero por una cantidad que ascendía a 11 mil dólares, además de aportaciones de empresas mercantiles por 18.2 millones de pesos, y transferencias económicas desde la fracción del PAN en el Senado por 2.4 millones de pesos.[25] En los hechos, la sanción total se redujo y la multa quedó en 497 853 517.51 pesos, 399 135 803.60 correspondiente al PAN, y 98 717 713.91 al PVEM.[26]

> *Otra irregularidad en la campaña presidencial del 2000 fue la relacionada con el caso "Amigos de Fox", que implicó a los partidos políticos cuyo candidato resultó triunfador en las elecciones de ese año.*

---

[24] Lorenzo Córdova y Ciro Murayama, *Elecciones, dinero y corrupción. Pemexgate y Amigos de Fox,* Ediciones Cal y Arena, México, 2006, pp. 104-105.
[25] *El Universal,* 2 de octubre de 2003.
[26] Lorenzo Córdova y Ciro Murayama, *Op. Cit.,* p. 213.

Las elecciones federales en 2003

Las elecciones y sus resultados

Según reportó el IFE, la jornada electoral del 6 de julio transcurrió con tranquilidad en la mayor parte del país y sólo se registraron incidentes menores, que no llegaron a afectar los resultados del proceso y que en su mayoría fueron resueltos el mismo día 6. Sin embargo, un hecho significativo fue el alto grado de abstencionismo, que llegó a más del 60 por ciento, el índice más alto para una elección intermedia en los últimos 30 años.

En la primera prueba electoral desde que asumió la Presidencia de la República, el Partido Acción Nacional sufrió un retroceso que llevó al PRI a ocupar el primer lugar en la Cámara de Diputados. Así, el PAN se desplomó al obtener 30.5 por ciento de la votación, casi ocho puntos menos que los conseguidos en la elección de 2000 para diputados federales. Además, en el caso de la gubernatura del estado de Nuevo León, el PAN sufrió una derrota frente al PRI por más de 20 puntos porcentuales de la votación.

Como consecuencia de las elecciones para la Cámara de Diputados, la composición de ésta, incluyendo las diputaciones plurinominales, quedaría de la siguiente forma: PAN, 153 representantes; PRI, 223; PRD, 95; PVEM, 17; PT, 7, y Convergencia por la Democracia, 5. Sin embargo, sólo 496 de 500 diputados federales electos asumieron sus funciones el 1 de septiembre, luego de que el IFE reasignara el número de legisladores por partido, al anular los comicios que favorecían al PAN en dos distritos, uno en Torreón, Coahuila, y otro en Zamora, Michoacán. El PT perdió un representante, por lo cual quedó con sólo seis diputados. El PAN, que originalmente tenía 153 diputados, quedó con 151. El PRI perdió también dos representantes, al ser "congelados" por el IFE dos de sus plurinominales, por lo que quedó con 222 diputados.

El Partido de la Revolución Democrática se confirmó como la primera fuerza política en la capital del país. De las 16 delegaciones políticas en que está dividido el DF, el PRD obtuvo 13, el PAN dos y el PRI una. Además, el PRD consiguió el triunfo en 37 de los 40 distritos electorales; los tres distritos restantes correspondieron al Partido Acción Nacional. El PRI no obtuvo ningún triunfo en los distritos por segunda elección consecutiva. Por consiguiente, el PRD quedó con una abrumadora mayoría en la Asamblea Legislativa del Distrito Federal.

En cambio, los partidos que perdieron su registro por no haber alcanzado el 2 por ciento de la votación fueron: Sociedad Nacionalista (PSN), 0.3 por ciento; Alianza Social (PAS), 0.7 por ciento; Liberal Mexicano (PLM), 0.4 por ciento; Fuerza Ciudadana (PFC), 0.5 por ciento, y México Posible (PMP), 1.0 por ciento.[27]

La sucesión presidencial

La sucesión presidencial de 2006 presentó características a tal grado insólitas, que bien puede decirse no habían sido experimentadas antes en la vida política de México. Es cierto que desde 1968 los fines de sexenio habían sido —con excepción del vivido en 2000— críticos para el país, ya fuera por razones económicas, políticas o sociales. Pero la crisis de 2006, eminentemente política, provocó una polarización tal de la ciudadanía que ha hecho recordar el conflicto entre liberales y conservadores que dividió a México en el siglo XIX. Se vivieron momentos de incertidumbre, de temor incluso, que quizá no se hayan disipado del todo y que la historia juzgará más tarde, cuando

---

En las elecciones federales de julio de 2003, el Partido Acción Nacional sufrió un retroceso que llevó al PRI a ocupar el primer lugar en la Cámara de Diputados, y al PRD a dominar la Asamblea Legislativa del Distrito Federal.

La sucesión presidencial de 2006 presentó características a tal grado insólitas, que bien puede decirse no habían sido experimentadas antes en la vida política de México.

Ejercicio 17

1. Describe las irregularidades cometidas por el PRI y la Alianza por el Cambio en las elecciones federales del año 2000.

2. ¿Cuáles fueron las sanciones aplicadas al PRI y a los partidos de la Alianza por el Cambio por las irregularidades cometidas en las elecciones del año 2000?

3. ¿Cuál fue un hecho significativo en las elecciones federales del año 2003?

4. Describe los resultados que obtuvieron el PAN y el PRI en las elecciones federales de julio de 2003.

5. ¿Cuáles fueron los resultados electorales para la Asamblea Legislativa del Distrito Federal en el 2003?

---

[27] Jorge Herrera, Alejandro Torres y Jorge Teherán, "IFE: 5 partidos pierden registro", *El Universal*, 7 de julio de 2003.

el tiempo serene los ánimos y los eventos que en 2006 causaron inquietud puedan observarse desde la percepción objetiva que sólo el paso de los años puede otorgar.

El proceso de sucesión presidencial se inició precozmente en 2004 —como antes el propio Fox había adelantado el proceso que lo llevaría a la Presidencia— a pesar de que faltaban aún dos años para las elecciones. En todos los partidos políticos, pero sobre todo en el caso del PRI, PAN y PRD, surgieron aspirantes a la candidatura presidencial.

La selección del candidato en el PAN

En el PAN, el principal aspirante era el secretario de Gobernación, Santiago Creel Miranda, quien fuera candidato de Acción Nacional a la jefatura de gobierno del Distrito Federal en 2000, en unas elecciones que dieron el triunfo al candidato del PRD, Andrés Manuel López Obrador. En 2004, Creel parecía tener el respaldo del presidente Fox, aunque el activismo político-social de la esposa del mandatario y su defensa por el "empoderamiento" de la mujer dieron lugar a rumores acerca de que Marta Sahagún aspiraba a participar como candidata del PAN para ocupar el puesto que dejaría su esposo en noviembre de 2006.

Marta Sahagún llegó a representar la opción panista más popular en las encuestas, aunque los dirigentes de ese partido se mostraban decididos a impedir la postulación de la "primera dama"; mientras que en el ámbito político las aspiraciones de Marta Sahagún se consideraban como algo antiético al tratarse de una "sucesión familiar", dado que Vicente Fox y ella se habían definido como "pareja presidencial".[28] El 12 de julio de 2004, Marta Sahagún anunció que no sería candidata a la Presidencia de la República. Superado finalmente el asunto de las aspiraciones de la primera dama, Santiago Creel se preparó para la batalla electoral de 2006, con el apoyo (no reconocido públicamente) del presidente Fox y el panista Diego Fernández de Cevallos.[29]

Felipe Calderón Hinojosa, presidente del PAN en el periodo 1996-1999, ingresó al equipo de funcionarios del gobierno federal como director de Banobras en marzo de 2003. En septiembre de ese mismo año, el presidente Fox realizó cambios en su gabinete y designó a Calderón como secretario de Energía. En mayo de 2004, durante una reunión internacional celebrada en Guadalajara, Jalisco, el gobernador del estado, Alberto Cárdenas y un buen número de panistas vitorearon a Calderón como posible candidato presidencial del partido, en lo que prácticamente fue un "destape".

El suceso causó molestia en la Presidencia y, en una rueda de prensa, Calderón fue criticado directamente por Vicente Fox quien expresó: "me parece más que imprudente haber realizado este evento con una característica electoral. Está fuera de lugar, de tiempo".[30] Calderón consideró aquella crítica como "injusta y desmedida" y el 31 de mayo presentó al presidente Fox su renuncia a la Secretaría de Energía; a partir de ese momento inició su campaña por la precandidatura de su partido. El 23 de octubre de 2005 resultó triunfador en las elecciones internas del PAN por la candidatura presidencial, venciendo con 51.79 por ciento a sus adversarios, Santiago Creel y Alberto Cárdenas.

El proceso de selección en el PRI

En el PRI había un gran número de aspirantes a la candidatura presidencial de 2006, y Roberto Madrazo, presidente nacional del partido, era el más fuerte entre ellos a

El activismo político-social de Marta Sahagún de Fox dio lugar a rumores acerca de que aspiraba a participar como candidata del PAN a la Presidencia en 2006, pero ella misma anunció después que no sería candidata.

Felipe Calderón Hinojosa resultó triunfador en las elecciones internas del PAN por la candidatura presidencial para las elecciones del 2006. Varios gobernadores priístas crearon un frente opositor a la candidatura de Roberto Madrazo Pintado, el llamado Tucom; pero un escándalo de corrupción contra su más fuerte opositor llevó a Madrazo a triunfar como candidato del PRI a la Presidencia de la República. Los partidos Convergencia y del Trabajo formalizaron con el PRD la coalición "Por el bien de todos", que competiría en las elecciones federales de julio de 2006 con Andrés Manuel López Obrador (AMLO) como candidato presidencial. Otros dos candidatos presidenciales en 2006 fueron: Patricia Mercado Castro por el Partido Alternativa Socialdemócrata y Campesina y Roberto Campa Cifrián por el Partido Nueva Alianza.

---

[28] Fidel Samaniego, "Dicen no a la sucesión familiar", *El Universal*, 15 de enero de 2004.
[29] Alicia Ortiz Rivera, "Santiago Creel. Una carrera meteórica", en Jorge Zepeda Patterson, *et al.*, *Los suspirantes. Los precandidatos de carne y hueso*, Planeta, 2005, p. 66.
[30] Citado por Salvador Camarena, "Felipe Calderón. El precoz", en Jorge Zepeda Patterson, *et al.*, *Los suspirantes. Los precandidatos de carne y hueso*, Op. Cit., 111.

pesar de que varios grupos importantes dentro del PRI se oponían a su candidatura, uno de los cuales era el encabezado por Elba Esther Gordillo, secretaria general del partido. En abril de 2004, en una reunión en la que se encontraban varios gobernadores priístas, se acordó crear un frente opositor a la candidatura de Madrazo, el llamado Tucom (Todos unidos contra Madrazo).

Los integrantes del Tucom realizaron una elección para escoger internamente de entre ellos a la persona que habría de contender por la candidatura frente a Madrazo. El favorito era Enrique Jackson, coordinador de los priístas en el Senado; sin embargo, con una persistente propaganda en televisión acabó por imponerse Arturo Montiel Rojas, gobernador del Estado de México próximo a concluir su mandato. Pocos días antes de la elección interna del PRI, a principios de noviembre de 2005, estalló un escándalo que involucraba a Montiel en presuntos delitos de corrupción que estaban siendo investigados por la Procuraduría General de la República. Montiel se vio obligado a retirarse de la contienda y fue sustituido por Everardo Moreno, un débil adversario frente a Madrazo, quien logró ganar la elección para la candidatura del PRI con el 90 por ciento de los votos.

Sin embargo, el PRI mostraba una seria división, a la que se agregaba la rivalidad entre Madrazo y los partidarios de Elba Esther Gordillo, quienes formaron un nuevo partido llamado oficialmente *Nueva Alianza* (más conocido como Panal), que lanzó la candidatura de Roberto Campa con el propósito de restarle votos al PRI representado por Madrazo.[31]

En diciembre de 2005, el PRI y el PVEM acordaron establecer una alianza total, lo que significó que contenderían juntos por la Presidencia, senadurías y diputaciones, con Roberto Madrazo como candidato de ambos partidos.

La candidatura presidencial en el PRD

Andrés Manuel López Obrador (AMLO) era claramente el aspirante más fuerte en el PRD y el único capaz de conseguir el triunfo en la elección constitucional. El ya tres veces candidato Cuauhtémoc Cárdenas, sin embargo, se negaba a descartarse y mantenía una posición crítica hacia el jefe de gobierno de la capital.

En noviembre de 2005, López Obrador rindió protesta como candidato del PRD a la Presidencia de la República, y el 5 del mes siguiente los partidos Convergencia y del Trabajo formalizaron con el PRD la coalición electoral "Por el bien de todos", que competiría en las elecciones federales de julio de 2006 con López Obrador como candidato.

Los candidatos de Alternativa Socialdemócrata y Campesina, y Nueva Alianza

Estos dos partidos obtuvieron su registro el 14 de julio de 2005. El primero de ellos postuló como candidata a la Presidencia de la República a Patricia Mercado Castro, feminista sonorense que ya en 1999 había sido precandidata al mismo cargo por el Partido Democracia Social, que al final designó a Gilberto Rincón Gallardo como su candidato a las elecciones presidenciales de 2000.

Patricia Mercado registró su candidatura ante el IFE el 8 de enero de 2006, pero pronto enfrentó dificultades cuando los líderes del ala campesina de su partido la desconocieron con la intención de favorecer la candidatura de Víctor González Torres, conocido como el *Doctor Simi*. Ante ese hecho, Patricia Mercado fue apoyada

Ejercicio 18

1. Explica por qué surgieron rumores acerca de las aspiraciones de Marta Sahagún de Fox a la candidatura presidencial del PAN.

2. Describe los hechos que llevaron a la selección de Felipe Calderón como candidato presidencial del PAN para las elecciones de julio de 2006.

3. Describe las circunstancias que permitieron a Roberto Madrazo ganar la candidatura presidencial del PRI en 2006, a pesar de la oposición del Tucom.

4. ¿Cómo estuvo integrada la coalición Por el Bien de Todos que postuló a Andrés Manuel López Obrador como candidato a las elecciones presidenciales de 2006.

5. Describe el proceso de selección de Patricia Mercado y Roberto Campa Cifrián como candidatos presidenciales para los comicios del 2006.

---

[31] Jorge Alcocer y Humberto Musacchio, *México 2006. Manual para lectores y electores,* Fondo de Cultura Económica, México, 2006, pp. 114-115.

por numerosas agrupaciones feministas, miembros de otros partidos y varios intelectuales. El conflicto interno de Alternativa llegó a su fin cuando el IFE emitió su fallo a favor de la candidata presidencial.

El Partido Nueva Alianza (Panal) postuló a Roberto Campa Cifrián, quien había pertenecido al PRI y luego se incorporó al grupo que se oponía a la candidatura de Roberto Madrazo constituido por algunos gobernadores y el líder priísta en el Senado, el llamado Tucom. Cuando este grupo fue disuelto, Campa fue invitado a participar como candidato del Panal a la Presidencia de la República, con el apoyo de Elba Esther Gordillo, y registró su candidatura el 9 de enero de 2006.

Las campañas

En este año electoral en el que se decidía en las urnas la persona –más que el partido en este caso– que gobernaría el país en los próximos seis años, estuvo plagada de descalificaciones mutuas en el marco de una agresiva propaganda en los medios masivos de comunicación, sobre todo en la televisión. La competencia se dio principalmente entre los candidatos de los tres partidos "grandes", el PRD, el PAN, y el PRI, aunque la pugna más fuerte fue protagonizada por los dos primeros, particularmente a partir de enero de 2006, cuando ambos encabezaron la preferencia electoral en las encuestas y sondeos de opinión, en tanto que el candidato del PRI iba quedando rezagado.

En el caso del PRD, como venía ocurriendo desde que estuvo al frente del gobierno del DF, López Obrador mantenía un alto porcentaje de popularidad y de preferencia del electorado para llegar a la Presidencia. Después del desafuero, llegó a tener, en mayo de 2005, el 49 por ciento de las preferencias electorales (de acuerdo con la cifra mencionada por Alejandra Lajous, ver nota 32), pero éstas empezaron a disminuir tras su renuncia a la jefatura del gobierno del DF.[32] Para noviembre, la encuesta realizada por Consulta Mitofsky dio los siguientes resultados: 34.8% para López Obrador; 30.4% para Roberto Madrazo, y 28.8% para Felipe Calderón.

En los primeros meses de 2006, hubo un repunte en las preferencias del electorado a favor de López Obrador. De enero a marzo de 2006, esa empresa encuestadora presentaba las siguientes tendencias:[33]

Preferencia efectiva	Enero	Febrero	Marzo
Felipe Calderón	31.0%	29.8%	30.6%
Roberto Madrazo	29.2%	27.5%	28.8%
Andrés Manuel López Obrador	38.7%	39.4%	37.5%

Sin embargo, a mediados de febrero otras encuestas variaban en las cifras, desde reportar una ventaja para López Obrador de 12 puntos porcentuales sobre el resto de los candidatos, hasta presentar un empate entre éste y Felipe Calderón (GEA-ISA).[34]

De cualquier forma, la tendencia general daba una clara ventaja de López Obrador sobre el resto de los contendientes y esto provocó gran preocupación, principalmente entre los panistas, debido a las marcadas diferencias entre su proyecto político-econó-

---

[32] Alejandra Lajous, *AMLO: entre la atracción y el temor. Una crónica del 2003 al 2005*, Océano, México, 2006, p. 299.
[33] Encuesta Nacional en Viviendas, *www.consulta.com.mx* marzo 2006.
[34] Jesusa Cervantes y José Gil Olmos, "Tendencias invariables", Semanario *Proceso*, núm. 1530, 26 de febrero de 2006, p. 37.

Cap. 11. Del fin de la era priista al gobierno del cambio

mico y el que proponía el candidato perredista. Entonces adquirió fuerza la llamada *guerra de los "spots"* televisivos de los partidos que, con críticas severas que en algunos casos llegaron a la calumnia, empañaron las campañas y en general el proceso electoral, en un México que debía haber mostrado madurez democrática.

El presidente Fox también participó activamente en esa "guerra", con su reiterada invitación a los televidentes a "seguir por el mismo camino" cuando promovía las obras públicas de su administración, lo cual provocó el disgusto y la protesta de los partidos de oposición contra la indebida injerencia del presidente de la República en el proceso electoral. Mas a pesar de las quejas, durante el tiempo que duraron las campañas, Fox mantuvo su discurso en apoyo al candidato del PAN y sobre la conveniencia de la *continuidad* en el gobierno, además de insistir en reprobar al populismo en una referencia implícitamente dirigida a López Obrador.

En cuanto a los "spots" de los tres candidatos punteros a la presidencia, entre los meses de enero a abril, Madrazo fue quien más recursos destinó a este tipo de propaganda (más de 80 millones de pesos), seguido por Felipe Calderón (49 millones), y en tercer lugar López Obrador (19 millones).[35] Con respecto al contenido de los mensajes, durante la mayor parte del tiempo que duraron las campañas, los contendientes se dedicaron a atacarse unos a otros, con diferentes grados de agresividad, mientras que, en particular, los partidos de oposición criticaron de manera insistente el activismo del presidente Fox a favor del candidato panista.

Pero los "spots" más agraviantes fueron los que publicó el PAN en contra de López Obrador. Desde el más fuerte y de mayor impacto que invitaba a no votar por él debido a que era "un peligro para México", hasta los que una y otra vez exhibían los videos sobre el escándalo de corrupción durante su gobierno en el DF, y los que lo vinculaban con el presidente venezolano Hugo Chávez, de izquierda radical. Entre mayo y junio, el IFE y el Tribunal Electoral ordenaron el retiro de todos los "spots" que criticaban a los candidatos.

Pero López Obrador también mostró una actitud agresiva al responder a los crecientes ataques de que era objeto. En uno de sus actos de campaña pidió al presidente Fox que ya se callara "…con todo respeto". Pero más tarde, en un discurso pronunciado a mediados de marzo, al cuestionar la intromisión del jefe del Ejecutivo Federal en la contienda electoral, en tono irritado exigió al presidente Fox: "¡Cállese chachalaca!". Esta expresión fue un grave error que el propio AMLO reconoció al decir días más tarde que "le había ganado la pasión". Pero la falta contra la investidura presidencial ya se había cometido y habría de tener un costo para el candidato de la coalición PRD-PT-Convergencia, que se reflejaría en una baja en la preferencia electoral.

Otro factor en el descenso de López Obrador en las encuestas fue el hecho de no participar en el primero de los dos debates que sostuvieron los candidatos presidenciales. AMLO había decidido no participar en un momento en que gozaba de una posición alta en la preferencia electoral superando con diez puntos a su adversario más cercano, Felipe Calderón. Pero cuando se realizó ese debate, el 26 de abril, López Obrador había sido ubicado, por primera ocasión, en segundo lugar de acuerdo con una encuesta realizada por el diario *Reforma* a través de la firma GEA-ISA, que situaba a Calderón con el 36 por ciento de las preferencias, por encima de López Obrador, con el 34 por ciento. En mayo empezó a suponerse que el 2 de julio habría una cerrada elección entre ambos candidatos.

El segundo debate se llevó a cabo el 6 de junio, con la participación, ahora sí, de los cinco candidatos a la Presidencia de la República, quienes en principio se dedicaron a exponer sus respectivas propuestas, entre las que estuvo la de Roberto Campa respecto a celebrar un acuerdo para respetar los resultados de las elecciones del 2 de julio. Pero también hubo mutuas acusaciones, sobre todo entre Calderón y López Obrador, en un ambiente de tensión que presagiaba unas reñidas elecciones.

---

[35] Alberto Morales, "Televisa acapara inversión de los candidatos en 'spots'", *El Universal*, 3 de abril de 2006.

López Obrador también mostró una actitud agresiva al responder a los crecientes ataques de que era objeto. Uno de ellos, contra el discurso propagandístico del presidente Fox, provocó una baja en la preferencia electoral para AMLO.

En el segundo debate se llevó a cabo el 6 de junio, hubo mutuas acusaciones, sobre todo entre Calderón y López Obrador, en un ambiente de tensión que presagiaba unas reñidas elecciones.

Ejercicio 19

1. Describe la tendencia que, entre enero y marzo de 2006, mostraban las encuestas realizadas por Consulta Mitofsky sobre la preferencia electoral hacia los candidatos presidenciales de los tres partidos "grandes".

2. ¿En qué consistió la participación del presidente Fox en la *guerra de los "spots"* durante las campañas para la elección presidencial de 2006?

3. Describe la participación de cada uno de los tres partidos políticos punteros, en la *guerra de los "spots"* televisivos, durante las campañas para la elección presidencial de 2006.

4. Menciona dos factores en el descenso de la preferencia electoral hacia López Obrador en las encuestas durante la campaña presidencial de 2006.

El proceso electoral y su secuela de incertidumbre

El 2 de julio, las elecciones se celebraron en el país sin mayores problemas aunque con irregularidades en algunas casillas, y hubo una numerosa y ordenada participación ciudadana con 58.90 por ciento de votantes. Alrededor de las seis de la tarde estaba claro que la situación en nada se parecía a la del 2 de julio de 2000. La incertidumbre se percibía en las oficinas del IFE y todos coincidían en que "no había nada para nadie". A las once de la noche, con base en 95.12 por ciento de resultados de las casillas de la muestra del conteo rápido elaborado por el IFE, Luis Carlos Ugalde, consejero presidente de este organismo, anunció: "no es posible determinar, dentro de los márgenes científicos establecidos para el conteo rápido, al partido o coalición que haya obtenido el mayor porcentaje de la votación emitida".[36] Por consiguiente, informó que el cómputo se haría a partir de las ocho de la mañana del miércoles 5 en los 300 distritos, para saber cuál de los candidatos presidenciales había obtenido el mayor número de votos.

El presidente Fox emitiendo su voto el 2 de julio. FUENTE: Presidencia de la República

No obstante esa declaración, tanto el candidato de la coalición Por el Bien de Todos, Andrés Manuel López Obrador, como el de Acción Nacional, Felipe Calderón Hinojosa, se proclamaron triunfadores en los comicios presidenciales, basándose en cifras extraoficiales de diversas encuestas de salida.

En la incertidumbre del día 5 se prolongó hasta el siguiente: hora tras hora, los ciudadanos estuvieron pendientes del conteo que durante 20 horas mostró una tendencia favorable a López Obrador; después de ese momento, la tendencia se invirtió. A las tres de la tarde del día 6, 31 horas después de haberse iniciado el cómputo de 300 Consejos Distritales del país y la suma de sufragios emitidos por mexicanos residentes en el extranjero, se anunciaba el resultado oficial: Felipe Calderón había ganado la elección con 15 millones 284 votos (en México y desde el extranjero), equivalentes a 35.89 por ciento, frente a 14 millones 756 mil 350, es decir, 35.31 por ciento, de Andrés Manuel López Obrador, cifras que arrojaban una diferencia de 0.58 por ciento, equivalentes a 243 mil 934 sufragios.

Era la primera vez en la historia del México democrático que, en unas elecciones presidenciales, se daba una diferencia tan estrecha en el número de votos obtenidos por los dos contendientes punteros, y la primera vez que un presidente era elegido con un porcentaje inferior al 40 por ciento.

Con respecto al resto de los candidatos, Roberto Madrazo alcanzó 9 millones 301 mil 441 votos (22.26 por ciento); Alternativa Socialdemócrata y Campesina obtuvo el registro como partido político y su candidata, Patricia Mercado, alcanzó un millón 128 mil 850 sufragios (2.7 por ciento). Por último, Roberto Campa, de Nueva Alianza, registró 401 mil 804 votos, que equivalen a 0.96 por ciento, cifra que anulaba el registro de ese partido.[37]

Tras publicarse los resultados, Andrés Manuel López Obrador anunció que debido a que rechazaba esos resultados, impugnaría la elección presidencial ante el Tribunal Electoral del Poder Judicial de la Federación e insistiría en que se abrieran los paquetes electorales y se contara voto por voto. Declaró que no podía aceptar los

---

[36] Alonso Urrutia, Fabiola Martínez y Jesus Aranda, "Dramático *impasse* para conocer al ganador de la elección presidencial", *La Jornada*, 3 de julio de 2006.
[37] Jorge Herrera y Arturo Zárate, "IFE: logró Calderón la mayoría de votos", *El Universal*, 7 de julio de 2006.

resultados porque "hay muchas irregularidades, por decirlo suave... muchas inconsistencias"; por lo tanto presentarían las pruebas ante el tribunal en los siguientes cuatro días.[38]

La resistencia pacífica. El domingo 9 de julio hubo en el Zócalo de la Ciudad de México una gran concentración de personas que apoyaban a López Obrador y que al grito de "¡No estás solo!" demandaban un nuevo conteo "voto por voto, casilla por casilla". A esa manifestación, a la que se sumaron algunos artistas e intelectuales, siguieron muchas más durante el tiempo que habría de transcurrir hasta la fecha límite del 6 de septiembre, cuando el TEPJF debería dictar su fallo definitivo respondiendo a las impugnaciones presentadas por la coalición Por el Bien de Todos.

Sin embargo, las manifestaciones no se limitaron al Zócalo. El 30 de julio se conoció la decisión del TEPJF de que el conteo de votos se haría solamente en 11 mil 839 casillas, con base en el hecho de que no se podían abrir todas las casillas de los 300 distritos dado que la coalición Por el Bien de Todos había impugnado sólo 230 distritos (a los cuales correspondía el mencionado número de casillas). La protesta se radicalizó y López Obrador anunció incrementar los actos de resistencia civil, uno de los cuales consistió en colocar campamentos a lo largo de la avenida Reforma de la capital, la cual no sólo es muy importante para la vialidad por su conexión con otras avenidas importantes, sino sobre todo en los aspectos políticos y económicos. Se mantuvo además la exigencia del conteo voto por voto, casilla por casilla.

Mientras persistió el plantón en la avenida Reforma, los cuantiosos daños a la economía de los comercios e instituciones financieras ahí establecidos, y el caos derivado del bloqueo de esa arteria de suma importancia vial provocaron un gran disgusto entre los capitalinos, y llevaron a la baja la popularidad del otrora altamente evaluado jefe de gobierno. Una encuesta de Consulta Mitofsky fechada en septiembre señalaba: "sin duda el costo de los movimientos de resistencia civil y el discurso de López Obrador le han ocasionado un daño a su imagen al grado que el saldo de las opiniones que genera hoy es el peor desde febrero de 2001".[39]

Un país dividido. La situación adquiriría mayor gravedad ante el riesgo de un estallido social, mientras que la polarización del país se acentuaba en una división un tanto arbitraria según la cual el mapa de la República mostraba una zona norte coloreada del azul panista, mientras que el centro y el sur-sureste (con excepción de Yucatán, coloreado de azul) se revestía del amarillo perredista. Por otra parte, en los medios de comunicación, particularmente la prensa escrita, se manejaba la posibilidad de la anulación de las elecciones y el nombramiento de un presidente interino.

Un septiembre inédito

El día del informe presidencial. El 1 de septiembre, en una acción previamente anunciada, los legisladores del PRD y el PT tomaron la tribuna de la Cámara de Diputados, impidiendo con ello que el presidente Fox leyera ante el Congreso su Sexto Informe de Gobierno, documento que solamente fue entregado por escrito por el propio Ejecutivo Federal en la antesala del recinto legislativo, hecho que no tenía precedente en la historia posrevolucionaria del país.

El fallo definitivo. El 5 de septiembre, el TEPJF declaró por unanimidad válidas las elecciones del 2 de julio pasado y consideró presidente electo al panista Felipe Calderón para el periodo 2006-2012. Conforme a las cifras oficiales, Calderón obtuvo 14 millones 916 mil 927 votos (35.71%), frente a 14 millones 683 mil 96 de Andrés Manuel López Obrador (35.15%), es decir, una diferencia de 233 mil 831 sufragios, 0.56 por ciento.

---

[38] Jorge Ramos y Lilia Saúl, "Anuncia AMLO que impugnará comicios", *El Universal*, 7 de julio de 2006.
[39] Citado por Gilberto Guevara Niebla, "El desafío populista", Revista *Nexos*, octubre de 2006, pp. 15-16.

El domingo 9 de julio hubo en el Zócalo de la Ciudad de México una gran concentración de personas que apoyaban a López Obrador y que al grito de "¡No estás solo!" demandaban un nuevo conteo "voto por voto, casilla por casilla".

Ejercicio 20

1. Describe cómo se desarrolló en el país el proceso electoral del 2 de julio de 2006.
2. Explica por qué el presidente del IFE decidió posponer el cómputo para tres días después de la elección.
3. Describe cómo se desarrolló el cómputo el 5 de julio hasta obtener el resultado oficial.
4. ¿Cuál fue la reacción de López Obrador al publicarse los resultados oficiales de la elección presidencial del 2 de julio del 2006?

Cuando el Tribunal Federal anunció que sólo se contaría los votos en 11 mil 839 casillas, la protesta se radicalizó; López Obrador incrementó los actos de resistencia civil, que empezaron con la colocación campamentos en la avenida Reforma de la Ciudad de México.

Se temía un estallido social, mientras la polarización del país se acentuaba. Algunos medios manejaron la posibilidad de la anulación de las elecciones y el nombramiento de un presidente interino.

El presidente Fox revisando el proceso electoral. FUENTE: Presidencia de la República

Ejercicio 21

1. Describe los actos de la resistencia pacífica de López Obrador y las personas que lo apoyaban en su rechazo a los resultados oficiales de la elección presidencial.
2. ¿Por qué el bloqueo de la avenida Reforma tuvo efectos negativos para López Obrador y su movimiento de resistencia civil?
3. Describe en qué consistía la polarización del país, provocada por la rivalidad electoral entre los candidatos del PAN y la coalición Por el Bien de Todos.

El 1 de septiembre, en una acción previamente anunciada, los legisladores del PRD y el PT tomaron la tribuna de la Cámara de Diputados, impidiendo con ello que el presidente Fox leyera su Sexto Informe de Gobierno ante el Congreso.

El 5 de septiembre, el Tribunal Federal declaró válidas las elecciones del 2 de julio y consideró presidente electo a Felipe Calderón. No obstante, señaló que las declaraciones del presidente Fox "se constituyeron en un riesgo para la validez de la elección".

Ante el rumor de que grupos radicales planeaban un boicot contra la ceremonia del "grito" el 15 de septiembre, funcionarios y algunos miembros del Senado convencieron al presidente Fox para que realizara el acto en Dolores Hidalgo, Guanajuato.

No obstante, el tribunal aceptaba que el proceso mostraba irregularidades:

> Esta sala superior no pasa por alto que las declaraciones analizadas del presidente de la República, Vicente Fox, se constituyeron en un riesgo para la validez de la elección que, de no haberse debilitado su posible influencia con los diversos actos y circunstancias concurrentes, podrían haber representado un elemento mayor para considerarlas determinantes para el resultado final, de haber concurrido otras irregularidades de importancia que quedarán acreditadas.[40]

Asimismo, el TEPJF dio por acreditadas la infracción a la ley electoral en la que incurrió el Consejo Coordinador Empresarial (CCE); y la confirmación de la propaganda negativa del Partido Acción Nacional, en primera instancia, y posteriormente de la coalición Por el Bien de Todos.

Aclaraba el presidente del Tribunal que las irregularidades corroboradas no fueron consideradas determinantes para impedir la validez de la elección, pues, según dijo, no se podía medir el impacto que la propaganda negativa tuvo en el electorado.

El grito en Dolores Hidalgo. La celebración de las fiestas de Independencia fue otro momento de angustia ante las acciones que pudiera realizar el movimiento pro-AMLO cuando, la noche del 15, se presentara Vicente Fox en el balcón presidencial para dar el tradicional "grito". Ante el rumor de que grupos radicales planeaban un boicot contra el evento, funcionarios y algunos miembros del Senado convencieron al presidente Fox para que realizara la ceremonia en Dolores Hidalgo, Guanajuato.

En la Ciudad de México, Alejandro Encinas, jefe de gobierno del DF, fue comisionado para "dar el grito" en el balcón del edificio del Ayuntamiento, acompañado por Carlos Abascal, secretario de Gobernación, en calidad de representante del gobierno federal. La festividad transcurrió sin mayores problemas.

El 16, al contrario de lo que se temía, se celebró el desfile militar que pasó por el Zócalo ante el balcón presidencial del Palacio Federal y recorrió la avenida Reforma, como es costumbre. Días antes, López Obrador se había comprometido a levantar el plantón para no entorpecer las fiestas patrias.

Por la tarde de ese día 16, se llevó a cabo en el zócalo la Convención Nacional Democrática, integrada por alrededor de un millón de delegados de la coalición PRD-PT-Convergencia, en la cual se designó a Andrés Manuel López Obrador "presidente legítimo de México", cargo que él aceptó anunciando que rendiría protesta el

---

[40] Alonso Urrutia y Jesús Aranda, "Aun con anomalías importantes, el TEPJF califica de válidos los comicios", *La Jornada*, 6 de septiembre de 2006.

20 de noviembre en ese mismo lugar. La Convención decidió que AMLO integraría un gabinete de gobierno con sede en la capital del país aunque con carácter itinerante, y que habría de recabar fondos propios. Se anunció además la creación del Frente Amplio Progresista como agrupación política que represente al movimiento.

Pero el rechazo de López Obrador a aceptar el fallo del Tribunal Electoral y su aceptación del título de "presidente legítimo" al margen de las instituciones, le hicieron perder el apoyo de un gran número de electores que votaron por él en los comicios del 2 de julio. En agosto, una encuesta nacional realizada por Consulta Mitofsky mostraba que la mayoría de los ciudadanos (64.5%) estaba de acuerdo en aceptar a Felipe Calderón como presidente de la República.

Después del 16 de septiembre, López Obrador ha perdido buena parte de la popularidad que llegó a tener. No obstante, conserva todavía un extenso número de seguidores entre los perredistas, y en la Ciudad de México y algunos estados del centro y sur-sureste, principalmente entre la población de escasos recursos, que creyeron y creen aún en sus promesas de luchar por los pobres y en sus planes para abatir el gran desequilibrio socioeconómico que vive el país.

Por otra parte, la mayoría de la población nacional espera que el 1 de diciembre próximo, Felipe Calderón Hinojosa tome posesión, sin contratiempo alguno, del cargo de presidente de la República y comience una nueva administración, una nueva oportunidad para alcanzar el anhelo de un México mejor.

La Convención Nacional Democrática, integrada por delegados de la coalición PRD-PT-Convergencia, designó a López Obrador "presidente legítimo de México", y anunció la creación del Frente Amplio Progresista, agrupación política que representara al movimiento.

Política exterior

En el tema de las relaciones con el exterior, Vicente Fox también mostró la inconsistencia que caracterizó muchos de los actos de su gobierno. El Plan Nacional de Desarrollo 2001-2006, expresaba lo siguiente acerca de la política exterior:

> En respuesta a las necesidades derivadas de los cambios en los ámbitos interno y externo, la labor del gobierno en materia de relaciones exteriores para el periodo 2001-2006 se articulará en torno a cinco objetivos estratégicos: primero, promover y fortalecer la democracia y los derechos humanos como bases fundamentales del nuevo sistema internacional; segundo, fortalecer nuestra capacidad para proteger y defender los derechos de todos los mexicanos en el extranjero; tercero, intensificar la participación e influencia de México en los foros multilaterales, desempeñando un papel activo en el diseño de la nueva arquitectura internacional; cuarto, utilizar los esquemas de concertación regional para equilibrar la agenda de política exterior mexicana, creando nuevos ejes de acción política, y quinto, apuntalar y encabezar los esfuerzos de promoción económica, comercial, cultural y de la imagen de México en aras de un desarrollo nacional sustentable y de largo aliento.[41]

El rechazo de López Obrador a aceptar el fallo del Tribunal Electoral y su aceptación a constituirse en "presidente legítimo" al margen de las instituciones, le hicieron perder el apoyo de un gran número de quienes votaron por él en los comicios del 2 de julio.

Al final del sexenio, no todos esos objetivos se cumplieron a cabalidad; en cambio, la política exterior del sexenio tuvo algunos tropiezos. Se han presentado confrontaciones con varios países latinoamericanos, particularmente con Cuba y Venezuela, así como con países miembros del Mercosur que, en lugar de consolidar el liderazgo que México tenía entre los países de América Latina, han aislado y debilitado la imagen de México.

Una encuesta nacional realizada en agosto por Consulta Mitofsky mostraba que la mayoría de los ciudadanos (64.5%) estaba de acuerdo en aceptar a Felipe Calderón como presidente de la República.

---

[41] http://pnd.presidencia.gob.mx/index.php?idseccion=35

Las relaciones con Estados Unidos

La agenda bilateral

Uno de los asuntos más relevantes para el gobierno de Vicente Fox en las relaciones con Estados Unidos, tuvo que ver con el problema de los trabajadores migratorios mexicanos hacia ese país vecino. El 15 de febrero de 2001, el presidente Fox recibió en su rancho particular, en San Cristóbal, Guanajuato, al mandatario estadounidense, George W. Bush. Ambos gobernantes firmaron el documento *Propuesta de Guanajuato: hacia una prosperidad compartida*, en el cual se destacaba, por iniciativa de México, el compromiso para iniciar negociaciones en materia migratoria, sobre todo por la urgencia de la regularización de 3.5 millones de mexicanos que vivían ilegalmente en la Unión Americana. Como contrapartida a ese tema, nunca antes aceptado oficialmente por la política exterior estadounidense, el presidente Bush promovió en esa misma reunión la necesidad de alcanzar un acuerdo en materia energética. Lo ocurrido en Estados Unidos en septiembre de 2001 habría de modificar sustancialmente las prioridades del gobierno estadounidense.

La cuestión migratoria y la seguridad regional

Sobre el tema migratorio, las consultas se agilizaron; el canciller Jorge Castañeda y el secretario de Estado estadounidense, Colin Powell, dialogaron acerca de la posibilidad de consolidar un acuerdo migratorio en 2002. En visita de Estado a la ciudad de Washington, el 5 de septiembre, Vicente Fox trató de apresurar las negociaciones solicitando al Congreso estadounidense que el acuerdo migratorio se firmara antes de finalizar 2001. Al día siguiente, el presidente George W. Bush anunció al mandatario mexicano que enviaría al Congreso una iniciativa para facilitar la llegada de "trabajadores invitados" de acuerdo con normas determinadas de regularización, y admitió que los trabajadores que ingresan a Estados Unidos debían de ser tratados con respeto.

Sin embargo, los ataques terroristas en las ciudades de Nueva York y Washington el 11 de septiembre de ese año imposibilitaron la negociación de cualquier acuerdo con México distinto a los relativos a la seguridad internacional y la persecución y castigo de los autores intelectuales de tales ataques.

El Secretario de Estado estadounidense, en visita a México. FUENTE: Presidencia de la República

---

Ejercicio 22

1. Describe lo ocurrido el día del sexto informe de gobierno del presidente Fox.
2. ¿Cuál fue el fallo definitivo dado por el TEPJF el 5 de septiembre sobre los resultados de los comicios del 2 de julio de 2006?
3. Describe las irregularidades señaladas por el TEPJF en el proceso electoral del 2 de julio de 2006.
4. ¿Por qué, según el TEPJF, las irregularidades no fueron determinantes para la validez de la elección?
5. Describe los hechos ocurridos los días 15 y 16 de septiembre, incluyendo las acciones de la Convención Nacional Democrática.

En el tema de las relaciones con el exterior, Vicente Fox también mostró la inconsistencia que caracterizó muchos de los actos de su gobierno. No todos los objetivos se cumplieron a cabalidad y, en cambio, durante el sexenio hubo algunos tropiezos.

Uno de los asuntos más relevantes para el gobierno de Vicente Fox en las relaciones con Estados Unidos tuvo que ver con el problema de los trabajadores migratorios mexicanos hacia ese país vecino.

Cap. 11. Del fin de la era priista al gobierno del cambio

En México la situación provocada por los actos terroristas dio origen a un intenso debate en los medios de comunicación, en la clase política, en los círculos legislativos y al interior del gabinete de Vicente Fox, donde hubo diferencias de opinión con respecto al grado de apoyo que se debería mostrar hacia la nación vecina. Finalmente, con base en la tradición pacifista de México, el apoyo consistió en el reforzamiento de la seguridad en la frontera norte por lo que, el 5 de octubre del mismo 2001, en una gira por Estados Unidos, el mandatario mexicano se reunió con el presidente Bush y ambos acordaron diseñar una nueva agenda de seguridad regional.

A lo largo del sexenio, Vicente Fox propuso reiteradamente ante el gobierno estadounidense la puesta en marcha de una reforma que contemplara una migración controlada y la legalización de los trabajadores mexicanos que permanecían ilegalmente en Estados Unidos. Todavía en abril de 2006, Fox propuso tres temas para la reforma migratoria: reconocer el trabajo de todos los migrantes ilegales, mantener el flujo de migrantes sin violencia y garantizar la seguridad entre México y Estados Unidos.

Sin embargo, la reforma nunca se concretó; por el contrario, a pocos meses de concluir el sexenio foxista, el gobierno de George Bush endureció el trato a migrantes, aprobó la construcción de un muro a todo lo largo de la frontera con México y toleró las actividades de grupos paramilitares xenofóbicos que operan en la frontera con el propósito de impedir el paso de los migrantes. Mientras tanto, cada vez aumenta el número de personas —hombres, mujeres y niños— que, ilusionados por los llamados "polleros" que los transportan en condiciones infrahumanas, mueren en el intento de cruzar la frontera o, si lo logran, se enfrentan a los peligros de atravesar el desierto.

Los ataques terroristas en Nueva York y Washington el 11 de septiembre imposibilitaron la negociación de cualquier acuerdo de Estados Unidos con México distintos a los relativos a la seguridad internacional.

A lo largo de su sexenio, Vicente Fox propuso reiteradamente ante el gobierno estadounidense la puesta en marcha de una reforma que contemplara una migración controlada y la legalización de los trabajadores mexicanos. La reforma nunca se concretó; por el contrario, el gobierno de George W. Bush ha endurecido el trato a migrantes.

Narcotráfico

En materia de narcotráfico, en los últimos años se han reducido considerablemente las tensiones con el gobierno de Estados Unidos; en gran parte debido a que la administración foxista inició una gran lucha contra esta actividad ilícita, a través de la labor de la Procuraduría General de la República. Un hecho muy significativo en este sentido fue la cancelación del programa de certificación que desde 1986 se aplicaba anualmente a numerosos países de América Latina. El 25 de septiembre de 2002, el Congreso de Estados Unidos aprobó una enmienda legislativa que suspendía de manera indefinida el polémico proceso de certificación en materia de combate a las drogas. La decisión de los legisladores estadounidenses fue calificada por el presidente Fox como un éxito de la política exterior de México.

Durante el sexenio, la Secretaría de la Defensa puso en marcha, con relativo éxito, un plan estratégico de combate al narcotráfico, mediante actividades de búsqueda, localización y destrucción de plantíos, enervantes, centros de acopio, etcétera. Sin embargo, el narcotráfico no disminuyó y se relacionó con el grave problema del aumento en la inseguridad, que se reflejó en el creciente número de asesinatos de personas, muchos de los cuales se sospechó estaban vinculados a la lucha entre cárteles de la droga

En materia de narcotráfico se han reducido considerablemente las tensiones con el gobierno de Estados Unidos, lo cual se debe en gran parte al éxito que ha tenido la administración foxista en su lucha contra esta actividad ilícita.

Posición de México ante la guerra contra Irak

A fines de 2002, el tema de una posible guerra de Estados Unidos y sus aliados en contra de Irak implicó a México. El representante mexicano en el Consejo de Seguridad de la ONU votó a favor de la resolución 1441, redactada originalmente por Francia y Rusia; en ella se establecían ciertos obstáculos legales al ataque militar a Irak que pretendían realizar los gobiernos de Estados Unidos y Reino Unido.

Ante la determinación de Estados Unidos de atacar militarmente a Irak, el presidente Fox mantuvo la posición de no respaldar tal ataque sin que hubiera de por medio una resolución de las Naciones Unidas, e insistió en que se buscara una solución pacífica.

Como efecto inmediato para México al comenzar la guerra contra Irak, las revisiones a vehículos y personas del lado estadounidense se hicieron cada vez más exhaustivas, y la frontera fue vigilada por helicópteros militares de Estados Unidos.

Ejercicio 23

1. ¿Cuál ha sido el tema principal tratado por el gobierno de Fox en la agenda bilateral con Estados Unidos?
2. ¿De qué manera se vio México afectado como consecuencia de los ataques terroristas contra Estados Unidos del 11 de septiembre de 2001.
3. ¿Cuál ha sido un hecho significativo del comportamiento de Estados Unidos hacia México en materia de narcotráfico?
4. ¿Cuál fue la posición del gobierno mexicano con respecto a la guerra de Estados Unidos contra Irak?

El objetivo fundamental del Plan Puebla-Panamá consiste en mejorar la calidad de vida de los habitantes de la región territorial comprendida en la región Sur-Sureste de México y los países de Centroamérica.

Además, el Consejo de Seguridad envió a Irak una delegación de inspectores de las Naciones Unidas con el fin de determinar si el gobierno de ese país, presidido por Saddam Hussein, mantenía programas de producción de armas de destrucción masiva, como lo aseguraba el presidente George W. Bush. México respaldó el cabal cumplimiento de las resoluciones de la ONU acerca de la inspección de armas prohibidas en Irak.

Ante la determinación de Estados Unidos de atacar militarmente a Irak, el presidente Fox mantuvo la posición de no respaldar tal ataque sin que hubiera de por medio una resolución de las Naciones Unidas, e insistió en que debía buscarse una solución pacífica al conflicto, esto a pesar de que el gobierno estadounidense insistía en pedir la solidaridad de México en su decisión de desarmar a Irak mediante un ataque militar.

En las Naciones Unidas había posiciones contrarias acerca de la guerra, y la oposición más fuerte provenía de Francia, Alemania y Rusia, países que no aceptaban el uso de la fuerza militar contra Irak y pugnaban por una solución diplomática, rechazando una acción unilateral de Bush y sus aliados sin la aprobación de la ONU. Otros países miembros, entre ellos México y Chile, aún no se pronunciaban de manera definitiva acerca de su voto, pero también cuestionaban la legalidad de la acción armada contra Irak.

El día 17, antes de que el Consejo de Seguridad sometiera a votación la resolución sobre la guerra contra Irak, los embajadores ante las Naciones Unidas fueron notificados por el gobierno estadounidense de que su voto no era requerido y que el grupo de países aliados se reservaba su derecho de actuar como mejor le conviniera.

Como efecto inmediato para México al comenzar la guerra contra Irak, las revisiones a vehículos y personas del lado estadounidense se hicieron cada vez más exhaustivas, mientras helicópteros militares de Estados Unidos comenzaron a sobrevolar la frontera con México como una medida de seguridad ante la posibilidad de ataques terroristas, situación que hizo crecer la incertidumbre entre la población de ambos lados de la frontera. Afortunadamente no ocurrió atentado alguno y, aunque persistieron las revisiones e incluso se intensificaron, con el tiempo el tráfico legal de personas y vehículos volvió a la normalidad.

Las relaciones con América Latina

El Plan Puebla-Panamá

El Plan Puebla-Panamá (PPP), uno de los compromisos electorales contraídos por Vicente Fox Quesada, fue concretado el 15 de junio de 2001. Su objetivo fundamental consistía en "articular un plan de desarrollo regional, desde Puebla hasta Panamá, que permitiera la articulación de la Estrategia de Modernización y Transformación de Centroamérica en el siglo XXI con la Estrategia para el Desarrollo Sustentable de la Región Sur-Sureste".[42]

El PPP pretendía impulsar el desarrollo de los estados del sureste de México (Campeche, Chiapas, Guerrero, Oaxaca, Puebla, Quintana Roo, Tabasco, Veracruz y Yucatán) y los países de Centroamérica —Belize, Costa Rica, El Salvador, Guatemala, Honduras, Nicaragua, Panamá—, con las aportaciones de las secretarías de Estado, gobiernos estatales y organizaciones de la sociedad civil, mediante un conjunto inicial de estrategias para alcanzar los objetivos específicos del plan.

Cinco años después, el PPP se ha consolidado como un importante instrumento de coordinación entre los gobiernos de los ocho países que integran la región, ade-

---

[42] Eduardo Sojo Garza-Aldape, *Políticas públicas en democracia*, Fondo de Cultura Económica, México, 2006, p. 124.

más de contar con el apoyo de varias organizaciones internacionales. Asimismo, el PPP ha permitido afianzar los procesos de integración y cooperación entre México y los países de Centroamérica.

Cuba

Las relaciones entre México y Cuba, tradicionalmente cordiales, pasaron por varios momentos críticos durante este periodo de la administración foxista. Una de las razones de tensión entre los dos países se debió a la disyuntiva que se presentó a México cada año en abril, mes en que debía emitir su voto ante la ONU respecto a las resoluciones impulsadas por varios países, incluso de América Latina, que denunciaban a Cuba por presuntas violaciones a los derechos humanos. Si el simple hecho de discutir sobre el tema era una novedad en la política exterior de México, más lo era el que, en vez de pronunciarse en contra de la resolución, como Cuba esperaba que sucediese, en 2001 México se abstuvo de votar y, por medio de la cancillería, expresó su preocupación en relación con el tema del respeto a los derechos humanos en la isla. La posición de México y aquella declaración constituyeron uno de los motivos de enfriamiento en las relaciones entre los dos países.

Las relaciones entre México y Cuba, tradicionalmente cordiales, pasaron por varios momentos críticos durante este periodo de la administración foxista. La relación bilateral con Cuba tendió a mejorar a partir de enero de 2003.

En este marco se dieron varios incidentes que agravaron el distanciamiento entre México y Cuba. Sin duda, el más controvertido se dio en el contexto de la Reunión Cumbre de la *Organización de las Naciones Unidas para la Financiación del Desarrollo,* celebrada en la ciudad de Monterrey, Nuevo León del 18 al 22 de marzo de 2002. El día 20, luego de concluir su intervención en dicha reunión, el presidente cubano Fidel Castro declaró ante los medios de comunicación que tenía que dejar territorio mexicano inmediatamente, debido a una "situación especial creada por su participación".

La salida de Fidel Castro coincidió con la llegada del presidente estadounidense George W. Bush, pero tanto la cancillería como la presidencia de México rechazaron que se hubiera tratado de evitar un encuentro entre ambos mandatarios. Sin embargo, el gobierno cubano declaró en días posteriores que México se había subordinado a las presiones de Estados Unidos para que el presidente Castro no participara en la reunión cumbre o se retirara de ella en cuanto el presidente Bush llegara.

Después de este polémico incidente, se estancó por varios meses cualquier intento de mejoría en las relaciones con Cuba. La relación bilateral con este país tendió a mejorar a partir del mes de enero de 2003, tras la renuncia de Jorge Castañeda a la cancillería mexicana[43] aunque, según palabras del embajador cubano en México, "aún fluyen en la atmósfera los incidentes que se produjeron en los primeros años del gobierno del presidente Vicente Fox".[44]

En un nuevo paso hacia el restablecimiento de la relación con Cuba, a mediados de noviembre, con motivo de la 13 Cumbre Iberoamericana celebrada en Bolivia, Luis Ernesto Derbez, secretario de Relaciones Exteriores de México, se reunió con el canciller cubano Felipe Pérez Roque, quienes hicieron una evaluación de los temas prioritarios de la agenda bilateral y de los asuntos multilaterales que interesan a ambos países.

Jorge G. Castañeda, en una reunión con el presidente Fox.
FUENTE: Presidencia de la República

---

[43] Jorge G. Castañeda fue sustituido por Luis Ernesto Derbez, quien ocupaba el cargo de secretario de Economía y a su vez reemplazado por Fernando Canales Clariond después de que éste renunció a la gubernatura de Nuevo León.

[44] Alejandro Torres y Manuel Velázquez/Enviado y Corresponsal, "La salida de Castañeda dio oxígeno a la relación", *El Universal,* 11 de julio de 2003

América del Sur

El presidente Vicente Fox sostuvo varios encuentros con mandatarios de América del Sur en el marco de reuniones multilaterales y bilaterales, visitas de trabajo y comisiones mixtas. Como parte de un mayor acercamiento con el Mercado Común del Sur (Mercosur), el presidente Fox participó en la reunión cumbre de ese bloque comercial, realizada en Argentina en julio de 2002, con lo que se consiguió concretar un acuerdo de complementación económica y uno automotriz México-Mercosur. Asimismo, el ejecutivo mexicano asistió a las reuniones cumbres iberoamericanas que se celebran anualmente en diferentes países de la región, al tiempo que promovía su incorporación al Mercosur; en julio de 2004, México fue aceptado como miembro observador, lo cual le permitirá participar en las cumbres que se celebran de manera semestral.[45]

Sin embargo, la política exterior del gobierno de Fox ha mostrado un distanciamiento hacia América Latina y, en cambio, ha sido notoria la forma en que ha privilegiado su relación con Estados Unidos, como en el caso de su defensa por la creación del Área de Libre Comercio de las Américas (ALCA), propuesta formalmente por Panamá pero originada en Estados Unidos, en la cuarta Cumbre de las Américas, celebrada en noviembre de 2005 en Argentina.

Los países miembros del Mercosur (Argentina, Paraguay y Uruguay) y Venezuela no estuvieron de acuerdo en la creación del ALCA por considerar que incluía aspectos que no los beneficiaban. Ante ese desacuerdo, Fox intervino para defender la propuesta y criticó enfáticamente la postura de los países del Mercosur, incluida la del presidente argentino Néstor Kirchner, anfitrión de la citada Cumbre, en un acto inusual en la tradicional diplomacia mexicana hacia América Latina

El alejamiento de México de América Latina también se ha puesto en evidencia tras diversos desencuentros con otros países de la región, particularmente con los administrados por gobiernos de tendencia de izquierda aunque elegidos democráticamente en las urnas, como son los casos de Brasil, Venezuela y Bolivia.

Las relaciones con Europa

En cuanto a las relaciones con el continente europeo, la administración foxista dio los primeros pasos para instrumentar la segunda etapa del Acuerdo Comercial con la Unión Europea (UE), que incluyeron visitas recíprocas de hombres de negocios y la realización de seminarios y conferencias en México y Europa.

Entre septiembre de 2001 y agosto de 2002, México participó en 46 reuniones bilaterales con representantes y organismos de Europa con miras a fortalecer y diversificar sus relaciones tanto diplomáticas como económicas con esa región. Como resultado de estas gestiones del gobierno mexicano, se alcanzaron diversos acuerdos como la eliminación de aranceles a los productos mexicanos que ingresaran en la UE, se promovieron representaciones comerciales en Italia y Suiza, y se concretaron inversiones españolas en el sector turístico por un monto de 212 millones de dólares.

La acción del gobierno mexicano en su relación con Europa ha tenido como uno de sus objetivos principales impulsar los mecanismos institucionales creados con esa región, a través del Acuerdo Global que entró en vigor a finales de 2000. Asimismo, se ha buscado estimular los contactos que México tiene con países socios de valor estratégico. En orden de importancia, los países con los que existe mayor nivel de interacción han sido España, Alemania, Reino Unido y Francia. No obstante, se han realizado esfuerzos por lograr un acercamiento con las naciones de Europa central y

---

[45] *La política exterior mexicana en la transición,* Secretaría de Relaciones Exteriores y Fondo de Cultura Económica, México, 2005, pp. 59-61.

del Este, en razón de lo que significa el proceso de ampliación de la Unión Europea,[46] que en la actualidad está integrada por 25 naciones.

Las relaciones con los países de Asia

En lo que se refiere a la región de Asia-Pacífico, quedó instalado el grupo de trabajo México-Japón que analizaría y presentaría recomendaciones para fortalecer la relación económica bilateral, incluyendo la negociación de un eventual TLC. Asimismo, siguieron adelante las negociaciones sobre un posible acuerdo bilateral entre China y México. La primera reunión se celebró en agosto de 2004 en Beijing, China, con el propósito de fortalecer los vínculos bilaterales en todos los campos posibles, y principalmente el comercial. Ambos países intercambiaron información relativa a sus políticas de fomento al desarrollo científico y tecnológico, así como a las estrategias impulsadas en el ámbito de la cooperación internacional.[47]

Entre 2001 y 2002, el grupo de estudio binacional México-Japón realizó seis reuniones, las cuales tuvieron como resultado la recomendación de fortalecer la relación económica bilateral y el acuerdo de iniciar a finales de 2003 negociaciones con miras a un tratado de libre comercio. Después de varias reuniones, en marzo de 2004, fue firmado el Acuerdo de Asociación Económica México-Japón (AAE), el cual entró en vigor en abril de 2005.[48]

Economía

Política económica

De acuerdo con los objetivos económicos de la campaña presidencial de Vicente Fox para las elecciones presidenciales, el programa económico de su gobierno se enmarcó en la globalización y mantuvo el modelo neoliberal adoptado por Salinas y continuado por Zedillo.

No obstante las críticas contra la globalización y el modelo neoliberal, y a pesar de los efectos negativos que los ataques terroristas de septiembre de 2001 tuvieron sobre la economía mundial, dicho modelo económico se mantuvo por considerarse una condición indispensable para el desarrollo, con base en una política monetaria restrictiva a través de una estrategia de "cortos" (reducción de la cantidad de moneda en circulación) y de mantener la libre flotación del peso. Asimismo, se mantuvo la tendencia a sostener bajos niveles de inflación y a reducir los déficit fiscal y de la balanza de pagos.

En su agenda para 2002, el presidente Fox estableció los seis ejes considerados como estratégicos de su administración:

- Conducción prudente de los indicadores macroeconómicos.
- Estímulo a la competitividad y al potencial de expansión del mercado interno.
- Acciones directas para la protección del empleo.
- Impulso a la reforma laboral.
- Respaldo a las reformas estructurales en materia de telecomunicaciones, energía y sistema financiero.

Los países europeos con los que existe mayor nivel de interacción son España, Alemania, Reino Unido y Francia. Pero se busca lograr un acercamiento con las naciones de Europa central y del Este, en razón de lo que significa el proceso de ampliación de la Unión Europea.

En lo que se refiere a la región Asia-Pacífico, quedó instalado el grupo de trabajo México-Japón que analizaría y presentaría recomendaciones para fortalecer la relación económica bilateral. En marzo de 2004 fue firmado el Acuerdo de Asociación Económica México-Japón (AAE), el cual entró en vigor en abril de 2005.

Ejercicio 24

1. ¿Cuál es el objetivo fundamental del Plan Puebla-Panamá?
2. ¿Cuál fue una de las causas del distanciamiento entre México y Cuba durante los primeros dos años del gobierno de Fox?
3. Describe las características de la relación entre el gobierno de Fox y los países de Centroamérica y América del Sur.
4. ¿Cómo han sido las relaciones del gobierno de Fox con los países de Europa y Asia?

---

[46] *Ibid.*, p. 30.
[47] *Ibid.*, p. 38.
[48] *Ibid.*, p. 39.

- Nueva política social para erradicar el paternalismo y promover la equidad y la inclusión social.⁴⁹

Las reformas estructurales y la relación entre los Poderes de la Unión

Desde su primer año de gobierno, el presidente Fox envió al Congreso para su aprobación una serie de propuestas encaminadas a realizar las reformas estructurales que su administración consideraba indispensables para la reactivación de la economía nacional: la hacendaria, la energética (electricidad y petróleo) y la laboral.

Pero la situación política que vivió el gobierno de Fox fue muy distinta a la del pasado. México se ha convertido en un país con un sistema de frenos y contrapesos, como corresponde a un sistema democrático y lo establece su Constitución. En consecuencia, el gobierno se encuentra acotado por el Congreso de la Unión dado que el partido político del presidente no tiene la mayoría de representantes, situación que viene presentándose, por voluntad ciudadana a través del voto, desde el segundo trienio de la administración zedillista. Esto ha generado intensos debates entre los legisladores, particularmente respecto a las reformas fiscal y energética. Las reformas energética y laboral no fueron aprobadas, y con respecto a la hacendaria, sólo resultaron misceláneas fiscales cuya principal característica surgió del rechazo de los legisladores de oposición a las propuestas presidenciales sobre el Impuesto al Valor Agregado (IVA).

La relación entre el ejecutivo federal y el Congreso presentó momentos de verdadera confrontación, uno de los cuales se dio durante la aprobación del presupuesto para 2005. También hubo algunos entendimientos, como fue el caso del desafuero de López Obrador y el de la aprobación "sin que mediara discusión alguna (…) en la Cámara de Diputados, de la reforma a las leyes de Radio y Televisión y de Telecomunicaciones en diciembre de 2005".⁵⁰

En ese sistema de frenos y contrapesos entran en juego los tres poderes de la Unión. En varias ocasiones a lo largo del sexenio, la Suprema Corte de Justicia de la Nación (Poder Judicial) rechazó propuestas del presidente Fox o incluso presentó extrañamientos para que no invadiera la competencia de los otros poderes.

La economía estancada

Una de las promesas de Vicente Fox durante su campaña para la elección presidencial, había sido la de mantener un crecimiento económico de 7 por ciento. La realidad fue muy distinta: la actividad económica del país mostró un escaso dinamismo. El crecimiento del producto interno bruto (PIB) mostró, entre 2001 y 2005, un promedio anual de 1.8 por ciento.⁵¹ En el primer trimestre de 2005, la economía mexicana vivió su peor momento desde 2002:

> En proceso de desaceleración, la economía mexicana registró una tasa anual de crecimiento de 2.4 por ciento en los primeros tres meses de este año, y mostró su menor dinamismo para un primer trimestre desde 2002. Fue menor al proyectado por el sector privado.

---

⁴⁹ Arturo Guillén R., "La economía mexicana y el gobierno de Vicente Fox", en *México en el primer año de gobierno de Vicente Fox*, Consejo Coordinador del Centro Mexicano de Estudios Sociales, A. C., Universidad Autónoma de Zacatecas/Miguel Ángel Porrúa, México, julio del año 2002, p. 16.

⁵⁰ Jacqueline Peschard, "De la mutua incomprensión entre el Ejecutivo y el Legislativo en los tiempos de la alternancia", en Varios autores, *¿Qué país nos deja Fox? Los claroscuros del gobierno del cambio*, Grupo Editorial Norma, septiembre de 2006, p. 61.

⁵¹ Federico Novelo Urdanivia, "El crepúsculo del TLC", en *Ibid.*, p. 141.

Cap. 11. Del fin de la era priista al gobierno del cambio

El sector industrial se estancó, el agropecuario cayó 1.5 por ciento y el de servicios aumentó 4.1, informó el Instituto Nacional de Estadística, Geografía e Informática (INEGI).[52]

El indicador del PIB per cápita tuvo un desempeño más mediocre aún; si en el año 2000 registraba 5.1 por ciento, descendió a factores negativos entre 2001 y 2003 (−1.8; −0.7; y −0.2 por ciento, respectivamente), para tener un repunte de 2.7 por ciento en 2004.[53]

A pesar del estancamiento en el crecimiento económico y el ingreso per cápita, el gobierno de Fox argumenta que entrega saldos favorables respecto a la estabilidad económica del país. En efecto, los aspectos macroeconómicos muestran una situación de estabilidad, como puede observarse por el cuadro siguiente:

Tabla 11.2. Indicadores nominales de la economía mexicana[54]

CUADRO 4. INDICADORES NOMINALES DE LA ECONOMÍA MEXICANA

Año	Inflación % anual	Tipo de cambio, pesos por dolar*	Variación % del tipo de cambio	Tipo de interés**	Variación porcentual del tipo de interés	Balance público (% del PIB)	Deuda pública neta mmdp	Deuda como % del PIB
2000	8.959	9.365	−5.2892	18.55	−48.17	−1.1	1029.40	18.78
2001	4.403	9.6325	1.5016	18.62	0.34	−0.7	1108.90	19.46
2002	5.700	9.084	−5.6943	7.97	−57.2	−0.6	1199.50	20.76
2003	3.977	10.35	13.9366	9.14	14.76	−0.6	1425.90	20.70
2004	5.191	11.039	5.503	5.36	−41.41	−0.3	1593.50	21.36
2005	3.333	11.177	1.2501	8.97	63.46	−0.2	1583.80	19.51
2006	2.996	10.623	−4.5981	8.41	−6.2	nd	1628.10	18.52

*Tipo interbancario a 48 horas; cifra al primer día hábil del año.
**Tasa de interés interbancaria a 28 días, promedio mensual en por ciento anual
Fuente: Elaboración propia a partir de Banco de México y de la SHCP.

En esos indicadores *nominales* no se percibe la realidad de la microeconomía, la situación real de la población mexicana que padece el desempleo y, consecuentemente, un bajo poder de compra. Además, no obstante los programas sociales implementados por el gobierno foxista, sigue siendo uno de los países más desiguales de América Latina, con una drástica polarización entre los muy ricos y los que viven en situaciones de pobreza extrema.

---

[52] Antonio Castellanos, *et al.*, "La economía, en su peor momento desde 2002: Hacienda e INEGI", *La Jornada*, 18 de mayo de 2005.
[53] Ciro Murayama, "México 2000-2006: la economía estancada", en Varios autores, *¿Qué país nos deja Fox? Los claroscuros del gobierno del cambio*, p. 108.
[54] Fuente: Ciro Murayama, "México 2000-2006: la economía estancada", en Varios autores, *¿Qué país nos deja Fox? Los claroscuros del gobierno del cambio*, p. 111.

Ejercicio 25

1. ¿Cuáles han sido las características de la política económica en los primeros tres años de la administración foxista?
2. ¿Cuáles son las reformas estructurales que el presidente Fox envió al Congreso para su aprobación?
3. ¿En qué consiste el sistema de frenos y contrapesos en una democracia?
4. ¿Cuál ha sido el principal rechazo de los legisladores a la reforma hacendaria propuesta por iniciativa del Ejecutivo Federal?
5. Describe la relación del presidente Fox con el Congreso y la Suprema Corte.

Aunque los aspectos macroeconómicos muestran una situación de estabilidad durante el sexenio, en ellos no se percibe la realidad que se vive en México, con una drástica polarización entre los muy ricos y los que viven en situaciones de pobreza extrema.

Ejercicio 26

1. ¿Por qué se considera que durante el gobierno de Vicente Fox México vivió en una economía estancada?
2. ¿En qué argumentos se basa el presidente Fox para decir que entrega saldos favorables respecto a la estabilidad económica del país?
3. ¿Cuál es la situación económica real de la población mexicana al final del sexenio de Fox?

Política social

El Proyecto Contigo

El 22 de enero de 2002, el presidente Vicente Fox presentó un proyecto denominado *Contigo*, en el cual se integraron todos los programas de política social de su gobierno. De acuerdo con lo establecido por la Presidencia de la República, *Contigo* es "la estrategia del Estado mexicano para impulsar el desarrollo integral de las personas y responder a los graves rezagos que enfrentan amplios sectores de la población. *Contigo* agrupa las decenas de programas sociales que actualmente existen en el Gobierno federal".

La estrategia tenía el propósito de coordinar los esfuerzos de todas las secretarías y dependencias del ámbito social. "Es una forma de trabajar juntos: gobierno federal, estados, municipios, organizaciones de la sociedad civil, sector privado y comunidades." Se pretendía articular todas las acciones, transformar o reforzar programas ya existentes, eliminar los que no contribuyen a la estrategia y crear nuevos programas en las áreas que aún no habían sido atendidas.

> *En el llamado proyecto Contigo, se integran todos los programas de política social del gobierno de Fox, como una estrategia destinada a coordinar los esfuerzos de todas las secretarías y dependencias del ámbito social.*

Programa Oportunidades

En su intento por combatir la pobreza extrema, la administración de Vicente Fox creó y puso en marcha el programa llamado *Oportunidades* como una reforma al *Progresa*, un programa de Educación, Salud y Alimentación creado en agosto de 1997 por el gobierno del presidente Zedillo. El principal objetivo de *Oportunidades* consistió en brindar apoyos en educación, salud, nutrición e ingreso con la participación de las secretarías pertinentes y los gobiernos estatales y municipales. De acuerdo con la información oficial, el programa presenta las siguientes características:

> *El principal objetivo del programa Oportunidades consistió en brindar apoyos en educación, salud, nutrición e ingreso, con la participación de las Secretarías pertinentes y los gobiernos estatales y municipales.*

- Un factor importante en este programa es la corresponsabilidad, porque las familias son parte activa de su propio desarrollo, superando el asistencialismo y el paternalismo. La asistencia de los niños a la escuela y de las familias a las unidades de salud constituye la base para la emisión de los apoyos.
- Cuenta con un riguroso sistema de selección de beneficiarios basado en las características socioeconómicas del hogar, que permite focalizar los recursos en las familias que realmente lo necesitan, superando los subsidios y los apoyos discrecionales y definidos con criterios políticos.
- *Oportunidades* tiene como prioridad fortalecer la posición de las mujeres en la familia y dentro de la comunidad. Por tal razón, son las madres de familia las titulares del programa y quienes reciben las transferencias monetarias correspondientes.
- En el ámbito educativo, a partir del primero de secundaria, el monto de las becas escolares es mayor para las mujeres, dado que su índice de deserción aumenta a partir de ese grado. En el cuidado de la salud, las mujeres embarazadas reciben una atención especial con un protocolo de consultas para cuidar el desarrollo del embarazo, la salud de la madre y prevenir partos con riesgo.
- Los apoyos monetarios se entregan de manera directa a las familias, sin la intermediación de funcionarios, autoridades o líderes, por medio de instituciones liquidadoras, garantizando la transparencia en su distribución.
- Con la finalidad de acercar cada vez más la entrega de los apoyos monetarios a las familias, se han buscado nuevas acciones como la transferencia vía bancaria, con lo que se les abre la posibilidad de ahorrar.[55]

---

[55] http://www.oportunidades.gob.mx/htmls/quienes_somos.html

Fundación Vamos México

Marta Sahagún, ex vocera de la Presidencia con quien Vicente Fox contrajo matrimonio civil el 2 de julio de 2001, presentó el 29 de octubre del mismo año la *Fundación Vamos México,* cuyo propósito es obtener recursos para hacerlos llegar "a los lugares y grupos sociales que más lo necesitan".

La mencionada fundación se propone alcanzar los objetivos siguientes:

- Desarrollar nuevos caminos para enfrentar los problemas de mayor impacto que la pobreza genera en los segmentos más vulnerables de la sociedad.
- Impulsar el enlace, bajo un esquema de colaboración estratégica, entre las organizaciones sociales y las instituciones de gobierno para potenciar las acciones en beneficio de los grupos marginados.
- Motivar la movilidad y la conectividad sociales.
- Crear mecanismos de participación innovadores que permitan fortalecer los niveles de organización de la sociedad.
- Apoyar los esfuerzos de capacitación y profesionalización de las organizaciones sociales para alcanzar más y mejores resultados.[56]

Combate a la corrupción y por la defensa de los derechos humanos

Ley Federal de Transparencia

Como un medio de combatir la corrupción en la administración pública, en junio de 2002 fue creada la Ley Federal de Transparencia y Acceso a la Información Pública Gubernamental (IFAI), obligatoria para todos los servidores públicos federales. En el artículo 4 de esta ley se definen sus objetivos como sigue:

  I. Proveer lo necesario para que toda persona pueda tener acceso a la información mediante procedimientos sencillos y expeditos;
 II. Transparentar la gestión pública mediante la difusión de la información que generen los sujetos obligados;
III. Garantizar la protección de los datos personales en posesión de los sujetos obligados;
 IV. Favorecer la rendición de cuentas a los ciudadanos, de manera que puedan valorar el desempeño de los sujetos obligados;
  V. Mejorar la organización, clasificación y manejo de los documentos, y
 VI. Contribuir a la democratización de la sociedad mexicana y la plena vigencia del Estado de derecho.

Leyes similares han sido creadas en varios estados de la Federación y el Distrito Federal, de modo que los ciudadanos puedan tener acceso a la información acerca de los servidores públicos de sus respectivas localidades.

A pesar de estas leyes, la corrupción no ha sido vencida y continúa imperando en el ámbito político y los cuerpos policiacos, algunos de cuyos integrantes se han servido de sus puestos para proteger a delincuentes, e incluso se han dado casos de policías que se han dedicado a cometer actos delictivos.

---

[56] http://www.vamosmexico.org.mx

La propuesta del gobierno federal para la construcción de un aeropuerto alterno para el área metropolitana de la Ciudad de México dio origen a uno de los conflictos sociopolíticos más fuertes del sexenio.

Ejercicio 27

1. ¿Cuáles son los objetivos centrales del proyecto Contigo y de la Fundación Vamos México?
2. Menciona tres características del programa Oportunidades que consideres más importantes para cumplir con el objetivo principal de este programa del gobierno de Fox.
3. Menciona cuatro de los objetivos de la Ley Federal de Transparencia y Acceso a la Información Pública Gubernamental.
4. Describe el movimiento de protesta de los ejidatarios de Atenco contra la construcción del aeropuerto alterno para la Ciudad de México.
5. ¿Cuál fue el resultado final de la protesta de los ejidatarios de Atenco contra la construcción del aeropuerto?

De acuerdo con lo establecido por el Plan Nacional de Desarrollo 2001-2006, la educación representa para el gobierno de Vicente Fox la primera y más alta prioridad, para lo cual fue creado el → Programa Nacional de Educación (Pronae).

Protesta social

Desde el primer año del gobierno foxista se han presentado en la capital del país un gran número de manifestaciones de protesta de diverso origen, aunque la mayoría fueron de organizaciones de campesinos que exigieron al gobierno la atención a sus demandas ante el creciente empobrecimiento de los productores del campo atribuido, según los líderes de esas organizaciones, a la competencia internacional derivada del TLCAN.

También han realizado manifestaciones de protesta los trabajadores de diversas ramas de la producción, así como maestros de escuelas públicas de algunos estados de la República como Oaxaca (la protesta más grave ocurrida en este estado en 2006, es tratada en el tema de política interna de este capítulo), Zacatecas y Guerrero, por lo general en demanda de mejoras salariales.

Protesta contra el aeropuerto alterno en Atenco y Texcoco

A fines de 2001, la propuesta de la Secretaría de Comunicaciones y Transportes (SCT) del gobierno federal para la construcción de un aeropuerto alterno para el área metropolitana de la Ciudad de México, dio origen a uno de los conflictos sociopolíticos más fuertes del periodo 2000-2003. De acuerdo con la SCT, Atenco y Texcoco eran los lugares más convenientes para el nuevo aeropuerto (se descartó la propuesta de construirlo en el estado de Hidalgo). Para la realización del proyecto se expidió un decreto presidencial de expropiación de tierras en los municipios de San Salvador Atenco y Texcoco. El pago ofrecido por el gobierno federal (siete pesos por metro cuadrado) molestó a los ejidatarios afectados, quienes decidieron organizarse en contra de dicho decreto.

El movimiento fue creciendo a lo largo del año 2002 y se hizo cada vez más violento; de las manifestaciones pacíficas se pasó a la quema de camiones de transporte y cierre de carreteras, con apoyo de varias organizaciones sociopolíticas, entre ellas el Frente Popular Francisco Villa y el Frente Zapatista de Liberación Nacional. Lo que agravó la situación fue el hecho de que los ejidatarios manifestantes marcharon por las calles de la Ciudad de México empuñando machetes, acción que justificaron con el argumento de que era su instrumento de trabajo. Esto llevó a choques con elementos de seguridad del Distrito Federal, que se vieron obligados a utilizar gas lacrimógeno para contener a los manifestantes.

En el mes de julio, estos grupos bloquearon la carretera Texcoco-Lechería y detuvieron y humillaron públicamente a un grupo de funcionarios públicos. La fuerza pública del Estado de México abrió la carretera por la fuerza y en el combate murió un manifestante, además de que hubo varios heridos y fueron arrestados los dirigentes del movimiento. En agosto del 2002, el gobierno de la República anunció su decisión de cancelar la construcción del nuevo aeropuerto.

La educación

De acuerdo con lo establecido por el Plan Nacional de Desarrollo 2001-2006, la educación representaba para el gobierno de Vicente Fox la primera y más alta prioridad, y por ello se consideró como principal objetivo mejorar los niveles de educación y bienestar de los mexicanos.

El Programa Nacional de Educación (Pronae)

Estrategias específicas del Pronae

El *Programa Escuelas de Calidad* (PEC), que pretende garantizar la igualdad de oportunidades a todos los alumnos, independientemente de su origen socioeconómico, étnico o familiar. El PEC tiene el propósito de transformar la organización y el funcionamiento de las escuelas de educación básica que voluntariamente se incorporen al Programa, mediante el establecimiento de un modelo de gestión con enfoque estratégico en la mejora de los aprendizajes de los estudiantes y la práctica docente, que atienda con equidad a la diversidad y se apoye en un esquema de participación social, cofinanciamiento, transparencia y rendición de cuentas.[57]

La *Enciclomedia*, destinada a quinto y sexto grados de primaria, es una iniciativa del gobierno federal para garantizar la innovación educativa a través del uso de las nuevas tecnologías en educación. De acuerdo con la SEP, la Enciclomedia es un sistema "que integra y articula medios, recursos y herramientas relacionados con la educación primaria, a fin de enriquecer las experiencias de enseñanza y aprendizaje en el salón de clases. Es una estrategia didáctica que se fundamenta en los libros de texto gratuitos y que, a partir de su edición digital, los enlaza a la Biblioteca de Aula, a fotografías, mapas, visitas virtuales, videos, películas, audios, interactivos y otros recursos."[58]

Educación inicial y Educación básica. El programa educativo de este sexenio estableció la obligatoriedad en preescolar, llamada Educación inicial, que se estableció de manera gradual con el tercer grado en el año 2005; el segundo en 2005-2006; y el primero en 2008-2009, así, para el 2009 los tres años de educación preescolar serán obligatorios para ingresar a la primaria. De esta manera, la *Educación básica*, que incluye a la educación inicial, primaria y secundaria, deberá cubrirse en un periodo de 9 años.

Educación secundaria. Con respecto a la educación secundaria, en 2005 se estableció el proyecto de una reforma integral en secundaria. De acuerdo con la información oficial, la Primera Etapa de Implementación (PEI) de la *Reforma Integral de la Educación Secundaria* (RIES) se propone conocer los efectos que tendrá la puesta en marcha de la propuesta curricular 2005 en el primer grado de un numero reducido de planteles de las modalidades general y técnica, así como proveer de información suficiente para valorar la propuesta curricular misma y los apoyos y condiciones que requieren las escuelas y aulas para su adecuada operación.

Sin embargo, el Pronae ha sido objeto de críticas, como la que expresa Marcelino Guerra Mendoza, psicólogo de la Universidad Pedagógica Nacional:

> Son acciones desarticuladas que, por consiguiente, adolecen de un contexto en común para que puedan ser consideradas como parte de un proyecto, programa y, finalmente, como elementos significativos de una política educativa orientada a resolver problemas de esta naturaleza en la población de educación básica. (…) Si ya existe la obligatoriedad en preescolar, lo más lógico sería conectar este nivel curricularmente con la primaria y posteriormente, con la secundaria; pero sucede que cada uno de estos ámbitos tiene su propio enfoque pedagógico: uno por competencias y otros por asignaturas, sin los mayores visos de una posible articulación en el futuro.[59]

Educación indigenista. La educación intercultural, planteada desde el inicio por el gobierno de Fox, presentó como principal propósito disminuir la desigualdad e influir en la transformación de las relaciones interétnicas mediante el desarrollo de una educación más justa y menos discriminatoria, así como el abandono de la obsoleta e inoperante política indigenista vigente desde la década de 1940. Entre las estrategias para cumplir ese propósito están la creación de la Comisión Nacional para el Desa-

---

[57] http://basica.sep.gob.mx/dgdgie/escuelasdecalidad/pub/quees/index.html
[58] http://www.sep.gob.mx/wb2/sep/sep__Programa_Enciclomedia
[59] Marcelino Guerra Mendoza, "Pronae 2001-2006, transformación de la gestión en el nivel de educación básica. ¿Articulación artificial o control sofisticado?", en *La mala educación en tiempos de la derecha. Política y proyectos educativos del gobierno de Vicente Fox*, Editorial Miguel Ángel Porrúa, México, diciembre de 2005, pp.15 y 34.

El Programa Escuelas de Calidad (PEC) tiene el propósito de transformar la organización y funcionamiento de las escuelas de educación básica mediante un enfoque estratégico orientado a la mejora de los aprendizajes de los estudiantes y la práctica docente.

La Enciclomedia es una estrategia didáctica que se fundamenta en los libros de texto gratuitos y que, a partir de su edición digital, los enlaza a la Biblioteca de Aula, fotografías, mapas, visitas virtuales, videos, películas, audios, interactivos y otros recursos.

El programa educativo del sexenio de Fox estableció la obligatoriedad en preescolar, llamada Educación inicial, que se estableció de manera gradual con el tercer grado en el año 2005; en 2005-2006 el segundo; y en 2008-2009 el primero.

La primera etapa de implementación de la Reforma Integral de la Educación Secundaria (RIES) se propone conocer los efectos de la puesta en marcha de la propuesta curricular 2005 en el primer grado de un número reducido de planteles de las modalidades general y técnica.

rrollo de los Pueblos Indígenas (Conadepi), en sustitución del Instituto Nacional Indigenista (INI) fundado en 1948; la fundación del Instituto Nacional de las Lenguas Indígenas (Inali); y, en relación directa con el tema educativo, la creación de la Coordinación General de Educación Intercultural Bilingüe (CGIB).

La novedad en el aspecto de la educación indigenista se refiere a la apertura de bachilleratos y universidades indígenas, ya que plantea dos grandes retos: "atender las demandas educativas de la población indígena que no ha tenido acceso a la educación media y superior, y proteger al mismo tiempo a las culturas indígenas ante una eventual pérdida de identidad".[60] En los últimos tiempos, el riesgo de la pérdida de identidad se ha acentuado con la llegada nuevas formas de cultura, sobre todo a través de los medios de comunicación y la tecnología computacional que ha traído consigo la *globalización*.

Por ello, es muy difícil para los indígenas mantener su autonomía frente a la creciente interculturalidad y, para el gobierno, llevar a cabo la nueva política educativa indigenista presenta un desafío muy grande y ha generado importantes debates entre las personas expertas en la materia.[61]

La salud pública

En materia de salud pública, el 15 de marzo de 2002 el gobierno de Fox puso en marcha el *Seguro Popular de Salud*, un instrumento enmarcado en el Programa Nacional de Salud 2001-2006, que busca ofrecer una opción de aseguramiento público en materia de salud a familias y ciudadanos particulares que, por su condición laboral y socioeconómica, no son derechohabientes de las instituciones de seguridad social ya establecidas.

De acuerdo con la información oficial, el propósito del Seguro Popular es brindar protección financiera a la población no derechohabiente mediante un seguro de salud, público y voluntario, orientado a reducir el gasto de bolsillo y fomentar la atención oportuna a la salud. El *gasto de bolsillo* ocurre normalmente en las condiciones más adversas para las familias de menores ingresos no aseguradas, quienes tienen que acudir frecuentemente a servicios particulares de alto costo y no necesariamente escrupulosos.

En consecuencia, el Seguro Popular es un mecanismo de protección financiera a todos los mexicanos, el cual busca evitar que una enfermedad llegue a causar la ruina económica de las familias que no cuentan con otro medio de seguridad social de salud; pretende además fomentar la atención oportuna de la salud, y contribuir a superar iniquidades y rezagos en la distribución del gasto entre entidades federativas.[62]

El propósito principal de la educación intercultural planteada por el gobierno de Fox es disminuir la desigualdad e influir en la transformación de las relaciones interétnicas mediante una educación más justa y menos discriminatoria, además de abandonar la obsoleta política indigenista vigente desde la década de 1940.

La educación indigenista, que implica la apertura de bachilleratos y universidades indígenas, plantea dos grandes retos: atender las demandas educativas de la población indígena que no ha tenido acceso a la educación media y superior, y proteger al mismo tiempo a las culturas indígenas ante una eventual pérdida de identidad.

El Seguro Popular de Salud, es un instrumento que busca ofrecer una opción de aseguramiento público en materia de salud a familias y ciudadanos particulares que, por su condición laboral y socioeconómica, no son derechohabientes de las instituciones de seguridad social ya establecidas.

Julio Frenk, Secretario de Salud y Vicente Fox.
FUENTE: Presidencia de la República (2006)

---

[60] Nicanor Rebolledo, "Interculturalismo y autonomía. Las universidades indígenas y las políticas de alteridad", en *Ibid*, p. 168.
[61] Ver *Ibidem*.
[62] http://www.presidencia.gob.mx/cambio/salud/?contenido=16429&pagina=1

Actividades de aprendizaje

1. Consulta fuentes especializadas en el tema del Ejército Zapatista de Liberación Nacional, y desarrolla los siguientes puntos en un documento escrito:

    a) Tabla cronológica con los principales acontecimientos relacionados con el conflicto en Chiapas entre los años 1994 y 2000.

    b) Puntos más destacados de los Acuerdos de San Andrés Larráinzar.

    c) Sucesos de violencia en la región del conflicto.

    d) Principales causas del estancamiento en la solución del conflicto.

2. Consulta en el texto los acontecimientos relacionados con el Partido Revolucionario Institucional, y elabora un resumen escrito con base en los siguientes puntos:

    a) Divisionismo interno en el partido.

    b) Disminución en el número de votos electorales obtenidos a partir de 1994.

    c) Relación con el gobierno.

    d) Selección de candidatos a la presidencia.

    e) Efectos de la derrota electoral en los años 1997 y 2000.

3. Consulta fuentes bibliográficas especializadas en las transformaciones que se fueron dando en la política mexicana desde la reforma electoral de 1977 hasta llegar al proceso electoral del 2000. Elabora una tabla cronológica donde puntualices los aspectos más relevantes del avance de México hacia la democracia.

4. Elabora un texto de dos cuartillas sobre los triunfos electorales de los principales partidos de oposición (al PRI): el Partido Acción Nacional, a partir de 1983, y el Partido de la Revolución Democrática (inicialmente Corriente Democrática del PRI), a partir de 1988.

5. Realiza una investigación en fuentes adicionales acerca del rescate financiero promovido por el presidente Clinton para superar la crisis iniciada en diciembre de 1994, y elabora un resumen escrito con base en los siguientes puntos:

    a) Motivos del presidente estadounidense para llevar a cabo el rescate de la economía mexicana.

    b) Oposición del Congreso estadounidense ante la propuesta de Clinton.

    c) Manera en que se llevó a cabo el rescate financiero.

    d) Compromisos adquiridos por el gobierno de México ante el de Estados Unidos.

6. Después de consultar en el sitio Web http://pnd.presidencia.gob.mx/, el Plan Nacional de Desarrollo 2001-2006, selecciona una de las tres áreas mencionadas en ese documento y describe, por escrito, dos de los objetivos rectores del área seleccionada y las estrategias correspondientes.

7. Realiza una investigación acerca de las acciones del gobierno del Distrito Federal, en materia de desarrollo social, seguridad pública, obras viales y la restauración del centro de la Ciudad de México. Elabora un escrito, de dos a tres cuartillas, con los resultados de tu investigación. Consulta el sitio Web www.df.gob.mx, y los sitios específicos que se muestran en esa página.

8. Investiga en Internet, en tres periódicos de circulación nacional (*El Universal*, *Grupo Reforma*, *La Jornada*), el desarrollo del conflicto magisterial en el estado de Oaxaca y con los resultados elabora un escrito de dos cuartillas.

Ejercicio 28

1. ¿Cuál es el propósito principal del *Programa Escuelas de Calidad* (PEC)?

2. Menciona el objetivo y las características de la *Enciclomedia*.

3. ¿En qué consisten las reformas del gobierno de Fox a la *Educación Inicial* y a la *Educación Básica*?

4. Elabora por escrito una síntesis de la crítica al Pronae citada en estas páginas.

5. Menciona el propósito del *Seguro Popular de Salud*, creado por el gobierno de Fox.

9. Investiga, en la prensa nacional y en otros medios, los acontecimientos políticos ocurridos en el país entre el 15 de octubre y el 2 de diciembre de 2006 y elabora una cronología de tales acontecimientos, citando la fecha en que ocurrieron.

10. Investiga en este capítulo y en fuentes adicionales sobre el tema de política exterior de México y responde por escrito las siguientes preguntas:

    a) ¿Por qué el gobierno mexicano no pudo firmar un acuerdo migratorio con Estados Unidos?

    b) ¿De qué manera presionó el Gobierno de Estados Unidos a México para que lo apoyara en la guerra contra Irak?

    c) ¿Qué efectos tuvo la guerra contra Irak en la relación de México con Estados Unidos?

    d) Elabora un texto de dos cuartillas sobre las características de la relación del gobierno del presidente Fox con los países de América Latina, Centroamérica y el Caribe, y América del Sur.

11. Realiza una investigación, en indicadores estadísticos del INEGI o del Banco de México, acerca de la situación real de la microeconomía; es decir, los índices de pobreza, educación, desempleo y salud de la población mexicana, durante el sexenio del presidente Fox. Presenta por escrito los resultados de tu investigación.

12. Después de leer en este capítulo los objetivos de la política social del gobierno de Vicente Fox en el proyecto *Contigo* y el programa *Oportunidades*, realiza una investigación hemerográfica (en diarios y revistas de circulación nacional, ya sea de sus versiones impresas o en sus respectivos sitios en Internet) sobre cuatro acciones concretas (dos de cada programa) para cumplir con dichos programas. Elabora un escrito de dos cuartillas con los resultados de tu investigación.

13. Consulta en la página web de la Organización para la Cooperación y el Desarrollo Económicos (OCDE), la nota informativa sobre México "Panorama de la educación 2006", del 12 de septiembre de 2006, y haz un reporte por escrito sobre el progreso de los estudiantes mexicanos a nivel preparatoria y universidad, incluyendo la comparación que en ese documento se hace con el resto de los países. La página es la siguiente: http://www.ocdemexico.org.mx/document/12/0,2340,es_36288966_36287974_36316364_1_1_1_1,00.html

Bibliografía

Gaceta de economía, Instituto Tecnológico Autónomo de México, México, 1997.

Aguayo Quezada, Sergio (editor), *El almanaque mexicano*, Grijalbo, México, 2000.

Alcocer, Jorge y Humberto Musacchio, *México 2006. Manual para lectores y electores*, Fondo de Cultura Económica, México, 2006.

Becerra, Ricardo, Pedro Salazar y José Woldenberg, *La mecánica del cambio político en México. Elecciones, partidos y reformas*, Cal y Arena, México, 2000.

Cansino, César (coordinador), *Después del PRI. Las elecciones de 1997 y los escenarios de la transición en México*, Centro de Estudios de Política Comparada, México, 1998.

Cantú, Guillermo H., *Asalto a Palacio. Las entrañas de una guerra*, Raya en el agua/Grijalbo, México, 2001.

Cordera Campos, Rolando, *Crónicas de la adversidad*, Editorial Cal y Arena, México, 1999.

Córdova, Lorenzo y Ciro Murayama, *Elecciones, dinero y corrupción. Pemexgate y Amigos de Fox*, Ediciones Cal y Arena, México, 2006.

Crespo, José Antonio, *PRI: de la hegemonía a la oposición. Un estudio comparado (1994-2001)*, Centro de Estudios de Política Comparada, México, 2001.

Sojo Garza-Aldape, Eduardo, *Políticas públicas en democracia*, Fondo de Cultura Económica, México, 2006.

García Ramírez, Sergio, *Renovación del PRI. Reflexión y convocatoria*, México, 2001.

Lajous, Alejandra, *AMLO: entre la atracción y el temor. Una crónica del 2003 al 2005*, Océano, México, 2006.

Serrano, Mónica y Bulmer-Thomas, Víctor, *La reconstrucción del Estado. México después de Salinas*, Fondo de Cultura Económica, México, 1998.

Trejo Delarbre, Raúl, *Mediocracia sin mediaciones. Prensa, televisión y elecciones*, Cal y Arena, México, 2001.

Varios autores, *¿Qué país nos deja Fox? Los claroscuros del gobierno del cambio*, Grupo Editorial Norma, septiembre de 2006.

Varios autores, *La mala educación en tiempos de la derecha. Política y proyectos educativos del gobierno de Vicente Fox*, Editorial Miguel Ángel Porrúa, México, diciembre de 2005.

Varios autores, *La política exterior mexicana en la transición*, Secretaría de Relaciones Exteriores y Fondo de Cultura Económica, México, 2005

Varios autores, *México en el primer año de gobierno de Vicente Fox*, Consejo Coordinador del Centro Mexicano de Estudios Sociales, A. C., Universidad Autónoma de Zacatecas/Miguel Ángel Porrúa, México, julio de 2002.

Zepeda Patterson, Jorge, *et al*, *Los suspirantes. Los precandidatos de carne y hueso*, Editorial Planeta, México, 2005.

Índice onomástico

A

Abascal, Salvador, 258
Aburto Martínez, Mario, 507-508
Aguilar, Cándido, 104
Aguilar Talamantes, Rafael Ignacio, 498, 510
Aguirre, Ramón, 494-495
Alemán Valdés, Miguel, 223, 247, 249, 254-257, 259, 270-276, 278, 281-283, 285, 287-288, 293, 308, 494
Alfaro Siqueiros, David, 240
Allende, Salvador, 362-363, 371, 375-376
Almazán, Juan Andrew, 174, 221-224, 247-248
Altamirano, Manlio Fabio, 154
Alvarado, Salvador, 84-85, 96
Álvarez, Luis H., 299, 496-497
Álvarez Macháin, Humberto, 519
Amaro, Joaquín, 121, 126, 173-174, 221, 223
Amilpa, Fernando, 168
Ángeles, Felipe, 32, 36, 46, 48, 86-87, 90, 96
Arafat, Yasser, 377
Aranguren, Fernando, 360, 363
Arbenz, Jacobo, 301-302
Aspe Armella, Pedro, 471, 496, 523
Ávila Camacho, Manuel, 125, 222-223, 247-250, 254-262, 264, 267-268-269, 271, 275, 277, 283, 288, 372
Ávila Camacho, Maximino, 251, 254, 256

B

Barba González, Silvano, 214-215
Barragán Camacho, Salvador, 491
Barros Sierra, Javier, 322
Bartlett, Manuel, 455, 457
Bassols, Narciso, 142, 169, 194-195, 197, 253
Beltrones, Manlio Fabio, 508
Benton, William H., 46
Beteta, Ramón, 277
Biebrich, Carlos Armando, 396
Blanco, Lucio, 93
Blanquet, Aureliano, 33, 38
Bonilla, Manuel, 16
Bonillas, Ignacio, 86-87, 97
Borah, William, 136
Borrego, Genaro, 494
Bracamontes, Luis Enrique, 368
Braniff, Oscar, 14-15
Bravo Ahúja, Víctor, 357, 398
Buendía, Manuel, 491
Burke, John Joseph, 127
Bush, George, 514, 516-517

C

Caballero, Raúl, 371
Cabañas, Lucio, 360
Cabrera, Luis, 259
Calderón, Enrique E., 258-259
Calles, Plutarco Elías, 43, 48-49, 88, 96, 103, 109-110, 117-122, 125-128, 130-136, 138-139, 141, 143-144-146, 151-154, 156, 158-159-162, 164-168, 170-172, 174, 177, 182, 184-186, 188, 190, 193, 196-198, 203-205, 208-209, 227-228, 231, 241, 247, 250, 346, 426, 492
Calles, Rodolfo Elías, 172
Camacho Solís, Manuel, 495-496, 502, 504-505, 507-508, 511, 513, 537
Camarena Salazar, Enrique, 463, 519
Carbajal, Francisco, 15, 49
Cárdenas del Río, Lázaro, 167, 172, 174, 182, 185-186, 194, 196-197, 203-210, 213, 215-218, 221-222, 224-230, 232-234, 236-239, 241, 247-250, 259, 262-263, 268, 271, 273, 275, 277, 308-309, 339, 346, 365, 372, 378, 393, 454-455, 534
Cárdenas Solórzano, Cuauhtémoc, 454-458, 460, 492, 497, 505, 510
Caro Quintero, Rafael, 463
Carpizo, Jorge, 504, 506
Carranza, Venustiano, 14, 16-17, 41-44, 45-52, 59-64, 67-74, 76-77, 79, 81-84, 86-94, 96-98, 103, 105-107, 109-110, 113, 123, 155, 230, 346
Carrera Torres, Alberto, 93
Carrillo Puerto, Felipe, 96
Carter, James, 424-425
Carvajal, Ángel, 298
Casas Alemán, Fernando, 274-275, 288
Castillo, Heberto, 327, 354-355, 455

Castillo Peraza, Carlos, 497
Castrejón, Jaime, 360
Castro, Agustín, 258
Castro, Fidel, 307, 371, 428, 516
Cedillo, Saturnino, 83, 182, 207, 217, 221, 227
Cervantes Cabeza de Vaca, Luis Tomás, 354
Cervantes del Río, Hugo, 368
Clinton, William J., 518
Clouthier, Manuel J., 453-454, 456-458
Colosio Murrieta, Luis Donaldo, 492-496, 504, 506-509, 511-513, 537
Coolidge, Calvin, 133-134, 136
Córdoba Montoya, José María, 508
Corona del Rosal, Alfonso, 322, 330-331
Corral, Ramón, 14, 16-17
Coyolxauhqui, 444
Cuenca Díaz, Hermenegildo, 370

D

Daniels, Josephus, 189-190, 225, 234
De la Huerta, Adolfo, 87, 104-106, 109-113, 137, 139, 250
De la Madrid Hurtado, Miguel, 418, 440, 446-452, 456, 459-462, 464, 466, 468, 470-474, 476, 478-479, 491, 505
De la Vega Domínguez, Jorge, 454
De Sahagún, Bernardino, 142
Del Mazo, Alfredo, 455
Dewey, John, 142
Díaz, Félix, 30, 32-35, 53, 83, 85, 104
Díaz, Pascual, 195, 197, 206

Díaz, Porfirio, 5-6, 8-19, 22-23, 27-28, 35, 42, 44, 51-52, 106, 137
Díaz Cerecero, Cándido, 418
Díaz de León, Jesús, 274
Díaz Ordaz, Gustavo, 311-312, 317-321, 326, 329-336, 338-340, 347-348, 352-353, 372, 395, 411
Díaz Serrano, Jorge, 416, 432-433, 439, 448, 478
Díaz Soto y Gama, Antonio, 63, 155, 159
Diéguez, Manuel, 104
Domínguez, Belisario, 37-38
Durazo Moreno, Arturo, 448

E

Echeverría Álvarez, Luis, 330-332, 345, 347-350, 352-353, 356, 359, 361-362, 364-378, 381-383, 386, 391, 398, 401, 403, 409, 411, 424, 426, 429-431, 453, 494
Eisenhower, Dwight, 259, 299, 312-313
Elizondo, Eduardo A., 356-357
Escandón, Pablo, 7
Escobar, José Gonzalo, 158-159
Espinosa Mireles, Gustavo, 95-96
Esquivel Obregón, Toribio, 14-15
Estrada, Genaro, 177-178
Estrada, Roque, 14

F

Fall, Albert B., 90, 105
Terrazas (Familia), 27, 91
Fernández de Cevallos, Diego, 497, 510
Figueroa, Ambrosio, 26, 28
Figueroa, Rubén, 360

Flores, Ángel, 110, 122
Flores Curiel, Rogelio, 358
Flores Magón, Ricardo, 10, 12, 27, 117
Flores Muñoz, Gilberto, 298
Fox Quesada, Vicente, 490
Franco, Francisco, 220, 226, 378, 424
Fuentes, Carlos, 354

G

Gálvez Betancourt, Carlos, 368
Gamboa, Federico, 37, 39-40
García Barragán, Marcelino, 328
García Robles, Alfonso, 379
García Téllez, Ignacio, 213-214, 249
García Vorrea, Bartolomé, 154
Garrido Canabal, Tomás, 205, 207
Garza Galán, José María, 42
Garza Sada, Eugenio, 360, 363
Gaxiola, Francisco Javier, 184, 249
Gómez, Arnulfo R., 128-129
Gómez, Félix U., 72
Gómez, Marte R., 153, 167, 193, 249
Gómez Morín, Manuel, 137, 194, 218, 254
Gómez Villanueva, Augusto, 368
González, Abraham, 12, 29, 43-44
González, Pablo, 62, 69, 83, 86-87, 104
González Casanova, Pablo, 357
González de Alba, Luis, 327
González Garrido, Patrocinio, 502

González Garza, Federico, 16
González Garza, Roque, 62, 82
González Gollas, Ignacio, 418
González Medrano, Romeo, 354
González Morfín, Efraín, 332
González Schmal, José, 454
González Torres, Jorge, 498, 510
González Torres, José, 312
Gorbachov, Mijaíl, 531
Gore, Albert, 518
Gorostieta, Enrique, 126
Guajardo Suárez, Roberto, 361
Guevara, Ernesto "Che", 325
Gutiérrez, Eulalio, 61-62, 82
Gutiérrez Barrios, Fernando, 508
Guzmán, Martín Luis, 309

H

Hank González, Carlos, 445
Harding, Warren G., 106, 112, 133
Henríquez Guzmán, Miguel, 255-256, 276-277
Hernández Galicia, Joaquín, alias "La "Quina", 491
Hidalgo, Miguel, 532
Hill, Benjamín, 75
Hills, Carla, 526
Hirohito, 314
Hirschfield Almada, Julio, 360
Hitler, Adolfo, 208, 226, 229, 263
Hoover, Herbert, 164
Huerta, Victoriano, 20, 30, 32-44, 45-50, 53, 59, 66, 82, 88, 92, 111, 165

I

Ibarra de Piedra, Rosario, 418, 455, 457-458

J

Jaramillo, Rubén, 308-309, 339
Johnson, Lyndon B., 313, 333
Jongitud Barrios, Carlos, 491
Juan Carlos I de España, 424
Juan Pablo II, 426, 489
Juárez, Benito, 298

K

Kellog, Frank B., 132
Kennedy, John F., 313, 315
Keynes, John Maynard, 485

L

Laborde, Hernán, 188
Lagos Cházaro, Francisco, 62, 82
Lamont, Thomas W., 111-113, 138
Lane Wilson, Henry, 31, 33-34, 39, 53
Lascuráin, Pedro, 33
Leal Flores, Héctor Ulises, 356-357
Legorreta, Agustín F., 471
Legorreta Chauvet, Eduardo, 491
Lenin, 136, 163
León, Luis L., 154, 208-209
León de la Barra, Francisco, 16, 19-23, 25-28, 34, 40, 51
Leyva, Patricio, 7-8, 36
Limantour, José Ives, 14-15, 137
Lind, John, 39

Lombardo Otero, Marcela, 498
Lombardo Toledano, Vicente, 160, 168, 194, 206, 212, 214, 251-252, 273-271, 498
López, Prudencio, 438
López Mateos, Adolfo, 295, 298-299, 306-319, 336, 339, 412, 428
López Portillo, José, 366-369, 371, 390, 396, 409-411, 414-416, 419-420, 422-424, 426, 428-431, 433-436, 440, 442, 444-446, 453, 461, 466, 472, 478-479
López Portillo, Margarita, 361

M

Macedo, Miguel S., 137
Madero, Francisco I, 5-6, 10-17, 19-31, 33-36, 40-42, 44, 51-53, 66, 93, 106, 109, 114, 139, 155, 162
Madero, Gustavo, 14, 16, 32-33
Madero, Pablo Emilio, 418, 510
Madero, Raúl, 43
Madero Belden, Pablo Emilio, 497-498
Madrazo, Carlos, 319-320, 334
Magaña, Gumersindo, 457
Mancera, Miguel, 439
Manrique, Aurelio, 155, 159
Manrique y Zárate, José de Jesús, 195
Manríquez, José de Jesús, 124
Margáin, Hugo B., 381
Margain Zozaya, Ricardo, 363
Martínez, Luis María, 258
Martínez Domínguez, Alfonso, 330-331, 358

Martínez Manautou, Emilio, 330-331
Martínez Verdugo, Arnoldo, 418
Maytorena, José María, 9, 43, 48, 59, 106
Medina Plascencia, Carlos, 493-495
Menchú, Rigoberta, 502
Miranda Fonseca, Donato, 311
Moctezuma, Esteban, 433
Molina Enríquez, Andrés, 21
Mondragón, Manuel, 32
Montaño, Otilio, 26, 52
Montes de Oca, Luis, 138, 153, 175, 181
Mora y del Río, José, 123
Morelos, José María, 25, 532
Moreno Sánchez, Manuel, 418
Morones, Luis N., 75, 94, 96, 107, 116-117, 128-130, 132, 143, 152, 155, 159-160, 168, 170, 206, 209
Morones Prieto, Ignacio, 298
Morrow, Dwight W., 126-127, 134-136, 138, 159, 163, 165-166, 175-176
Moya Palencia, Mario, 363, 368
Múgica, Francisco J., 213-214, 222
Muñoz Ledo, Porfirio, 368, 442, 454, 460

N

Nava, Salvador, 308-309, 339
Nixon, Richard M., 374

O

Obregón, Álvaro, 43-44, 46, 48-49, 52, 59-60, 62, 67-68, 72, 76-77, 83, 85, 87-88, 96-97, 103, 105-110, 112-120, 123, 126-130, 134-135, 138-139, 143, 145-146, 154, 156-159, 161, 163, 170, 203, 345-346, 364, 508
Ocaranza, Fernando, 194
Olachea, Agustín, 298
Olivares Ventura, Héctor Hugo, 471
Orozco, David, 154
Orozco, José Clemente, 240
Orozco, Pascual, 12, 16, 20, 27, 29-30, 36, 44, 50, 66, 82, 106
Ortega, Melchor, 208-209, 221
Ortiz Arana, Fernando, 494, 508
Ortiz Argumedo, Abel, 85
Ortiz Mena, Antonio, 310-311, 331
Ortiz Rubio, Pascual, 158-161, 164-165, 167, 170-171, 173-175, 177-178, 181-185, 192, 194, 204, 206, 217, 250

P

Padilla, Ezequiel, 153, 249, 254-255, 258-259
Pani, Alberto J., 137, 144, 170, 181, 191, 232
Paz, Octavio, 354
Peláez, Manuel, 83-85, 104
Pérez, José Joaquín, 123
Pérez Treviño, Álvaro, 498
Pérez Treviño, Manuel, 154, 161, 172, 185, 221
Perot, Ross, 518
Pershing, John J., 71-72
Pesqueira, Ignacio L., 43
Pichardo Pagaza, Ignacio, 494, 508
Pino Suárez, José María, 16, 21-22, 27, 33-34
Pinochet, Augusto, 362
Portes Gil, Emilio, 127, 129, 131, 152-154, 157, 159-161, 163-166, 167-170, 172, 177, 182, 184, 197, 214, 249-250, 273, 276
Posadas Ocampo, Juan Jesús, 498, 512
Puig Casauranc, José Manuel, 141, 152-153

Q

Quintero, Luis, 168

R

Rabasa, Emilio O., 379
Reagan, Ronald, 428, 449, 463-464
Reyes, Bernardo, 20-22, 30, 32, 34, 42
Reyes, Rodolfo, 32
Reyes Heroles, Jesús, 411, 532
Riva Palacio, Carlos, 172-173
Rivera, Diego, 215, 240
Robles Domínguez, Alfredo, 105
Rodríguez, Abelardo L., 173-174, 183-185, 189-190, 192-194, 196-197, 206, 234, 249-251, 275
Rodríguez Triana, Pedro, 164
Rojo Gómez, Javier, 255-256
Roosevelt, Franklin D., 189-190, 224-225, 233, 262, 299
Rosas Magallón, Salvador, 454
Rouaix, Pastor, 93
Ruffo, Ernesto, 493
Ruiz, Gabriel, 32
Ruiz, Samuel, 502
Ruiz Cortines, Adolfo, 274-276, 288, 293-296, 298-301, 303, 305-306, 430, 447
Ruiz Massieu, José Francisco, 512

Índice onomástico

S

Sada, Andrés Marcelo, 371
Sáenz, Aarón, 154, 157-159, 167, 360
Sáenz, Moisés, 141-142
Salinas de Gortari, Carlos, 455, 457, 460, 485, 488-497, 499-500, 502-504, 507-509, 512, 514, 519, 521, 528, 531, 533, 535, 537
Sánchez, Graciano, 214
Sánchez Cárdenas, Carlos, 354
Sánchez Madariaga, Alfonso, 168
Sánchez Mejorada, Jorge, 371
Sánchez Pontón, Luis, 249
Sánchez Taboada, Rodolfo, 272, 276
Sánchez Tapia, Rafael, 222
Sandino, Augusto César, 132, 166, 427
Scherer García, Julio, 373, 502
Schreiter, Hellmuth Oskar, 220
Scott, Hugh, 72
Serra Puche, Jaime, 523, 526
Serrano, Francisco, 129
Sheffield, James R., 134, 136
Solana, Fernando, 443
Somoza Debayle, Anastasio, 427-429
Soto González, Cecilia, 497
Stalin, José, 215
Subcomandante Marcos, 499-502, 510

T

Tejeda, Adalberto, 182, 188
Tepepa, Gabriel, 7, 12
Terrazas, Luis, 9
Torres Burgos, Pablo, 7
Torrijos, Omar, 424
Treviño Garza, Arnulfo, 357
Trotski, León, 215, 241
Trueba Olivares, José, 220
Truman, Harry S., 271

V

Vadillo, Basilio, 154, 170
Vallejo, Demetrio, 354
Vasconcelos, José, 116-120, 141-142, 161-164, 198, 309
Vázquez Gómez, Emilio, 21-22, 30
Vázquez Gómez, Francisco, 14-16, 21-22
Vázquez Rojas, Genaro, 360
Velázquez, Fidel, 168, 194, 252-253, 266, 274, 368, 471, 535
Vera Estañol, Jorge, 22
Villa, Francisco, 12, 16, 20, 30, 43-46, 48, 52, 59-63, 67-72, 74, 82, 84, 88, 90, 98, 104
Villar, Lauro, 32
Villarreal, Antonio I., 188
Villoro, Luis, 354
Von Eckardt, Heinrich, 88

W

Wilson, Michael, 526
Wilson, Woodrow, 39-40, 46-48, 50, 69-72, 82, 87-89, 91, 105-106

Y

Yurén, Jesús, 168

Z

Zapata, Emiliano, 7-8, 12, 19-20, 26-27, 36, 41, 44-45, 49-52, 59-63, 68-70, 82, 84, 86, 90, 96, 98
Zapata, Fausto, 493
Zedillo Ponce de León, Ernesto, 508-511, 513
Zimmermann, Arthur, 72, 89
Zuno, José Guadalupe, 360

Índice toponímico

A

Acapulco, 141
Agua Prieta, Sonora, 43
Aguascalientes, 122, 185, 320
Aguascalientes, Ags., 60, 62-63, 184
Alemania, 48, 70, 72-73, 88-90, 175, 177, 220, 225-226, 325, 520
Alemania Federal, 464
Altamirano, 499
América, 91, 194, 236, 301
América Central (Centroamérica), 133, 334, 427-430, 461-463, 465, 478, 515
América del Norte, 430, 514
América Latina (Latinoamérica), 89, 103, 145, 166, 189, 203, 241, 259-261, 264, 301, 335, 339, 374, 424, 429, 462, 479, 488, 514-515, 520, 528, 531, 537
Anenecuilco, 7
Arabia Saudita, 434
Argentina, 47, 70, 82, 89, 176, 241, 302, 312, 462-464, 516, 528
Arizona, 73
Asia, 264
Austria, 227, 230

B

Bahía, Brasil, 515
Baja California, 23, 105, 258, 297, 320, 491, 493-494
Bajío, 11, 110, 163, 280
Bélgica, 112, 175, 464
Belice, 378-379
Bolivia, 312-313, 463, 516, 528
Brasil, 47, 70, 82, 145, 158, 241, 259, 280, 312-313, 462-463, 516, 528

C

California, 264, 519
Campeche, 431
Canadá, 374-375, 464, 498, 500, 517-518, 522, 526, 528, 531
Canal de Panamá, 259, 424, 430
Cancún, Quintana Roo, 428-430, 461-462
Caracas, 301-303
Caribe, 427-428, 430, 461, 478, 516, 528
Cartagena de Indias, Colombia, 463, 515
Chanal, 499
Chiapas, 23, 68, 83, 85, 105, 475, 494, 498-505, 507, 510-513, 537
Chihuahua, Chi., 15, 45, 59
Chihuahua, 9, 11-12, 17, 30, 43-44, 46, 60, 104, 106, 122, 141, 320, 359-360, 449, 493
Chile, 47, 70-72, 82, 241, 312, 362, 371, 375-377, 381, 463, 516, 528
Chilpancingo, Guerrero, 49
China, 377, 464, 513
China Popular, 377, 380
Ciudad de México, 8, 20, 24, 44, 49, 59-60, 62, 69, 75, 82, 96, 112, 143, 158, 168, 193-194, 206-207, 281, 287-288, 309, 358, 360, 393, 446, 450, 456, 473, 475, 495
Ciudad Guerrero, Chihuahua, 27
Ciudad Juárez, 15-16, 27, 29, 42, 51, 449
Ciudad Obregón, 370
Coahuila, 9, 12, 17, 42-43, 45, 53, 106, 122, 140
Colima, 122
Colombia, 138, 461-463, 515-516, 528
Columbus, Nuevo México, 71
Comarca Lagunera, 283, 297
Comitán, Chiapas, 141
Corea del Norte, 374, 513
Costa del Pacífico, 259, 262
Costa Rica, 427, 462, 515, 528
Coyoacán, 205
Cuatro Ciénegas, Coahuila, 42
Cuautla, 20, 26
Cuba, 112, 268, 312-313, 325, 335, 375, 377, 428, 461, 520
Cuenca del Pacífico, 520-521
Cuernavaca, 49, 82
Culiacán, 320

D

Distrito Federal, 31, 34, 75, 168-169, 193, 211, 296, 321, 360, 452, 458, 475, 488
Durango, 9, 12, 44, 93, 122, 160, 320, 359, 370

E

Eagle Pass, Texas, 12
Ecuador, 312, 463, 516, 528

El Carrizal, 72
El Chamizal, 313, 315, 332
El Mante, 224
El Salvador, 427-430, 462, 515, 528
El Yaqui, 11
España, 79, 86, 175, 177, 220, 226, 241, 378, 424, 430, 464, 515
Esquipulas, Guatemala, 462
Estado de México, 122
Estados Unidos de América, 5, 9-10, 12-14, 31, 36, 38-40, 44, 46-49, 64, 66, 69-73, 82-83, 86-90, 92, 103, 105-106, 110-113, 115, 119, 121, 132-138, 140-141, 145, 165-167, 175-177, 198, 203, 206, 211, 224-225, 227, 229, 233, 235, 249, 255, 259-262, 268, 271, 277-282, 284-286, 299-303, 312-315, 323-325, 332-334, 339, 371, 374-377, 380, 424-425, 427-435, 450, 461-465, 478, 498, 500, 505, 513-514, 516-518, 520-522, 526, 528, 531, 537
Etiopía, 227
Europa, 14, 39, 85, 161, 176, 203, 220, 224-226, 239, 247, 264, 323, 339, 514, 519-520
Europa Occidental, 505

F

Filipinas, 513
Finlandia, 227
Florida, 263
Formosa, 264
Francia, 48, 79, 112, 175, 177, 241, 247, 325, 427, 429-430, 464, 508

G

Golfo de México, 31, 263, 425, 431

Gran Bretaña, 39-40, 48, 70, 88, 112, 134, 145, 225-227, 264, 360, 379, 464
Grecia, 464
Guadalajara, 116, 141, 258, 360, 363, 419, 445, 498, 515
Guanajuato, 475, 493-494
Guanajuato, Gto., 449
Guatemala, 268, 300-303, 339, 378-380, 501, 515, 528
Guaymas, 117, 141
Guerrero, 122, 294, 360, 397, 475, 512

H

Hermosillo, 141
Hiroshima, 264
Holanda, 225, 227
Honduras, 428, 461-462, 465, 515, 528
Huasteca, 124
Huatabampo, 106
Huejutla, Hidalgo, 124, 195

I

India, 464
Indonesia, 513
Inglaterra, 73, 79, 88, 135, 175, 177
Irán, 377, 425
Islas Filipinas, 264
Italia, 175, 177, 198, 225-226
Ixtapa, Guerrero, 464

J

Jalisco, 48, 105, 122, 397
Japón, 72, 86, 92, 177, 260, 264, 268, 377, 505, 513

K

Kuwait, 377

L

La Habana, 375
La Laguna, 9, 11, 211, 224
La Quemada, Jalisco, 141
Las Margaritas, 499
León, 211
Linares, Nuevo León, 30
Londres, 226
Luxemburgo, 520

M

Madrid, España, 515
Malasia, 513
Manzanillo, Colima, 462
Mar Mediterráneo, 225
Mazatlán, 141
Medio Oriente, 278, 380
Mexicali, 354
México, 241, 445, 463-464, 475, 516, 520
Michoacán, 105, 167, 185, 236, 359, 475, 493
Monterrey, 11, 157, 183, 211-212, 317, 357, 360, 363-364, 367, 369, 392, 445
Morelia, Michoacán, 258, 321
Morelos, 6, 7, 20, 26, 28, 46, 51, 59, 61, 122, 308
Moscú, 215, 241

N

Navojoa, 106, 141
Nayarit, 122
Niagara Falls, Canadá, 48
Nicaragua, 132, 166, 427-430, 461-462, 465, 528
Nogales, 141
Nueva Delhi, India, 464
Nueva York, 14, 113, 163, 175, 471
Nuevo Laredo, 141
Nuevo León, 11, 140, 157, 158, 210, 355, 357, 371
Nuevo México, 73

Índice toponímico

O

Oaxaca, 68, 83, 85, 122, 294, 475
Océano Pacífico, 263-264
Ococingo, 499

P

Pachuca, 141
Panamá, 268, 424, 461-463, 516
Paraguay, 516, 528
París, 375
Parral, 72
Pearl Harbor, 262, 265
Pekín, 377
Perú, 194, 241, 463, 516, 528
Piedras Negras, 12
Polonia, 227
Portugal, 515
Puebla, 95, 122, 141, 211, 359
Puebla, Pue., 442
Punta del Este, Uruguay, 312

Q

Querétaro, 63, 157, 186
Querétaro, Qro., 76

R

Reino Unido, 464
República Dominicana, 333, 463
Río Bravo, 332-333
Río Mayo, 23
Río Yaqui, 23
Rusia, 103, 260

S

Saltillo, Coahuila, 95-96
San Antonio, Texas, 12, 30
San Cristóbal de las Casas, 499-500, 502-503
San Juan del Río, Durango, 44
San Luis Missouri, 10
San Luis Potosí, 12, 23, 62-63, 83-84, 93, 217, 339, 493
San Luis Potosí, SLP, 308, 449
Santiago, 375-376
Sierra de Guerrero, 20
Sierra de Puebla, 20, 87
Sinaloa, 141, 320, 360, 366, 370, 454, 475
Singapur, 513
Sonora, 9, 11, 17, 43, 45-46, 59, 86, 106, 127, 141, 172, 297, 366, 370, 396
Sudámerica, 515
Suecia, 464

T

Tabasco, 23, 123, 205, 207
Tailandia, 513
Taiwán, 377
Tamaulipas, 11, 93, 167, 359, 491
Tampico, Tamaulipas, 47-48, 69, 94, 141
Tanzania, 464
Tel Aviv, 378
Tenochtitlan, 444
Tepic, 141
Tijuana, Baja California, 507
Tlatelolco, 327, 329
Tlaxcala, 83-84
Toluca, 62, 82
Tuxtla Gutiérrez, 515

U

Unión Soviética, 134-136, 145, 166, 198, 226-227, 241, 264, 273, 377, 461, 464, 513, 531
Uruguay, 463, 516, 528

V

Valle del Mayo, 370, 396
Valle del Yaqui, 370, 396
Vaticano, 124, 130, 377
Venezuela, 138, 176, 268, 301, 377, 427, 429, 461-463, 516, 528
Veracruz, 12, 19, 23, 30, 47-48, 61, 64, 67-69, 74-76, 83, 85, 87-88, 92, 105, 110, 123, 189, 275, 475, 491
Vietnam, 325
Villa de Ayala, 7, 26

W

Washington, DC., 70, 132, 134, 163, 263, 313

Y

Yávaros, 141
Yucatán, 68, 83, 85, 105, 211, 224, 294, 378

Z

Zacatecas, 48

Índice analítico

A

Acuerdo de San José, 427, 429-430
Acuerdo General sobre Aranceles Aduaneros y Comercio (GATT), 279, 434-435, 441, 469-470, 474, 516-517, 527
Alianza para la Producción, 410, 415, 417, 430-431, 433, 441
Artículos de la Constitución Federal
　Artículo 3, 77, 98, 105, 194, 196-197, 220, 269, 489, 534
　Artículo 4, 486-487
　Artículo 5, 94, 489
　Artículo 24, 77, 98, 489
　Artículo 25, 448
　Artículo 26, 448
　Artículo 27, 65, 77, 81, 86-87, 89, 94, 98, 105, 111, 115, 132, 145, 230, 282, 367, 448, 489, 499, 501, 528, 537
　Artículo 28, 294, 448, 525
　Artículo 33, 105
　Artículo 34, 293
　Artículo 41, 412, 488, 507
　Artículo 52, 412
　Artículo 54, 308, 412, 488
　Artículo 55, 412
　Artículo 56, 488
　Artículo 60, 488
　Artículo 63, 308, 488
　Artículo 73, 412
　Artículo 82, 129, 490, 497, 499
　Artículo 85, 129
　Artículo 86, 174
　Artículo 97, 412
　Artículo 115, 293, 412, 459
　Artículo 123, 79-81, 94, 98, 116, 441, 447
　Artículo 130, 98, 105, 123-124, 129, 489
Asamblea de Representantes del Distrito Federal, 451, 459, 488
Asociación Latinoamericana de Integración (Aladi), 516, 528
Asociación Latinoamericana de Libre Comercio (Alalc), 314, 528
Asociación Nacional de Universidades e Institutos de Educación Superior (ANUIES), 399-400, 443, 445

B

Banco de México, 137-138, 180-181, 191, 234-235, 268, 315, 389, 391, 393, 434, 439, 523
Banco Interamericano de Desarrollo (BID), 508
Banco Mundial (BM), 514
Batallones Rojos, 74, 82, 106
Binomio populismo-capitalismo, 346, 349, 351
Bolsa Mexicana de Valores, 471, 474

C

Caciquismo, 27, 121-122, 135
Cámara Nacional de la Industria de Transformación (CANACINTRA), 279
Capitalismo, 103, 107, 186, 204, 345
Carta de Derechos y Deberes Económicos de los Estados, 375-376, 380-381, 403
Carta del Atlántico, 264
Casa del Obrero Mundial (COM), 24-25, 41, 53, 74-75, 82, 94
Caudillismo, 104
　populista, 107-108, 119, 345
Certificados de la Tesorería de la Federación (CETES), 470
Código Federal de Instituciones y Procedimientos Electorales (Cofipe), 487, 499
Colegio de México, 239, 322
Colegio Nacional de Educación Profesional Técnica (Conalep), 443, 445
Comisión Federal Electoral (CFE), 451, 456-457, 459, 460
Comisión Nacional de Derechos Humanos, 486
Comunidad Económica Europea (CEE), 462, 517

Comunidad Europea, 519, 520
Comunismo, 134, 203, 222, 271-272, 301
de Estado, 210
Concamin, 366
Concilio Vaticano II, 325
Confederación de las Naciones Unidas sobre Comercio y Desarrollo, 375
Confederación de Trabajadores de México (CTM), 212-215, 222-223, 227, 229, 249, 251-253, 256, 266, 274, 295, 347, 362, 368, 413, 452
Confederación del Trabajo de la Región Mexicana (CTRM), 75
Confederación General de Obreros y Campesinos de México (CGOCM), 194, 212
Confederación General del Trabajo (CGT), 115-116, 119, 193, 212
Confederación Nacional Campesina (CNC), 213, 227
Confederación Nacional Católica del Trabajo, 116, 119
Confederación Nacional de Organizaciones Populares (CNOP), 253, 255, 266, 274
Confederación Regional Obrera Mexicana (CROM), 96-97, 115-116, 118-119, 122-123, 128, 143, 152-153, 160-161, 167, 169-170, 182, 193, 212
Confederación Revolucionaria de Obreros y Campesinos (CROC), 295

Conferencias de Bucareli, 112-113
Consejo Coordinador Empresarial (CCE), 365, 380, 438, 454, 471
Consejo de Ciencia y Tecnología, 351
Consejo Nacional de Ciencia y Tecnología (CONACYT), 400
Constitución de 1857, 21, 76-77, 80-81
Constitución Mexicana de 1917, 76-78, 81, 98, 104-105, 111-112, 145, 331, 350, 488, 498, 532
Constitución Política de México, 537
Convención de Aguascalientes, 60-62, 67
Convenio
De la Huerta-Lamont, 111, 113, 119
Cooperación Económica Asia-Pacífico (APEC), 521
Coparmex, 361-362, 366, 371, 454
Corporativismo, 535
Corriente Democrática, 454-456, 459, 478, 492
Cristiada, 126

D

Decena Trágica, 32, 34, 51
Desarrollo estabilizador, 305, 307, 313-314, 332, 335, 338, 348, 350-351, 390, 393, 401
Desustitución de importaciones, 438
Doctrina
Carranza, 83, 91
de la mexicanidad, 272
Estrada, 177-178, 198
Monroe, 91
Truman, 271, 277, 288, 299

E

Economía mixta, 228, 235, 241, 416, 422, 469
Educación
sexual, 194
socialista, 195-197, 206, 208, 238, 248, 257
Ejército Zapatista de Liberación Nacional (EZLN), 494, 499-500, 502-505, 513, 537
Enmienda Pani, 138, 144
Escuadrón 201, 264, 266
Estado benefactor, 233
Estado de bienestar, 485, 532, 534
Expedición punitiva, 71, 82, 88
Expropiación petrolera, 228, 230, 235

F

Fascismo, 203, 214, 224, 227, 231, 241
Federación de Sindicatos de Trabajadores al Servicio del Estado (FSTSE), 256
Federación de Sindicatos Obreros del Distrito Federal (FSODF), 74-75, 82, 94, 96
Fondo Monetario Internacional (FMI), 425-426, 430, 440, 452, 461, 466-467, 474, 514

G

GATT (Acuerdo General sobre Aranceles Aduaneros y Comercio), 279, 434-435, 441, 469-470, 474, 516-517, 527
Globalización, 470, 479, 512-513
económica, 521
Gran Depresión, 140, 175, 178, 181, 191, 203, 227, 232, 241, 260

Gran Liga Obrera Mexicana, 24, 52
Grupo Contadora, 461-462, 465
Grupo de los Tres (G-3), 516, 528
Grupo de Río, 516, 520
Guerra Civil Española, 220, 226-227
Guerra Cristera, 488
Guerra de Corea, 277-278, 280, 285-287, 296, 303, 337
Guerra de las Galaxias, 464
Guerra de Vietnam, 324
Guerra Fría, 277, 281, 299, 318, 374, 485, 503, 513, 521

I

Iglesia católica, 37, 66, 69, 76, 80, 82, 123-125, 127-130, 141-142, 145, 163, 165, 194, 195, 205, 259, 308, 317, 421, 426, 453, 477, 488
  cismática, 123, 135
  relaciones con el Estado, 79, 426, 488, 499
Impuesto al Valor Agregado (IVA), 435, 441, 452, 466, 524
Impuesto del Centenario, 113, 119
Indigenismo, 145, 237, 247
Industrialización sustitutiva de importaciones, 232, 235
Instituto de Seguridad y Servicios Sociales para los Trabajadores del Estado (ISSSTE), 316-317, 319
Instituto Federal Electoral (IFE), 487, 499, 507, 510-511

Instituto Mexicano del Seguro Social (IMSS), 269, 368
Instituto Nacional de Antropología e Historia (INAH), 237, 239-240
Instituto Nacional Indigenista (INI), 247
Instituto Nacional para la Educación de los Adultos (INEA), 443, 445
Instituto Politécnico Nacional (IPN), 239, 321-322, 401
Instituto Tecnológico y de Estudios Superiores de Monterrey (ITESM), 356

J

Jueves de Corpus, 357

L

Ley agraria del 6 de enero de 1915, 64-65, 93, 98, 111, 230
Ley Calles, 124, 135
Ley de Colonización y Terrenos Baldíos, 6
Ley de Fomento Agropecuario, 436-437, 441, 443
Ley Federal de Organizaciones Políticas y Procesos Electorales (LFOPPE), 412-414, 422, 450-451, 459
Ley sobre Asentamientos Humanos, 366-367
Ley Torricelli, 516
Leyes de Reforma, 21, 64, 66
Liberal-capitalismo, 222
Liberalismo, 66, 210, 485
  económico, 239
  social, 496, 532, 535

Libros de texto gratuitos, 316-317
Liga Nacional de Defensa Religiosa (LNDR), 123-124, 126, 135
Llamado a la legalidad, 457-458

M

Marxismo, 195, 273
Milagro mexicano, 305-307, 345
Movimiento
  campesino, 395
  estudiantil originado en Nuevo León, 352
  estudiantil de 1968, 321, 324, 327, 345, 347
  médico, 319
Movimientos
  obrero y campesino en el sexenio 1982-1988, 452
  sociales y huelgas en el sexenio 1976-1982, 442

N

Nacionalización bancaria, 421-423, 440
Nazifascismo, 214, 220, 222
Nazismo, 208, 227, 231
Neoliberalismo, 470, 479, 505-506
New deal, 225, 233-234
Noche de Tlatelolco, 327, 334, 345
Nueva Ley Federal Electoral, 353

O

Organización de las Naciones Unidas (ONU), 335, 375, 377-379, 403, 426, 428

Organización de Estados Americanos (OEA), 301, 312-313, 339, 427
Organización de Países Exportadores de Petróleo (OPEP), 388, 424-425, 426, 432
Organización Mundial de Comercio (OMC), 517, 521
Organización para la Cooperación y Desarrollo Económicos (OCDE), 517, 520

P

Pacto de la Embajada, 33, 35-36, 52
Pacto de la Empacadora, 29, 34
Pacto de Ocampo, 396, 402
Pacto de Solidaridad Económica, 456, 471-474, 479
Pacto de Torreón, 48, 53, 59
Pacto de Xochimilco, 62
Pacto para la Estabilidad y Crecimiento Económico (PECE), 508, 522, 524
Parlamentarismo, 79
Plan Brady, 514
Plan Calles, 181, 183, 191
Plan de Agua Prieta, 86-87, 97, 103-104, 106
Plan de Ayala, 26-28, 34, 36, 51-52
Plan de Guadalupe, 42-44, 48, 50, 53, 63-65, 67, 82, 106
Plan de San Luis Potosí, 5, 7, 12, 17, 19, 20-21, 23, 26-30, 51
Populismo, 103-104, 109, 117, 145, 346, 365, 372, 380
Postmodernismo, 505
Presidencialismo, 78, 208, 227, 271

Primavera de Praga, 325
Primera Guerra Mundial, 86-87, 90-91, 99, 176, 203, 260, 485
Procampo, 529, 531
Programa Inmediato de Reordenación Económica (PIRE), 446-447, 459, 461, 466-467
Programa Nacional de Fomento Industrial y Comercio Exterior (Pronafice), 530
Programa Nacional de Modernización Industrial y del Comercio Exterior (Pronamice), 530-531
Programa Nacional de Solidaridad (Pronasol), 506, 533-534, 536
Proteccionismo, 228, 241, 267, 281, 284

R

Rebelión cristera, 128, 135, 138
Reforma
  agraria, 114, 146, 181-182, 213, 230-231, 235, 316, 395, 468, 474
  electoral de 1990, 487
Registro Federal de Electores (RFE), 456-457
Revolución Cubana, 307, 310-312, 315, 321, 339
Revolución sandinista, 427, 430

S

Segunda Guerra Mundial, 138, 223, 227, 247, 256, 259-260, 262, 264-266, 268, 285, 288, 347, 513
Sinarquismo, 221, 258
Sistema Alimentario Mexicano (SAM), 417, 436-437, 441, 445

Sistema Económico de América Latina (Sela), 376, 462, 465, 516
Socialismo, 107, 109, 145, 204, 210, 224, 241, 257, 355, 365, 376, 513, 519
  científico, 224
  marxista, 108
Sociedad de Naciones, 176-177, 227
Sustitución de importaciones, 227, 241, 282, 314, 335, 337-338, 347, 438, 440, 469, 529

T

Telegrama Zimmermann, 72-73, 82
Tienda de raya, 6, 192
Tratado de Libre Comercio de América del Norte (TLCAN), 497, 500-501, 510, 517-520, 522, 526-528, 531-532
Tratado de Tlatelolco, 334-335
Tratados
  de Bucareli, 119
  de Ciudad Juárez, 16-20, 52
  de Teoloyucan, 49-50, 52
Tribunal de lo Contencioso Electoral, 451, 459

U

Unión Europea, 519
Universidad Autónoma de Nuevo León (UANL), 356, 357, 359
Universidad Autónoma de Puebla (UAP), 358
Universidad Autónoma Metropolitana (UAM), 400-401

Universidad de Nuevo León (UNL), 355-356

Universidad Nacional Autónoma de México (UNAM), 196-197, 218, 239-240, 321-322, 327, 357, 359, 400-401, 510

Universidad Nacional de México, 116, 169

JUN

LITOGRÁFICA INGRAMEX, S.A.
CENTENO No. 162-1
COL. GRANJAS ESMERALDA
09810 MÉXICO, D.F.

2008